成长也是一种美好

# 本书数字化服务

## 教师教学服务说明

智元微库是人民邮电出版社旗下的出版品牌，致力为用户提供前沿、实用、有启发性的专业知识内容。我们在世界范围内选择优质的内容，提供高质量的出版物。重点发展企业管理、经济金融、心理学、自我成长、前沿科技以及跨学科的专业知识。

为了更好地服务一线教师，智元微库将为您提供多元化的教学服务。经过网站认证教师身份后，您将获得包括样书优先申请、采购教材等在内的专属服务，享受更为便捷、高效的教学体验。

● 认证方法

微信扫描下方二维码，填写相关信息，提交后等待审核。我们将在 5 个工作日内完成审核，并以邮件的形式通知您认证结果，请确保您提供的邮箱地址准确无误，以便我们与您取得联系。

教师教学服务

为了给读者提供更好的阅读学习体验，本书准备了配套电子资源，请您扫码获取。

本书电子资源

扫码获取"动态勘误表"。

动态勘误表

人民邮电出版社　智元微库

联系电话：010-67630125

电子邮箱：zhiyuanweiku@zhiyuanbooks.com

通讯地址：北京市朝阳区联合国际大厦甲段 10 层

表 1-5 基于研究得到的对学前儿童至十二年级学生学习成绩有促进作用的个人与社会情境因素

| 学生个人因素 | 范例 | 本书相关章节 |
| --- | --- | --- |
| **学生投入** | | |
| 激发学生行为层面的投入 | 确保学生参加每节课，遵守纪律，参加学校活动 | 第 5、6、7、13 章 |
| 激发学生认知和动机层面的投入 | 设计具有挑战性的任务，激发内在动机，对学生的学习投入给予支持，培养学生的自我效能和其他积极的学业信念 | 第 2、3、4、10、11、12 章 |
| 激发学生情感层面的投入 | 与学生的兴趣相联系，激发学生的好奇心，培养学生的归属感及跟班级的联结，降低学生的焦虑，提高学生的学习乐趣 | 第 4、5、6、10、12 章 |
| **学习策略** | | |
| 认知策略 | 直接教授知识和技能，以帮助学生对重要信息进行学习和深度加工（如总结、推理、应用及论证） | 第 7、8、9、14 章 |
| 元认知策略 | 直接教授学生作为学习者如何监控、调节和评价自己的认知过程、优势和不足，并教导学生在何时、何种情境下，为何及如何使用特定的策略 | 第 7、8、9、11 章 |
| 行为策略 | 直接教授学生对其行为、动机、情感及所处环境进行管理、监控和评估的方法和策略，如时间管理、考试应对、寻求帮助、记笔记、家庭作业管理的方法 | 第 7 至 15 章 |

| 社会情境因素 | 范例 | 本书相关章节 |
| --- | --- | --- |
| **学校氛围** | | |
| 对学业的重视 | 对学生抱持高期望，号召全校采取同样的做法；重视与学校这一共同体的积极关系 | 第 11 至 13 章 |
| 教师变量 | 尽可能在有较高的集体效能感、教师自主性和较强的归属感的学校执教 | 第 1、11、13 章 |
| 校长的领导力 | 尽可能在这样的学校执教：具有集体荣誉感、高昂的士气和明确传达的目标等积极品质 | 参阅 Woolfolk Hoy & Hoy（2020） |
| **社会与家庭的影响** | | |
| 家长投入 | 为家长帮助孩子学习提供支持 | 第 3、4、5、6、12 章 |
| 同伴影响 | 创建一个尊重学业成就、鼓励同伴支持和减少同伴纷争的班级和学校规范 | 第 4、10、13、15 章 |

资料来源：Lee, J., & Shute, V. J. (2010). Personal and social-contextual factors in K–12 academic performance: An integrative perspective on student learning. *Educational Psychologist, 45*, 185–202.

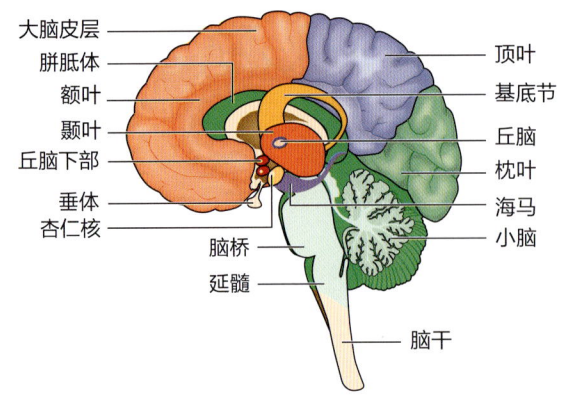

图 3-1 大脑区域

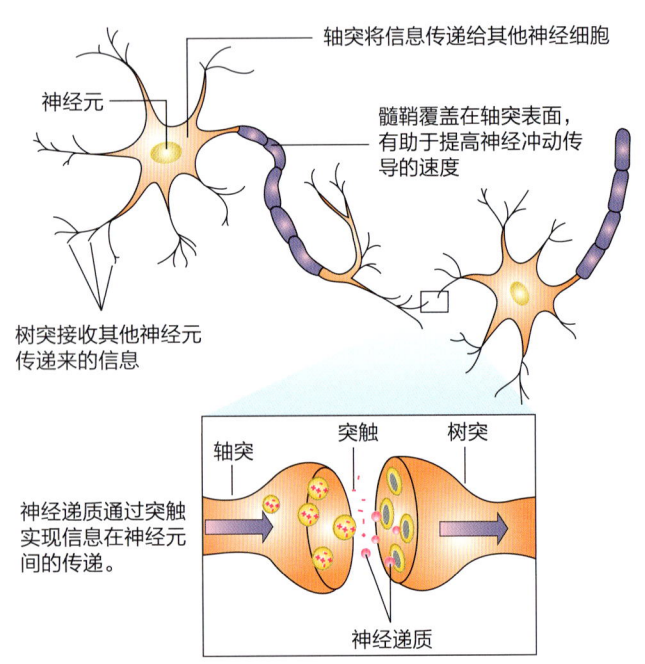

注：每个神经元（神经细胞）都含有树突和轴突。其中树突负责接收信息，轴突负责向外传递信息。图中所示的是单个神经元，但在神经网络中，神经元是彼此连接的。

图 3-2 单个神经元

注：这是人脑左半球的简单示意图，用来说明大脑皮层结构。皮层被分为不同区域或叶，每个区域都拥有许多不同功能的小区块。这里注明的是一些主要的功能。

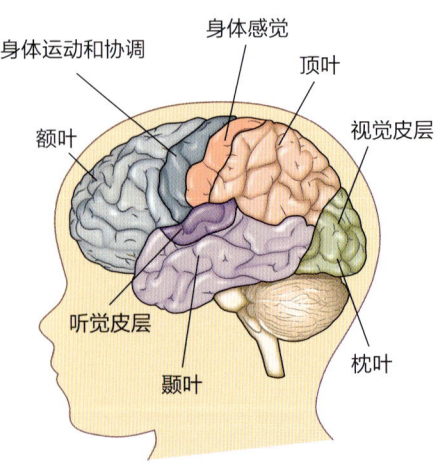

图 3-3 大脑皮层示意图

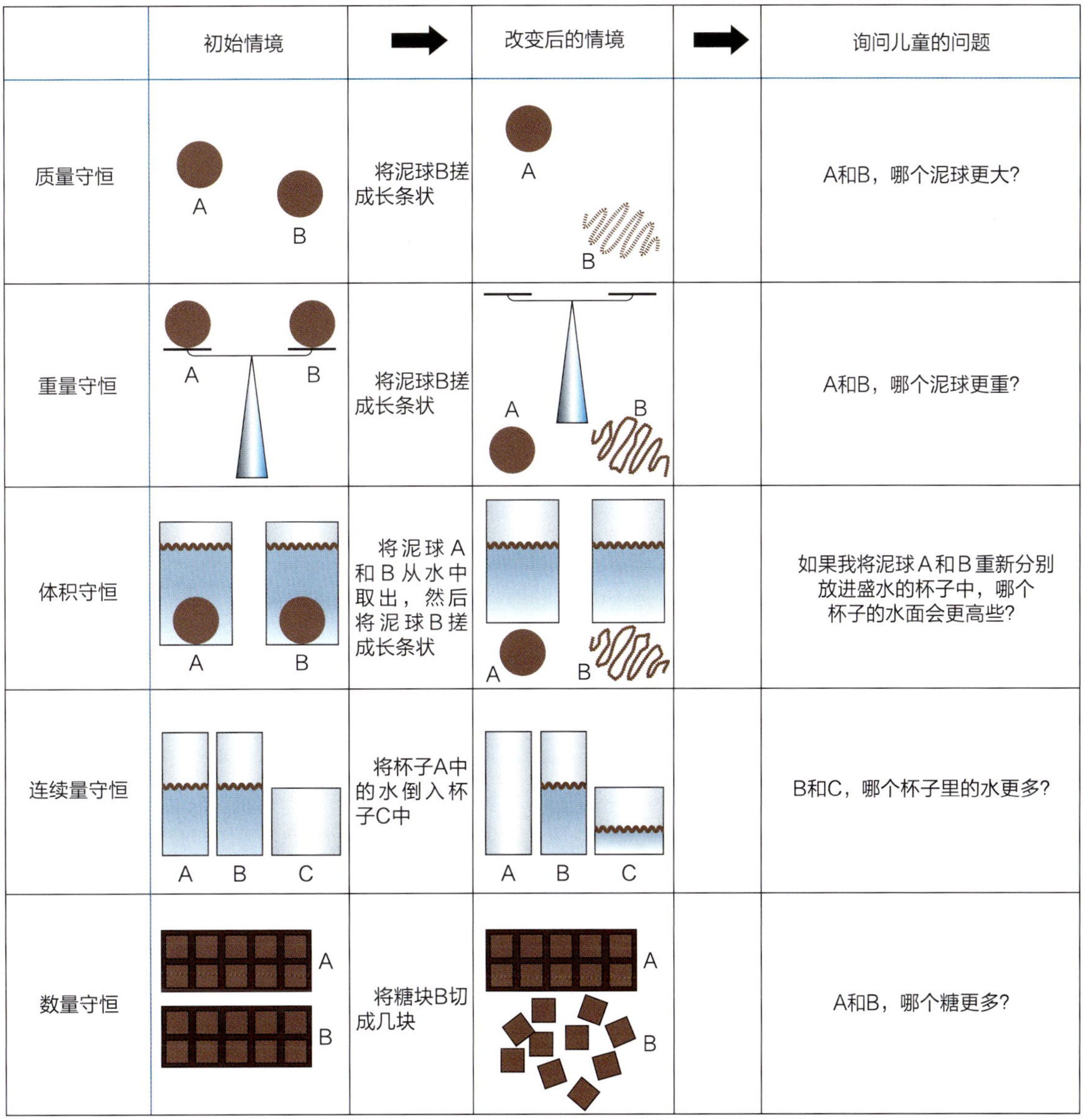

| | 初始情境 | ➡ | 改变后的情境 | ➡ | 询问儿童的问题 |
|---|---|---|---|---|---|
| 质量守恒 | A B 两个泥球 | 将泥球B搓成长条状 | A泥球，B长条 | | A和B，哪个泥球更大？ |
| 重量守恒 | 天平上A、B两泥球平衡 | 将泥球B搓成长条状 | 天平上A泥球与B长条 | | A和B，哪个泥球更重？ |
| 体积守恒 | 两杯水中各放入泥球A和B | 将泥球A和B从水中取出，然后将泥球B搓成长条状 | 两杯水，A泥球和B长条在杯外 | | 如果我将泥球A和B重新分别放进盛水的杯子中，哪个杯子的水面会更高些？ |
| 连续量守恒 | A、B杯水量相同，C杯空 | 将杯子A中的水倒入杯子C中 | A空，B有水，C有水 | | B和C，哪个杯子里的水更多？ |
| 数量守恒 | A、B两块大小相同的糖块 | 将糖块B切成几块 | A整块，B碎块 | | A和B，哪个糖更多？ |

**图 3-4　皮亚杰的一些守恒任务**

注：除了这里所介绍的任务外，还有其他涉及数量、长度、重量，以及体积等方面的守恒的任务。这些任务均能在具体运算阶段完成。

资料来源：Woolfolk, A., & Perry, N. E., *Child Development* (2nd ed.), © 2015 by Pearson Education, Inc. Reproduced by permission of Pearson Education, Inc. All rights reserved.

**表 3-3　皮亚杰提出的认知发展阶段及其特征**

| 阶段 | 大约年龄 | 特征 |
| --- | --- | --- |
| 感知运动阶段 | 0 至 2 岁 | 通过反射、感觉和动作等与环境的互动来学习<br>开始出现模仿和记忆，逐步向符号思维过渡<br>开始意识到物体被藏起来时虽然看不到，但仍然存在——客体永久性<br>从反射性动作向目的性行为转化 |
| 前运算阶段 | 儿童开始说话至 7 岁左右 | 发展语言，并开始使用符号来表征事物<br>难以对未来或过去进行思考，思维是当下的<br>能够进行单向的逻辑思考<br>难以理解其他人的观点 |
| 具体运算阶段 | 小学一年级左右至青少年早期，11 岁左右 | 能用逻辑的方式解决具体的（需要动手的）问题<br>能理解客体守恒的规律，能分类和排序<br>能进行逆向思考，从而在心理上"消除"动作<br>能理解过去、现在和未来 |
| 形式运算阶段 | 青少年时期~成人 | 能用假设和演绎的方式思考问题<br>思维更具科学性<br>能用逻辑的方式解决抽象的问题<br>能从多个角度看待问题，开始关注社会问题、个人认同，以及公平公正 |

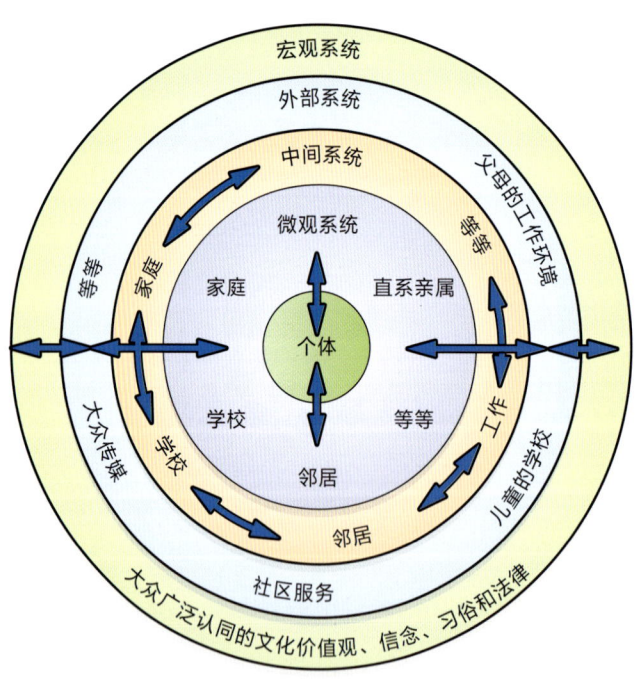

**图 4-1　尤里·布朗芬布伦纳关于人类发展的生态系统模型**

注：个体的发展是在一个微观系统（包括家庭、朋友、学校活动和教师等元素）中进行的，这个微观系统包含于中间系统（所有微观系统元素之间的相互作用），中间系统又嵌入外部系统（尽管儿童并未直接参与，但对他们的发展仍会产生影响的社会环境，如社区资源、父母的工作场所等）；这三个系统都是宏观系统（更大的拥有特定法律、习俗和价值观的社会环境）中的一部分。此外，所有的发展都是发生在特定的时间段内，并受到时间段的影响。因此，生态系统还包括一个时间系统。

**图 5-3　对一名 8 岁儿童创造力的图形评估**

注：每行从左到右，她给自己的画取的标题如下："德古拉""独眼怪物""南瓜""呼啦圈""海报""轮椅""地球""月亮""行星""电影摄影机""悲伤的脸""图片""红绿灯""沙滩球""字母 O""汽车""眼镜"。

资料来源："A Graphic Assessment of the Creativity of an Eight-Year-Old", from *The Torrance Test of Creative Thinking* by E. P. Torrance, 1986, 2000. Reprinted with permission of Scholastic Testing Service, Inc., Bensenville, IL 60106 USA.

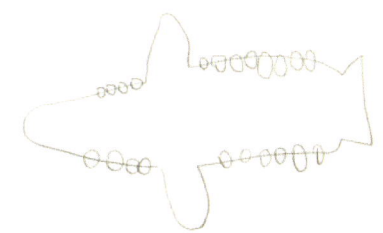

**图 6-1　故事和购物清单**

注：这个儿童对阅读和写作已经有了相当多的了解，她知道字母组合成单词用来传递信息，写字时应该从左到右，列清单时应该从上往下写，故事和购物清单应该用不同的方式表示。这个例子是由刚满 6 岁的卡拉·特潘宁提供的，向我们展示了正在萌芽的书写能力。

资料来源：Woolfolk, A., & Perry, N.E. (2015). *Child and Adolescent Development.* Reprinted and Electronically Reproduced by Permission of Pearson Education, Inc., Upper Saddle River, New Jersey.

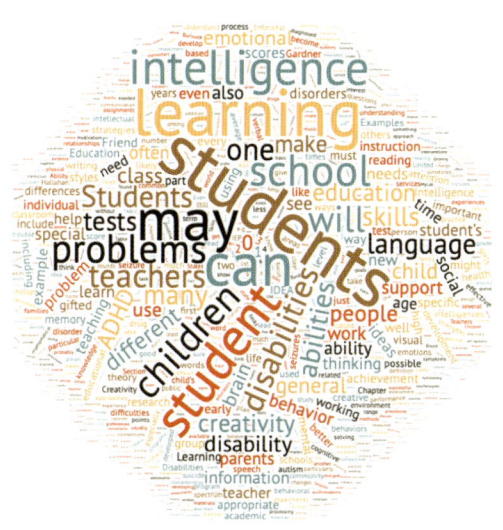

**图 5-4　本章词云**

在这个词云中，本章中单词的频率由单词的大小来表示。因此，你可以看到"可能"（may）、"学生"[student（s）]、"儿童"（children）、"可以"（can）和"学习"（learning）这些单词出现的频率较高。

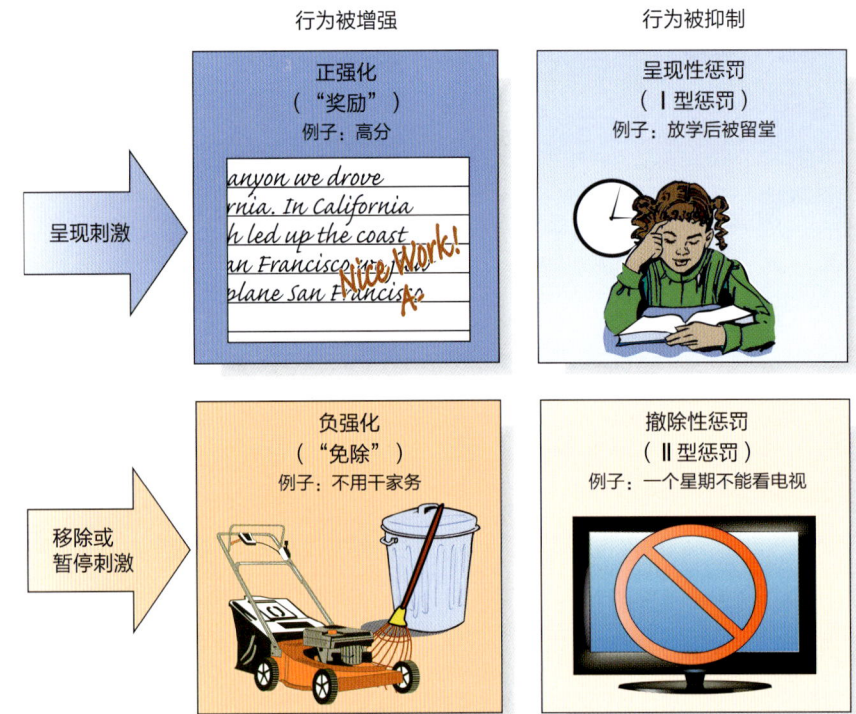

图 7-1　强化和惩罚的过程

注：人们常常将负强化与惩罚相混淆，这个图可以帮助你记住，强化通常与行为的增强相联系，而惩罚则通常是为了减少或抑制行为。

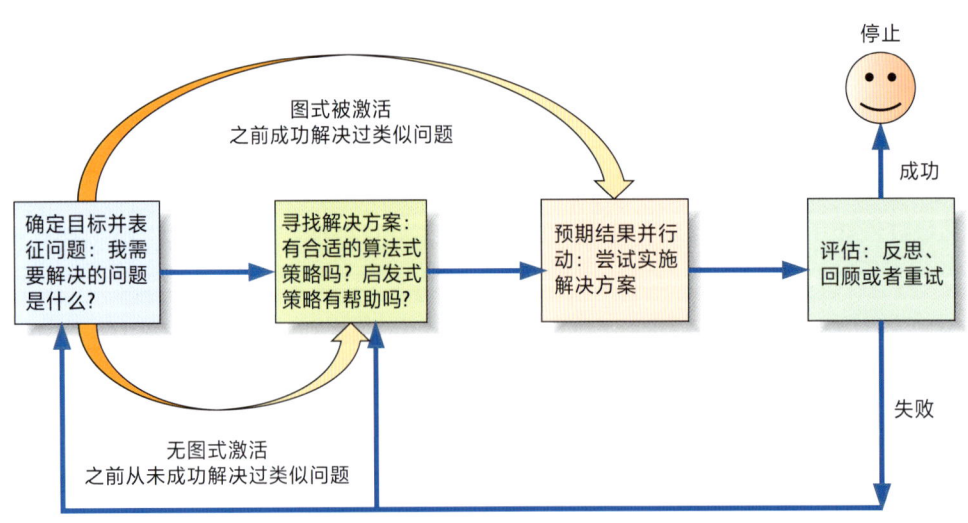

图 9-6　问题解决过程

注：寻找解决方案有两条路径。如果正确的图式被激活，那么解决方案会很明显，此时新问题是老问题的一个"伪装"版本。但是，如果没有图式可以利用，那么搜寻和检验将成为寻找解决方案的另一条路径。

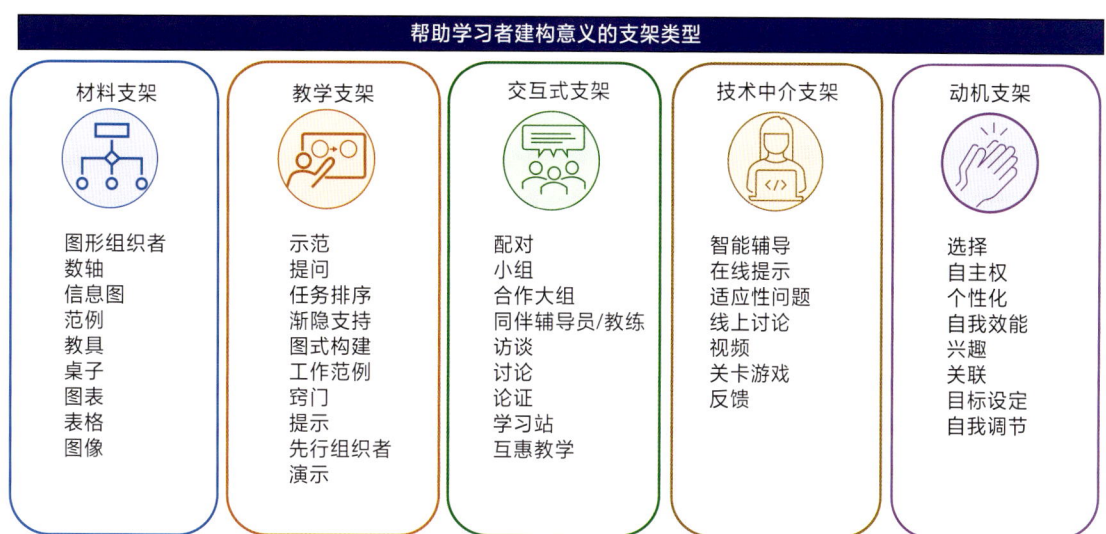

图 10-1　帮助学习者建构意义的支架式支持

注：教师可以使用各种策略来支持学生的深度学习。这些包括选择材料、使用有助于理解的教学方法、设计互动机会、使用技术和支持学生的学习动机。

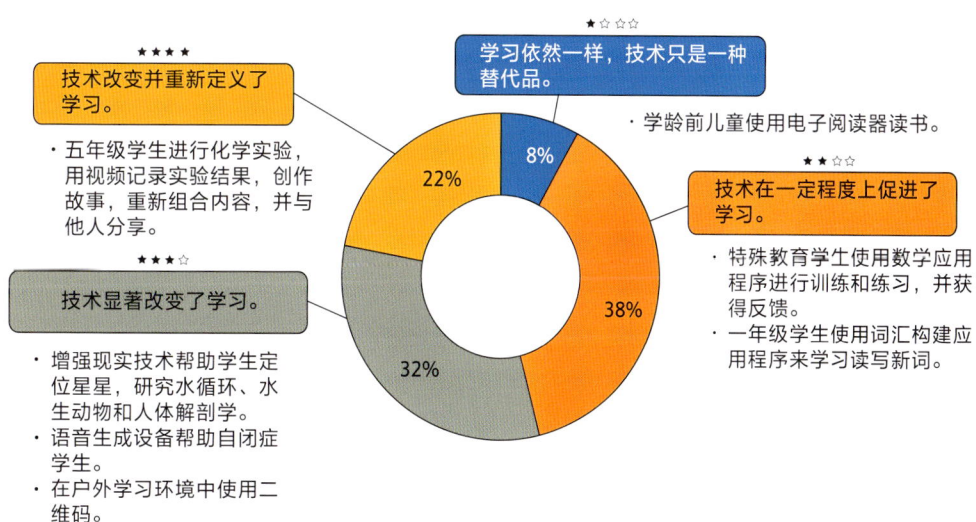

海伦·克朗普顿和黛安·伯克（2020）根据技术使用对学习的促进程度，对186项在幼儿园至高中学习中使用移动技术设备的研究进行了分类。该图呈现了每个学习效果类别所占的百分比，星星代表使用了更具变革性的技术。研究中参考的例子也包括在内。

图 10-5　移动技术能够促进学习吗？

资料来源：Based on mobile learning and pedagogical opportunities: A configurative systematic review of PreK–12 research using the SAMR framework, by H. Crompton and D. Burke, 2020, *Computers and Education*. Graphic created by Ellen Usher.

表 11-3 四种学习理论

| 维度 | 行为主义 | 认知主义 | 建构主义 | | 社会认知主义 |
|---|---|---|---|---|---|
| | 应用行为分析<br>B. F. 斯金纳 | 信息加工理论<br>J. 安德森 | 个体建构主义<br>让·皮亚杰 | 社会/情境建构主义<br>列维·维果茨基 | 社会认知理论<br>阿尔伯特·班杜拉 |
| 知识 | 一成不变的知识体系；<br>从外界获得 | 一成不变的知识体系；<br>从外界获得；<br>先前知识影响信息加工的方式 | 可变的知识体系；<br>在社会环境中进行个体性建构；<br>知识的建构基于学习者已有的知识 | 知识是社会建构而来的；<br>知识的建构依赖于参与者的贡献，是共同建构的 | 知识体系是可变的，是由个体、他人和环境互相作用而建构起来的 |
| 学习 | 事实、技能和概念的获得；<br>通过操练、指导性的练习产生 | 事实、技能、概念和策略的获得；<br>通过有效的策略使用而产生 | 在先前知识的基础上积极建构；<br>通过多种机会和不同过程将先前知识联结起来 | 将被社会性地界定的知识和价值进行合作性建构；<br>通过社会性建构的机会产生 | 基于观察，积极建构知识；<br>个体与物理和社会环境相互作用，并发展出主体性，即学会进行自我调节 |
| 教学 | 传授：通过讲课告知 | 传授：引导学生获得更加精确与完整的知识 | 挑战，引导学生思考，以获得更完整的理解 | 与学生共同建构知识 | 进行示范和演示，支持学生提升自我效能感与自我调节技能 |
| 教师的角色 | 管理者，监督者；<br>纠正学生的错误答案 | 教授和示范有效的策略；<br>纠正学生的错误概念 | 促进者，引导者；<br>听取学生当前的概念、观点和想法 | 促进者，引导者，共同参与者；<br>共同建构对知识的不同解释；<br>听取被社会性地建构的概念 | 榜样，促进者，动机激发者；<br>自我调节学习的示范者 |
| 同伴的角色 | 经常不被考虑 | 被认为是不必要的，同伴甚至会影响信息加工 | 不必要，但同伴能激发思考并提出问题 | 通常是知识建构过程的必要部分 | 能起榜样作用；<br>通常是知识建构过程的必要部分 |
| 学生的角色 | 被动接收信息；<br>积极的听众，指导的追随者 | 积极的信息加工者、策略使用者；<br>信息的组织和再组织者；<br>记忆者 | 在内心积极建构知识；<br>积极的思考者、解释者、诠释者及提问者 | 与他人及自我进行积极主动的共同建构；<br>积极的思考者、解释者、诠释者及提问者；<br>主动的社交参与者 | 与他人及自我进行积极主动的共同建构；<br>积极的思考者、解释者、诠释者及提问者；<br>主动的社交参与者 |

# 教育心理学
## 主动学习版 —— 原书第15版

## Educational Psychology
### Active Learning Edition

[美] 安妮塔·伍尔福克（Anita Woolfolk） 艾伦·L. 亚瑟（Ellen L. Usher） 著

伍新春 董琼 程亚华 译

人民邮电出版社

北京

**图书在版编目（CIP）数据**

教育心理学：主动学习版：原书第15版 /（美）安妮塔·伍尔福克（Anita Woolfolk），（美）艾伦·L. 亚瑟（Ellen L. Usher）著；伍新春，董琼，程亚华译. -- 北京：人民邮电出版社，2025. -- ISBN 978-7-115-67624-5

Ⅰ．G44

中国国家版本馆CIP数据核字第2025EK9032号

- ◆ 著　［美］安妮塔·伍尔福克（Anita Woolfolk）
  　　　［美］艾伦·L. 亚瑟（Ellen L. Usher）
  　译　伍新春　董琼　程亚华
  　责任编辑　李欣玮
  　责任印制　周昇亮
- ◆ 人民邮电出版社出版发行　北京市丰台区成寿寺路11号
  邮编 100164　电子邮件 315@ptpress.com.cn
  网址 https://www.ptpress.com.cn
  天津千鹤文化传播有限公司印刷
- ◆ 开本：880×1230　1/16　彩插：4
  印张：39.5　　　　　　　2025年9月第1版
  字数：882千字　　　　　2025年9月天津第4次印刷

著作权合同登记号　图字：01-2023-4276号

定价：169.00元
**读者服务热线：（010）67630125　印装质量热线：（010）81055316**
**反盗版热线：（010）81055315**

## 作者简介
### About the authors

**安妮塔·伍尔福克（Anita Woolfolk）**，生于美国得克萨斯州的沃思堡市（Fort Worth），她母亲在得克萨斯克里斯汀大学（Texas Christian University）教授儿童发展课程，父亲是计算机行业的早期从业者。她长期生活在得克萨斯州，她所有的学位都是在得克萨斯大学（University of Texas）奥斯汀分校取得的。博士毕业后，她作为一名心理学专家曾在得克萨斯州中部15个县的中小学工作过。作为一名教育心理学教授，她在高等教育领域的工作始于新泽西州立大学罗格斯分校，1994年调任至俄亥俄州立大学。如今，她是俄亥俄州立大学的荣誉退休教授。安妮塔的研究主要关注动机和认知，尤其是学生和教师的效能感，以及教师对于教育的信念。多年来，她一直担任《从理论到实践》（Theory Into Practice）期刊的主编，该期刊致力于将最有用的科学研究成果传递给一线的教育工作者。安妮塔也曾担任美国教育研究协会（American Educational Research Association）教学与教师教育分会的副主席，以及美国心理协会（American Psychological Association）教育心理学分会的主席。安妮塔还和英属哥伦比亚大学（University of British Columbia）的南希·佩里（Nancy Perry）合著完成了《儿童与青少年发展》（Child and Adolescent Development）的第2版（Pearson，2015），并与她的丈夫韦恩·霍伊（Wayne Hoy）合作完成了《教学领导力：基于研究的学校学习指南》（Instructional Leadership: A Research-Based Guide to Learning in Schools）的第5版（Pearson，2020）。

**艾伦·L.亚瑟（Ellen L. Usher）**在佐治亚州的罗斯韦尔市（Roswell，Georgia）度过了她的少儿时期，并在此体验了多样的教育经历，包括私立自然学校、公立小学和公立初中。她在南卡罗来纳（South Carolina）乡村和亚特兰大（Atlanta）市区完成了她的高中学业。艾伦是一位终身法语爱好者，在获得外语教育学士学位后，她开始了在亚特兰大公立学校教授小学法语的职业生涯。在她最喜欢的老师的启发下，艾伦在奥格尔索普大学（Oglethorpe University）攻读中年级教育硕士学位的同时，转为教授五、六年级的课程。在埃默里大学（Emory University）获得教育学博士学位后，艾伦于2007年在肯塔基大学（University of Kentucky）开始了她的高等教育职业生涯，并担任该校动机与学习实验室主任。在这里，她领导了一个跨年龄和跨学科的研究团队，致力于探索各种教学和学习环境中的人类动机。2022年，艾伦调任至妙佑医疗医学与科学学院，成为该校的一名教育科学家和教授。艾伦是美国心理协会会员，并曾担任美国教育研究协会教育动机特别兴趣小组主席。

# 译者简介
About the translators

**伍新春**，国家哲学社会科学领军人才，北京师范大学二级教授、京师特聘岗位领军教授、心理学科学位委员会主席、心理学部博士生导师、儿童阅读与学习研究院院长。曾任中国心理学会学校心理专业委员会副主任、教育心理专业委员会副主任、心理学普及工作委员会副主任，现任中国心理学会常务理事、临床与咨询心理学专业委员会主任、心理服务标准化工作委员会副主任，中国教育学会学校教育心理学分会副理事长，中国人才研究会超常人才专业委员会副会长等。主要从事教育与学校心理学、临床与咨询心理学等领域的教学和研究工作。主持和承担国家和省部级科研课题及国际国内合作课题50多项，在国内外学术期刊发表论文和研究报告410多篇，出版学术专著、教材、译著和科普著作等50余部。曾荣获高等教育国家级教学成果奖、基础教育国家级教学成果奖、全国普通高等教育国家级精品教材奖、中国高校人文社会科学研究优秀成果奖、全国教育科学优秀成果奖、北京市高等教育教学成果奖、北京市基础教育教学成果奖、北京市哲学社会科学优秀成果奖、北京市教育科学优秀成果奖等奖励20余项。

**董　琼**，北京师范大学心理学部博士毕业，现任教于安徽大学。主要从事教育心理学的教学和研究工作。主持省部级科研课题2项，在国内外学术期刊发表论文10余篇。

**程亚华**，北京师范大学心理学部博士毕业，曾任教于于宁波大学，现任教于上海政法学院。主要从事教育心理学的教学和研究工作。主持国家和省部级科研课题3项，在国内外学术期刊发表论文30余篇。

# 译者序

## 一

亲爱的读者朋友，您正在捧读的《教育心理学：主动学习版》（原书第15版）已经是我组织团队翻译本书的第6个版本了。此前，我们先后对本书第11版的"经典教材版"进行了翻译，并改编了"双语教材版"，翻译了本书第12版的"经典教材版"和"主动学习版"，以及第13版的"主动学习版"。

事实上，我国大陆和台湾的诸多出版机构和不同学界同人，也曾先后翻译或改编过本书的许多版本，至今我国已发行过本书第8、第10～13版的英文影印版，出版过本书第8～14版的中文翻译版，并得到了我国高等学校师生和广大一线教师的普遍关注和高度评价。本书的不断再版和中译本的不断更新，既展现了本书不断发展完善的历程，也证明了本书旺盛的生命力和长期的畅销性。

众所周知，由美国俄亥俄州立大学安妮塔·伍尔福克（Anita Woolfolk）教授等所著的这本《教育心理学》，是目前国际教育心理学领域中最具代表性和影响力的教材，也是使用范围最广、最为畅销的心理学教材之一。本书的第一作者安妮塔教授，1972年从得克萨斯大学（奥斯汀）获得教育心理学博士学位，1973—1993年任教于新泽西州立大学罗格斯，1994年后任教于俄亥俄州立大学，曾担任美国心理协会（APA）教育心理学分会主席、美国教育研究协会（AERA）教学与教师教育分会副主席，是国际著名的教育心理学家。从第15版（即本版）开始，安妮塔教授邀请了艾伦·L.亚瑟（Ellen L. Usher）教授来协助本书的编写。艾伦教授从埃默里大学获得教育学博士学位后，2007—2022年任教于肯塔基大学，2022年后任教于妙佑医疗医学与科学学院，并曾担任美国教育研究协会（AERA）教育动机特别兴趣小组主席。本书从1980年的第1版到目前的第15版，一直深受全球读者欢迎，其影响力经久不衰。尤其是从第10版开始，本书不仅出版了按章节结构化的"经典教材版"，还推出了按主题模块化的"主动学习版"，以供广大读者选择。

## 二

本书之所以能够成为一部经典的教育心理学教材，是因为它系统全面、脉络清晰，立足前沿、观念新颖，科学严谨、突出实践，文道统一、兼容并包，案例翔实、通俗易懂。具体而言，本书具备以下几个特点：

**第一，本书主题全面、内容丰富，几乎涵盖了教育心理学的所有重要领域和核心主题**。全书的15个章节可以划分成4个部分。第1部分包括第1章和第2章，作者不仅介绍了当今时代学习和教学的特点，讨论了教育心理学研究对于实际教育教学的帮助，还从文化和多元的视角介绍了刻板印象、歧视，以及社会经济地位、种族和民族等对学生影响深远的话题。第2部分包括第3章到第6章，着重介绍了学生心理的发展。作者不仅向我们介绍了学生的认知发展、社会性与道德发展等共性规律和学生的智力、创造力、学习风格、学习障碍等个体差异，还介绍了语言发展、语言多样性与移民教育等现实问题。第3部分包括第 7 章到第 12 章，着重介绍了学习与动机的理论及其应用。作者不但向我们介绍了经典的行为主义学习理论和记忆、学习策略、问题解决与迁移、创造性与批判性等复杂认知的研究成果，而且重点介绍了学习科学的新发展，尤其是对建构主义学习理论和学习的社会认知观点进行了深入的探讨，并对学习动机的理论观点和实际应用进行了翔实的介绍。第 4 部分包括第 13 章到第 15 章，着重讨论了教学与评估的议题。作者不仅向我们介绍了创建和维持良好学习环境、处理纪律问题和预防校园欺凌等方法，分享了制订教学计划、选择教学方法、实施差异教学等促进学生发展的教学策略问题，还介绍了教师课堂测验、标准化测验等经典测评形式和真实性评估、作品集评估等新型评估形式。作者正是遵循这种"学生发展—学习与动机—教学与评估"的内在逻辑关系，逐步建立了本书的结构框架，同时也帮助读者建立起教育心理学的理论体系。

**第二，本书内容的时代感强，资料来源与时俱进，充分反映了教育心理学的最新进展**。事实上，作者在论述每一部分内容的时候，不仅详细阐述了各种经典的理论学说，还力图尽揽百家之言，向读者展示和介绍了大量最新的研究进展和前沿动态。例如，第 1 章对社会情绪学习的介绍，第 2 章对课堂多元性的分享，第 3 章对神经科学与教学的阐述，第 4 章对社会情感学习、自我同一性与科技等内容的介绍，第 5 章对多元智能、情绪智力、癫痫疾病和自闭症谱系障碍的讨论，第 6 章对语言多样性的分享，第 7 章对强化和惩罚的神经科学的扩展，第 8 章对目击记忆的介绍，第 9 章对具身认知和刻意练习的讨论，第 10 章对结构性争论、移动学习和媒体素养的介绍，第 11 章对情绪的自我调节的探讨，第 12 章对社会目标和学业情绪的介绍，第 13 章对远程学习管理的讨论，第 14 章对富有挑战性的教学目标和韦伯知识深度等级的讨论，第 15 章对反馈和教师评估的介绍等，都大量吸纳了近年来发展的最新研究成果。作为一本教材性质的著作，能有如此严谨而高效的更新，说明作者对教育心理学各个研究领域的前沿动态都具有极敏锐的把握。这一点也无疑将大大提高本书的阅读价值。

**第三，全书的编排和语言无不体现教育心理学的原理，具有强烈的读者中心取向**。如果说教材的写作就是对教学过程中教师的言行进行文字记录，那么学生阅读本书的过程正是对学习过程的动态模拟。想象一下，你的读者就是讲台下方坐着的学生们，你会如何向他们教授"教育心理学"的专业知识？作为著名的教育心理学家，伍尔福克教授等无疑对学生的思维特征、学习规律、阅读习惯、信息加工倾向等非常了解，而这种专业素养更进一步帮助作者以最有效的方式进行教育心理学的教学。

从小处着眼，这体现在作者的人称选择上。本书通篇采用第一、二人称，随处可见"你能做些什么""对你来说，是不是……""回忆一下，你以前是否接触过……""……是否让你感到紧张""就我个人而言，我希望……""让我们一起来分析一下……""停下来，想一想……"之类的互动性语言，通过营造"面对面"（face-to-face）交流的氛围，为读者勾画出一个真实、互动、轻松的学习情境——这与一般教师在真实课堂情境中所作的努力，不正有异曲同工之妙吗？

就整体而言，不难发现作者在内容的编排组织上，俨然渗透了自主学习、探究学习、体验学习、合作学习等方法和学生中心的理念。这些教学方法（或称"写作方法"）已经摆脱了传统讲授的单一形式，本书的行文风格本身就为读者提供了丰富的教学示范。用教育心理学的原理技巧教授教育心理学——这不正是一个有趣而迷人的命题吗？

**第四，与一般的同类教材相比，本书的另一个显著特点是其开放包容的学术态度**。能够进入教材的观点，大多经过了大量研究者多年的严谨考证。但即便如此，教育心理学领域仍然存在众多尚未解决的难题。如何引导读者对这类问题进行学习呢？在每个章节里，读者都可以发现"观点/对立观点"的内容板块。它们一般都涉及到教育心理学领域目前仍然广受争议的重要话题，如"应该为女孩、男孩提供不同的教育吗？""我们该为注意缺陷与多动障碍儿童提供药物还是技能？""学校应该教学生批判性思维与问题解决方法吗？""有毅力的学生会更成功吗？"等等。对于这些问题，作者并没有给出简单的非此即彼的回答，而是保持了严谨、中立、全面的态度，同时收集整理了来自不同研究者的多种观点，留待读者在自行反思中摸索自己的立场。伍尔福克教授等的这一做法无疑也在给读者树立了一个榜样——开放的视野、全面的认识和严谨的判断，才是我们面对纷繁复杂信息时应保持的科学态度。

**第五，强烈的实践导向，是本教材区别于国内绝大部分教材的一个重要特点。** 在写作本书的过程中，伍尔福克教授等甚少使用专业性太强的词汇，而是努力使这一最新版本的《教育心理学》更加清晰、实用和有趣，具有强烈的实践导向。本书高度重视理论和实践的紧密结合，强调有关儿童发展、认知科学、学习、动机、教学和评估等各方面研究中所蕴含的教育启示和应用。你从本书中可以了解到，如何将教育心理学研究中获取的信息和理念运用于解决日常的教学问题。为了帮助你探索研究与实践之间的联系，本书提供了大量的教学案例、课堂片段、个案研究和实践指南，甚至归纳了那些有经验的教师自己总结的教学法宝。因此，本书多年来一直是美国教师资格考试的主要参考教材，并受到了广大教师的普遍欢迎。我相信只要认真阅读本书，你一定可以感受到教育心理学巨大的实用价值，并为那些热爱教学和热爱学习的人们提供独到的思想见解和重要的知识来源。

**第六，主动学习版区别于经典教材版，还有一个重要特点，那就是其组织的模块化。** 本书根据主题相似性，将全书的内容划分成了47个学习模块。这种模块化的教材组织结构，有助于读者对内容进行分散学习，有利于读者对知识的深度理解，有利于读者及时达成学习目标，并检测自己的掌握情况，从而有利于强化读者的学习动机。另外，这种模块化的教材组织形式，也和当今时代正日益流行的"慕课"课程，具有某些相似之处，有利于读者利用碎片化的时间进行阅读，也更适合读者个人的日程安排，可以帮助读者变得更有自我调节的能力，更能有效地管理自己的学业。

## 三

应该说，翻译这样一本教育心理学经典教材，对于长期从事教育心理学教学和研究工作的我而言，是一个非常令人愉悦的旅程。这不仅是一次难得的与高手直接"对话"的机会，也是一次对自身学术知识进行重新梳理和修正完善的过程。不过，由于伍尔福克教授和亚瑟教授都是持有"积极入世"态度的教育心理学家，因此书中大量涉及美国教育体系、教育政策和文化背景等信息。如果读者对这些信息缺乏必要的了解，可能会在阅读某些具体案例时感到些许困惑。但是，为了培养读者的全球化视野，并借鉴美国的成功经验，我们保留了全部的相关内容，并如实地进行了翻译。事实上，虽然我国不是移民国家，我国的教育政策也与美国有异，但我国流动儿童和留守儿童群体庞大，我国具有各种身心障碍的孩子也为数不少，我国的教育和课程改革也正在进入深水区，我国的升学考试和学业质量评估体系也正在重建……我相信本书提供的相关研究基础和宝贵的实践经验，一定对我国相关工作的开展大有裨益！

本书在美国使用时已开发出完整的配套教学体系，如美国的各种网站资源等，考虑到我国读者获取这些资料不太方便，在翻译过程中我们进行了删除；为了节省篇幅，我们将虽赏心悦目但与正文关系较远的图片也忍痛割爱了。此外，原书的附录非常丰富，包括美国教师资格考试、名词术语表、参考文献、人名索引、主题索引等，洋洋洒洒150页。考虑到美国的教师资格考试与我国的实际情况相差较远、人名索引和主题索引对一般读者实用价值不大、名词术语表与正文的内容略显重复，我们都进行了删除；同时，将"参考文献"部分放到了中译本出版公司的网站上，便于读者在需要时查阅，而又无须占用宝贵的版面。可以说，在保持全书框架体系不变、主体内容不变的前提下，根据中国读者的阅读需要和尽量使内容精练实用的原则，我们进行了适当的删改。希望这一调整能得到原著者和出版者的理解，并令广大读者满意！

本书的翻译工作是由我和我的博士毕业弟子合作完成的，翻译本书的过程也是我们师生进行学术探讨的过程。具体各章节的主译者分别是：目录、前言、第 1 章、第 12 章，伍新春；第 2～7 章，董琼（现任教于安徽大学）；第 8～11、13～15 章，程亚华（曾任教宁波大学，现任教于上海政法学院）。此外，安徽大学和宁波大学的学生参与了部分章节初稿的翻译工作，具体情况是：第 4 章，段一萍；第 5 章，许怡凡；第 6 章，张睿；第 7 章，姜昭阳；第 8 章，沈岚岚；第 9 章，冯瑶、何耘丰；第 10 章，张文建、郑珂欣；第 11 章，叶佳依；第 12 章，陈龙、吴秋芸；第 13 章，邰光霞、周乐尔；第 14 章，马嘉琪、全雪婷；第 15 章，高源辉、何耘丰。在此，对于他们的认真参与，表示感谢！

在翻译过程中，我们三位主译者不仅相互沟通和统一了名词术语，也互相进行了批判性阅读，相信本版的翻译质量有更进一步的提升。当然，作为本书的第一主译者，我逐章逐节逐段逐句地对译稿进行了认真的修改和完善，对全书的体例和风格进行了统一，并最终定稿。因此，译稿中的任何错误和纰漏都应由我负责。

最后，需要特别说明的是，如前所述，本书第 11 版的"经典教材版"、第 12 版的"主动学习版"和"经典教材版"、第 13 版的"主动学习版"的中译本也是由我和我的研究团队合作翻译出版的，本版（第 15 版）的翻译是建立在第 11 版、第 12 版和第 13 版工作的基础之上的。除继续参与本版工作的董琼和程亚华之外，我需要特别表达对第 11 版和第 12 版的合译者张军（北京师范大学珠海校区副教授）、季娇（中南大学副教授）、赖丹凤（厦门大学副教授）和尚修芹（中国儿童中心副研究员）的感谢，衷心感谢他们奠定的良好基础！

## 四

在长期从事教育心理学研究和教学的过程中，我一直将本书作为重要的教学参考和命题依据。今天将这本经过我们认真翻译而成的最新中译本奉献给您，相信它对于您学习和了解教育心理学，并最终成为一名优秀的教师有所帮助。因此，我非常乐意向您推荐本书，它不仅可以作为本科教学和教师教育的核心教材，也可以作为相关考试（如全国心理学、教育学相关专业研究生考试和教师资格证书考试）的参考资料。

实事求是地说，虽然在翻译的过程中我们力求精益求精，以尽可能地贴近作者原意，并尽可能地符合我国读者的阅读习惯，然而由于文化的差异和理解的不同，翻译中仍难免存在某些不足，敬请读者朋友批评指正！

伍新春
北京师范大学心理学部
2025 年 3 月 30 日

# 前言 Preface

读者朋友们，我相信你们中的大多数人正在修读教育心理学课程，因为这是课程教学、心理咨询、言语治疗、健康护理和心理学等领域内获得专业发展的准备课程之一。从幼儿园的志愿者到成人英语学习社区项目的讲师，无论你来自什么领域，只要你关注教育和学习，那么这本书中的内容对你而言，应该是很有意思的。在理解这本书时，你并不需要具备太多心理学和教育学方面的专业背景知识。本书已尽量避免使用专业性太强的词汇，我们努力让这一版本的《教育心理学》更加清晰有趣。

本版本的教材继续保留了先前"主动学习版"中新颖、独特的自主学习形式。如果你没有读过此前的版本，那么这本教材可能与你以往所见的大多数教材都不同。本书被划分成了47个易于阅读的学习模块。关于这种形式为何能够帮助学习，教育心理学的研究提供了如下依据。第一，将学习材料分解为小的组块，以及在较长的时间周期内分散学习，相比于在短时间内往头脑中塞进太多学习材料的集中学习，其学习速度更快，学习效果也更持久。第二，如果能够将原有的知识与现在的新知识建立连接，将原有知识运用到对当前所学内容的理解上，那么就会获得更深层次和更有意义的学习成效。第三，如果有具体的学习目标、挑战性适度的学习任务，以及合理的时间与精力投入，那么学习动机就会更强烈。第四，经常评估自己的理解，将会帮助你修正错误概念，防止记住错误的信息。第五，我们知道你的生活很忙碌，每天都有各种各样的事情需要处理，篇幅短小和合理谋篇的读本也许更切合你个人的日程安排。如果你掌握了这些自主学习的模块，你就会变得更有自我调节的能力，能更有效地管理自己的学业。因此，欢迎大家以一种研究性的方式来学习教育心理学这门我们最喜欢的学科。

本书的第15版继续沿用以往的风格，强调有关儿童发展、认知科学、学习、动机、教学和评估等方面在研究中所蕴含的教育启示和在不同情境中的应用。在本书中，我们不会分开介绍理论与实践，而是同时兼顾两者。你从本书中可以了解到，如何将教育心理学研究中获取的信息和理念运用于解决日常的教学问题。为了帮助你探索研究与实践之间的联系，本书提供了大量的案例、课堂片段、个案研究和实践指南，以及经验丰富的教师所总结的实用技巧。我们的目标是为你提供有关的知识和技能，帮助你打下坚实的基础，让你有信心面对各种情境，对学生进行教学。当你认真阅读本书时，我相信你可以感受到教育心理学的巨大价值和作用，它能够为那些喜欢教学和热爱学习的人们提供独到的见解和重要的知识。自从上一版出版以来，这一研究领域取得了令人振奋的进展，这些进展会陆续呈现在相关章节中。我们还会探讨新型冠状病毒（COVID-19）大流行如何改变了世界各地许多教师和学习者的教育实践和效果。

## 第15版增加的新内容

纵观全书，你会发现书中增加了以下数个重要主题。

- 大胆直面教学中的**同一性、种族和特权**问题。在第1章中探讨教育心理学的研究领域后，我们会在第 2 章中要求你审视你自己和你的学生。你是谁？你的学生是谁？我们将探讨**当今课堂的多元化**。对教育环境中学生的细致描述，使多元化变得真实和人性化。在后面的多个章节里，我们增加了新的练习，要求读者"设身处地"，以此培养对学生和情境的共情意识。

- 在第 3 章及后面的多个章节中，增加了**脑、神经科学与教学**等内容。
- 增加了**技术**和**互动学习环境**对当今师生生活的影响等内容。
- 在多个章节中增加了有关**社会情感学习**（social and emotional learning，SEL）和**创伤知情教学**（trauma-informed teaching）的部分。

至于每一章内容的主要变化，体现在以下方面。

- **第 1 章**：为增强你的教学效能感，我们新增了一个案例簿，讲述如何在充斥着各种在线和面对面"建议"的世界中成为一名优秀的教师。这里有专家教师和实习教师的回复。此外，我们还加入了关于**社会情感学习**（SEL）和创伤对学生的**影响**的新内容。这两个主题将在其他几个章节中具体讨论。另外，在"优质教学"部分，我们还加入了广泛使用的 CLASS 模型。
- **第 2 章**：本章始于一个新的案例——"关于种族的对话"，任何学校都有可能发生这样的案例。我们探讨"**教育即文化**"的具体表现，然后要求你审视自己的**教育和文化历史**——你是谁？是什么让你成为现在的自己？为了帮助你思考这些重要的问题，我们新增了**文化交叉**、**刻板印象**、**偏见**和**贫穷**等内容，并涵盖了更多有关**种族和性别同一性**、**性取向**和**创设全纳课堂**等内容。
- **第 3 章**：新增**大脑、突触可塑性和对教育的启示**等内容。此外，对皮亚杰（Piaget）和维果茨基（Vygotsky）的理论也进行了更多的**批判性分析**。
- **第 4 章**：介绍了**青春期早熟与晚熟、游戏、儿童肥胖症、饮食失调、文化与养育、攻击、社会情感学习、儿童虐待和强制性报告、自我同一性与技术、处理作弊**等主题的最新进展。
- **第 5 章**：新增了有关**贴标签、多元智能、情绪智力、学习风格问题、注意力缺陷与多动障碍、创伤知情教学、癫痫发作**和其他严重的健康问题，以及**自闭症谱系障碍**等内容。
- **第 6 章**：增加了**语言多样性、美国原住民的语言**等方面的新信息，以及关于移民学生和语言学习者**情感和情绪/社会**等方面的考虑（包括**处理创伤**）等扩展内容。
- **第 7 章**：扩展了关于强化和惩罚的**神经科学、有效指令传递**、家长和教师**使用隔离的注意事项**、问题行为的成因，以及在**问题行为的三级预防体系**中使用**积极行为支持**等内容。
- **第 8 章**：更新了**大脑与认知学习、多任务处理、工作记忆与认知负荷、概念教学、有效练习和认知学习理论的教学意义**等内容。此外，还新增了关于**儿童与目击记忆**、与学生面谈的**指南**等内容。
- **第 9 章**：新增了教师如何**促进学生元认知**、使用**视觉策略和绘画**来学习、**样例与具身认知**、**刻意练习、批判性思考线上资源**，以及**整合多种**信息**来源**等内容。此外，还介绍了**问题解决和论证**等方面的新进展。
- **第 10 章**：借由一个新的案例簿，表达了人们对**新冠疫情大流行期间出现的新的教学和学习方法**的思考，以及如何通过远程和混合教学促进有意义的学习。更新了对**建构主义**学习和教学的**要素、支架、深层提问、合作、在数字世界中的学习、沉浸式学习环境、混合和翻转课堂**，以及**计算思维**等方面的讨论。新增了**建设性/结构性争议、移动学习和数字公民**等内容。

- 第 11 章：更新了社会认知理论、自我效能感和主体性、教师自我效能、自我调节学习、毅力和教师压力等方面的内容，并新增了与教师和学习者密切相关的情绪自我调节方面的内容。
- 第 12 章：围绕动机成分（比如需要、价值观、目标、信念等）及与之相关的前因和后果重组了本章内容。更新了内在和外在动机、自我决定、目标、学校归属感、思维方式和好奇心等内容。新增了社会目标和成就情绪等小节。全面修订了鼓励学习动机的策略部分。
- 第 13 章：贯穿本章内容的是创设支持性的现场和远程学习环境这一挑战。新增关于管理远程学习的规则和常规等小节，其中包括专家教师（安妮塔·伍尔福克的女儿）写给学生的一封信"欢迎来到远程学习"。对积极的师生关系、零容忍、欺凌和网络欺凌、恢复性正义和文化回应式课堂管理等方面的内容进行了更新和扩展。
- 第 14 章：介绍了教师期望、差异教学和家庭作业等相关研究的新进展，并新增了有关挑战性教学、韦伯的知识深度、提出基本和真实的问题，以及给予反馈等小节。此外，还新增了高质量对话和学习的通用设计等内容。
- 第 15 章：新增了反馈和教师评估的小节。更新了选择性反应题、评分标准、评分、留级和增值模型等素材。

## 清晰明了地描述了教育心理学领域及其未来发展方向

第 15 版《教育心理学》沿用了本书一贯的简明笔调。本书不仅准确地、与时俱进地涵盖了教育心理学研究的核心领域，如学习、发展、动机、教学和评估，并且对目前在这一领域和社会中不断涌现出来、影响学生学习的新趋势进行了理性的梳理，如学生的多元化、全纳教育、社会情感学习、教育与神经科学和技术等。

此外，为始终如一地强调教育心理学对课堂中教师教学和学生学习产生的实际作用，本书包含了当前教育中大量存在的问题及争论、教学案例、课程片段、个案研究，以及来自经验丰富的教师的实践意见。

"观点/对立观点"专栏会出现在每一章，而且会列举一个与各章主题有关的争议性话题，并从正方观点和反方观点的角度进行解释。这些主题包括：指导教育的研究类型、是否应该对女孩和男孩进行不同的教育、基于脑的教育、自尊运动、注意力缺陷与多动障碍儿童的药物治疗与技能训练、英语学习者的最佳教学方法、运用奖励来促进学生学习、多任务处理有什么问题、批判性思维和问题解决的教学、基于问题的教育、有"毅力"的学生是否更成功、让学习变得有趣的价值、对欺负行为的零容忍、家庭作业的价值、留级等。

"实践指南"每章都有，这部分内容提供了一些理论或原理的具体实践应用。

"与家庭和社区建立合作关系的实践指南"部分提供了一些具体方法，以鼓励所有家庭参与到学生的学习中——特别是现在对父母投入的要求空前地高，家校合作的需求也极为重要。

"教师的案例簿"在每章的开始部分呈现，描述了真实的课堂状态，并会问"你会怎么做？"——它实际上就是给读者提供一次机会，将本书中所有的重要主题运用到解决实际问题的过程中。

"关注到每个学生"这部分主要提供一些理念，用于评估、教育和激发全纳课堂中的所有学生。

"对教师的启示"部分提供了以研究为基础的简明、实用的教学原则。

"设身处地想一想"通过询问学生在不同情境中的感受来发展他们的共情意识和能力。

"停下来，想一想"活动让学生亲身体验所讨论的概念。

## 致谢

从本书的初稿到如今最新的版本,很多人给予了帮助。没有他们的帮助,这本教材是无法完成的。

很多教育工作者对这本书做出了贡献。英属哥伦比亚大学的同事南希·佩里(Nancy Perry)参与了这一版本的早期规划,并为多个"教师的案例簿"重新设计了问题;为案例簿招募加拿大教师并与他们合作;与她的学生西尔维娅·马扎贝尔(Silvia Mazabel)研究了第3、第4和第5章,并起草了第4章的前几个部分。南希敏锐的眼光和对这一领域的深入了解,使这一版本更具时效性和包容性。除了与南希合作,西尔维娅也出色地完成了多个章节的研究工作,对这些章节的最终版本保持着敏锐的洞察力,并确保了这些章节的参考文献和最终参考书目的准确性。在之前的版本中,艾伦·L.亚瑟在成为合著者之前,以其卓越的学术成就和令人愉悦的文笔,对第2章和第11章进行了修订。卡罗尔·温斯坦(Carol Weinstein)撰写了第13章中有关学习空间的章节。迈克尔·约夫(Michael Yough,俄克拉荷马州立大学)仔细检查了第6章(语言发展、语言多样性与移民教育)在内的多个章节。俄亥俄州立大学的艾伦·希尔维拉(Alan Hirvela)也对第6章提出了改进建议。鲍尔州立大学的杰瑞尔·卡萨迪(Jerrell Cassady)为第12章"学习动机与教学"提供了宝贵的指导。第1章、第2章和第6章中对相关学生的描述是由南希·克纳普(Nancy Knapp,佐治亚大学)精心提供的。

我们决定如何修订这一版本时,全美各地的很多同行提出了很多想法,他们花时间完成了调查、回答了我们的问题,以及审阅了有关章节,这让我们受益匪浅。特别感谢克里斯特尔·利拉(Krystal Lira)、金伯利·阿尔伯茨(Kimberly Alberts)和亚历山德拉·李(Alexandra Lee,密歇根州立大学),以及托尼·佩雷斯(Tony Perez)和阿里安娜·怀特 – 莱瓦蒂奇(Arianna White-Levatich,奥多明尼昂大学)为第15版的内容、结构和流程提供的意见。我们感谢珍妮弗·伯里斯(Jennifer Burris)、阿纳斯塔西娅·科尔(Anastacia Cole)、坎迪斯·哈根斯(Candice Hargons)、萨拉·库尔(Sara Kuhl)和杰琳·帕特森(Jaylene Patterson,肯塔基大学),以及陈晓音(Xiao-Yin Chen,佐治亚大学)就特权和多样性相关的具体章节所提出的独到见解。我们再次感谢H.理查德·米尔纳(H. Richard Milner)这位开创性的学者和朋友,对这些主题提出的精辟评论和睿智指导。

感谢佛罗里达大西洋大学的阿丽莎·冈萨雷斯 – 德哈斯(Alyssa Gonzalez-DeHass)、亚利桑那州立大学的卡拉·M.菲雷托(Carla M. Firetto)、堪萨斯州立大学的朱迪·K.休伊(Judy K. Hughey)、加州州立大学圣贝纳迪诺分校的库尔特·科瓦尔斯基(Kurt Kowalski)和夏威夷大学的玛丽·K.伊丁(Marie K. Iding)的修订意见。

全美乃至世界各地的很多教师为本书贡献他们的经验、创造力和专业知识。我们非常享受与这些富有经验的教师的合作,也非常感激他们为这本书所带来的新的视角。

在这一版本中,我们有幸与一个出色的编辑团队合作。他们的才智、创造力、明智的判断力、处事风格,以及对质量的不懈追求,在这本教材的每一页上都体现得淋漓尽致。教师教育内容分析师,丽贝卡·福克斯 – 吉格(Rebecca Fox-Gieg)和布鲁克·内瑟斯(Brooke Nethers)指导了项目从审查到完成的整个过程。她们的耐心、毅力和专业知识使整个项目得以顺利完成。艾丽西亚·赖利(Alicia Reilly)是出色的编辑,她将广博的知识、组织能力和创造性思维完美地融于一身。因为她的不懈努力,这本书的特色和出色的教学支持才得以存在。卡琳·基皮(Karin Kippy)以她敏锐的文案编辑眼光专注于书稿。贾内尔·罗杰斯（Janelle Rogers）以惊人的技巧、优雅的风度、艺术的眼光和幽默感，使项目的各个方面不断向前推进。阿杰伊·普拉桑纳五世（Ajay Prasanna V）是高级制作项目经理，他对细节的关注、敏锐的洞察力，以及对问题的即时回复，令人惊叹。这些出色的同事们为本可能混乱的局面带来了理智，为本可能枯燥的工作带来了乐趣。这是一个多么富有才华和创造力的团队，我们很荣幸能与他们共事。

最后，我（安妮塔）想感谢我的家人和朋友在我为这本书工作的漫长日夜里所给予的关爱和支持。我想对我的家人，鲍勃（Bob）、埃里克（Eric）、苏茜（Suzie）、莉齐（Lizzie）、韦恩·K.（Wayne K.）、玛丽（Marie）、凯莉（Kelly）和最新的成员阿玛亚（Amaya）说："你们太了不起了！"

当然，我还想对我的朋友、同事、挚爱、丈夫韦恩·霍伊（Wayne Hoy）说："你是最好的！"

我（艾伦）要感谢安妮塔邀请我合作完成这本书。我非常感谢这样的努力所需要的精力和时间。您是一位友善而耐心的合作者。还要感谢肯塔基州P20动机与学习实验室的成员，包括两名出色的本科生——利西亚·亨内伯格（Licia Henneberg）和奥利维娅·赫夫曼（Olivia Huffman），他们在文献推荐、搜索和参考文献保存方面提供了大量帮助。

安妮塔·伍尔福克<br>艾伦·L. 亚瑟

# 目录

## 第 1 章 /1
### 学习、教学与教育心理学

教师的案例簿：成为一名优秀的教师 /2

概述与目标 /2

**模块 1** 面向当今教师的教育心理学 /3

1.1 当今的学习与教学 /3
 1.1.1 走进三个课堂 /3
 1.1.2 当今的学生：面临显著的多元化与卓越的科技 /4
 1.1.3 自信无处不在 /5
 1.1.4 对教师和学生的高期望 /6
 1.1.5 全人教育：社会情感学习 /7
 1.1.6 教师的重要作用 /8

1.2 什么是优质教学 /10
 1.2.1 优质教学的模型 /10
 1.2.2 新手教师 /13

**模块 2** 教育心理学的研究与理论 /15

1.3 教育心理学的作用 /15
 1.3.1 当今的教育心理学 /16
 1.3.2 教育心理学仅仅是常识吗 /16
 1.3.3 运用研究来理解和促进学习 /17
 1.3.4 教学理论 /23

 1.3.5 促进学生的学习 /24

第 1 章 复习 /27

## 第 2 章 /29
### 你是谁？你的学生是谁？文化与多元化

教师的案例簿：关于种族的对话 /30

概述与目标 /30

**模块 3** 教育与文化 /31

2.1 教育即文化 /31

2.2 你的文化和教育历史 /33
 2.2.1 两位学生的故事 /35
 2.2.2 文化交叉和相关术语 /36

2.3 刻板印象、偏见和歧视 /37
 2.3.1 刻板印象：好与坏 /37
 2.3.2 从刻板印象到偏见 /38
 2.3.3 刻板印象威胁 /39
 2.3.4 从偏见到歧视 /40

**模块 4** 社会和经济多元化 /41

2.4 经济和社会阶层的差异 /41
 2.4.1 社会阶层和社会经济地位 /41
 2.4.2 贫困和社会不平等 /43

2.4.3 贫困与学业成就 / 43
2.4.4 极度贫困：无家可归和高度流动的学生 / 48

**模块 5** 族群与种族的多元化 / 50

2.5 教与学中的族群和种族 / 50
2.5.1 何谓族群和种族 / 50
2.5.2 族群-种族同一性 / 50
2.5.3 不同族群和种族在学业成就上的差异 / 53
2.5.4 种族不平等的遗留问题 / 55

**模块 6** 性别认同和性取向 / 58

2.6 教与学中的性别和性取向 / 58
2.6.1 性和性别 / 58
2.6.2 性别认同 / 58
2.6.3 性别角色 / 59
2.6.4 课程和媒体中的性别偏见和性别歧视 / 60
2.6.5 教学中的性别偏见 / 61

**模块 7** 多元化与教学 / 64

2.7 创建文化友好型课堂 / 64
2.7.1 文化关联教学 / 65
2.7.2 学习的多样性 / 67
2.7.3 给教师的启示：教育每一位学生 / 68

## 第 3 章 / 73
### 认知发展

教师的案例簿：象征和钹 / 74
概述与目标 / 74

**模块 8** 发展与大脑：一些一般规律 / 75

3.1 何谓"发展" / 75
3.1.1 发展理论关注的三个问题 / 75
3.1.2 发展的一般规律 / 76

3.2 脑与认知发展 / 77
3.2.1 发育中的大脑：神经元 / 78
3.2.2 发育中的大脑：大脑皮层 / 80
3.2.3 儿童和青少年时期的大脑发育 / 81
3.2.4 整合的观点：大脑是如何工作的 / 82
3.2.5 神经科学、学习与教学 / 85
3.2.6 对教师的启示：一般原则 / 86

**模块 9** 皮亚杰主义与信息加工理论 / 88

3.3 皮亚杰的认知发展理论 / 88
3.3.1 影响发展的因素 / 89
3.3.2 思维的基本倾向 / 89
3.3.3 认知发展的四个阶段 / 90
3.3.4 皮亚杰理论的局限 / 98
3.3.5 认知发展的信息加工、新皮亚杰理论与神经科学视角 / 99

**模块 10** 维果茨基的社会文化观与皮亚杰、维果茨基理论对教师的启示 / 101

3.4 维果茨基的社会文化观 / 101
3.4.1 个体思维的社会源泉 / 101
3.4.2 文化工具与认知发展 / 102
3.4.3 语言和自我言语的作用 / 103
3.4.4 最近发展区 / 105
3.4.5 维果茨基理论的局限 / 106

3.5 皮亚杰和维果茨基理论对教师的启示 / 106
3.5.1 皮亚杰理论对教师的启示 / 106
3.5.2 维果茨基理论对教师的启示 / 107
3.5.3 课程范例：心理工具 / 109
3.5.4 关注每个学生：在"魔法中心"教学 / 109
3.5.5 认知发展研究对教师的启示 / 110

# 第 4 章 / 113
## 自我、社会性与道德发展

教师的案例簿：刻薄的女孩 / 114

概述与目标 / 114

**模块 11** 生理成长——社会性与道德发展的情境 / 115

4.1 生理发展 / 115
- 4.1.1 生理与运动发展 / 115
- 4.1.2 游戏、休息和体育活动 / 117
- 4.1.3 关注每一个学生：体育锻炼和残疾学生 / 119
- 4.1.4 生理发展中的挑战 / 119

**模块 12** 布朗芬布伦纳的理论 / 121

4.2 布朗芬布伦纳——发展的社会情境 / 121
- 4.2.1 情境的重要性和生态系统模型 / 122
- 4.2.2 家庭 / 123
- 4.2.3 同伴 / 126
- 4.2.4 关注每个学生：教师的支持 / 131
- 4.2.5 教师与受虐儿童 / 133

**模块 13** 自我 / 136

4.3 同一性和自我概念 / 136
- 4.3.1 埃里克森：心理社会发展的阶段 / 136
- 4.3.2 自我概念 / 143
- 4.3.3 学业能力自我概念的性别差异 / 145
- 4.3.4 自尊 / 145

**模块 14** 社会性和道德发展 / 148

4.4 理解他人和道德发展 / 148
- 4.4.1 心理理论和意图 / 148
- 4.4.2 道德发展 / 148
- 4.4.3 道德判断、社会习俗和个人选择 / 150
- 4.4.4 超越推理：海特的道德心理学的社会直觉模型 / 152
- 4.4.5 道德行为：以作弊为例 / 153

4.5 个性与社会性发展：对教师的启示 / 155

# 第 5 章 / 157
## 学习者差异与学习需要

教师的案例簿：全纳每一位学生 / 158

概述与目标 / 158

**模块 15** 语言、标签和智力 / 159

5.1 语言和贴标签 / 159
- 5.1.1 损伤、残疾与障碍 / 159
- 5.1.2 "以人为本"的语言 / 身份优先的语言 / 160
- 5.1.3 使用标签可能带来的偏见 / 160

5.2 智力 / 161
- 5.2.1 智力的含义 / 161
- 5.2.2 另一种观点：加德纳的多元智能理论 / 162
- 5.2.3 多元智能理论对教师的启示 / 164
- 5.2.4 另一种观点：斯腾伯格的成功智力 / 164
- 5.2.5 神经科学与智力 / 165
- 5.2.6 智力的测量 / 165
- 5.2.7 智力和成就的性别差异 / 168
- 5.2.8 学会聪明：理性看待智商 / 169
- 5.2.9 情绪智力 / 169

**模块 16** 创造力与学习风格 / 172

5.3 创造力：它是什么及为何重要 / 172
- 5.3.1 评估创造力 / 173
- 5.3.2 好吧，但又怎样？为什么创造力很重要 / 174
- 5.3.3 创造力的源泉是什么 / 174
- 5.3.4 课堂中的创造力 / 175

5.4 学习风格：谨慎对待 / 177
- 5.4.1 学习风格 / 偏好 / 177
- 5.4.2 超越非此即彼 / 178

**模块 17** 残疾人教育法（IDEA）和反应干预模型 / 179

5.5 个体差异与法律 / 179
    5.5.1 残疾人教育法（IDEA）/ 179
    5.5.2 504 条款的保护 / 182
    5.5.3 反应干预模型 / 183

**模块 18** 教育每一位学生 / 185

5.6 学习上面临挑战的学生 / 185
    5.6.1 神经科学与学习挑战 / 185
    5.6.2 患有特殊学习障碍的学生 / 186
    5.6.3 患有多动症与注意缺陷的学生 / 188
    5.6.4 给教师的建议：学习障碍和注意缺陷与多动障碍 / 191
    5.6.5 患有沟通障碍的学生 / 192
    5.6.6 患有情绪或行为障碍的学生 / 193
    5.6.7 患有智力障碍的学生 / 198
    5.6.8 患有健康与感觉障碍的学生 / 200
    5.6.9 自闭症谱系障碍 / 202

**模块 19** 识别和教育有特殊才能的学生 / 205

5.7 超常和天才学生 / 205
    5.7.1 谁是超常和天才学生 / 205
    5.7.2 识别超常和天才学生 / 207
    5.7.3 超常和天才学生的教学 / 209

## 第 6 章 / 211
### 语言发展、语言多样性与移民教育

教师的案例簿：在课堂上交流和创建班集体 / 212
概述与目标 / 212

**模块 20** 语言发展、读写萌芽与语言多样性 / 213

6.1 语言的发展 / 213
    6.1.1 发展什么？语言与文化差异 / 213
    6.1.2 语言发展的时间和方式 / 214
    6.1.3 读写萌芽 / 217
    6.1.4 读写萌芽与语言多样性 / 218

6.2 语言发展的多样性 / 220
    6.2.1 双语发展 / 220
    6.2.2 手语 / 223
    6.2.3 双语意味着什么 / 223
    6.2.4 基本交流和学术语言 / 224

6.3 班级中的语言差异 / 226
    6.3.1 方言 / 227
    6.3.2 性别化语言 / 228

**模块 21** 教育英语学习者 / 230

6.4 移民学生和英语学习者的教学 / 230
    6.4.1 移民与难民 / 230
    6.4.2 当今的课堂 / 231
    6.4.3 四种学生情况 / 231

6.5 第 1.5 代学生：生活在两个世界里的学生 / 232
    6.5.1 双语教育与英语学习者 / 233
    6.5.2 掩蔽教学 / 237
    6.5.3 情感和情绪 / 社会性的考虑 / 240
    6.5.4 与家庭合作：文化工具的使用 / 242

6.6 特殊的挑战：有独特的学习需要和天赋的英语学习者 / 244
    6.6.1 有障碍的英语学习者 / 245
    6.6.2 关注到每个学生：识别双语学生的天赋 / 245

## 第 7 章 / 249
### 学习的行为主义观点

教师的案例簿：学生厌学 / 250
概述与目标 / 250

**模块 22** 学习的行为主义解释 / 251

7.1 理解学习 / 251

7.1.1 伦理问题 / 252
7.1.2 学习并非尽如所见 / 252
7.2 早期对学习的解释：邻近和经典性条件作用 / 253
7.3 操作性条件作用：尝试新的反应 / 255
7.3.1 结果的类型 / 256
7.3.2 强化和惩罚的神经科学 / 257
7.3.3 强化程序 / 258
7.3.4 先行事件与行为改变 / 260

模块 23 应用行为分析 / 262
7.4 综合考虑：应用行为分析 / 262
7.4.1 鼓励行为的方法 / 263
7.4.2 相倚契约、代币强化和团体后果 / 267
7.4.3 处理问题行为 / 269

模块 24 行为主义理论的当前应用 / 274
7.5 当前应用：功能性行为评估、积极行为支持和自我管理 / 274
7.5.1 发现"为什么"：功能性行为评估 / 275
7.5.2 教育每一位学生：积极行为支持 / 275
7.5.3 自我管理 / 276
7.6 挑战与批判 / 278
7.6.1 超越行为主义：班杜拉的挑战与观察学习 / 278
7.6.2 对行为主义方法的批判 / 279
7.6.3 行为主义方法对教师的启示 / 281

# 第 8 章 / 283
# 学习的认知观点

教师的案例簿：记住基础知识 / 284
概述与目标 / 284

模块 25 认知科学观的基础 / 284
8.1 认知观的构成要素 / 285

8.1.1 脑与认知学习 / 285
8.1.2 知识在认知中的重要性 / 286
8.2 记忆的认知观 / 287
8.2.1 感觉记忆 / 288
8.2.2 工作记忆 / 294
8.2.3 认知负荷和工作记忆的信息保持 / 296
8.2.4 工作记忆的个体差异 / 299
8.2.5 工作记忆真是独立的吗 / 300

模块 26 理解长时记忆 / 301
8.3 长时记忆 / 302
8.3.1 长时记忆的容量、持续时间 / 302
8.3.2 长时记忆的内容：外显（陈述性）记忆 / 302
8.3.3 长时记忆的内容：内隐记忆 / 308
8.3.4 长时记忆的信息提取 / 309
8.3.5 长时记忆的个别差异 / 310

模块 27 综合运用：使学习难以忘记 / 311
8.4 促进知识的长久保存：基本原则与应用 / 311
8.4.1 陈述性知识的建构：形成有意义的联结 / 311
8.4.2 关注到每个学生：使教学富有意义 / 315
8.4.3 如果你必须记住…… / 316
8.4.4 对教师的启示：陈述性知识 / 317
8.4.5 程序性知识的发展 / 317

# 第 9 章 / 321
# 复杂认知过程

教师的案例簿：不加批判的思考 / 322
概述与目标 / 322

模块 28 元认知和学习策略 / 323
9.1 元认知 / 323
9.1.1 元认知知识与调节 / 323
9.1.2 元认知的个体差异 / 323

9.1.3 对教师的启示：培养元认知 / 324

9.2 学习策略 / 328

9.2.1 有策略地学习 / 328

9.2.2 视觉化组织工具 / 332

9.2.3 提取练习：高效却较少使用的策略 / 333

9.2.4 阅读策略 / 333

9.2.5 学习策略的应用 / 334

9.2.6 关注到每个学生：教会他们如何学习 / 335

模块 29　问题解决与专家知识 / 336

9.3 问题解决 / 336

9.3.1 确认与发现问题 / 337

9.3.2 确定目标并表征问题 / 337

9.3.3 寻找可能的解决策略 / 342

9.3.4 预期、行动与回顾 / 343

9.3.5 阻碍问题解决的因素 / 344

9.3.6 专家知识与问题解决 / 346

模块 30　批判性思维、迁移和复杂学习 / 350

9.4 批判性思维与论证 / 350

9.4.1 批判性思考者的行为方式：保罗和埃尔德模式 / 350

9.4.2 教授批判性思维 / 350

9.4.3 对线上资源进行批判性思考 / 352

9.4.4 论证 / 353

9.5 为迁移而教 / 354

9.5.1 迁移的多种观点 / 355

9.5.2 为正迁移而教 / 355

9.6 融会贯通：为学生的复杂学习和掌握扎实的知识而教学 / 358

9.6.1 什么是扎实的知识 / 358

9.6.2 为学生掌握扎实的知识而教 / 358

# 第 10 章 / 361
## 建构主义和交互式学习

教师的案例簿：需求是创新教学之母 / 362

概述与目标 / 362

模块 31　建构主义与教学 / 362

10.1 认知和社会建构主义 / 363

10.1.1 建构主义的学习观 / 363

10.1.2 知识是如何被建构的 / 365

10.1.3 知识是情境性的还是普遍性的 / 366

10.1.4 共同要素：以学生为中心的教学 / 367

10.2 设计建构主义的学习环境 / 369

10.2.1 在建构主义的课堂中促进深度学习 / 369

10.2.2 探究学习 / 372

10.2.3 认知学徒制 / 377

模块 32　教与学中的协作与合作 / 379

10.3 协作与合作学习 / 379

10.3.1 小组学习 / 380

10.3.2 通过合作学习 / 381

10.3.3 设计合作学习的任务 / 383

10.3.4 设立合作学习小组 / 384

10.3.5 合作学习技巧示例 / 386

10.3.6 关注到每个学生：灵活使用合作学习 / 389

模块 33　教与学中的技术 / 391

10.4 设计交互式数字学习环境 / 391

10.4.1 技术与学习 / 392

10.4.2 技术丰富的学习环境 / 392

10.4.3 计算思维和编码 / 396

10.4.4 媒体使用、数字公民和媒体素养 / 397

10.4.5 混合式教学和翻转课堂：技术驱动的教学法 / 400

10.4.6 建构主义实践的两难困境 / 401

# 第 11 章 / 403
## 学习与动机的社会认知观

教师的案例簿：自我调节的失败 / 404
概述与目标 / 404

### 模块 34　社会认知理论及应用 / 405

11.1　社会认知理论 / 405
　11.1.1　阿尔伯特·班杜拉：自我指导的一生 / 405
　11.1.2　超越行为主义 / 406
　11.1.3　三元交互决定论 / 406

11.2　示范：通过观察他人进行学习 / 408
　11.2.1　观察学习的要素 / 409
　11.2.2　教学中的观察学习 / 410

11.3　主体性与自我效能感 / 412
　11.3.1　自我效能感、自我概念与自尊 / 413
　11.3.2　自我效能感的来源 / 413
　11.3.3　学习与教学中的自我效能感 / 415
　11.3.4　教师效能感 / 417

### 模块 35　自我调节学习与教学 / 419

11.4　自我调节学习：技能与意愿 / 419
　11.4.1　自我调节能力是如何形成的 / 420
　11.4.2　自我调节学习的社会认知模型 / 424
　11.4.3　关注到每个学生：技术支持与自我调节 / 426
　11.4.4　情绪的自我调节 / 426

11.5　以提高自我效能感和自我调节学习能力为目的的教学 / 429
　11.5.1　复杂任务 / 429
　11.5.2　自主控制 / 430
　11.5.3　自我管理 / 431
　11.5.4　自我评估 / 431
　11.5.5　协作学习 / 433

11.6　融会贯通：学习理论的整合 / 433

# 第 12 章 / 437
## 学习动机与教学

教师的案例簿：资源不足时，如何激发学生的动机 / 438
概述与目标 / 438

### 模块 36　动机基础与需要的作用 / 439

12.1　动机 / 439
　12.1.1　学生动机的表现 / 440
　12.1.2　内部动机与外部动机 / 440
　12.1.3　关于动机，你已经知道了什么 / 442

12.2　需要和自我决定 / 442
　12.2.1　马斯洛的需要层次理论 / 442
　12.2.2　自我决定理论：胜任、自主和关联的需要 / 444
　12.2.3　需要理论对教师的启示 / 447

### 模块 37　目标、价值观和能力信念 / 448

12.3　目标和目标定向 / 449
　12.3.1　目标设定：我打算做什么 / 449
　12.3.2　使目标起效：反馈、目标框架和目标承诺 / 449
　12.3.3　目标定向：我为什么要这么做 / 450
　12.3.4　社会目标 / 453
　12.3.5　目标理论对教师的启示 / 454

12.4　期望、价值和代价 / 454
　12.4.1　对成功的期望 / 454
　12.4.2　任务价值 / 455
　12.4.3　感知代价 / 455
　12.4.4　期望、价值和代价理论对教师的启示 / 455

12.5　归因与能力信念 / 456
　12.5.1　课堂中的归因 / 456
　12.5.2　教师行为引发学生归因 / 457
　12.5.3　能力信念 / 458
　12.5.4　课堂中的能力信念 / 458
　12.5.5　关于失败的思维方式 / 459
　12.5.6　归因理论与思维方式对教师的启示 / 460

**模块 38** 兴趣、好奇与情绪 / 462

12.6 你对学习的感觉如何？兴趣、好奇与情绪 / 462
    12.6.1 激发兴趣 / 462
    12.6.2 好奇心：新异性和复杂性 / 465
    12.6.3 心流 / 466
    12.6.4 情绪 / 467
    12.6.5 课堂中的焦虑 / 470
    12.6.6 关注到每个学生：应对消极情绪 / 470
    12.6.7 好奇、兴趣和情绪理论对教师的启示 / 472

**模块 39** 激发学生的学习动机 / 473

12.7 激发学习动机的策略 / 473
    12.7.1 我为什么要学这个？学这个重要吗？有用吗？与我有关吗 / 474
    12.7.2 学习这个，我会享受吗 / 475
    12.7.3 我能成功完成这个学习任务吗？——建立自信和积极的期望 / 476
    12.7.4 为了获得成功我需要做些什么？为学生提供促进他们进步的课堂结构 / 476
    12.7.5 我在班级里有归属感吗？创设包容的机会 / 476

# 第 13 章 / 481
## 支持性学习环境的创设

教师的案例簿：欺凌者与被害者 / 482
概述与目标 / 482

**模块 40** 创建积极的学习环境 / 483

13.1 支持性课堂组织的内涵与价值 / 483
    13.1.1 基本任务：赢得学生合作 / 484
    13.1.2 基本目标：学习途径、学业时间、人际关系和自我管理 / 484

13.2 创设积极的学习环境 / 487
    13.2.1 相关研究结果 / 487
    13.2.2 建立必要的规范和章程：面授教学 / 487
    13.2.3 建立必要的规范和章程：远程教学 / 491
    13.2.4 规划学习空间 / 494
    13.2.5 班级创建的起步阶段 / 495

**模块 41** 维持积极的学习环境 / 497

13.3 维持良好的学习环境 / 497
    13.3.1 鼓励学生积极参与 / 498
    13.3.2 预防是最好的良药 / 499
    13.3.3 处理好学生与学校的联系 / 501

**模块 42** 预防问题和鼓励沟通 / 504

13.4 处理纪律问题 / 504
    13.4.1 快速制止刚出现的问题行为 / 505
    13.4.2 如果要采取惩罚，你该怎么做 / 505
    13.4.3 学校停学和零容忍怎么样 / 507
    13.4.4 关注到每个学生：恢复性正义 / 508
    13.4.5 教师施加的处罚 vs 学生自己的责任 / 509
    13.4.6 欺凌行为与网络欺凌行为 / 511
    13.4.7 中学生的特殊挑战 / 514

13.5 沟通的必要性 / 516
    13.5.1 信息的发送与接收 / 516
    13.5.2 共情倾听 / 517
    13.5.3 当倾听还不够时："我"信息、果断处罚和问题解决 / 517

13.6 多样性：文化回应管理 / 519

# 第 14 章 / 525
## 为每个学生而教

教师的案例簿：关注并教育每一个学生 / 526
概述与目标 / 526

**模块 43** 制订高效的教学计划 / 527

14.1 关于教学的研究 / 527
    14.1.1 高效教师的特征 / 527

14.1.2　有关教学的专业知识 / 528
　　14.1.3　教师的期望 / 529
　　14.1.4　教学的目标：富有挑战性的教学 / 533
14.2　第一步：制订教学计划 / 534
　　14.2.1　关于教学计划的研究 / 534
　　14.2.2　学习目标 / 535
　　14.2.3　运用教育目标分类学制订计划 / 536
　　14.2.4　学习目标的认知需求：韦伯的知识深度 / 538
　　14.2.5　基于建构主义的视角制订计划 / 539

**模块 44　为每个学生而教 / 541**

14.3　教学方法 / 541
　　14.3.1　教学策略的研究 / 542
　　14.3.2　显性教学和直接教学 / 542
　　14.3.3　课堂作业和家庭作业 / 545
　　14.3.4　提问、讨论、对话和反馈式教学 / 549
　　14.3.5　对教师的启示：让教学方法与目标匹配 / 554
　　14.3.6　融会贯通：通过设计来理解 / 554
14.4　差异教学 / 555
　　14.4.1　班内能力分组和弹性分组 / 557
　　14.4.2　全纳课堂内的差异教学 / 558
　　14.4.3　关注到每个学生：运用"通用学习设计"进行差异教学 / 559

**第 15 章 / 563**
**课堂评估、评分与标准化测验**

教师的案例簿：有意义的等级评定 / 564
概述与目标 / 564

**模块 45　教学评估与测验的关键概念 / 565**

15.1　教学评估的基本含义 / 565
　　15.1.1　测量与评估 / 565
　　15.1.2　对测验的评估：信度和效度 / 566

15.2　课堂评估：测验 / 569
　　15.2.1　解释测验分数 / 569
　　15.2.2　使用课本上的测验题 / 570
　　15.2.3　选择性反应题 / 570
　　15.2.4　建构性反应论述题 / 573
　　15.2.5　对传统测验的评价 / 574

**模块 46　形成性评估和评分 / 575**

15.3　形成性与真实性课堂评估 / 575
　　15.3.1　非正式评估 / 575
　　15.3.2　真实性评估：行为表现和作品集 / 576
　　15.3.3　评价作品集和表现性评估 / 579
　　15.3.4　评估复杂性思维 / 581
　　15.3.5　课堂评估：对教师的启示 / 581
15.4　评分 / 583
　　15.4.1　常模参照评分与标准参照评分 / 583
　　15.4.2　分数对学生的影响 / 585
　　15.4.3　分数与学习动机 / 586
　　15.4.4　超越评分：与家长沟通 / 588

**模块 47　标准化测验与教师评估 / 590**

15.5　标准化测验 / 590
　　15.5.1　测验分数的类型 / 590
　　15.5.2　解释标准化测验报告 / 593
　　15.5.3　测验的问责性和高利害性 / 596
　　15.5.4　测验发展的新方向：入学入职准备度评估和智能平衡评估 / 598
　　15.5.5　有效使用高利害测验：对教师的启示 / 598
　　15.5.6　关注到每个学生：帮助有障碍的学生准备高利害测验 / 599
　　15.5.7　教师问责与评价 / 601

**参考文献 / 605**

· CHAPTER ·

# 1
第 1 章

# 学习、教学与教育心理学

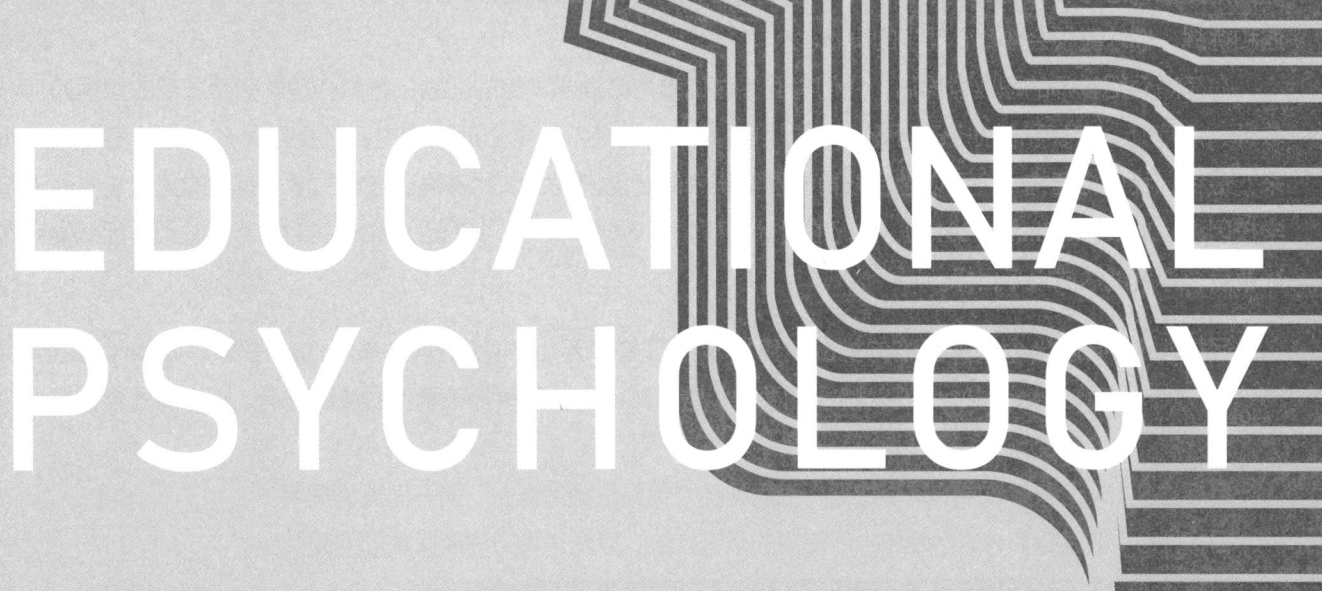

EDUCATIONAL PSYCHOLOGY

## ■ 教师的案例簿：成为一名优秀的教师

你致力于成为一名优秀教师，但教学是一项艰巨的工作。幸运的是，你并不孤单。每天，全球各地的教育工作者和研究人员都会发布新的有效教学的指南和想法。你喜欢用社交媒体、在线资源和流行书籍来改进你的教学；你会被那些优秀教师的智慧所吸引；你会把这些资源收藏起来，以获取活动创意、创新方法，以及帮助不断变化的学生群体的技巧。此外，你认为与时俱进的专业知识非常重要。偶尔，你听到的建议会挑战你长期以来对教学的信念。但有时，这些建议会令你感到不知所措或自相矛盾。

### ■ 批判性思考

- 怎样才能成为优秀教师？如何确定"最好"的做法？
- 如何评价他人有关教学与学习建议的质量？
- 什么会让你觉得他人的建议只是一种风尚，而不是合理的教育实践？
- 什么样的研究成果能说服你改变自己的做法？

## ■ 概述与目标

和大多数学生一样，你可能正怀着既期待又谨慎的心情开始这门课程的学习。你之所以选择教育心理学，可能是因为在教师教育、言语治疗、护理或咨询等行业的培训中，它是必不可少的一课；也可能仅仅是因为你将它当作一门选修课。无论你学习这门课程的原因是什么，你可能对教育、学校、学生，甚至对自己都存在一些困惑，期望这门课程能够帮你解答这些问题。正是在头脑中带着这些问题，我们撰写完成了《教育心理学：主动学习版》第 15 版。

在第 1 章里，我们先谈谈当今世界的教育现状。教师有时候被公众指责为"不尽职"，有时候又被歌颂为年轻学子们未来的希望。那么，教师真的能对学生的学习产生影响吗？优质教学应该具备什么样的特征——真正优秀的教师是如何思考和行动的？他们是如何看待学生、学习和他们自己的？只有了解了当今教学和学习中面临的机遇和挑战，你才能领会教育心理学的贡献。

在简短介绍教师的职业世界后，我们将回头讨论教育心理学本身的问题：教育心理学家所发现的原理如何对教师、治疗师、家长和其他热衷于教育与学习的人产生益处？教育心理学的内容究竟是什么，这些信息从何而来？最终，我们将建构一个可以整合教育心理学研究的宏观模型，以此来确认与学生学习有关的关键学生因素和学校因素（J. Lee & Shute，2010）。我们的目标是帮助你逐渐成长为一名有信心和有能力的新手教师，因此学完这一章后，你就能达成以下目标。

目标 1.1 描述当今教师面临的挑战，包括学生日益多元化、《每个学生都能成功法案》（Every Student Succeeds Act，ESSA）的要求、考试和问责制对教师和学生的持续影响，以及对社会情感学习的重视。

目标 1.2 讨论有效教学的核心特征，包括阐述"优秀教师怎样做"的不同理论框架。

目标 1.3 描述教育心理学领域中所使用的研究方法，以及每种方法能解决的问题类型。

目标 1.4 认识发展与学习领域的理论和研究是如何与教育实践相联系的。

## 模块 1　面向当今教师的教育心理学

**学习目标 1.1**　描述当今教师面临的挑战，包括学生日益多元化、《每个学生都能成功法案》的要求、考试和问责制对教师和学生的持续影响，以及对社会情感学习的重视。

**学习目标 1.2**　讨论有效教学的核心特征，包括阐述"优秀教师怎样做"的不同理论框架。

### 1.1　当今的学习与教学

在本书的前14版中，我（安妮塔·伍尔福克）主要关注的是传统的面对面教学。在第15版的多个章节中，我们将区分面对面教学和远程学习。如果你在2020年和2021年曾以学生、兄弟姐妹、教师、父母或家庭成员的身份与学校打过交道，那么你就会了解我们为什么要做出这样的区分。彼时，多数教师和学生必须迅速学会进行"视频会议"，当然，前提是他们的技术允许远程学习。为了保护大家免受新型冠状病毒的传染，课堂被改成了混合式、在线或其他形式。但你可能会惊讶地发现，甚至在学校因新冠疫情而不得不关闭之前，混合式学习（面对面会议与远程在线教学相结合）和完全在线学习就已经越来越多了（Pulham & Graham，2018）。在新冠疫情之前，泰德·克罗斯（Ted Cross）和劳拉·波尔克（Laura Polk，2018）就声称"在线教育是21世纪不可或缺的 部分"（p.1）。因此，我们将在多个章节中同时关注面对面和在线教学的教学与学习策略的研究。扩展你的知识和技能，使之包括远程学习，这将会使你做好准备，迎接未来的任何挑战。我们邀请你加入我们的探索之旅。

欢迎来到我最喜欢的教育心理学领域，这是一门研究学校内外学生的发展、学习、动机、教学与评估的学科。我相信，在你成为学校教师或教育顾问的过程中——无论你未来的学生是儿童还是成人，无论你将需要教授学生如何阅读或者怎样改善饮食——教育心理学都是你所要学习的重要课程之一。事实上，有证据表明，接受过有关"儿童发展与学习"课程训练的新手教师在教学岗位上的留任率，是没有接受过此类训练的教师的两倍（National Commission on Teaching and America's Future，2003）。对你来说，这可能是一门必选课，因此我将首先向你介绍当今的课堂状况，以帮助你找到学习教育心理学的理由。

#### 1.1.1　走进三个课堂

为了解什么是优质教学，让我们先到三位优秀教师的课堂里去看看吧。这是三个真实的教学情境。我的同事卡罗尔·温斯坦（Carol Weinstein）曾与前两位教师合作（Weinstein & Romano，2015）。第三位教师为帮助残疾学生掌握特定学习策略的专家。

**案例1：一年级多语班**

维维安（Viviana）所在的班级里有25名学生，大多数学生刚从多米尼加共和国移民过来，其他的孩子则来自尼加拉瓜、墨西哥、波多黎各和洪都拉斯。虽然这些孩子刚来学校的时候几乎不会说英语，但当他们在6月离校时，维维安已经帮助他们顺利掌握了学区设置的一年级课程。为了实现这一目标，维维安在刚开始时用西班牙语进行教学，等学生准备好之后，再逐渐引入英语教学。维维安不想让自己的学生被文化隔离或被贴上"处境不利"的标签，她鼓励他们以传承西班牙语为荣，但同时抓住每个机会帮助他们提高英语水平。

维维安对学生的期望和承诺都很高。她很乐观，而这正展现了她的奉献精神，"我一直希望自己能影响别人，并让别人由此而变得有所不同"（Weinstein & Romano，2015，p.15）。对维维安而言，教学不仅仅是工作，还是一种生活方式。

**案例2：一所郊区学校的五年级**

肯（Ken）在新泽西州中部的一所郊区小学担任五年

级教师。班上的学生来自不同种族，具有不同宗教信仰，家庭收入差异很大，语言背景也不同。肯很重视"过程性写作"。他的学生完成第一次草稿后，需要与班里的同学进行讨论、修改、校订，最后"出版"。学生们几乎每天都记日记，并且常常就日记中一些个人关心的问题与肯进行交流。他们与肯讨论很多问题，比如自己的家庭状况，关于战争、关于恐惧的看法。肯常常通过书面形式对学生的问题进行反馈。此外，肯也运用一些技术手段将课程与真实生活联系起来。比如，引导学生们使用专门的互动软件来学习海洋生态系统；引导学生们通过两个模拟的历史游戏来学习社会科学知识，其中一个游戏是关于美国土著文明的发展，另一个是关于美国的殖民主义。

在整个学年中，肯很关注学生的社会情感发展。除了科学课和社会课的学习外，他也让学生学习责任和公平。这种关注从他开学之初制定的班规中就可见一斑。他没有在班规中具体规定什么能做、什么不能做，而是和学生们一起修订了一个"权利法案"，法案中规定了学生的权利，而这些权利涵盖了大部分可能需要"规则"的情况。

**案例3：对有学习障碍的学生进行数学教学**

八年级代数预科班有11名有缺陷的学生，其中9名有学习障碍。当合作教师教授数学课时，琼·汉密尔顿（Joan Hamilton）为学生提供明确的学习策略指导。例如，当数学教师在讲解一个问题时，琼在投影仪上画了一个圆圈，圆圈中间是例题，然后在圆圈外侧记下解题步骤。学生们按照琼的方法制作了自己的图形组织。在第二天的家庭作业讨论中，学生们回到自己的圆圈图形组织中复习和提升。教师根据需要重新教授解决问题的步骤。大多数学生"在基本理解概念，以及如何组织笔记和提出问题的基础上，完成了教材和代数的学习"（Hallahan et al., p.130）。

从这三个不同的课堂中你看到了什么？教师们对学生充满信心，尽心尽力。他们必须应对学生的各种特点：不同的语言、不同的家庭环境、不同的能力和学习挑战。针对学生不同的需求，他们必须采取适宜的指导和评估方式，教授学生"如何学习"。对一些特殊的学生，他们需要把抽象的概念（如生态系统）变得真实并且容易理解。在这些专家型教师驾驭学术材料的同时，他们也关注了学生的情感需求，支撑起学生低落的自尊心，鼓励学生承担责任。如果我们从上课的第一天就追踪这几位教师，我们就会看到，他们事先精心准备，然后在课堂中教授学生们有关生活与学习的基本技能。他们能高效地收集和批改学生的家庭作业、对学生重新分组、指导学生、发放材料、处理干扰。做这些事情的同时，他们还在心里默默记下，要找出某个学生疲惫的原因。最后，他们还是**反思型（reflective）**教师——他们常常通过回顾教学情境来分析自己做了什么，以及为什么那么做，进而思考应该如何改善教学来促进学生的学习。那么，当今课堂上的那些学生又是怎样的呢？

### 1.1.2 当今的学生：面临显著的多元化与卓越的科技

当今美国课堂中的学生是什么样的呢？这里有一些有关美国学生的统计数据。

- 约有25%的18岁以下美国儿童的父母至少有一方是移民，但在加州等一些州，这一数字接近50%（Urban Institute, 2019）。到2045年，美国将有一半人口属于少数族群，其中约25%为西班牙裔（Frey, 2018）。

- 按照2020年美国卫生与公共服务部提出的以四口之家的年收入为26 200美元为划分标准（在阿拉斯加州，这一标准是32 750美元，夏威夷州是30 130美元），将近1500万儿童生活在贫困中，约占美国儿童总数的21%。而在公立学校，超过一半的学生有资格享受免费或减价午餐——这是一个粗略的贫困指标（Child Trends Databank, 2019）。在全球41个经济发达的国家中，美国的儿童贫困率高居第七位，只低于西班牙、墨西哥、保加利亚、土耳其、以色列和罗马尼亚。冰岛和斯堪的纳维亚国家拥有最低的儿童贫困率（Blazier, 2017）。

- 美国非洲裔和美国印第安人儿童的贫困率约为30%，而西班牙裔儿童的贫困率在24%左右（Children's Defense Fund，2020a）。
- 18%左右的儿童患有轻度至重度的发展性障碍，如言语和语言障碍、智力障碍、脑瘫或自闭症谱系障碍。自21世纪初以来，这一数字一直在增加，其中超过一半的孩子，大部分时间是在普通教学班级里度过的（Zablotsky et al.，2019）。
- 2018年，在从出生至17岁的儿童中，23%的儿童经历了父母离异或分居，8%的儿童与有酗酒或吸毒问题的人生活在一起，7%的儿童的父母曾在监狱服刑，还有7%的儿童与患有精神疾病的人生活在一起（Children's Defense Fund，2020b）。

显而易见，美国社会和学校比以往任何时候都更多元化。与此形成鲜明对比的是，由于大众媒体的影响，这些多元化的学生如今也有很多相似之处，特别是大多数学生比他们的老师具有更好的技术素养。例如：

- 2017年，从婴儿到8岁的儿童，平均每天花2小时多一点的时间看屏幕媒体，尤其是移动设备（Rideout，2017）。对于9至12岁的孩子来说，他们在校外的屏幕使用时间跃升至近5小时。而对青少年来说，他们的平均屏幕使用时间达到了惊人的7个多小时。智能手机的拥有率大幅上升，这一点大家可能都知道。2019年，19%的8岁儿童拥有智能手机。到18岁时，这一数字达到91%，14岁以上青少年的拥有率超过80%（Common Sense Media，2019）。如今，这一数字可能还在增加。

这些统计数据虽然令人印象深刻，但也仅仅是冷冰冰的数据而已。无论你的身份是一名教师、咨询者、娱乐工作者、言语治疗师，抑或是一名家庭成员，你都需要面对真实的、有血有肉的孩子。在本书中，你将看到很多鲜活的个案，比如霍苏埃（Josué）是一个聪明的一年级学生，他的母语是西班牙语。他正在努力学习阅读另一种语言，但这种语言他只会"run, spot, run"。亚历克斯（Alex）是一个11岁的孩子，他创造了10种语言和三四十个字母。杰米·福克斯（Jamie Foxx）是得克萨斯州一个小镇上非常聪明的三年级学生，为奖励他一周的刻苦学习，他的老师让他在周五为全班表演单口相声。特蕾西（Tracy）是一名成绩不及格的高中生，她不明白为什么自己的学习策略不起作用。费利佩（Felipe）上五年级了，他来自一个西班牙语家庭，现在正在用一种新的语言来学习学校里的课程和交朋友。特尼丝（Ternice）是一个直率的非洲裔美国女孩，在城里一所中学上学，却总是习惯于隐藏自己的天赋。特雷弗（Trevor）是一个小学二年级的学生，他对"象征"（symbol）一词的理解有困难。玛雅（Maya）是一个受欢迎的小团体的领头人，她会折磨被排挤的贾斯敏（Jasmine）。艾略特（Eliot）是一个聪明的六年级学生，但却患有严重的学习障碍。杰茜（Jessie）在一所农村高中上学，她的平均成绩越来越差，却无动于衷，对校园生活也漠不关心。如果你的学生来自低收入家庭，那么在新型冠状病毒大流行之后，他们在学习上很可能比来自高收入家庭的学生受到更大的影响。这些家境较差的学生可能还有更多的补习工作要做，但这一切都取决于这些人及其特定的经历（Kuhfeld et al.，2020）。

在教室里，虽然学生之间在种族、宗教信仰、语言、经济水平上的差异日益悬殊，但是教师之间的差异性却没有这么大——欧洲裔教师的比例在上升（目前大约为80%），而非洲裔教师的数量在减少，仅为7%左右。显然，对所有教师而言，深入了解自己的每个学生并且有效地和学生合作是很重要的。为此，本书将有多个章节帮助教师理解学生的多样性。此外，在各章的具体内容中，我们也将通过研究、案例或实践应用等来探索学生的多样性和全纳教育。

## 1.1.3　自信无处不在

学校的宗旨是教与学，其他的所有活动都从属于这个主要目标。但我们在上文中提到的新情境下的教与学，会对老师和学生同时提出挑战。本书的主要目的就在于帮助你了解发展、学习、动机、教学和评估的复杂过程，从而使你成为一名有能力而又自信的教师。

在本书中，我们——安妮塔·伍尔福克和艾伦·L.亚瑟将分享我们的专业体悟和个人经验。我们将这本书看作与你的持续对话。要了解更多关于我们的信息，请参阅本书"作者简介"部分。下面是安妮塔分享的众多经验中的第一个例子：

我自己的很多研究都聚焦于**教师效能感（teachers' sense of efficacy）**。所谓教师效能感，是指一个教师坚信他有能力帮助任何一个学生，甚至是有学习困难的学生进行学习。这种信念是能够预测学生学业成就的为数不多的教师个性特点之一（Çakıroğlu et al., 2012; Klassen & Tze, 2014; Woolfolk Hoy, in press; Zee & Kooman, 2016）。即使学生们很难教，效能感高的教师在工作时也会更努力、坚持得更久，其中部分原因在于这些教师不仅对他们自己有信心，也对学生抱有信心。同时，效能感高的教师较少体验到职业倦怠感，并且对自己的工作满意度更高（Fernet et al., 2012; Fives et al., 2007; Klassem & Chiu, 2010）。

我的研究发现，教育实习任务的完成可以增强实习教师的个人效能感，但这种效能感在真正做教师的第一年后会有所下降，也许是因为原本在教育实习过程中能获得的支持现在却没有了（Taylor et al., 2019; Woolfolk Hoy & Burke-Spero, 2005）。当学校管理者和其他教师对某教师的学生抱有高期望，且这位教师能从学校领导那里获得如何解决教学和管理问题的帮助时，其效能感往往是比较高的（Capa, 2005）。效能感的增加来自教学的真正成功，而不仅来自教授或同事们的加油鼓劲。任何能够真正帮助你胜任日常教学工作的经验或培训，都会为你在教师职业生涯中获得效能感提供支持。我们写这本书的目的就在于提供一些相关的知识和技能，为培养教学中真实的效能感奠定坚实的基础。

### 1.1.4 对教师和学生的高期望

教师和学生会受到所在学区的期望和要求的影响，而这些期望和要求本身又受到州和国家教育策略的影响。例如，2002年，《不让一个孩子掉队法案》（No Child Left Behind，NCLB）成为美国联邦法律。NCLB要求所有学生在2013—2014学年结束前，其标准化测验分数都必须达到熟练水平。你可能注意到了，这个目标并没有实现。

有段时间，NCLB主导了教育，测试范围不断扩大。如果学校和教师表现不佳，就会受到惩罚。联邦资金可能被拿走，教师和校长可能被解雇，学校可能被转为特许学校或关闭。你可以想象，也可能亲身经历过，这种高风险的惩罚迫使教师和学校不得不采用"应试教育"，甚至更糟。课程范围缩减了，很多时间都花在机械练习上——与我们共事的很多教师都说教学不再有趣了（Davidson et al., 2015; Meens & Howe, 2015, Strauss, 2015）。总之，NCLB的要求被广泛批评为"生硬的手段，会产生不准确的绩效结果、不正当的激励措施和始料未及的恶果"（Hopkins et al., 2103, p.101）。总体而言，数学成绩确实随着NCLB的实施而提高，但随着时间的推移，学生的参与度却在下降。然而，学生的参与度与学习成效有着强有力的联结。学生无法学习他们懒得理睬的东西（Markowitz, 2018）。

2015年，NCLB被《每个学生都能成功法案》（ESSA）取代。ESSA不再要求所有学生在某一特定日期前达到熟练程度，而是将大部分控制权交还给各州，由各州设定标准和制定干预措施。例如，学校必须按照NCLB的规定，在同一年级进行相同科目的测试，至少95%的学生必须参加测试。但是，地方学区现在可以决定何时进行测试，是否将一次大的测试分成几次小的测试，甚至如何找到更好的测试来真正反映学生的学习情况。此外，ESSA至少还包括一项衡量学校质量的额外指标，如学校氛围和安全或学生参与度，以及衡量英语学习者英语语言能力进展的指标（Korte, 2015）。

即使在ESSA颁布之后，很多优秀教师仍然认为他们花了太多时间准备考试，而没有花足够的时间支持学生在社会科学、艺术、音乐、体育和技术等非考试科目上的学习（Cusick，2014）。这就引出了对当今教师的另一个殷切期望——全人教育。

## 1.1.5 全人教育：社会情感学习

在前面的段落中，你可能已经注意到了对非学术成果的关注，如学校氛围或学生参与，以及对艺术、音乐或体育等科目落后的担忧。这些担忧与我们前面介绍的专家教师维维安、肯和琼所关注的——应该更多重视社会情感学习和全人教育，是一致的。**社会情感学习（SEL）**是：

> 将认知、情感和行为融入教学与学习的过程，使成人和儿童建立自我意识技能和社会意识技能，学会管理自身，以及他人的情绪与行为，做出负责任的决定，并建立积极的人际关系。（Brackett et al.，2019，p. 144）

1994年，一群教育工作者、研究人员和心理学家成立了"学业、社会和情感学习合作组织"（Collaborative for Academic，Social，and Emotional Learning，CASEL），社会情感学习开始受到关注。这一合作组织的宗旨是成为"高质量、循证社会情感学习的可靠知识来源"，并鼓励学校"对儿童进行全人教育，使学生具备在学校和生活中取得成功的能力"（CASEL，2020）。自CASEL成立以来，人们对SEL的兴趣与日俱增。针对学校和课堂的计划，干预措施也在不断扩大——你可访问CASEL网站，了解更多优秀案例。如今，很多心理学家认为，学校可以通过纳入这些SEL计划和实践来促进学生的心理健康和学业学习（Schonert-Reichl，2019）。事实上，本领域的顶级期刊《教育心理学家》（*Educational Psychologist*）在2019年用一整期的篇幅专门讨论了这一主题，其中的文章涉及理论、研究、学校干预、评估、教学实践、社会正义和神经生物学（Wentzel，2019）。那么，SEL是否真的有效果？

### 1. 社会情感学习研究

有充分证据表明，SEL会对学生的学业成绩和社交行为产生积极影响（Hart et al.，2020）。例如，丽贝卡·泰勒（Rebecca Taylor）及其同事（2017）发表了一篇**元分析**（对许多单项研究进行整合和总结）论文，分析了82个不同的SEL项目的效应，涉及从学前班到高中的97 000名学生。这些研究在项目结束后，对学生进行了6个月至18年的追踪调查。元分析的结果令人印象深刻。八项测量学业成绩的研究中，在项目结束3年半后，参加SEL项目的学生的平均成绩比控制组的学生高出13个百分点（我们将在第15章中讲解百分位数，但现在，我们只需要了解，这个结果非常好）。在其他研究中，参加SEL项目的学生的行为问题持续减少，有更少的情绪困扰，更少吸毒的情况，高中和大学毕业率也有提高。斯蒂芬妮·琼斯（Stephanie Jones）及其同事（2019）在近期的一份研究综述中得出结论——个别SEL干预措施对存在最多风险和需求的学生来说，收益最大。当研究中测量的内容与项目目标密切匹配时，效果也会更加积极。顺便说一句，这种匹配原则在很多教学领域非常重要。学业成绩测验和课堂测验，测量的应该是所教授内容的学习目标和目的。不要教一样东西，测试另一样东西。

本书接下来的章节将介绍社会情感学习如何与大脑、认知发展和学习、社会发展、动机，以及教学相关联。现在，让我们来看一个社会情感学习的实例。

### 2. PATHS：一种社会情感学习方法

SEL干预措施可以是小到教授一种技能的策略（如通过深呼吸来管理愤怒），也可以是教授多种技能的大型课堂实践和工具包，如促进替代性思维策略（Promoting Alternative Thinking Strategies，PATHS）。甚至可以更广泛，让学生、家长、教师和管理人员参与全校项目，如识别、理解、命名、表达和调节情绪（Recognizing，Understanding，Labeling，Expressing，and Regulating emotions，RULER）（Brackett et al.，2019；Jones et al.，2017，2019）。让我们以PATHS为例来介绍中等水平的课程干预，因为这些都是作为教师可能会遇到的干预。PATHS课程已在美国3000多个幼儿园到六年级的课堂中使用，并在全球其他国家的500个课堂中使用

（Domitrovich et al., 2019）。

PATHS 的目标是培养学生在自我控制和情绪调节、注意力、沟通和解决问题方面的社会情感技能。该课程包含从幼儿园到五年级的多个模块。每个模块都包括教学资源，如课程手册、教师手册、海报和其他视觉教具（图表、贴纸、卡片等）、幼儿木偶、适合大龄儿童的小说和家庭交流材料。

让我们来看看五年级的课程。其中一个部分围绕四本小说展开：凯瑟琳·帕特森（Katherine Paterson）的《通往特拉比西亚的桥》(Bridge to Terabithia)、杰瑞·斯皮内利（Jerry Spinelli）的《疯狂麦基》(Maniac Magee)、洛伊丝·洛瑞（Lois Lowry）的《数星星》(Number Stars)和加里·保尔森（Gary Paulsen）的《手斧男孩》(Hatchet)。在学习《疯狂麦基》的前三章时，学生们朗读了这几章，然后讨论了诸如"为什么阿曼达·贝尔（Amanda Beale）会怀疑杰弗里·麦基（Jeffrey Magee）"等问题。（阿曼达的家人是非洲裔，杰弗里是欧洲裔，所以他可能不是来自阿曼达的家乡。杰弗里想借阿曼达最珍贵的一件物品——一本书。他会归还吗？）学生可以讨论不平等、种族主义、信任、分享或共情。课后，学生可以写日记，然后分享他们对以下话题的想法：阿曼达把书放在手提箱里以保护它们——它们是她最重要的财产。你会把什么放进手提箱里？你最重要的财产是什么？为什么？其他课程的后续活动可能会引入人物分析的概念，因此 PATHS 课程也会促进学业目标。如果感兴趣，你可访问 PATHS 网站了解更多信息。

正如你将在后面的章节中看到的那样，SEL 的应用也受到了一些批评。原因可能在于 SEL 从一个有缺陷的视角来看待少数族裔学生的社交技能，过分强调自我调节，而不重视学生抵制不公正的能动性，回避了要求学生具备真正的社会意识和共情可能给他们带来的困难。SEL 的目标之一应该是创建充满关爱的社区，勇敢地讨论不公正、仇恨、暴力和不平等问题，而不仅是管理愤怒或做出决策（Simmons, 2019）。在第 4 章中，我们将探讨这些可能性。

### 3. 生活在社会情感创伤中

在美国，几乎有一半的小学生经历或目睹过创伤事件（Koslouski & Stark, 2021）。《美国心理学家》(American Psychologist)曾有一整期专门讨论不良童年经历和创伤问题（Portwood et al., 2021）。那么，学生们都经历过哪些创伤？最近几年的例子不胜枚举：飓风和龙卷风肆虐社区、洪水和火灾摧毁家园、大流行性病毒造成的封锁、无法饮用的水、视频中无休止重播的警察暴行、抗议和反抗议、对美国国会大厦的袭击、建筑物倒塌的电视画面，以及包括许多学校在内的大规模枪击事件。但是，创伤更多是以虐待儿童、离婚、死亡、父母吸毒和酗酒、欺凌、食品不安全、社区暴力、医疗事故的形式存在于儿童的生活中。教师可能没有意识到，许多学生是在"隐形背包"的重压下走进教室的，背包里装满了创伤性负担。生活贫困的学生、每天面对种族主义的学生、残疾学生和移民学生特别容易受到伤害（Santiago et al., 2018）。由于创伤会影响教师和学生生活的方方面面，包括大脑发育和学习，我们将在接下来几章中再次讨论这一话题。新型冠状病毒大流行所带来的教育挑战、医疗保健不平等和经济破坏，无疑会让学生和教师经历更多的心理创伤。

无论你的学校或政府采取什么政策，无论学校受到什么趋势的影响，也无论你的学生经历了什么创伤，都需要有能力和自信的教师。但事实果真如此吗？教师真的能改变现状吗？问得好！

## 1.1.6 教师的重要作用

我们通常认为学习成绩是一种结果——学生的目标。但学习成绩好也会带来其他结果。事实上，有证据表明，教育和在学校表现良好与幸福感以及成年后的高智商有关（Ritchie & Tucker-Drob, 2018; Tomsaik et al., 2019）。因此，教育可以带来不同，但教学又如何呢？你会如何决定？也许曾经有一位对你影响很大的老师，使你立志成为一名教育者。也许你曾遇到这样的老师，我也希望你曾遇到。但即便个体经验具有一定的说服力，教育心理学的主要目的却是超越个人经验和个体陈述，去研究更大的群体，这也是这本教材的目的。很多大型群体研究确实证实了教师在学生生活中的重要作用。接下来你会看到一些例子。

### 1. 教师与学生的关系

布里吉特·汉姆雷（Bridgett Hamre）和罗伯特·皮安塔（Robert Pianta，2001）曾在一个学区内调查了所有幼儿园的入学儿童，并追踪这批孩子直到八年级。研究者发现，幼儿园时期师生关系的质量（以"师生冲突水平""儿童对教师的依赖"，以及"教师对儿童的情感"为指标）能够预测学生八年级时的学业和行为表现，尤其是对那些存在严重问题行为的学生，预测效果更加明显。即使将学生的性别、种族、认知能力、对学生的行为评定等因素的作用都进行了控制，师生关系依然可以预测学生在学校各方面的成就。因此，对于那些早期有严重行为问题的学生而言，如果他们的启蒙教师能够敏感地感知到他们的需要，并经常提供一致性的反馈，那么他们在接下来的学校生活中出现问题行为的可能性就会降低。当然，与有挑战性的学生建立积极的关系并非易事。当学生出现过激行为时，教师可能会做出消极回应，学生行为问题和教师冲突的循环就会继续下去。与学生建立积极的关系，还意味着通过教给学生更好的方法来处理愤怒和挫折，从而打破冲突的循环——这也是 SEL 的作用（de Jong et al.，2018）。

越来越多的证据显示，师生关系的质量与学生的学习结果之间有着广泛的联系。皮安塔的研究团队已经在其追踪多年的研究中证实了师生关系的重要性（如 Ansari et al.，2020）。丹尼尔·昆（Daniel Quin，2017）回顾了 46 项研究，包括对学生进行长期追踪的研究，得出了类似的结论——更好的师生关系预测了学生的参与度。在德国，报告更高教师支持水平的中学生对学校更满意；在美国，积极的师生关系预测了小学生的社会情感发展和阅读成就（Aldrup et al.，2018；Rucinski et al.，2018）。正如你将在第 13 章和第 14 章中所了解的，教师的温暖是有效教学的要素之一（Sandilos et al.，2019）。

与学生建立积极的关系对教师也很重要。还记得我们的专家教师肯吗？他总是花时间回应学生在日记中分享的个人问题。他肯定不会惊讶于与学生关系密切的教师会有很高的成就感，而在师生关系中冲突较多的教师则会体会到更多的情感衰竭和职业倦怠（Corbin et al.，2019）。因此，越来越多的证据表明，师生关系的质量对学生和教师都有重要的影响。

### 2. 劣质教学的代价

在一项备受关注的研究中，研究者探讨了学生是如何受到教学水平不同的教师长期影响的（Sandres & Rivers，1996）。研究者考察了来自田纳西州两个大城市学校系统内的五年级学生。结果发现，在两个学区中，那些三、四、五年级都接受优秀教师教学的学生，在标准化数学成就测验中成绩最好，平均成绩分别为 83% 和 96%（百分数计分法，满分是 99%）。相比之下，这三年中都由能力最差的老师教育的学生，在标准化数学成就测验中成绩很差，分别为 29% 和 44%——在两个学区中都差了不止 50 个百分点。而在三年中分别接受了低、中、高能力教师教学的学生，所取得的成绩介于上述二者之间。由此，桑德斯（Sanders）和里弗斯（Rivers）得出结论：优秀的教师能促使学生在学业上获得更加出色的表现，尤其是原本成绩比较差的学生更能从优秀教师的教学中获益。然而，教学的效果不但具有累积性，也具有延续性。也就是说，即使高年级的有效教学能够弥补低年级时劣质教学的不足，但它仍无法完全消除低年级的劣质教学带来的所有缺憾（Hanushek et al.，2005；Rivkin et al.，2001）。

既然能与学生建立积极师生关系的优质教师会对学生的成长产生重大影响，而且问题学生能从优质的教学中获益更多，那么，重要的问题来了——怎样才能成为优秀的教师？什么才是优质的教学？

## 1.2 什么是优质教学

什么是优质教学？教育者、心理学家、哲学家、小说家、记者、电影制作人、数学家、科学家、历史学家、政策制定者和家长（当然肯定不止这些人）都思考过这个问题，答案不计其数。优质教学并不局限于教室内，同样也可能发生在家庭、医院、博物馆和销售会议、治疗师的办公室和夏令营中。在本书里，我们主要关注课堂内的教学，但其中涉及的大多数知识也可应用于其他教育场景。

那么，好的教学是科学还是艺术？是应用以研究为基础的理论，还是创造性地发明特定的做法？优秀教师是讲解专家（"台上圣贤"，即通过在课堂上讲课来传授知识），还是优秀教练（"身边向导"，即教师只是引导教育的缓慢进行，让学生自己去完成学习旅程）？这些争论已持续多年。在其他教育课程中，你可能已经听过对强调科学性、以教师为中心的"台上圣贤"的批评。他们会鼓励你成为具有创造性、以学生为中心的向导。但要谨防非此即彼的选择。教师必须既有渊博的知识，又有创造性。他们必须掌握一些以研究为基础的管理班级的基本常规，也必须愿意并能够在情况需要改变时打破常规。他们必须了解有关学生发展的研究，还需要了解自己所面对的具体学生——他们是不同文化、性别和地域的独特组合。就个人而言，我们希望你无论在哪里教学，都能成为既是"台上圣贤"又是"身边向导"的教师。

"什么是优质教学"的另一个答案是，考虑不同的教学模式和框架能提供什么。接下来我们就来看看它们。

### 1.2.1 优质教学的模型

我们将简要探讨三个教学框架，以回答"什么是优质教学"这一问题。考虑这些模型的另一个原因是，当你成为一名教师后，你所接受的评估体系可能正是以这些方法中的某一种为基础，或是与这些方法相近。现在，教师评价可是非常热门的主题！事实上，《每个学生都能成功法案》要求教师评估系统采用多种方式来测量有效性。接下来，我们来看看夏洛特·丹尼尔森（Charlotte Danielson）的教学框架、密歇根大学 TeachingWorks 项目所确定的高阶教学实践，以及罗伯特·皮安塔及其同事开发的 CLASS 框架。

**1. 丹尼尔森的教学框架**

丹尼尔森教学框架于 1996 年首次发布，已修订了三次，最近的一次修订是在 2013 年。

丹尼尔森（2013）认为：

*教学框架确定了教师职责的不同方面，而这些方面已被实证研究和理论研究所证实，能促进学生学习的提高。尽管教学框架不是对教学实践唯一可能的描述，但这些职责能明确教师在其专业工作中应该了解什么，以及能做什么。*（p.1）

丹尼尔森的教学框架认为教师的职责涉及 4 个维度或领域：教学设计与备课、营造教学环境、实施课堂教学和完备教师职责。每个维度都可以进一步划分为五六个不同的部分，因此整个框架共有 22 个部分。例如，维度 1 "教学设计与备课"可以分为 6 个部分：

a. 展示内容和教学法相关的知识
b. 展示对学生的了解
c. 设置教学目标
d. 展示对资源的了解
e. 设计连贯的教学
f. 设计学生评估

当这一框架用于教师评价时，这 22 个部分都可以再细化成不同的要素（共计 76 个），并且每个部分都有特定的几个指标。例如，b. "展示对学生的了解"就包括以下几个描述相关知识的要素：①儿童与青少年发展；②学习的过程；③学生的技能、知识和语言能力；④学生的兴趣与文化遗产；⑤学生的特殊需求。

"展示对学生的了解"的指标包括教师在备课时所收集的有关学生的正式和非正式的信息、教师所确认的学生的兴趣和需求、教师在社区文化活动中的参与情况、教师为学生家庭设计的分享他们文化遗产的机会，以及教师为有特殊需要的学生提供的所有数据库（Danielson，2013）。

评估体系进一步明确了这22个部分中每个部分的四种熟练水平：不尽如人意的、基本的、熟练的和杰出的。每种熟练水平都有相应的定义、重要属性，以及相关的实例，即每种熟练水平在实际行为中可能看起来像什么样子。就"展示对学生的了解"这一部分而言，这里有两个处于杰出水平的教师的实例。一名教师在备课时会设计3个不同的后续活动，旨在匹配不同学生的能力；另一名教师借参加当地的墨西哥文化活动的机会，与学生的扩展家庭成员会面。当然，还有其他可能的实例，但这两个例子能让我们看到杰出教师对学生有多么了解（部分b）。

你可能已经看出，需要大量的培训才能很好地将这一框架应用于教师评估。当你成为一名教师后，你可能会学到更多关于优质教学这一概念的知识，因为你的学区可能正在使用它。不过，现在请放心，你会在本书中学习所有22个部分的相关知识和技能。例如，你会在第2～6章中学到如何了解学生的知识（部分b）。

**2. TeachingWorks**

TeachingWorks是一项在密歇根大学进行的国家项目，致力于改善教学实践。项目成员与经验丰富的教师一起合作，已经确定了19种高阶的教学实践。这些高阶的教学实践被定义为教学的基本要素，是教学的核心，适用于大多数年级、学科和教学情境（见表1-1）。同样，你可以在本书中学到所有与这些教学实践相关的技能和知识。

**表1-1　TeachingWorks的19种高阶教学实践**

| 这些高阶实践以研究证据、实践智慧和逻辑为基础 |
|---|
| 1. 领导小组讨论 |
| 2. 解释和示范内容、做法和策略 |
| 3. 引发和解读每个学生的思考 |
| 4. 诊断学生在某一学科领域的思维与发展的特定共同模式 |
| 5. 落实课堂讨论和作业的规范和常规 |
| 6. 在授课中协调和调整教学 |
| 7. 明确并强化学生的有效行为 |
| 8. 实施组织常规 |
| 9. 设置和管理小组工作 |
| 10. 与学生建立相互尊重的关系 |
| 11. 与家长或其他照料者谈论学生 |
| 12. 了解学生的文化、宗教、家庭、智力和个人经历及资源，以便在教学中加以利用 |
| 13. 为学生设定长期和短期学习目标 |
| 14. 设计单一课程和课程序列 |
| 15. 在课上和课后检查学生的理解情况 |
| 16. 选择和设计对学生学习的正式评估 |
| 17. 解释学生作业的结果，包括常规作业、平时小考、正式测试、项目化学习和标准化评估 |
| 18. 向学生提供口头的和书面的反馈 |
| 19. 以改进教学为目的进行教学分析 |

现在请比较一下表 1-1 中的 19 种高阶教学实践和前面列出的丹尼尔森教学框架的多个部分，你能看出它们之间有什么相似和重叠之处吗？

### 3. CLASS 模型

罗伯特·皮安塔及其同事开展了一项大规模的纵向研究项目（Allen et al., 2013; Crosnoe et al., 2010; Hafen et al., 2012; Jerome et al., 2009; Luckner & Pianta, 2011; Pianta et al., 2008a, 2008b），并在此基础上提出了优质教学这一重要概念。皮安塔的研究确定了课堂上师生互动的三个领域，这三个领域与从学龄前到高中的学生的发展和学习相关，无论学生住在哪里或是家庭收入如何（如表 1-2 所示）。利用这三个领域，研究人员还开发了一套名为 CLASS 的课堂观察工具，即课堂评估计分系统（Classroom Assessment Scoring System）。你所在地区的学校可能会使用这些工具来进行课堂观察或专业发展。

皮安塔模型中的情感领域是教师的情感支持，类似于早期教师效能研究中确定的教师的温暖和热情，我们将在第 14 章具体讨论。认知领域是教学支持，学生的年龄不同，它所包含的维度也会有差异。例如，在小学低年级，语言示范是教学支持的一个方面，但到了高年级，内容理解、分析和探究变得非常重要。每个年级都会包括反馈质量。课堂组织包括课堂和课程管理等行为方面的问题，通过明确的活动和常规，为学生学习腾出更多时间，并吸引学生真正参与进来。我们将在第 13 章深入讨论这些关键的教学组织维度。

所有这些关于专家教师和有效教学的论述，是不是让你感到有点紧张？前文中的维维安、肯和琼都是教学科学和艺术方面的专家，也有多年的教学经验。你呢？

**表 1-2　小学低年级师生互动模型**

| 教学方面 | 师生互动领域 | 维度 | 定义和范例 |
| --- | --- | --- | --- |
| 情感 | 情感支持 | 积极氛围 | 温暖，相互尊重，师生间积极的情感联系 |
| | | 消极氛围（学习的负向预测指标） | 不尊重、愤怒、敌意 |
| | | 教师的敏感性 | 对学生的学业和情感需求做出回应的一致性和有效性 |
| | | 关注学生的观点 | 鼓励学生自主并强调学生兴趣、动机和观点的活动 |
| 认知 | 教学支持 | 认知发展 | 促进高级思维技能及认知的活动和讨论 |
| | | 反馈质量 | 始终提供具体的、过程导向的反馈和多轮次的交流，以拓展学生的学习 |
| | | 语言示范 | 教师在与学生的对话中，为学生示范更复杂的语言，并鼓励学生发言 |
| 行为 | 课堂组织 | 行为管理 | 教师监控、预防和纠正错误行为的有效性 |
| | | 教学效率 | 如何通过明确的活动安排和常规流程、教师的准备、高效的过渡和最少的干扰，最大限度地保持学习的连贯性 |
| | | 组织教学 | 如何很好地利用材料、模式和活动让学生参与学习 |

资料来源：Brown et al. (2010). Improving classroom quality: Teacher influences and experimental impacts of the 4Rs program. *Journal of Educational Psychology, 102,* 153–167 and Gregory et al. (2017). My teaching partner-secondary: A video-based coaching model. *Theory into Practice, 56*(1), 38–45.

## 1.2.2 新手教师

> **停下来，想一想**
> 
> 想象这是你开始教学的第一天，列出你所关心的，以及你感到担心、恐惧的事情。对于这项工作，你的优势是什么？哪些能让你建立教学的自信？

来自不同地方的新手教师都可能面临相似的顾虑，比如如何维持课堂纪律、如何激发学生学习动机、如何满足学生不同的需求、如何评估学生的作业、如何与家长沟通、如何处理与其他教师的人际关系、如何接受督导的评估，以及处理文书工作和备课等（Brichinall et al., 2019; Melnick & Meister, 2008）。许多教师在开始第一份工作时，还常常会遭受"现实的打击"，因为他们确实还没有能力完全尽到责任。工作的第一天，新手教师就需要承担与老教师一样的工作任务。为此，面对一个即将开始的新学年，为了指导好一个新班级，新手教师需要好好准备教学。虽然认真准备教学确实很重要，但这还远远不够。如果你在上面的"停下来，想一想"环节中列举出了这些担忧，那你大可不必烦恼。因为这些令人担忧的事情，是每个教师在刚开始工作时都无法回避的（Armstrong, 2018; Borko & Putnam, 1996）。

随着经验积累、努力工作和不断获得的有力支持，经验日益丰富的教师就能够关注到学生的需求，并根据学生的成绩来评估自己的工作成就。一位经验丰富的教师曾这样描述自己从之前的关注自我到后来关注学生的转变："新手教师和有经验的教师的一个主要区别在于，新手教师常常会问'我做得怎么样'，而有经验的教师却会问'我的学生都做得怎么样'。"（Codell, 2001, p.191）

不过，有一项研究应该能给你带来信心，即使你是一名新手教师。琳达·格雷厄姆（Linda Graham）及其同事（2020）对80名小学教师的CLASS观察数据进行了分析，得出的结论是"新手教师的表现与有多年教学经验的教师不相上下，甚至更好，但……整体教学质量还有提升的空间"（p.8）。因此，请满怀信心地开始你的教学生涯，并力争年年更上一层楼。我们编写本书的目的就是帮你打下基础，让你在不断积累经验的过程中成为专家型教师。专家型教师常做的一件事情就是倾听学生的意见。表 1-3 列举出了一群一年级学生对班里实习教师的建议，看起来学生

**表 1-3 学生对实习教师的建议**

阿马托（Amato）是一名小学实习教师，在她实习的最后一天，班里的学生为她提了很多很好的建议和意见，并将这些建议和意见作为礼物送给了阿马托。

| |
|---|
| 1. 尽你所能地教导我们 |
| 2. 给我们布置家庭作业 |
| 3. 帮助我们解决学习中遇到的困难 |
| 4. 帮助我们做正确的事情 |
| 5. 帮助我们在学校找到家的感觉 |
| 6. 读书给我们听 |
| 7. 教我们怎样进行阅读 |
| 8. 帮助我们写下远方的故事 |
| 9. 多表扬我们，比如"哦，太美了" |
| 10. 多给我们一些微笑 |

续表

| |
|---|
| 11. 带我们出去走走和旅行 |
| 12. 尊重我们 |
| 13. 帮助我们得到适当的教育 |

资料来源：Nieto, Sonia, *Affirming Diversity: The Sociopolitical Context of Multicultural Education*, 4th edition, © 2004. Reprinted and Electronically reproduced by permission of Pearson Education, Inc. Upper Saddle River, New Jersey.

们似乎也很清楚什么是优质教学。

本章一开始我们就告诉你，教育心理学是你上过的最为重要的课程。当然，我们可能带有偏见，因为我们教授这门课已经50多年了。那么，就让我们来详细介绍一下我们最喜欢的主题吧。

## 模块 1 小结

### 当今的学习与教学

**当今的课堂是什么样的？**

大约25%的18岁以下的美国儿童生活在移民家庭。到2045年，美国将有一半人口属于少数族群，其中约25%为西班牙裔。目前约有21%的美国儿童生活在贫困之中。超过一半有缺陷的学龄学生，在普通教育教室里接受大部分的教育。尽管课堂中的学生在种族、民族、语言和经济水平方面越来越多元化，但教师的多元化程度却低得多——欧洲裔教师的比例在增加，非洲裔教师的比例在下降。本书旨在帮助你了解发展、学习、动机、教学和评估的复杂过程，从而使你成为一名有能力、自信、拥有高水平且真实的充满效能感的教师。

**什么是《不让一个孩子掉队法案》和《每个学生都能成功法案》？**

2002年的《不让一个孩子掉队法案》（NCLB）要求进行广泛的标准化成绩测试。该法案还要求所有在校学生在2013—2014学年结束前在考试科目上都达到熟练水平。但这一目标并没有实现。这主要是因为成绩不佳的学校会受到严厉处罚，因此测试带来了一些负面影响——应试教育、将课程范围缩小到几个科目、将教师赶出课堂。取代NCLB的《每个学生都能成功法案》（ESSA）将大部分控制权交还给各州。测试仍然在相同的年级和科目中进行，但由各州和当地学校决定测试的时间和方式，以及如何对成绩最差的学校进行干预。各州必须采用循证做法来干预不及格的学校。ESSA还支持在高校之外建立教师教育机构。

**什么是社会情感学习？**

社会情感学习（SEL）是学习理解和管理情绪、设定和实现积极的目标、感受和共情他人、建立和维护积极的人际关系，以及做出负责任的决定。学业、社会和情感学习合作组织（CASEL）为教育工作者提供资源和信息。有充分证据表明，SEL会对学生的学业成绩和社会行为产生积极影响。教师可以引入具体的策略或更大的课程项目，如PATHS。更全面的课程项目可以同时支持学业和社会情感目标。重要的社会情感问题包括许多学生经历过或目睹过的创伤事件。

**什么证据表明了教师的重要性？**

多项研究表明了教师在学生生活中的作用。第一项研究发现幼儿园时期的师生关系质量有效地预测了学生八年级时在学校多方面的成就。第二项研究在学前至五年级的学生中发现了相似的结论，该结论已由近百个以世界各地学生为对象的研究所证实。第三项研究检验了两个不同学区的学生分别在三、四、五年级时的数学学业成就，该研究再一次印证了教师素养所起的作用——三年均由高素养教师教学的学生的成绩，遥遥领先于其他接受过1年或更长时间能力较低教师教学的学生的成绩。一项对三年级学生持续追踪至五年级的研究发现，两个因素能帮助数学能力较低的儿童逐渐缩小与同伴间的成就差距：高水平（不仅仅是基本技能）的教学，以及与教师的积极关系。

**优质教学**

**什么是优质教学？**

教师必须既有渊博的知识，又有创造性。他们必须能够使用各种策略，也必须能够创造新的策略。他们必须掌握一些以研究为基础的管理班级的基本常规，但他们也必须愿意并能够在情况需要改变时打破常规。他们必须了解有关学生发展的研究，还需要了解自己所面对的学生——这些由不同文化、性别和地域共同塑造的鲜活生命。

**有哪些基于研究的有效教学模型？**

夏洛特·丹尼尔森描述了一个"教学框架"，其中由22个部分组成了教学职责的4个维度或领域：教学设计与备课、营造教学环境、实施课堂教学和完备教师职责。这一框架是一个广泛使用的教师评估体系的基础。TeachingWorks 是一项在密歇根大学进行的国家项目，致力于改善教学实践。目前，这一项目已经确定了19种高阶的教学实践，这些高阶的教学实践被认为是对教学非常重要，并且对大多数年级水平、学科和教学情境都有效的行为。最后，一项大规模的纵向研究项目确定了与学龄前儿童、小学生的发展和学习有关的课堂气氛的3个方面。这3个方面与早期教学研究中发现的教师特点相一致，涵盖了情感、行为和认知3个维度。情感维度是教师的情感支持，类似于早期研究中发现的教师的温暖和热情。认知维度是教学支持，包括概念发展（促进学生高阶思维的活动和讨论）和高质量的反馈，反馈要具体并关注学习过程。第3个维度是课堂组织，包括课堂和课程管理等行为方面的内容，通过明确的活动和规矩，为学生的学习腾出更多的时间，并吸引学生真正地参与进来。

**新手教师担忧什么？**

学习如何教学是一个循序渐进的过程。随着教师的成长，他们所担忧的问题和面临的困难也在发生变化。在刚开始工作的几年中，教师常常花很多时间用于维持课堂纪律、激励学生、适应学生之间的差异、评价学生作业、与家长沟通和处理文书工作、被督导评估，以及与其他教师融洽相处等。虽然有这些担忧，但是许多新手教师仍然能够为自己的教学带来创造性和活力，让工作得到改善。相比较而言，经验丰富的教师会更关注专业发展，以及如何对多元化的学生进行有效的教学。

---

## 模块 2　教育心理学的研究与理论

**学习目标 1.3**　描述教育心理学领域中所使用的研究方法，以及每种方法能解决的问题类型。

**学习目标 1.4**　认识发展与学习领域的理论和研究是如何与教育实践相联系的。

## 1.3　教育心理学的作用

回顾历史可以发现，教育心理学和教学从一开始就紧密相连。美国心理学的奠基人威廉·詹姆斯（William James）认为，教育是一个重要的研究领域（Alexander，2018）。事实上，早在1890年，他就在哈佛大学开创了美国本土心理学领域，并为教师开设了名为"与教师们谈心理学"（Talks to Teachers about Psychology）的系列讲座（顺便说一句，这些内容值得一读）。这些讲座最初是为全美各地教师的暑期培训课程而开设的，随后讲座文稿在1899年出版。詹姆斯的学生斯坦利·霍尔（Stanely Hall）创建了美国心理学会。他的博士论文研究了学生对世界的理解，在研究过程中，很多教师帮助他收集了数据。霍尔鼓励教师们深入观察学生的发展——他的母亲在教书的时候就是这样做的。霍尔的学生约翰·杜威（John Dewey），在芝加哥大学设立了实验学校，并被公认为"进步教育运动"的先驱（Berliner，2006；Hilgard，1996；Pajares，2003）。威廉·詹姆斯的另外一个学生爱德华·桑代克（Edward Thordike），在1903年撰写了第一本教育心理学教材，并在1910年创办了《教育心理学杂志》（*Journal of Educational Psychology*）（Berliner，2006；Hilgard，1996；Pajares，2003）。

### 1.3.1 当今的教育心理学

当今的教育心理学是什么样的？目前一个被普遍认可的观点是，**教育心理学**是一门独立的学科，有自己的理论、研究方法、研究问题和研究技术。教育心理学家们研究学习和教学，同时努力改善教育政策和实践（Anderman，2011）。为了更好地理解学习和教学，教育心理学家研究某人（教师、家长或软件设计师）在某一情境（教室、剧院或体育馆）中向其他人（学生、同事或团队）教授某种知识（数学、编织或舞蹈）时所发生的事情（Berliner，2006）。因此，教育心理学家研究儿童和青少年的发展、学习和动机（包括人们如何学习阅读或数学等不同学科）、社会与文化因素对学习的影响、教学与教师，以及评估与测验等主题（Alexander & Winne，2006）。

虽然教育心理学家对如此多的主题进行了长时间的研究，但是这些研究结果真的会对教师的教学有帮助吗？毕竟，可能多数人认为教学不过是一些常识，真的是这样吗？让我们花几分钟时间来分析一下这个问题。

### 1.3.2 教育心理学仅仅是常识吗

很多时候，教育心理学家们花费了大量时间、精力和经费进行研究，得出了很多教学原理，然而这些原理看起来似乎都是显而易见的常识，因此，人们常常会忍不住说："这些每个人都知道！"事实是否都是如此？请看看下面的例子。

#### 案例1：学习风格

学生在特定感官（视觉、听觉等）的支配下有不同的学习风格。当他们以自己喜欢的学习风格接受信息时，他们的学习效果最好。

*常识性的答案*

当然，我们每个人都是不同的。我们中的一些人是视觉学习者，而一些人则需要通过听觉来学习信息。大多数人都能描述出自己的学习风格，并能利用这种风格达到最佳学习效果。

*基于研究的答案*

这是教育领域最顽固的错误认识之一——一种死而不僵的"僵尸"信念。事实上，凯莉·麦克唐纳（Kelly Macdonald）及其同事（2017）发现，93%的普通公众和76%的教育工作者都相信这个"神话"，尽管一项又一项研究表明，以学生喜欢的风格进行教学，学生并没有学得更多（Pashler et al.，2009，Willingham et al.，2015）。有两个基本事实助长了这一"神话"的持续存在：人们确实对接受信息的方式有偏好；而且如果教师以多种感官模式呈现信息，确实会取得更好的效果。因此，这个"神话"由一粒事实种子、一些情感偏见和一厢情愿的想法（"优质教学有一个简单的诀窍"）构成。不幸的是，以你喜欢的东西，比如冰激凌和蛋糕作为你每晚的晚餐，并不总是对你有好处。根据个体喜欢的学习风格进行教学，根本不会让他们获得最佳学习效果（Scudellari，2015）。好吧，我们感受到了你的怀疑。在第5章中，我们将深入讨论学习风格问题。

#### 案例2：优生跳级

学校应该鼓励那些特别聪明的孩子跳级或者提前进入大学吗？

*常识性的答案*

当然不行！如果跳级，这批孩子会比同年级孩子小1～2岁，有可能会出现社会交往的不适应。同时，他们在生理上和心理上都没有准备好与年龄比自己大的孩子相处。在这样的社会情境中生活和学习会很痛苦，而社交是学校生活中的重要主题之一，年级越高越是如此。

*基于研究的答案*

跳级或许是可以的。在《国家赋权：击败阻碍美国最优秀学生发展借口的证据》（*A Nation Empowered: Evidence Trumps the Excuses Holding Back America's Brightest Students*）报告中，作者指出"大量研究表明，加速学习对学生的学业和情感生活都有积极影响"，但"某个学生是否要跳级，除了研究结论外，还需要考虑其他因素"（Assouline et al., 2015, p.2）。这种积极的长期效果的一个例子是，有数学天赋的学生如果在小学或中学跳级，那么就更有可能继续攻读硕博士学位，并在科学期刊上发表引用率很高的文章（Park et al., 2013）。加速学习是不是天才学生的最佳教育方案，取决于很多特定的个体特征，如智力、学生的成熟度，以及其他可供选择的方案。对一些学生来说，快速学习教学内容并和年长学生一起学习高级课程，确实是非常好的选择。你如果想要了解更多如何根据学生能力调整教学的信息，请参阅第5章。

### 案例3：给予学生控制权

是否应该给予学生更多的权力来掌控自己的学习——提供更多的选择，以促进他们的学习呢？

**常识性的答案**

当然！能自己选择学习材料和任务的学生在学习中会更加投入，因此会学得更多。

**基于研究的答案**

不要这么快！给予学生更多的控制权和选择有时候能促进学习，但有时候并不会。例如，给予低能力的学生学习任务上的选择权，有时候意味着这些学生只是在不断练习他们已经熟练掌握的内容，而不是解决更难的任务。当学习美发的学生有了更多的选择时，上述情况就发生了。低能力的学生总是练习洗头发等简单的任务，而拒绝尝试更加困难的项目，如烫发。但是，当这些学生能够运用"作品集"来监控自己的进展，并接受教师定期的指导和建议时，他们会做出更好的选择。因此，有指导的选择和适量的教师控制在某些情况下是很有用的（Kicken et al., 2009）。

回到刚才的问题，教育心理学原理都是显而易见的常识吗？从上面几个案例中可以看到，答案并非如此。多年之前，丽丽·王（Lily Wong, 1987）就曾指出，只要研究结果通过书面形式呈现给读者，就会让读者觉得这些结果"显而易见"都是正确的。她从有关教学的研究中选出了12项研究结果。她以正确的形式描述了其中的6项结果，并将剩余的6项结果改编为相反的错误结论，然后将这12项结果同时呈现给大学生和教师进行评分。结果表明，实际上内容错误的那些结果都被判定成"明显正确"的。"显而易见的答案"为何如此强大？珍妮·奥克斯（Jeanne Oakes）认为，"每个人的第一手学校教育经验往往让研究显得无关紧要——它不必要地记录了每个人都已经知道的事情，或者无益地与显而易见的事实相矛盾"（2017, p.94）。

保罗·基施纳（Paul Kirschner）和约伦·范·梅里恩博尔（Joren van Merriënboer, 2013）也提出了类似的观点，他们对教育领域的一些"都市传说"提出了质疑，其中包括"学习者（就像前面刚提到过的学习美发的学生）最清楚如何学习"的说法。很多人坚定地秉持着这样一些信念：如今的学生是自我教育的数字原住民，能一心多用，有独特的学习风格，就如何学习总能做出很好的选择。尽管这些信念没有任何坚实的研究基础，但它们却很受欢迎。

在此之前，你可能觉得教育心理学家花了大量的时间研究了许多显而易见的问题。以上的研究结果指出了这种想法的危险性。如果将复杂的原理以简单的形式呈现出来，它看起来就会很简单。一个天才演员或运动员的表演看起来是很容易的事情，因为这些训练有素的专业人员总是将动作做得很到位。但是我们只看到了训练的结果，却没有看到他们掌握每一个动作所付出的努力和代价。我们应该牢记，任何研究结果（或者它的对立面），可能看起来都是普通的常识。问题的关键并不在于哪些研究结果听起来是合理的，而是当这些原理付诸实践时，能说明什么问题——这是我们的下一个话题。

### 1.3.3 运用研究来理解和促进学习

**停下来，想一想**

请迅速列举出你知道的所有不同研究方法。

教育心理学家设计并实施了各种不同类型的研究。不过,在探讨这些研究中的一些主要方法之前,让我们花点时间来强调下对一般研究的批判性思考。在本书和其他著作中,你会看到很多研究和研究主张。有时候,这些说法似乎相互矛盾。无论是在自己的专业领域,还是在大众媒体中,做一个批判性的研究信息消费者都很重要。某个研究主张的证据有多强?研究人员是只研究了几个人还是很多人,研究时间很短还是较长?评估的内容是否与教授的内容或课程的目标相符?研究中的学生与你的学生相似吗?学校和社会环境是否与你的处境相似?研究结果可以给你提供尝试的想法、新的概念和思考的工具。但是,在这个过程中,你必须要有自己的创意和清晰的思维。

好了,有了这些注意事项,让我们首先来介绍描述性研究(descriptive studies)这一常见的研究方法,它主要用来简单地描述特定情境中的事件。

### 1. 相关研究

描述性研究的结果常常会报告一些相关(correlation)关系。让我们花几分钟的时间来看看相关关系,因为在接下来的章节中你会遇到很多与相关有关的问题。相关是一个用于表明两个事件或者测试结果之间关系强度和方向的数值。相关系数的范围在 –1.00 到 1.00 之间。相关系数越靠近 1.00 或者 –1.00,说明相关程度越高。比如成人的体重和身高之间的相关系数为 0.70(高相关),成人体重与他所掌握的语种数量的相关系数为 0.00(完全没有相关)。

相关的正负号表明了关系的方向。正相关(positive correlation)表明两个变量同时增加或同时减少。也就是说,如果其中一个变大,另一个也随之变大。比如,体重和身高就是正相关关系,随着身高的增加,体重也会上升。负相关(negative correlation)表明一个变量增加,另一个变量会随之减少。比如,你买的剧院或音乐会的门票越便宜,你离舞台的距离就越远。值得注意的是,相关并不能表明因果关系(见图 1-1)。例如,体重和身高之间存在相关,但体重的增加并不会导致长高。知道一个人的体重,只能让你对此人的身高做一个大致的判断。教育心理学家找出这些相关,就能对课堂中发生的重要事件进行预测。

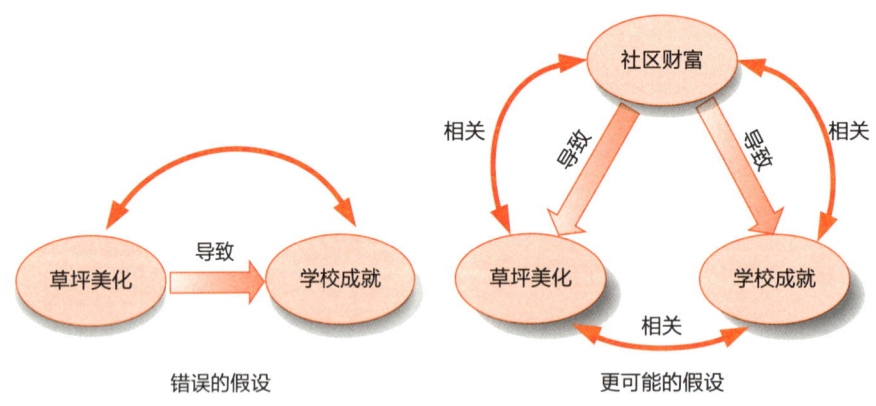

**图 1-1 相关并不表明因果关系**

研究结果表明学校草坪美化和学校成就相关,但这并不能说明因果关系。社区财富作为第三变量,也许才是学校成就和草坪美化的原因。

### 2. 实验研究

第二种研究——实验研究(experimentation),能让教育心理学家超越预测,真正研究因果关系。与对现存情境进行观察和描述不同,在实验研究中,研究者会引入一些变化并记录结果。需要先形成几个基本匹配的参与组。在心理学研究中,参与者(participant)通常指的是被研究者,也称为被试(subject)——比如教师或九年级的学生。确保每组被试基本匹配的常用方法就是把每一个被试随机分配到每一组中。随机(random)意味着每位被试被分配到每个组的机会是均等的。**准实验研究**（quasi-experimental study）虽然满足了大部分真实验的要求，但它与真实验的一个重要区别在于被试不是随机分组的，而是以现存的组别（如班级或学校）来参加实验的。

在实验或准实验研究中，无论是设置一个实验组还是多个实验组，实验者都会试图改变研究情境的某些方面，并观察这一变化或处理是否会带来预期的影响。然后，对不同组的结果进行比较。此时，通常需要通过统计手段来分析组间差异是否显著。若差异达到**统计显著性**（statistically significant），则表明这个差异并非偶然出现。比如，当你在一项研究中看到"p < 0.05"，则表明这一研究结果是偶然出现的可能性小于5%；同样，"p < 0.01"则表明这一研究结果是偶然出现的可能性小于1%。

在本书中，我们将考察的许多研究都试图确定变量之间的因果关系。这些研究通常会问类似的问题：如果一组教师接受了如何使用单词组成部分来进行拼读教学的培训（原因），那么该组教师所教学生的生词拼读能力是否比没有接受过这一培训的老师所教的学生好（结果）？实际上，这一研究是一个现场实验，因为它发生在真实的教室里，而不是在模拟的实验室情境中。同时，这一研究也属于准实验研究，因为学生是在现存的班级里，并没有被随机分配给教师，所以我们不能确定在老师们接受培训之前，实验组和控制组的条件是否相等。研究者可通过观察学生们在拼读方面的进步，而不仅是最后的拼读成绩，来处理这种由于分组带来的误差，而结果表明教师所接受的培训真的起作用了（Hurry et al., 2005）。

### 3. ABAB 实验设计

ABAB 实验设计的目的在于确定一种治疗方式、一种教学方法或一种干预手段的效果。它通常包括以下步骤：首先观察个体的基线水平（A），评估个体令研究者感兴趣的行为；然后尝试对个体进行干预（B）并记录研究结果；接着移除干预处理，回到基线水平（A）；最后再重新进行实验处理（B）。这种形式的设计能帮助确定因果关系（Plavnick & Ferreri, 2013）。例如，教师记录在一周内学生未经老师允许而擅自离开座位的时间（A）；然后忽视这一行为，对留在座位上的学生提出表扬，并且记录这一周内学生擅自离开座位的情况（B）；接下来，教师会回到基线水平（A），只记录多少学生擅自离开座位，而不对任何学生的行为做评论；最后，再恢复之前的表扬和忽视策略（B）（Landrum & Kauffman, 2006）。事实上，这一干预策略在第一次被检验时，就被证明是行之有效的：这种表扬与忽视相结合的策略，能够有效延长学生停留在自己座位上的时间（C. H. Madsen et al., 1968）。

如今，美国政府的法律和政策强调实验研究和准实验研究，即我们通常所说的基于科学的研究。

### 4. 基于科学的研究和循证实践

《不让一个孩子掉队法案》强调基于科学的研究，《每个学生都能成功法案》要求对不合格的学校采取"以证据为基础"的干预措施。事实上，我们在本章中多次使用了"循证"一词，在本书中使用了更多次。这是什么意思？罗伯特·斯拉文（Robert Slavin, 2020）解释道：

> 有效的证据是指来自严格实验的证据，在这些实验中，学生接受了相当长时间（如一个学期或更长的时间）的实验课程，而实验课程的效果是对实验组学生的成绩或其他结果进行有效的测量，并将这一结果与使用传统的、作为控制条件的教学方法的学生的表现进行比较。理想的情况是，学生、教师和学校都是随机分配实验条件或随机处理，但至少，实验组和控制组的学生在前测时，他们的成绩和人口统计学变量等测量指标是完全匹配的（p.22）。

那么，除了本书，教师和学校还可从哪里找到循证实践？美国教育科学研究所建立了一个**"什么有效"信息交流中心**（What Works Clearinghouse），其中有一系列实践指南，包含专家针对教育工作者面临的各种挑战提出的建议——基于大规模、精心设计的研究的有力证据的行动指南。每个实践指南都介绍了几种策略，并将支持使用这些策略的证据评为"有力""适度"或"最低限度"。在接下来的章节中，我们将探讨其中几项指南，例如，第

9章中的"提高四至八年级学生的数学问题解决能力"（Woodward et al., 2018）。

教育心理学家还开展了其他类型的研究，请继续往下读。

### 5. 临床访谈和个案研究

让·皮亚杰（Jean Piaget）开创了一种称为临床访谈（clinical interview）的方法，用来了解儿童的思维。这种临床访谈采用开放式询问的方式来探查儿童的反应，并对儿童的回答进行深入的追问。所提的问题依儿童的反应而定。下面是一名7岁儿童接受临床访谈的实例。皮亚杰试图理解儿童对谎言和真相的想法，因此他问儿童："什么是谎言？"

*什么是谎言？——（不是真的事情。他们说的那些自己没做过的事情。）——猜猜我几岁？——（20岁。）——不对，我30岁了。——你刚才对我说的话是个谎言吗？——（我不是故意那么说的。）——我知道，但它仍然是个谎言，是不是？——（是，它仍然是个谎言，因为我没有说你多大了。）——它是个谎言？——（是，因为我没有说实话。）——那你应该被惩罚吗？——（不。）——这是调皮还是不调皮？——（没那么调皮。）——为什么？——（因为我后来说实话了！）（Piaget, 1965, p.144）*

研究者也会采用个案研究（case study）。**个案研究**能深入地调查个体或情境。例如，多年前，本杰明·布卢姆（Benjamin Bloom）及其同事对成就卓著的钢琴家、雕塑家、奥运会游泳选手、网球运动员、数学家和神经学家进行了深入的研究，试图了解哪些因素能促进优秀人才的发展。这些研究者访谈了上述参与者的家庭成员、教师、朋友和教练，以便对这些成就卓著的个体逐一进行广泛的个案研究（B.S. Bloom et al., 1985）。一些教育工作者推荐采用个案研究方法来为天才课程遴选学生，因为这样搜集到的信息远比单纯的测验成绩丰富。

### 6. 民族志

从人类学中所借鉴的**民族志**（ethnography）方法涉及研究群体生活中的自然事件，以了解这些事件对牵涉其中的人员的意义。在教育心理学研究中，民族志可能会研究不同文化群体的学生是如何被他们的同伴所看待的，或教师关于学生能力的信念是如何影响课堂互动的。在一些研究中，研究者使用**参与观察**（participant observation）的方法，即真正参与到某个群体中，以当事人的视角来理解行为。教师可以采用自己的非正式民族志方法来理解他们的课堂生活。

### 7. 时间在研究中的作用

心理学家所关注的很多问题，如认知发展（参阅第3章），需要几个月甚至数年的时间才能发生。在理想的情况下，研究者通过观察参与者多年的变化来研究他们的发展，这被称为纵向研究（longitudinal study）。这种研究方法能提供大量信息，可是耗时耗钱，而且有的时候不太实际——随着被试的成长或者被试家庭搬迁，要与他们保持数年的联系似乎不太可能。因此，大多数的研究都是横断研究（cross-sectional study），同时关注不同年龄段的学生群体。比如，为了研究儿童在3岁至16岁期间对"数字"这一概念的理解的变化，研究者可以访谈不同年龄段的孩子，而不是对同一批孩子追踪14年的时间。

### 8. 证据是什么？定量研究与定性研究的比较

在学习教育心理学的过程中，你会遇到一个区别——**定量研究**与**定性研究**的对比。这两个都是范围很大的类别，像很多其他的类别一样，边缘处有些模糊，但这里还是列出了两者间一些简化的差异。

**定性研究。** 个案研究和民族志都是定性研究（qualitative research）的实例。这种类型的研究使用词语、对话、事件、主题和图像作为数据。访谈、观察和对转录文本的分析是其重要的研究程序。其目的是深入探索特定的情境和人员，以及理解事件对于牵涉其中的人员的意义，从而讲述他们的故事。定性研究者假定理解意义的过程不可能是完全客观的，他们更感兴趣的是解释主观、个体或社会建构的意义。

**定量研究**。相关研究和实验研究一般都是定量研究（quantitative research），原因在于研究采用测量并进行计算。定量研究使用数字、测量和统计来评估变量间关系或不同组别间差异的水平或大小。定量研究者试图尽可能地客观，并将自己的偏见从结果中剔除。好的定量研究的一个优势是，研究所得出的结论能泛化或应用到其他类似情境或人群。

### 9. 混合方法研究

现在，许多研究人员使用混合方法或互补方法来广泛而深入地研究问题。这些研究设计是"在一项研究或一系列研究中收集、分析和'混合'使用定量与定性方法，以理解研究问题"的程序（Creswell，2015，p.537）。《当代教育心理学》（Contemporary Educational Psychology）杂志的一期特刊介绍了混合方法中的三种基本方式（2019）。第一种，研究者同时收集定量和定性数据，然后在分析中对这些数据进行合并和整合。第二种，研究者先收集定量数据，如通过调查或观察工具收集数据，然后根据参与者的定量回答或被观察到的行为对其进行深入的定性访谈。这样做的目的通常是解释或寻找原因。第三种，研究的顺序可以颠倒。研究人员先进行访谈或案例研究，以便确定研究问题，然后在定性研究结果的指导下收集定量数据。这里的目标可能是深入探索一种情境（McCrudden et al.，2019）。我（艾伦）和我的同事使用混合方法研究了生活在阿巴拉契亚中部高度贫困农村地区的一至六年级学生的自我效能感来源。我们发现，与科学学习相比，学生在数学方面的自我效能感有不同的来源，而且学生的性别在其中发挥重要作用（Usher et al.，2019）。

归根结底，使用什么样的方法——定量、定性还是两者的混合，取决于所提出的研究问题（Bobbit Nolen，2020）。如表1-4所示，不同的研究方法能提出不同的研

**表1-4 我们能学到什么**

不同的研究方法能提出不同的研究问题，并给出不同的答案。

| 研究方法 | 目的/所解决的问题 | 范例 |
| --- | --- | --- |
| 相关 | 评估两个变量间关系的强度和方向；进行预测 | 每周完成作业的平均数量是否与学生在单元测验上的表现有关？如果相关，这种关系是正向的还是负向的 |
| 实验 | 确定因果关系；检验自变量影响因变量的可能机制 | 布置更多的家庭作业能让学生在科学课上学到更多的内容吗 |
| ABAB实验 | 确定某个处理或干预对单一或多个个体的作用 | 如果学生记录下每天晚上阅读的页数，他们会阅读更多页的书吗？如果停止记录，他们的阅读量会回落到以前的水平吗 |
| 个案研究 | 深入理解一个或多个个体或情境 | 一个男孩如何从一所规模较小的农村小学升学到规模较大的中学呢？他主要的困惑、担忧、问题、成就、害怕和支持分别是什么 |
| 民族志 | 从参与者的视角理解某一经验对他们的意义是什么 | 新教师如何理解新学校的规范、期望和文化，以及他们会如何回应 |
| 混合方法 | 回答涉及原因、意义和变量间关系的复杂问题；追求深入而广泛地研究问题 | 在采用定量观察工具对20个课堂进行研究的基础上，选择学年末行为问题最少的5个班级和问题最多的5个班级。接下来，通过师生访谈及分析开学第一周的录像带，以回答"高效和低效教师在如何制定班级规定和程序方面是否存在差异" |

究问题，并给出不同的答案。

你可以在本书引用的期刊中找到各类研究的结果报告。安妮塔多年来一直担任《从理论到实践》期刊的编辑。有关过去50年教育研究与实践的精彩回顾，请参阅《从理论到实践》50周年特刊（Gaskill, 2013）。你或许可以从中找到一些适合自己教学的想法，并加以尝试——开展自己的行动研究，我们接下来就会介绍这一主题。

### 10. 作为研究者的教师

研究可以是一种改进班级或学校教学的途径。在研究项目中所运用的深入观察、干预、数据收集、分析、探究、仔细聆听学生的发言，以及通过学生的眼睛观察课堂等方法，也可以运用到任何课堂中，以解决诸如"哪种写作提示能鼓励我的学生写出最具创造性的作文""肯尼恩（Kenyon）在什么时候最难将注意力集中到学业上""在科学小组中，是否可以通过分派任务的方式，让男生和女生拥有同样的参与机会"等问题。像这类以解决问题为目的的研究，被称作**行动研究**（action research）。通过关注具体的问题，并做深入的观察，教师能够学到很多关于自己的教学和学生的知识。梅根·曼弗拉（Meghan Manfra, 2019）说，行动研究让我们将教学概念化为探究——教师通过对自身实践的研究和反思，不断学习和提高。

至此，在讨论了这么多不同的研究方法之后，你可能会想："已经够多了！但是，到底应该采用什么样的研究来指导教育呢？"这不是一个简单的问题。"观点/对立观点"将深入探讨这个问题。

---

## 观点 / 对立观点

### 应该采用哪种类型的研究来指导教育

无论是在身体健康的照顾还是在心理问题的治疗方面，所有的相关政策都强调循证实践（McHugh & Barlow, 2010）。这种做法适合教育吗？

**观点** 是的，研究应该具有科学性，教育改革应该建立在可靠证据的基础上。

根据罗伯特·斯拉文（2020）的观点，医学、农业、交通和科技等领域取得了巨大的进步，主要原因就在于这些领域内的实践是建立在科学证据基础之上的。临床试验的随机化和可重复性，是这些证据的来源。然而，直至最近，教师、校长和校监在选择教学课程时，仍然更倾向于向其他地区的朋友打听，或听取商业套餐销售代表的意见（Dagenais et al., 2012）。但是，由于政府最近出台了一些政策，要求对不合格的学校采取循证干预措施，教育工作者开始转向经过严格定量研究开发和测试的成熟项目。不仅有以科学为基础的研究帮助教师确定有效的做法，而且还有网站供教育工作者探索和比较这些项目。这些网站分别是：

- "ESSA 的证据"（Evidence for ESSA），通过这个网站，你可以找到符合《每个学生都能成功法案》标准、从学前到十二年级的阅读、数学、社会情感学习、出勤率、科学和写作等项目。
- "'什么有效'信息交流中心"，收录了从学前到十二年级多个领域的课程和实践，包括针对残疾学生、英语学习者、行为计划，以及科学或数学等学科领域的内容。
- "最佳证据百科全书"（Best Evidence Encyclopedia），对特定领域（如阅读、数学和科学）课程的相关研究进行了全面的学术评述。

**对立观点** 实验和对照研究不是证据的唯一来源，它甚至不是证据的最好来源。

大卫·奥尔森（David Olson, 2004）抱有与斯拉文的观点几乎完全相反的观点，他认为我们不能简单地用医学来类比教育。在教育领域内，实验条件的"处理"比医学领域内药物的治疗更具有复杂性和不可预测性，并且每一种教学项目都随着班级条件和实施方式的不同而变化。正如安妮塔来自俄亥俄州的同事帕蒂·拉瑟（Patti Lather）所言："在提高实践质量的过程中，不能不充分考虑实践情境的复杂性和无序性。如果不顾这些鲁莽地行动，那不仅不会带来进步，反而会导致严重的退步，而这一损失将不得不由孩子、教师和学校的管理人员来承担。"（Lather，2004，p.30）大卫·柏林纳（David Berliner，2002）也提出了类似的观点：

> 在教育中进行科学研究或应用科学研究的成果都是非常困难的，因为学校中的个体都嵌套在复杂而不断变化的社会互动网络体系中，这些网络中的参与者日复一日地在不同程度上相互影响，而生活中的普通事件（一个生病的孩子、一次糟糕的离婚……生日聚会、酗酒、一位新校长、班里新来的一位同学、一场阻止学生外出活动的大雨等）都会限制教育研究结果的推广，从而对在学校进行的科学研究造成影响。与设计桥梁和电路、分解原子或基因相比，致力于改变学校和班级的科学研究更困难，因为其中的情境无法控制。（p.19）

**谨防"非此即彼"**

定性研究能具体告诉我们，在某个或某些情境下发生了什么，其结论可以被深入应用，但仅限于所研究的内容。定量研究能告诉我们，在特定的条件下通常会发生什么，其结论的应用范围更为广泛。教育中的复杂问题需要各种研究方法，也需要研究人员和教育工作者的投入。教育工作者必须帮助研究人员确定需要通过循证来解决的最重要的问题。目前，一些循证教育干预措施的支持者建议，我们可以从实践者和研究者的知识和智慧中获益。设计型研究（design-based research）就是这样做的。首先，实践者根据实践中遇到的困难确定研究问题。然后，研究者利用他们的实践和才能收集和分析数据，并最终解决这些问题（Scanlan，2015）。

---

### 1.3.4 教学理论

正如前文所述，教育心理学的主要目标是理解当一个人（通常是教师）在某一情境（教学环境）中教授另一个人（通常是学生）某一知识（教学内容）时，究竟发生了什么（Berliner，2006；Schwab，1973）。但是，达到这一目标相当不容易。目前还不存在一个能够彻底回答这一问题的标志性研究，因为学生、教师、教学任务和教学环境是复杂多样的，而且人本身也很复杂。为了应对这种复杂性，某项教育心理学的研究往往只能研究其中的某几个方面——有时是一次研究几个变量，有时是观察教室里的一两个日常生活片段。如果在某一领域内进行了足够多的研究，并且研究结论具有一致性和可重复性，那么我们最终会发现有效教学的**原理**（principle）。原理就是在两个或多个变量之间已经确定的关系，比如，某种教学策略与学生成就之间的关系。

另一种能够更好理解学习和教学过程的工具就是**理论**（theory）。很多人通常以为理论只是"猜测或预感"（如人们常说的"啊，这是个理论而已"），然而理论的科学含义是完全不同的。"科学理论是相互联系的一组概念、定义、假设和概括，用于描述和解释数据并做出预测"（Hoy & Adams，2016）。教育心理学家已经对许多变量之间的关系，甚至是关系的整个系统进行了阐释。目前已经有理论可以解释人类语言如何发展、目标如何影响动机，以及前面提到的人类如何学习等问题。

在本书中，你会遇到很多有关发展、学习和动机的理论。理论是研究环路中的起点和终点。在开始阶段，理论为研究提供需要验证的**假设**（hypotheses，对将要发生的事情的预测）或有待检验的问题。例如，依据皮亚杰的理论，我们会假设"教学无法教会幼儿进行更抽象的思考"；而根据维果茨基的理论，我们可能会提出与之相反的假设，即"教学会促进儿童思维发展"。当然，有时心理学家对相关知识的了解还不够多，无法提出假设，因此他们只是提出一些研究问题。例如，"对于不同种族群体而言，男女青少年的网络使用存在差异吗"就是一个研究问题。

提出假设或问题只是系统研究的一个环节，真正的研究是一个持续不断的循环，包括：①以现有知识为基础，提出清晰的研究假设、问题或疑惑；②在仔细选择的情境中，从精心筛选的被试身上系统收集和分析与研究问题相关的所有信息；③采用合适的方法来解释和分析所收集到的数据，从而解决问题；④依据分析结果对解释性理论进行修改和完善；⑤在所完善的理论的基础上形成新的和更深入的假设。如此循环往复。

事实上，这种通过收集数据来验证和完善理论的实证过程是反复、循环进行的。**实证（empirical）**的意思就是以数据为基础。当研究人员声称找到一种有效的抗生素或一种有效的阅读教学方法是个实证问题时，他们的意思是你需要用数据和证据来给出证明。根据实证分析来建构决策，可以使心理学家免受个人偏见、社会传言、内心恐惧、错误信息或个人偏好等的影响来发展理论（Mertler & Charles，2005）。好的研究是自我修正的。如果预测没有得到证实或者对精心设计的问题的解答不足以支持现有最好的理解（理论），那么理论就应该被修正。在你与学生一起工作的时候，你可以尝试使用这种系统的自我修正的思维方法。

当然，很少有理论在解释和预测上都做得很完美。在本书中，你会看到在许多案例中，教育心理学家采用了不同的理论立场，在对学习与动机等广泛主题的全面阐释上也未达成一致。因为没有哪一个理论可以提供全部答案，因此，认真考虑每一个理论能提供什么是非常有意义的。

所以，你可能会问，那为什么还有必要讨论理论呢？为什么不仅仅关注原理？我们的答案是：理论和原理都很重要。比如，有关班级管理的原理可以帮助你处理具体的问题；另一方面，一个先进的课堂管理理论，能够为你提供新的思考方式——为你提供认知工具，以创造性地解决各种不同问题的途径，并对新环境中哪些方法可能有用做出预测。本书的一个主要目的就是为你提供有关发展、学习、动机和教学的最好和最有用的理论——这些理论背后都有强有力的证据支持。尽管你可能对某些理论会有所偏爱，但请记住，所有这些理论都有助于你理解教师所面临的各种挑战。

在本章的开始我们已提出教育心理学是我们最喜欢的主题，也是教学知识和技巧的一个重要源泉，在本章的结尾，我们再为我们的热情提供一点证据：教育心理学能帮助你有效促进学生的学习，而这正是所有教学的目标所在。

### 1.3.5 促进学生的学习

在教育心理学领域的重要期刊《教育心理学家》的一篇文章中，李智贤（Jihyun Lee）和瓦莱丽·舒特（Valerie Shute，2010）报告称，他们筛选了60年来对学生学习进行的数千项研究，试图挑选出那些直接测查学生阅读和数学成绩的研究。进而，他们又缩小范围，重点关注那些具有显著效果的研究。最终，筛选出150份符合他们所有严格标准的研究。透过这些研究的结果，李智贤和舒特发现有12个变量能直接影响学前儿童至十二年级学生的学习成绩，并把这些因素归为学生的个人因素、学校和社会情境等环境因素两大类，如表1-5所示。当我们读到这篇文章的时候，我们很高兴看到自己喜欢的教育心理学学科，几乎为每个领域（除校长的领导力）知识和技能的提升都提供了基础（Woolfolk Hoy & Hoy，2020）。

**表1-5　基于研究得到的对学前儿童至十二年级学生学习成绩有促进作用的个人与社会情境因素**

| 学生个人因素 | 范例 | 本书相关章节 |
|---|---|---|
| **学生投入** | | |
| 激发学生行为层面的投入 | 确保学生参加每节课，遵守纪律，参加学校活动 | 第5、6、7、13章 |
| 激发学生认知和动机层面的投入 | 设计具有挑战性的任务，激发内在动机，对学生的学习投入给予支持，培养学生的自我效能和其他积极的学业信念 | 第2、3、4、10、11、12章 |

续表

| 学生个人因素 | 范例 | 本书相关章节 |
| --- | --- | --- |
| 激发学生情感层面的投入 | 与学生的兴趣相联系,激发学生的好奇心,培养学生的归属感及跟班级的联结,降低学生的焦虑,提高学生的学习乐趣 | 第4、5、6、10、12章 |
| **学习策略** | | |
| 认知策略 | 直接教授知识和技能,以帮助学生对重要信息进行学习和深度加工(如总结、推理、应用及论证) | 第7、8、9、14章 |
| 元认知策略 | 直接教授学生作为学习者如何监控、调节和评价自己的认知过程、优势和不足,并教导学生在何时、何种情境下,为何及如何使用特定的策略 | 第7、8、9、11章 |
| 行为策略 | 直接教授学生对其行为、动机、情感及所处环境进行管理、监控和评估的方法和策略,如时间管理、考试应对、寻求帮助、记笔记、家庭作业管理的方法 | 第7至15章 |

| 社会情境因素 | 范例 | 本书相关章节 |
| --- | --- | --- |
| **学校氛围** | | |
| 对学业的重视 | 对学生抱持高期望,号召全校采取同样的做法;重视与学校这一共同体的积极关系 | 第11至13章 |
| 教师变量 | 尽可能在有较高的集体效能感、教师自主性和较强的归属感的学校执教 | 第1、11、13章 |
| 校长的领导力 | 尽可能在这样的学校执教:具有集体荣誉感、高昂的士气和明确传达的目标等积极品质 | 参阅 Woolfolk Hoy & Hoy(2020) |
| **社会与家庭的影响** | | |
| 家长投入 | 为家长帮助孩子学习提供支持 | 第3、4、5、6、12章 |
| 同伴影响 | 创建一个尊重学业成就、鼓励同伴支持和减少同伴纷争的班级和学校规范 | 第4、10、13、15章 |

资料来源:Lee, J., & Shute, V. J. (2010). Personal and social-contextual factors in K–12 academic performance: An integrative perspective on student learning. *Educational Psychologist, 45*, 185–202.

正如你在表1-5中所看到的,本书能帮助你成为一名有能力且自信的教师,能让学生参与到一个彼此尊重的课堂学习共同体中。这本书将引导你成为这样一名教师——帮助学生成为一个兴趣盎然、富有动力、善于自我调节和充满自信的学习者。因此,你将会对你的学生抱有高期望,唤起学生家长的支持,并建立起你作为一名教师的效能感。

## 模块 2 小结

### 什么是教育心理学？

教育心理学自一个多世纪前在美国兴起以来，就一直与教学息息相关。教育心理学的目标是理解并改善教与学的过程。教育心理学家发展了本学科独特的知识和方法，同时运用心理学及其他相关学科的知识和方法来研究日常情境中的学与教。教育心理学家致力于探索某人或某物（如教师、家长或计算机）在某种环境中（教室、剧院或体育馆）向其他人（学生、同事或团队）教授某种知识（数学、编织技术或跳舞）时所发生的事情。

### 教育心理学中的研究方法有哪些？

相关方法能确定变量间的关系，以便进行相应的预测。相关是一个用于表明两个事件或者测试结果之间关系强度和方向的数值。相关系数越靠近1.00或者-1.00，说明相关程度越高。实验研究能让研究者探查变量间的因果关系，而不仅仅是做出预测。它应该有助于教师实施有益的变革。与只对现实情况进行观察和描述不同，在实验研究中，研究者要引入变化并记录相应的结果。准实验研究满足真实验研究的大部分条件，但与真实验研究相比，它最重要的特点是被试不是随机分配的，而是以现存的组别（如班级或学校）为单位参加实验的。在 ABAB 实验设计中，研究者通过"基线—干预—基线—干预"的方法，检验某干预方式对单个或多个被试的作用。临床访谈、个案研究和民族志方法会详细研究一些个体或群体的经历。如果对参与者进行长期研究，那么该研究被称为"纵向研究"。无论采用什么方法，其研究结果都被用来进一步发展和完善理论，以便提出更好的研究假设和问题来指导未来的研究。

### 定性研究和定量研究有什么区别？

定性研究和定量研究之间有个大致的区分。这两个都是范围很大的类别，像很多其他的类别一样，边缘处有些模糊。个案研究和民族志都是定性研究的实例。这种类型的研究使用词语、对话、事件、主题和图像作为数据。访谈和观察是重要的研究程序。其目的不是发现一般原理，而是深入探索特定的情境和人员，以及理解事件对于牵涉其中的人员的意义，从而讲述他们的故事。定量研究使用数字、测量和统计来评估变量间关系或不同组别间差异的水平或大小。相关研究和实验研究就是定量研究的例子。不同类型的研究可以解答不同的问题。如今，许多研究人员正在使用混合方法对问题进行广泛而深入的研究。混合方法有三种基本方式。第一种，研究者同时收集定量和定性数据，然后在分析中对这些数据进行合并和整合。第二种，研究者先收集定量数据，如通过调查或观察工具收集数据，然后选择特定的参与者对其进行深入的定性访谈。这样做的目的通常是解释或寻找原因。第三种，研究的顺序可以颠倒。研究人员先进行访谈或案例研究，以便确定研究问题，然后在定性研究结果的指导下收集定量数据。这里的目标可能是深入探索一种情境。

基于科学的研究与定量研究更相符，因为它会系统地利用观察或实验来收集有效而可靠的数据；运用严谨、适当的程序收集和分析数据；对整个研究进行清晰的描述，因而具有可重复性；并经适当的独立专家的严格评审。《每个学生都能成功法案》规定，必须采用循证实践来干预不合格学校，这种实践是以系统、严谨的研究成果为基础的。如果教师或学校进行系统的观察或对教学方法进行检验，以改善教学和学生的学习，那么他们就是在做行动研究。

### 原理和理论有何区别？

原理是已经确定的两个或多个因素之间的联系——比如某个特定的教学策略和学生学业成就之间的关系。理论是一组相互关联的概念，用于解释大量数据并做出预测。研究原理为回答具体问题提供了许多可能的解释，而理论提供了可以分析几乎任何情境的观点。研究是一个不断持续的循环过程，包括在一个好理论的基础上提出清晰的研究假设或问题，系统地收集和分析数据，使用合适的方法解释和分析收集到的数据以回答问题，根据数据结果对原有理论进行修正和完善，再以修正后的理论为基础提出新的、更好的问题。

### 什么是有利于促进学生学习的关键因素？

对大约150份研究学生学习的报告进行综合分析后发现，有两大因素影响学生的学习，那就是学生个人因素、学校与社会情境等因素。教育心理学几乎为每个领域（除校长的领导力之外）知识和技能的提升都提供了基础。

## ⊙ 关键术语

行动研究（action research）：教师和学校为改进学生的教与学而进行的系统观察或检验方法。

个案研究（case study）：对个体或情境的深入研究。

相关（correlations）：对两个变量之间的关系有多密切的统计描述。

描述性研究（descriptive studies）：收集特定情境的详细信息的研究，通常使用观察、调查、访问、录音等方法，或者将上述几种方法结合起来。

设计型研究（design-based research）：实践者根据实践中遇到的困难确定研究问题，然后研究者收集和分析数据来解决这些问题。

教育心理学（educational psychology）：一门关注教学和学习过程的学科。它既应用心理学的方法和理论，也有自己的方法和理论。

实证（empirical）：以系统收集的数据为基础。

民族志（ethnography）：一种描述性研究方法，侧重于群体生活，试图了解事件对当事人的意义。

实验研究（experimentation）：对变量进行操纵并记录效果的研究方法。

假设（hypothesis/hypotheses）：是以理论和先前研究为基础所做出的对某个研究将要发生什么的预期。

元分析（meta-analysis）：对许多单项研究进行整合和总结，将这些研究归纳为一个结果，以说明这些研究结果的特性。

负相关（negative correlation）：两个变量之间的关系，其中一个变量的高值与另一个变量的低值相关联。例如，身高和头顶到天花板的距离。

参与式观察（participant observation）：进行描述性研究的一种方法，研究者成为情境的参与者，以便更好地来了解该群体的生活。

参与者/被试（participants/subjects）：被研究的人或其他动物。

正相关（positive correlation）：两个变量同时增加或同时减少的关系。例如，卡路里摄入量和体重增加。

原理（principle）：确定的各因素之间的关系。

定性研究（qualitative research）：探索性研究，试图通过个案研究、访谈、民族志、参与观察和其他深入研究少数人的研究方法来理解事件对当事人的意义。

定量研究（quantitative research）：使用实验、统计分析、测试和结构化观察等客观测量方法，以更加正式、受控的方式对众多参与者进行研究的研究。

准实验研究（quasi-experimental studies）：这些研究虽然满足了大部分真实验的要求，但它们与真实验的一个重要区别在于被试不是随机分组的，而是以现存的组别（如班级或学校）来参加实验的。

随机（random）：没有任何明确的模式；没有规则可循。

反思型（reflective）：深思熟虑，富有创意。反思型的教师会回想当时的情况，分析自己的做法和原因，并考虑如何改进学生的学习。

社会情感学习（social and emotional learning, SEL）：将思维、情感和行为融入教学与学习的过程，使成人和儿童发展相关技能以了解自身和他人，学习管理自身和他人的情绪和行为，做出负责任的决定，并建立积极的人际关系。

扫码获取全书在线资源

• CHAPTER •

# 2

第 2 章

## 你是谁？你的学生是谁？
## 文化与多元化

EDUCATIONAL PSYCHOLOGY

## ■ 教师的案例簿：关于种族的对话

假设，一则视频在美国社交媒体上广为流传，内容是：一名手无寸铁的非洲裔青少年，上周末在离你学校不远的一个小镇上，被警察打伤了。周一早上，当学生们准备上课时，你无意中听到了关于所发生事件的对话。一名学生的父亲是警察，这名学生在书包上贴了"警察的命也是命"（Blue Lives Matter）的标签，他说那名青少年的做法是错误的。另一名学生回答说："我父母一直教导我，因为我是非洲裔，所以最好小心警察。非洲裔的生命也很重要，不是吗？"周围的学生开始议论纷纷。一位女生叹息道："为什么每件事都要和种族有关？难道我们就不能认同所有的生命都很重要吗？"她的话立刻让你想起今年早些时候，你的一位同事发现自己的带有类似口号的保险杠贴纸，在学校停车场被人损坏，当时她特别难过。其实，也许这就是一个适合进行种族议题教学的时刻。

### ■ 批判性思考

- 你会如何以此为契机在课堂上谈论种族问题？
- 你会如何设计你的课堂空间，以确保关于种族的艰难对话顺利进行下去？
- 为了在课堂上进行富有成效和勇敢的讨论互动，你必须做些什么？
- 如果你知道少数族裔学生对欧洲裔学生的评论感到不满，你会如何回应？
- 如果有，什么时候提出基于群体的身份，以及这些身份可能带来的特权、优势和劣势等问题，是个好主意？
- 对在课堂上进行关于种族（或其他社会身份）的谈话，你有哪些顾虑？

## ■ 概述与目标

你是谁？你的文化和社会身份的各个方面是如何塑造你自己的经历和观点的？你的学生是谁？他们的文化背景会如何影响他们在班上的学习、发展和动机？当我们能够认识到我们的文化和社会背景如何独特地塑造了我们，我们就能更好地理解教育心理学的几乎所有方面——从大脑如何工作到如何在课堂上营造积极的教学氛围。世界各地课堂的文化构成在不断演变。弗兰克·帕哈雷斯（Frank Pajares）是我（艾伦·L. 亚瑟撰写了这章）的研究生导师，也是我所认识的最睿智的教育心理学家之一。他在美国教育研究协会（AERA）的一次会议上发言时指出，"教育中最棘手的那些问题，都不能用一种通用的处方式的方法来解决。要解决这些问题，就必须关注塑造我们生活的文化力量"（Pajares，2000，p.5）。

我相信他是对的。在本章中，我们将探讨文化如何影响我们的社会结构。我们先从审视自己的内心开始。了解自己和自己的参照系是了解他人的关键。接着，我们将会认识两个人，他们的故事会让我们体会到文化多样性和交叉性的统计数据在生活中的意义。我们将考虑基于文化的刻板印象、偏见和歧视的发展，它们影响着教与学。以文化的广泛内涵为基础，我们将探讨构成教师和学生同一性的三个重要维度：社会阶层、种族/族群、性别和性取向。接着，我们将转向关于文化回应教育的思考，这是一种拥抱多元化的教学方法，我们还将探讨如何创建具有文化包容性的课堂。最后一节将介绍教育每个学生的四项一般原则。学完这一章后，你就能达成以下目标。

目标 2.1 阐述文化的定义，并讨论当今美国学校中的文化多元化是如何影响学习与教学的。

目标 2.2　讨论如何界定社会阶层和社会经济地位，包括社会经济地位的差异如何与学校成就相关。
目标 2.3　阐释种族、族群、偏见、歧视和刻板印象威胁如何影响学生的学习及其在学校中的成就。
目标 2.4　描述性别、性别同一性，以及性取向的发展，并讨论它们在教学与学习中的作用。
目标 2.5　论述多元文化教育的定义，并将与多元化相关的研究应用到文化兼容课堂的创建中。

## 模块 3　教育与文化

**学习目标 2.1**　阐述文化（culture）的定义，并讨论当今美国学校中的文化多元化是如何影响学习与教学的。

### 2.1　教育即文化

班级是一个文化多元的地方。班级和学校也有自己的文化。在本书中，我们会对文化和文化多元性进行广泛的诠释。让我们先看看什么是文化。然后，我们邀请你探索自己的文化和教育背景。这种探索对你今后的教育和学习、对你未来的学生都非常重要。然后，我们将探讨社会群体和身份，以及它们所具备的文化意义。我们将特别审视社会阶层、种族、族群、性别和性取向，原因在于这些议题反映了教育领域研究最多的一些社会类别。

谈到**文化**，它至今没有统一的定义。不过，大多数定义认为文化是塑造和指导特定人群的信念和行为的知识、技能、规则、规范、实践、传统、自我界定、（教育、法律、公共等）制度、语言和价值观，以及创作并流传于后世的艺术、文学作品、民间故事和手工艺品（Banks & Banks，2016；Cohen，2009，2010）。文化有向成员传达的脚本——生活程序。这种传达在大多数情况下是心照不宣的——无须明确说明即可理解或领会。文化的边界是社会构建的，也是流动的。文化和社会群体可以按照地域、族群、宗教、种族、性别、社会阶层或其他界限来界定。划定这些界限有时是为了维护或抵制权利体系（Causadias，2020）。

我们每个人都隶属于多个不同群体，因此我们会受到多种不同文化的影响。有时，不同文化的影响无法融合，甚至互相抵触。例如，如果一名女权主义者同时又是一位罗马天主教徒，其可能很难协调两种不同文化中关于女性担任牧师的信念。你个人的信念将部分取决于你对每个群体的认同程度。

很多现代国家都存在多种不同的文化。以美国为例，在平原地区的某个小镇长大的学生，与在东北部地区的城市中心或得克萨斯州郊外的学生相比，他们所属的文化群体有很大区别。即使同在平原小镇，便利店职员的子女与镇医院医生或牙医的子女之间的成长文化也不同。在美国，美籍非洲裔、亚洲裔、西班牙裔、印第安人和欧洲裔群体，有着迥然不同的历史和传统，哪怕是这些群体的成员之间也存在着巨大的文化差异。虽然他们生活在同一个国家，拥有许多共同的经历和价值观，但他们生活中的许多方面是由他们不同的文化归属决定的，而且越来越多地受到他们超越地域界限的社会网络的影响。不同文化群体的成员，在社会更大的文化结构中所受到的待遇不同。

我们可以将文化看成一座冰山。冰山的一小部分是可见的，而其余部分则是看不见的、未知的。文化中可见的标志（如族群服饰、婚嫁习俗等）只反映出文化差异中很小的部分，如图 2-1 所示。

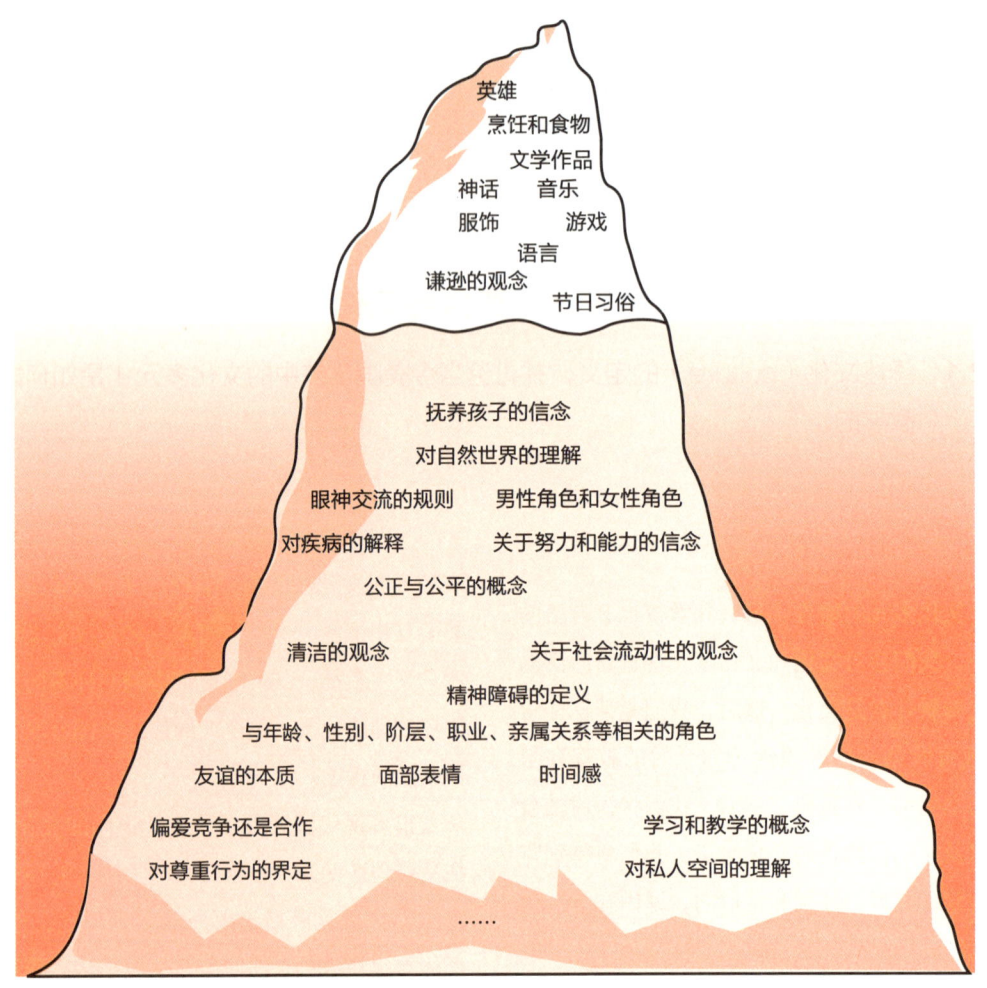

**图 2-1 文化如同一座冰山**

注：如同冰山的绝大部分是无法被看到的，隐于水面之下的，绝大多数的文化差异也不为他人所见，甚至不为人们所意识到。正是这些意识不到的差异，常常会导致误解和冲突。

我们文化自我的许多方面都存在于"表面之下"。我们的很多文化归属并不容易被他人察觉。此外，你自己的文化"数据库"——你的假设、规范和行为的基础，可能连你自己都觉察不到。有一次，我在法国做研究报告，发现没有人在我发言时点头，我很担心报告的效果。原因是我的口音，还是我的报告内容？我意识到，文化中关于适当的人际行为的规定各不相同。在有些群体里，倾听者应该一边听一边轻轻点头表示赞同，或者偶尔发出"嗯、嗯"的声音表示自己正认真倾听。但对于另一种文化的成员来说，倾听的过程中或许不应该表示赞同，应该双眼低垂，以表示对对方的尊重。在某些文化中，应该由地位更高的人开始准备话题并提问，而地位更低的人只能回答。而在另一些文化中，情况则正好相反。这些都是"表面以下"的文化元素——它们是关于可接受的思维、存在和行为方式的内隐、未表述的信念（Kahnerman, 2011; Sheets, 2005）。我并没有意识到自己对听众抱有这种基于文化的期望。

文化的影响是广泛而普遍的。有些心理学家已经证实，文化甚至会决定一个群体如何定义智力。例如，在巴厘岛的社会生活中，"体态优雅"非常重要，因此在该地的文化中，掌握肢体动作的能力是智力的标志。而西方社会认为使用词汇和数字很重要，因此在相应的文化中，这些技能才是衡量智力的指标（Gardner，2011）。其至，心理障碍的症状表现也会受到文化的影响。在工业化社会的文化中，人们强调洁净，因此强迫症患者往往表现为不断洗手。而在巴厘岛，人们强调社会关系，因此强迫症患者往往表现为痴迷于了解朋友及其家人等社会网络中的人的所有生活细节（Lemelson，2003）。

> **停下来，想一想**
>
> 让我们来做一个小小的自省研究（我们可以称之为"我的搜索"）。请回顾一下你的过往人生。你会如何描述自己的教育和文化背景？你的正规和非正规教育经历是怎样的？在成长过程中，你隶属于哪些文化群体？你为自己选择了哪些文化群体？你在哪些方面处于有利地位？你在哪些方面处于劣势？这些对你现在有什么影响？

## 2.2 你的文化和教育历史

为了更好地理解教育心理学和人类发展，让我们从探索自己的文化和教育背景开始。100多年前，美国心理学之父威廉·詹姆斯（我们在第1章中介绍过）提出了著名的观点："内省是我们必须首先、最重要和始终要依靠的东西。"

最近，我要求我的本科生就自己的教育背景开展自传式研究项目（我们称之为"我的搜索"项目）。为了帮助他们反思，我提供了一些指导性问题（见表2-1中的清单）。我们还花了一些时间来讨论，公开谈论我们的个人、社会和文化背景是一件多么容易受到情感伤害的事情。我鼓励学生只与他人分享那些他们觉得可以分享的经历细节。这项活动的主要目的是帮助学生反思他们的生活环境，这些环境造就了他们。

**表2-1 你的教育自传**

| 反思型问题 |
|---|
| • 你的家庭教育背景如何？你的家庭收入是多少？你与谁一起生活过？ |
| • 你如何描述自己父母的社会阶层和地位？ |
| • 你住在哪里？你如何描述自己的家和邻居？你去过哪些地方？ |
| • 你家里的价值观、规范和期望是什么？ |
| • 你在学校和家里有哪些学习工具（如书籍、电脑、游戏等）？ |
| • 你的正规学校教育经历是怎样的？你上过哪些学校？你参加（或不参加）哪些课程？你在学校的感觉如何？ |
| • 你的非正式学习经历（如团体、体育、旅行、音乐、夏令营、工作）是怎样的？ |
| • 你的老师怎么样？对你影响最大的老师是谁？或什么对你影响最大？ |
| • 你如何评价你的同伴和同学？ |
| • 在你的教育中，最典型的方面是什么？最不典型的是什么？ |
| • 你觉得自己在哪些方面的教育程度不如人意？为什么？ |
| • 你觉得自己与他人有何不同？何时、何地、何人对你的接纳程度最高或最低？ |
| • 你对自己社区中的人（如同伴、老师、邻居）有多少信任感？ |
| • 你会如何描述自己的文化背景？它对你有什么影响？ |
| • 作为一名学习者，你的表现如何？哪里的学习最轻松？哪里最难？ |
| • 你如何描述自己的学习动机？ |

续表

| 反思型问题 |
|---|
| • 你的教育经历如何影响了你对生活的追求？ |
| • 你参加过哪些社会或文化活动、典礼或仪式？ |
| • 你如何评价家庭成员的健康状况（如身体、心理）？ |
| • 在你的学校和社区中，"加入"和"退出"群体的成员有哪些？你属于哪个群体？ |
| • 你如何描述你与其他种族群体成员的互动？ |
| • 你是否参加过需要通过资格审查的社会团体？ |
| • 你是否参加过有选择性的团体（例如，只限女生、高年级学生、特殊教育、体育校队）？ |
| • 你是否拥有为你提供额外教育机会的经济或社会资源？ |
| • 你或你身边的人是否：（a）会说一种以上的语言；（b）会演奏一种乐器；（c）参加民间组织；（d）有私人教师；（e）阅读广泛；（f）有高等学位？ |
| • 你或你的父母对你在哪里上学、上什么课、谁是你的老师有多少选择权？ |
| • 你可以获得哪些资源（如书籍、交通、高速互联网、上过大学的家庭成员、值得信赖的成年知己、个人银行账户、工作机会、私人教师）？ |
| • 你与自然环境的关系如何？你多长时间在户外活动一次？ |
| • 你从事过哪些工作？你是如何以及为什么得到这些工作的？这些工作教会了你什么？ |
| • 你曾以何种身份与他人合作并实现共同目标？ |
| • 你曾在哪些方面感到机会之门向你敞开？哪些方面的机会之门对你是关闭的？为什么？ |
| • 从与你不同的群体中，你直接或间接地学到了什么？ |

你会如何回答表 2-1 中的问题？无论你是否选择了自己的经历和环境，它们都塑造了你看待自己和他人的方式。它们也是你文化背景的一部分。你的社会和教育经历帮助你建立了一个丰富的文化"数据库"。

当我的学生选择他们教育自传中的细节与班上其他同学分享时，许多人使用了"正常"或"典型"这样的词来描述他们的求学经历。不过，在倾听同学发言时，他们被要求写下每个同学的文化或教育经历中至少一个与自己不同的地方。以下是我的学生在相互倾听时，注意到的一些不同之处。

- "他来自一个大家庭，没有搬过家，这与我的小家庭恰恰相反，我的家庭支离破碎，搬过很多次家。"
- "她在芝加哥郊外一个富裕社区长大，她比我有更多的成长机会。我父亲喝酒，把我们的钱都喝光了。"
- "我从未像他那样上过欧洲裔占多数的学校。"
- "从小到大，我就读的学校都没有少数族群的学生。我错过了宝贵的学习经历。"
- "她上的是一所女子高中。这可能是一段非常艰难的经历。"
- "他在三个不同的州生活过，而我从未离开过肯塔基州。自从我父母结婚后，我家就一直住在同一栋房子里。"
- "她和她的一位老师成了超级亲密的朋友，这在我的经历中是想都不敢想的。"
- "基督徒的农场生活一定与我非基督徒的郊区生活大相径庭。我以前甚至从没去过农场。"
- "在音乐上，他从小就有很好的机会。世界一流的音乐家对他进行了很好的培训。"
- "来自贫困地区和学区塑造了她的教育经历。与我不同的是，由于经费少，与正规教育相比，她从非正规教育中学到了更多的东西。"

你注意到了什么？我希望你能明白，单一教育或文化经历从来不是单一存在的。我们总能找到彼此经历的共同点和不同之处。更多地了解自己和他人的社会和文化成长经历，将帮助你成为一名更具文化意识的教师。这种意识会让你在制订教学计划时更可能尊重文化差异。在本章后面的内容中，我们将举例说明如何做到这一点。

现在，让我们来认识两位学生。他们的故事能让我们更深入了解文化多样性。

### 2.2.1 两位学生的故事

在第1章中，我们看到了一些关于美国学生的统计数据，发现课堂正变得越来越多元化。但教师的工作对象不是统计数据，而是学生——他们中每个人都是独一无二的个体。在这一小节中，美国佐治亚大学的南希·克纳普（Nancy Knapp）向我们描述了两个学生的案例。每个案例中的主人公并非真实存在，而是南希认识和教过的不同学生特征的组合体。他们的名字和所属学校都是虚构的，但对这些学生生活的描述却非常真实。

#### 案例1：特尼丝·马托克斯（Ternice Mattox）的故事

特尼丝·马托克斯是一名七年级的学生，她和妈妈、三个弟弟和妹妹一起住在美国东北部的一个大城市。妈妈白天在一个干洗店工作（早上7点到下午3点），晚上和周末则在办公楼做清洁，这样才能勉强糊口。因此，特尼丝每天都要叫弟弟和妹妹起床，并送他们去学校，晚上还要帮他们做晚餐，监督他们做作业。从10岁开始，她就一直在做这些事情。

学业对特尼丝而言并不困难，小学的时候，她各门功课常常拿B。不过，特尼丝从来没有真正喜欢过学校，直到六年级时，她的英语老师对她说，"写任何你想写的东西，甚至是你自己的生活。我不会立刻指出你的错误，而是让你跟我，以及其他孩子一起努力，直至你写出一份自己可以引以为傲的最终版本"。特尼丝发现自己很喜欢写作，也很擅长写作。她写的一个故事还发表在校报上。特尼丝在班上表现得很活跃，以至于安东尼·贝利（Anthony Bailey）质问她为什么"表现得那么像欧洲裔"。特尼丝非常生气，这让她很困扰。她和安东尼有点"谈得来"，她很喜欢他。她的老师希望她参加一些测试，看看她是否可以参加针对超常和天才学生所开设的课程，但特尼丝还在犹豫。即使能考上，她也担心自己交不到朋友，天才课程里几乎所有孩子都是欧洲裔，少数的几个非洲裔孩子也是从其他城区来的。此外，她的朋友们都会因此不高兴，尤其是安东尼。她的妈妈希望她去试试，并说参加了那个课程可能会前途无量，但特尼丝不想离开她的朋友们。不过，她还是很希望能有更多像去年英语那样的课程。

#### 案例2：杰茜·金凯德（Jessie Kinkaid）的故事

杰茜·金凯德是威斯康星州高中二年级的学生。她和母亲住在镇上的一所小房子里。她的母亲在一家诊所做接待员。她的父亲是福特汽车的代理商，与第二任妻子和3岁的小儿子（杰茜同父异母的弟弟）住在城外不远的地方，因此他们经常见面。

杰茜在学校学习职业课程，大多数学科都得C，少数几门得D。有时她会不及格，但她的学分足够明年年底毕业，这才是她真正关心的。她的家庭与消费科学老师称赞她在烹调上有才华，建议她提高成绩，以便申请到厨师学校就读。杰茜喜欢烹调，也知道自己擅长于此，但她不打算继续进修。她争取毕业只是为了取悦父母，她对自己的生活已经有所打算。毕业后她打算在城里找份工作，用几年时间攒些钱，然后嫁给沃尔特·艾肯（Walter Aiken）。沃尔特比她高两级，杰茜读高中一年级时，他们就开始交往了。沃尔特今年开始将在华盛顿大学普拉特维尔分校攻读动物学学位，他们计划等沃尔特毕业就结婚。随后，他们将搬到艾肯家族农场的小房子里，直到三四年之后沃尔特的父亲退休。到时候，他们就能接管农场，搬到大房子里。杰茜希望到时候他们至少能有一个孩子。

因此，只要能毕业，杰茜一点都不在乎自己的成绩。她的父亲也同意不必浪费时间和金钱继续升学，反正她以后用不上那些东西。杰茜的妈妈 17 岁就退学结婚了，她希望杰茜好好考虑清楚。她说，她只是希望杰茜能"保留选择的余地"。

特尼丝和杰茜只是其中两个学生，而这样的案例还有成千上万个——每个人都有着自己独特的能力和经历。他们说着不同的语言，有着不同的族群和种族背景，且生活在不同的社区。一些来自贫困家庭，另一些来自有权势的家庭——但他们都面临教育中的各种挑战。在本章接下来的部分中，我们将从几个方面探讨当今学校中的文化差异。

### 2.2.2 文化交叉和相关术语

我们在探讨文化差异时，需要注意以下几个要点和术语。首先，我们将集中讨论社会阶层、族群、种族、性别和性取向等维度，因为已知的研究大多集中在这些方面。当然，现实中的人不可能只是非洲裔美国人、中产阶级或男性，而是复杂的生命体，是多个群体的成员，就像上述案例中提到的两个学生特尼丝和杰茜一样。

> **停下来，想一想**
>
> 在这里停一下，想一想你属于哪三到五个群体（性别、性取向、阶层、族群、宗教、社会经济地位、年龄等）。你可以使用图 2-2 中的文化认同轮来帮助自己。你身份的交叉如何影响你与他人的互动？你自己的文化传统和所选择的文化归属会如何影响你对自己的看法和你的工作？你的群体归属或社会身份的主要优势是什么？如果有，你经历过哪些不利因素？

人们属于很多文化和社会群体。在每个类别中，你会如何描述自己？哪些群体对你来说最重要？你最经常想到的是哪个群体？

图 2-2　文化认同轮

资料来源：图片由艾伦·L. 亚瑟绘制。

**1. 文化交叉性**

我们隶属于很多社会群体，这就形成了文化交叉性的迷人织锦。**交叉性**（intersectionality）是指我们的社会身份（性别、性取向、阶级、族群、宗教、社会经济地位、年龄等）相互重叠、交叉，以独特的方式塑造了我们每个人（Rosenthal，2016）。作为多重社会群体成员的个体，如果被他人剥夺了权利，就会面临更多的心理、教育和健康风险。奥德雷·洛德（Audre Lorde）是一位非洲裔美国女作家，她的职业生涯致力于对抗种族主义、性别歧视和阶级歧视，她曾经说："不存在单一问题的斗争，因为我们的生活不是单一问题的生活（Lorde，1982）。"在接下来的阅读过程中，请你以自己为例子，想想这些文化交叉性可能会如何影响学习和教学。

交叉性还意味着，知道一个人是某个特定文化群体的成员，并不意味着能确定这个人是什么样的人。正如你刚才看到的，我们属于许多社会和文化群体——有些是可见的，有些是不可见的。即使是同一文化群体的成员，其行为也可能大相径庭。这意味着，我们必须抵制从一个人的特定群体成员身份来预测或解释其行为的倾向。人类行为的产生原因太复杂了！举个例子，想想你班上的一个学生为什么总是迟到，可能会有多少种解释。可能是该学生在上学前有工作，必须走很远的路；或者像特尼丝一样，要负责送弟弟和妹妹上学；也许这个学生害怕上学。那么，我们为什么要用这些文化分类来给人贴标签呢？

### 2. 文化群体与相关术语

图 2-2 中的"文化认同轮"提供了一些宽泛的类别，而在这些类别背后，还有更多的术语被人们用来描述他们的文化归属和社会群体成员身份。正如我们将在本书中探讨的那样，语言是一种强大的文化工具。在我们所使用的词语背后，是社会约定俗成的概念，有时是通过武力和统治达成的。例如，"国籍"的概念往往是由谁征服了特定的领土或民族来决定的。同样，几个世纪以来，"种族"的概念也是通过各种任意选择的身体特征（包括皮肤色素沉着）来重新定义的。神经科学家丽莎·费尔德曼·巴雷特（Lisa Feldman Barrett，2020）观察到，我们倾向于"把贴了标签的盒子当作自然的一部分，而实际上它们是我们建构的……作为一种文化，我们选择了歧视的特征，并划定了分界线，放大了我们称之为'我们'的群体与我们称之为'他们'的群体之间的差异"（pp.121–122）。

当标签的使用方式显示出对某个群体成员的倾斜或反对时，标签就被认为是有偏见的，并可能造成伤害。考虑一下当被描述为"非法移民"（相对于"移民"或"难民"）时，儿童会有什么感受。作为一名教育工作者，你应该努力使用无偏见的语言。这可能具有挑战性，因为语言是动态、多变的，会随着时间和群体的变化而变化。此外，群体内成员用来描述自己的标签，可能不同于群体外成员使用的标签。例如，"Latinx①"作为"Latino"或"Latina"的一种性别包容性替代词，被越来越多地用于指代在美国有拉丁美洲血统或西班牙血统的人。然而，一项研究发现，只有25%的西班牙裔认同者听说过这个词，只有3%的人实际使用这个词（Noe-Bustamante et al.，2020）。你会如何确定使用哪些标签？关于标签，你会向学生传授哪些知识？

使用"正确"的术语并没有一套严格的规则。然而，有些术语被认为是具有压迫性或过时的，因此总是无法让人接受。美国心理学会发布了无偏见语言指南。其中一项最重要的建议是，最好"使用个人和社区用来描述自身、其经历和实践的术语"（APA，2019，p.131）。但是，如果人们用来描述自己的术语被认为具有侮辱性，那么最好避免使用这些术语。请记住，语言具有强大的力量。如有疑问，请尊重人性。我们都会犯错，但我们可以道歉，并且下次使用更合适的词语。在本书中，我们将尽可能负责任地做出语言上的决定，因为我们知道有些读者会希望我们使用不同的术语，而且语言总是在不断发展的。

## 2.3 刻板印象、偏见和歧视

现在，你已经探索了自己的文化背景，并对自己所属的众多交叉文化群体进行了反思，让我们来看看你是如何学会理解与自己相似或不同的社会和文化群体中的人的。我们将具体研究人类对人和事物进行分类的倾向，以及当这些分类变得过于僵化并导致文化冲突、偏见和歧视时会发生什么。了解这一过程，将有助于你制定更具文化支持性的实践，促进学生的社会性发展。

### 2.3.1 刻板印象：好与坏

在我们的一生中，我们的大脑一直在筛选社会和文化信息——我们的"数据库"，使我们能够根据所了解到的事物、人物和地点的共同特征对其进行快速分类。正如你在后面的学习中将会了解到的，根据事物的共同特征将它们归类，而不是单独处理，让我们的大脑工作起来更有效

---

① Latinx 是一个新兴的词语，是 Latino 和 Latina（指女性）的中性拼写方式。——译者注

率。我们会形成关于物体、事件和行为的图式——有组织的知识体系。

> **停下来，想一想**
>
> 请列出以下群体三个最典型的特征：
> 大学新生；
> 政治家；
> 运动员；
> 佛教徒；
> 美国步枪协会成员。

从很小的时候起，我们就会形成关于人群的图式或**刻板印象（stereotypes）**。在刚刚的"停下来，想一想"活动中，你的大脑查阅了你的经验数据库，帮助你列出了大学新生、政治家、运动员、佛教徒和美国步枪协会成员最典型的几个特征。这份清单将揭示你对每个群体的刻板印象。这些刻板印象概括了你对该群体的了解、信念和感受。

刻板印象本身并没有错。在我们的一生中，大脑一直在忙于收集和分类数据，以帮助我们了解周围的世界，并对将要发生的事情做出预测。刻板印象是建立在我们自身的社会和文化经历的基础上的。这包括我们所接触的媒体，如电视、电影、书籍和互联网。我们每天都会被动地摄入大量信息，但我们并不总是能意识到自己的大脑在这一过程中所产生的大量内隐联想（Greenwald & Lai, 2020）。任何时候，当你遇到一个新的情境——即使是在你阅读这本教材中的文字时，你的大脑都会参考你自己的经验来帮助你理解它。这是很自然的出发点。但如果有些信息是不完整的，或者更糟糕的是，不准确或有偏见的呢？

你可能也知道，刻板印象可能会带来问题。原因之一是刻板印象过于简单化（例如，所有加利福尼亚人都很放松）。另一个原因是刻板印象是建立在有限的数据基础上的（我不可能见到每一个加利福尼亚人，也不可能了解他们每个人的一切）。即使是看似积极的刻板印象，也可能导致问题。例如，亚洲学生和亚洲裔美国学生被定型为"模范少数族裔"学生——安静、勤奋、被动、普遍成功的学生（Yi et al., 2020）。这些刻板印象会强化墨守成规，扼杀自信。它们还在亚洲裔学生和其他族裔学生之间建立了有害的社会比较。斯泰西·李（Stacey Lee）和她的同事描述了亚洲裔美国人面临的另一种刻板印象：他们被视为永远的外国人（Lee et al., 2017）。即使他们的家庭在美国生活了几十年，即使他们已经是第四代或第五代亚洲裔美国学生，他们也可能不会被视为"真正的"美国人（J. Lee & Zhou, 2015）。事实上，研究人员表明，教师们往往会称这些学生为"亚洲人"，而不是"亚洲裔美国人"或"美国人"。往往，成为教师文化刻板印象目标的学生会将这些成见铭记于心，并感到有压力和负担，甚至感觉被忽视。

### 2.3.2 从刻板印象到偏见

当人们对社会群体有刻板印象时，他们往往会对两个群体特征做出评价：热情（这个群体的成员友好吗？值得信赖吗？）和能力（这个群体的人有能力吗？自信吗？）。例如，老年人通常被刻板地认为热情度高，但自信度低。在前面的"停下来，想一想"活动中，你会从这两个维度给每个群体打几分？心理学家苏珊·菲斯克（Susan Fiske, 2018）指出，你对社会群体的评价会让你对其中的人产生某种情感。例如，人们会钦佩那些他们认为热情和能力较高的人，但对那些缺乏这些品质的人则会感到怜悯或蔑视。研究表明，对一个群体的这些感觉（如钦佩、蔑视、怜悯）很快就会变成**偏见（prejudice）**——对整个人群的僵化和不公平的概括。例如，如果你认为超重的人懒惰，看到他们时感到厌恶，并拒绝与他们约会，那么你就对他们有偏见（Aboud et al., 2012）。同样，偏好（bias）是指带有偏见的喜好或行为。

与刻板印象一样，偏见和偏好可以是积极的，也可以是消极的。也就是说，你可以对一个群体有积极或消极的非理性信念。偏见可以针对任何某种特定的种族、族群、宗教、政治立场、年龄、地理位置、语言、性取向、性别、能力或外表。那我们的偏见是如何形成的？

儿童在很小的时候就开始形成偏见。人们倾向于将社会、世界划分为两类——我们的和他们的，或内群体和外群体的。我们往往认为外群体的人不如我们，与我们不同，但他们之间是相似的——"他们看起来都一样"。即使在婴儿期，儿童也更容易接受来自熟悉的人的玩具（Rhodes & Baron, 2019）。世界各地的研究结果表明，基于族群成员身份的偏见始于 4 ~ 5 岁（Aboud et al., 2012; Anzures et al., 2013）。内群体偏见和外群体偏见可能基于种族、宗教、性别、年龄、族群和性取向，甚至运动团队的成员身份。

偏见的另一个来源是，人们倾向于把有利的部分归因于自己，而把不利的部分归因于他人，从而认为自己高人一等。例如，拥有更多（金钱、社会地位、声望）的人可能会为自己的特权辩解，声称这完全是靠他们个人的努力和技能赢得的。这可能导致人们指责受害者：生活贫困的人或被强奸的女性被认为是他们的行为导致了他们的问题——"他们罪有应得"。随之而来的可能是精英主义的神话——认为所有人都处于平等的竞争环境中，成功只是因为努力工作。这种想法忽视了人们因其生活环境（如出生时间或出生地）而拥有的许多不劳而获的优势或劣势。情绪也有一定的影响。当事情出错时，我们会找某个人或整个群体来接受指责。

但是，偏见不仅是一种形成群体的倾向、一种自我辩解或一种情绪反应，也是我们一生中收集的大量信息和价值观的产物。孩子们通过明示和暗示的方式了解他们的家庭、同伴、老师，以及周围更广阔的世界所重视（或不重视）的特征和特性。媒体也在不断传播关于谁成功（谁不成功）的刻板信息。多年来，在美国的书籍、电影、电视和广告中出现的"强大"和"聪明"的人物都是欧洲裔美国人和男性；而其他族群和种族背景的人很少成为"英雄"（Ward, 2004）。不过，目前这种情况正在改变。2020年，美国选出了第一位非洲裔美国人、东南亚洲裔美国人和女性副总统，第一位女性财政部长，第一位非洲裔美国人国防部部长。

即便如此，媒体对历史上受压迫者群体的认可也不是必然的。近年来，对妇女、少数族裔和某些宗教少数群体的负面描述，在一些媒体和一些民选官员那里被放大了。南方贫困法律中心（Southern Poverty Law Center）报告称，在 2016 年和 2020 年的总统竞选期间，民族主义、仇恨言论、种族主义和极右极端主义激增（Costello, 2016）。这对青年学生，尤其是少数群体的学生有什么影响？

### 2.3.3　刻板印象威胁

当学习者感到他们必须不断监视环境中可能存在的刻板印象和偏见时，他们的学习成绩就会受到影响——这一概念被称为"刻板印象威胁"（stereotype threat）。"**刻板印象威胁**"一词指的是"对证实刻板印象的担忧"（Aronson, 2002, p.282）。其基本概念是，当个体处于刻板印象适用的情境中时，他们会承受额外的情感和认知负担——无论是在他人眼中还是在自己眼中，都有可能证实刻板印象。因此，当要求女孩解决复杂的数学问题时，或者当非洲裔美国人参加 SAT[①] 考试时，他们就有可能证实人们普遍持有的刻板印象，即"女孩在数学方面不如男孩"，或者"非洲裔美国人在 SAT 考试中的分数低于其他种族群体"。事实上，这些个体是否相信刻板印象并不重要。重要的是，个体意识到这个刻板印象，并且希望自己的表现足以反驳其贬低性的含义。

史蒂文·斯宾塞（Steven Spencer）及其同事（2016）指出，"每个人都有可能受到刻板印象威胁，因为每个人至少有一种社会身份在特定情况下会成为负面刻板印象的目标"（p.415）。对于那些强烈认同某个受到威胁的群体或活动的学习者（"我很自豪我是非洲裔美国人""科学对我来说真的很重要"）来说，这种影响似乎更为严重（Appel & Kronberger, 2012; Huguet & Régner, 2007）。例如，研究表明，刻板印象威胁会使来自较低社会经济地位背景

---

[①] 由美国大学理事会主办的一项标准化、以笔试形式进行的高中毕业学术能力水平考试。——译者注

的学生、年龄较大的成人考生、精英运动员、数学成绩很好但被告知亚洲裔学生在某项测试中成绩更好的欧洲裔男性大学生以及认为自己不如女生的学龄男孩成绩下降（Hartley & Sutton, 2013; Spencer et al., 2016）。

证实刻板印象威胁，究竟会对学习者产生怎样的影响？研究表明，经历刻板印象威胁会带来这些影响：(a) 阻碍个人在考试和做作业的过程中发挥最佳水平；(b) 干扰注意力、工作记忆和学科学习（如数学）；(c) 降低与该学科的联系和对该学科的重视程度（Spencer et al., 2016）。因此，刻板印象威胁可能是造成某些群体之间存在成绩差异的原因之一，但并非唯一原因（Nadler & Clark, 2011）。经历过刻板印象威胁的学生不太可能在环境中感受到归属感和联结感，因为空气中弥漫着威胁。当他们感到与外界脱节时，学习动机和参与度就会受到影响（Thoman et al., 2013）。他们可能会失去兴趣，在测试情境中感到焦虑，甚至制定自我挫败的策略以避免看起来愚蠢（请参阅第 12 章，了解更多相关信息）。经历持续的威胁可能会导致长期的消极后果，如放弃努力甚至辍学。一旦学生从心理上脱离学校，他们就不可能付出真正学习所需的努力。教师可以帮助他们减少这些影响的方法之一，是通过开发特定的课程，提供丰富的反证来反驳刻板印象，并肯定学生的不同身份（Spencer et al., 2016）。

### 2.3.4 从偏见到歧视

正如我们所看到的，偏见包括对某一类群体刻板、非理性的信念和情感（通常是消极的），还包括一种行为的倾向，即歧视。**歧视（discrimination）**指不平等地对待特定类别的人群。很显然，很多美国人每天都会受到微妙的或公然的偏见和歧视。

尽管偏见和歧视来自很多方面——同伴、媒体、校外社会交往，但有证据表明，从教师那里感受到的歧视可能对教育成果的损害最大（Benner & Graham, 2013）。如前所述，教师往往意识不到自己的偏见。然而，这些偏见会影响教师对学生的期望，以及他们如何解释学生的行为。

心理学家克里斯蒂亚·布朗（Christia Brown, 2017）在《儿童和青少年时期的歧视》（*Discrimination in Childhood and Adolescence*）一书中指出，即使是年幼的儿童，也会高度关注自己在学校是否受到他人的欢迎和接纳。如果认为自己受到了不公正的待遇，那么无论从短期还是长期来看，这都会对心理、身体、学业和社交产生负面影响。如果感到自己被轻视、忽视或排斥，学生就很难在学校保持注意力和学习动力。此外，成为他人偏见和歧视的目标，会使学习者感到他们必须不断监视环境中是否存在进一步的偏见和歧视，从而造成巨大的压力并影响学业成绩。

在接下来的章节中，我们将更深入地探讨不同文化群体的成员如何体验学校生活。具体而言，我们将重点关注经济和社会阶层、族群和种族、性别和性别认同，以及学习者的经历如何与学习、发展和动机相联系。我们还将分享基于群体的刻板印象、偏见和歧视改变学习者的自我信念、动机、情感和学习的证据。

| 模块 3 小结 |

**教育即文化**

**什么是文化，文化多样性如何影响学习和教学？**

关于文化的概念有很多，但大多数包括知识、技能、规则、传统、信念，以及指导特定人群行为的价值观——文化是一种生活程序。文化之间的差异可能非常明显，仅是冰山一角，也可能非常微妙，处于表面之下的。当微妙的文化差异相遇时，误解和冲突就很常见。当主流文化的价值观和能力被用来决定什么是"正常"或适当的学校行为时，这些冲突就会发生。在这种情况下，在不同文化中接受社会化教育的儿童可能会被认为行为不当、不遵守规则或粗鲁无礼。

### 你的文化和教育史

**为什么在美国了解自己的文化背景很重要？**

每个人都是许多文化群体的成员，这些群体的定义包括地理区域、国籍、族群、种族、性别、社会阶层和宗教。特定群体的成员身份并不决定行为或价值观，但会使某些价值观和行为更有可能发生。每个群体内部都存在很大的差异。你在前文中所认识的两个人——特尼丝和杰茜，就体现了这种多样性。

**在描述自己和他人的文化时，我们应该使用什么术语？**

研究我们所属的不同社会群体，可以为我们使用术语提供指导。但是，我们应避免使用对某个群体带有偏见或不利评价的标签。如果有疑问，请使用群体中的个体希望你在描述其群体及其做法时使用的术语。记住，交叉性指的是人们所拥有的重叠的文化身份。它可能会以独特的方式塑造个人，而这点是任何单一群体都无法做到的。

### 刻板印象、偏见和歧视

**偏见、歧视和刻板印象威胁之间有什么区别？**

偏见是一种僵化、不公平的概括——对整个人群的偏见或态度。偏见可能针对特定种族、族群、宗教、政治、地理或语言群体的人，也可能针对个人的性别或性取向。歧视是对特定类别人群的不平等待遇或行为。刻板印象威胁是一种额外的情绪和认知负担，即你在某种学业环境中的表现可能会证实他人对你的刻板印象。个体甚至不必相信这种刻板印象，重要的是，个体意识到这个刻板印象，并且希望自己的表现足以反驳其贬低性的含义。在短期内，担心自己会证实消极的刻板印象会引起考试焦虑并影响成绩。随着时间的推移，经历刻板印象威胁可能会导致对学校教育和学业成绩的不认同。

## 模块 4 社会和经济多元化

**学习目标 2.2** 讨论如何界定社会阶层和社会经济地位，包括社会经济地位的差异如何与学校成就相关。

### 2.4 经济和社会阶层的差异

尽管多数研究者同意社会阶层是人们生活中最有意义的文化特征之一，但这些研究者很难对社会阶层进行明确的界定（Liu et al., 2004；Macionis, 2019）。研究者使用不同的术语——社会阶层、社会经济地位、经济背景、财富、贫困、资本或特权等。有些人只考虑经济上的差异；还有些人同时考虑了权力、影响力、流动性、教育程度、职业地位、对资源的控制、获得机会和声望等方面的差异。

### 2.4.1 社会阶层和社会经济地位

多数研究者认为，美国社会一般有五个社会阶层：上层阶层、中上层阶层、中产阶层、工人阶层和底层阶层，表 2-2 总结了美国这五种群体的主要特征。这些是粗略的估算，人们的生活经历可能并不完全符合这些分类标准。在过去的 50 年中，生活在中等收入家庭中的美国成年人数量稳步下降，而美国的富裕家庭和贫困家庭数量却在增加（Horowitz et al., 2020a）。美国最富有的 5% 家庭的财富增长最为迅速。这些趋势反映了美国收入不平等的加剧，其程度超过了其他国家和地区。

表 2-2　美国不同社会阶层的主要特征

| 特征 | 上层阶层 | 中上层阶层 | 中产阶层 | 工人阶层 | 底层阶层 |
| --- | --- | --- | --- | --- | --- |
| 占美国人口的比例 | 5% | 40%~45% | — | 33% | 20% |
| 收入 | 23.9万至数10亿美元 | 13.4万~23.8万美元 | 5.5万~13.4万美元 | 3万~5.5万美元 | 2.7万美元以下 |
| 职业/资金来源 | 家庭财产、富裕世家、投资、首席执行官 | 公司、职业、以某种方式赚取的收入 | 白领、熟练蓝领 | 蓝领 | 最低工资的、非熟练工种 |
| 教育 | 在家受教育、一对一辅导、声望很高的私立学校和大学 | 名牌大学或研究生院 | 高中、大学或职业学院 | 高中；20%左右进入大学 | 高中 |
| 房屋所有权 | 多处，私人飞机作为交通工具 | 至少有一处 | 通常有一处 | 50%左右有一处 | 40%左右有一处 |
| 健康保险 | 全面的 | 全面的 | 一般都有 | 有限的 | 罕见的 |
| 社区 | 最高档的 | 高档的或舒适的 | 舒适的 | 适中的 | 破败、最不理想的地区 |
| 供子女上大学 | 很容易 | 一般 | 很少 | 很少 | 罕见 |
| 政治权力 | 国家的（可能是国际的）、州的、地方的 | 国家的、州的或地方的 | 州的或地方的 | 有限的 | 无 |

注：所有描述均为粗略分类。每个类别中都可能因个体、环境的差异而出现很多例外情况。例如，收入标准因家庭人数和地理区域而异。在旧金山等非常昂贵的地区，一个三口之家可能至少需要15万美元才能跻身中下阶层。
资料来源：Macionis, J. J. (2019). *Society* (17th ed). Pearson; Gorski, P. (2013). *Reaching and teaching students in poverty: Strategies for erasing the opportunity gap*. Teachers College Press.

社会学家和心理学家在研究中常用的另一种评估人们社会地位的方法是将财富、权力、对资源的控制和声望等方面的变化综合成一个指数，称为 社会经济地位（socioeconomic status，SES）。社会经济地位通常是由研究人员赋予人们的；确定社会经济地位的公式不同，分类可能也会不同（Macionis, 2019; Sirin, 2005）。任何单一变量，甚至收入，都不能有效衡量SES。相反，社会经济地位是指社会不平等的各种衡量标准的综合排名。

你可能会想，你自己的社会地位并不符合这些刻板的分类。原因之一是财富、权力和声望的高低并不总是一致的。有些人——比如大学教授，所从事的职业在社会地位和声望方面相当高，但提供的财富或权力要少得多（相信我）。还有一些人虽然并不富有，却拥有政治权力，或者他们可能是某个城镇的社会精英，尽管他们的家产早已不复存在。

大多数人都能意识到自己的社会阶层，即他们认为在社会阶层等级中，一些群体的社会阶层高于他们，而另一些群体的社会阶层低于他们（Diemer et al., 2013）。事实上，人们会迅速评估细小的社会线索（如外貌、语言和行为）来确定他人相对于自己处于哪个社会阶层（Kraus et al., 2017）。这些主观评价会反过来指引人们的信念、行为和幸福感，从而进一步强化实际的社会阶层界限。

学生和教师甚至会表现出一种"阶级主义"（类似于种族主义或性别歧视），认为自己比那些处于较低社会阶层的人"更优秀",并尽量避免与这些人接触。例如,高中时属于最受欢迎和最有特权的小团体的成员之一玛丽莎(Marissa),这样描述她认为的最不受欢迎的群体——"乡巴佬"。

> 这些人很穷,我想他们大部分人都是住在乡下的。我们(很快自我纠正),哦,我的一些朋友管他们叫"乡巴佬"或"乡下人"。我猜他们大部分都生活在小镇西边的山上,那边都是贫民窟。这些人吸烟、嗑药、穿得很邋遢。他们有那种"乡巴佬"的口音,通常成绩很差,他们不喜欢上学,所以我觉得他们经常辍学。他们不太合群,老是惹麻烦。我常常看不到他们,我没跟他们一起上过一节课。(Brantlinger,2004,pp.109–110)

作家伊莎贝尔·威尔克森(Isabel Wilkerson)认为,玛丽莎描述的是美国社会等级制度中的"种姓"制度(Wilkerson,2020)。"种姓"被定义为"创造并维持等级制度和不平等的无形结构",其基础是我们众多交叉的文化群体成员身份,包括阶级、财富、权力、种族、性别、移民身份和其他文化身份(pp.69–70)。这种无形的结构在我们的政策、结构和惯性思维方式中得到强化。种姓"根据人们的长相和历史上被赋予的角色,或根据他们被归类的特征和刻板印象,将个体固定在特定角色上"(p.71)。

### 2.4.2 贫困和社会不平等

贫困会放大与个人社会地位相关的其他不利因素。2019年,约有14.5%的18岁以下美国人生活在联邦贫困线以下,即四口之家的年收入低于26 172美元(Semega et al.,2020)。如果再加上生活在低收入家庭(四口之家年收入约为48 000美元)的儿童,那么美国所有儿童中有44%生活在低收入或贫困家庭,2016年有3000万学生有资格在学校领取免费或减价午餐(Jiang et al.,2016; U.S.Department of Agriculture,2016)。

从绝对数量来看,非西班牙裔美国儿童、拉丁裔儿童,以及非洲裔美国儿童生活在贫困中的人数很接近,分别是320万、440万和300万。但这些数字具有误导性。非洲裔、拉丁裔和美国原住民儿童的贫困率,要远高于其他族裔。2018年,30%的非洲裔儿童和24%的拉丁裔儿童生活在贫困中,而亚洲裔和非西班牙裔美国人的该比率分别是11%和9%(Children's Defense Fund,2020)。生活在农村和郊区的贫困儿童的绝对数量要多于中心城市,但与很多刻板印象相反,城市学校中贫困儿童的比率也非常高。

在2010年至2020年美国经济扩张时期,儿童贫困率稳步下降(Semega et al.,2020);然而,新型冠状病毒大流行加剧了美国社会和经济的不平等,拉丁裔、非洲裔美国人和原住民儿童及家庭的情况更为严重(Bauer et al.,2020;Benner & Mistry,2020)。即使在大流行发生之前,美国上层阶层与其他收入群体之间的贫富差距在过去20年中也在不断扩大;欧洲裔美国人家庭的财富大约是非洲裔美国人家庭的10倍,是西班牙裔美国人家庭的8倍(Killewald et al.,2017)。歧视性做法(如贷款惯例、种族隔离、学区划分)和制度化的种族主义,继续使非洲裔美国人在积累财富方面处于不利地位。

### 2.4.3 贫困与学业成就

生活在贫困中会影响学习者的发展和学业成就。社会经济地位和学业成就有中等相关关系,相关系数约在$0.30 \sim 0.40$(Sackett et al.,2009;Sirin,2005)。总体而言,在所有族群中,社会经济地位高的学生,在测验上的平均成绩要高于社会经济地位低的学生,他们接受教育的年限也更长;并且这种差异会随着学生的年龄从7岁增加到15岁而逐渐扩大(Cutuli et al.,2013)。儿童生活在贫困中的时间越长,贫困对其学业的影响越大。例如,即使我们将家长的受教育水平也考虑在内,儿童生活在贫困中的时间每增加一年,他们被留级或转入特殊教育班级的可能性就会增加2%~3%(Ackerman et al.,2004)。

图2-3显示了处于几个收入风险组(无家可归/高度流动、免费午餐、减价午餐)的学生从三年级到八年级的阅读成绩的发展趋势,参照标准为这些年级的全国平均成绩,以及从未属于上述任何风险组的学生(在图2-3中被标记为"一般")。你可以看到,这些组别的发展速率是相

似的，但不同组别在三年级的起点是不同的。这也是早期干预（学前和小学）对处境不利学生尤为重要的原因之一。

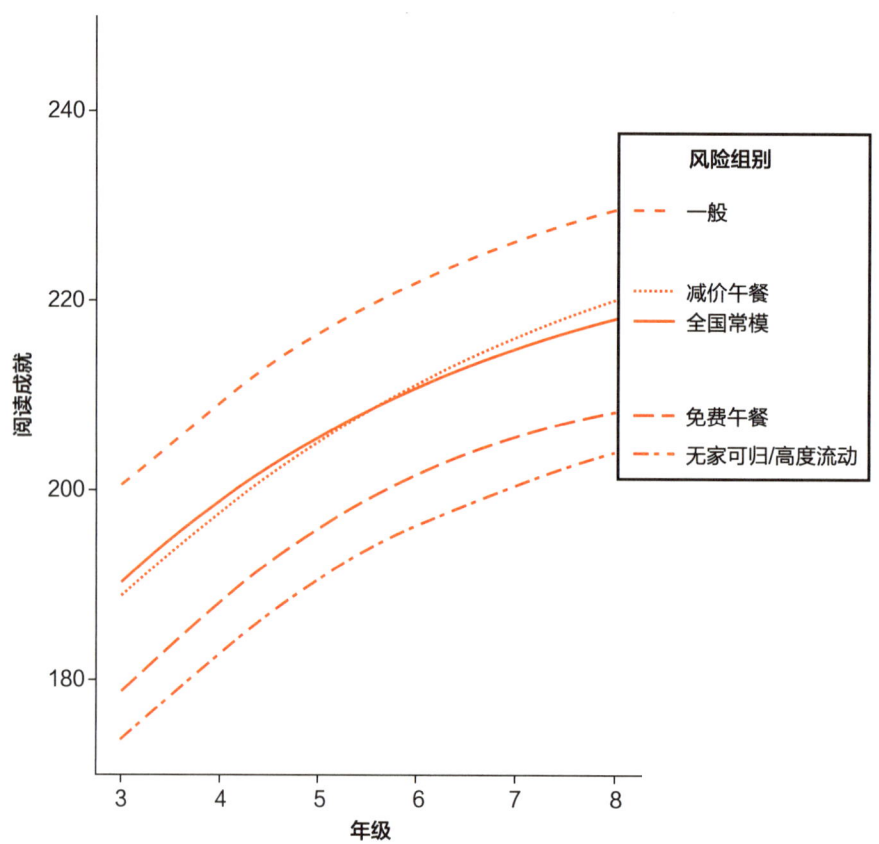

说明："一般"是指学生从未属于上述任何风险组的学生。

**图 2-3　处于几个收入风险组的学生从三年级到八年级阅读成绩的发展趋势**

资料来源：Cutuli, J. J., Desjardins, C. D., Herbers, J. E., Long, J. D., Heistad, D., Chan, C-K, Hinz, E., & Masten, A. S. (2013). Academic achievement trajectories of homeless and highly mobile students: Resilience in the context of chronic and acute risk. *Child Development, 84*, p.851. Reproduced with permission of John Wiley & Sons, Inc.

一个令人不安的趋势是，来自优势家庭的儿童（收入顶端的10%）和贫困家庭的儿童（收入底端的10%）之间的成就差距正在不断加剧。与1976年出生的儿童相比，2001年出生的贫富儿童之间的这一差距增加了30%~40%。贫富收入的差距越来越大，导致低收入家庭的儿童只能进入质量较差的学校。富裕儿童所拥有的经济资源使他们能够从非正式学习机会中获得巨大的优势，如旅行、专门的夏令营和辅导服务，而这些资源是贫困家庭无法负担的（Berliner, 2013；Reardon, 2011）。这使一些研究人员将富裕学生和贫困学生之间的教育表现差异称为"机会差距"，而非成绩差距（Gorski, 2013；Milner, 2010, 2015）。

然而，在谈到贫困对学业成就的影响时，要记住，这两者是相关关系，而非因果因素。事实上，确定贫困如何以及为什么会影响儿童的学业成绩，是一项挑战。研究者已经研究了许多相关因素，如家庭和环境压力、资源的可用性、父母所做的教育投资类型、学校和社区的特征、文化信念和期望等（Dimer et al., 2020; Duncan et al., 2017）。图 2-4 提供了一些例子，其他的因素可能还包括糟糕的健康护理、危险的家庭环境、学业中断，以及遭遇暴力、过度拥挤、无家可归和歧视等。反过来，学业上的困难使他们只能找到低薪的工作，从而导致下一代只能继续在贫困中出生。许多学者还提出了其他可能的解释（Ehrlich, 2020; Gorski, 2013; Jensen, 2016）。下面我们将逐一分析。

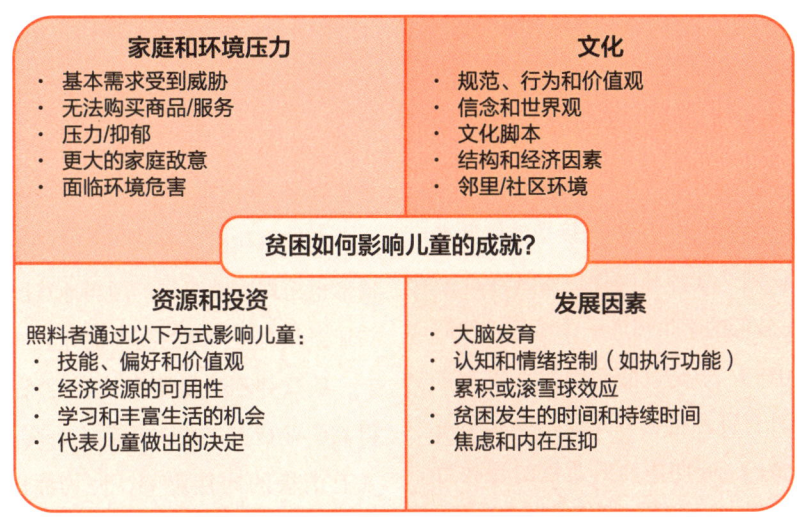

**图 2-4　贫困影响儿童教育成就的机制**

资料来源：Duncan, G. J., Magnuson, K., & Votruba-Drzal, E. (2017). Moving beyond correlations in assessing the consequences of poverty. *Annual Review of Psychology, 68*(1), 413–434.

### 1. 健康、环境和压力

贫困对个体发展的消极影响，甚至在儿童出生之前就已存在了。贫困家庭无法为胎儿与幼儿提供良好的健康护理和营养，一半以上的未成年母亲从未接受过任何产前护理。贫困的母亲和未成年母亲更可能生下早产儿，而早产儿一般在认知与学习上会有较多的问题。贫困儿童更可能在出生之前就接触到各种合法的有害物质和非法的物质。如果母亲在怀孕期间服用毒品，儿童会出现组织、注意和语言技能等方面的问题。

贫困儿童更可能经历由于被驱逐、食物匮乏、过度拥挤、公共设施被破坏而带来的压力，这种概率是其他儿童的 4 倍。压力的增加可能会导致儿童学校缺勤的增多，注意力和专注力的下降，记忆和思维方面出现问题，动机和努力的降低，抑郁情绪的增加，以及神经形成（新的大脑细胞的生长）的减少（Blair & Raver, 2016; Evans & Kim, 2013; Jensen, 2013）。在儿童早期，贫困儿童会比中产阶级和富裕家庭中的儿童经历更高水平的应激激素的影响。这些高水平的应激激素会干扰大脑的血液流动，减少突触连接的形成，消耗身体的色氨酸供应，而色氨酸是一种能抑制冲动和暴力行为的氨基酸（Hudley & Novak, 2007）。在成长过程中，贫困儿童会接触到污染程度更高的空气和水——回想一下密歇根州弗林特水污染事件——他们铅中毒的比率是非贫困儿童的两倍以上，而铅中毒与较低的学业成就和长期的神经损伤有关（Evans, 2004）。经济状况不佳的儿童，尤其是遭受虐待或歧视的儿童，患肥胖症、高血压和其他炎症性疾病的风险更高（Boyce et al., 2021）。在成长的关键时期暴露于这些情境和其他环境压力中会影响神经、认知和情感发展的诸多方面（Hyde et al., 2020）。

### 2. 低期望与低学业自我概念

贫困学生还可能受到老师和学生的侮辱。例如，来自资源有限家庭的学生可能会穿旧衣服、对某些图书和学校活动不熟悉，教师和其他学生可能反过来会认为这些学生不聪明。教师会避免在课堂上叫这些学生回答问题，因为他们认定这些学生不知道答案；也会为他们设定更低的学业标准，把他们分到能力较低的小组，并接受他们低水平的作业。即使没有意识到，教师和同伴也会发送社会"信号"，向社会经济地位较低的学生传递一个信息：他们不受重视（Piff et al., 2018）。于是，低期望似乎成为常态，提供给这些学生的教育资源也会因此显得少和不足（Borman & Overman, 2004）。低期望和低质量的受教育经历，会导致儿童内化他人对自己的负面评价，并产生习得性无助（我们将在第12章中介绍，Ruck et al., 2019）。社会经济地位低的儿童，特别是那些还受到种族歧视的儿童，会逐渐认定学校是个死胡同。没有高中文凭，这些学生很难找到薪水不错的工作，很多工作只能让他们勉强维持生计。理查德·米尔纳（Richard Milner）在其2015年出版的《从种族到课堂》[Rac（e）ing to Class]一书中，描述了贫困与种族的交织如何导致少数族裔贫困学生教育机会的长期不平等。

### 3. 同伴影响与抵抗文化

与所在学校的大多数学生都来自低收入家庭的学生相比，在大多数同伴都来自中等收入和高收入家庭的学校就读的学生，更有可能考上大学，其概率高出68%。即使在控制了很多可能的原因后，格雷戈里·帕拉迪（Gregory Palardy, 2013）也认为，同伴影响是最能预测大学入学率差异的指标。在高贫困率学校就读的学生不太可能有打算上大学的朋友，而辍学的朋友可能很多。

一些研究者提出，社会经济地位低的学生可能会通过成为**抵抗文化**（resistance culture）的一部分来应对周围的不公平现象。对于这种文化的成员来说，在学校的成功就意味着背叛和努力把自己变成"中产阶级"。为了保持他们的同一性，以及在群体中的地位，社会经济地位低的学生必须拒绝那些会让他们在学校中取得成功的行为——学习、与教师合作，甚至是到学校上课（Bennett, 2011; Ogbu, 1987, 1997）。学生的这种反应是可以理解的，他们可能会认为在压迫或歧视性的制度下，这种尝试是徒劳的（Cokley et al., 2011）。约翰·奥布（John Ogbu）发现，这种抵抗文化的现象大多出现在贫困的拉丁裔美国人、美国原住民，以及非洲裔美国人等群体中，但同样的情形也出现在美国与英国当地贫困的欧洲裔学生，以及巴布亚新几内亚当地的高中生身上（Woolfolk et al., 2002）。

但这并不是说所有社会经济地位低的学生都拒绝获得高学业成就。很多年轻人，尽管他们的经济状况不好或有消极的同伴影响，但仍然能取得很高的学业成就（O'Connor, 1997）。当然，我们也不能忽视学校教育的某些方面会激发所有学生的抵抗，如竞争性评分制度、公开训斥、压力很大的测验和作业、过难或过分简单的重复性任务等（Okagaki, 2001）。单纯关注学生的抵抗（或他们复原力的缺乏），只是一种用来责备学生低学业成就的方式；与其这样，还不如让学校拥有一种包容的环境，避免引起学生的抵抗（Stinson, 2006）。要做到这一点，方法之一是认识到我们自身的文化背景、社会化过程和僵化的刻板印象"可能会阻碍我们以最真实、最开放的方式与低收入家庭或任何家庭建立联系的能力"（Gorski, 2013, p.59）。用戈尔斯基（Gorski）的话说，教育工作者需要具备"公平素养"。

### 4. 家庭环境与资源

多数贫困家庭无法为幼儿提供学前阶段的高质量照顾，以促进儿童认知能力和社会性的发展（G. J. Duncan & Brooks-Gunn, 2000; Vandell, 2004）。生活在贫困家庭中的儿童很少读书，却会花更多时间看电视；他们很少接触到书籍、电脑、互联网、图书馆和旅行——主要是由于机会差距（Kim & Guryan，2010）；甚至父母与子女交谈的方式，也会因社会经济地位的不同而有所差异（Rowe，2018）。但同样，这些只是平均值，并不适用于所有的低收入家庭。很多低收入家庭会为子女提供良好的学习环境，并通过应对逆境来帮助他们发展出相当大的优势（Frankenhuis & Nettle，2020）。不论社会经济地位如何，父母只要支持和鼓励孩子——读书给孩子听，提供书籍和益智玩具，带孩子去图书馆，提供学习时间和场所——他们的孩子往往更会阅读，也更乐于阅读（Cooper et al.，2010）。在学校教育时间以外，家庭和社区资源对儿童成就的影响似乎是最大的。

### 5. 暑假中的退步与学业中断

刚进入小学时，与家境较好的学生相比，贫困学生的阅读技能大约落后 6 个月。但到了六年级，这种差距扩大到了 3 年左右。自 20 世纪 70 年代初以来，这种贫困学生和中产阶级学生在阅读技能上的差距一直在扩大。对于这种持续增长的差距，一种解释是来自贫困家庭的儿童，尤其是那些母语不是英语的贫困儿童，在暑假里丧失了学习的机会。即使来自贫困家庭的儿童在校期间的成绩与来自优越家庭的儿童相当，但每一个暑假都会使两组儿童的阅读成就增加 3 个月左右的差距（Kim & Guryan，2010；Kim & Quinn，2013）。一项研究表明，从二年级到六年级的 4 个暑假能解释来自贫困家庭与来自优越家庭的儿童在学业成就上 80% 的差异（Allington & McGill-Frazen，2003，2008）。这实际上是一种"马太效应"（富人越来越富）。家境较富裕的儿童始终有更多的机会接触书籍，尤其是在暑假里，他们会读更多的书。而儿童读的书越多，他们也就越会阅读。阅读的数量对阅读能力的提高有很重要的作用。不过，令人欣慰的好消息是：针对低收入家庭及其子女的高质量暑假阅读计划的实施，能有效地帮助他们提高阅读能力（Kim & Quinn，2013）。

新型冠状病毒大流行扩大了家庭经济困难学生与经济稳定学生之间的经济和机会差距。当学校停止面对面教学并将教学转移到网上时，一个显而易见的差距出现了。教室突然变成了客厅、卧室或厨房。大多数在学区拥有的资源，如可靠的学习材料、正常的膳食服务和交通，都被打乱了。许多家庭——包括一些教师——缺乏足够的资源、技术设备和互联网连接，无法参与高质量的远程教学。在一些学区，学生们几个月来一直交替使用远程教学和面对面教学，而且看不到明确的结束时间。在那些无法向部分或所有学生提供在线教学的学校，教师一直在尽最大努力向学生提供在家学习的材料。在此背景下，学生旷课率达到历史新高。据估计，2020—2021 年共有 300 万美国学生失学（Korman et al.，2020）。学者们预测，学生的社会经济地位和以前的成绩水平将导致他们遭受不成比例的学习损失（Kuhfield et al.，2020）。大流行病凸显并加剧了经济不平等和机会差距的例子比比皆是。这些差距对于少数族群学生、英语语言学习者、有缺陷的学生和无家可归的学生来说更为严重。

### 6. 分层教学与不良的教学

很多生活在低社会经济地位环境中的学生成绩较差的最后一个解释是，他们往往被安排在较低水平学业的轨道上，因此接受了不同的教育（Oakes，2005）。如果他们被分到"低能力""一般""实践型""职业型"班级中，他们可能会被教导死记硬背，比条件更好的同龄人更被动地学习；中产阶级的学生在他们的班级中，则更多地会被鼓励去思考和创造。

即使没有被分层，家庭收入低的儿童更可能就读于那些教育资源匮乏的学校，并且面对教学能力较差的教师（Evans，2004；Goldhaber et al.，2018）。例如，在贫困率很高的学校，超过 50% 的数学教师和超过 60% 的科学教师是没有教学经验或是原先教授其他学科的，他们没有接受过现在所教学科的相关训练（Jensen，2009）。如果社会经济地位低的学生接受的是低水准的教育，他们的学业技能也会较差，改变生活的机会也会很有限，从一开始就不能为后续教育做好准备（Knapp & Woolverton，2003）。高效的教师可以提高学生的短期和长期学习能力、上课出勤率和毕业率。

## 2.4.4 极度贫困：无家可归和高度流动的学生

根据美国国家贫困儿童中心（National Center for Children in Poverty）的数据，9 岁及以下的美国儿童中将近 10% 生活在极度贫困中——他们的家庭收入不到联邦贫困线的一半（Nguyen et al., 2020）。当家庭生活在极度贫困中，他们有时甚至连一个稳定的家都没有。2018—2019 学年，美国有近 140 万学生无家可归（National Center for Homeless Education, 2021），约占所有注册学生的 2.7%。那些在青春期经历无家可归的学生，更有可能是非洲裔、西班牙裔和性少数群体，部分原因是他们更容易受到伤害和虐待（Morton et al., 2018; Tierney & Ward, 2017）。无家可归或极其频繁搬家的学生，面临一系列身心健康问题，以及社会和学习困难等额外风险（Herbers et al., 2020）。例如，研究者发现，即使在控制了许多其他风险因素和收入水平以后，一个学年中搬家次数在三次及以上的学生，其留级的概率比其他学生高出 60%（Cutuli et al., 2013）。根据美国"无家可归家庭国家中心"（National Center on Family Homelessness）的数据，75% 无家可归的小学生和 85% 无家可归的高中生的阅读和数学成绩低于年级水平。无家可归和高流动性会导致他们在学校里面临慢性风险和问题，而这些问题很难被解决。

即使存在这些风险，这些学生中的很多人在面临问题时仍然有很好的复原力。库图利（Cutuli）及其同事（2013）对 26 000 多名三年级至八年级学生的数学和阅读测验分数进行了分析，结果发现尽管面临挑战，但仍有 45% 的无家可归和高度流动的学生，在经过一段时间后，其成绩能达到平均或更好的水平。研究者认为，有效的教育方式、学生的自我调节能力（第 11 章）和学习动机（第 12 章）、教学质量和师生关系（整本书都会涉及）都会促进这些学生的复原力。学校教育的早期阶段尤为重要。无家可归的学生如果能在低年级时发展出阅读技能和自我调节能力，那么就更有可能在学校教育中取得成功（Buckner, 2012）。如何为生活在贫困中的学生提供优质的教学，以下的实践指南提供了一些建议，你可以参考。

## | 实践指南 |

### 教育生活在贫困中的学生

学习相关资料，了解贫困会给学生的学习带来什么影响。

例如：

（1）阅读优质期刊上的文章；

（2）寻找不同的资源，如埃里克·詹森（Eric Jensen）2013 年的著作《关注贫困学生：提高成绩的实用策略》（Engaging Students with Poverty in Mind: Practical Strategies for Raising Achievement）和保罗·戈尔斯基（Paul Gorski）2013 年的著作《接触和教育贫困学生：消除机会差距的策略》（Reaching and Teaching Students in Poverty: Strategies for Erasing the Opportunity Gap）。

为所有学生设定并保持高期望。

例如：

（1）提醒自己不要因为学生的家庭贫困而对他们感到遗憾、原谅他们低水平的作业，并对他们抱持低期望。不要怜悯，而是去深入了解他们，并在此基础上进行共情；

（2）与学生交流，让他们了解"通过努力他们可以进步并取得成功"；

（3）培养学生的高阶思维能力，以验证学生的智力水平；

（4）提供建设性的批评，因为你坚信你的学生能做出高质量的作业；

（5）增加具有挑战性的科目和大学先修课程。

与学生建立一种关怀的关系（参见 2015 年承诺中心

(Center for Promise）的报告《不要放弃我》（*Don't Quit on Me*）。

例如：
（1）使用包容性的语言，如"我们的班级""我们的项目""我们的学校""我们的努力"等；
（2）课后与学生聊天，发现他们的兴趣和能力；
（3）参与学生喜欢的运动或其他事件；
（4）为学生家庭创设一个"班级欢迎中心"（详见第6章）；
（5）帮助学生联系导师、辅导员和教练。

将学习技能和自我调节技能纳入教学内容中。

例如：
（1）教会学生如何组织作业、集中注意力和寻求恰当的帮助；
（2）将冲突管理和解决社会性问题的技能纳入课程。

注意健康问题。

例如：
（1）注意那些经常缺席或迟到的学生；
（2）检查是否有一些学生听不见课堂讨论，或坐在教室后面看不到黑板；
（3）示范健康的饮食和体育锻炼。

评估学生的知识基础，从他们已有的水平出发进行教学，但不要停滞不前（Milner, 2010）。

例如：
（1）使用简短的、不定级的任务来评估每个单元的学习目标；
（2）根据评估的结果进行差异化教学（详见第14章）。

资料来源：Jensen, E. (2013). *Engaging students with poverty in mind: Practical strategies for raising achievement*. Alexandria, VA: Association for Supervision and Curriculum Development.; Gorski, P. (2013). *Reaching and teaching students in poverty: Strategies for erasing the opportunity gap*. New York, NY: Teachers College Press; Center for Promise. (2015). *Don't quit on me: What young people who left school say about the power of relationships*. Washington, DC: America's Promise Alliance.

## 模块 4 小结

### 什么是社会经济地位，它与社会阶层有什么区别？

社会阶层反映了特定群体在社会中的声望和权力。大多数人都能意识到他们和类似的同龄人属于同一个社会阶层。社会学家使用术语"社会经济地位"来表示财富、权力、对资源的控制，以及声望的变异。社会经济地位取决于多个变量，而不仅仅取决于收入。此外，社会经济地位对个体的影响力往往会超过其他文化差异。没有一个单一变量能够有效地测量社会经济地位，但多数研究者认为社会经济地位有五种水平：上层阶层、中上层阶层、中产阶层、工人阶层和底层阶层。表2-2总结了这五种社会经济地位的主要特征。

### 社会经济地位与学业成就有什么样的关系？

社会经济地位与学业成就中等相关。在所有族群中，社会经济地位高的学生在测验上的平均成绩要高于社会经济地位低的学生，也会接受更长时间的教育。儿童生活在贫困中的时间越长，贫困对其学业的影响越大。为什么社会经济地位与学生的学业成就之间存在相关关系？这可能是因为社会经济地位低的学生会面临以下方面的问题：缺乏良好的健康护理，教师对他们的期望较低，自尊心较弱，形成习得性无助，陷入抵抗文化，学校采用分层教学，家庭环境中刺激的匮乏，以及暑假中的退步等。其中最后一项发现让人感到惊奇，社会经济地位低的学生在暑假里丧失了学习的机会，但同时社会经济地位高的学生仍在不断进步。

# 模块 5　族群与种族的多元化

**学习目标 2.3**　阐释种族、族群、偏见、歧视和刻板印象威胁如何影响学生的学习及其在学校中的成就。

## 2.5　教与学中的族群和种族

美国确实是一个多元化的社会。美国国家教育统计中心预计，到 2029 年秋季，美国超过一半的学龄人口将是非洲裔、亚洲裔、拉丁裔或其他族裔美国人（National Center for Education Statistics，2020）。在研究学校环境中的族群和种族问题之前，我们先来了解一下人们是如何认识自己和他人的族群与种族成员身份的。

### 2.5.1　何谓族群和种族

**族群**（ethnicity）通常是指一个群体共有、共同的文化特征，如历史、故乡、语言、传统或宗教。无论我们的背景是意大利人、乌克兰人、中国人、日本人、纳瓦霍人[①]、夏威夷人、波多黎各人、古巴人、匈牙利人、德国人或爱尔兰人（这里仅举几例），我们都有一些族群遗产。**种族**（race）则被定义为"社会构建的人群，他们拥有社会成员认为重要的某些身体特征"，如肤色、发质等（Macionis，2019）。实际上，在生物学上并没有完全纯正血统的种族。随机地选择任何两个人，他们在遗传密码的字母排列顺序上的差异，平均只有 0.012% 的原因来自种族（Myers，2005）。

因此，族群和种族主要是在特定的社会或政治背景下获得意义的社会结构（Lee & Bean，2010）。就个体水平而言，这两个概念是我们自我认同的一部分——我们如何理解自己，并与他人互动；就群体水平而言，族群和种族往往是制度上强加的标签，涉及教育、经济、政治和权利结构（Macionis，2019）。在本书中，我们使用了族群、种族或种族/族群的标签，具体使用哪个标签，取决于哪个标签看起来最适合所讨论的结果。

社会学家有时会使用"少数群体"（minority group）来指代这些受到不平等或歧视待遇的群体。这种根据种族或族群遗产而将特定人群称为"少数群体"的做法，常因其容易让人产生误解及其负面的历史含义而受到批评（APA，2019；Milner，2010）。例如，在芝加哥和密西西比等特定地区，非洲裔美国人在数量上占多数，而欧洲裔美国人在数量上占少数。除非另有说明，当我们提及少数族裔群体时，我们是以整个美国人口作为参照群体。我们经常分别使用白人、黑人和拉丁裔来替代欧洲裔美国人、非洲裔美国人和西班牙裔美国人，因为前者更能涵盖来自不同国家和地区（例如，加拿大、海地或多米尼加共和国）和不同移民身份的学生。正如我们在前面提到的，教师在处理学生的种族/族群传统时，应该注意自己对这些术语的使用。[有关术语的更多信息，请查阅克里斯蒂亚·布朗（Christia Brown）2017 年出版的关于学生对歧视的看法的书，以及之前提供的美国心理学会减少偏见的指南。]

### 2.5.2　族群 – 种族同一性

在成长过程中的某个阶段，年轻人开始把自己理解为种族和族裔群体的成员。幼儿通常很少或根本不区分自己的种族和族群身份——这二者是密不可分的。此外，尽管一个群体可能有共同的族群，但它的成员可以包括不同种族的人，反之亦然。因此，研究人员建议，在试图准确表征年轻人的心理体验时，种族、族群、文化同一性等术语可能更合适（Umaña-Taylor et al.，2014）。**族群 – 种族同一性**（ethnic-racial identity）通常是指个体如何思考和感

---

[①] 美国原住民族群中的一支。——译者注

受自己的族群和种族群体，以及个体赋予这两者的重要性和意义（Seaton et al.，2018；Umaña-Taylor et al.，2014）。同一性评估可能包括个体的族群或种族在其生活中的重要性或中心地位，如群体成员如何看待自己（私下关注）、如何看待他人对自己群体的看法（公共关注），或者产生自豪感（Rivas-Drake et al.，2014）。孩子们可能一开始就有一种未经检验的族群–种族同一性，这要么是因为他们根本就没有探索过，要么是因为他们接受了周围其他人所鼓励的身份标签。鉴于他们的成员身份，欧洲裔美国青少年不太可能审视自身的族群–种族同一性，特别是如果他们在大多数经历上都处于多数的地位。拥有不同族群朋友的10～13岁的青少年会进行族群–种族同一性探索，这是健康的同一性发展的重要组成部分（Rivas-Drake et al.，2017）。你将在第4章中了解更多关于同一性发展过程的信息。

### 1. 多维且灵活的族群同一性

在本章的开头，你探索了自身复杂的文化同一性。你会如何形容自己的族群–种族同一性？对美国的很多学生来说，族群–种族同一性是多维的，并且与国籍等其他同一性相互交织（Parker et al.，2015）。例如，皮尤研究中心（Pew Research Center）的一项调查显示，三分之二的西班牙裔成年人认为他们的西班牙裔背景是其种族背景的一部分。然而，在美国人口普查中，当被问及他们的种族时，许多西班牙裔成年人更多的是认同其祖先所在的国家或地区（如古巴、墨西哥、多米尼加共和国、加勒比海等），而不是一般意义上的西班牙裔或拉丁裔。另一些人则强调其同一性的不同方面，如非洲遗产或加勒比根源（Noe-Bustamante et al.，2020）。

其他族群和文化群体的成员也有类似的反应。移民或难民家庭中的青少年可能更倾向于强烈认同他们的国籍或原籍。例如，在某些情况下，认同他们的国家或地区的血统；在其他情况下，他们可能认同他们的新国家或更广泛的族裔群体，如亚洲裔或非洲裔（Seaton et al.，2018；Verkuyten，2016）。同样，来自原住民社区的学生可能会在某些情况下将其部落身份视为核心，但在其他情况下则认同殖民地（即欧洲裔）的规范（Galliher et al.，2017；Jones & Galliher，2015）。对于双种族或多种族青少年来说，确定族群–种族同一性可能会更加复杂。与他们生活在一起的父母、邻居的构成、他们的外貌，以及他们受到歧视或支持的经历，都会影响这些青少年如何确定自己的同一性。一些心理学家认为，这些挑战有助于多种族青少年形成更强大、更复杂的同一性；但另一些心理学家则认为，这些挑战会让本已艰难的过程雪上加霜（Herman，2004；Ritchey，2015）。也许结果在一定程度上取决于青少年在面对挑战时所获得的支持。有一点是肯定的：同一性的复杂性清楚地表明了标签的局限性，尤其是那些由更有权力的其他人所强加的标签。

教师应该理解，自己的学生可能正在努力应对多种文化和同一性（Fuligni & Tsai，2015）。结合鼓励学生反思自己和他人的族群–种族同一性的教学策略，能为学生提供他们所需的支持（Branch，2020）。也许最好的建议是尝试理解你的很多学生将建构出复杂的同一性，这使他们能够在多种文化和语言中进进出出。教师应努力营造一个"同一性安全"的学习环境，了解每个学生，并尊重他们不断成长的同一性（Spencer et al.，2016）。

### 2. 种族同一性的发展

理查德·米尔纳（2003，2015）指出了种族同一性和种族意识的重要性，尤其是在教学中。思考我们和我们的学生是如何将自己和他人理解为不同种族的成员的，这有助于实现更加公正和公平的教育。种族同一性的发展过程也有助于理解人们与种族有关的信念、行为和经历。让我们来研究一种关注非洲裔种族同一性发展的模型。

威廉·克罗斯（William Cross，1991；Cross & Cross，2007；Cross et al.，2012）提出了一个理论框架，专门用于解释非洲裔美国人种族同一性和种族意识的形成，即成为黑人的过程。他将这一过程称为"黑人族群化"，一共包含五个阶段。

（1）遭遇前。克罗斯认为在这一阶段非洲裔美国人的态度是多元化的，有的直接忽视种族，有的对种族保持中立，也有的真正反感自身种族特质。这一阶段的非洲裔美国人可能接纳了欧洲裔美国人的某些信念，包括倾向于认为"白种人"是更优越的，而这些信念可能会导致某种程度的自我贬低。在遭遇前阶段，这些非洲裔美国人更重视其他方面的认同，如宗教、职业或社会地位。

（2）遭遇。这一阶段通常是由遭遇公开、隐蔽或制度上的种族歧视所引发的。例如，一个非洲裔美国人在高级商店里老是被店员跟着，被警察殴打，或是看到类似殴打事件的新闻报道，会开始意识到现实——美国社会中存在种族问题。由此，非洲裔美国人开始意识到肤色给自己带来的歧视。

（3）沉浸/再现。克罗斯认为这一阶段是一个过渡的阶段——中间状态，这种状态中的人们可能会为自己的肤色而感到焦虑（Cross, 1991, p.202）。为回应所遭遇的歧视，这些非洲裔美国人会让自己的生活充满原生种族的标记，比如他们会去买关于原生种族历史的书，主要与其他非洲裔美国人来往等。他们渴望更加深入了解自己的种族传统。

（4）内化。此时，非洲裔美国人坚持自己的族群同一，并感到安全。他们不会担心朋友或外人怎么想——他们对自己非洲裔族群性的标准很有自信。

（5）内化-承担义务。这一阶段与内化阶段关系紧密，主要的区别在于个体对自身种族事务的持久关注，并愿意承担义务。这些人在绘制自己的人生蓝图时都会与非洲裔族群同一性联系起来。比如，某个画家用一生的时间描绘非洲裔美国人形象，某个研究者一生都在研究非洲裔美国人的教育经历。

没有一个单一的模型可以描述生活在美国的某个种族群体的所有成员的同一性发展。例如，"黑人族群化"模型中的阶段可能不适用于理解在美国出生的第一代非洲裔学生，或者同时拥有拉丁裔和非洲裔血统的学生（如一些多米尼加裔美国人）的同一性发展。

针对其他种族背景的个体，研究者也提出了类似的同一性发展模型。例如，珍妮特·海尔姆斯（Janet Helms, 1995, 2014）提出了一个描述欧洲裔美国人同一性发展的模型。在美国，"欧洲裔"历来比原住民和少数族裔拥有更大的权力。因此，欧洲裔美国人想要发展出健康的同一性，在一定程度上会被要求接受这段历史，以及欧洲裔美国人血统赋予他们的不劳而获的特权（Helms, 2020）。惠特尼·道（Whitney Dow），是一名电影制片人，也是"白人项目"的创始人。他回忆起一名七年级学生问他，在与非洲裔美国人合作者马可·威廉姆斯（Marco Williams）共同完成该项目后，他对自己的种族同一性有了什么认识。他回答说："就像突然戴上了X光眼镜……（我意识到）我的欧洲裔美国人特权最日常的表现就是，我不会被迫去思考我是欧洲裔美国人这一事实。"我认为，对于大多数非欧洲裔美国人来说，他们没有这种奢望（PBS, 2017）。一些欧洲裔美国人很难认识到自己生为欧洲裔美国人所拥有的特权和实惠。表2-3提供了一份清单，可能有助于理解其中的一些优势。

**表2-3 身为欧洲裔美国人通常享有的特权**

- 你是否能够在商店里悠闲地逛街而不被店员密切监视？
- 你是否能够在公共场所与同一种族的其他成员聚集在一起，而不会被认为具有威胁性？
- 你是否能够确定媒体对你所在种族群体的正面报道多于负面报道？
- 在工作或学习中遭遇失败时，你是否能够不用担心人们会把失败归咎于你的种族？
- 你是否能够选修与你相貌相似的教授的任何主题的课程？
- 你是否能够选择与你同种族的医护人员？

续表

- 你是否与你的大多数直接接触的同事和你所在领域的高层领导属于相同的种族？
- 你是否能够在发生犯罪时报警，而不用担心你的种族会影响你的待遇？
- 你是否能够在你居住的社区里走来走去，而不会被问及你是否真的住在那里？
- 你是否去任何一家发廊或理发店都能找到能给你的头发做适当造型和护理的人？
- 你是否能够在日常生活中，不用担心会因为你的种族而被视为"格格不入"？
- 你是否能够提出自己的意见，而不期望这些意见反映整个种族群体的观点？
- 你是否能够成为某方面的专家或高技能人才而不被归功于你的种族？
- 你是否能够找到很多主角长得像你的书籍和电影？
- 你接受的教育能突出你的种族的传统和成就吗？
- 你与他人交往时是否不会被问及来自哪个国家？

资料来源：Statements created with input from Jennifer Burris, Xiao-Yin Chen, Anastacia Cole, Candice Hargons, and Jaylene Patterson.

对于在美国历史上一直受到压迫或边缘化的非洲裔和其他少数种族和族裔群体成员来说，对自己的群体有强烈的积极情感似乎对良好的心理健康，以及在学校的参与和成功都很重要（Cook & Cook，2014；Steinberg，2005）。人们如何看待自己的种族，其核心或突出程度可能也与他们如何处理歧视有关（Brown，2017）。归根结底，种族身份的重要性取决于多个情境因素。例如，有人研究了 2014 年至 2016 年美国社会运动的社会情境对儿童种族同一性发展的影响。在每个时间点接受访谈的非洲裔和多种族儿童都表示，他们的种族身份对他们来说变得更加重要，而欧洲裔儿童则不然（Rogers et al.，2021）。父母、同伴和媒体也会影响儿童种族同一性的形成（Hugule et al.，2019；Williams et al.，2020）。教师如果能够理解学生种族同一性发展的复杂性，并让学生接触多个已形成自身健康种族同一性的社会榜样，那么他们能更好地促进学生的健康发展（DeCuir-Gunby，2009；Spencer et al.，2016）。

### 2.5.3 不同族群和种族在学业成就上的差异

学校里的一个主要问题是，某些群体的成绩总是低于全体学生的平均水平（Matthews et al.，2010；Uline & Johnson，2005）。这一结果反映在所有标准化测验上，但这种差距自从 20 世纪 80 年代以来就在逐渐缩小，并且小于富裕和贫困学生之间的差距（Raudenbush，2009；Reardon，2011）。例如，如图 2-5 所示，在美国国家教育进展评估（National Assessment of Education Progress，NAEP）的数学成绩上，四年级欧洲裔学生和非洲裔学生之间的分数差距从 1990 年的 32 分缩小到了 2019 年的 25 分（U.S. Department of Education，2019），四年级欧洲裔学生和西班牙裔学生之间的差距则从 1996 年的 25 分缩小到了 2019 年的 18 分。这些差距到了八年级会变大（欧洲裔学生与非洲裔学生之间的差距为 32 分，与西班牙裔学生之间的差距为 24 分）。亚洲裔和太平洋岛民学生在这两个年级的数学成绩是最高的。

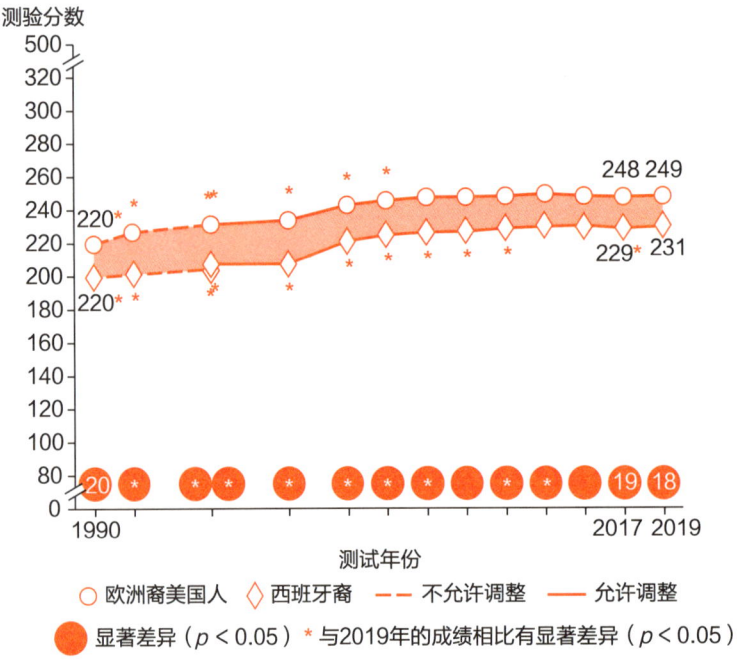

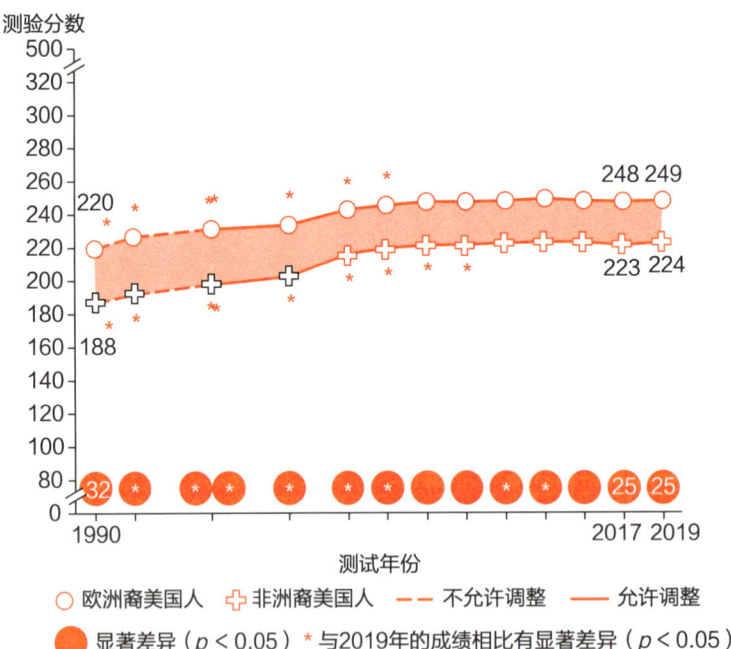

说明：西班牙裔包括拉丁裔，这里的种族分类不包括从西班牙移民来的个体；分数差距根据未四舍五入的平均分之间的差异计算得到。

**图 2-5　美国国家教育进展评估中四年级学生的数学成绩**

注：该图显示了1990年至2019年美国四年级学生的数学成绩。上面的图比较了欧洲裔美国学生和西班牙裔学生的成绩；下面的图比较了欧洲裔美国学生和非洲裔美国学生的成绩。

资料来源：U.S. Department of Education, 2019 National Assessment of Educational Progress (NAEP) Report Card: Mathematics.

目前,"成就差距"概念的支持者受到了众多批评。批评者认为,这一概念采用了一种狭隘的视角,将中产阶级欧洲裔学生的成绩作为标准,其他所有学生都必须以此为参照而被比较和被测量(Anyon, 2012),或者认为成绩不佳的学生在某种程度上应该为自己的不足负责(Zirkel & Pollack, 2016)。米尔纳(2013, 2015)认为,我们应该思考其他类型的"差距",如教师学历和资质的差距、课程挑战性的差距、住房购买力和医疗保健的差距、学校融合和资金的差距、儿童保育质量的差距、数字鸿沟的差距、财富和收入的差距,以及就业的差距——这些差距综合在一起,造成了很多少数族裔学生的机会差距。例如,对加利福尼亚州伯克利市一所高中的案例分析表明,学校教职工在上学前和放学后开设了科学学习实验室,以缩小欧洲裔学生与非洲裔美国学生,以及拉丁裔学生之间的成绩差距。这些机会实际上并不是对所有学生都平等地开放,最终扩大而不是缩小了学生之间的学习差距(Zirkel & Pollack, 2016)。

格洛丽亚·拉德森-比林斯(Gloria Ladson-Billings, 2006)描述道:数十年来的投资不足和歧视,导致了我们亏欠少数族裔学生和生活在贫困中的学生的教育。其他教育心理学家指出,少数族裔学生经常会遇到自身需求与学校所提供的机会之间的不一致,这可能会导致他们对学校的归属感、学习动机下降,进而影响学习成绩(Gray et al., 2018)。

机会差距和教育债务会造成学生毕业率的差距。2018年,全美约有89%的欧洲裔学生从高中毕业,非洲裔美国学生的比例为79%,西班牙裔的比例为81%,亚洲裔和来自太平洋岛屿的学生的比例为92%,美国印第安人和阿拉斯加原住民学生的比例为74%(Hussar et al., 2020)。但同样,这是美国所有州的平均数据——各州和各地区之间会存在差异。例如,西班牙裔学生的毕业率,从哥伦比亚特区的65%到西弗吉尼亚州的90%,差距很大(U.S. Department of Education, 2019)。

尽管不同族群的学生在认知能力测验上存在一致性的差异,但大多数研究者认为这些差异主要是由歧视的遗留问题、文化不兼容和语言差异的产物,或是在贫困环境中的成长经验两类影响因素导致的。因为大部分少数群体的学生在经济上处于不利地位,所以将这两类影响因素对学业成绩的影响区分开来是很重要的(Milner, 2015; Shores, et al., 2020)。例如,一项研究发现,即使控制了男生的社会经济地位、家庭环境和问题行为,学习技能和自我调节技能(专注、毅力、组织能力,以及学习自主性)仍能解释幼儿园至五年级非洲裔美国男生读写能力的发展(Matthews et al., 2010)。因此,至少对非洲裔美国男生来说,早期这些学习技能的发展有助于消除机会差距。这可能也适用于其他群体。

很多教育工作者呼吁,与其关注不同群体在成就上的差距,不如更多地研究如何促进非洲裔和拉丁裔学生的成长和成功、以学校为基础的优势(Deltoro & Wang, 2020)。贝瑞(Berry, 2005)对两名数学成绩优异的非洲裔中学生进行了研究,结果发现,在他们的生活中,有来自家庭和教师的支持和高期望,在学前和小学阶段有积极的数学学习经验,课外活动活跃,对自己是"数学成绩优异的学生"这一身份有积极的认同感。那些成功的非洲裔美国男孩的最后一个特征是,他们的家庭教会了他们如何理解和应对学校中不平等的遗留问题。我们下面就来讨论这一主题。

### 2.5.4 种族不平等的遗留问题

在探讨社会经济地位低的儿童在学校面临问题的原因时,我们说到了有限的教育机会,以及来自教师和同学的低期望和歧视。实际上,很多少数族群和少数种族的学生也有类似的经历。例如,1924年,美国南方的一些地区,学校实行种族隔离制度,非洲裔学生和欧洲裔学生在各自的学校上学。在非洲裔的学校里,学生每年只能接受6个月的教育,因为他们需要在田间劳作6个月;欧洲裔学生则能接受完整的9个月教育。而且,非洲裔学生最多只能上到八年级(Raudenbush, 2009)。

在堪萨斯州的托皮卡市，一位牧师的小女儿要走很远的路才能上小学，牧师对此感到很愤怒。尽管琳达·布朗（Linda Brown）习惯了和欧洲裔、非洲裔和美国原住民的孩子一起在社区里玩耍，但离她家最近（只隔四个街区）的一所小学却因为她是非洲裔而不录取她。琳达必须穿过一个铁路调车厂，穿过一条繁忙的街道，然后等一辆公交车把她带到小镇另一边的非洲裔学生学校。她回忆起自己在一个严寒冬日里的痛苦，那一天，她的泪水冻成了冰。琳达想知道，为什么她不能就近入学（Genzlinger, 2018）。在其他相关家庭的帮助下，她的父母对此提起了诉讼，挑战学校政策。大家都知道1954年布朗诉托皮卡教育委员会案的判决结果是：宣布对非洲裔儿童实行"隔离但平等"的学校本身就是不平等的。

> **设身处地**
>
> 美国种族隔离制度直到1954年才不合法。想象一下，如果你回到了那个时候，上面故事中的小孩就是你自己，你会怎么做？

近70年后，大量研究表明，通过法律强制的种族融合并不能马上解决几个世纪以来种族不平等所带来的不利影响。一旦少数族裔学生的数量增多，欧洲裔学生就会离开废除种族隔离的学校和社区，使现在很多市区学校的种族隔离程度比最高法院出台校车制等消除种族歧视的措施之前更加严重（Orfield et al., 2016）。在洛杉矶、迈阿密、巴尔的摩、芝加哥、达拉斯、孟菲斯、休斯敦和底特律等地区的学校里，只有不到11%的非西班牙裔美国学生。事实上，在非洲裔和拉丁裔学生就读的学校中，有三分之二因为贫困学生的高度聚集而被隔离，这意味着种族隔离往往与经济隔离相一致（Ladson-Billings, 2004; Mickelson et al., 2013; Shores et al., 2020）。在拉丁裔儿童占注册学生人数10%及以上的学区，随着时间的推移，拉丁裔学生正在经历更多的隔离，并且不太可能与欧洲裔同学互动（Fuller et al., 2019）。

作为一名家长，也是一名记者的尼科莱·汉娜–琼斯（Nikole Hannah-Jones）描述了她和丈夫在决定是否让女儿去纽约市一所种族隔离、低收入的公立学校上学时所经历的紧张状态。"我们努力工作……不就是为了让她不必去那些困住众多非洲裔儿童的学校吗？"这是很多家庭面临的问题［参见汉娜–琼斯，2015年《美国生活》（*This American Life*）节目片段］。研究表明，学校的人口构成情况确实会影响学生长期的心理和学业成绩（Graham, 2018）。例如，经济学家鲁克·约翰逊（Rucker Johnson, 2019）发现，与小时候就读种族隔离学校的成人相比，小时候就读于更多消除了种族隔离的学校的成人寿命更长，更有可能上大学和生活在种族融合的社区，而贫穷、患有慢性健康问题和入狱的概率都更低。类似的研究表明，拥有更多跨种族友谊的亚洲裔美国青少年有更好的心理健康状况，特别是在反亚洲裔偏见最普遍的环境中（Liu et al., 2020）。

但即使在"种族融合"的学校里，历史上处于不利地位的少数族群或种族群体的学生往往也会被再次隔离到低能力班级中，原因在于教师对这些学生的期望很低（Kogachi & Graha, 2020; Tenenbaum & Ruck, 2007; Tyson, 2013）。仅仅将人们放在同一栋建筑中，并不意味着他们将会彼此尊重、成为朋友，甚至接受相同质量的教学（Johnson, 2019; Ladson-Billings, 2004; Mickelson et al., 2013）。想要了解更多关于如何理解和减少教育中的族群和种族差异的信息，请参阅2012年美国心理学会的教育差异总统特别工作组的报告。缩小教育成果差距的关键步骤是，承认种族主义和歧视在教育中的影响。

事实上，种族偏见（种族主义）在美国普遍存在。尽管种族主义并不局限于某个种族群体，但由于2020年发生了杀害手无寸铁的非洲裔美国人的事件，如布雷奥娜·泰勒（Breonna Taylor）和乔治·弗洛伊德（George Floyd），引发了全美范围内的种族正义抗议活动，因此反黑人种族主义一直是社会大众关注的焦点。即便如此，对于欧洲裔美国人和非洲裔美国人在美国是否应采用进一步行动保护民权的问题上，仍有不同看法。2020年9月，1万多名美国成人被问及，在给予非洲裔美国人与欧洲裔美国人同等权利方面，美国是否做得足够。不同种族的看法截然不同：42%的欧洲裔美国人回答美国的做法"大致正确"，而只有5%的非洲裔美国人受访者选择了这一回答；超过86%的非洲裔美国人受访者表示美国"做得还远远不够"（Horowitz et al., 2020b）。

微妙、潜在的种族偏见仍在继续。尽管它可能不为人们的意识所察觉，但仍会导致歧视行为。研究者已经通过多种方式证实了这一点。例如，针对多起美国警察枪击手无寸铁的非洲裔美国人的案件，研究者开发了一款电子游戏。在这个游戏中会出现一系列欧洲裔和非洲裔，他们可能有武器，手里拿着一把枪；也可能没有武器，手里拿着一个手电筒或钱包。实验要求被试"射击"游戏中拿着武器的人。实验中并没有提到种族的问题。但结果发现，在射击有武器的目标时，被试射击非洲裔目标的速度更快，频率也更高；在决定不射击没有武器的目标时，被试对欧洲裔的反应更快，频率也更高（Greenwald et al., 2003）。而在另一个研究中被试是真正的警察，结果发现与错击没有武器的欧洲裔嫌疑人相比，他们错击没有武器的非洲裔嫌疑人的可能性更大（Plant & Peruche, 2005）。

你可能认为，警察和老师有很大的不同。请再想一想。研究人员使用类似的技术，结果发现，教师对少数族群学生的期望更可能低于对多数族群学生的期望；他们也更有可能不成比例地将历史上处于不利地位群体的学生，尤其是非洲裔学生，转为特殊教育或纪律干预（Morris & Perry, 2016; van den Bergh et al., 2010）。事实上，教师持有"亲白人、反黑人"偏见的比例与普通公众大致相同（Starck et al., 2020），而这些偏见已被证明会加剧非洲裔学生和欧洲裔学生之间的成就差异（Chin et al., 2020）。在一个以平等地教育每一个学生为荣的职业中，这种情况是如何发生的，为什么会发生呢？

当人们处于压力之下或资源有限时，他们倾向于过度依赖僵化、可能有偏见的分类（Baumeister & Bargh, 2014）。教师非常了解这些情况！教师和警察及所有人一样，会扭曲信息，使其更符合自己的图式，尤其是当他们的刻板印象中包含对某个群体的偏见时。我们会注意到与我们的刻板印象——我们的图式相一致的信息，而错过或忽略不一致的信息（Kahneman, 2011）。这可能会导致我们歧视那些被我们归类为弱势群体的社会群体成员。

尽管偏见和歧视来自很多地方——同伴、媒体、校外社会交往，但有证据表明，来自教师的歧视可能对教育成果的损害最大（Benner & Graham, 2013）。即使教师没有意识到自己的偏见，这些偏见也会影响教师对学生的期望，以及他们如何解释学生的行为（Brown, 2017）。例如，耶鲁大学的研究人员要求教师观看不同种族学龄前儿童的视频。一些教师事先会得到提醒，视频中的学生可能会表现出"挑战性行为"，而另一些教师则不会被提醒。事先得到提醒的老师注视非洲裔儿童（尤其是非洲裔男孩）的时间比注视欧洲裔儿童的时间长，这表明了一种内隐偏见。非洲裔和欧洲裔教师都表现出类似的模式（Gilliam et al., 2016）。这种无意识的偏见可能是造成非洲裔学生被停学的比例高于欧洲裔学生的部分原因（U.S. Department of Education, 2016）。另一项研究发现，非非洲裔高中教师对非洲裔学生（尤其是男生）的期望低于非洲裔教师对这些学生的期望（Gershenson et al., 2016）。内隐偏见会对学生的教育成就产生严重影响（即使是无意的）！

显然，很多学习者每天都面临着微妙或公然的偏见和歧视。非洲裔学生和西班牙裔学生早在小学阶段就开始在科学和数学方面处于劣势，他们很少被选入超常班，也很少有机会参与加速或丰富化的课程，他们更有可能会被分到"基本技能班"（Tyson, 2013）。随着他们历经初中、高中和大学，他们的足迹与培养科学家的轨道越来越远。即便他们坚持并真的成为科学家或工程师，与女性的不公平待遇一样，他们在同等的职位上所得到的报酬仍会少于欧洲裔（National Science Foundation, 2019; Shen, 2016）。西班牙裔、非洲裔和印第安人占美国总人口的35%左右，但2019年，只有8%左右的博士学位被授予西班牙裔的学生，7%被授予非洲裔学生，不到1%被授予印第安人。相对地，38%的博士学位被授予了非美国居民的国际学生（National Science Foundation，2020）。

少数种族和族群学生的家庭往往不得不对歧视很警惕，以保护自己的子女免受其不利的心理、社会和学业影响。一些证据表明，经过社会化了解种族主义和歧视的儿童，在种族主义和歧视出现时能够更好地应对它们（Park et al.，2018；Yip et al.，2019）。

## 模块 5 小结

**族群和种族的区别**

族群（文化方面传承的行为）和种族（生理上的遗传特征）是人们用以描述自己和他人的重要的社会类别。在美国，少数族群或种族群体（数量上的或历史上被边缘化的）的人口正在迅速增长。

**教师和学生来自不同的族群会如何影响学生的学业成就**

如果教师和学生来自不同的文化，那么他们以文化为基础的信仰、价值观和期望可能就会有很大的区别，而这些差异可能会引起冲突。文化冲突常常发生在那些深层的差异上。当这些细微而不明显的文化差异碰撞时，就很容易发生误会。学生在某些特定文化中所习得的态度和行为可能更符合学校的期望。不同族裔群体的学生之所以会在认知能力测验上有差异，主要是种族隔离、持续的偏见与歧视所造成的。

## 模块 6　性别认同和性取向

**学习目标 2.4**　描述性别、性别认同，以及性取向的发展，并讨论它们在教学与学习中的作用。

### 2.6　教与学中的性别和性取向

在本节中，我们将探讨性别认同和性取向的发展。我们将特别关注个体是如何发展性别意识的，他们的性别角色是如何社会化的，以及教师在为所有学生（无论其特殊身份如何）提供公平教育中的作用。

#### 2.6.1　性和性别

性别（gender）一词通常是指特定文化认为适合男孩和女孩、男人和女人的特征和行为。相反，性（sex）是指出生时的生理差异。与其他文化标签一样，这一领域使用的术语可能是复杂和有争议的（Hyde et al.，2019）。个体在性别和性方面的同一性是多元的。在本节中，我们研究了三个重要方面的作用：性别认同、性别角色和性取向（Ruble et al.，2006）。**性别认同（gender identity）** 是一个人作为一个有性别的人的自我认同。**性别角色（gender roles）** 是一些行为和特征，这些行为和特征在文化中被与二元（男性/女性）性别观联系在一起。

#### 2.6.2　性别认同

有些儿童的性别认同很早就形成了，而且相对持久。然而，对其他人来说，性别认同的形成可能需要更长的时间。以性别非典型的方式来表达自己的学生，往往容易受到羞辱、歧视或自我信念很低。例如，荷兰的研究者询问七年级学生，他们觉得自己的性别有多典型。与报告性别典型程度高的学生相比，报告性别非典型程度较高的学生对自己的学业能力信心不足（Vantieghem et al.，2014）。教师对于促进学生性别认同的形成有着非常重要的作用（Fabes et al.，2019；Leaper & Brown，2018）。他们可以通过三个主要方式来发挥作用：解决骚扰和欺凌问题，让学校空间更具性别包容性（避免性别隔离），以及尊重学生的记录、姓名和隐私等。

## 2.6.3 性别角色

性别角色（gender roles）指对男性和女性应当如何以符合性别的方式行事的期望——以男性化或女性化的方式行事。性别角色随文化、时代和地域的不同而有所差异。尽管女性更多仍被认为是儿童的主要照顾者，应负责家庭事务，但如今对女性的期望显然与18世纪有所不同。

儿童是何时，以及如何发展出对男性和女性性别角色的理解的？早在2岁时儿童就意识到性别差异——他们知道自己是男孩还是女孩，知道妈妈是女性，爸爸是男性。到了3岁左右，他们意识到自己的性别是不能改变的。生物学因素会影响性别角色的发展。很小的时候，激素会影响儿童的活动水平和攻击性，因此男孩更喜欢活跃、粗犷、吵闹的游戏。游戏模式导致年幼儿童更喜欢风格相似的同性玩伴，因此，到了4岁，儿童与同性玩伴玩耍的时间是与异性玩伴玩耍时间的3倍；到了6岁，这个比率上升到11∶1（Halim et al., 2013；Hines, 2004）。但是生物学因素不是唯一的影响因素。男孩倾向于和男孩一起玩，女孩倾向于和女孩一起玩，这一事实可能会导致性别隔离循环，而这种循环界定和强化了二元性别角色的规范（Martin et al., 2014）。

人们对待男孩和女孩的方式不同也是重要的影响因素。研究发现，家长会给男孩更多的自由，允许他们在社区里闲逛；也会较早地允许男孩做一些有潜在危险性的活动，比如独自过马路等。因此，与女孩相比，家长会更鼓励男孩独立和主动。事实上，父母、同伴和教师可能会奖励那些符合性别角色的行为表现——女孩的温柔善良，男孩的坚强自信（Brannon, 2002；Brown, 2014）。

不仅如此，玩具也发挥了作用！逛逛大多数商店的玩具区，或点一份儿童快餐，看看有哪些玩具是给女孩的，哪些是给男孩的。洋娃娃和厨房用品是给女孩的，玩具枪是给男孩的。几十年来一直如此。现在，我们的货架上有给女孩的公主用具和给男孩的战斗电子游戏。消费者是否要负部分责任？成年人通常会为孩子选择按性别分类的礼物，一些父亲也会劝阻自己年幼的儿子玩"女孩子的玩具"（Brannon, 2002；Brown, 2014）。最近，一家大型零售商宣布不再按性别区分玩具时，很多家长感到非常愤怒。让我们面对现实吧，性别社会化并没有只停留在童年。最近，我帮一名大一学生搬进他的校内男女混合宿舍。他的门上挂着一张印有他名字的热力赛车图形卡片；他的女舍友们的门上则挂着公主头饰名片。那么，这种关于性别的环境信息会产生什么后果？

在与家人、同伴、教师、玩具、媒体，以及更广泛的社会环境的互动中，儿童开始逐渐形成**性别图式**（gender schema），或者关于成为男性、女性意味着什么的有组织的知识网络（Ward & Grower, 2020）。性别图式能帮助儿童理解世界，并引导他们的行为（如图2-6所示）。所以，如果一个女孩关于女孩的图式包括"女孩应该玩洋娃娃，而不是卡车"或"女孩不可能成为科学家"，那么她会注意、记住这些准则，更多地与洋娃娃而不是卡车互动，她可能会避免参加科学活动（Golombok et al., 2008；Leaper, 2002）。当然，这只是一般的情况，并非所有个体都符合这种情况。例如，一个女孩如果觉得"卡车是男孩玩的"这一性别图式跟自己无关，而卡车又很吸引自

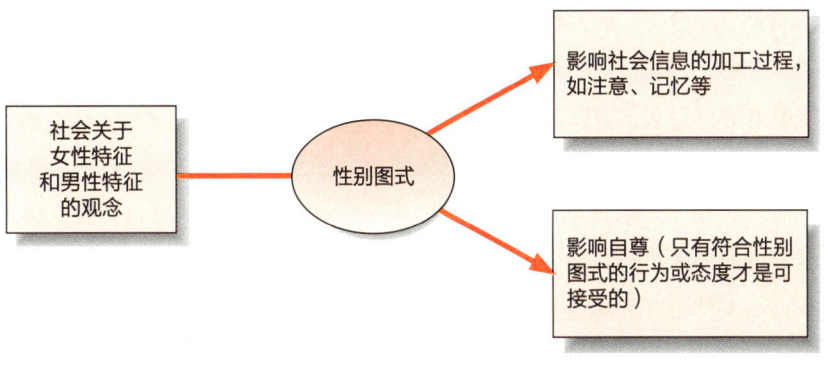

**图2-6　性别图式理论**

注：根据性别图式理论，儿童和青少年将性别作为一个系统的主题，用来分类和解释他们对世界的感知。

己，那她就会玩卡车（Bigler & Liben, 2007）。到了4岁，儿童开始意识到性别角色。到5岁左右，他们已经发展出一种性别图式——描述了哪些衣服、游戏、玩具、行为和职业是适合男孩或女孩的，并且儿童的这些想法非常刻板（Ellemers, 2018；Halim et al., 2013）。

即使在现今这个"男女机会平等"方面有了很大进步的时代，一个学前的女孩也更有可能告诉你她想成为一个护士，而不是工程师。我的一个女同事做了一次关于学校中性别刻板印象的危害的讲座后，将她的小女儿带到自己的大学课堂上。当学生们问这个小女孩："你长大后想做什么啊？"这个小孩立刻回答："医生！"她的教授妈妈骄傲地笑了。然后，小女孩偷偷地告诉前排的学生："我其实想做一个护士，但我妈妈肯定不让我做。"实际上，这是幼儿常见的反应。与大龄儿童相比，学前儿童有更刻板的性别角色观念；与女性从事的职业相比，所有年龄的儿童对男性的职业都有更刻板、传统的想法（Woolfolk & Perry, 2015）。

后来，随着儿童接近并进入青春期，他们可能变得更关注自己的行为是否表现得"像男人"或"像女人"，而这些标准是由他们的同伴文化、社会媒体、父母或环境所决定的。例如，在一项研究中，儿童和10~13岁的青少年在看到性别化和非性别化的女孩形象时，会认为性别化的女孩比非性别化的女孩更受欢迎，但同时也认为性别化的女孩不爱运动、不聪明或不友善（Stone et al., 2015）。女孩和大龄儿童会更认同性别化的性别刻板印象，这表明随着儿童年龄的增长，他们在媒体中接触性别化形象的机会也会增加，这对女孩形成自己的性别图式可能尤为重要。

其他研究表明，当家长（尤其是母亲）看到科学（science）、技术（technology）、工程（engineering）和数学（mathematics）（STEM）领域的用处和价值时，他们的孩子在整个高中阶段会选修更多的STEM课程（Rozek et al., 2015）。即使是学习环境的微小变化（如计算机科学教室里有科幻小说而非植物），也会唤醒性别刻板印象，从而使一些学生处于不利地位。一项研究表明，仅仅是了解刻板印象中的计算机科学教室，都会导致女孩更不愿意上这门课，因为她们会担心这门课的教室不是她们应该待的地方（Master et al., 2016）。总之，从生物学因素到文化规范，很多因素都会影响性别角色的发展。请注意，这不是非此即彼的事。

### 2.6.4 课程和媒体中的性别偏见和性别歧视

当我（这里是指安妮塔·伍尔福克）坐在横穿美国的火车上，忙着校对这本书之前版本的这一页时，一位列车员在我身边停下来说："对不起，打扰你做功课了，我能看看你的车票吗？"他这种性别歧视的态度（我确定是无意的）让我笑了一下。我很怀疑他是否会用同样的问题去问那个坐在走道对面正在便笺簿上写东西的男人？与种族歧视一样，性别歧视和**性别偏见（gender biases）**的信息可能很微妙，并可能也确实出现在教室里（见 Brown & Stone, 2016；Leaper & Brown, 2014）。

不幸的是，学校经常用不同的方式助长性别歧视。即使美国出版业已经制定了一些规则，以避免学校教材中的性别歧视，但我们仍有必要检查教材中是否存在性别角色的刻板印象，特别是考虑到学校图书馆书架上的图书更替缓慢。例如，即使现在儿童书籍中男性和女性作为主角的次数相同，但标题和插图中男性更多，并且书中的角色（尤其是男性）仍脱离不了刻板印象的框架。在一些书中，男孩多是好争斗、善争辩，而女孩则是善于表达、深情的。女孩角色有时会跨越性别角色的界限，变得更加主动，但男孩角色很少表现出"女性的"善于表达情感的特征（Brannon, 2002；Brown, 2014）。此外，虚拟学习网站、社会媒体网站等在线资源，不会仔细地筛选与性别、种族、族群、经济、宗教或年龄的刻板印象和偏见有关的内容，因此它们也成了这些刻板信息的来源（Henry, 2011；Ward & Grower, 2020）。电子游戏经常以超级男性化或超级女性化的角色为特征。只要看看格斗游戏中男性和女性的体格，就会发现它们所宣传的身体意象是多么不真实、不健康！

学生在正式上学前，接触时间最长的"教材"便是电视和网络媒体。一项研究采用内容分析法对电视广告进行分析，结果发现，欧洲裔男性的角色远远多于其他群体。即使是在只呈现声音的情况下，由男性解说的广告的数量是女性的十倍之多。这种以男性作为权威之声的电视广告模式也普遍出现在欧洲、澳大利亚和亚洲等地区。女性比男性更容易被塑造成"依赖男性"，而且多是以"家"为主要描述背景（Brannon, 2002）。"Me too"（我也是）运动[①]提高了人们对电视媒体和广告中普遍存在的性别歧视的认识。纪录片《代表小姐》（*Miss Representation*）（Newsom, 2011）提供了很多引人注目（而且相当令人震惊）的例子，说明美国主流媒体和文化是如何将女孩和女性描绘成过度性感和权力不足的样子的。同样，电影《你生活的面具》（*The Mask You Live*）探讨了男孩如何常常受制于对男性气概的狭隘定义，从而导致他们感到压力和不协调。这些信息会如何影响人们对自己和他人的看法？

### 2.6.5 教学中的性别偏见

关于教师性别化地对待学生的研究有不少，然而，你需要了解的是，这些研究大多数关注的都是欧洲裔学生。新近的研究指出，交叉性为理解教师与不同性别和种族的学生之间的不同互动提供了一个有用的视角。"实践指南：避免教学中的性别歧视"能带给你一些思考，帮助你以有效、共情的方式对所有学生进行教学。让我们来看看一些相关的研究结果。

| 实践指南 |

#### 避免教学中的性别歧视

检查你所使用的课本和其他媒体，看看这些材料是否诚实地介绍了男性和女性的选择。

例如：

（1）确定在工作、休闲和家庭情境中，男性和女性是否都会被塑造成传统的角色和非传统的角色？

（2）与学生讨论你的分析，并邀请学生一起帮你找出其他材料中的性别角色偏见，例如，杂志广告、电视节目、新闻报道等。

保持警惕，避免课堂活动中存在任何无心的偏见。

例如：

（1）审视自己是否会在某些特定的活动中用性别来分组？这样的分组合适吗？

（2）审视自己是否会特别叫某一性别的学生来回答特定的问题？比如数学方面的问题让男生回答，诗歌方面的问题让女生回答。仔细考虑你给学生反馈的质量。

（3）小心你的隐喻。

找出学校可能针对不同性别认同或表达的学生所设的限制。

例如：

（1）了解指导教师在课堂和职业选择方面会给学生什么样的建议。

（2）调查有没有提供男女生都适合参与的优质运动项目。

（3）了解女生是否会被鼓励参加科学或数学的高级课程，男生是否会被鼓励参加英语和外语课程。

尽可能使用与性别无关的语言。

例如（英语语境）：

（1）确保你自己使用包容性术语，如用"law-enforcement officer"（执法人员）和"mail carrier"（邮递员）来替代"policeman"（男警察）和"mailman"（男邮差）。

（2）在称呼某个委员会的负责人时，用"head"（领导）来替代"chairman"（主席）。

---

① 在美国兴起的"反性骚扰运动"，对其评价存在争议。——编者注

（3）与学生讨论人称代词，确保你所使用的代词是学生希望你用的（如她、他、他们／她们）。

提供反刻板印象的性别角色榜样。

例如：

（1）要求学生阅读由女性科学家撰写的文章。

（2）邀请近期毕业的主修科学、数学、工程或其他科技领域的女大学生，跟你班上的学生聊聊大学生活。

（3）为学生开设线上辅导课程，让学生有机会接触到自己所感兴趣的领域中不同性别的相关从业人员。

确保所有学生都有机会参与复杂、技术性的工作。

例如：

（1）以合作小组的方式进行实验，以避免按性别刻板印象分配工作（如女生担任秘书、男生担任科学家）。

（2）在组内轮换工作，或随机分配任务。

很多研究均证实，性别偏见似乎更偏向男孩。过去30年来最有说服力的一项发现是：总体而言，教师与男生的互动比与女生的互动要多，但同时也有更多的消极互动，而非积极互动（Jones & Dindia, 2004）。这个情况从学前一直持续到大学。教师会问男生更多的问题，给男生更多的反馈（赞扬、批评和纠正），并且也会给男生更多具体而有价值的建议。当然，这些差异并不是平均分配的，一些男孩，通常是成绩好的欧洲裔学生，得到的关注和指导会比平均值更多；而成绩好的欧洲裔女孩，受到教师的关注则是最少的。一般而言，教师对男生数学能力的评价要高于女生，除非认为女生比男生更努力、表现更好，以及更渴望学习，只有这样，教师对这些女孩数学能力的评价才会与男生相似（Robinson-Cimpian et al., 2014）。

近期的研究还探讨了教师的内隐信念和态度对不同性别的学生产生的不同影响。例如，一些证据表明，女生会接纳老师的态度。在一项研究中，数学焦虑程度较高的教师所教的女生在年终数学测试中得分较低，并且更可能认同"男孩比女孩更擅长数学"的观点（Beilock et al., 2010）。另一项研究表明，认为数学老师因其性别而区别对待她们的初中女生在随后的数学测验上表现更差，并自述对在高中时学习数学的动力有所下降（McKellar et al., 2019）。教师可能没有意识到他们的行为如何受到自身态度的影响，但通过直接教学、示范或与男生和女生的不同互动，他们在很大程度上会影响学生如何看待自己，以及如何表现（Gunderson et al., 2012）。

但并非所有的偏见都偏向男生。在过去10年里，北美、西欧、澳大利亚和一些亚洲国家和地区的教育工作者，开始质疑学校是否为男生提供了良好的教育。之所以会有这样的担心，是因为很多国家和地区的数据似乎都表明男生的学业成绩不佳。事实上，男孩在学校的成绩欠佳被称为"当前最迫切的教育平等挑战之一"（Hartley & Sutton, 2013, p.1716）。更为惊人的指控还包括学校试图破坏"男孩文化"，并将"女性的、花哨的内容"强加给男孩。与女孩相比，男孩被转介到特殊教育服务机构的比例更高，对于少数族群或少数种族群体的男孩来说，这一比例甚至更高（Artiles, 2019）。

对男孩在学校里面临困难的一种解释是学校教育的期望并不符合男孩的学习方式（Gurian & Stevens, 2005），尤其是那些非洲裔美国男生（Stinson, 2006）。另一种解释是男生为"表现自己的男子气概，赢得尊重"，会对抗学校的期望和规章制度，从而不利于自己的学习（Kleinfield, 2005, p.B6）。一些人建议，男孩需要更小的班级规模、更多的讨论、更好的纪律、指导计划，以及更多的男性教师——90%的小学教师是女性。为使学校能更有效地对男孩和女孩进行教育，一种通行的做法是男女分班。2008年《纽约时报杂志》（*The New York Times Magazine*）的封面故事就是这个主题（Weil, 2008）；2015年和2016年，《大西洋月刊》（*The Atlantic*）报道了该主题的"复兴"（Anderson, 2015; Yap, 2016）。过去十年间，美国很多学区在英语、科学和数学等核心课程上试行单一性别教室（Herron, 2013）。性别隔离的方法有效吗？请阅读"观点／对立观点"，以了解相关论点。

## 观点 / 对立观点
### 应该为女孩、男孩提供不同的教育吗

支持者认为，学生最好与同性同学一起学习某些知识。批评者则认为，性别隔离的教室对学习的价值不大，反而会强化有问题的刻板印象，从而导致更大的性别差异。

**观点** 男孩和女孩都有独特的优势和挑战，应该用不同的方式来教育他们。

2002年，美国"不让一个孩子掉队法案"开始允许公立学校开设同性课程，这引起了很多教育工作者的关注，并导致了2006年教育法第九条修正案取消了对设立单性别公立学校的禁令。本着创新的精神，很多学校响应号召，开始根据男孩和女孩的独特需求进行教学。毕竟，2012年国际学生评估项目（PISA）的结果显示，在全球15岁的学生中，男孩在数学和阅读成绩的最低分和最高分中所占的比例过高，而女孩在数学方面的自信心普遍低于男孩，焦虑程度也高于男孩（OECD，2015）。检验是否所有学生都能从针对不同性别的教学中受益，似乎是合乎逻辑的（Bigler et al., 2014）。

从那时起，全美数以千计的学区实施了某种程度的单一性别教育（Klein et al., 2014）。一些组织，如古里安（Gurian）研究所，为学校提供了书籍和专业发展研讨会。这些学校专注于如何为每种性别的学生提供最好的教育，而核心假设是男孩和女孩有不同的学习"风格"（Gurian & Stevens, 2005）。作为单一性别课堂的坚定支持者，伦纳德·萨克斯（Leonard Sax, 2005）指出，这些风格源于男孩和女孩之间的基本生理差异，因此需要不同的教学方法。单一性别课堂能帮助女孩发展自己的长处和培养自己的自信心、兴趣和成就，尤其是在STEM学科方面。而男孩可以专注于自己的读写能力和合作能力。古里安等研究所所做的工作主要通过大众媒体报道，显示男女生都能从单一性别课堂中获益（如Gurian et al., 2009）。学生和他们的家庭可以选择在单一性别学校或男女混合学校就读，选择前者可能意味着这些学生倾向于在单一性别学习环境中做出良好的反应。

**对立观点** 女孩和男孩的相似之处多于不同之处，应该一起接受教育。

许多研究人员对支持性别隔离教育方法的数据进行了批判性研究。他们认为，这些性别隔离教育方法并没有实现其促进学习和心理健康方面的性别平等的承诺。黛安·哈尔彭（Diane Halpern）及其同事在2011年发表的文章"单一性别学校教育的伪科学"（The Pseudoscience of Single-Sex Schooling）中指出，关于同性教育的研究"被严重误导了，其理由往往是软弱无力的、断章取义的或被误解的科学主张，而非有效的科学证据"（p.1706）。例如，当研究人员考虑学生最初的表现水平后，很多学生在单一性别课堂里所取得的进步就消失了。这些学者认为，关于单一性别学校教育的研究缺乏随机分配的统计严谨性，因此研究结果可能是取样或研究者的偏见造成的。事实上，哈普伦及其同事声称，将男孩和女孩分隔开实际上会使性别差异（以及因此产生的刻板印象）更加明显，从而产生更恶劣的后果。他们指出，研究表明，当任何一群人与另一群人被区分开时（根据性别、眼睛的颜色，甚至是T恤的颜色），人们就会产生群体间偏见。他们认为，单一性别教育减少了实现性别平等所需的机会，即教育男孩和女孩一起工作。"与其他群体成员积极合作的互动，是改善群体间关系的有效方法"（p.1707）。

但是关于男女生理差异的证据又如何呢？男人真的来自火星，女人真的来自金星吗？海德（Hyde, 2005）进行了一项针对元分析的综合分析（即对46项元分析的综述），总结了数百项关于一系列人类行为中的性别差异的研究。她的发现为她所谓的"性别相似性假设"提供了证据。除了一些重要的例外，男性和女性在很多心理和表现指标上高度相似。这些差异的大小在整个生命周期和不同的情境下波动，这可能导致研究人员高估了性别差异的大小和稳定性，而忽略了性别个体最好被视为一个连续体的事实（Hyde et al., 2019）。例如，关于性别差异的很多证据来自对有多年社会化经历的成人的研究；这种差异并不一定存在于儿童身上。也许男孩和女孩终究来自同一个星球……因此，应该以类似的方式对他们进行教育。

### 谨防非此即彼

那么，单一性别学校或单一性别课堂能提高学习效果吗？答案是"看情况而定"。一项元分析提供了迄今为止最全面的答案，解决了哈普伦及其同事发现的一些方法问题。帕尔克等人（Pahlke et al., 2014）检查了184项研究的结果，涉及来自21个国家和地区的160万名学前至十二年级的学生。他们分析了在单一性别学校学习的学生和在男女混合学校学习的学生是否有不同的表现和态度。为了解释研究设计质量的差异，研究者对使用随机分配和不使用随机分配的研究进行了单独的分析。在将学生随机分配到单一性别课堂的研究中，两种情境下的学生之间只有微不足道的差异。男女生在单一性别学校的表现均略好一些，但就读男女混合学校的女生比就读同性学校的女生有更高的教育抱负。

---

无论是单一性别学校的支持者还是批评者，他们都一致认为，好的教育从来不是放之四海而皆准的。教师必须意识到，没有什么针对男孩或女孩的特殊教学策略——好的教学就是用包容性的方法服务于所有学生。根据性别将学生分组，并没有让教学变得更简单！实际上，男女分班会让班级更加难以管理，并会强化那些有害、僵化的性别刻板印象（Fabes et al., 2019）。"实践指南：避免教学中的性别偏见"提供了关于如何防止班级所有学生性别偏见的更多想法。认真关注每个学生的动机和成绩，这就可能意味着在不同的时间需要采用不同的方法。正如威廉·詹姆斯（William James, 1899/2001）很久以前提醒教师们的那样："对此，我们没有具体的规律可循。这取决于对具体情况的仔细观察"（p.55）。

## 模块 6 小结

**什么是性别认同和性别角色？它们是如何发展的？**

性别认同是沿着女性与男性的连续体或以非二元方式对自己的个人看法。性别角色是一套刻板的男性化或女性化特征和行为。家长和教师对男女儿童的不同行为，以及更大的社会环境，影响了儿童对性别角色的理解。通过与家人、同伴、教师和一般环境的互动，孩子们开始形成性别图式，或关于属于某个特定性别群体意味着什么的有组织的知识网络。

**性别偏见是如何传播的？**

在儿童读物中，标题和插图中的男性更多，书中人物（尤其是男孩）的行为方式仍然是千篇一律的。女孩角色有时会跨越性别角色的界限，变得更加主动，但男孩角色很少表现出"女性的"善于表达情感的特征。在电视广告和网络媒体中，也存在一些性别比例过高的现象。无论是以积极的方式还是消极的方式，教师与男生的互动更多。近期，一些教育工作者宣称学校并不能促进男孩的发展，并建议采用单一性别课堂作为解决办法。关于这些课堂的价值，研究结论尚不统一。

## 模块 7　多元化与教学

**学习目标 2.5**　论述多元文化教育的定义，并将多元化相关的研究应用到与文化相关的课堂的创建中。

### 2.7　创建文化友好型课堂

想象一下费城城区的一个十年级班级、肯塔基州农村的一个一年级班级和埃尔帕索的一个八年级班级。再想象一下你接受教育的教室（你在本章开始时想到的教室）和你在电视上看到的教室。教室是一群独特的人的日常聚集地，他们之中有人贫穷，有人富有，也有人介于两者之间；他们的文化背景千差万别，他们以刻板印象和非刻板印象的方式表达自己的性别和性取向；他们在生活的其他重要方面，如家庭组成和能力（障碍）方面也表现出丰富的差异。教师们从自己独特的文化背景出发，如何才能创造出能够容纳、保护甚至拥抱文化多样性的课堂呢？

一些教育工作者指出，创建文化兼容的课堂是提供多元文化教育的基础，**多元文化教育（multicultural education）**的定义是：

**一个涉及广泛的学校改革并为所有学生提供基础教育的过程。多元文化教育挑战和拒绝学校与社会中的种族歧视和其他形式的歧视；接纳和支持学生、学生所在的群体，以及他们的教师所反映的族群、种族、语言、宗教、经济、性别等多元文化。（Nieto & Bode，2012，p.42）**

詹姆斯·班克斯（James Banks，2015）认为，多元文化教育存在五个维度。教师最熟悉的可能是内容整合维度，即在教一门学科时会使用不同文化的实例和内容。不过，由于一些教师认为多元文化教育就是在课程上做些改变，因此他们甚至认为多元文化教育与数学、科学这样的学科无关。但是，多元文化教育不仅仅是课程内容的改变。要使教育对所有学科的所有学生都具有亲和力和包容性，我们必须考虑多元文化教育的其他维度。教师通过平等的教学来实施多元文化教育，这意味着他们的教学实践必须多样化，这样才能满足来自不同社会经济、文化和族群背景的广大学习者的需求。此外，他们还需要关注学生的文化框架影响知识建构的过程。

多元文化教育还涉及减少偏见的努力，其重点是帮助减少对不同文化群体的负面态度和偏见的教学实践。学校文化和社会结构的赋权至关重要。体育和咨询项目的组织方式、使用的教学方法、关于偏见的课程、对知识的看法，以及更多的因素促成了真正的多元文化教育，使所有人都拥有了权力。

当然，班克斯（2015）的五维模型只是一个框架，提供了创设多元文化学习环境的方法。是否存在比多元教育更好的教育方法？这已经超出了教育心理学教材的范围，但我们必须意识到，什么是最好的教育方法是没有定论的。然而，很多教育学家认为，文化关联（culturally relevant）和文化持续（culturally sustaining）的教学方法对所有课堂都是有益的。

### 2.7.1 文化关联教学

很多学者描述了以文化关联和文化持续的方式进行教学的方法（Deplit，1995，2012；Emdin，2016；hook，1994；Love，2019；Milner，2015；Siddle Walker，2001；Stevenson，2014）。

格洛丽亚·拉德森-比林斯（1990，1992，1994，1995，2009）的研究便是一个很好的例子。研究者用3年时间研究了在加利福尼亚州为非洲裔美国人社区服务的优秀教师。她请家长和校长推荐这样的教师。家长所推荐的教师不仅会尊重家长，激发孩子的学习热情，而且能理解孩子需要很好地适应两种不同的世界——家庭社区和外面的欧洲裔世界。在校长推荐的教师所带的班级里，学生较少违纪、出勤率高，标准化测验成绩较高。在这项研究中，家长和校长共同提名了9位教师，拉德森-比林斯深入研究了其中的8位。

根据研究，拉德森-比林斯提出了一个"卓越教学"的概念，她将这种"卓越教学"称为**文化关联教学（culturally relevant pedagogy）**，并指出文化关联教学必须符合下列三个原则。

（1）**学生必须体验到学业上的成功。**"尽管当前社会存在一些不公平的现象，课堂环境中或许存在一些敌意，但学生仍然需要发展他们的学业技能。发展这些技能的途径是多样的，但所有学生都需要具备基本的读写、计算、技术、社会和政治方面的技能，以便成为民主社会中的积极参与者"（Ladson-Billings，1995，p.160）。

（2）**学生必须发展或维持自身的文化能力。**随着学生学业技能的提高，他们仍需要维持自身的文化能力。"采用文化关联教学的教师，会把学生的文化当作学习的工具"（Ladson-Billings，1995，p.161）。例如，一位教师用说唱音乐来教授学生学习诗歌中的字面含义和象征意义、押韵、头韵和拟声。另一位教师则将社区里一个做红薯派很有名的人请进教室来指导学生的学习。后续的课程还可以包括：探究乔治·华盛顿·卡弗（George Washington Carver，美国著名的农业化学家、植物学家）关于红薯的研究、味道测试的数值分析、红薯派的市场销售计划，以及研究成为一名厨师所需的教育准备等。这样的教学方法有助于维持文化多样性。

（3）**学生必须形成挑战现状的批判意识**。除了发展学生的学业技能、维持学生的文化能力，卓越教师还应该帮助学生"发展一种广泛的社会政治洞察力，使他们对滋生和助长社会不平等的社会规范、价值观、风俗、社会制度予以批判"（Ladson-Billings，1995，p.162）。例如，一所美国学校的学生对使用过时的课本感到不满。于是，他们着手调查那些使中产阶级学生拥有新课本的资助方案，然后给报社编辑写信，质疑这些不平等的现象，并通过其他渠道来获得最新的信息，以更新他们的课本。

拉德森-比林斯（1995）指出，很多人认为她提到的三个原则"只是好的教学"。她赞同这样的说法，但同时质疑"为什么这样的教学似乎很少出现在非洲裔美国学生占多数的课堂上"（p.159）。

丽莎·德尔皮特（Lisa Delpit，2003）指出，采用文化关联教学方式对学生进行教学包含以下三个步骤。首先，教师必须相信学生内在的智力特征、人性和精神特征——教师必须信任学生。她给出了来自美国各地学校的众多例子。在这些学校里，来自低收入家庭的不同族群的学生的阅读水平高于年级平均水平，数学成绩也非常优秀（Delpit，2012）。学生的学习成绩低，责任不在于学生，而在于他们所接受的教育。其次，常常有教师认为，学生测验成绩高就说明学生学得好，自己照本宣科地上课就是好的教学。这实际上是一种很愚蠢的观点，采用文化关联教学的教师必须摒弃这种错误的观点。成功的教学应该是"持续、严谨的，是将不同学科的知识加以整合的，成功的教学应该与学生所处的文化相联系，与学生的智力遗产相联系，能够吸引学生，并能促进学生批判性思维和问题解决能力的发展，因为后者有利于学生适应课堂外的世界"（Delpit，2003，p.18）。最后，教师必须了解他们的学生是谁，有着什么样的智力遗产。这样，学生才能不断去发现自己的智力遗产，才能理解为什么要发展出卓越的学业、社会、身体及道德等方面的技能——学习不仅仅是"为了找到一份工作，而且是为了我们的社会，为了你们的祖先，为了你们的后代"（p.19）。利用那些文化在历史上被抹去的学生的文化优势，比如那些来自原住民社区的学生，是尊重他们的知识和生活方式的一种方式（Kana'iaupuni et al.，2017）。

在过去，关于如何对低收入学生和来自少数群体（种族、族群或语系）的学生进行教学，讨论的焦点主要集中在补救问题或克服已有的障碍等。但是，一种具有文化持续性的教学方法会向学生传达这样一种信息：他们在所面临的特殊斗争和压迫力量中被完全看到。贝蒂娜·洛夫（Bettina Love，2019）在其著作《我们想做的不仅是生存：废奴主义教学和追求教育自由》（*We Want to Do More Than Survive: Abolitionist Teaching and the Pursuit of Educational Freedom*）中强调，"没有一个充满爱、取舍权、保护、知识和资源共享的社区，非洲裔儿童是无法茁壮成长的"（p.53）。完全接受还意味着承认种族主义和权力在压迫制度中所扮演的角色。这并不容易，特别是对于欧洲裔教师来说，这些观念可能是全新的。洛夫认为，成为一名"废奴主义"教师，意味着：

你已经准备好失去一些东西，你已经准备好放弃自己的特权，你已经准备好与非洲裔美国人团结一致。这意味着，在非洲裔美国人所在的空间里意识到自己的欧洲裔身份，承认如果不加以控制，你的欧洲裔身份会占据空间。利用你在白人空间中的欧洲裔身份为非洲裔美国人发声，并与非洲裔美国人团结一致。你要明白，在争取教育公正的斗争中，你的欧洲裔特权允许你承担非洲裔美国人无法承担的风险。（pp.158–159）

## 2.7.2 学习的多样性

如何组织课堂才能体现学生学习方式的多样性？教师可以从四个方面考虑：社会组织、文化价值观与学习偏好、社会语言学和文化不连续性，以帮助他们尊重班级中存在的文化差异。罗兰·萨普（Roland Tharp，1989）首次提出了这四个方面，并为教师提供了有益的建议。

### 1. 社会组织

社会结构或社会组织指人们为达到某一特定目标而进行互动的方式。例如，夏威夷的社会组织注重协同合作。儿童会和一群朋友、兄弟姐妹玩在一起，年长的孩子则常常会照顾年幼的孩子。在夏威夷的课堂上，如果将四五名男孩和女孩组成合作小组，学生学习和参与的程度都会有所提高（Okagaki，2001，2006）。在教师特别关注某一小组时，其余小组的孩子会相互帮助。但同样的结构放在其他人的课堂上就不适用了，有些学生不会一起合作，因为他们从小接受的观念就是要独立，不可以和异性儿童一起玩。面对这样的儿童，教师可以通过组成2～3人的同性别学习小组来鼓励他们互相帮助。在分组结构上提供选择和多样性，会让课堂的社会组织更加灵活。

### 2. 文化价值观与学习偏好

正如本章所指出的，所有学习者和教师都有自己独特的价值观和偏好，而这些都与他们独特的文化背景有关。例如，研究表明，一些西班牙裔美国学生很注重对家庭和群体的忠诚，这可能意味着这些学生更喜欢合作性的活动，而不喜欢与同学竞争（Garcia，1992；Vasquez，1990）。这也可能意味着，一些学生的行为方式会反映出特定的拉丁裔价值观，如丁菲尔德（Dingfelder，2005）提出的四种价值观：①家庭主义，与家庭有很紧密的联系，讨论有关家庭的问题和事情可能会被视为对家庭的不忠诚；②和谐，重视人际关系的和谐，武断地发表自己的看法或争论在他们看来都是不妥的；③尊重，非常尊重教师等权威人士；④人际取向，重视亲密的人际关系，不喜欢疏远、冷漠、职业化的人际关系。

非洲裔美国学生的学习方法可能与美国一些学校的教学方法不一致。例如，对于某些学生来说，下列方式能更好地促进他们的学习：采用视觉/整体的方法，而非言语/分析的方法；偏好推断或即兴发挥，而不是逻辑推理；关注人及关系；喜欢精力充沛地同时参与几项活动，而不愿意常规、按部就班地学习；喜欢估算数字、空间和时间；喜欢更多地依赖非言语交流。与只有唯一正确答案的封闭性问题相比，那些认同自身传统文化的少数族裔学生，似乎在开放性问题上（不止有一个答案）表现得更好；而且与细节问题相比，他们更能创造性地回答强调意义理解的问题或概括性问题（Bennett，2011；Gay，2000；Sheets，2005）。

在很多原住民社区，谦逊与和谐比竞争更受重视。教学和学习通常是通过口述的形式进行，这种形式强调了使用文化隐喻和意象的整体、整合和"高情境"的认知方式（Cajete，2020）。例如，纳瓦霍学生喜欢在讨论故事情节前先把故事从头到尾完整地听一遍。对这些学生来说，教师中途停下来提问是一件很奇怪的事情，也会打断他们的学习过程（Tharp，1989）。这些学生有时候会有强烈的偏好，希望能以独自尝试纠正，错误的方式来学习，他们不喜欢教师公开指出自己所犯的错误（Morgan，2009）。

但正如前面所提到的，对任何一个群体抱有刻板印象都是有危险的，尤其是在不同文化的学习风格方面。"研究不同群体中学习风格的差异是否是一种危险、种族主义（或性别歧视、殖民主义）的行为"，如今已是争论的热点。在美国社会中，我们常常会把"差异"当作"缺陷"或刻板印象（Christopher et al.，2014）。这种观点假定，欧洲裔、中产阶级文化是"正常的"和有价值的，并可能导致压迫性教学方法（oppressive teaching approach）的延续，而这种教学方法压制或抹杀了学生的祖先和文化根源（McIntosh，2009；Paris，2012；Sabzalian，2019）。给教师的最好建议是：敏锐地观察所有学生中的个体差异，提供多种学习方式。永远不要根据先入为主的有关族群、种族或性别的假设而对学生的最佳学习方式抱有成见，应认真去了解每一个学生，了解他们的文化。

### 3. 社会语言学

**社会语言学**（sociolinguistics）是关于"不同文化中交谈的礼节和习俗"的研究（Tharp，1989，p.351）。课堂是一个特殊的交流环境，它有自己的一套规则，规定了使用语言的时间、对象、主题和使用语言的方式。为了成功地进行交流，学生必须了解交流规则。也就是说，他们必须理解课堂上的**语用学**（pragmatics）——交流的时间、地点和方式。但这并非一件容易的事情，当课堂活动发生变化时，交流规则也在变化。有时你必须举手才能发言（老师讲课的时候），有时却不需要（当大家围坐在地毯上讲故事时）；有时提问是好的，例如讨论时，但在另外一些情况下，例如，老师在批评你的时候，提问就不太合适了。这些不同的活动规则被称为**参与结构**（participation structure），它们明确了每一种课堂活动适当的参与方式，大多数课堂有多种不同的参与结构。要在课堂上进行有效的交流，学生有时需要理解那些非常微妙、非言语的线索，以便了解何种参与结构是比较有效的。例如，当老师走向黑板，学生就应该抬起头看着黑板，做好认真听讲的准备。

一些儿童之所以会在阅读课堂上比其他儿童表现得更好，是因为学校的参与结构与他们在家庭中所学到的结构比较一致。大多数学校的交流规则与中产阶级家庭的规则接近，因此来自这些家庭的儿童通常看起来能更好地交流，他们了解那些不成文的规则。即使学生和教师说同样的语言，但有些学生在交流方面仍可能有困难，也因此导致在学习上出现问题。

面对这种情况，教师可以做些什么呢？教师应该清晰明确地说明交流规则。不要假定学生知道该怎么做。一旦情境发生改变，记得给学生一些提示，解释并示范正确的行为。我见过教师向学生解释如何使用"默读""小声说话"及"轻声细语"，他先讲解，然后做示范："当我在和其他同学一起工作时，如果你需要我的帮助，那么请你安静地站在我的旁边等，直到我可以帮助你为止。"另外，教师对学生的反馈要保持一致。如果你希望学生举手回答问题，就不要叫不遵守规则的学生回答。通过上述方式，你可以帮助学生学习学校情境下的交流规则。

### 4. 文化不连续性

当学生的价值观、参与结构和学习偏好与主流学校文化相冲突时，会发生什么？毕竟，没有价值观的学习环境是不存在的（Christopher et al.，2014）。肯尼斯·泰勒（Kenneth Tyler）及其同事（2008）将这种现象称为文化不连续性（cultural discontinuity），并将其定义为"一种以学校为基础的行为过程，在这个过程中，很多少数族裔学生基于文化价值的学习偏好和实践——那些通常源自家庭或父母的社会化活动，在学校被中断了"（p.281）。有些学生很难在学校中找到自己的价值观，因为学校文化主要是以欧洲裔、中产阶级的规范为基础的。因此，正如克里斯托弗·埃姆丁（Christopher Emdin，2016）在他的著作《在贫民窟教书的白人》(*For White Folks Who Teach in the Hood*, p.13)一书中尖锐地断言的那样，一些学生"很快就会明白，为了在学业上取得成功，他们必须脱离自己的文化"。在价值观不同的学校文化中，学生会付出怎样的代价？埃姆丁说："他们失去了尊严，人格受到了摧残。城市青年进入学校时认为自己聪明能干，但面对的是无视他们现实的课程和试图抹杀他们文化的校规"。这些学生知道，他们必须顺应潮流，否则就有可能成为老师和同学眼中的隐形人，并被贬低。

### 2.7.3 给教师的启示：教育每一位学生

要想取得良好的教学成效，教学应与谦逊地尊重文化差异相结合（Delpit，2012）。在一种情境中行之有效的文化行为和价值观，在另一种情境中可能就行不通。但这并不意味着其中一种是正确的，另一种是不正确的。那么，你将如何理解、支持和建构学生的各种文化呢？以下几条一般性的教学原则，可帮助你解答这些问题。如果想了解更多信息，请参阅下文的"实践指南：文化关联教学"。

### 1. 了解你自己

这一章，我们是从反省"我"开始的。多做这样的事情，会有助于你熟悉自己的种族、族群传统、文化和语言背景、性别认同，并对这些感到自在（Love，2019）。了解自己的多种身份，对你为学生创造安全的空间至关重要。自我意识还包括质疑自己的价值观和经验，即"标准"——衡量他人的标尺。佩吉·麦金托什（Peggy McIntosh，2009）等学者鼓励所有教师——尤其是欧洲裔教师，探索自己不同的身份。这意味着我们要反思，在我们独特、相互交叉的种族、经济、族群、宗教、性别和性认同（仅举几例）中，我们是如何从我们周围的各种权力体系中获得优势和劣势的。我们想强调这一点：在不同程度上，所有人在生活中都面临着不劳而获的特权和不劳而获的劣势，这与他们的身份在不同情境中被他人评价（或不被评价）的方式有关。花点时间回到这一章先前呈现的"停下来，想一想"活动。你的身份有哪些方面对你有利？你身份的某些方面是如何导致你处于不利地位的？这对你理解学生的经历有何帮助？

## 实践指南

## 文化关联教学

尝试不同的分组方式，促进班级人际关系的和谐与合作。

例如：

（1）尝试结伴学习和配对学习；
（2）组成四五人的异质小组；
（3）让高年级学生建立较大规模的团队。

为不同学习风格的学生提供不同的学习方法。

例如：

（1）为学生提供不同阅读水平的言语材料；
（2）提供诸如图表、模型等各种视觉材料；
（3）提供录音带和录像带；
（4）组织活动和项目。

直接教授课堂规程，即使是那些你认为每个学生都应该知道的行为方式。

例如：

（1）告诉学生该如何引起教师的注意；
（2）告诉学生当他们需要帮助的时候，何时，以及怎样打断教师；
（3）说明哪些材料学生可以随意使用，哪些需要征得老师的同意；
（4）向学生示范如何适当地表达对其他同学观点的不赞同或质疑。

了解学生不同行为的含义。

例如：

（1）询问学生，当你肯定和表扬他们时，他们的感觉如何，什么会让他们有此感觉；
（2）向家庭、社会成员或其他教师询问那些你不熟悉的学生的表情、手势或其他反应的含义。

在教学中强调意义的理解。

例如：

（1）确保学生理解他们所读的内容；
（2）尝试讲故事，以及其他不需要书面材料的教学模式；
（3）通过实例将抽象概念与日常生活经验联系起来。比如，用账单上的透支来说明负数。

了解学生的风俗习惯、传统和价值观念。

例如：

（1）以节日为契机，探讨不同传统和风俗的由来与含义；
（2）分析常见主题的不同传统；
（3）参与社区集市和节日活动。

帮助学生觉察关于种族主义、阶级歧视、性别歧视和其他信息。

例如：

（1）分析课程材料中的偏见；

（2）让学生当"偏见侦探"，报告媒体中有偏见的评论；

（3）讨论学生会使用什么样的方式来表达自己对其他同学的偏见，以及遇到这种情况时应该做些什么；

（4）充分利用可教育的机会。当媒体、课程材料或课堂上出现种族主义或其他偏见时，讨论这些偏见的表现方式。

### 2. 了解学生

我们必须了解我们的学生是谁，携带着怎样的文化遗产（Delpit，2003）。读完这一章有关文化差异的内容，并不足以让你了解所有学生的生活。我建议你参加一些大学的相关课程或阅读一些其他的相关资料。但仅仅阅读和学习还是不够的。通过了解你的学生，你会学到更多。这意味着你要把你的学生视为复杂的、发展中的、有文化背景的个体。你也要了解学生的家庭和社区。埃尔巴·雷耶斯（Elba Reyes）是一位成功、为有特殊需要的儿童服务的双语教师，她介绍了自己的做法。

*通常我发现，如果你真的想要了解一位家长，就要到他们自己的领地中去了解他们，这是与家长建立信任、理解家长观点的关键。首先，去了解他们所在的社区，熟悉当地的杂货店在哪、学生放学后干些什么。其次，在家长方便的时间安排一次家访。家庭环境并不总是充满了失败，有时我会发现孩子在家里做得很成功，比如骑车或帮忙做晚饭。（Bos & Reyes，1996，p.349）*

你要试着与学生及家长一起做些课外活动，邀请家长到教室帮忙，或者和学生谈谈他们的工作、爱好或他们族群的历史和传统；不要等到学生有问题才和家长见面；观察和倾听学生在不同规模的团体中与他人的互动方式；让学生给你写信，并给他们回复；和一两个学生一起吃午饭。在教学之外，你也要花一些时间与学生相处。

### 3. 尊重学生

对学生学习优势的尊重应该源自对他们的了解，了解他们所面对的挑战，以及他们所克服的障碍。洛夫（2019）强调了赞美学生尤其是少数族裔学生完整自我的重要性。

*不仅是他们的文化、语言等现状，而且是他们过去、现在和未来的完整自我；他们的祖先、他们的家庭成员、他们的朋友、他们的宗教、他们的音乐、他们的着装、他们的语言、他们表达自己性别和性取向的方式，以及他们的社区，都必须得到接纳和爱护。（p.120）*

对孩子来说，得到真诚的接纳是发展其自尊的必要条件。有些少数群体儿童的自我形象及其职业抱负会在上学的最初几年有所降低，这可能是因为学校过分强调主流文化的价值观、成就和历史。一种解决方案是采用埃姆丁（2016）所说的"现实教学法"（reality pedagogy）——一种以满足每个学生自身文化和情感需求为主要目标的教学与学习的方法（p.27）。通过邀请学生将他们群体的文化带入课堂（以文学作品、艺术、音乐或其他文化知识的形式），教师可以帮助学生保持对自己群体文化的自豪感。这种文化的融合绝不仅仅是做些表面功夫，例如品尝某个族群的饮食或穿着他们的服饰。学生应该与他人一起教授和学习不同群体对社会与人类智慧发展所做出的重要贡献。目前，有很多优秀文献资料可供教师参考，以便帮助教师能更好地了解不同群体学生的背景信息、历史和相应的教学策略（如 Banks，2014；Emdin，2016；Gay，2010；Irvine & Armento，2001；Ladson Billings，1995）。

### 4. 教育学生

对学生来说，教师能做的最重要的事就是通过持续、严谨、与学生所处文化相联系的教学，让他们学会读、写、说、计算、思考和创造（Delpit，2003）。对学业的看重、高期望、以及对学生充满关爱的支持是关键（Palardy，2013）。有时候，为了体恤这些处于危险中的学生或缓解他们的压力，教师会给他们很多的积极反馈，甚至比那些特权学生所获得的积极反馈还要多。但是，这些出于好心但过度积极的反馈，会降低他们的学业期望，并减少他们的学业挑战（Harber et al.，2012）。对社会经济地位低或少数群体的学生来说，教学的目标往往只停留在基本技能上。教师总是先教他们学习词语和读音，故事的意义往往总是留到以后再讲。

最后，教师可以直接教学生如何做一个学生。在低年级，教师可以直接讲授课堂的礼节和行为规则：如何依次发言、何时和怎样打断教师、如何轻声说话、如何在小组中得到帮助、如何做出有帮助的解释，以及如何在与他人互动时尊重差异。中高年级时，教师要教给学生适用于不同学科的学术语言和学习技能。在不违背前面提到的第三条原则"尊重学生"的前提下，要求学生学习"在学校里我们该怎么做"。在学校里提问题的方式，可能与家里围坐在餐桌旁提问题不同，但学生可以同时学会这两种方式，而不必考虑孰优孰劣。当然，在学校里可能会出现更多不同的情况，你也可以自己尝试一些其他适当的方法。

## 模块 7 小结

### 什么是多元文化教育？

多元文化教育是一个旨在提高所有学生教育公平的研究领域。根据多元文化教育的理念，美国应该转型成为一个重视多元化的社会。詹姆斯·班克斯认为多元文化教育包含五个维度，分别是：内容的整合，帮助学生理解知识如何受到信念的影响，减少偏见，在学校创设促进所有学生学习和发展的组织结构，以及应用使所有学生受益的教学方法。

### 什么是文化关联教学？

格洛丽亚·拉德森-比林斯（1995，2004）指出文化关联教学必须符合下列三个原则：学生必须体验到学业上的成功；必须发展或维持自身的文化能力；必须培养学生形成挑战现状的批判意识，这包括承认权力结构和种族主义，以及它们使不平等永久化的方式。

### 学习的多元化有哪些方面？

教师应关注课堂上的组织和参与结构，并直接教导学生如何在这些结构中取得成功，有策略地利用学生文化价值观和学习偏好的信息，避免课堂上的文化不连续，并将自己和学生视为具有复杂身份的个体。实现上述几点，我们就能做到尊重每一位学生，并更加有效地进行教学。

# 第 3 章 认知发展

CHAPTER 3

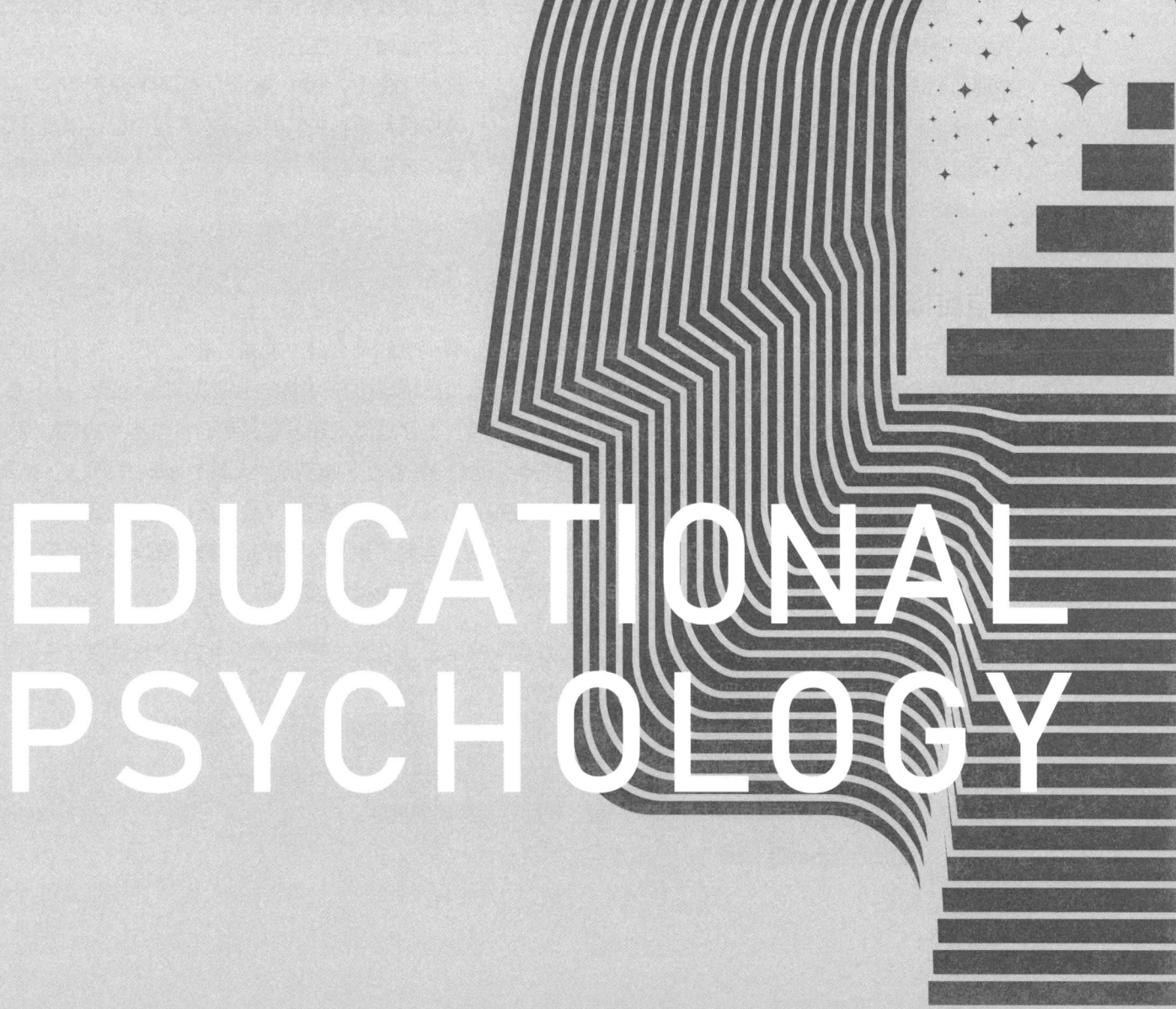

EDUCATIONAL PSYCHOLOGY

## ■ 教师的案例簿：象征和钹

根据地方课程大纲的要求，你的教学内容中必须包含一个单元的诗歌课，其中需要对诗歌中的象征手法进行教学。你有些担心，大部分四年级的学生可能还没办法理解象征这样的抽象概念。为了解学生的水平，你找来了几个学生，看看他们对象征有多少了解。

"'象征'有点像一块很大的金属，你们可以一起撞击它。"特蕾西（Tracy）一边说，一边像个鼓手，挥舞着自己的手（注：象征的英文单词"symbol"和钹的英文单词"cymbal"发音相同）。

"没错！"肖恩（Sean）补充道，"就跟我姐姐在高中乐队里玩的乐器一样。"

你发现他们理解错了，于是你又试了一次。"我说的'象征'跟你们说的不一样，比如说戒指代表着婚姻，心是爱的象征等。"

学生们呆愣愣地看着你。

特雷弗（Trevor）小心翼翼地说："你说的'象征'是不是有点像奥运火炬？"

"那奥运火炬象征了什么？"你问道。

"就像我说的，一个火炬呗。"特雷弗在想你怎么这么笨。

### ■ 批判性思考：

- 从学生们的反应中，你能看出儿童是如何思考的吗？
- 你会如何完成这个单元的教学？
- 为了使教学能够适合学生的思维水平，你该如何更好地倾听学生的想法？
- 你如何能让学生对"象征"有具体的感受？
- 你如何判断学生们的发展水平是否已足以接受这样的教学内容？

## ■ 概述与目标

特雷弗为什么会这样思考？你将在本章中找到答案。首先，我们会对什么是"发展"进行界定，并对心理学家争论多年的三个理论问题——先天与后天、连续性与阶段性，以及发展的关键期与敏感期进行介绍。接下来，我们将探讨人类发展的一般规律，大多数心理学家肯定这些规律。为了理解认知发展，我们会先从大脑是如何工作的开始，然后介绍两位最有影响的认知发展理论家的观点，他们分别是让·皮亚杰（Jean Piaget）和列夫·维果茨基（Lev Vygotsky）。皮亚杰的观点能够帮助教师了解学生在想什么，以及他们能学会什么。我们也会谈到对皮亚杰理论的批评。列夫·维果茨基是一位苏联心理学家，他的研究强调了教师和家长在儿童认知发展中所起到的重要作用。他的理论在儿童发展领域越来越有影响力。学完这一章之后，你就能达成以下目标。

目标 3.1　根据三个达成共识的一般规律，提出"发展"的定义；论述关于"发展"的三个长期存在争议的理论问题，以及现阶段研究者达成的一些共识。

目标 3.2　概述现有关于大脑生理发展的相关研究，以及在教学中可能的应用。

目标 3.3　阐述皮亚杰认知发展理论中的发展规律和发展阶段，包括对其理论的批评。

目标 3.4　阐述维果茨基发展理论中的发展规律，包括对其理论的批评。

目标 3.5　讨论皮亚杰和维果茨基的理论对教学的启示。

## 模块 8　发展与大脑：一些一般规律

**学习目标 3.1**　根据三个达成共识的一般规律，提出"发展"的定义；论述关于"发展"的三个长期存在争议的理论问题，以及现阶段研究者达成的一些共识。

**学习目标 3.2**　概述现有关于大脑生理发展的相关研究，以及在教学中可能的应用。

## 3.1　何谓"发展"

在接下来的几个章节中，我们将探讨学生是如何发展的，同时我们也会发现一些令人惊讶的情况。

- 利亚（Leah）今年 5 岁了，他很肯定地认为：如果把一个黏土球搓成蛇状，就会产生更多的黏土，因为"它更长了"。
- 一个居住在瑞士日内瓦的 9 岁儿童，坚持认为自己不可能既是瑞士人，又是日内瓦人，"我已经是瑞士人了，所以不可能是日内瓦人。"
- 贾马尔（Jamal）是一个很聪明的小学生，但他无法回答"如果人不睡觉，生活会有什么不同"这个问题，因为他认为"人就得睡觉"！
- 一个 2 岁的小男孩，看到朋友正在哭泣，就拉着自己的妈妈去安慰这位朋友，尽管这位朋友的妈妈当时就在现场。

怎么解释这些有趣的现象呢？很快你就能找到答案，因为你即将进入儿童和青少年发展的世界。

**发展**（development）这一术语，在心理学中通常是指人类（或动物）从受精卵开始直至死亡这一过程中所发生的变化。这一术语并不适用于所有的变化，而是特指那些按一定顺序发生，并持续一段时间的变化。例如，短期的病痛所引起的暂时性的变化，就不能看作发展。人类的发展可分为多个方面：**生理发展**（physical development），正如你所猜想的，指的是个体身体上发生的变化；**个性发展**（personal development），指的是个体同一性和个性上的变化；**社会性发展**（social development），指的是个体与社会其他成员间关联方式的变化；**认知发展**（cognitive development），则是指个体在思维、推理和决策等方面的变化。

发展过程中出现的很多变化只是成长和成熟的问题。**成熟**（maturation）是指自然和自发出现的变化，在很大程度上是由基因决定的。这些变化随时间的推移而出现，除非营养不良或患有严重疾病，这些变化相对不会受外在环境的影响。大部分生理上的发展可以归为这一类。其他的变化往往是由学习，即个体与环境之间的互动所引起的。在个体的社会性发展中，由学习带来的变化扮演了主要的角色。那个体的思维和个性的发展呢？绝大多数心理学家认为，在个体的思维和个性发展过程中，成熟以及个体与环境间的互动（有时也被称作先天和后天）都很重要，但对这两者各自所起作用的大小，心理学家之间的意见并不一致。先天与后天的争论也正是发展理论持续存在争议的三个问题之一。

### 3.1.1　发展理论关注的三个问题

心理学中存在诸多理论流派。关于发展的关键问题，不同理论流派之间始终存在着很多争议。

**1. 发展的源泉：先天与后天**

在发展过程中，个体的先天因素（遗传、基因、生理过程、成熟等）和后天因素（学校教育、家庭教养、历史文化、社会政策等）相比，哪个更重要？这一争论已经持续了 2000 多年，其间这一争论也被称为有关"遗传与环境""生理与文化""成熟与学习"，以及"先天能力与习得能力"的争论。早在几个世纪前，哲学家、诗人、宗教领袖，以及政治家们就争论过这一问题。即使在科学解释中，结论也是在先天和后天之间来回摇摆不定（Cairns & Cairns, 2006; Miller, 2016）。

如今，科学家们采用新的技术来探讨这一问题，例如绘制基因地图或是追踪药物对大脑活动的影响（Gottlieb et al., 2006）。目前看来，环境对于发展有着至关重要的作用，但生理因素和个体差异对发展也有着十分重要的作用。实际上，一些心理学家认为，行为100%由生理决定，同时也100%由环境决定——两者不能分离（Miller, 2016）。现今的观点强调先天和后天之间存在复杂的**协同作用（coaction）**。例如，与经常紧张、难以安抚的儿童相比，性情随和、平静的儿童所引发的父母、玩伴和教师等的行为反应也有所不同，这一现象表明个体在主动地建构自己的环境。但环境也能改变个体——否则教育还有什么意义？因此，现在的教育心理学家、发展心理学家不再片面地强调某一方面的重要性。正如100多年前一位高瞻远瞩的发展心理学家所言，更令人兴奋的问题是了解"这两个因素是如何共同作用的"（Baldwin, 1895, p.77）。

**2. 发展的轨迹：连续性与间断性**

个体发展是一个连续的、能力逐渐增长的过程，还是一个飞跃式的、能力发生阶段性改变的过程呢？一个连续的过程就像是通过系统锻炼逐步提高跑步的耐力；而个体在青春期发生的许多变化都属于阶段性的（也称为质变），比如生殖能力——一种完全不同的能力。

你可以把连续的或定量的变化看作爬斜坡的过程，水平在不断地变高，整个过程是稳定的。间断性的变化或质变则更像是走楼梯的过程，会有一段平缓期，然后你会一下子登上下一个台阶。下一节将会提到的皮亚杰的认知发展理论，就是将儿童思维能力看成一个质变、阶段性的过程。但一些基于学习理论的认知发展观则更强调渐进的、连续性的、数量上的变化。

**3. 发展的时机：会不会太晚——关键期与敏感期**

语言等个体能力的发展，是否存在关键期？如果儿童错过了能力发展的关键期，后期是否还能赶上？这些问题涉及个体发展的时机，以及怎样发展的问题。很多早期的心理学家，特别是那些深受弗洛伊德（Freud）影响的心理学家，往往认为儿童的早期经验对个体发展，尤其是对情绪/社会性和认知发展有着至关重要的作用。但早期的如厕训练真的能够决定我们今后的生活轨迹吗？未必。更多的近期研究表明，后期经验也是很重要的，它能够改变个体发展的方向。现在绝大多数心理学家会讨论**敏感期（sensitive period）**而非关键期。发展过程中会有一些"机会窗口"，在这些时候，个体已经准备好经历特定事件或对特定事件做出反应（Scalise & Felds, 2017; Schunk, 2020）。

**4. 谨防非此即彼**

你可以想象到，这些关于发展的争论过于复杂，无法通过将替代方案分割为非此即彼的可能性来解决（Miller, 2016）。如今，绝大多数心理学家将发展、学习、动机看成一系列交互影响、共同作用的情境，从影响发展的内在生理结构和过程，如基因、细胞、营养、疾病，到家庭、邻里、社会关系、教育和卫生机构、公共政策、历史时期、历史性事件等外部因素。因此，对于出生在16世纪贫困家庭并接受放血或水蛭吸血治疗的儿童，与出生在2022年富裕家庭并接受当下最好治疗手段的儿童而言，同一种疾病给他们造成的影响是完全不同的。在本书接下来的内容中，我们在介绍发展、学习、动机和教学时，都将尽量避免片面地看待问题。

### 3.1.2 发展的一般规律

虽然在发展的发生方式上还存在分歧，但几乎所有心理学家都认同以下有关发展的一些一般规律。

**1. 发展速度因人而异**

想想班上的学生，你会发现他们的发展速度不同。其中一些学生更高大一些，动作协调性更好，或者在思维和社会关系方面更成熟一些；而另外一些学生可能在这些方面成熟得慢些。除了极少数发展过快或迟滞的特例，这些学生在发展速度上的差异都是正常的,并且在任何一个大的学生群体中都会存在。

### 2. 发展是相对有序的

个体能力的发展是遵循一定逻辑顺序的。在婴儿期,儿童先学会坐,然后才学会走路;先开始牙牙学语,然后才学会说话;先学会通过自己的眼睛观察周围的世界,然后才开始想象别人是如何看待这个世界的。在学校里,儿童先掌握加法再学习代数;先了解哈利·波特(Harry Potter),再学习莎士比亚(Shakespeare)等。但是,"有序"发展并不意味着发展是线性的或者是完全可预测的——个体可以超前发展,也可以保持一段时间稳定不变,甚至出现倒退。

### 3. 发展是逐步发生的

极少有变化是一夜之间发生的。一个不会用铅笔或是不能回答假设性问题的学生,或许最终能将这些能力发展得很好,但这需要时间,而非一蹴而就。

## 3.2 脑与认知发展

如果你上过心理学导论课,那你一定读到过有关大脑和神经系统的内容。你可能还记得大脑有几个不同的区域,特定的区域参与特定的过程。例如,脑干负责调节心率、呼吸和血压等基本功能以及控制睡眠和清醒等觉醒状态。看上去轻软的小脑协调身体的平衡,完成流畅、熟练动作的编排——从舞蹈演员优美的姿势,到日常吃饭时不让叉子刺伤鼻子等。小脑对学习等高级认知功能的发挥也具有一定的作用。海马对回忆新信息和新经验至关重要,并有助于在长时记忆中建立信息;而杏仁核则指挥情绪和攻击行为,对情绪记忆非常重要。几乎所有的感官信号都会通过丘脑来影响大脑活动。此外,丘脑与学习新信息(尤其是言语信息)的能力有关。胼胝体连接大脑的两个半球,使两个半球之间能够进行交流,以进行复杂的心理加工过程。额叶是人类有别于其他动物的区域,它使我们能够处理信息以进行计划、记忆、决策、问题解决和创造性思考。大脑不是一个单一的器官,而是一个由专家组成的"社会",通过合作来影响我们的思维和行为(Gluck et al., 2020; Schunk, 2020)。图 3-1 显示了大脑的各个区域。

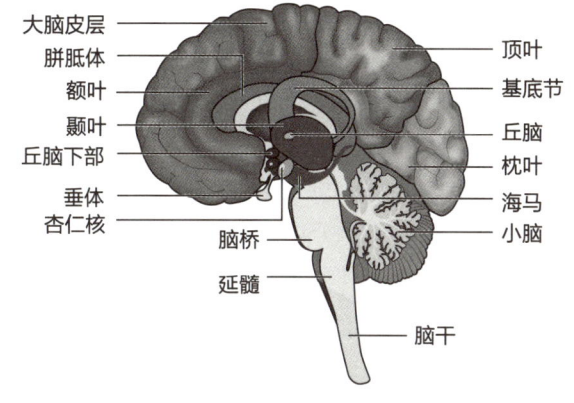

**图 3-1　大脑区域**

脑成像技术的进步,使科学家们能够深入了解大脑的功能。例如,**计算机断层扫描(computerized axial tomography,CAT)**可以给出大脑的三维图像。**正电子发射体层成像(positron emission tomography,PET)**能在不同情况下追踪大脑的活动。**脑电图(electroencephalograph,EEG)**可以测量大脑中的电模式,**事件相关电位(event-related potential,ERP)**使用 EEG 数据来研究个体进行阅读或学习词汇等活动时的大脑。**功能性磁共振成像(functional magnetic resonance imaging,fMRI)**能够显示儿童或成年人在处理不同认知任务时大脑中血液流动的不同模式。**近红外光学层析术(near-infrared optical tomography,NIR-OT)**,使用红外光通过头皮来评估大脑活动。表 3-1 总结了每种技术分别能做什么和不能做什么。

表 3-1　脑成像技术

脑成像技术的进步使人们对大脑的功能有了更深入的了解。每种技术都能提供一些信息，但不能提供另一些信息。

| 通用名称 | 作用 | 用途举例 | 局限 / 不能做什么 |
| --- | --- | --- | --- |
| 计算机断层扫描 CAT | 利用 X 射线技术提供增强的三维大脑图像 | 定位和研究大脑中的肿瘤或病变 | 因辐射暴露不能经常使用；不能给出大脑活动的详细信息 |
| 正电子发射体层成像 PET | 显示大脑不同部位的活动程度。少量的放射性葡萄糖被注入体内并被带到大脑。大脑各个区域的活动越活跃，就越会消耗葡萄糖，并在计算机化的大脑地图上显示出更亮的颜色 | 研究大脑是如何工作的，以及哪些区域或多或少地参与了不同的认知活动，比如阅读；诊断脑部疾病，如肿瘤、中风和痴呆 | 因为需要放射性注射，不能做很多次；因为有短暂的滞后，不能捕捉到快节奏的神经活动；更多说明活动发生的地点而非时间 |
| 脑电图 EEG | 使用附着在头皮上的电极来测量大脑中由神经元运动所产生的电模式。无须药物或辐射 | 研究睡眠障碍、癫痫、语言障碍和认知负荷（详见第5章和第8章） | 既不能提供大脑的二维图像，也不能提供大脑的三维图像；反映的是整个大脑的活动，不能具体显示活动发生的位置 |
| 事件相关电位 ERP | 根据脑电图数据进行计算，反映大脑对刺激或事件的反应 | 研究感觉和认知活动，尤其是语言，以及视觉问题和脑部疾病 | 擅长评估神经活动的速度，但不擅长识别位置 |
| 功能性磁共振成像 fMRI | 显示儿童或成年人在完成不同认知任务时，大脑内与神经活动相关的每时每刻的血流量，从而揭示某些区域完成的工作量。无须辐射或注射 | 研究与知觉、情感、思维和行动相关的大脑过程和结构；诊断何时使用药物治疗中风；在手术前绘制患者大脑地图 | 几乎没有什么局限性，已经在很大程度上取代了 PET，但在大脑活动的变化和 fMRI 捕捉到的血流变化之间存在短暂的滞后 |
| 近红外光学层析术 NIR-OT | 利用光纤将近红外光穿过头皮传入大脑。部分光线被反射回来，显示血流量和血液含氧量，从而反映大脑活动 | 研究大脑在特定活动、社会活动、课堂学习中的过程和变化。非侵入性，不使用化学物质或辐射；可以移动，使用时间更长 | 几乎没有什么限制，但它只能探测到光线可以穿透的大脑几厘米内的活动 |

接下来，我们先从神经元、突触，以及胶质细胞这些微小的大脑成分说起。

### 3.2.1　发育中的大脑：神经元

新生儿的脑重约为 350g～400g，仅为成年人大脑重量的 1/3。然而此时，这些新生儿的大脑中已有数以亿计的神经元（neuron），这些专门化的神经细胞在大脑和中枢神经系统的其他部分积累和传递信息（以电流活动的形式）。神经元呈灰色，因此有时它们也被称为大脑灰质。单个神经元处理信息的能力相当于一台小型电脑。这意味着，成年人大脑加工信息的性能远超于世界上所有电脑的性能。当然，电脑在计算大数字的平方根等很多方面，速度快于人脑（Anderson，2020）。这些极为重要的神经元细胞是非常微小的，大概3万个神经元才能填满大头针的针头（Sprenger，2010）。科学家曾认为新生儿在出生时就拥有了个体所需的所有神经元，但现在我们知道，新神经元的产生，即神经发生（neurogenesis），会一直持续到成年时期，尤其是在海马区域（Scalise & Felde，2017）。

神经元的形状和大小取决于它们的功能，但它们都有相似的结构。这些细胞向外伸出长臂状和树枝状的纤维，称为轴突和树突。通过这两种突起，神经元与其他神经细胞连接。不同神经元纤维末端实际上并不会彼此触碰，它们之间有着微小的间隙。这些间隙被称为突触（synapses）。神经元通过使用电信号和释放能穿过突触的化学物质来共享信息。轴突负责将信息传递给肌肉、腺体或其他神经元；树突负责接收信息，并将信息传向神经元本身。神经元之间通过这些突触传递的信息，经常使用会使突触变得更强，而在不经常使用时，它会变得更弱。通过因使用得以强化的神经通路形成记忆痕迹，这是学习的最终结果（Scalise & Felde，2017；Schunk，2020）。因此，这些突触连接的强度是动态的，随着学习的进行而不断变化。这被称为突触可塑性（synaptic plasticity）或可塑性（plasticity）。正如你即将在下文中所看到的，对教育工作者而言，这是一个非常重要的概念。研究人员发现，体育锻炼对保持健康、可塑性强的大脑有至关重要的作用（Doidge，2015；Dubinsky et al.，2013）。图3-2展示了神经元系统的这些组成部分。

新生儿出生时，就拥有了大约1000亿～2000亿个神经元，每个神经元有2500个左右的突触。然而，这些神经元伸出的纤维，以及纤维间的突触在出生后一年内会大量增长，并且这种增长可能会持续到青春期或青春期以后。到了2～3岁，每个神经元大约有15 000个突触；这一年龄段儿童拥有突触的数量远远多于他们成年时拥有的数量。事实上，儿童拥有神经元和突触的数量超过了他们将来适应环境所需的数量。但是只有那些被使用的神经元才会被保留下来，其他未使用的神经元则被"修剪"掉，这一比例高达40%。这种"修剪"是必要的，并能促进认知发展。研究人员已发现，一些发展性障碍之所以发生，就是因为特定的基因缺陷阻碍了"修剪"的过程（Siegler et al.，2020）。

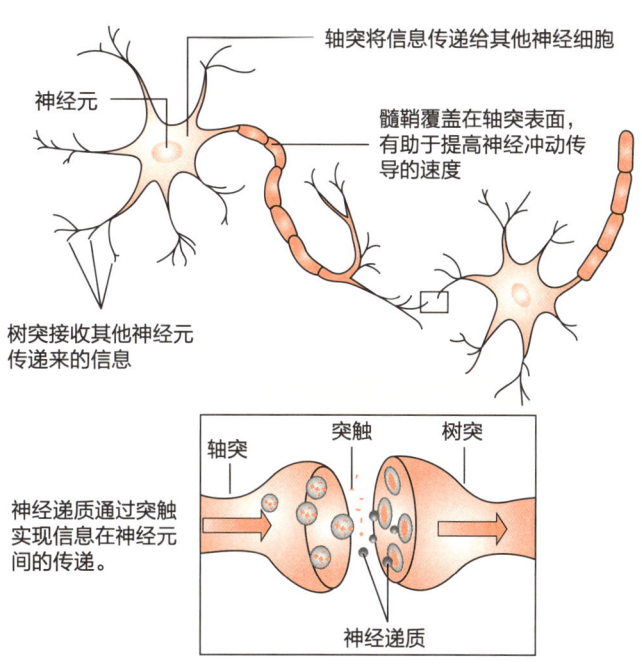

图3-2 单个神经元

注：每个神经元（神经细胞）都含有树突和轴突。其中树突负责接收信息，轴突负责向外传递信息。图中所示的是单个神经元，但在神经网络中，神经元是彼此连接的。

神经元这种过度生产和修剪的过程可分为两种类型。第一种被称为经验预期型（experience-expectant），原因在于在某些特定发展时期，大脑某些部位的突触因为等待（期待）刺激的出现而产生过度生长的现象。例如，新生儿在出生后的几个月内，其大脑期待视觉和听觉的刺激。如果正常范围内的景象和声音出现，那么大脑的视觉区和听觉区就会随之发展。但那些先天性耳聋的儿童，由于接受不到任何听觉刺激，他们脑中的听觉加工区域就转化成视觉加工区域。与之类似，先天失明的儿童其大脑中的视觉加工区域则被用来进行听觉加工（Siegler et al.，2020）。

大部分脑区的一般发展是由经验预期型的过度生产和修剪造成的，这也就可以解释为什么成年人在发出非母语语音时存在困难。例如，语音"r"和"l"的辨别对于英语学习是非常重要的，但在日语中并不重要。因此，到了大约10个月时，日本婴儿就失去了辨别语音"r"和"l"的能力——相关的神经元被"修剪"掉了；而这最终导致日本成年人学习这些语音时需要密集的教学和练习。试想一下，一个婴儿在成长过程中学习两种语言会带来怎样的认知优势和额外的能力（Broderick & Blewitt, 2015; Hinton et al., 2008）！

第二种类型的神经元过度生产和修剪过程被称为经验依赖型（experience-dependent）。这种突触的连接是基于个体的经历形成的。为回应大脑局部区域的神经元活动，新的突触得以形成，例如学习骑自行车或使用电子表格。大脑并没有"预期"这些行为，因此新的突触的形成是为了回应这些经验刺激。同样地，产生的突触数量将多于修剪后保存下来的突触数量。经验依赖型的过度生产和修剪与学习过程有关，比如学习第二语言时掌握那些不熟悉的语音。

刺激性的环境对儿童早期的神经元修剪过程（经验预期型）有很重要的作用，对于成年期神经元发展（经验依赖型）也有重要的意义（Broderick & Blewitt, 2015; Cook & Cook, 2014）。事实上，有关动物的研究表明，在丰富刺激环境下（有玩具、学习任务、其他老鼠和人类的操作）成长的老鼠，比那些在贫乏刺激环境中成长的老鼠，多发展和保存了25%的突触。尽管这一研究结论不能直接应用到人类身上，但极端的刺激剥夺会对大脑的发展造成极其负面的影响，这一结论已经毋庸置疑。但另一方面，对那些已拥有足够或典型刺激量的儿童来说，额外的刺激，如闪卡、"教育"平板电脑或婴儿脑力游戏，并不一定会促进其发展（Berk, 2019）。因此，花钱买昂贵的玩具或是参与婴儿教育项目可能只是提供了多余、不必要的，甚至可能是有害的刺激。锅碗瓢盆、积木和书、沙子和水等已经提供了极好、适当的刺激——尤其是如果父母或教师能同时与幼儿进行富有爱心的谈话，刺激量就更为足够了。

回顾图3-2，两个神经元之间似乎除了空气，空无一物。但事实并非如此，在这些间隙中充满了**胶质细胞（glial cell）**，也就是"白质"。这些胶质细胞数以万亿，数量远远超出了神经元。胶质细胞具有多种功能，如抵抗感染，调控血液流动与神经元之间的信息传递，并提供髓磷脂用以覆盖轴突纤维（如图3-2所示）。**髓鞘化（myelination）**是指用一层绝缘的脂肪胶质层包裹轴突的神经纤维，会影响个体的思维和学习。这一过程有点类似于用橡胶或塑料包裹住裸露的电线。这种髓鞘化能够使信息的传递更快、更有效，对大脑的运转很重要。例如，多发性硬化症患者的髓鞘膜会退化，从而导致运动、协调、视觉和语言障碍。髓鞘化在幼年时期就快速发生，但一直会持续到青春期。这一过程同时伴随着儿童大脑体积的变化——在出生后一年内翻倍，到了青春期再次翻倍。与判断和决策有关的区域，即前额叶区域的髓鞘化直到成年早期才完成——这一点稍后会详细介绍（J. R. Anderson, 2020; Gluck et al., 2020）。

### 3.2.2 发育中的大脑：大脑皮层

现在让我们从神经元回到大脑本身。令人惊奇的是，大脑几乎80%是水，其余是脂肪和蛋白质（Schunk, 2020）。覆盖在大脑外层，约1/8英寸（3毫米）厚的部分是大脑皮层，这是大脑中面积最大的部分。虽然它由一层很薄的神经元细胞组成，但成年人的大脑皮层的面积接近3平方英尺（约为0.28平方米）。为确保这样大小的大脑皮层能容纳在人类大脑中，大脑皮层是褶皱的，有很多的沟和回（J. R. Anderson, 2020）。人类大脑皮层的面积远远大于低等动物大脑皮层的面积。成年人的大脑皮层含有最多数量的神经元细胞。正是大脑皮层的存在，才使人类获得了解决复杂问题和使用语言等伟大的成就。

大脑皮层是大脑最晚发育的部分，因此它被认为比大脑的其他区域更容易受到环境的影响。大脑皮层各部分的成熟速度不同。最早成熟的是控制躯体运动部分的皮层；然后是控制复杂感知的皮层，如视觉和听觉皮层区；最后成熟的是控制高级思维过程的额叶。而在情感、判断和语言中起重要作用的颞叶，直至高中甚至更晚才能发育完全（Berk，2019；Siegler et al.，2020）。

大脑皮层的不同区域似乎有不同的功能，如图3-3所示。研究发现，大脑特定区域具有不同的功能，但这些专门化的功能还是相对具体和初级的。要想完成更复杂的功能，比如说话或阅读，大脑皮层的不同区域就必须进行交流并协同工作（J. R. Anderson，2020）。

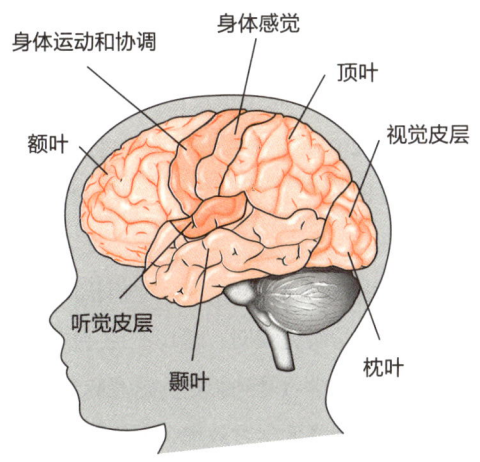

**图 3-3　大脑皮层示意图**

注：这是人脑左半球的简单示意图，用来说明大脑皮层结构。皮层被分为不同区域或叶，每个区域都拥有许多不同功能的小区块。这里注明的是一些主要的功能。

大脑功能对认知发展有影响的另一个方面是**偏侧化**（**lateralization**），或称为大脑两半球的功能专门化。我们都知道，大脑一侧半球控制对侧的躯体，所以，大脑右半球受到损伤会影响左侧肢体的运动，反之亦然。另外，大脑特定的区域会影响特定的行为。对我们大多数人来说，大脑左半球主要负责语言加工，右半球则处理我们大部分的空间与视觉信息和情绪（非言语信息）。对于一些左利手的人来说，情况可能正好相反。但总体上，绝大多数左利手者和女性的大脑半球专门化的程度较低。与大龄儿童或成年人相比，幼儿的大脑表现出更大的可塑性（适应性），而这正是因为他们大脑的专门化或偏侧化程度相对较低。例如，大脑左半球受损的幼儿在某种程度上能克服这种损伤，从而让语言发展得以继续。大脑的不同区域接管了受损区域的功能。但若大龄儿童或成年人发生大脑左半球损伤，那么这种补偿发生的可能性会很低（J. R. Anderson，2020；Ormrod，2020）。

不过，在大脑两半球表现出来的这些功能上的差异是相对的，而非绝对的。只是在特定的功能方面，一侧半球可能要比另一侧半球发挥的作用大些。对于语言信息，大脑两半球是通过协同分工来进行加工的（Alferink & Farmer-Dougan，2010，p.44）。几乎所有任务——尤其是教学中教师关注的那些复杂技能和能力，都需要大脑不同区域持续相互交流、同时参与才能完成。例如，左半球负责理解语法和句法，但右半球更擅长理解故事的意义或解释讽刺、反讽、隐喻或双关语，因此当你阅读或理解文学、电影和笑话时，大脑两半球必须协同工作。请记住，没有任何一个心理活动是完全由一侧大脑半球独立完成的。因此，没有所谓的"用右脑学习的学生"，除非他的大脑左半球被切除了——而这是治疗癫痫病时才可能用到的罕见且激进的治疗方法（Ormrod，2020）。

### 3.2.3　儿童和青少年时期的大脑发育

大脑的发展过程贯穿整个童年和青少年时期。在婴儿期，孩子们从周围环境和照顾他们的人所说的语言中识别规律，并通过探索、行动和观察来形成神经连接和网络。他们在这种探险中是自主的——这是一件好事，因为他们还有很多东西要学。在这段时间里，一个充满刺激、反应积极和安全的环境，是比闪卡或结构化课堂更好的"老师"，因为孩子会追随自己的兴趣和好奇心。

在小学阶段，儿童的大脑继续发育。大脑中支持感知、记忆和情感等各种加工过程的不同部分，变得更加网络化，联系更加紧密。这些相互联系使儿童能够反思自己的感受和想法——思考他们自己的想法。儿童还能增加他们的知识储备，一次记忆更多的信息。在这个年龄，他们已经准备好学习更多的母语词汇和语法，也准备好学习第二语言。但他们的注意力持续时间仍然有限，所以较长的课堂、活动或知识都应该被划分成易于管理和记忆的片段（McDevitt & Ormrod，2020）。此外，在第11章中，关于发展自我调节学习的所有观念都能为小学生提供支持，因此他们正在发育的大脑为理解和控制自身的认知过程开辟了新的可能性。

在青春期，大脑的变化使个体能在低压和高压情境下更好地控制自己的行为，有更强的目的性和条理性，并能更好地抑制自己的冲动性行为（Wigfiled et al.，2006）。不过，这些能力一般要到个体20多岁才能完全发展成熟。因此，虽然在低压情境下青少年"看似"与成年人一样，但实际上他们的大脑尚未发展成熟。他们通常很难规避危险和控制自己的冲动。因此，人们常将青少年的大脑称为"脱缰的野马"——马力强劲，但转向性能差［Organization for Economic Cooperation and Development（OECD），2007，p.6］。

对于这种难以规避危险和抑制冲动性行为的现象，一种解释认为这是由于大脑的两个关键组成部分——大脑边缘系统和前额叶皮层的发展速度不同而导致的（Casey et al.，2008）。边缘系统的发展相对较早，它与寻求奖励、追求新奇、喜欢冒险和寻找刺激行为等情绪体验有关；前额叶皮层的发展历程则相对更长，它与判断、决策有关。随着边缘系统的成熟，青少年对寻求快乐和情绪性刺激日趋敏感。事实上，与儿童或成年人相比，青少年可能需要更加强烈的情绪性刺激，因此他们喜欢冒险和寻求刺激。冒险和追求新奇会促进青少年的发展，因为他们勇于尝试新的想法和行为，也就促进了学习（Luna et al.，2013）。当然，由于青少年的前额叶皮层还不足够成熟，不足以警示他们"噢！这个刺激太危险了"，所以，在情绪激动的情况下，寻求刺激的渴望超过了"危险警示"的作用。这种现象会持续存在，直至前额叶皮层逐渐成熟，并在青少年后期能与边缘系统更加融合为止。此时，青少年将不再

将冒险看成一种即时性的刺激，而能从更长远的效果来对冒险进行评估（Casey et al.，2008；Smith et al.，2012）。当然，这个过程也存在个体差异，某些青少年比其他人更容易做出危险的行为。

教师可以利用青少年学生的热情，引导他们将精力和热情奉献于政治、环境、公共服务和社会事业等领域（Price，2005），或者引导他们探索与历史或文学作品中的人物的情感联系。家庭、学校和社区的有效联结和积极的信念系统，也能帮助青少年对鲁莽和危险性行为进行"刹车"（McDevitt & Ormrod，2020）。

青春期神经系统的变化也会影响个体的睡眠。研究表明，青少年每晚需要约9小时的睡眠，但很多学生的生物钟已经被调整到只能在午夜后入睡。苏玛蒂·雷迪（Sumathi Reddy，2014a）采访的一些专家建议，在理想情况下，高中应该在早上9点甚至10点开始上课——听起来不错！然而，在很多学区，高中是早上7点半开始上课，因此多数学生很难睡足9小时，他们长期处于睡眠不足的状态。神经科学研究表明，睡眠不足会损害对事实记忆的初步形成，因此学习受到影响。这意味着，为了应付考试而熬夜实际上会降低学习效率，因为帮你记住学习内容的大脑特定区域被关闭了（Scalise & Felde，2017）。让学生整节课都坐在座位上记笔记的课程，可能真的会"让学生睡着"。由于没时间吃早餐，午餐的时间也很短暂，这些学生的营养需求也经常被剥夺了（Sprenger，2005）。

### 3.2.4 整合的观点：大脑是如何工作的

在你看来，大脑是什么样的呢？它是一个文化中立的容器，每个人的知识存储的方式都一样，还是像一个记载事实的图书馆或是装满各种信息的电脑？是早上醒来后下载完一天所需的所有东西，然后就可以欢乐地度过一天了，还是像一个管道，将信息从一个人的大脑传递到另一个人的大脑里，比如从教师的大脑传递到学生的大脑里？库尔特·费舍尔（Kurt Fischer，2009），作为发展心理学家和哈佛大学的教授，根据神经科学的研究提出了不同的

观点。他认为，知识的获得是一种主动建构意义并采取行动的过程，知识源自我们的活动，而大脑是在不断变化的。经验塑造了我们的大脑，实际上改变了我们的神经元及其连接（Fischer，2009）。关于大脑的其他一些神话和真相见表3-2。

**表3-2 关于大脑的神话和真相**

| 常见的错误观念 | 真相 |
| --- | --- |
| 1. 我们只使用了10%的大脑 | 1. 100%的大脑都在发挥作用，这就是为什么中风的危害如此巨大。大脑只占体重的2%，却要消耗20%的可用能量 |
| 2. 聆听莫扎特的音乐能让小孩变得更聪明 | 2. 听音乐不会让人变得更聪明，但是学习一种乐器能促进儿童的认知发展 |
| 3. 一些人是"右脑人"，其他人则是"左脑人" | 3. 我们从事的多数活动都需要大脑两个半球协同工作 |
| 4. 幼儿的大脑一次只能学习一种语言 | 4. 全世界所有的儿童都能一次同时学习两种语言 |
| 5. 我们无法改变大脑 | 5. 我们的大脑无时无刻不在发生变化 |
| 6. 一旦大脑受到损害，这种损害就是永久性的 | 6. 多数大脑受到过轻微损害的个体都能很好地恢复过来 |
| 7. 玩数独等游戏能阻止大脑老化 | 7. 玩数独能让你更擅长玩数独和其他类似的游戏。但说到减缓衰老，锻炼身体可能是更好的选择 |
| 8. 人类拥有世界上所有生物中最大的大脑 | 8. 抹香鲸的大脑比人类的重约5倍 |
| 9. 酒精类饮料会杀死脑细胞 | 9. 酗酒不会杀死脑细胞，但它会损害神经末端的树突，从而导致大脑中信息传递的过程出现问题。而这种损害几乎是不可逆的 |
| 10. 青少年的大脑与成人的大脑相同 | 10. 青少年的大脑与成人的大脑存在明显的差异，特别是在判断和风险评估领域 |
| 11. 学生用自己喜欢的学习方式学得最好 | 11. 根据学生喜欢的风格进行教学并不能提高学习效果 |
| 12. 你可以在睡觉的时候学习 | 12. 抱歉，不可以 |

资料来源：Aamodt & Wang (2008); Fischer, (2009); Freeman (2011); Holmes (2016); Macdonald et al. (2017); Schunk (2020)。

所有的经验都在塑造着大脑——游戏和刻意练习、正式和非正式的学习（Dubinsky et al., 2013）。可塑性，前面你遇到过这个术语，它描述了大脑在神经元、突触和活动等方面不断变化的能力。大脑活动的文化差异，很好地说明了世界中的互动是如何通过可塑性来塑造大脑的。例如，一项研究发现，汉语个体在进行阿拉伯数字加法运算和大小比较时，大脑的运动区域会有明显的活动。英语个体在执行相同任务时，大脑的语言区域则有明显的活动（Tang et al., 2006）。其中一种解释是，汉语儿童在学习数学时会使用算盘这种计算工具，而这种工具会涉及运动、空间位置等。当这些儿童长大成人后，他们仍保持了关于数字的视觉—运动感（Varma et al., 2008）。关于语言是如何影响阅读的，也存在文化差异。例如，母语为汉语的个体在阅读时，他们大脑中与空间信息加工有关的区域会被激活，这可能是由于汉字带有图形性质。当他们阅读英语时，这些与空间信息加工有关的脑区也会活跃起来，表明个体在阅读时使用多条神经通路（Hinton et al., 2008）。因此，由于具有可塑性，大脑在不断变化，被个体的活动、文化和环境所塑造着。我们通过从事某项活动，在心智和生理上操作客体和观念，从而建构出我们的知识。

可以想象，教育工作者一直在寻找神经科学研究在教学中的应用，但也产生了分歧。对此，请参见"观点/对立观点"。

## 观点/对立观点

### 基于脑的教育

教育工作者们越来越多地听到基于脑的教育。神经科学对大脑的研究是否有明确的教育意义？

**观点** 不，教育意义尚不清晰。

早些时候，作为詹姆斯·S.麦克唐纳（James S. McDonnell）基金会的主席，约翰·布鲁尔（John Bruer）撰写了多篇文章抨击基于脑的教育的热潮（Bruer, 1997, 1999, 2002）。他指出，很多所谓的基于脑的教育实践，最初源于坚实的科学研究，但随后转入毫无根据的猜测，最后以一种关于脑与学习的吸引人的民间故事告终。在1997年的文章标题中，他将这一旅程称为"一座遥不可及的桥梁"（a bridge too far，美国习语，比喻超出合理或可能范围的情况，用来形容试图做一件过于雄心勃勃或不切实际的事情）。他建议，对于每一种说法，教育工作者都应该问："科学在哪里结束，推测从哪里开始？"布鲁尔质疑的一个说法是左脑学习与右脑学习的概念。这是一个流行的观点，已经存在了30多年，虽然神经科学家一直在揭穿这一观点。尽管不同的大脑区域负责不同的任务，但这种专门化发生在非常精细的分析水平上，而形成视觉表象涉及大脑的许多部分。正如我们将在本书后面看到的那样，视觉表象可以是一种很好的学习策略，但并不是因为它在学习中利用了"未充分利用的"右脑（Bruer, 1999）。库尔特·费舍尔（2009），国际心智、大脑和教育协会主席，曾哀叹许多神经学神话，比如表3-2中的那些关于大脑和身体如何工作的明显错误的信念，仍然被广泛接受——僵尸思想不会消亡。

对教师而言，大脑在学习中的重要作用已经毋庸置疑。正如哈佛大学心理学家、教授史蒂文·平克（Steven Pinker, 2002）所观察到的那样，没有人相信学习是发生在胰腺等器官中的。但是了解学习对大脑的影响，并不能告诉我们应该如何进行教学。任何学习都会影响大脑。"这是显而易见的。然而如今任何关于学习的陈词滥调都可以披上神经科学的外衣，并被看作貌似科学的重大发现。"（Pinker, 2002, p.86）实际上，所有被誉为最优秀的基于脑的教育实践都只是简单地重述了什么是好的教学，而这些好的教学都是以人们对个体如何学习的理解为基础，而非以对大脑工作方式的理解为基础的。例如，100多年前我们就知道，与一个冗长、填鸭式的练习相比，多次简短的练习会有更好的学习效果。通过短时间的学习建立更多的树突可能是该策略有效的众多原因之一，但它并不能为教师提供任何新的教学策略（Alferink & Farmer-Dougan, 2010）。最近有什么变化吗？杰弗里·鲍尔斯（Jeffrey Bowers）的回答是否定的，"目前还没有教育神经科学为课堂教学提供新见解的例子……没有例子说明教育神经科学为个体的补救性教学提供了新的见解，而且……没有证据表明教育神经科学对学习困难的诊断有用"（Bowers, 2016a, p.628）。鲍尔斯还说，"到目前为止，还没有基于神经科学的新颖和有用的教学建议的例子"（2016b, p.609）。道蒂（Dougherty）和罗比（Robey, 2018）得出结论："神经科学可以直接影响课堂的想法有点牵强"（p.401）。

**对立观点** 教学应当基于大脑。

2006年，塔米·卡齐尔（Tami Katzir）和朱莉安娜·帕雷-布拉戈耶夫（Juliana Paré-Blagoev）在《教育心理学家》期刊上发表《认知神经科学研究在教育中的应用》（*Applying Congnitive Neuroscience Research to Education*）一文。在该文中，他们总结道："如果应用正确，脑科学将作为有效的工具，促使我们更好地应用已有关于学习和发展的认知。脑研究将挑战我们已有的关于教学和学习的常识经验，为我们提供一种新的涉及特定任务和活动的教育体系"（p.70）。一个有影响力的常识性观点值得挑战，那就是大脑功能在生命早期就已固定。事实上，当青少年接受了有关神经可塑性和大脑在整个生命周期中的变化能力的教学后，他们的学习成绩和自我概念都比没有接受这一教育的同龄人要高（Howard-Jones et al.，2016）。在极早期检测大脑指标方面也取得了振奋人心的成果，这些指标可以预测日后出现学习问题（如阅读障碍）的风险。早期检测可以实现早期干预（Thomas，2019）。

如果我们要防范夸大脑研究与教育实践之间的联系，那么我们要问的问题不是"是否要教"，而是"如何最好地将神经科学的概念教授给职前教师"（Dubinsky et al.，2013，p.325）。许多大学，包括哈佛大学、剑桥大学、达特茅斯学院、得克萨斯大学阿灵顿分校、明尼苏达大学、南加州大学、北京师范大学、东南大学（南京），以及约翰斯·霍普金斯大学在内的很多大学正在开创这一历程。这些大学目前均已开展了相关的教师培训计划，以帮助教师了解脑与教育等方面的研究（Dubinsky et al.，2013；Fischer，2009；Wolfe，2010）。也有其他的教育心理学家正在呼吁创立一个新的专业岗位——神经教育工作者（Beauchamp & Beauchamp，2013）。如果你想了解更多有关大脑和学习的知识，很多在线资源都为教育工作者提供了课程和信息。

在心智、脑与教育学会的首届学术研讨会上，哈佛大学教授、发展心理学家库尔特·费舍尔发表了致辞。他指出，该组织的主要目标是将教育建立在生物学、认知科学、发展和教育学的扎实研究基础之上，同时防止神话和流行的误解。库尔特·费舍尔指出，我们可以先去了解大脑是如何工作的，然后发现其相对应的认知加工过程，最后发展出合适的教育实践。但若是直接从大脑相关的知识这一步跨越到教育实践，这中间可能会发生太多的臆断，两者之间确实还有"一座遥远的桥梁"。即使是狂热的支持者也认为，教育神经科学并没有宣称大脑功能测量和教学实践之间存在直接联系。相反，教育神经科学和教学应该共同开发和测试不同的实践（Howard-Jones et al.，2016）。

**谨防非此即彼**

很少有教育工作者有神经生物学背景，而大多数神经科学家也无法对大脑研究进行具体而有用的应用，因为他们对从幼儿园到高中课堂教学的具体情况了解不够（Beauchamp & Beauchamp，2013）。从大脑研究中获得的见解可能会产生针对教育问题的医学治疗方法，比如作用于大脑的药物，以帮助治疗注意力缺陷障碍。针对注意缺陷与多动障碍学生的教学方法可能很强大，但它们来自教育心理学研究，而不是医学研究（Bowers，2016a）。然而，忽视对大脑的了解是不负责任的。对于那些希望教学更具目的性、更有依据的教师而言，基于脑的学习为他们提供了一个方向。至少，神经科学研究能够帮助我们了解诸如分散练习等有效的教学策略是如何起作用的。最适合创造、发明和应用策略的人，是既了解大脑工作方式又了解儿童学习方式的教师（Scalise & Felde，2017）。

## 3.2.5 神经科学、学习与教学

2017年，理查德·迈耶（Richard Mayer）指出，在《教育心理学杂志》数据库的9000篇文章中，只有6篇包含"大脑"或"神经科学"这两个词。为什么这么少？正如你在"观点/对立观点"中所看到的，在基于脑的教育的热情倡导者与持怀疑态度的神经科学研究者之间一直存在着激烈的争论。后者告诫说，对大脑的研究还不能真正解决重大的教育问题。

### 1. 教学会影响大脑的发展吗

一些研究发现，教学可能导致大脑活动的变化。例如，密集的康复教学和练习能帮助中风患者在大脑中建立新的联结或使用新的大脑脑区，从而重新习得相应的功能（Bransford et al.，2000；McKinley，2011）。关于教学是如何影响大脑发展的另一个富有戏剧性的案例来自库尔特·W.费舍尔（K. W. Fischer，2009）的研究。他的研究对象是两名因严重的癫痫病而切除了一侧大脑的儿童。尼科（Nico）在3岁时被切除了大脑右半球，他的父母被告知尼科将不会有很好的视觉—空间能力。然而，伴随着持续有效的支持和教学，长大后的尼科最终成了一名优秀的艺术家。布鲁克（Brooke）在11岁时被切除了大脑左半球，他的父母被告知布鲁克将失去言语表达能力。在强有力的支持下，布鲁克重新获得了良好的口语表达和书面阅读能力，完成了高中学业并在社区大学继续求学。

**2. 大脑与阅读习得**

脑成像研究发现，熟练阅读者和阅读困难者在学习新词汇时会有不同的活动模式。例如，一项脑成像研究利用事件相关电位技术来测查大脑的电流活动，结果发现阅读困难个体很难在大脑中建立关于新词汇的高质量表征。当阅读困难个体再次看到新词汇时，他们很难意识到这个词汇曾经出现，即便新词汇是上一节课学过的。如果再次遇到学过的词汇却对它没有印象，那又何谈理解书面文字的意义呢（Balass et al., 2010）？

阅读不是天生或自动的——每个大脑都必须经过教导才能学会阅读（Frey & Fisher, 2010）。阅读是一个复杂的过程，需要同时调动大脑的多个系统用于识别语音、书面符号、语义和序列信息，并与阅读者已有的信息建立联系。这一过程必须是快速的、自动化的（Wolf et al., 2009）。建议采用哪些策略呢？使用多种方法，通过阅读、写作、讨论、解释、绘画和示范等方式来教授语音、拼写、语义、序列顺序和词汇。不同的学生可能会以不同的方式学习，但所有学生都需要练习读写能力。

**3. 情绪、学习与大脑**

最后，脑与课堂学习关系密切的另一个领域就是情绪和压力。让我们近距离接触一下高中数学课堂，克里斯汀·辛顿（Christine Hinton）及其同事（2008, p.91）讲述了下面的例子。

帕特里夏（Patricia）是一名高中女生，她在数学方面不太擅长。前几次被提问到数学问题时，她都答错了。她觉得特别丢脸，而这导致她将数学与负面情绪建立起联结。这次，数学老师让她走到黑板前解答问题。先前几次经历所建立的数学与负面情绪的联结，就会迅速传递到杏仁核，引发恐惧。与此同时，一个相对缓慢、由大脑皮层执行的对情境进行认知评估的过程也在进行：她想起了昨晚她面对数学家庭作业的窘境，注意到黑板上的数学题有复杂的图表，意识到她暗恋的男生正坐在第一排看着她。

这些想法汇聚到一起，最终使她认定自己正处于一种威胁性情境之中。这种认知强化了她的恐惧反应，使她无法集中注意力去解决问题。

在第 7 章中，你会学习情绪是如何与特定情境建立联结的；在第 12 章中，你会了解焦虑是如何阻碍学习过程的，挑战、兴趣，以及好奇心又是如何促进学习的。当学生感到不安全和焦虑时，他们可能很难将注意力集中在学业上。当学生觉得学习情境没有任何挑战或对内容不感兴趣时，学习过程也会受到阻碍。如何确保学习情境的挑战性和相应的支持程度都能"恰到好处"，对教师而言是一个挑战。另外，帮助学生学会调节自己的情绪和动机也是重要的教育目标（详见第 11 章）。简言之，如果教师等教育工作者能有效地减少学校情境中的压力和恐惧情绪，教授学生情绪调节的策略，并提供一种积极、能激发学生动机的学习环境，教学就会变得更加有效（Hinton et al., 2008）。

> **停下来，想一想**
>
> 作为教师，你肯定不愿意盲目听信那些过分简单化的"基于脑的教育"的口号。但是，学习与大脑显然有着密切的关系。这点不足为奇。那么，如何才能成为一个明智、具有神经科学素养的教师呢？（Murphy & Benton, 2010）

### 3.2.6 对教师的启示：一般原则

神经科学对我们的教学究竟有何启示呢？首要的一个观念是，教师和学生应该改变对学习的观念，从"使用你的大脑"到"改变你的大脑"——欣然接受大脑惊人的可塑性（Howard-Jones et al., 2016）。这里，我们摘录了布朗等人（Brown et al., 2014）、德里斯科尔（Driscol, 2005）、杜宾斯基等人（Dubinsky et al., 2013）、墨菲（Murphy）和本顿（Benton, 2010）、斯普伦格（Sprenger, 2010）、斯卡利塞（Scalise）和费尔德（Felde, 2017），以及申克等人（Schunk et al., 2020）提出的一些概括性的教学启示。

（1）人类的能力，如智力、沟通、问题解决等，都源自每个个体独特的突触活动，覆盖在个体的基因所赋予的大脑结构上；先天和后天始终在协同活动。大脑若在神经通路或结构上出现异常，会在一定程度上限制个体的学习。但是通过其他替代的神经通路，学习依旧可以发生（如前文中的尼科和布鲁克）。因此，有多种途径可以用来教授或学习一门技能，具体情况要依据学生而定。

（2）不同认知功能之间存在差异，它们分别与特定脑区相关。通过一系列的教学和活动模式，调动起各种感觉，可以有效促进学习。例如，教师可使用地图和歌曲等工具来教授地理。使用不同的方式有助于学生保持专注和参与。教学评估应因人而异。

（3）大脑具有很好的可塑性，丰富、活跃的环境，以及灵活的教学策略能很好地促进幼儿的认知发展和成人的学习效果。大脑在很多层面上不断变化，从细胞到连接，再到因受伤而在新区域重塑技能——请再想想可塑性！

（4）大脑会发生改变，但这一历程需要时间。因此，正如尼科和布鲁克的家长和教师所说，教师必须有恒心、耐心和热情，尝试多种不同的方法进行教学和重复教学。不要让大脑承受过重的认知负荷（见第8章），因此不要过快地呈现过多的内容。使用图形组织者、可视教具、表格、词汇表、笔记和其他"外部大脑"工具，帮助学生管理认知负荷。

（5）某些学习困难有其神经生理学的基础；神经测验有助于这些学习困难的诊断和矫治，以及评估不同矫治方案的效果。

（6）从真实的日常生活的问题和具体经验中学习能够帮助学生建构知识，也能为他们提供多种途径进行学习和提取相关信息。所学的知识应该明确地与让它有用武之处的情境联系起来。"惰性"的知识虽然能被记住，但因为没有被使用，很快就会被遗忘。有关学习的研究和有关大脑的研究都支持基于问题的学习、模拟和角色扮演、积极讨论、使用图形和可视教具。

（7）当我们试图理解所有传入的感官信息时，我们的大脑会变得好奇。利用这种好奇可以吸引和激励学生。

（8）大脑会寻找意义模式，并与已有网络建立联系。因此，教师应当将新信息与学生已有的知识联系起来，帮助他们建立新的联结。尽可能使用具体和抽象的例子，并要求学生想出自己的例子。未与已有知识建立联系的信息，容易被学生遗忘。通过指出相似之处和不同之处来帮助学生识别模式，并教他们如何发现模式。

（9）大脑会自然而然地寻找规律和建构模式，并预测会发生什么，因此反馈至关重要，因为反馈是一种证据，帮助大脑纠正和改进它的预测。

（10）积累和巩固知识需要耗费很长的时间和进行大量的练习。在不同的情境和学科中阐述、扩展和应用概念，并经常重温这些应用，对大脑的改变（学习）大有裨益。探究式的问题、精心设计的例子、注释和仔细标记的图表、反思，要求学生向他们自己和彼此解释新学习的知识，这些都有帮助。

（11）与细小、具体的事实相比，教师应当强调大的、一般性的概念，这样学生才能建立起持久、有效的知识类别和相对稳定的联结。

（12）教学应当借助故事这一形式。故事会激活大脑的多个区域——记忆、经验、情感和信念等。故事应当是精心组织好的，有其内在顺序——开头、中间、结尾。与毫无相关性、缺乏组织的信息相比，这样的方式更有助于记住信息。

（13）情绪和健康影响学习——积极情绪可以促进学习和记忆，而消极情绪则会干扰学习和记忆。情绪还与学习动机有关，这一点你将会在第12章中看到。压力、睡眠不足、营养不良和缺乏锻炼，都会影响大脑的学习能力。

（14）帮助学生理解活动（练习、问题解决、建立联结、探索等）如何改变他们的大脑、情绪，以及压力如何影响注意和记忆，这能激发他们的学习积极性，从而产生更高的自我效能感和促进自我调节的学习（我们将会在第

11章中详述这一主题）。教师应该给学生传递的一个重要信息是：他们有责任去改变自己的大脑；他们必须通过工作（和游戏）来学习。

接下来，我们将目光从脑与认知发展转向有关认知发展的主要理论。首先我们将介绍的是由生物学家转为心理学家的让·皮亚杰所提出的理论。

## 模块 8 小结

### 何谓"发展"

**发展有哪些种类？**

人类发展可以被划分为生理发展（身体的变化）、个性发展（个体人格的变化）、社会性发展（个体与社会其他成员间关联方式的变化）和认知发展（思维能力的变化）。

**关于发展的三个问题和三个一般规律是什么？**

几十年来，心理学家和公众一直在争论：发展更多地取决于先天还是后天，变化是一个连续的过程还是一个质变、阶段性的过程，以及特定能力的发展是否存在关键期。现在我们已经了解到简单的"非此即彼"是无法解释人类发展的复杂性的，发展其实是一系列因素交互影响、协同作用的结果。心理学家一般都认同：每个人是以不同的速度发展的，发展是相对有序的，发展是渐进的。

### 大脑与认知发展

**大脑的哪些部位和高级心理机能相关？**

褶皱的大脑皮层布满了神经元细胞，它有三种主要功能：从感觉器官接收信号（比如视觉或听觉信号），控制随意运动，以及形成连接。大脑皮层中控制身体运动的那部分最先成熟；其次是控制复杂感知的区域，比如视觉和听觉；最后是控制高级思维过程的额叶。

**什么是偏侧化？为什么偏侧化重要？**

偏侧化是大脑两边或两个半球的功能专门化。对大多数人来说，左半球在语言加工中起重要作用；右半球主要处理空间与视觉信息。即使特定功能和大脑特定的部位相关，大脑的各个部分和系统也得相互协作才能学习，以及完成复杂的活动，比如阅读和意义建构。

**对教师有哪些启示？**

教学方法的最新进展和神经科学的发现为我们提供了有关学习过程中大脑的活动，以及大脑的活动模式会因个体自身的能力、所面临的挑战、所处的文化而存在差异等诸多令人兴奋的信息。这些发现对教育实践有一定的启示意义，然而"基于脑的教育"的倡导者所提供的教学策略往往仅仅是对好的教学的重述。不过，神经科学的研究可能有助于我们理解这些教学策略为何能起作用。

## 模块 9　皮亚杰主义与信息加工理论

**学习目标 3.3**　阐述皮亚杰认知发展理论中的发展规律和发展阶段，包括对其理论的批评。

### 3.3　皮亚杰的认知发展理论

瑞士心理学家让·皮亚杰是一个真正的天才。事实上，他在少年时就发表了很多软体动物（如牡蛎、蛤蜊、章鱼、乌贼等海洋动物）方面的论文，以至于日内瓦自然历史博物馆曾邀请他担任负责软体动物收藏的馆长，但他婉拒了博物馆，理由是希望能先完成高中学业。有段时间，皮亚杰曾到巴黎参与阿尔弗雷德·比奈（Alfred Binet）实验室有关儿童智力测验的研发工作。在测验中，儿童在解释自己的错误答案时所给出的理由，深深吸引了皮亚杰。他们在想什么？这个问题促使皮亚杰开始研究答案背后的思维过程，这正是他在随后的人生中始终追寻的问题（Green & Piel，2010）。在84岁那年去世前，他一直笔耕不辍（Green & Piel，2010；Miller，2016）。

在他漫长的职业生涯中，皮亚杰架构出一个模型，用以描述人类是如何通过收集和整理信息来理解世界的（Piaget，1954，1963，1970a，1970b）。他研究的主题非常广泛，包括科学推理和数学推理的发展、道德判断、语言、绘画、因果关系、时间和数字的概念、对过去事件的记忆等。皮亚杰真正开创了认知发展领域。今天，人们仍在研究皮亚杰，因为他对儿童思维的见解是如此真实，并且很好地解释了个体从婴儿到成年人的思维发展过程（Siegler et al.，2020）。

> **设身处地想一想**
>
> 你能同时出现在匹兹堡、宾夕法尼亚州和美国这三个地方吗？你觉得这个问题难吗？你花了多长时间才回答出这个问题？

根据皮亚杰的观点（1954），那些对成年人来说特别简单的思维方式，像上述的匹兹堡问题，对儿童而言可能就不那么简单。比如本章开头提到的那个9岁的小男孩，当被问到是不是日内瓦人时，他说："不，那是不可能的。我已经是瑞士人了，不可能也是日内瓦人。"（Piaget，1965/1995，p.252）想象一下教这个学生地理知识的情景吧，他很难理解一个概念（日内瓦）可以归属为另一个概念（瑞士）的子集。除此之外，成人和儿童的思维方式之间还存在很多差异，如儿童对于时间概念的理解可能与你的理解也有区别。例如，他们可能认为，总有一天可以在年龄上赶上自己的哥哥或姐姐，或者他们可能对过去和未来这样的概念感到迷惑不解。让我们来分析一下原因。

### 3.3.1　影响发展的因素

认知发展不是简单地往已有的知识存储里增加新的事实和想法的过程。皮亚杰认为，为了不断地努力了解这个世界，从出生到成熟，人类的思维过程一直在发生着根本性的变化，虽然这种变化是相当缓慢的。皮亚杰指出存在四个因素——成熟、活动、社会传递和平衡，正是它们的相互作用影响了思维的变化（Piaget，1970a）。成熟主要指个体表现出来的生理变化，这些变化由遗传所决定。除了确保儿童获得健康所需的营养、睡眠和关心，家长和教师对这一部分的认知发展几乎没有任何影响。随着身体的成熟，儿童的能力也在不断增长，并通过与环境互动得以学习。例如，当一个幼儿的协调能力得到适当的发展时，他就可能通过在低矮的平衡木或路边行走来发现一些关于平衡的原理。因此，身体和心理活动——探索、检验、观察并最终组织信息，会改变我们的思维过程。社会传递或者向别人学习也会影响认知的发展。如果没有社会传递，我们就得自己重新创造我们的文化已经提供的所有知识。认知发展的阶段不同，个体从社会传递中获得知识的数量也有所不同。我们将在下一节中讨论影响思维的第四个因素——平衡。

成熟、活动和社会传递共同影响认知的发展。那么我们是如何应对这些影响的呢？

### 3.3.2　思维的基本倾向

根据早期生物学的研究，皮亚杰指出所有物种通过遗传都获得了两种基本的倾向或"恒定功能"。第一种倾向是**组织**（organization）——通过组合—排列—再组合—再排列，将行为和思想纳入一个连贯性的系统；第二种倾向是**适应**（adaptation），也就是根据环境做出调整。

#### 1. 组织

每个人生来就有一种把思维过程组织成心理结构的倾向，这些结构就是我们理解世界并与世界互动的系统。原本简单的结构经过不断的组合和调整，会变得越来越复杂，因而越来越有效。例如，把一个东西放到非常幼小的婴儿的手里，他们可能会盯着看或是抓握，但他们不能同时完成看和抓握这两个动作。然而，随着婴儿不断成长，他们逐渐可以将两个分离的行为结构整合成一个更复杂的结构——看并伸手够，然后抓住物体。当然，他们也可以单独完成每个动作（Miller，2016；Siegler et al.，2020）。

皮亚杰将这些结构称为**图式**（scheme）。他认为图式是思维的基石，这些组织化的动作和思想系统使我们得以在头脑中表征和思考世间的事物。图式可能很小、很专门化，例如，用吸管吸东西的图式或是辨认玫瑰的图式；图式也可以很大和一般化，例如，喝的图式或是园艺的图式。

**2. 适应**

人类除了具有整合心理结构的倾向外，还天生具有适应周围环境的倾向。这种适应包含两个基本过程：同化和顺应。

<u>同化（assimilation）</u>是在人们利用已有图式理解周围世界中发生的事件时产生的，它是指人们试图通过将新的知识纳入原有的知识体系来理解事物的过程。然而，将新知识纳入原有图式的过程，有时也是歪曲新信息的过程。例如，很多儿童第一次看到浣熊时，会把它称为"小猫"。他们试图将新经验与已有的辨认动物的图式匹配起来。

<u>顺应（accommodation）</u>是在人们为适应新情境必须改变原有图式时产生的。如果新信息与任何已有的图式都不匹配，那么就必须产生更加合适的图式。与调整信息来适应思维不同，现在我们通过调整思维来适应新信息。儿童为了辨认动物，在已有图式的基础上增加了一个辨认浣熊的图式，这就是顺应的过程。

一般而言，人们通过同化和顺应这两个过程来适应日益复杂的环境。当已有图式有效时，人们就利用已有图式来适应环境（同化）；当需要新知识时，人们就修正已有图式或增加新的图式来适应环境（顺应）。事实上，大多数情况同时需要这两个过程。即使是使用已经建立的图式，例如，用吸管吸东西这个动作，要是吸管与你平常用的不太一样——在型号或长度上有些改变，那么还是需要适当顺应的。如果你试过喝盒装的果汁，那么你肯定知道必须在吸的图式上增加一些新的技能——例如，不能挤压果汁盒，否则果汁会从吸管里喷出来，直接喷到空中，喷到你的腿上。无论任何时候，新的经验被同化到已有的图式中，这个图式都会扩大并发生一些变化。因此，同化过程包含了部分顺应过程（Siegler et al., 2020）。

当然，也有既不出现同化也不出现顺应的情况。如果遇到的信息太过陌生，人们就会选择忽略它们。在特定时间里，人们会对信息做一种过滤，使得到的信息适合他们自己当时的思维方式。例如，你无意中听到有人在用一种外语交谈，除非你懂点这种语言，否则你不会想花力气去弄明白他们谈话的内容。

**3. 平衡**

根据皮亚杰的理论，组织、同化和顺应都可以看作一种复杂的平衡行为。他认为，思维的变化实际上是通过<u>平衡（equilibration）</u>这一过程得以实现的。所谓平衡，即寻求一种平衡（balance）的行为。皮亚杰认为，人们在不断地检测自己的思维过程是否恰当，以获得平衡。简单地说，平衡的过程是这样的：如果我们将特定的图式应用到事件或情境中，已有图式起作用，那么平衡就建立起来了；如果这个图式不能产生令人满意的结果，那么就可能<u>失衡（disequilibration）</u>，我们会感到不舒服。这种不舒服会驱使我们通过同化和顺应不断搜索解决方法，由此我们的思维得以改变并向前发展。当然，这种失衡的程度必须是恰当的或是最佳的——太低，我们对变化没有兴趣；太高，我们可能会沮丧或焦虑，也不会发生改变。皮亚杰认为，比起与大龄儿童或成年人的互动，与同龄人的互动更容易引起失衡，因为儿童会接受年长者的想法，但会质疑并深入思考同龄儿童的想法（Siegler et al., 2020）。

### 3.3.3　认知发展的四个阶段

现在，我们来看看皮亚杰提出的儿童发展过程中发生的实际变化。皮亚杰认为，所有人都按照相同的顺序经历了相同的四个发展阶段，这些发展阶段与特定的年龄段有关。不过，这些只是一般性的概述，不能代表处于一定年龄段的所有儿童。皮亚杰认为个体可能会在不同阶段间经历较长的过渡期；也有可能在某一情境下表现出一个发展阶段的特征，但在另一情境下又表现出更高或更低阶段的特征。因此，知道一个学生的年龄绝不意味着你了解了他的思维方式（Orlando & Machado，1996）。表3-3总结了这些阶段的特征。

表 3-3　皮亚杰提出的认知发展阶段及其特征

| 阶段 | 大约年龄 | 特征 |
|---|---|---|
| 感知运动阶段 | 出生至 2 岁 | • 通过反射、感觉和动作等与环境的互动来学习<br>• 开始出现模仿和记忆，逐步向符号思维过渡<br>• 开始意识到物体被藏起来时虽然看不到，但仍然存在——客体永久性<br>• 从反射性动作向目的性行为转化 |
| 前运算阶段 | 儿童开始说话至 7 岁左右 | • 发展语言，并开始使用符号来表征事物<br>• 难以对未来或过去进行思考，思维是当下的<br>• 能够进行单向的逻辑思考<br>• 难以理解其他人的观点 |
| 具体运算阶段 | 小学一年级左右至青少年早期（11 岁左右） | • 能用逻辑的方式解决具体的（需要动手的）问题<br>• 能理解客体守恒的规律，能分类和排序<br>• 能进行逆向思考，从而在心理上"消除"动作<br>• 能理解过去、现在和未来 |
| 形式运算阶段 | 青少年时期至成年 | • 能用假设和演绎的方式思考问题<br>• 思维更具科学性<br>• 能用逻辑的方式解决抽象的问题<br>• 能从多个角度看待问题，开始关注社会问题、个人认同，以及公平公正 |

### 1. 婴儿期：感知运动阶段

认知发展的最初阶段被称为**感知运动**（sensorimotor）阶段，这是因为这一时期的儿童是通过看、听、触摸、品尝，以及移动等方式来思考的。在这一阶段，儿童逐渐发展出**"客体永久性"**（object permanence）概念，意识到不管他们能否感知到物体，物体始终存在于环境中。这一概念的获得，表明个体开始具有构建心理表征的能力。正如大多数家长注意到的，在婴儿发展出客体永久性概念之前，尝试着分散他们的注意，趁他们没看的时候把东西拿走是很容易的。因为对婴儿而言，"看不见，即不存在"。大一点的婴儿会去寻找滚出自己视线以外的球，这表明他们已经意识到即使他们看不到某个物体，该物体仍然存在（Berk，2019）。

感知运动阶段获得的第二个主要的进步是出现了有逻辑的**目的性行为**（goal-directed action）。想想那种婴儿常玩的塑料容量玩具，上面有个盖子，里面有一些彩色的物体，这些物体可以从容器里倒出来，也可以替换成其他的物体。6 个月大的婴儿可能会因为拿不到里面的玩具而感到沮丧。大一点的、已经掌握了感知运动阶段基本特征的儿童，或许能通过建立一个"容器—玩具"图式而有序地解决这一问题：①打开盖子；②把盒子倒过来；③如果物体卡住了，就摇一摇容器；④看着物体掉下来。为达到目标，这些分离的低水平图式已经被整合成一个更高水平的图式。

儿童很快就能反着做，将容器重新塞满。学会反向动作，是感知运动阶段一个基本的进步。但我们接下来会发现，学会逆向思维——学会从心理上逆转动作的顺序，则需要更长的时间。

### 2. 儿童早期到小学早期：前运算阶段

到了感知运动阶段晚期，儿童已经能使用很多动作图式了。然而，因为这些图式仍和具体的身体动作相联结，所以它们对回忆过去、追踪信息和做出计划等都毫无帮助。因此，儿童需要发展出皮亚杰所说的**运算**（operation）能力。运算是指在心理上而非身体上能够完成和逆转的动作。在**前运算**（preoperational）阶段，儿童还未能精通这种心理运算，但已经在逐渐掌握（所以思维是前运算式的）。

皮亚杰认为，第一种和动作分离的思维方式就是将动作图式符号化。这种形成和使用符号（单词、手势、标记、图像等）的能力是前运算阶段的主要进步，有助于儿童进一步掌握下一阶段的心理运算。这种运用符号来表征一个不在现场的物体的能力，如使用单词"马"或是一幅马的图片，又或者假装骑在"扫帚马"上来表征一匹实际上并未出现的真正的马，被称为**符号功能**（semiotic function）。事实上，儿童常常是在扮演游戏中最早使用符号的。那些还不会说话的儿童经常会使用动作符号——假装从空杯子里喝水，以此来表示他们知道每个物体的用途。这种行为也表明儿童的动作图式越来越概括化，越来越少地依赖于具体的动作。例如，喝的图式，可以在过家家时用到。在前运算阶段，语言这一非常重要的符号系统也得以快速地发展。从2岁到4岁，多数儿童的词汇量从200个左右扩展到大约2000个。

在这一阶段，儿童通过符号形式分析客体的思维能力始终停留在一个方向，或者说只发展出单向的逻辑能力。对这一阶段的儿童来说，"反向思考"或是想象如何逆转一个任务的步骤是很困难的。很多处于前运算阶段的儿童，难以完成包含有**逆向思维**（reversible thinking）的任务，例如，守恒问题。

**守恒**（conservation）是一种客观规律，即如果没有增加新的东西并且没有拿走任何东西，那么无论事物的排列或外观如何变化，事物的数量（或总量）都不会改变。无论把一张纸撕成几片，碎纸片的总大小和原来的整张纸是一样的。为证明这点，你可以把整个过程反过来，把碎纸片重新粘在一起。前运算阶段的儿童在守恒问题上还存在困难，下面是个典型的例子：莉亚今年5岁，给她看两个相同的杯子，高度和粗细都是一样的，里面盛有同样多的彩色墨水。莉亚同意"两个杯子里的水一样多"。然后实验者将一个杯子里的水倒进另一个高高细细的杯子里，然后问莉亚，"现在，是一个杯子里的水多一些还是两个杯子里的水一样多？"莉亚回答说高杯子里的水多一些，因为"高杯子里的水面更高一些"（她指着高杯子里较高的水平面）。关于莉亚的回答，皮亚杰的解释是莉亚将注意的焦点和中心放在高度这一维度上。她很难做到同一时间内考虑一个情境的多个方面（高度和宽度），或很难做到**去中心化**（decentering）。前运算阶段的儿童不能理解"直径的减少抵消了高度的增加"，因为这需要同时考虑两个维度。因此，前运算阶段的儿童很难将思维从对物体外在表现的直接知觉中摆脱出来。

这让我们看到了前运算阶段的另一个重要特征。皮亚杰认为，前运算阶段的儿童有一种**自我中心**（egocentric）的倾向，他们总是倾向于从自己的想法出发去看待别人眼中的世界和经验。正因如此，当你面对这些儿童时，他们很难理解你的右手和他们的右手为什么不在同一边。皮亚杰指出，自我中心并不意味着自私，只是儿童常常认为别人的感觉、反应和看法应该是和自己一样的。正如本章一开始提到的那个2岁的小男孩，会让自己的妈妈去安慰正在哭泣的朋友，即使那个小朋友自己的妈妈也在场。这是因为他只能简单地从自己的角度考虑这个情境，并为他的朋友提供他自己想要的东西。

研究表明，幼儿不是在所有情境下都是完全有自我中心倾向的。2岁儿童在向父母描述一个情境时，如果父母当时不在场，他们给父母的描述会比父母在场时更加详细。因此，至少在某些情形下，幼儿似乎也能考虑到别人的需求和不同的观点（Flavell et al., 2002）。对幼儿公平点，即使是成年人，也有可能认为别人的感受或想法与自己相同。下面的"与家庭和社区建立合作关系的实践指南"，将为教师提供一些与前运算阶段的儿童打交道的办法，以及家庭如何促进儿童的认知发展的建议。

## 与家庭和社区建立合作关系的实践指南

### 帮助家庭照顾前运算阶段的儿童

鼓励家庭尽可能地使用具体的道具和视觉上的帮助。

例如：

（1）当家庭成员在使用"部分""整体"或"一半"等词语时，鼓励他们使用家里的物品来进行演示，如将苹果或比萨切成几块。

（2）让孩子用小棍、小石块或彩色的薄片来学习加减法。这种技巧对处于早期具体运算阶段的学生同样有效。

指示要相对简短——不要一次讲解太多步骤，边说边示范。

例如：

（1）在教授如何养宠物等事项时，可先示范整个过程，然后让孩子自己进行尝试。

（2）以演示其中一个部分的方式讲解游戏。

帮助儿童发展站在他人角度看世界的能力。

例如：

（1）要求儿童想象"如果你把妹妹的玩具弄坏了，她的感受如何"。

（2）向他们解释清楚进行分享或使用材料的规则。帮助儿童理解规则的重要性，要求他们思考一下希望别人如何对待自己这个问题，以培养他们的共情能力。避免进行关于"分享"或"友善"的长篇大论。

让儿童进行大量的基本技能的动手练习，为将来掌握更为复杂的技能（如阅读理解或合作）奠定基础。

例如：

（1）提供冰箱贴上的字母串或字母磁石，让儿童组词。

（2）安排需要测量或简单计算的活动，如烹饪，或平分一些爆米花。

提供广泛的实际经验，为概念的学习和语言发展打下良好的基础。

例如：

（1）到动物园、公园、剧场、音乐厅等地方进行实地考察参观，或是鼓励儿童讲故事。

（2）提供词汇，帮助儿童学会用词汇描述他们正在干什么、听什么、看什么、摸什么、尝什么、闻什么。

### 3. 小学后期到初中：具体运算阶段

皮亚杰用**具体运算**（concrete operation）来描述这个阶段的"动手"思维。这个阶段的基本特征就是对物理世界逻辑稳定性的认知，意识到变化或者转化了的元素仍保有它们原有的特征，并且这些改变是可逆的。

图3-4中列出了一些用来评估守恒的任务。皮亚杰认为，学生能否解决守恒问题，取决于对推理的三个基本方面是否理解：同一性、补偿性和可逆性。当学生完全掌握了**同一性**（identity）时，他就会知道没有增加或减少，物体就不会变化。当学生理解了**补偿性**（compensation）时，他就会知道一个维度上外观的变化可以通过另一个维度的改变得到补偿。也就是说，玻璃杯变细了，杯中液体的高度也就随之上升了。当学生理解了**可逆性**（reversibility）时，学生就能从心理上抵消已发生的变化。很显然，莉亚知道换了杯子的水是相同的水（同一性），但她仍缺乏对补偿性和可逆性的理解，因此她解决守恒问题的能力尚未发展完全。

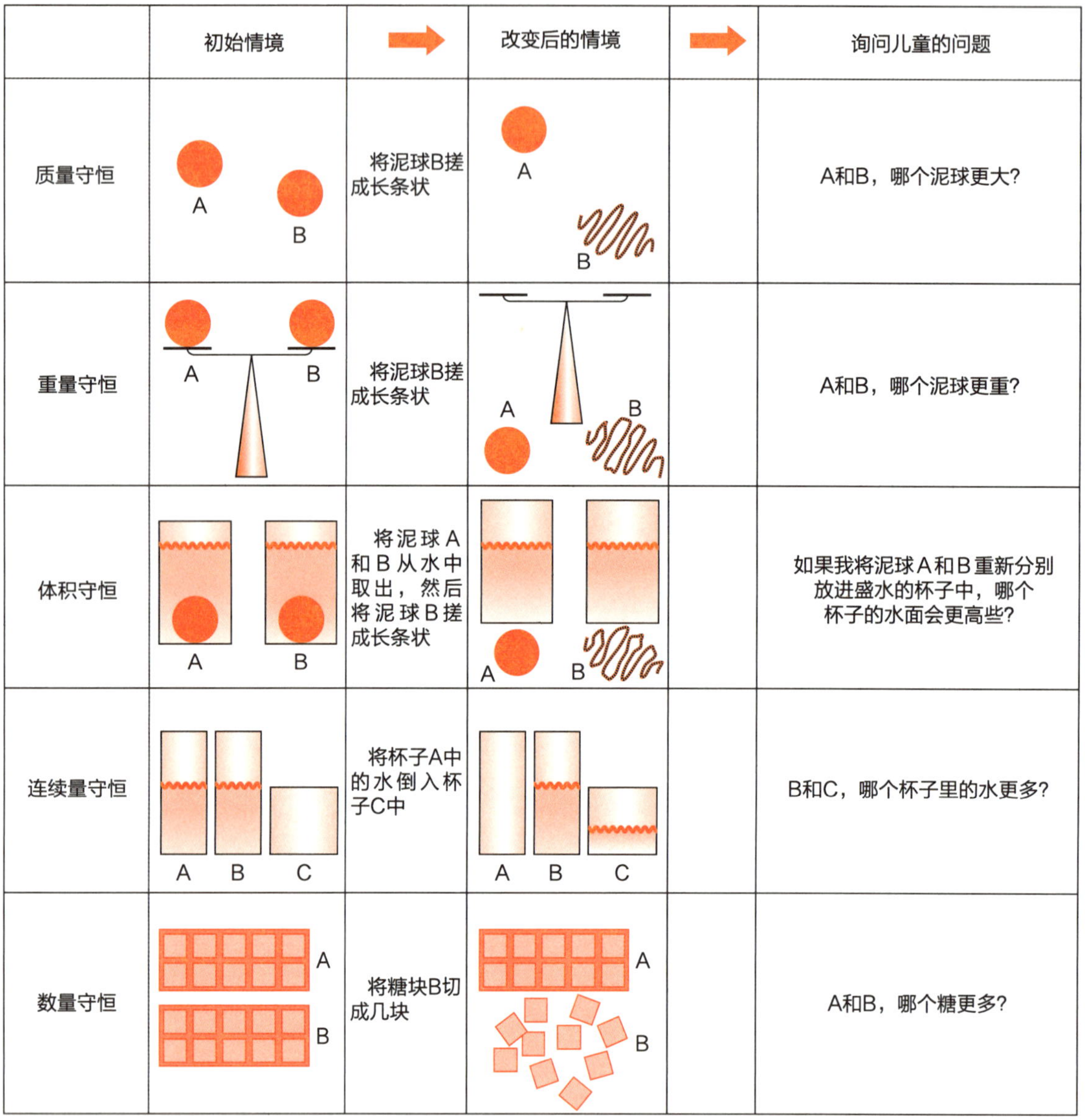

| | 初始情境 | | 改变后的情境 | | 询问儿童的问题 |
|---|---|---|---|---|---|
| 质量守恒 | A B | 将泥球B搓成长条状 | A B | | A和B，哪个泥球更大？ |
| 重量守恒 | A B | 将泥球B搓成长条状 | A B | | A和B，哪个泥球更重？ |
| 体积守恒 | A B | 将泥球A和B从水中取出，然后将泥球B搓成长条状 | A B | | 如果我将泥球A和B重新分别放进盛水的杯子中，哪个杯子的水面会更高些？ |
| 连续量守恒 | A B C | 将杯子A中的水倒入杯子C中 | A B C | | B和C，哪个杯子里的水更多？ |
| 数量守恒 | A B | 将糖块B切成几块 | A B | | A和B，哪个糖更多？ |

**图 3-4 皮亚杰的一些守恒任务**

注：除了这里所介绍的任务，还有其他涉及数量、长度、重量，以及体积等方面的守恒的任务。这些任务均能在具体运算阶段完成。

资料来源：Woolfolk, A., & Perry, N. E., *Child Development* (2nd ed.), © 2015 by Pearson Education, Inc. Reproduced by permission of Pearson Education, Inc. All rights reserved.

在本阶段，另一种重要的运算是分类（classification）。分类取决于学生是否具有这样的能力——找出一系列物体中蕴含的某个单一特性（如颜色），并根据这个特性进行分组。具体运算阶段中更高水平的分类，是把一个类别纳入更高一级的类别中。一个城市可能在一个州或省内，也可能在某个特定国家内，就像我们在前面提到的"匹兹堡、宾夕法尼亚州和美国"那个问题。当儿童应用这种高水平分类法解决位置问题时，他们通常会热衷于描述出"完整的地址",例如,李·贾里(Lee Jary)可能会说出这样的完整地址:森林山街区5116号,列治文山市,安大略省,加拿大,北美,北半球,地球,太阳系,银河,宇宙。分类与可逆性也有关系。在心理上逆转一个过程的能力,能够帮助处于具体运算阶段的学生认识到我们可以从多个角度对物体进行分类。例如,学生知道可以按颜色或形状分类,也可以根据大小或有几条边将它们重新分类。

**排序(seriation)** 是指按照从大到小或从小到大进行有序排列的过程。对次序关系的理解有助于学生建立起逻辑序列,如 A < B < C(A 小于 B,B 小于 C)等。与前运算阶段的儿童不同,具体运算阶段的儿童能够理解"B 大于 A 但仍小于 C"。

无论你教哪个年级,有关具体运算阶段的知识都对你有帮助(请参见"实践指南:具体运算阶段儿童的教育")。小学低年级时,学生正朝着这一逻辑性思维发展;中年级时,他们的具体运算思维处于发展的高峰,可以通过你的教学得以应用和拓展;进入高年级甚至成年阶段后,他们仍然会经常使用这种逻辑性思维——尤其是当他们需要进入新的、不熟悉的领域时。

## 实践指南

### 具体运算阶段儿童的教育

继续使用具体的道具和视觉上的帮助,在处理复杂问题时更应如此。

例如:

(1)上历史课时使用时间轴,上科学课时使用三维空间模型。
(2)使用图表来说明等级关系,如政府的各个部门,以及各部门的下属机构。

继续给予学生动手操作和检验物体的机会。

例如:

(1)做一个简单的科学实验,如探讨火焰和氧气的关系。当你试图从远处吹灭火焰时,火焰会有什么变化?(如果你没有吹灭它,火焰会短暂地变旺,这是因为它获得了更多的氧气助燃。)如果你用瓶子罩住火焰,又会出现什么现象?
(2)让学生把烛芯浸入蜡中制成蜡烛,用简单的织布机制衣,烤制面包,用手固定模型,或者做一些其他的手工活动,从而体验以前人们从事的日常工作。

保证你的讲解和你提供给学生们的阅读材料都是简短且结构性强的。

例如:

(1)将故事或书分为短的、有逻辑的章节供学生阅读,等他们具备了相应的能力后,再布置阅读较长故事的任务。
(2)分步讲解,每讲完一步就给学生练习的机会。

用熟悉的事例来解释复杂的观点。

例如:

(1)将故事中人物的生活与学生的生活进行比较。读完《蓝色的海豚岛》(Island of the Blue Dolphins,一个女孩独自在一座荒岛上长大的真实故事)后,问学生"你试过长时间一个人待着吗?那时你有什么感觉?"
(2)在教授"面积"这一概念时,可以让学生去测量校内两个不同大小的教室来帮助理解。

给学生提供机会,对复杂的物体或观念进行分组和归类,复杂程度逐步递增。

例如:

(1)给学生看写有不同句子的纸片,要求学生将句子连成段落。
(2)把人类身体系统比喻成其他系统,如大脑和电脑、心脏和泵。将故事分成几部分，从概括到具体：作者、故事、人物、情节、主题、地点和时间。

提出一些需要逻辑思维和分析思维的问题。

例如：

（1）讨论开放性问题，激发学生思考。如"大脑和思想是一回事吗""城市应当如何处理流浪动物""最大的数字是几"。

（2）利用与运动相关的图片或是危急时刻的照片（红十字会在灾难中的救援活动，贫困或战争的受害者，需要援助的老人等），引导学生就如何解决相关问题展开讨论。

### 4. 高中和大学：形式运算阶段

掌握守恒、分类、排序等运算能力后，具体运算阶段的学生终于建立起了一个完整的、非常有逻辑的思维系统。然而，这种思维系统仍然是与物理现实以及事物的实际存在方式联系在一起的。这一阶段的儿童仍然不能对假设性、抽象性的问题进行推理，因为这需要同时协调多个因素。皮亚杰认为，这种协调能力是认知发展的最后阶段——**形式运算**（formal operations）阶段的任务。在这一阶段，思维的焦点可以从"是什么"转变成"可能是什么"。情境不一定要经历过才能想象出来。

你应该还记得本章开始提到的贾马尔。尽管他是个很聪明的小学生，但他回答不了"如果人不睡觉，生活会有什么不同"这个问题，因为他认为"人就得睡觉"。相反，已经掌握了形式运算的青少年，就可以考虑这个与事实相反的问题了。他们对这个问题的回答能体现出形式运算的特点——**假设—演绎推理**（hypothetico-deductive reasoning）。运用形式运算的人能思考一个假设的情境（人不睡觉），并进行演绎推理（从一般推论到具体内容，如工作时间变长，更多的钱花在能源和照明上，更小的、没有卧室的住宅或新的娱乐产业）。形式运算也包括归纳推理，即通过特殊个案归纳出一般规律。例如，经济学家观察股票市场上多次特殊的变化，尝试找出经济循环的一般规律。

运用形式运算是一种新的推理方式，涉及"对思维的思维"或"对心理运算的心理运算"（Inhelder & Piaget, 1958）。例如，儿童通过具体运算，能根据动物的身体特征或栖息地对它们进行分类，但运用形式运算的儿童能根据这些分类运算进行"二阶"运算，以此来推理栖息地和身体特征之间的关系，如理解动物皮毛厚这一身体特征与其北极栖息地有关（Kuhn & Franklin, 2006）。抽象的形式运算思维是顺利完成许多高中和大学课程必需的。大多数数学问题都和假设性情境、预先的假设或给定的条件有关，如"令 $x=10$"或"假设 $x^2+y^2=z^2$"或"给出两条边和一个直角"。学习社会学和文学同样需要抽象思维，如："威尔逊（Wilson）总统说，第一次世界大战是'结束一切战争的战争'，这句话是什么意思？""在莎士比亚的十四行诗中，哪些是表示希望和绝望的隐喻？""在 T. S. 艾略特（T. S. Eliot）的《荒原》中，什么象征着逝去的岁月？""伊索寓言是如何用动物表现出人类的品质的？"

> **停下来，想一想**
>
> 你即将去长途旅行，希望轻装出行。如果你放入三件衬衫、三条休闲裤，以及三件夹克，那么你将有几种不同的三件套搭配穿法呢（假设它们搭配起来都很完美）？给自己计时，看你需要多长时间来回答这个问题。

有条理、科学的形式运算思维要求学生系统地生成某一特定情境的不同可能性。例如，当被问及前面的"停下来，想一想"问题时，使用形式运算的人可以找出所有 27 种可能的组合。（你答对了吗？）而一个具备运算思维的人可能只是说出了其中几种组合，可能一件衣服只用了一次。

这个阶段的另一个特征就是**青少年自我中心**（adolescent egocentrism）。与幼儿的自我中心不同，青少年并不否认其他人可能有不同的观点和信念；他们只是开始变得非常关注自己的想法。他们着迷于分析自己的想法和思想，这就导致了埃尔金德（Elkind，1981）所谓的"假想的观众感"——一种人人都在注视自己的感觉的出现。因此，青少年往往认为别人都在分析他们，"别人肯定发现我这件衬衫一周内已经穿两次了""全班人肯定都在想我的回答有多愚蠢"。当你认为"人人都在注视着"自己时，那些社交上的失误或是外表上的缺憾将会是毁灭性的。幸运的是，尽管在陌生情境中我们可能仍会觉得自己的失误已经被注意到，但这种"在舞台上"的感觉在青少年初期（14～15岁）到达顶峰，之后就逐渐减弱了。

拥有假设性思维、考虑替代方案、确认所有可能的组合、分析自己思维的能力，会对青少年产生很多有趣的影响。因为他们能思考并不存在的世界，所以他们常常对科幻小说很感兴趣；因为他们能从一般规律推论到具体行动，所以他们经常批评那些和自己的原则相悖的行为；他们能演绎出"最好"的可能性，并想象出一个理想的世界（或理想的父母、教师）。这就解释了为什么这个时期的学生大多热衷于乌托邦、政治抱负和社会问题。青少年也会设想自己的未来，并试图确定哪种可能性是最好的，他们对这些理想的感受往往会非常强烈。

### 5. 所有人都能发展到第四个阶段吗

多数心理学家同意存在一个比具体运算更为复杂的思维水平，但我们所有人都能发展到那个水平吗？皮亚杰理论的前三个阶段是物理现实强加给大多数人的——物体确实是永恒的。把水倒进另一个杯子不会改变水的总量。但是，形式运算与物理环境的联系就没有那么紧密了。能运用形式运算，可能是练习解决假设性问题和运用形式科学推理的结果。这些能力在关注读写能力的文化，尤其是大学教育中很受重视，并有专门的课程对这种能力进行教学。但即便如此，并不是所有的高中生都能执行皮亚杰的形式运算任务（Shayer，2003）。形式思维可能只在青少年和成人有经验和兴趣参加的相关高级课程领域内才得以发展（Piaget，1974；Siegler et al.，2020）。因此，初中生或高中生难以假设性地思考问题是很正常的，在学习新内容时，他们更可能表现出这样的困难。有时，学生会发现一些捷径，如死记硬背公式或解题步骤，以解决那些超出他们能力范围的问题。但是，这种方法只是对通过考试有帮助，对真正的理解并没有好处。只有当学生能超越对知识的简单记忆时，真正的理解才可能发生。下面的"实践指南"或许能帮助你学会如何促进学生形式运算能力的发展。

## 实践指南

### 帮助学生运用形式运算

继续使用具体运算阶段使用的教学策略和教具。

例如：

（1）使用图表和插图等视觉辅助材料，必要时还可以使用更为复杂的曲线图和图表。在教授新内容时，更应如此。

（2）将学生的经历和故事中人物的经历进行比较。

提供机会，让学生探索很多假设性问题。

例如：

（1）让学生就当今的社会问题——环境、经济、国民健康保险等撰写立场论文（position paper），然后和意见相反的同学交换，并展开讨论。

（2）让学生把自己心中的乌托邦写出来，如描述一下没有性别差异的世界会是什么样子，人类灭绝后地球会是什么样子。

给学生提供解决问题和科学推理的机会。

例如：

（1）组织小组讨论，让学生设计一些实验来回答相关问题。

（2）给出有关动物权益的两种对立观点，要求学生合理地论证每种观点。

尽可能地借助与学生生活密切相关的材料和观念，教学生一些广泛的概念，而不要只是告诉他们一些具体事实（Delpit，1995）。

例如：

（1）在讨论南北战争时，思考种族主义或其他自那以后导致美国分裂的问题。

（2）在教授诗歌时，让学生从流行歌曲中找出能说明诗歌手法的歌词，然后讨论这些手法能否有效地传达歌曲作者想要表达的意思和感受。

### 3.3.4 皮亚杰理论的局限

尽管大多数心理学家认同皮亚杰关于儿童如何思维的深刻见解，但很多人不同意他对儿童认知为何如此发展的解释。

#### 1. 发展阶段存在的问题

一些心理学家虽然同意儿童的确会经历皮亚杰所描述的那些变化，但他们质疑认知发展的四个彼此独立阶段的存在（Mascolo & Fischer，2005；Miller，2016）。阶段模型的一个问题就是儿童思维缺乏一致性。例如，在获得数量守恒认知（积木被重新排列后其数量不会发生改变）1~2年后，儿童才发展出重量守恒认知（泥球被压扁后其重量不会发生改变）。为何他们不能将守恒一致地应用于每种情境中？

另一个关于阶段独立性的问题是，这些过程可能比表面看起来的更为连续。当我们纵观较长时间时，这些变化看上去是非连续、定性式的飞跃。玩具滚到沙发底下，3岁的儿童会不断地去寻找这个丢失的玩具，而婴儿则似乎遗忘了这件玩具，不会去寻找它，这两者之间可能存在质的差别。但是，当我们密切关注一个发展中的儿童，时刻观察他的发展变化时，就会发现事实上这些变化都是渐进的、连续的。大龄儿童之所以知道玩具躺在沙发底下，是因为她的记忆能力更好，能记得自己曾看到玩具滚到哪里，婴儿则不能保持这些记忆。要求儿童在搜索前等待的时间越长，他们要记住物体的时间越长，对成功完成任务的年龄要求就越大（Siegler et al.，2020）。

正如数学的一个分支"突变理论"所描述的那样，变化既可以是连续的，也可以是非连续的。那些突然出现的变化，就像一座桥的倒塌，是许多缓慢发展的变化所累积的结果，例如，金属结构渐进、持续的腐蚀。同样，儿童身上渐进连续的变化也可能导致突然出现能力上的巨大改变（Bjorklund，2012；Siegler et al.，2020）。平心而论，我们应该注意到，在皮亚杰后期的著作中，他也较少强调认知发展的阶段，而更多地关注思维是如何通过平衡发生变化的（Miller，2016）。

#### 2. 低估了儿童的能力

结合目前的情况来看，皮亚杰低估了儿童的认知能力，尤其是幼儿的认知能力。他给幼儿提出的问题可能太难，指导语太含糊不清了。在解决问题时，被试对问题的理解可能比他们所表现出来的要多。例如，格尔曼（Gelman）及其同事的研究表明，虽然学前儿童有时会犯错误或者感到困惑，但他们对于数字概念的理解要比皮亚杰设想的多得多（Gelman，2000；Gelman & Cordes，2001）。如果学前儿童一次只操作3~4个物体，无论是物体被分得很散还是被密集地堆在一起，他们都能判断出物体数量没有发生变化。米尔雅姆·埃伯斯巴赫（Mirjam Ebersbach，2009）的研究发现，当儿童被要求估计木块的体积时（实际的问题是，需要多少块小的立方体才能组成更大的、不同体积的积木），绝大多数德国幼儿都能同时考虑到长、宽、高三个不同的维度。换句话说，我们天生就具有的"认知工具储藏库"可能比皮亚杰所设想的要大。对一些基本概念的理解或核心知识，如客体永久性或数量感，可能是我们进化装备的一部分，随时准备用于我们的认知发展

（Berk，2019；Woodward & Needham，2009）。

皮亚杰认为守恒或抽象思维等认知操作不会因外在影响而得以加速发展。他认为，儿童必须为学习做好发展准备。然而，相当多的研究表明，如果给予有效的教学指导，儿童就能学会使用守恒等认知操作。他们无须独自一人等待成熟后才能习得这些思维方式，特定情境下的知识和经验会影响儿童能以何种思维方式行事（Brainerd，2003）。

#### 3. 认知发展与文化

对皮亚杰理论的另一个批评是，它忽视了文化和社会群体对儿童的重要影响。尽管跨文化研究一致证实了皮亚杰关于儿童思维发展阶段先后顺序的准确性，但发展阶段的年龄范围在不同文化中并不相同。西方社会的儿童一般比非西方社会的儿童早 2～3 年进入下一个阶段（Siegler et al.，2020）。然而，更为严谨的研究表明，这些不同文化间的差异可以归因于学科或维度选择，以及不同文化是否重视并教授特定维度的知识。例如，那些辍学在街头卖糖果的巴西小孩，不能顺利完成某一特定的皮亚杰任务，如回答"图片中的雏菊、郁金香和花，哪个较多"的问题。但如果把任务描述成他们能懂的概念（卖糖果）时，他们比同年龄上学的巴西儿童表现得更好（Saxe，1999）。如果某一文化或社会环境强调某一特定的认知能力，那么在该文化背景下长大的儿童的该特定认知能力的发展也更快。一项研究以一、三、五年级的中国和美国儿童为对象，采用皮亚杰任务，考察不同文化中儿童关于距离、时间和速度间关系的发展情况。结果发现，中国儿童先于美国儿童两年时间，就能很好地掌握距离、时间和速度间的关系。这可能是由于教育体系的差异，中国非常重视小学低年级的数学和科学教育（Zhou et al.，2001）。

即使像分类这样的具体运算，在不同文化下的发展也有所差异。例如，当要求来自非洲的格贝列人对 20 个物体进行分类时，他们会创建出他们认为有意义的组别——锄头和土豆，刀子和橘子。实验者无法劝服格贝列人改变他们的类别划分，因为他们认为这是智者的做法。于是，实验者绝望地问道："好吧，那傻瓜会怎么做？"随后，这些格贝列人迅速地将物体分成四堆，如食物、工具等，这恰恰是实验者原先期望的结果（Rogoff & Morelli，1989）。

### 3.3.5 认知发展的信息加工、新皮亚杰理论与神经科学视角

正如你在第 8 章中将会看到的，有些心理学家从注意、记忆容量、学习策略等认知加工技能发展的角度，对儿童为何难以完成守恒问题和其他皮亚杰任务进行了解释。随着生理的成熟和大脑的发展，儿童能更好地集中注意力，更快地进行信息加工，在记忆中储存更多的信息，更容易也更灵活地使用学习策略（Berk，2019；Siegler，2004）。其中一个关键的发展是执行功能的提高。**执行功能（executive functioning）**包括我们用来组织、协调和执行目的性的、有意的行为的所有认知过程。执行功能技能包括集中注意力、抑制冲动性反应、制订和改变计划、组织和运用记忆来保持和操作信息等（Best & Miller，2010；Morgan et al.，2019）。随着儿童发展出更复杂有效的执行功能，他们会积极推进自身的发展，并建构、组织和改善自身的知识和策略（Siegler et al.，2020）。例如，一个经典的皮亚杰任务是向儿童展示 10 朵雏菊和 2 朵玫瑰，然后问他们是雏菊多还是花多？幼儿看到了更多的雏菊，因此立即给出了答案"雏菊"。随着他们的成熟，儿童更善于抵抗（抑制）根据表象而得到的第一反应，开始能根据"雏菊和玫瑰都是花"这一事实来回答问题。不过，即使是成年人也需要花一点时间才能抵抗显而易见的反应，因此抑制冲动性反应对在整个人生中发展复杂知识都是很重要的（Borst et al.，2013）。

一些发展心理学家提出**新皮亚杰理论（Neo-Piagetian theory）**，他们保留了皮亚杰关于儿童知识建构，以及儿童思维发展趋势的见解，但加入了认知神经科学和信息加工理论中有关注意、记忆和策略等作用的发现（Bjorklund，2018）。可能最广为人知的新皮亚杰理论是由罗比·凯斯（Robbie Case）提出的（1992，1998）。他提出了一种认知发展的解释，认为儿童在特定领域内是按阶段发展的，如

数字概念、空间概念、社会任务、讲故事、对具体物体的推理，以及动作发展等。儿童不断地练习使用某一特定领域的图式，例如，在数字概念领域中使用计算图式，于是完成该图式所需的注意力也随之减少；图式变得更加自动化，因为儿童无须费力去想；这样，就释放出更多的心理资源和记忆去做更多的事情；最终，儿童就能将简单的图式整合成更复杂的图式，并在需要时建立新的图式——行动中的同化和顺应（Siegler et al., 2020）。

库尔特·费舍尔（2009）将不同领域中的认知发展与大脑相关的研究联系起来。尽管儿童在发展说话、阅读和数学等技能时可能会遵循不同的路径，但他们的成长模式都表现出一系列相似的急速增长，并经历了可预测的发展水平。在学习一项新技能时，儿童会先后经历动作、表征与抽象三个阶段。在每一个阶段中，技能的发展都遵循着相同的发展模式：起初是完成单一动作；然后是对应或协调两个动作，如在数学中同时使用加法和乘法；最后是建立起一个整合的意义系统。到了抽象阶段，儿童最终建构出解释性原则。这可能会让你联想到，前文中提到的皮亚杰认知发展理论的感知运动、前运算、具体运算和形式运算这四个发展阶段。每发展到一个新的技能水平，大脑都在重新组织。在这个过程中，如果有练习机会，并获得高质量的支持，每个水平的技能都会发展得更快。在随后介绍的维果茨基的认知理论中，支持和练习被视为影响儿童认知发展的关键因素。

## | 模块 9 小结 |

### 影响认知发展的主要因素有哪些？

皮亚杰的认知发展理论基于这样一种假设：个体总是试图理解外界，并在对物体、人和观念的直接经验中主动创造知识。成熟、活动、社会传递，以及对平衡的需求都会影响认知发展。作为对这些影响因素的回应，思维过程和知识通过思维组织的变化（图式的发展）和适应而发展——其中适应包括同化（纳入已有图式）和顺应（改变先前已有图式）这两个互补的过程。

### 什么是图式？

图式是思维大厦的基石，这些组织化的动作和思想系统使我们得以在心理上表征或思考我们世界中的物体和事件。图式可能很小、很专门化（抓、辨认正方形），也可以很大、很一般化（在一个陌生的城市使用地图）。个体就是通过不断增加和组织自身的图式来适应环境的。

### 儿童从感知运动阶段到形式运算阶段过程中发生了哪些主要的变化？

皮亚杰认为儿童发展经历了四个阶段：感知运动阶段、前运算阶段、具体运算阶段和形式运算阶段。在感知运动阶段，婴儿通过直接感觉和动作来探索世界，掌握客体永久性和目的性行为；在前运算阶段，儿童开始具备符号思维和逻辑运算能力；在具体运算阶段，儿童能对可感知的情境进行逻辑思考，获得守恒、逆向思维、分类和排序的能力；运用假设—演绎推理，协调一系列变量，以及想象其他世界，则是形式运算阶段的标志性进步。

### 皮亚杰理论有哪些局限？

皮亚杰理论受到批评的原因在于儿童和成人经常表现出与所处认知发展阶段不符的思维方式。另外，皮亚杰明显低估了儿童的认知能力，他认为儿童只能依靠自身获得发展，不可能通过教学获得下一阶段的运算能力。皮亚杰的工作还因忽视儿童发展中的文化因素而受到批评。另一种解释更强调儿童信息加工技能的发展，以及教师如何促进他们的发展。

### 新皮亚杰理论和信息加工观点如何解释儿童随时间而发生的思维变化？

信息加工理论主要关注注意、记忆容量、学习策略，以及其他加工技能等方面，并以此来解释儿童为了理解世界和解决问题是如何发展出规则和策略的。新皮亚杰理论也关注注意、记忆和策略，以及思维在特定领域（如数字或空间概念）是如何发展的。神经科学研究表明，当儿童在学习一门新的技能时，会先后经历三个不同的阶段：动作、表征和抽象。而在每一个阶段中，技能的发展都遵循相同的发展模式：起初是完成单一动作；然后是对应或协调两个动作，如在数学中同时使用加法和乘法；最后是建立起一个整合的意义系统。

# 模块 10　维果茨基的社会文化观与皮亚杰、维果茨基理论对教师的启示

**学习目标 3.4**　阐述维果茨基发展理论中的发展规律，包括对其理论的批评。

**学习目标 3.5**　讨论皮亚杰和维果茨基的理论对教学的启示。

## 3.4　维果茨基的社会文化观

如今，心理学家意识到，文化决定了儿童学习哪些关于世界的知识，以及如何学习，也就是思维的内容和加工过程，从而塑造着儿童的认知发展。重视合作和分享的文化较早地教授儿童这些能力，鼓励竞争的文化则培养儿童的竞争能力（Bakerman et al., 1990; Ceci & Roazzi, 1994）。正如前面格贝列人教会我们的那样，皮亚杰所观察的那些发展阶段可能并不适用于所有儿童，因为这些阶段在一定程度上只反映了西方文化的期待和活动（Kozulin, 2003; Kozulin et al., 2003; Rogoff, 2003）。

这种**社会文化理论**（sociocultural theory，也称为社会历史理论）的主要代表人物是 1934 年去世的苏联犹太裔心理学家列夫·谢苗诺维奇·维果茨基，他与皮亚杰同年出生——1896 年。维果茨基死于肺结核，年仅 37 岁。但在短暂的一生中，维果茨基撰写了逾百部学术著作，其中一部分现在已有英译本（e.g., Vygotsky, 1978, 1986, 1987a, 1987b, 1987c, 1993, 1997）。最初，维果茨基研究学习和发展是为了提高自身的教学水平。此后，他不断进行研究，撰写出语言与思维、艺术心理学、学习与发展、特殊儿童教育等方面的著作。在最近 50 年里，他的著作被重新认识，他的思想逐渐成为心理学和教育领域的主流思想，对皮亚杰的许多理论做出了有益的补充（Gredler, 2012; Moll, 2014; Van Der Veer, 2007; Wink & Putney, 2002）。

维果茨基认为，人类活动是在一定的文化环境中发生的，不能脱离这些文化环境去理解人类的活动。维果茨基认为，儿童并不是像皮亚杰描述的那样，作为小科学家自己构建理解，而是在渴望那些帮助他们学习的其他人的支持下，构建在他们特定文化中生活所需的技能。因此，他的一个主要思想是：我们特有的心理结构和思维过程可以追溯到我们与他人的社会互动，这些社会互动不只影响认知发展，事实上正是它们创造了我们的认知结构和思维过程。实际上，"维果茨基将发展界定为社会共享活动转化为内部心理活动的内化过程"（John-Steiner & Mahn, 1996, p.192）。我们通过内化我们的文化来发展。我们将探讨维果茨基著作中的三个主题，以说明社会互动过程是如何塑造个体的学习和思维的。这三个主题分别是：个体思维的社会源泉、文化工具（尤其是语言）在学习和发展中的作用，以及最近发展区（Berger, 2018; Gredler, 2012; Siegler et al., 2020）。

### 3.4.1　个体思维的社会源泉

维果茨基认为：

在儿童文化发展过程中，每项功能会出现两次：首先是社会水平，随后是个体水平；首先是人际的（人际心理），随后是儿童内部的（内在心理）。这一规律同样适用于有意注意、逻辑记忆，以及概念习得等过程，**所有的高级功能都源于人类个体之间真实的关系。**（Vygotsky, 1978, p.57）

换句话说，高级心理过程，如引导自己的注意力和思考问题等，首先是在儿童和另一个对此更熟练的人，如父母、哥哥姐姐或教师之间的共享活动中被共同建构出来的。随后，这些**共同建构过程**（co-constructed process）被儿童所内化，并成为自己认知发展的一部分（Gredler, 2009a, 2009b; Mercer, 2013）。例如，儿童首先会在和其他人的交往活动中使用语言，用以调节自己的行为（"不要睡觉"或"我想要饼干"）。随后，儿童能用自我言

语来调节自己的行为（"小心，不要弄洒了"）。我们将在后面的章节中详述这一现象。因此，对维果茨基而言，社会互动不只是一个简单的影响因素，还是儿童高级心理过程（如问题解决）的起源。其他引导儿童的人成为儿童思维学徒期的导师（Vygotsky，2012）。请看下面的例子。

*一个6岁的小女孩把玩具弄丢了，向父亲求助。父亲问她最后一次看到玩具是在什么地方，小女孩说："不记得了。"父亲又问了许多问题——你是否把它放在了房间里、外面或隔壁了？每次问，小女孩都回答"没有"。当父亲问："汽车里呢？"她说："我想是在那里。"于是，她跑去取玩具。*（Tharp & Gallimore，1998，p.14）

"玩具在汽车里"是谁记起来的？既不是父亲也不是女儿，而是他们两个人一起想起来的。这种回忆和解决问题是在人与人之间的互动中被共同建构出来的。但孩子和父亲可能从中对这些策略进行内化，下次东西丢了就能用上了。到了一定时候，孩子就能够独立解决这类问题了。因此，就像找回玩具这类策略一样，高级功能首先出现在儿童和一个"指导者"之间，然后才在儿童个体内部出现（Kozulin，2003；Kozulin et al.，2003；Miller，2016）。

这里还有一个关于个体思维的社会起源的例子。理查德·安德森（Richard Anderson）和他的同事们（2001）研究了四年级学生在课堂小组讨论中，如何内化（学习并使用）讨论中所出现的论证图式。论证图式通常有某种特定的形式，如"我认为……（观点），因为……（原因）"，学生需要往里填充观点和原因。如，一个学生可以说："我认为人不应该捕捉狼，因为它们现在没有伤害到任何人。"另一种形式是"如果……（行动），那么……（坏结果）"，如"如果不捕捉狼，那么狼就会吃掉牛"。还有一种用于参与管理的形式，如"你认为怎么样，……（姓名）"或"请……（姓名）说说"。

安德森的研究确认了13种谈话和论证形式，它们有助于管理讨论、让每个人都参与进来、陈述、捍卫立场，以及处理混乱。研究者发现，这些不同的谈话和思维策略在使用时出现了"滚雪球效应"：一旦一个学生使用了一种有效的论证形式，这种论证形式就会在学生中散播开来，在讨论中被频繁地使用。与教师主导的讨论相比，开放性讨论——学生互相提问和回答问题——更有利于这些论证形式的发展。随着时间的流逝，这些表达、批评和辩解观点的方式就会内化为学生个体的心理推理和决策能力。

皮亚杰和维果茨基都强调社会互动在认知发展中的重要性，但皮亚杰看到的是社会互动的另一种功能。他认为，社会互动通过产生失衡状态来促进认知发展——认知冲突激发改变。因此，皮亚杰认为最有效的互动应该发生在同伴之间，因为同伴之间的认知水平相似，能彼此提出异议。维果茨基则认为儿童的认知发展是在与更善于思考、思维水平更高的人（如家长或教师）的互动活动中发展的。当然，学生既可以向成人学习，也可以向同伴学习。如今，互联网正跨越地域和语言的限制，在支持有效的人际沟通方面发挥着重要作用。

### 3.4.2 文化工具与认知发展

维果茨基认为，**文化工具**（cultural tool）包括物质工具和心理工具两大类。物质工具包括印刷机、犁、尺子、算盘、方格纸——现在，还要加上移动设备、电脑、互联网、为移动设备和聊天软件服务的实时翻译软件、搜索引擎、数字日程管理工具、为有学习困难的学生提供的辅助技术等。心理工具，主要指手势和符号系统，如数字和数学系统、盲文和手语、地图、艺术作品、代码和语言等。它们在认知发展中起到了非常重要的作用。例如，如果文化只提供罗马数字来表示数量，数学思维的一些特定方式——从长除法到微积分，是难以甚至不可能形成的。而如果一个数字系统中有零、分数、正负数和无穷数，更多的思维就成为可能。数学系统是支持学习和认知发展的一个文化工具——它改变了思维过程，这种符号系统通过正式和非正式的互动和教学活动，从成年人传递给孩子，从孩子传递给孩子。

**1. 数字时代的技术工具**

计算器、拼写检查器等技术工具的使用在教育界引起了一些争议。科技正在越来越多地帮助我们进行检查。我们常常会依赖文字处理程序中的拼写检查器来避免写错字的尴尬。但我们在阅读学生的论文或短信时，也会发现其中的拼写替换一定是由文字处理程序决定的，而没有经过作者的"感觉检查"。这些技术支持是促进了学生的学习，还是阻碍了学生的学习？不能因为过去学生在学习数学时需要纸笔的程序，就认为这种学习方式是最有效的。事实上，有关计算器的研究表明，使用计算器不仅不会损害儿童的基本技能，而且对学生的问题解决技能和数学学习兴趣都有积极的影响（Ellington，2003，2013；Waits & Demana，2000）。但这里有一个玄机。解决一个简单的数学问题的更好方式应该是在使用计算器前，先尝试回想或计算这个答案。如果学生在求助计算器之前先自行生成答案，那么就能促进数学知识的学习和运算的流畅性（Mao et al.，2017；Pyke & LeFevre，2011）。

**2. 心理工具**

维果茨基认为所有的高级心理过程，如推理和问题解决，都是以心理工具为中介的，即心理工具支持高级心理过程的发展，高级心理过程借助心理工具得以完成。心理工具能够帮助儿童逐渐掌控自身的认知过程，从而改变他们的思维，因此儿童在使用这些工具时，也是在促进其自身的发展。维果茨基认为，认知发展的实质就是学会使用语言等心理工具，从而实现更高水平的思维过程和问题解决。而这些高水平的认知能力的发展，在不借助心理工具的情况下是不可能实现的（Gredler，2012）。这一过程是这样的：儿童在与成年人或更有能力的同伴进行互动的过程中，会彼此交流想法、思维方式或表征概念，比如用地图来代表空间和位置。然后，儿童内化这些共同建构的想法。这样，儿童的知识、思想、态度、价值观就通过内化或吸取社会文化和群体中其他成员所提供的行为和思维方式得以发展（Wertsch，2007）。

在这个用符号、象征和解释来进行交流的过程中，儿童开始建立起一种"文化工具箱"，以此来理解和学习他们的世界（Wertsch，1991）。这个文化工具箱不仅包括计算器或尺子等直接指向外部世界的技术工具，还包括用来在心智上行动的心理工具，如概念、问题解决策略，以及前文中提到的论证图式。儿童不只是接受从别人那里传递来的工具，他们在建构自己的表征、符号、模式和理解的同时，也在改造工具。在儿童随后继续参与社会活动、继续尝试理解他们的世界的过程中，这些理解也会不断发生变化（Siegler et al.，2020）。在维果茨基的理论中，语言是儿童文化工具箱中最重要的符号系统，帮助其他工具进入到文化工具箱中。

### 3.4.3 语言和自我言语的作用

语言在认知发展中有着十分重要的作用，它提供了一种表达思想和提出问题的方式、思考的类别与概念，以及联结过去和未来的工具。正是语言，使我们得以摆脱当下情境的束缚，去思考过去曾经怎样，以及想象未来可能会怎样（Mercer，2013）。维果茨基认为：

> 人类特有的语言能力给儿童提供了解决困难任务的辅助工具，帮助他们克服冲动性行为，学会在解决问题前先制订计划，并掌控自己的行为。（Vygotsky，1978，p.28）

维果茨基比皮亚杰更强调学习和语言在认知发展中的作用。维果茨基还认为，自我言语（private speech，与自己对话）形式的语言引导着认知发展。

如果你跟幼儿相处过，你肯定知道他们玩的时候经常会自言自语。这种情况不只在孩子一个人玩时会出现，一群孩子在一起玩的时候，这种情况反而出现得更频繁——每个孩子都在热热闹闹地说，但没有任何实质的互动或对话。皮亚杰将这种情况称为**集体性独白（collective monologue）**，同时将每个孩子指向自己的对话称为"自我中心言语"。他认为，这种"自我中心言语"再次表明儿童不能从别人的角度看待世界，因此在谈话过程中他们不会考虑到听众的需要和兴趣。皮亚杰认为，随着儿童的不断成熟，尤其是当他们与同伴发生分歧时，他们的社会言语也会随之发展，并开始学会倾听和跟别人交流（或争论）。

对于儿童的自我言语，维果茨基则有着截然不同的观点。他认为这些喃喃自语并不是一种认知不成熟的表现，它们在认知发展中有很重要的作用，因为它们会让儿童分阶段地走向自我调节——计划、监控、指导自己思维和问题解决的能力。最初，儿童的行为是由其他人调节的，通常需要借助语言和其他符号，如手势。例如，当儿童把手伸向蜡烛火苗时，父母会说："不行！"接着，儿童学会了用同样的语言来调节其他人的行为。当其他孩子要拿走玩具时，儿童会说"不行"，甚至常常模仿父母的语气。儿童也开始学着用自我言语来调节自己的行为，在想摸火苗时会轻轻地跟自己说"不行"。最后，儿童学会用无声的内部言语来调节自己的行为（Berk, 2019; Siegler et al., 2020）。

例如，在学前班里，儿童在玩拼图时，你会听到四五岁大的孩子说："不行，不合适。试试这里。转一下。转一下。可能这个行。"7岁左右，儿童的这种指向自己的言语变得隐蔽起来，从大声讲出来变成悄悄话，再到无声的唇部动作。最后，儿童只是在头脑中思考这些指导性词句。这种自我言语的使用在9岁左右达到顶峰，随后逐渐消失。但也有一项研究发现，11～17岁的某些儿童在解决问题时仍会不自觉地使用自我言语（McCafferty, 2004; Winsler & Naglieri, 2003）。维果茨基将这种内部言语称为"言语思维的内在层面"（1987c, p.279），它是个体高级思维过程发展历程中一个重要的成就。

这种从可以听见的自我言语发展到无声的内部言语的一系列过程，再次说明了高级心理功能是如何出现的——首先出现在人与人之间的交流和彼此调节行为的过程中，然后作为一种认知过程出现在个体思维内部。通过这一基本过程，儿童学会了使用语言来完成重要的认知活动，如定向注意、解决问题、制订计划、形成概念和获得自我调控。有很多研究支持了维果茨基的理论（Berk & Spuhl, 1995; Emerson & Miyake, 2003）。儿童和成年人在感到困惑、有困难和犯错误时，往往会自我言语。你是否曾经这样想："让我想想，第一步是……""我最后一次用眼镜是在哪儿？""读完了这页，我就可以……"这些时候，你都在用内部言语回忆、提示、鼓励和引导自己。

这种内部的言语思维大约到12岁以后才趋于稳定。因此，小学生在解决问题时仍需要不停地说话，阐述自己的推理，以帮助自身学会控制思维过程（Gredler, 2012）。正因为自我言语能帮助学生调节思维，因此我们应该允许甚至鼓励学生在学校中使用自我言语。如果教师要求学生在解决难题时保持绝对的安静，这样可能会使学生更难解决这个问题。要注意，当课堂上孩子们喃喃自语多起来时，也正是他们需要帮助的时候。

表3-4比较了皮亚杰和维果茨基关于自我言语的理论。请注意，皮亚杰后来接受了维果茨基的很多观点，他认同自我言语既可以是自我中心的表现，也可以用于帮助解决问题（Piaget, 1962）。

**表 3-4　皮亚杰和维果茨基关于自我中心言语或自我言语的观点的差异**

| 维度 | 皮亚杰 | 维果茨基 |
| --- | --- | --- |
| 意义与目的 | 代表儿童还不能接受他人观点，不能参与双向交流 | 代表外部思维；它的功能在于自我交流，以实现自我指导和自我定向 |
| 发展的进程 | 随年龄增长逐渐减少 | 年幼时增长，然后逐渐减少，从有声言语转向内部言语思维 |
| 与社会言语的关系 | 消极的；社会化程度和认知成熟度越低的儿童，使用自我中心言语越多 | 积极的；自我言语是从与他人的互动活动中发展起来的 |

| 维度 | 皮亚杰 | 维果茨基 |
|---|---|---|
| 与环境背景的关系 | 无关 | 随任务难度的增大而频繁出现。在需要付出更多认知努力才能解决问题的情境中，自我言语能够帮助儿童进行自我指导 |

资料来源："Development of Private Speech among Low-Income Appalachian Children" by L. E. Berk and R. A. Garvin, 1984, *Developmental Psychology, 20*, p. 272. Copyright © 1984 by the American Psychological Association. Adapted with permission.

## 3.4.4 最近发展区

维果茨基认为，不论处于哪个发展点，儿童总会遇到这样一些问题：它们似乎并不太难，但总处在自己解决能力的边缘——"当时尚未成熟但正处于成熟期的加工过程"（Vygotsky，1998，p. 201）。此时他们只是需要多一些结构、线索、提示、提醒或是帮助自己记住一些细节或步骤、鼓励自己坚持尝试等。当然，还有另一类问题，即使每一步都已经解释得很清楚，也超出了儿童的能力范围。**最近发展区**（zone of proximal development）是指儿童已经掌握的知识水平和在成人的引导或发展更充分的同伴的协助下所能达到的知识水平之间的差距（p.202）。由于学生和教师不断地互动、交流理解，因此最近发展区是一个动态的、不断变化的区域。这是教学能够取得成功的领域。凯瑟琳·伯杰（Kathleen Berger，2018，p.52）将这一区域称为"魔法中心"——介于"无聊和不可能"之间的区域。你可能已经猜到，这个区域因时间和学生而异。在某些情境下，无论提供多少支持，一个学生可能只能前进一点点，但另一个学生可能飞速前进，并从越来越多的支持中获益。

### 1. 自我言语与最近发展区

我们可以看出，维果茨基关于自我言语在认知发展中所起作用的认识，与其最近发展区的观点是非常吻合的。维果茨基曾指出，思维是会运动的——它们会展开。但如果展开卡住了，怎么办？通常情况下，成人会使用言语提示和结构化指导来帮助儿童摆脱困境——解决问题或完成任务（Hermkes et al., 2018）。在后面的章节中，这种类型的帮助被称为"支架"。随着儿童自主程度的提高，这种帮助可以渐渐减少，可能由最初的自我言语提示减少到最后的内部言语提示。想想前面例子中那个丢玩具的小姑娘。让我们将时光向前推进几年，此时那个小姑娘已经变成了一个年龄稍大的学生。当她意识到一本教科书不见了的时候，让我们听听她的想法，她的想法可能是类似这样的：

"数学课本呢？上课的时候用了，下课后放进书包了，我的书包掉在公交车上，那个笨蛋拉里（Larry）踢到我的书包，所以可能……"

这个小姑娘已经可以不用他人的帮助，自己有条理地思考那本书的下落了。

### 2. 学习的作用与发展

皮亚杰将发展定义为知识的主动建构，而学习只是被动地形成联结（Siegler, 2000）。他很关注知识的建构，认为认知发展必须先于学习——学生必须在认知上为学习做好准备。例如，即使学生能记住"日内瓦在瑞士"，但他仍然可能坚持自己无法同时出现在日内瓦和瑞士。只有当儿童发展出类包含的运算能力——一个类别可以从属于另一个类别，他才能真正理解"日内瓦在瑞士"。但正如我们在前文所见，研究并未支持皮亚杰的"认知发展必须先于学习"这一观点（Brainerd, 2003）。

相反，维果茨基认为学习是一个主动的过程，不需要被动地等待认知上的准备。他将学习视为发展的一个工具——学习推动发展进入更高水平，而社会互动在学习中起着关键作用。换句话说，儿童接下来发展什么，取决于哪些因素会受学习的影响（Bodrova & Leong, 2012; Gredler, 2012）。这意味着他人（包括教师）在儿童认知发展中扮演了一个重要的角色。但这并不意味着维果茨基相信记忆就是学习。当教师试图直接传递他们的理解时，其结果往往是"毫无意义的词汇习得"和"纯粹的言语表达"（1978b, p.356），而这实际上隐藏了理解的空白（Gredler, 2012）。用维果茨基的话说，教师"解释、告知、询问、矫正和强迫学生去解释"（p.216），对于个体的发展毫无益处。我们可以这样来概括（也许过于简化）皮亚杰和维果茨基在学习方面的差异——皮亚杰倾向于发现式学习，而维果茨基主张引导式发现。

### 3.4.5 维果茨基理论的局限

维果茨基理论增加了一些重要的影响因素，即强调文化和社会过程对认知发展的作用，但他或许有些矫枉过正了。正如我们在本章所见，我们生来就具有的认知工具可能比皮亚杰和维果茨基所认为的更加丰富。我们对事物有一些基本的理解，如"添加"会导致数量的增长，这可能是我们生物倾向的一部分，随时可以用来指导我们的认知发展。幼儿在向文化或教师学习之前，似乎已经对这个世界有了一定的了解（Schunk, 2020; Woodward & Needham, 2009）。然而，维果茨基理论最主要的缺陷在于，它更多只是停留在一般性的理念上。由于维果茨基英年早逝，他未能有足够的时间对其理论做进一步的拓展与完善。维果茨基理论的最后一个局限就是，尽管他本人对教学十分感兴趣，但他未能有足够的时间详述如何将他的理论应用到实际教学中。因此，大部分关于维果茨基理论在教学中的应用，是由其他学者提出来的——我们甚至都不知道维果茨基是否会赞同这些观点。一个很明显的事实是：一些维果茨基的概念如最近发展区，曾不时地被曲解（Gredler, 2012）。

## 3.5 皮亚杰和维果茨基理论对教师的启示

虽然皮亚杰并未给出明确的教育建议，而维果茨基则没有足够的时间发展出一套完整的应用措施，但是我们仍然能从他们的理论中得到一些启示。

### 3.5.1 皮亚杰理论对教师的启示

尽管皮亚杰的理论已不再在认知发展领域占统治地位，但他的研究成果仍具有一定的现实意义，"因为他研究了认知发展的普遍方面，主要是儿童对物理现实的理解——从客体永久性到守恒，再到时间和空间"（Bjorklund, 2018, p.2298）。皮亚杰认为，教育的主要目的应当是帮助儿童学会学习，教育应当帮助学生形成自己的思维方式，而不是提供给学生一种思维方式（Piaget, 1969, p.70）。皮亚杰告诉我们，只要我们仔细聆听和观察学生解决问题的方式，我们就能了解关于儿童思维特点的众多知识。了解了儿童的思维后，我们就能使教学方法和学生已有的知识、能力更加匹配。换句话说，教师能更好地因材施教。

尽管皮亚杰并没有根据自己的想法设计出教育方案，但他对现代教育实践的影响是巨大的。例如，美国国家幼儿教育协会已经将皮亚杰的观点融入发展适宜性教育（developmentally appropriate practice，DAP）的指导方针（Bredekamp, 2017; Copple & Bredekamp, 2008; Gestwicki, 2017）。

#### 1. 理解学生的思维，并以此为基础进行教学

即使在同一个班上学习的学生，他们在认知发展水平和学业知识水平上也会有所不同。作为老师，当你发现学生遇到困难时，怎么判断是因为他们缺乏必需的思维能力，还是因为不知道一些基本的事实？要判断这一点，凯斯（Case, 1985）建议在学生尝试解决教师给出的问题时，仔细观察他们，看看他们使用的是哪一种逻辑，是不是只注意到问题情境的一个方面，是不是被事物的表象误

导了？他们是在有步骤、系统地解决问题，还是只是在猜，猜完就把已经试过的内容忘记了？问问学生他们是如何尝试解决问题的，倾听他们使用的策略。如果学生老是重复出现同一个错误或问题，这意味着什么？要想了解学生的思维，学生本身就是最佳的信息来源。

皮亚杰理论对教学的一个重要启示是 J. 亨特（J. Hunt, 1961）多年前提出的"匹配问题"：教学不应当让学生因为学的东西太简单而厌倦学习，也不应该让学生因为学的东西太难以理解而弃之不理。亨特认为，不平衡状态必须恰到好处才能促进发展。创设一些会导致意想不到的结果的情境，有助于建立合适的不平衡状态。当学生在情境中感到应该发生的（这么大的木头应该沉到水里）和实际上出现的（木头是漂着的）有冲突时，他们就会重新思考，并从中学习新的知识。很多材料和课程可以在不同的层次上理解，并且可以"刚好"适合一系列认知能力。像《爱丽丝梦游仙境》(Alice in Wonderland)等经典著作、神话和童话故事，可以放在具体和象征两种理解层次上供儿童阅读。

### 2. 活动与知识建构

皮亚杰的基本观点是个体在建构自己的理解，学习是一个建构的过程。无论在哪个认知发展水平，我们都希望能看到学生积极地参与学习过程。皮亚杰认为：

> 知识不是现实的简单复制。要了解一个物体、一个事件，不能只是观察它，然后形成心理表征或表象。了解一个物体应该是在活动中进行的。了解就是要去修改、改变物体，了解物体改变的过程，最终了解物体是如何被建构的。(Piaget, 1964, p.8)

例如，对数学教学的研究表明，从幼儿园到大学，无论哪个年级的学生在学习基本事实时，与只使用抽象符号相比，操作教具（如计数棒、图案积木、分数条或积木）能促进学生更好地记住这些基本事实（Carbonneau et al., 2013）。需要注意的是，不要以为只要给学生一些教具，他们就会自动学习。在一项研究中，当教师在使用教具的同时深入指导学生如何使用这些教具时，初中生学到了更多的科学知识。其他学科领域的研究也发现了类似的结果（Hushman & Marley, 2015; Marley & Carbonneau, 2014）。这种主动的活动体验，即使在低年级也不应只局限于对物体进行物理操作，还可以对课程或实验中蕴含的观点进行心理操作（Gredler, 2005, 2012）。例如，在讲授一堂关于不同职业的社会课后，小学教师可以拿出一张图片，上面有一个女性，然后问："这是一个什么样的人？"在得到诸如"教师、医生、秘书、律师、售货员……"之类的答案后，教师再提示："她是不是一个女儿？"接下来的答案可能就是"姐姐、妈妈、阿姨、孙女"等。这有助于学生变换思维的角度，注意问题情境的另一方面。下一步教师可以再提示"美国人""慢跑者""诗人"。对年龄大一点的学生，可能会涉及等级分类：这是一张女性图片，画中的女性是一个人，人是灵长类动物、哺乳类动物、动物、一种生命形式。

所有的学生都需要与教师和同伴进行互动，以检验自己的思维，接受挑战，获得反馈，并观察他人是如何解决问题的。如果教师或其他同学提出了一种新的思维方式，不平衡的状态自然就会产生。一般而言，学生应该采取行动、动手操作、仔细观察，然后向教师或同伴说出或写出自己的体会。具体的经验能为思维提供原材料，而与别人的交流能帮助学生进行应用、检测，有时甚至能改变他们的思维策略。

## 3.5.2 维果茨基理论对教师的启示

与皮亚杰相似，维果茨基认为教育的主要目的是发展高级心理功能，非简单地记住一些事实。因此，维果茨基很可能会反对那些"这有 1 英寸深 1 英里宽"或类似的教授琐碎事实的课程。例如，玛格丽特·格雷德勒（Margaret Gredler, 2009）曾列出了这样一个案例：教师为为期 9 周的科学课程准备了一系列的材料，其中涉及水溶液、氢键结合、分离结晶等 61 个术语。然而，教学材料对这些术语的解释极为简短，只有一两句话。这一案例就是典型的琐碎事实课程。

高级心理功能是借由文化工具得以发展的，并在人际间进行传递。而完成这一过程至少有三种不同的方式：模仿学习（个体试图模仿其他人）、指导性学习（学习者把教师的指导内化，并用这些指导来自我调节）、合作学习（同伴团体的所有成员在互相理解的过程中共同学习）（Tomasello et al., 1993）。维果茨基更关注的是第二种，即指导性学习，通过直接指导或提供结构性经验，从而帮助另一个人学习。他的理论同样也支持模仿和合作等形式的学习。因此，维果茨基的观点对于那些采用直接教学、有意识地采用示范教学和致力于创设合作学习环境的教育者都会有所帮助（Miller, 2016; Wink & Putney, 2002）。当然，这其中也包括我们。

### 1. 成年人和同伴的作用

维果茨基认为，儿童不是独自发现守恒或分类等认知操作的，家庭成员、教师、同伴，甚至是软件工具等都会协助这一发现过程或成为这一发现过程的媒介（Puntambekar & Hubscher, 2005）。大部分时候，指导是通过语言交流实现的，至少在西方是这样的。但在某些文化中，最主要的方式不是口头指导，而是让儿童观察熟练者的示范，以此来指导儿童的学习（Rogoff, 1990）。一些学者将这种成年人的帮助称为**支架（scaffolding）**，这一概念最早是于1976年由伍德（Wood）、布鲁纳（Bruner）和罗斯（Ross）提出的。这一术语巧妙地说明了这样的过程：儿童在尚未建立稳固的理解时，利用这种帮助作为支持；而当他们建立起稳固的理解后，他们最终将离开这些支持，独立解决问题。事实上，伍德和他的同事最初使用这一术语时，他们所关注的是教师如何建立或架构学习环境，维果茨基的理论则强调教师与学生之间更加动态的交流，这种交流让教师能够协助学生完成他们不能独立完成的任务，实际上就是下面将会介绍的辅助学习中的互动（Schunk, 2020）。

### 2. 辅助学习

为了让学生成为独立的学习者，维果茨基认为教师除了设置学习环境，还需要做许多其他的工作。我们不能也不应该期望儿童去重新发明或重新发现文化中已有的知识；相反，我们应该在他们的学习过程中提供指导和帮助。

**辅助学习**（assisted learning）或称有指导的参与，是指首先根据学生的需要确定学习内容，接着在恰当的时候给予适量的信息、提示、提醒和鼓励，然后逐渐让学生独立去做。教师可以通过多种方式辅助学生进行学习，如根据学生的水平调整材料或任务，示范技能或思维过程，带领学生一步步地解决复杂问题，替学生完成一部分任务（例如，在代数学习中，学生建立方程，教师做具体计算部分，或者反过来），给予详细的反馈，允许修改，通过提问集中学生注意力等（Rosenshine & Meister, 1992）。在第10章中，我们将介绍的认知学徒制就是辅助学习的一种形式。表3-5举例说明了适用于不同课程的辅助学习策略，可供参考。

**表3-5　为学生提供支架和辅助学习的教学策略**

- 为学生示范思维过程：例如，在解决问题或构思文章框架时将自己的思维过程大声地说出来
- 为学生提供一些诸如"谁、什么、为什么、怎么样、接下来是什么"等组织形式或句子开头
- 替学生完成部分任务
- 为学生提供提示或线索
- 鼓励学生设定短期目标并采取小步子原则
- 将新知识与学生的兴趣或已有学习经验联系起来
- 鼓励学生使用时间轴、图表、表格、类别图、核查表和图形等形式

- 简化任务，阐明目的，给予清晰的指示
- 教授关键词汇，并举例说明

### 3.5.3 课程范例：心理工具

黛博拉·梁（Deborah Leong）和埃琳娜·博德罗娃（Elena Bodrova, 2012）多年来一直致力于根据维果茨基的理论来设计一个针对幼儿园至小学二年级的儿童的课程。博德罗娃博士在俄罗斯时曾跟维果茨基的学生和同事一起学习，并希望将维果茨基的观点带给一线教师。其结果就是心理工具这一项目的诞生，它包括针对幼儿园、学前班和有特殊需要儿童的课程理念。这一项目从维果茨基那里借用了一个关键观念，即随着儿童发展出心理工具，如集中注意力的策略，他们不再是环境的囚徒——被任何新的景象或声音"抢走"他们的注意力，他们学会控制自己的注意力。第二个关键观念是游戏，特别是假装性的戏剧游戏，在促进幼儿的发展上是最为重要的活动。通过戏剧游戏，儿童学会了集中注意力、控制冲动性、遵循规则、使用符号、调节自身的行为，并学习与他人合作。因此，针对幼儿的心理工具课程的关键要素之一是游戏计划，而这个计划是由学生自己创造的。儿童画一幅画来说明他们当天如何计划游戏，然后将他们的计划描述给教师，教师可以在纸上记笔记，从而示范读写活动。随着儿童成为更好的计划者，他们的计划变得越来越复杂和详细。图 3-5 展示了一个简单的假装成医生的游戏计划。

### 3.5.4 关注每个学生：在"魔法中心"教学

皮亚杰和维果茨基可能都同意，教育应该在学生的"魔法中心"（Berger, 2020）或"匹配"的空间（Hunt, 1961）中进行——在这样的区域里，学生既不会觉得无聊，也不会感到受挫。学生应该被置于这样的情境中：他们需要努力才能理解，但同时也能得到同伴、学习材料或教师的支持。有时，能帮助一位学生解决问题的最好的"教师"，恰恰是另一位刚好能解决这个问题的学生，因为

**图 3-5 "我要听听他们的心脏"游戏计划**

注：在这里，孩子画了一个护士和一个病人，然后对老师说："我要听听他们的心脏。"老师可能会鼓励孩子在画上加一个听诊器，这样孩子就能把计划说出来，然后更好地记住它。

资料来源：Tools of the Mind.

这个学生可能正处在前一位学生的最近发展区内。让一个学生和另一个稍稍比他强一点的同伴一起学习是个不错的想法——两个学生都能从相互解释、说明和质疑中受益。另外，应当鼓励学生使用语言去组织自己的思维，谈论他们正在尝试完成的任务，就像图 3-5 那样。对话和讨论是非常重要的学习途径（Schunk, 2020; Wink & Putney, 2002）。下面的"实践指南：维果茨基理论在教学中的应用"总结了更多基于维果茨基观点所提出的教学建议，你可以参考。

## 实践指南

### 维果茨基理论在教学中的应用

建立适合学生需要的支架。

例如：

（1）当学生刚开始新的任务或主题时，提供示范、提示、句子开头、指导和反馈。随着学生能力的增长，减少帮助，给他们更多独立学习的机会。

（2）让学生自己选择任务的困难水平和完成任务的独立程度，鼓励他们向自己挑战，但在真正进行不下去时寻求帮助。

确保学生能够获得促进思维的有效工具。

例如：

（1）教学生使用学习和组织的策略、研究工具、语言工具（字典或电脑搜索）、电子制表软件，以及文字处理程序。

（2）示范如何使用工具。例如，向学生展示你是如何使用记事本或手机上的日历程序制订计划和管理时间的。

以学生的文化知识储备为基础进行教学（N. Gonzalez et al., 2005; Moll et al., 1992）。

例如：

（1）让学生互相采访，了解彼此有关家庭的工作（农业、经济、制造、家庭管理、医学和疾病、宗教、儿童教育、烹饪等），以了解学生有关家庭的知识。

（2）根据这些知识储备设计学习任务，请社区专家来评估。

利用对话和小组学习。

例如：

（1）让同伴当小老师；教学生如何提出好的问题，如何给予同伴有帮助的解释。

（2）应用第10章中提到的合作学习策略。

### 3.5.5 认知发展研究对教师的启示

尽管认知发展存在跨文化的差异，关于发展也有不同的理论，但也存在一些共识。皮亚杰、维果茨基，以及最近探讨认知发展和大脑的研究者可能都会同意以下主要观点：

（1）认知发展需要物理和社会的刺激。

（2）培养发展思维，儿童必须在心理上、物理上和语言上都是主动的。他们需要尝试、谈论、描述、反思、书写和解决问题，但他们也能从教学、指导、问题、解释、示范和对他们思维的挑战中受益。

（3）教学内容是学生已经知道的，会让他们感到无聊。试图教给学生他们尚未准备好学习的内容，则会让他们感到沮丧，并且无效。

（4）有支持的挑战不会让学生感到害怕，反而会让他们始终参与其中。

## 模块 10 小结

**维果茨基的社会文化观**

**根据维果茨基的观点，影响认知发展的三个主要因素是什么？**

维果茨基认为必将人类活动置于其文化背景中去理解。他认为，我们特有的心理结构和思维过程可以追溯到我们与他人的社会互动；文化工具尤其是语言工具，是个体发展的关键因素；最近发展区是使学习和发展成为可能的一个区域。

**什么是心理工具？为什么心理工具很重要？**

心理工具是指符号和象征，如数字和数学系统、代码和语言，它们会促进学习和认知发展。它们通过激发和塑造思维来改变思维过程。许多心理工具都是成年人通过正式、非正式的互动和教学活动传递给儿童的。

### 解释人际心理发展如何转变成内在心理发展

高级心理过程首先出现在人与人之间，是在共享活动中被共同建构出来的。当儿童与成年人或更有能力的同伴共同参与活动时，彼此间交流想法以及思考或表征概念的方式。这些在活动中共同建构的想法最终被儿童内化。这样，通过内化或吸取社会文化及更有能力的群体成员所提供的行为和思维方式，儿童的知识、观念、态度和价值观得以发展。

### 皮亚杰和维果茨基对于自我言语及其在发展中的作用有什么不同看法？

维果茨基的社会文化观认为，认知发展取决于社会互动和语言的发展。例如，他描述了儿童在引导和监控思维与问题解决过程中自我言语的作用。皮亚杰认为，自我言语正是儿童的自我中心的体现。维果茨基比皮亚杰更强调成年人和更有能力的同伴在儿童发展中的作用。这种成年人辅助为学生提供了早期的支持，学生则建立了后期独立解决问题所需要的理解。

### 什么是学生的最近发展区？

不论处于哪个发展点，总有一些问题是儿童即将能解决的，还有一些问题是超出儿童能力范围的。最近发展区就是儿童不能独立解决问题，但在成人的指导或者与更有能力的同伴合作下能成功解决的这样一个区域。

### 对维果茨基理论的两个批评是什么？或者维果茨基理论的两大局限是什么？

维果茨基可能太过于强调社会互动在认知发展中的作用了，其实儿童依靠自身就能弄懂很多东西。另外，由于维果茨基英年早逝，他未能发展和阐述自己的观点。从那以后，他的学生和其他学者接手了这项工作。

## 皮亚杰和维果茨基理论对教师的启示

### 什么是亨特所描述的"匹配问题"？

匹配问题是指学生会因为学的东西太容易而产生厌倦，也会因为教师教的东西太难理解而放弃。亨特认为，不平衡状态必须是恰到好处的，这样才能促进发展。创设一些会导致意料之外的结果的情境有助于产生合适的不平衡状态。

### 什么是主动学习？皮亚杰的认知发展理论为什么符合主动学习？

皮亚杰的基本观点是个体在建构自己的理解；学习是一个建构的过程。无论在哪个认知发展水平上，学生都必须能把信息纳入他们自己的图式。要做到这一点，他们必须以某种方式对信息进行加工。这种主动的活动体验，即使在入学的最初阶段，也应该包括对物体的物理操作和对概念的心理操作。一般而言，学生应该采取行动、动手操作、仔细观察，然后说出或写出自己的经历。具体的经验能为思维提供待加工的内容和对象，而与别人的交流能帮助学生进行应用、检测，有时甚至能改变他们的思维策略。

### 什么是辅助学习？支架在其中起什么作用？

辅助学习或引导学生参与课堂需要支架——理解学生的需要，在适当的时候提供适当的信息、提示、回忆线索和鼓励，然后逐渐让学生独立去做。教师可以通过多种方式辅助学生进行学习。例如，根据学生的水平调整材料或任务；示范技能或思维过程；带领学生一步步地解决复杂问题；替学生完成一部分任务；给予详细的反馈，允许修改；通过提问集中学生注意力等。

# 第 4 章
## 自我、社会性与道德发展

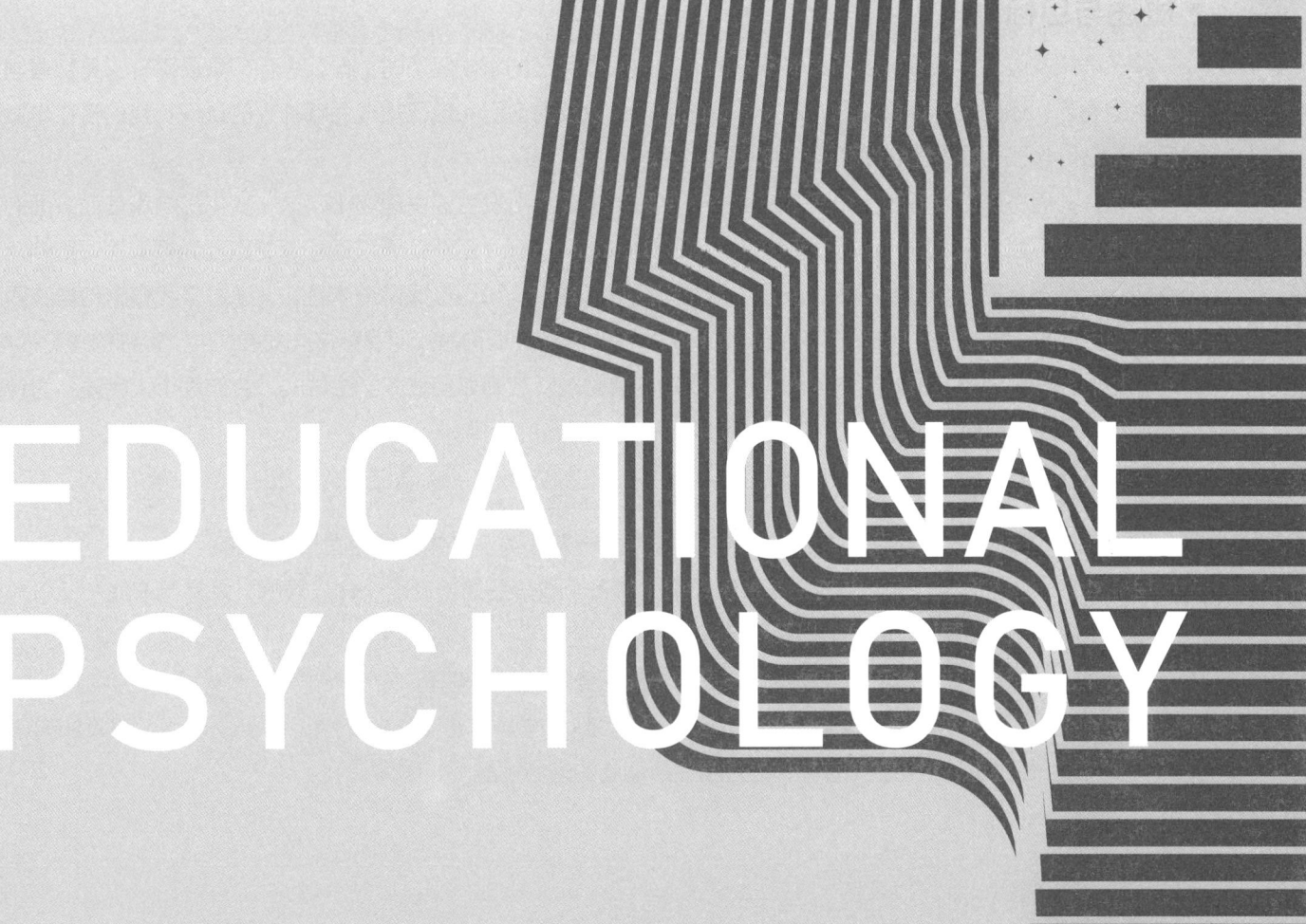

EDUCATIONAL PSYCHOLOGY

## ■ 教师的案例簿：刻薄的女孩

以前你也见过这种情形，但今年在你就职的中学里，这种情况似乎特别严重：一群学校里受欢迎的女生，正在合伙极力排挤她们之前的团队成员之一贾斯敏（Jasmine），使她的生活苦不堪言。她被排挤的主要原因是她"不合群"，比如穿错了衣服、留错了发型、长得不够漂亮，或是对男生不感兴趣。为了让自己和"不合群"的女孩划清界限，那些受欢迎的女孩会散布一些不利的谣言来攻击她们昔日的好友，并泄露几个月前她们还是好朋友时对方分享给自己的秘密。然而，这些女孩并不是在走廊里传纸条或是窃窃私语，而是利用社交媒体羞辱贾斯敏。她们发布了一条贾斯敏写给她曾经最好的朋友玛雅（Maya）的一封很长且感情真挚的邮件。最近，她们中的一个人用手机拍下了贾斯敏在体育课后换衣服时的照片，并把它发到了Instagram（照片墙）上。这件事情发生后，贾斯敏已经三天没来上学了。

### ■ 批判性思考：
- 你会如何回应每个女孩？
- 你还会对其他学生说些什么？
- 在你的教学过程中，如果遇到这种情况，你会怎么处理？

## ■ 概述与目标

除了认知发展，学校教育还涵盖很多方面。当你回想自己的求学经历时，什么令你印象最深刻？是那些学习经历中的亮点，还是关于体育运动、师友情谊的回忆，以及对自己和自己想成为哪种人的认识？我们将在本章讨论后者，它包含了个性、社会性和道德的发展。

首先，我们将探讨发展的一个基本方面——伴随学生成熟而发生的生理变化，这一变化影响着其他方面的发展。接着，我们会介绍尤里·布朗芬布伦纳（Urie Bronfenbrenner）的生态系统理论，并以此为框架探讨影响儿童个性和社会性发展的三个主要因素：家庭、同伴和教师。随后，我们将探讨个体是如何通过自我概念和自我同一性来认识自己的。埃里克·埃里克森（Erik Erikson）的心理社会理论为我们观察这些发展提供了很好的理论视角。最后，我们会探讨道德发展。哪些因素决定了我们的道德观？教师如何培养学生诚实、合作等个人品质？为什么有些学生在完成作业时会作弊？我们如何帮助学生做出"好"的选择？

学完这一章后，你就能达成以下目标。

目标4.1 描述从孩童时期至青春期个体生理发展的一般趋势、群体差异及面临的挑战。

目标4.2 论述布朗芬布伦纳的生态系统理论中的各个成分是如何影响个体发展的，尤其是家庭、父母教养方式、同伴、教师，以及科技的影响。

目标4.3 描述自我概念和自我同一性发展的一般趋势及其群体差异。

目标4.4 阐述科尔伯格（Kohlberg）、吉利根（Gilligan）、努奇（Nucci）和海特（Haidt）等人的道德发展理论，讨论教师该如何处理学生所面临的道德挑战（如作弊）。

## 模块 11　生理成长——社会性与道德发展的情境

**学习目标 4.1**　描述从孩童时期至青春期个体生理发展的一般趋势、群体差异及面临的挑战。

## 4.1　生理发展

本章将主要探讨个性和社会性发展，但我们先从生理发展这一备受个体和家庭关注的发展开始谈起。

> **设身处地想一想**
>
> 你现在多高？你是几年级时长到现在这么高的？在中学阶段，你是班上最高的，还是最矮的，还是中等水平？你知道有些学生因为外表原因经常被其他同学取笑吗？对你来说，生理发展对你的自我感觉有多重要？

### 4.1.1　生理与运动发展

对大多数儿童来说，至少在最初几年中，成长意味着长得更高大、更强壮和更协调，这些变化可能使人感到惊慌、失望、兴奋和困惑。

#### 1. 幼儿

学前阶段的儿童非常活跃。在最初的几年中，他们的大运动（大肌肉）技能发展得很快。在两岁到四五岁之间，学前儿童的肌肉变得更强壮，大脑能更好地整合动作相关的信息，平衡感增强，身体重心下移，因此他们能做到跑、跳、爬和单脚跳。到了两岁，大多数儿童就不再"蹒跚学步"了，他们笨拙的步伐变得日趋流畅和富有律动，他们已经行走自如。三岁的儿童大多能完成跑、投掷和跳等动作，但这些动作直至他们四五岁时才能变得娴熟。如果儿童的生理机能正常并有玩耍的机会，大多数运动能力都会自然发展起来。对于那些有生理缺陷的儿童，可能需要特殊训练才能发展这些能力。因为学前儿童还不会判断什么时候应该停下来，因此在体力消耗后他们需要有规律的休息（Darcey & Travers, 2006; Thomas & Thomas, 2008）。

至于精细运动技能，如穿鞋或系纽扣，则需要细小动作的协调。这些技能在学前期同样发展得很快。学校应提供大的画笔、粗的铅笔和蜡笔、大张的画纸、大号的乐高积木、松软的黏土和橡皮泥供学前儿童使用，以适应他们未发育完善的技能。这一期间，儿童将表现出他们对左手或右手的偏好，这一偏好将会伴随他们一生。到了五岁，90%左右的儿童倾向于使用右手来完成大多数熟练的工作。偏好使用左手的男孩多过女孩，还有一小部分儿童是左右开弓的——在不同的任务中使用不同的手，甚至在同一任务中交换手使用（Feldman, 2004; Hill & Khanem, 2009）。这种偏好是有遗传基础的，与大脑的发育和组织有关，因此不要轻易尝试改变儿童的偏好。例如，有一些研究表明，左利手儿童比右利手儿童更有可能发展出高级的言语和数学技能（Berk, 2019）。

#### 2. 小学阶段

在小学阶段，大多数儿童的生理发展是相对稳定的，他们变高了、变瘦了，也更强壮了，因此他们能更好地从事体育运动和游戏。然而，儿童彼此间存在很大的差异。某些儿童可能长得比平均水平要高很多或矮很多，但仍然非常健康。这个年龄阶段的儿童已经意识到生理上的差异，但他们说话比较直接，不够婉转（他们还在学习礼貌和体贴的交往规范），因此你可能经常会听到他们在谈论"你太矮小了，不应该上三年级，你是不是有什么毛病"或是"你怎么这么胖"。这些评论更多反映的是好奇心而不是冒犯。不过，听到这些评论也是一个信号，意味着我们可以以此为契机，教导和示范孩子如何善意和包容地对待身体与我们有些不同的人。"实践指南：应对课堂上的生理差异"可以在这方面提供帮助。

| 实践指南 |

## 应对课堂上的生理差异

在处理学生的身体差异时，不要引发学生对这些差异不必要的关注。

例如：

（1）尽量安排好个子较矮的学生的座位，使他们能看到并参与课堂活动，但要避免明显以身高为依据来安排座位。

（2）平衡好依赖体型、力量的运动和游戏与那些反映认知、艺术、社交或音乐能力的游戏，如猜字谜或绘画游戏。

（3）不使用也不允许学生使用根据生理特征所取的绰号。

（4）为左利手学生提供充足的工具和设备（如剪刀、棒球手套、曲棍球棒等）。

帮助学生获取有关生理发展差异的事实信息。

例如：

（1）安排有关生长速度性别差异的科学项目。

（2）提供有关早熟者和晚熟者差异的读物，确保呈现了两者各自的优点和缺点。

（3）了解学校在性教育和对学生的非正式指导方面的政策。例如，有些学校鼓励教师与因月经初潮而烦恼的女生交谈，而有些学校则希望教师让女生去找校医或辅导员谈谈。

（4）在文学作品或社会中为学生找到那些不符合文化中"理想的"外表的刻板印象，但取得了成就并富有爱心的榜样。

接纳青少年对自身外表的关注会占用他们大量的时间和精力这一现象。

例如：

（1）鼓励青少年更多地关注自己的行为，而不是自己的外表。

（2）通过与课程相关的材料来处理其中一些问题。

### 3. 青春期

**青春期**（puberty）标志着性成熟的开始。它并不是某个单一方面的发展，而是涉及身体几乎每个部分的一系列变化。那些在小学后期出现的生理发展中的性别差异，到了青春期早期就表现得更加明显了。但这些变化需要时间。女孩进入青春期后，最先被觉察到的变化是在9岁左右开始出现乳头的生长和乳房的发育。一般而言，在12岁和13岁之间，女孩会经历人生的第一次月经期，即**初潮**（menarche），但初潮来临的年龄范围很大，从10岁到16岁半都有可能。一些群体的月经初潮年龄早于其他群体（如美国的非洲裔女孩、在英国的印度和巴基斯坦女孩）。差不多同年龄，男孩也开始发育，他们的睾丸和阴囊正在逐渐变大。男孩在12岁到14岁之间则会经历人生的第一次射精，即出现**初精**（spermarche）。在随后的几年里，男孩开始长胡子，胡子发育的时间一般最晚会到十八九岁，但有一些人可能需要更长的时间才会长出胡子。青春期也会带来一些令人不太愉快的变化，比如皮肤出油、长痘和体臭。这些趋势主要反映了在高收入国家进行的研究成果（Brix et al., 2018; Kelly et al., 2017; Sun et al., 2012），但在尼日利亚等中低收入国家也观察到类似的趋势（Irewole-Ojo et al., 2018）。

就身高而言，女孩的最终身高在14～16岁就基本达到顶峰了，比男孩子提前好几年。因此，在初中阶段或小学后期，很多女孩的个子会超过班上的男同学。这种体型上的差异会让女孩在体育活动中占据优势，但有些女孩对此感到尴尬，并因此淡化了自己的体能优势（Woolfolk & Perry, 2015）。很多男孩到了19岁左右才不再长高。但无论是男孩还是女孩，在25岁之前，都有可能缓慢地长高

（Thomas & Thomas，2008；Wigfield et al.，2006）。

#### 4. 早熟与晚熟

心理学家很关注早熟和晚熟的青少年在学业、社会性和情感上的差异。

对女孩来说，比同龄人早熟与青春期的一些不良后果有关，尤其是当这些女孩所处的文化并不鼓励"长得比班上同学更高大或更'成熟'"这一特征时（Kelly et al.，2017；Mendle & Ferrero，2012）。例如，早熟、学业成绩落后、青春期抑郁和焦虑等情绪障碍，以及饮食失调有关。在人生中后期，早熟的女孩子患心脏病和乳腺癌的风险更大。

然而，成熟的时间会以不同的方式影响女孩，这取决于社会环境。研究发现，早熟给非洲裔女孩带来的问题较少，但针对这一群体的研究非常有限（DeRose et al.，2011；Stattin et al.，2011）。在一项以美国原住民和加拿大原住民女孩为对象的研究中，梅丽莎·沃尔斯（Melissa Walls）和莱斯·惠特贝克（Les Whitbeck，2011）发现，早熟的女孩更可能会滥用酒精，但这种联系会受到社会因素的影响。晚熟的女孩遇到的困难可能会少一些，但她们会担心自己有什么毛病，为什么迟迟未发育。因此，成人的安慰和支持对她们也很重要。

关于男孩早熟的研究结果喜忧参半。一些研究表明，对男孩而言，早熟意味着更强的社交能力，以及更受欢迎；而另一些研究则认为男孩过早进入青春期与更多的犯罪和危险行为相关（Klopack et al.，2020）。早熟的男孩身体更高一些，肩膀更宽一些，体型也更符合传统的理想男性形象。这可能是一种优势，但是早熟的男孩更可能出现抑郁、被欺凌、进食障碍、早期性行为，以及滥用酒精、非法药物和香烟等问题（Berk，2019；Mendle & Ferrero，2012；Westling et al.，2008）。同样，社会环境也很重要。早熟造成的后果取决于同龄群体的价值观、学校经历、父母教育，以及社区组织/混乱等因素（Klopack et al.，2020）。

对晚熟的男孩而言，他们可能会在刚开始面临更多的困难，因为他们比"理想中的男性"身材更矮小、肌肉更少（Harter，2006）。但有研究表明，晚熟的男孩成年后会更有创造性、容忍性和洞察力。可能晚熟所带来的考验和焦虑，使这些男孩成为更好的问题解决者（Brooks-Gunn，1988；Steinberg，2014）。前面的"实践指南：应对课堂上的生理差异"能为你帮助所有学生提供一些建议。

总之，青春期会使青少年变得脆弱。如果青少年能意识到成熟过程中存在着非常广泛的个体差异，那么他们将从这一认识中受益。作为一名教师，你必须意识到有些青少年在这些充满压力的时期，可能需要特别的关注和支持。除了本节讨论的挑战，我们还将在后面讨论肥胖症和饮食失调问题。

### 4.1.2 游戏、休息和体育活动

游戏是自然发生、自我发起和自我调节的活动（Edwards et al.，2020）。当儿童把他们的活动看成游戏而不是工作时，他们就会在不需要外部激励的情况下长时间地参与活动。游戏有利于儿童的认知、社会情感和生理发展。例如，在每个年龄段，游戏都能为儿童提供有利于大脑发育的刺激。事实上，一些神经系统学家认为游戏有助于儿童时期大脑的突触"修剪"过程（Pellis，2006），它能够刺激感官，并为儿童创造机会以提高他们的眼手协调能力、精巧运动和大运动的协调能力。通过游戏，儿童得以发展语言能力、问题解决能力、观点采择能力（perspective-taking ability）[①]和人际交往技能（Hopkins et al.，2015；Lillard et al.，2013；Woolfolk & Perry，2015）。

皮亚杰（Piaget，1966）确定了与儿童认知发展阶段有关的三种类型的游戏。婴儿和学步儿童玩的是感知运动游戏。他们对物体的属性和功能感兴趣（如：这东西能做

---

① 观点采择能力指的是采取别人的观点以理解他人的思想与情感的一种认知技能。——译者注

什么？它能发出什么声音？），并通过探索、吮吸、拍打、摇晃和投掷来学习。学前儿童玩的是象征性游戏或假装游戏，他们能用一个物体代表另一个物体，使活动变得更有目的和意义（Howard，2019）。他们可能创造一些规则可预测的简单游戏，他们喜欢玩假装游戏（make-believe）。小学阶段的儿童也喜欢幻想，但这种幻想和基于规则的游戏会变得更加复杂，这标志着他们逻辑思维能力的发展。他们也开始玩更为复杂的游戏和运动，在这个过程中他们学习合作、公平、协商，体验成功与失败，并发展出更为复杂的语言。随着儿童进入青春期，游戏和运动对他们的生理和社会性发展依然有着重要的作用（Woolfolk & Perry，2015）。游戏空间符合维果茨基（Vygotsky）的最近发展区理论，允许儿童在安全的环境中实验、尝试新的角色和行为、解决问题和适应新的情境（Chen & Fleer，2016）。

鉴于游戏对儿童的快乐及其社会性和认知发展如此重要，教师和学校可以考虑让学习更像游戏而不是工作。霍华德（Howard，2019）建议，可以通过更多的以儿童为中心/以儿童为主导的活动来实现这一目标。这些活动是开放式的，注重过程而非结果，并在活动中提供大量选择（Hopkins et al.，2015；Lillard et al.，2013）。

### 1. 游戏中的文化差异

游戏是全世界儿童共同的经历。与其他很多主题一致，游戏也存在文化差异。在美国或土耳其等文化中，成人，特别是妈妈，通常是孩子的游戏玩伴。但在其他文化中，如东印度群岛、印度尼西亚或玛雅，成人并不会被视为儿童合适的游戏玩伴，兄弟姐妹和同伴才是那个指导幼儿参与游戏活动的人（Callaghan et al.，2011；Vandermass-Peler，2002）。在一些家庭和文化中，儿童会花更多的时间帮忙做家务，而花更少的时间玩游戏。

然而，不同文化中的游戏形式各具特色。世界各国都有捉人游戏、跳绳、玩弹珠和球的游戏。不同材料和"玩具"都可以用来游戏，从昂贵的玩具、数码设备到小木棒、石头和香蕉叶等。儿童使用他们的文化和社区所提供的材料来进行游戏。此外，与挪威、瑞典、新西兰和日本等这些将"游戏教学法"纳入课程中的国家相比，美国和澳大利亚的教师可能相对更少重视游戏对儿童学习的价值（Lillemyr et al.，2011；Synodi，2010）。

### 2. 体育锻炼和课间休息

体育锻炼和参与体育运动，对所有学生的健康、幸福感、领导技能、社会关系、大脑发展甚至学习都有好处。如今，大多数儿童在日常生活中没有充足的体育锻炼，因此学校有必要促进学生主动进行锻炼游戏。关于课间休息和体育锻炼的作用，目前已有很充足的学术依据：运动能引导血液流动，增加大脑中的神经递质，还能改善情绪，帮助学生集中注意力（Berger，2018）。精心设计的课间休息和锻炼时间可以帮助学生锻炼管理情绪的能力，表现出对他人的尊重和同理心，并与同伴保持积极的关系，从而支持社会情感学习（SEL）（London，2019a）。亚洲国家的学生普遍在国际阅读、科学和数学测验中表现优于美国学生，部分原因可能是亚洲学生每天有更频繁的课间休息。一项研究以11 000名小学生为测试对象，发现与没有课间休息或很短课间休息时间的儿童相比，每天有15分钟或更多课间休息时间的儿童在课堂上的表现更好。即使在控制了学生性别、族群、公立或私立学校背景，以及班级规模等因素以后，这种差异仍然存在（Barros et al.，2009）。

非常不幸的是，为了腾出更多的时间应对考试，美国的学校正在不断地缩减体育课的时间（Ginsburg，2007；Zhu et al.，2010）。有些学生群体比其他学生群体更容易错过运动和课间休息时间（如城市低收入学校的儿童和患有障碍的学生）。丽贝卡·伦敦（Rebecca London，2019a，2019b）建议学校通过问自己三个关键问题来防范这种"机会差距"：课间休息是日常安排的一部分吗？暂停课间休息是对不良行为或旷课的惩罚吗？学校有没有采取措施使课间休息成为一种安全、健康和包容的体验？

### 4.1.3 关注每一个学生：体育锻炼和残疾学生

与同龄人相比，残疾学生参加体育运动的机会往往有限。这种情况不应该发生！残疾儿童定期参加体育锻炼好处多多，例如，可以控制或减缓疾病和残疾的发展，改善整体健康和幸福感，以及减轻残疾对社会心理的影响（Woolfolk & Perry，2015）。参加体育运动和活动为残疾儿童和青少年创造了机会，使他们能够建立友谊，培养积极的自我概念和自尊（Murphy et al.，2008）。想想那些残奥会参赛选手所取得的成就吧。所有的孩子都应该有机会激发他们的运动潜能。

"包容性操场"（inclusive playgrounds）是确保每个儿童都能进入操场，并参与操场活动的一种方式。这些场所旨在创造促进社会互动和包容的空间，超越无障碍的物理层面。包容性操场也被称为"全民操场"（playgrounds for all），在世界上许多地区都存在，包括美国、澳大利亚和英国（Wenger et al.，2020）。

我们之所以关注体育锻炼，很重要的一个原因是越来越多的儿童患上肥胖症。我们将在下面介绍这方面的内容。

### 4.1.4 生理发展中的挑战

生理发展是公开可见的，每个人都能看到你有多高、多矮、多胖、多瘦、肌肉发不发达，或是身体协调不协调。随着学生进入青春期，他们会有自我意识，好像每个人都在评价自己。生理发展也是被评价的一部分。因此，生理发展也会产生心理影响（Thomas & Thomas，2008）。

#### 1. 肥胖

近几十年来，发达国家儿童和青少年中的超重和肥胖人数大幅增加（Bray et al.，2019）。在2015—2016年间，18.5%的美国儿童和青少年达到肥胖标准（Hales et al.，2017）。一些儿童和青少年群体的肥胖率高于其他群体（例如，非洲裔和拉丁裔青少年高于欧洲裔和亚洲裔青少年）。此外，学龄儿童的肥胖率也高于学龄前儿童，这表明早期预防和干预的重要性。

肥胖会对儿童和青少年带来很多危害：骨骼与关节负担、呼吸方面的问题，以及成年后更可能出现心脏病、2型糖尿病和肥胖。肥胖也会对儿童与同伴玩耍和参加体育运动产生负面影响。肥胖儿童往往是被残忍戏弄的对象，他们的敏捷性或运动能力可能较差，这意味着他们不常被学生或老师选入运动队。长此以往，这些儿童可能会患上抑郁症，自尊心也会下降（Bray et al.，2019）。与其他所有涉及儿童发展的问题一样，肥胖是由众多相互影响的因素共同导致的，其中包括食物不安全、饮食不良、遗传因素、坐在屏幕（手机、电脑、电视和平板电脑）前的时间增加以及缺乏运动等（Woolfolk & Perry，2015）。

儿童在体重方面的挑战是一个连续的过程，从对超重、体型的轻微担忧到饮食失调和其他控制体重的极端努力。

#### 2. 身体意象和饮食紊乱

身体意象（body image）是指人们在脑海中如何看待自己，也就是他们照镜子或看照片时所感受到的形象。这反映了人们对自己身体的看法和感受。随着儿童的成长和身体的变化，他们可能会开始关注自己的外表。纸媒和网络媒体对如何使人更有吸引力和健康的看法很片面，可能会误导儿童青少年产生如何使自己的身体更"符合"文化理想的担忧。过度关注身体意象，是导致饮食紊乱的一个风险因素。饮食紊乱（disordered eating）是一种与食物的不健康关系，它可能包括只在特定时间食用严格限定的特定食物、禁止进食、过度运动、过度专注于体形等（Seitz，2018）。饮食紊乱可能会导致全面的进食障碍（eating disorder），如**暴食症**（binge eating disorder，无节制地进食大量食物，通常进食速度极快，以至于身体不适）、**神经性贪食症**（bulimia nervosa，暴饮暴食后清肠、禁食或过度运动以"消除"暴饮暴食）和**神经性厌食症**（anorexia nervosa，因害怕体重增加而限制食物摄入量）。

饮食紊乱和进食障碍通常与女性有关，但现在有大量研究表明，相当比例的男孩也有对身体不满意和饮食失调的经历。米奇森（Mitchison）及其同事们（2020）发现，在他们的澳大利亚样本中，12.8% 的青少年男孩达到了进食障碍的标准。在美国的一个具有全国代表性的青少年样本中，有 30% 的男孩表示试图增胖 / 通过增大肌肉增重，尽管该群体中有 40% 的男孩客观上处于正常体重范围内。男性饮食失调在运动员中尤为普遍，但在有些种族 / 族群男性中也同样普遍（Gorrel & Murray, 2019；Nagata et al., 2020）。饮食紊乱是一个跨越社会人口界限的问题，它对健康造成严重而广泛的后果，可能影响身体的每个器官和系统，包括心血管系统、循环系统和肌肉骨骼系统。饮食失调也会影响自尊，并与焦虑、抑郁、吸烟、酗酒和吸毒、不安全性行为、运动量减少，以及超重和体重不足有关（Bray et al., 2019；Nagata et al., 2020）。

饮食失调的学生通常需要专业的帮助，不要忽视警告信号！教师可能是帮助这些学生的第一人，通过教师，学生才有可能获得更多的帮助。此外，教师和其他照顾者可以主动宣传积极的身体意象，并在饮食失调导致我们前面列出的负面结果之前加以预防。注重健康饮食和享受体育锻炼，让自己感觉良好，保持健康。推广"身体自信文化"（body-confident culture）（Bray et al., 2019）。请参阅"实践指南：帮助学生建立积极的身体意象"，以了解更多的想法和资源。

## 实践指南

### 帮助学生建立积极的身体意象

聆听学生关于自身健康方面的谈话。

例如：

（1）当他们谈到自己打算减肥时，适时加入他们的谈话，一起探讨健康体重、身体意象、文化对年轻人的影响等方面的话题。

（2）当他们谈到自己或朋友打算节食时，适时加入他们的谈话，从健康营养的角度为他们阐释关于当下流行的各种节食方法的误解及其危害。

（3）留心学生的话语，一旦青少年对健康方面的问题发表了一些自己的见解，教师就可以把握机会，就身体意象与他展开有意义的对话。

注意学生可能会出现的饮食失调的迹象。

例如：

（1）学生的体重可能会减少 20%～50%，女生可能会停经。

（2）学生的皮肤可能会变得苍白，指甲可能会变脆，全身可能会出现细黑的毛发。

（3）在其他同学都感觉很好时，学生可能会抱怨冷。

（4）在学生可能会表现出抑郁、不安全感或孤独感。

（5）学生可能会谈论支持厌食症或支持暴食症的社交网络或网站。这些网站将这些饮食失调描述为"选择"或"生活方式"。这些网站通常提供危险的饮食方式、隐藏减肥的技巧，以及对饮食失调的社会支持。

询问学生一些问题。

例如：

（1）你是否很在意自己的体重（体形或轻重）？你觉得身边的朋友在意他们的体重吗？你或你的朋友会经常谈论你的体重吗？

（2）你知道节食是减肥或保持体重最差的一种方法吗？你节食过吗？为什么？

（3）你知道只摄取低脂或无脂食物是不健康的饮食方式吗？你知道我们需要从食物中摄取脂肪吗？你知道没有脂肪，我们会出现各种健康问题吗？

确保学生在遇到身体意象方面的困扰时，有足够的资源寻求帮助。

例如：

（1）提供准确、适合年轻人的资源，供他们阅读、网上浏览或图书馆查阅。

（2）鼓励学生在遇到身体意象、体重、节食等方面的困扰时，与你、父母、健康专家、其他信任的教师或关心自己、有智慧的成人就这方面的问题进行交流，避免从饮食失调发展成饮食障碍。

（3）在日常课程教学的材料中处理相关问题。

当然，个体的发展绝不仅限于生理方面。接下来，我们将会介绍个性和道德的发展。我们会先从一个理论框架开始，探讨如何在情境中考察个体的发展。

资料来源：Based on Story, M., & Stang, J. (2005). Nutrition needs of adolescents. In J. S. M. Story (Ed.), *Guidelines for adolescent nutritional services* (pp.158–159). Minneapolis, MN: University of Minnesota.

| 模块 11 小结 |

### 描述儿童在学前、小学及中学阶段生理发展方面的变化

在学前阶段，儿童的大运动技能和精细运动技能快速发展。整个小学阶段，儿童的生理发展仍在持续，女孩通常比男孩身形更大。青少年进入青春期后，会变得情绪化，并努力去应对青春期所带来的所有变化。

### 早熟和晚熟对男孩和女孩有什么影响？

女性比男性提前两年成熟。早熟的男孩可能会拥有更高的社会地位，他们可能更受欢迎，更容易成为领袖。对女孩来说，早熟可能并不是一件好事。

### 课间休息和体育锻炼对于发展有什么作用？

不同文化中的游戏形式各不相同，但游戏都有助于大脑、语言和社会性的发展。在游戏中，儿童能够释放压力，学会解决问题，适应新的环境，学会合作与协商。精心设计的课间休息和锻炼时间可以帮助学生锻炼管理情绪、尊重和共情他人，以及与同伴保持积极关系的能力，从而支持社会情感学习（SEL）。儿童肥胖率的不断增高与缺乏运动、看电视和网络视频，以及玩电子游戏等被动游戏的时间增加有关。

### 什么是身体意象？它与饮食失调有什么关系？

身体意象是指人们在脑海中是如何看待自己的。随着儿童的成长和身体的变化，他们可能会开始关注自己的外表，以及自己的身体如何"符合"文化理想。过度关注身体形象是导致饮食失调的一个危险因素，如暴食症、神经性贪食症和神经性厌食症。

## 模块 12 布朗芬布伦纳的理论

**学习目标 4.2** 论述布朗芬布伦纳的生态系统理论中的各个成分是如何影响个体发展的，尤其是家庭、父母教养方式、同伴、教师，以及科技的影响。

### 4.2 布朗芬布伦纳——发展的社会情境

尤里·布朗芬布伦纳（1917—2005）的理论，强调将发展中的个体置于社会背景中进行考察。布朗芬布伦纳出生于莫斯科，6岁时随家人迁往美国，1938年在康奈尔大学获得心理学和音乐双学位，1942年在密歇根大学获得心理学博士学位。在漫长的职业生涯里，他曾担任美国军队的临床心理学家，也曾是密歇根大学和康奈尔大学的教授。此外，他还帮忙创建了美国开端学前儿童教育计划

(the Head Start early childhood program)。

### 4.2.1 情境的重要性和生态系统模型

"学生通常不是独自学习的，而是在与老师的合作中、同伴的陪伴下，以及家庭成员的鼓励下学习的"（Durlak et al., 2011, p. 405）。教师、家人和同伴都是学生情境中的一部分。所谓情境（context），指的是环绕在个体的思维、情感和动作周围，并与个体的这些活动相互作用，最终决定个体发展和学习的所有环境因素。发展中的个体既会受到内部情境的影响，也会受外部情境的影响。例如，身体内的激素是大脑等器官发育的情境，也是青少年在青春期自我概念发展的情境。但在本书中，我们主要关注个体以外的情境因素。儿童成长于家庭，但同时是某一特定族群——语言、宗教和经济群体中的一员。儿童与邻居们生活在同一社区，但他们也会接受学校教育，成为某个班级、球队或合唱团甚至帮派的一员。另外，社会工程、教育计划，以及政府制定的相关政策也会影响儿童的生活。这些情境因素向儿童提供了学习和发展的基石——资源、支持、奖励、惩罚、期望、教师、榜样、工具等，并以此影响着儿童行为、信念和知识的发展（Chiu & Chow, 2015; Dodge, 2011; Lerner et al., 2005）。

情境也会影响人们如何对行为进行解释。例如，当陌生人接近一个7个月大的婴儿时，如果周围环境是陌生的，这个婴儿很可能会哇哇大哭。但当陌生人出现在家里时，婴儿可能就不会哭了。再比如，与生活在大城市的成人相比，生活在小城镇的成人更愿意去帮助陌生人（Kagan & Herschkowitz, 2005）。再请你设想一下"电话铃响"的情景：一个是下午三点钟，一个是凌晨三点钟，你会有什么不同的想法？如果是你之前打给别人并留下口信让他打过来呢？这是你今天接过的第无数通电话，还是第一通电话？你才刚坐下来准备吃饭呢？可见，情境不同，电话铃声的意义和你的感受也会变化。

尤里·布朗芬布伦纳关于人类发展的生态系统模型（bio-ecological model）（Bronfenbrenner, 1989; Bronfenbrenner & Morris, 2006）认为，我们所处的物理和社会情境是一个生态系统，系统中各成分总是在持续不断地交互作用和相互影响着。正如图4-1所示，我们每个人都生活在一个微观系统中，这个微观系统包含于中间系统，中间系统又嵌入外部系统，这三个系统都是宏观系统中的一部分——就像一套俄罗斯彩绘套娃，层层镶嵌。此外，所有的发展

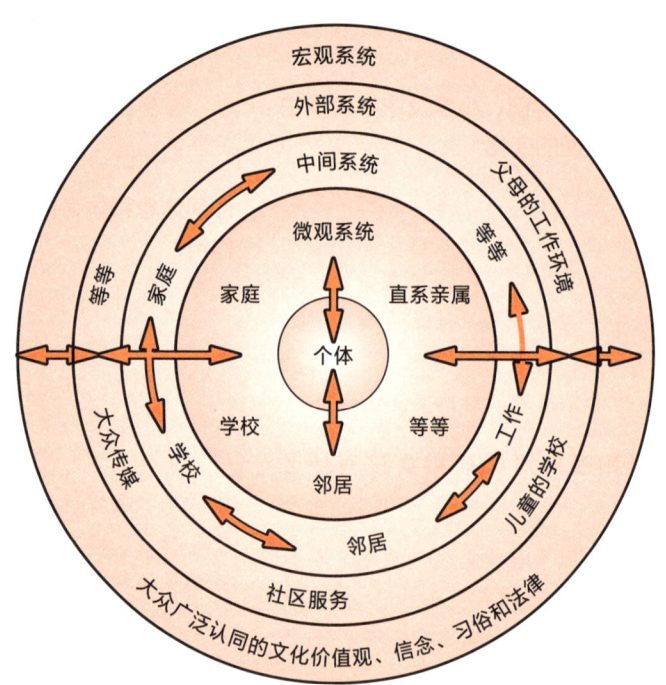

**图4-1 尤里·布朗芬布伦纳关于人类发展的生态系统模型**

注：个体的发展是在一个微观系统（包括家庭、朋友、学校活动和教师等元素）中进行的，这个微观系统包含于中间系统（所有微观系统元素之间的相互作用），中间系统又嵌入外部系统（尽管儿童并未直接参与，但对他们的发展仍会产生影响的社会环境，如社区资源、父母的工作场所等）；这三个系统都是宏观系统（更大的拥有特定法律、习俗和价值观的社会环境）中的一部分。此外，所有的发展都是发生在特定的时间段内，并受到时间段的影响。因此，生态系统还包括一个时间系统。

都发生在特定的时间段内，并受到时间段的影响。因此，生态系统还包括一个历时系统。

微观系统包含了个体在面对面情境中所经历的活动、角色和关系。对儿童而言，微观系统可能就是直系亲属、朋友或教师和游戏、学习等活动，以及他们作为家庭成员和学生的角色。微观系统中的各种关系都是相互影响、双向流动的。例如，学生影响老师，老师同样也会影响学生。中间系统是指微观系统中所有元素之间一系列的相互作用和关系——家庭成员间的相互作用或是家庭成员与教师的相互作用。同样，这些关系是双向的——教师影响父母，父母对教师也有影响，而父母和教师的相互作用会最终影响儿童。外部系统包括所有对儿童产生影响的社会环境，即使儿童并不直接参与该系统。例如，教师与管理者、校董会的关系，父母的工作，社区提供的卫生、工作或休闲等方面的资源，媒体，以及家庭的宗教信仰等。宏观系统是一个更大的社会环境，里面包含相应的价值观、法律、政策、习俗和传统（Miller，2016）。

### 4.2.2 家庭

当今的家庭多种多样。对学生的家庭结构最合适的期望就是不抱任何期望。现在，越来越多的儿童生活在**混合家庭（blended family）**中，在他们的生活中有同父异母或同母异父的兄弟姐妹加入或离开。一些学生可能和姑妈，或爷爷奶奶，或父母一方，或寄养家庭、收养家庭，或某个哥哥、姐姐住在一起。在亚洲裔、拉丁裔或非洲裔等族群和文化群体中，儿童通常生活在**扩展家庭（extended family）**中——和爷爷奶奶、姑姑、叔叔，以及堂兄弟姐妹生活在同一屋檐下，或者至少每天彼此都有接触。因此，教师在和学生交谈时，最好不要用"你的父母""你的妈妈和爸爸"，而是用"你的家人"。

研究发现，无论儿童由谁抚育，抚育者之间的确存在不同的教养方式。

#### 1. 教养方式

黛安·鲍姆林德（Diane Baumrind，1971，1996，2005；Baumrind et al.，2010）基于自己的研究提出了著名的**教养方式（parenting style）**理论。在20世纪60年代末和70年代初，她早期的工作主要是对100名加利福尼亚州的学前儿童（主要来自欧洲裔美国中产阶级家庭）的纵向研究。通过对儿童、父母的观察，以及对父母的访谈，鲍姆林德，以及以她的研究为基础的研究者都发现，根据父母在温暖和控制两个维度上的高低水平、对孩子长大成人后的期望，以及他们给予孩子自主权的意愿，可以划分出四种不同的教养方式：

（1）**权威型父母**（高温暖、高控制、高期望、高自主性）给儿童设定明确的界限，要求儿童遵守规则，鼓励成熟的行为。但与此同时，父母能给予儿童很多的温暖。他们能倾听子女讲他们关心的事情，告诉儿童遵守规则的原因，谅解他们的错误，给予儿童更多的民主选择权。这种类型的父母较少惩罚儿童，更多地给予指导，并帮助儿童学会认真思考自己的行为会导致什么后果。

（2）**专制型父母**（低温暖、高控制、高期望、低自主性）在与儿童相处时看起来很冷酷无情，而且控制欲很强。这种类型的父母总是期望儿童能很快成熟起来，并且按父母的话办事："我怎么说，你就得怎么做！"父母与儿童之间没有太多的情感交流。父母对儿童的惩罚很严厉，但不会滥用惩罚。他们很爱儿童，只是没有表达出来。

（3）**放纵型父母**（高温暖、低控制、低期望、高自主性）给儿童温暖并且养育儿童，但他们很少制定规则或者告诉儿童行为的后果，对儿童能做出成熟的行为不抱太大的希望，因为"他们只是孩子"。这些父母有时被称为"溺爱型父母（indulgent）"，因为他们会隐藏自己的挫败感，无论孩子多么不尊重自己，他们都会倾听孩子的心声，并做出牺牲，给孩子买他们想要的任何东西。

（4）**拒绝型/忽视型/不作为型父母**（低温暖、低控制、对孩子没什么期望、漠视孩子的自主性）对儿童漠不关心，也不会费心控制儿童的行为、与儿童沟通或教育他们。

概括地说，四种教养方式会给孩子带来不同的结果（Baumrind，1971；Berger，2018；Parke & Buriel，2006）。

至少对欧洲裔美国中产阶级家庭的儿童而言，权威型父母的子女在学校里表现出色，对自己很满意，与他人相处融洽；平均而言，与权威型父母的子女相比，专制型父母的子女在学校表现较差，与同龄人相比更有敌意，更不受欢迎，自我控制能力也较弱。放纵型父母的子女往往不成熟、要求高；与权威型父母养育的孩子相比，他们更容易冲动、叛逆和好斗；他们的社交能力和自信心也更低。当然，极度的放纵就会变成溺爱。溺爱型和拒绝型/忽视型父母的教养方式对儿童的发展都是有害的。但拒绝型/忽视型父母的子女的情况最糟糕：他们往往在人际关系中缺乏安全感，不服从管教，具有攻击性，性格孤僻。到了青春期，这些孩子更有可能从事危险和违法的行为，他们的社交和认知发展受到干扰，学业成绩也很差。

### 2. 文化与教养

关于教养方式的研究非常广泛，而且研究结果在不同文化和不同地区都相当稳健［详见品夸特（Pinquart）和考瑟（Kauser）2018年的元分析］。然而，由于大部分研究都是相关性的，所以我们不能断言教养方式会导致儿童产生特定的结果。此外，尽管不同教养方式之间的差异在统计上是显著的，但这些差异通常都很小。对教养方式的笼统概括，无法捕捉到教养方式内部的细微差别，也无法捕捉到不同信仰和文化情境的影响（Smetana，2017）。例如，在那些更尊敬长辈、以集体为中心而不崇尚个人主义的文化中，如果把父母要求孩子服从命令的做法看成"专制"，就可能造成对父母行为的误读（Lamb & Lewis，2005；Nucci，2001）。对拉丁裔父母的研究还表明，鲍姆林德的父母教养方式无助于理解这些家庭，部分原因是尊重成年人的权威与冷漠的亲子关系无关。相反，成年人的权威和关怀是相辅相成的（Berger，2018）。即使在同一种文化中，假定所有照料者的教养方式是一致的，也是错误的。例如，金（Kim）等人在2013年确定了四种类型来捕捉中国教养方式的细微差别。此外，严格和指令性（即专制）的养育方式与高水平的温暖和情感支持相结合，也与儿童的心理健康有关。对于市中心贫民区儿童来说，严格和指令性的教养方式，与高温暖、高情感支持相结合，能促进他们获得更高的学业成绩和更好的情感成熟度（Garner & Spears，2000；Jarrett，1995）。某些城市社区危险程度的提升（无论是实际的还是感知的），可能会使父母更严格的控制变得合理，甚至是必要的（Smetana，2000，2017）。

无论你所面对的学生来自何种家庭，下面的"与家庭和社区建立合作关系的实践指南"或许能给你一些帮助，有助于你与学生的家庭进行良好的沟通。

## 与家庭和社区建立合作关系的实践指南

### 与家庭建立联系

（1）与家庭合作，共同找出家庭参与教育的方法。提供一系列可能的计划，确保这些计划适合你所面对的家庭，并切实可行。

（2）记住，有些家庭可能在学校有过不愉快的经历，或是害怕、不信任学校和教师。尝试在学校之外的地方和他们沟通，如在球赛开始前或结束后，或是在当地的教堂、休闲中心。去那些家长可能去的地方，不要总是期望他们会来学校。

（3）了解家庭喜欢的沟通方式，并通过这些渠道保持定期的家校沟通：电话或书面说明、电子邮件、短信、班级网站或博客。如果家长不识字，可以借助图画代替书面沟通或寻找翻译人员。

（4）确保每次交流都是积极正面的，强调成长、进步和成就。

（5）和家长一起设计家庭活动，以庆祝学生的努力和成功（如一场电影、一顿特别的饭菜、去公园或图书馆、外出吃冰激凌或比萨等）。请家庭与你分享他们庆祝成功的方式。

（6）持续跟进，与学生的家人讨论学生取得的进步，回答问题，征求他们的意见，并对他们的贡献表达谢意。

（7）确保家长参观课堂时感到宾至如归。

资料来源："Effects of Parent Involvement in Isolation or in Combination with Peer Tutoring on Student Self-Concept and Mathematics Achievement" by J. Fantuzzo, G. Davis, and M. Ginsburg, *Journal of Educational Psychology, 87*, pp. 272–281. Copyright © 1995 by the American Psychological Association. Adapted with permission of the APA.

### 3. 依恋

人与人之间形成的情感联结称为**依恋**（attachment）。无论是哪种文化，最初的依恋都是建立在儿童和父母或其他照顾者之间的，即使不同文化中的人会以不同的方式培养依恋关系。例如，乌干达的母亲会为婴儿按摩，但不会亲吻他们。这与美国的习俗大相径庭。Facebook（脸书）上的一张婴儿照片凸显了美国人亲吻婴儿的频率：婴儿身上全是口红印，配文写着"奶奶来访"（Berger，2018；Thompson & Raikes，2003）。

这种依恋纽带的质量似乎对个体一生中人际关系的形成都有影响。与照顾者之间形成安全型依恋的儿童，他们在有需要时会及时得到安慰，更有自信去探索世界，可能是因为他们知道自己可以依赖照顾者。而形成回避型、抵抗型或矛盾型依恋的儿童，在与照顾者互动时可能会表现出害怕、难过、紧张、过分依赖、拒绝、困惑或生气。一些研究表明，专制型的教养方式与不安全型依恋的形成有关。但正如前面所提到的，很多因素会影响教养方式发挥作用（Roeser et al.，2006）。

依恋的质量对教师也有影响。例如，在学前阶段与父母/照料者形成安全型依恋的儿童更能适应幼儿园生活，会较少依赖教师，并与其他小朋友相处融洽。进入学校后，安全型依恋与成就测验分数、教师对其社会胜任力的评估，甚至是低辍学率均呈正相关（Roeser et al.，2006）。在后面的章节中，我们将介绍研究者新近关注的依恋议题，即学生对教师和学校的依恋是他们生活中的一种积极力量。

### 4. 父母离异

美国是世界上离异率最高的国家之一，即使近几年离婚率有所下降。根据人口普查数据，离婚率从1980年的每1000对婚姻中有22.6对离婚降至2019年的14.9对（Wang，2020）。但离婚率取决于你居住的国家和其他社会人口变量（如社会经济地位）。

正如我们很多人从自己家庭的经历中了解到的，即使在最好的环境下，分居和离异都会给所有当事人带来压力。父母真正分居之前，要么家庭矛盾已经持续了很多年，要么显得非常突然，让所有人都感到震惊，包括他们的朋友和孩子。在离异过程中，财产和监护权的抉择可能会使冲突加剧。父母离异后，更多的变化可能会扰乱孩子的生活，比如获得监护权的父亲或母亲可能要搬到新的社区，或者需要工作更长的时间。对孩子来说，这意味着在他们最需要支持的时候，却不得不离开原来的社区和学校。即使在一些少见的案例中——夫妻之间很少发生冲突，资产充足，离异后仍能获得很多朋友和扩展家庭的支持——离异对任何人来说都永远不会是件轻松的事情。离婚后的前2～4年往往是孩子们最困难的时期，男孩比女孩表现出更多的行为和人际交往问题（Fuller-Thomson & Dalton，2011）。不过，我们要强调的是，对于大多数父母离婚的儿童而言，长期结果是积极的（Kelly，2020）。离婚的整体影响取决于风险和保护因素的平衡（例如，教养有效性与冲突、韧性与心理问题的易感性、适应性应对策略）。但对于儿童来说，与在一个充满冲突、不和的家庭中长大相比，也许父母离异是更好的选择。"对于任何家庭来说，毁灭性冲突都会伤害父母和儿童的幸福。"（Hetherington，2006，p.232）下面的"实践指南"是关于教师如何帮助离异家庭学生的建议，供你参考。

## 实践指南

### 帮助离异家庭的孩子

留意学生任何一个突如其来的行为变化，它们可能表明家庭出现了问题。

例如：

(1) 关注学生的身体症状，如反复头疼或胃痛、体重剧增或剧减、疲乏或精力过剩等。

(2) 警觉学生不良情绪的征兆，如喜怒无常、脾气暴躁、注意力无法集中等。

(3) 让家长了解学生有压力的信号。

与学生个别交谈，讨论他们态度和行为上的变化，可以借此了解他们在家是否发生了什么事情。

例如：

(1) 做一个好的聆听者，因为可能没有其他成年人愿意去倾听他们的心声。

(2) 让学生了解你可以和他们交谈，并让学生来决定谈话的时间。

注意你的语言，避免你对"幸福"（双亲）家庭的刻板印象。

例如：

(1) 课堂上尽量使用"你的家人"，而不是说"你的父亲和母亲"。

(2) 避免使用诸如"我们需要妈妈来做志愿者"或"你爸爸会帮你"这类语句。

帮助学生维护自尊。

例如：

(1) 对出色的工作给予认可。

(2) 确保学生能理解作业，并能完成作业。这个时期不适合增加新任务或加大任务难度。

(3) 学生可能对自己的父母不满，却把火气撒在教师身上，所以不要太在意学生的愤怒。

发现学校可利用的资源。

例如：

(1) 与学校辅导员、社会工作者或校长谈论似乎需要外界帮助的学生。

(2) 考虑建立一个讨论小组，由受过训练的成年人主持，帮助学生度过父母离异的阶段。

明确了解父母双方的知情权。

例如：

(1) 如果父母双方有联合监护权，他们都有权利了解孩子的情况和出席家长会。

(2) 没有监护权的家长可能仍然关心孩子在学校的进步。与校长一起了解法律上无监护权的父母的权利。

了解学生因奔波于离异父母双方家庭而产生的一些"长期问题"。

例如：

(1) 学生与离异父母一方共同生活时，可能会将书本、作业、运动服遗忘在另一方的家里。

(2) 离异父母的一方没有按时到学校接孩子或是错过家长会，可能是这一方父母没有收到学校的通知。

### 4.2.3 同伴

儿童的成长离不开同伴团体。鲁宾（Rubin）及其同事们区分了两种同伴团体：小团体（cliques）和群体（crowd）（Rubin et al., 2005; 2015）。

#### 1. 小团体

小团体是规模较小的以友谊为纽带所组成的群体（通常由3至12名成员组成），这种同伴团体在童年中期和青春期早期更为常见。这些小团体通常包括拥有相同兴趣和参加相似活动的同性别和同年龄的同伴。通过提供一个稳定的社会情境，群体成员彼此熟悉并形成了亲密的友谊，小团体满足了年轻人的情感和安全需要（Brown，2004；Henrich et al.，2006）。

> **设身处地想一想**
>
> 回想高中生活，你的朋友中是不是有些来自某些同伴团体，如"受欢迎的人""智囊""运动队""派对党""情感核音乐迷"以及其他的群体？你们学校最主要的群体有哪些？你的朋友们是如何影响你的？

### 2. 群体

群体是相对没有那么亲密、组织相对松散，由于共同的兴趣、活动、态度或名声等而形成的团体。尽管这些群体可能在不同的学校里有不同的名字，但最常见的群体是运动员、聪明人、动漫迷、情感核音乐迷/喜欢哥特摇滚的人、受欢迎的人、普通人、独行者、多才多艺的人、浮动者（在不同组别间浮动的人）和"艺术家"。在一项研究中，受欢迎的人和运动员位于等级结构的顶端，而独行者则位于等级结构的底端（Crabbe et al.，2019）。学生不一定必须加入群体，但其他学生往往会根据名声和刻板印象，将这个学生与特定的群体联系起来或将其归为某个群体的一员（Cook & Cook，2014）。实际上，群体成员间可能会互动，也可能不会。与群体的联系通常发生在青春期早期和中期（Rubin et al.，2005）。W. 安德鲁·柯林斯（W. Andrew Collins）和劳伦斯·斯坦伯格（Laurence Steinberg，2006，p.1022）将群体称为"父母所赋予的个性和建立连贯的人格同一性之间的同一性'站点'或占位符"。

到了青春期后期，群体变得没那么重要了。有意思的是，对自身同一性相对更有信心的青少年往往不像那些仍在探讨自身同一性的同龄人那样重视是否隶属于某一群体。到了高中，很多青少年认为隶属于某一群体会扼杀他们的同一性和自我表达（W. A. Collins & Steinberg，2006）。

### 3. 同伴文化

在任何年龄，学生都有自己的一套规则，如穿衣风格、说话方式、发型、沟通方式等，这些被称为**同伴文化**（peer culture）。同伴小组、小团体和群体会决定哪些活动、音乐或学生是他们喜欢的或讨厌的。例如，杰西卡（Jessica）是一名受欢迎的高中女生，当询问她所在团体的规则时，她能毫不费劲地说出：

"好的。第一点：衣服。除了星期五，其他时间都不能穿牛仔裤，一周以内扎马尾和穿运动鞋的次数不能超过一次；星期一是特别的日子，比如穿黑色裤子，或者穿裙子，让别人知道你有多么可爱，免得他们过了周末就忘了。第二点：派对。当然，我们会坐下来讨论去哪个派对，因为我们不想打扮得漂漂亮亮地去参加一些没有意思的派对。"（Talbot，2002，p.28）

这些同伴文化鼓励成员遵从团体的规则。当杰西卡所在团体中的一个女孩星期一穿了牛仔裤去上学时，杰西卡就会质问她："为什么你今天穿了牛仔裤？你忘了今天是星期一吗？"（Talbot，2002，p.28）杰西卡说，如果发生这种情况，她所在的团体就会惩罚这个"叛逆者"，不允许她和团体成员一起吃午饭。而这种惩罚已经实施了好几次了。

为了了解同伴的力量，我们有必要看看当父母的价值观及兴趣与同伴文化发生冲突时，哪个的影响会更大。在这些比较中，同伴通常在时尚及社交方面的影响更大；而父母和老师在道德、职业选择及宗教上有更大的影响力（Harris，1998）。当然，并不是同伴文化的所有方面都是不好的，一些团体的规范是积极的，并能促进学生获得学业上的成功。

### 4. 友谊

友谊是亲密、自愿和互惠的关系——只有当双方都把对方视为朋友时，友谊才会存在（Rubin et al.，2012，2015）。友谊是所有年龄阶段学生生活的重心。在童年早期，友谊为儿童提供玩耍和规范自己行为的机会。在童年中期，朋友为他们提供支持和环境，帮助他们学习日后建立亲密关系所需的社交技巧（如妥协和解决冲突）。在青春期，朋友关系对同一性的发展非常重要。当学生与朋友吵架或争执时，当其他人散播流言并且联合起来排挤某个学生时（就像本章开头介绍的贾斯敏或者那个星期一穿牛仔裤的"叛逆者"），对被排挤的学生来说，这可能是毁灭性的伤害。除了"进入"或"退出"团体所带来的直接的精神创伤，同伴关系还会影响学生在学校里的动机和成就（Chiu & Chow，2015；Ryan，2001），并导致抑郁、内疚或愤怒（Rubin et al.，2012，2015）。一项研究表明，与至少拥有一个朋友的学生相比，没有朋友的六年级学生表现出更低的学业成就、更少的积极社交行为，以及更多的不良情绪（Wentzel et al.，2004）。朋友的个性和友谊的品质也很重要。与有社交能力且成熟的朋友保持稳定、相互支持的关系，能够促进学生社会性的发展，保护和支持学生度过困难时期，如父母离异或转学期间（W. A. Collins & Steinberg，2006）。

不幸的是，友谊的作用并不总是促进适应和健康（Rubin et al.，2012）。例如，与同样具有攻击性或孤僻的同龄人交朋友的儿童，随着时间的推移，往往会遇到更多的适应问题。同龄人会对个体在学校中与成就相关的行为产生深远的影响（Masland & Lease，2013；Steinberg，1998）。

**5. 受欢迎程度**

受欢迎是什么意思？我们可以通过观察学生或根据家长和教师的评定得到答案。但评定学生受欢迎程度最常见的方法是询问学生两个问题：你喜欢这个小孩吗？你眼中的这个小孩是什么样的？根据上述两个问题的答案，我们就可以区分出四种儿童（如表 4-1 所示）。

**表 4-1　怎样才能受欢迎**

| 受欢迎的儿童 |
| --- |
| 受欢迎的亲社会儿童：这些儿童在学业和社交上均有优秀的表现，他们也可能是体育生和班级委员。他们在学校中的表现良好，与同伴相处融洽。当他们与其他儿童意见不合时，他们会有恰当的反应，并能采取有效的策略化解冲突 |
| 受欢迎的反社会儿童：有攻击性的男孩通常会被归入这种类型。他们的体格可能比较健壮，而他们那些欺凌同学、挑衅成人权威的行为，在其他同学看来很"酷" |
| **被排斥的儿童** |
| 被排斥的攻击型儿童：这类儿童常会与同伴发生冲突，行为上多表现出多动和冲动的特点。这些儿童的观点采择能力很差，自控力也较弱。他们常常会误解他人的意图，推卸责任，在生气和受到伤害时会用攻击性行为来表达自己的情绪 |
| 被排斥的社交退缩型儿童：这类儿童比较害羞和孤僻，常常是被欺凌的对象。他们不太懂得如何与人交往，常常在社交中表现出退缩行为，以此来避免别人的嘲笑和攻击 |
| **有争议的儿童** |
| 顾名思义，这类儿童既有积极的社交行为，也有消极的社交行为，因此他们在群体中的社会地位是随时间发生变化的。他们会在某些情境下表现出敌对和破坏性行为，但随后在与他人的互动中又表现出积极的亲社会行为。这类儿童有自己的朋友，并且通常对自己的同伴关系感到满意 |
| **被忽视的儿童** |
| 可能令人惊奇的是，这类儿童大多都适应良好。与其他儿童相比，他们的社交能力也不算差。同伴们会认为他们比较害羞，但他们自己并不觉得孤独或对现有的社交状况感到不满。因此，他们不会像社交退缩型儿童那样，经历极端的社交焦虑或在社交过程中过分谨慎小心 |

资料来源：Woolfolk, A. & Perry, N. E. (2015). *Child and adolescent development*, 2nd Ed. Reprinted by permission of Pearson Education.

### 6.哪些人容易有同伴交往问题

儿童和青少年并不是总能容忍差异。5%到10%的儿童经历过某些形式的同伴问题——被拒绝、欺凌和其他困难（Boivin et al., 2013）。当班上的学生已经形成了固定的小团体或群体后，那些在身体、智力、族群、种族、经济或语言上有所不同的新学生，会受到排挤。那些带有攻击性、孤僻、注意力不集中-多动的学生，则更有可能受到排斥。但班集体情境也很重要，尤其对于那些带攻击性、孤僻的学生，更是如此。如果班级总体的攻击性水平很高，那么带攻击性的学生可能更少会受到同伴的排斥；如果班上的学生更习惯于独自玩耍和工作，那么孤僻也未必会招来同伴的排斥。因此，受排斥的部分原因可能仅仅是因为这些学生与班上大部分人不同，这也是情境影响信念和行为的另一个例子。无论班集体情境如何，更具吸引力或分享、合作和友好的互动等亲社会行为，都可以帮助学生融入集体。很多带攻击性和孤僻的学生，往往缺乏这些社交技能。注意力不集中-多动的学生经常会误解社交线索，或没办法控制自己的冲动，所以他们也缺乏这些社交技能（Coplan et al., 2004）。当学生屡遭排斥或成为攻击行为的受害者，他们可能会产生抑郁等情绪问题，行为或身体健康问题，以及在学校中遇到困难（Boivin et al., 2013）。那些被同伴排斥的儿童可能更少参与课堂学习活动，因此他们的学业成就较低；到了青春期，更可能会辍学。问题是长期存在的。帕特里夏·麦克道格尔（Patricia McDougall）和特蕾西·瓦扬古（Tracy Vaillancourt, 2015）在对17项跟踪儿童到成年的研究进行回顾后得出结论："有证据表明，童年时期的同伴伤害与成年后的不良后果之间存在直接关系"（p.304）。最有力的证据是童年时期的同伴伤害会引发成年男性大量吸烟，并成为成年男女自杀的原因。此外，被排斥的带有攻击性的学生，随着年龄的增长更有可能犯罪（Buhs et al., 2006）。教师应当了解每个学生与集体相处的情况，在你的课堂上，谁与同伴相处有问题？正如我们接下来即将看到的，来自成人的细致干预通常都能很好地纠正这些问题，尤其是在小学高年级和初中阶段（Pearl et al., 2007）。

### 7.攻击行为

请注意，不要把攻击性行为和自表行为（assertiveness）混为一谈，自表行为只是为了明确或维护自己的合法权利。例如，一个孩子说"你坐了我的椅子"，这是自表行为；而如果他把坐在自己椅子上的同学推开，则是攻击性行为了。攻击有多种形式。最常见的形式是**工具性攻击**（instrumental aggression），这种攻击是为了获得一样东西或某种特权，如故意推开别人，好让自己有个座位，或是把手机从别的同学那抢过来。尽管这种行为的本意是为了获得自己想要的东西，而非伤害别人，但伤害随时随地都可能发生。另一种形式是**敌意性攻击**（hostile aggression），即故意造成伤害。敌意性攻击可以是**外显攻击**（overt aggression），如恐吓或身体攻击（如"我要痛打你一顿"），也可以是**关系攻击**（relational aggression），包括威胁或破坏社会关系（如"我再也不会跟你说话了"）。同时使用关系攻击和公开肢体攻击的学生最有可能遭受被排斥、抑郁和学业失败等负面后果。但是，那些有策略、不太频繁地使用攻击行为的学生，可能会成为受欢迎的人群中的一员，被尊为有力量、"酷"的人（Ettekal & Ladd, 2015）。

此外，还有一种敌意性攻击正逐渐受到人们的关注，它就是**网络攻击**（cyber aggression）。这种攻击主要是借助电子邮件、社交博客、社交网站及其他社交媒体来传播谣言、威胁他人，当然也可以用来恐吓同龄人，就像本章"教师的案例簿"中的贾斯敏的朋友那样。

等待儿童自行"克服"攻击性行为，这种做法并不奏效。例如，芬兰的一项研究要求教师对学生的攻击性进行评定，教师需要判断学生的某些行为的发生频率，如"生气时会伤害其他同学"是"从不""有时"还是"经常"发生。如果学生在8岁时被教师评定为具有攻击性，就预示着他们在青少年早期可能会有学校适应问题，成年时可能会长期失业（Kokko & Pulkkinen, 2000）。在加拿大、新西兰和美国所做的一项研究也发现了类似结果。在小学时期经常对他人进行身体攻击的男孩（而非女孩），整个青春期都有持续做出暴力和非暴力形式违法行为的风险（Broidy et al.，2003）。

防止后期出现攻击性行为的最佳方法之一就是尽早地进行干预。例如，一项研究发现，如果教师教会攻击性儿童一些冲突管理的策略，将能帮助这些攻击性儿童开始新的人生，让他们的生活不再充满攻击和暴力（Aber et al.，2003）。许多具有攻击性的学生会误读他人的情绪和意图。当意外发生时，他们会假定他人是"故意的"；当他人伤心时，他们也不会察觉。如果不能准确感知他人的情绪，就很难共情他人（Wells et al.，2020）。社会情感学习的目标之一是教会学生识别他人的情绪和意图，并理解自己的感受。

### 8. 关系攻击

侮辱、流言蜚语、排斥、嘲笑，这些都属于关系攻击，有时候关系攻击也被称为"社交攻击"，因为这些攻击行为的意图都是伤害社会关系。小学二年级、三年级以后，女孩（如本章开头案例中贾斯敏的朋友们）比男孩更常使用关系攻击，这也许是因为女孩开始意识到性别刻板印象，开始压抑自己的外显攻击行为，转而使用言语的而非身体的攻击（Ettekal & Ladd，2015）。无论是对受害者还是攻击者，关系攻击可能会比外显的身体攻击造成更大的伤害。受害者，如本章开始时提到的贾斯敏，往往会一蹶不振；而在教师和其他同学眼中，关系攻击者的问题可能比身体攻击者更严重（Ostrov & Godleski，2010）。在学前阶段，儿童就需要学习如何在不诉诸任何攻击性行为的情况下调解社会关系。对青少年的访谈表明，他们非常依赖教师和学校里的其他成人来保护自己（Garbarino & deLara，2002）。在后面第13章中，我们将介绍更具体的课堂策略，尤其是如何处理欺凌和网络欺凌的策略。

### 9. 媒体、示范与攻击性行为

示范在攻击性行为的发生中起着重要的作用（Bandura et al.，1963）。如今，几乎每个美国家庭中都有电视机，而电视机是现实中儿童模仿暴力行为的一个重要来源。2～17岁的儿童平均每周会花20～24小时看电视，这远远超过了除睡觉之外的其他任何活动的时间（Hinckley，2014）。在美国，儿童每观看一小时的电视，就会看到两起与枪支有关的暴力事件，因此电视暴力可能造成的影响是一个需要关注的问题（Common Sense Media，2013a）。观看暴力电视会增加儿童的攻击性吗？有可能（LoBue，2018）。在一项研究中，8～12岁的儿童观看了一部影片，其中一组儿童观看的影片中的人物有枪，而另一组观看的影片中的枪被剪辑掉了。看完后，孩子们来到一间游戏室，那里有玩具，抽屉里还有一把未上膛的真手枪。结果发现，那些发现手枪并看过有枪的电影片段的孩子，玩枪的时间更长，更有可能扣动扳机，有的甚至扣动很多次（Dillon & Bushman，2017）。

作为教师，你可以通过强调以下三点来降低电视上暴力内容的负面影响。首先，大多数人都不会像电视和电影上那样使用暴力；其次，电视上看到的暴力场面都不是真实的，是经过特效和特技创造出来的；最后，有很多其他更好的非暴力的方法来解决矛盾冲突，这些才是现实中大部分人解决问题的方法（Huesmann et al.，2003）。但电视并不是儿童模仿暴力行为的唯一来源。在一些地方长大的儿童可能目睹过帮派暴力，网站、报纸和杂志上也都充斥着有关谋杀、强奸和抢劫的报道，很多受欢迎的电影中也充斥着各种暴力镜头，而且往往是由拯救世界的"英雄"来演绎的。那么，电子游戏呢？

### 10. 电子游戏与攻击性行为

研究人员回顾了来自美国、澳大利亚、德国、意大利、荷兰、葡萄牙、英国等西方国家，以及日本的130份研究报告，涉及的被试人数超过13万（Anderson et al.，2010）。结果发现，玩暴力电子游戏会导致个体攻击性的观念、情绪和行为增多，同时也会导致共情能力的下降，而且这种影响不限于特定的文化或性别。不过，这种影响很小，而且对年龄较小的儿童更为明显。有研究人员对暴力电子游戏与现实世界中实际暴力行为之间的联系提出了疑问（Charles et al.，2013；Ferguson，2015a，2015b；

Ferguson et al., 2015)。他们认为，在实验室环境下以大学生为研究对象所测得的暴力行为指标，并不能有效预测儿童和青少年在现实世界中的实际实施的暴力行为。

这个问题远未解决。即便如此，摆在教师、家长和整个社会面前的一个重要议题就是，我们应该做些什么来限制儿童面临的风险。下面的"实践指南"可供你参考。

## 实践指南

### 处理攻击性行为和鼓励学生合作

将自己塑造成一个无攻击性的榜样。

例如：

（1）不要使用攻击性的威胁来逼迫学生服从。

（2）问题发生时，示范非暴力的冲突解决策略（请看第13章）。

确保教室里每个学生都有足够的空间和恰当的资源。

例如：

（1）避免教室过分拥挤。

（2）确保有足够的奖励性玩具和资源。

（3）拿走或没收那些会引发攻击性行为的物品，如玩具枪。

（4）避免使用竞争太过激烈的活动和评价方式。

确保学生无法从攻击性行为中获益。

例如：

（1）安慰被攻击的受害者，并且忽视攻击者。

（2）必要时使用合理的惩罚，尤其是对年龄较大的学生。

直接教导积极的社会行为。

例如：

（1）将社会伦理和道德教学融入阅读和讨论。

（2）讨论偷窃、欺凌，以及散播谣言等反社会行为造成的影响。

（3）提供示范和鼓励；以角色扮演的方式示范恰当的冲突解决方法。

（4）帮助学生通过提高技能、增长知识的途径来建立自尊。

（5）帮那些受到孤立和攻击的学生寻求帮助。

提供机会，让学生学会宽容和合作。

例如：

（1）强调人与人之间的相似性，而非差异性。

（2）设计鼓励学生合作的小组课程。

了解学生玩的电子游戏。

例如：

（1）自己与孩子一起玩游戏，看看到底会发生什么。

（2）与学生讨论游戏中发生的事情与现实世界中发生的事情之间的区别。

（3）阅读有关游戏的评论，以便了解它们。

### 4.2.4 关注每个学生：教师的支持

一周当中的多数时间，学生都是与教师一起度过的，因此有时候教师是帮助学生解决情感或人际问题的最好人选。对那些生活在混乱、不稳定家庭的学生而言，他们需要一个温暖而稳定的学校环境；需要教师设定明确的规则，并且前后一致、坚定（但非惩罚性）地执行规则；需要教师尊重、真诚地关心他们。在中学阶段，教师的喜爱和尊重能消除被同伴孤立的负面影响。对那些被孤立的学生而言，他们只是被其他同伴忽视了，如果得到教师的喜爱和支持，他们仍然能在学业和社交上适应良好（Bishop et al., 2014; McCormick & O'Connor, 2015）。

作为教师，你可以与学生讨论个人问题，但不要强迫他们进行这种讨论。我有一个当教师的学生，曾经送一本名为"痛苦想法"的日记本给她班上的一个男孩，让这个男孩写下对父母离异的感受。有时候这个男孩会与教师分享日记的内容，但有时男孩只是独自记录自己的感受，这位教师也非常注意尊重男孩日记中的隐私。

### 1. 学业和个人关怀

研究者曾要求学生描述出自己心目中的"好老师"，结果发现学生心目中的"好老师"都具备以下三个特质：首先，拥有良好的师生关系，关心自己的学生；其次，有效地管理和组织班级，拥有教师权威，但不会采取过于严格或"刻薄"的手段；最后，能很好地激励学生——通过创新和改革让学习变得有趣，激发学生学习。与权威型的教养方式类似，权威型的教学策略有助于建立良好的师生关系，激发学生的学习动力（Noguera，2005；Woolfolk Hoy & Weinstein，2006）。我们会在第12章谈到动机的问题，在第13章谈到班级管理的问题，现在我们先来谈谈关心和教学的问题。

学生将教师的关心分为两种：一种是对学业的关心——建立高的、合理的期望，帮助学生达到这些目标；另一种是对个人的关心——对学生有耐心，尊重学生，有幽默感，愿意倾听学生的心声，关心学生遇到的小麻烦和个人生活中的重大问题。对于参与学校活动并表现出色的学生来说，学业的关心特别重要。对于学业上有困难或在学校感到被疏远的学生，对个人的关心才是最为重要的（Cothran & Ennis，2000；Woolfolk Hoy & Weinstein，2006）。实际上，对得克萨斯州一所高中的研究表明，墨西哥学生或墨西哥裔的美国学生认为教师的关心是自己关心学校的先决条件。换句话说，在他们关心学校之前，他们需要被关心（Valenzuela，1999）。但不幸的是，在那所高中，绝大部分非拉美裔的教师希望在他们对学生投入关心前，学生能够关心学校。对于很多教师而言，对学校的关心就意味着学生的行为举止要表现得更像"中产阶级"。

另一项研究以三年级学生为对象，追踪至五年级，结果发现有两个因素有助于数学成绩较差的学生取得进步：高水平（而不仅仅是基础）技能的教学，以及与教师的积极关系（Crosnoe et al.，2010）。这对教师有何启示？学生既需要具有恰当、富有挑战性的教学，也需要充满关爱的人际关系。没有关爱的高期望会让学生感到绝望；没有高期望的关爱会让学生相信，老师为他们感到难过，因为他们"不聪明"或"处于弱势"。这两种方式都无济于事（Katz，1999）。总之，关心不仅是在课堂上展示和传达善意，更重要的是绝不放弃自己的学生（Davis，2003；Milner，2015）。

### 2. 促进社会情感学习

教师可以通过强调社会情感学习以及课业学习，在课堂上营造一种彼此联结和关爱的气氛。社会情感学习的重点是获得识别和管理情绪的能力，培养对他人的关爱和关心，建立积极的人际关系，做出负责任的决定，以及有效地处理具有挑战性的学习情境（Schonert-Reichl & Hymel，2007）。近年来，北美和世界各地的学校已经认识到这些能力的重要性，认为它们是发展积极健康实践、参与公民义务和学校教育成功的基础。此外，社会情感学习还与辍学率的降低，以及一系列积极的成果相关联，包括参与度和成绩的提高、自尊心和归属感的增强、自我调节能力，以及对未来成功和幸福的预期的提升（Messano et al.，2020）。

美国的许多学校关注学业、社会和情感学习协作组织（CASEL）所倡导的社会情感学习的五个维度，具体如表4-2所示。研究表明，应当以一种整合的方式来实施社会情感学习，即在课堂上的所有活动中实践社会情感学习，而不仅是作为每周几次的独立课程。弗朗西斯·梅萨诺（Frances Messano）和她的同事们（2020）描述了一所教师和学生每天都参加"顾问时段"的学校。在这一时期，师生们讨论他们在社会和情感方面面临的挑战，并共同发展如何应对这些挑战的技能。此外，他们还在每天开始和结束时进行"签到"，以评估他们的感受，以及他们是否拥有学习所需的东西。另一所学校采用了同伴互助计划。该计划向学生传授帮助同伴应对社交、情绪、行为和学业挑战的策略。在学生不便向成人求助的情况下，这是一个强有力的工具。

德娜·西蒙斯（Dena Simmons, 2019）强调了社会情感学习策略是如何促进有关多元化和社会公正的"勇敢对话"的。教育工作者在处理贫困、种族主义，以及学生（尤其是最边缘化的学生）每天都在经历的其他形式的不公正等话题时，往往会感到力不从心和不自在。在第2章的"教师的案例簿"中，你就看到了这样的情况。教师可以通过在困难的对话中注入社会情感学习来创造并维持一个充满关爱、安全的空间。表4-2的第三列提供了一些可以使用的策略的范例。总之，社会情感学习在鼓励积极的师生关系方面大有可为，并能创造条件促进青少年的能动性和公民参与，而这正是社会变革的驱动力（Simmons, 2019）。

### 4.2.5 教师与受虐儿童

毫无疑问，关心学生的一个重要方面就是保障他们的权益，及时介入和保护那些受虐儿童。在美国，很难统计出受虐儿童的准确数字，因为有很多个案未被报告。但在2018年，经证实的虐待或忽视儿童案件超过67.3万起。也就是说，每47秒内就会有一个儿童被虐待或忽视，每9分钟就能发现儿童遭受性虐待的证据（Children's Defense Fund, 2020b, 2020c；RAINN, 2021）。当然，并不一定都是父母虐待儿童，兄弟姐妹、其他亲戚，甚至是教师、教练和社区领导等孩子们认识并信任的人，都有可能对儿童实施虐待。

即便有些受虐儿童幸免于难，但他们也为此付出了沉重的代价。仅就学校表现而言，与非受虐儿童相比，这些身体受虐的儿童在课堂上表现出更多的攻击性，难以理解社交情境和识别他人情绪，更经常留级，也更需要接受特殊教育服务（Luke & Banerjee, 2013；Roeser et al., 2006）。但也有一些受虐待的幸存者，后来成为保护儿童免受虐待的倡导者和活动家。性虐待幸存者艾琳·梅里恩（Erin Merryn）建立了《艾琳法》（*Erin's Law*），该法律现

**表4-2　学业、社会和情感学习协作组织（CASEL）倡导的社会情感学习维度**

| 社会情感学习维度 | 维度描述 | 解决和促进策略 |
| --- | --- | --- |
| 自我意识 | 了解自己的情绪、价值观、优势和挑战，自我概念和自信心 | 通过对身份和公平的反思来帮助学生发展自我意识（例如，他们的身份如何阻碍或增加他们在生活中的机会？） |
| 社会意识 | 共情他人、观点采择、重视多元化和与他人积极互动 | 让学生研究对他们重要的时事或社会问题；让他们确定并参与某种形式的宣传活动，以解决该问题 |
| 自我管理 | 控制情绪和行为以达到个人和社会目标，毅力和尽责性 | 让学生参与一项关于不同人群（如非洲裔男性）对行为和自我管理的期望有何不同的研究 |
| 人际关系技巧 | 建立和维持积极的人际关系，与他人合作并富有成效地工作；解决冲突，适应性求助 | 促进合作性、建设性的辩论，让学生以此来消除分歧、化解矛盾 |
| 负责任的决策 | 评估风险并做出正确的决策，尊重他人，承担个人责任 | 要求学生在他们的社区中发现一个问题，然后在关注安全、资源、社会规范和道德的同时，协作解决它 |

资料来源：Based on CASEL (2018); Schonert-Reichl, K. A., & Hymel, S. (2007). Educating the heart as well as the mind: Social and emotional learning for school and life success. *Education Canada*, pp.20–25; Simmons, D. (2019). Why we can't afford to whitewash social-emotional learning. *ASCD Education Update, 61*(4), 1–5.

已在美国 37 个州通过，另有 12 个州正在审议之中。该法要求所有公立学校实施防性虐待教育计划，重点是预防该类事件的发生（Erin's Law，2021）。该法律有三个主要组成部分：（1）向中小幼学生传授适合其年龄的识别性虐待，以及向可信赖的成年人报告性虐待的方法；（2）向所有学校工作人员传授有关防止儿童性虐待的知识；（3）向家长和监护人传授有关性虐待的警示信号，并向他们提供所需的资源或援助，以支持遭受性虐待的儿童及其家庭。

### 1. 强制性报告

作为教师，你的职责之一就是如果发现可疑的虐待情况，必须报告校长、学校心理学家或学校社工。在美国的 50 个州、华盛顿哥伦比亚特区和海外属地，法律要求**强制性报告（mandated reporting）**，即要求专业人士（通常包括教师）报告可疑的虐待儿童事件（U.S. Department of Health and Human Services，2020）。在许多州，法律对虐待的定义已经扩展到包括忽视，以及没有提供恰当的照顾和监护。教师应确保自己充分了解所在州或省关于这方面的法律法规，以及自身的道德责任。在美国，每 5 小时就有一名儿童死于虐待或忽视，很多是因为没有人"介入"（Children's Defense Fund，2020c）。你可以改变现状。

你应该注意哪些儿童受虐待的征兆呢？表 4-3 列出了一些可能出现的征兆。

### 表 4-3 儿童受虐待的征兆

表 4-3 列出了儿童受到虐待的一些征兆。当然，并不是每一个出现这些征兆的孩子都受到了虐待。但一旦发现这些情况，就需要格外注意。

| 类别 | 身体征兆 | 行为征兆 |
|---|---|---|
| 身体虐待 | • 儿童缺勤或过完周末后经常出现不明原因的淤青和疤痕（处于不同的愈合阶段）、皮带扣或电线形状的伤痕、人咬过的伤痕、刺伤和秃斑<br>• 不明原因的烧伤，尤其是烟头烫伤、熨斗形状的烫伤，因绳子摩擦导致的烧伤、浸泡式烧伤（袜子或手套形状）<br>• 不明原因的骨折、撕伤或擦伤（处于不同的愈合阶段）<br>• 因儿童举止"笨拙"或"容易发生意外"而造成的伤害 | • 动作笨拙，抱怨酸痛<br>• 自残<br>• 退缩和攻击等极端行为<br>• 不喜欢身体接触<br>• 很早到校、很晚离校，好像很害怕<br>• 习惯性离家出走（青少年）<br>• 穿不合季节的衣服，用高领、长袖以遮掩身体<br>• 频繁逃学 |
| 身体忽视 | • 被遗弃<br>• 无人注意其生理问题或就医需要<br>• 长期疲劳，缺乏精力<br>• 很少甚至没有监护<br>• 总是饥饿、穿着与天气不符、个人卫生糟糕<br>• 胃部胀大、身体消瘦 | • 在课堂上打瞌睡<br>• 偷东西吃、向同学乞讨<br>• 说在家里无人照管<br>• 经常不上学或迟到，或尽可能在学校里待到很晚<br>• 自残<br>• 有法律纠纷 |
| 性虐待 | • 走路或坐下有困难<br>• 生殖器官疼痛或瘙痒<br>• 内衣被撕裂、弄污或有血迹<br>• 外生殖器有瘀伤或出血<br>• 性病，尤其是在进入青春期之前<br>• 经常性的泌尿系统感染或酵母菌感染<br>• 怀孕 | • 不愿意去健身房或上体育课<br>• 退缩，长期消沉<br>• 角色颠倒，过分关心兄弟姐妹<br>• 同伴问题，缺乏参与<br>• 体重大幅度变化<br>• 有自杀倾向（尤其是青少年）<br>• 学业上突然出现困难 |

## 2. 教师可以做什么

除了了解你所在地区的法律和报告可疑的虐待行为，你还能做些什么？"捍卫无辜"（Defend Innocence，2021）项目给出了以下七点建议。

（1）了解事实和征兆。性虐待影响着所有种族、宗教、年龄和收入水平的学生。施虐者通常是孩子认识并信任的人，而不是陌生人。

（2）了解学生的性发育范围。如果孩子的举止是不健康的或与年龄不符，这可能是性虐待的迹象。注意观察。

（3）支持学生的情绪调节。让他们有办法识别和表达自己的情感。我们将在下一章讨论情商。

（4）鼓励和支持学校制定政策，解决性骚扰和性虐待问题。与同事讨论这些政策，并确保你理解它们。

（5）支持家长对孩子进行健康的性教育。家长可以先与孩子进行简短的谈话，或强调坚定自信的沟通技巧。

（6）相信自己的直觉——报告问题。可以与同事讨论你看到的他与学生之间出现的问题。但如果你怀疑有虐待行为，就必须报告。

（7）成为学生可以信赖和倾诉的成年人。向看起来很烦恼的学生强调，秘密并不能保证他们的安全。

## 模块 12 小结

### 描述布朗芬布伦纳关于发展的生态系统模型

这一模型认为影响发展的因素既包括个体内在的生物特点，也包括嵌套结构的社会与文化情境，它们会塑造个体的发展。每个人都是在微观系统中（直接的关系和活动）发展起来的，这个微观系统包含于中间系统（微观系统中各元素之间的关系），中间系统又被嵌入外部系统（更大的社会环境，如社区）；这三个系统都是宏观系统（文化）的一部分。此外，所有的发展都发生在特定的时间段内，并受到时间段的影响。因此，生态系统还包括一个时间系统。

### 家庭的哪些方面会影响到学生在学校里的表现？

学生可能会经历不同的教养方式，而教养方式会影响这些学生的社会适应。至少对欧洲裔美国中产阶级家庭的儿童而言，权威型父母的子女更可能对自己满意，与他人相处融洽；而专制型父母的子女更容易产生负罪感和抑郁情绪；放纵型父母的子女往往不能处理好与同伴的关系。被父母拒绝/忽视的孩子往往缺乏安全感、不服从、具有攻击性和孤僻。但教养方式存在文化差异。对亚洲裔和非洲裔美国学生而言，父母的控制程度越高，儿童的学习成绩可能越好。每种文化中的儿童都会形成依恋关系，尽管他们的父母培养依恋关系的方式可能不同。这些依恋纽带的质量会影响孩子一生中的人际关系。

### 父母离异会如何影响学生？

在离异过程中，父母可能会因财产和监护权的抉择而使家庭冲突加剧。父母离异后，获得监护权的父亲或母亲可能不得不搬进便宜一些的住房、初次涉入职场或工作更长的时间。对孩子来说，这些变化意味着在他们最需要支持的时候，却不得不离开自己重要的朋友；尽管与父亲或母亲生活在一起，但彼此相处的时间比以前更短；父母再婚时还得去适应新的家庭结构。

### 为什么同伴关系很重要？

同伴关系对个性、社会性的健康发展有重要作用。强有力的证据表明，与拥有孤独童年的成年人相比，童年时拥有亲密朋友的成年人有更高的自尊，更能维持与他人的亲密关系。童年时被拒绝的成年人，往往会有诸如辍学或犯罪等问题行为。

### 什么是同伴文化？

学生团体发展出自己的、有关外表与社会行为的规则。对团体的忠诚会导致排挤某些学生，而这会使被排挤的学生感到不安、难过。

### 有哪些不同类型的攻击性行为？

同伴攻击可能是工具性的（旨在获得一样东西或某种特权），也可能是敌意性的（旨在造成伤害）。敌意性攻击可能是公开的威胁或身体攻击，也可能是涉及威胁或破坏社会关系的关系攻击。男孩更倾向于使用外显攻击，女孩更倾向于使用关系攻击。如今，众多社交媒体应用程序和网站为关系攻击提供了新的渠道。

**媒体无处不在，它会如何影响个体的攻击性行为和共情能力？**

周围环境和媒体提供了很多负面行为的例子。随着时间的推移，儿童会逐渐内化那些指导他们的权威人士的道德准则和原则。如果指导者能向儿童说明行为的理由——尤其是他们的行为对他人可能的影响，儿童就能理解自己的行为为什么会被纠正，从而更可能内化道德原则。一些学校已经开始专门设置了教学课程，用以提高学生关爱他人的能力。

**教师对学业的关心和对个人的关心是如何影响学生的？**

学生重视来自教师的关心。这种关心可以是对学业学习的支持，也可以是对个人问题的关注。对成就更高、家庭社会经济地位更高的学生来说，对学业的关心更为重要。对那些在学校被边缘化的学生来说，对个人的关心更为重要。教师可以通过强调社会情感学习，以及学术学习，在课堂上营造一种彼此联结和关爱的气氛。

**儿童受到虐待的征兆有哪些？**

儿童受到虐待或忽视会有以下征兆：不明原因的淤青、烧伤、咬伤或其他伤口，疲倦，抑郁，经常不上学，个人卫生糟糕，衣着不当，同伴问题，以及其他众多征兆。一旦发现可疑的儿童受虐案例，教师必须及时上报相关部门，并协助学生应对其他的危险。

# 模块 13　自我

**学习目标 4.3**　描述自我概念和自我同一性发展的一般趋势及其群体差异。

## 4.3　同一性和自我概念

在本节中，我们将探讨个体的同一性，以及自我意识是如何发展的。你会发现，这些方面的发展与第 3 章中的认知发展遵循相同的模式。儿童对自己的了解起初是具体的，有关自我和朋友的早期观念都是从直接的行为和外表中获得的，他们认为他人与自己有着同样的情感和知觉。他们对自己和他人的想法通常是简单的、分割的、教条的、不灵活的，无法被整合成有组织的系统。但终有一天，他们能够抽象地思考内部过程——信念、目的、价值观和动机。随着思维的发展，儿童可以将更多的抽象特质纳入他们对自我、他人和道德的认识之中（Harter, 2003, 2006; Woolfolk & Perry, 2015）。

在本模块中，你会经常看到"同一性"和其他一些关于自我的术语，如自我概念、自尊和自我价值等。你将在第 11 章中读到更多关于这些概念的内容。其实这些概念之间并没有很大的差别，而且不同心理学家对于每个概念的界定还存在争议（Roeser et al., 2006）。我们首先要回到同一性这个概念，我们曾在第 2 章中探讨了自己和未来学生的同一性。总体而言，与其他关于自我的术语相比，同一性（identity）是一个更为广泛的概念，是个体对自己的总体感觉，包括他们的信念、情绪、价值观、承诺和态度，以及他们的文化、族群传统、宗教、阶级、年龄和其他交集（Wigfield et al., 2006）。同一性回答了"你是谁"的问题，你的同一性基于两个概念：第一，你与其他人不同——无论是现在还是将来，都不会有其他人与你完全相同！第二，随着时间的推移，你是同一个人，即使你改变了你的外表、信仰、知识、地点、朋友、职业（Baumeister, 2005）。就像第 3 章中，儿童用同一性概念认识到当水从一个矮玻璃杯倒入一个细长的高玻璃杯时，水的量是一样的，你知道自己是同一个人，即使你的生活经历了许多变化。现在让我们在埃里克·埃里克森的理论框架下，探讨同一性这一主题。

### 4.3.1　埃里克森：心理社会发展的阶段

与皮亚杰一样，埃里克·埃里克森（1902—1994）最初也不是一位心理学家。他并未接受大学教育，而是游历欧洲各国，并最终在维也纳落脚，成为一名教师。也正是在那里，埃里克森跟随安娜·弗洛伊德（Anna Freud），西格蒙德·弗洛伊德（Sigmund Freud）的女儿，学习精神分析。在完成精神分析的训练后不久，为了躲避纳粹的迫害，他不得不逃离维也纳。由于丹麦政府拒绝收留他，埃里克森最终选择了他的第二个目标居住地——纽约。尽管他从未受过大学教育，但凭借其开创性的研究工作，最终成为一名备受尊敬的哈佛大学教授。在他随后的职业生涯中，他同本杰明·斯波克（Benjamin Spock）一起工作。斯波克是一位著名的儿科医生，其著作广为流传，为许多"婴儿潮"一代的父母提供了指导，这其中也包括我的父母（本章是由安妮塔撰写的）（Green & Piel，2010；Miller，2011）。

埃里克森提供了一个基本的理论框架，以解释青少年的需要，以及这些需要与青少年在其中成长、学习，随后为之做出贡献的社会之间的联系。埃里克森的**心理社会（psychosocial）**理论强调自我的出现、同一性的追寻、个体与他人的关系，以及文化在整个生命历程中所起的作用。

与皮亚杰一样，埃里克森将发展看成历经一系列阶段的过程，阶段之间相互影响，但每个阶段都有它特定的目标、关注的问题、成就和危机（如表4-4所示）。埃里克森认为，在每一阶段，个体都将面临一个**发展性危机（developmental crisis）**。每个危机都可以通过两种方式得以解决：一是接受两种极端反应的某一端；二是以更健康、更有成效的方式在两种极端反应中寻求一种平衡。个体在某一阶段解决危机的方式将影响到后续阶段危机的解决，并对个体的同一性以及个体对社会的观念产生持久的影响。接下来我们将简要探讨埃里克森理论中的八个阶段，也称作"人生八阶段论"（eight ages of man）。

### 表4-4 埃里克森心理社会发展的八个阶段

| 阶段 | 年龄范围 | 重要事件 | 描述 |
| --- | --- | --- | --- |
| （1）基本信任对基本不信任 | 出生至12～18个月 | 哺育 | 婴儿必须与照料者建立最初的爱和信任的关系，否则就会形成不信任感 |
| （2）自主对羞愧和疑虑 | 18个月～3岁 | 如厕训练 | 儿童的精力指向发展身体技能，如走路、抓握、排便等。若能控制自如，则发展顺利；否则会羞怯和疑虑 |
| （3）主动对内疚 | 3～6岁 | 独立 | 儿童变得更加自信，更加主动，但可能会过于强势，从而产生内疚感 |
| （4）勤奋对自卑 | 6～12岁 | 上学 | 儿童必须学会新的技能，以满足自身需要；否则会产生自卑感、失败感和不胜任感 |
| （5）同一性对角色混乱 | 青春期 | 同伴关系 | 青少年必须在职业、性别角色、政治和宗教等方面获得同一性 |
| （6）亲密对孤独 | 成年早期 | 恋爱关系 | 青年人必须建立亲密关系，否则会感到孤独 |
| （7）繁殖对停滞 | 成年中期 | 抚养、教育后代 | 每个成年人都必须发现一些满足和支持下一代的方法 |
| （8）自我整合对绝望 | 成年晚期 | 反思和接纳自己的人生 | 完善感是一种自我接纳和自我实现的感受 |

资料来源：Lefton, Lester A., *Psychology*, 5th Edition, © 1994. Reprinted by permission of Pearson Education, Inc. Upper Saddle River, NJ.

### 1. 学前阶段：信任、自主与主动

埃里克森将"基本信任对基本不信任"视为婴儿期最基本的冲突，他认为此时如果照顾者能够定期满足并回应婴儿对食物、照顾的需要，婴儿就会发展出信任感。在出生后第一年，婴儿正处于皮亚杰所说的感知运动阶段，刚开始懂得将自己与周围世界区分开来，这种意识使信任更为重要：婴儿必须信任这个他无法控制的世界（Miller，2011；Posada et al., 2002）。形成安全的依恋（前面已介绍过）能够帮助儿童发展信任，并让儿童明白在什么情况下表现出不信任是合适的。无论是极端的信任，还是极端的不信任，都是功能失调的表现。

埃里克森的第二阶段"自主（autonomy）对羞愧和疑虑"，标志着自制和自信的开始，儿童开始承担自己照顾自己（比如吃饭、上厕所和穿衣）的责任。在这一阶段，父母必须把握好分寸——给予必要的保护，但不过分保护。如果父母没能对儿童掌握基本动作和认知能力的努力给予强化，那么儿童可能会感到羞愧，开始怀疑自己应对世界的能力。当然，当任务过于困难或危险时，适当的疑虑是必要的——再次强调了平衡的必要性。

埃里克森指出，下一阶段的"主动（initiative）对内疚"在"自主的基础上，增加了为积极推进活动而承担责任、制订计划并着手实施的品质"（Erickson，1963，p.255）。这一时期的挑战是既要维持对活动的兴趣，也要明白并不是每件想做的事都能付诸行动。同样，成年人要把握好分寸——做好监督但不要加以干涉。如果不允许儿童独立做事，他们将会产生内疚感，可能渐渐相信自己想做的事情总是"错"的。下面的"实践指南"提出了一些关于如何鼓励儿童主动性和勤奋的建议，你可以参考。

| 实践指南 |

## 鼓励主动性和勤奋

鼓励儿童做出选择并付诸行动。

例如：

（1）给儿童自由选择活动或游戏的机会。

（2）当儿童正在全神贯注地做事时，尽量避免打扰他们。

（3）当儿童提议一项活动时，尽量接纳他们的建议或是在正进行的活动中加入他们的想法。

（4）提供积极的选择，不要说"你现在不能吃饼干"，而是问"午餐或午睡后再吃饼干，好吗？"

确保每个儿童都有体验成功的机会。

例如：

（1）介绍一种新的游戏或技能时，采取小步子教学。

（2）如果班上学生的能力水平差别很大，避免进行竞争性游戏。

鼓励儿童扮演各种不同的角色。

例如：

（1）准备好儿童喜欢的故事中的服装和道具，鼓励儿童表演故事或为喜爱的人物编写新的冒险故事。

（2）监控儿童的游戏，确保没有人独揽"教师""妈妈""爸爸"或"英雄"的角色。

容忍意外和错误，尤其是当儿童正在尝试独立做事的时候。

例如：

（1）使用杯子和水罐，这样倒水比较容易，而且不易外溢。

（2）即使结果并不如人意，对儿童的尝试也要给予肯定。

（3）如果错误已经发生，教导儿童如何清理、修复或重做。

（4）如果某个学生经常表现出不正常或怪异的行为，应该寻求学校咨询师或心理学家的帮助。帮助学生解决心理社会问题的最佳时机是儿童早期。

确保学生有机会设定合理的目标并为之努力。

例如：

（1）先从短期的任务开始，然后转向较长期的任务。通过任务进程核查表，随时了解学生的进步。

（2）教导学生设定合理的目标，要求学生写下这些目标，并记录下自己为之不断努力和进步的过程。

给学生展现独立性和责任感的机会。

例如：

（1）容忍诚实的失误。

（2）委派给学生一些任务，诸如浇灌班级植物、收集和分发材料、管理计算机实验室、评定家庭作业、记录回收的表格等。

当学生受挫时，给予适当的支持。

例如：

（1）针对每个学生使用个别化的图表来展示其进步。

（2）保留学生以往的作品，使其能够看到自己的进步。

（3）对进步最大、最乐于助人、工作最勤奋的学生给予奖励。

### 2. 中小学阶段："勤奋对自卑"

接下来我们将进入下一阶段。绝大多数儿童在 5～7 岁左右开始上学，他们的认知能力在这一时期得到快速发展。他们能够更快地加工更多的信息，记忆容量也大幅增多，正从前运算阶段逐渐迈向具体运算阶段。伴随这些内在的变化过程，儿童每天有大量的时间生活在学校里，探索周围的物质环境和社会环境。此时他们必须在陌生的学校环境中重建埃里克森的心理社会发展阶段：学会信任新认识的成年人，在这个更为复杂的情境中自主地行动，表现出符合学校规定的主动行为——他们已经为下一阶段做好了准备。

在求学阶段，儿童所面临的心理社会挑战是埃里克森所说的"勤奋（industry）对自卑"。这一阶段的儿童开始了解毅力与完成工作所带来的喜悦之间的关系。现代社会，儿童必须应对更高的学业要求和复杂的社会关系，同时他们会一直被拿来与他人比较，可能会体验到失败。成功面对这些新的挑战，会让孩子不断增强胜任感；难以应对困难则会产生自卑感。由于学校在一定程度上反映的是中产阶级的价值观和行为规范，因此来自其他经济条件或文化背景的儿童可能会更不适应学校生活。前文中的"实践指南：鼓励主动性和勤奋"就如何鼓励勤奋提出了一些建议，你可以参考。

小学毕业进入中学后，学生会越来越关注自己的成绩和表现，在学业、社交和运动方面的竞争也更加激烈。他们在渴望能自己做决定和更加独立的同时，也面临更多的规则、必修课程和学习任务。他们与教师的关系也会发生变化，从长期与一个教师保持亲密的关系，转变为一年中与多门课程的教师有联系，但彼此的感情比较冷淡。这些学生曾经都是各自那个小且熟悉的小学中最成熟和地位最高的学生，如今却变成了一个大而"没有人情味"的中学中的"小婴儿"（Murdock et al., 2001；Rudolph et al., 2001）。在这要求众多的环境中，学生将面临另一个挑战——同一性。

### 3. 青少年时期：寻求同一性

步入青春期，学生在发展抽象思维、理解他人观点等认知能力的同时，生理上也会发生更大的变化。因此，伴随心理和生理上的发展，青少年必须面对这一时期的核心问题——同一性的建构，它将为成年时期的发展打下坚实的基础。自婴儿时期，个体就已经开始发展自我意识，直至青春期，他们才第一次有意识地去回答这个迫在眉睫的问题——"我是谁"。这一阶段的冲突是"同一性对角色混乱"。同一性是指将个体的许多方面和经历组织成一个一致的自我形象，它涉及深思熟虑的选择和决定，尤其是关于工作、价值观、意识形态、对他人的承诺及看法等方面（Miller, 2016）。如果青少年没有整合好这些方面的选择，或是感到茫然，不知如何抉择，就会感受到角色混乱的威胁。

> **停下来，想一想**
>
> 你已经想好了将来做什么工作吗？你考虑过其他的各种选择吗？什么人或什么事可能会影响你的决定？

詹姆斯·马尔西亚（James Marcia, 1967, 1994, 2007; Kroger & Marcia, 2013）进一步阐述了埃里克森理论中同一性的形成过程。他认为，要形成一个成熟的同一性，必然要经历两个基本的过程：探索（exploration）和承诺（commitment）。所谓**探索**，指的是青少年考虑并尝试多种可能的信念、价值观和行为的过程。**承诺**是指个体在政治信念和宗教信仰等方面的选择，通常是探索多种选择后的结果。随后，马尔西亚根据个体是否曾经探索选择，以及是否做出承诺，将个体同一性的状态分为四种不同的类别。

第一种是**同一性获得**（identity achievement），即个体在探索现实的选择后，已经做出决定并为之不断努力。很显然，只有很少的学生在高中毕业之前能达到这种状态；而且即使上了大学，也可能需要经历较长时间的探索才能做决定。大约 80% 的学生至少换过一次专业（我妈妈确信我学过五个不同的专业，最后才选定心理学）。对每个人而言，已形成的同一性可能并不是一成不变的（Arnett, 2015; Kroger et al., 2010; Kroger & Marcia, 2013）。

在选择中挣扎的青少年，正经历着埃里克森所说的**同一性延缓**（identity moratorium）。埃里克森用这个术语来说明青少年在探索个人及职业选择时，延缓许下承诺的状态。这种延缓对现代青少年来说是很普遍的，而且可能是有益的。埃里克森认为处于复杂社会的青少年在延缓时期会面临同一性危机。但如今，这一时期不再被认为是一种危机，因为对大部分人来说，这种经历是渐变的探索过程，而不是带来心理创伤的巨变（Kroger & Marcia, 2013; Wigfield, Byrnes, & Eccles, 2006）。同一性获得和同一性延缓都被认为是一种健康的状态。

**同一性早闭**（identity foreclosure）是指个体未经过探索就做出承诺，这些青少年没有体验过不同的同一性或探索过各种不同的选择，只是要求自己服从于他人的目标、价值观和生活方式。这里的他人通常是指他们的父母，有时也可能是某种教派或极端组织。同一性早闭的青少年，容易变得刻板、偏执、武断和自我防御。

当个体没有对任何选择进行探索，也没有采取任何行动时，就会发生**同一性混乱**（identity diffusion）。他们不知道自己是谁，也不知道自己有生之年想做什么。这些同一性混乱的青少年可能会成为冷漠、退缩和对未来不抱希望的人，也可能变得公开叛逆。他们经常成群结队，因此更可能滥用药物（Archer & Waterman, 1990; Kroger, 2000）。

### 4. 同一性与科技

你要教的学生都是在一个充斥着媒体、移动终端和各种机器的世界中成长的。皮尤研究中心的一项名为"在屏幕时代养育孩子"（Parenting Children in the Age of Screens）的研究发现，至少有 71% 的受访父母担心他们的孩子（12 岁及以下）在数字设备上花费了太多时间，其中 31% 的受访父母表示非常担心（Auxier et al., 2020）。一项研究发现，13 岁的青少年平均每天查看手机 100 次，以获取社交媒体的更新（Walsh, 2015）。那么，他们什么时候有时间做别的正事呢？不仅如此，这些社交媒体上的帖子往往还要求他们立即关注。正如一位高中二年级学生抱怨的那样，"发短信是一种压力"（Turkle, 2011, p. 266）。这种压力意味着同龄人甚至家长总是"在场"——他们的信息要求学生回复，即使学生在课堂上，也必须偷偷地在课桌下或把手放在书包里发短信。每天收发 100 多条短信，或是朋友的 TikTok 帖子出现的时候就无法专心听课。这样的学生出现在课堂上，教学会是什么样的？当你走进教室的时候，这些都是你必须解决的问题。

一些科技方面的学者认为，如今的青少年想要建立起一个独立的同一性是非常困难的，因为他们总是与其他人联系在一起。父母通常会在孩子 7 岁到 10 岁这段时间内给孩子一部手机，有些父母甚至更早。当然，前提是孩子需要经常接听父母的电话。雪莉·特克尔（Sherry Turkle，2011）将这些收到新手机很开心的孩子称为"被拴住的孩子"。但这样的代价是，这些孩子从未有完全单独的社会空间和物理空间可以被自由地支配，因为父母和朋友离他们的距离只有"快速拨号"之遥。因此他们失去了独立地解决问题、应对特定状况的机会，这是个体获得同一性、做出成熟判断的前提条件。我的朋友是一所大学校医院的内科医生，当她询问大学生"你今天哪里不太舒服"时，大学生的回答是"我妈妈在电话那头，她会告诉你"，然后大学生就会把手机递给我的这位医生朋友。可以说，无时不在的连通性，使独立的同一性和自主性的获得变得极为复杂。

当然，这种连通性也为个体体验同一性提供了新的可能，尤其是在青少年时期。这种连通性为个体提供了一种自由空间的感觉，即埃里克·埃里克森所说的延缓（Turkle，2011，p.152）。在《第二人生》（Second Life）、《模拟人生》（The Sims Online）、《我的世界》（Minecraft）和《约会模拟》或其他生活模拟网站上，青少年可以创造出全新的同一性，并确保多个不同的人格同时"并存"。一些人甚至会讨论他们这种"混合的生活"——线上虚拟世界的生活与真实世界的生活的融合。对于一些青少年来说，虚拟世界的生活与真实世界的生活之间并没有清晰的界限，他们很容易在两种生活之间切换。青少年在社交网络上创建的档案是一个"真实的"个体，还是如同一个高中生所说，是一个你"设计好"的呈现给世界的身份？对如今时刻被联系、被拴住的青少年而言，埃尔金德（Elkind，1985）所说的"假想观众"（详见第 3 章）已经变成了真实的线上观众，而这确实会带来一些负面的影响。正如另一名高中生很痛苦地说："你不得不意识到，你放在网上的所有东西都很有可能会被其他人非常仔细地阅读。因此你必须想清楚什么可以放在网上，以及你想呈现出什么样的自己……"（Turkle，2011，p.184）

学生们应该知道，在所有生活模拟网站上都可能有捕食者，因此要小心。学校应指导青少年安全地使用社交媒体，给他们提供社区服务、实践工作、实习，以及家教等机会，以促进学生同一性的形成。我们将在随后的章节中进一步探讨科技与学习。下面的"实践指南"对如何促进学生同一性的形成提出了一些建议，你可以参考。

## 实践指南

### 促进同一性的形成

给学生提供职业选择的范例和其他成人角色的榜样。

例如：

（1）从文学作品、历史人物中选出一些榜样，在日历上标出杰出女性、少数族群领袖以及在你所教学科领域鲜为人知的贡献者的生日。在这些人的生日当天，简短地讨论他们的成就。

（2）邀请演讲嘉宾来讲述他们是如何选择，以及为什么选择自己的专业的，确保这些嘉宾能涵盖各个专业领域。

帮助学生寻找解决个人问题的资源。

例如：

（1）鼓励学生与学校咨询师谈话。

（2）讨论可利用的校外服务机构。

在不冒犯他人或不干扰学习的前提下，对青少年的流行文化保持包容的态度。

例如：

（1）讨论早期的流行文化（霓虹灯似的头发、卷状假发、可爱的珠子项链）。

（2）对学生的着装和发式不强加任何严格的限制。

对学生的表现提供切实可行的反馈，促进他们进步。青少年可能需要很多次"重新开始"的机会。

例如：

（1）当学生有不良行为或表现不佳时，确定他们了解该行为的后果——对自己及他人的影响。

（2）给学生提供标准答案或早年间其他学生完成的作品，使他们能将自己的作品与好的示范作品进行比较。

（3）绝对不要拿学生的作品作为"反面教材"。教师可以利用其他各种资源来创造负面的例子，这其中也可以包括教师自身所犯的错误。

（4）学生可能只是在"尝试扮演"某些角色，不要将行为和个人混为一谈。可以批评学生的行为，但不要批评他们个人。

提醒学生注意在网上伪造身份的危险。

例如：

（1）与学生讨论高校和雇主是如何检查申请人的社交媒体资料的。

（2）探讨在上网时维护个人安全的可行方法。

### 5. 毕业之后

在埃里克森理论中，成年时期各阶段的危机都涉及人际关系的品质。"**亲密（intimacy）对孤独**"这一危机是指个体是否有意愿与他人建立深层的、高于双方需求之上的关系。那些没有获得充分同一性的人，倾向于害怕被他人征服或压制，因此选择退缩到孤独中去。"**繁殖（generativity）对停滞**"则是指个体是否具有照顾他人，以及关心、指导后代子孙的能力。生产性和创造性是繁殖的基本特征。到了"**自我整合（integrity）对绝望**"这一阶段，个体的危机主要是能否整合自我意识，完全接受自己独特的、已无法改变的过去（Hearn et al., 2012）。

埃里克森的努力开启了毕生发展（lifespan-development）的研究取向，他的理论对理解青少年以及自我概念的发展尤为重要。但他的理论也受到了批评，因为他的描述非常笼统，而且确实没有方法检验他的理论。他描述了有哪些变化，却没有解释这些变化是如何发生的（Miller, 2016）。但也有研究者批评他"同一性先于亲密"的观点，因为他们的研究表明，对女性来说，同一性的获得是与对亲密的追求融合在一起的（Horst, 2011）。此外，埃里克森也忽略了对种族和族群同一性的探讨（我们在第 2 章中已讨论）。

一些心理学家用马尔西亚的同一性状态来理解族群同一性的形成过程。儿童刚开始可能是拥有一种未经检验的族群同一性，因为他们从未探索过（同一性混乱）或是已经接受了他人支持的同一性（同一性早闭）。很多欧洲裔美国青少年可能都符合上述情况。经过一段族群同一性的探索时期（延缓），他们可能就找到了解决冲突的方法（同一性获得）。

### 6. 种族和族群自豪感

无论你的自我同一性结果如何，对自己族群强烈的积极情感似乎对于良好的心理健康，以及学习投入和学业成功都很重要（Cook & Cook, 2014; Steinberg, 2005）。事实上，艾米·马克斯（Amy Marks）和她的同事们（2011）发现，与只有单一族群同一性或未形成多族群同一性的同龄人相比，形成强烈、积极的多族群同一性的青少年，具有更高的自尊、更少的心理健康问题和更高的学业成绩。对于所有学生来说，家庭和社区中的**种族和族群自豪感（racial and ethnic pride）**是形成一个稳定同一性的一部分。一项研究发现，家里充满非洲裔美国人文化的非洲裔美国学前儿童，比那些家中缺乏丰富文化资源的学生拥有更多的事实性知识，解决问题的能力也更好。与不鼓励种族自豪感的家长相比，鼓励孩子为自己的文化感到自豪的父母报告说，他们孩子出现行为问题的情况更少（Caughy et al., 2002）。

接下来，我们将不再关注同一性的多个方面，而专门探讨自我概念。在教育心理学中，很多研究都非常关注自我概念和自尊。

### 4.3.2 自我概念

我们在日常交流中常常使用"自我概念"这个词，我们会说一些人自我概念"低"或是自我概念"不强"，就好像"自我概念"是汽车里的油位或是可以锻炼的腹部肌肉，这实际上是误用了这个概念。在心理学中，**自我概念（self-concept）**一般是指我们关于"我们是谁"的心理图像，是我们尝试向自己解释自己，以此来建构一个组织我们对自己的印象、态度和信念的图式（皮亚杰的术语）（Harter，2006；Pajares & Schunk，2001）。但这种模式或图式并不是永久性的、统一的或是一成不变的，我们的自我知觉会随着情境的改变和生活阶段的变迁而发生变化。

#### 1. 自我概念的结构

自我概念是多维的，如图4-2所示。处于顶层的是一般自我概念。这种一般自我概念在层次模型中也称为"整体自尊"，可定义为个人"对自己的自我知觉，即把自己看作自信和自尊的，并对自己的现状感到自豪和满意的有效率、有能力的个体"（Marsh et al.，2006a，p.455）。在下一个层次上是更具体的自我概念，包括学业自我概念和非学业自我概念，而这些自我概念则是由更具体的概念所组成的，如数学和言语等方面的自我概念或外表和在朋友中受欢迎程度等方面的自我概念。赫伯特·马什（Herbert Marsh）及其同事确定了非学业领域和学业领域中多达16个不同的自我概念（如图4-2所示）。这些具体的自我概念并不是高度相关的。例如，尽管言语和数学科目的学业成绩一直相关，但言语和数学的自我概念却完全不相关。此外，数学自我概念能预测数学成绩，但不能预测言语成绩（Marsh et al.，2012，2020）。

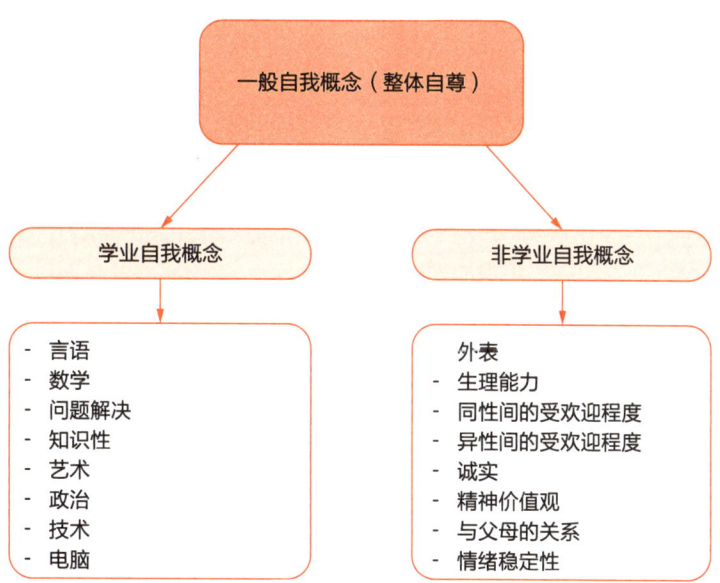

**图4-2 自我概念的层次模型**

资料来源：Based on ideas from Marsh, H, W. (1990). The structure of academic self-concept: The Marsh/Shavelson Model. *Journal of Educational Psychology, 82*, 623–636. Marsh, H. W., Xu, M., & Martin, A. J. (2012). Self-concept: A synergy of theory, method, and application. In K. R. Harris, S. Graham, & T. C. Urdan (Eds.) *APA educational psychology handbook, Vol. 1: Theories, constructs, and critical issues* (pp. 427–458). Washington, DC: American Psychological Association. Brunner, M., Keller, U., Dierendonck, C., Reichert, M., Ugen, S., Fischbach, A., & Martin, R. (2010). The structure of academic self-concepts revisited: The nested Marsh/Shavelson Model. *Journal of Educational Psychology, 102*, 964–981.

对学科而言，自我概念包括对能力（我擅长科学）和情感或态度（我喜欢科学）的认识（Arens et al., 2011）。对青少年来说，整体的学业自我概念（他们学习的效率及在学校里的总体表现）和特定学科的自我概念（他们的数学学得怎么样，他们对数学的态度）都会影响他们的行为和动机。例如，你在教育方面的志向和目标（如是否继续接受高等教育）是由整体的学业自我概念所决定的，但你在大学选择什么专业则主要受你特定学科的学业自我概念的影响（Brunner et al., 2010）。

**2. 自我概念的发展**

自我概念是通过在不同情境中，使用不同的参照系不断进行自我评价而形成的。实际上，儿童和青少年总是不断地问自己："我现在做得怎么样？"他们会根据重要他人对自己的言语和非言语的反应来进行判断。早期的重要他人是父母和其他家庭成员，以后朋友、同学和教师也会成为个体的重要他人（Harter, 2012；Marsh et al., 2012）。这些自我评价有助于一个人在任何特定领域的自我概念形成，也有助于一般自我概念/整体自尊形成。一般自我概念/整体自尊将在后面的章节中讨论。

年龄较小的儿童倾向于对自己有积极、乐观的看法。他们不会将自己与同龄人比较，他们只会将自己现有的技能水平与之前自己在生活中能做的事情进行比较，看到自己的进步。在某种程度上，这种自信能使他们免于失望，并能坚持不懈——这对发展中的儿童来说是件好事（Harter, 2012）。

对大龄的学生来说，自我概念的形成源于个体的自我比较以及与他人的比较，至少在西方文化中是这样。例如，学生在数学方面的自我概念是通过内在比较——与自己以往在数学上的表现进行比较而形成的；当然，他们也会进行外在比较——将自己同其他学生进行比较。一般而言，在普通班中表现出较强数学能力的学生，比那些在重点班里表现平平（其实二者能力相当）的学生，对自己的数学能力感觉更好。马什（Marsh）及其同事（2008）称这种现象为"大鱼小池塘效应"（Big-Fish-Little-Pond-Effect，BFLPE）（Marsh et al., 2020；Salchegger, 2016）。例如，马什及其同事（2014）研究了荷兰95所学校651个班级的15 000多名九年级学生。研究人员发现了强有力的证据，表明学生的学业自我概念在很大程度上是由与本班其他学生的比较决定的，而不是与其他班级学生的比较。接受天才儿童教育计划的学生似乎有"小鱼大池塘效应"（Little-Fish-in-Big-Pond Effect，LFBPE）；接受天才儿童教育计划的学生与仍留在常规班级中的天才儿童相比，他们学业的自我概念会逐步降低，但非学业的自我概念没有受影响（Marsh & Craven, 2002；Preckel et al., 2010）。尽管"小鱼大池塘效应"似乎很普遍，但有迹象表明，如果在早期就将学生正式、长期地分层至不同类型的学校，其影响会更大；而如果根据社区将学生非正式地分入学校，其影响会更小（Salchegger, 2016）。

在我们转向讨论自我概念与成就之前，这里有一个重要的告诫，敬请留意。事实上，自我概念的发展在每个文化中并不遵从相同的路径。大多数西方父母希望他们的孩子发展出强大的自我和独立精神，但亚洲的父母希望他们的孩子发展出强烈的与家庭、社区和文化相关的相互依存感（Peterson et al., 2004）。此外，并非西方社会中的所有亚文化群都会像主流文化那样强调独立性。例如，很多拉丁裔儿童被教导说，他们的人格同一性是与他们的家庭同一性密不可分的（Parke & Buriel, 2006）。

**3. 自我概念与成就**

很多心理学家将自我概念看作社会性和情绪发展的基础。研究发现，自我概念与多个方面的成就有关——从竞技体育的表现到工作满意度，再到学生在学校里的成就（Goetz et al., 2010；Marsh & O'Mara, 2008；Möller & Pohlmann, 2010）。一些研究证实了自我概念与学业成就的关系：学生在特定学科方面的表现与他在该学科领域的特定自我概念有关，但与社会或生理的自我概念无关。例如，一项研究发现，数学自我概念与数学测验成绩的相关系数为0.77；与成绩等级的相关系数为0.59；与课程选择的相关系数为0.51（Marsh et al., 2006；O'Mara et al.,

2006）。上述结论的最后部分提到数学自我概念与课程选择存在相关性，这揭示了自我概念是如何影响学生的学习的。回想你的高中生活，如果你有机会去选择课程，你会选你表现最差的那门课——你觉得自己最无法胜任的那门课吗？可能不会吧。高中时选择的课程会让学生踏上通往未来的道路，因此，对特定学科的自我认知可能会影响一生。

但不幸的是，某些大学录取标准中对平均成绩点数（grade point average，GPA）的着重强调也会影响课程的选择。尤其是当学生认为自己在数学、科学、外语或其他有挑战性的课程上"不够好"时，他们会避免选择这些课程，以保持自己良好的GPA。他们对自己的能力有一种思维定式——我们将在第12章中探讨这一强大的概念。高的自我概念可能会促进学业成就的提高，高的学业成就也可能会导致自我概念的提高。因此，这种因果关系可能是双向的（Marsh et al.，2012）。

### 4.3.3 学业能力自我概念的性别差异

男孩和女孩的自我概念有差异吗？有研究对761名中产阶级的美国学生（主要为欧洲裔美国人）进行了研究，从小学一年级一直追踪到高中（Jacobs et al.，2002）。由于纵向研究的数据很难取得，因此这个研究极具价值。在小学一年级时，男孩和女孩在语言能力上的感知没什么差异，但男孩在数学和运动能力方面明显感觉更自信。到了高中，男孩和女孩的数学胜任感基本持平。在运动方面，男孩、女孩的胜任感均有所下降，但在小学一年级至高中这12年间，男孩在运动方面始终明显比女孩感觉更自信。

其他研究也发现，女孩认为自己在阅读及亲密友谊上优于男孩，男孩则认为自己在数学和运动方面优于女孩。当然，这种自信上的差异可能部分反映出不同性别在成就上存在真实差异——比如，女孩比男孩的阅读能力强。但正如前文所说，很多方面的自信与成就是相互关联的——彼此相互影响（Eccles et al.，1998；Marsh et al.，2012）。对于绝大多数种族和族群群体来说（非洲裔美国人除外），男性比女性对自己在数学和科学方面的能力感到更加自信。遗憾的是，目前尚未有关于其他族群群体的纵向研究，因此这一结论也可能只局限于欧洲裔美国人。

由于某一特定学科的自我概念可能会影响选课，因此教师必须小心谨慎，不要让学生只是因为不自信而回避某些课程和学科。如果学生回避作为通向未来职业道路的课程，那么他们以后的职业道路就会被堵死。由于自我概念和学业成绩可能会相互影响，因此同时关注自我概念和成绩的提高是有意义的。

### 4.3.4 自尊

> **停下来，想一想**
>
> 你在多大程度上同意或不同意下面的陈述？
> 总体上，我对自己满意。
> 我觉得我有很多优秀的品质。
> 我希望我能更尊重自己。
> 有时，我会觉得自己一无是处。
> 我有时会觉得自己很没用。
> 我对自己抱有积极的态度。
> "停下来，想一想"中的这些题目选自一份应用非常广泛的自尊测量问卷（Rosenberg，1979；Hagborg，1993）。

**1. 自尊的结构与功能**

整体自尊处于自我概念的层次模型顶层，是一种对自我价值的总体判断，包括个体对自己作为一个人感到自豪或羞愧。因此，**自尊**（self-esteem）是自我概念的评价维度。如果个体对自己的判断是积极的——如果他喜欢自己眼中的自己——我们就说他拥有高自尊（Schunk et al.，2014）。通过"停下来，想一想"的问题，你能看出自己的自尊水平吗？那些问题都是一般意义上的，而不涉及学业或外表等特定的领域。个体所在的文化是否重视他所特有的个性和能力，会影响到个体的自尊（Bandura，1997；Schunk et al.，2014）。130多年前，威廉·詹姆斯（William

James，1890）就指出，自尊取决于我们能否成功完成任务，或能否实现自己所看重的目标。如果一项技能或成绩对个体来说不重要，那么不擅长该领域的活动并不会威胁到个体的自尊。

学校会影响学生的自尊吗？学校对学生自尊的形成重要吗？正如你将在"观点/对立观点"中所看到的，关于学校在学生自尊发展中扮演什么样的角色，研究者争论得非常激烈。

## 观点/对立观点

### 为了鼓励学生的自尊，学校应该怎样做

提升学生自尊的方法主要有以下三种：（1）个人发展活动，如敏感性训练；（2）自尊计划——通过特定的课程直接提升学生的自尊；（3）改革学校结构——更强调合作、学生参与、社区参与和族群自豪感。这些努力是否有用呢？

**观点** 自尊提升运动存在很大的问题。

一些人对学校的自尊发展计划表示不满，因为这些计划的目标只是"给予大量的赞美，却不在乎实际的成就表现"（Slater，2002，p.45）。弗兰克·帕哈雷斯（Frank Pajares）和戴尔·申克（Dale Schunk，2002）指出自尊提升运动还存在另一个问题："如果在儿童很小的时候，我们就开始给他们灌输'没什么比自尊和自信更重要'这样的思想，那么我们可以放心，世界迟早会给他们上一堂谦逊的课，而这可能不容易学会"（p.16）。敏感性训练和自尊课程认为我们可以通过改变个体的信念来鼓励自尊，使年轻人更努力地与各种困难进行抗争。但如果学生身处的环境是不安全、弱势、无助的呢？或许有些人能克服，但如果期望每个学生都能做到，就会成为"责怪受害者"，认为你的问题是你的错，因为你的自尊低（Beane，1991）。

更糟的是，一些心理学家认为自尊低并不是问题，自尊高才是。比如，他们认为高自尊的个体更可能把痛苦和惩罚施加在他人身上（Baumeister et al.，2003；Slater，2002）。另外，研究一致表明，自尊的提高对学校成绩没有影响（Baumeister，2005）。例如，一项大型青少年调查发现，整体自尊与测量的九项学业成就均没有相关性（Marsh et al.，2006b）。而当人们把自尊作为主要目标时，他们会不惜付出长期的代价来追逐这个目标，例如，他们可能会回避别人建设性的批评或是逃避挑战性的任务（Crocker & Park，2004）。心理学家劳伦·斯莱特（Lauren Slater，2002）在她的文章《自尊的麻烦》（*The Trouble with Self-Esteem*）中建议我们重新思考自尊，努力诚实地进行自我评价，以发展出良好的自我控制。她认为，"或许自我控制应该取代自尊作为我们追求的首要目标"（p.47）。

**对立观点** 自尊提升运动前景乐观。

除了包含所谓的"让心理感觉良好"等方面，自尊运动还包含这样一个基本事实：自尊是每个人不可剥夺的基本权利。当自尊心增强时，我们通常会感到更快乐，而自尊心下降则会让我们感到不快乐。更高的自尊与更强的主动性、更好地应对压力和创伤，以及保持更稳定情绪的能力有关（Baumeister，2005）。我们每个人都应当尊重自己，社会和学校不应该削弱个体对自己的尊重。女孩计划（The Girls Project）提醒年轻的女孩，她们的价值、她们的自尊应该建立在她们的个性、技能和特质的基础上，而不是建立在外表上。如果我们将自尊看作个体思想和行动的产物——我们的价值观、想法、信念，以及与他人的互动，那么，我们就能了解学校的重要作用。允许实际参与、合作、问题解决和成就的教育实践，应当替代那些根据学生能力编班和竞争性的评分制度等损害自尊的教育政策。

埃里克·埃里克森（1980）多年前解释道，强烈而积极的同一性只能来自"对自己取得的实际成就表示真诚、一致的认同，也就是说，只能来自其所在文化中有价值的成就"（p.95）。

### 谨防"非此即彼"

教师的成绩反馈、等级评定、表现评价和关心学生的沟通，都能改变学生对特定学科的自我效能感。但只有当学生

在自己重视的领域上的能力得到增长时，其自尊才会得到最大的提高。当然，这其中也包括社交领域，该领域对于青春期的学生非常重要。因此，教师最大的挑战是帮助学生获得特定领域重要的知识和技能（Osborne & Jones，2011）。另一种可能是调整焦点，从自尊转向更具体的自我概念，因为特定领域的自我概念与该领域的学习有关，如数学自我概念与数学学习有关（Marsh et al.，2015）。

---

### 2. 完美主义的危害

如果你的自尊与你所做的每一件事都"完美"挂钩，那该怎么办？这听起来像是失败的"秘诀"——因为没有人是完美的。但许多教师担心，他们的一些学生认为自己必须是完美的。心理学家有多种方式来定义完美主义，但最常见的一种方法是区分完美主义的追求（perfectionistic striving，努力追求完美）和完美主义的担忧（perfectionistic concerns，担心自己不完美）。完美主义的追求是指设定非常高的个人目标，并激励自己去实现这些目标。这一方面的完美主义与积极的学习成果有关——这一点并不奇怪，因为更高的标准、追求卓越和动机往往与学习有关。完美主义的担忧包括担心出错、害怕自己做得不够好或没有正确完成任务、怀疑自己，以及将错误视为失败。正如你可能猜到的那样，这种完美主义与有效学习的减少、焦虑和抑郁的增多有关（Osenk et al.，2020）。如果你的学生看起来有完美主义倾向，请帮助他们专注于追求卓越，而不是害怕犯错。我们将在第12章讨论"成长型思维"，彼时你会了解一些想法，可用来帮助学生树立高标准，但同时也将错误视作让大脑成长的机会。圣地亚哥大学为大学生提供了方法，帮助他们在获得健康的努力与令人沮丧的完美主义之间找到平衡。

## 模块 13 小结

### 埃里克森的心理社会发展阶段是什么？

埃里克森强调社会与个体的关系，因此他的理论是一种关于发展的心理社会学观点——将个体发展（心理的）与社会环境（社会的）联系在一起的理论。埃里克森认为个体要经历八个生命阶段，每个阶段都涉及一个主要危机。如果能够顺利地克服危机，儿童的个性以及社交能力将会得到极大的发展，并以此作为解决下一个危机的更加坚实的基础。在前两个阶段，婴儿必须形成信任感，克服不信任感；形成自主感，克服羞愧和疑虑。第三个阶段发生在儿童早期，其焦点在于形成主动性，避免内疚感。处于小学时期的第四个阶段涉及获得勤奋感，避免自卑感。在第五个阶段，个体面对同一性对角色混乱的挑战，青少年需要不断努力以统合他们的同一性。根据马尔西亚的观点，这些努力可能导致同一性混乱、同一性早闭、同一性延缓或同一性获得。埃里克森认为成年时期的三个阶段涉及获得亲密、繁殖与自我整合。无论你的同一性结果如何，对自己的族群有强烈的积极情感似乎对良好的心理健康，以及在学校的参与和成功都很重要。

### 随着儿童的发展，自我概念是如何变化的？

自我概念（自我的定义）随着个体的成熟，会逐渐变得复杂、差异化和抽象。自我概念是通过持续不断的自我反省、社会交往，以及在学校内外的各种经验逐渐形成的。学生通过将自己与个人的（内在的）标准和社会的（外在的）标准相比较来发展自我概念。特定学业领域（数学、语言、科学等）的自我概念与这些领域的成绩相关。此外，性别与族群刻板印象也是影响自尊的重要因素。

### 自我概念是否存在性别差异？

从小学一年级到高中三年级，男孩和女孩对自己在数学、语言能力和运动方面的胜任感都在逐渐下降。到了高中，男孩和女孩表现出相近的数学胜任感，女孩在语言能力方面的胜任感更强，而男孩在运动方面的胜任感更强。

**什么是自尊？**

在自我概念的层次模型中，整体自尊位于顶层。整体自尊是对自我价值的总体评价，包括对自己作为一个人感到自豪或羞愧。因此，自尊是自我概念的评价维度。自我概念和自尊经常被混用，尽管它们有不同的含义。自我概念是一种认知结构，自尊是自我概念的评价性成分。

# 模块 14　社会性和道德发展

**学习目标 4.4**　阐述科尔伯格、吉利根、努奇和海特等人的道德发展理论，讨论教师该如何处理学生所面临的道德挑战（如作弊）。

## 4.4　理解他人和道德发展

当我们寻求自我同一性、形成自我形象时，我们也在学习是非对错。道德发展的一个重要方面是理解他人。我们是如何学会解读他人的想法和感觉的呢？

### 4.4.1　心理理论和意图

两三岁的时候，儿童开始发展**心理理论**（theory of mind），即理解他人也是人，有他们自己的心智、想法、情感、信念、愿望和感觉。儿童需要应用心理理论去理解他人的行为。为什么萨拉（Sarah）在哭？她难过是不是因为没人陪她玩？此外，他们需要一种心理理论来编造似是而非的谎言——他们必须了解其他人可能会相信什么。我们都需要一种心理理论来理解信仰可能与现实不同，理解人们可能有不同的观点，理解人们可能隐藏真实的情感，理解人们在讽刺别人时可能言不由衷（Berger，2015；Carlson et al.，2013；Peterson & Wellman，2019）。对自闭症谱系障碍的一种解释是自闭症谱系障碍儿童缺乏心理理论，因此他们难以理解自己或他人的情绪和行为。

2岁左右，儿童有了对"意图"的理解，至少开始理解自己的意图。他们会说："我想要花生酱三明治。"当儿童发展出心理理论后，他们能理解他人也有自己的意图。再大一些，那些能与同伴和谐相处的学前儿童，能区别有意行为和无意行为，并做出不同的反应。例如，当其他小孩不小心撞倒了他们的积木时，他们不会生气。但攻击性儿童在评估他人意图方面存在困难，他们可能会去攻击每一个碰倒他们积木塔的人，即使对方不是故意的（Dodge & Pettit，2003）。随着不断地成熟，儿童能更准确地判断和考虑他人的意图。

随着心理理论的发展，儿童逐渐能理解他人有不同的感觉和体验，因此可能会有不同的观点或看法。这种**观点采择能力**随年龄一直在发展，直至成年时达到高度复杂的水平。总体而言，理解他人的想法和感受在促进合作和道德发展、减少偏见、解决冲突、鼓励亲社会行为等方面都很重要（Gehlbach，2004）。如果学生虐待同伴的行为不是出于深层的情绪或行为障碍，那么教师对他进行观点采择方面的训练［如果……你会有什么感受？为什么你认为查里斯（Charice）……］，可能就会收到明显的改善效果（Woolfolk & Perry，2015）。

### 4.4.2　道德发展

随着心理理论的进一步发展和对意图的理解，儿童也逐渐发展出是非观。直至近期，道德发展的相关理论和研究开始聚焦在儿童的**道德推理**（moral reasoning）和他们对是非的看法上。近来，以社会心理学、进化心理学和神经科学的见解为基础的一些新观点认为，道德不只是思维而已（Haidt，2013；Messina & Surprenant，2015），正如你在本章节后续内容中看到的那样。现在让我们先来看看最著名的基于推理的道德发展理论——科尔伯格的理论。

## 1. 科尔伯格的道德发展理论

相当长时间以来，劳伦斯·科尔伯格关于道德发展的理论（1963，1975，1981）在心理学和教育中占据统治地位。而这一理论部分源于前面介绍过的皮亚杰的思想。

> **设身处地想一想**
> 一个男人的妻子快要死了。现在有一种药可以救她，但是这种药很贵，发明该药的药剂师又不愿意降价，因此这个男人买不起这种药。最后这个男人绝望了，决定铤而走险，为妻子去偷药。他应该怎么做？为什么？

科尔伯格评估儿童和成人道德推理的方法是呈现**道德两难问题**（moral dilemmas），或像"设身处地想一想"中那样的假设性情境，要求人们必须在这个情境中做出艰难的选择并说明理由。

根据他们的推理，科尔伯格提出了道德发展或是非判断的6个阶段的详细序列。

（1）前习俗水平：道德判断只是基于个人自己的需要和感知。

阶段1：服从取向——遵守规则以避免惩罚和不好的后果。

阶段2：奖赏/交换取向——以个人的需要和愿望决定是非对错，"我想要的都是对的"。

（2）习俗水平：道德判断会考虑社会期望和法律。

阶段3：好孩子/关系取向——好就意味着"乖"，令他人高兴。

阶段4：法律和秩序取向——必须遵守法律和尊重权威，社会秩序必须维持。

（3）后习俗水平（原则水平）：道德判断是基于抽象、更人性化的公平原则，这些原则未必受制于法律。

阶段5：社会契约取向——行为的好坏取决于社会普遍认同的标准——"为最多的人谋求最大的幸福"。

阶段6：普遍道德原则取向——无论法律或其他人如何说，个体都坚持关于个人尊严和社会公平的原则。

道德推理与认知发展、情感发展有关。随着儿童的抉择从依据绝对规则转向依据公平、仁慈等抽象原则，抽象思维在道德发展的较高阶段变得更加重要。理解他人观点的能力、判断行为意图、利用形式运算思维去想象法律和规则的可变性，这些都将融入较高阶段的道德判断中。

## 2. 对科尔伯格理论的批评

在现实中，科尔伯格的阶段未必是独立、连续和一致的。人们对道德选择的解释往往同时反映了多个不同阶段的道德推理水平。个体在某个情境下的选择可能符合某一阶段，但在其他情境下的决定可能反映了另一阶段。因此，道德决定往往是基于具体情况，而不是基于某一特定层次的推理：理由是事后编造的。关于科尔伯格理论最激烈的批评之一是，该理论的道德发展阶段主要偏重于强调个人主义的西方男性价值观。科尔伯格的道德发展理论是在仅以美国男性为对象的纵向研究的基础上发展起来的，因此其观点未能代表女性或其他文化中个体道德推理的发展过程（Gilligan，1982；Gilligan & Attanucci，1988；Messina & Surprenant，2015）。

卡罗尔·吉利根（1982）提出了不同的道德发展顺序——关爱的道德。吉利根认为，个体从关注自我利益发展到对特定个体和特定关系承诺的道德推理，然后发展到道德的最高水平，即基于对所有人负责和关爱的原则。一项元分析回顾了113个相关研究的结果，发现男性和女性在道德取向上仅有微小的差异（Jaffee & Hyde，2000）。这项元分析表明，男性和女性在面对人际方面的两难问题时，都会采用关爱来进行道德推理；在面对社会方面的两难问题时，则都会采用公平来进行道德推理，但女性可能更多地用关爱来推理自己生活中的实际困境。看来，道德推理在很大程度上是受情境和两难问题内容的影响，而非推理者的性别（Siegler et al.，2020）。

很多教育家已经开始关注"关爱学生和帮助学生学会关爱"这一教育主题（Goldstein & Lake，2000）。例如，内尔·诺丁斯（Nel Noddings，1995）强烈呼吁使用"学习关爱"来组织课程。可能的主题包括"关爱自我""关爱家庭和朋友""关爱陌生人和世界"。其中"关爱陌生人和世界"主题可包含犯罪、战争、贫穷、宽容、生态、移民、应对流行病，以及科技等单元。例如，美国发生了大规模破坏性的龙卷风和飓风，或者战争导致数以千计的居民流离失所或沦为难民，这些事件都是开启学习上述单元的契机。

对科尔伯格阶段理论的另一个批评是，这些阶段将道德判断与社会习俗的决定混为一谈，忽视了个人选择——下面我们将介绍这些区别。

### 4.4.3 道德判断、社会习俗和个人选择

> **停下来，想一想**
> 
> 如果没有法律的约束，就可以弄瞎别人吗？
> 如果没有规则的约束，就可以在班上嚼口香糖吗？
> 谁能决定你最爱吃的蔬菜或你的发型？

我们可能都会同意弄瞎别人、违反班级规则、决定他人的食物偏好或发型等行为都是不对的，但每种情况下的"不对"是有差别的。第一个问题涉及内在的不道德行为，对这个问题的回答与公平、公正、人权、人类福祉等概念有关。即使是幼儿也知道，无论有无法律的约束，伤害别人或偷别人东西都是不对的。但是有些规则，例如，第二个问题中的不嚼口香糖，属于**社会习俗**（social convention）——在特定情境下，人们普遍赞同的规则和做事方式。当班级规则（习俗）要求班上不准嚼口香糖时，学生（大多数）都不会那样做了。嚼口香糖不是一种内在的不道德行为，它只是违背了规则。一些班级，尤其大学的班集体，会使用很多不同的规则。不喜欢吃青豆或是男生留长发，都不属于内在的不道德行为（至少我希望不喜欢吃青豆不算不道德），这些都仅是个人的选择——个人偏好和隐私问题。

拉里·努奇（2001，2009；Nucci & Ilten-Gee，2018）认为道德发展涉及三个维度或领域：道德判断、社会习俗和个人选择。儿童的思维和推理在这三个维度上均有所发展，但发展速度可能有所不同；甚至对道德和习俗维度的判断所涉及的认知（神经）过程也不同（Lahat t et al.，2013）。到了4岁左右，世界各地的儿童都能对道德和习俗问题进行相当严格的区分（Nucci，2009）。

对教师而言，最常见的"是非对错"情境会涉及道德和习俗维度。

**1. 道德与习俗维度**

在道德维度上，两个基本问题是公平和福祉/同情（Nucci，2009）。最初的课堂教育中主要涉及的道德议题包括材料的分配和共享，或**分配公平**（distributive justice）（Damon，1994）。对幼儿（5～6岁）来说，公平分配就是基于"平等"进行分配。因此，教师经常听到"凯肖恩（Keshawn）拿得比我多，这不公平"。在随后的几年中，儿童逐渐意识到基于"功绩"，一些人应该获得更多，因为他们工作更努力或表现得更好。到了8岁左右时，儿童已经能考虑别人的需要，并基于"善意"进行推理。因此，他们能理解一些学生可能从教师那获得更多的时间或资源，因为他们有特殊的需要。可以说，儿童经历了道德问题推理的各个阶段。

（1）领悟到公平意味着平等对待所有人。

（2）理解公平和他人的特殊需要。

（3）形成更为抽象、整合的关于公平与平等的概念，同时在人际关系中融入关爱的意识。

（4）最终成年时意识到道德包含仁慈和公平，道德准则是独立于任何特定群体的规范而存在的（Nucci，2001，2009；Nucci & Ilten-Gee，2018）。

在习俗维度上，儿童最初会相信规则就是理所当然的客观存在，你如果有机会与幼儿相处，你会发现在某些时期当你说"不准在电视机前吃东西"时，儿童就会乖乖遵守。皮亚杰（1965）将这一阶段称为"**道德现实主义**（moral realism）"。在这一阶段，儿童相信行为规则或游戏规则是绝对的、不能改变的。如果违反了规则，儿童就该受到惩罚，并认为惩罚取决于行为后果的严重性，而不是

行为的意图或其他情况。因此，在他们看来，不小心打破三个杯子比故意打破一个杯子更糟糕，并且应该受到更重的惩罚。

随着儿童与他人社会互动的深入，发展心理理论，并开始了解不同的人有不同的规则，儿童将逐渐转向 合作性道德（morality of cooperation）。儿童逐渐意识到规则是人制定的，也能被人为改变。当规则被打破时，需要同时考虑造成的损失和触犯者的动机两个方面。

随着成熟，儿童认识到尽管这些规则是人为制定的，但是它们是用来维持秩序的，并且这些规则是由那些负责的人制定的。然后，随着进入青少年期，学生对习俗的认识在不同的看法中左右摇摆，可能会认为习俗是某一社会系统中恰当的运作方式；也可能会认为，习俗只是一种社会标准，之所以被建立起来是因为它们被广泛地应用，又很少受到挑战。最后，成年后他们开始意识到习俗有利于协调社会生活，但同时也是可以被改变的。因此，大龄的青少年和成人，通常比幼儿更能接受那些思想异于习俗和传统的人。

### 2. 对教师的启示

拉里·努奇（2009）在其著作《"好"远远不够》（*Nice Is Not Enough*）中描述了很多具体的学前至十二年级的课程，这些课程将学业内容与道德判断、社会习俗和个人选择这三个维度的发展结合在一起。其中的一节代数课请参见表4-5。

### 表4-5 一节鼓励儿童做出道德判断的代数课

给学生一个场景，要求学生配对进行讨论：

四个孩子［约翰（John）、马克（Mark）、萨莉（Sally）和玛丽（Mary）］是邻居，他们打算一起送报纸来赚钱。约翰和玛丽两个人都是15岁，读高中；马克和萨莉两个人都是12岁，读七年级。第一周结束时，他们赚了48美元。但现在他们遇到了一个问题。他们事先没有决定好如何分配他们赚到的钱。

（1）萨莉认为最公平的办法是平分这些钱。

（2）玛丽认为萨莉很懒，送出报纸的数量只有自己的一半，所以萨莉只能拿到自己和其他孩子的报酬的一半。

（3）马克认为他和约翰比玛丽和萨莉这两个女孩更强壮，他们俩比两个女孩多完成了25%，因此每个男孩应该比每个女孩多拿25%的报酬。

（4）约翰同意萨莉比玛丽少送报纸的原因是萨莉比较懒。他还觉得，即使玛丽没有男孩强壮，但她同样很努力地工作。但他也认为，大龄的孩子（他和玛丽）应该比年幼的孩子多得25%的报酬，因为年纪大的孩子花费更多。因此，他的想法是他和玛丽应该拿相同的报酬，并且比马克的报酬多25%，而萨莉因为她的懒惰只能拿到马克报酬的一半。

**作业：**

（1）请创建相应的代数方程式表示上述每种最佳分配48美元报酬的方案。

（2）你和你的搭档认为哪种分配方案是最公平的，将你们的答案记录下来。

（3）解释为什么你们觉得那是最公平的分配方案，并同时说明为什么你觉得其他方案不公平。

资料来源：Nucci，L. (2009). *Nice is not enough: Facilitating moral development* (pp.156–157). Upper Saddle River，NJ: Pearson.

努奇（2001）就如何营造班级道德环境也提出了一些很好的建议。第一，建立一个相互尊重、彼此温暖，且能公平、一致地执行规则的集体是非常重要的。如果缺乏这样的集体氛围，任何营造班级道德环境的努力都会徒劳无功。第二，教师应当针对不同的维度——道德维度或习俗维度，对学生的行为做出恰当的反应。例如，针对道德问题的反应可以是以下几种（Nucci，2001，p.146）。

（1）当一个行为是伤害性的或不公平的时，强调这种行为给他人带来的伤害："约翰，你那样做真的会伤到贾梅尔（Jamel）。"

（2）鼓励观点采择："艾薇（Ivy），如果有人偷了你的东西，你会有什么感受？"

相比之下，这里有两个针对规则或习俗问题的回应。

（3）重申规则："罗莎（Rosa），开会期间你不准离开自己的座位。"

（4）命令："豪伊（Howie），不要再骂人了！"

在以上四种情况中，教师针对不同维度做出了恰当的反应。如果把1或2的反应与3或4的反应调换，就是不恰当的反应了。例如，老师问："罗莎，如果开会时别人都离开自己的座位，你会有什么感受？"罗莎可能会觉得"还好"。针对一个违背道德的行为说"约翰，打人是违反规则的"，这种反应是软弱无力的，因为这种行为不仅是违反了规则，它还会伤害到他人，因此是错误的。

在面对第三种维度——个人维度时，儿童必须区分哪些选择和行为是他们的个人选择，哪些不是。这一过程是发展出与个人权利、公平及民主等有关的道德概念的基础。这里需要注意的是，不同文化可能对个人选择、隐私，以及在大社会环境下的个体角色有迥然不同的理解。

### 4.4.4 超越推理：海特的道德心理学的社会直觉模型

在日常生活中，做出道德选择不仅涉及推理，情绪、直觉、竞争目标、关系和现实考量因素等，都会影响选择。乔纳森·海特（2012，2013）认为，科尔伯格过分强调了道德的冰冷的认知推理。海特的社会直觉模型是以社会心理学、进化心理学，以及神经科学的研究为基础的。它有三个主要原则。

#### 1. 直觉先出现，然后才是推理

只有在最初的自动化、情绪性的反应（我们称它为直觉）推动我们做出一个正确或错误的道德判断后，我们才会进行道德推理。在对某个情境或两难问题做出反应时，我们会直觉地感到同情－厌恶，喜欢－不喜欢，吸引－反感等。接着，当我们准备向他人辩护自己的选择时，我们会推理为什么我们的反应是正确的。因此，推理实质上起到了社会性的作用，用以维持我们在群体中的地位，以及他人对我们的尊重。正如我们即将在本书中多次看到的，目前关于认知决策的观点是以神经科学为基础的，其中包括了双加工系统，即第一个系统是快速、自动化的，并且受情绪的强烈影响；第二个系统是相对更慢、需要进一步分析和反思的。这一双加工系统在人类所有的决策和选择中都会起作用，包括道德判断。

#### 2. 道德不仅仅涉及公平和伤害

目前大多数道德推理的理论，都是以公平（公正／欺骗）和福祉（关心／伤害）的道德价值为基石的。海特认为，只关注这些价值反映了一种名为WEIRD（western, educated, industrialized, rich, democratic，即西方的、受过教育的、工业化的、富裕的、民主的）的道德体系。在WEIRD文化中，公平和福祉确实是道德的核心，但海特对世界各地的被试进行了研究后发现，还有其他四个重要的道德价值观或道德基础。

（1）忠诚／背叛（loyalty/betrayal）是为集体利益而自我牺牲、爱国主义和"不让一个海军陆战队员掉队"等观念的基础。

（2）权威／颠覆（authority/subversion）是领导和追随的基础，即对合法权威的尊重。

（3）神圣／堕落（sanctity/degradation）是努力过上更高贵、纯洁的生活，避免被玷污的基础。神圣决定了什么目标或观念是值得崇敬的，以及哪些是令人厌恶的。

（4）另一个可能的道德基础是自由／压迫（liberty/oppression），这是愤恨和抵制统治的基础，如对恶霸和独裁者的仇恨。

这些道德基础存在于所有文化中，因为它们是在人类的群体生活中以及人类为生存而奋斗的过程中，历经数千年的演变而来的，只是不同的文化可能会以不同的方式来构建这些道德基础。例如，生活在印度的很多人认为牛是神圣的，而生活在美国的很多人认为美国国旗是神圣的。

因此，很多印度人会对伤害母牛感到厌恶，而很多美国人在看到美国国旗被烧时会感到厌恶。

**3. 道德具有约束力和盲目性**

当某一群体中的个体拥有相同的神圣象征、英雄、领袖、关于对与错的观念时，也就是当他们共享相同的道德观念时，这个群体就会凝聚在一起。他们对彼此忠诚——"我为人人，人人为我"。他们尊重他们的领袖，也彼此尊重。但当群体凝聚在一起时（当然因此也更可能生存下来），他们往往会对其他群体的道德观念视而不见，会认为那些观念是极其"错误"的。

社会直觉模型是非常新的理论，因此目前在教育中的应用还很少。这一模型的好处是它融合了神经科学、社会心理学和社会生物学的观点。这一模型提醒我们，道德不仅仅是推理。关于什么是对错，我们有即时的直觉反应，然后我们进行"推理"来证明我们的选择是正确的。证明我们的选择是正确的，能维持我们在群体中的地位，这帮助人类生存了千百年。道德教育可能需要承认在公平和福祉之外还存在其他的道德基础，并理解不同文化实施这些道德信念的方式。现有的社会情感学习方法在强调个人感受的同时，也强调对人际关系的重视（Shechtman & Yaman，2012）。

## 4.4.5 道德行为：以作弊为例

影响道德行为的三个重要因素是示范、内化和自我概念。首先，经常看到有同情心、慷慨的成年人榜样的儿童，更倾向于关注他人的权利和感受（Eisenberg & Fabes，1998；Woolfolk & Perry，2015）。其次，多数道德行为理论均假设幼儿的道德行为是他控的，即他人通过直接教导、监督、奖赏和惩罚，以及纠正等来对儿童进行控制。最终，儿童将**内化**那些指导他们的权威人士的道德准则和原则。也就是说，儿童把外在准则当成自己的道德标准。在纠正儿童的行为时，如果能向他们解释为什么该行为必须纠正——尤其是向他们解释这样的行为对他人造成的影响时，儿童更可能内化道德原则，学会即使在无人监督的情况下也能做出道德的行为（Hoffman，2000）。

最后，我们必须将道德信念、价值观整合到我们总体的自我意识、自我概念中。"个体做出道德行为的倾向在很大程度上取决于道德观念、价值观整合到个性及自我意识中的程度"（Arnold，2000，p.372）。

**1. 谁会作弊**

有 75%～98% 的大学生表示，他们曾在高中作弊，即使他们认为作弊是不对的。事实上，学业作弊的比例在过去 30 年里持续提高，可能是由于压力日益增大、高利害关系的考试增多，以及利用互联网作弊的便利性所导致的（Anderman，2015；Stephens & Wangaard，2016）。

作弊存在个体差异。多数关于青少年和大学生的研究发现，男性比女性更可能作弊；低成就的学生比高成就的学生更易作弊；持表现目标的学生（获得好成绩、看起来很聪明）比持掌握目标的学生更易作弊；低学业效能感（认为自己在学校不可能有好的表现）的学生更可能作弊。另外，冲动型的学生更可能作弊。责任心和随和性人格特质较高的学生不太可能作弊（Giluk & Postlethwaite，2015）。

当然，作弊不只是个体差异的问题，情境也会起到一定的作用。一项研究发现，当学生从原先重视竞争和成绩的数学课转到重视理解和掌握的数学课后，其作弊水平有所下降（Anderman & Midgley，2004）。如果学生认为教师是可靠的知识来源，他们的作弊水平也会下降。这是因为当学生认为教师可靠时，他可能更重视教师所教授的内容，因此更希望真正学会它（Anderson et al.，2009）。此外，当学生成绩落后或认为教师不在乎他们时，学生更可能会作弊。例如，埃里卡（Erica）认为：

*我是一个高中优等生，我认为班上存在不同程度的作弊现象。我是一个认真的学生，但当我的历史老师一口气布置了 50 道问题，并且要求明天交，或晚上老师布置了一份填空卷子，而我本来已经就很忙了，要做游泳练习、礼拜和有氧运动，还有其他作业——我会选择抄朋友*

的作业……我在迫不得已时才会作弊,所以不算是一个坏习惯。每个小孩在紧急关头都会这样做。(Jensen et al., 2002, p.210)

塔梅拉·默多克(Tamera Murdock)和埃里克·安德曼(Eric Anderman, 2006)提出了一个模型,用以整合有关作弊的认识。他们认为学生在决定作弊之前,会问自己三个问题:我的目标是什么?我能做这个吗?作弊的代价是什么?表 4-6 列出一些对上述三个问题的回答,这些回答与是否作弊的决策有关,同时表中还列出一些防止作弊的策略。

**表 4-6 学生何时会作弊**

塔梅拉·默多克和埃里克·安德曼根据三个问题的答案提出了一个学业作弊模型。

| 问题 | 不太可能作弊<br>回答举例 | 很可能作弊<br>回答举例 | 教师应当怎么做<br>策略举例 |
| --- | --- | --- | --- |
| 我的目标是什么 | 目标是学习,变得更聪明,尽可能做到最好 | 目标是看起来很棒,比其他人都出色 | 告诉学生课程的重点是学习——学习能让每个人变得更优秀 |
| 我能做这个吗 | 通过适当的努力我能做到 | 我怀疑自己能不能做到 | 采取小步原则,让学生成功地完成每个小步骤,以此帮助他们建立自信心<br>指出学生过去取得的成就 |
| 作弊的代价是什么 | 如果作弊,我会被逮到,受到惩罚<br>如果作弊,我会觉得自己道德有问题,感觉很丢脸 | 如果作弊,我可能不会被逮到和受到惩罚<br>每个人都这样做,所以这没什么不对<br>压力实在太大了——我不能失败,只能作弊 | 把错误当作一次学习的机会<br>允许修改,以此来降低作业带来的压力<br>避免高风险的测试和作业<br>私下告知成绩<br>监督学生,防止作弊,对作弊行为给予适当的惩罚 |

资料来源:Adapted from Murdock and Anderman (2006).

**2. 应对作弊**

上面的例子对教师有很直接的启示。为防止作弊,教师应尽量不要让学生处于高压情境之中,确保他们已经做好测验、课题或作业的准备,确保他们无须作弊也能做得很好。教师也要成为值得信任、可靠的知识来源。关注学习而非成绩,鼓励学生合作完成作业,并尝试开卷、合作或在家完成等形式的测验。我常常告诉我的学生哪些概念会考,并鼓励他们在考试前对这些概念及这些概念的应用进行讨论。你还可以对需要帮助的学生给予额外的帮助。

明确关于作弊的政策,并且始终如一地执行它们。在考试过程中认真地监督学生,帮助他们抵制作弊的诱惑。

另一种方法是举办"诚信成就"(Achieving with Integrity, AwI)研讨会(Stephens & Wangaard, 2016)。这些研讨会有四个组成部分。

(1)道德意识:在情境中洞察道德维度,例如,当朋友要求抄你的作业时。

(2)道德判断:运用科尔伯格或努奇所描述的道德推理来决定最佳行动方案。

(3)道德承诺:承担个人责任,承诺不欺骗,诚信行事。

（4）道德行动：贯彻始终，履行承诺。

实际的诚信成就研讨会不是通过讲授，而是通过讨论进行的，即分析案例和情境，回答核心问题。例如：意识——"什么是道德？这是道德问题吗"；判断——"这个决定对吗"；承诺——"我为什么要做正确的事"；行动——"在这种情况下，我该如何做正确的事？需要什么技能"。诚信成就研讨会的创建者建议，同样的框架也可用于解决其他道德问题，如欺凌、偷窃、撒谎和吸毒等。

## 4.5 个性与社会性发展：对教师的启示

埃里克森和布朗芬布伦纳都强调个体会受到社会和文化背景的影响。下面列举的是其中的核心观点。

（1）所有学生都能从权威型教师那里获益，权威型教师是指既让学生感觉温暖，也对学生有明确要求的教师。

（2）对所有学生来说，自我概念随着时间在不断地分化——他们可能会觉得自己能胜任某一学科，但不擅长其他学科；或是认为自己是一个非常称职的朋友或家庭成员，但不擅长学校的学业。

（3）对所有学生来说，整合自己关于职业、宗教、族群、性别角色，以及与社会的联系等方面的决定，最终将形成一个有意义的同一性——这一过程是极具挑战性的。教师能够促进学生同一性的发展。

（4）对所有学生来说，被同伴拒绝都会受到伤害。很多学生需要指导以帮助他们发展社交能力，更准确地理解他人的意图，更好地处理冲突以及应对攻击性行为。同样，教师可以提供这样的指导，综合的社会情感学习可以为他们提供帮助。

（5）当学习压力很大、学习负担不合理，且作弊被抓住的概率很小时，多数学生会作弊。这就需要教师和学校共同努力，避免这些情况的发生。

## 模块 14 小结

### 什么是心理理论，它为什么很重要？

心理理论是理解他人也是人，有他们自己的心智、想法、情感、信念、愿望和感觉。儿童需要心理理论去理解他人的行为，而当他们发展出心理理论后，他们就能理解他人也有自己的意图。

### 随着学生的成熟，他们的观点采择能力如何变化？

随着逐渐成熟，儿童理解意图的能力在不断发展，但攻击性儿童常常难以理解他人的意图。随着逐渐成熟，儿童社会性的观点采择也在逐渐改变。年幼的儿童认为每一个人的想法和感觉与他们自己一样。之后，他们才渐渐了解到他人是不同的个体，因此会有不同的感觉和看待事物的观点。

### 道德推理的前习俗水平、习俗水平和后习俗水平三者之间有何重要差异？

科尔伯格的道德发展理论包括三个水平：①前习俗水平，此时道德判断是基于个人利益。②习俗水平，此时道德判断会考虑法律和社会期望。③后习俗水平，此时道德判断是基于更抽象、更个人化的公平准则。批评者认为，科尔伯格未考虑道德推理可能存在的文化差异，以及道德推理和道德行为之间的差异。

### 描述吉利根的道德推理水平理论。

卡罗尔·吉利根认为，科尔伯格的阶段理论只是基于男性的纵向研究，它很可能无法恰当地解释女性的道德推理及其发展阶段，因此她提出了"关爱的道德"。吉利根认为，个体是从关注自我利益发展到对特定个体和特定关系承诺的道德推理，然后发展到道德的最高水平，即基于对所有人负责和关爱的原则。

### 道德维度和习俗维度的思维随时间如何变化？

关于道德的信念从幼儿的意识——公平就是平等对待所有人，逐渐发展为成人的理解——道德涉及仁慈和公平，道德准则是独立于任何特定群体的规范而存在的。在社会习俗维度方面，儿童开始会相信他们所看到的规则是真实正确的。经过几个阶段，成人意识到习俗有利于协调社会生活，但也是可以被改变的。

### 海特让我们对道德行为有了什么新的理解?

在日常生活中,做出道德选择要涉及情感、直觉、竞争目标、关系和现实考量。海特认为,与公平、忠诚、权威、神圣感和自由有关的直觉会导致我们对道德情境做出更多自动化的、情绪性的反应。然后我们会为自己的反应建构理由。不同文化的道德价值观各不相同。这些价值观将群体联系在一起,但也使他们对其他群体的道德信仰视而不见。

### 什么会影响道德行为?

成年人首先会通过直接教导、监督、奖赏与惩罚,以及纠正儿童的道德行为进行控制。另一个影响儿童道德行为发展的因素是榜样示范。经常看到有同情心、慷慨的成年人榜样的儿童,更倾向于关注他人的权利和感受。

### 学生为什么会作弊?

作弊是学校内涉及道德议题的一种常见行为问题。是否作弊取决于学生对三个问题的回答:我的目标是什么?我能做这个吗?作弊的代价是什么?作弊是由个体和情境因素共同造成的,但如果压力太大、被逮到的概率很低,很多学生会作弊。

# 第 5 章　学习者差异与学习需要

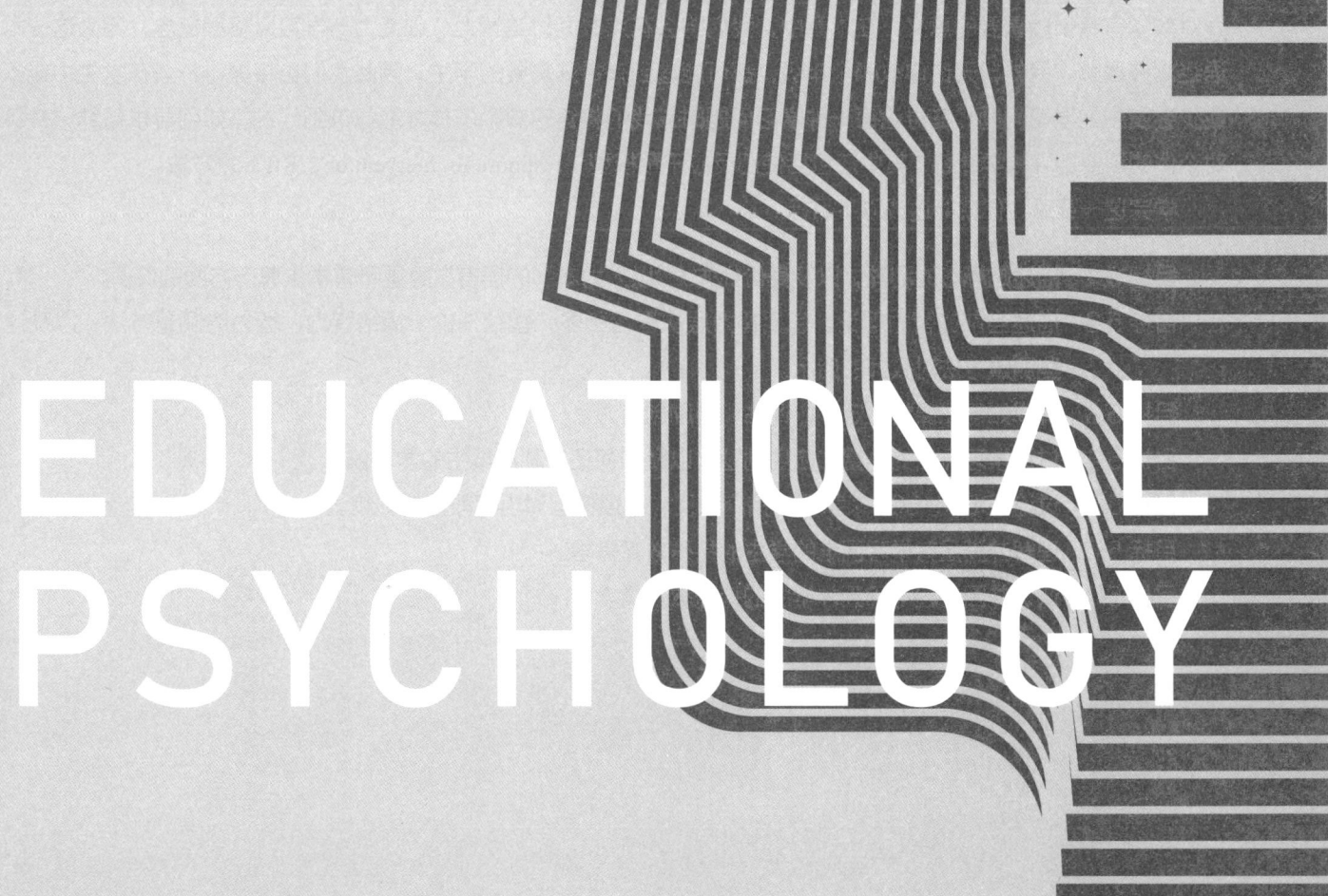

## ■ 教师的案例簿：全纳每一位学生

在新学年开始之前，你会浏览将要注册成为你班上学生的名单。你总是预设班上的学生会有不同的学业能力、社交技能和学习动机。今年，你的班上将有一名患有慢性疾病（哮喘）的学生、一名患有自闭症谱系障碍的学生、一名患有特殊学习障碍的学生和两名患有多动症的学生。这份班级名单让你感到不知所措，但你坚信学区的全纳政策，因此你开始计划如何满足这些学生，以及班级里所有学生的需求。

## ■ 批判性思考：

- 你将如何设计任务并安排与学生的互动，以确保他们都能取得进步并充分发挥学习潜能？
- 如何满足被指定接受特殊教育的学生的特殊需求？
- 在这种情况下，你将如何保持对自己能力的信心，从而有效地工作？

## ■ 概述与目标

要回答上述问题，你必须了解个体差异。到目前为止，我们几乎没怎么讨论过个体相关的内容。前面介绍的主要是可应用到每个人身上的发展原则——阶段、过程、冲突和任务。人类的发展在很多方面都是类似的，但不是在所有方面都是如此。即使是同一家庭中的成员，在外表、兴趣、能力和气质上也会有明显的差异，而这些差异对教学有着十分重要的意义。在本章中，我们将会花点时间讨论智力、创造力与学习风格等概念，因为这些术语经常被误解。另外，无论你教哪个年级，都可能遇到有特殊需要的学生，因此我们也将探讨一些在学生中或多或少会发生的学习问题。在讨论每一种学习问题时，我们将讨论教师怎样才能意识到问题、如何寻求帮助，并针对个体的需要制订教学计划，其中还包括使用反应干预模型（response to intervention，RtI）的方法。

学完这一章后，你就能达成以下目标。

目标 5.1　描述贴标签的利弊，以及身份优先／"以人为本"的语言在尊重所有学生尊严方面的价值。

目标 5.2　描述当前的智力理论，包括智力层次理论和多元智能理论、情绪智力、智力的测量方法，以及这些测量方法对教师的启示。

目标 5.3　解释如何在课堂上定义、评估和鼓励创造力。

目标 5.4　讨论学习风格的测量和应用问题，以及如何适当利用学生的学习偏好。

目标 5.5　讨论 IDEA、504 条款保护措施和反应干预模型对当代教育的影响。

目标 5.6　理解并满足有学习困难的学生的特殊教育需求。

目标 5.7　认识并回应超常和天才学生的特殊教育需求。

## 模块 15　语言、标签和智力

**学习目标 5.1**　描述贴标签的利弊，以及身份优先/"以人为本"的语言在尊重所有学生尊严方面的价值。

**学习目标 5.2**　描述当前的智力理论，包括智力层次理论和多元智能理论、情绪智力、智力的测量方法，以及这些测量方法对教师的启示。

### 5.1　语言和贴标签

每个儿童都有自己独一无二的天赋、能力与不足。从这个意义上说，所有孩子们都是"特殊"的，只是方式不同而已。例如，有些**特殊学生**（exceptional students）在数学、音乐或美术方面能力出众。还有一些学生患有残疾，可能会影响他们的学习，需要特殊服务。尽管我们将在本章中使用各种术语，如发展性障碍、沟通障碍和情绪障碍，但仍需谨慎：给学生贴标签是一个有争议的问题。

标签并不能告诉我们该用什么方法对待个别的学生。例如，没有几个具体的"治疗方案"能在行为障碍的"诊断"后自发地产生；许多不同的教学策略和材料都是合适的。此外，标签还可能会成为污名和自我实现的预言。例如，有证据表明，教师和辅导员会引导那些被贴上"学习障碍"标签的高中生选修低于其实际能力的课程。标签本身似乎影响了这种引导。高中选修的课程是通往大学和高等教育的门户，因此对学生的低期望导致他们选修要求不高的课程，并可能会改变他们的一生（D. Rice & Muller, 2013）。最后，标签常常被错误地用来解释学生的行为，就像这样——"圣地亚哥（Santiago）常常打架是因为他有行为障碍"。"你怎么知道他有行为障碍？""因为他常常打架。"（Friend, 2014; Turnbull et al., 2020）

不过，一些教育工作者认为，贴标签可以保护孩子。例如，如果同学们知道某个学生患有某种障碍，他们可能更愿意接受这名学生的行为并给予支持。当然，诊断性的标签仍然为一些特殊方案、有用的信息、适应性技术与设备或财政援助打开了大门。标签对学生来说可能是种侮辱，但也有可能帮助学生。

### 5.1.1　损伤、残疾与障碍

"**损伤**"（impairment）是指生理或心理的结构或功能的任何丧失或异常。例如，白内障是眼睛晶状体的损伤——晶状体变厚、混浊。"**残疾**"（disability），顾名思义，是指不具备做某种特定事情的能力，如看东西或走路。白内障会导致视力残疾。而"**障碍**"（handicap）是指在某些情境下的缺陷。某些残疾会导致在特定情境下存在障碍，但不是针对所有的情境。例如，失明（视觉残疾），如果你想开车，这就成了一种障碍；但如果你去作曲或听电话，失明就不是一种障碍。斯蒂芬·霍金（Stephen Hawking）是21世纪最伟大的物理学家，因患有肌萎缩性脊髓侧索硬化症（amyotrophic lateral sclerosis, ALS）而无法走路和说话。他曾说很庆幸自己成为一名理论物理学家，因为"研究它用头脑足矣，我的残疾在这方面并没有成为一种障碍"。重要的是，我们不要因自己对他人残疾的反应而给他人造成障碍。一些教育工作者建议不再使用"障碍"这个词，因为这个词的来源有贬低他人的涵义。有一种说法认为，障碍源于短语"cap-in-hand"（手里拿着帽子），即寻求帮助。早年，许多残疾人因生存所迫，不得不手持帽子乞讨（Hardman et al., 2017）。

我们可以将人类所有的特征都看成连续体。例如，人的听力可以从非常敏锐到完全失聪。我们的听力处在这个连续体的某个位置上，并且会随着生命的进程而变化，就像我丈夫会很乐意告诉你有关我的听力状况（这次，安妮塔很坦白）！

当谈论某方面有残疾的个体时，要尽量避免使用那些"怜悯"的语句，诸如"只能待在轮椅上"或"艾滋病的受害者"之类的。轮椅并不是种限制，它能让那些某方面有残疾的个体自由地走动。使用"受害者"或"受苦"这类词语时，会让人觉得那些有残疾的个体软弱无力。要了解更多有关残疾语言的信息，每位教师都应该拥有一本由美国脊髓联合协会免费提供的"残疾礼仪"小册子。请参见图5-1，了解其中一个范例。

另一种尊重某方面有残疾的个体的方式是使用"以人为本"的语言。

### 5.1.2 "以人为本"的语言/身份优先的语言

你可能听说过，甚至说过"情绪失调的学生"或"处在危险中的学生"这样的术语。实际上，个体有很多特质与能力，只关注他有残疾的方面是对个体的曲解。为了尊重所有学生的尊严和独特性，可以采用"以人为本"（person-first reference）的提法，这种语言首先强调的是学生，如"这个学生有行为障碍的问题"或"这个学生正处在危险中"。

| | | |
|---|---|---|
| 学生有智力障碍 | 而非 | 有智力障碍的学生 |
| 学生接受特殊教育 | 而非 | 接受特殊教育的学生 |
| 一个人患有癫痫症 | 而非 | 一个癫痫症患者 |
| 一名儿童脊髓受伤 | 而非 | 一名瘸腿的儿童 |
| 儿童被诊断为患有自闭症 | 而非 | 自闭症儿童或自闭症患者 |
| 一名学生患有智力障碍 | 而非 | 弱智者 |

但是，请注意，有些残疾人更喜欢"身份优先"（identity-first reference）的提法。他们认为残疾是其身份的一部分，他们"声称"残疾是自己的，并将其视为自己的一部分。正如一位心理学家的同事所说："我绝对不是一个'患有自闭症的人'，而是'自闭症'与我不可分离"（Dunn & Andrews, 2015, p.257）。正如你在本章后面将看到的，许多听力受损的人更愿意被称为聋人——他们为自己是聋人文化的一部分而感到自豪。给教师的最佳建议

**图 5-1 残疾礼仪**

资料来源：Reprinted from "Disability Etiquette" © Permission granted by United Spinal Association. Illustrations by Aneil Rodriguez.

可能是在书写中使用以人为本的语言，但要与学生本人确认，他们喜欢别人如何称呼他们。最好的方式是使用学生的名字（Callahan, 2018; Turnbull et al., 2020）。

### 5.1.3 使用标签可能带来的偏见

尽管我们可以借助很多优秀的测验和严谨的程序来诊断学生是否患有某方面的障碍，并保证我们能准确地使用标签。然而，有证据表明，少数种族、少数族群和少数语言群体的学生在某些残疾类别中所占的比率过大。例如，与欧洲裔学生相比，非洲裔学生被鉴定为智力残疾的可能

性是欧洲裔学生的3倍（Friend，2018；U.S. Department of Education，2016）。但是，美国的一项大型研究对2万多名学前儿童追踪调查至八年级后发现，总体而言，少数种族、少数族群和少数语言群体的学生，被认定为特殊服务对象的比例偏低。欧洲裔家长是否更倾向于寻求帮助？儿科医生或学校心理医生等专业人士是否更倾向于推荐讲英语的欧洲裔儿童获得服务？少数种族、少数族群和少数语言群体学生的家长，是否不愿意给孩子贴上他们认为会使孩子蒙羞的标签？他们是否不信任学校？英语语言学习者的代表性不足是不是因为他们没有接受测试——因为没有适当的评估方式或没有使用适当的评估方式（Morgan et al.，2015）？

无论情况如何——被鉴定为某些类别的比率过高，而被鉴定为另一些类别的比率过低——仍然存在两个问题：学校是否为少数种族、少数族群和少数语言群体的学生提供了良好的服务？学校服务欧洲裔学生和少数群体的学生的方式存在差异，这是偏见造成的吗？在正式转介之前，一定要收集学生的各种信息，如他们的英语水平和任何不寻常的压力，如无家可归。对学生及其校外情况有更多的了解，有助于教师更好地决定哪些计划是合适的（Gonzalez et al.，1997；National Alliance of Black School Educators，2002）。

说到标签，在教育领域中经常被误解的标签就是"聪明"。

## 5.2 智力

我们从一个基本的问题开始。

### 5.2.1 智力的含义

> **停下来，想一想**
>
> 谁是你们高中阶段最聪明的人？写下他的名字，并列出当你想到他时最先想到的4～5个词语。是什么原因使你选择了这个人？

人们在所谓的**智力**（intelligence）方面存在差异，这一观点由来已久。大多数关于智力本质的早期理论，会涉及下面三个主题的一个或多个：①学习的能力；②个体获得的所有知识；③成功适应新情境和一般环境的能力。请注意，即使是这些早期的定义也表明，智力是可以提高的，因为它包括你所掌握的全部知识。一种涵盖这些要素并强调高阶思维的定义指出智力是"进行演绎与归纳推理、使用抽象思维、使用类比、整合信息并将其应用到新领域的能力"（Kanazawa，2010，p.281）。

#### 智力：单一能力还是多种能力

智力研究中一个公认的事实，也是最引人注目的发现，是所有的认知测验分数间均存在中度至高度相关（van der Mass et al.，2006）。正是由于这些持续稳定的内在相关的存在，一些心理学家认为智力是一种一般能力，会影响到个体在所有认知导向任务上的表现，从解决数学问题到诗歌赏析。斯皮尔曼（Spearman，1927）认为这种基本能力是心理能量，他称之为g因素。斯皮尔曼还指出，完成任何一项认知任务都需要g因素，以及一些与特定任务相关的能力。我们可以通过数学计算的方法算出认知测验中的共同因子（g因素），但这种计算所得的因子只是**一般智力**（general intelligence）的数学指标，而非一般能力本身。因此，g因素这一概念无法告知我们智力是什么，也不能告诉我们智力从何而来（Blair，2006；Kanazawa，2010）。

雷蒙德·卡特尔（Raymond Cattell）和约翰·霍恩（John Horn）提出的流体智力与晶体智力理论更有助于解释什么是智力（Deary，2012；Horn & McArdle，2007；Kanazawa，2010）。**流体智力**（fluid intelligence）指心理效率和推理能力，前文中引述的金泽（Kanazawa）也认为推理能力是智力的主要成分。流体智力的神经生理基础可能与大脑容量的变化、髓鞘化（神经纤维被脂质包裹，使得加工过程变得更快）、多巴胺受体的密度或大脑前额叶的加工能力有关，其中大脑前额叶的加工能力主要包括选择性注意，尤其是工作记忆等。工作记忆是大脑机能的一个方面，我们将在第 8 章中进行介绍（Tourva et al., 2016；Waterhouse, 2006）。流体智力这部分是以大脑发育为基础的，因随着大脑的发展而增加，到青少年晚期（22 岁左右）达到高峰，然后随着年龄逐渐下降。流体智力对大脑和神经系统的损伤和疾病非常敏感。

相反，**晶体智力**（crystallized intelligence）指在特定文化情境中应用恰当的问题解决方法的能力，类似于金泽在其智力的定义中提到的"应用到新领域的能力"。这种能力在人的一生中持续增长，因为它包括已获得的技能和知识，如阅读、了解事实，以及如何使用网约车、解决技术问题、缝制棉被、设计关于诗歌中象征手法的教学单元等。我们在解决问题时运用流体智力，并以此发展出自己的晶体智力。生活中许多任务的解决，如数学推理，同时需要流体智力和晶体智力（Ferrer & McArdle, 2004；Finkel et al., 2003）。

在对各种心理能力进行测试的基础上，现在被人们最广为接受的观点认为：智力像自我概念一样存在很多方面，是不同层次的能力体系。体系的顶端是一般能力，下面是特殊能力。约翰·卡罗尔（John Carroll, 2005）认为，智力包含一种一般能力、几种广泛能力（如流体智力与晶体智力、学习与记忆、视觉与听觉的感知能力、检索能力和认知加工速度等）和至少 70 种特殊能力，如语言发展、记忆广度、简单反应时间等。一般能力可能与大脑额叶的成熟及其功能有关；特殊能力可能与大脑的其他部位以及从经验中学习有关（Anderson, 2020；Schalke et al., 2013）。

## 5.2.2 另一种观点：加德纳的多元智能理论

霍华德·加德纳（Howard Gardner）是一位发展心理学家，当他对两个截然不同的群体——哈佛大学零点计划的极具艺术天赋的学生以及波士顿退伍军人管理局医疗中心的脑损伤的病人进行研究时，开始思考一种新的智力理论。长期在波士顿退伍军人管理局医疗中心工作，让加德纳有机会见到很多不同的脑损伤病人。一些病人因脑部损伤失去了空间能力，但他们能完成所有言语任务；有些病人的情况则恰恰相反，失去了言语能力，但能完成所有与空间相关的任务。在哈佛大学零点计划中与幼儿一起工作时，加德纳看到了一些儿童尽管绘画技术很精湛，但却组织不出一句优美的句子。当然，相反的情况也存在。根据对众多儿童和脑损伤病人的观察，加德纳得出结论——存在着几种独立的心理能力，并根据这一观点提出了现在著名的**多元智能理论**（theory of multiple intelligences，MI），认为至少存在 8 种独立的智能（Gardner, 1983, 2003, 2009, 2011；Shearer, 2020）。他的数十本书已被翻译成 32 种语言，他的观点极具影响力（NAEA, 2019）。

**1. 多元智能的具体内容**

多元智能理论（MI）所提到的 8 种智能分别是语言（言语）智能、音乐智能、空间智能、逻辑–数学智能、身体–动觉（运动）智能、人际智能（理解他人）、自我认知智能（了解自己）和自然主义智能（观察与理解自然的和人工的模式与系统）。不过，加德纳强调可能存在更多的智能种类——"8"并不是确切的数字，他甚至推断可能存在精神信仰智能和存在智能（思考关于生命意义等重大问题的能力）（Gardner, 2009, 2011）。通过早期对学生和退伍军人近距离的观察，加德纳意识到，一些个体可能在这 8 个领域中的某个方面表现突出，但在其他几个领域中表现一般，甚至出现困难。此外，不同的文化和历史时代对 8 种智能的重视程度也不尽相同。在农耕文化中，自然主义智能至关重要，而在科技文化中，语言和数学智能则非常重要。

表 5-1 对这 8（或 9）种智能进行了总结。

## 表 5-1  8 或 9 种智能

霍华德·加德纳的多元智能理论认为个体拥有 8 或 9 种能力,每个个体可能在一个或多个领域具有优势或劣势。

| 逻辑-数学智能: | 语言智能: |
|---|---|
| · 对逻辑与数字模式敏感,并能进行辨别<br>· 处理连锁推理的能力<br>范例/职业道路:<br>· 科学家<br>· 数学家<br>· 工程师 | · 对声音、韵律和词义敏感<br>· 对语言的不同功能敏感<br>范例/职业道路:<br>· 诗人<br>· 记者<br>· 小说家 |
| 音乐智能:<br>· 欣赏与创作韵律、音调、音高及音色的能力<br>· 对不同音乐表现形式的鉴赏<br>范例/职业道路:<br>· 作曲家<br>· 钢琴家<br>· 鼓手 | 空间智能:<br>· 对视觉和空间世界的精确感知能力<br>· 能够对上述感知进行加工转换<br>范例/职业道路:<br>· 雕刻家<br>· 航海家<br>· 建筑师 |
| 人际智能:<br>· 能读懂他人的情绪和动机<br>· 能理解他人的愿望和需要,并做出恰当的反应<br>范例/职业道路:<br>· 治疗师<br>· 销售员<br>· 调解员 | 自我认知智能:<br>· 了解自己的优缺点、能力和需要,并能利用这些指导自己的行为<br>· 了解自己的感受<br>范例:<br>· 具有细致而准确的自我知识的个体 |
| 自然主义智能:<br>· 识别动物、植物的能力<br>· 能利用类别和系统来理解自然世界<br>范例/职业道路:<br>· 农民<br>· 园丁<br>· 追踪动物者 | 身体—动觉智能:<br>· 控制身体动作和了解自身身体处于空间何处的能力<br>· 熟练操作物体的能力<br>范例/职业道路:<br>· 舞蹈家/演员<br>· 体操运动员<br>· 木匠 |
| 存在智能:<br>· 思考和研究更深入或更宏大的关于人类存在和生命意义问题的能力<br>· 理解宗教观念和灵性观念的能力<br>范例/职业道路:<br>· 哲学家<br>· 神职人员<br>· 人生导师 | |

资料来源:"Multiple Intelligences Go to School," by H. Gardner and T. Hatch (1989), *Educational Researcher, 18*(8), and "Are There Additional Intelligences? The Case for the Naturalist, Spiritual, and Existential Intelligences," by H. Gardner (1999) in J. Kane (Ed.), *Educational Information and Transformation*, Upper Saddle River, NJ: Prentice-Hall.

**2. 对多元智能理论的批评**

加德纳的多元智能理论遭到了"教育心理学界的一片批评之声，与此同时，世界各地的教师们也掀起了一股热潮，一直持续到今天"（Shearer，2020，p.49）。批评包括目前几乎没有公开发表的研究证实多元智能理论的有效性（Waterhouse，2006），8 种智能并不是相互独立的，彼此之间存在相关。事实上，逻辑–数学智能和空间智能存在很高的相关。逻辑–数学、语言和空间能力等纯粹的认知能力与 g 或一般智力密切相关，并受其影响（Castejon et al.，2010；Sattler，2020；Visser et al.，2006）。音乐智能和空间智能存在相关的证据也促使加德纳考虑这些智能之间可能的联系（Gardner，1988，2003）。因此，这些"独立能力"可能并不那么独立。此外，一些批评者认为这些智能实际上是一些才能（身体–动觉技能，音乐能力）或个人特质（人际能力）。有些"智能"并非新概念，许多研究者已经把言语能力和空间能力确定为智力的成分。丹尼尔·威林厄姆（Daniel Willingham，2004）则批评得更加直白："说到底，加德纳的理论并不是那么有用。对学者来说，这个理论几乎都是错的；对教育工作者来说，打着加德纳理论旗帜所进行的冒进的教学实践（当然，加德纳并不赞同其中某些应用）也很难帮助到学生"（p.24）。

**3. 加德纳的回应**

多元智能理论的拥护者指出他的理论是建立在心理学、人类学、生物学和神经科学等多个领域的广泛研究基础之上的（Castejon et al.，2010）。事实上，对神经科学证据的广泛回顾表明，不同的智能有自己的神经结构（Shearer，2020）。此外，加德纳（2003，2009）也对批评者做出了回应，指出了一些与多元智能理论和学校教育相关的神话、误解和误用。例如，他强调，智能与感官系统不同，不存在"听觉智能"或"视觉智能"。智能与学习风格不同。事实上，加德纳并不认为人们有一致的学习风格。另一个误解是，多元智能理论否定了一般智能的观点。加德纳并不否认一般能力的存在，但他质疑一般智力作为人类成就的解释有多大用处。至于误用，加德纳尤其对澳大利亚的一个教育项目表示强烈反对，该项目声称不同的种族群体拥有某些特定的智能，但缺乏其他智能。加德纳在澳大利亚的电视上称这个项目为"伪科学"和"隐蔽的种族主义"（Gardner，2009，p.7）。最终该项目被取消了。另一种误用是，一些教师接受了加德纳理论的简单化版本，无论多么不恰当，都要在每节课中包含每种"智能"。

### 5.2.3 多元智能理论对教师的启示

经过多年对多元智能理论的研究，加德纳认为，这一理论对教师有两点最为重要的启示（2009）。首先，教师应当慎重对待学生间的个体差异，并针对每个学生制定差异化的教学策略，从而与每个学生建立联系。多元智能理论的理念向学生及其家庭传递了一个强有力的信息，即每个人的大脑都是独一无二的，是一个复杂的集合体，既有优势，也有局限性。教师可以发掘学生的优势，并利用这些优势来管理局限性。他们还应认识到，情绪是学习的一部分，而不是学习的障碍（Shearer，2020）。本书的很多内容都将帮助教师做到这一点。其次，教师在教授任何学科、技能或概念时，都应采用多种恰当的方式（但并非每次都使用 8 种方式）。每一个有价值的信息都有不同的表现形式，并与各种思维方式有着多种联系。对信息的理解可以通过词汇、图像、动作、表格、图表、数字、公式、诗歌等多种方式表达出来。加德纳及其同事已经开发了许多多元智能理论的有效应用。多元智能理论拓展了我们对能力和教学途径的思考，但即使有多元的学习方式来习得知识，学习仍是一件很难的事情。

### 5.2.4 另一种观点：斯腾伯格的成功智力

罗伯特·斯腾伯格（Robert Sternberg）所提出的**成功智力的三元理论（triarchic theory of successful intelligence）**是从认知加工的角度来理解智力的，其重点是成功所需的技能（Sternberg，1985，2004，2018；Sternberg，2020）。斯

腾伯格使用"成功智力"这一术语，以强调智力远不止心理能力测验所测得的那些内容，他认为智力是在特定文化背景下，个体根据自身对成功的定义，设定并实现个人目标的能力。你必须通过选择能够让你成功的任务和情境（环境），然后根据需要适应或塑造环境，来发挥自己的长处，弥补自己的短处。

成功的智力需要三种技能或思维方式：分析性、创造性和实践性。分析性技能涉及评估、分析、判断、比较和对比，以处理相对熟悉的问题。这是学校里最常教授的思维方式，也是传统智力测验所测量的思维方式。创造性技能则是个体成功应对新经验所必需的，主要通过两种方式：①运用洞察力（insight），即有效应对新情境和发现新解决方案的能力；②运用自动化（automaticity），即高效自动思考和解决问题的能力，也就是迅速将新的解决方法变成自己的认知工具箱的一部分。实践性技能侧重于选择一个你能取得成功的环境，适应这个环境，并在必要时重塑它。第三种意义上的智力涉及实际问题，如职业选择和社交技巧。有研究表明，实践性智力取决于文化（Sternberg, 2018）。

教师如何利用斯腾伯格的理论来指导教学和评估？在一个播客中，斯腾伯格给出了这些例子（Sternberg, 2014）。

**关于第二次世界大战（以下简称"二战"）的教学**

- 分析性：分析并解释二战的起因。
- 创造性：想象并描述如果德国赢得了战争，今天会有什么不同。
- 实践性：探讨二战事件对我们如何应对当今世界危机（如种族灭绝和法西斯主义抬头）有何启示。

**语言艺术课程中的评估**

- 分析性：比较和对比海明威和菲茨杰拉德的写作风格。
- 创造性：为《汤姆·索亚历险记》(The Adventures of Tom Sawyer)写一个不同的结局。
- 实践性：根据汤姆让他的朋友帮忙粉刷自己的篱笆的方式，确定你可以从《汤姆·索亚历险记》中学到哪些关于说服的知识。

### 5.2.5 神经科学与智力

如你所见，斯皮尔曼、卡特尔和霍恩、卡罗尔、加德纳和斯腾伯格的理论倾向于描述个体在智力内容——不同能力上的差异。与此相反，认知心理学的研究则强调所有人都具有的信息处理能力。人类是如何收集和利用信息来解决问题并做出明智的行为的呢？对智力的信息加工解释强调工作记忆能力、集中注意力和抑制冲动的能力，以及情绪自我调节能力。这些都是流体认知能力的组成部分。在一项考查了工作记忆、注意力和信息处理速度的研究中，只有工作记忆能显著预测流体智力、晶体智力和一般智力，而这些智力是通过一种常用的成人智力测验来测量的（Tourva et al., 2016）。随着年龄的增长，智力的下降似乎主要与工作记忆的衰减有关（Anderson, 2020）。我们将在第8章中探讨工作记忆和信息加工的其他方面，敬请期待。

正如你所记得的，人类大脑的一个主要特征是可塑性，即在与环境相互作用的过程中，神经可以发生连接的变化。一些神经科学研究人员认为，一般智力的个体差异是由于神经可塑性的差异造成的——有些大脑比其他大脑更善于根据经验形成连接。神经连接在童年时期不断发展，以便更好地处理越来越复杂的信息。这些神经连接的发展是流体智力的基础，在16岁左右达到高峰。因此，学生时期是开发智力的关键时期（Garlick, 2002）。学习和晶体智力的发展贯穿一生，但学校的经历对流体智力的增长尤为重要。作为教师，你需要善用学生大脑的可塑性——他们每天都在开发智力。

尽管有许多智力理论，但教师、学生和家长最熟悉的智力是智商（IQ）测试中的一个数字或分数。

### 5.2.6 智力的测量

对于智力是什么，心理学家们尽管不能达成一致，但他们都同意通过标准测验测出来的智力与学校中的学习有关。为什么会这样呢？这在一定程度上和智力测验最初在巴黎被开发出来的方式有关。

### 1. 比奈的困境

1904年，阿尔弗雷德·比奈（Alfred Binet）遇到了法国教育部部长给他出的难题：如何在入学初期尽早地鉴别出那些需要特殊教育和额外帮助的学生，以帮助他们避免在常规班级里经历失败？比奈还认为，对学习能力进行客观测量能保护来自低收入家庭的学生，使他们不会因为受到歧视而被迫辍学，因为他们被认为是学习缓慢的学生。

在尝试了多种可能性之后，比奈和他的合作者西奥多·西蒙（Theodore Simon）最终确定了58项测试，各有一些测试分别适用于3～13岁的不同年龄段的儿童。这些测试可以测量在学校取得成功所必需的基本能力，如问题解决，语言理解，对物体、数字或句子的记忆，空间推理等。比奈的测验能让施测者确定儿童的**心理年龄（mental age）**，如果一个孩子通过了大多数6岁儿童能通过的测试项目，那么不管这个孩子实际是4岁、5岁、6岁、7岁还是8岁，他的心理年龄都被认定为6岁。**智力商数（intelligence quotient，IQ）**的概念是在比奈量表被传到美国后提出的，比奈量表由斯坦福大学修订为斯坦福-比奈（Stanford-Binet）量表。IQ的分数是心理年龄和实际生理年龄的比值，公式如下：

**智商（IQ）= 心理年龄 / 生理年龄 × 100**

因此，如果一个孩子被测量的心理年龄与他的实际年龄完全相同，那么心理年龄/生理年龄就等于1，结果就是智商 = 1 × 100 = 100，即平均智商。如今，我们不再使用心理年龄，而是计算**离差智商（deviation IQ）**，这个数字准确地表明了一个人的得分高于或低于其年龄组平均值的程度。

早期的斯坦福-比奈量表共进行了五次修订，现在评估的是一般智力和五个具体因素：工作记忆、流畅推理、知识、视觉-空间加工和定量推理（Roid，2003）。这一版本与卡罗尔（2005）的分层模型一致，该模型认为存在一种一般能力和其他几种广泛的能力。

> **设身处地想一想**
>
> 你是一名9岁的学生，正在接受学校心理学家的评估。她问你："一英寸①和一英里②有什么相似之处？""倔强是什么意思？""倒着重复这些数字：8、5、7、3、0、2、1、9、7""这是一幅完整的拼图，从这些可能性中选出哪三张可以拼成这幅拼图？"

这些项目类似于最广泛使用的个别智力测验——韦克斯勒儿童智力量表（Wechsler Intelligence Scale for Children，WISC-V）（Wechsler，2014）中的问题。测验的其他部分要求儿童用积木复制一个设计、在头脑中做数学题（不用纸和笔）、从每排物品中挑出一件组成"相配"的一组，或只利用图片选择物品来平衡天平。韦克斯勒儿童智力量表评估一般智力，以及工作记忆、加工速度、言语理解、视觉-空间推理和流畅推理，这也与卡罗尔的模型一致。

### 2. IQ分数意味着什么

大多数智力测验，如斯坦福-比奈智力量表和韦克斯勒儿童智力量表（WISC-V）在设计上都具有一定的统计特征。例如，平均分数是100，也就是说参加测验的普通人群中，50%的人得分是100分或以下，50%的人得分在100分以上。大约有68%的个体成绩在85分到115分之间，只有16%左右参加测验的个体得分在85分以下，也只有16%的个体得分在115分以上。但需要注意的是，这些统计数字只对美国本土出生并且母语是标准英语的欧洲裔美国人才有意义。对于能否将智商测验应用于少数族群的学生身上，还存在很大的争议。

---

① 1英寸 ≈ 2.54厘米。——编者注

② 1英里 ≈ 1.61千米。——编者注

### 3. 团体智力测验与个别智力测验

斯坦福-比奈智力量表和韦克斯勒儿童智力量表（WISC-V）是个别智力测验。它必须由受过训练的心理学家施测，并且一次只测量一个学生，完成测验的时间大约为1到2小时。大多数问题都是口头问答，不需要阅读或书写。当直接接受一个成人的测试时，学生通常会更加集中注意力，也更愿意努力做到最好。

心理学家还发展了团体测验的方法，用于对整个班级或学校的学生进行测量。与个别测验相比，团体测验可能难以精确描述一个人的能力（Sattler，2020）。当学生以团体的方式进行测验时，他们可能会做得比较差，因为他们可能会遇到不理解指导语、阅读存在困难、铅笔断了、在答题纸上写错了位置、别的学生让他分心了，或是不懂如何答题等问题。作为一名教师，你必须谨慎对待团体智力测验得到的IQ分数。下面的"实践指南"将帮助你根据实际情况来解释IQ分数。

## 实践指南

### 解释IQ分数

确认分数是来自个别测验还是团体测验，谨慎对待团体测验分数。

例如：

（1）个别测验包括韦克斯勒量表[韦克斯勒幼儿智力量表（WPPSI-IV）、韦克斯勒儿童智力量表（WISC-V）、韦克斯勒成人智力量表（WAIS-IV）]、斯坦福-比奈量表（第5版）(the Stanford-Binet)、伍德科克-约翰逊心理教育成套测验（the Woodcock-Johnson IV）、纳格利尔非言语能力测验-个人版（the Naglieri Nonverbal Ability Test-Individual）、考夫曼儿童成套评价测验（第2版）(the Kaufman Assessment Battery for Children)，以及广泛智力测验（the Wide Range Intelligence Test）。

（2）团体测验包括奥蒂斯-列侬学校能力测试（第8版）(Otis-Lennon school abilities test)、斯劳森智力测验（第4版）(Slosson Intelligence Test)、瑞文推理测验（Raven Progressive Matrices）、纳格利尔非言语能力测验（第3版）(the Naglieri Nonverbal Ability Test)、差异能力量表（Differential Abilities Scales II）。

请记住IQ分数只是对学习的一般能力的估计。

例如：

（1）忽视学生分数间的细小差异。

（2）切记个别学生的分数可能会因为很多原因而随着时间发生改变，包括新能力的发展或测量误差。

（3）请注意总分往往是多种问题得分的平均分。处于中间或平均水平的分数可能意味着学生在每种问题上表现平均，也可能意味着学生在某些领域（如口语任务）上表现优异，但在其他领域（如空间任务）表现很差。

请记住IQ分数反映的是学生过去的经验和学习。

例如：

（1）把这些分数看作对学生学习能力的预测，而不是对先天智能的测量。

（2）如果你们班上有个学生一向表现不错，不要只是因为一个IQ分数比较低就改变你对他的看法，或降低对他的期望。有很多原因会导致学生的分数比较低。

（3）谨慎对待少数族群和母语为非英语的学生的IQ分数。即使在那些所谓"文化公平"的测验中，处于不利环境的学生得分也往往较低。

### 4. 弗林效应：我们正在变得越来越聪明吗

自 20 世纪初发展出 IQ 测验以来，在 30 个不同的工业化国家和一些发展中国家中，人们的 IQ 分数不断增长。事实上，在过去 10 年里工业化程度最高的国家的标准化智商测试平均得分提高了约 3 分，而在近期实现现代化的国家，平均得分则提高了 6 分或更多。这一智商分数增加的现象以它的记录者詹姆斯·弗林（James Flynn，政治学家）命名，被称为 **弗林效应（Flynn effect）**（Berk, 2019; Nisbett et al., 2012）。所以，你比你的父母更聪明吗？詹姆斯·弗林（2012）对此的解释是：

> 如果你的意思是"我们的大脑在先天上是不是比我们祖先的大脑有更多的潜力"，那么答案是否定的。如果你的意思是"我们是不是正在发展心理能力，使我们能更好地应对现代世界的复杂性，包括经济发展的问题"，那么答案是肯定的（p.1）。

对这一现象的解释包括：儿童和父母获得了更好的营养和医疗保健，环境的日益复杂化刺激抽象思维的发展，结构更小的家庭能给予儿童更多的关心，父母文化水平有所提高（尤其是受过更好教育的母亲），更多、更好的学校教育，以及为测验做了更充分的准备等。最近，智商分数略有下降，但不足以改变总体趋势。

### 5. 智力与成就

对所有的族群群体而言，更高的智商测验分数均与学业成绩有关（Cucina et al., 2016; Ritchie, 2016）。这一点不足为奇，因为比奈设计了第一个智商测验来预测学业成绩，并且成功了。在"埃文郡父母与子女纵向研究"（the Avon Longitudinal Study of Parents and Children）中，研究者对 14 000 名英国儿童进行了追踪调查，结果发现，儿童 8 岁时测出的智商与 14 岁时他们在数学、英语和科学标准化测验中取得的成绩之间存在明显的关系（相关系数为 0.64）。但要注意，不要过度解读这种关系。从统计学角度看，这种相关性意味着智商只能解释不到 41% 的学生成绩差异，近 60% 与其他因素有关（Bornstein et al., 2013）。

智商分数与学业成绩的关系很有意思，但标准化智商测验只测量了分析性技能，并未测量实践性思维、创造性思维或动机。安吉拉·达克沃斯（Angela Duckworth）及其同事（2012）发现，智商分数能预测标准化测验分数，但自我调节能力（详见第 11 章）能更好地预测在校成绩。因此，智商测验分数与某些学业成绩有关，但如果将自我调节学习技能、实践性智力和创造性的测量纳入其中，我们就能更好地预测学业成功（Grigorenko et al., 2009）。

但毕业之后的人生呢？在智商测验中得分高的人，在生活中会取得更大的成就吗？这里的答案并不明确，因为人生的成功与教育是交织在一起的——智商测验分数更高的人，往往接受更长年限的学校教育。高中毕业生的周薪约为 746 美元，失业率为 3.7%；大学毕业生每周收入约为 1248 美元，失业率为 2.2%；拥有法律或医学等专业学位的人每周收入约为 1861 美元，失业率为 1.6%（美国劳工统计局，2020）。然而，当教育年限保持不变时，智商分数与以后人生中的收入或成功之间的相关性就会降低。其他因素，如自我调节、动机、创造性、常识、社交技能、运气，甚至情商（稍后讨论），可能对人生成就有更大的影响（Alarcon & Edwards, 2013; Duck- worth et al., 2012; Neisser et al., 1996）。几项元分析表明，智商与人生成功的相关性不到 25%，甚至更低（Cherniss et al., 2006）。

#### 5.2.7 智力和成就的性别差异

从婴儿期到学龄前期，大多数研究发现，男孩和女孩在整体智力发展方面几乎没有差异。男孩和女孩的平均智商分数基本相同。但在学龄期及以后，一些特定能力测试中的分数确实存在性别差异。一般来说，女性在语言能力测试、语言表达和写作，对单词、物体和位置的记忆，一些感知运动技能，以及联想流畅性等方面表现出色。在心理旋转测试中，性别差异较大，男性的表现更好。在定量能力方面，除了在大学入学的数学标准化测试（如 SAT）

中获得最高分的男生多于女生外，性别差异不大。在写作测验和（在较小程度上）言语推理测验中，女生在高能力水平上的比例较高（Halpern，2012；Lewno-Dumdie & Hajovsky，2020）。不过，也有一些值得注意的地方。研究人员发现性别差异的领域非常少。此外，在大多数研究中，种族和族群并没有被考虑在内。正如你们在第2章中所学到的，个体远比任何单一类别所显示的都要复杂得多。将性别作为二元变量进行研究也可能存在问题（Hyde et al.，2019）。

最近的几项国际评估发现，在学业成绩（而不是具体的智力能力）方面存在一些性别差异。例如，2018年国际学生评估项目（PISA）对15岁学生的测试结果显示，在所有接受测试的79个国家和经济体中，女孩的阅读成绩平均比男孩高出近30分。美国男孩和女孩之间24分的差距看似很大，但在芬兰，女孩的成绩比男孩高出50多分。不同地区的教育机会可能起到了一定的作用。例如，在印度尼西亚的农村地区，女孩的数学和阅读成绩优于男孩，这是因为她们可以接受更高质量的学前教育（Nakajima et al.，2020）。在数学方面，男孩的平均成绩比女孩高出5分，但在冰岛、瑞典、以色列和沙特阿拉伯等14个国家或经济体中，女孩的数学成绩高于男孩，而在奥地利、意大利和日本等国，男生的分数则更高。在科学方面，女生的成绩略高于男生，但平均只高出2分。

美国国家教育进步评估（NAEP）于2014年在其一系列测试中增加了对技术与工程素养的评估。当年，美国八年级女生的成绩比男生高出3分。2018年，她们的成绩比男生高出5分。这两项差异在统计上具有显著意义（NAEP，2018）。有了这些来自NAEP评估和国际测试结果的信息，家长、教师、辅导员和学生可以挑战关于女性在数学和技术方面逊人一等的刻板印象。

另外，没有哪个研究领域像智力这样，先天与后天在其中产生了激烈的争论。智力应该被看作一种潜能，受制于我们的遗传特质，还是指个体智力机能的当前水平，受到经验和教育的影响？

实际上，这两者并非完全对立的两面，将"遗传基因"中的智力和"由经验得来"的智力区分开来几乎是不可能的。原因之一是，不同的基因增加了我们选择或拒绝不同的经验的机会——我们的天性选择了我们自己的教养。另外，不同的环境条件也会影响基因的表达方式。如今，大多数心理学家认为智力的差异是遗传和环境共同作用的结果；对儿童来说，它们所起的作用可能大致相同（Plomin，2018；Plomin & von Stumm，2018）。环境的影响包括很多方面，从孩子母亲孕期的健康状况，到儿童家里的铅污染含量，再到儿童所受教育的质量。各国在国际学生评估项目测试中的巨大差异表明了教育的重要性。

### 5.2.8　学会聪明：理性看待智商

在前文中我们了解到，开发智力测验的初衷，部分是为了保护来自低收入家庭的儿童的权益，防止他们因为"来自低收入家庭的儿童没有能力学习"这种错误的理由而失去教育机会。即便如此，这些测验不可能完全脱离特定的文化内涵，因此这些智力测验有着一些固有的偏见。当你看到学生在任何智力测验上的成绩时，请不要忘记这一点。此外，请牢记，对每一个学生进行的每一次评估的目的都在于促进学生的学习和发展，并用以识别有效的教学实践，而非剥夺学生获取资源或有效教学的机会。对所有关心孩子的成人——父母、教师、管理者、辅导员、医务工作者来说，最重要的是要认识到：认知能力与其他技能一样，是可以不断提高的。智力是一种当前的心理状态，受过去经验的影响，并对将来的变化保持开放。请记住，大脑在童年和青春期的可塑性，使得求学阶段成为发展智力技能尤为关键的时期（Garlick，2002）。

### 5.2.9　情绪智力

你可能已经注意到，我们刚刚探讨的智力概念和测量方法是相当理性和充满分析性的——你可以称之为"冷认知"。但在生活中，明智的行为和成功还涉及情绪——识别自己和他人的情绪，以及利用情绪和对情绪进行推理，以指导决策和实现目标（Yale Center for Emotional Intelligence，2021）。当然，加德纳的多元智能理论包含了**情绪智力（情商，emtional intelligence）**的某些方面：人际智能和自我认知智能。情绪智力也是斯腾伯格的实践智力的一个方面。能够理解和管理自己与他人的情绪，这样的个体在学习、工作和生活中会更容易成功（Cherniss et al. 2006）。玛丽·海伦·伊莫迪诺–杨（Mary Helen Immordino-Yang）及其同事（2019）断言，情绪与智力之间的联系发生在大脑发育的基本层面。"神经生物学的新进展揭示出，大脑发育及其所促成的学习直接依赖于社会情感体验"（p. 186）。社会互动和情感体验是组织和教育大脑的触发器。当学生面临引人入胜的智力挑战、支持性的社会关系，以及健康的物质和情感环境时，大脑发育和学习就会蓬勃发展。因此，基本的大脑发育表明了全人教育，以及社会情感学习的重要性。那什么是情绪智力，它为什么重要呢？

### 什么是情绪智力

1995 年，丹尼尔·戈尔曼（Daniel Goleman）出版了《情绪智力：为什么情商比智商更重要？》（*Emotional Intelligence: Why It Can Matter More Than IQ*）一书。该书一经出版便大获成功，1995 年 10 月 2 日《时代周刊》（*Time*）封面故事"你的情商是什么"（What Is Your EQ？）证实了这一点。实际上，情商概念的提出者是耶鲁大学的彼得·萨洛维（Peter Salovey）和约翰·梅耶（John Mayer）。1987 年，他们在为萨洛维家的一个房间粉刷油漆时提出了这一概念，并感慨道智力理论忽视了情感。三年后，他们发表了一篇文章，介绍了这一概念（Salovey & Mayer，1990；Yale Center for Emotional Intelligence，2021）。你可能听说过将情绪智力称为"EQ"，但其实更合适的缩写应是"EI"（Emotional Intelligence）。

萨洛维和梅耶提出了一个由四个部分组成的情绪智力模型，如图 5-2 所示。这种能力不同于社交技能、性格、动机、乐观主义、"人际交往能力"和人格特征。它之所以被称为"智力"，是因为能够感知、理解、思考和

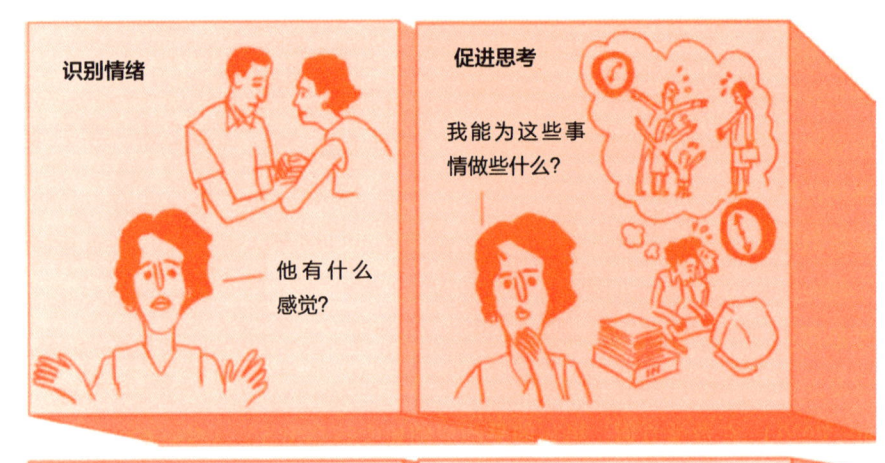

**图 5-2　情绪智力由四个方面的技能组成**

注：每个领域都包括许多技能。例如，"感知情绪"是指识别噪声、面部表情、音乐、图片、声音等中的情绪。"理解情绪"包括区分相关情绪，如挫折和愤怒，或者能够用适当的词语命名情绪。

资料来源：Grewal, D., & Salovey, P. (2005). Feeling smart: The science of emotional intelligence: A new idea in psychology has matured and shows promise of explaining how attending to emotions can help us in everyday life. *American Scientist, 93*, 334.

管理情绪，有助于人们学习和适应——这也是智力的两个特征（Cherniss et al.，2006；Grewal & Salovey，2005；MacCann et al.，2020）。

有关情绪智力的研究将图 5-2 中的能力与学习、工作和社会关系中的有价值的结果联系起来。例如，卡罗琳·麦克坎（Carolyn MacCann）及其同事（2020）研究了来自 27 个不同国家的 188 个样本，将情绪智力与小学、高中和大学的学业成绩联系起来。结果表明，情绪智力尤其是理解和管理情绪的能力与学业成绩——成绩等级和成就测试分数——呈中度相关。虽然一般智力对成绩的预测作用更大，但情绪智力也与之相关。请记住，相关性并不是因果关系，但在学校培养情绪智力似乎并不会损害学业成绩，反而可能会有所帮助。

第 1 章和其他几章中提到的对学校中的社会情感学习的关注，就是对情绪智力关注的结果之一。耶鲁大学情绪智力中心（Yale Center for Emotional Intelligence）是以情绪智力为基础的社会情感学习项目的一个很好的信息来源。但是，你应该知道，该中心受到了著名的社会情感学习研究人员的批评，因为该中心忽视了社会正义问题，以及非洲裔美国人和少数族裔原住民的教育需求（Simmons，2019，2021；Young，2021）。德娜·西蒙斯（Dena Simmons）是社会情感学习领域的杰出领导者，她于 2021 年从耶鲁大学情绪智力中心辞职，并创立了她自己的基于学校的社会情感学习方法，名为"LiberatED"。

你在前面已经看到了，对智力的一些解释包括了创造力——让我们来深入了解一下。

## 模块 15 小结

### 语言和贴标签

#### 标签的优点和问题是什么？

标签和诊断分类很容易成为污名和自我实现的预言，但它们也能打开通往特殊项目的大门，帮助教师制定适当的教学策略。

#### 什么是"以人为本"的语言？

有些标签是用一两个词来描述复杂个体，而这意味着标签所标注的条件是这个个体最重要的方面，"以人为本"的语言（"这个学生患有智力障碍""这个学生处于危险中"）是另一种选择。一些个体，包括聋人群体的成员，更喜欢"身份优先"的语言。

#### 区分损伤、残疾和障碍。

"损伤"是指生理或心理的结构或功能的任何丧失或异常。例如，白内障。"残疾"是指不具备做某种特定事情的能力，如看东西或走路。"障碍"是指在某些情境下的缺陷。有些残疾会导致障碍，但并非在所有情境下都是如此。教师必须避免将障碍强加给残疾学习者。

### 智力

#### 什么是 g 因素？

斯皮尔曼认为，有一种智力属性，他称之为 g 因素，即一般智力，可用于进行任何认知测试，但每项测试除了 g 因素之外，还需要一些特殊能力。目前，一般能力加特殊能力理论的一个版本是卡罗尔的研究，他确定了几种广泛能力（如学习和记忆、视觉感知、语言流畅性）和至少 70 种特殊能力。流体智力和晶体智力是大多数研究中确定的两种广泛能力。

#### 加德纳的智能观及其对 g 因素的立场是什么？

加德纳认为有几种不同的智能：语言智能、音乐智能、空间智能、逻辑-数学智能、身体-动觉智能、人际智能、自我认知智能、自然主义智能，也许还有存在智能。加德纳并不否认"一般智力"（g）的存在，但他质疑一般智力（g）作为对人类成就的解释究竟有多大作用。

#### 斯滕伯格的智力理论包含哪些要素？

成功的智力需要三种技能或思维方式：分析性、创造性和实践性。分析性技能涉及评估、分析、判断、比较和对比，以处理相对熟悉的问题。创造性/经验性智力涉及通过洞察力和自动化来应对新的经验。实践性/情境性智力包括选择在可能取得成功的情境中生活和工作，适应这种情境，并在必要时对其进行重塑。实践性智力主要是在日常生活中学到的行动导向的隐性知识。

**如何测量智力，智商分数意味着什么？**

智力是通过个别测验（斯坦福-比奈量表、韦克斯勒量表等）和团体测验（奥蒂斯-列侬学校能力测试、斯劳森智力测验、瑞文推理测验、纳格利尔非言语能力测验、差异能力量表等）来测量的。与个别测验相比，团体测验可能难以精确描述任何一个人的能力。智商的平均分是100分。普通人群中大约68%的个体的智商分数在85到115分之间。只有约16%的人智商低于85分，另有16%的人智商高于115分。这些数字只适用于母语为标准英语的土生土长的欧洲裔美国人。智力测验可以预测学业成功与否，但在控制了教育水平的情况下，智力测验对生活成功的预测性较低。

**什么是弗林效应，它有什么启示？**

自20世纪初以来，智商分数一直在上升。其中一些原因包括：儿童和家长获得了更好的营养和医疗保健；环境越来越复杂，从而激发了抽象思维；小家庭对儿童给予了更多关注；父母文化水平有所提高（尤其是受过更好教育的母亲），更多、更好的学校教育，以及为测验做了更充分的准备等。

**认知能力存在性别差异吗？**

女性似乎更擅长言语测试，尤其是涉及书写的测试。男性似乎在需要用心理旋转测试上更胜一筹。一般来说，男性的分数往往变异较大，因此在测试中得分很高或很低的男性比女性多。不过，有两点值得注意：首先，这些性别差异通常很小；其次，在大多数研究中，种族和族群并没有被考虑在内。

## 模块 16 创造力与学习风格

**学习目标 5.3** 解释如何在课堂上定义、评估和鼓励创造力。

**学习目标 5.4** 讨论学习风格的测量和应用问题，以及如何适当利用学生的学习偏好。

## 5.3 创造力：它是什么及为何重要

> **设身处地想一想**
>
> 想想这个学生：他患有阅读障碍——一种特殊的学习障碍，使阅读和写作变得异常困难。他形容自己是一个"弱者"。在学校里，他知道如果阅读任务需要别人花费1小时的时间，他就必须留出2到3小时的时间。他知道，他必须把所有最常拼写错误的单词都列在一张清单上，这样才能写作。他会在自己的房间里独自待上好几个小时。你认为他的写作会有创造力吗？为什么？

上面"设身处地想一想"中所描述的人是约翰·欧文（John Irving），他是一位著名作家，著有《盖普眼中的世界》（*The World According to Garp*）、《苹果酒屋的规则》（*The Cider House Rules*）和《为欧文·米尼祈祷》（*A Prayer for Owen Meany*）。一位评论家称他的小说"极富创造性"（Amabile，2001）。我们如何解释他惊人的创造力？什么是创造力？

一般来说，**创造力**（creativity）是指产生符合实际情况且有效的新想法的能力。大多数关于创造力的定义包含以下两个要素：新颖性/独创性和高质量/有效性/实用性（Frith et al.，2020；Henriksen & Mishra，2015）。研究发现，并不存在"通用的创造力"，就像约翰·欧文在写小说方面富有创造力一样，人们在某一特定领域具有创造力。要在某一特定领域发挥创造力，需要对该领域有深刻的理解。因此，我们可以将创造力看作一个利用现有知识并通过即兴发挥和发明创造来产生新事物的过程（Glăveanu et al.，2020；Sawyer，2015）。一位年度教师这样说道："创造力意味着运用你的背景知识……利用已经存在的事物，并对其进行自己的改造。"（Henriksen & Mishra，2015，p.10）。此外，要具有创造性，"发明"必须是有意为之的。除非艺术家意识到"意外"的潜力，或有意使用泼洒技巧来创作新作品，否则偶然打翻颜料产生的新颖设计并不具有创造性。虽然我们经常把艺术与创造力联系在一起，但任何主题都可以用创造性的方式来处理。一位年度教师强调创造力是可以学习的。创造力是一种思维习惯，包括培养热情和对新想法持开放态度。此外，如今的创造力往往是合作性的，与其说是一个人的特质，不如说是一个相互联系的团体的集体成就（Grigorenko，2019）。

### 5.3.1 评估创造力

**停下来，想一想：**

你能列出一块砖的多种用途吗？花点时间进行头脑风暴——尽可能多地写下来。

与作家约翰·欧文一样，保罗·托伦斯（Paul Torrance）也有学习障碍。当他还是一名高中英语教师时，他对教育心理学产生了浓厚的兴趣（Neumeister & Cramond，2004）。托伦斯被誉为"创造力之父"。他开发了两种创造力测试：语言测试和图形测试（Torrance，1972，2008；Torrance & Safter，1986）。在语言测试中，你可能会被要求尽可能多地想出一块砖头的用途（就像你在"停下来，想一想"问题中所做的那样）或者被询问如何改变某个玩具使其更有趣。在图形测试中，你可能会获得 30 个圆圈并要求创造 30 幅不同的图画，每幅图画中至少包括一个圆圈。图 5-3 展示了一个 8 岁女孩在完成这项任务时的创造力。

这些创造力测试需要发散思维（divergent thinking），而发散思维是许多创造力概念的重要组成部分。**发散思维**是提出许多不同想法或答案的能力。**聚合思维**（convergent thinking）则更常见，是指只确定一个答案的能力。发散思维有三个方面：独创性、流畅性和灵活性。独创性通常是通过统计来确定的。一个答案必须在每 100 个参加测试的人中只有少于 5 个或 10 个人给出，才算具有独创性。流畅性是指不同反应的绝对数量。灵活性一般通过反应的不同类别的数量来衡量。例如，如果你列出

**图 5-3　对一名 8 岁儿童创造力的图形评估**

注：每行从左到右，她给自己的画取的标题如下："德古拉""独眼怪物""南瓜""呼啦圈""海报""轮椅""地球""月亮""行星""电影摄影机""悲伤的脸""图片""红绿灯""沙滩球""字母 O""汽车""眼镜"。

资料来源："A Graphic Assessment of the Creativity of an Eight-Year-Old", from *The Torrance Test of Creative Thinking* by E. P. Torrance, 1986, 2000. Reprinted with permission of Scholastic Testing Service, Inc., Bensenville, IL 60106 USA.

了一块砖的 20 种用途，但每种用途都是用来建造某样东西，那么你的流畅性得分可能很高（用途数量多），但灵活性得分会很低（只有一类用途）。在这三种测量方法中，流畅性——反映的绝对数量是预测发散思维的最佳指标。但现实生活中的创造力远不止发散思维（Plucker et al.，2004）。

学生创造力的几个可能指标：好奇心、注意力集中、适应性强、精力充沛、幽默（有时很怪异）、独立、爱玩、敢于冒险、喜欢复杂和神秘的事物、看到不同的视角、不墨守成规、乐于幻想和做白日梦、不能忍受无聊，以及喜欢发明（Sattler & Hoge，2006；Sawyer，2015）。

## 5.3.2 好吧，但那又怎样？为什么创造力很重要

最近，我（本章作者安妮塔）读到任何新闻都会对世界面临的问题感到沮丧。经济问题、健康问题、流行病问题、能源问题、政治问题、气候变化、暴力、贫困、内战和宗教战争，不一而足。当然，现在和未来的复杂问题都需要创造性的解决方案。"创造力是 21 世纪所需的最重要的技能之一"（Sawyer，2015，p.2）。创造力对个体的心理、生理、社交和事业成功都非常重要（Grigorenko, 2019）。此外，有证据表明创造力和批判性思维是防止人们或社会被意识形态和教条所困的必要条件（Ambrose & Sternberg，2012；Plucker et al.，2004）。艾琳·斯塔尔科（Alene Starko, 2014）描述了她在中国的访问，中国各地的教育工作者不断向她询问如何帮助他们的学生成为更有创造力、思维更灵活的人。在美国，许多教师会告诉你，问责制和让学生为高难度考试做准备的压力，迫使创造性教学和培养学生创造力的教学退出了课堂（Noddings, 2013）。

但我们不必在理解力和创造力之间二选一。支持创造力的策略也支持对学校科目的深入理解，因为深入理解来自以多种方式使用教学内容，并看到这些知识的不同含义——"对其进行自己的诠释"。创造力还有助于内在学习动机、学习投入和学习的持久性，因为创造力会产生新奇感并激发兴趣（Starko, 2014）。

## 5.3.3 创造力的源泉是什么

特蕾莎·阿米巴莱（Teresa Amabile，1996，2001）提出了一个由三部分组成的创造力模型。个人或团队必须具备以下几个方面。

（1）领域相关的技能，包括对在该领域工作有价值的才能和能力，如米开朗基罗的石雕技艺，就是他小时候与石匠一家生活在一起时培养出来的。

（2）创造力相关的过程，包括工作习惯和个性特征，如约翰·欧文习惯于每天工作 10 小时，写作、修改、再修改，直到他的故事得以完善。

（3）内在任务动机或对任务的强烈好奇心和着迷。支持学生的自主性、激发学生的好奇心、鼓励学生的幻想，并提供挑战的教师，对这方面的创造力有着极大影响。

**1. 创造力与认知**

创造力有别于智力吗？我们在前面看到，斯腾伯格将创造性智力纳入了他的三元模型。关于创造力和大脑的一些引人入胜的研究结果表明，大脑中完成一般智力测验的神经网络，大约有一半是与参与创造力（发散思维）测验的神经网络共享的（Firth et al., 2020）。智力有可能通过执行控制加工（如快速搜索记忆、操作图像以"看到"解决方案以及评估替代方案）来促进创造力。简短的结论是"类似的功能性大脑网络支持创造性认知和智力"（Frith et al., 2020, p.19）。

在某一领域拥有丰富的知识储备是创造力的基础，但还需要更多的东西。对于许多问题来说，这种"更多的东西"就是以一种新的方式看待问题的能力——**重组（restructuring）** 问题，从而突然顿悟。这种情况通常发生在一个人苦苦思索一个问题或项目，然后将它搁置一段时间之后。将问题搁置一段时间，可能会打断僵化的思维方式，从而重新组织自己对问题的看法，进行更加发散性的思考（Gleitman et al., 1999）。创造力需要广泛的知识、灵活性、不断重组的想法以及动力和毅力。

**2. 创造力和多样性**

正如德娜·西蒙斯（Dean Simonton）所说，即使对创造力进行了多年的研究，"心理学家在了解女性和少数群体的创造力方面仍有很长的路要走"（2000, p.156）。多年来，欧洲裔男性一直是创造力研究和文章的焦点。因此，我们经常根据西方男性的标准来评判创造力，并且只关注思考和解决问题，而不关注手工艺、运动或其他形式的创造力（Glăveanu, 2018）。然而，其他群体的创造力模式是复杂的——有时与传统研究发现的模式相吻合，有时又与之背道而驰。

关于创造力与文化之间的另一种联系，研究表明，游离于主流社会之外、掌握双语或接触其他文化可能会激发创造力（Simonton, 2000）。事实上，真正的创新者往往会打破常规。"创造者渴望改变事物"（Winner, 2000, p.167）。即使对于那些没有脱离主流文化的人来说，参与多元文化体验显然有助于从记忆中检索新颖或非常规的想法，并激发创造性的表现，例如提出有见地的问题解决方案。当人们敞开心扉，接受不同的想法，且情境并不强调寻找快速、确定的答案时，这些效果尤其明显。多元文化背景的人尤其愿意考虑和借鉴不熟悉的想法，接受相互冲突的替代方案，并以不可能的方式将想法联系起来（Leung & Chiu, 2010; Maddux & Galinsky, 2009）。因此，即使你的学生可能无法去汤加旅行，但如果他们了解了不同的文化，他们仍然可以成为有创造力的问题解决者。

### 5.3.4 课堂中的创造力

教师该如何培养创造性思维？事实上，在繁忙的日常课堂生活中，教师往往会在不知不觉中扼杀创造性思维。教师通过接受或拒绝不寻常和富有想象力的事物，可能会极大地鼓励或打击创造力。霍华德·加德纳在一次访谈中提醒我们："如果教师和家长希望创造力发生，如果他们创造出有趣的问题、疑问和挑战，创造力就更有可能产生。当然，环境文化必须重视独创性，而不是惩罚它！扼杀创造力要比为其立法容易得多"（NAEA, 2019, p.56）。

"实践指南：应用和鼓励创造力"改编自弗莱特（Fleith, 2000）、索耶（Sawyer, 2015），以及萨特勒（Sattler）和霍格（Hoge, 2006）的理论，介绍了鼓励创造力的其他可能性。你可以参考！

## 实践指南

### 应用和鼓励创造力

接受并鼓励发散思维。

例如：

（1）在课堂讨论中，问学生："谁能用另外一种不同的方式来看这个问题吗？"

（2）即使最终结果并不完美，也要鼓励学生尝试用不同寻常的方法解决问题。

（3）提供项目主题或展示方式（书面、口头、视觉或图形、使用技术）的选择。

容忍异议，质疑假设。

例如：

（1）要求学生支持不同意见。

（2）确保不合群的学生在课堂上获得平等的特权和奖励——允许学生与众不同。

（3）确定并检验未说明的假设——我们从哪里开始？真正的问题是什么？

鼓励学生承担合理的风险，相信自己的判断。

例如：

（1）当学生提出你认为他们自己能回答的问题时，重新措辞或澄清问题，并引导学生回答。

（2）时不时地布置不打分的作业。

（3）将错误视为深入挖掘和学习的机会。

（4）在自己的教学中承担风险。示范如何从冒险的成功或失败中学习承担风险。

强调每个人都有某种形式的创造力。

例如：

（1）不要把伟大的艺术家或发明家的成就，说成只有超人才能取得的成就。

（2）认可每个学生作业中的创造性努力。对某些作业的原创性进行单独评分。

提供时间、空间、合作伙伴和材料，支持创意项目。

例如：

（1）收集"捡来的"材料——石块、石头、贝壳、纸张、布料、珠子、种子、绘画工具、黏土等——用于拼贴和创作；尝试在跳蚤市场和朋友处获得捐赠。准备镜子和图片，用于画脸。

（2）将所学知识与现实世界中的问题联系起来——例如，让学生小组创建非营利组织来解决社区的实际问题，撰写一份为解决方案提供资金的计划书，然后向社区成员小组介绍他们的想法，由小组选出最有说服力的项目（Henriksen & Mishra, 2015）。

（3）在值得纪念的场合（实地考察、新闻事件、节假日），为学生提供绘画、写作或制作音乐的机会。

（4）鼓励学生以小组形式解决问题。

不着急，慢慢玩。

例如：

（1）鼓励和赞美幻想、幽默、荒诞和怪诞。

（2）各种创意、假设、材料、旋律、文字、动作、谜题——只要适合你的主题，都可以拿来玩。

激发创造性思维。

例如：

（1）尽可能利用班级头脑风暴会议。鼓励学生在考虑到所有可能性之前，推迟对解决问题的某个建议做出判断。

（2）通过为班级问题提出不同寻常的解决方案，示范创造性地解决问题。

（3）分享自己在音乐、艺术、电影、地质学、历史、手工艺、烹饪、体育、旅游、考古、语言、小说、戏剧等方面的兴趣和爱好。

充分利用技术（Starko, 2014）。

例如：

（1）让学生使用免费应用程序创建可视化想法地图，并与他人分享想法。

（2）利用午餐前或下课后的五分钟时间，让学生使用相关应用软件来练习发散思维。

（3）鼓励学生为文学或历史人物创建网页页面。

（4）使用 WordClouds① 创建词云，显示特定文本或学生写作中的单词使用频率。本章词云如图 5-4 所示。

**图 5-4 本章词云**

注：在这个词云中，本章中单词的频率由单词的大小来表示。因此，你可以看到"可能"（may）、"学生"［student（s）］、"儿童"（children）、"可以"（can）和"学习"（learning）这些单词出现的频率较高。

在应用这些指导原则时，请记住学生需要坚实的知识基础来支持创造过程。创造力是知识结构与即兴创作之间的平衡。

现在，我们来谈谈关于个体差异的一个真正有争议的说法——学习风格。

---

① 一种用于展示文本数据的可视化工具。——译者注

## 5.4 学习风格：谨慎对待

多年来，研究人员一直在研究个体的风格差异——认知风格、解决问题的风格、思维风格、决策风格……不胜枚举。作为一名教师，你听到最多的是学习风格——请谨慎对待！

### 5.4.1 学习风格/偏好

学习风格（learning style）通常被定义为个体学习的方式。如果你认为自己的学习风格是与生俱来、亘古不变的，那么你并不孤单。在美国和世界其他工业化国家，约有80%到95%的人相信学习风格的存在。全世界近90%的教育工作者相信学习风格的有效性（APA, 2019；Newton & Salvi, 2020）。但要注意：学习风格的概念几乎没有研究支持。

**1. 有关学习风格的注意事项**

正如我们在第1章中所说的那样，学习风格是一种"僵尸"信念，死而不僵。而这种"僵尸"是危险的。学习风格模式会破坏良好的教育。教师会将时间浪费在对个体学习风格的评估并根据个体学习风格进行教学上，哪怕使用多种方法才是更有效的教学方式。学生试图按照自己的风格学习，即使这种努力无济于事（APA, 2019）。此外，学生可能会不必要地限制自己的选择。例如，被归类为"听觉学习者"的学生，即使对视觉艺术感兴趣，也可能不会从事视觉艺术方面的职业，这样就失去了机会（Swansea University, 2021）。

你会经常听到"学习风格"这个词，但我们认为学习偏好（learning preferences）是更为准确的说法，这是因为大部分研究是在描述个体对特定学习环境的偏好，这些偏好可能是学习的地点、时间、伙伴、学习材料、灯光、食物或音乐等。许多工具可以用来评估学生的学习偏好，如学习风格问卷（Dunn et al., 1989）、学习风格问卷（修订版）（McLeod, 2010）和学习风格剖面问卷（Keefe & Monk, 1986）。

这些工具是否有用呢？学习风格测验一直以来受到反对者强烈的批评（Pashler et al., 2009）。事实上，根据一项针对学习风格测量工具所进行的大规模调查，英国学习技能研究中心的研究者指出，"针对R. 邓恩（R. Dunn）和K. 邓恩（K. Dunn）、格雷戈克（Gregorc），以及赖丁（Riding）等人所编制的学习风格测量工具，我们对它们的信度、效度进行了检验，结果表明这些测量工具根本不应该被用于教育或商业"（Coffield et al., 2004, p. 127）。部分原因是根据学生的学习风格选择相匹配的教学方法，对他们的学习没有任何影响（Stahl, 2002）。你还不相信吗？让我们来看看证据。

两项实验研究表明，针对特定学习风格的教学存在问题。在第一项研究中，研究者曾让大学生判断自己的学习风格（听觉型、视觉型、运动知觉型），然后根据不同的学习风格对他们进行教学，结果表明匹配学习风格进行的教学并未改善学生的学习状况（Kratzig & Arbuthnott, 2006）。当研究者考察学生如何确定自己的学习风格时，他们发现人们的判断更多地代表了个体的偏好，并不表示个体在使用听觉、视觉或触觉等方面具有高超的技巧。如果大学生在确定自己的学习风格时都存在问题，更何况四年级或九年级的学生！在第二项研究（Rogowsky et al., 2015）中，大学生完成了针对17岁及以上学生的"构建卓越在线学习风格评估量表"（Rundle & Dunn, 2010），以确定他们是听觉型还是视觉型单词学习风格。然后，参与者被随机分配到一本非小说类书籍的教学中，书籍的呈现方式是有声读物或电子文本。同样，学习风格与教学模式的匹配对理解能力没有影响。总之，喜欢某种特定的学习方式并不会带来更好的学习效果。"当你开阔视野，利用起你所有的才能和智慧时，你的学习效果会更好，而不是将教学或经验局限于你认为的最适合的风格上"（Brown et al., 2014, p.4）。

**2. 为什么学习风格/偏好如此流行**

部分原因在于，许多蓬勃发展的商业公司正通过向教师、辅导员和管理人员提供有关学习风格的建议来赚取巨额利润，而这些建议都是由"夸大其词的观点和武断的结论"所支撑（Coffield et al.，2004，p.127）。真是有钱能使鬼推磨啊！这些年来，你甚至可能在某门课上或网上做过学习风格问卷。我们都喜欢网上那些"关于我"的测验！此外，人们喜欢视觉材料和动画演示，但这些动画可能会导致理解错觉（illusion of understanding）现象的出现。学生认为他们理解了，因为有了动画后，内容似乎没那么难了；他们变得过于乐观，不会监控自己的学习或进行深入的加工。能力低的学习者尤其容易因为动画演示而产生理解错觉（Paik & Schraw, 2013），最后，莎琳·南斯凯维尔（Sharlene Nancekivell）在接受"每日科学网"（*Science Daily*）采访时（APA, 2019）说："人们更喜欢以大脑为基础的行为描述，他们喜欢把人分成不同的类型。学习风格可以让人们做到这两点"（p.1）。

因此，在你试图满足所有学生的学习偏好之前，请记住学生，尤其是年龄较小的学生，可能不是判断自己应该如何学习的最佳人选。对某一方法的偏好并不能保证使用该方法一定有效。有时，学生，尤其是学习有困难的学生，更喜欢简单舒适的学习方法（例如，用动画来解释难懂的材料）；而真正的学习可能是艰苦和不舒适的。在某些情况下，学生喜欢用某种方式学习是因为他们没有其他选择，这是他们知道的唯一一种完成任务的方法。这些学生可能会从新开发的——也许是更有效的学习方法中受益。

### 5.4.2 超越非此即彼

尽管不可靠的测量和夸大其词的宣传导致多数关于匹配学习风格和偏好的教学研究不太可信，但在教学中考虑学习风格仍具有一定的价值。首先，通过帮助学生思考自己是如何学习的，可以帮助他们发展出全面的自我监控能力和自我意识，以及尝试新方法的意愿。学校可以提供更多的学习选择，如提供安静、私密的角落，宽大的工作桌、舒适的坐垫和直背椅，有明亮灯光的课桌和较暗的区域，听音乐的耳机和耳塞，结构化作业和开放式作业，来自视觉、播客、网站、视频和书籍等途径的信息。进行这些调整是否会提高学习效果？答案并不明确。即使没有其他好处，但至少对学生偏好的一些照顾可能会使你的课堂更有吸引力，对学生更友好，并向学生表达你对他们个人的关心。

到目前为止，我们主要关注的是学生的不同能力和喜好。在本章的其余部分，我们将考虑可能干扰学习的因素。所有教师都必须意识到这些问题，因为美国自20世纪70年代中期开始的法律和政策变革，不断扩大了教师与所有学生合作的责任。

## | 模块 16 小结 |

### 创造力：它是什么及为何重要

**什么是创造力，如何评估创造力？**

创造力是一个涉及独立重组问题，以全新、富有想象力的方式看待事物的过程。创造力很难衡量，但发散思维测试可以评估独创性、流畅性和灵活性。流畅性（答案的绝对数量）是衡量发散思维的最佳标准。

**教师如何在课堂上支持创造性？**

多元文化的经历似乎有助于学生灵活和创造性地思考。在与学生的互动中，教师可以通过以下方式鼓励学生的创造力：接受不寻常、富有想象力的答案，质疑假设，示范发散思维，使用头脑风暴法，鼓励和赞美幻想和与众不同，以及容忍不同意见。

### 学习风格：谨慎对待

**区分学习风格和学习偏好。**

学习风格是个体独特的学习方式。学习偏好是个人对特定学习模式和环境的偏好。

**教师是否应该根据个体的学习风格进行匹配的教学？**

研究结果表明，学生在自己喜欢的环境和方式下学习，并不会学到更多的知识。开发新的——也许是更有效的学习方式会让许多学生学得更好。

## 模块17　残疾人教育法（IDEA）和反应干预模型

**学习目标 5.5**　讨论IDEA、504条款保护措施和反应干预模型对当代教育的影响。

## 5.5　个体差异与法律

> **设身处地想一想**
>
> 你是否曾有这样的经历，做一件事时，小组中其他人都做得很好，只有你一个人遇到了困难？如果你每天在学校里遇到的都是同一种困难，而其他人似乎都比你做得轻松，你会有什么样的感受？你需要什么样的支持和指导才能继续尝试，不放弃？

### 5.5.1　残疾人教育法（IDEA）

美国于1975年通过了"94–142公法"（PL 94–142），此后又通过了一系列相关的法律，这些举措彻底改变了残疾儿童教育的状况。"94–142公法"这一法规现在被称为**《残疾人教育法》**（Individuals with Disabilities Education Act，IDEA）。在一般意义上，这一法律要求美国各州为所有参加特殊教育的残疾儿童提供**免费、适当的公立教育**（free，appropriate public education，FAPE），没有任何例外——这项法律要求**零拒绝**（zero reject），因此这项政策也适用于那些患有传染病的儿童，如艾滋病儿童。为确定学生是否有残疾，是否有资格接受特殊服务，学校必须进行**非歧视性评估**（nondiscriminatory evaluations）。这意味着，除其他事项外，使用多种有效、可靠的评估工具和策略，以最有可能得出准确结果的语言进行评估。评估必须由训练有素的专业人员进行选择和实施，不得有种族或文化歧视（Turnbull et al.，2020）。满足这些学生的特殊需要所带来的支出，是全社会的共同责任！在美国，每个州都设有"儿童发现"（child find）系统，用以提醒和向公众普及残疾儿童可享有哪些服务。此外，这一系统也用于发布有用的相关信息。要求和政策可能会改变，请随时关注并跟上你所在州的要求。

《残疾人教育法》对残疾进行了具体的界定，包括13种类别的残疾，如表5-2所示。表5-2中还列出了不同类别残疾学生的人数和百分比。2016年，有超过95%的残疾学生每天有部分时间在普通教育环境中度过，63%的残疾学生有80%的时间会在普通教学班级中度过（Diament，2019）。由此可以看出，无论你教哪个年级或哪门学科，你都会与残疾学生打交道。

**表5-2　符合《残疾人教育法》条件的3～21岁学生**

根据《残疾人教育法》，共有13种类别的残疾人可接受相应的服务。表中列出了2018—2019学年不同类型的残疾儿童的数量。

| 残疾类别 | 所服务学生的人数 | 所服务学生的百分比 |
| --- | --- | --- |
| 特殊学习障碍 | 2 367 868 | 33.2 |
| 言语/语言障碍 | 1 378 490 | 19.3 |
| 其他健康障碍（非骨科疾病） | 1 048 689 | 14.7 |
| 自闭症谱系障碍 | 761 625 | 10.7 |
| 发育迟缓 | 478 637 | 6.7 |
| 智力障碍 | 439 046 | 6.2 |

续表

| 残疾类别 | 所服务学生的人数 | 所服务学生的百分比 |
|---|---|---|
| 情绪障碍 | 358 028 | 5.0 |
| 多重障碍 | 133 123 | 1.9 |
| 听觉受损 | 74 224 | 1.0 |
| 骨科损伤 | 39 208 | 0.5 |
| 视觉受损 | 26 895 | 0.4 |
| 脑外伤 | 26 825 | 0.4 |
| 聋–盲 | 1 590 | 0.02 |
| 总计 | 7 134 248 | 100 |

在探讨不同类型的残疾前，我们先来了解下《残疾人教育法》的要求。这里介绍的是家长和教师较为关心的三个主要要求："最少受限制的环境"的观念；个别化教育方案，包括确定学生需求的非歧视性公平评估；保护残疾儿童及其家长的权利。

### 1. 最少受限制的环境

《残疾人教育法》要求美国各州制定程序，以确保每个残疾学生都能在**最少受限制的环境**（least restrictive environment，LRE）中得到教育。这也意味着残疾学生的教育环境应该尽可能接近普通教育班级的环境。多年来，为促成这一目标而推荐的方法已从**回归主流**（mainstreaming，在条件允许的情况下让有特殊需要的儿童进入少数常规教学班级），到**融合教育**（integration，将有特殊需要的儿童放入现有的班级结构中），再到**全纳教育**（inclusion，重建教育环境，提升所有学生的归属感）（Avramidis et al.，2000；Scruggs & Mastropieri，2013）。尽管《残疾人教育法》并不使用"全纳"一词，但现在看来，最少受限制的环境也就意味着尽可能的"全纳"。当然，成功的"全纳"可能取决于教师知识是否渊博、准备是否充分、教学时是否得到支持、是否相信"全纳"并为之努力。然而，对标准化测验的强调，可能会妨碍对全纳学生的良好教学（Friend & Bursuck，2019；Kemp & Carter，2006）。

### 2. 个别化教育方案

《残疾人教育法》的起草者意识到每个学生都是独一无二的，需要给他们专门设置不同的学习方案以促进他们的学习。**个别化教育方案**（the individualized education program，IEP）是为学生提供服务的书面声明。个别化教育方案是由一个团队共同制定的，这个团队包括学生的家长或监护人、一名与该学生一起工作的普通教师、一名从事特殊教育的教师、一个学区代表（通常是校长）、一名有资格对学生评估结果进行解释的人员（通常是学校心理老师），还有可能包括学生本人（如果情况合适）。对于16岁及以上的学生而言，该团队还应包括校外机构的代表，而这一校外机构负责为学生提供服务，帮助他们过渡到结束学校教育后的生活。如果学校和家长或监护人同意，这个团队最好还能包括一些了解该学生特定信息的人员（如治疗师）。教育方案通常每年都需要更新。

个别化教育方案包括：

（1）学生的现有学业成就和功能性表现水平（有时简称为 PLAAFP 或 PLOP——目前的表现水平）。这可能包括社交技能、行为、沟通技能，以及任何其他需要关注的方面。

（2）年度目标——根据学生的优势和劣势，制定的学业领域和/或非学业领域的可测量的年度成绩目标。针对有重要需求或多重障碍的学生，也可以制定一些短期目标或基线水平，以确保学生有持续的进步。目标应使学生能够完成普通教育课程。

（3）这项方案必须说明如何衡量实现这些目标的进度。家长们收到进度报告的频率至少要和发给所有学生的成绩单一样频繁。

（4）说明为学生提供的具体特殊教育和相关服务，并详细说明这些服务从何时何地开始，以及何时结束。这项方案也可以对附加的帮助和辅助技术加以说明，如借助语音识别软件口述答案或撰写论文，或使用电脑完成写作。服务必须以扎实的研究为基础。

（5）说明学生的教育方案中有多少内容将不在普通班级和学校环境中进行。

（6）关于学生如何参加州和全学区评估的说明，特别是联邦问责程序所要求的评估，学生将参加哪些替代性评估（如有），以及做出这些决定的理由。

（7）如果学生有严重的行为问题，那么个别化教育方案必须根据学生行为的功能性评估，制订行为干预计划（我们将在第7章探讨功能性行为评估）。

（8）从14岁开始到16岁为止，这项方案还需对学生所需的过渡服务进行说明，以帮助学生在成年后继续接受教育或工作（Friend & Bursuck, 2019）。

要查看中小学的个别化教育方案，只需在网上搜索"个别化教育方案范例"即可。

### 3. 学生与家长的权利

《残疾人教育法》中有一些条款保障了家长和学生的权利。学校必须有相应的程序保证学生档案的保密性。测验程序不得歧视来自不同族群、语言和文化背景的学生。家长有权利查看所有与其子女的测验、安置及教学有关的记录。如果需要，家长还可以获得一份针对其子女的独立的评估。在制定个别化教育方案时，家长可邀请辩护律师或有关代表参与会议。如果家长不能参与制定个别化教育方案，则必须指定一名代理家长参与其中。在对学生进行任何评估或对学生的安置进行调整之前，家长必须接到相应的书面通知，并且这份通知是用家长的母语书写的。最后，家长有权利质疑为其子女制定的方案，这一权利受到正当法律程序的保护。由于教师经常会与家庭举行会议，因此在下面的实践指南中，我们会对如何更加高效地进行会议提出一些建议。实际上，这些实践指南适用于与所有学生及其家长的会议。

## 实践指南

### 与家庭和社区建立合作关系：富有成效的会议

为使会议富有成效，应预先做好相应的计划和准备。
例如：

（1）明确讨论会的目的，收集所需的信息。如果你希望讨论学生的进步情况，用学生的一些作业进行举例说明。

（2）给家长准备一些问题寄到他们家里，要求他们参会时将这些信息带过来。下面列出的一些样题（Friend & Bursuck, 2012, p.89），可供你参考。

- 您觉得这个学年孩子的教育应该最优先考虑什么？
- 您觉得我需要了解哪些信息，以便我能更好地理解和指导您的孩子？您孩子在学习方面有哪些强项？有什么独特的需要？
- 哪种是与您沟通的最佳方式？电话或语音信箱，电子邮件或短信，面对面交流，或是书面说明？
- 关于孩子的教育，您有什么疑问？
- 为了使您的孩子在今年取得最大成功，我们学校应该提供什么样的帮助？
- 会上您还希望讨论哪些主题？如果有，请告知，我可能需要准备一些资料。
- 您想让其他人参与这个会议吗？如果是，请给我列一个名单，这样我可以来邀请他们。
- 您还希望了解哪些特定的学校信息？如果有，请告知。

在会议过程中，营造和维持一种相互合作与尊重的氛围。

例如：

（1）为私人对话准备一间会客室，在门上贴上告示以防打扰。为了更好地交流合作，大家最好围绕圆形会议桌而坐。准备一些纸巾。

（2）称呼家庭成员时请用"先生""女士"，不要随学生用"妈妈""爸爸""奶奶"这类词汇。提到学生时，请说出学生的名字。

（3）倾听家长关心的问题，并根据他们的建议为孩子提供帮助。

（4）避免使用教育术语和缩略语，如 PLAAFP、PLOP、ADHD（注意力缺陷与多动障碍）、IEP、FAPE 和 IDEA 等。

会议结束后，做好记录并跟进会议决定。

例如：

（1）你自己做好笔记，并将它们整理好。

（2）以书面形式总结行动或决定，并将复印件寄给学生的家人，以及参加会议的其他教师或专业人员。

（3）在其他场合与家长进行交流，尤其是在有好消息要分享的时候。

《残疾人教育法》并没有涵盖所有在学校中需要特殊安排的儿童，也不是所有学生都能符合该项法律的要求而得到相关的服务。不过，庆幸的是，这些学生的教育需要可能会受到其他法律的保护——请继续读下去。

### 5.5.2　504条款的保护

20世纪六七十年代，美国掀起的民权运动带来了诸多影响，其中包括美国联邦政府通过了《1973年职业康复法案》。其中 504 条款（section 504）规定，在公立学校等任何接受联邦资金资助的项目中，不得歧视任何年龄段的残疾人。504 条款保证了所有学龄儿童都有平等的机会参与学校活动。504 条款对残疾的定义很宽泛。504 条款规定，有两大类学生如果还没有被《残疾人教育法》涵盖可享受特殊的安排：有医疗需要或健康需要的学生（如糖尿病、药物成瘾或酗酒、严重过敏、传染病或因意外造成的暂时性障碍），以及患有注意力缺陷与多动障碍的学生。

如果学生有上述情况，被严重限制了上学和参与学校相关活动（如郊游），那么即使在没有任何额外资助的情况下，学校也必须制订相应的计划，以帮助学生获得教育。不过，学生如果想要通过 504 条款得到帮助，就必须接受相应的评估（通常由一个团队完成），并制订涵盖教学和课外活动的计划。但与《残疾人教育法》不同，504 条款并没有太多"一定要如何"的规定，因此每个学校可以自主设计相关的程序（Friend & Bursuck, 2019）。表 5-3 是一个为学生提供各种特殊措施的例子。其中的很多观点似乎只是"好的教学"应该做的，但我也曾惊奇地看到很多教师不让学生使用计算器或录音设备，因为教师认为"他们应该像其他人一样学习"。

**表 5-3　根据 504 条款为学生提供各种特殊措施的一个例子**

写入 504 条款计划中的这些特殊措施几乎没有种类的限制，一些特殊措施可能与学习环境的物理变化有关，例如安装空气过滤器以消除过敏源，但很多参与 504 条款计划的学生存在学习或行为方面的功能性损伤，他们的需要在某种程度上类似于那些残疾学生。下面是可以被纳入 504 条款计划中的教学方面的一些特殊措施。

- 让学生坐在离教师讲台最近的地方
- 提供钟表等来提示教学开始和结束的时间
- 建立家校沟通系统以监控学生的行为

- 把作业减半，使学生不会被大量的作业所压垮
- 给予学生电报式指示，即简洁、清晰的指示
- 将课程录下来，这样学生能再听一遍
- 使用多感官呈现技术，包括同伴辅导、实验、游戏和群体合作
- 标记出正确的答案，而不是错误的答案
- 提供一套课本让学生放在家里，这样他们就可以不用从学校带书回家了
- 提供有声读物，使学生能够听作业，而不需要阅读它们

资料来源：Friend, M. & Bursuck, W. D. (2019) *Including Students with Special Needs: A Practical Guide for Classroom Teachers* (8th ed.). Reprinted and electronically reproduced by permission of Pearson Education, Inc., Upper Saddle River, New Jersey.

1990年的《美国残疾人法案》（American with Disabilities Act of 1990，ADA）禁止在就业、交通、公共设施使用、地方政府、电信服务等方面歧视残疾人。这一综合性法律将504条款对残疾人的保护从学校和工作场所扩展到了图书馆、地方和州政府、饭店、旅馆、剧院、商店、公共交通和其他许多场所。

### 5.5.3 反应干预模型

有严重学习问题的学生面临的问题之一是，他们不得不在低年级苦苦挣扎，往往落后得越来越多，直到他们被识别、评估、确定符合《残疾人教育法》的类别，接受个别化教育方案，并最终获得适当的帮助。这种模式被称为"等待失败"（wait to fail）。2004年重新授权的《残疾人教育法》为教育工作者评估和教育可能存在严重学习问题的学生提供了新的选择。这一过程被称为"反应干预模型"（response to intervention，RtI）。反应干预模型的主要目标是，确保学生尽快获得以研究为基础的适当指导和支持。如果有需要，可以在幼儿园阶段就开始，以免他们落后太多。第二个目标是确保教师系统地记录他们对这些学生所尝试的干预措施，并说明每种干预措施的效果如何。此外，教育工作者现在可以使用反应干预模型标准来确定哪些学生需要更多的学习支持，而不再是利用智商分数和学生成绩之间的差异来确定哪些学生有特殊的学习障碍（Klinger & Orosco, 2010; Scruggs & Mastropieri, 2013）。

然而，反应干预模型的最后一种用法受到了批评，认为它不是一种有效或可靠的评估患有学习障碍的学生的方法，因为它不能全面彻底地了解学生的优势和劣势，包括记录可能存在的其他问题（Reynolds & Shaywitz, 2009）。

实现这些反应干预模型目标的一种常见方法是，建立三级反应系统。第一层是采用强有力的、经过充分研究的方法来教育所有学生（我们将在第13章和第14章中讨论这类方法）。例如，教师可以设计一些方法，将每个学生的个人兴趣融入到课堂作业中，从而更有效地吸引所有学生，包括患有自闭症谱系障碍（ASD）和注意力缺陷与多动障碍（ADHD）的学生。教师如果对一名或几名学生的行为感到担忧，可与学校心理学家合作，一起制订一个全班范围的行为管理计划，然后记录下哪些学生对新计划有反应，哪些没有反应。从以上对第一层的描述中，你可以看出，反应干预模型适用于所有学生——它就是一种符合分层教学和通用学习设计（universal design for learning, UDL）的优质教学（我们将在第14章中讨论）。

通过持续、高质量的课堂评估发现，在第一层课程中学习有困难的学生将转入第二层，接受额外的辅导。例如，大约15%的学生需要转入第二层，接受专家的个别或小组辅导、社会技能教学或咨询等。要在这个层次上取得成效，必须针对每个学生的需要进行强化教学。通常约有5%的学生进步有限，他们会转到第三层，接受一对一的强化辅导，或许还需要进行特殊需求评估（Denton et al., 2013; Lonigan & Phillips, 2016; Sullivan, & Castro-Villarreal, 2013)。图 5-5 概述了各个层次的情况。

反应干预模型方法至少有两个优点。首先，学生可以立即得到额外的帮助。其次，如果学生达到了反应干预模型的第三层，那么根据学生对第一层和第二层的不同干预措施的反应所获得的信息，可用于个别化教育方案的制定。为了实现这些优势，普通教育教师，尤其是低年级的教师，必须能使用高质量、以研究为基础的方法进行教学和评估。

即使采取了强化且高质量的第三层干预措施，有些学生可能仍有困难，需要更多的支持、教学和练习（Denton et al., 2013）。迄今为止，反应干预模型对年龄较小的学生和基本过程（如学习阅读中的字母与发音的联结）最为成功。反应干预模型对有学习困难的儿童应对更复杂的学习任务会有什么效果，我们还不得而知。此外，各个学校对循证实践、缺乏对教学的回应和进度监控的定义也有很大差异（Scruggs & Mastropieri, 2013; Sullivan, & Castro-Villarreal, 2013）。

以上是对儿童需求所做的一个简短而有选择性的介绍。如果你认为你班上的学生可能从任何类型的特殊服务中受益，那么第一步就是进行转介。如何开始？表 5-4 将指导你完成转介过程。当我们在第 14 章中讨论分层教学时，我们将探讨更多帮助所有学生的方法。

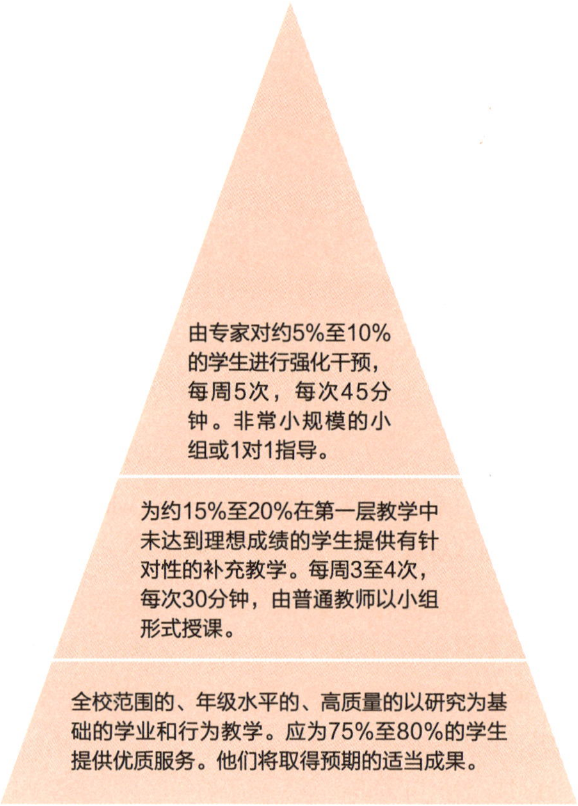

由专家对约5%至10%的学生进行强化干预，每周5次，每次45分钟。非常小规模的小组或1对1指导。

为约15%至20%在第一层教学中未达到理想成绩的学生提供有针对性的补充教学。每周3至4次，每次30分钟，由普通教师以小组形式授课。

全校范围的、年级水平的、高质量的以研究为基础的学业和行为教学。应为75%至80%的学生提供优质服务。他们将取得预期的适当成果。

**图 5-5　反应干预模型中三个层次提供的服务和支持**

资料来源：Based on Friend, M. P., & Bursuck, W. D. (2019). *Including students with special needs: A practical guide for classroom teachers* (8th ed.). Boston, MA: Pearson Education.

**表 5-4　进行转介**

1. 联系学生家长。在转介之前，与家长讨论学生的问题。这点很重要。
2. 在转介之前，检查学生的所有在校记录。

学生是否曾经：
- 做过心理评估
- 有资格接受特殊服务
- 被纳入其他特殊项目（例如，针对弱势儿童的项目，言语或语言治疗）
- 在标准化测验中得分远低于平均水平
- 被留级

在校记录是否显示：
- 某些方面进展良好，其他方面进展不佳
- 任何生理或医疗问题
- 学生正在服药

续表

3. 与学生的其他老师和专业支持人员谈谈你对学生的关心。其他老师在与这个学生相处时是否也遇到过困难？他们是否找到了成功解决该学生问题的方法？记录你在班上为满足该名学生的教育需求而采取的策略。你的文件将作为有用的证据，对评估该学生的专业委员会有所帮助，或者这正是他们所要求的。通过书面记录来证明你的关注。你的记录应该包括下列内容。
- 你所关注的问题
- 你为什么关注它
- 你发现问题的日期、地点和时间
- 你为解决该问题所做的确切努力
- 谁（如果有的话）帮助你制订了你所使用的计划或策略
- 这些策略成功或失败的证据

请记住，只有当你能令人信服地证明，如果不提供特殊服务，学生可能无法得到适当的服务时，你才应该转介学生。转介是一个耗时、成本高昂且充满压力的过程，有可能对学生造成伤害，并会引发一系列法律后果。

## 模块 17 小结

**描述与残疾学生有关的主要法律要求。**

从 94-142 公法（1975 年）开始，到包括《残疾人教育法》（IDEA，2004）的多次重新授权，美国对残疾学生的教学要求都有明确规定。每个学习者或有特殊需要的学生（零拒绝）应根据个性化教育方案（IEP），在最少受限制的环境（LRE）中接受教育。法律还保护有特殊需要的学生及其家长的权利。此外，《1973 年职业康复法案》的 504 条款（section 504）规定，在公立学校等任何接受美国联邦资金资助的项目中，不得歧视任何年龄段的残疾人。504 条款保证了所有学龄儿童都有平等的机会参与学校活动。504 条款和《美国残疾人法案》对残疾的定义很宽泛。

**什么是"反应干预模型"（RtI）？**

反应干预模型是一种尽早为有学习问题的学生提供支持的方法，而不是等待数年才进行评估、识别和计划一个教育方案。一个反应干预模型过程是一个三层系统。第一层是采用强有力、经过充分研究的方法来教育所有学生。使用这些方法效果不佳的学生会被转到第二层，接受额外的支持和额外的小组指导。如果一些学生的进步仍然有限，他们就会进入第三层，接受一对一的强化帮助，或许还需要进行特殊需求评估。

## 模块 18　教育每一位学生

**学习目标 5.6**　理解并满足有学习困难的学生的特殊教育需求。

### 5.6　学习上面临挑战的学生

在讨论这些学习上面临挑战的学生之前，我们先来回顾一下有关学习困难的神经科学研究。在神经科学这项新技术的众多研究中，关于大脑与学习障碍的研究正在呈指数增长。

### 5.6.1　神经科学与学习挑战

如今，我们知道有很多因素会导致学生在学习时出现困难。当然，大脑和中枢神经系统的损伤、功能失调或疾病会导致个体在语言、数学、注意力或行为等方面出现障碍。针对有特殊学习障碍和注意力缺陷障碍学生的大脑研究表明，他们的大脑在结构和活动方面与没有此类问题的学生相比，存在一些差异（Hoogman et al., 2020）。例如，患有阅读障碍（一种语言和阅读障碍）的学生，其大脑左侧颞叶在结构或功能上存在差异（Hallahan et al., 2019）。与没有注意力缺陷的个体相比，患有注意力缺陷的个体的某些特定脑区体积更小，小脑和额叶的血流量比正常水平低，而特定脑区的神经递质化学物质水平和电活动水平也有所不同（Barkley, 2006）。有特殊语言障碍的小学生，他们的听觉系统相对不够成熟——其大脑加工听觉信息的方式与那些比其小3至4岁的儿童类似（Goswami, 2004）。不过这些大脑差异的发现和应用到教学实践中还有一段距离，目前还很难说清楚学习问题和大脑差异究竟哪个是因、哪个是果（Friend, 2018）。

相当多关于学习问题的研究集中在工作记忆上（我们将在第8章中介绍），部分原因在于工作记忆能力能有效地预测一系列认知技能，其中包括语言理解、阅读和数学能力，以及流体智力（Alloway, 2018; Bayliss et al., 2005; Tourva et al., 2016）。此外，研究表明那些在阅读和数学问题解决方面存在障碍的儿童，有明显的工作记忆困难（Maehler & Schuchardt, 2016; Melby-Lervag & Hulme, 2013）。具体来说，这些学生在使用工作记忆系统来保存和处理言语和听觉信息方面存在困难。由于学习障碍儿童很难记住词汇和语音，因此他们很难将词汇组合起来去理解句子的意义，或弄明白这道数学应用题到底在问什么。

一个更为严重的问题是，有学习障碍的学生很难从长时记忆中提取所需的信息，因此这些儿童很难做到在转换新信息的同时仍能保持原先的信息。例如代数中的乘积问题，一旦新增加了一个乘数，这些学习障碍的学生很难记得住原先两个数字的乘积。重要的信息在不断地丢失。最后，在算术和问题解决方面存在学习障碍的学生，似乎在保持视觉–空间信息（如数列或数量比较）上也存在问题。因此对他们来说，创建"小于""大于"等问题的心理表征也是一种挑战（Menon, 2016）。

正如你在表5-2中所看到的，在公立学校中接受特殊教育服务的所有儿童中，约有33%被诊断为有特殊学习障碍——这是迄今为止美国残疾儿童中最大的一个类别。

### 5.6.2 患有特殊学习障碍的学生

如果一个学生在阅读、写作、拼写或数学学习方面存在困难，但他没有智力障碍、情绪问题或教育劣势，还拥有正常的视觉、听觉和语言能力，你会如何解释这种情况？这个学生可能患有**特殊学习障碍（specific learning disability，SLD）**，但目前关于这一术语尚没有一个统一的定义。一篇文章给出了特殊学习障碍的三种定义（Hallahan et al., 2019），其中包括了《残疾人教育法》所使用的定义："与个体理解或运用语言（口头或书面语言）有关的一个或多个基本心理过程存在障碍，这种障碍可能表现为个体在听、想、说、读、写、拼读或数学计算等方面的能力缺陷……"（p.110）不过，多数定义都认同特殊学习障碍学生的表现与自身其他方面的能力不匹配，其表现显著低于预期水平。另一个广泛使用的定义是全美学习障碍联合委员会（National Joint Committee on Learning Disabilities）提供的。在本书中，我们用"特殊学习障碍"和"学习障碍"表达同一个含义。

大多数教育心理学家认为学习障碍有其生理基础和环境基础，如大脑结构和加工过程的差异、出生前接触到毒素（母亲怀孕时吸烟或喝酒）、早产、营养不良、家中使用含铅油漆或供水含铅（想想，密歇根州弗林特市的儿童患有学习障碍的比例在未来几年可能会增加）。当然，遗传因素也有一定的影响。如果父母有学习障碍，那么他们的子女存在学习障碍的概率是30%～50%。这些不同的因素对个别学生的影响程度取决于家庭和学校所提供的影响和干预措施，以及学生的学习动机（Friend, 2018; Grigorenko et al., 2020）。

#### 1. 患有学习障碍的学生的特征

患有学习障碍的学生不尽相同。最普遍的特征包括：在一个或多个学业领域有特定的困难，协调能力很差，在注意力方面有问题，多动和冲动，在组织问题及解释视觉和听觉信息方面存在困难，缺乏动机，很难建立和维持友谊（Hallahan et al., 2019）。正如你所看到的，很多有其他障碍的学生（如注意力缺陷与多动障碍）和很多正常的学生或多或少有一些这样的特征。情况更为复杂的是，并不是所有学习障碍学生都会有上述问题，只有很少一部分有上述所有问题。例如，一个学生可能在阅读方面落后同龄人三年，但在数学方面却超过一般的学生。另一个学生情况则刚好相反，阅读很好，但数学很差。还有一个学生在组织和学习方面有问题，而这会几乎影响到他所有的学科领域。

大多数患有学习障碍的学生在阅读方面存在困难。表5-5列出了一些最常见的问题，但这些问题并不一定总是学习障碍的表现。对英语学习障碍儿童而言，出现这些困难可能是因为他们的音位意识比较落后，即在建立语音和字母（词的组成部分）之间的对应关系上存在困难，从而导致拼写也存在困难。口语流畅性也可能是一个问题。阅读是断断续续，逐字逐句的。但是，即使学生在大声朗读时听起来没有问题，在理解方面也可能存在问题（Friend, 2018）。

**表 5-5　患有学习障碍的学生在阅读方面所遇到的问题**

你的学生有这些表现吗？这些可能是学习障碍的征兆。

**因阅读感到焦虑**
- 不愿意读书
- 通过哭或其他行为来回避阅读
- 读书时很紧张

**识别字词或字母方面存在困难**
- 插入一个错误的词汇；用一个字词替代原来的字词；省略字词
- 颠倒字母或数字（如将 84 读成 48）
- 发错字词的读音（如将"cope"读成"cape"）
- 混淆语句中词汇的顺序（如将"我会骑车"读成"我会车骑"）
- 读得很慢、不流利，经常停顿

**口语词汇技能落后**
- 无法阅读新词汇
- 词汇量非常小

**不能理解或记住读过的内容**
- 不能回忆阅读中的基本事实
- 不能做出推论或理解文章大意

数学，包括计算和问题解决，是学习障碍儿童的另一个常见的问题领域。英语阅读障碍的学生在建立语音和字母的联结上存在困难，有数学学习障碍的学生则很难自动地将数字（如 1、2、3）与正确的数值对应起来——例如，28 是多少。因此，在学习数学计算前，一些年幼的学生可能需要额外的练习，以帮助他们最终能够自动地将数字和它所代表的数量联系起来（Rubinsten & Henik, 2006）。

正如你在图 5-6 中所看到的，一些有学习障碍的学生在计划、将想法写在纸上或监控写作是否合理方面存在困难，他们写的东西很难阅读，讲话也结结巴巴、杂乱无章。有学习障碍的学生通常缺乏完成学业任务的有效途径。他们不知道如何注意、组织相关的信息，不知道如何运用学习策略和学习技能，也不知道当一种学习策略不奏效时，如何去尝试其他学习策略，以及评估自己的学习。他们通常是被动的学习者，部分原因是他们不知道如何学习——他们总是失败。独立工作对他们更是一种挑战，因此家庭作业和课堂作业经常不能完成（Hallahan et al.，2019）。

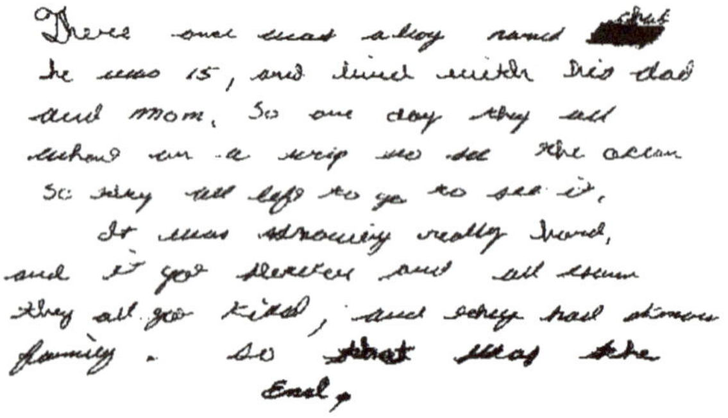

**图 5-6　一名患有学习障碍的 14 岁学生的书写材料示例**

资料来源：Friend, M., & Bursuck, W. D. (2019). *Including students with special needs: A practical guide for classroom teachers* (8th ed.). Reprinted by permission of Pearson Education, Inc.

**2. 对患有学习障碍的学生进行教学**

学习障碍的早期诊断非常重要，因为我们的大脑是可塑的（见第 3 章），及时、适当的干预有助于与学习障碍相关的非典型神经过程正常化（Grigorenko et al., 2020）。此外，学生自己可能也不明白为什么会遇到这样的困难。如果得不到迅速诊断，他们可能会感到沮丧，并认为自己无法控制或改善自己的学习——他们会产生**习得性无助（learned helplessness）**。这是一种强大的误解，这些学生从来没有努力尝试去发现他们可以在学习上有所作为，所以他们一直很被动和无助。

有学习障碍的学生也可能会试图弥补自己的问题，并在这个过程中养成不良的学习习惯，或是因为害怕不能完成任务而回避特定的学科。为了避免这些情况的发生，教师应当尽早将学生转介给学校相应的专业人员。

为有特殊学习障碍的学生提供的有效干预措施应该明确、全面，以满足所有学生的需要，并因人而异，随着学生的进步而不断调整。目前有三种教学方法（一般推荐同时使用）符合上述标准。第一种是明确的直接教学（我们将在第 14 章中详细介绍）。这种方法的基本要素是：对新材料进行清晰的解释和演示；小步子教学，每个步骤后都有相应的练习，即时反馈，教师的指导与帮助。特殊学习障碍领域的主要研究人员经过全面审查后得出结论："几乎没有证据表明，特殊学习障碍儿童能从发现式、接触式或建构主义教学方法中获益"（Grigorenko et al., 2020, p.48）。第二种一般方法是同伴辅导。这可以在课堂上进行，教师对担任同伴辅导员的学生进行培训和监督。第三种是策略教学（我们将在第 9 章中详细介绍）（Friend, 2018；Hallahan et al., 2019）。

这里还有与有学习障碍的学生合作的其他一些策略：在学前和小学阶段，坚持使用简短的口头指示；要求学生向你重复指示，以确保他们真正理解了；提供多元的例子，多次重复教学重点；允许他们比其他人进行更多的练习，特别是在学习新材料的时候。通过反馈和练习教授明确的技能。在阅读中，应强调字母–语音意识、单词结构（如词根或词基、前缀和后缀）以及理解能力的培养。这些策略大部分到中学仍然适用。此外，还可以直接教导高年级学生自我监控策略，如提示学生问自己："我刚刚集中注意力了吗？"教学生使用一些外在的记忆策略，如记笔记和使用作业本、代办事项清单或电子日历等设备（Hardman et al., 2017；Turnbull et al., 2020）。在对任何一个年级进行教学时，教师都可以鼓励学生将新材料与他已有的知识建立联系。你可能在想，对那些需要更多支持和直接教授学习技能的学生来说，上述教学策略也是非常有用的。你想得没错！

### 5.6.3　患有多动症与注意缺陷的学生

> **设身处地想一想**
>
> 如果一个学生在时间管理和问题组织方面存在困难，你会提供什么样的帮助？

你可能听过其至使用过"多动儿童"这一术语。这是一个现代的概念，而在多年前，像马克·吐温（Mark Twain）笔下的哈克贝利·费恩（Huckleberry Finn）那样的孩子，则被视为叛逆、懒散或"焦躁不安"的（Nylund，2000）。如今，注意缺陷与多动障碍（ADHD）已经非常普遍了。根据对家长的调查，美国5%到11%的学龄儿童被诊断出患有注意缺陷与多动障碍。全世界约有5%的儿童和2.5%的成年人也受到影响（Caye et al.，2019；Gargiulo & Bouck，2021）。环顾身边，我发现很多参与我课程学习的教师，他们班上往往有五六个被诊断为"多动症"的学生，其中一个班竟有10个这样的学生。就我个人而言，我的几个直系亲属中也有人患上了注意缺陷与多动障碍。

### 1. 定义

多动症并不是一个特定的症状，而是两种可能同时出现，也可能不同时出现的问题：注意缺陷和冲动—多动问题。在美国，近一半的被诊断为多动症的儿童同时存在这两种问题。美国精神医学学会将**注意缺陷与多动障碍（attention-deficit hyperactivity disorder，ADHD）**定义为一种影响儿童和成人的神经发育障碍。这种障碍具有一种持久或持续的注意力不集中和多动—冲动模式，妨碍了个体的日常生活或正常发展（American Psychiatric Association，*DSM-5*，2013）。部分指标如下：

①**注意力不集中**：不能专注于课堂活动、任务细节、教师的指示，以及课堂上的讨论；不能组织任务，不能整理笔记本、书桌和作业；容易分心和遗忘；老丢东西；做作业拖拖拉拉；考试前不能有效复习；考试或作业作弊。

②**多动/冲动**：焦躁不安，身体动来动去；不能坐在自己的座位上；没办法缓慢移动，好像"被马达驱动着"快速移动；话太多；不假思索地说出答案；等不及轮到自己；经常打断别人；匆忙完成作业；插队。

如今，大多数心理学家都认为，对于被贴上多动标签的儿童，主要在于引导和保持他们的注意力，而不仅仅是控制他们的身体活动。患有注意缺陷与多动障碍的学生在任务转换方面也会遇到困难——一旦开始一项活动，他们就很难停止该活动并开始新的活动（Hallahan et al.，2019）。所有儿童在某些时候都会表现出上述某些行为，但患有注意缺陷与多动障碍的儿童很可能在7岁前就出现症状，并且这些症状会在多种环境中出现（不仅仅是在学校），并导致学习问题、意外和伤害的增多，以及难以与他人相处。患有注意缺陷与多动障碍的学生，尤其是青少年，会在制订计划、管理时间、调节情绪和完成学校作业等方面遇到困难。他们更有可能出现学业失败、留级、被停学或被学校开除、转学、被转介到特殊教育、焦虑和滥用药物等情况（Gargiulo & Bouck，2021；Caye et al.，2019；Cleminshaw et al.，2020）。

注意缺陷与多动障碍通常是在小学阶段被诊断出来的，但研究表明，这种注意力缺陷和多动问题可能早在3岁时就会表现出来（FriedmanWeieneth et al.，2007）。被诊断为注意缺陷与多动障碍的儿童中，男孩的数量大约是女孩的3倍，但这种差距似乎正在缩小。患有注意缺陷与多动障碍的男孩往往更活跃、更具破坏性，而女孩则更孤僻、注意力不集中，因此女孩可能不会经常被发现，从而错过了获得适当支持的机会（Friend，2018）。

就在几年前，大多数心理学家还认为儿童进入青春期后，注意缺陷与多动障碍会有所减轻。但现在有证据表明，大约每10人中就有7人的注意缺陷和多动问题会一直持续到成年（Gargiulo & Bouck，2021）。青少年时期，个体面临日益增大的青春期压力，即将进入初中或高中，学业任务的要求增加，开始接触更加使人着迷的社会关系，这对患有注意缺陷与多动障碍的学生来说是一个极为艰难的阶段。当被诊断为患有注意缺陷与多动障碍的儿童长大成人后，约25%的个体不再出现更多的症状，50%的个体出现的症状足以被诊断为注意缺陷与多动障碍，约25%的个体仍有残留症状，而这些残留症状仍会干扰他们的生活，因此注意缺陷与多动障碍对成年人来说无疑也是一个问题（Hallahan et al., 2019）。事实上，一些研究指出，即使童年时期没有症状，成年后也有可能患上注意缺陷与多动障碍（Reddy, 2016）。

**2. 使用药物治疗注意缺陷与多动障碍**

现在，对ADHD的治疗越来越依赖药物。但正如"观点/对立观点"中所述，这种治疗方式还存在很多争议。

---

### 观点 / 对立观点

### 我们该为 ADHD 儿童提供药物还是技能

在美国，大约3%的学龄儿童（6～18岁）在服用一些治疗ADHD的药物。我们该不该为这些患有ADHD的儿童提供药物呢？

**观点** 药物确实能帮助患有 ADHD 的儿童

在因人而异的特定剂量下，某些处方药似乎会影响神经递质的释放，帮助大脑的执行功能更正常地运作。短期效果是可能改善行为，包括提高合作性、注意力、任务转换和服从性。研究表明，约有70%～80%患有ADHD的儿童在服用药物后变得更容易管理，也更能从教学干预和针对社会性的干预中获益（Hutchinson, 2009）。关于ADHD药物疗法的安全性和短期有效性，已经进行了数百项随机临床试验。

**对立观点** 药物不应当成为治疗 ADHD 的首选

很多儿童在服用药物时会有不良的副作用，如心率增加、血压升高、生长速度受到干扰、失眠、体重下降、恶心等（Smith et al., 2014）。对多数儿童而言，这些副作用是轻微的，能通过调整药物的剂量和用药时间控制。但关于药物治疗的长期效果，我们还知之甚少。个人对药物的短期和长期反应可能各不相同。对于学龄前儿童和症状较轻的患者，可以采取非药物干预措施，如行为疗法和社交技能培训等非药物干预措施可能有效（Caye et al., 2019）。作为家长或教师，你需要及时了解有关ADHD治疗方法的研究。

很多研究表明，用药后行为的改善很少会直接导致学业学习、同伴关系或情绪调节方面的改善，而这三个方面正是患有ADHD的儿童面临的严重问题。这些学生似乎在行为方面有了显著改善，家长和教师看到这些变化也松了一口气，可能就会认为问题已经得到根治。但其实不然，这些学生在学习方面仍然需要特殊的帮助，尤其是针对任务转换能力的训练，以及培养他们在阅读或表述过程中整合信息要素的能力，这能帮助他们建立一个有条理且准确的知识框架。（Bailey et al., 2009；Cleminshaw et al., 2020；Doggett, 2004）。

**谨防非此即彼**

应坚守的底线是：即使你班上的学生正在接受药物治疗，他们也应该学习将来成功所需的学业技能和社交技能，这一点至关重要——因为这些技能不会自然而然地习得。他们需要学习如何以及何时应用学习策略和学习技能。他们也需要鼓励——在面对困难任务的挑战时，需要有人来鼓励他们坚持下去；需要有人来鼓励他们控制自己的学习和行为。仅有药物治疗是不够的，但药物治疗可能会有一定的帮助，并为改善学习状况打开了大门。我们需要从几个方面入手来解决这个问题：根据个人的年龄和症状使用适当的药物、有效地教学、辅导，以及支持积极的行为。

### 3. 药物治疗的替代/补充

格雷戈里·A. 法比亚诺（Gregory A. Fabiano）及其同事（2009）对 1967—2006 年的 174 项有关 ADHD 行为治疗的研究进行了分析。这些研究共涉及近 3000 名被试，所有研究都达到了优质研究的严格标准。研究中采用的行为治疗方法主要是应急管理、暂停、塑造、自我调节和行为示范等行为主义学习理论（详见第 7 章和第 11 章）衍生出的干预方法。这些研究或采用未接受治疗的组别作为控制组，与实验组进行比较；或将个体接受一种或多种不同治疗前后的状态进行比较。那么，这些研究得出了什么结论呢？应该说，其发现是非常清晰有力的——"这些研究为行为治疗方法治疗 ADHD 的有效性提供了强有力、一致的支持"（Fabiano et al., 2009, p.129）。由于这些方法似乎有效，作为教师，我们需要学习何时以及如何使用它们。对于年龄较小的学生，这些方法可能是药物治疗的良好补充。对瑞典成人 ADHD 患者的研究也发现，注重接纳和改变 ADHD 症状和行为间平衡的行为治疗方法是有效的（Hirvikoski et al., 2011）。

## 5.6.4 给教师的建议：学习障碍和注意缺陷与多动障碍

冗长的作业可能会把患有学习障碍和注意力缺陷的学生压垮，因此最好每次只给他们布置几个问题或几段文章，并清晰地说明完成作业的结果。如果学生非常容易分心，可以考虑设置一个学习隔间，阻挡外界的视线和声音。张贴课程表，并在过渡时间发出明确信号。帮助学生整理课桌、材料、笔记本、书包、作业单或电子日历。另一种好的方法是将学习和记忆策略的教学与动机训练结合起来。这种方法的目的是帮助学生提高相关的"技能和意愿"，从而改善自己的学业成就。此外，教师还要教这些学生学会监督自己的行为，鼓励他们不断坚持，并将自己视为"掌控者"（Pfiffner et al., 2006）。

"掌控"这一观念是注意缺陷与多动障碍的治疗策略中的一部分，它强调个人能动性。大卫·尼伦德（David Nylund, 2000）利用儿童的优势来克服问题——让孩子掌握控制权。尼伦德对此有个新的比喻。尼伦德希望大家认识到，ADHD、学习中的困难、厌倦情绪和其他"学习的敌人"，都不是来自儿童自身，而是存在于儿童之外的因素——是儿童在完成任务中需要去解决的一群恶魔，或是需要去征服的一些不羁的灵魂。关注的重点应是问题的解决。

作为一名教师，你要去寻找学生全神贯注的时间，哪怕只是很短的时间。这些时间能有什么作用呢？它们能让你发现学生的优点，并为之感到惊奇。对你的教学做一些调整，以支持学生想要改变的努力。患有注意缺陷与多动障碍的学生也给出了一些建议，如摘自尼伦德文章的表 5-6 所示（2000, pp.202–203）。

**表 5-6 患有 ADHD 的学生对教师的一些建议**

患有 ADHD 的学生对教师有下列建议（Nylund, 2000）：

- 大量使用图片（视觉线索）以帮助我学习
- 认识到文化和种族同一性
- 知道什么时候该调整规则
- 及时注意到我干得不错
- 给我们提供一些选择
- 不要只是说教——那太无聊了
- 知道我其实很聪明
- 允许我在教室里来回走动
- 不要布置那么多的家庭作业
- 更多的课间休息
- 耐心

## 5.6.5 患有沟通障碍的学生

6～21岁患有沟通障碍的学生是特殊教育的第二大服务群体。你的班上很可能有这些学生，因为他们中的大多数人至少有80%的时间是在普通教育课堂上度过的（Friend & Bursuck, 2019）。这些学生可能患有语言障碍或言语障碍，或上述两种障碍。可能的原因有很多，很多因素会导致沟通障碍，这主要是因为语言的学习和言语的使用会涉及个体许多不同的方面。一个儿童如果听觉有损伤，就不可能正常地学会说话。一些损伤会导致神经方面出现问题，也会影响儿童的言语行为或语言获得。没有人倾听的学生，或因情绪问题而对世界的认识发生扭曲的学生，会在他们的语言发展中反映出这些问题。说话还涉及运动，因此与言语有关的运动功能出现任何障碍都可能导致语言障碍。此外，语言的发展与思维密不可分，因此认知功能有任何问题也会影响个体运用语言的能力。

### 1. 言语障碍

如果学生在说话时不能有效发音，就会被认为存在**言语障碍**（speech impairment）。大约5%的学龄儿童存在不同形式的言语障碍。发音问题和**流畅性障碍**（fluency disorders，也称"口吃"）是两种最常见的言语障碍。

**发音障碍**（articulation disorders）包括歪曲一个语音，像口齿不清（如将"sometime"读成"thumtimes"）；用一个语音替代另一个语音（将"chair"读成"shairp"）；添加一个语音（将"chair"读成"chuch air"）；省略语音（将"chair"读成"chai"）（Rosenberg et al., 2011）。然而，请记住，大多数儿童要到6～8岁才能发出日常对话中出现的所有英语语音。其中l、r、y、n、s、v、z这几个辅音和sh、ch、ng、zh、th等辅音连缀是最后学会的（Friend, 2018）。因地域差异导致不同方言的差异，并不属于发音障碍。某个来自新英格兰地区的学生可能会把"idea"读成"ideer"，但他并没有言语障碍。

口吃（流畅性障碍）一般出现在3～4岁之间。目前出现口吃的原因还不清楚，但可能涉及情绪或神经问题、习得行为等。如果口吃持续了一年左右，甚至更长，这个孩子就应该被转介，接受言语治疗。早期的干预会带来巨大的改变（Hardman et al., 2019）。当你的班上有口吃的学生时，你可以私下多与这个学生交谈，但在交谈过程中不要催促、打扰或补充学生的词汇和语句。要经常停顿，尤其是在学生说完之后。在这个过程中，你和学生要达成共识——在说话前花些时间思考是合适的行为。要注意学生什么时候容易口吃，什么情境下则不易口吃。不要催促学生说快些。在课堂讨论中，可以让学生早点发言，这样不容易紧张。问问题时，也尽可能选择答案简短（只需几个词语）的问题。此外，可以和学生坦诚地讨论口吃，让学生认识到口吃没什么可耻的，很多成功人士（包括国王和电影明星）都有口吃，但是通过学习，他们口吃的情况都得以改善（Friend, 2018; Rosenberg et al., 2011）。

**声音障碍**（voicing problems）是第三种言语障碍，包括用不恰当的音调、音质、音量或语调说话。有上述这些问题的学生都应该尽快被转介，接受言语治疗。首先要认识到问题的存在，注意那些在发音、音量、音质、言语流畅性、表达范围、语速等方面异于同龄人的学生；也要注意那些经常不说话的学生，了解他们不说话只是因为害羞，还是存在言语方面的障碍。

### 2. 语言障碍

语言差异并不一定都是语言障碍。有语言障碍的学生是指那些与相同文化背景下的同龄人相比，在理解或表达语言方面有明显缺陷的学生（Owens, 2020）。一些学生可能很少说话，只会用很少的词汇或非常简短的句子，或只能依靠手势进行交流。这样的学生都应当及早地被转介，接受有资质的学校专业人士的观察或测试。表5-7中列出了一些促进语言发展的建议。

#### 表 5-7 促进语言发展

- 营造接受使用语言的氛围。
  - 通过示范来纠正错误，而不是直接纠正。（教师："梅琳（Meilin）、朱尔斯（Jules）对青蛙做了什么？"学生说："放在口袋里。"教师："哦，他把青蛙放在口袋里？"学生："对。"）
- 鼓励并传授倾听技巧。
  - 为学生树立认真倾听的榜样；表扬善于倾听的学生。
  - 发出倾听的信号："现在，听我要说什么"或"当我们说到第 3 点时，仔细听我会说错什么"。
  - 简化词汇和句子结构；通过放慢语速或重复来突出重要部分。
  - 直接教授技能：预测、确定主旨和推理。
- 利用示范来扩展学生的语言。
  - 学生："阿尔西娅（Arthea）人很好。"教师："是的，阿尔西娅是一个非常好的人。她会考虑别人的感受。"
- 为说和写提供有意义、真实的情境。
  - 为真实的目的写作——信件、电子邮件、微博。
  - 在课堂讨论中指出并示范新词汇。

资料来源：Based in part on Friend, M. & Bursuck, W. D. (2019). *Including students with special needs: A practical guide for classroom teachers* (8th ed.). Hoboken, NJ: Pearson, p.219.

### 5.6.6 患有情绪或行为障碍的学生

在正常班级中，有**情绪和行为障碍**（emotional and behavioral disorder）的学生是最难教的，令很多新手教师焦虑（Avramidis et al., 2000）。如果没有得到恰当的帮助，患有情绪和行为障碍的学生前景就很不乐观。约有三分之一的患者在读书期间被拘留过；高中毕业后，他们不太可能保住工作，而且比那些没有障碍的学生更有可能被逮捕（Harrison et al., 2013）。因此，对于情绪和行为障碍的早期干预非常重要。

教育专家将行为障碍界定为行为严重偏离了正常的标准，以至于阻碍了儿童的成长与发展，或者妨碍了其他人的生活。《残疾人教育法》中将情绪障碍（emotional disturbance, ED）定义为：有不恰当的行为，不快乐或抑郁，恐惧与焦虑，以及在人际关系方面存在问题。表 5-8 列出了《残疾人教育法》（2017）对情绪障碍的界定。

美国有超过 35 万名学生患有情绪障碍。与学习障碍和 ADHD 一样，被诊断患有情绪障碍的男生多于女生，而非洲裔学生被诊断患有情绪障碍的概率是欧洲裔学生的

#### 表 5-8 《残疾人教育法》对情绪障碍的界定

（I）情绪障碍指儿童长期表现出下列一种或多种特征，并达到显著的程度，以致危害了其教育表现的一种状态。
（1）无法学习，且这种情况不能用智力、感官或健康因素来解释。
（2）无法与同伴和教师建立或维持良好的人际关系。
（3）在正常情况下有不恰当的行为或感觉。
（4）普遍存在的不快乐或抑郁情绪。
（5）出现与个人或学校问题相关的躯体症状或恐惧倾向。
（II）情绪障碍这一术语并不适用于社会适应不良的儿童，除非已确认他们患有情绪障碍。

资料来源：IDEA Regulations, Sec. 300.8 c 4, Retrieved from U.S. Department of Education.

两倍（Harper, 2017; Phippen, 2015）。

可能出现的情绪与行为障碍范围很广，并且患有其他障碍的学生（如学习障碍、智力障碍或注意缺陷与多动障碍）在适应学校的过程中也可能会出现情绪或行为方面的问题。应用行为分析（在第7章中将会介绍）或直接对自我调节技能进行教学（在第11章中将会介绍），是两种有效的方法。另外还有一种方法已被证实能帮助这些有情绪与行为障碍的儿童，即提供良好的结构、有组织的工具，以及选择。对此，特里·斯旺森（Terri Swanson, 2005）提出了如下建议。

**环境的结构化**：尽量减少视觉和听觉刺激；若期望学生在不同区域做出不同的行为，则在不同区域之间建立清晰的视觉界限；整理日常所需的材料，并放入方便使用的容器里。

**日程的结构化**：将每个月和每天的日程张贴出来，并用清晰的标志来表示开始和结束，明确提交作业的步骤。

**活动的结构化**：使用颜色代码的学科文件夹（如蓝色代表数学）；张贴指导语并附有视觉的提示；将某个活动所需的所有材料放入一个"科学箱"中。

**规则和日常安排的结构化**：例如，教学生一套标准用语，用于询问其他学生是否愿意和他一起玩游戏；以积极的方式制定规则；帮助学生应对日常安排的变化，例如通过展示一些图片来帮助学生了解春假里会发生什么。

**提供选择**：在完成作业或课题时提供几个不同的选择。

由于有情绪与行为障碍的学生经常有破坏规则和逾矩的行为，因此教师会发现自己经常惩罚这些学生。要注意，惩罚有严重情绪问题的学生会引发法律诉讼（Yell, 1990）。当你面对这些情境时，下面的"实践指南"可能会对你有些帮助。

## 实践指南

### 惩罚有情绪问题的学生

注意不要侵犯学生的正当权利，学生和家长必须知道哪些是期望的行为，以及不良行为的后果是什么。

例如：

（1）向学生清楚地说明哪些是期望的行为，并把它们写下来。

（2）让家长和学生在班级规则的副本上签名。

（3）把班级规则和违反班规的后果张贴出来，并放在班级的主页上。

非常谨慎地使用让学生长时间离开教室的严厉惩罚措施。这些改变了儿童的个别化教育方案（IEP），需要遵循一定的正当程序。

例如：

（1）停学10天以上的，需要正当程序。

（2）注意持续很长时间的暂停（在校的停学），可能需要正当的程序。

对有严重情绪问题的学生的惩罚，必须要有一个明确的教育目的。

例如：

（1）将学生的某一行为与他的学习或其他学生的学习联系起来，为惩罚或纠正提供恰当的理由。

（2）使用书面的行为契约，其中包括对惩罚目的的说明。

确保规则和惩罚是合理的。

例如：

（1）考虑学生的年龄和身体状况。

（2）针对学生所犯的过错，所采取的惩罚是否恰当？是否与对待班上其他学生的方式一致？

（3）面对类似的情境，其他教师是否也采取相同的处理？

（4）先尝试低强制性的惩罚措施，要有耐心。不严厉的惩罚方式失败时，再考虑用一些更严格的处理方式。

做好记录并与他人一起合作，使所有相关人员均能了解真实的情况。

例如：

（1）在日记或记录簿上将对所有学生的惩罚记录下来。列出学生受惩罚的原因、使用了哪些程序、惩罚持续的时间、惩罚的结果、对惩罚进行的调整，以及新的结果。

（2）记录与家长、特殊教育教师，以及校长的会面情况。

（3）和家长、其他教师共同修改管理计划。

给学生负面反馈的同时，总是使用一些积极的反馈。

例如：

（1）如果学生因违反规则而丢了分数，给他们机会——能通过积极的行为再得到分数。

（2）认可学生真正的成绩和细小的进步。不要说："时间差不多了，你……"

### 1. 创伤

你在第1章中看到，美国约有一半的小学生经历或目睹过创伤事件。目睹这些事件会导致学生在记忆力和注意力、人际关系、情绪调节、行为控制，以及处理日常压力等方面出现长期困难（SAMHSA，2014）。学生可能表现为孤僻或好斗、安静或挑衅，这就使教师很难正确识别潜在的问题。这些学生可能被诊断为注意缺陷与多动障碍、抑郁症、焦虑症、行为障碍或情绪障碍。无论诊断结果如何（即使进行了心理评估），这些学生中的许多人从未得到过适当的治疗（Jennings，2019；Koslouski & Stark，2021）。然而，他们可能就在你的教室里。教师能做些什么？

面对经历过心理创伤的学生，学校和教师的第一步是成为心理健康服务工作者称为的**"创伤知情教育者"**（trauma-informed educators）。对教师而言，这意味着要认识到学生的心理创伤史；理解心理创伤如何影响学生的情绪、行为和学习；设计既能满足学生需求，又能避免他们再次受到创伤的学习环境（Chafouleas et al.，2016；SAMHSA，2014）。课堂教学方法包括你将在本书中看到的许多策略，如功能性行为评估和积极行为支持（详见第7章），以及发展可预测、支持性的课堂常规和关系（详见第13章）。那么，在你的课堂上，这可能是什么样子的呢？

杰西卡·科斯洛斯基（Jessica Koslouski）和克里斯塔贝尔·斯塔克（Kristabel Stark，2021）访谈了不同年级、不同环境下的10名小学教师，探讨他们如何与经历过创伤的学生相处。首先，研究人员发现，这些班级的学生曾经历了各种各样的创伤事件，包括：目睹暴力；父母自杀或吸毒过量死亡；家庭成员被监禁；被寄养；生活在拥挤的家中（10个人住在仅有一间卧室的公寓里）；因自然灾害不得不搬到新的地方；枪击事件应对演习；学校封锁；创伤性的移民经历或家庭分离；承担成人责任，如二年级学生照顾弟弟和妹妹；基于种族、族群、语言或性别认同的欺凌或歧视。表5-9总结了这些教师对学生创伤经历的反应中所涵盖的主题。

**表 5-9　处理与学生创伤相关的主题**

这些是10位小学教师尝试支持学生的方法。

| 主题 | 范例 |
| --- | --- |
| 优先考虑与学生的关系，以及学生之间的关系 | • 努力在课堂上建立一个集体<br>• 与每个学生建立个人联系 |

续表

| 主题 | 范例 |
|---|---|
| 将课堂时间用于教授自我调节和社交技能 | • 融入正念练习、运动休息和晨会<br>• 教授并练习社交技能和问题解决方法 |
| 确保提供学业、社会和情感支持 | • 设立"休息站",让学生在感到压力时涂色或画画<br>• 建立可预测的常规作息;让学生有选择<br>• 为学生联系学校和社区资源,如社会工作者或辅导员<br>• 用文字和图片帮助学生发展情绪语言 |
| 践行文化谦逊和回应 | • 分析课程是否存在偏见<br>• 意识到自己的文化同一性<br>• 当学生在学校受到其他人的歧视时,要及时干预 |
| 努力成为家长的盟友 | • 建立支持学生的合作关系<br>• 将寄回学生家庭的文件翻译成家长能懂的语言<br>• 每周发送电子邮件,为家庭提供课程更新、学生照片和讨论要点 |
| 不断学习和反思 | • 参加研讨会;加入教师读书小组<br>• 教师学习瑜伽,然后在班上教授一些减压练习 |

资料来源:Based on Koslouski, J. B., & Stark, K. (2021). Promoting learning for students experiencing adversity and trauma: The everyday, yet profound, actions of teachers. *The Elementary School Journal, 121*(3), 430–453.

你可能会注意到,这些策略大部分是针对全班学生的,并没有单独针对经历过心理创伤的学生。为了建立信任、避免学生再次受到创伤,避免将焦点对准他们个人是有道理的。相反,要关注学生的长处,为班上的每个人,包括你自己,创造一个支持性的环境(Murphey & Sacks, 2019)。正如你将在第 13 章中看到的,积极的师生关系是学习和教学的基础,也是师生幸福的基础(Dombo & Sabatino, 2019)。

接下来我们讨论另一个问题——自杀。教师应当要及时发现并采取措施,避免悲剧的发生。

### 2. 自杀

当然,并不是每个有情绪或行为问题的儿童都会考虑自杀,但在 2019 年,自杀身亡是美国 10 至 24 岁儿童和青少年的第二大死因(NIMH, 2021)。10% 以上的美国青少年曾经试图自杀,但更多的人曾考虑自杀。美国原住民和生活在农村社区的学生的自杀率更高。关于自杀,有一些普遍的危险因素:抑郁与精神疾病、物质使用障碍、家族自杀史、创伤事件或压力、身体虐待、更容易冲动或完美主义、相信死后人会去更好的地方、获得枪支或其他自残手段、难以处理性取向问题,以及被家庭遗弃或有家庭冲突。这些因素似乎适用于所有处于青春期的非洲裔、拉丁裔、欧洲裔的男性和女性。拥有一个以上的风险因素尤其危险(Boston Children's Hospital, 2021;Friend, 2018)。

自杀倾向往往是对生活问题的一种反应——父母和教师有时会忽视这些问题。有很多信号在警告我们不幸正在酝酿。注意强烈的悲伤或绝望情绪,食欲、睡眠习惯、体重、成绩、性情、活动水平、药物或酒精使用情况等方面的变化,对朋友或曾喜爱的活动的兴趣下降等情况。具有自杀风险的学生,有时候会突然把自己珍贵的物品送给别人,如 iPad、游戏机、衣服或宠物。他们可能会显得易怒或多动,而且可能说一些这样的话,比如"什么都不重要了""我不应该在这儿""如果我死了,人们可能会更爱我""你不用再为我担心了"或"我想知道死是什么样子"。他们可能开始逃课或不做作业。如果学生不但谈论自杀，而且有了具体的实施计划，那么就特别危险了。有时随着抑郁症状的开始好转，自杀风险反而会增加，原因可能在于严重抑郁的年轻人深陷其中无法自拔，没有精力去计划或尝试自杀。如果一个抑郁的学生突然看起来好多了，这可能是因为他已经坚定地决定通过自杀来结束痛苦（Boston Children's Hospital, 2021）。请记住，无论男女，无论老幼，无论贫富，无论生活在乡村还是城市，所有类型的人都可能会自杀。自杀发生在每个种族、族群和宗教群体中。

如果你怀疑某个学生有潜在的自杀危险，应直接找他谈话，态度要直接但不带批判性，说你很担心，并询问学生的担忧。许多企图自杀的人有一个共同的感受，那就是没有人关心他们、询问他们的感受。永远、永远要认真地对待学生。陪学生去找学校辅导员或校内其他心理健康专业人员。当学校管理人员、家长或其他成人忽视了这些预警信号时，你要成为学生的支持者。此外，请注意青少年自杀身亡通常是群发的：在一个学生采取自杀行动之后，或者自杀事件被媒体报道后，其他青少年更可能去效仿这种行为（O'Neill et al., 2020; F. P. Rice & Dolgin, 2002）。

杰森·弗拉特（Jason Flatt）似乎拥有一切，但在16岁那年，他自杀身亡了。他的父亲克拉克·弗拉特（Clark Flatt）创立了杰森基金会，致力于为青少年、家庭和教育工作者提供宣传、培训、资源和支持。美国已经有20个州通过了《杰森·弗拉特法案》（Jason Flatt Act），该法案要求所有教育工作者完成至少2小时的在职培训，以提高对自杀身亡的认识并预防自杀身亡。即使你所在的州尚未通过该法案，网站上也有为教育工作者提供的大量资源，包括有关新型冠状病毒感染、社会隔离和心理健康的信息。

### 3. 滥用药物

现代社会让青少年的成长过程充满了困惑。留意电影和广告牌上的信息，你会发现那些"美丽"、受欢迎、快乐的人似乎都会喝酒和抽烟，似乎一点都不在乎自己的健康。男性会被鼓励"像个男人一样喝酒"。几乎所有的常见疾病都有非处方药，药物公司不断通过广告来宣扬新的处方药的益处。咖啡或"能量饮料"帮我们提神，安眠药帮我们入睡，然后我们告诉学生要对毒品说"不"。

除了这些相互矛盾的信息，还有很多其他的原因导致吸毒已经成为美国学生要面对的一个重大问题。很难找到精确的统计数据，但根据"监测未来"研究（National Institute on Drug Abuse, 2021）估计，在美国，8.7%的八年级学生、18.2%的十年级学生、22.2%的十二年级学生报告，在过去30天里曾使用违禁药物，酒精在十二年级学生中最受欢迎（"监测未来"研究的更多信息见表5-10）。

表 5-10 美国八至十二年级学生报告自己在过去 30 天曾使用这些药物的比例

| 药物 | 八年级 | 十年级 | 十二年级 |
|---|---|---|---|
| 违禁药物 | 8.7 | 18.2 | 22.2 |
| 酒精 | 9.9 | 20.3 | 33.6 |
| 香烟 | 2.2 | 3.2 | 7.5 |
| 无烟烟草 | 2.3 | 3.5 | 数据不详 |
| 使用电子设备产生气雾后吸入 | 6.3 | 12.3 | 12.9 |

资料来源：National Institute on Drug Abuse. (2021). Monitoring the Future study: Trends in prevalence of various drugs.

### 4. 预防

亚当·弗莱彻（Adam Fletcher）及其同事对全球范围内的学校教育项目进行了分析。其中一个压倒性、不断重复出现的发现是：在控制了学生以前的药物使用情况和个性特点后，"对学校的疏离和不良的师生关系，与学生后续使用药物的情况和其他危害健康的行为都有显著的相关"（Fletcher et al.，2008，p.217）。例如，研究者描述了其中一项研究，发现对少数的青少年而言，与学校关系的疏离能预测他们2～4年后的药物使用情况。因此，让青少年参与校园生活，与他们建立积极的关系，以及帮助学生与关心他们的成人和同伴建立联系，都是防止药物滥用的关键。美国国立药物滥用研究所（NIDA，2020）列出了旨在预防药物滥用的学校项目的三项原则。请注意社会情感学习在这些原则中的重要性。

（1）可以早在学龄前就开始设计预防项目，以应对攻击性行为、社交技能差和学业困难等风险因素。

（2）针对小学生的项目应侧重于社会情感学习，以及学业支持。可能的目标包括自我控制、情绪意识、沟通技巧、解决社会问题和阅读。

（3）初中和高中的项目应侧重于学习技能、沟通、同伴关系、自我效能感和自信心，以及与预防药物滥用直接相关的技能，如抵制毒品的策略和态度，以及加强个人对防止药物滥用的承诺。

### 5. 心理健康问题的污名化

我们只研究了一些可能影响学生的行为和情绪问题。尤其是随着新型冠状病毒感染带来的隔离，学校中儿童和青少年（以及教师）的焦虑和抑郁情绪有所增加。如果你怀疑你的学生中有人需要专业评估或干预，请支持他们，并为他们寻求额外的支持。你还可以与社会上普遍存在的对精神疾病的污名化作斗争，这种污名化阻碍了学生寻求或接受适当的帮助。在相关网站上，有非常好的资源，用于对学生进行心理健康教育和消除污名化。"心理健康与高中课程指南"（Mental Health and High School Curriculum Guide）是一套完整的模块，其中还包含了前测和后测。你可以参考！

## 5.6.7 患有智力障碍的学生

关于术语，智力障碍（intellectual disability）是更流行、更受欢迎的名称，因为"智力落后"（mental retardation）一词被认为具有冒犯性和侮辱性。2007年美国智力落后协会（the American Association on Mental Retardation）改名为美国智力与发展障碍协会（the American Association on Intellectual and Developmental Disabilities，AAIDD），反映了对"智力落后"这一名称的排斥。2010年，时任总统奥巴马（Obama）签署了《罗莎法案》（Rosa's Law），在联邦法律和法典中用"智力障碍"取代了"智力落后"。该法案以患有唐氏综合征的年轻女孩罗莎·马塞利诺（Rosa Marcellino）的名字命名的。她与家人一起努力，将该术语从她的家乡马里兰州的健康和教育法规中删除。2017年，美国教育部各分支机构终于做出了同样的替换。然而，许多学校和谈话中仍在使用"智力落后"一词。你可能还会听到认知障碍、一般学习障碍或发展障碍等术语。

美国智力与发展障碍协会对智力障碍的定义是"一种以智力功能和适应性行为的显著限制为特征的残疾，表现在概念、社交和实践适应技能上。这种残疾起源于18岁之前"。智力功能通常是用智力测验进行测量的，测验分数低于70分是智力障碍的一个指标。但仅凭智力测验分数在70分以下，还不足以认定为智力障碍，必须在适应性行为、日常独立生活和社会功能等方面也存在问题。这一点在解释来自不同文化背景的学生的智力测验分数时尤为重要。如果只靠智力测验的分数来诊断智力障碍，就可能会导致一些儿童在学校被认为有残疾，在家里或社区却被认为没有残疾。

只有不到1%的人符合美国智力与发展障碍协会的定义，在智力功能和适应性行为方面均存在障碍。美国智力与发展障碍协会根据个体需要多少支持才能发挥其最高水平的功能，进一步划分了这一群体。支持从间歇的（如在个体承受压力时提供支持）到有限的（持续的支持，但时间有限制，如就业培训），到广泛的（日常照顾，如生活在团体之家中），再到全面的（对生活的所有方面提供持续、高强度的照顾）（Hallahan et al., 2019）。

作为一名普通教育教师，除非你所在的学校参与了全纳计划，否则你可能不太会接触到需要广泛或全面支持的学生，但你可能会接触到需要间歇或有限支持的儿童。在低年级，这些学生可能只是比同伴学得慢些，需要更多的时间和练习。他们很难将学习内容从一种情境迁移到另一种情境，或是不能把小的技能结合起来以完成更为复杂的工作。他们往往难以掌握计划、监控、转移注意力和使用学习策略所需的技能（Simon, 2010）。因此，高度结构化和全面的教学与指导对他们会很有帮助。下面的"实践指南"列出了更多的建议，可供你参考。

## 实践指南

### 对智力障碍儿童进行教学

（1）根据对每个学生的长处和不足的分析，确定具体的学习目标。不管儿童先前经验的多少，必须确保他已经做好进行下一步学习的准备。

（2）根据成年生活的需求，学习实践性技能和概念。

（3）分析学生即将学习的任务：确定成功完成该项任务所需要的具体步骤，不要忽略教学计划中任何一个步骤。

（4）简单地陈述和呈现目标。

（5）小步子、有逻辑地呈现材料。在进行下一步学习前，进行大量的练习。在课堂上可以使用电脑练习，或是在课后可以请志愿者和家庭成员继续辅导学生练习。

（6）不要跳过步骤。智力一般的儿童可以从一个步骤到下一个步骤形成概念桥梁，并形成元认知判断——自己现在是如何完成任务的，智力低于平均水平的儿童需要明确每一个步骤，以及步骤之间的桥梁。帮助学生找出联系，不要指望他们自己能"看出来"。

（7）做好准备，使用不同的表征方式（语言、视觉、动手操作等），借助不同的形式呈现相同的观点。

（8）如果感觉学生没跟上，就回到简单一点的水平。

（9）要特别注意激发学生的学习动机，维持学生的注意力水平。允许和鼓励学生使用不同的方式来表达自己的理解，如书写、画画、口头反应、手势等。

（10）寻找那些不会让学生感到被侮辱的教学材料。一个初中男孩可能需要电影《警犬追杀令》（See Spot Run）中的简单词汇，但会觉得人物的年龄和故事内容对他是一种侮辱。

（11）关注几个目标行为或技能，以确保你和学生能有机会体验成功。每个人都需要积极的强化。

（12）请注意，与智力正常儿童相比，智力低于平均水平的学生必须加强学习，进行更多的重复和练习。必须教会他们如何学习，他们也必须不断复习，并在不同的情境中练习新的学习技能。

（13）密切注意社会关系。只是将智力低于平均水平的学生放入常规班级中，并不能保证他们会被同伴接受或是能交到朋友并维持友谊。

（14）建立同伴辅导计划，训练班上所有的学生都能成为一个小辅导老师，并乐意接受别人的辅导（详见第10章）。

智力障碍学生的学习目标取决于所需的支持程度——所需的支持越少，残疾程度越轻，就越能把重点放在学习技能上；残疾程度越严重，教学越应强调了解当地环境、社会行为、个人兴趣、职业和家务技能、生活读写能力（阅读标志、标签和报纸广告；填写工作申请表）、与工作有关的行为（如礼貌和守时）、健康自理以及公民技能。教授学生已准备好学习的内容，但一定要包括适当水平的学业技能和生活技能（Hallahan et al., 2019）。如今，人们越来越重视**过渡计划（transition programming）**——让学生为在社区生活和工作做好准备。正如你在本章前面所看到的，法律要求学校为需要特殊服务的儿童制定个别化教育方案，而个别化过渡计划是为智力障碍儿童所制定的个别化教育方案中的一部分（Friend, 2018）。

### 5.6.8 患有健康与感觉障碍的学生

在教学中，你可能会遇到一些有健康障碍的学生，包括脑瘫、癫痫、哮喘、镰状细胞病、糖尿病、视力障碍和听觉障碍等。

#### 1. 脑瘫和多重障碍

在出生前、出生时或婴儿时期大脑受到损伤，会导致儿童在协调身体运动方面存在困难。这种困难可能是很轻微的，儿童只是看上去有点笨手笨脚；也可能是非常严重的，导致儿童几乎不可能自主运动。**脑瘫（cerebral palsy）**最常见的形式是**痉挛（spasticity，肌肉过度紧绷或紧张）**。很多脑瘫儿童还伴有继发性障碍。在教室里，这些继发性障碍才是最需要关注的重点，而这也是普通教育教师最能给予帮助的领域。例如，很多脑瘫儿童会伴有视力障碍、言语问题和轻度至严重的智力障碍。但是，很多脑瘫儿童在智力测验上的得分处于平均水平或远高于平均水平（Gargiulo & Bouck, 2021）。

#### 2. 癫痫发作（癫痫）

**癫痫发作（epilepsy）**是指大脑中异常的电活动和神经化学活动所引起的一系列行为，就像大脑中的电风暴（Turnbull et al., 2020）。实际上，癫痫是一系列脑部疾病，因此，有时你会看到它的英语名称以复数形式出现。**癫痫**患者会反复发作，但不是所有的癫痫发作都由癫痫造成；高烧、感染或停药等暂时性状态也会诱发癫痫发作。癫痫发作有多种形式，其持续时间、频率和涉及的动作也各不相同，但主要有两种类型：局灶性癫痫发作和全身性发作（Epilepsy Foundation, 2017）。

**局灶性癫痫发作（focal onset seizures）**仅起源于大脑的某一区域。局灶性癫痫发作的人可能有意识，并突然感到喜悦、悲伤、愤怒或恶心，或突然感觉尝到、闻到什么东西，或突然感觉到身体某个部位的运动。在其他局灶性癫痫发作中，患者可能会处于梦幻般的状态，并表现出反复的动作，如抽搐、眨眼或绕圈行走等。这些发作持续时间很短，只有一两分钟。

**全身性发作（generalized seizure）**涉及大脑两侧，分为两种类型：**强直-阵挛发作（tonic-clonic seizures）**和失神发作。大多数全身性发作伴有不受控制的抽搐动作，一般持续2到5分钟，可能会失去对肠道和膀胱的控制，呼吸不规律，随后进入深度睡眠或昏迷。恢复意识后，学生可能会非常疲倦、困惑，需要额外的睡眠。大多数癫痫发作可以通过药物控制。

有癫痫发作障碍的学生应有个别化的健康护理计划，通常称为"发作计划"。如果你班上有患癫痫病的学生，确保你有一份该计划的副本（Gargiulo & Bouck, 2021）。如果学生在课堂上癫痫发作并伴有抽搐，主要的危险是在剧烈抽搐时可能会撞到坚硬的物体而受伤，应立即把学生慢慢地放低到地面上，远离家具和墙壁。保持冷静，安抚班上其他同学，要求他们留在座位上。注意癫痫发作的持续时间——这是有用的信息。不要试图限制孩子的动作，一旦发作开始，你就无法阻止。尽量让他舒适，不要把任何东西放进学生的嘴里——"癫痫发作时人们会吞掉自己的舌头"这种观点是错误的。陪伴学生直到他恢复正常，大约5到20分钟。在学生完全清醒之前，不要给他水、药片或食物。如果在一次癫痫发作之后又出现另一次癫痫发作，而学生在两次发作之间没有恢复意识；如果学生医疗卡上没有写明"癫痫、癫痫发作障碍"；如果有受伤的迹象；或者如果癫痫发作持续超过5分钟，请拨打急救电话（Friend & Bursuck, 2019）。

并非所有的全身性发作都很剧烈，有时候学生只是短暂地失去了意识。他们可能在发呆，对问题没反应，手里的东西掉了，不知道刚刚过去的 1 到 30 秒内发生了什么。这种情况一般称为**失神发作**（absence seizure）。这种发作很难被发现。如果你班上的一个学生好像经常做白日梦，有时好像不知道正在发生的事情，问他的时候也不记得刚刚发生了什么，这时你应该去咨询学校心理老师或者护士。失神发作的学生的主要问题是不能连续地参与课堂互动，因为这种发作可能每天发生 100 次。如果他们的癫痫频繁发作，学生就会对课程内容感到很困惑。经常提问这些学生，确保他们能跟得上进度并且理解课程内容。同时，教师要准备不时地重复说过的内容。

有时癫痫发作起因不明：发作的起始时间不明，可能是因为发作发生在夜间，或者无人目击。令人欣慰的是，适当的药物可以控制 70% 到 90% 的人的所有这些癫痫发作（Turnbull et al., 2020）。

#### 3. 其他健康问题：哮喘、镰状细胞病和糖尿病

很多其他的健康问题，也会影响学生的学习。这在很大程度上是因为学生不能去上学，因此失去了受教育和建立友谊的机会。哮喘是一种慢性肺病，它影响了美国约 700 万儿童的健康，这种疾病在贫困家庭中的学生中更为常见。在被确认有健康障碍的学生中，约有 25% 患有哮喘或过敏症。因此，每个班级都可能有一两个患有哮喘的学生。镰状细胞病是一种遗传性疾病，多发于非洲裔美国学生，但也见于有希腊或意大利血统的学生。患有镰状细胞病的学生可能会感到疲倦、有轻微到严重的疼痛、反复感染，有时还会出现肾衰竭（Friend & Bursuck, 2019）。

糖尿病是一种慢性疾病，会影响人体代谢糖分（葡萄糖）的方式。如果不加以治疗，几乎会损害人体的每一个主要器官，包括心脏、血管、神经、眼睛和肾脏。1 型糖尿病又称"青少年糖尿病"，因为它一般在儿童时期发现。这种糖尿病患者的身体无法产生胰岛素，因此学生需要每天注射胰岛素。2 型糖尿病患者的身体调节和使用糖（葡萄糖）作为燃料的方式出现了问题。2 型糖尿病可以通过吃健康的食物、加强体育锻炼和保持健康体重来控制或预防。如果饮食和运动方面的调整还不够，儿童将需要胰岛素等药物来控制血糖（NIDDK, 2021）。

对于所有健康状况，教师都需要与家长进行沟通，了解如何处理有关的问题、危险情形发生前可能会有哪些征兆、有哪些资源可以用来帮助学生。此外，教师需要将学生发生的每次意外都记录下来，这有助于学生的医学诊断和治疗。

#### 4. 患有视力障碍的学生

大多数患有视力障碍的学生**视力低下**（low vision）——他们可以借助放大镜、大字本或其他辅助工具进行阅读，但有些学生可能需要使用盲文。**法定盲人**（legally blind）的视力在矫正后为 20/200（他们在 20 英尺处能看到视力正常的人在 200 英尺处看到的东西）或更低，或周边视力严重受限（Erickson et al., 2013；Hallahan et al., 2019）。

有视力问题的学生常常把书拿得离眼睛特别近或特别远，他们可能斜视，经常揉眼睛，老闭着一只眼或老是眨眼，也可能经常抱怨眼睛感到灼热和发痒。在完成近距离工作后，他们可能会抱怨自己头晕、头痛或恶心。有视力问题的学生可能会读错白板或黑板上的材料，常说自己的视力模糊不清，对光线很敏感，或是将头歪成了一个很奇怪的角度。如果要求他们在书桌上做功课，可能会使他们变得易怒。如果要求他们参与一个发生在教室的活动，他们可能会没有兴趣（Hallahan et al., 2019；N. Hunt & Marshall, 2013）。如果你发现了上述任何一种症状，应该及时地报告给合格的学校专业人员。

一些特殊的材料和设备能帮助这些学生在常规教育班级里顺利地接受教育，其中包括大字体书籍、将书面材料转换为语音或盲文的软件、个人备忘记事本（如语音预约簿或通讯录）、特殊计算器、算盘、三维地图、图表、模型，以及特殊的测量设备等。对有视力障碍的学生来说，印刷的质量往往比文字的大小重要，因此应该尽量避免使用不易辨识的讲义和模糊的复印材料。另外，在黑板上书写或投影时，一定要大声朗读。

教室的布置也是非常重要的，有视力障碍的学生需了

解什么东西放在哪里，因此应该保持教室布置的一致性，即每个东西都有固定存放的地方，每个东西都在它该在的位置上。教室里要留出足够的空间，让学生可以走来走去。随时警惕可能的障碍物和安全隐患，如过道上的垃圾桶以及开着的柜门。如果重新布置了教室，要让那些有视力问题的学生有机会了解新的布局。此外，在进行消防演习或发生其他紧急事件时，确保这些有视力问题的学生身边有同伴（Friend & Bursuck，2019）。

**5. 患有听力障碍的学生**

你会听到有人用"听觉受损"（hearing impaired）这一术语来描述耳聋学生，但聋人群体（Deaf community）和研究者反对这一标签，因此我将使用他们喜欢的术语——耳聋（deaf）和重听（hard of hearing）。听力障碍对学习的影响是严重的，尤其是对学习新语言的移民而言。

顺便说一下，本节第一段中提到的聋人群体中大写字母"D"代表的是一个群体，他们希望被承认拥有自己的文化和语言，就像其他少数语言群体一样。这就是本章开头所描述的"身份优先"语言的一个例子，在这里它是尊重该群体意愿的表现（Hallahan et al., 2019）。从这个角度来看，耳聋的人形成了另一种不同文化，他们有着不同的语言、价值观、社会制度和文学。N. 亨特（N. Hunt）和马歇尔（Marshall，2013）曾引用一位聋人专业人士的话："难道女人喜欢被称为'男性障碍者'，欧洲裔愿意被称为'非洲裔障碍者'吗？我没有障碍，我是聋人！"（p.385）从这个角度来看，对耳聋儿童的教育目标是帮助他们成为双语和双文化者，使他们能够在两种文化中有效地发挥作用。技术革新和通过互联网进行交流的多种途径为所有人扩大了沟通的可能性。

出现听觉问题的迹象是把一只耳朵转向说话者这边，交谈时喜欢用一只耳朵，或当看不到说话者的脸时，常常误解谈话的内容。其他一些迹象还包括不听从指令，有时看上去在走神或很困惑，常常让别人重复说过的话，读错生词或新名字，不愿意参加课堂讨论等。要特别注意那些经常耳痛、鼻窦感染或过敏的学生。

过去，教育工作者一直在争论，对耳聋和重听的学生用口语教学好还是用手语教学好。口语教学法包括看话（也称唇读）和训练学生使用他们有限的听力；手语方法包括手势语与手指拼读。美国手语（American Sign Language，ASL）等手语是真正的、完整的、语法复杂的语言。研究表明，与只学习口语的学生相比，同时学习口语和手语两种沟通方式的儿童在学业上表现得更好，社交能力也更成熟。如今的趋势是将这两种方法结合起来。然而，聋人社区的一些成员更倾向于强调美国手语是他们的第一语言（Hallahan et al., 2019）。

## 5.6.9 自闭症谱系障碍

1990 年《残疾人教育法》将自闭症（autism）纳入有资格接受特殊教育的残疾类别中，并将它界定为"一种发展性障碍，严重影响了个体的言语和非言语的交流和社会互动，一般在 3 岁前显现，对儿童的教育表现有不利影响"（美国联邦法规第 34 卷第 300.7 节）。在本书中，我使用了这一领域专业人员偏好的术语——自闭症谱系障碍（autism spectrum disorder），旨在强调自闭症包括从轻微到严重的一系列障碍。自闭症谱系中只有不到三分之一的人有一定程度的智力障碍，而大约有 10% 的人在数学、音乐或记忆等方面具有超常的能力。80% 以上被诊断出患有自闭症的学生是男孩。美国精神医学学会将自闭症谱系障碍归类为神经发育障碍，这一类别包括智力障碍、注意缺陷与多动障碍、特殊学习障碍和其他残疾。自闭症学生人数的估计差别很大，但正在急剧增加（美国教育部，2020）。2019 年，被归类为自闭症谱系障碍的学生人数将近 76.2 万人，是 1992 年的 141 倍（Gargiulo & Bouck, 2021）。

患有自闭症谱系障碍的学生主要在两个方面遇到困难：社交沟通和重复性/限制性行为。他们可能会避免目光接触，或不会表现出喜欢或对他人感兴趣等情绪。这些儿童的沟通存在障碍，有一半左右没有发展出有用的语言，他们的语言可能是重复的或听起来很机械。他们可能会执着于环境的规律性和难以进行想象性思维；变化对他们来说是非常令人不安的。他们可能会重复行为或手势，而且兴趣非常有限，如反复观看相同的视频，或只想了解恐龙、火车或飓风。他们可能对光、声音、触觉或其他感官信息非常敏感。当情况发生变化或以不同的方式提问时，他们可能会非常困惑（Friend，2018；Gargiulo & Bouck，2021；Hallahan et al.，2019）。

你可能会听到"阿斯伯格综合征"这个词，指的是患有自闭症谱系障碍的学生，他们的智力处于平均水平或高于平均水平，但仍有社交和行为障碍。2013年，美国精神医学学会取消了"阿斯伯格综合征"这一术语，取而代之的是"高功能自闭症谱系障碍"这一诊断。但这一标签存在争议，因为这些人在日常生活中仍可能面临困难的挑战，并且他们也不觉得自己是"高功能"的（Chawla，2019）。

### 干预

对于患有自闭症谱系障碍的儿童来说，早期进行以体育活动和游戏、沟通和社会关系为重点的密集干预尤为重要。如果不采取干预措施，眼神交流不佳和举止怪异等行为往往会随着时间的推移而增多（Matson et al.，2007；Schmidt et al.，2021）。进入小学后，这些学生中的一部分将进入全纳环境，另一部分将进入特殊班级，还有许多学生将在这两者的某种组合中学习。教师和家庭之间的合作尤为重要。提供小班教学、提供结构化环境、找到班级"伙伴"以提供支持、在有压力时保持一个安全的"大本营"、确保教学和过渡的一致性、实施辅助教学，以及使用视觉教具等策略，都可能是合作计划的一部分。

由于许多患有自闭症谱系障碍的学生有自己的兴趣爱好，所以可以将这些兴趣爱好融入到课堂活动中。例如，在写完整句子的课程中，对火车着迷的学生可以写有关火车的句子。喜欢上网的学生可以就指定的主题进行研究，为课堂学习做出贡献。或许也可以将学生的兴趣融入跨学科项目中。如果实在难以将学生的兴趣融入课程中，那么可以将学生的兴趣作为完成其他主题作业的奖励——一种"如果……，那么……"协议。事实上，所有这些都是很好的教学策略，适用于每个学生（Friend，2018；Gunn & Delafield-Butt，2015）。对于年龄较大的学生，基于视频的教学，如向学生展示某人执行目标技能或行为的视频，然后鼓励学生模仿并练习该技能，已被证明是有效的。在整个青春期和向成年过渡期间，生活、工作和社交技能方面的指导和引导，都是重要的教育目标（de Bruin et al.，2013）。

最后，我们来谈谈另一类有特殊需要但不在《残疾人教育法》或504条款范围内的学生——高智商学生或天才学生。

## 模块 18 小结

**神经科学的研究有助于我们了解学习困难的哪些方面？**

针对有学习障碍和注意力缺陷障碍的学生的大脑所进行的研究发现，这些学生在大脑的结构和活动方面与正常儿童存在差异。有学习障碍的学生在使用工作记忆系统方面存在困难，他们很难在加工口语和听觉信息的同时，保持这些信息。由于学习障碍的儿童很难记住词汇和语音，所以他们很难将词汇组合起来去理解句子的意义，或是弄明白这道数学应用题到底在问什么。这些有学习障碍的儿童很难在加工新进入的信息的同时（如增加下一组数字），从长时记忆中提取所需的信息。重要的信息在不断丢失。

**什么是学习障碍？**

学习障碍是指与个体理解或运用语言（口头或书面语言）有关的一个或多个基本心理过程存在障碍，进而影响个体听、说、读、写、推理或数学等方面的能力。这些障碍对个体来说是内在的，可能是中枢神经系统失调的结果，终身都可能发生。有学习障碍的学生一旦开始相信他们不能控制或改善自己的学习时，他们就可能成为"习得性无助"的牺牲品，也就无法成功。注重学习策略的教学，通常能帮助这些有学习障碍的学生。

### 什么是注意缺陷与多动障碍（ADHD）？在学校里如何应对注意缺陷与多动障碍？

注意缺陷与多动障碍（ADHD）这一术语是用来描述任何年龄阶段的有多动症和注意力缺陷的个体。使用药物治疗注意缺陷与多动障碍一般都很有效，但对有些学生来说，药物治疗会产生副作用。此外，对于药物治疗的长期效果，我们知之甚少。同时，没有证据表明药物能促进学业学习或同伴关系方面的改善。将动机训练与学习和记忆策略的教学相结合，以及对注意缺陷与多动障碍儿童进行行为矫正，是两种有效的训练方法。

### 最常见的沟通障碍有哪些？

常见的沟通障碍包括言语障碍（发音障碍、口吃和声音障碍）和口语障碍。如果能在早期对这些障碍进行干预，会有较大的改善。

### 帮助患有情绪和行为障碍的学生最好的方法是什么？

应用行为分析和直接对自我调节技能进行教学是两种有效的方法。对环境、日程、活动和规则进行结构化与组织，也能帮助这些患有情绪和行为障碍的学生。

### 潜在的自杀预警信号有哪些？

有自杀危险的学生可能在饮食和睡眠习惯、体重、成绩、性情、活动水平或交友兴趣等方面发生一些变化。他们有时突然把自己珍爱的物品送给别人，如iPad、游戏机、衣服或宠物。他们可能看起来沮丧或多动，开始逃课或不做作业。如果学生不但谈论自杀，而且还有了具体的实施计划，那就尤其危险了。

### 关于学生的心理创伤，教师应该了解哪些知识？

如今，许多学生经历过心理创伤。他们可能孤僻或好斗，可能沉默寡言或目中无人，也可能被诊断为注意缺陷与多动症、抑郁症、焦虑症、行为障碍或情感障碍。教师必须成为心理创伤知情教育者，这意味教师必须认识到学生的心理创伤史，理解心理创伤如何影响学生的情绪、行为、学习；设计既能满足学生需要又能避免他们再次受到创伤的学习环境。课堂教学方法包括许多策略，如功能性行为评估/积极行为支持和发展可预测、支持性的课堂常规和关系。

### 智力障碍是如何界定的？

智力障碍是指发生在18岁之前，标准化智力测验的得分在70分以下，在适应性行为、日常独立生活的能力、社会功能等方面均存在问题。美国智力与发展障碍协会现在建议根据个体需要多少支持才能发挥其最高水平的功能，对这一群体进行分类。这种支持从间歇的（如在个体承受压力时提供支持）到有限的（持续的支持，但时间有限制，如就业培训），到广泛的（日常照顾，如生活在团体之家中），再到全面的（对生活的所有方面提供持续的、高强度的照顾）。

### 在课堂上你怎样处理癫痫发作？

不要限制儿童的运动，把他慢慢地放低到地面上，远离家具、墙壁和坚硬的物体。将儿童的头转向一侧，将一件柔软的外套或毛毯垫在他的头下，松开过紧的衣服。不要把任何东西放进学生的嘴里。询问学生的家长平时如何处理癫痫发作。如果一个发作紧跟着另一个发作，中间学生没有恢复意识，或发作已经持续5分钟以上，要立即寻求医疗帮助。

### 视觉障碍和听觉障碍有哪些迹象？

如果学生常常把书拿得离眼睛特别近或特别远、斜着看东西、经常揉眼睛、读错黑板上的材料，把头歪成了一个很奇怪的角度等，都是可能出现视觉问题的迹象。出现听觉问题的迹象是把一只耳朵朝向说话者这边，交谈时喜欢用一只耳朵，或当看不到说话者的脸时，常常误解谈话的内容。其他听觉受损的迹象还包括不听从指令，有时看上去在走神或很困惑，常常让别人重复说过的话，读错生词或新名字，不愿意参加课堂讨论等。

### 描述自闭症谱系障碍与阿斯伯格综合征

自闭症谱系障碍包括严重影响言语和非言语沟通及社会交往的多种发展性障碍，通常在3岁前显现，对儿童的学习成绩有不良影响。患有自闭症谱系障碍的学生主要在以下两个方面遇到困难：社交沟通和重复性/限制性行为。阿斯伯格综合征是自闭症谱系障碍中的一种。很多患有自闭症的儿童也会有中度到重度的智力障碍，但患有阿斯伯格综合征的学生则通常拥有平均水平或平均水平以上的智力，与其他患有自闭症的儿童相比，有更好的语言能力。如今有一种倾向，即用"高功能自闭症谱系障碍"诊断取代"阿斯伯格综合征"诊断。

# 模块 19　识别和教育有特殊才能的学生

**学习目标 5.7**　认识并回应超常和天才学生的特殊教育需求。

## 5.7　超常和天才学生

试想下面的情境，这是一个真实的故事：

当拉托亚（Latoya）进入某个大城市的市区学校就读一年级时，她已经是一个高水平的阅读者了。她的老师注意到拉托亚带到学校的书非常有难度，但她毫不费力就能阅读。通过阅读评估，学校的阅读顾问确认拉托亚已经具备五年级的阅读水平。拉托亚的父母自豪地说：她在 3 岁时就已经可以独立阅读，并且"她已经阅读了每一本她能拿到的书"（Reis et al., 2002, p.32）。

拉托亚就读的城市学校根本无法为拉托亚提供特别的待遇。等到了五年级时，拉托亚的阅读水平仅仅是比五年级的其他同学略高一点而已，而她五年级的教师甚至根本不知道她曾经是一个高水平的阅读者。

还有另一个真实的故事：

亚历克斯·韦德（Alex Wade）一直潜心于语言的研究。他一直在寻找一种完美的语言，这一过程"很烦人"——他用世界语说道。而在这个过程中，他创造出了 10 种不同的语言，以及三四十个字母，其中还有一种没有动词的语言。目前他正在内华达大学学习巴斯克语，以及其他语言学方面的课程，另外他还在学习微生物学方面的课程，因为他在科学方面也很有天赋。亚历克斯今年才 13 岁。（Kronholz, 2011, p.1）

拉托亚和亚历克斯并不是个案，他们是**超常和天才学生**（gifted and talented student）群体中的一员。然而，这个有特殊需要的群体却常常被学校遗忘。现在，人们越来越多地意识到，超常学生在大部分公立学校没有得到很好的教育，更严重的是他们的成绩也变得不佳（Callahan et al., 2015; Snyder et al., 2014）。例如，16 个州不允许学生提前上幼儿园，即使他们的阅读能力已达到较高水平——这就会导致学生感到无聊，最终导致成绩不佳（Rimm et al., 2018）。这些对拉托亚和亚历克斯这样的学生意味着什么呢？

### 5.7.1　谁是超常和天才学生

关于超常学生有很多的定义，因为不同个体有很多不同方面的天赋。请回想一下加德纳（2003）提出的八种独立的智能，以及斯腾伯格（2014）的三元智力模型。伦祖利（Renzulli）和赖斯（Reis）（Renzulli, 2011; Reis & Renzulli, 2009, 2010）提出了另一种天才的三成分概念：中等以上的智力、杰出的创造力，以及高水平的任务承诺或实现目标的动机。美国天才儿童协会（National Association for Gifted Children）将天才个体描述为：

与相同年龄、相同经历和相同环境的其他人相比，有天赋和才能的学生在一个或多个领域有更高的表现或有能力表现得更好。他们需要对自己的教育经历进行调整，以学习和发挥自己的潜能（NAGC, 2019）。

更复杂的是，美国几乎每个州都有自己对天才的定义——想要查阅你所在州的定义，可以登录网站查询。

真正有天赋的儿童不只是考试分数高或学习速度快：他们的作品具有原创性，大大超出了现有年龄的水平，具有潜在持久的重要价值。这些儿童到了三四岁几乎不用教就能流畅地阅读，可能会像一个很有技巧的成人那样演奏乐器，会把去杂货店变成一个数学游戏。当朋友还在为简单的加法发愁时，他们已经对代数着迷了（Winner, 2000）。现代的观念对"天赋"的看法有所扩展，注意到了儿童的种族、族群、文化、语言、经济状况和特殊需求（NAGC, 2019）。这些新观念能更好地识别出像拉托亚这样的儿童。

### 1. 这些天赋的来源是什么

对众多领域的"神童"和天才所进行的研究表明，要达到某一技能的最高水平，必须进行深入、长时间的练习。例如，牛顿用 20 年的时间才将他最初的想法变成最终的成就（Ericsson & Pool, 2016; Winner, 2000）。我记得曾听过布卢姆对世界级的音乐会钢琴演奏家、雕塑家、奥运游泳选手、神经学家、数学家和网球冠军的早期研究报告（B. S. Bloom, 1982）。为了解网球方面的才能，布卢姆的研究小组访谈了世界顶尖的网球选手，还有他们的教练、父母、兄弟姐妹和朋友。一个教练说，只要他提出一个建议，几天后这个年轻的运动员就已经掌握这个动作了。然后，这个天才运动员的父母就会描述孩子在得到教练的建议后是如何连续几个小时练习这个动作的。因此，专注、密集的练习是非常重要的。此外，"神童"的家庭倾向于以孩子为中心，会投入大量的时间支持他们孩子天赋的发展。布卢姆的研究团队叙述了这些家庭所付出的巨大牺牲：天还没亮就起床开车送他们的孩子到另一个城市的游泳教练或钢琴老师那里，他们做两份工作，甚至为了找到最好的老师或教练而举家搬迁到另一个城市。孩子们会以更多的努力来回报家人的牺牲，而家人则以更大的牺牲来回应儿童的努力——投资和成就的双螺旋上升。

但是，仅仅依靠努力是不可能让孩子成为一个世界级的网球选手或牛顿的，先天因素也有很重要的作用。布卢姆所做的研究表明，这些天才儿童很早就在日后发展的领域中表现出不俗的才能。杰出的雕刻家幼年时就不停地画画，出色的数学家幼时就着迷于刻度盘、齿轮和计量器。一旦儿童在早期表现出高水平的成就，家长就开始对他们进行投资（Winner, 2000, 2003）。近期研究表明，超常儿童，至少那些在数学、音乐、视觉艺术等方面有杰出能力的儿童，可能有与众不同的大脑组织——这可能有利有弊。在数学、音乐、视觉艺术方面的天赋似乎与优异的视觉-空间能力，以及大脑右半球的高度发展有关。有这些方面天赋的儿童更可能是左利手，但也有可能存在语言方面的障碍。

### 2. 超常儿童会面临什么问题

即便纵向研究显示，有学习天赋的学生平均而言，在成年后比没有学习天赋的学生适应得更好和更成功（Jolly, 2008; Terman et al., 1925; Terman & Oden, 1947, 1959），但如果说每个有天赋的学生在适应和情绪健康方面都优于非资优生，那是不正确的。事实上，有天赋的青少年，尤其是女生更容易抑郁，男生、女生都可能感到无聊、沮丧和孤独。有天赋的儿童可能会对朋友、父母，甚至老师不耐烦，因为他们的兴趣或能力与他们不一样（Woolfolk & Perry, 2015）。有位研究者曾要求美国 7 个州的 13 000 名天才学生用一个词语来描述自己的经历，结果，最常出现的词语是"等待"——"等待老师往下教、等待同学赶上来、等待学习新东西，总是在等待"（Kronholz, 2011, p.3）。

超常儿童的语言发展得很好。因此，有时即使他们只是想要表达自己，也可能被看成一种炫耀。他们对其他人的期望和情感很敏感，所以他们很容易因为批评和奚落而受伤。他们敏锐的幽默感和语言表达能力，可能是伤害教师和其他学生的武器，或是缓解被欺凌的痛苦的防御手段。由于他们是目标取向的，并且很专注，因此他们可能看上去很固执和不合作。例如，玛丽莲·弗伦德（Marilyn Friend）和威廉·伯苏克（William Bursuck, 2019）描述了八年级学生埃斯特万（Esteban）的情况。他对每个人——同伴、父母和老师的反应都是"我已经知道了"。这通常是事实，但往往令人恼火。对最有天赋的学生，即学习能力最高的学生（如智商在 180 分以上）来说，适应问题似乎最为严重。虽然任何一名教师在其整个 40 年的教学生涯中，也只有 1.25% 的机会遇上这种最高智商的学生（智商在 180 分以上），但如果你刚好遇到了，你会怎么做呢（Kronholz, 2011）？

### 5.7.2 识别超常和天才学生

识别超常儿童并不容易,很多家长会对他们的孩子进行早期教育。在初中和高中阶段,一些非常有能力的学生会故意考很低的分数,这使他们的真实能力更加难以辨别出来。特别是女孩,更可能会隐藏自己的能力(Woolfolk & Perry,2015)。

**识别天赋和才能**

一般而言,教师会对学生的学业成绩做出合理但不完美的预测(Südkamp et al.,2012)。表 5-11 列出了需要注意的一些特征,以便更好地识别超常和天才儿童。

**表 5-11 识别超常儿童时需要观察的特征**

阅读行为
- 很早就获得了字母知识
- 通常会提前阅读或快速掌握阅读过程,有时会有自己独特的阅读方式
- 有感情地朗读
- 对阅读有浓厚的兴趣,极度渴望阅读

书写行为
- 很早就展现出以书面形式写出语音与符号之间对应关系的能力
- 能流畅而详尽地撰写故事
- 使用高级的句子结构和模式
- 可能会对成人写作主题感兴趣,如环境状况、死亡、战争等
- 长时间写一个主题或故事
- 产生很多写作的想法,并且通常是发散性的
- 使用精确、描述性语言来唤起一个画面

说话行为
- 很早学说话
- 有很多的词汇量
- 使用高级的句子结构
- 在日常对话中使用明喻、隐喻和类比
- 在言语中表现出很强的口头表达能力(即话多、语速很快、表达清晰)
- 喜欢表演故事事件和情景

数学行为
- 很早就对事物的量化方面好奇,并能理解
- 能逻辑性地、象征性地思考量化关系和空间关系
- 感知和概括数学模式、结构、关系和运算
- 能进行分析性、演绎性和归纳性推理
- 简化数学推理过程,以找到合理、经济的解决方案
- 在数学活动中表现出心理过程的灵活性和可逆性
- 记住数学符号、关系、证明和解决方法等
- 将学习迁移到新的情境和解决方案中
- 在解决数学问题时表现出活力和毅力
- 能像数学家一样地认知世界

资料来源:Friend, Marilyn, *Special Education: Contemporary Perspectives for School Professionals* Loose Leaf Version, 5th Ed., ©2018. Reprinted and Electronically Reproduced by Permission of Pearson Education, Inc., Upper Saddle River, New Jersey.

很明显，前文中的拉托亚很早就开始阅读；亚历克斯表现出对发明文字的浓厚兴趣和创造性，他们都具有上述一些特征。此外，超常儿童可能更喜欢独自工作，对公平、公正很敏感，精力充沛，充满热情，对朋友（通常是高年级学生）有强烈的承诺，并与完美主义作斗争（Gargiulo & Bouck，2021）。

团体成就和智力测验通常会低估非常聪明的儿童的智商。团体测验适用于筛选，但不适用于人员安置。很多心理学家推荐个案研究的方法来鉴别超常儿童，这也就意味着要收集该学生在不同情境下的各种信息：测验分数、成绩、作业样本、项目和个人档案、社区或教会成员的推荐信或评估、自我评估，以及教师或同伴的提名等（Renzulli & Reis，2003）。特别是识别有艺术天赋的儿童，可以请这一领域的专家来评估儿童创作的价值。科学项目、展示、表演、面试和访谈都是可以使用的方法。创造力测验和自我调节能力测验能鉴别出一些其他测量方法未能识别的超常儿童，尤其是那些可能在其他类型测验上处于不利地位的少数群体学生（Grigorenko et al.，2009）。由于对超常儿童的定义和识别程序各不相同，美国各州有1%～25%的学生会接受为超常儿童服务的课程，总计约300万人（Friend，2018）。

请记住，在某个领域上有杰出才能的学生可能在其他方面能力并不突出。事实上，美国学校里大约有18万学生既是超常学生，也患有特殊学习障碍。另外，有两类群体在超常学生教育计划中的比率过少：女孩和生活贫困的学生（Gargiulo & Bouck，2021）。关于识别和帮助这些学生的想法请参见表5-12。

### 表 5-12 识别和帮助所有超常和天才学生，尤其是患有特殊学习障碍的学生、女孩和生活贫困的学生

**识别和帮助有学习障碍的超常学生**

以下是帮助有学习障碍的超常学生的建议（McCoach et al.，2001）：
- 通过长期观察学业成就来识别这些学生
- 针对学生的技能缺陷进行补救，但同时发掘出他们的天赋和优势，并促进这些方面能力的发展
- 提供情感支持。情感支持对所有学生都很重要，但对这一群体尤为重要
- 帮助学生学会直接对他们的学习困难进行补偿，帮助他们"协调"自身的优势与困难

**识别女孩的天赋**

随着年轻女孩在青春期发展出她们的同一性后，她们通常拒绝被贴上"天才"的标签——被接纳、受欢迎和"合群"，可能变得比取得成就更加重要（Basow & Rubin，1999；Stormont et al.，2001）。教师如何与有天赋的女孩沟通呢？
- 注意到在初中或高中，女孩的测验成绩会有所下降
- 鼓励所有学生自信、有为，树立高远目标，以及承担高难度的任务
- 通过聆听演讲、参与实习或阅读的方式为学生提供成功的榜样
- 寻找并支持学生在学业成就以外的其他方面的天赋

**识别生活贫困的超常学生**

健康问题、缺乏资源、无家可归、对安全和生存的担忧、频繁地搬家及照顾其他家庭成员的责任，这些都使生活贫困的超常学生在学校中取得成就变得更加困难。为识别出这一群体中的超常学生，建议：
- 选择其他的评估方法，如教师的提名和创造力测验
- 对不同文化中有关集体成就和个人成就的价值观差异保持敏感（Ford，2000）
- 使用多元文化的教学策略，促进学生学业成就和种族同一性的发展

### 5.7.3 超常和天才学生的教学

一些教育家认为超常学生应该加速学习进程——跳级或者加速学习某个学科，其他一些教育家更倾向于丰富教学内容——给超常学生额外、更复杂、更引发思考的课程，但让他们与同龄人在一起上学。实际上，这两种方法都是可行的（Torrance，1986）。加速学习和丰富教学内容并行的一种方法是压缩课程，即评估学生对教学单元中教学内容的掌握情况，然后只教授没有达到教学目标的那部分内容（Reis & Renzulli，2004）。通过压缩课程，教师在对某些超常儿童进行教学时可省去日常课程一半左右的内容，但不会对这些学生的学习有任何损害。节省下来的时间可用来学习一些丰富、复杂和新颖的目标（Werts et al.，2007）。

#### 1. 加速

很多人反对加速学习，但最为严谨的研究表明那些提早进入小学、初中、高中、大学甚至研究生院的真正的超常儿童，和那些按正常步骤读书的非超常学生做得一样好，通常还会更好一些。你可能还记得，我们在第 1 章中提到，有数学天赋并在小学或中学跳级的学生更有可能继续攻读硕博士学位，并在科学期刊上发表被广泛引用的文章（Park et al.，2013）。加速学习的其他优势还包括提高对学校的兴趣、增强自我概念，以及与高年级学生建立积极的关系（Gargiulo & Bouck，2021）。

跳级之外的另一种选择是让学生在某一两个学科上加速学习，或同时允许学生参与更高一级课程或大学课程的学习，但其他时间和同龄人一起学习。对那些智力极高的学生（如在个别智力测验上的得分为 160 分或更高）来说，唯一可行的方法是加速他们的教育进程（Rimm et al.，2018）。

#### 2. 方法和策略

与其将超常学生安排在单独的课程中，不如想想每个学生需要什么服务才能进步和茁壮成长。针对超常学生的教学方法应该是鼓励他们进行抽象思维（形式运算思维），发挥创造性，阅读高水平或原创性的课文，学会独立，而不仅仅是学习更多的事实性知识。与超常和天才学生打交道，教师必须想象力丰富，富有灵活性，很包容，不会被这些学生的能力所"威胁"。教师必须问自己："这些学生最需要什么？他们已经准备好学什么？谁能帮助我来挑战他们？"对所有学生来说，挑战和支持是不可或缺的。但挑战那些比学校里其他人都要更了解历史、音乐、科学或数学的学生，这本身就是一个挑战！你可以求助于附近大学的老师、退休的专业人员、书籍、博物馆、网络或高年级学生。最简单的策略可能就类似于让学生做高年级的数学题；还可以让超常学生参加一些暑假课程、选修附近大学里的课程；让他们参加当地艺术家、音乐家或舞蹈家开设的课程；让他们独立研究一些课题；为年幼学生选择高中课程；让他们上荣誉课程、参加专门的兴趣小组等（Gargiulo & Bouck，2021；Rimm et al.，2018）。

当然，在提供挑战的过程中，请不要忘记给他们提供支持。我们都看过那些令人厌恶的情景：家长、教练或老师不顾超常儿童的兴趣不断地要求他们练习和完善，使这些孩子失去了原本的快乐。我们不能阻止儿童发展他们的天赋（"哦，米开朗基罗，不要再傻傻地画画了，出去外面玩吧！"），同样我们也不要让沉重的压力和外在奖赏破坏了儿童的内在动机。

## | 模块 19 小结 |

**超常学生有什么特点？**

真正有天赋的学生不只是以很少的努力就能快速学习。超常学生的作品具有原创性，大大超出了现有年龄的水平，有潜在持久的重要价值。这些儿童到了三四岁几乎不用教就能流畅地阅读，可能会像一个很有技巧的成人那样演奏乐器。当朋友还在为简单的加法发愁时，他们已经对代数着迷了。教师应做出特别努力去支持那些代表性不足的超常学生——女生、同时有学习障碍的学生，以及生活在贫困中的儿童。

### 加速学习对超常学生来说是一种有用的方法吗？

很多人反对加速学习，但最为严谨的研究表明那些真正的超常儿童，加速学习也能和按正常步骤读书的非超常学生做得一样好，甚至还会更好一些。超常学生更喜欢和年长的玩伴在一起，与同龄人在一起时他们可能会觉得很无聊。跳级对某个特定的学生来说可能不是最好的解决方法，但对那些智力极高的学生（如在个别智力测验上的得分为160分或更高）来说，唯一可行的方法是加速他们的教育进程。

## 第 6 章

# 语言发展、语言多样性与移民教育

EDUCATIONAL PSYCHOLOGY

## ■ 教师的案例簿：在课堂上交流和创建班集体

你会注意到，来自不同族群和语言群体的学生在课堂上似乎很"团结"。当你要求学生为项目选择合作伙伴时，他们的选择通常是基于相同的族群和语言的。你想知道，这些学生是否觉得与拥有相同族群和文化价值观的同学一起做作业会更自在。语言也会在你和某些学生群体之间造成障碍。你想和所有的学生保持良好沟通，并建立积极的关系。你还希望营造一种课堂氛围，让来自不同语言和文化群体的学生相互交流、相互学习。

### ■ 批判性思考：

- 你会如何帮助学生（还有你自己），让大家相处更融洽？
- 你会用什么策略来支持学生用英语学习？
- 你会如何重视学生的传统语言并帮助他们保持这些语言？
- 这些问题将如何影响你和你所教的特定年级的学生？

## ■ 概述与目标

所有发达国家和很多发展中国家，正变得日益多元化。成千上万的教室里充斥着多种不同的语言。很多家庭为了更好、更安全的生活选择出国移民，而他们的孩子可能就在你的班级里。在本章中，我们首先将了解到全世界 7000 多种自然语言是如何发展的、文化的作用、语言发展的阶段，以及读写萌芽等议题。接下来，我们将探讨语言发展和双语发展的多样性。但语言的多样性不仅仅是双语，我们每个人都至少会讲一种方言，因此我们将探讨教师需要了解的有关方言和性别化语言（对我来说，这是个新的术语——本章作者安妮塔）的知识，并探讨学校在第二或第三语言学习中的作用。最后，我们将探讨对你而言至关重要的一个问题：面对移民学生和英语作为第二语言的学习者，如何成为一名有能力、有自信的教师？在这一主题中，我们将探讨双语教育、浸入式英语和掩蔽教学的作用是什么，情绪和焦虑会如何影响这些学生的学习，如何识别英语学习者中有特殊才能或特殊需要的学生等问题。学完这一章后，你就能达成以下目标。

目标 6.1　理解语言是如何发展的，以及如何促进读写萌芽。

目标 6.2　论述儿童在两种语言的发展过程中会发生什么，包括基本的面对面交流和学术语言的作用。

目标 6.3　判断方言的差异是否会影响学习，并阐述教师相应的教学对策。

目标 6.4　比较和对比移民、难民学生的相似和不同之处，包括他们的学习特征和需要。

目标 6.5　描述针对第 1.5 代学生和英语学习者的教学方法，包括浸入式英语教学、双语教学和掩蔽教学。解释影响这些学生的情感因素，包括创伤以及家庭参与如何起到帮助作用。

目标 6.6　讨论当教师不会讲学生的母语时，如何识别学生的特殊学习需要和特殊才能。

## 模块 20　语言发展、读写萌芽与语言多样性

**学习目标 6.1**　理解语言是如何发展的，以及如何促进读写萌芽。

**学习目标 6.2**　论述儿童在两种语言的发展过程中会发生什么，包括基本的面对面交流和学术语言的作用。

**学习目标 6.3**　判断方言的差异是否会影响学习，并阐述教师相应的教学对策。

## 6.1　语言的发展

世界上有 7000 多种语言。美国现有 225 种语言，其中 195 种是美洲原住民语言（S. R. Anderson, 2010; Eberhard et al., 2020）。世界上有些语言使用声调、咔嗒声、口哨声或其他声音来表达意思。例如，在汉语或纳瓦霍语中，同一个词用不同的声调说出来就会有不同的意思。然而，除非遭到严重的刺激剥夺或存在生理缺陷，否则所有文化环境下的儿童都能掌握母语的复杂结构。这一知识系统极为惊人。进行一次对话，儿童必须学会协调声音、意义、词、词序、音量、语调、声调的抑扬变化，以及话语权交替互换的规则，然后将自己的发言与交流伙伴刚才所说的话联系起来。然而，大部分儿童到 4 岁就已经掌握了数千个词汇、语法知识和基本对话规则（Colledge et al., 2002; Owens, 2020）。

### 6.1.1　发展什么？语言与文化差异

一般而言，文化会为重要概念创造词汇。例如，你能说出多少种不同深浅的绿色？薄荷绿、橄榄绿、翠绿色、深青色、海泡石绿、绿松石绿、黄绿色、青柠色、苹果绿……油画家还能说出酞菁绿、鲜绿色和许多其他绿色。说英语的国家中有 3000 多个单词用来表示不同的颜色。相反，生活在纳米比亚的辛巴族及巴布亚新几内亚的一个讲贝林莫语、以狩猎和采集为生的部落成员，尽管能分辨出许多不同的颜色，但只有 5 个单词来表示不同的颜色。无论颜色术语数量是多还是少，儿童总能逐步掌握适合他们自己文化的颜色类别（Roberson et al., 2004）。

语言会随着时间的迁移不断发生变迁，这实际上反映了文化需求和价值观的改变。肖肖尼人（Shoshoni，美国印第安人的一支）曾用一个单词来表示"走在沙上发出的嘎吱嘎吱的响声"。这个单词过去在有关打猎的交流时非常有用，但随着肖肖尼人不再过游牧生活，他们开始使用一些新的、表示技术工具的单词。如果你想听到数百个表示 21 世纪使用的日常用具的单词，或许可以去听听工程师们关于计算机或视频游戏的讨论（Price & Crapo, 2002）。

#### 语言之谜

世界各地的婴儿是如何掌握这么多不同的语言的？不同国家和文化的儿童在差不多相同的年龄达到语言发展的里程碑。即使是没有接触过手语系统的失聪儿童也"发明"了自己的语言。人类是否有一种天生的语言学习能力？在语言的发展过程中，很多因素可能起到了十分重要的作用，如生物因素、文化因素、经验因素等。为了掌握一门语言，儿童必须做到：①理解他人的意图，从而习得语言中的词汇、短语和概念；②发现他人使用词汇和短语的模式建构语言的语法（Tomasello, 2006）。重要的是，就像发展其他认知能力一样，儿童学习语言的过程是一个主动尝试的过程，理解所听到的、寻找其中的模式、建立规则，并将所有这些拼接在一起，才能解开语言这一难解之谜。

在这一过程中，人类存在的各种关于语言的固有偏好、规则、语法和约束，限制了考虑的可能性的数量。例如，幼儿似乎有一种约束，即会习惯性地认为一个新的名

称代表一个完整的物体,而不是物体的一部分。另一种固有的偏见会导致孩子们习惯性地认为一个新的名称代表一类相似的物体。因此,当儿童学习到"兔子"时,他会认为兔子指的是整个动物(而不只是动物的耳朵),并且其他看起来相似的动物也是兔子(Jaswal & Markman, 2001; Markman, 1992)。人类生来就是学习语言的,但是来自环境的指导也起着同样的作用——这体现在经验、实践、反馈、奖励和模仿等多个方面。这就是为什么本书的作者说英语而不是乌尔都语(Owens, 2020; Waxman & Lidz, 2006)。

### 6.1.2 语言发展的时间和方式

婴儿一出生就准备好学习世界上成千上万种语言中的任何一种。新生儿喜欢在节奏上与他们在子宫里听到的声音相似的语音。出生后,他们更喜欢说话的声音,而不是其他种类的声音。他们的大脑使用不同的系统来处理语言。婴儿几乎可以区分每一个语音对比,即使是那些他们以前没有听过的。这意味着要区分大约 600 个辅音和 200 个元音。然而,婴儿很快就开始关注和练习他们在环境中听到的语音,大约 14 个月时,他们不再能够区分世界上所有语言的语音了(Owens, 2020; Werker, 2018; Werker & Ward, 2018)。这种被称为"知觉窄化"的早期选择,在双语婴儿身上发生的速度不如在单语环境下的婴儿快。双语婴儿对不同语言的声音保持着更大的开放性,或"认知灵活性"(Kuhl, cited in Klass, 2011)。

在成人与儿童的互动中,有两个支持早期语言发展的过程很常见:共同注意和儿向语。当孩子和看护人或老师同时关注同一物体或事件时,就会出现共同注意。通常,看护人会指出、描述、标注或询问有关物体或事件的问题。这种互动促进了婴儿/儿童的持续注意力,实现更好的理解和更快的词汇发展(Flom & Pick, 2003; Silven, 2001)。儿向语(children-directed speech, CDS)指的是一种语言形式,其特点是以较高的音调和夸张的语气说出短句和许多结构简单的疑问句(Snow, 1977)。有时被称为"母亲用语"或"婴儿语",在不同的文化背景下,成年人与婴儿互动时都会使用这种语言形式。甚至儿童也使用儿向语与比自己小的婴幼儿交谈(Yont et al., 2003)。儿向语促进了共同注意和轮流交流,并表明成年人对儿童的语言学习需求做出了回应(Cameron-Faulkner et al., 2003)。

表 6-1 列举了西方文化中 2~6 岁儿童语言发展的里程碑事件,以及如何促进语言发展的一些建议。

**表 6-1 儿童早期语言发展的里程碑和促进语言发展的方法**

| 年龄范围 | 里程碑 | 促进发展的策略 |
| --- | --- | --- |
| 2~3 岁 | 能辨别身体部位;以"我"而不是名字称呼自己;连用名词和动词;词汇量达到 450 个;运用短句;知道三四种颜色对应的单词;知道"大""小";喜欢重复听相同的故事;会变换一些词的复数形式;能回答"在哪里"这样的问题 | • 通过一些简单的游戏帮助儿童学会聆听和听从别人的指令<br>• 不断重复新的词汇<br>• 描述出你正在做、计划做和正在思考的内容<br>• 让儿童向你传递一些简单的信息<br>• 通过回答、微笑和点头等方式告诉儿童你明白他说的意思<br>• 拓展儿童说的话。如果儿童说"更多果汁",你就接着说"你想要更多果汁吗?" |
| 3~4 岁 | 会讲故事;说出由 4~5 个词组成的句子;词汇量约 1000 个;知道自己的姓、街道的名字和一些童谣 | • 与儿童讨论物体的相同点或不同点<br>• 帮助儿童学会用书和图片来讲故事<br>• 鼓励儿童和其他同伴一起玩<br>• 讨论你们曾经去的或计划要去的地方 |

续表

| 年龄范围 | 里程碑 | 促进发展的策略 |
|---|---|---|
| 4～5岁 | 能说出由4～5个词组成的句子；使用过去时态；词汇量约1500个；认识颜色和形状；会问很多"为什么"和"谁"这样的问题 | • 帮助儿童对物体和事物进行归类（如食物、动物）<br>• 让儿童帮你策划活动<br>• 不断谈论儿童感兴趣的事<br>• 让儿童讲故事和编故事 |
| 5～6岁 | 能说出由5～6个词组成的句子；6岁孩子的平均词汇量超过2000个；根据物体的用途给它们下定义；认识空间关系（如"在上面""远"）及其相对的概念；知道地址；理解"相同"和"不同"；会使用所有类型的句子 | • 当儿童谈论感受、想法、愿望和恐惧时，称赞他们<br>• 与儿童一起唱歌、读诗<br>• 像面对成人一样跟他们说话 |
| 每个年龄段 | | • 当儿童和你说话时，愉快地倾听<br>• 不断地和儿童交谈<br>• 提问题让儿童思考和讨论<br>• 每天读书给儿童听，随儿童年龄的增长而增加故事长度 |

资料来源：Thanks to the Learning Disabilities Association of America.

### 1. 语音和发音

大部分儿童在5岁左右就已经掌握了母语中的大部分语音，只有少部分尚未掌握。正如前面第5章中提到的，英语中l、r、y、s、n、v、z等辅音和sh、ch、ng、zh、th等辅音连缀是最晚学会的（Friend，2018）。幼儿可能理解并能使用很多词汇，但他们更喜欢使用那些容易发音的词。当儿童在学习区分不同的语音时，他们喜欢押韵诗、儿歌和有关语音的笑话。我朋友的小儿子打算给自己刚出生的妹妹起名字叫"Brontosaurus"（雷龙），"只是因为这个名字念起来很有意思"。

### 2. 词汇和意义

正如表6-1所示，2～3岁的儿童尽管已经能听懂很多单词——**接受性词汇（receptive vocabulary）**，但实际只会使用450个左右的单词——**表达性词汇（expressive vocabulary）**。到了6岁，儿童的表达性词汇会增长到2600个左右，接受性词汇达到惊人的20 000多个（Otto，2010）。一些研究者估计低年级学生每天能学会20个单词（Bloom，2002）。在小学初期，一些儿童可能没办法理解"公平"或"经济"这样的抽象词汇；他们也可能无法理解假设性情境（"如果我是一只蝴蝶"），因为他们缺乏推理非真实事件的认知能力（"但事实上你不是蝴蝶"）。这些儿童只能从字面上理解语句，因此会曲解讽刺或隐喻的真实意思。例如，寓言被简单具体地理解成故事，而非道德课程。在青春期前，儿童一般难以分辨是嘲弄还是开玩笑，也难以理解讽刺性话语是不能只从字面上解释的。但到了青春期，学生就能利用他们不断发展的认知能力去学习抽象词汇，使用诗意、比喻的语言了（Owens，2020）。

幼儿开始通过多种方式让自己较为简单的语言变得复杂，如增加复数形式，在动词后面加上ed和ing，使用and、but和in等小词，使用冠词（a和the）和所有格（the girl's hair 女孩的头发）等。琼·伯科·格利森（Jean Berko Gleason）在1958年所做的一个经典研究表明，儿童甚至可以运用这些规则把无意义的词变成复数、所有格或过去式。例如，向儿童展示一张名为"wug"的图片，当研究者说"现在还有一个，总共有两个，这里有两个。"

学前儿童能准确地回答出"wugs"。在学习如何使用语言中类似的规则时,儿童会犯一些非常有意思的错误。

### 3. 语法和句法

在一段很短的时间内,儿童能正确使用特定单词的不规则形式,他们似乎听到过什么就会说什么。开始学习规则时,他们会出现**过度规则化(overregularize)**,即将规则应用到所有事情上。例如,儿童原本会说"Our car is broken",后来会坚持改成"Our car is broked"。原先儿童谈及自己的脚时会使用"feet";但当他发现单词变成复数形式时应该加 s,他就可能会说"foots"或"feets";后来他发现一些单词变成复数形式时加的是 es(如 horses、kisses),他可能会说"footes";不过,最终他又会重新使用"feet"来表示他的脚(Flavell et al., 2002)。家长经常很困惑,为什么他们的孩子好像发生了"倒退"。实际上,这些"错误"正表明了在儿童试图将新的词汇同化到已有图式的过程中,他们是多么地富有逻辑和理性。很显然,这种过度规则化在所有语言中都会发生,包括美式手语。乔舒亚·哈特肖尔(Joshua Hartshore)和迈克尔·乌尔曼(Michael Ullman, 2006)的研究表明,在使用动词时态时,女孩比男孩更容易过度规则化,因此她们可能会经常说"holded",而非"held"。对此研究者进行了解释,他们认为女孩拥有更好的单词记忆能力,因此她更容易想起相似词(folded、molded、scolded),并推论出"holded"。

儿童在母语学习早期阶段就掌握了**句法(syntax)**的基本要素(词序)。但同样,掌握句法的过程中也会出现过度规则化现象。例如,英语中常见的顺序是主谓宾,刚刚掌握了这种句法规则的学前儿童很难理解其他语序的句子。如果 4 岁的贾斯汀(Justin)听到了一个被动句,如"一辆卡车被一辆轿车撞了",他可能会认为是卡车撞了轿车,因为"卡车"先出现在句子中。然而,有意思的是,在那些被动式很重要的语言中,例如南非语言中的塞索托语,三四岁儿童就能使用这种结构(Demuth, 1990)。因此,跟儿童聊天,至少在用英语时,最好使用主动式。许多小学低年级学生可以理解被动语态的意思,但他们自己说话时一般不用这种结构,除非这种被动结构在他们的文化中非常普遍。

### 4. 语用学:在社会情境中使用语言

**语用学(pragmatics)**涉及在社会情境中恰当地使用语言进行沟通——如何参与对话,讲笑话,打断别人,保持谈话顺畅进行,或是根据听众调整自己的语言。例如,跟比自己小的儿童聊天时会使用更简短的句子,或是命令宠物"到这来"时会使用更大、更低沉的声音,又或者像前面提到的,向当时不在场的父母描述事件时会提供更多的细节——这些都表明儿童已经理解了语用学(Flavell et al., 2002)。因此,即使是幼儿也能根据情境使用适当的语言,至少是在面对熟悉的人时。

不同文化间恰当使用语言的规则有所差异。例如,在对美国两个工人阶级社区的经典研究中,雪莉·布赖斯·希思(Shirley Brice Heath, 1989)对欧洲裔家庭和非洲裔家庭进行了很长时间的观察,结果发现,成人会询问儿童不同类型的问题,并鼓励不同类型的"谈话"。欧洲裔成人会询问测试型问题(有明确的答案),如"这里有几辆车"或"哪辆车更大"。要是拿这些问题去问非洲裔美国学生,他们会觉得很奇怪,因为他们的家人不会问一些他们已经知道的问题。可能这些学生还会好奇:"为什么我的姊姊会问我这里有几辆车?她明明看到了三辆啊。"相反,非洲裔美国家庭会鼓励儿童讲述丰富的故事,他们也会故意捉弄自己的孩子,以磨炼他们的机智和果断的反应。

在原住民家庭中,语言和文化有着千丝万缕的联系——文化知识通过语言代代相传。关于生态系统、植物生命和动物行为、环境保护方法,以及对自然世界的其他理解的知识,都蕴含在美国原住民的语言中。例如,夏威夷语中有一些词语和概念是用来保护和保存树蜗牛的——这种生物现在几乎灭绝了。随着语言的消失,树蜗牛也消失了,生态系统也受到了影响(LaPier, 2018)。

#### 5. 元语言意识

在 5 岁左右时，儿童开始发展**元语言意识**（metalinguistic awareness），这意味着他们对语言如何运作的理解变得外显了。现在，他们已经具备了语言本身的知识，并准备学习和拓展自己的词汇、语法和其他曾经处于内隐状态的规则——所谓内隐，是指他们能够理解这些规则，但还不能有意识地表达出来。这个过程将持续一生，他们也随之学会越来越熟练地使用语言。阅读习得和书写习得会促进元语言意识的发展，而这两者是以读写萌芽为开端的。

### 6.1.3 读写萌芽

如今，对绝大多数语言而言，阅读是学习的基石，而阅读的基础主要在幼儿时期形成。与阅读相关的早期知识和技能通常被称为"**读写萌芽**"（emergent literacy）。图 6-1 中展示的是刚满 6 岁的卡拉·特潘宁（Kalla Terpenning）写的故事和购物清单，我们可以从中看出一些正在萌芽的读写技能。

哪些技能最能促进读写萌芽？研究发现，两大类别的技能对日后的阅读有重要影响。其中类别 1 是与理解语音和编码有关的技能，如知道字母有名字、知道特定字母有特定的发音、知道单词是由语音组成的；类别 2 是口语技能，如表达性和接受性词汇、句法知识、理解和讲述故事的能力等（Connor et al., 2014; Douglas & Albro, 2014; Florit & Cain, 2011）。这两项技能孩子们都需要。例如，在阅读一个故事时，即使是一个简单的句子，如"她从亚马逊订购了一本电子书？"读者也必须了解字母、读音、语法和标点符号。但这些解码技能是不够的。为了理解，读者需要口头语言技能和知识，例如：什么是电子书？订购是什么意思？这是亚马逊河还是亚马逊在线？为什么要打问号？谁在问？这句话与故事的上下文有何联系？

一些教育工作者强调解码能力，另一些则强调口头语言。美国儿童健康与人类发展研究院（National Institute of Child Health and Human Development，NICHD）幼儿保育项目（Early Child Care, 2005b）进行的一项研究以 1000

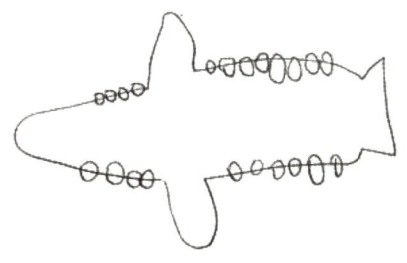

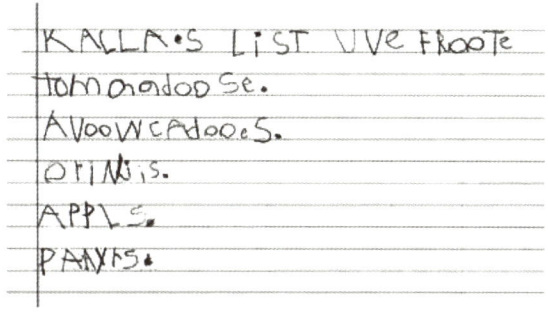

**图 6-1 故事和购物清单**

注：这个儿童对阅读和写作已经有了相当多的了解，她知道字母组合成单词用来传递信息，写字时应该从左到右，列清单时应该从上往下写，故事和购物清单应该用不同的方式表示。这个例子是由刚满 6 岁的卡拉·特潘宁提供的，向我们展示了正在萌芽的书写能力。

资料来源：Woolfolk, A., & Perry, N.E. (2015). *Child and Adolescent Development*. Reprinted and Electronically Reproduced by Permission of Pearson Education, Inc., Upper Saddle River, New Jersey.

多个儿童为对象，从 3 岁一直追踪至小学三年级，结果发现，4 岁半的口语技能预测一年级的单词解码能力和三年级的阅读理解能力。美国儿童健康与人类发展研究院的研究人员总结道："近期绝大多数调查表明，学龄前儿童的口语技能（如词汇量、运用句法的能力、理解和讲述故事的能力等）与编码技能一样，对预测学龄初期阅读能力有重要作用（p.439）。"因为这不是一个实验设计（见第1章），我们不能确定早期的解码和口语技能会导致后来的阅读成就。但这一结果表明解码（如字母命名）和口语技能很可能是谜题的关键部分——对儿童语言发展有重要作用，并且这些技能通常会相互促进。解码和口语技能同样重要，不应失之偏颇。

**1. 奠定读写萌芽的基础**

是什么为这些正在萌芽的读写技能奠定坚实的基础呢？两种活动至关重要：①与成人对话，发展语言的相关知识；②亲子共读，即以书本为支持，就语音、词汇、图片和概念进行讨论（National Institute of Child Health and Human Development，2005a）。特别是在幼儿时期，家庭阅读经验在儿童语言和读写能力发展中处于中心地位（Lonigan et al.，2013；Sénéchal & LeFevre，2002）。在一个家庭中，如果父母和其他成人以读书为乐，家里到处都是图书和其他书面材料，能促进儿童读写能力的发展。父母可以读书给儿童听，带他们去书店和图书馆，限制看电视和其他媒体，以及使用数字设备的时间，鼓励家庭成员进行读写能力相关的游戏，如建立一所假想的学校或写信等（Pressley，1996；Snow，1993；Whitehurst et al.，1994）。保育员和教师也能促进儿童读写能力的发展。有一项研究以近300个低收入家庭的儿童为对象，从幼儿园追踪至五年级。研究结果表明，家庭参与学校教育的程度越高，儿童读写能力的发展越好。当父母的文化程度较低时，家庭参与学校活动就显得尤为重要（Dearing et al.，2006）。

对于高年级学生，识字教学强调为理解而阅读和写作。随着阅读材料变得越来越复杂（如小说、诗歌和许多学术科目）和多样化（如网络搜索、视觉信息和传统文本），为理解而阅读的要求也越来越高。学生必须将他们所阅读的内容与他们已有的内容知识联系起来，建立词汇，得出结论，进行推断和预测，发现模式和主题，写下他们所理解的内容，提出主张，提供证据……这样的例子不胜枚举。美国各地的研究团队还在继续为高年级学生开发复杂读写技能的模型（Connor et al.，2014；Douglas & Albro，2014；Fogarty et al.，2014）。

**2. 当问题持续存在时**

事实上，并不是所有儿童在升入一年级时就已具备坚实的读写基础，甚至一些在幼儿园和学前班有丰富读写经验的学生也发现学习阅读是一项挑战。直接教授特定的阅读技巧可以帮助许多学生"破解密码"并继续前行，但对一些学生来说，阅读问题一直持续到初中和高中（Wanzek et al.，2013）。例如，美国国家教育进步评估的结果表明，三分之一的四年级学生和四分之一的八年级学生无法理解他们所在年级水平的阅读材料（Dougals & Albro，2014）。

对于那些有困难的学生来说，直接和密集的教学计划可能会提高阅读技能，但还有一个重要的额外因素需要考虑——持续的支持。即使是持续很多月的优质干预也不是灵丹妙药，无法使落后的阅读者转变成优秀阅读者。例如，布莱克曼（Blachman）及其同事（2014）对58名在二年级或三年级参与过密集阅读干预课程的学生进行了追踪研究。这些学生每天会有50分钟的个别辅导，一周5天，共持续8个月。十多年后，也就是当这些学生18到22岁的时候，研究者发现，他们与那些没有参与密集阅读干预的同类学生相比，在阅读和拼写技能上仅有轻微至中等水平的差异。对有持续阅读问题的学生而言，我们认为阅读干预更像是"胰岛素疗法，而不是像接种疫苗那样能阻止未来的阅读失败"（Blachman et al.，2014，p. 10）。就像需要持续注射胰岛素来维持健康的人一样，挣扎中的阅读者在阅读方面需要持续的教学和支持——你不能"修复它，然后便将它抛之脑后"。

### 6.1.4 读写萌芽与语言多样性

无论儿童使用一种语言还是几种语言，解码和口语技能对于读写能力都至关重要（Hammer, Farkas, &

Maczuga，2010）。但在英语（大部分研究是在英语环境中进行的）之外的其他语言中，读写萌芽也是以同样的方式出现吗？语言差异确实存在——继续读下去！

### 1. 语言和读写萌芽

英语不是一门容易学会的语言。同一个字母可以有不同的发音（字母"c"有多少种发音？首先想想"cook"和"city"）。此外，同一个语音也可以有不同的书写方式，还有非常多不规则的拼写。因此不难理解，儿童必须变得快速、自动化地解码英语中这一复杂的系统，才能将他们的心理资源用于理解。但当语言有更透明的字母–语音系统（如西班牙语、德语、意大利语和芬兰语），即字母和语音之间有着一致、可预测的关系，并且只有在极少的例外或不规则的拼写时，解码技能才更容易发展，因此这些语言的早期学校教育可以相对较少地重视解码，而更加强调理解（Florit & Cain，2011；Goldenberg et al.，2014）。

> **设身处地想一想**
>
> 想象你是一个年幼的墨西哥裔美国孩子，名叫霍苏埃·冈萨雷斯（Josué González）（2011）。你最美好的回忆之一是祖母每晚用西班牙语给你读一本精彩、浪漫的书，故事的主角是生活在神话王国里的美丽少女赫诺韦瓦（Genoveva）。这是一个激动人心的故事，有爱情、欺骗、邪恶的森林之神、被遗弃在森林里等死的赫诺韦瓦，以及最后的幸福重逢。在学校里，为了学习英语阅读，你会拿到《迪克和简》（*Dick and Jane*）的基础读物，书中你会读到像"看，看，简；看斯波特（Spot）在跑；来吧，斯波特，来吧。"这样扣人心弦的对话。到了三年级，书中仍然没有情节，当然也没有赫诺韦瓦。你对英语阅读有多兴奋呢？

### 2. 双语读写萌芽

美国的大多数学校课程希望所有儿童能学会用英语阅读，即使是《迪克和简》。但卡罗尔·哈默（Carol Hammer）及其同事的研究发现，可能没有必要强调只用英语阅读。事实上，促进读写能力发展的一个关键因素是接受性语言的增长。你可能还记得，所谓接受性语言是由你能理解的词汇和语言结构所组成，即便你不会在表达性语言（你说话时实际使用的词汇和结构）中使用它们。

在一项研究中，哈默对88名参加开端计划（Head Start）的儿童持续追踪了两年（Hammer et al.，2007）。这些儿童的母亲都说着一口波多黎各的西班牙语。这些学生被分为了两组：一组儿童自出生后既要说英语，也要说西班牙语；另一组儿童则在3岁参加开端计划后才开始学习英语。研究者发现，仅有儿童在开端计划中接受性语言的增长能预测儿童早期的阅读成就，其他任何测验的分数均无显著预测作用。这一结果与儿童是否出生后既说英语也说西班牙语，或到了学校才开始学英语没有任何关系。因此，研究者得出结论，"儿童在开端计划中英语接受性语言能力的增长，而不是他们在开端计划后达到的英语水平，能正向预测他们英语阅读能力的萌芽，以及识别英语字母和词汇的能力"（p.243）。此外，西班牙语语言能力的增长也能预测西班牙语和英语的阅读表现。

这就意味着，教师和家长应把重点放在持续的语言发展上，而不是急于让孩子只说英语。只要孩子们在语言发展方面取得进展，无论是母语还是英语，他们都会有积极的早期读写成果。这些发现与儿童发展研究协会（Society for Research in Children Development，SRCD）的意见一致，"开发双语，替代仅有英语的教学课程，鼓励幼儿在上学前班之前就参与阅读活动，这样不仅能提高西班牙语儿童的学习机会，也会增加他们成功的可能"（SRCD，2009. p.1）。下面的"实践指南：支持语言和促进读写能力"为支持所有学生的语言发展提供了一些思路，可供你参考。

| 实践指南 |

**支持语言和促进读写能力**

**给教师的建议**

从故事出发,展开对话。

例如:

(1)复述曾经和学生一起读的故事。

(2)讨论读本中的单词、活动和物品。学生的家里或教室里有没有类似的东西?

找到并利用学生家庭的优势(Delpit,2003)。

例如:

(1)让学生画出或写出家人的经历、故事和技能。

(2)如果学生使用不同语言,赞美他们所使用的语言中的诗歌、歌曲,以示尊重。

提供家人都能参与的家庭活动。

例如:

(1)鼓励家长跟孩子一起阅读食谱并进行简单的烹饪,玩一些语言游戏,记家庭日记、游记,参观图书馆。从家长或学生那里得到这些活动的反馈。

(2)给家长反馈单,让他们帮忙评价学生的作业。

(3)给儿童列出一些在当地能找到的优秀读物的书单——你可以与图书馆、俱乐部和教堂合作,以找到合适的资源。

**给学校辅导员和管理者的建议**

和每个家庭交流你的教学目标和教学活动。

例如:

(1)从学区、社区找帮手,或者找一位高年级学生帮忙,把你计划送给学生家庭的所有文字材料翻译成学生在家庭中使用的语言。

(2)在学期刚开始,把班级课程要达到的目标送到学生家里,保证其格式清晰、内容易懂。

(3)每个单元开始的时候,寄给家长一些教学内容方面的信息,告诉他们学生正在学什么,建议组织一些辅助学校教学的家庭活动。

让家长参与课程设置。

例如:

(1)不时地组织家庭所有成员加入某个团队任务,比如为年幼的弟弟妹妹提供托儿服务,让儿童和家人一起完成任务。

(2)把父母请到课堂上来为学生读书、听写故事、讲故事、做有声书或装订书,并示范一些技能。

为家长来学校提供便利。

例如:

(1)为了带幼儿的家长与教师见面方便,学校应提供托儿服务。

(2)考虑家长出行的交通需求,比如他们是否方便搭乘交通工具到达学校?

资料来源:Hulit, L. M., & Howard, M. R., *Born to talk: An introduction to speech and language development* (4th ed.). © 2006; Hulit, L. M., Fahey, K. R., & Howard, M. R., *Born to talk: An introduction to speech and language development* (6th ed.) © 2015. Reprinted by permission of Pearson Education, Inc., Upper Saddle River, NJ.

## 6.2 语言发展的多样性

很多儿童在成长过程中会同时学习两种或两种以上语言。这涉及什么,有什么好处吗?

### 6.2.1 双语发展

世界上有一半以上的人是双语(bilingual)者(说两种语言),许多人会说多种语言(Agulló & Herrero,

2019）。如果从出生起就处在两种语言环境下，那么双语儿童每种语言的发展历程与**单语（monolingual）**儿童（只学习一种语言的儿童）相同。最初，双语儿童可能在某一种语言上有更多的词汇量，而这种语言是经常跟他在一起的或者跟他亲密联系的人所使用的。因此，一个整天跟讲汉语的父母待在家里的儿童，很可能使用更多的汉语词汇。但只要儿童满足以下三个条件：（a）在很早的时候就处在两种语言的环境中（5岁之前）；（b）两种语言都能出现在广泛而丰富的环境中；（c）儿童在家里和社区里都系统、一致、持续地处在两种语言环境中；那么随着时间的推移，这些儿童就能同等熟练地使用两种语言，成为完全的双语者（Petitto，2009；Rojas & Iglesias，2013）。不过，另一个要求是第二语言的比重必须超过儿童语言输入总量的25%以上；少于这个比例，儿童不可能学会第二语言（Pearson et al.，1997；Topping et al.，2011）。双语儿童说话时可能会混用两种语言的词汇，但这不一定意味着儿童会混淆这两种语言，因为他们的双语父母经常会有意识地混用两种语言，以选择最能表达自己意图的词汇（Diaz-Rico，2018）。因此，一致、持续地参与两种语言活动，儿童就可能成为完全的双语者。

近期关于脑和双语的研究表明，在5岁前学习两种语言的个体在加工两种语言时，其加工方式与只学习一种语言的个体相同，使用的脑区也相同（大部分在左半球）。相比之下，学习第二语言较晚的人需要使用大脑两个半球以及额叶和工作记忆，他们不得不付出更多的认知努力。

### 1. 第二语言学习

如果在成长过程中没有学习两种语言会怎么样？应该在什么时候，用什么方法学习第二语言？要回答上述问题，我们需要回忆一下学习的**关键期（critical period）**与**敏感期（sensitive period）**的区别。关键期是指学习如果没有在该时间发生，以后也就永远不会发生；敏感期则是指我们在某段时间内对某些学习内容更容易做出特定的反应。没有什么关键期限制了成人学习语言的可能性（Marinova-Todd et al.，2000）。事实上，年长儿童比年幼儿童更快地经历语言学习的各个阶段。成人拥有更多的学习策略和语言知识可以使用，能帮助他们掌握第二语言（Diaz-Rico & Weed，2018）。但关于大脑和双语的研究表明，"的确存在最佳的双语语言和双语阅读的暴露敏感期和掌握敏感期。第一次处在双语环境中的年龄，能预测儿童在双语上能否成为熟练的阅读者，以及最终成为何种程度的熟练阅读者"（Petitto，2009，p.192）。

尽管整体的语言学习不存在关键期，但似乎存在一个学习准确语言发音的关键期。越早学习第二语言的人，他们的发音就越接近母语者。这是因为在最初的12个月里，婴儿能分辨世界上约7000种语言中任何一种语言的所有的基本语音单元。但到了14个月左右，婴儿便丧失了这种能力，只能分辨他们正在学习的语言的语音。对于同时学习两种语言的儿童来说，这个"发展中的窗口"似乎开得久一些，因此这些儿童到了14个月后仍能继续分辨不同语言的语音（Petitto，2009；Werker，2018））。

青春期以后才学习第二语言，就很难不带口音了。但是，哪怕儿童只是偶尔听到一种语言，并没有实际的正式学习，也会促进以后的学习（Au et al.，2002）。因此，自己学习双语（以及两种语言准确的发音）的最佳时机是在儿童早期（Berger，2020）。但是不管有没有口音，说多种语言都有很多好处——请继续读下去！

### 2. 成为双语者的好处

学习和使用两种语言或三种语言并不会给儿童带来任何认知的不利后果。事实上，双语学习对儿童发展大有裨益。儿童的双语化程度越高，其概念形成、创造力、心理理论、理解他人观点、认知灵活性、注意力和执行功能、音位意识，以及对书面词汇作为语言符号的理解等认知能力发展得越好（Bialystok，2018；Byers-Heinlein & Lew-Williams，2013，Kempert et al.，2011）。此外，这些儿童的元语言意识（理解语言是如何运作的）发展水平更高。例如，他们更容易注意到语法错误。更惊人的是，来自单一使用英语的家庭的儿童在参加双语学校并学习西班牙语后，比那些只接受单一英语教学的儿童有更好的音位意识和阅读理解能力。此外，当学生毕业进入商业世界时，会讲两种语言也是一种财富。一些研究人员认为，说两种语言甚至可以在老年时提供一些保护，以预防阿尔茨海默病（Berger，2020）。也许人类进化到说多种语言是因为这种能力具有生存价值，所以也许"当代只使用一种语言的文明区域是异常的偏差；换句话说，也许我们的大脑在神经学上被设定为多语言的"（Petitto & Kovelman，2003，p.14）。

### 3. 语言的丧失

世界上有7000种语言，其中40%的语言使用者不足1000人。在欧洲人和亚洲人到来之前的北美，原住民说的语言有300多种。今天，美国99%的美洲原住民语言濒临灭绝，因为这些语言中只有34种有超过1000人使用（S. R. Anderson，2010；Eberhard et al.，2020）。

语言丧失不仅仅是历史问题，也是个人问题。多年来，许多学校不鼓励甚至惩罚学生说英语以外的语言。例如，里基·杜瓦尔（Ricky Duvall）从小就像他的母亲、祖父母、兄弟姐妹和堂兄弟姐妹一样，说着他的传统语言——切诺基语。**传统语言（heritage language）**是学生在家里或年长的亲戚所说的语言，而家庭以外的更大的社会说的是另一种语言。当里基进入幼儿园时，如果他在学校说切诺基语，他就必须留在教室里休息。他一直非常努力地使用英语，以至于完全失去了自己的传统语言（Nagle，2019）。但里基可能保留了他的口音。一些语言学家认为，对于美国原住民来说，说带有独特"保留地"口音的英语是一种他们宣称和保护身份的方式。值得注意的是，许多美国原住民有这种口音，甚至是那些来自不同州和部落的原住民（Ahtone，2017）。

如果你掌握了自己的第一语言，然后又学习了第二或第三语言，你就是一个"加法双语"（additive bilingualism）的例子——你在增加另一种语言的同时保留了自己的第一语言。但是，如果你像里基一样，经历过母语受到歧视的情况，那么当你熟练掌握一门新语言时，你可能会把自己的第一语言抛之脑后——这是"减法双语"（subtractive bilingualism）的例子（Hamers & Blanc，2000；Montrul，2010；Norbert，2005）。移民和原住民更有可能遭受歧视，因此往往会"减去"他们的第一语言。但是，如果家庭成员和社区（包括学校）重视并使用孩子的第一语言，那么孩子在学习第二语言时更有可能保留这门语言。

尽管成为双语者的好处显而易见，但许多儿童和成人是减法双语的例子——他们正在失去他们的传统语言（Montrul，2010）。通常，因父母或祖父母移民而在新国家出生的学生会丧失自己的传统语言，因为这些学生从未在每个人都说传统语言的国家里生活过。K. F. 王（K. F. Wong）和肖（Xiao，2010）对一位在美国读大学的华裔学生进行了访谈，这位受访者表达了他的忧虑：

> 我的传统语言当然是台山话，但即便如此，我的父母也常常说得不流利，所以……我知道在将来的某个时候，我可能是最后一个会说台山话的人……我觉得这已经不是我的传统语言了。（p.165）

与其为学会一种语言而放弃另一种语言，不如能同等流利地使用两种语言，以**平衡双语（balanced bilingualism）**为目标（V. Gonzalez，1999）。第一语言可能是孩子与父母、祖父母和其他家庭成员交流的唯一方式。这种语言是传递家庭价值观、历史和传统的主要渠道，是同一性和自尊的基础（Peregoy & Boyle，2017）。但在家庭之外，英语将这些学生与学业、社会和经济机会联系起来，所以这两种语言都是无价的（Borrero & Yeh，2010）。

在很多国家，都有一些特殊学校致力于传承传统语言和文化的教学。学生除了参加日常的公立学校教育外，还会在下午、周末或暑假参加这些学校的学习。在英国，这些机构被称为辅助学校或补习学校；在澳大利亚，它们被称为"社区语言学校"或"社区族群学校"；在美国和加拿大，这类学校多被称为"传统语言学校"（Creese，2009）。这里有一些关于了解你所在地区的传统学校的建议。

（1）查明你所在区域补习或传统学校的地理位置，并与它们联系。

（2）当你的学生参加了补习或传统学校，你可以参加他们的颁奖典礼和展会，表现出对他们的双语和多元文化课程的支持。

（3）弄清楚是否有教师同时在补习或传统学校和主流学校部门任职，邀请他们为学校里的其他教师举办专业发展的工作坊。

（4）请补习或传统学校的负责教师在集会上发言。

（5）利用补习学校教育与主流学校教育的内在联系，鼓励开展小规模的研究和实践项目（Creese, 2009, p.272）。

### 6.2.2 手语

能同时使用一种口语和一种手语，或能使用两种不同的手语的个体，也可以被看作双语者（Petitto, 2009）。世界上的手语与口语之间存在复杂的平行关系，如美国手语、手势英语（美国、爱尔兰、新西兰、澳大利亚、英国）、尼加拉瓜手语（Lengua de señas nicaragüense）、澳大利亚土著使用的Warlpiri手语和加拿大魁北克手语。每种手语都是独一无二的，不是某种口语简单的衍生版本。例如，美国手语不是英语的直接翻译，它有自己的语法结构；使用魁北克手语的个体与使用法国手语的个体彼此无法理解对方的意思，因为这两种手语是不同的——尽管在这两个地方法语是常用的口语。

口语和手语都有大量的词汇和复杂的语法。同样的语言习得机制也适用于口语和手语（Petitto & Kovelman, 2003）。此外，手语发展的里程碑也与口语相同。例如，儿童会在第12个月左右"说"出他的第一个词汇，无论是口语还是手语（Bloom, 2002）。事实上，对从婴儿期就学习手语和口语的儿童进行的研究表明，"从出生就处在两种语言下，尤其是从出生就处在一种手语和一种口语的环境下，并不会导致儿童语言滞后或混淆"（Petitto & Kovelman, 2003, p.16）。如同说两种口语一样，儿童也能成为使用一种口语和一种手语的平衡双语者。

### 6.2.3 双语意味着什么

如今美国大约有5830万人会说西班牙语。据估计，到2050年，美国将是世界上讲西班牙语人数最多的国家——约为1.38亿人（Ethnologue, 2020; Perez, 2015）。自1980年以来，美国的中国移民数量增加了7倍，2018年达到近250万人（Echeverria-Estrada & Batalova, 2020）。随着这些数字的增加，人们对双语也产生了许多误解，正如你在表6-2中看到的那样。

到底什么是双语？一些对双语的界定仅仅关注语言层面的含义，双语者就是说两种语言的人。但双语也意味着掌握在两种文化中交流所必需的知识，在处理潜在的歧视的同时仍然保持自己的同一性。因此，双语也要求双文化（Borrero & Yeh, 2010; Lee et al., 2008）。成为一个成功的双语者还有一个要求——学习学术语言。

**表6-2　关于双语的谬见与误解**

在本表中，L1表示第一语言，L2表示第二语言。

| 谬见 | 事实 |
| --- | --- |
| 学习第二语言（L2）不需要花费时间和精力，当孩子们接触到这种语言时，"他们就能学会它" | 以英语作为第二语言为例，掌握口语需要2～3年，掌握学术语言则需要5～7年。为了学习第二语言，学生需要有一个交流的理由，有机会接触说英语的人，有互动、支持、反馈和时间 |
| 所有语言技能（听、说、读、写）都是从第一语言（L1）迁移到第二语言（L2） | 阅读是最容易迁移的语言技能 |

续表

| 谬见 | 事实 |
|---|---|
| 语码转换是语言障碍的一种迹象 | 语码转换表明在第一语言和第二语言上均拥有高水平的语言技能 |
| 每个双语者都能很轻松地保持这两种语言。儿童不会丧失自己的第一语言 | 这两种语言都需要花很多的精力和注意才能维持高水平的语言技能。丧失第一语言且第二语言没能发展好，是第二语言学习者常会遇到的问题（第一语言和第二语言成了半语） |
| 在幼儿期学习两种语言会混淆或延迟儿童对英语的学习 | 世界上大多数幼儿从幼年起就成功地学习了一种以上的语言。事实上，学习两种语言有益于大脑发育 |
| 为学习英语，学生的父母需要在家里只说英语 | 儿童需要在很多情境中使用两种语言 |
| 阅读第一语言材料会不利于英语的学习 | 无论是第一语言或第二语言，丰富的读写环境都有助于发展必要的前阅读技能 |
| 语言障碍必须用英语测验来鉴定 | 为鉴定语言障碍，儿童必须接受第一语言和第二语言的测验 |
| 任何一门学科的教学方法都适用于第二语言的教学——这就是"好的教学方法" | 特殊的方法、策略和材料使第二语言教学更加有效 |

资料来源：Based on Diaz-Rico, L. T. (2018). *Crosscultural, language, and academic development handbook: A complete K–12 reference guide* (6th ed.). Boston, MA: Pearson; Espinosa, L. M. (2008). *Challenging common myths about young English language learners.* New York, NY: Foundation for Child Development; and Ohio Department of Education (2014). *Myths about second language learning.* Columbus, OH: Ohio Department of Education.

### 6.2.4 基本交流和学术语言

熟练掌握第二语言涉及两个独立的方面：面对面的基本交流/对话技能和学术语言（Garcia, 2002; Herrell & Jordan, 2016）。第二语言学习的基础阶段见表6-3。基本交流和对话技能包括以下方面：使用适当的词汇和句子，提问和回答问题、开始和结束对话、倾听、理解和使用习语，等等。通过两三年的高质量培训，学习新语言的儿童就可以在对话中使用基本语言。

**学术语言**（academic language）是指在小学、中学和大学阶段教育中所有使用的语言，包括流利的阅读和写作；理解语法和句法；掌握专业词汇；遵循书面和口头指示；与其他学生合作完成作业；理解不同类型的文本和写作形式，如小说、诗歌、数学问题、科学图表和历史时间表；掌握提纲、总结、阅读理解等学习技能；理解抽象、高阶、复杂的概念。学术语言包括多种学科会使用到的一般性的词汇和概念，如分析、评价和总结，也包括特定学科使用的词汇和策略，如数学中的因式分解（factor the equation）或导函数（derivative）、最新选举结果中的因子（factor）或金融学中的衍生品（derivative）等。你可以看到，实际情况很复杂，相同的一个单词在不同领域中会有两种差别极大的意思。事实上，学术语言应该被视为一种新的语言，人们必须学会它才能在学校里取得成功。因此，所有学生，尤其是那些在家里不会说正式英语的学生，都必须变成学术语言方面的双语者和双文化者，他们必须学习一种新的、学校所要求的说话方式和文化规则（Echevarría et al., 2018a, b; Vogt & Echevarría, 2022）。

### 表6-3 学生学习第二语言时常见的错误与成就

| 语言阶段 | 常见错误与局限 | 成就 |
| --- | --- | --- |
| 学习语言的第一年 | • 根本不说话<br>• 一次只能理解一个单词<br>• 读错词汇的发音<br>• 省略词汇<br>• 一到两个词汇的回应<br>• 严重依赖语境 | • 使用手势、姿势和指向（某东西）等方式进行交流<br>• 能使用"是""否"或单个单词 |
| 学习语言的第二年 | • 基本的发音和语法错误<br>• 词汇量有限 | • 能使用整句<br>• 理解能力很好（在语境中）<br>• 能使用语言与他人进行良好的互动 |
| 学习语言的第三年及以后 | • 一些复杂语法的错误 | • 能讲述一个完整的故事<br>• 理解能力很好<br>• 开始理解并使用学术语言<br>• 更大的词汇量 |

资料来源：Based on Miranda, T. Z. (2008). *Bilingual education for all students: Still standing after all these years.* In L. S. Verplaetse & N. Migliacci (Eds.), *Inclusive pedagogy for English language learners: A handbook of research-informed practices* (pp.257–275). New York, NY: Erlbaum.

你看，掌握基本语言和对话需要3年的时间。掌握学术语言技能（如阅读新语言的课文）则需要更久的时间，一般为6到9年，甚至更长。至于具体时间的长短，则取决于学生在母语中掌握的学术知识的多少。因此，那些说起话来似乎已经掌握第二语言的学生，在用第二语言从事复杂的课业时可能仍存在很大困难（Bialystok，2001；Verplaetse & Migliacci，2008）。一个来自墨西哥的十年级学生讲述了她的教师是如何帮助她掌握学术语言的：

我之所以喜爱我的英语作为第二语言（ESL）的课程老师，是因为她会解释如何去组织我们的想法，以及如何用学校的方式来写作。她也教我们怎样去成为一个好的、批判性的阅读者。这对我其他课程的学习很有帮助，我知道它对我的生活也会很有益处。（Walqui，2008，p.111）

文化差异可能会干扰学术英语的发展和对学术内容的理解。例如，对很多亚洲学生而言，在他们原先的文化里，问老师问题是粗鲁且不恰当的行为，因为提问意味着教师的教学没有做好。在亚洲的课堂中，学生问问题可能会让教师在学生面前丢脸——这是绝对不允许发生的情形。因此，教师需要扪心自问，为什么我的英语学习者不问问题。再例如，在视教师为权威知识来源的文化里，班级讨论会被认为是在浪费时间。从不是权威的其他学生身上，学生能学到什么呢？或者他们是否更倾向在较小的群体中向同龄人学习？因此，由文化所塑造的学习观念，以及先前在不同类型的班级中的经验，也许可以解释为什么许多英语学习者在课堂上那么安静、不愿意说话。如果先前的学校强调死记硬背，那么这些英语学习者也会更偏爱死记硬背这种学习策略［感谢俄亥俄州立大学的艾伦·希尔维拉（Alan Hirvela）博士指出这些关于学校和教师的观念上可能存在的文化差异］。下面的"实践指南：促进语言学习"提供了一些促进语言学习的方法，但在教学过程中你需要时刻牢记文化的差异。

| 实践指南 |

## 促进语言学习

提供结构、框架、支架和策略。

例如：

（1）在解决问题时进行"出声思维"，以此建立和澄清学生所接收到的信息。

（2）使用视觉组织者、故事地图或其他辅助手段，帮助学生组织和关联信息。

用视觉线索支持口头解释。

例如：

（1）使用面部表情和手势来强调意思。

（2）使用图表、地图、图形、图片、电影、视频、网页和具体的材料。

教授相关的背景知识和关键词汇概念。

例如：

（1）非正式地评估学生现有的背景知识，如果有缺失，直接对学生需要的信息进行教学。

（2）聚焦关键词汇，并一致性地使用这些词汇。

给予聚焦、有用的反馈。

例如：

（1）针对语义进行反馈，而非语法、句法或发音。

（2）频繁给予简短而清晰的反馈。如果可能，使用学生母语中的词汇。

（3）确保学生了解自己何时成功了。

（4）将作业和活动分解为更小的单元，并在学生每完成一个单元后给予反馈。

确保学生参与和投入。

例如：

（1）使用小组和配对工作。

（2）创设情境，让学生可以详细地阐述自己的观点。

（3）用清晰、高水平的问题挑战学生，允许他们花时间去思考和写出答案。当然，也可以让学生配对完成。

真诚地尊重学生的文化和语言。

例如：

（1）了解学生个人和语言的背景。他在家里说哪种语言？他的家庭是什么时候搬到美国来的？他在美国生活了多长时间？他在其他国家接受了什么教育？

（2）了解学生的宗教背景、食物偏好和限制、家庭习惯，将学生的经验融入写作和语言艺术活动中。

（3）学习一些学生传统语言中的关键词汇——这是一个让你成为一个更全球化、更成熟的语言学习者的机会。

（4）将多样性视为一种财富，反对文化缺陷的观点。

资料来源：Based on Peregoy, S. F., & Boyle, O. F. (2017). *Reading, writing, and learning in ESL: A resource book for teaching K–12 English learners* (7th ed.). Boston, MA: Pearson; Echevarría, J., Vogt, M., & Short, D. J. (2018). *Making content comprehensible for secondary English learners: The SIOP® Model* (3rd ed.). Boston, MA: Pearson; Gersten, R. (1996). Literacy instruction for language-minority students: The transition years. *The Elementary School Journal, 96*, 217–220.

## 6.3 班级中的语言差异

教学的核心是交流，但正如我们在本章所看到的，文化会影响交流。在本节里，我们将讨论两种语言差异——方言与性别化语言。

## 6.3.1 方言

> **停下来，想一想**
>
> 当你想要一杯饮料的时候，你会怎么说？你认为美国其他地区的人会使用相同的词汇吗？

在得克萨斯州长大的我常常会问："你要一杯汽水吗？"如果答案是肯定的，下一个问题会是："要哪种？可口可乐、根汁汽水、七喜还是橙汁？"后来搬到新泽西州，我必须得说"我要苏打水"，因为如果我说"我要一杯汽水"，那我只能喝到可乐。搬到俄亥俄州后，我不得不说中西部话，并要求"瓶装水"。如果你在马萨诸塞州想要一杯奶昔，最好点一份冰沙，否则你会得到一杯经过精心摇匀的调味牛奶。意大利三明治可能是潜艇（submarine）、鱼雷（torpedo）、英雄（hero）、楔形（wedge）、豪吉（hoagie）、马夫莱塔（muffuletta）或波波小子（po'boy），这取决于你在哪里点它（Owens, 2020）。不同的地区有不同的说话方式，包括口音和用词。

美国至少有10种地区或地理方言（dialect），估计接近30种，在美国出生的孩子没有一个学的英语是不含方言的。**方言**是特定群体使用的语言规则系统。就像许多美国原住民的保留地口音一样，方言是该群体集体同一性的一部分。每个读这本书的人都至少说一种方言，也许更多，因为没有一种绝对的标准英语。英语有几种方言，例如，澳大利亚方言、加拿大方言、英国方言和美国方言。每种方言都有不同的变体。例如，美国英语方言有多种变体，如南方英语、波士顿英语、卡津英语、亚洲裔英语、拉丁裔英语和非洲裔英语等。极简主义的短信代码（"BTW, u r sum1 I like"即"By the way, you are someone I like"，意为"顺便说一句，我喜欢你"）是一种新的方言吗（Owens, 2020）？

方言的发音、语法和词汇规则各不相同，但重要的是，请记住这些差异并不是错误。每一种方言都是有逻辑、复杂的，并且遵循一定的规则。双重否定的使用便是一个例子（Brice & Brice, 2009）。在很多美国英语版本中，像"I don't have no more"这样的双重否定结构是错误的。但在很多方言中，比如美国非洲裔英语的一些变体，却像其他许多语言一样（如俄语、法语、西班牙、匈牙利语），双重否定的表达方式是语法规则的一部分。在西班牙语中，当我们想说"I don't want anything"（我什么都不想要）时，就得说"I don't want nothing"或"No quiero nada"。我的丈夫来自宾夕法尼亚州，他会省略一些句子中的"to be"，如"The lawn needs mowed"（应该是"The lawn needs to be mowed"，草坪需要修剪了）和"The car needs washed"（应该是"The car needs to be washed"，车需要洗了）。

### 1. 方言与发音

不同方言存在发音的区别，这可能会导致拼写问题。比如在美国非洲裔英语的一些变体和美国南方方言中，人们很少会注意单词词尾的发音。但不注意词尾辅音，如/s/，就会导致所有格、动词的第三人称单数，以及单词的复数形式不按标准方式发音。因此"约翰的书"（John's book）可能会读成"约翰书"（John book），thinks、wasps和lists等单词的单数形式和复数形式听起来一样。当词尾不发音时，学生谈话中出现的同音异义词（发音相同但意义不同的词汇）会比教师预料到的更多，例如spent和spend可能发音相同。当然，即使没有这些方言差异而导致的混淆，英语中也存在很多同音异义词。通常在拼写课上要特别注意这些单词。如果教师意识到学生方言中的特殊同音异义词，可以直接讲解它们的不同。

### 2. 方言与教学

教师在课堂上如何应对语言的多样性呢？首先，教师应该注意自己是否对说方言的儿童持有潜在的消极刻板印象。其次，为确保学生理解教学内容，教师应该用不同的词语重复讲解，并请学生用自己的话复述或举例说明。最好的教学方法似乎是：首先，理解学生，接纳他们的方言，视他们的方言为一种有效和正确的语言体系；然后，教授另一种在更正式的工作环境和写作中使用的英语（或在本国占主导地位的语言），这样学生才会有更多的发展机会。珍·安永（Jean Anyon, 2012）描述了她是如何在她的小学班级中自然完成这项任务的：

*的确，我认为学生所使用的语言具有创造性，也很可爱。我让我的学生用自己的语言来写诗和故事，我也会欣赏他们的歌声。然后，我们会就他们书写的内容与我的说话方式之间的差异进行讨论，因为我来自一个不同的文化——欧洲裔中产阶级。我们也会来回就他们的谈话和我的谈话进行一些翻译。通过这种方式，语言模式被视为不同的文化，并无优劣之分。通过我们的活动，关于他们学习标准英语的必要性的讨论自然而然地浮现了出来，而不是一种强加的讨论。（p.2）*

我们将变换使用两种不同的语言形式称为**语码转换**（code-switching），有时我们的确需要学习这样做。不同的语码，有时是用于教育上或专业上交流的正式语言；有时是与朋友和家人聊天的非正式语言；有时则指不同的方言系统。即使是儿童也能意识到语码的变化。德尔皮特（Delpit, 1995）叙述了她第一次给一年级学生上阅读课时学生的反应，在她认真地说完她早已背得滚瓜烂熟的教师手册上的内容后，一个学生举手问道："老师，你说话的方式怎么那么像欧洲裔啊？你好像我妈妈在打电话时说话的样子喔！"

对大多数学生来说，只要有好的榜样、清晰明了的指导和真正的练习机会，学会一种语言的另一种版本并非难事。

### 6.3.2　性别化语言

如果请你根据自己对方言的了解来猜猜什么是**性别化语言**（genderlect），你可能会猜到性别化语言就是指男性和女性所具有的不同的说话方式。女孩和男孩的言语相似之处多于差异，但也有一些小的差异。女孩使用更多礼貌用语，如"请"和"再见"；更多的描述性词汇，如可爱的、漂亮的、甜蜜的，以及更广泛的颜色术语。女孩往往会稍微健谈一些，说话更加亲和（用亲和的言语交谈是为了建立和维持关系）（Owens, 2020）。但多数研究都是以欧洲裔中产阶级家庭中的儿童为对象，其研究结果未必适用于其他群体和文化。例如，一些研究指出女孩更喜欢合作和谈论关爱，而男孩则更具有竞争性，喜欢谈论权利和公正，对男孩来说，谈话是辩论和竞争的机会。但另一些研究发现非洲裔美国女孩跟男孩一样喜欢竞争，在聊天时常常谈论她们的权利（Leaper & Smith, 2004; Owens, 2020）。

和语言的大多数特性一样，性别化语言也具有文化差异性。打断别人说话就是一个很好的例子。在美国，男孩比女孩更喜欢打断别人说话。非洲、加勒比海、南非，以及东欧等地区的女性比美国女性更喜欢打断男性的发言。在泰国、夏威夷、日本，以及安提瓜岛，男孩和女孩的说话风格是非常相似的——他们不会打断别人的发言，而是彼此合作、轮流发言（Owens, 2020）。

## | 模块 20 小结 |

### 语言的发展

**人类语言是如何发展的，文化和学习在其中起了什么作用？**

每种文化所创造的词汇都是用来表示对该文化情境有重要意义的概念。就像发展其他认知能力一样，儿童学习语言的过程是一个主动尝试的过程，理解所听的，寻找其中的模式，建立规则。在这个过程中，一些固有的偏好、规则把这种寻找限制在一定范围之内。奖赏和纠正有助于儿童学会正确地使用语言，但儿童的思维过程也非常重要。

**语言的要素有哪些？**

在5岁左右，大部分儿童已经掌握了母语中的大部分语音。词汇方面，儿童理解词汇的数量比他能使用的要多很多。到了6岁，儿童能理解多达20 000个词汇，同时能使用约2600个左右的词汇。对于表达抽象概念和假设情境的词汇的理解，发展相对较晚，这需要儿童的认知能力得到一定的发展后才会出现。随着孩子们对语法的理解逐渐加深，他们可能会将新的规则应用得过于广泛，例如将"broken"

说成"broked"。在理解了主动语态后，儿童开始发展对被动语态的理解。

### 语用学和元语言意识是什么？

语用学是关于如何使用语言的知识——何时说、何地说、如何说，以及对谁说。元语言意识是关于我们自己使用语言，以及语言运作方式的知识。儿童从五六岁时就开始发展这种元语言意识，并将持续终生。

### 哪项技能对于促进读写萌芽最为重要？

研究表明，对后期阅读发展有重要作用的技能有两大类：①与理解语音和编码有关的技能，如知道字母有名称、知道特定字母有特定的发音、知道单词是由语音组成的；②口语技能，比如表达性词汇和接受性词汇、句法知识、理解和讲述故事的能力等。对于双语学生来说，第一语言或第二语言接受性语言的发展预示着早期阅读的成功。家长和老师可以通过与孩子一起阅读，复述故事和讨论故事，限制花在电视、其他媒体和数字设备上的时间，来促进每个孩子的读写萌芽。

## 语言发展的多样性

### 学习两种语言涉及什么？

如果拥有充足的学习每种语言的机会，儿童是能够同时学会两种语言的。学习一种以上的语言有利于认知发展，因此在学习一种新的语言时保留自己的传统语言是十分有价值的。学习纯正发音的最佳时间是儿童早期，但在任何年龄，人们都可以学习新的语言。童年时曾偶尔听到一种语言，将会促进成年时对该语言的学习。尽管成为双语者的好处显而易见（例如，提高认知能力、创造力、音位和元语言意识、在职业和商业上的优势、防止痴呆症），但很多儿童和成人正在丧失他们的传统语言。与其为了学会一种语言而放弃另一种语言，我们的目标应该是能同等流利地使用两种语言，成为平衡的双语者。能使用一种口语，还能使用一种手语，或能使用两种不同的手语，这样的个体也可以看作双语者。

### 真正的双语意味着什么？

一些对双语的界定仅仅关注语言层面的含义，认为双语者就是说两种语言的人。但其他的定义则更加严格，认为双语者是在成年日常生活中有效使用两种语言的成人，其中也包括双文化者——他们在两种文化和两种语言中穿梭，同时仍能保持自身的同一性。熟练掌握第二语言涉及两个独立的方面：面对面的基本交流技能在一个高质量的项目中需要大约2到3年的时间来培养；语言的学术性运用（称为学术英语），如阅读、写作、语法、了解专业学术词汇、理解数学问题、科学图表和学习技能，需要大约6到9年或更长时间来发展。事实上，学术语言应被视为一门新的语言，人们必须学会它才能在学校取得成功。因此，所有学生，尤其是那些在家里可能不会说正式英语的学生，必须在学业上成为双语和双文化的人。他们必须学习学校所要求的新的说话方式和文化规则。双语学生也常常被双文化相关的社会适应问题所困扰。

### 文化差异如何影响双语学生？

文化的差异可能会干扰学术英语的发展和学术内容的理解。例如，对很多亚洲学生而言，在他们原先的文化里，问老师问题是粗鲁且不恰当的行为，因为提问意味着教师的教学没有做好。因此，教师需要扪心自问，为什么我班上的英语学习者不问问题。由文化所塑造的学习观念，以及先前在不同类型的班级中的经验，也许可以解释为什么许多英语学习者在课堂上那么安静、不愿意说话。英语学习者可能也会认为自己的老师不够好，因为他们没有把每一件事情都解释清楚。如果先前的学校强调死记硬背，那么这些英语学习者也会更偏爱死记硬背这种学习策略。

## 班级中的方言差异

### 什么是方言？

方言是特定群体所使用的一种语言的各种变体。方言是某个群体集体同一性的一部分。实际上，读这本书的每个读者至少会一种方言，有的可能还会几种，这主要是因为没有绝对标准的英语。不同的方言在有关发音、语法和词汇等方面的规则上会有差异，但重要的是，请记住这些差异并不是错误。每一种方言都是有逻辑、复杂的，并且遵循一定的规则。甚至，男性和女性在说话方式也会存在一些差异，我们将它称之为"性别化语言"。

### 教师应如何考虑方言？

首先，教师应该注意自己是否对说方言的儿童持有潜在的消极刻板印象。其次，为确保学生理解教学内容，教师应该用不同的词语重复讲解，并请学生用自己的话复述或举例说明。最好的教学方法似乎是：首先，理解学生，接纳他们的方言，视他们的方言为一种有效和正确的语言体系。然后，教授另一种在更正式的工作环境和写作中使用的英语（或在本国占主导地位的语言），这样学生才会有更多的发展机会。

## 模块 21　教育英语学习者

**学习目标 6.4**　比较和对比移民、难民学生的相似和不同之处，包括他们的学习特征和需要。

**学习目标 6.5**　描述针对第 1.5 代学生和英语学习者的教学方法，包括浸入式英语教学、双语教学和掩蔽教学。解释影响这些学生的情感因素，包括创伤，以及家庭参与如何起到帮助作用。

**学习目标 6.6**　讨论当教师不会讲学生的母语时，如何识别学生的特殊学习需要和特殊才能。

### 6.4　移民学生和英语学习者的教学

费利佩·瓦尔加斯（Felipe Vargas）是一名五年级学生，三年多前与家人一起从墨西哥搬到了美国。他的父亲在一家鸡肉加工厂找到了工作。很多墨西哥人在这家工厂工作。现在，在他们居住的佐治亚州北部小镇上有一座讲西班牙语的教堂、一家墨西哥杂货店和一家墨西哥酒吧、饭馆。费利佩的妈妈是一名家庭主妇，她不会说英语，他的爸爸和哥哥恩里克（Enrique）能说一点英语。哥哥恩里克来美国时已经 15 岁，他读了一年"母语为非英语者的英语课程"（English for speakers of other languages，ESOL）后就不再上学了，现在在养鸡场工作。哥哥因为自己能帮家里赚钱而感到自豪，他的梦想是成为一名汽车修理工，利用所有业余时间帮助邻居们修理汽车，并以此赚点外快。费利佩的姐姐卡里亚（Karia），今年 15 岁，跟费利佩一样先学习了两年 ESOL 课程，然后转入常规英语学校学习。父母已经帮姐姐在"老家"挑了一位新郎，姐姐打算一到 16 岁就退学。他还有两个小妹妹，分别是 8 岁和 4 岁。最小的妹妹在特殊的"开端计划"班级里学习英语，另一个妹妹则因为有阅读困难而留级，重读二年级。

费利佩在学校的成绩大多是 C。他在阅读课文时还存在一些困难，但他在班上交了很多非拉美裔的欧洲裔美国人朋友，跟他们讲英语完全没有问题。事实上，他爸爸只要工作能脱身，就会到学校参加家长会，费利佩常常为父母担任翻译。他在数学上具有天赋，每次考试都能得 A，进入了最好的"数学小组"，因此有一名教师常常对他进行额外辅导。那名教师叫他"菲利普"（Phillip），他说费利佩长大以后可能会成为一名会计师或工程师。费利佩很喜欢这个主意，但他的爸爸说上大学太费钱，打算赚够买个小农场的钱就搬回墨西哥，那才是他爸爸的梦想。

如今，在美国的学校里有很多像费利佩、卡里亚和恩里克这样的学生。在本章接下来的内容里，我们将探讨如何对这些学生进行教学，让他们无论最终生活在何处，都能实现自己的大学梦和从事自己梦想的职业。

#### 6.4.1　移民与难民

美国的移民比世界上任何其他国家都多。**移民（immigrant）**是指那些自愿离开自己国家迁往一个新地方永久定居的人。如今，美国的移民中，来自亚洲国家的人数最多，占 28%，其次是像费利佩一家这样来自墨西哥的人，占 25%，来自中南美洲的人占 15%，来自欧洲和加拿大的人占 13%，其余的人来自加勒比地区、中东和非洲（Budiman，2020）。**难民（refugee）**是移民中的一个特殊群体，他们也是自愿迁移到新的地方。他们"由于有充分理由担心因种族、宗教、国籍、特殊社会群体成员身份或政治观点而受到迫害，因而无法或不愿返回原籍国"（UNHCR，2021）。自 1975 年至今，已有超过 300 万的难民获得了美国的永久居住权（ORR，2020）。最近的难民来自非洲、中东、亚洲、乌克兰和俄罗斯等地区（National Immigration Forum，2020）。

美国法律规定，所有儿童，无论其移民身份如何，都有接受免费公共教育的权利。起初几十年里，社会期望这些新移民能够融入当地文化，即加入这个文化**熔炉**（melting pot），就像当地的那些早期移民一样。多年来，美国学校的教育目标一直是促进各种文化的融合，为文化熔炉添柴加火。这些移民的儿童说着不同的语言、有着不同的宗教信仰和迥异的文化传统，人们希望通过学校帮助他们学习和掌握英语，成为美国主流社会中的一员。当然，多数学校是为欧洲裔美国中产阶级家庭的儿童服务的。因此，人们期望移民学生去适应和改变，而非学校进行调整。非自愿的移民往往在文化熔炉中不受欢迎。

二十世纪六七十年代，一些教育工作者提出，移民学生、少数族裔学生及贫困学生之所以在学校面临问题，是因为他们"在特定文化中处于不利地位"或出现"文化障碍"。这种**文化缺陷模型**（cultural deficit model）认为移民学生的家庭文化是次等的，因为它们没有为儿童适应学校做好准备。如今，教育心理学家拒绝接受文化缺陷的观点。他们认为，学生的家庭文化与美国学校的期望可能不兼容（Gallimore & Goldenberg, 2001）。此外，越来越多的族群不愿完全被美国主流社会所同化；相反，他们希望在成为社会中受尊敬的成员的同时，也能保留其自身的文化和身份。因此，多元文化主义成为了目标——注重多元化的社会更像是盛满多种食材的沙拉碗，而不是之前的熔炉理念（J. A. Banks, 2019; Stinson, 2006）。

## 6.4.2 当今的课堂

2019年，与至少一位移民父母生活在一起的儿童约占美国18岁以下儿童和青少年的26%。这些儿童比例较高的州是加利福尼亚州、新泽西州、内华达州、纽约州和得克萨斯州。在所有这些州中，移民父母的子女占该州学龄儿童的三分之一以上到将近一半（Batalova et al., 2021）。尽管这些儿童中约90%出生在美国，但许多人都是英语学习者（Gándara, 2018）。**英语学习者**（正在学习英语的人，English learners，通常称为 ELs）是美国人口中增长最快的部分。在一些学区和课程材料中，你可能会看到"英语语言学习者"（English language learners）这个术语。请确认你所在学区使用的术语是什么。

美国学校里有近500万学生在学习英语，其中许多位于南部和中西部地区，这些地区过去很少有这样的学生（Mitchell, 2020）。但并不是所有的英语学习者都像费利佩一样把西班牙语作为第一语言。如前所述，如今超过四分之一的移民来自亚洲国家，在美国的六个州，美国印第安语或阿拉斯加原住民的语言是英语学习者最常用的五种语言之一（Villegas, 2020）。此外，在美国出生的移民家庭的孩子构成了另一个需要专门语言教学的群体。即使在高中的开始阶段，这些学生可能仍然缺乏学术英语——学校语言方面的技能，这是在他们那些通常很复杂、抽象的课程中取得成功所必需的（Dixon et al., 2012; Slama, 2012）。鉴于教育具有各种英语能力的学生所面临的挑战，再加上问责制测试的要求，各地的教师显然都面临着压力（Garcia & Tyler, 2010）。

这些变化并不仅仅局限于美国。事实上，发达国家都有很多移民学生。由于最近的难民危机和发达国家从世界各地寻找合格工人，这些数字只增不减。

## 6.4.3 四种学生情况

在当今的课堂中，有四种典型的英语学习者，具体如下所示（Echevarría & Graves, 2011）。当然，每个学生都是独立的个体，可能并不完全适合这些类别中的一个。

（1）**平衡的双语者**。这些学生能很好地使用第一语言和英语进行说话和读写。他们拥有继续学习两种语言所需的学术知识，也有这样做的技能和态度。对这些学生的教学可能不会有很难的挑战，但他们需要维持自己在两种语言和两种文化下的技能。

（2）**单语/有读写能力的学生**。这些学生具有母语的读写能力（用母语时，他们的成绩达到了年级水平或超过年级水平），但他们的英语水平有限。对这些学生进行教学，教师所面临的挑战是帮助他们学习英语，并继续学习学术科目。

（3）**单语/无读写能力的学生**。这些学生几乎没有读写能力。他们不能用母语进行阅读或写作，或仅有很低的读写能力。一些学生从未上过学。此外，他们的英语很差。在学习学术科目和语言的过程中，这些学生需要很多帮助。

（4）**有限的双语者**。这些学生能很好地使用两种语言进行对话，但由于种种原因，他们在学术学习方面存在困难。潜在的原因可能是特殊学习障碍或情绪问题。进一步的测验通常有助于诊断他们存在的具体问题。

这些学生的情况，与我们在前面介绍的基本对话性语言和学术语言的差异有关。你可能还记得，我们需要2～3年的时间发展出较好的对话性语言，但要用6～9年（甚至10年）的时间去掌握学术语言。然而，要注意，在许多学术领域，有些来自移民家庭的学生会优于来自本土家庭的同学，所以不要认为会有问题——要了解学生（Koury & Votruba-Drzal, 2014）。如果你任教的学校里有很多英语学习者，学校可能会有专门的人事部门负责正式的评估，以便妥当地安置这些学生。

## 6.5 第1.5代学生：生活在两个世界里的学生

> **设身处地想一想**
>
> 想象你是这样一个人：
> 1岁左右，你来到美国。你的家庭是非法入境的。你有一个弟弟和一个妹妹，他们出生在美国，是合法的居民，但你不是。你的父母和年长的兄弟姐妹很辛勤地工作，经常打两份工，为的是让年幼的孩子能受到良好的教育。在你家所在的新社区里，你上了幼儿园、小学和高中。你以优异的成绩从高中毕业，希望能上大学。但很快，你发现你没有资格申请奖学金，你不得不按照国际学生的标准缴纳学费，而这是你负担不起的。尽管事实上你几乎在美国生活了一辈子，并且能说一口流利的英语，甚至你还是一个勤奋、有前途的学生，但是你也不能合法地工作、投票，甚至在很多州里也不能驾车。

如果你是这样的学生，你就是"第1.5代"（generation 1.5）这个大群体的一员。之所以称为"**第1.5代**"，是因为这些学生的特点、教育经历和语言流畅度是介于出生于美国的学生和刚移民到美国的学生之间（Gonzalez, 2010）。这些学生出生在其他国家，但他们人生的大部分时间生活在美国，因为他们的家庭在他们年幼的时候移民到了美国。他们在家里说的语言可能不是英语。虽然他们的学术英语可能发展得不是很好，但他们通常能很流利地用英语进行对话。事实上，有很多不同类型的第1.5代学生，杜巴里（Dubarry）和阿尔维斯·德利马（Alves de Lima, 2003）曾对此进行了描述：

- 来自波多黎各等美国属地的学生，有时也被称为"境内移民"（in-migrants）。
- 在美国出生的移民后代，其父母是生活在社会关联紧密的社区的移民。在那里，传统语言因家庭成员的使用和商业生活的用途而得以保留。
- 为了接受美国教育而被富有的父母送出国，并与年长的兄弟姐妹生活在一起的学生。这些学生，有时也被称作"降落伞儿童"。
- 家庭在不同国家间来回迁徙的儿童。
- 说其他"英语"的移民，如牙买加英语、东印度英语或新加坡英语。

这些学生有一些共同特点，也面临类似的挑战。他们可能没有在家庭所使用的语言上发展出高超的读写技能，因为他们的学校教育并不使用这种语言。他们可能是通过听朋友或年长的兄弟姐妹的谈话，看电视或听音乐来习得大部分英语的。有人称他们为"耳朵学习者"，因为他们是通过周围听到的语言来建立自己对英语的认识的。他们听到的常常是白话或俚语，因此他们可能在准确阅读和书写英语方面存在困难。我们大部分人在听到或读到英语时就知道它们的语法是否正确，因为在我们的生活中我们听到的（绝大多数）都是正确的语法，我们的耳朵很好地教会了我们。但对很多第1.5代的学生来说，通过耳朵而学习到的是对英语语法不完整的理解。因为他们是"耳朵学习者"，他们可能会使用不正确的动词和名词形式，读错复数形式的单词，或混淆读音相近的单词，如 confident（自信的）和 confidence（自信）。他们需要依靠语境、手势、面部表情和语调来理解语言，因此阅读对他们来说更加困难，校正作业也费劲，原因在于他们无法"听出"错误。复杂的学术阅读和写作任务更是极具挑战性的（Harklau et al., 1999; Reid & Byrd, 1998; Roberge, 2002）。

相反，我班上很多国际研究生在学习英语时是"眼睛学习者"，通过阅读、写作、词汇和语法练习来学习英语。他们的写作能力很好，但在口语互动方面有更多的困难。了解学生的类型，以及他们最初是如何学英语的，能帮助你理解他们所犯的错误和他们所面临的挑战。

### 6.5.1 双语教育与英语学习者

在美国，刚开始学习英语的学生有时被称为"**有限英语水平者**"（limited English proficient，LEP）。但要避免使用这个标签，这个词暗示了一种缺陷，而不是学习多种语言的机会。更常见的是，正如我们所看到的，这些学生被称为"英语学习者"，因为他们的主要语言或传统语言不是英语。"**英语作为第二语言**"（English as a second language，ESL）是课程的名称，这些课程致力于教这些学生英语。很多人更喜欢"母语为非英语者的英语课程"（English for speakers of other languages，ESOL）这一术语，原因在于学生可能是把英语当作第三或第四种语言来学习。前面提到的费利佩·瓦尔加斯，他上的就是这种课程。因此，围绕语言发展多样性的一个重要主题是，我们应当如何对这些学生进行教学，以确保他们能够充分享有教育和职业机会。

#### 1. 学习英语的两种方法

几乎每个人都赞同，所有公民都应学习自己国家最常用的语言，但究竟该何时，以及如何开始这种语言的教学呢？对英语学习者来说，是先用他们的母语来进行阅读教学比较好呢，还是一开始就用英语来教他们阅读？如果先为这些儿童安排一些英语的口语练习课程，会不会让随后的阅读教学更有效？在学生能说流利的英语之前，是否应采用他的主要语言（传统语言）教授其他科目，如数学和社会学？正如你在"观点/对立观点"中看到的，关于这些问题的争论已经持续了很长时间。

---

### 观点 / 对立观点

### 教育英语学习者最好的方式是什么

针对这一问题，有两种不同的立场，导致两种截然相反的教学方法：一种是将教学重心放在沉浸式的全英语教学中，尽快让学生转换到英语；另一种则是在英语技能完全发展起来以前，努力保留或促进学生的母语，并在教学时主要使用母语。

**观点** 对英语学习者来说，结构化的英语沉浸式教学是最好的方式。

赞成"沉浸式"或"快速转换"教学方式的人认为，应该尽可能早地让学生接触英语，并且越密集越好。他们认为如果用学生的母语进行教学，这些学生就会失去学习英语的宝贵时机。早期的支持者引用了加拿大沉浸式教学计划，用以证明语言沉浸的有效性（Baker, 1998）。如今很多学校遵循这个思路开展了**结构化的英语沉浸式教学**（structured English immersion，SEI）。虽然有很多不同取向的结构化英语沉浸式教学，但它们通常有两个基本的特征：①教师在教学中尽可能多地使用英语；②课堂中学生的能力水平决定着教师如何使用和教授英语，教学必须适合所有学生的能力（Ramirez et al., 1991）。至少有三个原因可以解释学校为何采用这种教学方式（Clark, 2009）。

（1）一些州通过法律强制执行这种沉浸式教学方式，并且限制了使用儿童母语的教学工作量。

（2）美国所有校区实行的问责制测试必须使用英语。如果学生在这些测试上的得分很低，学校将面临处罚，因此让这些参加测试的学生尽可能快地掌握英语对学校有利。

（3）学校担心，英语学习者的学生如果没有得到密集、持续的英语教学，就算能学会足够的对话性英语，也发展不出在中学以及高等教育中取得成绩所需的学术英语。

沉浸在一种语言中，是学习一种新语言最好的方式，也是全球很多语言学习计划的基础（Clark，2009）。如果有足够的时间，大多数沉浸式课程的学生最终会掌握一定程度的英语，但不一定能达到母语人士的熟练程度（Bialystok，2018）。

**对立观点** 学生的母语应当保留。

沉浸式教学的支持者忽视了这样一个事实，即加拿大沉浸式学校同时使用英语和法语教学，因此两种语言都得到了发展（Diaz-Rico，2018）。用英语教学（teaching in English）的方式教授不同学科的内容，并希望学生从中学会英语，这一过程与教授英语（teaching English）并不相同。保留母语的教学方式（如今通常称为"双语教学"）的早期支持者提出了四个重要问题（Gersten，1996；Goldenberg，1996；Hakuta & Garcia，1989）。

（1）深层次地学习第一语言将会促进第二语言的学习。例如，一项全国大样本的研究对八年级拉丁裔的学生持续追踪了12年，结果发现，对于拉丁裔学生来说，西班牙语作为第一语言，其熟练程度能预测英语阅读能力，英语阅读能力能预测学生在学校和职场的成就（Guglielmi，2008，2012）。学生在学习英语时，他们是不会忘记用母语学会的学习策略和学科内容（数学、科学、历史等）的。另外，一种语言中所学会的词汇能促进另一种语言词汇的学习（Goodrich et al.，2013）。

（2）强迫儿童用一门陌生的语言来学习数学或科学，他们一定会遇到困难。如果你才学了一个学期的第二语言，就被迫用这门语言来学习分数或生物，你觉得结果会怎样？一些心理学家认为，用这种方法所教出的学生可能会成为**半语者**（semilingual），对两种语言都不精通。半语者可能是导致社会经济地位低的拉丁裔学生辍学率居高不下的原因之一（Diaz-Rico，2018；Ovando & Collier，1998）。

（3）如果忽视第一语言，完全只强调英语，学生可能会因此得出他们的母语（连带他们的家庭和文化）低人一等的认识。

（4）健二·哈库塔（Kenji Hakuta）多年前曾引述一种"自相矛盾的态度"，即"一方面崇尚在学校习得双语，并为此自豪；另一方面，鄙视由于移民而在家庭里产生的双语者，并为他们感到羞愧"（1986，p.229）。具有讽刺意味的是，当学生升入中学，他们逐渐掌握了学术英语而他们的母语已开始衰退的时候，却又被再次鼓励去学习"第二"语言。有时候，母语为西班牙语的学生被鼓励学习法语或德语，因此他们很可能在三种语言上都成为半语者（Miranda，2008）。

**谨防非此即彼**

在关于双语教育的争论中，我们很难将教育政策与教学实践完全剥离开来。高质量的双语教育课程显然可以产生积极的效果。学生在使用母语教学的学科和在英语的掌握程度上都有进步，同时他们的自尊也有所提高（Bialystok，2018；Reljic et al.，2015）。但如今争论的焦点不再是一般的教学方式，而是有效的教学和评估策略。正如你在本书中经常会看到的，清晰的学习目标和对所需技能的直接教学相结合，似乎是行之有效的方法。教学内容应包括学习策略与方法、从教师或同伴指导逐步过渡到学生的独立练习、真实有趣的任务；有机会参与关注于学习内容的互动和对话，以及教师温暖的鼓励等。此外，为了真正了解学生在一个学科领域学到了什么，学生可能需要用他们的主要语言进行测试。如果我们在学生还在学习英语的时候用英语对他们进行测试，那么数学、历史或科学测试实际上是对英语水平的测试（Cheung & Slavin，2012；Gersten，1996；Goldenberg，1996；May，2017）。

**2. 双语教育的研究**

同时保留学习两种语言对个体而言是极为有益的。前面我们介绍过佩蒂托（Petitto，2009）的研究，使用单一英语的儿童参加双语教育后，在阅读两种语言均需要的认知技能上有优异的表现。美国少数语言群体儿童与青少年读写能力委员会（National Literacy Panel on Language-Minority Children and Youth）回顾了有关全英语沉浸式教学和保留母语的教学的研究，结果发现，参加保留母语教学的学生在多种不同测验上的表现更好（Francis et al., 2006）。一项比较沉浸式和欧洲保留语言计划的研究总结得出了同样的结论——双语保留计划更有效（Reljic et al., 2015）。

但是，计划是否总是"按他们说的去做"——也就是说，实际教学是否与程序的名称相匹配？也许不是。在一项研究中，李·布兰姆–马丁（Lee Branum-Martin）及其同事（2010）选取了得克萨斯州和加利福尼亚州的128个班级，直接对比沉浸式和保留母语教学计划的效果。结果发现，教学计划的类型不能预测在教学中使用英语和西班牙语的数量——存在很多地方性的差异。一些英语沉浸式的教师会使用相当多的西班牙语；一些保留西班牙语计划的教师会使用相当多的英语进行教学。另一个发现是，保留西班牙语的教学计划对学生在英语上的表现有积极的影响。

由美国教育部资助的一项研究（Gersten et al., 2007）向英语学习者提供了五个主要的建议，概括如下（Peregoy & Boyle, 2017）：

① 教学前对阅读进行一个正式评估（详见第15章），以便准确地判断英语学习者现在知道什么，以及已做好准备学什么，也可以鉴别出那些在阅读方面需要更多帮助的学生；

② 采用小组形式，针对评估中所确定的需求领域进行集中教学；

③ 有目的地对课程内容中出现的基本词汇和课堂上的常见词汇、短语和表达方式进行教学；

④ 直接对学术英语进行教学——发展学生阅读文章、书写学术作业，以及使用正式语言和论证的能力；

⑤ 在完成学术任务时，可广泛地使用同伴辅助学习，尤其是配对合作学习的形式。

有许多有效的策略可用于对英语学习者的教学。接下来我们看两个例子：视觉策略和读者回应。

### 3. 视觉策略

视觉策略为学习所有内容提供了支持，从字母与语音的联结，到词汇再到文本结构的理解。低年级学生可以画图，并用两种语言标注。他们可以通过分类图片并标记相应的类别来学习更高层次的概念。高年级的学生可以通过参考图6-2中的视觉支持来学习撰写文章（Peregoy & Boyle, 2017）。

### 4. 文学回应小组

对英语学习者的教学目标是，让他们最终能用英语进行阅读、写作和说话。文学回应小组（literature response groups），也被称为"文学圈"（literature circles），尝试利用小说和非小说文本为英语学习者提供机会。首先邀请3～6名学生读同一篇文章，然后让其讨论和辩论他们所读的内容，确保每个人都参与、发言、倾听和理解。他们也可能会写下阅读后的感受，然后互相点评。老师通常会提供一个讨论指南，如图6-3所示［摘自佩雷戈伊（Peregoy）和博伊尔（Boyle）］（2017, p.349）。

教师使用这张单子来提醒学生接受并尊重他人的观点，记住故事有许多不同的解释，并自由地提出自己的问题。

### 5. 让所有学生都成为双语者：双向的沉浸

美国学生需要同时掌握对话性英语和学术英语，并都达到很高的水平，但这一过程不应该牺牲他们的母语。学校教育的目标应该是平衡双语。为达到这一目标，一种方法是建立双向沉浸式班级，即将一种语言为母语的学生和以另一种语言为母语的学生编排在同一个班级里，然后用这两种语言进行教学。这样做的目的是，让两种学生都能熟练掌握两种语言、学习学术内容、发展文化知识，以及对他人的积极态度和更强的自我认同感（Hamman-Ortiz & Palmer, 2020; Peregoy & Boyle, 2017）。

为了真正有效地对英语学习者进行教学，我们需要很多双语教师。如果你在某种语言上有所涉猎，为了教学你可能需要更好地掌握它。32个州和华盛顿哥伦比亚特区报告存在双语教师短缺问题（Liebtag & Haugen, 2015），因此，促进语言学习便成为大多数教师的责任。

**图 6-2 学习如何撰写文章的视觉支持**

资料来源：*Peregoy, Suzanne F., & Boyle, O. F. Reading, writing and learning in ESL: A resource book for teaching K–12 English learners (7th ed.). © 2017, p.414 (Figure 10.5). Reprinted and electronically reproduced by permission of Pearson Education, Inc., Upper Saddle River, NJ.*

1. 如果你喜欢（或不喜欢）这本书，是否有某个事件、人物或书的某个方面引起了你的这种反应？是什么？为什么？
2. 你的文学回应小组成员对这本书有共同的反应吗？哪些反应相同？哪些不同？
3. 如果你和书中的主人公面临同样的问题，你会做出类似的反应吗？为什么？
4. 当我们第一次见到主角时，他／她带给你什么感觉？你有过和书中主角一样的感受吗？
5. 你觉得主角和其他角色的相处方式如何？
6. 有没有哪个角色让你想起你认识的人？你自己吗？
7. 你觉得作者是想教我们什么吗？如果有，那是什么？
8. 你会改变这本书的结局吗？如果会，如何改？
9. 你希望遇到哪个角色？当你遇到这个角色时，你想说什么或做什么？
10. 随着故事的发展，你对角色的感觉有变化吗？是什么让你的感觉改变了？
11. 如果你能走进书中，成为故事的一部分，你会走进哪里？你会是谁？你会做什么？这些事情会如何改变故事呢？
12. 如果故事发生在不同的时间或地点，会有什么不同？

**图 6-3 文学回应单范例**

资料来源：*Peregoy, Suzanne F., & Boyle, O. F. Reading, writing and learning in ESL: A resource book for teaching K–12 English learners (7th ed.). © 2017, p. 349 (Figure 9.2). Reprinted and electronically reproduced by permission of Pearson Education, Inc., Upper Saddle River, NJ.*

学生在结束沉浸式或双语教学后，会掌握一些英语技能，但学习并没有结束。对很多学生来说，接下来将进入掩蔽教学阶段。

### 6.5.2 掩蔽教学

对大多数教授移民和英语学习者的教师来说，一个现实的挑战是在教授学科内容的同时也要发展学生的英语语言技能。**掩蔽教学**（sheltered instruction）这种教学方法已被证实能成功达到上述两个目标。将学科内容的词汇和概念放在语境中，从而使学科内容更易理解，掩蔽教学就是通过这样的方式来向英语学习者教授相应的学科内容的。这样的策略包括简化和控制语言，注意英语相关的语法和形式——帮助学生"解开密码"，借助视觉和手势，以及现实生活中的支持和实例。此外，在这样的教学过程中，不再是教师始终在说话，取而代之的是强调学生的发言和讨论。为更清晰地了解什么是好的掩蔽教学，贾娜·埃切瓦里亚（Jana Echevarría）及其同事（Echevarría et al., 2018；Vogt & Echevarría, 2022）识别出八个关键要素：准备、建立背景知识、可理解的输入、策略、互动、练习和应用、课程传授、复习和评估。研究者开发出一套**"掩蔽教学观察报告"**（sheltered instruction observation protocol，SIOP®）系统，可用以检查每个要素是否都包含在教学计划中。图6-4列出了掩蔽教学观察报告可能包含的每个要素的一些范例。

观察者：_____
日期：_____
年级：_____
班级：_____
最高分：120（每回答一次"不适用"减去4分）
总分：_____

教师：_____
学校：_____
作为第二语言的英语水平：_____
课程：多天　单天（画圈圈出）
百分数：_____

指导语：请根据你在掩蔽课程中看到的内容，在最能反映这一内容的数字上画圈，评分在0～4分之间。在"评论"处可描述你所观察到的行为的实例。

|  | 高度明显 |  | 有些明显 |  | 不明显 | 不适用 |
|---|---|---|---|---|---|---|
|  | 4 | 3 | 2 | 1 | 0 |  |

**准备**
1. **内容目标**：必须清晰确定，清楚地向学生阐述，并与学生一起复习。　☐ ☐ ☐ ☐ ☐ ☐
2. **语言目标**：必须清晰确定，清楚地向学生阐述，并与学生一起复习。　☐ ☐ ☐ ☐ ☐ ☐
3. **教学内容概念**（content concepts）：必须符合学生的年龄和教育背景水平。　☐ ☐ ☐ ☐ ☐ ☐
4. 大量地使用**辅助性材料**（如计算机程序、图表、模型和可视化教具），使课程清晰易懂。　☐ ☐ ☐ ☐ ☐ ☐
5. **改变内容**，以适应各种熟练程度的学生。　☐ ☐ ☐ ☐ ☐ ☐
6. 设计**有意义的**活动，将课程中的概念（lesson concepts）（如访谈、写信、模拟、模型）与读、写、听、说的语言练习机会结合起来。　☐ ☐ ☐ ☐ ☐ ☐

评论：

**建立背景知识**
7. 与学生的背景经验**明确相关**的概念。　☐ ☐ ☐ ☐ ☐ ☐
8. 在过去的学习和新概念之间建立明确的**联系**。　☐ ☐ ☐ ☐ ☐ ☐
9. **强调关键词汇**（如介绍、板书、重复、突出相关内容，以便让学生看到）。　☐ ☐ ☐ ☐ ☐ ☐

**图 6-4　掩蔽教学观察报告范例**

|  | 高度明显 |  | 有些明显 |  | 不明显 | 不适用 |
|---|:---:|:---:|:---:|:---:|:---:|:---:|
|  | 4 | 3 | 2 | 1 | 0 |  |

评论：

**可理解性**

10. 使用适合学生语言水平的**语言授课**（如对初学者采用更慢的语速、清晰的发音和简单的句子结构）。 ☐ ☐ ☐ ☐ ☐ ☐
11. 对学业任务进行**清晰的解释**。 ☐ ☐ ☐ ☐ ☐ ☐
12. 采用各种手段帮助学生弄清学科**内容概念**（如示范、可视化教具、动手活动、演示、手势和身体语言）。 ☐ ☐ ☐ ☐ ☐ ☐

评论：

**策略**

13. 提供充足的机会让学生使用**学习策略**。 ☐ ☐ ☐ ☐ ☐ ☐
14. 持续使用**支架技术**（如出声思维），以帮助和促进学生的理解。 ☐ ☐ ☐ ☐ ☐ ☐
15. 设计各种问题或任务，激发学生的**高级思维技能**（如字面的、分析性和解释性的问题）。 ☐ ☐ ☐ ☐ ☐ ☐

评论：

**互动**

16. 教师学生之间，以及学生之间有频繁的**互动**和讨论的机会，引导学生对课程概念做出详细的回答。 ☐ ☐ ☐ ☐ ☐ ☐
17. 采用多种**分组结构**，促进课程的语言目标和内容目标。 ☐ ☐ ☐ ☐ ☐ ☐
18. 始终为学生提供充足的**反应时间**。 ☐ ☐ ☐ ☐ ☐ ☐
19. 给予充足的机会，让学生**用第一语言澄清关键概念**，在必要时可借助助手、同伴或第一语言相应的课文。 ☐ ☐ ☐ ☐ ☐ ☐

评论：

**练习和应用**

20. 提供**动手操作的材料**或教具，以便让学生练习使用新的内容知识。 ☐ ☐ ☐ ☐ ☐ ☐
21. 组织活动，让学生在课堂上运用**内容知识和语言知识**。 ☐ ☐ ☐ ☐ ☐ ☐
22. 把读、听、说等所有**语言技能**融入活动。 ☐ ☐ ☐ ☐ ☐ ☐

评论：

**课程传授**

23. 通过授课明确支持**内容目标**。 ☐ ☐ ☐ ☐ ☐ ☐
24. 通过授课明确支持**语言目标**。 ☐ ☐ ☐ ☐ ☐ ☐
25. 保证**学生** 90%～100% 的课堂时间是**积极参与**的。 ☐ ☐ ☐ ☐ ☐ ☐
26. 根据学生的能力水平调整授课的**速度**。 ☐ ☐ ☐ ☐ ☐ ☐

评论：

图 6-4　掩蔽教学观察报告范例（续）

| | 高度明显 | | 有些明显 | | 不明显 | 不适用 |
|---|---|---|---|---|---|---|
| | 4 | 3 | 2 | 1 | 0 | |
| **复习和评估** | | | | | | |
| 27. 充分复习**关键词汇**。 | ☐ | ☐ | ☐ | ☐ | ☐ | ☐ |
| 28. 充分复习**关键内容概念**。 | ☐ | ☐ | ☐ | ☐ | ☐ | ☐ |
| 29. 经常对学生的产出（如语言、内容、作业等）**提供反馈**。 | ☐ | ☐ | ☐ | ☐ | ☐ | ☐ |
| 30. 在上课过程中**评估**学生对所有课程目标的**理解**和学习效果（如现场抽查、小组反应）。 | ☐ | ☐ | ☐ | ☐ | ☐ | ☐ |
| 评论： | | | | | | |

**图 6-4　掩蔽教学观察报告范例（续）**

注：掩蔽教学观察报告共有 30 个特征或领域需要在观察中进行评估。对每个特征的评定是从 4（高度明显）到 0（不明显）或 NA（不适用）。最终，这些评定将转化为一个分数（L1 表示第一语言，L2 表示第二语言）。

资料来源：Vogt, M., & Echevarría, J. (2022). 99 ideas and activities for teaching English learners with SIOP® (2nd ed.). Hoboken, NJ: Pearson Reprinted with permission from Pearson Education, Inc.

究竟掩蔽教学是什么样的？我们可以通过很多方式来设计课程，以使其满足表 6-4 的标准。例如，表 6-4 介绍的七种不同的课程结构和活动，就可以用来帮助学生理解课程内容和发展语言技能。

**表 6-4　促进学生理解学科内容和构建语言技能的 SIOP 课程结构理念**

| 结构 | 范例 / 是什么样的？ | 基本原理 / 为什么会有效？ |
|---|---|---|
| 思考—配对—分享 | 不是向全班提问，然后要求两三名学生做出回应，而是要求每个学生都思考答案或对提示做出回应，然后将它告诉自己的合作伙伴。接着，教师邀请一些学生与全班同学分享他们的回答 | 所有学生都有机会去思考和讨论这一主题。使教师能在一堂课中监控学生对内容目标和语言目标的理解 |
| 分块与咀嚼 | 每 10 分钟教师就会暂停一下，指导学生与同伴或小组讨论他们刚学过的东西。在 SIOP 的课程中，学生所说的话是由教师精心组织的，教师会借助特定的提示或句首语，例如"在我们今年读过的书的所有作者中，如果我可以采访其中一位，那将会是……因为……" | 通过将新的信息"分块"，即拆解为可学习的小单元，从而使学习变得更加容易（第 8 章将阐述这样做的重要性）。让学生有机会使用课程中的概念和内容进行交谈 |
| 漫步与总结 | 教师提出一个反思性问题（例如，"今天你学到的最重要的东西是什么"或"今天我们的学习中什么让你感到惊讶"），学生安静地思考，然后站起来，在教室里漫步，与同学一起讨论他们的想法 | 学生将自己所学的知识综合起来，并以更加对话式的方式进行交流。他们可以练习交流 |

续表

| 结构 | 范例 / 是什么样的？ | 基本原理 / 为什么会有效？ |
|---|---|---|
| 播客 | 学生就自己选择的或教师分配的某个主题准备一个 2~3 分钟的口头总结。他们进行排练，然后将它记录在播客或音频文件上，以便在班上的电脑上使用 | 提供口语练习机会，以及聆听和改进语言的机会。有听众会增加学生的动机，并激励他们认真准备 |
| 电视谈话节目 | 小组计划做某个主题的谈话节目，这一主题的多个参数他们都已经研究过。一名学生是主持人和采访者，其他人是嘉宾。例如，在研究极端天气现象之后，一个嘉宾可能是飓风专家，另一个嘉宾是暴风雪专家，第三个嘉宾是地震专家，第四个嘉宾是龙卷风专家 | 录下这个谈话节目的视频，以便教师和学生能评估这些学生的说话、使用关键词汇，以及对主持人的问题的回应等方面的情况。有观众会增加学生的动机，并激励他们认真准备 |
| 写标题 | 学生通过写一个标题来捕捉一天课程、读过的文章的章节、观看过的视频或口头呈现的信息的精髓，然后分享他们的标题 | 鼓励学生使用描述性语言，并聚焦在词汇的选择上，以便创造出引人注目的标题 |
| 电子期刊和维基百科条目 | 学生每天或每周一次在电子期刊中写作，以反映他们学习的内容。在教学单元结束时，教师可能会要求为班级维基百科写一个在线条目，这个条目要提供关于正在研究的主题的关键信息 | 鼓励学生综合信息，并写出更长的篇幅 |

资料来源：Based on Echevarría, J., Vogt, M., & Short, D. J. (2018). *Making Content Comprehensible for Secondary English Learners: The SIOP® Model* (3rd ed.), pp.212–213. Boston, MA: Pearson.

### 6.5.3 情感和情绪 / 社会性的考虑

> **设身处地想一想**
>
> 你刚走进教室，老师就走到讲台上说：
> Mina-san, ohayō gozaimasu. Kyō wa, kyō iku shinrigaku no jū gyō ja arimasen. Kyōwa, nihon no bangō, ichi kara jū made benkyō oshimasu. Soshite, kono kyō shitsuwa Amerika no kyō shitsu ja arimasen. Ima wa Nihon no kyō shitsu desu. Nihon nokyō shitsu dewa, shinakerebanaranai koto wa mittsu mo arimasu. Tatsu, rei, suwaru. Mina-san, tatte kudasai. Doshite tatteimasen ka? Wakarimasen ka?
>
> 班上没什么变化，直到你拿到试卷，并且被告知"这次测验占你总分的 20%，要好好做"。你觉得难以置信！你会怎么做？

这看起来不可能吗？事实上，我的一位博士生（Yough, 2010）在他的教育心理学课程中故意设计了这样一堂课（没有测验），因此他班上的学生可以体验到，当教师使用一种你不擅长的语言（假设你的日语不太好）进行重要内容的教学时，你会有什么感受。有关英语学习者的研究发现，他们在学校里会经历严峻的挑战和巨大的压力。他们会没有归属感，认为其他人都在取笑他们，或干脆忽视他们。其他人都知道规则和正确的词语，他们需要很大的勇气和耐心来不断尝试与别人交流。尽可能少说话往往是更轻松的方式。因此，沟通练习尽管是这些学生极度需要的，但它基本上不会发生。此外，研究表明，与用母语阅读相比，当学生用第二语言阅读时，焦虑更容易影响阅读时的注意力和理解，特别是对于那些容易产生阅读焦虑的语言学习者而言（Rai et al., 2015）。

### 处理创伤

如今，对一些移民学生来说，焦虑和心理负担的另一个可能来源是创伤。正如你在第 5 章中所看到的，许多儿童和青少年经历过创伤，而且往往是严重创伤，并产生抑郁或焦虑等反应。移民学生的情况也是如此。贾斯汀·米克森（Justin Mixon）是一名移民律师，他代理了大约 200 名移民儿童。他指出，创伤的经历往往迫使孩子们离开家——他们唯一熟悉的地方。"总有一些其他的附加因素——谋杀、强奸、暴力、家庭虐待。如果不是这样，他们通常不会离开自己的社区、朋友、语言、食物、祖辈和文化"（Cardoza, 2019）。这些学生可能与家人分离，或目睹了酷刑或家庭成员的死亡。在新国家，这些学生可能在资源有限的简陋住房中生存下来——所有这些都发生在疫情肆虐的时期，而这些社区在应对疫情方面得到的支持最少（Crooks et al., 2020）。你的学生可能会害怕谈论他们的恐惧。他们被教导，不要告诉他们的欧洲裔老师他们正在经历什么，这是有道理的：他们过去受到过伤害，现在害怕被驱逐出境。

学校是帮助移民学生处理创伤的重要场所，因为学校是这些儿童和青少年最先来到的地方之一。有一些全校范围的项目可以为移民学生提供支持，比如加拿大 10 个疗程的"支持新移民群体的过渡复原力"项目（Supporting Transition Resilience of Newcomer Groups，STRONG）或"学校创伤的认知行为干预"（Cognitive Behavioral Intervention for Trauma in Schools，CBITS）（Crooks et al., 2020）。这些项目通常由训练有素的临床医生实施。你可以检查一下你的学校或学区是否有类似的资源。

教师如何处理学生的创伤经历，并支持他们，让他们有勇气和耐心跟别人进行交流？第一步是创设一个充满关爱和尊重的班集体。我们将在第 13 章中介绍相关的策略。在下面的"实践指南"中，埃切瓦里亚（Echevarría）和格雷夫斯（Graves, 2015）提出了一些向英语学习者的学生提供情感支持和维护他们自尊的其他方法，你可以参考。

## 实践指南

### 向英语学习者的学生提供情感支持和维护他们的自尊

创设能促进各种阅读和写作成功的学习活动。

例如：

（1）每周与低年级学生进行一次个别谈话，将他们复述故事的内容记录下来。让学生校订和修改听写作业，将它读给同伴听。

（2）与高年级学生进行互动，写日志，每周收集一次并且回信。

（3）囊括多种类型的写作，而不仅仅是学术性写作。对于高年级学生，可以是网络帖子、戏剧、博客、给编辑的信或与朋友的电子邮件交流。对于低年级学生，可以使用家庭故事、贺卡、感谢信、购物清单——想想那些日常实用的写作。

确保学生有充足的时间进行练习，并能得到详细而有针对性的校正。

例如：

（1）私下指出学生的书面作业中哪些是正确的、哪些是接近正确的，以及哪些是错误的。

（2）小心处理公开的口头纠正，以让学生知道什么是正确的为原则，但也不能接受明显错误的答案。

将教学与学生生活中的相关知识联系起来。

例如：

（1）要求学生调查家庭成员最喜爱的电影，利用电影人物去探讨文学的基本要素，如情节、观点等。

（2）让学生创建建筑公司或企划方案，以此来学习数学概念。

让学习者积极参与其中。

例如：

（1）将历史课程中的时间轴与根据家族历史制成的个人时间轴进行比较。

（2）让农村学生完成一些动物或农业的科学项目。

使用不同的分组策略。

例如：

（1）在写故事和练习口语陈述时采用学生配对的形式。

（2）在研究新近移民群体的文化和语言时，采取小团队的形式。

提供母语的语言支持。

例如：

（1）学习和尽可能多地使用学生的母语。他们能学会，你也可以。

（2）找到网络翻译资源和当地的母语志愿者。

（3）带一些学生母语的杂志和书籍进入班级。

让家庭和社区参与进来。

例如：

（1）邀请故事作者、当地企业家、艺术家和工匠进教室。

（2）为你的班级创设一个"欢迎中心"。

对所有学生保持高期望，并跟学生清晰地交流这些期望。

例如：

（1）保留已进入职场或大学的学生的剪贴簿。

（2）不接纳平庸的作品。

（3）成为尊重多元化、抵制偏见的榜样。

资料来源：Based on Echevarría, J., Vogt, M., & Short, D. J. (2018). *Making content comprehensible for secondary English learners: The SIOP®Model* (3rd ed.). Boston: Pearson; and Vogt, M., & Echevarría, J. (2022). *99 ideas and activities for teaching English learners with SIOP®* (2nd ed.). Hoboken, NJ: Pearson.

另一个问题与文化差异有关。正如我们前面提到的，初中或高中才移民到美国的学生在自己的家乡曾经历截然不同的教育体系和教育观念。他们可能曾经在那些体系中非常成功，但当他们面对一种不同的教育方式时，他们可能会突然感到吃力和无能为力。作为教师，你需要了解这些学生的长处，承认他们的能力，并在他们已有知识的基础上进行教学。接下来我们就来聊聊这个话题。

### 6.5.4 与家庭合作：文化工具的使用

正如本章前面所提到的，家长参与学校的程度越高，其孩子在学校就会越成功（Dearing et al., 2006）。一些旧的父母参与模式采用了一种缺陷导向——父母做错了什么，我们如何"修复"它们？更有效的模式侧重于平等合作，赋予家庭权力，利用家庭能为学生、教师和整个学校提供的资产（Albrecht, 2021）。现在让我们一起来考虑几种吸引家庭参与学校教育的方式——以知识储备为基础、创设欢迎中心和学生主导的会议。

**1. 知识储备和欢迎中心**

路易斯·莫尔（Luis Moll）及其同事希望能找到一种更好的方法，来教育亚利桑那州图森市贫民区学校中墨西哥裔美国工人阶级家庭的儿童（Moll et al., 1992）。莫尔认为，与其改变学生的不足，不如从这些学生的家庭出发，找出并依靠他们的工具和文化知识储备（fund of knowledge）。通过对家庭的访谈，研究者发现这些家庭拥有广博的农业、牧场经营、照顾动物、经济和预算、建筑、建筑规范、会计、销售、贷款、劳动法、儿童保育、医学、家务管理、家电维修、机械学、科学，以及宗教等方面的知识。当教师根据这些知识储备设计作业时，学生会更加投入，教师也因此重新认识了这些学生的生活。例如，在参加了一个知识储备项目后，一位教师意识到，过去她总是认为自己的学生是有缺陷的或有问题的——学业落后、不合群、有家庭问题，以及贫穷。但现在，通过不再关注他们的局限，而是关注他们的资源，这位教师开始了解这些学生的家庭，也意识到自己原先常常曲解学生的行为。正如她在日记中所记录的那样。以下是一个日记中记录的例子：

周三（1992年11月25日），音乐教师向我抱怨："你知道，莱蒂西亚（Leticia）已经缺席了两次合唱团的排练了。"我还没说话，学校的戏剧老师就接着补充道："哦，她很没有责任感。她参加了戏剧俱乐部，却只参加过两次会议。"这时，我说："等一下，听我说……"接着我告诉她们，莱蒂西亚的弟弟正在医院接受一系列的手术，她妈妈不在家的时候，莱蒂西亚要在家负责照顾两个年幼的弟弟妹妹。事实上，她放学后没去参加排练，正是一种负责任、孝顺和对家庭忠诚的行为。（Gonzales et al., 1993）

通过与学生家庭的接触，这位教师了解到社区里有价值的认知资源，也让她更加尊重她的学生及其家庭。

在美国西南部从幼儿园直至小学五年级实施的"欢迎中心"计划（Welcome Center），也是以莫尔的工作为基础的。过去四年里，该校拉丁裔学生的比例从12%上升到43%，其中大部分学生是新近的移民。欢迎中心是一个很吸引人的地方，新近的移民家庭可以在这里相互认识，并通过分享专业知识进行学习（DaSilva Iddings，2009）。这个中心是一个明亮、舒适和非正式的空间，配有小厨房、野餐桌、电脑和打印机、西班牙语和英语的书籍，以及杂志、数学教具、学生作品的陈列柜及其他欢迎物品。五年级学生放学后，将会在中心为其他学生辅导家庭作业。讲西班牙语的家庭会为社区成员开设西班牙语、烹饪和舞蹈等课程。中心还提供了一些英语读写活动，可供成人和儿童一起学习。欢迎中心创造了很多成功的案例——教师与学生家庭建立联系，并逐步欣赏学生的语言及其文化的价值；一些移民家庭获得了公民身份，另一些则创办了企业和餐馆。教师与家庭的联系对移民学生的成功尤为重要。关于如何与移民家庭和社区建立合作关系，下面的"实践指南"提供了很多有益的建议。

## 实践指南

### 与家庭和社区建立合作关系：欢迎所有家庭

尊重他人（Vaughn et al., 2014）。

例如：

（1）学习每个学生的名字和姓的正确发音。

（2）确保每个学生的传统在课程中都有所体现。

（3）以应有的尊重对待学生家庭。

确保与家庭的沟通通俗易懂。

例如：

（1）在你和你的班级的所有交流中，尽可能使用学生家庭所使用的母语。

（2）尽可能使用口头交流——电话或家访。

平衡积极信息和消极信息的比重。

例如：

（1）将儿童的成就和善举记录或描述下来，并送到家里。

（2）向家长解释，纪律处分是帮助儿童成功的方法。

建立欢迎新家庭的系统。

例如：

（1）指派更有经验的"伙伴"父母与新家庭沟通。

（2）与社区中的多语言媒体联系，以便发布学校相关的公告。

确保信息的通达。

例如：

（1）建立电话或短信网络。

（2）让家长了解每周会有一个便笺送到家里，因此家长可以向子女询问相关信息。

（3）建立一个多种语言版本的班级简报或网站。

**2. 学生主导的会议**

从我记事以来，家长会始终都在进行。这些会议可能富有成效，但也可能令人失望或充满对抗。如何让学生更加投入家长会中，甚至更加投入学习活动本身？一种方法是让学生负责主导会议，向父母展示他们的作品，解释他们学到了什么，以及他们是如何学习的。如此，对于自己为什么成功，以及可能为什么失败，学生会承担起更多的责任。他们可以如何改进？在下一个评分期间他们的目标是什么？当学生主导会议时，父母更可能会出席和积极参与这个会议。通过精心的规划和准备，教师能够创造出一种为学生的利益而努力的团体意识（Haley & Austin, 2014）。

可采用很多方式设计学生主导的会议。多数教师会和学生一起合作来为特定课程设定清晰的学习目标，还可能会提供评估准则用以指导自我评估（更多有关评估准则的信息请查阅第15章）。提前通知家长，这点很重要，最好还能从家长那里收集有关他们对孩子的希望和担忧、他们的兴趣，以及知识储备。让他们知道他们的孩子将主导整个会议，并在必要时为他们翻译。同时向家长保证，会议结束后他们将会有时间单独与你见面，在他们孩子不在场的情况下，与你分享他们的疑虑并提出问题。

在整个会议过程中，学生将主导讨论，展示他们的作品，也可能对一些提示做出回应，如"我喜欢这个文章的……""我学到了……""如果我重新做一次，我会改进……""我的下一个目标是……"。要很好地主持会议和解释自己的作品，学生需要相互练习。做好了所有这些准备后，如果家庭成员没有到场，就会使人非常沮丧。因此你需要有一个备用计划，让另一个成人坐在家长的位置上并与学生互动。时间表规划指南见表6-5。

**表6-5 规划和实施学生主导会议的时间表**

| 何时 | 做什么 |
| --- | --- |
| 在评分阶段开始时 | 确定学生的作品：项目、文章、绘画、测验，以及报告等。这些将是评分阶段结束时学生主导会议的重点。建立清晰的评估标准，可以的话，尽量给每个学生一份评分准则 |
| 在评分期间 | 让学生使用评估标准或评分准则来练习自我评估，并和班上的其他人分享他们的评估结果 |
| 会议前几周 | 给家长发送通知，向他们解释什么是学生主导会议，并询问孩子的相关信息，如孩子的兴趣、在家里的责任、喜欢及不喜欢学校的地方、看电视或玩游戏的时间、兄弟姐妹的数量和年龄，或花在家庭作业上的时间。你也可以询问家庭最喜欢的活动、父母的兴趣和知识储备，以及他们对自己孩子的疑虑和目标 |
| 会议前一周 | 让学生就如何向家人展示自己的作品进行最后的说明，然后相互之间进行会议的角色扮演，轮流担当父母和学生的角色 |
| 会议结束后的一周 | 要求学生反思在准备和主持会议的过程中他们学到了什么。他们将如何利用这些经验去指导自己今后的学习 |

## 6.6 特殊的挑战：有独特的学习需要和天赋的英语学习者

前面我们曾介绍过四类不同的英语学习者，其中有一类学生可能存在学习障碍，但由于学生的英语水平有限而很难确诊，因此需要专业的评估（Garcia & Tyler, 2010）。有时，学生被不恰当地放置在特殊教育中，只是因为他们在英语方面存在问题。但有些时候，一些应当能从特殊服务中受益的学生却被拒之门外，因为他们的问题会被认定为只是简单的语言学习问题（U.S. Department of Education，2004）。此外，有特殊才能和天赋的学生可能由于他们的语言限制难以被识别出来。

### 6.6.1 有障碍的英语学习者

作为教师，你会面临一个抉择：是否推荐一个在学业中苦苦挣扎的英语学习者去接受评估。当然，第一步是使用最好的教学方法，整合掩蔽教学以促进学科内容的学习和英语语言的发展。但如果某个学生的学习进程比寻常慢得太多，你可能需要问一些乔治·德乔治（George De George，2008）推荐的问题：该学生的教育背景如何？他的家庭背景如何？这名学生何时来到美国？如果学生虽在美国出生，但家里使用的是另一种语言，或学生是在很小的时候移民到美国的，往往会让其低年级的学习变得更加困难。有些学生，在移民前已经在故乡的学校里取得了成功，有一定的基础读写能力。他们知道一些学术内容，也知道自己能在学校里学习。相反，有些学生在家里使用另一种语言，也从未上过学。当他们学习书面英语的字母和语音时，没有任何口头英语可以利用。此时，双语教学是最好的策略。

在考虑将学生转介时，还需要询问的另一些问题是：学生的母亲在怀孕时是否有问题或并发症？儿童是否经历过严重的伤害或疾病？儿童是不是经常搬家？儿童是否有足够的机会在好的双语或英语作为第二语言的课程里学习？与儿童一起工作的教师是否接受过英语作为第二语言的教学训练？尽管落后于同龄人，但儿童是否仍在进步？儿童有没有什么天赋或特殊的技能？这些问题将帮助你判断儿童的困难是因为缺乏学习机会、不恰当的教学，还是确实存在障碍。无论诊断的结果如何，关心和恰当的教学都是必需的。英语上有困难的学生更可能辍学（U.S. Department of Education，2004）。

### 6.6.2 关注到每个学生：识别双语学生的天赋

在美国各地的天才计划中，英语学习者学生的代表性不足（Mun et al.，2016）。这是因为双语儿童的学术英语不够熟练，即便他们学识十分渊博，也可能会被超常和天才教育计划所忽视。一位来自墨西哥的十年级男生，如今在美国已经生活两年了。在访谈中他用西班牙语告诉采访者：

*我英语不好，所以高中的课程对我来说很难。很多时候我会感到有压力，因为我想说些什么，但我不知道怎么说。很多时候，老师问的问题我知道答案，但我害怕别人会笑话我。*（Walqui，2008，p.104）

这个学生可能很有天赋。关于天赋和语言能力的内隐信念会影响教师对英语学习者学生的看法。为识别超常的双语儿童，你可以使用个案研究或作品集的方法来收集各种证据，包括对家长和学生同伴的访谈、正式和非正式的评估（一些是用学生的第一语言进行的）、学生作业和表现的实例、非语言评估、创造力测试和学生的自我评估等。表6-6中的核查表是一种有用的指南。

**表6-6　识别超常和天才的双语学生**

这里有一些用于识别超常和天才的双语学生的方法。请注意这样的学生。

____ 勇于尝试用英语交流。
____ 比一般人更快地掌握一门新语言。
____ 自发地练习英语技能。
____ 主动与母语为英语的人交谈。
____ 不容易受挫。

____ 对生词或新短语感到好奇，并练习使用它们。
____ 质疑单词的含义，例如："'bat'怎么能既是一种动物，又是一种你用来打球的东西呢？"
____ 高级水平的代码转换或翻译。
____ 在跟英语能力较差的个体交谈时，有能力调整自己的语言。
____ 用自己的传统语言进行高于年级水平的阅读。
____ 喜欢独立工作，或与英语水平比自己高的人一起工作。
____ 用有限的英语词汇表达抽象的口语概念。
____ 创造性地使用英语。例如，用英语说些双关语、作诗、讲笑话或是自编一些故事。
____ 很容易对常规的任务或一成不变的事情感到厌烦。
____ 有很强的好奇心，能以创造性的方式解决问题。
____ 有恒心，能够坚持完成一项任务。
____ 独立，自立；小小年纪就承担起成人的责任。
____ 注意力持久。
____ 对自己选择的问题、主题或议题能全神贯注地投入。
____ 记忆力好，很容易回想起以前的事情，并能使用新信息。
____ 表现出成熟的社交能力，尤其是在家里或群体中。

资料来源：Castellano, Jaime A.; Diaz, Eva, *Reaching New Horizons: Gifted and Talented Education for Culturally and Linguistically Diverse Students*, © 2002; El Yaafouri, L. (2019). Identifying and supporting gifted ELLS. *Edutopia*.

## 模块 21 小结

### 移民学生和英语学习者的教学

#### "移民"与"难民"这两个术语有什么区别？

移民是指那些自愿离开自己国家迁往一个新地方永久定居的人。难民是移民中的一个特殊群体，他们虽然也是自愿迁移到新的地方，但却是因为不安全而逃离自己的国家。

#### "熔炉"与多元文化主义有什么区别？

统计数据表明，美国社会的文化正日趋多元。过去的观点认为少数群体成员和移民应该放弃他们自身文化的独特性，完全融入美国社会这一"熔炉"中，或是认为自身文化是有缺陷的。而这种观点正被新的观点所替代，新的观点强调多元文化主义、教育机会均等，以及颂扬文化多样性。

#### 与英语学习者有关的术语是什么？

英语学习者有时被称为"有限英语水平者"（limited English proficient, LEP），但这个词有负面含义，应该避免使用。更常见的是，这些学生被称为"英语学习者"（English learners, ELs），因为他们的主要语言或传统语言不是英语。英语作为第二语言（English as a second language, ESL）是课程的名称，这些课程致力于为英语学习者提供英语教学。精通英语通常意味着更高的学业成就和更好的工作前景。因此围绕着语言发展的多样性的一个问题是，我们应当如何教这些学生成为成功的英语使用者。

#### 英语学习者的四种一般情况是什么？

平衡的双语者能很好地使用第一语言和英语进行说话、阅读和写作。单语/有读写能力的学生具有母语的读写能力（用母语时，他们的成绩达到了相应年级水平或超过年级水平），但他们的英语水平有限。单语/无读写能力的学生没有读写能力。他们不能用母语进行阅读或写作，或仅有非常少的读写能力。有限的双语者能很好地使用两种语言进行对话，但由于种种原因，他们在学术学习方面存在困难。潜在的原因可能是学习障碍或情绪问题。

## 第 1.5 代：生活在两个世界里的学生

### 什么是第 1.5 代？

第 1.5 代是指其特点、教育经验和语言流畅度是介于出生于美国的学生和刚移民到美国的学生之间的一群学生。这些学生出生在其他国家，但他们人生的大部分时间生活在美国，因为他们的家庭在他们年幼的时候就移民到了美国。他们在家里说的语言可能不是英语。虽然他们的学术英语可能发展得不是很好，但他们通常能很流利地用英语进行对话。他们通常是"耳朵学习者"，因为他们是通过听周围的语言榜样，以及与这些榜样进行互动来掌握语言的。

### 什么是双语教育？

尽管什么教学方法能最有效地帮助双语学生掌握英语还存在争议，但研究表明最恰当的做法是不强迫学生放弃他们的第一语言。学生的第一语言越熟练，他们掌握第二语言越快。

### 什么是掩蔽教学？

掩蔽教学这种教学方法已被证实能同时成功地教授英语和学术内容。将学科内容的词汇和概念放在语境中，从而使学科内容更易理解，掩蔽教学就是通过这样的方式来向英语学习者教授学科内容。这样的策略包括简化和控制语言，注意英语相关的语法和形式——帮助学生"解开密码"，借助视觉和手势，以及涵盖现实生活的支持和实例。此外，在教学过程中，不再是教师始终在说话，取而代之的是强调学生的发言和讨论。

### 有哪些情感和情绪/社会性的考虑？

对于英语学习者学生来说，有情感和情绪方面的考虑。英语学习者在学校里会经历严峻的挑战和巨大的压力，他们会没有归属感，认为其他人都在取笑他们，或干脆忽视他们。更具破坏性的是，许多移民学生在来美国之前或之后的生活中经历过创伤。学生们可能与家人分离，目睹了酷刑或家庭成员的死亡。在他们的新国家，这些学生可能在资源有限的简陋住房中生存下来，而这一切都发生在疫情在他们的社区肆虐的时候。学校有一些专门应对创伤的计划，但教师也可以注意在课堂上建立支持性的学习者社区。以学生家庭的文化知识储备为基础，利用学生主导的会议，可以使课堂更具支持性，教学也更有效。

## 特殊的挑战：有独特的学习需要和天赋的英语学习者

### 教师如何处理有特殊需要的英语学习者？

作为教师，你会面临一个抉择：是否推荐一个在学业中苦苦挣扎的英语学习者去接受评估。当然，第一步是使用最好的教学方法，整合掩蔽教学以促进学科内容的学习和英语语言的发展。但如果学生的学习进程比寻常慢得太多，你可能需要推荐学生去接受观察或评估。无论诊断的结果如何，关心和恰当的教学都是必需的。英语上有困难的学生更可能会辍学。由于语言差异可能会掩盖学生的天赋，教师应特别努力地去识别双语学生和英语学习者中的超常和天才学生。

# 第 7 章 学习的行为主义观点

## ■ 教师的案例簿：学生厌学

你的班上有一名学生，每周至少两次向你请假去看校医。据校医反映，他大部分所说的病症是没有依据的。确实，有一次他得了流感，但剩下的十之八九都是无中生有。近来，你发现他总是在需要完成口头作业或课堂讨论时，或者将要在全班同学面前发言时"生病"。你将采取什么措施来解决这个问题？

■ 批判性思考：

- 这是一个经典条件性恐惧症的案例吗？如果是，你该怎么做？
- "生病"这种行为发挥了什么样的功能？
- 你会怎样去支持更多的积极行为，并帮助这个学生找到其他方式来满足他的需要？
- 在这种情况下给予奖励或施以惩罚会有用吗？为什么？

## ■ 概述与目标

在本章中，我们将首先给出学习的一般定义，这个定义考虑到了不同理论流派的对立观点。本章主要讨论的是行为主义，第 8、9 章将主要分析认知主义，第 10 章主要分析建构主义，第 11 章将主要介绍社会认知的观点。正如你将看到的，有很多种看待学习的方式，每一种方式都能为教育者提供了解学习的独特视角。

本章将着重讨论 4 种行为主义学习过程：邻近原则、经典性条件作用、操作性条件作用和观察学习，其中对后两个过程的阐述是重点。在探讨完应用行为分析对教学的影响后，我们还将讨论新近出现的行为主义学习方法——功能性行为评估、积极行为支持和自我管理。最后，我们将探讨班杜拉（Bandura）对行为主义学习观的挑战、其他对行为主义学习观的批评、对教育工作者的告诫，以及需要考虑的伦理因素。

学完这一章后，你就能达成以下目标。

目标 7.1 从行为主义的角度界定学习，包括与神经科学的联系，以及通过邻近原则、经典性条件作用、操作性条件作用和观察学习进行学习的过程。

目标 7.2 阐述早期学习观，即通过邻近原则、经典性条件作用进行学习，以及它们对教学的启示。

目标 7.3 阐述操作性条件作用，尤其是正强化和负强化、呈现性惩罚和撤除性惩罚之间的异同，并了解强化程序如何影响学习。

目标 7.4 应用行为主义的方法来矫正课堂内外的行为，如采用应用行为分析方法来鼓励和消退行为，其他方法还包括塑造、正向练习、相倚契约、代币强化、团体后果，以及恰当地使用惩罚。

目标 7.5 应用功能性行为评估、积极行为支持和自我管理技术。

目标 7.6 评价当代行为主义学习理论所面临的挑战，并解决其应用的相关问题。

## 模块 22　学习的行为主义解释

**学习目标 7.1**　从行为主义的角度界定学习，包括与神经科学的联系，以及通过邻近原则、经典性条件作用、操作性条件作用和观察学习进行学习的过程。

**学习目标 7.2**　阐述早期学习观，即通过邻近原则、经典性条件作用进行学习，以及它们对教学的启示。

**学习目标 7.3**　阐述操作性条件作用，尤其是正强化和负强化、呈现性惩罚和撤除性惩罚之间的异同，并了解强化程序如何影响学习。

## 7.1　理解学习

听到"学习"一词时，我们大多数人会想到学习和学校，想到要掌握的科目或技能，如代数、西班牙语、化学或空手道。然而事实上，学习并不局限于学校，在生活中我们每天都在学习：婴儿学习用踢脚的方法使床上的风铃动起来；年轻女孩学唱所有她们喜爱的泰勒·斯威夫特（Taylor Swift）的歌曲；像我（本章作者安妮塔）一样的中年人则学着改变自己的饮食和运动方式；每隔几年，当旧款式（我们曾经喜欢的款式）过时了，我们都发现新的着装风格很有吸引力——这些都是学习。尤其是最后这个例子，它说明学习并不总是有意而为之的，我们并不是故意喜欢新款式而讨厌旧款式，这一切似乎都是自然而然地发生的。再比如，当我们不得不在公开场合发言时，我们本不想变得紧张，但事实是我们大部分人都会紧张。那么，这些被称为学习的强大现象究竟是什么呢？

从广义上说，**学习（learning）**指由经验（包含实践）引起的个体知识、行为或行为的潜能相对持久的变化。这种变化可能是故意的，也可能是无意的；可能变得更好，也可能变得更糟；可能是正确的，也可能是错误的；可能是有意识的，也可能是无意识的（Mayer, 2011; Schunk, 2020）。这种变化必须是由经验（个体与环境之间的相互作用）引起的，才能称为学习。那些仅由成熟导致的变化（如长高、头发变白等）不能称为学习。由疾病、疲劳、药物及饥饿等导致的暂时变化也不是一般定义上的学习。一个两天没有进食的人不是"学习"到了饥饿。当然，在我们应对饥饿的过程中，学习起着一定的作用。

我们的定义指出，学习引起的变化发生在个体的知识、行为或行为的潜能中。大多数心理学家同意这个看法，但认知心理学家更倾向于强调知识上的变化，而行为主义心理学家则更强调行为上的变化。行为的潜能是指即使个体并不总是将变化付诸行动，学习也会发生。潜能就在那里，即使行为只会在情境或动机正确的情况下才会发生（Klein, 2015）。

本章讨论的心理学家支持**行为主义学习理论（behavioral learning theory）**。行为主义学习观关注行为的变化，并且强调外部事件对个体的影响。一些早期的行为主义者，如 J. B. 华生（J. B. Watson, 1919），持有激进的观点，认为思维、意图，以及其他一些内在心理事件是看不见的，或不能进行严格、科学的研究。这些被他称为"心灵主义"的概念甚至不应该被包括在学习的解释之中。

有时，人们将学习的行为主义解释与一些令人不安的教学方法联系起来，这些教学方法听起来属于非常糟糕的行为矫正的范畴。行为矫正会让人想到洗脑、惩罚，甚至休克疗法。正如你将在本章中看到的，基于行为主义学习观的教学和治疗方法，更准确的术语是"应用行为分析"（Cooper et al., 2020）。在探讨行为主义学习理论和基于这些观点的策略之前，我们先来考虑一些重要的伦理问题。

### 7.1.1 伦理问题

使用本章所述策略相关的伦理问题，与任何试图影响人们的过程面临的问题相似。目标是什么？这些目标如何与教师或学校的目标相对应？策略会对所涉及的个体产生什么影响？教师或多数人是否被赋予了过多的控制权？

**1. 目标**

诚然，教师可能需要建立一些组织和秩序来改善行为，但仅靠行为的改善并不能确保学业学习。相反，在一些情境中，支持学业学习可能会导致行为的改善。教师应尽可能地强调将这些策略应用于学业学习。与课堂行为的变化相比，学业上的改进更能成功地推广到其他情境中去。

**2. 策略**

本章后面讨论的惩罚会产生消极的作用：学生会将惩罚当作攻击性行为的示范，同时惩罚会带给学生消极的情感体验。惩罚是不必要的，甚至是不道德的。积极方法的潜在危险更少，也能取得不错的效果。如果更简单、更少限制的方法失效了，再试试更复杂的方法。

选择策略需要考虑的第二个问题是策略对学生所产生的影响。例如，一些教师会和家长合作，让家长根据孩子在学校的良好表现给予他们礼物或特别的活动作为奖励。但如果一个学生曾因学校的负面报告而遭受家长严厉的惩罚，那么以家庭为基础的奖励计划可能就会对该学生产生不利影响。有关学生在校进展不理想的报告，可能会导致家庭虐待的增加。在阅读本章策略时，请牢记这些注意事项。在深入探讨行为主义学习观之前，让我们走进一个真实的课堂，看一看学习可能产生什么样的结果。

### 7.1.2 学习并非尽如所见

跟随合作的教师进行了数周的见习后，伊丽莎白（Elisabeth）准备独立接管八年级的一个班级，讲授社会研究课。当她走向讲台时，她忽然看到她的学院主管罗斯（Ross）先生正要走进教室。伊丽莎白的脖子和面部肌肉顿时变得非常紧绷。

"我顺便来看看，算是我的第一次听课。"罗斯先生说，"我昨晚发信息想告诉你这件事，但我一定是发错人了——对不起。"

虽然伊丽莎白努力掩饰她的紧张反应，但当她整理上课讲义时，还是禁不住双手颤抖。她转身面向她的学生，开始介绍今天的主题。

"今天，我们先做一个游戏。首先，我会说一些词语，然后请大家告诉我你们第一时间联想到了什么词语，我会将这些词语写在黑板上。当然，请大家一个一个地说，而且要等其他人说完后再说你想到的词语。好了，第一个词语：奴隶制。"

"南北战争。""林肯（Lincoln）。""自由。""解放黑奴宣言。"……学生们回答得很快，伊丽莎白看到学生们领会了这个游戏，不由得松了一口气。

"好，非常好。"她说，"第二个词语是'南方'。"

"南卡罗来纳州。""南达科他州。""南方公园。"……"不，是（美国南北战争时的）南部邦联。""奴隶制。""《琼斯（Jones）的自由国度》（一部以美国南北战争时期为背景的电影）。""马修·麦康纳（Matthew McConaughey，美国著名演员，在《琼斯的自由国度》中扮演一名士兵）。"……话音刚落，教室里传来了一阵笑声。

"马修·麦康纳！"伊丽莎白很吃惊，然后恍然大悟。于是，她也跟着笑起来了，很快全班哄堂大笑。"好了，安静下来。"伊丽莎白说，"下一个词语是'北方'。"

"Bluebellies"（美国南北战争时期的北军），学生们继续笑。"吉力贝啫喱豆（Jelly Bellies，一种糖果）""肚皮舞演员"……他们笑得更大声了，有些还做起了不适当的手势。

"等会儿，"伊丽莎白说道，"这些可有点离题（off base）了。"

"'离题'？——棒球！"（"off base"在棒球中指"未触垒"）第一个提起"马修·麦康纳"的男孩大叫起来。

他站起来，模仿大谷翔平（Shohei Ohtani，美国著名棒球投手）将纸团扔给坐在教室后面的一个好朋友。

"旧金山天使队（美国职业棒球队之一）。""球赛。""热狗。""爆米花。""电影。"《琼斯的自由国度》。""马修·麦康纳。"……此刻学生们回答很迅速，伊丽莎白根本来不及阻止他们。出于某些原因，当有人第二次提起马修·麦康纳的时候，引起了更大的哄堂大笑。伊丽莎白突然意识到这堂课已经失去了控制。

"好吧，既然你们如此熟悉南北战争，请你们合上书，拿出笔。"伊丽莎白说。很显然，她非常生气。她将原打算让学生合作讨论并开卷完成的试卷发下去，说："请你们在20分钟内完成测验。"

"你没有事先告诉我们有测验！""这不公平！""我们还没有学过这些东西！""我又没有做错什么！"学生们不停地抱怨并做鬼脸，甚至连那些沉稳的学生也开始起哄。"我要告诉校长，这是侵犯学生权利的！"

学生们最后的这个反击击中了伊丽莎白的要害。因为这个班的学生在学习南北战争这个单元前，刚学习了关于人权的内容。伊丽莎白听着这些抗议，感到糟糕透顶。她该如何进行这项"测验"呢？试卷上的第一部分是有关南北战争期间发生的事件，第二部分是要求学生制订一个计划，去采访那些受战争影响的平常百姓。

"好了，好了，这不作为考试测验了，但你们必须要完成这个试卷。你们可以一起合作完成，不过你们今天的行为让我觉得你们还没有做好小组学习的准备。如果你们能安静、认真地完成第一部分，就可以合作完成第二部分。"伊丽莎白知道她的学生喜欢一起写新闻采访部分的文稿。

伊丽莎白不敢回头去看她的主管，他会在听课表上写些什么呢？

从表面上看，伊丽莎白的这堂课几乎没有任何形式的学习。事实上，伊丽莎白有一些很好的想法，但她在运用学习原理时却犯了一些错误。在本章的内容中，我们将多次回顾这个案例中的课堂情景，用以分析教学过程中所发生的事件的各个方面。我们先挑出四件事情进行分析，其中每一件都涉及一个不同的学习过程。

首先，学生能将"南卡罗来纳州""南达科他州"，以及"公园"跟"南方"联系起来；其次，当学院主管走进教室时，伊丽莎白的双手颤抖；再次，一个学生用不适宜的回答继续扰乱课堂教学；最后，当伊丽莎白对一个学生的回答发笑后，全班学生都跟着哄堂大笑。事实上，这里描述的四个学习过程分别是邻近学习、经典性条件作用、操作性条件作用，以及观察学习。接下来，我们将介绍这四种学习，先从邻近学习开始。

## 7.2　早期对学习的解释：邻近和经典性条件作用

最早的一种对学习的解释来自亚里士多德（Aristotle，公元前384—322）。他指出，当事物相似、相反或邻近时，我们就会同时记住这些事物。其中最后一条原则是最重要的，因为各种认为"学习是通过联结而发生"的观点都包含了这一原则。**邻近**（contiguity）原则指出，如果两种或多种感觉一起发生的频率足够高，它们就会产生关联。随后，只要这些感觉中的一种（一个**刺激**，stimulus）出现，其他感觉也会被激起（一个**反应**，response）（Gluck et al., 2020; Klein, 2015）。例如，当伊丽莎白说起"南方"时，学生们就联想到"南卡罗来纳州""南达科他州"和"公园"，因为他们已经多次听到这些词语关连在一起。当然，学生学习这些词语也涉及其他学习过程，但邻近学习是其中一个因素。邻近学习对另一种众所周知的学习过程——经典性条件作用，同样具有重要影响作用。

> **停下来，想一想**
>
> 闭上你的眼睛，聚精会神地想象生动的画面：法式炸薯条烹饪的香味、你在学校里非常尴尬的一次经历、巧克力软糖的味道、牙医钻孔的声响。脑海中想象这些画面时，你都注意到了哪些信息？

你是否会跟我一样：想象牙医钻孔的声响时，脖子的肌肉就会绷紧；想到咸咸的炸薯条和柔滑浓郁的巧克力会真的流口水——尤其是现在，上午 11 点 50 分，而我早餐只吃了一片吐司。记得我在学校遇到的第一件尴尬的事情发生在高中，我当着全校师生的面做侧手翻时摔了一跤。每每想起这件事，我都感到有些后怕。**经典性条件作用**（classical conditioning）关注不随意的情绪或生理反应的学习，如害怕、肌肉紧张增加、唾液分泌或出汗等，这些有时也被称为"**反射**"（respondent）。它们是对刺激的一种自动反应。通过经典性条件作用过程，人类和动物可以被训练成对某种刺激做出不随意反应，而这种刺激之前对他们没有任何影响，或者有非常不同的影响。刺激会自动引发或导致反应。

经典性条件作用是在 20 世纪 20 年代由俄国生理学家伊万·巴甫洛夫（Ivan Pavlov）发现的。他试图确定"狗在喂食后多长时间会分泌唾液"，结果发现，狗分泌唾液的间隔时间是不断变化的。起初，如预期的那样，这些狗在喂食时会分泌唾液。接着，只要它们一看见食物就开始分泌唾液。再后来，只要一听到科学家走进实验室的脚步声，它们就开始分泌唾液。于是巴甫洛夫决定绕道而行，暂时放下他原先的实验计划，先好好来研究这些意料之外的干扰因素，也就是最初被他称作"心理反射"的现象。

在他早期实验中，巴甫洛夫使用蜂鸣器发出一个声音，然后记录狗的反应。如他所料，狗没有分泌唾液。这种情况下，声音是一个**中性刺激**（neutral stimulus），因为它不会引起狗分泌唾液。紧接着，巴甫洛夫给狗喂食，狗分泌了唾液。这时，食物就是**无条件刺激**（unconditioned stimulus，US），因为食物引起的唾液分泌是自然发生的，所以二者之间的联系是自然建立的，不需要事先的训练或条件作用。同样的，唾液分泌也是**无条件反应**（unconditioned response，UR），因为它是自动发生的，不需要条件作用。

通过使用食物、唾液分泌和蜂鸣器声响这三个要素，巴甫洛夫证实：经过训练后狗可以形成条件作用，在听到蜂鸣器发出的声响后分泌唾液。为此，他不断地将声音与食物进行配对。在开启蜂鸣器后他会很快给狗喂食。如此重复几次后，狗在听到声音但尚未得到食物之前就已经开始分泌唾液了。此时，声音（就像科学家们走进实验室的脚步声）就成了**条件刺激**（conditioned stimulus，CS），能够单独引起唾液分泌；而听到声音后的唾液分泌，则是**条件反应**（conditioned response，CR）。为什么会发生上述情况？一种解释集中在期望或可预测性上，狗学会了先前的中性刺激（蜂鸣器的声音），现在能预测无条件刺激（食物）的出现，因此动物以一种预期反应（分泌唾液）来回应声音——为食物做好准备或期待食物。只要声音帮助狗预期"食物正在路上"的信息，那么声音与唾液分泌的联结或条件作用就会发生。因此，经典条件作用基本上是预测我们无法控制的未来事件，这对于生存是非常有用的技能。例如，也许我们最早的祖先吃了一点有毒的食物，导致他们恶心想吐，然后他们仅仅闻到食物的味道就觉得恶心了，这样就避免了他们将来再食用这种致命的食物（Gluck et al.，2020；O'Doherty et al.，2017）。

如果你认为巴甫洛夫的条件作用已经过时了，那么请想一想，广告在多大程度上依赖于将特定属性与某些产品配对。例如乔治·克鲁尼［George Clooney，2006 年被《人物》（People）杂志评选为"最性感男人"］代言某品牌咖啡。乔治让喝该品牌咖啡变成了一件性感且高雅的事吗？广告商希望你这么想（Unkelbach & Högden，2019）。请看下面这段从《今日美国》（USA Today）中摘录的文字。它描写了一次以"Y 世代"（指出生于 1977—1994 年的人）为目标群体的商品宣传活动。

*"Mountain Dew"（激浪饮料）的高管们对这种广告策略有自己的说法：巴甫洛夫式的联结。通过在冲浪、滑板和单板滑雪比赛中派发品牌样品，"在商品品牌和令人极度兴奋的体验之间产生了巴甫洛夫式的联结"，生产这个饮料的 Pepsi（百事）公司的高级营销主管戴夫·伯维奇（Dave Burwich）说道。（Horwovitz，2002，p.B2）*

也许，他们还可以分发数学作业！

我们对各种情境的许多情绪反应，一部分可能是通过经典性条件作用习得的。医生有一个称为"白大褂综合征"的术语，用来形容有些人在医生办公室接受检查时，只要看到给他们检查的人穿着白大褂，血压就会升高（一种不随意反应）。另一个例子是伊丽莎白看到学院主管时双手颤抖，这或许可以追溯到过去绩效评估时产生的不愉快体验，而现在仅仅是想到被人评估就能让她心跳加快、手心冒汗。还记得本章开始，在口头报告前生病的学生吗？他可能已经习惯了在公开演讲时出现不愉快的生理反应。经典性条件作用不仅对营销经理有启示，对教师也同样存在着深远影响。我们需要记住，学生在课堂中不仅学习各种事实和观点，还将学到情感和态度。情感学习有时会干扰学业学习，而基于经典性条件作用设计的一些教学程序也可以用来帮助人们学习更多的适应性情绪反应，正如下列"实践指南"中所建议的。

| 实践指南 |

### 经典性条件作用的应用

将积极、快乐的事件与学习任务联结起来。

例如：

（1）强调团体竞争与合作，而不是个体竞争。许多学生对个体竞争存在消极的情感反应，而这种消极的情感反应可能会泛化到其他学习中。

（2）让学生决定如何平均分配茶点，然后让他们吃掉所分配的茶点，以此让除法练习变得有趣。

（3）创造舒适的阅读角落，如摆放枕头、色彩鲜艳的书籍和阅读道具（如木偶）等，以此鼓励学生主动读书。

帮助学生自愿、成功地体验会引发焦虑的情境。

例如：

（1）指派一名害羞的学生负责教另外两名学生分发地图学习材料。

（2）为实现较大目标，先设置一些小步骤。例如，对于害怕考试的学生，先每天进行一些不评分的小测试练习，然后再每星期进行一次。

（3）如果一个学生害怕在全班同学面前发言，就让这名学生先坐着向一个小组同学读报告，接着站着读，接着只报告重点而不逐字逐句读。逐步让学生走到讲台上向全班同学做报告。

帮助学生辨认情境间的差异或相似之处，从而使他们能恰当地进行分化和泛化。

例如：

（1）向学生解释，让他们明白拒绝陌生人的礼物是正确的；但如果父母在场，那么接受这种好意也是安全的。

（2）让那些有高考焦虑的学生相信，这些考试和他们参加过的所有其他考试是一样的。

## 7.3 操作性条件作用：尝试新的反应

到目前为止，我们一直关注于反射式反应的自动化条件作用，比如唾液分泌、害怕，以及喝某种品牌的咖啡感到性感。但是显而易见，并不是所有的人类学习都是无意的，也不是所有的行为都是自动化的。实际上，人们会积极地操纵环境，这些有意识的行为被称为 操作性行为（operants）。人们把包含了操作性行为的学习过程称为 "操作性条件作用"（operant conditioning），因为我们正是在对环境实施操作的过程中习得了特定方式的行为。

一般认为，操作性条件作用这一概念的提出与发展都应归功于伯勒斯·弗雷德里克·斯金纳（Burrhus Frederic Skinner, 1904—1990）。斯金纳在宾夕法尼亚州的农村长大，曾希望大学毕业后成为一名作家，但最终选择了心理学研究生院——这证明有时候第二次选择的结果真的很好！作为世界上最知名的心理学家之一，斯金纳一开始就坚信经典性条件作用的原则只能解释一小部分的习得行为。经典性条件作用可以让狗对食物的到来做好准备（通过分泌唾液），但并不能帮助它找到下一顿饭（Gluck et al., 2020）。经典性条件作用只能解释现有反应是如何与新的刺激匹配的，并不能解释新的操作性行为是如何学会的这一更常见的现象。

像反应、动作等词一样，行为（behavior）是用来描述人们在某个情境中特定的所作所为的（请注意，行为和反应在本书中的意思是一样的）。从概念上讲，我们可以把行为看作一个三明治，夹在两种环境影响之间：行为前的**先行事件**（antecedent），以及行为后的**结果**（consequence）（Skinner, 1950, 1953）。这种关系简言之就是先行事件—行为—结果，也被称为 A-B-C（Kazdin, 2008）。同时，在行为进行过程中，某一特定结果可能成为下一个 ABC 序列的先行事件。有关操作性条件作用的研究表明，操作性行为可能会随着先行事件、结果或者二者共同的变化而变化。早期的研究主要关注结果，且通常以老鼠或鸽子作为研究对象。

### 7.3.1 结果的类型

> **停下来，想一想**
>
> 回想以前教过你的老师中有谁会使用奖励或惩罚措施。试着回忆不同类型的奖励方法。
> - 具体奖励（贴纸、食物、奖品、证书）。
> - 活动奖励（自由时间、猜谜游戏、自由阅读、电脑游戏时间）。
> - "免除"式奖励（取消家庭作业、取消每周测验）。
> - 社会性奖励（表扬、认可、领导角色）。
>
> 还有哪些惩罚措施呢？
> - 失去特别待遇（不能坐在你想坐的位置、不能和朋友一起工作）。
> - 罚"款"（减分、降级、扣钱）。
> - 附加任务（增加家庭作业、绕着操场跑步、罚做俯卧撑）。

根据行为主义的观点，行为的结果在很大程度上决定了一个人是否重复会导致该结果的这一行为，行为结果的类型与时间进程能加强或减弱行为。首先，我们先看看能够加强行为的结果。

**1. 强化**

虽然人们普遍将**强化**（reinforcement）理解为"奖励"，但这个术语在心理学中却有其特定的含义。**强化物**（reinforcer）是指能够增强它所跟随的行为的任何结果。因此，根据定义可知，受到强化的行为，其频率会增加或持续时间会延长——行为发生的频率或时长。如果你看到一个行为持续出现，或随着时间有所加强，那么你就可以假定这个行为的结果对个体而言是一个强化物（Alberto & Troutman, 2017; Cooper et al., 2020）。强化过程如下图所示：

|  | 结果 | 影响 |
|---|---|---|
| 行为 ——→ | 强化物 ——→ | 加强或重复的行为 |

我们能够确定食物是饥饿动物的强化物，但对人类而言呢？任何行为的结果能否起到强化作用，这取决于个体对事件的认知，以及此事件对他的意义。例如，有些学生因为行为不良而多次被送进校长办公室，这似乎说明，虽然有些结果并不是我们想要的，却成了正在强化他们行为的强化物。顺便说一句，斯金纳本人并没有探讨为什么强化物能够加强行为。因为他认为讨论类似于观念或意义之类的"虚构的结构"是没有意义的。斯金纳只是描述了特定的操作性行为会因为特定的行为结果而加强的这样一种趋势（Skinner, 1953, 1989）。

强化有两种类型（Cooper et al., 2020）：第一种是**正强化**（positive reinforcement）。当行为或反应导致新的刺激出现或呈现时，正强化就产生了。正强化的案例包括，当鸽子啄击红键时食物颗粒出现了，一个学生从椅子上摔下来引起班上同学欢呼和哄堂大笑，或穿上新衣服获得了许多赞美。

值得注意的是，虽然有些得到强化的行为（如从椅子上摔下来）在老师看来并不是"积极"的，但正强化仍然照常发生着。对不恰当行为的正强化会在许多课堂上不经意发生。教师在无意中强化了学生的问题行为，从而帮助他们维持问题行为。比如，当男孩第一次回答"马修·麦康纳"的时候，伊丽莎白大笑，这可能在无意中强化了课堂上的问题行为。当然，学生的问题行为也可能是由于其他原因而得以持续的，但伊丽莎白的笑的确起到了一定的作用。

若增强行为的结果是出现（增加）一个新刺激，这一情境被界定为正强化；反之，若增强行为的结果是撤除（减去）一个刺激，这一过程被称为**负强化（negative reinforcement）**。如果某个特定的行为能帮助我们避免或逃避一个令人厌恶的情境，那么，这个行为可能会在相似的情境中再次发生。一个常见的例子是汽车安全带的蜂鸣器：只要你系上安全带，刺耳的蜂鸣声就会停止。那么，以后你就可能会重复"系好安全带"这个行为（这个过程就是强化），因为该行为使令人厌恶的蜂鸣声刺激消失了——因此这种强化是负强化。

现在想想本章开始的那个学生的案例，他临到口头报告就会假装生病，然后会被送进医务室——假装生病这一行为使他逃避了公开演讲这个令人厌恶的刺激，所以假装生病就部分通过负强化而得到了持续。由于假装生病移除了不愉快的刺激（报告），所以这是负向的；而移除刺激的行为（假装生病）在未来会有所增加或重复，因此这是强化。

重要的是要记住，负强化中的"负"不意味着得到强化的行为一定是消极或不好的，其含义与"负数"更为接近——指一些事情被减去了。因此，请试着将正强化、负强化与行为的结果（增加了或减少了某些东西）联系起来，这一结果会增加（强化）该行为。

**2. 惩罚**

负强化常常与惩罚相混淆。为避免这一错误，请牢记：强化（无论正、负）过程总是与行为的增加和增强有关，而**惩罚（punishment）**则涉及降低或抑制行为。假如一个行为发生后，个体受到惩罚，那么以后在相似的情境中人们就不太可能重复这个行为。再次强调，是结果产生的影响决定了结果是否是惩罚，而不同的人对什么是惩罚有着不同的理解。例如，一个学生可能认为停学是一种惩罚，而另一个学生则完全不介意休学。惩罚的过程如下图所示：

行为 → 结果（惩罚） → 影响（行为削弱或减少）

与强化一样，惩罚也有两种形式。第一种被称为 I 型惩罚，但该术语包含的信息太过简单，因此，我们称其为**呈现性惩罚（presentation punishment）**，即行为后呈现某刺激，且该刺激抑制或减少了行为。如教师斥责学生、布置额外的作业、让学生多跑几圈等，这些时候教师都在使用呈现性惩罚。我们称另一类惩罚（II 型惩罚）为**撤除性惩罚（removal punishment）**，即行为后撤销某刺激。如教师或父母在小孩行为不良时，撤销对他们的特别待遇，运用的就是撤除性惩罚。这两种类型的惩罚都是为了减少导致惩罚的行为。图 7-1 总结了强化和惩罚的过程。

### 7.3.2 强化和惩罚的神经科学

很多理论都对强化和惩罚能够奏效进行解释。例如，一些心理学家认为强化物是人们喜爱的活动，或者它能够满足人们的需要。另一些心理学家则认为强化物能够减少紧张。在第 3 章的学习中，我们对大脑相关知识的了解正在日益增加。基于对动物和人的研究，研究者发现，大脑的很多区域都参与了新行为的学习过程。例如，小脑的某些部分参与简单的反射学习（如学习跟随特定的音调眨眼），而大脑的其他部分则参与学习如何避免电击等痛苦刺激（Klein，2015；Schwartz et al.，2002）。

还有一些研究者探讨了动物和人为何能以特定方式做出行为反应，以获得刺激和强化。研究发现，对于饥饿的老鼠，刺激它们大脑的某些区域会使其忽略食物，并继续做任何能使刺激继续来临的事情。这些相同的大脑系统也

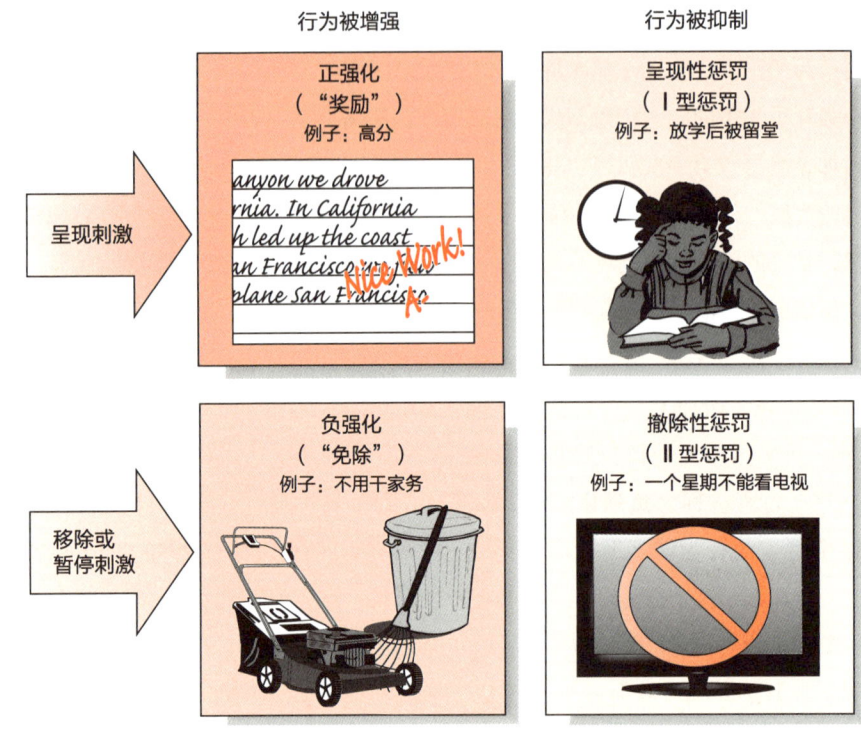

图 7-1 强化和惩罚的过程

注：人们常常将负强化与惩罚相混淆，这个图可以帮助你记住，强化通常与行为的增强相联系，而惩罚则通常是为了减少或抑制行为。

与人们通过进食、音乐所体验到的快乐有关。可能正是我们大脑内众多区域极其复杂的活动模式，使我们能够享受某些体验。现在看来，大脑的某些系统会发出"喜欢"信号，而其他系统则与动机有关——我们有多"想要"某样东西，或者我们会为之付出多大的努力。大脑中的化学物质多巴胺与我们对强化物的需要有关。大脑也会产生类似于鸦片的化学物质，这些物质与对强化物的喜好有关。这些老鼠无视食物，努力寻求电刺激，很可能"更想要"刺激而不是食物，尽管他们仍然"喜欢"食物。如果一个结果同时影响了大脑中的"想要"系统和"喜欢"系统，那么这个结果就可能是一个强大的强化物（Gluck et al., 2020）。也有证据表明，在低收入社区长大的学生，他们获取奖励的机会减少了，他们大脑中与奖励预期相关的区域活动也减少了。这其中的原因尚不清楚，但奖励驱动行为受损与青少年时期的破坏性结果有关，如犯罪和滥用药物（Mullins et al., 2020）。

### 7.3.3 强化程序

人们在学习新行为时，如果每一次正确的反应都得到强化，那么就会很快习得这个行为，这就是连续强化程序（continuous reinforcement schedule）。然后，当人们已经掌握了新行为后，对其进行间歇性、偶尔的强化（而不是每次都强化），则该行为能得到很好的保持。间歇强化程序（intermittent reinforcement schedule）能帮助学生维持技能，而不必期待持续的强化。在此，补充一个真实的故事——斯金纳是在一个周末发现了间歇强化程序的力量。当时他没有足够的食物对老鼠的每一次正确行为都予以强化，他并没有补充食物，而是尝试分散强化物——在两到三次正确的试验后（而不是一次）给予强化物，老鼠依然有很好的表现。这个令人兴奋的结果"强化"了斯金纳对强化时机和可预测性的关注，并由此引发了他对强化程序的研究（Gluck et al., 2020）。

间歇强化程序分为两种：一种称为**间隔程序**（interval schedule），即以两次强化物之间的时间间隔为基础；另一种称为**比率程序**（ratio schedule），以两次强化物之间学习者做出的反应次数为基础。间隔程序和比率程序既可以是固定的（可预测的），也可以是变化的（不可预测的）。表7-1总结了5种强化程序（连续强化程序和四种间歇强化程序）。

**表7-1　5种强化程序**

| 程序 | 定义 | 范例 | 反应模式 | 强化停止时的反应 |
|---|---|---|---|---|
| 连续强化 | 强化每一次反应 | 打开电视；从自动售货机购买糖果 | 快速学会反应 | 持续性很差；反应快速消失 |
| 定时距强化 | 在一段固定时间后给予强化 | 随着每周测验的临近而学习；洗碗周期（在特定时间段后清洗餐具） | 随着强化时间临近，反应比率提高；强化后，反应比率降低 | 持续性差；当强化时间过去而没有强化物出现时，反应迅速消失 |
| 变时距强化 | 在变化的时间间隔后给予强化 | 突击测验；发短信（收到回复的时间不定）；观鸟（发现一种新的鸟类时间不定） | 反应缓慢、稳定；强化后行为较少停止 | 持续性较好；反应比率缓慢降低 |
| 定比率强化 | 在一定的反应次数后给予强化 | 电话推销员每登记100张信用卡就会获得一笔奖金；（为筹集资金而进行的）烤饼义卖 | 反应速度快；强化后行为暂停 | 持续性差；当预期的反应次数达到而强化仍未出现时，反应比率迅速降低 |
| 变比率强化 | 在变化的反应次数后给予强化 | 投币式老虎机 | 反应比率非常高；强化后行为很少停止 | 持续性很好；反应比率保持高水平，然后逐渐下降 |

资料来源：Based on information in Alberto, P. A., & Troutman, A. C. (2017). *Applied behavior analysis for teachers* (9th ed.). Boston, MA: Pearson; Cooper, J. O., Heron, T. E., & Heward, W. L. (2020). *Applied behavior analysis* (3rd ed.). Hoboken, NJ: Pearson.

不同强化程序对行为反应有何影响呢？行为表现的速度依赖于强化的可控制性。如果强化是根据你做出反应的次数所决定的，那么，你就会感觉能更多地控制强化。你累积正确反应的次数越快，强化就来得越快。一位教师说："只要你们正确完成这10道题，就可以使用课堂平板电脑。"而另一位老师说："在20分钟内完成这10道题目，然后我将检查你们的作业，做对10道题的同学可以使用课堂平板电脑。"相比之下，第一位老师可能会激发学生更快的表现。

行为的持续依赖于强化的不可预测性。连续强化和两种类型的固定强化（比率和间隔）都是可以预测的，我们能够预测等待多长时间或进行多少反应后会得到强化。但是，如果实际上并没有如我们所料地获得强化，我们通常就会很快地放弃该行为。因此，为了使行为持续下去，变化的强化程序是最适宜的。在一篇有关瓦洛里·刘易斯（Valorie Lewis，《今日美国》主办的年度优秀教师和优秀教师集体评选项目"美国教师团队"的成员之一）的文章中，有一个非常好的例子，说明了学生在变化强化程序中的持续性。她的一位同事在描述刘易斯所带的三年级班级时说："学生害怕缺席，因为他们不想冒险错过任何东西。刘易斯老师从来不会把她精心计划的特别活动告诉学生，所以他们必须每天都出勤，以防万一"（S. Johnson, 2008, p.7D）。如果逐渐改变强化程序，直到它变得非常"匮乏"，即只有在很多次反应或间隔了很长时间后强化才发生——这时人们就可以在根本没有强化的条件下长时间地坚持该行为。看看那些玩投币式自动赌博机的赌徒们，就可以知道这种"匮乏的"强化程序是多么强大了！

当暂时取消强化时，强化程序会影响我们是否坚持行为反应。那么，如果强化完全停止了，又会发生什么呢？

### 消退

在经典性条件作用中，当条件刺激出现而无条件刺激没有随之出现时（呈现声音，但不给予食物），条件反应就消退了或消失不见了（呈现声音后不再分泌唾液）；在操作性条件作用中，如果通常出现的强化物长时间没有出现，人或动物就不再坚持特定的行为，这一行为也会慢慢消失或停止。例如，你三番五次给某人发短信，但从未得到回复，不久你就会放弃。完全撤除强化物会导致行为**消退（extinction）**。不过，这个过程可能需要一段时间。如果你曾试图通过不关注孩子来"熄灭"他的脾气，你就会知道这一点。通常情况下，孩子会赢，因为你放弃了对她的忽视——行为并没有消退，反而发生了间歇性强化。当然，这可能会纵容孩子今后更顽固地发脾气。

### 7.3.4 先行事件与行为改变

在操作性条件作用中，先行事件是指发生在行为之前的事件。要想判断哪些行为会引起积极结果，哪些行为会引起不愉快结果，我们就需要依靠先前事件来提供一些信息。斯金纳的鸽子学会了在灯亮的时候啄击来获得食物，灯灭时不啄击，因为灯灭的时候就算啄击了，食物也不会出现。换句话说，它们学会了使用先前事件（灯光）作为辨别啄击可能产生何种结果的一个线索。在这里，鸽子的啄击受到了**刺激控制（stimulus control）**，即受到不同灯光刺激的控制。其实我们人类也是这样的。例如，虽然我早已搬到了城镇另一头的新办公楼，但我自己还曾不止一次地转到旧办公地点的停车场去，这是因为当我开车的时候，旧的地标线索总促使我自动地、不知不觉地开向旧的办公地点。另一个例子据说是一个真实的故事：一个银行抢劫者开车逃亡时被警察抓住了，原因是她很守规矩地在红灯前停车了。红灯这个刺激对她来说已经成为一种自动化控制。我们所有人都在学习辨别不同的线索，理解各种情境的含义。你会在什么时候向你的室友借车，在一场激烈的争执后还是在你们俩在派对上玩得很开心以后？教师可以在课堂上有意识地使用这些线索。

**1. 有效指令传递**

使用何种类型的指令，是提高学生课堂积极反应的一个重要先行事件。关于**有效指令传递（effective instruction delivery，EID）**的研究发现：简明扼要、清晰明确、传达期望结果的指令，要比模棱两可的指令更有效；陈述优于提问；你应该和学生保持较近的距离，从教室另一边大声喊出来的指令不太可能奏效，理想情况是，首先和学生保持目光接触，然后给予学生指令（Radley & Dart, 2016）。扎卡里·拉布罗特（Zachary LaBrot）和他的同事们（2018，2020）成功地培训了父母如何使用有效指令传递来帮助他们患有智力和发展障碍的孩子。这些父母根据的是表 7-2 中的指导方针，这些方针对老师也是很好的指导。

### 表 7-2 使用有效指令传递（EID）

有效指令传递（effective instruction delivery，EID）是一种基于实证的程序，旨在提高学生遵守成人指令的程度。EID 包括成人改变向学生传达指令的方式。以下是使用 EID 的具体指导：

- 和学生保持较近的距离（即与学生保持在 5 英尺内的距离，而不是在教室的另一边）
- 要求眼神接触（例如，"布拉德（Brad），请看着我"）
- 当学生提供眼神接触时予以赞扬（例如，"谢谢你看着我"）
- 使用命令而不是问题来传达指令（例如，"仔细听下一句话"而不是"你能专心听吗？"）
- 在传达指令时要具体描述（例如，"把手机关机，放进书包"而不是"把手机收起来"）
- 给学生 5 秒钟的时间来启动并遵守你的指令
- 当学生遵守你的指令时予以表扬（例如，"快速、安静地回到座位上，做得很好！"）

范例：
"布拉德，看着我。太棒了，布拉德，请注意听我说！开始做你的数学作业吧。（等待 5 秒钟，让学生遵从指令）太好了！谢谢你这么快就开始做数学作业。"

资料来源：LaBrot, Z. C., Kupzyk, S., Strong-Bak, W., Pasqua, J. L., & Mahon, J. (2020). Examination of group-based behavioral skills training for parents of children with intellectual and neurodevelopmental disorders. *Child & Family Behavior Therapy*.

### 2. 提供线索

顾名思义，**提供线索**（cueing）就是在某一行为发生前提供先行刺激的一种行为。提供线索特别适用于促成那些必须在特定时间发生但却容易遗忘的行为。在与年轻的学生打交道时，教师常常发现自己会在事情发生后纠正他们："你们要什么时候才开始记住……"这样的提醒常常引来学生的愤怒。因为错误已经犯了，学生们只有两种选择：要么承诺下次更努力一些；要么抱怨说"你为什么不放过我呢"。两种反应都不会令人满意。给予学生非评价性的线索，可以帮助教师防止此类消极对抗的发生。例如，在考试之前，教育心理学教师可能会说："记住，人们经常混淆负强化和惩罚，这次考试中的一些问题会测试你对这两者区别的理解。"当学生在测试中取得好成绩时，教师可以强化学生的成就感，而不是说："你还是不懂……"（Alberto & Troutman，2017）。

那么，在实际生活中，我们该如何来应用这些原则呢？在下一个模块中，我们将一起探讨这一问题。

## 模块 22 小结

### 理解学习

**学习是什么？**

尽管理论家对学习的定义意见不一，但大部分人都同意这样的观点：学习是指由经验引起的个体的知识或行为的变化。简单地由成熟、疾病、疲劳或饥饿引起的变化不属于学习的一般范畴。行为主义理论家强调环境刺激在学习中的作用，并关注行为——可观察的反应。行为学习过程包括邻近学习、经典性条件作用、操作性条件作用和观察学习。

### 早期对学习的解释：邻近和经典性条件作用

**中性刺激是如何变成条件刺激的？**

巴甫洛夫发现了经典性条件作用。在经典性条件作用中，一个中性刺激多次与能引起情绪或生理反应的刺激配对，随后，这个中性刺激单独就能引起反应——也就是说，通过条件作用，该中性刺激能引起一个条件反应，中性刺激就变成了条件刺激。

**经典性条件作用的日常例子有哪些？**

这里列举了一些，你可以再想想还有哪些。当你闻到自己喜爱的食物味道时，就会分泌唾液；当你听到牙医的电钻响声时，就会感到紧张不安；当你登上舞台时，就会感到紧张；当你踏上一架飞机时，就会感到紧张。

**操作性条件作用：尝试新的反应**

**根据什么将一个行为结果界定为强化或者惩罚？**

根据斯金纳的操作性条件作用的概念，人们是通过有意识反应所产生的影响进行学习的。对于某个个体来说，行为结果产生的影响可能是强化，也可能是惩罚。如果结果加强或维持了引起结果的反应，那么就可将这个结果定义为强化；如果结果减少或抑制了引起结果的反应，那就可将这个结果定义为惩罚。

**负强化经常与惩罚相混淆，它们的区别是什么？**

强化（正或负的）的过程总是涉及行为的增强。只要想要的行为一出现，教师就立刻通过撤除一些令人讨厌的事情来强化想要的行为。因为结果包括撤除或"减去"一个刺激，所以这种强化是负强化。而惩罚涉及降低或抑制行为。一个行为发生后受到惩罚，以后在类似情境中，个体就不太可能重复这个行为。

**如何鼓励行为的持续性？**

比率程序（以反应数量为基础）鼓励学生有更高的反应率，变化程序（以变化的反应数量或变化的时间间隔为基础）则可以鼓励反应的持续性。

**什么是提供线索？**

提供线索是在某一行为应该发生前提供先行刺激的一种行为。提供线索特别适用于促成那些必须在特定时间发生但却容易遗忘的行为。

---

## 模块 23　应用行为分析

**学习目标 7.4**　应用行为主义的方法来矫正课堂内外的行为，如采用应用行为分析方法来鼓励和消退行为，其他方法还包括塑造、正向练习、相倚契约、代币强化、团体后果，以及恰当地使用惩罚。

### 7.4　综合考虑：应用行为分析

行为主义的学习观对教学做出了一些重要贡献，包括明确学习目标和直接教学的体系（我们将在第 14 章讨论教学时再涉及这些主题）；以及班级管理系统，如团体后果、相倚契约和代币制等。当学习目标是习得某些确定信息或改变某些行为，以及当学习材料是连续的和事实性的，这些方法是有用的。**应用行为分析**（applied behavior analysis）指运用行为主义的学习原理来改变上述情境中的行为（Alberto & Troutman, 2017; Cooper et al., 2020; Kazdin, 2008）。

理想情况下，应用行为分析需要明确说明要改变的行为，仔细测量行为，分析维持不良行为或不受欢迎行为的先行事件和强化物，以行为主义的学习原则为基础实施行为改变的干预措施，以及仔细测量行为的变化。在针对应用行为分析的研究中，研究者常用 ABAB 设计范式（详见第 1 章）。也就是说，研究者先测量行为的基线水平（A）；接着实施干预（B）；然后停止干预，观察行为是否回到原有的基线水平（A）；然后重新实施干预（B）。

在实际的课堂教学过程，教师通常不能严格遵守 ABAB 的所有步骤，但他们可以做到：

（1）明确说明需要改变的行为和目标。例如，如果学生在计算中因为"粗心"而犯了很多错误，那么你的目标是每 10 道题只错 1 道还是每 20 道题只错 1 道？

（2）仔细观察并记录该行为的当前水平。现在每 10

道题或每 20 道题会错几道？出现错误的原因是什么？学生在限时测验中是否会犯更多的错误？家庭作业呢？小组作业呢？与一天中的某些时间有关系吗？

（3）使用先前事件、结果或二者兼有，设计具体的干预方案。例如，每完成 1 道没有计算错误的题，就给学生额外 1 分钟的电脑时间。

（4）跟踪干预结果，必要时修改计划。

现在让我们探讨一下完成第三个步骤"干预"时可用到的一些具体方法。

### 7.4.1 鼓励行为的方法

就像我们先前讨论的，鼓励行为就是强化行为。下面是一些鼓励学生现有行为或教授新行为的具体方法，包括教师的关注和表扬、普雷马克原理、塑造和积极练习。

#### 1. 以教师关注进行强化

许多心理学家建议教师应该"强调积极的一面"——即表扬学生的良好行为，同时忽视不良行为。事实上，一些研究者相信："在对儿童的强化上，成人关注是最有力也通常是最有效的形式之一"（Cooper et al., 2020, p.267）。与此相关的一种策略是差别强化（differential reinforcement），即忽视不恰当的行为，同时确保只要恰当的行为一出现就立即对其进行强化。例如，如果一个学生容易做与任务无关的评论（"这周五游戏时间是什么时候"），你就应该忽略这个评论，但一旦他做出了与任务相关的贡献，你就应立刻给予肯定。

这种表扬和忽视并行的方法虽然有用，但不要指望它能解决所有的课堂管理问题。一些研究显示，当教师使用积极结果（大多是表扬）作为唯一的课堂管理策略时，学生的捣乱行为仍会持续不止（McGoey & DuPaul, 2000; Sullivan & O'Leary, 1990）。此外，其他学生的关注强化了问题行为，教师对其置之不理也无济于事。

使用表扬时，还需要注意另一点。仅仅说一些表扬的话并不能改善行为。要想行之有效，表扬还必须：①取决于被强化的行为；②清楚地说明正在被强化的行为是什么；③是可信的（Friend & Bursuck, 2019; O'Leary & O'Leary, 1977），也就是说，表扬应该是针对良好行为的真诚认可。这样，学生才会明白他们因为做了什么而获得了认可。此外，一些证据表明，在学生成功时表扬他们聪明，如果下次表现不佳，就会削弱他们的积极性。当这种情况发生时，与那些早先被表扬为学习努力的学生相比，被表扬为聪明的学生可能就不会那么坚持不懈，也不会那么喜欢这项任务了（Mueller & Dweck, 1998）。最后，一些心理学家指出，教师使用表扬可能会使学生为了获得教师的赞许，而不是学习本身而学习。所以也许最好的建议就是，教师需要了解滥用或误用表扬可能会带来的害处，并据此进行引导。综合布罗菲（Brophy, 1981）对该问题的全面回顾、艾伦·卡兹丁（Alan Kazdin, 2008）与家长和教师合作的相关经验，以及托德·芬利（Todd Finley, 2017）的研究，我们就如何有效地使用表扬提出了一些建议。具体内容详见下面的实践指南。

| 实践指南 |

### 操作性条件作用的应用——恰当地使用表扬

清晰且系统地给予表扬。

例如：

（1）确保表扬是即时的，并与适当的行为直接挂钩。

（2）确保学生理解是哪个具体的行为或成就受到了表扬。如"你确保小组中的每个人都有机会发言，给我留下了深刻印象"，而不是"领导小组的工作做得很好"。

真诚地给予表扬，而非评价或控制（Willingham, 2006）

例如：

（1）表扬并赞赏学生的努力、成就和行动——特别是当学生做了帮助他人的行为时。

（2）不要评价学生的性格或人格——表扬行为，而不是针对个人本身。

（3）不要偷偷摸摸地试图控制学生，比如说："你的日记很容易读，你为什么不每次都写得这么好呢？"

（4）一个相关的例子是，不要"狗尾续貂"——在表扬之后附加批评，就像"本周作业完成得不错。这可是头一回啊，你怎么啦？"

以每个人的能力和不足为基础设立表扬的标准。

例如：

（1）结合学生个人过去的努力，表扬其进步或成就。

（2）让学生关注自身的进步，而不是与别人进行比较。

将学生的成功归因于他们的努力和能力，以使他们获得自信——自己可以再取得成功。

例如：

（1）不要给学生这样的暗示：成功可能是因为运气、额外的帮助或简单的材料。

（2）请学生描述他们遇到的一些问题，以及他们是如何解决的。

让表扬真正起到强化作用。

例如：

（1）不要企图通过表扬一些学生来影响班上其他学生。这个策略经常适得其反，因为学生能看出你的意图。另外，这样做还可能让受到表扬的学生感到尴尬。

（2）不要仅仅为了平衡学生的失败而给予他们不应得的表扬。这并不能安慰学生，反而会让人们注意到学生没能力获得真正的认可。不应得的表扬，会微妙地向学生传达你的想法："可怜的孩子——你已经尽力了。虽然你尽力了，结果还是很糟糕，这是因为你没有能力做得更好。"相反，你应该对每个人都抱有高的、可实现的期望。

（3）让表扬具有一定的不可预测性，这样学生就不会"对表扬上瘾"。请记住间歇性强化的力量。

（4）不要让表扬成为变相的批评，比如"好吧，你终于写出了值得一读的东西"。

认可真正的成功，不要用不应得的表扬来"提高自尊"。

例如：

（1）奖励实现了特定目标的学生，而并非仅是参与者。

（2）不要仅仅因为安静和不扰乱课堂秩序而奖励不参与的学生。

（3）将表扬与学生的能力提高或成就的价值联系起来。如教师可以说："我注意到你把所有的题目都检查了两遍。你的分数反映了你细心的工作。"

### 2. 选择强化物：普雷马克原理

在大多数课堂上，有许多现成的强化物，如与其他同学谈话的机会、玩电脑、有自由时间、免除作业或考试、选择自己的座位、领队、成为老师的助手或者给班上小动物喂食等。然而，教师提供这些机会的方式往往比较随意。就像表扬一样，如果教师将特别待遇和奖励与学生的学习与积极行为直接关联，那么就能极大地促进学生的学习和教师所期望的学生行为。

以大卫·普雷马克（David Premack, 1965）的名字命名的**普雷马克原理**（Premack principle），是帮助教师选择有效的强化物的有用指南。根据该原理，一种个体喜欢的活动可以成为一种个体不太喜欢的活动的有效强化物。有时人们称之为"祖母规则"，即"先做我想让你做的事情，然后做你自己喜欢做的事情"。例如，伊丽莎白在课堂上就使用了这个原理，她要求学生先安静地独自完成试卷上的第一部分内容，然后他们就可以合作完成关于南北战争的新闻采访活动。

如果学生不需要学习，他们会做什么呢？这个问题的答案给我们提供了多种可能的强化物。对大部分学生来说，聊天、在教室里走动、挨着好朋友坐、免除考试或作业、编辑班级网页、使用电脑、制作视频或者玩游戏，都是他们非常喜爱的活动。决定哪种强化物最适合学生的方法，就是观察学生在自由时间干什么。

想要普雷马克原理奏效，学生不太喜欢的行为必须先发生。看看下面这段对话，注意教师是如何失去了使用普雷马克原理的最好时机。

**学生**：哦，不！我们今天还必须再学习语法吗？其他班级的同学都在讨论我们今天上午在礼堂看的演出呢！

**教师**：但是其他班级的学生昨天就学完了这些句子，我们还有一些没讲完。如果我们不完成语法的学习，我担心你们会忘记昨天复习过的语法规则。

**学生**：为什么我们不在快下课时再学习这些句子，而现在先讨论演出呢？

**教师**：好吧，但你们要答应我等会儿努力学完这些句子。

讨论演出可以作为学完语法课的强化物。实际上，该班原本可以花整段时间讨论戏剧，但现在，这位老师不得不在讨论进行得如火如荼的时候打断它，然后坚持让学生回到语法规则的学习上来。

### 3. 塑造

如果学生在学习的初始阶段迟迟无法掌握一项技能，因而一直得不到强化的机会，那情况会怎样呢？思考以下例子：

> 一个四年级的学生看着刚刚发下的数学试卷："又是差不多一半的题目连一分都没有得到，而这些题目中的每一道题，我都只是犯了一个很愚蠢的错误。我讨厌数学。"
>
> 一个十年级学生每天都在找理由不去参加体育课的垒球运动，因为这个学生从未成功地接住过球，所以他现在拒绝再进行尝试。

在这两个情境中，学生在学习上都没有获得强化，因为他们努力的最终结果都不够好。我们可以很肯定地预测，不用多久，这些学生就会开始讨厌上课或者讨厌某个学科，甚至可能会讨厌任课老师和学校。防止这类问题发生的一种方法就是应用**塑造**（shaping）策略，也称**连续接近技术**（successive approximation）。塑造涉及对过程的强化，而不是等待尽善尽美时才进行强化。

为了使用塑造策略，教师必须熟悉学生最终要掌握的复杂行为，然后将这个行为分解成许多小的、可管理的步骤。确定小步骤的一种方法叫**任务分析**（task analysis），该方法最早由R. B. 米勒（R. B. Miller, 1962）提出，用于帮助武装部队训练人员。米勒的系统首先界定了最后的表现要求，也就是受训人员（或学生）在项目或单元结束时必须做到的事情。然后，再明确通向最后目标的步骤。该程序只需逆向把技能和过程分解为子技能或子过程——通向成功的小步骤。

在下面这个任务分析的例子中，教师要求学生在研究的基础上写一篇表明自己立场的论文。如果教师在布置论文前没有进行任务分析，那么会发生什么情况呢？一些学生可能不知道如何进行系统的计算机研究：他们可能只阅读了维基百科的一两个词条，然后仅以这些简略的阅读为基础开始写他们的立场。另一组学生可能知道如何使用搜索引擎进行在线研究，而且也知道如何使用书目索引获得信息，但是他们不擅长整合这些信息并得出结论，于是最终交上一篇冗长的论文，列举了各种不同思想的要点，但没有任何的综合论述或结论。再一组学生可能得出了结论，但他们写的文章内容混淆、语法错误，以致教师看不懂他们要表达什么。虽然每组学生受挫的原因各不相同，但他们都没能很好地完成这次作业。

任务分析展示了通向最终目标的各个步骤的逻辑顺序。了解这个逻辑顺序，可以帮助教师确保学生在进行下一步骤之前已具备了必要的技能。此外，当学生遇到困难时，教师能够精准地指出问题所在。许多行为可以通过塑造得到改善，特别是那些需要坚持、耐力、提高正确率、提高速度或大量练习才能掌握的技能。塑造是一个旷日持久的过程，因此，如果能通过更简单的办法（如提供线索）获得成功，就不必使用塑造策略了。

下面的"实践指南"总结了鼓励积极行为的几种方法，可以供你参考。

## 实践指南

### 操作性条件作用的应用——鼓励积极行为

确保以学生看重的方式快速认可他们的积极行为。

例如：

(1) 说明班级规章制度时，设定遵守制度的积极结果和违反制度的消极结果。

(2) 给予第二次机会，认可学生承认错误的诚实行为。例如，"因为你承认了你的论文是从书上抄来的，所以我给你一次重写的机会"。

(3) 为学业努力提供学生期望的奖励，如额外的休息时间、免除家庭作业或测验，或者对主要课程给予附加分等。

在学生学习新材料或尝试新技能时，给予大量的强化。

例如：

(1) 在每个学生的第一次人体素描中，找出（真正）好的地方并加以评论。

(2) 强化学生之间互相鼓励的行为。"法语的发音一开始很难，很别扭。让我们相互帮助，当有同学勇敢地尝试一个新单词时，我们其他人不应取笑他。"

新行为建立后，使用不可预测的强化程序进行强化，以此鼓励学生不断坚持。

例如：

(1) 对参与班级活动并表现出色的同学给予惊喜奖励。

(2) 每节课开始时给学生出一个简短、书面形式的附加题。学生不一定要回答，但如果答对了，将在学期总成绩中加分。

(3) 确定好学生会不时因为他们的优秀表现而获得表扬，不要认为他们的表现是理所当然的。

使用普雷马克原理找出有效的强化物。

例如：

(1) 观察学生在自由时间都做些什么。

(2) 注意哪些学生喜欢与他人合作。与朋友一起合作的机会，对他们就是一个很好的强化物。

使用线索帮助学生建立新行为。

例如：

(1) 在教室里张贴幽默的标记，以提醒学生遵守班级制度。

(2) 学期伊始，当学生走进教室时，让他们注意黑板的表格上列出的物件，这些是他们来教室时应该带着的。

确保所有学生，包括那些经常惹麻烦的学生，只要表现好就能获得表扬、特殊待遇或其他奖励。

例如：

(1) 不时翻翻学生名单，确定每个学生都得到了一些强化。

(2) 制定强化标准，让每个学生都有可能得到奖励。

(3) 反思自己的偏爱。男生比女生会得到更多强化的机会吗？还是女生比男生多？不同种族学生获得强化的情况又是怎样的？

建立各种各样的强化物。

例如：

(1) 让学生自己提出他们想要的强化物，或者让他们从"菜单"中选择"每周特别"强化物。

(2) 和其他老师或家长讨论有关强化物的想法。

## 7.4.2 相倚契约、代币强化和团体后果

上面我们介绍了如何将积极强化融入你的课堂管理系统的方法、普雷马克原理和塑造。我们再来看看有效课堂管理的其他范例——相倚契约、代币强化和团体后果。

### 1. 相倚契约

在**相倚契约**（contingency contract）方案中，教师会与每个学生分别制定一份个人契约，契约明确描述了学生为获得特殊待遇或奖励必须做的事情。有时，也可以由学生提出受强化的行为，以及希望获得什么奖励。契约协商的过程本身就是一种接受教育的过程，学生能从中学会建立合理的目标，并且学会遵守契约条款。此外，如果学生能参与目标的制定，他们往往会更致力于实现这些目标（Locke & Latham，2002；Schunk，2020；Schunk et al.，2014）。

图 7-2 是一个有关完成家庭作业的契约例子，它适用于中、高年级学生。这个契约应规定明确的目标、确定目标是否得到充分和全面实现的标准，以及实现目标成功和失败的后果。协议的一个重要部分是规定审查契约的时间，以确保契约条款清晰且有帮助，或适时做出调整。有关进展情况的信息还能够激励学生。

这是一份高年级学生的契约范例，可根据学生的情况和需要进行调整。

**契约**

本人_____，于本日_____
声明我同意做到以下几点：

**目标：**_____
1.
2.
3.
如果出现以下情况，目标将被视作完成：_____
_____

**目标达成的奖励：**_____
1.
2.
3.

**目标未达成的后果：**_____
1.
2.
3.
本契约将由学生和教师在以下日期进行审查：
_____
签署本契约，即表示各方同意文件中的规定，并将据此执行。
_____
（学生签名）　　　　日期
_____
（教师签名）　　　　日期

**图 7-2　一份基本相倚契约**

## 2. 代币强化制

> **停下来，想一想**
>
> 你参加过通过用点数或积累分数来换取奖品的活动吗？你是某个飞行常客俱乐部的会员吗？你的信用卡上有积分吗？你从"买十赠一"的活动中获得过类似免费咖啡的实惠，或因为填满打孔卡得到过免费冰沙吗？这些活动方案会影响你的消费习惯吗？对我而言，答案是肯定的。我买任何东西几乎都会使用信用卡付款，因为这样可以得到积分。出于同样的原因，我也总是乘坐同一家航空公司的飞机。我正在参与一个代币强化系统。

通常情况下，要迅速为所有应该得到积极结果的学生提供积极结果是非常困难的一件事，但**代币强化制**（token reinforcement system）可以帮助解决这一问题，即让所有的学生借由学业表现或积极的课堂行为而赚得代币。代币可以是点数、支票、打在卡片上的小孔、筹码、游戏币或其他任何容易识别为学生财产的东西。学生可以定期将所挣得的代币兑换成一些想要的奖励（Alberto & Troutman, 2017; Kazdin, 2001）。

根据学生的年龄，奖品可以是小玩具、学习用品、自由时间、特别的班级工作、带回家的小奖状、有时间听音乐或玩电脑、挨着好朋友坐的机会或其他特殊待遇。这种制度被称为"代币经济"，在建立之初，教师最好按照连续的强化程序发放代币，并让学生有机会能尽早和经常将代币换成奖励。然而，等到代币制已经运作良好后，代币的分发就应该遵照间歇强化程序来进行，并逐渐延长学生每次兑换奖励的间隔时间。

另一种变通方式就是让学生在课堂上挣代币，然后回家换成奖励。如果父母愿意合作，这种方式会非常成功。学校定时（通常每天或一星期两次）用纸条或报告的形式把学生的表现告诉学生家长，纸条上标明前段时期学生在学校所挣的点数，而点数可以换成几分钟的看电视或玩电子游戏时间、使用特殊玩具的机会或与父母在一起的私人时间。同样，学生可以把点数攒起来，以换取更大的奖励，如旅行。但是，如果你觉得孩子可能会因追求完美而感到压力或者因表现不好而受到惩罚，那么就不要使用这种方法（Jurbergs et al., 2007）。

但是，代币强化复杂且费时。一般来说，只有在下列三种情境下才使用它：①激发那些对学习毫无兴趣的学生的学习动力，且其他方法均不奏效时；②鼓励在学习上一直没有取得进步的学生；③处理失去控制的班级。有些群体的学生会比另一些学生从代币制中获益更多。患有智力障碍的学生、经常失败的学生、缺乏学习技巧的学生、有问题行为的学生，似乎在接受具体、直接的代币强化后，其表现均有起色。

此部分有关代币强化和相倚契约的内容仅是入门性的介绍，如果你想在班级大规模地设立奖励机制，你可能需要寻求专业意见。通常学校心理学家、教学顾问或校长可以为你提供帮助。

## 3. 团体后果

教师可以基于某些特定学生的行为对全班进行强化。比如，"如果午睡时间一结束，贾马库斯（Jamarcus）、伊万（Evan）和梅（Mei）就离开他们的垫子，那么全班学生将可以吃到一个特别的点心"。同样，教师也可以基于每一个学生的累积行为对全班进行强化，比如把全班或小组中每个学生的得分加到一起，并据此给予全班学生奖励。

> **设身处地想一想**
>
> 想象一下，你是得克萨斯州一个小镇上非常聪明的三年级学生。你的模仿能力很强，喜欢讲笑话。因为你有时会对课堂节奏感到厌烦，所以你宁愿找乐子，也不愿意专心听课。因此你会制造麻烦。聪明的老师会怎么做呢？她告诉你和全班同学，如果大家一周都努力学习，那么你就可以在每周五下午为全班同学表演你的单口相声。故事中的"你"是杰米·福克斯（Jamie Foxx，一位著名美国演员）。在问题迎刃而解后，杰米·福克斯开始了他的演艺大师生涯。

在"设身处地想一想"专栏中,老师将个人后果(对杰米)和团体后果(对全班)结合起来使用,并在此过程中延长了每个人的学习时间。

**良好行为比赛**(good behavior game)是一个更有条理的团体后果例子。首先,教师和学生讨论如何使课堂变得更好。接着,他们一起找出阻碍学习的行为。基于讨论,教师和学生制定出班级规章制度,并将全班学生分成两组或三组,如果某个学生违反规则,就要给该学生所在的小组做一个记号。一段时间后,记号最少的小组就会得到一份特别的奖励或一项特殊待遇(更长的休息时间、先去吃午餐、让小组的"太空船"更接近"月球"等)。如果所有组的记号数目都比预期的少,他们就都能得到奖励。有时,班级还需要制定"不打小报告"规则,这样小组就不会把时间都花在指出彼此的错误上了。多数研究表明,尽管这种游戏对学生学业成绩的提高不大,但对良好行为规则中所列的行为却有明显的改善。此外,这种游戏形式还能预防学生多种行为问题,尤其是在经常出现问题的课堂上。该程序的一个重要方面就是要确保所提供的奖励具有吸引力和价值。如果使用"良好行为比赛",可以先对学生进行调查,以确定他们对奖励的偏好(Flower et al., 2014; Tingstrom et al., 2006)。

如果我们将针对学业成就的干预措施添加到经证实有效果的良好行为比赛中,会发生什么呢?凯瑟琳·布拉德肖(Catherine Bradshaw)及其同事就是这样做的(Bradshaw et al., 2009)。他们对678名来自城市的一年级学生进行了追踪调查,一直到高中毕业,其中大部分是非洲裔学生。在一年级时,这些学生要么参加控制组,要么参加两个特定项目中的一个:①以课堂为中心的干预——将良好行为比赛与提升学业的课程相结合(出声朗读、撰写日志、读者剧场、批判性思维技能、含羞草数学、小组活动等);②以家庭为中心的干预——提高父母在家庭阅读和数学活动中的参与,并且帮助他们制定更好的管理孩子的策略。结果发现,参加前一项目的孩子(以课堂为中心的干预),十二年级时在标准成就测验上取得了更高的分数,较少被转介到特殊教育服务,有更高的高中毕业率,并且有更高的大学录取率。而参加后一项目的孩子(以家庭为中心的干预),仅在阅读测试中取得了较小的显著性成效。因此,早期投入时间和精力来帮助学生学习积极行为和学习技能,在未来数年内就可以看到成效。

当然,不将全班分组,你同样可以使用**团体后果**(group consequences)。也就是说,你可以基于全班学生的行为给予强化。然而,教师在使用小组方法时需要慎重:如果某个学生行为不当或犯了错误,但小组对这个学生并没有真正的影响力,那么这时整个小组就不应因此而受惩罚。我曾看到这样一个情景:当老师宣布班上某个男孩将转学到其他学校时,该班所有学生都欢呼雀跃,整个教室充斥着"不用再被扣分啦!不用再被扣分啦!"的叫喊声。"扣分"指的是每次如果有人违反了纪律,教师就罚全班一分。一分意味着失去5分钟的休息时间,而该班就曾因为那个转学的男孩而失去了很多休息时间。同学们一开始就不喜欢这个男孩,虽然罚分制度在维持纪律方面很有效,但它让这名男孩受到其他同学的排斥。

同伴压力并非都不好,支持和鼓励形式的同伴压力可以产生积极的影响。当学生在乎同伴的认可时,我们建议使用团体后果(Theodore et al., 2001)。如果有些学生的不良行为似乎受到其他学生的关注和笑声鼓励,那么此时使用团体后果将更加有效。教师可以教学生如何给予同学支持和建设性反馈。但是,对于少数几个似乎很享受破坏纪律所带来的结果的学生,教师就需要单独安排了,比如把所有的"破坏者"单独放在一个小组。

### 7.4.3 处理问题行为

在探讨处理问题行为的方法之前,我们先花点时间思考一下学生扰乱课堂秩序或违反纪律的原因。我们从杰米·福克斯的故事中看到了一个原因——他只是觉得无聊,同时也是一位出色的表演者。对于一个三年级的学生来说,享受朋友们的欢声笑语比专注于他已经理解的课程要有意义得多。其他可能的原因——也许学生有未被发现的学习障碍，或者缺乏交朋友的社交技巧，以扰乱课堂秩序作为发泄不满或引起注意的方式；也许是因为教材中很少出现他的种族或民族，或者老师似乎对他的期望值很低，所以学生觉得与课程没有联系。不当行为的背后是什么？你的教学方法和教材是否适合学生？有时，课堂混乱或学生缺乏积极性，都表明教师需要改变教学方法。也许是班级规则不明确或执行不一致；也许你的指导含糊不清；也许课文太简单或太难，或者节奏不对。如果存在这些问题，奖励或惩罚可能会暂时改善情况，但学生在学习教材时仍然会遇到困难。所以首先要做的事就是改进教学。教师应关注事物积极的一面，与学生建立关爱和尊重的关系，保持正确的教学进度和难度，设计引人入胜、与文化相适应的课程和作业。

假设你已经很好地解决了所有这些问题，但有些问题仍然存在——那现在该怎么办？有时，你必须应对不良行为，要么是因为其他方法无效，要么是因为行为本身很危险，需要采取直接行动。为此，负强化、正向练习过度矫正、训斥、反应代价和社会隔离都是可行的解决方案。

### 1. 负强化

首先，回忆一下负强化的基本原理：如果一个行为能制止或避免一些不愉快的事情，那么这个行为就会在类似的情境中再次发生。在伊丽莎白的课堂中也发生过负强化。当学生不满和抱怨后，他们躲过了测验。因此，负强化可能会增加未来学生抱怨的频率。

当然，负强化也可用来加强学习。为此，你可以将学生放置在适度不愉快的情境中，一旦他们的行为改善了，他们就可以"逃离"这个不愉快的情境。请看下面的例子。

*教师对三年级的学生说："等你们把所有的东西放进柜子里，并且每个人都安静坐好以后，我们就出去休息。否则的话，我们就错过休息时间了。"*

*高中教师对一个很少完成课堂作业的学生说："只要你完成作业，你就可以到大礼堂和大家一起上课。如果完不成，你就必须待在自习室做作业。"*

*电影《舞动天地》（Take the Lead）里的安东尼奥·班德拉斯（Antonio Banderas）与一些完全不合作的高中生在一起上课，他给这些学生播放他们所讨厌的音乐。直到全班学生都站好队，而且准备练习舞蹈动作时，班德拉斯才关掉这些令他们讨厌的音乐。*

你可能会感到疑惑，为什么这些负强化的例子不被视为惩罚呢？毕竟，在休息时间还要待在教室、不能和全班一起参加特别项目、听不喜欢的音乐都是一种惩罚。但重点是，上述几个例子所关注的焦点都是加强某种特定的行为（如放好物品、完成课堂作业、站好队并与老师合作）。只要适当行为一出现，教师就撤除一些令人厌恶的东西，从而增强（强化）该行为。因为这种结果中包含了撤除或"减去"某种刺激，因此，这种强化是负强化。

负强化同时也给了学生一个练习自我控制的机会。错过休息或者听厌恶的音乐都是不愉快的情境，但在上述的每个例子中，学生仍然掌握着对情境的控制权。只要他们表现出恰当的行为，不愉快的情境就会结束。反之，惩罚往往发生在事件之后，学生无法轻易控制或终止惩罚。

负强化有几条规则：以积极的方式描述你所希冀的改变；不要虚张声势；确信你能实施你所设定的不愉快的情境；尽管有抱怨但仍要坚持到底；坚持在行动上执行，而不是承诺。如果因为学生承诺了"下次会表现更好"，你就终止了不愉快情境，那么你强化的是做出承诺，而不是做出改变（Alberto & Troutman, 2017; O'Leary, 1995）。

### 2. 正向练习过度矫正

请记住，有一个要素贯穿每个行为学习计划之中——正确行为的具体练习。与流行的观点相反，练习并不能造就完美。练习会使所练习的行为长久有效，因此，练习准确的行为非常重要。在**正向练习过度矫正**（positive practice overcorrection）中，学生用积极的行为替代消极的行为。这种方法尤其适用于处理学习上的错误。当学生犯错时，他们必须尽快改正，并练习正确的反应。同样的原则也适用于学生违反课堂纪律的情况。学生可能会被要求练习正确的替代行动,而不是受到惩罚。例如,进入教室后立即将书包放到指定位置。这一过程被称为"正向练习过度矫正",因为正确的行为会被练习到过度学习并几乎成为自动化行为(Copoer et al., 2020; Marvin et al., 2010)。

### 3. 训斥

我女儿所在的小学有一份名为《联合杂志》的报纸。我在这份报纸上读到了一个《我为什么喜欢学校》的故事。该故事是一个四年级学生写的,其中有这样几句话:"我也喜欢我的老师,她帮助我领悟知识和学习。她对每个人都很好,就连她对学生生气的方式我也喜欢。她不会在全班同学面前斥责学生,而是选择私下找他们谈话。"

温柔、平静、私下的 训斥(reprimand),比在公开场合大声训斥更能有效减少捣乱行为(Landrum & Kauffman, 2006)。研究显示,如果教师当着全班同学的面大声训斥学生,捣乱行为会增加或维持在一定水平上。这是因为有些学生希望他们的不良行为得到全班同学的认可,或者不想让同学看到他们"输给"了老师。如果教师不经常训斥学生,班级气氛整体较为积极、温暖,那么学生通常会很快地对私下训斥做出反应(Kaplan, 1991)。

### 4. 反应代价

交过罚款的人应该很熟悉 反应代价(response cost) 的概念。由于某些违反制度的行为,人们会失去一些强化物——钱、时间、特别待遇等(Walker et al., 2004)。课堂中,教师可以有很多使用反应代价的方式。如,学生第一次违反纪律时,教师予以警告;第二次,教师就在评分本上给该生做一个记号,并规定,每累积一个记号,学生就会失去两分钟的休息时间。对于高年级学生来说,一连串的记号意味着他将失去小组合作或使用电脑的特权。

### 5. 社会隔离

减少不良行为的最惹人争议的方法就是 社会隔离(social isolation)策略,通常也被称为 "强化暂停"(time out),是全世界最常见的纪律处分程序之一(Dadds & Tully, 2019)。社会隔离过程包括让非常捣蛋的学生离开教室5～10分钟,他孤零零地待在空荡、无趣的房间里——这种惩罚就是暂时地与其他人隔离。学生被叫到校长办公室或者被罚坐在教室的角落,其效果与让他们单独待在空房间里是不一样的。但需要注意的是,如果短暂的隔离不能改善处境,那么就不要让学生单独待更长时间。艾伦·卡兹丁(2008)是一位数十年来致力于帮助教师和家长积极地与孩子合作的专家,他曾说:"如果你让学生待在外面的时间越来越长,这意味着你的策略失败了。所以,解决方案不是逐步增加时间,而是恰恰相反。如果你让学生经常并且长时间待在外面,这表明你需要做更多的事情来积极强化好的行为,以取代不想要的行为"(p.10)。这对于任何形式的惩罚都是一个好的建议。

那么,如何有效而富有同情心地使用强化暂停呢?马克·达兹(Mark Dadds)和露西·图利(Lucy Tully, 2019)为家长提供了以下指南,这对教师来说也很有意义:

(1)确保学生理解所期望的行为,以及为什么这些行为很重要。

(2)只针对学生可以控制的不当行为使用暂停,而不是针对错误或不可抗拒的压力反应使用暂停。学生如何应对错误或困扰,才是可以控制的部分。

(3)正如卡兹丁所警告的那样,如果你越来越频繁地使用暂停,或者使用的时间越来越长,那么它就不起作用了。请尝试其他方法。

(4)在执行暂停时,保持冷静和积极的态度。

(5)将暂停作为更大的积极应对措施的一部分,以促进温暖的师生关系,并肯定学生的价值。

(6)不要随意设定暂停时间。让学生通过短暂、稳定地恢复恰当的行为来控制暂停何时结束(这听起来像是负强化的良好运用)。

(7)在其他时间,帮助学生学习更积极的自我调节方式(参见第11章)。

(8)面对不同的学生、不同的情境,平等、公平地使用暂停。

最后还有一条重要的指导原则：如果你的学生经历过创伤，那么千万不要用隔离来应对他们的创伤症状。惩罚创伤症状，实际上会使创伤更加严重。就像在第4—6章中探讨的那样，此时我们应关注更积极的方法和社会支持。

### 6. 惩罚的注意事项

还记得我在介绍"团体后果"时所描述的学生"不用再被扣分啦！"的欢呼吗？教师实际上是在使用一个以惩罚为基础的系统，准确地说，是以撤除性惩罚为基础的系统。每次如果有人违反了纪律，教师就罚全班一分。一分意味着全班失去5分钟的休息时间。这一系统导致全班同学对主要违反规则的学生的排斥，因此，惩罚会产生社会情感和激励后果。例如，在以成人为被试的5项不同研究中，测试中答案错误的反馈比答案正确的反馈导致的学习效果要差。这一研究结果令人印象深刻，因为只有两个答案可供选择，所以如果有人告诉你"你的答案是错的"，那很明显另一个答案就是对的。失败反馈和成功反馈都让正确答案一目了然。也许别人说你错了，会让你对学习变得不再在意（Eskreis-Winkler & Fishaback，2019）。如果你必须提出建设性的批评意见，那么请将批评意见与学生事先了解的明确标准或规范联系起来，包括有关如何改进的反馈意见，并私下当面给予反馈（Fong et al., 2019）。

不幸的是，惩罚似乎是子女养育和学校教育中非常常见的一部分。我之所以说"不幸"，是因为一个又一个的研究证实，通常家庭和学校实施的惩罚本身并不起什么作用。惩罚只能告诉学生要停止做什么（通常，学生已经知道了），但并没有教他们应该做什么（Kazdin, 2008）。尤其是体罚，不仅没有效果还会伤害学生（Gershoff et al., 2019）。任何时候如果你想使用惩罚，都应该把它变成双管齐下的一部分：首先，实施惩罚，抑制不良行为；其次，明确学生应做的替代行为，并对那些想要的行为进行强化。这样，问题行为得到了抑制，而且积极行为也得到了强化。正如你将在下面的章节所看到的，新近的教学法更强调对积极行为的支持。"实践指南：操作性条件作用的应用——运用惩罚"中介绍了如何使用惩罚来达到积极的目的。

---

| 实践指南 |

## 操作性条件作用的应用——运用惩罚

设法创设可以运用负强化而非惩罚的情境。

例如：

（1）学生达到一定能力水平时，让学生避开不愉快的情境（如完成额外的练习作业、每周进行数学知识测验等）。

（2）坚决要求行动，而不是口头承诺。不要轻易被学生说服而改变协议的条款。

如果你使用了惩罚，那么要适度、短暂——然后与做正确的事情进行匹配。

例如：

（1）若对年幼的儿童进行暂停，时间不要超过2~5分钟，当学生恢复恰当行为时结束暂停。若采取扣分的方法，如果学生一天只能挣得5分，那么扣分就不要超过1分（Kazdin, 2008）。

（2）将短暂、适度的惩罚与学生做了正确事情或补偿而受到强化匹配起来。如果学生在洗手间涂鸦，那么短暂地惩罚他，同时让他洗掉涂鸦。

使用惩罚要前后一致。

例如：

（1）避免不经意地强化你本应惩罚的行为。私下与学生对质，这样学生就不会因在公开场所站起来与教师争辩而成为英雄。

（2）让学生预先了解违反规章制度的后果。对低年级学生，需要把主要的班级制度张贴出来；对高年级学生，则可在课程提纲中简要说明班级制度及违反的后果。

（3）告诉学生惩罚之前只有一次警告机会，教师要以平静的方式进行警告，然后严格执行。

（4）在合理的范围内，尽可能地确保惩罚无法回避且及时实施。

（5）当你生气时不要进行惩罚，因为你可能太苛刻了，随后还得收回惩罚——显得前后缺乏一致性。

关注学生的行为，而不是学生的个人品质。

例如：

（1）用平静而坚定的语气训斥学生。

（2）避免使用恶意或讽刺的词汇或语调。否则，当学生模仿你的讽刺时，你会听到自己生气时说的话。

（3）强调制止问题行为的必要性，避免表达出任何你不喜欢该学生的意思。

（4）清楚地知道你自己是否在不公平地惩罚少数族裔的学生：留堂或开除——你的政策和执行是否公平？

根据违规行为调整惩罚。

例如：

（1）忽略不足以捣乱课堂的轻微不良行为，或者可以用不赞成的眼光，或者朝那位学生走过去来制止这些不良行为。

（2）确保惩罚不会比学生犯的错误还恶劣——例如，不要因一次违反制度就取消学生的所有休息时间（Landrum & Kauffman, 2006）。只要能将惩罚不良行为与做了良好行为而得到的强化匹配起来，惩罚就会越少越有效。

（3）不要用家庭作业来惩罚学生的捣乱行为（如上课说话）。

（4）当学生为了获得同伴的认可而做出不良行为时，将他和那群朋友分开是有效的，因为这样才是真正地与强化情境隔离开。

（5）如果问题行为仍在继续，分析一下情境并尝试新的方法。你的惩罚可能不是很严厉，或者你无意中强化了不良行为。

我们重申：惩罚本身不能导致任何积极的行为。粗暴的惩罚向学生传达的是"强权即公理"，而且可能会鼓动学生的报复。此外，只有当惩罚者（如教师）在的时候，惩罚的效果才是最好的——当教师在教室时，学生会表现好些。然而，当教师离开或有代课老师时，这一系统就会坍塌。惩罚倾向于让学生关注行为对自身造成的结果，而不会让学生思考行为对他人的影响，因此惩罚无法培养学生对他人的同情与共情。最后，惩罚还会妨碍你和学生建立关爱的关系（Alberto & Troutman, 2017; Hardin, 2008; Kohn, 2005）。

## 模块 23 小结

### 应用行为分析的步骤是什么？

（1）明确指出要改变的行为并且设立目标。（2）观察当前行为的程度和可能的原因。（3）利用先行事件、后果或两者，制订具体的干预计划。（4）跟踪结果，必要时修改计划。

### 教师如何善用表扬和强化物？

教师的关注是一种强有力的强化物。表扬如果使用得当，可以支持学生的积极行为，但表扬加忽视的策略通常不足以改变学生的行为。普雷马克原则指出，高频行为（喜欢的活动）可以成为低频行为（不喜欢的活动）的有效强化剂。为学生确定合适强化物的最佳方法可能是观察他们在自由时间做什么。对于大多数学生来说，交谈、在房间里走动、挨着朋友坐、免于作业或考试、使用电脑的时间和玩游戏是他们喜欢的活动。

### 塑造何时是一种适当的方法？

塑造可以帮助学生每次一点点地发展新的反应，因此它适用于培养复杂的技能、努力实现困难的目标，以及增强持久性、耐力、准确性或速度。然而，由于塑造是一个耗时的过程，因此如果可以通过提供线索等简单的方法取得成功，就不应该使用这种方法。

**团体后果、相倚契约和代币计划的管理策略是什么？**

团体后果是指根据全班同学的行为来强化全班同学的行为。在相倚契约中，教师与每个学生签订个人契约，明确说明学生必须做什么才能获得特殊待遇或奖励。在代币计划中，学生通过学习成绩和积极的课堂行为获得代币（点数、纸片、打在卡片上的小孔、筹码等）。学生会定期用所挣的代币换取一些想要的奖励。教师必须谨慎使用这些方法，强调学习而不仅仅是"良好"行为。

**使用惩罚有哪些注意事项？**

惩罚本身不会带来任何积极的行为或对他人的同情，而且可能会影响与学生建立关爱关系。因此，无论何时考虑使用惩罚，都应双管齐下。首先，实施惩罚，抑制不良行为。其次，明确学生应该做什么，并对这些想要的行为进行强化。这样，在抑制问题行为的同时，积极的替代反应也得到了加强。

## 模块 24　行为主义理论的当前应用

**学习目标 7.5**　应用功能性行为评估、积极行为支持和自我管理技术。

**学习目标 7.6**　评价当代行为主义学习理论所面临的挑战，并解决其应用的相关问题。

### 7.5　当前应用：功能性行为评估、积极行为支持和自我管理

前面，当我们讨论如何应对问题行为时，我提醒你首先要问"为什么"——学生为什么会"生病"或行为异常？普通教育和特殊教育班级的教师们发现，有一种方法能奏效，就是首先提出一个类似的问题："学生通过问题行为能得到什么——这些行为有什么功能？"关注的焦点是行为的原因，而不是行为本身是什么（Kittelman et al., 2020; Pas et al., 2019）。问题行为发生的原因一般分为六类：

（1）获得他人关注——教师、父母或同伴。

（2）获得想要的物品或活动。

（3）获得感官刺激，如一些自闭症孩子通过摇摆或拍打手臂获得刺激。

（4）逃避来自大人或同伴的关注。

（5）逃避困难或无聊的任务、事件或情境。

（6）逃避痛苦或令人不安的感官刺激。

如果知道了问题行为的原因，教师就可以设计出支持积极行为的方法，从而发挥同样的作用。例如，我曾经和一位中学校长共事，他很担心学校里的一个男孩。这个男孩几年前失去了父亲，在一些学科（尤其是数学）上存在学习困难，他每周至少两次因为扰乱数学课堂教学秩序而被叫到校长办公室。当他来到办公室时，他得到了校长专一的关注。因为校长喜欢这个学生，并且担心他因为失去父亲而缺少男性的角色榜样，所以训斥之后，校长开始跟他谈论体育。我们很容易就能发现，这个男孩在课堂上捣乱的行为所起的作用——（1）破坏行为总能够让他逃避数学课（负强化）；（2）与校长一对一地交流（小小训斥之后的积极强化）。于是，校长、教师和我制定了支持学生进行数学积极行为的教学方案——给他额外的数学辅导；在他完成数学作业（而不是在课堂上调皮）后，让他和校长待在一起。这些新的积极行为提供了很多与旧的问题行为相同的功能。

## 7.5.1 发现"为什么":功能性行为评估

理解一个问题行为为什么发生的过程,就是大家所知道的**功能性行为评估**(functional behavioral assessment,FBA)。教师可以使用各种程序来确定情境中的"A-B-C"(先行事件–行为–结果),以期找出行为的原因。

很多不同的程序都可以帮助你确定课堂中某个特定行为的功能。你可以先就学生的行为与他们本人进行交谈。在一个研究中,采访者要求学生描述是他们的什么行为导致他们在学校陷入麻烦,在行为之前发生了什么,行为之后又发生了什么。尽管学生并不总能清晰地说出他们为什么会这样做,但是与关心他们、努力理解他们处境的成人进行谈话,而不是被成人训斥本身就能让学生受益匪浅(S. G. Murdock et al.,2005)。但是你需要做的还远不止与学生谈话,你可能还需要与父母或其他教师谈话。你要带着下面的种种疑问去观察学生行为的先行事件、行为以及结果(A-B-C):问题行为在什么时间、什么地点发生?涉及什么人或哪些活动?问题行为之前发生了什么(别人做了什么或说了什么;目标学生做了什么或说了什么)?行为之后发生了什么(你、其他学生或目标学生做了什么或说了什么)?通过参与该行为,那个学生得到了什么或借此逃避了什么(学生做出该行为之后发生了什么变化)?图 7-3 展示了一种更为结构化的方法——以简单的 ABC 分析为基础的功能性行为评估的观察指南。通过这一结构化的观察,教师很快就可以发现:每当进行课堂教学活动转换时,该学生的问题行为就会出现。同时,通过这一分析,学生问题行为的强化来源也很容易明确。

| 学生姓名:丹顿(Denton R.) | | 日期:2/25/2018 |
|---|---|---|
| 地点:B女士的代数II课堂 | | 观察者:D先生 |
| 开始时间:13:02 | | 结束时间:13:15 |
| A:先行事件 | B:行为 | C:结果 |
| 13:03 学生拿出书本,打开,准备上课。 | 丹顿拿出他的帽子,戴上。 | 丹顿周围的学生开始大笑,并说"嘿"。 |
| 13:05 老师注意到了丹顿,告诉他把帽子摘掉。 | 丹顿站起来,慢慢地将帽子摘掉,并且弯腰鞠躬。 | 学生们鼓掌。 |
| 13:14 老师提问丹顿。 | 丹顿说:"老兄,我不知道。" | 另一个学生说:"是的,你很笨。"其他人大笑。 |

**图 7-3 运用 ABC 框架进行功能性行为评估的简要结构化观察指南**

资料来源:Based on Friend, M. & Bursuck, W. D. (2019). *Including Students with Special Needs: A Practical Guide for Classroom Teachers* (8th Ed), p.407. Adapted by permission of Pearson Education, Inc.

同样的行为对于不同的学生可能有着不同的功能。例如,有研究者对三个学前儿童进行了功能性行为分析,发现其中两个学生表现出攻击或不合作行为是为了获得教师的关注,而第三个孩子却是想要逃避或避免教师的关注(Dufrene et al.,2007)。从功能性行为分析中得到信息后,教师就可以制定有针对性的干预方案,包括对每个学生的积极行为支持。如对前两个学生,当他们的行为满足了特定的标准时,给予他们想要的教师关注。对第三个孩子,则是当他的行为满足了特定标准时,就可以"独处"。

## 7.5.2 教育每一位学生:积极行为支持

我们在第 5 章中曾讨论过《残疾人教育法》(IDEA,2017),该法案要求给予患有障碍的学生,以及那些面临特殊教育安置风险的学生积极行为支持。所谓**积极行为支持**(positive behavior support,PBS),是指旨在用具有相同功能的新行为取代问题行为的干预措施。

积极行为支持可以帮助患有障碍的学生在全纳课堂上取得成功。有这样一个案例，一名患有智力障碍的5岁儿童，在接受了以普通教育教学人员和特殊教育教师所进行的功能性行为评估为基础的积极行为支持干预后，较短时间内其破坏性行为几乎消失了。该干预包括：确定分配的任务难度适中，为这些任务提供帮助，教授学生如何寻求协助，以及教授学生如何在分配的任务中请求休息（Soodak & McCarthy, 2006; Umbreit, 1995）。

从班级层面看，我们鼓励教师在班级里使用预矫正（pre-correction）等预防性策略，包括确定学生不良行为发生的情境、明确规定可替代的期望行为、改变情境以降低问题行为发生的可能性（如给学生提供线索或转移具有诱惑性的分心刺激）；接着，在新的情境中练习期望的积极行为，并且当积极行为发生时给予强有力的强化物。在使用积极行为支持的过程中，教师试图让学生参与进来，并提供积极的关注，始终如一地执行校规或班规，主动纠正破坏性行为，为使学生的行为平稳转变制订计划（Freiberg, 2006）。

但是，积极行为干预方法不只适用于个别学生或班级。事实上，全校范围的积极行为干预和支持（school-wide positive behavioral interventions and supports, SWPBIS）是最广泛采用的循证框架之一，美国有超过25 000所学校参与其中（Kittelman et al., 2019）。这一框架与第5章所述的三层干预措施非常契合（Friend & Bursuck, 2019; Pas et al., 2019）

第一层（初级预防）针对学校中约80%至85%的学生。教师和管理人员：

①就支持积极行为和纠正问题的共同方法达成共识；

②制定几个积极陈述的、具体的行为期望，并向所有学生传授这些期望的程序；

③确定一系列连续的方法（从小的、简单的到更复杂和更有力的），以此认可恰当的行为，并纠正错误行为；

④将积极行为支持程序与学校的纪律政策结合起来；

⑤考虑为所有学生增加品格培养计划和社交技能指导。

第二层（二级预防）采用小组干预的方式，为另外10%至15%需要更多帮助的学生提供行为支持，例子包括：

①小组咨询和辅导；

②对恰当行为进行结构化奖励；

③小组社交技能培训。

第三层（三级预防），针对1%至5%的学生：

①个体功能性行为评估（FBA）；

②个体咨询和家庭咨询；

③个别干预和应用行为分析计划。

研究显示，当整个学校对所有学生采用积极行为支持时，违纪转介（教师将学生转介给管理人员进行纪律处分的一种方式）减少了。对于行为问题风险最大的学生来说，改善尤为明显（Bradshaw et al., 2015）。由于大约50%的违纪转介来源于5%的学生，因此为他们制定干预措施是有意义的。例如，一项研究将参与了行为支持课程的初中生与没有参与该课程的学生进行比较，结果发现参与行为支持课程的学生的违纪转介，以及言语和身体攻击显著下降。另外，参与积极行为支持课程的学生，其学校的安全感也提升了（Metzler et al., 2001）。

尽管近年来操作性条件作用纳入了很多新的方法（如积极行为支持），但大多数行为心理学家发现操作性条件作用对学习的解释还是太局限了。随着行为主义学习观的发展，一些研究者增加了一个新的部分——自我管理。

### 7.5.3 自我管理

> **停下来，想一想**
>
> 在生活中，你需要对哪些方面进行自我管理？写下一个你想要增加的行为和一个你想要消除的行为。

本书贯穿始终的一个重要问题就是，学生在管理自己的学习过程中所扮演的角色——这也是当今心理学家和教育工作者都普遍关注的问题。这种关注不局限于任何一个群体或理论。不同的观点都集中在一个重要观念上：学生要对自己的学习负责，学习能力的好坏也取决于学生自身。学生必须积极主动——没有人可以替他人学习（Butler et al., 2017；Friend & Bursuck, 2019）。从行为主义的观点来看，学生可以参与一个基本行为改变计划中的任何或所有步骤；他们可以帮助设置目标、观察自己的工作、做记录并评估自己的表现。最后，学生可以选择并实现强化措施。

### 1. 目标设置

在**自我管理**（self-management）中，目标设置阶段非常重要（Reeve, 1996；Schunk et al., 2014）。一些研究表明，设定具体的目标并将目标公开是自我管理计划的关键要素。例如，S. C. 海斯（S. C. Hayes）及其同事曾识别出一些有严重学习问题的大学生，并教授他们如何制定具体的学习目标。结果发现，当测验内容涉及他们所学习的材料时，那些设定学习目标并将目标与实验者分享的大学生的测验成绩，显著好于那些私下设定学习目标并从未将目标告知任何人的学生（Hayes et al., 1985）。

一般而言，个体设置的标准越高，越能得到好的表现（Locke & Latham, 2002）。但什么样的目标才是重要的？如果你阅读有关 21 世纪学习所需技能的文章，你会看到诸如自我导向、问题解决、批判性思维、创造力、协作、沟通和社会责任等目标。也许你可以与学生一起设定有助于培养这些 21 世纪技能的具体目标（Butler et al., 2017）。

### 2. 监督和评估进展

学生同样可以参与行为改变计划中的监督和评估阶段。这些自我管理要素在大多数情况下是由学生自己负责的（Briesch & Chafouleas, 2009）。适用于自我监督的行为有：完成作业的数量、练习一个技能所花的时间、阅读书籍的数量、正确解答的问题数量、跑一英里所花的时间等。适用于自我监督的情况还包括必须在没有老师的监督下完成的任务，如家庭作业或自习。学生可以通过绘制图表、写日记或对照核查表，以记录问题行为的频率及持续时间。"进步记录卡"可以帮助高年级学生将学习任务分解成一些小步骤，决定完成这些小步骤的最佳顺序，并且通过制定目标记下每天的进步情况。在这里，记录卡本身是一个可以逐渐淡出的提示。

比起简单的自我记录，自我评价要稍微困难一些，因为自我评价涉及对质量的判断。学生能较为准确地评价自己的行为，尤其是如果他们和老师合作，共同建构了判断好的表现或作品的标准（Butler et al., 2017）。学生正确进行自我评价的关键之一是教师要周期性地检查学生作业，并对学生的正确判断进行强化；高年级学生比低年级学生更容易学会正确的自我评价。自我纠正与自我评价可以同步进行。首先，学生对自己的作品进行评价；然后，修改和改善；最后将改善情况与标准再次进行比较（Mace et al., 2001）。

### 3. 自我强化

自我管理的最后一步是**自我强化**（self-reinforcement）。然而，大家对这一步是否有必要仍有异议。一些心理学家认为目标设置和监督进展就已足够，自我强化产生不了什么影响。另一些则坚信因工作良好而奖赏自己，可以比单纯设定目标和记录进步导致更高水平的表现（Bandura, 1986）。如果你愿意狠下心来，在目标实现之前真的不给自己想要的东西，那么奖励的承诺可能会给工作带来额外的动力。知道了这些，读完本章以后你就可以设想一些进行自我强化的方法。一开始，我也是使用类似的方法帮自己写完相关章节的。

有时，家庭也可以参与进来，帮助学生发展自我管理能力。教师和家长可以通力合作，首先关注一些目标，同时支持学生日益独立。下面的"与家庭和社区建立合作关系的实践指南"给出了一些建议，相信对你会有所帮助。

## 与家庭和社区建立合作关系的实践指南

### 操作性条件作用的应用——学生自我管理

以积极的方式向父母和学生介绍自我管理系统。

例如：

（1）邀请家庭参与并强调所有家庭成员都能获益。

（2）考虑只与志愿者一起开始这个计划。

（3）描述你自己是如何使用自我管理计划的。

帮助家长和学生设立可实现的目标。

例如：

（1）向学生举例说明可能的自我管理目标，如晚上早点开始做家庭作业、记录已阅读的书籍等。

（2）向家庭展示如何张贴目标及跟踪进度。鼓励所有家庭成员朝着同一目标努力。

教给家庭成员记录和评估孩子（或他们自身）进步的方法。

例如：

（1）将工作分解成容易测评的小步骤。

（2）对那些较难提出明确判断标准的任务（如创造性写作），可以提供优秀作品的范例。

（3）给予家庭跟踪进度的记录表或清单。

鼓励家庭不时地检查学生记录是否正确，并帮助孩子发展出不同形式的自我强化。

例如：

（1）学生开始学习时，经常进行检查，以后则可以少些。

（2）让兄弟姐妹之间互相检查记录。

（3）在合适时，检测学生在家发展起来的技能，并奖励自我评价与表现一致的孩子。

（4）让学生和家庭成员一起进行"头脑风暴"，探讨如何奖励自己的出色表现。

## 7.6 挑战与批判

在这一部分，我们将看到早期行为主义学习观所受到的一些挑战，以及一些重要的批判和警告。

### 7.6.1 超越行为主义：班杜拉的挑战与观察学习

40多年前，阿尔伯特·班杜拉指出传统的行为主义学习观有很多局限。虽然有时班杜拉被当作新行为主义的代表，但他已经纠正了这个标签：

在我的研究生培训期间，整个心理学领域都是行为主义取向的，研究的焦点几乎全集中在学习现象上。但是，我从未真正认同过行为主义的正统性。当时几乎所有的理论和研究，都集中在通过强化结果的影响进行学习。在我自己从事的第一个主要研究项目中，我反对将条件学习看作首要任务，而主张观察学习。在观察学习中，人们既不用做出反应，也不用接受强化。[引自帕哈雷斯（Pajares），2008，p.1]

在班杜拉早期的著作中，他将上述取向称为"**社会学习理论**"（social learning theory），并对直接学习和观察学习、学习和表现等两组重要概念进行了区分。

#### 1. 直接学习和观察学习

班杜拉对直接学习和替代学习（观察学习）进行了区分。**直接学习**（enactive learning）是一种通过亲自实践并体验行为结果所进行的学习。这也许听起来有点像操作性条件作用，但实际上不是，二者的区别就在于对行为结果的作用的解释不同。持有操作性条件作用观点的人认为，行为结果会强化或者削弱行为。然而，在直接学习中，行为结果被看作一种提供信息的来源。班杜拉强调，强化不是在反应上"盖上印记"，而是灌输对行为结果的期望和预测——如果我做了那个行为，会产生什么样的后果？换句话说，我们对行为结果的解释会产生预期、影响动机并塑造信念（Schunk，2020）。

替代学习（vicarious learning）是指通过观察别人而进行的学习，因此通常被称为"**观察学习**"（**observational learning**）。例如，在一项关于观察学习的研究中，大学生通过观看一名学生接受分子扩散辅导的视频所学到的知识，与他们自己接受同一主题辅导所学到的知识一样多。这个事实对行为主义观点（认为认知因素在学习的解释中是多余的）提出了挑战。如果人类甚至动物能够通过观察他人或动物而学习，那么他们一定是在集中注意力、建构表象、记忆、分析并做出影响学习的决策。因此，在行为发生前，人类大脑中已运行了很多心理过程。在第10章中我们将讨论的"认知学徒制"就是替代学习（通过观察他人学习）的例子。

**2. 学习和表现**

为解释行为主义模型的一些局限性，班杜拉还区分了知识的获得（学习）和基于该知识的可观察的行为（表现）。换句话说，班杜拉认为，我们每个人知道的可能比我们表现出来的要多。班杜拉（1965）早期的一项研究就是一个例子。他让幼儿园孩子观看了一部"榜样人物"拳打脚踢充气玩偶"波波"的电影。其中一组孩子看到榜样因攻击行为得到了奖励；另一组孩子看到榜样因攻击行为受到了惩罚；第三组则没有看到任何结果。当这些孩子被转移到一个放有充气玩偶"波波"的房间时，那些看到电影中榜样拳打脚踢玩偶而得到奖励的孩子对玩偶的攻击性最强；那些看到榜样受惩罚的孩子对玩偶的攻击性最弱。但是，当告诉孩子谁模仿攻击行为就能获得奖励的时候，所有孩子都能将他们刚才观察到的行为表现出来。

因此，激励可以影响表现。尽管学习已经发生了，但情境不合适或没有激励时，也不会表现出来。这可以解释为什么一些学生没有表现出"坏行为"，如从成人、同伴和媒体学来的咒骂或吸烟。个人的后果可能会阻止他们表现出这些行为。还有一些例子也能说明学生们的表现并不代表他们的学习，如儿童学会了如何写字母表，但他们写得很差，这是因为他们精细运动的协调能力有限；又比如，儿童学会了如何简化分数，但在考试中表现很差，这是因为他们很焦虑。在这些例子中，行为表现并不能够代表他们的学习。

不同于当时的行为主义理论，班杜拉提供了另一种对学习的解释。他的工作一直在持续，并发展出社会认知理论——这是在当今教育心理学领域中最具有影响力的学习和动机理论之一，我们将在第11章进行详细的介绍。

### 7.6.2 对行为主义方法的批判

> **设身处地想一想**
>
> 想象一下，你是一位师范专业的毕业生，正在接受第一份工作的面试。校长问："去年有位教师用取消家庭作业的方式整顿班级纪律，结果却惹上了麻烦。对于教学中使用惩罚和奖励，你是怎么看的？"你会怎么说？

在思考上述"设身处地想一想"问题的答案时，你可以看看针对"是否应该因为学习而奖励学生"这一议题而展开的"观点/对立观点"的讨论，以便从中了解两种不同的观点。如果使用得当，本章中的策略可以成为帮助学生学习和自立成长的有效工具。然而，再有效的工具也不能自动产生好效果。在实际生活中，人们往往随意、前后不一、不正确或肤浅地使用行为策略（Landrum & Kauffman，2006）。即使是最好的工具，如果不加选择使用用，也会让你陷入困境。

---

**观点/对立观点**

**是否应该因为学习而奖励学生**

教师是否应该因学生的作业和学业成就而奖励他们？多年来，教育工作者和心理学家就这一问题争论不已。20世纪

90年代初，保罗·钱斯（Paul Chance）和阿尔菲·科恩（Alfie Kohn）在多期《Phi Delta Kappan》上进行了学术观点的交流（Chance, 1991, 1992, 1993; Kohn, 1993）。我引用了一些科恩和钱斯的话，因为这场辩论"生动且发人深省"。几年后，朱迪·卡梅伦（Judy Cameron）和W. 大卫·皮尔斯（W. David Pierce, 1996）在《教育研究评论》（*Review of Educational Research*）上发表了一篇关于强化的文章，但遭到了广泛的批评。马克·莱珀（Mark Lepper）、马克·基维尼（Mark Keavney）、迈克尔·德雷克（Michael Drake）、阿尔菲·科恩、理查德·瑞安（Richard Ryan）和爱德华·迪西（Edward Deci）（Kohn, 1996; Lepper et al., 1996; Ryan & Deci, 1996）等人在同一刊物上对它进行了强烈的批驳。此后，他们当中的一些人又在1999年11月那一期《心理学通报》（*Psychological Bulletin*）中再次进行了辩论（Deci et al., 1999; Eisenberg et al., 1999）。2014年，在《奖励：如何使用奖励帮助孩子学习和教师为什么用不好奖励》（*Rewards: How to Use Rewards to Help Children Learn and Why Teachers Don't Use Them Well*）这篇文章中，讨论仍在继续。他们争论的到底是什么呢？

### 观点　奖励会"惩罚"学生。

多年前，阿尔菲·科恩（1993）认为："使用奖励是一种操纵和控制的方式——一种操纵孩子而不是和他们合作的方式"（p.784）。他认为奖励是无效的，因为当表扬和奖品停止时，行为也就停止了。爱德华·迪西、理查德·科斯特纳（Richard Koestner）和理查德·瑞安（1999）在分析了128个关于涉及外在奖励的研究后，得出结论说：在我们明确了限制条件的情况下，物质奖励往往会对内在动机产生重大影响。即使把物质奖励当作表现良好的标志，这种奖励经常也会减少学生参加有趣活动的内在动机（pp.658–659）。科恩同意：

> 所有这些都意味着，让孩子们把学习当作获得一张贴纸、一颗金色星星或一个分数的一种方式——甚至更糟，是通过分数获得金钱或玩具，这等于是用一个外部动机替代另一个外部动机。所有这些方式可能让学生将学习当作一种手段，而不是目的。学习变成了为获得奖励而必须完成的一个东西。很遗憾，这种"如果儿童读了一定数量的书，就能获得吃比萨的凭证"课程非常普遍。伊利诺伊大学的约翰·尼科尔斯（John Nicholls）半开玩笑地评论说："这种课程的结果是得到了许多不喜欢读书的胖小孩。（1993, p.785）"

另一个可能的问题是，赫伯特·沃尔伯格（Herbert Walberg）和约瑟夫·布拉斯特（Joseph Blast, 2014）认为，由于千禧世代（在20世纪80年代初至21世纪初期间出生的人）无论实际表现如何，只要参与了过程，就能获得如此多的奖励，以至于他们在进入职场时，对认可和晋升抱有不切实际的期望。

### 对立观点　学习应该得到奖励。

根据保罗·钱斯（1993）的观点：

> 与科恩不同，斯金纳认为在一个反应性的环境中，人们会学到最多的东西，教师对学生的表扬或奖励就提供了这样一个反应性环境……让学生知道他们已正确回答问题、因为学生的努力而轻拍他们的背、为学生理解了概念而高兴、给学生一颗金色星星或一个证书来认可他们的目标已达到，如果这些都是不道德的，那么，我愿意成为一个罪人。（p.788）

奖励会削弱兴趣吗？R. 艾森伯格（R. Eisenberg）及其同事（1999）提出："有些奖励程序要求学生高水平地完成任务，而这会向学生传递'这项任务对个体或社会具有重要的意义'的信息，因此这些奖励能增强学生的内在动机"（p.677）。即使爱德华·迪西和马克·莱珀等心理学家认为奖励会破坏内在动机，但他们也同意奖励是可以被积极运用的。当学生了解到奖励表明自己正在慢慢地掌握这门课程，或者奖励表明他人对自己出色表现的欣赏时，此时的奖励能使学生充满信心并对任务更感兴趣。尤其是对那些最初对任务缺乏能力或兴趣的学生而言，更是如此。有效的学习能使你在数学或阅读方面快速、自动地反应，这需要大量的练习，尤其在早期阶段。没有奖励的学习更加困难——一次（受认可的）成功往往会带来另一次成功。适当使用奖励有助于学生在面对挑战时坚持不懈（Walberg & Blast, 2014）。正如钱斯（1993）所指出的，如果学生在奖励的支持下掌握了阅读或数学，表扬停止时他们也不会忘记所学的东西。那么，没有奖励后他们会学习吗？一些人会，而另一些人可能不会。你会为一个不给你报酬的公司持续工作吗，即使你喜欢这份工作？就此而言，自由撰稿人阿尔菲·科恩会因为获得了稿酬和版税而失去写作兴趣吗？

**谨防非此即彼**

跨文化研究表明，在西方文化中，奖励和评价会削弱创造力和兴趣，但在集体主义文化中，奖励和评价实际上支持创造力和兴趣。引用贝丝·亨利西（Beth Hennessey）对这些研究结果的总结："奖励可能很复杂。文化是复杂的，教学也是复杂的"（2015，p.25）。询问任何一位有经验的教师，你都会发现奖励在课堂上是有一席之地的。事实上，课堂生活应该包括"获得奖励的"体验。许多奖励是在学习和成为班集体成员的过程中自然而然获得的。当一些学生需要额外的结构或激励才能开始、坚持、练习或抵制干扰时，奖励也有助于支持他们的努力。

资料来源：From "Sticking Up for Rewards," by P. Chance, June 1993, *Phi Delta Kappan*, pp. 787–790. Copyright © 1993 by *Phi Delta Kappan*. Reprinted with permission of *Phi Delta Kappan* and the author. From "Rewards versus Learning: A Response to Paul Chance," by A. Kohn, June 1993, *Phi Delta Kappan*, pp.783 and 785. Copyright © 1993 by Alfie Kohn. Reprinted from *Phi Delta Kappan* with the author's permission. From Hennessey, B. A. (2015). Reward, task motivation, creativity and teaching: Towards a cross-cultural examination. *Teachers College Record, 117*, 10, pp.1–28

---

正如你必须考虑奖励机制对个体会产生什么影响一样，你也必须考虑它对其他学生的影响。为了参与"奖励机制"，其他学生有可能故意变"坏"吗？关于这个问题的大部分证据表明，如果教师相信奖励计划，并向那些未参与的学生解释使用奖励计划的原因，那么使用奖励计划等个别调整措施不会对其他学生产生任何不利影响。如果有些学生的行为在同伴参与特殊项目时确实有所恶化，那么本章讨论的许多相同程序应该可以帮助他们恢复到以前的恰当行为水平（Chance，1992，1993）。

### 7.6.3 行为主义方法对教师的启示

学生之间学习经历都存在巨大的差异。每个学生都是带着不同的担忧和焦虑来到你的班级的。一些学生害怕在公共场合发言或在体育竞技中失败，另一些学生则对各种动物感到焦虑。有些活动或物品可以作为一些学生的强化物，而对于另一些学生则没有效果。一些学生努力学习是为取得好成绩，而另一些学生则不怎么关注成绩。你的所有学生都会从自己的家庭、邻居、宗教团体或社区中学到各种不同的行为。

本章所介绍的研究和理论能帮助你理解学生的学习经历是如何教会他们对考试自动做出反应的，如手心冒汗和心跳加速——这可能是经典性条件作用在起作用。有些学生在学习经历中可能曾因为坚持不懈或抱怨而受到强化——这是操作性条件作用在起作用。小组合作学习的机会，对一些学生来说是强化物，而对另一些学生则是惩罚。请记住，对一个学生奏效的方法并不一定对另一个学生也奏效；还有一些学生已经得到某个"好东西"太多次了，强化物如果被过度使用，就会失去效力。

尽管你的学生有许多不同的学习经历，但有一些共同点，即一些适用于所有人的原则。

（1）没有人会热衷于重复曾被惩罚或被忽视的行为。没有一点进步的感觉，个体很难坚持下去。

（2）如果行为导致的后果对当事人来说是积极的，那么这些行为就有可能被重复。

（3）教师往往未能使用强化手段来认可恰当的行为，反而对不恰当的行为做出反应，有时在这一过程中还会给予强化关注。

（4）有效的表扬应该是对学生所取得的真正成就的一种真诚认可。

（5）无论学生目前的功能水平如何，他们都能学会更好地自我管理。

## 模块 24 小结

### 当前应用：功能性行为评估、积极行为支持和自我管理

**教师如何使用功能性行为评估和积极行为支持来改善学生的行为？**

进行功能性行为评估时，教师需研究问题行为的先行事件和结果，以此确定行为的原因或功能。然后，教师设计积极行为支持，用新的行动取代问题行为。这些新行为对学生来说具有相同的目的，但不会产生相同的问题。

**自我管理的步骤是什么？**

学生可以独自运用行为分析来管理自己的行为。让学生参与制定目标、记录进步情况、评价成就，以及自己选择并给予强化物，教师可以通过这些方法来鼓励学生发展自我管理的技能。

### 挑战与批判

**班杜拉对行为主义学习观的挑战是什么？**

班杜拉认为，传统的行为主义学习观有很多局限性。尽管他所受教育的时代正是行为主义学习观占主导地位的时代，但他的观点从未真正符合行为主义学习观的正统观念。他主张观察学习，即人们在学习过程中既不做出反应，也不接受强化。

**区分直接学习和替代（观察）学习**

直接学习是指个体通过亲自实践并体验行动结果所进行的学习。替代学习（观察学习）指通过观察进行学习，这一观点极大挑战了行为主义所秉持的"认知因素在学习的解释中是多余的"的观点。在表现和强化发生前，人类大脑中已运行了很多心理过程。行为主义认为，强化和惩罚直接影响行为。在社会学习理论中，观察他人或榜样被强化或惩罚会对观察者的行为产生类似的影响。社会认知理论将社会学习理论拓展到包含信念、期望和自我认知等认知因素。

**区分学习和表现**

社会学习理论认为学习和表现之间存在差异。换句话说，我们知道的比我们表现的要多。你学到某些东西，但只有在环境和激励适宜的时候才表现出来。即使学习已经发生了，但也有可能不会表现出来，直到遇到合适的情境或者有引发行为表现的刺激物（激励）时，行为才会表现出来。

**对行为主义方法主要的批评是什么？**

误用或滥用行为主义学习方法是不道德的。行为主义方法的批判者还指出，强化存在着一定危险：由于教师过度强调奖励，强化可能会降低学生对学习的兴趣，并对其他学生产生消极影响。教师必须适当、合乎道德地使用学习的行为主义原理。

# 第 8 章 学习的认知观点

## ■ 教师的案例簿：记住基础知识

你刚刚对这学期的第一次大型单元测验进行了评分。你发现，大约 2/3 的学生已经掌握了学习内容，并理解了核心概念。然而，还有 1/3 的学生看起来完全不会。对这些学生来说，记忆基础的词汇和事实似乎是他们的绊脚石。他们难以记住基础知识，导致他们的学习速度变慢，而这些基础知识是学生在进入下一单元更复杂的学习之前必须掌握的。

■ 批判性思考：
- 你怎样帮助这些学生记忆和提取重要信息？
- 除死记硬背之外，你还有没有其他的记忆方法？
- 你怎样利用学生已经掌握的知识来帮助他们用更好、更有意义的方式学习？
- 这些问题将如何影响你将要教学的年级？

## ■ 概述与目标

在这一章中，我们将从学习的行为主义观点转向认知观点，这意味着从"把学习者和他们的行为看作环境刺激输入的结果"转变为"把学习者看作计划、意向、目标、思想、记忆及情绪的来源，从而注意、选择与建构来自刺激与经验的知识和意义"（Wittrock，1982，pp.1–2）。首先，我们将讨论学习和记忆的一般性的认知观，以及知识在学习中的重要性。为了理解记忆，我们将考察记忆的早期信息加工模型，以及建立在认知科学新发现基础之上的该模型的新进展。这一新模型重视工作记忆、认知负荷和知识表征等核心过程。接着，我们将了解教师如何帮助学生成为更有知识的人。

学完这一章后，你就能达成以下目标。

目标 8.1　区分行为主义学习观和认知学习观，了解知识在认知学习观中的作用。

目标 8.2　解释记忆的早期信息加工模型和近期的认知科学模型，包括工作记忆、认知负荷和工作记忆的个体差异。

目标 8.3　描述当前有关长时记忆的观点，包括长时记忆的内容和类型、长时记忆的个体差异，以及长时记忆中信息提取的过程。

目标 8.4　描述成为有知识的人的策略。

## 模块 25　认知科学观的基础

**学习目标 8.1**　区分行为主义学习观和认知学习观，了解知识在认知学习观中的作用。

**学习目标 8.2**　解释记忆的早期信息加工模型和近期的认知科学模型，包括工作记忆、认知负荷和工作记忆的个体差异。

## 8.1 认知观的构成要素

认知观是心理学中最古老也是最年轻的观点之一。说它古老，是因为它对知识本质、推理价值的讨论至少可以追溯到古希腊哲学家的思想（Gluck et al., 2020）。然而，从19世纪末到几十年前，认知研究从备受推崇走向了衰落，强调适用于所有高等动物学习规律的行为主义逐渐成为主流（Lee, 2016）。但如今，人们重新燃起了对心理过程的兴趣。其关注的焦点是对记忆和认知的科学研究——"了解大脑如何工作，对人们如何知觉、记忆和思考进行实证研究"（Brown et al., 2014, p.8）。**学习的认知观**（cognitive view of learning）可以描述为一种被普遍认可的取向，即假设人类是信息的主动处理者。不过，旧的认知观强调知识的获取，但新的认知观强调知识的建构（Mayer, 2011; Ormrod, 2020）。21世纪以来，对记忆和认知的研究呈现出学科交叉的态势，且经常被称作**"认知科学"**（cognitive science）——对思维、语言、人工智能（AI）和大脑的研究（Anderson, 2020）。

### 8.1.1 脑与认知学习

人脑由许多不同的模块组成，这些模块具有特定的功能，如识别面孔、处理听觉信息、从图片中提取意义、表示类别和概念、形成新的记忆、协调动作等。所有这些模块一起工作，以理解你正在进行的经历和学习。纵观一生，每次学习都会改变你的大脑（Anderson, 2020; Brown et al., 2014）。

人类大脑皮层的很大一部分（超过50%）致力于处理视觉信息。观察与想象也可以支持学习，因为大脑对这些刺激会自动地做出反应。当你看一个物体时，你大脑的特定区域就会被激活。仅仅在心里想象这个物体，就能激发大脑2/3的相同区域（Ganis et al., 2004）。当你观察某人的行动时，人们的观察过程涉及的大脑皮层也被激活了——大脑会预演观察者看到的他人行动。这些既能在观察行动时又能在做出行动时被激活的大脑区域，在猴子大脑中被称作"镜像神经元"（该区域首先在猴子这一种群中发现），在人类大脑中被称作**"镜像系统"**（mirror system），因为人类大脑中被激活的区域包含数百万个神经（Anderson, 2020; Ehrenfeld, 2011）。这些镜像系统可以解释社交互动和模仿他人的言语或动作为什么会对学习尤其是语言学习有着强大的影响，因为这些互动有助于个体在大脑中复述和刷新要学习的动作（Schwartz et al., 2019）。

整个大脑中神经元之间的联结总是随着经历的变化而变化，这种变化即神经可塑性，是记忆的基础。当我们经历一个事件时，大脑中不同的神经元会一起放出信号。然后，当我们再次回忆起这个事件时，同样的神经元再次一起放出信号。随着反复激活，这些神经元通过海马体（大脑学习和形成新记忆的关键区域）成为一个稳定的网络。最后，这些网络变成了存储在新皮层（大脑的薄外层）中的记忆。海马体对学习至关重要，但也受到学习的影响（又是神经可塑性）。例如，出租车司机脑中的部分海马体面积大于其他汽车司机，增大的面积与司机开车的时长有关。研究者对此的解释是，出租车司机在驾驶过程中让这些脑部区域得到了更多锻炼。同时，大脑的这一部分也是最先受到阿尔茨海默病影响的区域之一，这可能有助于解释为什么阿尔茨海默病患者即使在熟悉的环境中也会迷路，因为他们大脑的导航系统逐渐失灵（Gluck et al., 2020; Sleek, 2015）。

随着大脑的不断发展，特别是前额皮质的成熟，到了7～8岁，他们将能更轻松地将过去经验与现在经验整合起来。婴幼儿或初学走路的孩子会冲动地做出反应，8岁的孩子则能够记忆和反省。分析、控制、抽象、记忆容量、加工速度，以及信息的相互联结等认知能力，使人们更有可能进行自我调节和持续的认知发展。我们将在本章中看到这一点。

很多与学习相关的发展和大脑变化都涉及知识，它是认知观中的一个关键要素。

## 8.1.2 知识在认知中的重要性

> **停下来，想一想**
> 
> 快速写出10个教育心理学专业术语，再列出10个与陶瓷工程学相关的术语。

如果你没有学过陶瓷工程学，那么你写出此领域的10个专业术语所花的时间，可能要比你写出10个教育心理学术语所花的时间更长。也许有人会问："究竟什么是陶瓷工程学？"你的答案取决于你所拥有的有关陶瓷工程学的知识（提示：光纤、陶瓷牙和陶瓷骨头、计算机的陶瓷半导体、航天飞机的绝热瓦）。

知识（knowledge）和知道（knowing）都是学习的结果。当我们学习认知心理学历史、陶瓷工程产品或网球规则时，我们会知道一些新东西。然而，知道不仅是先前学习的结果，它也可以指导新的学习。而已有的知识在很大程度上决定了我们会注意什么、感知什么、学习什么、记忆什么，以及遗忘什么（Bransford et al., 2000; Ormrod, 2020）。一般说来，已有的知识是有助于学习的，因为我们可以在现有知识的基础上通过概念的增长和扩展来构建新的知识。例如，相比于对足球所知甚少的四年级学生，那些对足球很在行的同年级学生能够学到和记住更多新的足球术语，即使这两组学生在记忆非足球术语方面的能力没有差别。原因在于那些对足球了解很多的学生会利用他们原有的足球知识对新的足球术语进行组织和归类，这有助于他们的记忆（Schneider & Bjorklund, 1992）。但有时，正如我们后文中将看到的那样，已有的知识不仅对学习没有帮助，反而会误导学习，因为我们对将要学习的内容存在错误概念。在这些情况下，只有概念改变，而不是概念增长，才有助于理解新知识（APA, 2015; Lucariello et al., 2016）。

### 1. 一般知识和特定领域知识

认知观所说的知识包括特定领域知识和一般知识。**特定领域知识（domain-specific knowledge）**适合特定的任务或主题。例如，游击手的站位在棒球场上二垒和三垒之间，是棒球领域的特殊知识。有些知识则是一般性的，适合于很多不同的情境。例如，关于如何读写或集中注意力等**一般知识（general knowledge）**在校内和校外都有用。

当然，一般知识和特定领域知识之间并没有绝对的界限。当你初学阅读时，你也许要学习许多有关字母发音方面的知识，这时字母发音的知识对于阅读领域而言就是特定领域知识；但现在你可以用更为一般的方法，即运用语音知识和阅读能力进行阅读。在学校中的学习总体上既需要特定领域知识，又需要一般知识（Träff et al., 2020）。例如，史蒂文·赫克特（Steven Hecht）和凯文·维吉（Kevin Vagi）（2010）对学生进行了为期一年的追踪调查。从四年级追踪到五年级，考察他们对分数的学习情况。研究发现，学生较难掌握分数，既可能是因为缺乏与分数相关的特定领域知识，也可能是因为缺乏关于如何在课堂上表现以及集中注意力的一般知识。

对知识的另一种分类方式是陈述性知识、程序性知识和自我调节知识（Schraw, 2006）。你将在整个章节中看到这些术语。

### 2. 陈述性知识、程序性知识或自我调节知识

**陈述性知识（declarative knowledge）**指可以通过各种文字和符号系统进行陈述的知识（盲文、手语、舞蹈、音符、数学符号等）。陈述性知识回答的是"是什么"的问题。陈述性知识的范围很广，高度专业性的知识（金的原子质量是196.967）、普遍的事实（有的树叶秋天会改变颜色）、个人喜好（我不喜欢吃青豆）或规则（分数除法，将除数转化为其倒数后再用乘法）都属于陈述性知识的范畴。小单元的陈述性知识可以组合成为更大单元的知识，如强化和惩罚原理可以被组织成行为主义学习理论。

**程序性知识（procedural knowledge）**是关于"怎么做"某事的知识，例如进行分数除法运算或网页设计的知识，它是关于行动的知识。程序性知识必须是可以示范的。请注意，当学生复述"分数除法，将除数转化为其倒数后再相乘"这个规则时，他们呈现的是陈述性知识，因为学生在表述。要呈现程序性知识，学生必须对分数除法

进行操作。当学生把一篇文章翻译为西班牙文，正确归类几何图形或构思连贯的段落时，他们所呈现出来的就是程序性知识。程序性知识几乎是自动化的，你不必特意思考就能应用它。

**自我调节知识**（self-regulatory knowledge）是关于管理学习的知识：知道何时和如何应用陈述性知识和程序性知识（Schraw，2006）。人们需要自我调节知识，以了解什么时候应该逐字阅读文段，什么时候应该略读，以及什么时候应该使用克服拖延的策略。对于许多学生来说，自我调节知识的缺乏是他们学习道路上的一块绊脚石。这些学生拥有丰富的陈述性知识，也能够使用程序性知识，但不知道如何在适当的时候运用他们的知识。自我调节知识可以属于某一特定领域（如在几何中，如果周长未知，知道何时使用公式来计算面积），也可以属于一般领域（如总结要点或用图表组织信息的知识）。

知道某一知识就是能长时间地记住它，并且在需要的时候能够找到它。认知心理学家对记忆进行了广泛的研究，而且获得了很多有关记忆过程的知识。他们获得了哪些成果？

## 8.2 记忆的认知观

让我们再次走进伊丽莎白的教室。这一次，她在教五年级的分数除法（Woolfolk，1993，pp.267–268）：

"今天我们将开始一个关于新的分数除法单元。我们将学习如何除以分数，例如，¾除以½。这真的很简单。要除以一个分数，我们只需将除数转化为其倒数后再用乘法相乘。"伊丽莎白走到白板前写道：

"保持第一个项不变，¾仍然是¾。当进行除法时，为了除以分数，我们必须把运算改为乘法，然后将第二个数变成倒数。不是第一个分数，是第二个分数。接着，看符号，把除号改成乘号，符号后面的数字就是你倒过来的数字。懂了吗？所以，这只是一个乘法的问题——非常简单。"

$$\frac{3}{4} \times \frac{2}{1} = ?$$

这是怎么回事呢？伊丽莎白的学生需要怎样才能学会并记住分数除法呢？首先，他们需要相当多的陈述性知识——比如乘、除、倒数、分数、符号、第一、第二、除数和分子等术语。其次，他们需要关于如何进行像倒数、乘法和除法等操作的程序性知识。最后，他们可能还需要一些自我调节知识，比如当他们的大脑开始走神时如何保持注意力，或者当他们的大脑似乎负荷过重而无法记住老师的指示时，如何快速记笔记。

现实中，伊丽莎白的学生们是如何学习和记住分数除法的呢？在本章的后面部分，我们将重新回到伊丽莎白的教室，明白真正理解分数除法不仅是记住一个过程。但目前，我们只需要关注学生如何学习这个过程。简单的版本是这样的：学生们必须接受伊丽莎白提供给他们的新信息，同时从记忆中提取他们需要的相关术语的陈述性知识和有关操作的程序性知识来保持这些信息，然后将接受的新信息与记忆中的已有知识联结起来，以理解新信息。不幸的是，用来联结新旧信息的空间，称为"工作记忆"（work memory），并不是很大，很容易被占满。一旦学生理解了分数除法，他们就记住了这个过程，因为学习就是你所记住的东西。我们将用本章的剩余部分来学习经过充分研究的人类学习和记忆信息处理系统——它的可能性和局限性。对该系统的了解可以为成功教学奠定基础（Willingham，2009）。

记忆的早期**信息加工**（information processing）观点以计算机为模型。这一观点认为，与计算机一样，人类大脑首先接收信息输入，接着对输入信息进行操作以改变其形式和内容，进而存储信息，并在需要时提取信息，最后对信息做出反应（R. C. Atkinson & Shiffrin，1968）。根据这个模型，来自环境的刺激（输入）进入感觉登记模块，在那里一些信息被编码并进入到短时记忆（short-term memory）。短时记忆只能非常短暂地保持信息，并与长时记忆中的信息相联系。经过加工，一些信息进入到长时记忆，被存储起来。

大量研究证明：这个模型是有效的，但不完整。例如，在该模型中，信息在记忆系统中基本上是单向传递的，如从感觉登记到短时记忆再到长时记忆。但研究表明，在这个过程中有很多的互动和联结。另外，该模型也无法解释意识之外的记忆或知识是如何影响学习的，以及几个认知过程是如何同时发生的——就像许多小型计算机处理系统一起并行运作。

当今认知科学将认知视为一个非常复杂但协调的系统，该系统由多个记忆成分同时快速相互作用而成。这种新的观点保留了旧观点的一些特征，但是着重强调了工作记忆、注意，以及系统中各要素相互作用的重要性，如图 8-1 所示。事实上，这一模型建立在很多科学研究的基础之上（Anderson, 2020; Radvansky & Ashcraft, 2018; Schunk, 2020）。

为了更好地理解这个模型，让我们来仔细研究模型的各个要素。

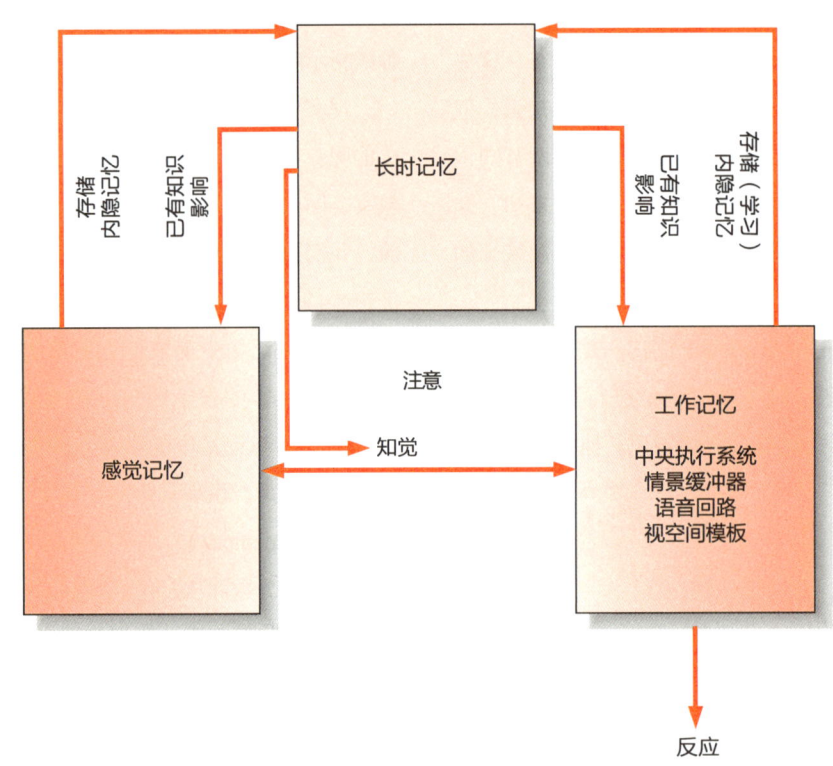

**图 8-1　信息处理系统的最新版本**

注：信息在感觉记忆中得到编码，知觉和注意决定哪些信息会得到保持，进入工作记忆，以供进一步使用；在工作记忆中，执行系统会对信息流进行管理，并将新信息与长时记忆中已有信息进行整合。得到充分加工并与长时记忆中的信息建立了联系的信息，将成为长时记忆的一部分。这部分信息能够被激活，并返回工作记忆。内隐记忆不需要有意识的努力就可以获得。该系统中的三个要素之间相互作用。注意在这三个记忆过程中发挥着作用，而且与它们有所互动。

### 8.2.1　感觉记忆

外界环境中的刺激（光、声音、气味、伊丽莎白的语言等）不停地刺激着我们的视觉、听觉、味觉、嗅觉和触觉。除了气味，其他感觉首先进入丘脑，然后进入大脑皮层的特定区域以处理特定的感觉。大脑皮层中有很大一块区域专门用于处理视觉信息。**感觉记忆**（sensory memory）

是信息加工的初级阶段，它将输入的刺激转化为知觉，使我们能够理解其中的意思，比如"哦，那个声音是我的门铃——希望是我在亚马逊上的快递到了"（Schunk，2020）。

**1. 感觉记忆的容量、持续时间与内容**

感觉记忆的容量巨大，它容纳的信息比我们能立即处理的信息要多得多——大约99%的信息都会被丢弃。但是，感觉记忆中的这些信息持续时间很短，只能持续不到3秒。

> **停下来，想一想**
>
> 当你直视前方时，在你眼前来回晃动一支铅笔（或一根手指），你会看到什么？拧你的胳膊，然后松开手。松开后你会有什么感觉？

你刚刚经历了感觉登记中感觉记忆的短暂停留。真实刺激移走后，你还可以看到铅笔的痕迹；松开拧胳膊的手后，你还能感觉到疼痛。在真实的刺激消失后，你的感觉记忆中还短暂保留着刺激的信息（Lindsay & Norman，1977）。

感觉记忆中的信息与原始刺激带来的感觉很相似。视觉信息在感觉登记中以图像的形式得到初步编码，就像照片。听觉信息以声音的形式得到编码，就像回声。其他感觉可能也有自身的编码方式。因此，在大约一秒内，从感觉经验得到的许多信息是完整的。为了进一步加工信息，此时我们可以对信息进行选择和组织。在这一阶段，知觉和注意很关键。

**2. 知觉**

觉察刺激并赋予刺激意义的过程被称为**知觉（perception）**。意义的建构不仅基于来自外界的物理表征，还基于我们已有的知识，如符号"13"。

如果有人问你这个字母是什么，你会说"B"；如果有人问你这个数字是什么，你可能会说"13"。这个真实的符号没有变，但它的意义会随着你的期望（把它看作一个字母还是一个数字），以及你对阿拉伯数字和拉丁字母的知识而改变。对于孩子而言，如果他没有恰当的背景知识，这个符号就没有意义。

从感觉输入到物体识别大概需要经历几个阶段。第一阶段是分解物体的特征，并进行大致的分析，这种特征分析又被称为**自下而上的加工（bottom-up processing）**或者数据驱动的加工（data-driven processing）。这是因为刺激会被分解为各种特征或元素，并且"自下而上"地被整合为一个有意义的模式。例如，大写字母A是由两条成45度角的线段，以及一条位于中间的水平线段组成的。无论什么时候我们看到这些特征或一些与之非常相似的表征，如 𝓐, A, 𝒜, A, A, 𝒜, 我们都会将其认作A（Anderson，2020）。这就解释了为什么我们能够读出别人写的字，以及为什么人类能够填写出如 𝓈𝓁𝒾𝓂𝓂𝓎 这种伤脑筋的安全密码，而计算机却不能，这被称为"CAPTCHAS"（即完全自动化的公共图灵测试，用来区分计算机和人类）。随着知觉过程的继续进行，特征可能被整合为模式。20世纪初，德国（以及随后的美国）的心理学家对这些过程进行了研究，这些心理学家被称作格式塔理论家。**格式塔（gestalt）**在德语中的意思是"模式或构造"，指人们倾向于将感觉信息组织为模式或在其间建立联系。表8-1展示了一些格式塔原理。

如果所有的知觉都仅依赖于特征分析和格式塔原理，学习过程将非常缓慢。幸运的是，在知觉的最后阶段，人们会根据情境和已有的知识将觉察到的特征或模式组合起来，这可以被称作概念驱动的加工（conceptually-driven processing）或**自上而下的加工（top-down processing）**。为了快速识别模式，除了注意特征，我们还需要知道情境，以及有关情境的知识，也就是我们对于词语或画面的知识，以及对世界运转方式的了解。例如，当你在城市里遥远的街道上看到一只四条腿的大动物时，你可能会觉得它是一只狗，而不是一只山羊。如图8-1所示，知识在知觉中的作用是用长时记忆、工作记忆和感觉记忆之间的双向箭头来表示的。

表 8-1 格式塔原理的例子

| 格式塔原理 | 例子 | 解释 |
| --- | --- | --- |
| 对象与背景 | | 你看到了什么，脸还是花瓶？二者中的一个被视为对象，另一个则成为背景 |
| 接近性 | | 将接近的线条视为一组，共三组 |
| 相似性 | | 由于有的线条高度相似，你会认为这些线条是起伏的模式 |
| 接近性超过了相似性 | | 即使一条线短，一条线更高，你也会看到四组两条线，因为不同的两条线更近 |
| 共方向性 | | 你可能会觉得这些线条沿着一个方向移动 |
| 简洁性 | | 你很可能看到的是两个相交的四边形，而不是五个不同的奇怪形状的图形 |
| 封闭性 | | 你察觉到的是一个圆环，而不是由短线组成的曲线 |

注：格式塔的知觉原理解释了我们如何将周围的世界知觉为不同的模式。

### 3. 注意的作用

如果任何一种颜色、动作、声音、气味和温度等的变化都会引起我们的注意，那么生活将变得无法想象。早期，为了让我们的大脑不被大量的刺激轰炸，大脑中一个被称为网状激活系统的部分会过滤这些大量的刺激，而且在大多数情况下这种过滤是无意识的、自动的（Schunk, 2020）。对于通过过滤器的刺激，注意有两种不同的类型——刺激驱动注意（stimulus-driven attention）和目标导向注意（goal-directed attention），二者是有区别的。在刺激驱动注意中，一些颜色、声音、气味等就会"抓住"我们的注意力，比如我们听到汽车喇叭声，就会立刻去寻找源头。目标导向注意更有目的性，就如我们在那些令人挫败的隐藏图形测试中寻找杯子一样，我们的注意是带有目的性的。这两种不同的注意类型似乎被不同的大脑系统控制着（Anderson, 2020）。

随着加工的进行，注意（attention）变得更加有意识和选择性。我们注意什么,在一定程度上取决于我们知道的,以及我们需要知道的东西。因此,图 8-1 中所示的三个记忆过程都涉及注意,并且会对注意产生影响。注意还受到当时所发生的其他事情、任务的类型和复杂性、你的期望,以及你控制或集中注意力的能力的影响。随着儿童的成熟,他们更能够选择性地注意,一部分原因是选择性注意与大脑前额皮质的成熟密切相关(Wetzel et al., 2019)。一些患有注意障碍的学生很难集中注意力或忽略竞争性信息,因为他们很难克服刺激驱动注意以专注于目标导向注意。

但是注意需要付出努力,并且是一种有限的资源。你可能需要花点工夫来注意这些关于注意力的文字,就像伊丽莎白的学生在听分数除法课时必须集中注意一样。我们一次只能注意一种需要认知努力的任务(Sternberg & Sternberg, 2012)。例如,当我们初学开车时,我们不能同时听音乐和开车。在练习一段时间后,我们就可以边听音乐边开车了。但当交通状况不太好的时候,我们必须把收音机关掉。经过几年的练习,我们的能力会有所提升,可以一边开车,一边听收音机和谈话。这很可能是因为许多早期的加工过程需要注意,但由于练习的增加,注意变得自动化了。

事实上,**自动化(automaticity)**很可能是一个程度的问题,我们无法实现完全的自动化。但是,我们的行为中能或多或少地表现出自动化,这取决于我们练习的多少、所处的环境,以及我们是否有意识地集中了注意力来引导自身的认知过程。例如,再熟练的司机在视野模糊的雪天也会专心致志地开车,任何人都不应该在开车的时候发短信或打电话。因开车时发短信、打电话或吃东西造成每天约有 9 人死亡、1000 多人受伤,即使使用免提也于事无补(CDC, 2019)。没有人的驾驶熟练程度能够应对这些外在的干扰。

#### 4. 注意与多重任务处理

说到分心驾驶,那些在开车时发短信或打电话的司机可能会说他们是在进行多重任务处理,而且通常他们自认为一切正常。青少年与以往相比拥有更多进行多重任务处理的机会,这也许是因为他们接触到了太多的技术。例如,做阅读作业的大学生可能会随时查看他们的 Instagram 页面(在学习时用另一个设备打开),或停下阅读作业向助教发送课程电子邮件或短信,或中断阅读以回复朋友的短信,有时感到无聊(显然没有认真读这本书)会浏览互联网。短信、电子邮件、社交网站和手机似乎都需要我们的注意。多重任务处理似乎是对这些需求唯一合理的回应,但这是一个好主意吗?让我们看看不同的观点。

---

### 观点 / 对立观点

### 多重任务处理有什么错

你现在可能正在处理多项任务。如果是这样,关闭你的 Snapchat①、Instagram、YouTube、Facebook、Twitter、TikTok 等应用软件和电子邮件页面,并考虑反对和支持多重任务处理的论点。

**观点** 多重任务处理对你的大脑有害。

在一篇名为《为什么现代世界对你的大脑有害》(What the Modern World Is Bad for Your Brain)的文章中,丹尼尔·莱维(Daniel Levitin, 2015)引用了神经科学家厄尔·米勒(Earl Miller)的话,米勒是世界上最杰出的研究注意力分散的专家之一。米勒警告说,我们的大脑"不能很好地完成多重任务……当人们认为自己在进行多重任务处理时,实际上他们只是非常迅速地从一项任务切换到另一项任务,而这样做的背后其实付出了认知成本"(Levitin, 2015, p.2)。根据莱维的说法,即使我们自认为我们已经完成了很多工作,但实际上我们效率更低、压力更大,而且基本上是过度刺

---

① 即色拉布,"阅后即焚"照片应用软件。——译者注

激。多重任务处理产生的反馈循环会让人上瘾：转换任务产生的新奇感释放了多巴胺，这让我们想要更多新奇感，从而导致更多的多任务处理。在任务之间来回转换会得到类似兴奋类药物的奖励——大脑糖果——即使没有学习，但仍感觉良好。此外，注意力的转换会加速燃烧你大脑中保持注意力所需的葡萄糖燃料，因此，多重任务处理会迅速耗尽这些燃料，从而导致你感到精疲力竭、焦虑，甚至具有攻击性。

另一些研究表明，如果你试图在多重任务处理的同时进行学习，新信息会流向大脑的错误部分，而不是可以被组织成更持久记忆的海马体（Foerde et al., 2006）。一旦你把注意力转向其他事情，你就会从你正在思考的事情上走神，比如教育心理学作业的案例分析。再次找回思路意味着重复你最开始做的事情，致使你需要花费更多的时间去完成案例分析。实际上，如果你在写作业时进行多重任务处理，你可能需要花四倍多的时间才能完成作业（Paulos, 2007）。一项研究发现，成年人清醒的时间里，大约有50%的时间都在思考他们目前正在做的事情之外的事——比如家庭作业（Killingsworth & Glibert, 2010）。正如萨布丽娜·塞尼亚（Shalena Srna）及其同事（2018）所说，"尽管多重任务处理指的是同时执行多个任务，但大多数需要注意力的任务并不能同时完成"（p.1942）。最重要的是，当你试图同时处理多项任务时，任务表现会受到影响（Koch et al., 2018）。

**对立观点** 多重任务处理可能是高效的。

对极少数人来说，多重任务处理很常见，并且是高效的，但只适用于杰森·沃森（Jason Watson）和大卫·斯特雷耶（David Strayer）（2010）等被称为"超级任务者"的人。研究人员在驾驶模拟器中测试了200名本科生的驾驶表现。除了驾驶任务，他们还需要进行一系列单词学习和心算来模拟多重任务处理。对于绝大多数驾驶员来说，当他们同时处理多项任务时，无论是驾驶表现还是学习表现都受到了影响。但极少数人（200人中的5人）没有受到影响。此外，一项针对高中生的研究发现，要求高中生在听音乐、使用手机和被告知要收到一些电子邮件的同时，进行一些其他任务，结果发现，相比于复杂任务，大约只有15%的高中生在简单任务上表现更好。然而，不得不提醒——这些都是非常简单的任务，比如确定电脑屏幕上某个特定颜色的矩形是否移动了，而不是微积分作业这种艰难任务。另外85%的高中生在处理多重任务时，即使是在这些简单的任务上，表现也会更差（Reddy, 2014b）。

只有极少数的证据表明，练习会使多重任务处理的效率得到提高（Dux et al., 2009）。这并不意外，因为练习通常能够提升表现。但是，他们会在他们试图完成的多项任务上更高效吗？不太可能。当他们进行多重任务处理时，信息进入记忆系统的编码效率会降低。因此，练习的优势将被编码信息减少的劣势所抵消（Judd, 2013）。

**谨防"非此即彼"：我们能有效地进行多重任务吗？**

密歇根大学脑、认知和行动实验室的研究表明，这取决于具体情况（Hamilton, 2009）。任务的内容会影响任务表现。有些任务，诸如走路和嚼口香糖，各自需要的认知和身体资源不同，且任务处理的自动化程度较高。但有些复杂任务，诸如开车和打电话聊天，需要某些共同的认知资源——注意交通状况，以及注意电话中对方在讲什么。因此，多重任务处理的主要难点在于同时性复杂任务的处理（Hamilton, 2009）。因此，尤其是在开车的时候，注意力是至关重要的。记住，每天大约有9人因为驾驶分心而死亡。即使是超级任务者也不应该拿自己或其他人的生命冒险。

### 5. 注意与教学

有意识学习的第一步就是注意，学生不能加工他们没有感知到的信息（Willingham, 2009）。但是信息能否被成功地加工，取决于多方面因素，不仅仅是注意。有些任务是资源限制型的，只有分配更多的资源，才能取得更好的表现。例如，你需要关上手机，集中注意力听有难度的报告。有些任务是知识限制型的，这意味着能否成功地进行加工取决于已有知识的数量和质量。如果已有知识储备不足，那么不管我们怎样努力集中注意力，都不会取得成功。例如，如果你听不到报告或是对报告中使用的术语知之甚少，那么即使你再集中注意力，帮助也不大。想想一些伊丽莎白的学生，他们可能不知道倒数或分子的意思，那么即使注意力再集中也不会帮助他们理解分数除法。我们之前谈到过的第三种任务，即自动化的任务，无须过多的注意力，因为我们已经练习过多次。比如，一个音乐家拨动吉他弦的方式就非常自动化（Bruning et al.，2011）。

课堂上，有很多因素会影响学生的注意。叫出学生的名字、令人惊讶的事件、引发好奇心的问题、任务和教学方法的多样性、声音的改变都可以用于吸引学生的注意力。同时，学生必须保持注意力——他们必须关注学习情境的重要特征。下面的实践指南提供了一些吸引和维持学生注意的方法，你可以参考。

## 实践指南

### 吸引和维持注意

使用一些特定的信号。

例如：

（1）发出一个信号，告知学生停止手头正在做的事情，注意到你。有的教师会走到教室的某个地点，打开灯，敲敲桌子或按下教室里钢琴的琴键，一般而言需要把视觉和听觉信号结合起来使用。

（2）避免分散学生注意力的行为，如在讲话时敲铅笔，这会干扰信号的传递和学生学习的注意力。

（3）在课程内容发生转变之前，发出简短、清晰的信号。

（4）生动的语调、引人注目的帽子或拍手游戏对于小孩来说是十分有趣的（Miller，2005）。

走近学生而不是大声叫唤（S. A. Miller，2005）。

例如：

（1）走近孩子，看着他的眼睛。

（2）用坚定而不是威胁的声音说话。

（3）叫孩子的名字。

确保学生清楚课堂或作业的目的。

例如：

（1）上课之前，在黑板上写出教学目标，并与学生讨论，让学生总结或重述目标。

（2）解释学习的原因，要求学生举例说明他们是如何运用自己所学的知识的。

（3）把新材料与先前学过的功课联系起来——列出纲要或绘制概念地图，说明新的主题是如何与先前材料，以及即将学习的材料相联系的。

利用多样性、好奇心和惊喜。

例如：

（1）用问题引发学生的好奇心，例如，"如果……将会发生什么"。

（2）在课堂上安排学生意想不到的环节来激发学生的学习兴趣。比如，在一节社交课前安排学生进行辩论。

（3）通过移动教室内的物品等方式来改变教室的物理环境。

（4）给学生上一堂融合触觉、嗅觉或味觉的课，以改变学生上课时常用的感觉通道。

（5）使用动作、手势和声音变化——在教室里走动、指指某处、轻轻地说话，然后富有激情地讲话（我丈夫曾在他的大学课堂上，跳到桌子上指出一个重要的观点）。

提问并给出回答的框架。

例如：

（1）询问学生为什么材料很重要、他们准备如何学习、准备运用什么策略。

（2）指导学生进行自我检查或自我修正，让他们发现常见的错误。考虑到学生有时很难看出自己的错误，可以让他们两人一组进行合作，以便更好地学习。

## 8.2.2 工作记忆

尼尔森·考恩（Nelson Cowan）将**工作记忆（working memory）**定义为"能够记住并用于执行认知任务的少量信息，它与长时记忆形成了鲜明对比，长时记忆能存储人一生中海量的信息"（2014，p.197）。工作记忆是记忆系统的"工作台"，是新信息暂时存储，以及将新信息与长时记忆中的知识进行整合以执行认知任务（如解决问题或听懂一个演讲）的界面。例如，当你看到"¾÷½=？"时，你必须先记住这个问题，同时从长时记忆中找回"÷"的含义，以及解决这个问题所需的数学知识及程序。因此，工作记忆保存着你此刻正在思考和使用的信息。

尽管它们在持续时间和容量上有类似的局限，但还是让我们快速区分一下短时记忆和工作记忆吧。一般而言，**短时记忆（Short-term memory）**通常仅涉及信息的存储，即对新信息的即时记忆，它会很快消退，持续时间不超过20秒。此外，早期的实验认为短时记忆的容量受到"神奇的7±2"（即5~9）个组块信息的限制（Miller, 1956）。在日常生活中，当你打电话时，先在网上找到一个新的7位数的电话号码后，然后你会记住它，这是很常见的。当然，如果你还必须记住区号，这就会超过9个组块——10位数字。此外，如果你需要接连打两个电话，那会怎么样呢？人们一般不能同时存储两个新的电话号码（14位或20位），打第一个电话无论如何都会耗尽第二个电话号码的记忆空间，所以短时记忆只是暂时的存储。工作记忆既能进行暂时存储，又能主动加工，它是"记忆的工作台"，在此，人们通过积极的心理努力加工新旧信息。

### 1. 工作记忆模型

艾伦·巴德利（Alan Baddeley）和他的同事们提出的工作记忆模型，对我们理解人类的认知至关重要（Baddeley, 2007, 2019; Baddeley et al., 2015）。在这个模型中，工作记忆至少由四部分组成：①中央执行系统，该系统控制有限的注意和其他可用的心理资源（工作记忆中的"操作者"）；②语音回路，负责保留基于语音和听觉（声音）的信息；③视空间模板，负责处理视觉、空间和触觉（通过触摸）编码的信息；④情景缓冲器，整合来自语音回路、视空间模板，以及长时记忆的信息，并基于语音、空间和视觉信息建立有意义的表征。例如，如果我问你，你家有多少扇窗户，你的中央执行系统会把注意力集中在一种策略上，比如在长时记忆中搜索你家房间的图像，并把图像放在你的视空间模板上，当你在脑海中从一个房间移动到另一个房间时，通过语音回路对自己说数字来数窗户，然后将视觉和声音信息整合到情景缓冲器来回答我的问题。

语音回路和视空间模板会对工作记忆内容（图像和声音信息）进行短时存储，因此它们有些类似于早期信息加工模型中的短时记忆。语音回路、视空间模板和情景缓冲器负责为中央执行系统处理较为初级的工作——保持信息、刷新信息并对信息进行联结。巴德利指出，除了我们知道的语音回路、视空间模板和情景缓冲器之外，可能还存在其他针对不同信息（如气味、味道）的较为初级的工作系统。

图8-2展示了工作记忆系统，下面就让我们来研究一下工作记忆系统的各个部分。

> **停下来，想一想**
>
> 解答拉德万斯基（Radvansky）和阿什克拉夫特（Ashcraft）（2018，p.115）提出的心智数学问题，并请注意解答的加工过程。
>
> $$\frac{(4+5) \times 2}{3+(12/4)}$$

### 2. 中央执行系统

当你解答上面这个问题时，你工作记忆中的中央执行系统会将注意力集中到你想要了解的事实（4+5是多少，12/4等于多少）。回想存储于你长时记忆系统中的运算规则；应该先进行哪步运算，如何做除法。**中央执行系统（central executive system）**监控注意、制订计划、做出推

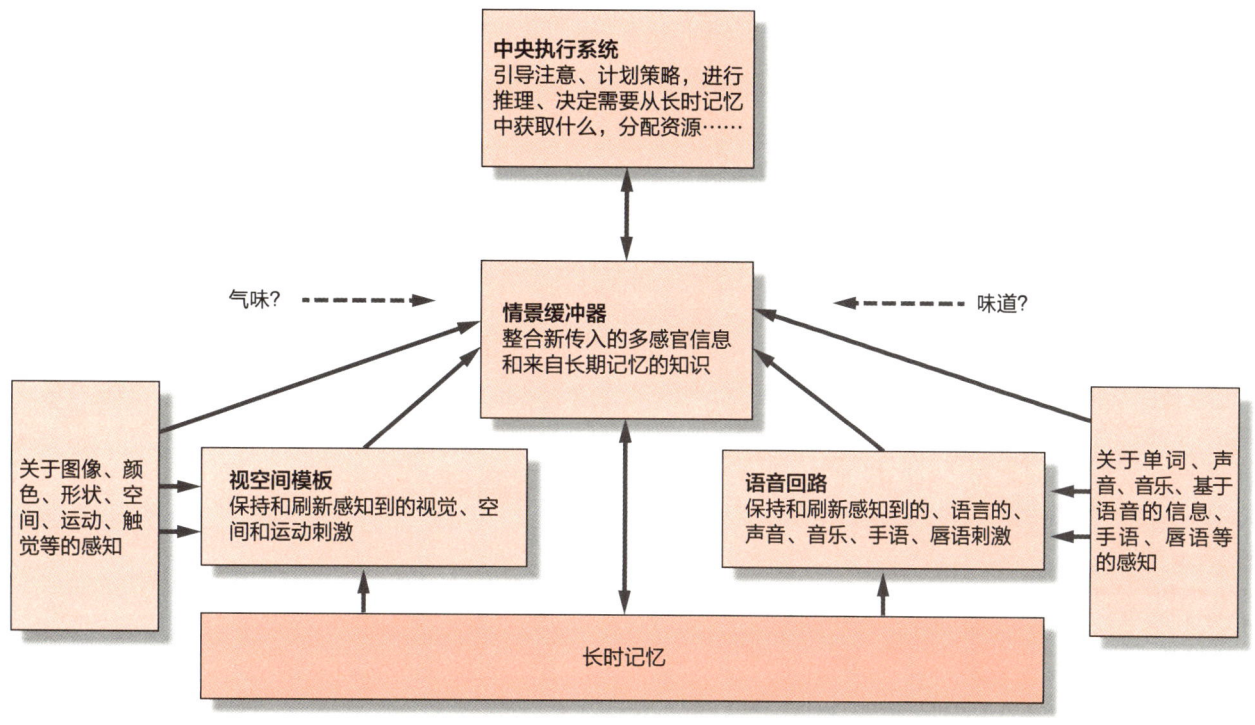

**图 8-2 工作记忆的四个部分**

注：中央执行系统是诸如分配和集中注意力、推理和理解等各种认知活动的心理资源库。语音回路保持感知到的基于语音和声音信息。视空间模板保持感知到的视觉、空间和触觉信息。情景缓冲器整合来自语音回路、视空间模板，以及长时记忆的信息。不过，这一系统是有限制的。如果信息过多或过难，它可能无法承受。

断、排除干扰想法（哎呀，这太难了！），并决定哪些信息需要提取，以及如何分配资源，就像你在图8-2中所看到的，中央执行系统是工作记忆的核心，统领其他成分。

### 3. 语音回路

**语音回路**（phonological loop）有两个组成部分——一是存储声音和基于语音的信息，二是通过将信息置于"回路"中，并不断复述/刷新信息，以此使信息保持在活跃状态。语音回路的短期存储是当你计算分数线下面的 3+（12/4）时，你已经把"18"（4+5=9，9×2=18）放在语音回路中。巴德利（2001，2007）认为，我们能在1.5～2秒钟内复述（自言自语）多少信息，语音回路就能保留多少信息，7位数的电话号码就满足这个限制性条件。但是，如果你试图在头脑中保留这7个词：

disentangle（理顺）、appropriation（拨款）、gossamer（薄纱）、anti-intellectual（反智的）、preventative（预防性的）、foreclosure（丧失抵押品赎回权）、documentation（文档）（Gray，2011），会怎么样呢？这些单词不仅很拗口，而且复述它们所需的时间都长于两秒，在工作记忆中保留这些单词比保留7个数字或7个短单词更为困难。此外，有些词你太不熟悉，很难进行复述。此外，语音回路还可以保存音乐和其他环境声音，以及来自手语和唇语的信息（Baddeley，2019）。

请记住——放入你的工作记忆中，我们正在讨论的是新信息的暂时存储。在日常生活中，我们肯定可以一次保持5～9个组块或多于1.5秒的信息。当你拨打刚刚查到的7位数电话号码时，"在你的脑海中"（在你的记忆中）肯定还有其他事情——例如，你要给谁打电话，以及为什么打这个电话。你没有必要注意这些事情，它们并非新的知识，这些过程（如拨电话）已经变得自动化了。然而，当你在国外，尝试使用一个陌生的电话系统时，由于工作记忆的有限性，你也许会在记忆电话号码时遇到麻烦，因为在这个时候，你的中央执行系统需要设法了解电话系统。

#### 4. 视空间模板

现在请试着解决一下这个问题。

> **停下来，想一想**
>
> 将小写字母 d 顺时针旋转 180 度，你得到的会是 b 还是 p 呢？

大多数人回答这个问题时会创建一个"d"的视觉表象并旋转它。**视空间模板**（visuo-spatial sketchpad）是你操作表象的地方（当然是在中央执行系统提取了"180 度""顺时针"的意义之后）。你能够同时使用你的语音回路和视空间模板，但它们很快就被填满了，而且很容易负荷过重。事实上，每一种口头和视觉任务似乎都发生在不同的脑区。就像我们随后将看到的，这些系统的容量也存在一些个体差异。例如，有些人在记忆中可能只能保存一个视觉信息，而另一些人则可以保存多达 7 个信息，甚至还有些人可以通过口头编码将这些视觉图像编码成"它看起来像一颗星星"或"圆圈"来保存。视空间模板还可以保存触觉和运动信息（Baddeley, 2019; Gray, 2011; Pearson & Keogh, 2019）。

#### 5. 情景缓冲器

如果工作记忆是记忆系统的工作台，那么情景缓冲器就是工作记忆的工作台。**情景缓冲器**（episodic buffer）是一个存储系统，它可以容纳大约四个组块的信息，能够在中央执行系统的监控下，汇聚、整合来自语音回路、视空间模板，以及长时记忆的信息，这种多感官信息的整合使我们能够创建复杂的记忆，如存储一个电影演员的外貌、声音、话语和动作信息以构建一个完整的形象，或者整合视觉和语言信息来确定你家的窗户数量。

#### 6. 工作记忆的容量

与感觉记忆或长时记忆不同，工作记忆容量是非常有限的——许多教授似乎忘记了这一点，他们在上课时总是非常迅速，以至于学生需要非常努力才能跟上他们的观点和课件。正如你所看到的，工作记忆像短时记忆一样，信息容量一次保持在 5～7 个组块或 1.5 秒到 2 秒内的信息。在本章的后面，我们将讨论分组块或分组等记忆策略，它们可以帮助你保留更多的信息，但如果不应用这些策略，工作记忆能够保存的信息量非常有限。

工作记忆在教学中非常重要。首先，新信息必须经过工作记忆的处理才能存储在长时记忆中，但是（正如我一直说的）工作记忆的容量和持续时间是有限的（Sweller et al., 2019）。其次，工作记忆容量与阅读、数学和多媒体学习的学术成就有关（Anmarkrud et al., 2019）。

#### 7. 工作记忆中信息的保持时间和内容

工作记忆系统中信息的保持时间是短暂的，除非你不停地复述或用其他一些方式加工信息，否则信息保持不超过 20 秒（Baddeley, 2001）。你可能认为，有着 20 秒的限制的记忆系统并没有多大的用处。然而，如果没有这个系统，那么你将会在读到句子中最后几个单词时，忘记前面读过的部分。显然，这样你将很难理解整个句子的意思。更重要的是，如果没有工作记忆，尤其是没有语音回路，学习语言将会面临极大的阻碍（Baddeley et al., 2015）。

工作记忆中的信息可能以声音和图像的形式存在，这类似于感觉记忆中的表征。当然，工作记忆中的信息也可能基于意义被更抽象地加以建构。

### 8.2.3 认知负荷和工作记忆的信息保持

**认知负荷**（cognitive load）指人的心理资源总量，通常指完成特定任务所需的工作记忆。这一概念对教师来说非常重要，因为认知负荷理论的核心思想是"在设计教学时应考虑到人类的认知结构——特别是工作记忆的局限性"（Leppink et al., 2014, p.32）。这让我们回想起前面提到的那些教授，他们非常快速地讲课，会增加学生的工作记忆负担，看来教授并不懂认知负荷理论。有些任务对工作记忆的要求很高——导致认知负荷变成了认知超载。

### 1. 两种（或三种）认知负荷

任务的认知负荷并不是绝对的"重量"，在特定情境中，实际认知负荷的程度取决于多方面因素，包括任务的复杂性、对当前任务的了解及可获取的资源（Sweller et al., 2019）。认知负荷有不同的类型，但有两种对教学尤为重要。一种是不可避免的，另一种是有阻碍作用的。

**内在认知负荷**（intrinsic cognitive load）是不可避免的、有意义的，指的是理解材料所需的认知加工总量。它取决于你一次需要考虑多少要素（表格、图表、文章、讲座、PPT、图片、网络信息……），各要素之间的相互作用有多复杂，以及你在这个学科上的专业水平（Leppink et al., 2014）。尽管工作记忆可以存储 5～9 个组块的信息，但它一次只能加工 2～4 个。因此，如果你想了解单个要素在复杂系统中如何相互作用，如通过阅读文章和查看图片掌握 DNA 的结构和功能，除非你已经了解了一部分 DNA 的知识，如相关术语、概念和程序等，否则你将陷入困境（van Merrienboer & Sweller, 2005）。内在认知负荷是无法避免的，也是必不可少的——但有效的教学可以帮助学生管理内在认知负荷。

**外来认知负荷**（extraneous cognitive load）指用于处理与学习任务无关的问题，比如在没有任何指导的情况下，使用试错法摸索答案，或者设法让和你同处一室的人（配偶、孩子、伙伴）停止打扰你，又或者努力学习一门组织混乱的课程或编写差劲的教材的认知容量。外来认知负荷是无意义的——它只会消耗你的工作记忆资源，而不会帮助你学习（Choi et al., 2015；Tricot & Sweller, 2014）。表 8-2 中对这两种认知负荷进行了总结。

一些教育心理学家提出了第三个因素，关联认知负荷（germane cognitive load）或关联资源（germane resources），它可以重新分配你的工作记忆资源，使其远离无关的活动，而转向有助于学习的活动。涉及将你的工作记忆重新分配给学习的动机和自我调节——我们将在第 11 章和第 12 章中讨论这些重要话题。

#### 表 8-2　两种认知负荷

个体在学习过程中可能会用到两种认知负荷，它们有不同的成因，也会带来不同的后果。

| 认知负荷的类型 | 性质 | 成因 | 例证 | 管理 |
|---|---|---|---|---|
| 内在认知负荷 | 不可避免的：注意和理解材料所需的核心加工过程 | 任务内在的复杂性（有多少元素及其相互作用），同时受到学生掌握相关知识程度的影响 | 在处理解二次方程等复杂任务时，需要更多的内在加工过程 | 确保任务符合学生的能力和现有知识；把注意力集中在主要概念上；经常复习；提供包括样例在内的多样化的例子 |
| 外来认知负荷 | 可避免的（可管理的）：处理与学习任务本身无关的问题所需的无益的加工过程 | 不良的学习策略，注意力分散，缺乏指导，背景知识不足 | 学生来回浏览文本和图表，但是不知道该怎样读图表或怎样整合视觉和语音信息 | 消除干扰；教授所需的关键词汇/概念；让学生互相讲解；教授和练习适当的学习策略 |

资料来源：改编自 Bruning, R. H., Schraw, G. J., & Norby, M. M.(2011). *Cognitive Psychology and Instruction*(5th ed.). Boston, MA: Pearson; Mayer, R. E. (2011). *Applying the Science of Learning.* Boston, MA: Pearson.

### 2. 认知负荷：对教师的启示

良好的教学设计和课堂教学的目标是帮助学生管理好内在认知负荷（使课程的难度和复杂性与学生的能力相符，也就是落在学生的最近发展区内），减少外来认知负荷（尽可能多地消除干扰和不必要的复杂性），并通过将工作记忆集中于手头的任务来优化支持学习的关联资源（Sweller et al., 2019）。例如，教师在教授技能时，可以将技能以从简单到复杂的顺序排列，这样学生先练习任务的简单版本，然后转移到越来越复杂的版本，给学生提供样例，让学生完成一个部分完成的问题或计算机程序，将注意力集中在主要概念上，并提供支架（见第 3 章）。如果学生在研究物理表征或模型，教师可以通过口头说明模型并结合手势来集中学生的注意力，让学生把注意力集中在关键元素上，这样学生就不会被其他吸引人的细节分散注意力——比如有趣但无关的模型特征，如醒目的颜色或图案（我在那里看到了一张猫脸！）。你还可以让学生彼此解释（或自己给自己解释）学习材料的意义、让学生将自己的理解画出来或制成图表，让学生记有益的笔记，以及让学生使用我们在接下来的章节中将讨论的其他策略（Guo et al., 2020; Mavilidi & Zhong, 2019; Van Gog et al., 2010）。

### 3. 工作记忆中信息的保持

工作记忆中的信息必须保持激活状态才能更高效地提取。只要你关注信息，就能使信息保持高度激活状态，但当注意力转移，激活状态就会快速地衰退或消失。工作记忆中信息的保持就像杂耍中盘子在几个竿子顶端不停地旋转。表演者让一个盘子旋转起来，接着旋转下一个盘子，然后再下一个，但是在第一个盘子旋转得越来越慢并从竿子上掉下之前，表演者的注意力必须回到第一个盘子上。如果我们不让信息在工作记忆中保持"旋转"——保持激活状态，它就会"掉下来"（Anderson, 2020）。当激活状态消失，遗忘就会随之而来。

为了保持信息的激活，大多数人会在心里不停地复述信息。复述一般包含保持性复述和精细性复述两种类型。

**保持性复述**（maintenance rehearsal）既包括在你的语音回路里不断重复信息，也包括在你的视空间模板中不断刷新信息。只要你重复信息（重述、重新成像），信息就能在工作记忆中被无限地保持。保持性复述对于那些你准备运用，但用完就可以忘记的信息来说是有用的，比如电话号码或地图上的一个位置。

**精细性复述**（elaborative rehearsal）指的是将已知信息（长时记忆中的知识）与正试图记住的信息联系起来。例如，如果你在聚会上遇到了一个人，他与你的兄弟同名，那么你只需要在他与你的兄弟之间建立联结，而无需重复他的名字，就可以记住。这类复述不仅能保留工作记忆中的信息，而且能将信息转移到长时记忆中。复述是一个中央执行系统控制信息流穿过信息加工系统的过程（Radvansky & Ashcraft, 2018）。

### 4. 加工水平理论

克雷克（Craik）和洛克哈特（Lockhart）（1972）曾提出**加工水平理论**（levels of processing theory），这一理论有时也被称为深层加工理论（depth of processing theory），来取代短时－长时记忆模型。加工水平理论与先前提到的精细加工概念有着密切的联系。克雷克和洛克哈特提出，信息能被记住多久，取决于该信息被分析的深度，以及它与其他信息关联的广泛程度。信息加工越完全、越深入，信息被回忆起来的可能性就越大。例如，根据加工水平理论，如果我要求你根据狗的毛色将狗的图片分类，那么你也许记不住多少图片。但是，当我要求你估计图片上的每只狗在你慢跑时在后面追你的可能性时，你或许能记得更多图片。为了评价每只狗追你的可能性，你必须注意图片中的细节，把狗的属性与危险的特征相联系，记住你与狗相处的经历等。这种评价过程需要更深层次的加工，需要更多关注图片的意义，而不是像图片的颜色这种表面特征。因此，当我们应用一些有效的好的策略时，我们确实能学习和记忆更多的信息，而不是将信息流于表面。

工作记忆的容量有限，借助**组块化**（chunking）的过程可以在一定程度上避免这一问题。由于信息块的数量

（而不是每个信息块的大小）是工作记忆的一个限制，所以对单个信息进行组合能帮助你保留更多信息。你可以体验一下组块的效应。请尝试记住这些字母：

HBOUSACIALOLATM

现在试一下这个：

HBO USA CIA LOL ATM

你刚刚运用组块的方法将这个字母串组合成了更可记忆（有意义的）的组块，这样你就可以记住更多的信息了。同样，你可以运用其他领域的相关知识来进行组块式记忆。组块可以帮助你记住一个密码或社会保险号码。

### 5. 遗忘

由于干扰或衰退的作用，工作记忆中的信息可能会流失。**干扰（interference）** 相当容易理解，就是指新信息的加工干扰或混淆了旧信息。当新信息累积到一定程度，旧信息就会从工作记忆中消失。信息会随着时间衰退，进而消失，如果你没有继续注意这些信息，那么信息的激活水平就会**衰退（decay）**和变弱，并最终降到最低，以至于信息不能被再次激活，直到全部消失。然而，一些新的研究表明，有一些记忆看似被遗忘了，但实际上只是"被搁置"了——这些记忆的神经痕迹处于"睡眠"状态，只要给予正确的刺激，仍可以唤醒这些记忆（Pinker, 2017; Rose et al., 2016）。

事实上，遗忘是有用的。没有遗忘，人类的工作记忆很快就会出现认知负荷超载的状况，学习也将停止。同样，如果你永远都记得读过的每一句话、听过的每一个声音、看过的每一幅画……这也是个问题。从知识的海洋中要找出某个信息块几乎是不可能的。如果有一个系统能暂时存储信息并"清除"关于你经历的事件的一些信息，那么这将是很有帮助的（Popov et al., 2019）。

## 8.2.4 工作记忆的个体差异

工作记忆容量是诸多认知技能（包括语言理解、阅读和数学能力，以及流体智力等）的一个极好的预测指标。工作记忆存在发展性和个体性的差异。

### 1. 发展性差异

工作记忆的所有构成部分会在大约4岁时出现。在小学和初中阶段，工作记忆任务的表现会稳步提升，其中视空间模板会发展得更早一些。记忆包括三个基本方面，即记忆广度（存储在短时记忆或工作记忆中的信息量）、加工效率和加工速度。记忆的这三个基本能力是共同运作并相互影响的。例如，加工效率越高，存储在记忆中的信息量就越大（Demetriou et al., 2002）。

幼儿比儿童记得少的原因之一是幼儿更依赖逐字编码，而不是要点或意义编码，而逐字逐句的信息更容易被遗忘。幼儿依赖于逐字编码，因为他们缺乏对意义进行编码的策略和知识。随着年龄的增长，孩子们将掌握更多的知识，并发展出更有效的记忆信息的策略。当你记忆"HBOUSACIALOLATM"时，你用你的知识把字母分成了"HBO USA CIA LOL ATM"，这时你体验到了知识和策略的力量。

大概到5~6岁，大多数孩子能自发地学会复述，并且不断使用此策略来逐字记忆。大概6岁时，大多数孩子会意识到使用组织策略的价值。到9~10岁，他们就能自发地使用这些策略了。现在，假设学生要学习下面这些词：

沙发、橘子、老鼠、灯、梨、羊、香蕉、地毯、菠萝、马、桌子、狗

年龄较大的孩子或成人可能会把这些词组织成三个类别：家具、水果和动物。也就是说，具有某个领域的专业知识能够帮助我们使用类别对信息进行组织和记忆，就像我们之前看到的那位专业的小学足球运动员一样。我们可以教年幼儿童使用复述或组织策略来提高记忆能力，但大人不得不提醒儿童运用这种策略，否则他们可能不会自己去运用它。随着儿童的成长，他们更可能使用精细加工策略，但是这一策略在儿童晚期才会发展成熟。因此，小学高年级学生和青少年更可能使用创造想象或故事的方式来记忆各种观念（Siegler et al., 2020）。

因此，从4岁到青春期，随着大脑的变化、信息的快速加工、策略的发展和自动化，以及知识的增加，儿童的工作记忆容量会不断增加（Alloway et al., 2006; Gathercole et al., 2004）。直到10～11岁以后，儿童才会拥有像成年人一样的记忆（Bauer, 2006）。

**2. 个体差异**

请你试着完成下面"停下来，想一想"的任务。

> **停下来，想一想**
>
> 大声读出下列句子和大写的词，只读一次。
> - 我全家和我的朋友一直在农场工作了好多年。SPOT
> - 因为房子不透气，鲍博（Bob）出去呼吸了一下新鲜空气。TRAIL
> - 我们驶出50公里后，就见不到陆地了。BAND
>
> 现在遮住句子，并回答：所有大写的英语单词是什么？谁在不透气的房子里？谁在农场工作？

刚刚你做的是工作记忆广度测验中的几道题目（Engle, 2001）。该测验要求你同时进行加工和存储——在加工句子意义的同时存储单词。你做得怎么样？

教育心理学家越研究工作记忆，越意识到它对于每个年龄段的孩子的学习和发展是多么重要（Alloway et al., 2010; Welsh et al., 2010）。对较小的孩子来说，学龄前工作记忆的发展和对注意力的控制，能够预测其将来的阅读和数学能力。对于小学生而言，工作记忆（而不是简单的短时记忆）的提升与其阅读能力和阅读理解相关；工作记忆上的问题和阅读障碍密切相关。工作记忆与小学生的学业成就、数学运算能力，以及解决复杂数学问题的能力有关。对青少年和成年人来说，工作记忆广度测验的分数与SAT（美国高中毕业生学术能力水平考试）中阅读部分的分数之间的相关系数是0.59。但是，SAT和简单的短时记忆广度（重复数字）之间不相关。工作记忆的个体差异与数学和语言天赋的流体智力测量有关，也与数学、阅读、书面语言、第二语言学习、编程、记笔记和遵循复杂指令的学术成就有关。根据不同的研究，这些变量的相关范围为0.3～0.9（Baddeley et al., 2015; Fenesi et al., 2015）。但要注意：在学校的一天或一周内，工作记忆的表现可能会有所不同，所以学生的学习表现才会时好时坏（Dirk & Schmiedek, 2016）。

### 8.2.5 工作记忆真是独立的吗

一些心理学家认为，工作记忆和长时记忆不是两个独立的记忆系统。相反，工作记忆是长时记忆中当前的"注意焦点"（Cowan, 2008, 2014; Fenesi et al., 2015）。工作记忆和长时记忆之间的区别，可能在于某一特定的记忆是否正在被思考或被"激活"。但是，无论工作记忆是独立于长时记忆的，还是属于长时记忆的一部分，显然，形成和发现长时记忆才是学习的关键。长时记忆对教师来说是一个至关重要的问题，我们将多花点时间讨论它。

## 模块 25 小结

### 认知观的构成要素

#### 大脑在认知中的作用是什么？

人脑由许多具有特定功能的不同模块组成。所有这些模块一起工作，以理解你正在进行的经历和学习。整个大脑中神经元之间的联结总是随着经历而变化，这种变化即神经可塑性，是记忆的基础。例如，开出租车的个体，他们特定脑区的发展要多于那些没有参与这种任务的人。随着大脑的不断发展，特别是前额皮质的成熟，儿童在大约7～8岁时就开始处理复杂的任务，例如将过去经验和先前经验整合起来。

#### 知识如何影响学习？

学习的认知观认为，学习过程中最重要的因素之一就是个体带到学习情境中的知识。我们已有的知识在很大程度上决定了我们的注意、知觉、学习、记忆和遗忘。知识被分为特定领域知识（与特定主题相关）或一般知识，也可以分为陈述性知识、程序性知识或自我调节知识。陈述性知识指可以被陈述的知识，通常以文字或其他符号形式呈现，陈述性知识回答的是"是什么"的问题；程序性知识是关于"怎么做某事"的知识，必须通过示范说明；自我调节知识是知道何时、如何运用陈述性知识和程序性知识。

### 记忆的认知观

#### 描述从感觉信息输入到模式识别的路径

感觉记忆的信息容量巨大，但保持的时间很短，大约3秒。在这短暂的时间里，模式识别的第一阶段是特征分析或自下到上的加工，因为刺激必须先被分解成特征或要素，并且被组合为有意义的模式。格式塔原理是关于特征如何被组织成模式的一种解释。除了注意特征以及使用格式塔原理之外，为迅速识别模式，我们还会运用与该情境有关的知识、情境信息以及有关原型或最好样例的知识。

#### 注意在记忆中扮演什么角色？

注意可以是刺激驱动的（某些东西"抓住"了你的注意力），也可以是目标驱动的（你特意集中注意力）。我们所注意的东西在一定程度上取决于我们知道的和我们需要知道的东西，因此，图8-1中的三个记忆过程都涉及注意，并且会对记忆产生影响。通过练习，我们可以将原本需要很多注意力的事情变得更加自动化。其次，有些人认为他们可以很好地分配注意力以同时处理多个任务，例如一边发短信一边开车。但研究表明，很少有人擅长多重任务处理。此外，有些学生很难控制自己的注意力，因此，教师必须努力吸引和保持每个人的注意力。

#### 什么是工作记忆？

工作记忆是你此刻正在思考的东西，但它的容量和保持时间有限。工作记忆既是语音回路和视空间模板中的短时储存，也是由中央控制系统引导的在情景缓冲器进行的加工——它是有意识思维的工作台。工作记忆的信息容量大约保持在5～7个组块，或在1.5～2秒内重复的信息，保持时间约为20秒。工作记忆中的信息可能以声音和图像的形式存在，类似于感觉记忆中的表征，也可能基于意义被更抽象地加以建构。

#### 什么是认知负荷？它是如何影响信息加工的？

认知负荷是指认知资源，包括完成任务所需的知觉、注意和记忆的容量。这些资源不仅用于组织和理解任务，而且也用于分析解决方法，以及忽略无关刺激。用于完成任务的资源被称为内在认知负荷——这些资源是必要的、有意义的。用于无关活动（对你的学习没有帮助）的资源，被称为外在认知负荷——这些资源是无意义的、分散注意力的。如果认知负荷过重，那么个体执行任务的能力就会降低，甚至受到抑制。良好的教学设计和课堂教学目标是帮助学生管理好内在认知负荷（使之与学生的能力，也就是最近发展区相符），减少外在认知负荷（尽量清除）。

#### 如何在工作记忆中保留信息？

为了让信息在工作记忆中保持激活状态的时间超过20秒，人们需进行保持性复述（心理重复）和精细性复述（与长时记忆中的知识发生联系）。精细性复述也有助于新信息进入长时记忆。通过组块的控制性加工，工作记忆容量有限的问题可以得到一定程度的解决。工作记忆存在个体差异，工作记忆广度与智力测试、SAT等需要高层次思维和有控制注意的任务表现密切相关。最近，一些心理学家还提出，工作记忆和长时记忆不是两个独立的记忆系统。相反，工作记忆仅仅是正在被激活的长时记忆的一部分，用来处理你当前思考的信息。

## 模块 26　理解长时记忆

**学习目标 8.3**　描述当前有关长时记忆的观点，包括长时记忆的内容和类型、长时记忆的个体差异，以及长时记忆中信息提取的过程。

## 8.3 长时记忆

工作记忆保留着当前被激活的信息——在你的脑海里，例如你刚刚遇到的一个人的名字；**长时记忆（long-term memory）**则存储着经过良好学习的信息，例如你知道的所有人的名字。

### 8.3.1 长时记忆的容量、持续时间

工作记忆与长时记忆之间有许多不同之处。信息快速地进入工作记忆，但要使信息进入长时记忆并得到存储，则需要更长时间和更多努力。工作记忆的容量有限，但对所有实用目的来说，长时记忆的容量好像是无限的。另外，一旦信息被牢固地存储在长时记忆中，就能永远得到保持——在恰当的条件下可以永久存储。我们工作记忆中信息的通达是非常即时（immediate）的，因为此刻我们正在思考这些信息。但是我们长时记忆中信息的通达，则需要时间和努力，正如你所知，在一个人穿过房间到达你面前之前，你很难回忆起他的名字。

大多数认知心理学家把长时记忆分为外显记忆和内隐记忆，每一种记忆又可以被细分为一些小的类别。**外显记忆（explicit memory）**是可以被回忆和有意识思考的长时记忆的知识——基本上是陈述性知识，就像我们之前在本章前面中定义的那样（你还记得的，对吗？）。因此，外显记忆有时也被称为陈述性记忆。我们可以意识到这些记忆——我们知道我们记得它们，大脑中的海马体对形成外显记忆尤为重要。相反，**内隐记忆（implicit memory）**是我们不能有意识回忆的知识，但可以无意识地影响我们的行为或思考。这些不同类型的记忆与大脑的不同脑区有关，它们一起构成了长时记忆（Radvansky & Ashcraft，2018）。

### 8.3.2 长时记忆的内容：外显（陈述性）记忆

外显记忆是我们通常认为的关于世界的知识——那些我们知道自己知道的事情。外显记忆既可以是语义的（基于意义），也可以是情景的（基于事件序列，例如你自己的经历）。

**语义记忆（semantic memory）**在学校中非常重要，它是对意义的记忆，包括词语、事实、理论和概念。但语义记忆也包括诸如柠檬的颜色或苹果的味道等特征信息，以及类似如何在音乐会上获得一个好座位或避免在课堂上被点名等一般性知识（Baddeley et al.，2015）。语义记忆并不与特定的经验相联系，而是以命题、表象、概念和图式的形式进行表征和存储的（Anderson，2020）。

**1. 命题和命题网络**

我们如何在记忆中表征句子和图画的意义？其中一个方式是使用在网络中相互联结的命题。命题是知识的最小单位，并可以被判断为真或假。约翰·安德森（John Anderson，2020，pp.145–146）列举了一个包含三个命题的陈述："林肯是美国总统，在残酷的战争期间，他解放了奴隶。"这其中的三个命题是：

①战争期间林肯是美国总统；
②战争很残酷；
③林肯解放了奴隶。

共享某些信息的命题能相互联结，形成**命题网络（propositional network）**。存储在命题网络中的是意义，而不是确切的词或词的顺序。相同的命题网络也适用于这个句子："奴隶被林肯解放了，而林肯是残酷的战争期间的美国总统。"它的意义与上一句话完全一样。因此，存储在记忆中的是反映一组命题之间关系的意义。

大部分信息可能是以命题网络的形式进行存储和表征的。当我们要回忆一些信息时，我们可以将它的意义（就像在命题网络中表征的那样）转化为我们熟悉的短语、句子或心理图像。因为命题总会联结成网络，因此回忆一些信息将引发或激活另一些信息。当然，我们意识不到这些网络，因为它们不是我们有意识记忆的一部分（Anderson，2020）。同样，当我们用自己的语言构建一句话时，我们意识不到这句话潜在的语法结构，我们也无须给词性贴上标签才能说话。

## 2. 表象

**表象**（image）是基于信息的结构或外在形式而进行的表征（J. R. Anderson，2010）。当我们形成表象时（如你解决前文中关于旋转字母"d"的问题的方法），我们设法记住或重新创造信息的物理属性或空间结构。例如，当被问及小镇某家星巴克咖啡旁边是什么商店时，许多人会用他们头脑中的"眼睛"找到咖啡店的位置，然后"看"咖啡店旁边是什么商店。然而，关于表象是如何存储在记忆中的，研究者有着不同的意见。一些心理学家认为表象是以图像的形式存储的；其他心理学家则认为我们在长时记忆中存储命题（"塔吉特就在星巴克旁边"），只有必要时才会在工作记忆中将其转化为图像。这一争论目前还在继续（Sternberg & Sternberg，2012）。

很可能，每一种加工过程都有自己的特征：有些记忆加工图像，有些记忆加工与图像有关的言语描述。在人们心中出现的东西与人们实际看到的图像并不完全一样，人们在心里进行复杂图像转换的过程要比现实中的图像转换困难得多。例如，你冰箱上有一个"d"形状的塑料磁铁，你可以快速旋转它，而心理上的旋转对大多数人来说会花费更多时间。有一些词或概念会比较容易形成表象，比如，也许对你来说，形成对星巴克的表象会比形成对某个法官的表象容易得多。表象有助于你做出许多与现实有关的决定。例如，你起居室里的沙发看起来怎么样？怎样排队等候打高尔夫球？表象同样有助于抽象推理，如：物理学家法拉第（Faraday）、费曼（Feynman）和爱因斯坦（Einstein）报告，他们在解决复杂的新问题时，会通过创造表象来进行推理。爱因斯坦说，当相对论概念在他头脑中涌现时，他好像看到自己正在追赶一束光并想尽力抓住它（Isaacson，2007；Kosslyn & Koenig，1992）。

## 3. 两个好于一个：言语和表象

艾伦·佩沃（Allan Paivio）（1986，2006；Clark & Paivio，1991）的**双重编码理论**（dual coding theory）指出，信息在长时记忆中是以视觉表象、言语单元的形式存储，或两种形式共同存储的，而以视觉和言语这两种形式编码的信息最容易学习（Butcher，2006）。这也许解释了为什么给学生解释词语概念，然后用手指进行视觉表征（我们在教材中用到的）会有助于学生的学习（Eitel & Scheiter，2015；Schnoz & Wagner，2018）。此外，当低年级学生在学习第二外语的词汇时，给这些单词配上图片或手势有助于学生学习和记忆新词汇（Andrä et al.，2020）。对于大部分的学科来说，使用与单词意思相匹配的手势来教学是最有效的，比如用上下移动拳头的手势来教授"泵送"的概念（Dargue & Sweller，2020）。

> **停下来，想一想**
> 是什么使杯子成为杯子的？请列举杯子的特征。水果是什么？香蕉是水果吗？西红柿是水果吗？南瓜、西瓜、红薯、橄榄、可可果呢？你是怎样知道水果就是水果的？

## 4. 概念

我们知道的关于杯子、水果及世界的大部分知识大多都涉及概念及概念间的关系（Eysenck，2012；Radvansky & Ashcraft，2018）。然而，确切地说，概念是什么呢？**概念**（concept）是用来把相似的事件、观点、物体或人进行分组的类别。当我们谈论一个特定的概念，如"学生"时，我们所指的是彼此相似的一类人——他们都在学习某个学科。不论年轻还是年老、在校还是不在校、学习棒球还是巴赫（Bach）的音乐，他们都可以被归类为学生。概念是抽象的，并不存在于真实的世界，存在于真实世界的只是概念的单个样例。概念帮助人们把大量的信息组织成易于管理和存储的单元。例如，现实生活中存在750万种不同的颜色，我们可以把这些颜色分成大约12组，这样就能够较好地处理如此多样的颜色了（Bruner，1973）。

在早期研究中，心理学家们设想概念含有一组**定义属性**（defining attribute）或关键特征。例如，"猫"这个概念的定义属性包括小身体、圆脑袋、三角形耳朵、腮须、四条腿和皮毛。这个概念可以帮助你在面对不同类型的猫时，迅速地意识到哪个动物是猫，而不需要每次都重新学习。概念的定义属性理论表明，我们是通过注意事物的关键特征识别出概念的具体样例的。

然而，自1970年开始，定义属性理论受到了挑战（Radvansky & Ashcraft，2018）。尽管有些概念（如等边三角形）有明确的定义属性，但大多数概念实际上并没有。就以"宴会"（party）这个概念来说吧，它的定义属性是什么呢？人们很难列出宴会的具体特征，但当人们看到宴会的场景或听到宴会的声音时，还是能识别出来的［除非，我们讨论的是政党（political party）或诉讼当事人（party in a lawsuit）］。鸟的概念又是什么呢？人们最先想到的可能是鸟会飞？那么鸵鸟是鸟吗？企鹅和蝙蝠呢？

### 5. 原型、样例和理论范畴

当前的概念学习观认为，人们在头脑中有宴会、鸟或者字母A的原型，这是对每个概念最本质特征的表象。**原型（prototype）**是一个类别的事物的最好代表。例如，对许多北美洲人来说，"鸟"类的最好代表可能是知更鸟（Rosch，1973）。这个类别的一些成员可能与原型非常相似（麻雀），另一些成员可能与原型在某些方面相似，而在其他方面不同（鸡、鸵鸟）。判断处于类别边界的样例的所属时，人们会遇到困难。例如，电话是"家具"吗，电梯是"交通工具"吗，橄榄是"水果"吗？某个具体样例是否属于某一类别只是程度的问题，因此类别的边界是模糊的。某些事件、物品或观点比起其他的事件、物品或观点，仅仅是概念的一个更好的样例而已（Eysenck，2012；Radvansky & Ashcraft，2018）。

另一种概念学习观认为，人们通过指认具体样例来鉴别一个类别的成员。**样例（exemplar）**是我们对具体的鸟、宴会、家具等的实际记忆，人们使用这样的记忆与不确定的事物进行比较，看它是否和人们指认的样例同属一类。原型可能源于经验中的许多样例，这一过程是自然而然发生的，因为人们对具体事件的记忆（情景记忆）会随着时间而变得模糊。例如，人们会从见过的所有沙发的样例中创造出一个一般或典型的沙发原型（Smith & Kosslyn，2007）。

当然，原型和样例理论也存在一些不足。比如，如果你事先没有"鸟"的概念，你怎么知道什么样的"关于鸟的经验"能够共同形成鸟这一概念？有一种解释是：我们对事物的分类从本质上是以我们对世界的理解和认识为基础的，即**基于理论（theory-based）**。所以，如果某一范畴的属性是"在没有锤子的情况下，可以用来敲钉子的东西"，那么砖块、岩石和蹄铁都可以归为同一个范畴。我们对于哪些东西可以发挥作用的认识，是形成"可以用来敲钉子的东西"这一类别的基础。不过，有些基于理论、用于创造概念的知识常常是内隐的，是意识觉察不到的。例如，对于什么是"好的音乐"，只有当我听到它的时候，我才会知道（Radvansky & Ashcraft，2018；Sternberg & Sternberg，2012）。

### 6. 概念教学

在进行概念教学时，仅仅提供概念的名称和定义是远远不够的，学生还需要学习概念的相关属性和不相关属性，以及正例和反例。同时，在发现概念的"模糊边界"时得到指导。首先，确保一些例子是概念类别中最明显的原型（如知更鸟或麻雀是鸟类；苹果或橘子是水果）。此外，还包括靠近模糊边界的例子（如鸵鸟或企鹅是鸟类；橄榄或西红柿是水果）。其次，给出具体和抽象的例子，例如使用数学中的教具来解决应用题，然后将使用这些教具得到的答案与同样可以解决问题的抽象的数字和公式联系起来，指出具体内容与抽象内容之间的关系（Pashler et al.，2007）。表8-3呈现了如何教授"椅子"（chair）这一概念的概要。当然，它不是指一个系的"系主任"（chair）或被赋予的"主席"（chair）教授职位或"主持（chairing）"会议——如果你的母语不是英语，即使看似简单的概念也会让你感到困惑。

提供良好的解释和例子在概念学习中尤为重要（Zamary & Rawson，2018）。但这对老师来说并不容易，尤其是当概念复杂而老师只能"匆忙"地创造例子时。让我们回顾一下伊丽莎白关于分数除法的数学课（Woolfolk，1993）。还记得吗，伊丽莎白刚刚通过运用

### 表 8-3　关于"椅子"的概念教学

以下是关于教授"椅子"概念的关键要素

| 教学步骤 | 样例 |
| --- | --- |
| 概念名称 | 椅子 |
| 概念定义 | 为人提供一个有靠背的座位 |
| 描述相关的（定义的）属性 | 座椅，靠背 |
| 描述不相关的属性 | 腿、尺寸、颜色、材料、设计 |
| 提供正例 | 安乐椅、餐桌椅、躺椅、豆袋椅、高脚椅、书桌椅（模糊的例子：飞机座椅？电影座椅？） |
| 提供反例 | 长凳、凳子、桌子、沙发 |

资料来源：Based on Schunk, D. H. (2020). *Learning theories: An educational perspective* (8th ed.). Boston, MA: Allyn & Bacon/Pearson, p.272.

"逆乘"法则求出了"¾÷½"的值。然后灾难来了。

阿丽亚（Aliyah）问道："我只是想知道为什么——为什么你要先将分数转化为倒数然后再相乘？"伊丽莎白勇敢地试着画图解释。她在画板上画了一堵墙，这面墙被分成4块，其中一块已经画好了，还有四分之三的墙没有画。她解释说："你的颜料只能画¾的一半，那么你能画多少呢？"她试着画出那个情景，但随后意识到她刚刚给出了一个乘法的例子：¾的½，你可能还记得，这意味着½乘以¾。

这个故事告诉我们，可以预计学生会问为什么，并提前准备好解释和例子。此外，为了练习某一概念，可以让学生把项目分为正例或反例，然后向同伴解释他们这样分类的原因。这样能帮助学生将概念整合到图式这一更大的知识网络中。也许这就是阿丽亚想要做的。

#### 7. 图式

命题、概念和单一的表象对于表征单个思想或关系而言是很合适的，但我们关于某个主题的知识往往是由多个概念、图像和命题结合而成的。为了解释这种复杂的知识，心理学家提出了图式的观点。**图式（schemas, schemata）** 是组织了大量信息的抽象知识结构，是引导我们知觉的心理框架，可以帮助我们在过去已知的，以及对未来的期望的基础上理解经验的意义（Sternberg & Sternberg, 2012）。例如，图8-3是有关"强化"知识的图式的部分表征。

图式会告诉你一个类别的典型特征是什么，你可以期待从一个实物或情境中看到什么。当我们在特定情境下应用图式时，它能够提供许多具体信息。而且，图式带有个人特征。例如，我的强化图式肯定不如斯金纳（Skinner）的图式发展得充分。在第3章讨论皮亚杰（Piaget）认知发展理论时，我们也曾遇到一个非常类似于图式的概念。

当你听到"林肯是美国总统，在残酷的战争期间，他解放了奴隶"这句话时，你知道的不仅仅是三个命题。基于你"残酷的战争"的图式，你可能会推论战争后统一国家困难重重。有关"奴隶"的图式让你对他们的生活有一定的了解，而这些信息在句子中没有得到明确的阐述。因此，即使是文章中没有提到的概念对理解文章也很重要——这就是为什么阅读理解依赖于良好的先验知识储备（O'Reilly et al., 2019）。

图式知识帮助我们形成并理解概念。假币与真币的原型和样例相当吻合，看起来和真币一样，那么我们是如何辨认真币和假币的呢？我们从假币的来历知道，邪恶的人印刷了假币。因此，有关"钱"这个概念的理解就与犯罪、

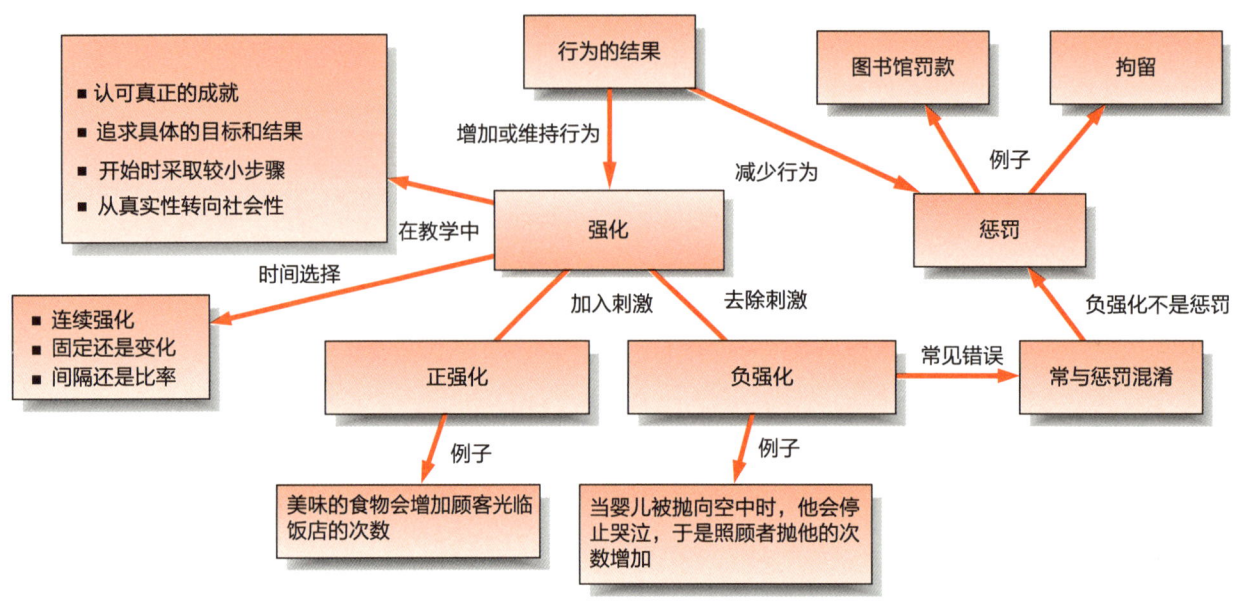

图 8-3 关于"强化"知识的图式

注:"强化"的概念属于"结果"的一般范畴。根据不同的个人经验,强化可能与其他的概念相关,如在饭店吃饭或将婴儿轻轻抛起。

伪造罪、联邦财政等概念,以及其他内容联系了起来。

有一种特别的图式叫**故事语法(story grammar)**,有时也被称为文本图式或故事结构,这种图式能帮助学生理解和记忆故事。谋杀谜团的具体故事语法可能是这样的:发现谋杀案件、寻找线索、找出谋杀者的致命错误、设圈套让疑犯承认、谋杀者中计……然后谜团解开!要理解一个故事,我们要选择一个合适的图式。然后,我们用这个框架来决定重视哪些细节,寻找什么信息,以及要记住什么内容。可见,图式就是一个关于故事将要如何发生的理论。图式在对文本的"质问"中引导我们,指出我们期望找到的某些信息,从而协助我们理解整个故事。如果我们激活了"谋杀谜团图式",我们就可能对一些线索或者谋杀者犯的某个致命错误非常敏感。如果没有合适的图式,那么理解一个故事、一本书或一节课的过程将非常缓慢和困难,就像要在没有地图或 GPS 导航仪的情况下找到穿过一个新城镇的道路一样。由于图式存在文化差异,学生可能在阅读时使用不同的图式,从而在同一篇文章中"解

读"出不同的含义。因此,意义不仅仅在于文本,还在于读者基于自身用来理解文本的图式解释中(Lee, 2016)。

概而言之,命题、表象、概念及图式都属于外显的语义记忆。另一种外显记忆是情景记忆。

#### 8. 情景记忆

你最早的记忆是什么?如果这种记忆发生在你 3 岁之前,那么它可能不是你真正的记忆,而是你通过看照片、听他人描述或进行推论所构建出来的故事(Akhtar et al., 2018; Wu & Jobson, 2019)。那些对特定的时间和地点信息的记忆,尤其是关于个体自身生活中的事件或情景信息的记忆,被称为情景记忆。**情景记忆(episodic memory)**指向我们经历过的事情,因此我们经常解释事情是何时发生的。相反,我们通常不能描述出获得语义记忆的事件。例如,你可能很难记住自己是何时获得对"不公平"这个词的语义记忆的,但是,你很容易记住某次你受到的不公平的对待。情景记忆也有助于你记住事情的顺序,因此,

它是存储电影中笑话、故事或情节的好地方。有时我们会主动回忆过去的经历，但更多时候这些回忆是由气味、视觉、声音等触发的（Zacks，2020）。比如，当我在俄亥俄州哥伦布市寻找新家时，我走进了德国村一所旧房子的泥土地板地下室。突然间，我仿佛又回到了5岁，那时我正在寻找祖母家的樱桃罐头，潮湿的泥土气味淹没了我的思绪（我的工作记忆），脑海中浮现出我的祖父母在威斯康星州农场地下室的画面。

人们对生活中戏剧性或充满感情的时刻的记忆，被称作 闪光灯记忆（flashbulb memory）。闪光灯记忆很生动、完整，仿佛你的大脑要求你"记录这一时刻"。在压力下，更多葡萄糖会为大脑的活动提供能量，同时，与压力有关的激素向大脑发出信号：重要的事情正在发生（Sternberg & Sternberg，2012）。因此，当我们有强烈的情绪反应时，记忆会更深刻、更持久。许多人对学校中发生的积极或消极的事情有着生动的记忆，尤其是获得奖励或被羞辱的经历。60岁以上的人会对肯尼迪（Kennedy）遭到暗杀的那天记忆犹新：肯尼迪搭乘飞机前往达拉斯，当他的汽车经过时，我们整个学校的人都已经步行到沃斯堡郊区的主街道鼓掌欢呼。当我回到学校上几何课时，我们听到了他在达拉斯被枪杀的消息。我学校报社的一个朋友曾和肯尼迪共进早餐，当他得知这一消息时，他泪丧极了。

当我们重建、推论或将零碎片段组合起来回忆某个事件时，所有的情景记忆都会出现一些不准确的地方。几十年的研究表明，错误记忆（false memory）可以通过向人们展示虚假照片（自己满脸享受地做一些从未做过的活动）或提出引导性问题来产生（Gluck et al.，2020）。你的学生呢？孩子们经常被问及对目睹事情的记忆。在这些情况下，我们能依靠幼儿的记忆吗？答案似乎是"视情况而定"。当幼儿被问及诸如"穿红衬衫的女孩偷了自行车吗？"或"猴子戴着项圈还是皮带？"之类带有暗示性的问题时，他们记忆的准确性就会出现问题（Bruck et al.，2002）。与年龄较大的儿童和成人相比，幼儿更有可能受到引导性问题和错误建议的影响，一部分原因是幼儿难以进行记忆的 来源监控（source monitoring）——他们很难记住从哪里得知的信息。这是他们真正经历过的事情吗？是他们在电视上看到的吗？还是这件事发生在朋友身上，而不是发生在他们身上（London & Ceci，2012）？此外，当问题具有暗示性、重复性和高压性（"其他孩子说'是的！'"）时，幼儿更有可能回忆起不准确的信息（Finnila et al.，2003）。当然，成年人也会受到提问和采访方式的影响（Loftus & Greenspan，2017）。

如果你或其他成年人采访你的一个学生，请一定确保那个人是具有采访资格的。下面的"实践指南：如何采访低年级学生，以获得目击证人的证词"，就提供了如何与低年级学生谈论他们生活中的事件的样例，你可以参考。

## 实践指南

### 如何采访低年级学生，以获得目击证人的证词

好好计划采访，以充分利用孩子的记忆。

例如：

（1）在事后应尽快采访学生。
（2）在一个布置简单的房间里进行采访，房间里有适合儿童的家具，但不要有太多的玩具——这些可能会让人觉得在玩过家家。

建立融洽的关系，让孩子感到舒适。

例如：

（1）用平易近人的态度采访，避免使用"医生"或"校长"之类的头衔。
（2）确保学生知道可以回答"我不记得了""我不知道"或"我不明白"，可以提前用虚构的问题练习。例如，问："你出生的那天，你妈妈说了什么？"
（3）告诉学生你没有关于这一事件的信息，因为你当

时不在场，学生只需要报告自己记得的。

**不要使用暗示性技术。**

例如：

（1）避免引导性的问题，如"他打你之后发生了什么？"可以问一些开放式的、可以快速回忆的问题，比如"告诉我昨天在操场上发生了什么？"或者"你还有什么可以告诉我的吗？"

（2）注意不要表扬一些答案，也避免忽略其他答案。不要答应学生因为和你谈话而得到奖励。

（3）避免重复提问——学生可能会认为你不相信他们的第一个回答，或者认为你觉得第一个回答是错误的。

**鼓励学生监控他们的记忆来源。**

例如：

（1）让学生仔细思考这些信息是从哪里来的。

（2）询问学生是不是从其他人那里听说的这件事。

**尊重学生的意愿。**

例如：

（1）如果学生不想谈论某个话题，不要逼迫他们。

（2）如果学生想结束采访，就说："好吧，我们可以下次再谈。"

（3）以一句谢谢结束采访，然后讨论一些中立的事情，比如采访结束后学生会去做什么。

**了解更多关于采访的技巧。**

例如：

（1）见联合国儿童基金会《关于儿童报告的伦理原则》。

（2）阅读美国心理学会2003年出版、黛布拉·A.普尔（Debra A. Poole）和迈克尔·E.兰姆（Michael E. Lamb）主编的《儿童调查性访谈：助人职业者指南》（*Investigative Interview of Children: A Guide for Helping Professionals*）。

对高年级学生而言，对他们情景记忆的研究主要集中在目击证人证言和学生受暗示性两个方面。和低年级学生一样，中高年级学生在接受没有暗示性的无偏见采访时，记忆往往更准确。此外，他们在识别记忆来源方面也比低年级学生更好，因为他们可以将特定情况下发生的事情，如特定的班级旅行，与类似情况下发生的其他事情区分开来（Bjorklund et al., 2002; Odegard & Toglia, 2013; Peterson, 2012）。

### 8.3.3 长时记忆的内容：内隐记忆

内隐记忆或无意识记忆有三种形式：经典性条件作用、程序性记忆和启动效应。就像我们在第7章中所看到的，在经典性条件作用中，一些无意识的记忆可能会让你在考试时产生焦虑，或者使你在听到牙医的电钻声时心跳加快。**程序性记忆（procedural memory）**是对技能、习惯，以及如何做事情的记忆，即对程序性知识的记忆。也许你要花一些时间去学习一个程序，比如如何罚球、怎样进行因式分解或怎样设计教学方案等。但一旦学会，这种知识就可以长久地留存在记忆中。程序性知识通过脚本和产生式来表征。

**脚本（script）**是指行动的顺序或存储在记忆中的行动计划（Schraw, 2006）。我们都有关于某个事件的脚本，如在餐馆点菜的脚本。餐馆不同（如四星级的酒店或快餐店），这些脚本也不尽相同。即使小孩子也有脚本，如在幼儿园的零食时间该如何表现，或者在朋友生日会上该如何表现，图8-4是一个孩子在快餐店就餐的脚本。事实上，对于非常小的孩子来说，脚本似乎可以帮助他们组织和记忆自身世界中那些可以预知的事情。这样就释放了一些工作记忆，可以用于学习新东西或识别情境中怪异的事物。从人类生存的角度来说，记住可能发生的事情，并且注意到某些怪异的事物，可能是很有帮助的（Nelson & Fivush, 2004）。

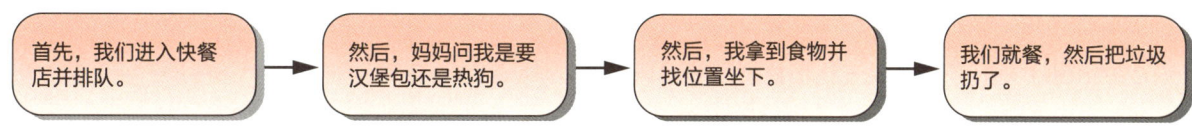

**图 8-4　一个孩子在快餐店就餐的脚本**

**产生式**（production）明确说明了在某种条件下做什么：如果 A 发生，那么就做 B。比如："如果你想在雪地上滑得更快，那么就稍微向后倾斜。如果你的目标是提高学生的注意力，那么当一个学生集中注意力的时间比以前更长时，就表扬这个学生。"在现实生活中，人们往往说不出他们所有的脚本和产生式，甚至都不知道他们正遵循着这些规则，却实实在在地在运用它们。程序性记忆被实践的机会越多，人们行动的自动化程度就越高，记忆也就更加内隐（J. R. Anderson，2020；Schraw，2006）。

---
**停下来，想一想**

请在空白处填写：MEM___

---

最后一类内隐记忆涉及**启动**（priming）。所谓启动，就是通过一些无意识加工，激活已经存储在长时记忆中的信息的过程。上面的填空问题就体现了启动效应。如果你填写的是记忆（memory），而不是记录（memoir）、成员（member）或其他以"mem"开头的词，那就是启动在起作用。因为"记忆"这个词在本章前面出现了很多次。启动可能是信息提取的基本过程，因为启动会激活联结，并扩散到整个记忆系统（Radvansky & Ashcraft，2018）。

### 8.3.4　长时记忆的信息提取

当我们需要使用长时记忆中的信息时，我们会搜寻它。有时候，这种搜寻是有意识的，如你看到一个朋友正在走近，便在长时记忆中寻找她的名字。有时，从长时记忆中查找和使用信息是自动化的，如当你输入计算机密码时或者当你看到"记"，"记忆"这个词就会浮现在你的脑海里时。长时记忆如同一个巨大的储物柜，上面摆满了工具（技能、程序）和资源（知识、概念、图式），供你随时返回工作记忆的工作台完成任务。这个储物柜（长时记忆）存储的信息多得令人难以置信，你可能很难迅速地发现要找的东西。工作台（工作记忆）存储的信息非常少，但工作台上的任何信息都可以即时通达。然而，正因为工作台存储的信息很少，所以当它超负荷时，工作记忆中的资源（一些信息）就会丢失（E. Gagne，1985）。当然，在进入工作记忆和长时记忆前，你必须先予以注意（Sliverman，2008）。

#### 1. 激活扩散

长时记忆的网络是巨大的，但是每次只能激活其中一小部分。事实上，正像本章前面提到的那样，有些心理学家认为，长时记忆中被激活的那部分才是工作记忆。通过**激活扩散**（spreading activation），人们能够从这个网络中提取信息。当某个命题或表象处于激活状态——当我们正在思考它的时候，其他高度相关的知识也可以被启动或触发，激活从而可以在网络中得到扩散（J. R. Anderson，2020）。因此，当我关注命题"我想开车去看新的塔吉特商店"时，相关的想法，如"我们需要洗衣粉""车需要加油了"，就会浮现在脑海中。当激活从"开车旅行"扩散到"加油"时，原来的想法或处于激活状态的记忆就会因为空间的限制从工作记忆中消失。因此，长时记忆信息的**提取**（retrieval）在某种程度上是通过激活扩散而实现的，即从一些知识蔓延到网络中的相关概念。

#### 2. 重构

在长时记忆中，即使信息未被激活或当时你根本没有想到，信息也是可以通达的。如果激活扩散没有帮我们"找到"我们寻找的信息，那么我们就可以采用**重构**（reconstruction）的方法。重构是一种认知工具或问题解决过程，通过填补缺失的内容，并利用逻辑、线索及其他知识，建构一个合理的回答（Koriat et al.，2000）。有时候，重构的回忆是不正确的。例如，1932 年，F. C. 巴特莱特（F. C. Bartlett）进行了一个关于记忆故事的著名研究，他让英国剑桥大学的学生读了一个复杂、不熟悉的美洲原住民故事，并在间隔不同的时间段以后，让学生回忆这个故事。结果，学生回忆的故事一般短于原来的故事，并且会被他们以剑桥学生文化中的概念和语言讲述。例如，他给学生讲了一个捕获海豹的故事，但许多学生回忆（重构）起来的故事成了一个"捕鱼旅行"的故事，该活动更接近他们的经验，并且与他们的图式更一致。

### 3. 遗忘与长时记忆

由于记忆衰退和干扰，信息会从长时记忆中丢失。例如，在结束西班牙语课程后的 3 年中，个体记忆的西班牙语单词会减少，然后会保持在一定的水平——约 25 年，在接下来的 25 年中会再次减少。对这种下降趋势的一种解释是：神经联结与肌肉相似，长期不使用，就会逐渐减弱。虽然 25 年后记忆可能仍停留在大脑中的某个地方，但它们太微弱了，以至于不能被激活。此外，年龄带来的神经老化也是造成后期记忆衰退的一个因素，因为一些神经元会死亡。最终，更新的记忆会使旧记忆变模糊，旧记忆也会干扰对新材料的记忆（Bahrick, 2000）。

随着我们越来越了解大脑与遗忘，研究人员发现，当人们试图回忆起某件事却失败时，大脑左额叶的活动会增加；但如果成功回忆起来的话，海马体的活动会增加。我们成功地回忆起声音或图像时，会激活大脑相应的听觉皮层或视觉皮层，仿佛我们真的听到或看到事件一样（J. R. Anderson, 2020; Schacter et al., 2020）。

即使长时记忆会衰退并受到干扰，但它依然值得关注。短时记忆中存储的信息有可能丢失和遗忘，但是只要有合适的线索，长时记忆中存储的信息就可以保持很长时间（Erdelyi, 2010）。鼓励学生投入，并引导他们对最初的学习进行高水平加工的教学策略，与学生更长久的知识保持有关。以下是一些有效促进长时记忆的策略例子。

- 经常复习和测验
- 精细的反馈
- 设立高标准
- 积极参与各种学习项目

### 8.3.5 长时记忆的个别差异

影响长时记忆的个体差异因素有三个。第一个影响因素是个体的知识。工作记忆可以预测这么多能力的原因可能是，工作记忆水平较高的学生更善于从长时记忆中提取正确的信息（知识）来解决当前的问题或理解正在阅读的文章（Miller-Cotto & Byrnes, 2020）。想象一下你阅读某个不熟悉的领域的技术性书刊时的情景，你大概会觉得读每一行都很困难吧！你不得不停下来查生词或者翻回前文阅读你不理解的概念，因为你必须在理解的同时进行记忆，所以你很难记住你正在阅读的材料。如果你有良好的知识基础，你知道得越多，就越容易知道得更多。这也许就是为什么你的专业课看起来比其他专业的选修课更容易一些。另一个与学习及记忆相关的因素是兴趣。要拥有专家一般的理解力和记忆力，需要技能（即知识）和刺激（即兴趣）不断相互作用（Alexander et al., 1994, p. 334）。

长时记忆的第二个影响因素是使用有效的策略。特别是随着年龄的增长，制定更好的记忆和提取策略可以改善长时记忆（Nyberg & Pudas, 2019）。最后一个影响因素是控制注意的能力。当然，注意控制能力也与策略的使用有关。那些能够集中注意力的人往往学习更高效，能够使用良好的学习和记忆策略，在搜索长时记忆时快速找到信息（McDermott & Zerr, 2019）。

接下来让我们进入一个非常重要的问题：教师如何促进学生所学知识的长久保持？

## 模块 26 小结

**比较外显记忆和内隐记忆**

长时记忆的信息容量是巨大的，并且信息可以无限期地被保留在长时记忆中。长时记忆关键在于是否能够在需要的时候找到所需的记忆。长时记忆可以是外显的（语义记忆、陈述性记忆或情景记忆），也可以是内隐的（程序性记忆、经典性条件作用或启动效应）。

**信息在外显长时记忆中是如何表征的？图式在其中有何作用？**

在外显（语义）长时记忆中，大量的信息通过命题网络、表象、概念和图式的形式存储或相互关联。双重编码理论认为，同时以言语和视觉（图像）两种形式进行编码的信息更易于记忆。大量信息是以概念的形式进行存储的。概念是用来把相似的事件、观点、物体或人进行分组的类别，它可以帮助人们鉴别某一类别的元素，比如书、学生或猫。概念提供了整合类别内具有多样性的元素的一种方式。人们经常用原型（理想样例）和样例（代表性记忆）来表征概念。概念也以我们对世界的理解和认识为理论基础。我们用图式来组织命题、表象和概念。图式是一种数据结构，我们可以表征大量的复杂信息、做出推论，以及理解新的信息。在外显情景记忆中，信息以事件，尤其是个人经历的事件的形式进行存储，因此包含生动的闪光灯记忆。不过，情景记忆并不是永远准确的，特别是以暗示性的、重复性的或"高压性"的问题询问儿童或成年人事件过程时，记忆可能会出现错误。

**什么是内隐记忆？**

内隐记忆是在意识范围之外，但仍然影响我们思考和行为的记忆。内隐记忆主要有三种形式：经典性条件作用、程序记忆和启动效应。第 7 章中详细讨论了生理与情绪反应自动化的经典性条件作用。程序记忆包括技能、习惯，以及关于如何完成任务的脚本。换言之，程序记忆就是对程序性知识的记忆。启动指通过一些无意识加工，激活已经存储在长时记忆中的信息。启动可能是信息提取的基本过程，因为启动会激活联结，并扩散到整个记忆系统。

**我们为什么会遗忘？**

工作记忆中信息的丢失说明该信息真的不见了，但只要有合适的线索，长时记忆中的信息还是可以通达的。随着时间的流逝，长时记忆中的信息似乎会衰退（与肌肉类似，如果不使用，神经联结会逐渐衰弱）。此外，干扰也可能使长时记忆中的信息发生遗忘（更新的记忆会使旧记忆变模糊，旧记忆也会干扰新材料的记忆）。长时记忆还存在个体差异，个体的知识、策略使用，以及控制注意的能力都会影响长时记忆。

## 模块 27　综合运用：使学习难以忘记

**学习目标 8.4**　描述成为有知识的人的策略。

## 8.4　促进知识的长久保存：基本原则与应用

我们如何最有效地使用几乎无限的记忆空间来促进学习和记忆呢？几十年来，认知心理学家一直在关注如何建构可长久保持的陈述性、程序性及自我调节知识。在这一部分，我们将分别探讨陈述性知识和程序性知识的发展，但是请记住：真实的学习是多种要素的联结和整合。在下一章讨论元认知时，我们还将探讨第三类知识——自我调节的知识。

### 8.4.1　陈述性知识的建构：形成有意义的联结

首先，让我们来考察几个可应用于所有学习情境的基本原则。丹尼尔·威林厄姆（Daniel Willingham）说："记忆是思考的副产品"（2009，p.54）。因此，为了记住某些东西，学生必须进行思考，也就是说，他们必须将来自外部的新信息与他们已经知道的旧有信息联系起来。这不是简单地用眼睛扫过一页读物，而是付出努力的过程。你一开始学习信息的方式会强烈地影响随后你对信息的回忆。在这里，精细加工、组织、形象化、情境、适当的难度，以及有效练习发挥着重要作用。

### 1. 精细加工

精细加工（elaboration）指通过与已有知识建立联系，赋予新信息意义。换句话说，我们用自己的图式和已经存在的知识建构理解。正如皮亚杰许多年前提到的，在这个过程中，我们通常会改变已有的知识。我们经常自动进行精细加工，如一段关于古罗马时期历史人物的描述会激活我们已经拥有的关于那个时期的知识，我们会用原有的知识来理解新的知识。

第一次学习就得到精细加工的材料，更容易被回忆起来。第一，就像我们在前文中看到的，精细加工是复述的一种形式，它能对信息进行全面分析，并将其与已有信息关联起来，从而实现深度加工（Craik，2020）。第二，通过精细加工，新信息可以与已有知识建立额外的联系。信息或知识与其他的信息或知识联系越紧密，通达最初信息的路径就越多。换句话说，你将拥有可以用于获取或识别你正在找寻的信息的多个启动（提取）线索（Bruning et al.，2011）。

相比于仅仅从教科书上或老师口中获得答案，学生通过创造自己的回答有助于改善他们的学习表现（Brown et al.，2014）。当我们要求学生做以下事情时，我们都是在帮助学生进行精细加工和创造。

- 用自己的话转化信息
- 举例子
- 打比方
- 向同伴解释
- 以图表方式呈现
- 厘清关系
- 应用知识解决新问题

当然，如果学生用错误的解释加工了新信息，那么这些错误的观点也会被他们记住。因此，教师的指导、反馈和频繁的测试也至关重要。

### 2. 组织

组织（organization）是改进学习过程的第二个因素。组织好的材料比零散的信息更容易学习和记忆，特别是当信息非常复杂或宽泛时。组块就是一种组织——将细小、琐碎的信息组合成更大、有意义的信息单元。把一个概念放在一个结构中，将有助于你学习和记忆它的一般定义和特殊例子。当你需要该概念时，这个结构将成为一个指引，使你重新记起这个概念。例如，表 8-2 有组织地列出了有关认知负荷分类的信息。图 8-3 有组织地列出了我的"强化"知识的图式。下面的"与家庭和社区建立合作关系的实践指南"提供了一些有益的建议，从中我们可以知道通过组织学习活动如何和家庭合作，给学生提供更多的支持和练习机会。

---

**| 与家庭和社区建立合作关系的实践指南 |**

### 组织学习活动

为学生家庭提供具体的策略，帮助孩子练习和记忆。例如：

（1）设计一套"超级学习者"的家庭作业，包括学习材料和"家庭指导卡片"，卡片上可以附上一种简单的记忆策略（与材料匹配），父母能教孩子使用这种策略。

（2）提供一些用于检查学生理解情况的题目，以便家庭成员帮助孩子复习家庭作业，并检查他们的理解情况。

（3）说明分散练习的意义，并给家庭成员提供建议，告诉他们何时及如何把技能练习融入家庭谈话和计划中。

要求家庭成员分享他们的组织与记忆策略。

例如：

（1）建立家庭日历。

### 3. 形象化

你可能还记得，我们在介绍双重编码理论时提到，以视觉和言语形式编码的信息最易于学习（Butcher, 2006; Paivio, 2006）。如果信息适合用图像呈现，那么形象化将会有助于对它的记忆。例如，至少对我来说，将一辆小汽车形象化比将内燃发动机形象化容易得多。此外，构建和使用心理表象（mental image）的能力存在个体差异，一些人完成这项任务的能力更强（Bruning et al., 2011）。

那么，在教学中，一张图片是否胜过一千个文字呢？理查德·迈耶（Richard Mayer）（2005, 2011; Xie et al., 2019）对这个问题进行了多年的研究，他发现将图片和文字恰当结合，至少能对高年级学生的学习产生显著影响。但是，在工作记忆容量有限的条件下，应该如何建立复杂的理解，以整合来自视觉（图片、图示、图表、动画、影片）和言语（课文、讲座）的资源呢？正确的做法是：保证信息同时可通达，或者通过集中的小组块呈现。我试着遵循这个建议，这就是为什么图8-2中有关工作记忆的图示中，每个部分都有单独的文字解释。

但是，在教学中使用多种表征方式也需要谨慎。中小学生可能更需要颜色编码等辅助手段来帮助他们聚焦图片和图形的关系，或帮助他们不断地检查自己的理解，以及自己是否形成了错误概念等（Bertgild & Renkl, 2009）。那么，上述研究结果告诉了我们什么呢？教师要鼓励学生以多种方式，如图片和文字解释，来帮助理解，但是不要让工作记忆超出负荷，要在记忆容量范围内将视觉和言语信息进行"打包"，并且要直接教给学生如何认识图解，

（2）鼓励家庭成员讨论计划。在讨论中，其他家庭成员需要帮助学生把大的任务分解成较小的工作，确定目标，并找到所需的资源。

讨论注意对学习的重要性。

例如：

（1）鼓励家长为孩子创造远离干扰的学习空间。

（2）确保家长了解布置家庭作业的目的。

以及如何自己画图。

### 4. 情境

**情境**（context）是影响学习效果的第四个因素。人们在学习信息的同时，也会习得获取信息时的物理环境和心境等方面的内容（如地点、空间、情绪、与谁在一起）。随后，当你设法回忆信息时，若现在的情境与当初的情境相似，信息将更容易被回忆起来（Radvansky & Ashcraft, 2018）。情境是一种激活信息的启动。例如，一项经典研究在潜水员学习了一系列关于水下的单词之后对他们进行测试，其中一部分人在水下进行测试，另一部分人在干旱的陆地上进行测试，结果前者记忆的内容比后者多（Godden & Baddeley, 1975）。另一项研究发现，在特定空间内学习材料的学生在相似的空间内接受测验的表现，会比在看起来不同的空间内接受测验的表现更好（Smith et al., 1978）。因此，若学习和测验在相似的情境下（而不是在电视机前）进行，学生可能会有更好的表现。当然，你不可能总为了回忆一些事情而常常返回相同或相似的空间，但如果你能在脑海中勾画出当时的情境、具体的时间以及你的同伴，或许最终你可以通达你要提取的信息。

### 5. 适当难度

**适当难度**（desirable difficulty）是影响学习效果的第五个因素。这听起来似乎是个悖论，但是当你在记忆信息时，付出的努力越多（这实际上意味着你正在重新学习信息），记忆就会越深刻。当然，前提是你真的记住了。这

样的学习可能需要花费更多时间，但长时记忆会变得更深刻、信息提取变得更快速。适当难度促使个体进行更深层的加工和记忆——你思考过的知识，才能真正习得。这里有一个令人惊讶的例子：当一个演讲大纲和该演讲的阅读材料的大纲不同时，个体对该演讲主要观点的记忆会更深刻。一个可能的原因是，个体为了找出主要观点而去整合和协调同一材料的两种不同解释所付出的努力，有助于学习者更好地理解这些材料，并内化为自己的观点（Brown et al., 2014）。当学生太过轻松地阅读材料或回答太简单的问题时，他们可能会产生一种错觉——以为自己已经知道这些了，因为这一切看起来都太简单了。然而一旦脱离文本，学生自以为记住的知识很快就会受损，他们无法真正地用自己的语言去解释材料。

### 6. 有效练习

提取练习（retrieval practice）是促进学习和记忆的最好方法之一，通常也被称为测试效应（testing effect）。曾担任五年级教师的认知心理学家普佳·阿加瓦尔（Pooja Agarwal）总结道，"当学生练习他们的知识并将其牢记在脑中时，他们的长时记忆就会更牢固"（2020, p.1）。如果要使用提取练习，可以让学生简单地写下、说出、画出或者用图表表达出他们记忆中关于某个特定主题的一切。阿加瓦尔称之为"释放大脑"——专业术语是"自由回忆"（free recall）。她还建议只让学生回忆"两件事"，其一作为上课之初或下课之前的检查，其二作为上课中途的突击测验。此外，还可以让学生自己对材料提出问题或进行不打分的练习测验。回忆的材料可以是昨天的课程，也可以是几周前学完的单元。在使用这些提取练习时，尽可能鼓励学生回忆更高层次的概念和事实。因为对于学习和记忆更复杂的观点来说，仅仅强调事实并没有那么有效（Agarwal, 2019）。这些简单的提取技术可能比重述、重新学习甚至使用更复杂的学习策略更有效（Bae et al., 2019）。重复回忆似乎有助于巩固大脑中的记忆，它加强了相关的神经通路，可以更容易提取到相应的知识。正如彼得·布朗（Peter Brown）和他的同事（2014）所说，"提取是记忆的纽带，重复提取使记忆紧密相连，并增添了一个环路使其能被快速提取"（p.28）。看来，与年龄特征相适应的提取练习对每个年级（甚至包括幼儿）的学生都很有用（Fazio & Marsh, 2019）。

除了提取练习以外，有效练习还有另一种方法。首先，让我们试着猜测一下，现在有一批儿童要从距离 3 英尺的地方将豆袋扔到水桶中，其中一半的儿童一直练习从 3 英尺处将豆袋扔到桶中，另一半的儿童只练习过从 2 英尺和 4 英尺处扔豆袋，请问谁的投掷准确性会更高呢？令人惊讶的是，只练习从 3 英尺处投掷的儿童的表现更差（Brown et al., 2014）。交错练习（interleaved practice）是一种混合练习，例如，在练习 3 英尺处投掷之前，从 2 英尺和 4 英尺处投掷。（这是否意味着篮球运动员应该在不同距离处练习罚球？有趣的问题！）另一种交错学习的情况是：家庭作业需要不同的解题方法，学生必须在解决问题之前决定他们使用哪种方法。这使练习更贴近真实生活，你必须先识别问题是什么，然后再回答它。例如，一项大型研究通过评估七年级 54 个班连续 4 个月的交错数学作业，考察了交错学习的效果。其中，一半班级的作业使用相同解题方法连续解答不超过两个问题（交错练习），另一半班级的作业完全使用相同方法来解决问题（组块练习）。在研究结束一个月后，进行了一次突击测试，交错练习组的正确率为 61%，而组块练习组的正确率为 38%（Rohrer et al., 2020）。此外，一项针对大学生学习西班牙语的研究发现，交错练习具有积极效果（Pan et al., 2019）。不过，尽管这些研究强烈证实了交错练习的价值，但大多数数学教科书还是采用了组块练习的问题类型。道格·罗勒（Doug Rohrer）和他的同事（2020）检查了六种不同的中学数学课本，他们发现其中五种课本大部分采用了组块练习的问题类型，只有《萨克森数学》（*Saxon math*）系列的交错式问题比组块式问题多——大约是其他教科书的两倍。

作为教师，我们能做的就是让每一节课都尽可能地有意义，来帮助学生整合这些策略。

## 8.4.2 关注到每个学生：使教学富有意义

如何让学生记住一些东西？丹尼尔·威林厄姆（2009）的回答是让学生思考它的意义——即让所学的东西具有意义。有意义的课堂需要使用对学生有意义的词汇来呈现内容。教师在阐明新术语时，可以将这些新术语与学生更熟悉的词语及概念联系起来。有意义的课堂应该组织良好，不同知识点之间应有清晰的联系。同时，有意义的课堂能够通过例子、对比或故事，自然地利用旧信息帮助学生理解新信息。

F. 史密斯（F. Smith）（1975）提供的案例就强调了有意义教学的重要性。

> **停下来，想一想**
>
> 看下面的三行内容，先盖住其他行，只看第一行。看一秒钟，合上书，写下你记得的所有字母。然后，以同样的方式看第二行和第三行。
> （1）KBVODUWGPJMSQTXNOGMCTRSO
> （2）READ JUMP WHEAT POOR BUT SEEK
> （3）KNIGHTS RODE HORSES INTO WAR

每一行字母的个数相同，但是你记住第三行全部字母的概率更大一些，你也能记住第二行的许多字母，第一行的字母记得最少。这是因为第一行的字母没有意义——它没有任何含义。只靠短时间的扫视是没有办法组织它的。工作记忆不能快速地保留和加工所有的信息。第二行比第一行有意义一些，你不必看每个字母，因为你的长时记忆会把你先前获得的关于拼写规则和词汇的知识提取出来，以完成目前的任务。第三行最有意义，仅仅扫视一下你就可以记住所有的字母，因为你从长时记忆中提取出来的先前的知识，不仅包括拼写和词汇知识，还有句法规则，甚至可能有有关"骑士"（knights）的历史信息（他们没有驾驶坦克）。这个句子是最有意义的，因为你可以用现存的图式去同化它（Schunk，2020）。

因此，教师面临的挑战就是千万别让课堂学习的过程像记忆第一行内容那样，而应像记忆第三行内容那样。尽管这似乎显而易见，但是想想当你读到课本或听到教授类似于"KBVODUWGPJMSQTXNOGMCTRSO"的一句话时，会是什么样的情形？请注意，要设法改变学生过去的学习方式，从死记硬背转变为有意义学习，虽然学生并不总会热情地接受。学生也许只是关心他们的成绩，至少当他们靠死记硬背得到 A 时，他们知道他们所期望的是什么。有意义学习更有风险和挑战性。在第 9、10 和 14 章中，我们将讨论更多教师支持学生进行有意义学习与理解的方法。

当你的学生缺乏良好的知识基础的时候，你会做些什么来使学习变得有意义？记忆术或许是一种可行的策略。

### 记忆术

**记忆术**（mnemonics）是提高记忆能力的系统程序（Rummel et al.，2003；Soemer & Schwan，2012）。当信息缺乏内在意义时，记忆术通过把需要学习的信息与已存于大脑中的词语或表象联系起来建构意义。

**位置法**（loci method）的名字源自拉丁语单词"locus"的复数形式，意思是"地点"。要使用位置法，你必须先想象出一个非常熟悉的地点，如你的房间或公寓；然后找出一些特定的位置作为"挂"记忆的"挂钩"。例如，假如你想去商店买牛奶、面包、黄油，以及谷类食品，那么想象一瓶巨大的牛奶堵塞了走廊，一条懒懒的面包睡在卧室的沙发上，一大块的黄油融化在整个餐桌上，谷物覆盖了厨房的地板。当你想记住这些物品时，你所要做的就是在你的房间里进行一次想象中的漫步。

如果你想要长时间地记住信息，或许你可以使用首字母缩写法。**首字母缩写法**（acronym）是缩写词中的一种，它是由一个短语中每个词的首字母组成的词。例如，"HOMES"可以帮助你记住北美五大湖（Huron，Ontario，Michigan，Erie，Superior）。另一种方法是用每个单词或列表中每个项目的第一个字母形成短语或句子。例如，"Every Good Boy Does Fine"就是用来记忆高音谱表中五条线上的音符 E、G、B、D、F 的。因为作为一个句子，其中的单词一定有意义，这种方法具有**连锁记忆术**（chain mnemonics）的一些特征。连锁记忆术指用记住的第一个项目联结第二个，用第二个联结第三个，以此类推。一种连锁方法是通过一些视觉上的联系或故事，把清单上的每一个项目与下一个项目联系起来。另一种连锁方法是把所有要记住的项目整合到一句押韵的话中，如"i before e except after c"。

在教学中，被研究和应用得最为广泛的记忆术是**关键词法**（keyword method），乔尔·莱文（Joel Levin）及其同事曾用 3R 记忆术来教关键词法：

①把将要学习的词汇重新编码（Recode）为一个自己更熟悉、具体的关键词；

②用一个句子把关键词与该单词的定义联系（Relate）起来；

③提取（Retrieve）想要的定义。

关键词法已经被广泛应用于外语学习中。例如，西班牙单词"carta"（意为信件）读起来比较像英语单词"cart"（手推车）。在这里，"cart"就成了关键词。你可以想象一辆装满了信件的购物手推车正被推往邮局；或者你可以造一个句子，如"装满信件的手推车翻倒了"。还有一个类似的方法可以帮助学生把艺术家和他们作品的某些方面联系起来。例如，让学生想象鲁奥（Rouault）油画中浓重、暗色的线条是用蘸了黑色油墨的尺子（ruler，发音与 Rouault 相近）画出来的（Carney & Levin, 2000, 2002）。

教师面临的最大挑战是帮助学生思考和理解，而不只是死记硬背。不幸的是，许多学生把**机械记忆**（rote memorizing）和学习画上了等号。尽管如此，学习那些起初没有什么意义的新信息，死记硬背并不是一个坏方法。

### 8.4.3 如果你必须记住……

每一个学科都有自己专属的术语、名词、关注的事实和规则。作为成年人，我们希望为我们治病的医生，已经正确记住了对抗各种疾病的药物。当然，他们在某些情况下也可以查找某些信息或者进行研究，但是，他们必须知道从哪里着手。我们也想和这样的电脑销售员共事：他们能清楚地记得库存量，确切地知道与我们的电脑匹配的打印机型号。也就是说，虽然某些东西是通过死记硬背学到的，但并不意味着它是肤浅或不重要的知识。真正的问题是，能否灵活有效地使用这些信息来解决新的问题。

然而，在一些场合，你必须逐字记忆，比如记忆歌词、诗词或台词。那么你可以如何背诵？当你试着记忆一系列彼此相似的项目时，你会发现你容易记住开头和结尾的项目，但会忘记中间部分的项目。这个现象被称为**系列位置效应**（serial-position effect）。事实上，当一大批大学生被要求按照顺序说出美国总统的名字时，无论是从 1976 年、1993 年，还是从 2014 年说起，结果都是相同的（DeSoto & Roediger, 2019）：每个小组的大多数学生都只记得第一位和最后几位总统，但不记得中间几位总统——除了林肯，这就是系列位置效应。**部分学习**（part learning）能帮助你防止这一效应的发生，它要求将一系列项目拆分成较小的部分进行学习，因为把一个列表拆分成几个较小的部分意味着被遗忘的中间部分的项目更少。

记忆较长片段或列表的另一个策略是**分散学习/练习**（distributed learning/practice），它自 19 世纪 80 年代起就为教育心理学家所关注（Ebbinghaus, 1885/1964）。把背诵哈姆雷特（Hamlet）独白的任务分散在周末的两天时间内来完成的学生，比周日背诵了整晚的学生记忆效果更好。持续学习较长一段时间，被称为**集中练习**（massed practice）。集中练习会导致认知负荷过重、疲劳、动机减弱。而**分散学习/练习**（distributed learning / practice）有助于深入加工知识和强化大脑神经网络之间的联结，一段时间后遗忘的知识也能在下次分散练习中再次得到学习（Agarwal et al., 2012; Karpicke & Grimaldi, 2012; Pashler et al., 2007; Son & Simon, 2012）。然而，需要注意的是，尽管相关研究一致显示分散练习有助于实现更好的学习和记忆效果，但大多数学生（包括成年人在内）都更偏好集中练习——这是"我们最喜爱的事物往往并不适合我们"的又一个例子（我正在想深夜吃蘸着奶酪和墨西哥辣椒的玉米片）。

为把分散学习融入课堂教学，确保学生在间隔几周甚至几个月的场合至少两次接触到核心概念、术语和技能，并利用家庭作业和考试来促进分散复习。我们可以将早期单元的技能融入到现在的家庭作业和考试中来交错练习。学生需要有间隔的学习和练习，也需要伴随着成就感带来的动力——现在来看那些早期的问题是多么简单（Pashler et al., 2007）。莎娜·卡彭特（Shana Carpenter）和她的同事（2012）建议老师：

①每隔几个星期复习一次重要知识，不断用最新的信息更新复习内容；

②即使在学生学完重要知识点的几个星期后，也要让他们在家庭作业中再次接触到这些重要知识点；

③多进行小测试，激励学生自主复习。

## 8.4.4 对教师的启示：陈述性知识

在陈述性知识的发展研究中，对教师和教学来说，至少有两个明确的启示。第一个是联结的重要性——联结学生的新旧知识，联结图片和文字以支持学生理解，联结同一概念不同的具体例子以理解抽象观点，以及联结最初学习信息的情境。第二个是深度加工的力量——通过精细加工新信息、构建表象、定时复习、克服困难并坚持下来以及不断提问等方式对陈述性知识进行深度加工。

## 8.4.5 程序性知识的发展

在从文章阅读到医学诊断的各个领域，区分专家和新手的一个重要特征就是专家的许多陈述性知识已经"程序化"了。也就是说，专家的陈述性知识已经纳入了常规，它们能自动化地被运用，而不会给工作记忆增加太多负担。专家的外显记忆也变成了内隐记忆，不再需要意识的控制。不需要意识控制就能运用的技能，称为**自动化的基本技能**（automated basic skill），如标准变速器汽车的换挡。刚开始学习时，你必须思考每一步该怎么做，但当你变得熟练后，整个程序就会变得自动化。但是，并非所有程序都能变得自动化，即使对某个领域的专家来说，也不

例外。比如，不论你的驾驶技术多么高超，你仍必须有意识地观察你周围的交通情况。这种有意识的程序被称为专门领域策略。研究发现，人们是以不同的方式来学习自动化的基本技能和专门领域的策略的（Gagné et al., 1993）。

### 1. 自动化的基本技能

大多数心理学家认为，自动化技能的发展需要经历三个阶段：认知、联结和自动化（J. R. Anderson, 2020; Fitts & Posner, 1967）。在认知阶段，当我们第一次学习某一知识时，我们依赖陈述性知识和一般的问题解决策略来达成我们的目标。例如，学习组装一个书架时，我们会按照指导手册上所写的步骤，每完成一步就做一个标记，以便追踪整个进程。在这个阶段，我们必须思考每一步的做法，也许得参考一下各部件的图片，看看"4英尺长的带螺帽的金属螺栓"是什么样的。此时，工作记忆的负荷是很重的。例如，当我们选择的螺栓不合适或者我们把书架的架子放反时，我们可能需要进行很多次试错学习。

在联结阶段，我们将识别和消除错误（比如我们把这些书架正过来），程序里的单个步骤被组合或"组块"，成为较大的单元。例如，我们会伸手去拿合适的螺栓，随即把它放进合适的孔。一个步骤自然地提示着下一个步骤。通过练习（又是这个词），我们会从联结阶段转化到自动化阶段。在这个阶段，整个程序不需要投入很多注意力就能完成。所以，在你组装了足够多的书架后，你将可以一边组装一边轻松地谈话，几乎不用注意组装任务。不管是哪个领域，基本认知技能的发展都会经历从认知到联结，再到自动化的转变。目前，研究者对科学、医学、象棋和数学领域进行的研究较多。可以明确的一个事实是：想让技能变得自动化，需要花费很长时间来练习。此外，要成为一个真正掌握技术的专家，练习必须是刻意的，而非简单重复过去的操作。**刻意练习**（deliberate practice）意味着要将你的表现与高标准进行比较，意味着将监控你做得怎么样，意味着寻求和使用反馈，并关注需要改进的地方。仅仅重复你已经知道的事情并不能让你成为专家（Ericsson, 2011）。

为了帮助学生顺利度过这三个阶段并成为更加内行的学习者，教师需要做些什么呢？一般而言，有两个因素最为关键：必备的先前知识和有反馈的练习。首先，如果学生没有必要的先前知识（概念、图式、技能等），那么工作记忆的负荷会很大。其次，有反馈的练习能帮助你形成联结，自动认知线索，并把小步骤组合成较大产生式。即使最早的认知阶段也应该包含真实情境中对整个程序进行简化后的练习。真实情境中的练习不仅有助于学生学习如何使用一个技能，而且有助于其学习为什么，以及什么时候使用该技能（Collins et al., 1989; Gagné et al., 1993）。当然，正如每个体育教练都知道的那样，如果某个步骤、环节或者过程比较难把握，那么应该对其进行单独训练，直到熟练为止，然后把它放进整个序列中，这样就可以减轻工作记忆的负荷（J. R. Anderson et al., 1996; Ericsson, 2011; Ericsson & Pool, 2016）。

### 2. 专门领域的策略

如我们在前文中看到的，一些程序性知识（如开车时关注交通情况）不能实现自动化，因为其条件是不断变化的。当你决定变更车道时，你的操作可能是自动化的，但是根据周围的交通条件，你做出变更车道的决定却是有意识的。**专门领域的策略**（domain-specific strategy）有助于人们有意识地在解决问题过程中运用某些技能以达成目标。为了支持对这种策略的学习，教师需要提供在许多不同情境中进行练习的机会，比如要求学生用包裹的标签、杂志、书籍、信函、操作说明、网页等来练习阅读。在下一章有关问题解决和学习策略的讨论中，我们将考察其他有助于学生发展专门领域的策略的一些方法。下面的实践指南总结了一些发展陈述性和程序性知识的方法。在下一章中，我们将详细讨论如何发展自我调节知识。

## | 实践指南 |

### 帮助学生理解与记忆

确保课堂能够吸引学生的注意力。

例如：

（1）教师给出一个信号，告诉学生停止他们正在做的事情，将注意力转移到教师身上。确保学生对信号做出反应，不要使学生忽略信号。练习使用信号。

（2）绕着教室走动，使用手势，并避免用单调的语调讲话。

（3）开始上课时，提出一个能激发学生对所学主题感兴趣的问题。

（4）通过走近学生、叫他们的名字或提问的方式来吸引学生的注意力。

帮助学生区分无意义的细节和要点，关注最重要的信息。

例如：

（1）概述教学目标，以提示学生该学什么，并将你正在呈现的教学材料和教学目标相联系。例如："为了达成黑板上所写的第一个教学目标——判断故事的情绪色彩，现在我将讲解如何寻找相关信息。"

（2）当你想指出重要信息时，你可以采用停顿、重复、让学生解释、在黑板上用彩色粉笔凸显该信息、让学生在他们的笔记或阅读材料上进行标记等方式。

帮助学生在新信息和已有经验之间建立联系。

例如：

（1）复习的前提是帮助学生回忆他们理解新材料所需的信息："谁能告诉我们四边形的定义是什么？现在，告诉我们什么是菱形？正方形是四边形吗？正方形是菱形吗？今天我们将学习其他一些四边形。"

（2）用一个大纲或图表来说明新信息在你提出的知识框架中的位置。例如："既然你知道了FBI（美国联邦调查局）的职责，那你认为你可以在美国政府部门示意图的哪个位置找到它？"

（3）布置需要学生使用新信息与已知信息的作业。

留出复习的空间，并提供复习所学信息的机会。

例如：

（1）开始上课前，快速复习家庭作业。

（2）频繁进行简短的小测验。

（3）在游戏中融入练习和复习的元素，或者让学生和同伴互相测验。

清晰、有组织地呈现材料。

例如：

（1）将课程的目标清晰化。

（2）向学生提供一个简明的大纲，并把它投在黑板或幻灯片上，以提醒你不要偏离主题。当学生问问题或发表评论时，把他们所说的与大纲的相应部分联系起来。

（3）在课程的中间环节和结束时进行总结。

管理认知负荷。

例如：

（1）一开始，消除那些分散要点的细枝末节。

（2）向学生提供掌握信息的策略——绘制关系图，定义关键术语，或者撰写一分钟总结。

（3）请注意，有些学生可能需要戴着耳塞学习，或在不被其他事物干扰的地方学习。

关注意义，不要死记硬背。

例如：

（1）在教新单词时，帮助学生把新单词与他们已经理解的一个相关词联系起来："敌意（enmity）与敌人（enemy）来自相同的词根。"

（2）在教余数时，让学生把12个实物分为2、3、4、5、6组，让他们算出在每种情况下的"余数"。

（3）鼓励学生给出自己的答案和例子，并提出自己的问题。

使用多样化的例子、案例和故事来教学。

例如：

（1）在学习新概念时，同时呈现抽象和具体的例子。比如教加法时，既使用具体对象相加的例子，又提供用数字和公式相加的例子。

（2）在学习新概念时，让学生创造相关的故事和案例来应用概念。

记住实践的力量。

例如：

（1）交错练习——将问题类型、物理技能或相关概念混合练习。

（2）分散练习——至少每隔两周复习一下旧知识。

（3）刻意练习——监控与高标准相关的表现，并关注需要改进的地方。不过，已经掌握的东西不需要刻意练习。

## 模块 27 小结

### 哪些因素可以促进陈述性知识的发展

一开始学习知识的方式会影响后来其能被回忆起来的程度。促进陈述性知识发展的一个重要方式是通过精细加工、组织、形象化、情境、适当的难度和有效练习（分散练习和交错练习）的作用，把新材料与已经储存在长时记忆中的知识整合起来。双重编码理论认为，以视觉和言语两种形式编码的信息更易于记忆。只要组织合理且不使工作记忆超负荷，图片和文字的共同呈现将有助于知识的长久保持。记忆的另一个观点是加工水平理论，该理论认为对信息的回忆取决于它被加工的完成程度。

### 阐述发展陈述性知识的三种方法

当我们将新信息与已有理解整合起来时，陈述性知识就会得到发展。使信息以更有意义的方式被记忆很重要，通常这也是教师面临的最大挑战。记忆术对记忆是有帮助的，包括位置法、首字母缩写词、连锁记忆术和关键词法。一个强有力但有局限性的方法是机械记忆，在部分学习和分散学习的辅助下，它可以提供有力的支持。总之，在陈述性知识的发展研究中，对教师和教学来说，至少有两个明确的启示。第一个是联结的重要性——联结学生的新旧知识，联结图片和文字以支持学生理解，联结同一概念不同的具体的例子以理解抽象观点，以及联结最初学习信息的情境。第二个是深度加工的力量——通过精细加工新信息、构建表象、定时复习、克服困难并坚持下来，以及不断提问等方式对陈述性知识进行深度加工。

### 描述发展程序性知识的基本方法

自动化的基本技能和专门领域的策略，也就是两种程序性知识，可以用不同的方法学习。自动化技能的发展需要经历三个阶段：认知（遵循陈述性知识提供的步骤或指导语）、联结（把单个步骤合并为更大的单元）和自动化（不需要投入太多注意即可完成整个程序）。必备的前提知识和有反馈的练习有助于学生顺利地度过这些阶段。专门领域的策略是人们有意识地运用、能组织思想和动作以达成目标的技能。为支持对这种策略的学习，教师需要提供在许多不同情境下进行练习和应用的机会。

# 第 9 章 复杂认知过程

CHAPTER 9

## ■ 教师的案例簿：不加批判的思考

每年你们班级的一项重要作业是撰写一篇研究论文。当审阅今年的论文初稿时，你注意到越来越多的学生依赖于通过网络寻找素材。使用网络本身并不是坏事，但是学生似乎过于相信他们在网络上查找的信息，没有丝毫批判性。大多数学生认为"网上的信息肯定是正确的"。学生的初稿中充斥着带有倾向性的引用，而且没有标明出处。当然，问题不仅在于学生不知道如何引用参考资料，更令你忧虑的是，学生不能对他们阅读的网络材料进行批判性的评价！你意识到学生需要一些能帮助他们培养更高层次思维技能的针对性指导，而这些思维技能是他们批判性和策略性地筛选线上内容和其他资源所必需的技能。

### ■ 批判性思考：

- 你会如何帮助学生评估他们在网络上找到的信息？
- 除此之外，你还将如何帮助学生更批判性地思考他们所学习的主题？
- 当你支持学生进行批判性思考时，你将如何考虑学生的文化信念和价值观？

## ■ 概述与目标

在第 8 章中，我们学习了更为基本的认知过程，如知觉、表征、记忆等。读完后，你可能会发现它们虽然基础，却并不简单。在本章中，我们会考察更复杂的认知技能，其中很多都属于高阶思维（higher-order thinking）。高阶思维指的是不再停留于记忆或复述事实和想法，而是在真正理解的基础上剖析和评价它们，甚至创造出新的概念，产生自己的想法。当然，如果不知道每种思维的基础，就很难确切地判断学生在使用哪种思维。尽管一个死记硬背下课本上平衡原理的学生的思维水平，听起来比通过玩跷跷板发现了简单的平衡原理的孩子更高，但是后者事实上使用了更高层次的思维。正如电影《心灵捕手》（*Good Will Hunting*）中一个非常经典的桥段：在酒吧里，一个自命不凡的研究生试图通过精彩解读，使马特·达蒙（Matt Damon）的一个朋友丢脸，而达蒙出其不意地指出，这个研究生所谓的"富有新意的"解读其实完全来源于教科书的某些段落。干得漂亮！在本章中，我们将探讨学生怎样才能进行真正深刻、复杂的思考，以及教师如何帮助他们。首先，我们将讨论元认知这一复杂的认知过程。所谓元认知，就是运用关于学习和动机的知识与技能，对自己的学习进行计划与调节。接下来，我们将探索学习策略、问题解决、批判性思维与论证。然后，我们将讨论如何鼓励学生将学习从一种情境迁移到另一种情境，以使学习更加高效。最后，我们汇集了本章的许多关键思想，讨论教学如何帮助学生掌握扎实的知识并支持他们进行复杂的学习。

学完这一章后，你就能达成以下目标。

目标 9.1　论述元认知在学习和记忆中的作用。

目标 9.2　描述能帮助学生发展元认知能力的几种学习策略。

目标 9.3　了解问题解决所涉及的基本过程及其主要影响因素。

目标 9.4　阐述影响学生批判性思维、论点形成和证据收集的因素。

目标 9.5 论述如何、为何，以及何时将在一个情境中学到的知识运用到新的情境和问题中。

目标 9.6 解释和识别扎实知识的特征，并了解如何通过教学让学生获得扎实的知识。

## 模块 28　元认知和学习策略

**学习目标 9.1**　论述元认知在学习和记忆中的作用。

**学习目标 9.2**　描述能帮助学生发展元认知能力的几种学习策略。

## 9.1　元认知

在第 8 章中，我们对**执行控制过程（executive control process）**进行了大量的讨论，包括注意、复述、组织、表象、精细加工，以及实践。执行控制过程有时也被称为"元认知技能"，因为人们可以有意地运用它来调节认知过程。

### 9.1.1　元认知知识与调节

**元认知（metacognition）**字面上的意思是对认知的认知，或者对思维的思维。元认知包括知识和技能——了解自己的信息处理能力、面临的认知任务、应对这些任务所需的策略的知识，以及应用这些策略所涉及的技能（Artelt & Schneider, 2015）。

首先，对于知识而言，元认知包括我们前面讨论过的三种知识：①身为学习者的你所具有的陈述性知识，它是影响学习和记忆、技能和策略，以及执行一个任务所需要的资源的因素，即知道做什么；②程序性知识或知道如何运用策略；③保证任务完成的自我调节知识，即知道任务完成的条件，以及何时、为何应用程序和策略（Bruning et al., 2011）。元认知就是策略性地运用陈述性知识、程序性知识和自我调节知识以达到目标和解决问题（Schunk, 2012）。元认知的自我调节对教学和学习非常重要，我们将在第 11 章花更多的时间来讨论它。

在技能方面，有三种基本的元认知技能——计划、监控和评价（Brown, 1987; Zepeda et al., 2019）。①计划，包括决定在一个任务上花费的时间、注意力集中到哪里、一天中你最高效的时间段、使用哪种策略、怎样开始、从哪里开始、收集什么资源、遵循什么顺序等。②监控，即对"我正在如何做"的即刻意识，包括"这有意义吗？""我的速度是不是太快了？""我应该记笔记吗？"等问题。③评价，即对思维和学习的过程和结果的判断，如"现在应该放弃吗？""我需要求助吗？""这篇论文（或这幅画作、这个模型、这首诗歌、这项计划等）完成了吗？"（Barzilai & Zohar, 2014; Sawyer, 2006）。不同的元认知策略和技能在不同的学习科目中都很重要。例如，在第二语言学习中，你必须专注于新语言的重要成分，忽略那些能分散注意力的信息，抑制你第一语言的知识，因为这些会干扰或混淆第二语言的学习（Engel de Abreu & Gathercole, 2012）。

当然，我们不必每时每刻都使用元认知，因为有些行为我们已经习以为常。当任务具有挑战性，但又不是特别艰难时，元认知颇有效用。此外，我们计划、监控和评价的过程不一定是有意识的，对成年人而言尤其如此。我们可能会在意识不到的情况下自动地使用元认知（Perner, 2000）。计划、监控和评价可以说是专家的第二天性，但他们很难清晰地描述自己的元认知知识与技能（Pressley & Harris, 2006; Reder, 1996）。

### 9.1.2　元认知的个体差异

使用元认知策略的能力和难易程度因人而异。元认知能力的某些差异是发展的结果。现在看来，即使是很小的孩子也有一个元认知系统，使他们能够自动评估和调节自己的认知，例如，评估自己的想法和信念，但这种元认知是内隐的、意识之外的。之所以说很小的孩子也具有这种内隐的元认知系统，是因为婴幼儿在没有他人直接反馈的情况下，自己也能学习到很多东西。婴幼儿会自己评估和纠正对世界的看法。随着大脑的发育，尤其是前额叶皮层的发育，儿童对自己的元认知有了更多的认识，并能够明确地评估和调节自己的思维（Goupil & Kouider, 2019）。但是年幼的孩子可能不擅长估计任务的困难程度——他们可能认为阅读娱乐性书刊与科技书刊的难度是一样的（Gredler, 2009b）。随着孩子长大，他们会更多地思考他们的思维，他们更可能进行策略执行控制方面的练习。比如，他们将更好地判断自己是否已理解了指导语，或是否已能够记住一系列学习内容。元认知能力在5～7岁时开始发展，并会在整个中小学期间不断提高（Flavell et al., 1995; Woolfolk & Perry, 2015）。然而，正如本书多次强调的，知和行不是一回事（O'Leary & Sloutsky, 2019）。学生可能知道日积月累式的学习更好，然而他们依然经常抱着"仅此一次"的想法，选择快速填鸭式的学习。

不过，并不是所有元认知能力的差异都与年龄和成熟程度有关（Lockl & Schneider, 2007; Vidal-Abarca et al., 2010），元认知能力的某些个体差异可能是由生理或学习经验方面的差异引起的。事实上，许多被诊断为患有学习障碍的学生在监控自己的注意方面存在困难（Hallahan et al., 2019），特别是在完成一些需要花费较长时间的任务时。重视提升学生元认知技能水平的教师，对那些存在学业困难的学生来说尤为重要（Schunk, 2020; Swanson, 1990）。

### 9.1.3 对教师的启示：培养元认知

元认知技能与学习、学业成绩和动机有关，下面列举几个重要的研究成果（Zepeda et al., 2019）。和其他所有知识或技能一样，元认知知识和技能也可以被习得和提高。

**1. 低年级学生的元认知发展**

在纽约皇后区达里克·德索泰尔（Daric Desautel）（2009）所带的二年级班中，大部分学生是拉丁裔和非洲裔孩子。德索泰尔非常关注作为教学任务一部分的学生的元认知知识和技能，如目标和计划设定、成绩评估和自我反思，以此帮助学生养成"向内"审视自己思维过程的习惯。在教学中，他还使用自我反思策略以帮助学生学会评估自己的写作，并获得读者和作者两个视角的观点。例如，一个完整的自我反思可以包括询问自己下列问题。

- 你是否选择了一个你所知甚多的话题？
- 你文章的开头写得有特色吗？读者会因此想了解更多内容吗？
- 你是否组织好了自己的想法并整理成了目录？
- 你是否选用了恰当的表达方式？是否把内容阐释清楚了？
- 你是否重读了你的文章，并核查了语气、时态、语序和可能存在的错误？

通过发展学生的元认知能力，德索泰尔成功地帮助了他所有的学生，而不仅仅是那些语言能力强、学习成绩突出的学生。有位学生在他的反思中这样写道："我尽了自己最大的努力来写这个作品。比起故事，我更喜欢非小说类书籍。下次，我要写一篇与运动相关的不一样的文章（p. 2011）。"

南希·佩里（Nancy Perry）对一年级和二年级学生进行研究后发现，问学生以下两个问题能帮助他们发展元认知能力："今天，作为一个读者/作者，你觉得自己学到了什么？哪些策略值得你在今后的阅读中反复采用呢？"若教师定期用这些问题询问班上的学生，即使是低年级的学生也会发展出相当老练的元认知理解和行为（Perry et al., 2000; Perry et al., 2002）。

许多和我合作多年的教师喜欢引导学生使用KWL策略来指导自己的阅读与提问。这个通用的模式适用于多个年级的学生，它的基本步骤包括询问自己：①关于这个科目，我已经知道（K，Known）了什么；②我想（W，Want）知道什么；③阅读或探究结束时，我学到（L，Learn）了什么。

主题：__鳄鱼__

| K | W | L |
|---|---|---|
| 我们已经知道了什么 | 我们想知道什么 | 我们学到了什么 |
| 吃人 | 它们吃人吗 | 会吃人 |
| 吃肉 | 它们吃什么 | 也吃青蛙、鱼、 |
| 爬行动物 | 它们如何获取食物 | 鸭子、鸟类、短吻鳄 |
| 下蛋 | 它们有多大 | 与其他同类一起捕猎 |
| 大约6英尺长 | 它们如何生育幼崽 | 用尾巴捕鱼 |
| 留下幼崽 | 一次生多少幼崽 | 分享食物 |
| 独居 | | 群居 |
| 凶猛的 | | 6~15英尺长 |
| 大约6个幼崽 | | 最常见的是6~8英尺长 |
| | | 雌性挖掘巢穴 |
| | | 年复一年地使用同一巢穴 |
| | 信息分类 | 守护巢穴 |
| | | 孵化幼崽 |
| 饮食 | 捕食方式 | 帮助幼崽破壳 |
| 体型 | 繁殖 | 雄性鳄鱼协助 |
| | 家庭生活 | 帮助破壳保护幼崽12周 |

**图 9-1　采用 KWL 法学习鳄鱼的清单**

资料来源：Gillet, J. W., Temple, C., Temple, C., & Crawford. A. (2017), *Understanding reading problems* (9th ed.). Boston: Pearson, p.140. Reprinted and Electronically Reproduced by Permission of Pearson Education, Inc., New York, NY.

KWL策略鼓励学生审视和识别在某一学习情境中他们已经知道了什么、想知道什么，以及实际上收获了什么，这对学习来说是一种重要的元认知策略。见图9-1，让我们思考一下学习"鳄鱼"的例子（Gillet et al., 2017）。在K步骤，教师引导学生进行头脑风暴——关于鳄鱼，你们已经知道了（或认为你们知道了）什么？接下来，在W步骤中，你们对什么感到好奇？你们想知道什么？你们对什么感兴趣？学生们写下要回答的具体问题，这样他们就对这些信息有了个人理解。接下来，引导学生思考你们知道什么，想学什么，希望在阅读时找到什么样的信息？作者使用什么种类或主要分类标准，以及如何组织材料（Vacca et al., 2014）？把这些"我希望使用的信息分类"呈现在策略表上，如图9-1所示。最后，在阅读后，学生完成L步骤，写下他们所学到的内容（检索练习），然后检查他们是否回答了问题。此时，教师可要求学生们分享答案，并讨论可能存在的任何分歧。有些教师鼓励学生在阅读时使用KWL策略来组织笔记；有些教师会在W步骤之后增添一个额外的阶段，即How步骤，要求学生思考"我如何知道我想知道什么？"

### 2. 中学生、大学生的元认知发展（比如你）

对高年级学生来说，教师可以把元认知问题整合到教学、讲座和作业中。例如，在学习下一个主题之前，可以简单地要求学生做元认知判断，评估他们的学习策略的效果如何。他们会在下一个主题或单元中改变学习方法吗？这类问题能够促进监控、评价和计划这三种主要的元认知技能在后续任务中的应用。此类的学习判断可以与频繁的测试一样有效，但并不会出现测试可能存在的负面影响，比如增加学生的焦虑，或需要教师花费额外的时间来设计、管理和评价测试等（Lee & Ha, 2019）。

在课堂上，教师的话语可以促进学生的元认知和学习。在一项研究中，研究人员使用了 40 节课的视频，分析了 40 名中学数学教师与元认知相关的讨论。在 20 名教师的课堂中，学生的数学概念发展程度较高，另外 20 名教师的学生的数学概念发展程度较低。在该研究中，对元认知讨论的评估使用了表 9-1 中的指南。你在本书的前几章已经见过很多这种分类，包括：不同种类的知识；元认知技能中的计划、监控和评价；领域特定性和领域一般性的关注点。那么，研究结果如何呢？学生数学概念发展程度较高的教师，在一节课中会加入更多的元认知讨论，但最显著的差异主要与学生个人知识类别（"如果你不确定，请举手"）、监控（"好的，请解释一下你现在在做什么"）、评估（"这是真的吗"）、指导风格（"请花一分钟思考一下"），以及领域一般性的框架（"我们还知道什么"）相关。当然，表 9-1 中的其他类型的元认知话语，对其他学科或课程可能也有所帮助（Zepeda et al., 2019）。

元认知还包括使用学习策略的知识。这就是接下来我想讨论的话题。

### 表 9-1 教师的元认知支持

这些是克里斯蒂娜·加培达（Christina Zepeda）和她的同事在中学数学课上观察到的关于比率（rate）、比（ratio）、比例（proportion）讨论的类别和例子。

| 元认知知识 | |
|---|---|
| 类型 | 定义和实例 |
| 个人知识 | 包括对概念或问题的基本理解，以及作为学习者对自己的了解<br>• 你的想法是什么<br>• 如果你不确定，请举手 |
| 策略知识 | 涉及如何进行活动或解决问题（例如步骤或公式）的知识<br>• 如何确定这些分数是否相等<br>• 接下来你应该怎么做 |
| 条件性知识 | 包括了解个人和策略知识的限制——了解划分边界<br>条件性知识通常包括"何时"或"为何"这类短语<br>• 你为什么要把它四舍五入到 90<br>• 你为什么要选择 4 |

| 元认知技能 | |
|---|---|
| 类型 | 定义和实例 |
| 计划 | 在任务或问题开始时对策略和资源的选择。包括了解任务或问题的目标、设定目标、做出预测、分配资源<br>• 当设定一个比例时，你应该记住什么<br>• 你首先需要做什么 |

续表

| | 元认知技能 | |
|---|---|---|
| 类型 | 定义和实例 | |
| 监控 | 一个人对理解和任务表现的"在线"意识。包括在解决任务或问题过程中的评估理解、策略使用或任务表现<br>• 好的，请解释一下你现在正在做什么<br>• 这几个单元发生了什么 | |
| 评价 | 在完成任务或问题后，评估一个人的理解和表现的结果与效率。包括在任务或问题完成后，对一个人的表现和策略使用的有效性和准确性的分析。有时是对学生答案的回复<br>• 将其与我们刚才所做的进行比较<br>• 这是真的吗 | |

| | 教学方式 | |
|---|---|---|
| 类型 | 定义和实例 | |
| 指导 | 教师指导或告知学生做某事，让他们思考自己的想法或理解<br>• 请花一分钟思考一下<br>• 说出三种解决比和比率问题的方法 | |
| 提示 | 教师向学生提出问题，让他们思考自己的想法或理解<br>• 理解了吗<br>• 我们现在应该做什么 | |
| 示范 | 教师示范元认知行为，让学生思考自己的想法或理解<br>• 我们可以这样理解，比例是指两个或多个比值相等的式子，如 a:b=c:d<br>• 我们最好核对一下真实性 | |

| | 教学框架 | |
|---|---|---|
| 类型 | 定义和实例 | |
| 特定问题 | 这些教学与特定问题有关。涵盖了某个问题的具体词汇/数字/观点<br>• 等等，你从哪里得到的 40<br>• 我怎么将其从 5 变到 25 | |
| 一般问题 | 这些教学适用于一般问题，而不是特定问题。涵盖了解决问题的基本词组，但没有太多细节<br>• 我们怎么求出总表面积呢<br>• 第一个问题，我们如何找到比例系数 | |
| 一般领域 | 这些教学可以应用于解决特定问题或某类问题，但是这类表述具有一般性，可以应用于多种类型的问题。不带有特定词汇的一般陈述，可以用来表示一类问题<br>• 你是怎么得到的<br>• 我还知道什么 | |

## 9.2 学习策略

大多数教师会告诉你，他们想让学生"学会怎样学习"。多年的研究表明，好的学习策略有助于学生的学习，而且教师可以将这些策略教给学生（Pressley & Harris, 2006; Schunk, 2020）。对高中生来说，学习策略与研究技能的使用，与更高的平均学分绩点，以及他们在大学的持续良好表现相关（Robbins et al., 2004）。但是，有人教学生"怎样学习"吗？直到高中甚至大学，教师才会直接教学生有效的学习策略和研究技能，所以学生练习运用这些策略的机会很少。与此相反的是，学生通常早早地自行探索出了简单重复和死记硬背的学习方法，还广泛地练习了这些策略。这就是许多学生坚持用学习闪卡和记忆来学习的原因：除了死记硬背，他们并不知道别的方法。

正如我们在第 8 章中看到的，一开始的学习方式会对我们随后的记忆和知识运用方式产生极大的影响。首先，为了学习，学生必须进行认知投入，把注意力集中在与材料相关的方面或学习中的重点。其次，为了思考和深层加工，他们必须付出努力、建立联系、精细加工、迁移、创造、组织和再认，练习和加工得越多，学习效果越稳固。最后，学生必须调节和监控自己的学习，知道什么是有意义的，以及什么时候需要使用新方法，也就是元认知。下面我们就将重点探讨如何努力和集中注意力、如何深度加工信息，以及怎样监控理解，以帮助学生形成有效的学习策略（Brown et al., 2014）。

### 9.2.1 有策略地学习

**学习策略**（learning strategy）是一种特殊的程序性知识——知道如何去做的知识。学习策略有上千种，有些是通用的且可以在学校学会，比如写概要或列提纲；有些适用于特定科目，比如使用记忆术记忆行星的顺序，用"My Very Educated Mother Just Served Us Nachos"（我那受过良好教育的母亲给我们吃墨西哥玉米片）来指代水星（Mercury）、金星（Venus）、地球（Earth）、火星（Mars）、木星（Jupiter）、土星（Saturn）、天王星（Uranus）和海王星（Neptune）。还有些策略可能非常独特，比如某人自己发明的学习中国汉字的策略。学习策略可以是认知的（写概要，提取中心思想）、元认知的（监控理解，如询问自己"我理解了吗"），或行为的（设置定时器）（Cantrell et al., 2010）。随着时间的推移，你对策略的使用将更加老到，需要的有意努力将更少。最终，你将可以自如地运用这些策略。也就是说，在这些策略不再发挥作用，而你不得不学习新的策略之前，它们都会是你完成学习任务的常规方式。

关于学习策略的使用，研究者提出了以下重要原则。

（1）向学生呈现几种不同的策略，不仅要有一般的学习策略，而且要有适用于特定科目的非常具体的策略，比如稍后将介绍的视觉策略。

（2）要教给学生关于何时使用、在哪里使用，以及为什么使用各种策略的自我调节（条件性）知识。尽管大家都知道应该这样做，但教师经常忽略这一步骤。如果学生知道何时、何处，以及为何使用策略，他们更可能坚持运用它。

（3）学生可能已经知道何时和怎样使用一个策略，但缺乏使用这些策略的动机。请记住：许多学生，甚至是成年人，即使知道更加有效的策略，还是会使用自己已经习惯却无效的策略，如死记硬背（Son & Simon, 2012）。因此，与学习策略有关的培养计划往往包含动机培训。

（4）需要使学生相信他们能够学会新的策略，他们的努力付出会有收获，以及使用学习策略会让他们"变得更聪明"。换句话说，他们需要一种成长型思维模式。关于这一点，我们将在第 12 章中讨论。

（5）学生需要对所学领域的背景知识和有用的图式有所了解，从而理解所学资料。例如，如果你对鱼不了解，那么概括与鱼类有关的段落对你而言就会很困难。因此，学生需要获得关于图式知识的直接指导，这种指导通常是策略训练的重要组成部分。表 9-2 对几种常见的学习策略进行了简要的总结。

表 9-2　常见学习策略及示例

| 常见学习策略 | 例子 |
| --- | --- |
| 制订计划和集中注意力 | • 设定目标和时间表<br>• 画下划线和做高亮标记<br>• 略读，寻找标题和主题句 |
| 组织和记忆 | • 制作组织结构图<br>• 创建流程图、维恩图<br>• 使用记忆术和表象<br>• 运用类比构建知识结构（你正在学的东西像一棵树、一个小镇，还是一幅地图？） |
| 理解 | • 创建概念图、概念网络<br>• 写概要、列提纲、做笔记<br>• 举例说明<br>• 向同伴解释 |
| 认知监控 | • 预测内容<br>• 确认哪些内容自己还没有理解 |
| 练习 | • 部分练习<br>• 整体练习<br>• 使用检索练习——自我测试和自我提问<br>• 刻意练习——明确优秀的标准，找出当前表现与标准之间的差异，练习提高，失败，再试 |

### 1. 确定哪些是重要的内容

从表 9-2 中看出，学习是从集中注意力开始的，也就是要确定什么是重要的内容。但是，将不那么重要的信息与主要观点区分开来并不总是一件容易的事。学生往往更容易注意到诱人的细节或具体的例子，也许这是因为它们更有趣（Morehead et al., 2016; Rey, 2012）。上完一节课后，学生可能会记住一个笑话或一个有趣的例子，但是并不清楚教授想用这些例子表达什么观点。如果你缺少某个领域的基础知识，而文章提供的新信息又很多，那么概括文章的中心思想对你而言会很困难。教师可以让学生通过课文中的标题、粗体字、纲要或其他标记来辨认关键概念和主要观点，同时避免过多关注那些诱人却相对不重要的细节（Lorch et al., 2001）。写摘要是克服诱人细节效应的另一种方法，至少在学习科学类文章时是这样（Jaeger et al., 2018）。

### 2. 写概要

教师必须教会学生对学习材料进行概括的方法（Byrnes, 1996; Palincsar & Brown, 1984）。珍妮·阿姆罗德（Jeanne Ormrod）(2020) 总结了帮助学生写概要的方法，它要求学生：

①找出或写出每一个段落或部分的主题句；
②明确涵盖几个具体观点的上位观点；
③为每一个上位观点找到一些支持性的信息；
④删去任何多余的信息或不必要的细节。

在实际的教学过程中，可以让学生在写概要时从短小、简单、内容组织得较好的文章入手，逐渐过渡到篇幅长、内容组织不佳、难度大的文章。刚开始时，如果教师能给学生提供一个示例，那么可能会对学生很有帮助。例如，这个段落是讲述____和____的，二者在____这几个方面是相似的，但在____这几个方面又是不同的。

另外，教师可以要求学生把自己写的概要与他人写的概要进行比较，并讨论他们眼中的重要观点是什么，他们的证据又是什么。

确定重要内容的另外两个学习策略是在课文重点下画下划线和做笔记。

> **停下来，想一想**
>
> 你阅读的时候怎样做笔记？看一看前面的内容，你有用黄色或粉红色的笔高亮标记出书上的某些话吗？你会在空白处做记号或画图吗？如果你已经做到了这些，请再看看你的笔记做得合适吗？它们是否像杂货铺的货物清单那样凌乱？

### 3. 画下划线和做高亮标记

你会在课本上画下划线或高亮标记关键的短语吗？画下划线和做高亮标记可能是非常常用的两种学习策略，但在大学生中的使用率并不高。一个普遍的问题是，学生画的下划线或高亮标记的内容越多，他们学习到的内容往往越少。因此，在运用这一策略时，需仔细想想为什么要突出某一段，并对自己的选择进行解释。然后，当你重读时，再考虑一下这些问题——我为什么要强调这一点？为什么它很重要？问自己这些问题，会激发两个重要的学习过程——深度加工和提取练习（Yue et al., 2015）。除了有选择性地画下划线或做高亮标记，你还应该主动把书本上的信息转化为你自己的语言，不要依赖书本上的文字。关注你正在阅读的内容和你已经知道的其他事情之间的关系，你可以通过画表来对此加以说明。最后，在材料中找出有条理的信息，并用它们指导你画下划线或做高亮标记。

### 4. 做笔记

超过95%的大学生表示他们会在上课时做笔记，复习笔记也是一种普遍的备考策略（Morehead et al., 2019），但是做好课堂笔记却不是一件容易的事情。首先，你必须将课堂上所讲的信息保存在工作记忆中；接着，在这些信息从工作记忆中消失之前，你必须对其中重要的观点或主题进行选择、组织和转化；然后你得将这些重要的观点或主题写下来——所有这些事情都是你在听课时需要同步完成的。当你在笔记本上奋笔疾书并设法跟上老师的讲课思路时，你可能很想知道做笔记到底有什么作用。研究发现，笔记做得好确实有助于改善学习效果。我们来看看研究得到的结果，具体表现如下（Bui et al., 2013; Kobayashi, 2005; Morehead et al., 2019）。

（1）做笔记能帮你在课堂上集中注意力。当然，如果做笔记妨碍了你听课和理解课程内容，它可能就不是有效的方法了。

（2）做笔记能让你从所听、所看和所读的内容中建构出意义，从而帮助你对所学内容进行精细加工、深刻理解和记忆保持。做笔记可以在一开始学习时为学生带来帮助，即使学生考试前不复习笔记也是如此，对那些在某个领域缺乏基础知识的学生而言更是这样。

（3）笔记中存储的大量知识可以帮助你复习。经常做笔记的学生在测验中表现较好，特别是当他们的笔记质量较高时。所谓高质量的笔记，指笔记抓住了要点、概念和知识之间的关系，而不仅仅是记录了有趣的细节。

（4）研究发现，优秀学生会根据他们预期的使用知识的情境做笔记，并会在测验或作业之后调整做笔记的策略。他们会使用个人编码来标记他们不熟悉或对他们而言有些困难的材料。他们会利用相关资源（包括班上的其他学生）来填补学习上的漏洞。只有当每个字都极为重要的时候，他们才会逐字逐句地记录信息。换句话说，优秀的学生有属于自己的关于如何做笔记和使用笔记的策略。

尽管有以上这些优势，但请记得前面的提醒：那些拥有良好工作记忆的学生更容易抓住课堂的要点，有条理地做笔记；而那些工作记忆相对有限的学生可能需要专注于理解老师所讲的内容，只能用计算机进行记录。但要注意，研究结果并不鼓励学生用笔记本电脑做笔记，因为这些设备上有太多分散他们注意力的东西。事实上，当观察者监控学生用笔记本电脑做笔记的情况时，他们发现学生们只将37%的时间用在做笔记上,大多时间都在使用社交媒体和购物!与允许使用计算机的教室相比,不允许使用计算机的班级的期末考试分数更高。但是,如果学生能够避免分心,只利用笔记本电脑的笔记功能,那么在学习方面,手写笔记和电子笔记似乎没有什么区别(Morehead et al., 2019)。

对有学习障碍的初高中学生的研究表明,与使用传统方法记笔记的控制组相比,那些使用策略性笔记方法的学生,在科学课程的学习中能回忆和理解更多的关键观点(Boyle, 2010a, 2010b; Boyle & Weishaar, 2001)。图9-2展示的是一种通用的做笔记的形式,可以应用于各种学习情境。这种给页面分区的想法来自康奈尔大学的沃尔特·波克(Walter Pauk)设计的康奈尔笔记。沃尔特·波克曾经在20世纪50年代写过一本《在大学如何学习》(*How to Study in College*)的经典指导书,至今仍然非常有用(Pauk & Owens, 2014)。给页面分区的笔记形式适用于任何在记笔记方面需要额外指导的学生。

| 主题 | 对于这个主题,我已经知道了什么 |
|---|---|
| 关键点/关键术语 | 笔记 |
| 概要(用三到五句话概括主要观点)<br>1.<br>2.<br>3.<br>4.<br>5. | |
| 问题(还有什么令你感到困惑或不清楚的地方) | |

**图 9-2　一种通用的策略性笔记的形式**

资料来源:改编自 Pauk, W., & Owens, R. J. Q. (2014), *How to Study in College* (11th ed.). (Original work published 1962) Boston, MA: Cengage Learning.

## 9.2.2 视觉化组织工具

为了有效地使用下划线和做笔记,你必须确认课文的主要观点。另外,你还必须理解课文内容的组织结构,也就是观点之间的联结和关系。目前,可视化策略可以帮助学生做到这关键的一步(Van Meter, 2001)。概念图(concept map)是组织和表征某一特定领域或给定主题的知识及其关系的图形工具(Hagemans et al., 2013; van der Meij, 2012)。图 9-3 所示的是一个用于制作概念图的网页的概念图。它是由美国佛罗里达人机认知研究院的 Cmaps 工具制作的。你也可以把这些相互联结的概念称为"网"(web)。

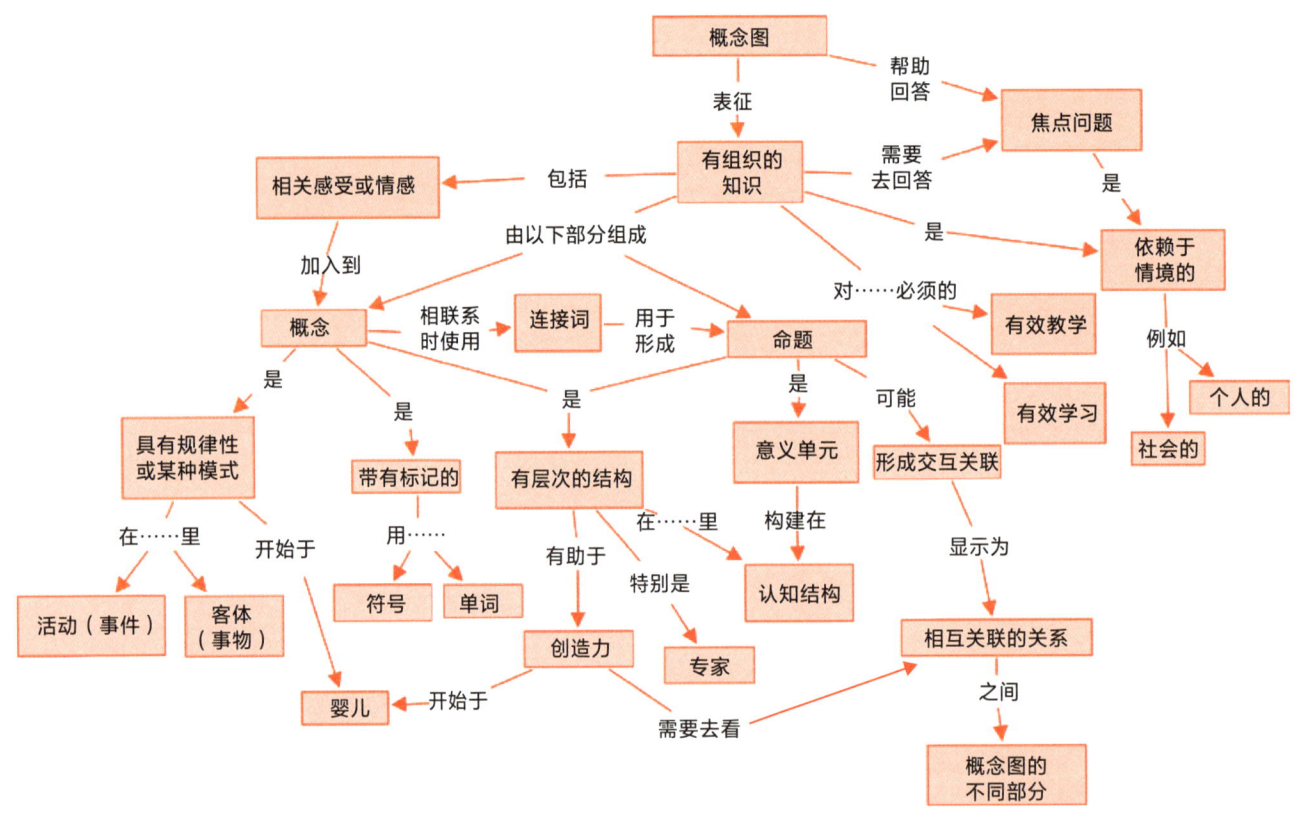

**图 9-3　展示"什么是概念图"的概念图示例**

注:这个示例来自概念图软件"Cmap Tools。在相关网页上,你可以下载概念图工具来建构、共享和评论任一学科的知识。

我在俄亥俄州的学生喜欢使用 Cmaps 这个可以免费下载的创建概念图的工具,有一位甚至用它来对自己的博士论文进行规划,并用它整理攻读博士学位期间考试所需的阅读材料。由于电脑上的 Cmaps 可以连接到互联网,来自世界各地不同教室和学校的学生可以建立合作,也可以比较和讨论自己画的"示意图"与他人画的"示意图"。解释是另一个很好的学习策略,它可以促进深度加工和提取练习,而提取练习是非常高效的学习策略,你很快就会看到这一点。

诺亚·施罗德(Noah Schroeder)和他的同事(2018)分析了 42 年来涵盖从小学四年级学生到研究生院学生的共 63 项研究,结果表明,在不同的年级水平和不同的学科主题上,制作概念图比使用其他教学方法更有效。标明了因果关系、比较/对比关系,以及例子的示意图,都可以改善记忆。像其他事情一样，你必须教授学生如何使用如图9-3所示的关系联结，以创建有用的概念图——创建和反馈也是教学的关键（Roessger et al.，2018）。

教师提供的概念图可以作为学生学习的指南。米克·阿热曼（Mieke Hagemans）和她的同事（2013）发现，有颜色编码的概念图有助于高中生掌握复杂的物理概念。该概念图是计算机程序的一部分，当学生完成某一部分的学习时，概念图的颜色会发生相应的变化。这样，学生就获得了一个指导他们阅读和完成作业的框架。这个计算机程序甚至还有提醒功能，例如，告知学生他们在学习"速度"的过程中，没有在与"加速度"相关的作业上花费足够的时间。

最后，概念图是一种有效的练习工具。在阅读课文或听完一堂课后，可以绘制概念图来表征信息以复习主要观点（Blunt & Karpicke，2014）。此外，还有一些其他的视觉化组织工具可供使用。例如，维恩图（Venndiagrams）可用来表示观点或概念是如何重叠的；树形图可用来表示思想观点是如何分离和交织的；时间轴可用来组织有顺序的信息，这在历史或地理课中非常有用（Rau，2020）。

作为一种学习策略，绘图（drawing）在近期引发了许多研究。在阅读一篇文章或学完一节课后，学生可采用绘图来理解所学的关键概念。绘图策略经常在科学或数学中被使用，如在学生思考原子时，提示他们"画出你脑海中的东西"（Wu & Rau，2018，p.94）。这种策略鼓励学生思考他们的心理模型，而不仅仅是在文本中看到的某幅图片。然后，学生必须识别、组织和整合他们对原子的了解，并想象出原子的可视化表征。最后，学生需要将他们的理解外化——实际上就是在纸上绘图。绘图可能比写摘要或重读课文更为有效。在绘图的同时向同学解释，对学习更有帮助，因为它结合了两种好的学习策略——绘图和解释（Fiorella & Kuhlmann，2020）。绘图可以促进记忆——当你想到记忆的双编码理论时，这一结论并不令人惊讶，因为同时被编码为文字和图像的信息更容易被记忆（Paivio，2006）。

在某些情况下，绘图甚至是最有效的。首先，绘图非常适合于学习描述复杂空间关系的科学类文章。画得不好或不准确无助于学习，因此学生需要良好的教学支持和反馈。教师需要训练学生如何捕捉图画中的关键元素及其内在关系，或者给学生提供"入门图纸"，即半成品图纸，这样学生可以在此基础上更顺利地完成全部的绘图，最后再与教师绘制的图画比较。接下来，学生可以修改他们的图画，以纠正错误的理解，然后与其他学生共享。如果手边已经有了一幅很好的图画，特别是学生更关注图画的艺术品质，而不是图画的意义时，与花时间画自己的图画相比，让学生向自己或其他人解释图画，可能更有意义（Fernandes et al.，2018；Fiorella & Zhang，2018；Schmidgall et al.，2019）。

### 9.2.3 提取练习：高效却较少使用的策略

最高效的学习策略之一是**提取练习（retrieval practice）**，也称**测试效应（testing effect）**或主动提取（active retrieval）（Pashler et al.，2007）。第8章第一次提到了这个概念，当时我们讨论了"为了促进知识的长久保存而教学"。在几十年的研究中，研究者发现，试图从阅读材料中主动回忆关键信息，即测试自己读到或听到的内容，已经被证明比重读材料或其他学习方法要有效得多，且这种影响对年幼的儿童和大学生都是显著的（Dunlosky et al.，2013；Fazio & Marsh，2019；Lyle et al.，2020）。为了从这一高效的策略中获益，学生可以通过列出关键想法、绘制概念图、解释给同学听、教授另一名学生、完成KWL列表、自我测试或任何其他需要主动提取知识的事情来练习回忆他们所学到的知识。频繁的测试和测验，即使不评分，也是一种提取练习。但不幸的是，目前的教学很少使用提取练习策略，部分原因是学生们不喜欢它。对大学生的一项研究发现，在学习一篇关于萨尔瓦多·达利（Salvador Dalí）的文章时，主动提取比重复阅读更有效，但学生们仍然更喜欢重复阅读（Clark & Svinicki，2015）。

### 9.2.4 阅读策略

正如我们在前文中了解到的，有效的学习策略可以帮助学生集中注意力、付出努力（如建立联结、精细加工、转换信息、组织材料、进行概括等），以深度加工信息，监控自己的理解，通过提取练习巩固学习。在阅读过程中，有几项策略可以支持这些加工过程，其中许多策略会使用记忆术来帮助学生记忆。例如，一种可以用于小学生或没有太多阅读经验的学生的策略——PARS。

P（Preview）：预习材料，通过略读前言段落、各级标题、表格或图表等视觉辅助工具和总结部分来确定主要观点。

A（Ask）：问自己一些与主要观点有关的问题。

R（Read）：阅读全章，试着找寻问题的答案。

S（Summarize）：用自己的话进行总结（Friend & Bursuck，2019）。

阅读文学作品时可以使用的策略是CAPS。

C（Characters）：了解主人公是谁。

A（Aim）：理解故事的目的是什么。

P（Problem）：了解发生了什么问题。

S（Solved）：了解问题是怎样解决的。

上述策略之所以效果显著，主要有以下几个原因。首先，按照这几个步骤进行阅读，能使学生更清楚地意识到所读的章节是如何组织的。例如，跳过标题可能会使你错过信息组织的主要线索（你经常这样做吗）。其次，这些步骤要求学生分步骤学习新内容，而不是立即学习所有内容。这样做需要学生进行分散练习。例如，回答与材料有关的问题可以促使学生更深层次地进行信息加工。

在你的全班应用阅读策略会有效吗？对三至十二年级学生进行的52项研究的元分析得出结论：这种全班教学有助于低年级学生（三至八年级）提高对课文的理解，但高年级学生并未从中受益。对于低年级群体来说，设定阅读目标是阅读策略指导中最有用的组成部分。因此，教师应该"让学生思考并意识到他们阅读的目的，提问学生能引起这种意识的问题"（Okkinga et al.，2018，p.1234）。提问是PARS策略的重要组成部分。无论你使用什么策略，都必须教会学生如何使用它们。直接的教导、解释、示范和有反馈的练习，都是必需的。对有学习困难的学生来

说，尤为重要。

## 9.2.5 学习策略的应用

有关学习策略的研究有一个共同的发现，即"产生缺陷"（production deficiency），它指学生习得了策略，但在他们能够或应该应用时却没有应用（Schunk，2020；Son & Simon，2012）。这一问题在患有学习障碍的学生当中尤为突出，因为他们的计划、组织、监控和调整等执行控制过程往往发展得不够充分（Hallahan et al.，2019）。要确保学生能真正使用他们知道的策略，必须做到以下几点。

### 1. 任务适当

要确保学生能真正使用他们所掌握的策略，首先要给他们制定恰当的学习任务。当教师制定的任务仅是"学习和重现"课文中具体的单词时，学生还有必要使用复杂的学习策略吗？这样的任务更适合使用记忆方法，最好的策略包括分散练习和记忆术（见第8章）。但是在现代教学中，我们希望教师少布置一些这样的任务。那么，在面对理解性的任务时，学生需要采用什么策略呢？

### 2. 重视学习

使用复杂策略的第二个条件是学生关注学习和理解，他们必须有能通过使用有效策略达成的目标（Zimmerman & Schunk，2001）。我记得有个学期，我教授"教育心理学"这门课的时候，和学生们阅读了一篇刊登在《今日美国》上的关于学习技能的文章。文章的主旨是学生应该不停地修改或重写他们某门课的笔记，到了最后，他们理解的内容最好可以被浓缩到一两页纸上。显然，到了那个程度，学生们就可以记住所学知识的大部分内容，并且能够理解它们与其他知识的联系。"看！"我告诉那个班的学生，"这些观点可以应用于现实，而不仅仅是课文里的一句话。它们能够帮助你在大学里更好地学习。"经过热烈的讨论，班上最优秀的学生之一恼怒地说："这会浪费我18小时的时间——我没有时间学习这些东西！"她不相信通过坚持18小时重复抄写这样耗时的学习策略能够达到

她的目标，她可能是对的。

### 3. 努力且自信

我的学生也很关注努力。使用学习策略的第三个条件是学生必须相信使用学习策略所需要的努力和投入是合理的，且是有可能得到回报的（Winne，2001）。当然，学生也必须相信他们有能力使用学习策略，也就是说，他们必须拥有使用学习策略学习相关材料的自我效能（Schunk，2020）。这又关系到另一个学习策略的使用条件：学生必须有所学领域的相关知识或经验。没有什么学习策略能帮助学生完成完全超出他们当前知识水平的任务。

### 9.2.6 关注到每个学生：教会他们如何学习

迈克尔·普雷斯利（Michael Pressley）和维拉·威罗西恩（Vera Woloshyn）（2000）开发的认知策略模型可以指导教师教授学生改进元认知策略。表9-3描述了教授这些策略的指导方针。

#### 表9-3 改进学生元认知策略的指导方针

这8个指导方针取自普雷斯利和威罗西恩的专著，可以帮助你教授任何一个元认知策略。

- 在课程教学中，一次教少数几个策略，可以分散教授，也可以集中教授。
- 示范并解释新的策略。
- 如果学生不理解策略的某些部分，就再次对策略使用中容易产生混淆或误解的方面进行示范和解释。
- 向学生解释在何处，以及何时使用策略。
- 提供大量的练习机会，尽可能多地让学生在恰当的任务中使用策略。
- 鼓励学生监控他们使用策略时的做法。
- 通过提高学生"正在获得有价值的技能"的意识——这些技能是在学习上取得成功的核心要件，来增强学生使用策略的动机。
- 强调反思性加工而不是快速加工；尽可能地采取策略来消除学生的高度焦虑；鼓励学生不要分心，将注意力集中到学习任务上。

资料来源：改编自 Pressley, M., & Woloshyn, V. (2000). *Cognitive strategy instruction that really improves children's academic performance* (2nd ed.). Cambridge, MA: Brookline Books.

制定学习策略需要遵循一定的顺序。首先，把重点放在帮助学生掌握基础知识的技能上，比如做高亮标记和记笔记。然后，通过提取练习和自我测试等策略，帮助学生对知识进行组合、巩固和记忆。最后，教导学生如何为学习目标选择正确的策略并学会监控自己的理解，帮助他们专注于深度学习。此外，不仅将这些策略当作独立的技能教授，还要将它们嵌入到学科教学中（Bernacki et al., 2020）。

## 模块28 小结

### 元认知

**什么是元认知？**

元认知包括元认知知识和元认知技能。元认知知识指了解自己的信息处理能力、面临的认知任务、应对这些任务所需的策略。用于调节思维和学习的三个元认知技能是计划、监控和评价。计划包括决定在一个任务上花费多少时间、使用何种策略、怎样开始等。监控指意识到"我正在如何做"。评价则涉及对思维和学习的过程与结果进行判断，同时按照判断做出行动。

### 元认知的个体差异的来源是什么?

元认知的个体差异可能源于发展的不同阶段（成熟程度）或学习者之间的生理差异。即使是年幼的儿童，也有内隐的元认知系统来帮助他们学习评估和调整自己的行为。在大约 5～7 岁时，儿童已经具有可以在整个学段不断提高的显性的元认知知识和技能。

### 教师如何帮助学生发展元认知知识与技能?

对年幼的学生而言，教师可以通过帮助他们"向内"审视自己的思维过程，促进他们阅读、写作和学习能力的提升。如果教师能进行适当的演示、解释和示范，KWL 等策略将为学生带来显著的帮助。对年龄大一些的学生而言，教师可以在作业环节和学习材料中设置更多的自我反思式问题，并通过教师对话和提问来教授和鼓励学生发展元认知知识和技能。

## 学习策略

### 什么是学习策略?

学习策略是一种特殊的程序性知识——知道如何去做的知识。一个学习策略可能包括用于记忆关键词的记忆术、用于确认组织结构的略读，以及写出论述题可能的答案。学习策略的使用反映了个体的元认知知识。

### 学习策略有何关键功能?

首先，学习策略能够帮助学生认知投入——把注意力集中在材料的相关或重要方面。其次，学习策略鼓励学生为了深入思考而付出努力、建立联结、精细加工、转换、组织和重组，练习和加工得越多，学习越有成效。最后，学习策略帮助学生管理和监控自身的学习，追踪有意义的信息，并留意需要引入新方法的时机。

### 描述学习策略形成的基本过程。

向学生集中呈现不同的学习策略，其中不仅要有一般的学习策略，而且要包含非常具体的技巧，如写概要、做高亮标记、做笔记、画图（概念图、绘图等）。要向学生传授关于何时、何地，以及为什么使用各种策略的条件性知识。向学生展示他们使用策略后学习与成绩方面的进步，从而激发学生使用策略的动力。为了使学生能够有效地使用策略，教师还应给学生提供对相关知识的直接指导。

### 什么是提取练习策略?

这种学习策略也被称为测试效应或主动提取，比重复学习更加高效。为了从这一高效的策略中获益，学生可以通过列出关键想法、绘制概念图、解释给同学听、教授另一名学生、完成 KWL 列表、自我测试或任何其他需要主动提取知识的事情来练习回忆他们所学到的知识。频繁的测试和测验，即使不评分，也是一种提取练习。

### 学生会在什么时候使用学习策略?

如果学生对恰当的学习策略有所了解，那么他们会在下列情况下使用这些策略：需要采用良好的策略才能完成任务时；重视对任务完成质量的评价时；认为使用策略而付出的努力是值得的，且相信自己能成功使用策略时。另外，自如地使用深度加工策略的前提是，学生必须持有这样的学习信念：知识是复杂的，必须花时间来学习，而且学习者需要主动付出努力。

---

## 模块 29 问题解决与专家知识

**学习目标 9.3** 了解问题解决所涉及的基本过程及其主要影响因素。

## 9.3 问题解决

> **设身处地想一想**
>
> 你正在参加一个校园心理学家岗位的面试，负责面试你的地区主管以面试时出其不意的提问而出名。他递给你一沓纸和一把尺子，说："告诉我，一张纸的精确厚度是多少?"

这是一个真实的故事——若干年前，我在面试中遇到了这个问题。答案是先测量整沓纸的厚度，然后用这个厚度除以这沓纸的页数。幸运的是，我答对了，也因此得到了这份工作，但那是多么紧张的时刻呀！我猜测主管也想了解一下我在压力情境下解决问题的能力。

当你在朝目标方向寻找路径时，问题（problem）就存在了。问题解决者在达成目标之前通常需要建立次级目标并完成它。例如，你的目标是开车去海滩，但你的刹车坏了，如果你要继续朝初始目标方向努力，那就应该先完成修理刹车这个次级目标（Anderson，2020）。另外，由于目标的清晰程度和可供解决问题的路径数量不同，问题可能结构良好，也可能结构不良。大多数算术问题结构良好，而找到合适的大学专业是一个结构不良的问题——它可能有许多不同的解决方法和途径。现实生活中就有很多结构不良的问题（Belland，2011）。

**问题解决**（problem solving）通常被定义为提出能够超越先前所学规则的可简单应用的新方案，以达成目标。当问题没有明显的答案时，就需要问题解决，例如，你买不起新刹车，那么不妨问问你的车滑向海滩时会发生些什么。一些心理学家认为，人类的大多数学习过程都涉及问题解决，而如何培养学生成为更好的问题解决者正是教育教学中的重大挑战之一（J. R. Anderson，2020；Greiff et al.，2013）。

关于问题解决，至今仍存在许多争论。一些心理学家认为，有效的问题解决策略是具有领域特定性的。也就是说，数学领域中的问题解决策略只对数学起作用，艺术领域中的问题解决只对艺术起作用等（Tricot & Sweller，2014）。争论的另一方则认为，除了针对特殊领域的问题解决策略以外，还存在某些在许多领域都有用的通用问题解决策略，例如使用类比推理或手段–目的分析（稍后讨论）。

有证据表明，一般性的策略和专门的策略都有价值。在日常生活中，由于情境不同，以及专业知识水平不同，人们总会在一般方法和专门的策略之间徘徊。在早期，当我们对问题的范围或领域知之甚少时，我们可以依靠一般性的学习和问题解决策略来理解情境。在我们获得了更多专门领域的知识（特别是有关在这个领域中应该如何做的程序性知识）后，我们有意识地使用一般性策略的次数会越来越少，我们解决问题的过程也会变得更加自动化。因此，对于某个领域的专家来说，特定领域的技能是最重要的（Bokosmaty et al.，2015；Tricot & Sweller，2014）。

无论是一般的策略还是专门的策略，问题解决的第一步都是确认问题的存在（也许应把问题看作机会）。

### 9.3.1 确认与发现问题

确认问题的过程往往不是直截了当的。我想起了这样一个故事，有一群房客因为楼里的电梯太慢而感到特别恼火。受雇"解决这个问题"的顾问经过认真检测后报告说，这些电梯并不比一般的电梯慢，升级改造的费用会很高。一天，这栋楼的主管看见人们正在焦急地等电梯，他意识到问题不是电梯太慢，而是人们太无聊了：他们在等电梯的时候无事可做，所以感到焦躁。在明确了问题在于"无事可做"，并把它看成改善"等待时的体验"的机会后，主管在每层电梯旁安装了一面镜子，这个简单的解决方案消除了人们的抱怨。不过如今，人们只会拿出智能手机来打发无聊！

明确问题是问题解决关键的第一步。然而，研究表明，人们经常匆匆地完成这重要的一步，从而"跳"到对跃入脑海的第一个问题进行定义（"电梯太慢了"）的环节。研究发现，特定领域的专家更愿意花时间仔细考虑和界定问题的实质（Bruning et al.，2011）。发现一个可以解决的问题，并且把它转化成一个机会，是许多成功发明（如圆珠笔、定时器、闹钟、自清洁烤箱等成百上千种东西）诞生的必经之路。

一旦确定了一个可解决的问题，那么下一步该怎么做呢？

### 9.3.2 确定目标并表征问题

让我们来看一个真实的问题：用来摘番茄的机器可能会损伤番茄。对此，我们该怎么办呢？如果我们把问题表征为机器设计有误，那么我们的目标就是改进机器。但是，如果我们把问题表征为番茄品种不够好，那么我们的目标就是种出一种较硬的番茄。选择不同的表征和目标，会得到完全不同的问题解决路径（Nokes-Malach & Mestre，2013）。为了表征问题和制定目标，你不得不把注意力集中在相关的信息上，理解问题的表述，然后通过激活正确的图式来理解整个问题。

> **停下来，想一想**
>
> 如果你的抽屉里有黑袜子和白袜子，它们是按照 4:5 的比例混合在一起的，那么你必须拿出多少只袜子才能保证拿出来的袜子中有两只是颜色相同的？（改编自 Sternberg & Davidson，1982）

### 1. 集中注意相关的信息

表征问题通常需要注意相关的信息，忽略无关的内容。例如，对于上面的袜子问题，哪些信息与解决该问题有关？你意识到黑袜子和白袜子 4:5 的比例是一个无关信息了吗？只要你的抽屉里有两种不同颜色的袜子，你就必须拿出 3 只才能保证它们中有两只同色。

### 2. 理解对问题的表述

表征问题的第二个任务是理解用于表述问题的词语、句子和事实信息的含义。在下面的问题中，学生必须理解哪些词汇？

在一家工厂里，生产了 54 650 个零件。在抽查零件时，发现 4% 的零件有缺陷。有多少零件可以正常工作？

学生必须知道有缺陷是什么意思，它与可以正常工作意义相反。他们还必须明白，% 是百分比的符号，它有助于理解哪部分零件是有缺陷的（而不是全部的零件），以及工厂的功能（Woodward et al.，2018）。

为了确保学生理解，教师可能需要进行语言替换。例如，如果一个问题包含了 20 世纪 70 年代的术语"粗制地毯"，老师可能会说，"我们是否可以在这个问题中使用其他的词汇，或者只使用地毯这个词，以便于学生们理解？"（Woodward et al.，2018，p.13）。教师甚至可以请学生帮忙，给出他们更熟悉的词汇。在学生理解问题时，教师不要在此过程中设置语言障碍。

### 3. 理解问题的全貌

表征问题的第三个任务是把所有相关信息和句子汇编成对整个问题的精确理解，或将其转换为另一个问题。这就意味着学生需要针对这个问题形成概念性模型——他们必须准确地理解问题，并使用数学运算符号（加号、除号等）与问题中的数字建立关系（Jitendra et al.，2009；K. Lee et al.，2009）。你可能还记得在第 8 章中，伊丽莎白解释了为什么你在分数除法中求倒数和乘法时遇到了问题。她对这道题做了一个直观的表征，但她的表征实际上没有描述分数的除法。在"停下来，想一想"中，你有机会表征整个问题。

> **停下来，想一想**
>
> 两个火车站相距 50 英里，星期六下午两点，两列火车分别从两个车站出发，相向而行。在两列火车从车站出发之时，一只鸟刚好飞上了天，从第一辆火车的车头向第二辆火车飞去。当这只鸟到达第二辆车的车头时，它再转身向第一辆火车飞。这只鸟不停地这样飞来飞去，直到两列火车相遇。如果两列火车都以每小时 25 英里的速度行驶，鸟以每小时 100 英里的速度飞行，两列火车相遇时，这只鸟已经飞行了多少英里（Posner，1973）？

当你对这个问题进行解释的时候，你实际上就在进行转换，因为你需要把问题转换成一个你能理解的图式。如果你把这个问题转换成距离问题（激活一个距离图式）并且制定一个目标（"我必须计算出这只鸟每次遇到开过来的火车并且转身时飞了多远，最后把来回飞行的所有路程加起来"），那么，它就是一个非常难解决的问题，这显然会消耗你的工作记忆。但是有一个更好的方法可以用来建构这个问题。你可以把它表征为时间问题，并把注意力放在鸟的飞行时间上。这个方案可以这样陈述：

火车以每小时 25 英里的速度从两个车站相向而行，所以它们将在两个车站的中点相遇。这会花费 1 小时时间，因为它们每小时行驶 25 英里。鸟 1 小时能飞行 100 英里，因为鸟的飞行速度是每小时 100 英里。如此一来，问题就变简单了！

研究表明,学生能够很快地确定问题的内涵。一旦问题被归类——"啊哈,这是一个距离问题",一个特定的图式就被激活。该图式把注意力引向相关的信息,并使个体产生对正确答案的预期。例如,如果你激活的是距离图式,那么正确的答案似乎是把多个短距离相加后的结果(Kalyuga et al., 2001; Reimann & Chi, 1989)。

当学生缺乏表征问题的必要图式时,他们通常会依据情境的表面特征错误地表征问题,例如,一个学生对"贾汉(Jahana)有15个积分点,维罗妮卡(Veronica)有24个,维罗妮卡的积分点比贾汉多几个?"这个问题的回答是"15+24=39"。该学生看到了两个数字和"多"这个词,就运用了"加法"。在教授学生搜索关键词(如更多、更少、更大等),根据关键词选择某个策略或公式(如更多意味着"加法")并应用此公式时,经常会出现学生关注表面特征的情况。实际上,关注表面特征不利于学生对问题形成概念层面的理解,也不利于学生正确使用图式(Fuchs et al., 2014; Van de Walle et al., 2010)。若学生使用了错误的图式,他们就会忽略关键信息,使用无关信息,甚至读错或记错关键信息,以适应这个图式。但是,如果学生表征问题时使用了正确的图式,他们就很少被无关信息或欺骗性的词语所迷惑,即便"多"字出现在实际需要用减法的问题里(Fenton, 2007)。

理解整个问题的方法是画出图示。图9-4呈现了学生用不同的方法表征一个简单的数学问题的例子。用不同的方法表征和解决问题,有助于数学理解的发展。

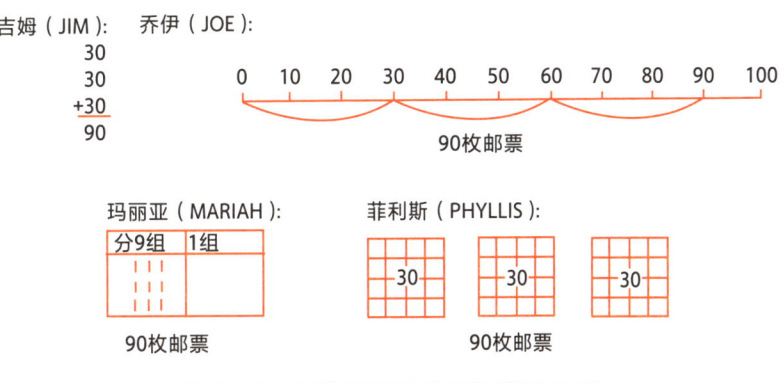

**图9-4 4种不同的表征问题的方法**

注:一位教师问,"简(Jane)要在本子内的3页纸上贴邮票,每一页贴30枚邮票,那么简需要多少枚邮票?"。教师给学生提供了一些辅助材料,如方格纸、数轴和位值估计框,鼓励他们想出尽可能多的问题解决方法。基于4种不同但都正确的表征,这里呈现了4种解决方案。

资料来源:Riedesel, C. A. & Schwartz, J. E. (1999). *Essentials of Elementary Mathematics*, 2nd Ed. Reprinted by permission of Pearson Education, Inc. Upper Saddle River, NJ.

对缺乏良好知识基础的学生而言,应该如何提升问题转换能力和图式选择技巧呢?为了回答这个问题,我们通常需要从一般问题解决策略转向领域特定性问题解决策略,因为图式限于特定的内容领域。

**4. 转换和图式训练:直接教授问题表征**

对于领域特定性知识不足的学生,教师应首先运用示范、模拟、视觉表征和出声思考等方法直接教授学生如何表征问题。例如,教授学生如何进行视觉表征,教师可以示范如何进行表征。以下是采用"出声思维"的方法引导学生进行视觉表征时可以考虑的问题(Woodward et al., 2018)。

- 问我的是什么问题?
- 这是什么类型的问题?我是如何知道的?

- 什么信息与解决这个问题有关？为什么？
- 这个问题需要乘法或比例，还是毕达哥拉斯定理，或……？
- 之前解决这类问题时，我使用了哪种视觉表征的方法？
- 我将如何表征这个新问题？
- 我下一步要做什么？为什么这样做？

然后，学生练习表征新问题，并与老师和其他同学分享，以获得反馈。

教师演示"出声思维"可以为学生提供诸多范例。如在学习数学和物理的早期阶段，学生似乎可以从对许多得到正确解答的不同种类的问题的观察中有所收获。但在我们进入下一部分讨论样例之前，请注意，当学生具备了一些知识，而不是当他们关注成功的问题解决样例时，他们解决新问题的能力会有所进步。有效样例事实上会阻碍专家的学习，因为样例中的信息是专家已经理解了的，这些样例信息会填满工作记忆的空间。因此，对专家来说，并不需要样例。这一现象被称作"专家反向效应"（expert reversal effect），因为适用于专家的策略可能并不适用于初学者（Bichler et al., 2020; Kalyuga & Sweller, 2018）。

### 5. 转换和图式训练：有效样例

样例对许多学科领域的新手都很有用。有效样例为什么有效？部分是由于前面章节中讨论过的认知负荷。当学生缺少某些领域的特定知识，例如分数或者比例的相关知识时，他们会运用一般性策略，例如寻找关键词、使用某种机械程序或尝试错误来解决问题。但是这些方法会对工作记忆造成极大的压力——学生需要立刻记住太多东西。如果学生是通过试错找到的解决方案，他们通常不知道该方案能解决问题的原因，所以在将来学生并不能解决类似的问题。反之，成功的问题解决样例把步骤组块化，提供线索和反馈，聚焦相关信息，对记忆的要求较少。这样，学生就能够运用认知资源去理解问题，而不是随机寻找解决方法（Wittwer & Renkl, 2010）。当样例关注的是学生尚未掌握的问题的关键特征时，样例会格外有效（Guo et al., 2012）。

然而，为了能从有效样例中获得益处最大化，学生必须积极投入，只是表面上看看样例是不够的。认真思考一下到底是什么促进了学生的学习和记忆，你会意识到以上说法并不奇怪。你需要高度聚焦，深度加工信息，并在它和你已有的知识之间建立联结。学生应该将样例解释给自己听，这种自我解释很关键，它可以使学生更主动地向成功的问题解决样例学习，而不是被动学习。事实上，自我解释可能比教师的解释更加有效，可能是因为学习者在自我解释时，在认知上必须高度投入，而在教师解释的过程中可能会走神（Bisra et al., 2018）。

自我解释策略的样例包括尝试预测下一步该怎么做，验证自己的想法是否正确，尝试总结和解释问题解决的基本原则。另一个有效的策略是让学生制作一段视频，向他人解释有效样例，尤其是对此前还不太了解这个主题的学生更为有效。制作视频意味着你必须计划、组织、理解、排练，并投入情感——这些都是好的学习策略（Hoogerheide et al., 2019）。此外，边学习边解释有助于学习，不要等到阅读或学习课程结束时才解释。你可以监控自己的理解，如果有必要的话，可以在继续阅读或学习之前，重读一遍（Lachner et al., 2020）。

同时，学生还可以比较样例中得到正确答案的不同方法。这些解决方法的共同之处是什么，不同之处是什么？为什么？（Rittle-Johnson & Star, 2007）。成功的问题解决样例应当一次处理一种信息来源，而不是让学生来回翻阅文本、图表等。如果学生在理解样例时需要将不同来源的信息整合起来，那么学生的认知负荷就太大了（Bichler et al., 2020; Bokosmaty et al., 2015）。此外，在样例学习和实际的问题解决之间交替，可以帮助学生应用和拓展他们所学的内容（Renkl, 2011）。

有效样例虽然可以为解决新问题提供类比或样板，但是请注意，如果没有解释和指导，新手可能只能记住有效样例或个案的表面特征，而无法记住其深层意义或结构。事实上，正是样例的意义或结构，而不是样例表面上的相似性，有助于解决新的、类似的问题（Goldstone & Day,

2012）。我听到过学生抱怨，他们在数学课上学的是有关船只和水流的问题，而考试题说的却是飞机和风速。他们抗议道："考卷上没有船只问题！我们从来没有在课堂上学习过飞机！"事实上，飞机问题与船只问题的解决方法几乎是一样的，但学生关注的只是问题的表面特征。

#### 6. 有效样例与具身认知

如果你去过蒙特梭利学校或学习过蒙特梭利课程，你就会知道，这些学校的孩子在学习每个字母的语音时，经常用指尖描摹砂纸制成的字母。这种方法能够成功的一个解释是，这些学生使用了多种感觉通道——视觉、触觉、听觉、运动觉等共同参与材料的学习。此外，这些学生使用了生物学意义上的基本（biologically primary）能力（手指和描摹已经存在了数个世纪，并不需要付出太多的努力）来支持学习生物学意义上的次级（biologically secondary）技能——识字，这在人类历史上是最近才出现的，需要更多的努力和认知负荷（Tang et al., 2019）。描摹也可以从样例中学习，可能是因为学生同时将视觉、触觉和动作与有效样例联系起来。当五、六年级的学生用食指画出水循环图时，他们能够学到更多。当学生用手指描摹有效样例时，他们的几何成绩也会提高，如图9-5所示。

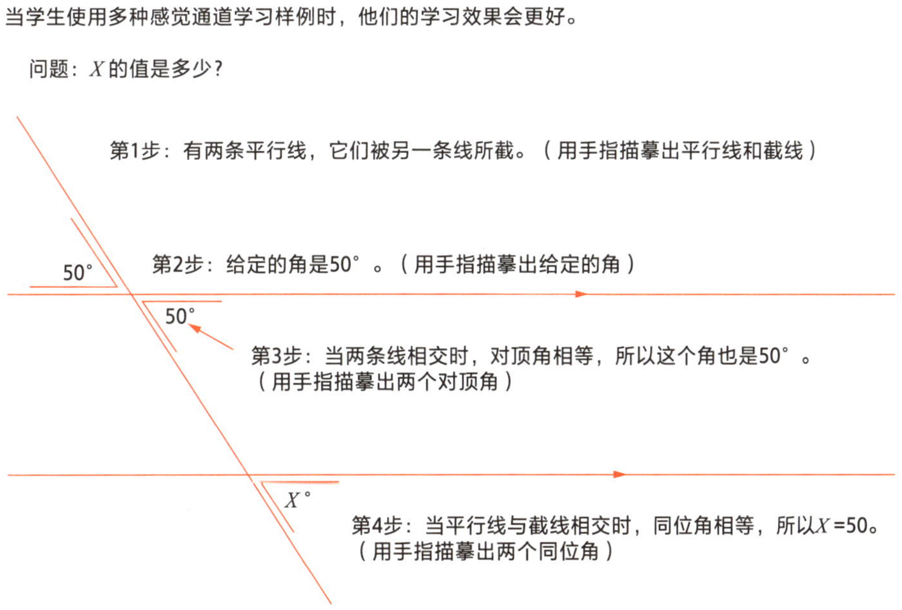

当学生使用多种感觉通道学习样例时，他们的学习效果会更好。

问题：X 的值是多少？

第1步：有两条平行线，它们被另一条线所截。（用手指描摹出平行线和截线）

第2步：给定的角是50°。（用手指描摹出给定的角）

第3步：当两条线相交时，对顶角相等，所以这个角也是50°。（用手指描摹出两个对顶角）

第4步：当平行线与截线相交时，同位角相等，所以X =50。（用手指描摹出两个同位角）

**图 9-5　使用描摹学习的有效样例**

资料来源：Hu, F.-T., Ginns, P., & Bobis, J. (2015). Getting the point: Tracing worked examples enhances learning. *Learning and Instruction*, 35, 85–93, p.88.

这种利用多感觉通道参与学习的方法，与最近被称为**具身认知**（embodied cognition）的理论一致。该理论假定，"我们思考事物的方式反映了我们的身体是如何工作的，以及如何与外界的物体进行互动的"（Radvansky & Ashcraft, 2018, p.37）。例如，在阅读动词"踢"时，很可能会激活大脑中控制双脚的脑区。换句话说，认知来源于我们的身体与外界的互动，认知上的发展取决于我们与外界进行感觉运动的投入。从某种意义上说，这一观点与皮亚杰认为早期思维发展源于婴儿与外界通过感觉运动进行互动的观点相似。我们的感官和运动反应是思维方式的核心，而不仅仅是对外界声音和图像刺激的简单反应（Ostarek & Huettig, 2019）。因此，使用情景模拟、手势动作、戏剧表演、用手指描摹和其他类型的生物学意义的基本动作,可以促进生物学意义的次级技能的学习(Gillies & Rafter, 2020; Novack & Goldin-Meadow, 2015)。

另一个例子是观察学习。观看某人的动作表演会激活观察者大脑中涉及动作表演的脑区,就好像大脑是通过在心理预演动作来学习它的。在功能磁共振成像研究中,进行有效样例学习的学生,大脑中负责解决数学问题的区域(前额叶和顶叶)会更活跃。相比之下,语言学习激活了更多的运动和视觉区域。但只要学生最终理解了问题,无论他们如何学习,在未来成功解决问题时,他们大脑的活动模式是一样的。学到什么比如何学习更重要。如果一种学习方法不起作用,就尝试另一种(Lee et al., 2015)。

### 7. 问题表征的结果

问题表征有两种结果,如图 9-6 所示。如果你能立刻提出你表征的问题的解决方案,那么你的任务就完成了。在某种意义上,你没有真正解决一个新问题,你仅仅把这个新问题看成了老问题的一个"伪装"的版本,而那个老问题你知道该怎样解决。这一过程可以被称为**图式驱动的问题解决**(scheme-driven problem solving)。根据图 9-6,此时你可以使用图式激活途径,直接向解决方案迈进。

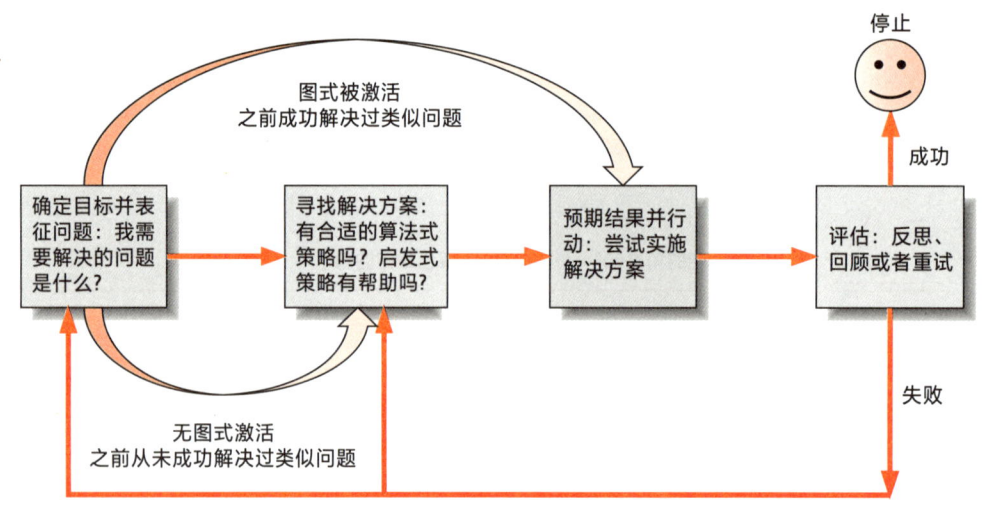

**图 9-6　问题解决过程**

注:寻找解决方案有两条路径。如果正确的图式被激活,那么解决方案会很明显,此时新问题是老问题的一个"伪装"版本。但是,如果没有图式可以利用,那么搜寻和检验将成为寻找解决方案的另一条路径。

但是,万一你没有现成的问题解决方法或者你不能成功激活图式,那么怎么办呢?寻找解决方案的时候到了!

## 9.3.3　寻找可能的解决策略

搜寻解决方案有两种通用的程序:算法式和启发式。它们是程序性知识的两种形式(Schraw, 2006)。

### 1. 算法式

**算法式**(algorithm)是为达到目标而一步步尝试解决问题的方式。它通常具有领域特定性,也就是说,它依赖于特定的学科领域。在解决问题的过程中,如果你选择了一个恰当的算法(例如计算平均数,把所有数字加起来,除以数字的个数),并正确地实施它,就能得到一个正确答案。遗憾的是,学生通常不会系统地使用算法。他们往往先试试这个,再试试那个,碰巧得到了正确答案,却不知道自己是怎样得到这个答案的。但是许多问题不能用算法式解决,那该怎么办呢?

## 2. 启发式

**启发式**（heuristic）是有助于找到正确答案的一般性策略（Schoenfeld，2011）。因为生活中的许多问题（如职业选择、人际协调等）复杂曲折、表述含糊，也没有明确的算法，因此，发现或形成有效的启发式策略非常重要（Korf，1999）。下面就让我们来看一些启发式策略。

在**手段-目的分析**（means-ends analysis）中，问题会被分解为几个中级或次级目标，然后个体需要找出达成中间或次级目标的方法。例如，对一些学生来说，写一篇20页的学期报告仿佛是无法实现的目标，压得人难受，他们最好把这个任务分成几个中间目标，如选定一个题目、查找资料、阅读和组织材料、制定提纲等。在他们力图攻克某个中间目标时，他们可能会发现有其他目标出现。例如，为了达成查找资料的目标，他们可能需要找人指导他们使用图书馆计算机检索系统。请记住，心理学家还没有找到适合那些在递交学期报告的前一晚才开始动手的学生的启发式。

一些问题适合使用**逆向推理策略**（working-backward strategy）。使用该策略时，人们从目标开始回溯，直到回溯到待解决问题的初始状态。逆向推理策略有时对几何证明题十分有效。它也是一种确定中期时限的好方法。（"如果我必须在4个星期后交这章书稿，11日我必须完成初稿，就意味着我最好能在**日前停止查找新的文献并开始写作。"）

另一个有用的启发式是**类比思维**（analogical thinking），它能把你对解决方案的搜寻限制在与你目前面临的情境有某些共同之处的情境中（Anderson，2020；Gentner et al.，2003）。例如，最初设计潜艇时，工程师必须弄清楚战舰怎样确定压力和藏在大海深处的潜艇的位置。对蝙蝠怎样在黑暗中飞行的研究成果使声呐得以发明。然而，为了更有效地使用类比，必须关注意义而不是表面相似性。只关注蝙蝠的外表对解决通信问题没有帮助。事实上，如果学生认为他们理解科学概念是因为类比是熟悉和清晰的，那么使用类比来解释科学概念可能会妨碍理解。在一项研究中，用类比法学习的学生在他们自认为理解得最好的话题上表现却最差。这可能是由于类比容易理解，从而让学生们放松了警惕。学生需要努力向自己解释类比如何与他们试图理解的概念中的事实和关系相联系（Wiley et al.，2018）。

由于经验和文化的影响，学生在课堂上使用的类比可能不尽相同。例如，中国学生较好地解决了给雕像称重的问题，因为这个问题与他们掌握的给大象称重的问题（通过排水量）的民间故事类似。美国学生则通过美国的一个民间故事——"汉塞尔（Hansel）和格莱特（Gretel）"，较好地解决了寻找山洞出路（通过留下记号）的问题（Z. Chen et al.，2004）。

把你的问题解决计划总结成文字并且给出选择这种方法的理由，有助于成功地解决问题。当你正向其他人解释一个问题，而一个方案跃入你的脑海时，你会意外地发现**言语化**（verbalization）过程的效用。

### 9.3.4 预期、行动与回顾

表征问题和探索可能的解决方案之后，下一步就是选择一个方案并预期结果。例如，若你决定通过生产一种较硬的番茄来解决番茄受损的问题，消费者会怎么反应呢？如果你花时间学习一种新的制图程序，以优化你的学习报告并提高你的成绩，那么你还有足够的时间来完成这篇报告吗？

在你选择了一个解决方案并且实施它之后，你要通过核查结果来评估解决方案的有效性。许多人倾向于简单接受一个仅在某些特定情况下起作用的方案，而不去追求最佳方案。对于数学问题，评价答案可能意味着进行常规的检查，如在涉及多个数字的连减竖式运算中，用加法来检验答案。评价答案的另一种方法是估计答案，例如，计算 $11 \times 21$ 的答案应该约为200，因为 $10 \times 20 = 200$。如果有的学生得到的答案是2311、32或562，他们应该能很快意识到这些答案是不正确的。当学生是用计算器或计算机完成作业时，估计答案尤其重要，因为他们无法回顾或检查之前数字中的错误。

## 9.3.5 阻碍问题解决的因素

### 1. 功能固着与反应定势

有时，成功的问题解决需要我们以新的方式看待原有的事物。人们不能成功地解决某一问题，可能是因为他们受制于材料的常规用途。这一现象被称为**功能固着**（functional fixedness）（Duncker，1945）。假如梳妆台抽屉把手的一颗螺丝钉松了，你会花 10 分钟时间寻找一把螺丝刀，还是直接用尺子或一角硬币来拧紧它？

另外一种阻碍有效问题解决的因素是**反应定势**（response set），指固定地用一种方法表征问题。请试试这个问题：

下面有四个用火柴棒排列成的式子，对于其中的每一个，只移动一根火柴棒，让它变成真正的等式，如 V=V。

Ⅴ = Ⅶ　　Ⅵ = Ⅺ　　Ⅻ = Ⅶ　　Ⅵ = Ⅱ

你可能很快就找到了处理第一个式子的方法。你只需要从右边移动一根火柴到左边，得到 Ⅵ = Ⅵ。第二个式子和第三个式子也可以轻松解决：移动一根火柴把 Ⅴ 变成 Ⅹ 或反之。但是第四个式子（取自 Raudsepp & Haugh，1977）可能会把你难倒。为了解决这个问题，你必须改变你的反应定势或转化模式，因为处理前三个式子的方法这次不起作用了。处理这个问题的关键在于把罗马数字变成阿拉伯数字，并且使用平方根的概念。通过克服反应定势，你可以从右边移动一根火柴到左边来形成平方根的符号，调整后的式子读作 1 的平方根等于 1。

一位有创造性的读者读过本书后，通过电子邮件发来了一些其他答案。这位读者是贾马尔·爱伦（Jamaal Allan），他当时是太平洋大学的一名研究生。他认为可以使用任何一根火柴把 = 变成 ≠，如将最后一个式子改为 Ⅴ ≠ Ⅱ，即 5 不等于 2。他认为也可以移动一根火柴把 = 变成 < 或 >，使式子成立。但他的解法与题目里规定的"让它成为真正的等式"不符。阿什兰大学的一名学生比尔·瓦特（Bill Wetta）提供了另一种解决办法，他使式子中同时存在阿拉伯数字和罗马数字。在第四个式子中，你可以移动一根火柴将第一个 Ⅴ 变成 Ⅹ。这时 Ⅵ = Ⅱ 就变成了 ⅩⅠ = 11，也就是罗马数字的 11 等于阿拉伯数字的 11。我还收到了来自俄亥俄州纽瓦克市正在选修教育心理学课程的学生雷·帕特洛（Ray Partlow）富有创造性的解决方案。他的方案是："移动左边 Ⅴ 中的一根火柴，把它直接放在剩下的另一根火柴上面，得到 Ⅱ = Ⅱ。"用一根火柴覆盖另一根，为我们开辟了解答这类题目的一个全新的可能。你还能想出其他的解决办法吗？告诉我们吧，发挥你的创造力吧！

### 2. 使用启发式的一些问题

我们经常自动地使用启发式来进行快速判断。这样做确实可以在解决日常问题的过程中节约时间。我们的头脑能够自动地快速做出反应，但我们可能会为此付出高昂的代价：不能很好地解决问题。若用老想法对新问题进行判断，有时即便是聪明人也会给出愚笨的答案。例如，我们可能会使用**代表性启发式**（representativeness heuristic）——我们怎么看待一个类别的代表性特征，在原型基础上做有关可能性的判断。请思考下面这个问题：

如果我问，一个喜欢诗、身材瘦、小个子的陌生人更可能是卡车司机还是名牌大学的一流教授。你会怎么说？

你可能会倾向于根据卡车司机或教授的原型来回答这个问题。但是，考虑一下这种可能性：如果有大约 10 个名牌学校，每个学校有约 4 个一流教授，那么共有 40 个教授。在这 40 个教授中，可能有 10 个既矮又瘦，他们中的一半喜欢诗——还剩下 5 个。但是美国至少有 350 万个卡车司机。如果每 5000 个卡车司机中有 1 个是矮瘦的诗歌爱好者，就有 700 个卡车司机符合这个条件。700 个卡车司机对 5 个教授，也就是说，题目中的陌生人是卡车司机的可能性是教授的 140 倍（Mayer & DeWall，2018）。

教师和学生都很忙，他们经常基于当下头脑中的东西做出判断，他们使用的是**可用性启发式**（availability

heuristic）。如果事件的情境很容易跃入脑海，那么这时我们认为，这些事件经常发生；但这不是必然的，事实上，这种想法往往是错误的。例如，当你在"鲨鱼周"看了几个电视节目后，你可能会高估每年被鲨鱼杀害的实际人数。数据可能不支持某个判断，但是**信念固着**（belief perseverance）或者坚定信念的倾向，会使我们即使遇到矛盾的证据，也拒绝改变。

**确认偏向**（confirmation bias）是寻找信息以证实自己的观点和信念的倾向。你可能曾经听到"别用事实迷惑我"这句俗语。大多数人会寻找支持他们观点的证据，而不会寻找可能驳倒他们观点的事实。例如，一旦你决定买某辆车，你可能会关注你所选的那辆车的优点，而不是你没有选择的车的优点。我们做判断时会自动使用启发式，我们乐于证实自己相信的事情，而且倾向于将失败解释为已经过去的事，这些综合起来就产生了过度的自信。学生经常对自己过度自信，认为他们能快速写完论文，但研究发现，实际写作时间一般是估计时间的两倍以上（Buehler et al.，1994）。不过，尽管他们低估了写作时间，他们仍然会自信地做出下一步的预期。

下面的"实践指南"给出了一些帮助学生成为好的问题解决者的方法，你可以借鉴。

## 实践指南

### 问题解决的应用

问问学生们是否确定自己理解这个问题。

例如：

（1）他们能从无关信息中分离出有关信息吗？

（2）这是什么类型的问题？他们能把不同类型的问题正确分门别类吗？

（3）鼓励他们用图表形式把问题形象化。还有其他的表征方式吗？

（4）让他们向其他人解释这个问题，问他们好的解决方案是怎样的。

鼓励学生尝试从不同的角度看问题。

例如：

（1）提出几种不同角度的看法，然后让学生也提供一些。

（2）让学生练习接受和捍卫针对一个问题的不同观点。

让学生思考，不要只是告诉他们解决方案。

例如：

（1）既布置问题供小组研讨，又提出问题供个人思考，以使每个学生都有机会练习。

（2）如果学生的答案错了，但他们能给出好的解释，就不要扣掉全部的分数，给一部分分数。

（3）如果学生被问题难住了，不要给他们过多提示，让他们仔细思考这个问题。

（4）复杂问题会有许多相互影响的因素，在学生解决复杂问题之前，给他们一些明确的解题指导。随着他们解决复杂问题能力的提高，可以跳过这些指导（Ashman et al.，2020）。

帮助学生自我监控和反思解决问题的过程（IES，2018）。

例如：

（1）列出问题解决过程的步骤。

- 确定问题的目标和已提供的信息。
- 确定问题类型。
- 回忆有助于解决此问题的类似问题。
- 创建可视化表征。
- 解决问题并检查解决方案。

（2）提供学生能自我提问的提示和问题。例如，可从以下内容中选择几个。

- 问题在问什么？
- 哪些信息与解决问题相关，为什么？
- 以前解决这类问题时，我使用的是哪种可视化表征？
- 我将如何表征这个新问题？
- 涉及哪些数学运算？
- 如果卡住了，我能换一种方法吗？
- 我的解决方案合理吗？如何验证？

（3）示范如何监控和反思问题解决的过程。

- 大声回答一些提示，并说明理由。
- 在阅读问题时选择一个提示，在解决问题时选择一个提示，在反思解决方案时选择一个提示。

教授启发式策略。

例如：

（1）用类比方法来解决市区停车场容量有限的问题。其他的"存储"问题怎样解决？

（2）使用逆向思维来筹划一个派对。

### 9.3.6 专家知识与问题解决

大多数心理学家认为有效的问题解决是建立在对有关领域大量的知识储备的基础上的（Belland，2011；Schoenfeld，2011）。例如，为了解决前文的火柴问题，你必须理解罗马数字、阿拉伯数字，以及平方根的概念，还必须知道1的平方根是1。但是，真正的高水平表现即专业技能或专长（expertise）是怎样的呢？让我们花点时间来看看怎样才能成为专家。

**1. 知道什么是重要的**

专家知道应把注意力集中到哪里。据说，专家级的棒球球迷会把注意力集中在游击手的移动上，以此来判断投手会掷出快球、曲球还是滑球。但那些对棒球几乎一无所知的人，也许从不注意游击手的移动，除非球被击打到他所在的区域（Bruning et al.，2011）。一般而言，在判断奥运会跳水运动员表现如何或哪种精美的巧克力蛋糕可以获奖时，专家往往知道什么是应该关注的重点；对非专家而言，绝大部分高水平的跳水动作或不同式样的精美蛋糕，在他们眼中都是一样的。

**2. 模式记忆和组织**

对专家知识的现代研究起始于对国际象棋大师的研究（De Groot，1965；Simon & Chase，1973）。研究发现，国际象棋大师能很快记住棋子的5万种不同的摆法，他们能够在几秒内找出一个排列模式，并且记住每一个棋子在棋盘上的位置，就好像他们脑中有一个容量为5万的"模式库"。米什莱恩·奇（Michelene Chi）（1978）的研究表明，3～8级国际象棋专家有类似的记忆棋子排列模式的能力。对国际象棋大师来说，棋子的排列模式就如同词汇。在几秒钟内向个体出示他词汇库中的任何一个词，他都能按正确顺序记住这个词中的每一个字母（假定他能够拼写这个单词）。但是一串随机排列的字母很难记，就像你在第8章中看到的那样。国际象棋领域的情况也是如此。当棋子随机摆放在棋盘上时，大师和一般棋手对棋子位置的记忆就没有什么不同了。大师记忆的是有意义的或可能在比赛中出现的模式。因此，国际象棋的专业知识是长时记忆中存储的大量的模式和走法的领域特定性知识。

类似的现象也发生在其他领域，例如电路图、桥牌和计算机编程中的模式记忆（Anderson，2020）。在识别模式和利用这些模式的基础上解决问题，也许要依靠直觉。例如，在对物理问题进行分类时，新手会根据问题的表面特征进行分类，如"这些都是关于斜面的"。专家则根据问题涉及的关键原理进行分类，如"看起来完全不同的问题都涉及能量守恒"（Anderson，2020）。

### 3. 程序性知识

我们已经看到，专家们会关注重要的特征并识别模式，以便快速表征问题。还有其他特征吗？研究发现，在问题被识别后，专家们还知道下一步该做什么且有能力去做。他们储备了有关在各种情境下采取何种行动的大量的产生式或条件－行动图式。因此，他们能同时理解问题和选择解决方案，且这一过程相当自动化（K. A. Ericson & Charness，1999）。当然，这意味着他们必然有很多可以利用的图式。专家的一个重要特征是拥有大量专业领域的知识。专家存储的知识经过精心加工和大量实践，能在需要时被轻松地从长时记忆中提取出来。

正确的练习方式至关重要。简单的重复练习是远远不够的。这就是为什么许多高尔夫球手或网球运动员经常打球，却永远不会有太大进步的原因。要达到专家级的表现，需要进行**刻意练习**（deliberate practice）。要进行刻意练习，首先，你需要掌握一种有明确卓越标准的技能。其次，你通常需要一位老师或教练来分析你的表现，找出你的表现与专家级标准表现之间的差异。找出这些差异是刻意练习的关键——你必须明确练习的内容。最后，你必须有学习的动力，接受关于你的表现的反馈，监控你的表现与专家级标准表现的匹配程度，并将练习重点放在偏离标准的地方，以取得更好的成绩。非常遗憾的是，刻意练习既费力又耗时，而且没有多大乐趣（Anderson，2020；Ericsson & Pool，2016）。

那么，要想成为专家，你需要花费多长时间进行这种刻意、专注而又不那么有趣的练习呢？ 2008年，迈尔科姆·格拉德威尔（Malcolm Gladwell）引用了安德斯·艾里克松（Anders Ericsson）对小提琴专家的一些研究，提出了"一万小时法则"，即需要一万小时的练习才能形成专家知识。格拉德威尔说得没错，成为专家需要很长时间，但具体时间却因领域而异。刻意练习是必需的，但天赋也的确是有帮助的，完全缺乏天赋，再多的练习也不能保证你成为某个领域的专家。但是，即使你不能通过练习在某一领域达到世界级水平，但只要你坚持正确的练习，就会不断进步（Anderson，2020；Ericsson & Pool，2016）。

### 4. 计划和监控

在解决问题之前，专家会花大量时间分析问题，绘制图表，把大问题分解成小问题，以及制订计划；新手则可能马上动笔写物理问题的方程或论文草稿的第一段。在解决问题前，专家会做计划，并会在履行计划的过程中不断简化任务。在工作时，他们会监控整个进程，不会把时间花费在无用的尝试上（Schunk，2020）。我们都可以成为学习领域的专家。下面的"实践指南"为你和你的学生提供了一些思路和想法，可供借鉴。

| 实践指南 |

## 成为专家型学生

明确你的学习目标。

例如：

（1）阅读指定页码的材料，并列出提纲。

（2）撰写论文的引言。

确保你具备足够的陈述性知识（事实、概念、观点）来理解新信息。

例如：

（1）学习时，记住关键词的定义。

（2）运用自己广泛的一般性知识，如问问自己："我拥有领域的哪些知识？"

（3）每天学习和积累2～3个新单词，并运用到日常沟通中。

了解教师测验时会采用什么题型（论述、简答），并思考相应的材料。

例如：

（1）针对考察细节问题的测验，练习写出可能问题的答案。

（2）针对考察多项选择题的测验，使用记忆术记住关键术语的定义。

确保你知道要学习的材料是如何组织的。

例如：

（1）预习标题、引言、主题句和课文的摘要。

（2）对那些表明关系的词汇和短语保持敏感，如：另一方面、因为、首先、其次、然而、自从。

了解自己的认知技能，并有意识地使用它们。

例如：

（1）使用样例和类比把新材料与你关心并能很好地理解的事情（如运动、电影或其他爱好）联系起来。

（2）如果一种学习策略不起作用，就尝试另一种。这样做的目的是练习使用多个策略，保证学习的投入，而不是仅仅使用某种特定的策略。

（3）如果你开始走神、做白日梦，可以站起来，在位置上不动，面朝书本，然后再坐下来，继续学习。

用正确的方法学习正确的信息。

例如：

（1）确保你准确地了解了测验将涉及哪些主题和材料。

（2）把你的时间花在与测验或作业相关、重要、有难度和不熟悉的材料上。不要复习你已经熟知的内容，即使那种感觉很不错。

（3）做一张表，列出课文中你认为难度大的部分，在那几页上多花点时间。

（4）通过使用记忆术、展开表象、创建样例、回答问题、用自己的话做笔记以及对文本进行精细加工等各种方法来彻底加工重要信息。不要试图记忆作者的话，而要将其转化为你自己的语言。

监控你自己的理解。

例如：

（1）通过提问来检视你的理解。

（2）当阅读速度慢下来时，确认你正在读的段落中的信息是否很重要。如果重要，就标注出来，以便重读或寻求他人帮助；如果不重要，就跳过去。

（3）和朋友一起学习并相互测验，以检查你的理解是否正确。

管理好你的时间。

例如：

（1）你的最佳学习时间是什么时候？早晨，还是晚上？在学习效率最高的时段学习最困难的科目。

（2）单次学习时间宜短不宜长，除非你正全情投入或有了一定进展。

（3）杜绝浪费时间和分散注意力的现象。在一个没有电视和室友的房间里学习，而且最好关掉你的手机，远离社交媒体，甚至可以切断互联网。

（4）利用零碎的时间。比如，随身携带教育心理学笔记，当你在医院候诊或在洗衣店排队的时候，你可以将它拿出来阅读，这样时间就得到了充分的利用，而不是用在阅读那些旧杂志上。

资料来源：University of Lynchburg. (2021). *Study tips*. Sanger Study Center. (2021). *Study smart, not hard*. University of Texas and Wong, L. (2015). *Essential study skills* (8th ed.). Cengage.

那么，我们可以得出什么结论呢？概括地说，专家：①知道把注意力集中在哪里；②能从给定的信息中感知到某种重要、有意义的模式，而不会被表面的特征和细节所迷惑；③在工作记忆和长时记忆中存储了更多信息，这部分是由于他们把信息组织成了有意义的单元和程序；④会花大量时间分析给定的问题；⑤会运用已经自动化的程序来处理问题的各个部分；⑥能更好地监控自己的表现；⑦拥有深刻且灵活的知识，并能应用到新的情境中（Richey & Nokes-Malach, 2015）。但是，成为专家也会带来另一个后果，即专家会忘记学习某样东西有多难，花了多长时间。作为一名教师，你必须对学生的"不懂"意味着什么保持敏感。有时候，最好的老师是一个刚刚掌握了知识的学生，而不是一个不记得"不懂"是什么样的专家。

当问题所属领域结构良好，并且卓越表现的标准也很清晰时，如国际象棋、物理或计算机程序等领域，那么问题解决专家会不断地借助这些方面的技能来解决问题。在这些领域中，即使学生的背景知识没有专家丰富，他们也可以像专家一样，花时间分析问题，关注关键特征，采用正确的图式尝试解决问题，而不是采用原有的并不合适的方法来解决新问题（Belland, 2011）。但是，当问题所属领域结构不良，而且几乎没有清晰的基本原理时，如经济学和心理学领域的问题，那么专家和新手之间的差异就不是那么界限分明了（Ericsson & Pool, 2016）。

## 模块 29 小结

### 什么是问题解决？

问题解决既可以发生在一般领域，也可以发生在专门领域。另外，由于目标的清晰程度和可供解决问题的路径的数量不同，我们可以将问题从结构良好到结构不良进行分级。通用问题解决策略通常包括五个阶段：明确问题、设定目标，寻找可能的解决方法，预期可能的结果，行动，直至最后回顾和评价结果。一般领域和专门领域的问题解决都是有价值和必要的。

### 为什么问题解决的表征阶段如此重要？

为了准确地表征问题，你必须既理解整个问题，又理解它的各个部分。图式训练可以提高这个能力。问题解决存在完全不同的路径，采用哪种路径取决于表征和目标的选择。如果你对问题的表征能使你即刻提出问题解决方案，那么你的任务就完成了；你实际上把这个问题看成了老问题的一个"伪装"版本，而那个老问题你早就有清晰的答案。但是如果你没有现成的问题解决方法或者你不能成功激活图式，那么你必须寻找一个解决方案。运用算法式和启发式，后者如手段－目的分析、逆向推理、类比思维和言语化，都可以帮助学生解决问题。

### 有效样例如何帮助学生发展出用于问题解决的强有力的图式？

有效样例有助于学生控制认知负荷（避免超负荷），避免低效的"试误式"学习。有效样例将步骤分块，提供提示和反馈，将注意力集中于相关信息，对记忆的要求较低，因此学生能够利用认知资源来理解问题，而不是随意地寻找解决方案。然而，要从有效样例中将收益最大化，学生必须积极参与，仅仅看看有效样例是不够的。自我解释和运用多种感觉通道（视觉、触觉、运动觉、听觉）均有助于学生的参与。

### 描述阻碍问题解决的因素

阻碍问题解决的因素包括功能固着与反应定势，它们限制了精确表征问题和洞察解决方法所必需的灵活性。此外，当我们做决定和判断时，我们可能会忽略重要信息，因为我们可能会基于一个类别的典型代表性特征（代表性启发式）或可利用的记忆（可用性启发式）来做出判断，然后只注意那些能够证实我们选择的信息（确认偏向）。所以即使面对矛盾的证据，我们仍可能坚持信念（信念固着）。

### 特定领域中专家和新手的区别是什么？

专家往往储备着丰富的陈述性知识、程序性知识和条件性知识。他们围绕用于解决问题的一般原理或模式来组织这些知识。他们能够比新手更高效地工作，记住相关信息并监控整个进程。发展专长，需要刻意练习。要进行刻意练习，首先，你需要掌握一种有明确卓越标准的技能。其次，你通常需要一位老师或教练来分析你的表现，找出你的表现与专家级标准表现之间的差异。不过，发展专长也会带来的一个后果，即专家会忘记学习某样东西有多难，花了多长时间。作为一名教师，你必须对学生的"不懂"意味着什么保持敏感。

## 模块 30 批判性思维、迁移和复杂学习

**学习目标 9.4** 阐述影响学生批判性思维、论点形成和证据收集的因素。

**学习目标 9.5** 论述如何、为何，以及何时将在一个情境中学到的知识运用到新的情境和问题中。

**学习目标 9.6** 解释和识别扎实知识的特征，并知道如何通过教学让学生获得扎实的知识。

## 9.4 批判性思维与论证

埃尔德和保罗将**批判性思维（critical thinking）**定义为"分析和评估思维的过程以改进它们的艺术"（Elder & Paul，2020，p.9）。批判性思维包括有意识地运用最清晰的思维，以此形成信念和指导行动。事实上，在撰写本节之前，我阅读过的每一篇文章几乎都以批判性思维在当今是多么重要这样的说法开始。在几乎每个生活情境中，批判性思维都能起到一定作用，甚至可用于评估经常轰炸我们的媒体广告。

### 9.4.1 批判性思考者的行为方式：保罗和埃尔德模式

埃尔德和保罗（2014，2020；Elder & Paul，2012）提出了一个用来描述批判性思考者行为方式的模型（见图 9-7）。如你所见，批判性思维的核心是推理。推理是从某些理由推导出结论的过程。然而，如图 9-7 所示，好的推理和批判性思考需要满足清晰度、准确性、逻辑性和公正性等标准的要求。按照这些标准不断练习推理，谦逊、诚实、坚毅和自主等智力特质就会慢慢发展起来。

### 9.4.2 教授批判性思维

研究结果清晰地表明，存在可以在所有年级教授批判性思维技能及运用这些技能的倾向性。那么，如何在你的课堂上做到这一点呢？菲利普·艾布拉米（Phillip Abrami）和他的同事（2015）分析了 340 多项针对小学 6 岁儿童至成年研究生的批判性思维教学干预措施，发现有三个要素非常有效：对话（dialogue）、真实性教学（authentic instruction）和导师制（mentorship）。

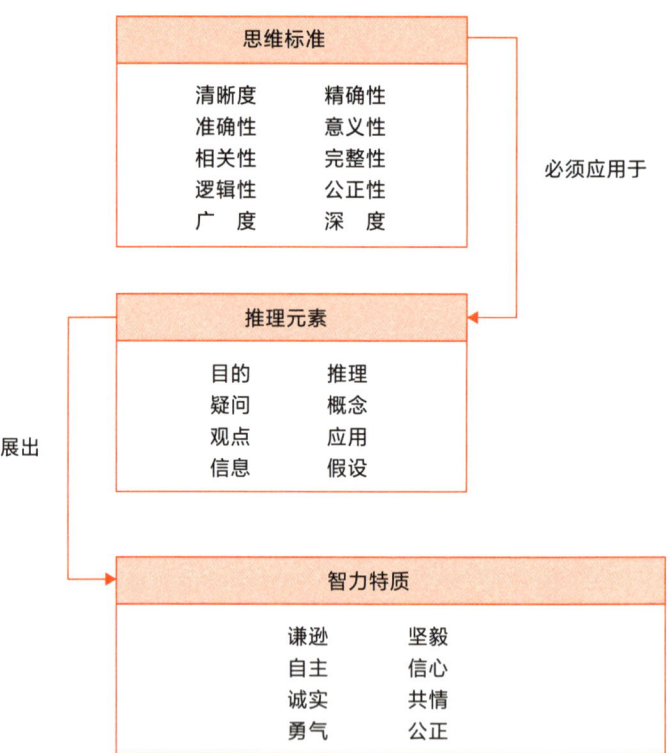

**图 9-7 保罗和埃尔德提出的批判性思维模型**

注：批判性思考者按照这些思维标准不断练习推理，最终发展出一系列智力特质。

资料来源：Elder, L. & Paul, R. (2012). *Critical thinking: Tools for taking charge of your learning and your life* (3rd ed., p.58). Upper Saddle River, NJ: Pearson. Reprinted and Electronically reproduced by permission of Pearson Education Inc. Upper Saddle River, New Jersey.

①对话：教师提出问题，鼓励学生通过全班和小组讨论、辩论、苏格拉底（Socarates）式对话或书面交流进行对话。

②真实性教学：教师通过角色扮演、模拟、案例研究或道德困境等方式，将对话集中在对学生有意义的问题上。

③导师制：教师、教练或其他成年人对学生的一对一指导，也有助于培养批判性思维。

不管采用什么方法来发展批判性思维，额外练习都是很重要的，仅仅一堂课是远远不够的。例如，如果你所在班级的学生考察了特定的历史文件，以确定该文件是否反映了某种偏见或仅仅是一种宣传的手段，那么随后你最好能要求也分析其他书面历史文件、同时代的广告或新闻故事等。只有思维技能得到充分的学习，并变得相对自动化时，它们才可能被迁移到新的情境中去（Mayer & Wittrock，2006）。只有这样，学生才不仅能使用这些技能来完成社会研究，还能借助它们评价朋友、政治家、玩具制造商，以及饮食计划。

### 在特定学科应用批判性思维

批判性思维对任何一个学科都很有用。但是，有许多批判性思维技能只适用于特定学科，并用于指导该学科的行动（Huber & Kuncel，2016），例如，学习历史的三个批判性思维技能。

①**考察来源**：在阅读和使用信息进行解释和推论之前，考察一下文件的来源——资料来源是否有偏颇，是否值得信任。

②**信息证实**：将不同文本中的信息联系起来，注意它们的相似性与矛盾之处。

③**语境化**：想象事件发生的时间、地点、涉及的人物、文化背景，以及所有可能起作用的政治和社会因素。

杰弗里·诺泰斯（Jeffrey Nokes）及其同事（2007）系统考察了使用传统教材与多种读物、直接教授上面提及的三个历史批判性思维技能与不直接教授这些技能对历史学习的影响。其中，多种读物包括历史小说、演讲摘录、政府文件、照片、图表、历史数据和教材的简短摘录。研究发现，无论是否应用了批判性思维技能，阅读多种读物的学生确实比那些学习传统教材的学生学到了更多的历史知识，但是，学习和应用了批判性思维技能并阅读了多种读物的学生学到的东西最多。而且，直接教授学生使用批判性思维技能能使他们学会并应用上述三个思维技能中的两个，即考察来源和信息证实。语境化更难一些，因为学生缺乏填充情境信息的背景知识。因此，特定学科的批判性思维也可以在学科学习的过程中进行培养。但正如你将在"观点 / 对立观点"中看到的，教育工作者对于在学校培养学生批判性思维的最好方式存在不同意见。

---

## 观点 / 对立观点

### 学校应该教学生批判性思维与问题解决方法吗

关于学校应该注重教学过程还是教学内容、应该注重高级思维技能还是学业知识等问题的争论，已经持续了很多年。一些教育者认为学生必须学会如何思考，但其他教育者认为学生不可能学会抽象的东西——"思维"，他们必须针对具体的内容进行思考。那么，教师究竟应该注重传授学生知识，还是应该注重发展学生的批判性思维呢？

**观点** 教师可以并且应该教授问题解决方法和批判性思维。

凯伦·墨菲（Karen Murphy）及其同事（2014）在《教育心理学评论》（*Educational Psychology Review*）专刊中提出了这样的观点："也许正规教育最重要的目的之一就是让学生具备批判性思考和分析复杂问题的能力（p.561）。"墨菲说，这样的说法并不新鲜，至少可以追溯到苏格拉底之前的哲学家。但如今，教育工作者和政策制定者强烈主张投入教授儿童和青少年批判性思维的项目和实践中。说些近点的观点，彼得·法乔恩（Peter Facione）（2011）认为批判性思维与大学的 GPA 和阅读理解紧密相关。有证据表明，即使没有特别地培养批判性思维，上大学也能提高一般的批判性思维能力（Huber & Kuncel，2016）。

> **对立观点** 批判性思维和问题解决技能无法迁移。

E. D. 赫希（E. D. Hirsch）曾直言不讳地对批判性思维课程提出了批评。

> 直接教授批判性思维或自我监控方法究竟能否真正提高学生的成绩，是一个目前仍存在很多争论的研究课题。关于批判性思维的研究并没有消除人们的疑惑。关于批判性思维的教学已经在一些国家开展了100多年，但是研究者发现，无论是来自以色列、德国、澳大利亚，还是来自菲律宾和美国的学生，尽管学习了批判性思维，他们依然在犯荒谬的逻辑错误（1996, p.136）。

许多重要的技能只适用于特定领域，而一般的批判性思维技能往往会自行发展，此时对一般批判性思维技能的培养就是一种浪费（Huber & Kuncel, 2016）。

**谨防"非此即彼"**

当代学习研究达成的共识是，无论是领域特定性知识还是学习策略都非常重要。今天的学生需要成为能对所有知识进行批判性思考的消费者，但仅有批判性思维是远远不够的。学生们需要知识、词汇和概念，以理解他们所读、所看和所听的内容。最好的教师应同时教授数学知识和学习数学的方法、历史学科知识和批判性地评估历史知识来源的方法等。

### 9.4.3 对线上资源进行批判性思考

正如你刚刚看到的，利用多种来源的信息进行学习是非常有效的，尤其是在教授学生对信息进行批判性思考的时候。那么互联网上的信息来源呢？正如本章开头"教师的案例簿"中的老师所感叹的那样，不是所有学生都能自然地对这些在线资源进行批判性思考："如果它能发布在网页上，那它一定是对的。这一认识，真的对吗？"表9-4提供了一份评估线上资源的核对清单，你可以参考。

**表 9-4 评估线上资源**

| |
|---|
| 有许多评估线上资源的核对清单。运用以下指南是开始对线上资源进行批判性思考的良好开端 |
| • 谁？作者是谁？ |
| 作者是专家吗？查找作者的资格、学历、学位、受培训水平和头衔。谁赞助了网站？赞助者是相关主题的专家吗？作者是否有偏见？是否匿名？如果作者不具名，就要当心了！ |
| • 为什么？作者的动机是什么？ |
| 网站是在提供信息还是在解释？试图向你推销什么？试图用宣传来说服你吗？ |
| • 何地？是从哪里发布的？ |
| 发布者是科学期刊或学术期刊吗？是政府机构吗？是可靠的新闻来源吗？一般而言，值得信赖的网站以 .org、.edu、.gov 或你熟悉的网址结尾。核查"联系信息"或"关于我们"这个部分。如果发布者是一个想要赚钱或获得个人信息的组织，就要小心了！ |
| • 何时？报道的时间有多长？ |
| 信息是什么时候发布的？最近一次修订是什么时候？ |
| • 信息准确吗？ |
| 网站是否列出了资料来源、参考文献或技术支持？交叉检查其他网站提供的事实——从其他来源进行确认。如果有拼写或语法错误，请当心！ |

有效地教授学生如何批判性地评估来自互联网或任何来源的信息并不容易，这不是提供一份清单或一套指南就能轻易做到的。在一项针对七、八年级学生的研究中，学生们被要求评估线上可视化图形（图片、坐标图、照片、表格、地图等），结果发现很少有学生将图形来源的有效性或可信度作为评判图形的标准。他们更偏向以图形是否清晰、是否易于阅读或是否提供了细节为依据对图形进行判断（Barzilai & Eilam，2018）。但是运用批判性思维技能评估信息的来源是至关重要的（Cho et al.，2017）。研究人员在训练九年级学生基于三个维度对信息来源进行批判性思考方面取得了一些成功。这三个维度是：作者的立场（"谁说了什么"）、作者的动机（"作者为什么这么说"）和媒体质量（"在哪里发表的"）。训练包括小组讨论，重点讨论从互联网上选出的相互矛盾的成对词组。使用"谁、为什么、在哪里"引导学生参与讨论。与对照组相比，受过训练的学生对不太可靠的链接给出了较低的评分，而对可靠来源（如科学期刊）则给出了较高评分。小组讨论和对学生冲突观点的论证是训练的关键要素（关于论证的更多内容见下一节）。无论怎么讲，学生需要通过直接讲授、教师示范，以及多种不同作业的练习来对线上资源进行批判性思考。一次永远不够，这是贯穿于全书的主题。

### 9.4.4　论证

形成自己的观点并能用证据来支持自己观点的能力，对科学、政治、议论文写作，以及批判性思维而言必不可少。**论证（argumentation）** 指建构和评论论据、争辩观点的过程。皮亚杰和维果茨基都认为，认知发展离不开社会互动、对话、质疑误解和论证。与批判性思维一样，论证——构建和批判论点的过程被认为是 21 世纪的一项重要技能（Asterhan & Schwarz，2016）。例如，学习科学意味着理解和接受"疯狂的知识，比如：地球的自转导致了白天和黑夜，而不是太阳的转动；空气也有质量，或者植物从空气中获取大部分质量"（Osborne et al.，2019, p. 1073）。在科学发展的历史上，只有经过了基于证据的重复且成功的论证后，这些"疯狂的知识"才被人们接受。因此，"下一代科学标准"（Next Generation Science Standards，NGSS）将"依据证据进行论证"列为科学教学目标的八项关键措施之一。

**1. 两种论证方式**

论证有争论式论证（disputative argumentation）和协商式论证（deliberative argumentation）两种方式。争论式论证就是辩论。你必须用证据支持自己的主张并了解对手的立场，这样才能成功地用证据反驳他们的主张。这是一个竞争过程，目标是说服对手改变立场。争论式论证的基本问题是，谁是对的。协商式论证的目标是通过比较、对比和评估可选的方案以求得合作，得出建设性的结论。协商式论证的基本问题是哪种观点是正确的。这两种论证方式都很困难。事实上，学生要么会马上认输，要么会固执地坚持自己最初的观点，而往往并不参与论证的过程。但真正的学习来自对论点的思考、理解，以及反驳，只有基于证据的思考才能提升个体的认识（Asterhan & Babichenko，2015）。

儿童不善于进行争论式论证，青少年好一点，成人虽然更加擅长这点，但做得并不完美。儿童很难注意到论辩中对方的观点和证据。青少年明白辩论中的对手有不同的观点，但他们花在表达自己观点上的时间比花在试图理解和反驳对方观点上的时间要多得多。青少年似乎相信赢得一场论辩意味着要更好地陈述自己的观点，而无须理解对方的观点，削弱对方观点的说服力（Kuhn & Dean，2004；Nussbaum，2011）。儿童和青少年更关注自己的观点和立场，因为要同时记住并加工自己和对方的观点和证据，对他们来说要求太高了——认知负荷太重了。此外，论证技能并不是天生的。个体需要花费时间接受有效教学才能学会它（Kuhn et al.，2008；Udell，2007）。学生必须学会计划、评估计划的进展情况、仔细思考对方所讲的内容，以及根据需要调整策略，也就是运用关于论证的元认知知识和技能。

那协商式-合作式论证是什么样子呢？克里丝蒂娜·阿斯特汉（Christa Asterhan）和巴鲁克·施瓦茨（Baruch Schwartz）发现，在学习主题和改变信念方面，协商式论证比争论式论证的效果要更好。也许是因为争论式论证的辩论风格让学生更在意胜负和自己的表现，所以他们也更抗拒改变，而学习往往需要改变（Asterhan & Schwarz, 2016）。

乔纳森·奥斯本（Jonathan Osborne）及其同事（2019）对教师专业发展的一项研究表明，协商式-合作式论证能够提升学生的论证技能。参与研究的教师学会了使用六种课堂实践来帮助他们的学生掌握"依据证据进行论证"的技能。以下是六种课堂实践。

（1）提问（Ask）：教师提出一些开放式问题，这些问题的"最佳"答案并不明显，学生的答案很可能相互矛盾。

（2）鼓励（Press）：教师鼓励学生阐述他们的理由。"多告诉我一些。""为什么？""你是怎么知道的？"

（3）联系（Link）：教师将某个学生的回答与其他学生的回答联系起来，强调这些回答之间是否一致或是否有冲突。

（4）观点与解释（Claim/Explain）：要求学生提供更多的解释，并用证据支持他们的观点。

（5）合作建构（Co-construct）：以学生彼此之间的观点为基础，请其他同学阐述或澄清自己的想法。

（6）批判（Critique）：当学生学会以尊重的态度质疑和批判彼此的观点时，课堂文化就会支持推理和批判性思维了。

在教师采用这些做法的课堂上，你会听到学生这样说："好吧，我不同意……，因为……"或者"我同意……，你还可以加上……"。老师可能会说："说具体点，具体是什么……？""谁能解释一下为什么……？"另一项研究发现，通过提示"不是所有的证据都能够支持你的立场；如果不能支持，看看你是否能够处理"，促使学生考虑与他们的立场不一致的证据，这在帮助学生发展论证技能方面具有很大的作用（Iordanou et al., 2019,

p.8）。最后，对71项学生互动研究的元分析发现，当要求儿童和青少年讨论信息并达成一致时，他们的学习效果会更好（Tenenbaum et al., 2020）。

**2. 对教师的启示**

看来，若要提高学生的辩论和说服能力，帮助他们学会论证（learn to argue），争论式论证是一种很好的方法。但要学习学科知识，能够通过论证学习（argue to learn），协商式-合作式论证才是一个好方法。通过协商式-合作式论证，教师鼓励学生讨论和辩论，可建构出基于证据的最佳理解（Nussbaum, 2020）。

## 9.5 为迁移而教

> **停下来，想一想**
>
> 回想你上高中时的某节课，你在大学里没有选修该学科。想象一下当时的老师、教室和课本。现在回忆你在课堂上实际学到的东西。假如这是一节科学课，你学到了哪些公式？氧化还原还是玻尔定律？

如果你和大多数人一样，记得你学过哪些东西，但不能非常确定你学到了什么，那么那些学习时间是否被浪费了？这个问题与学习迁移紧密相关。接下来我们就来讨论这个重要的话题。首先我们来看看迁移的定义。

如果先前任何时候学过的东西正在影响当前的学习，或者先前的问题解决过程影响你解决新问题的过程，此时**迁移**（transfer）就发生了。莎娜·卡朋特将迁移简单定义为"将所学信息应用到新情境中"（Shana Carpenter, 2012, p.279）。如果学生在某节课上学了一个数学原理，并在几天或几个星期后的另一节课上用它解决了一个物理问题，那么这个过程就发生了迁移。然而，过去的学习对现在学习的影响并不总是正向、积极的。功能固着和反应定势（本章前面提到的）就是负迁移的例子，因为它们会促使你把熟悉但不恰当的策略运用到新情境中。

事实上，迁移有几个维度（Barnett & Ceci, 2002;

Carpenter, 2012）。你可以跨学科（将数学技能用于解决科学问题）、跨物理情境（将学校所学的知识用在工作中）、跨社会情境（将通过独自学习获得的经验用于家庭或团队合作）、跨时间进程（大学学到的知识可以在数月或数年后使用）、跨学习作用（为学术而学的知识也可用于兴趣或娱乐），以及跨模式（通过观看家庭花园频道的节目获得的知识可用于在教室里创建一个阅读角）地进行迁移。使用类比将熟悉的话题和解决新问题的方法联系起来，是另外一种迁移方式（Jacobson et al., 2020; Sidney & Thompson, 2019）。因此，迁移涉及超越地点、时间及学习方式等多个情境。

### 9.5.1 迁移的多种观点

迁移成为教育心理学研究的焦点已经100多年了。毕竟，教育的基本目标之一就是使人能在一生中创造性地使用知识、技能和动机（Goldstone & Day, 2012）。早期的研究关注技能的特殊迁移与从难度很高的学科（如希腊语和数学）中获得心智训练的一般迁移。但是，E. L. 桑代克（E. L. Thorndike）在1924年发现，学习希腊语并不能训练心智，它仅仅帮助学生学习了更多的希腊语。因此可以说，多亏了桑代克，美国高中生才不必学习希腊语了。然而，最近有些证据表明，学习计算机编程能够提高学生在其他领域的创造性思维、推理和元认知技能。在未来，也许会有更多的学生学习计算机编程，并从迁移效应中受益（Scherer et al., 2019）。

如今，研究者区分了对可以直接使用的技能（如我们每天都在使用的阅读和写作技能）的自动化迁移和对用于创造性问题解决的知识与策略的反省式迁移（Bereiter, 1995; Bransford & Schwartz, 1999）。不同情境的练习都可能有益于自动化迁移，然而反省式迁移单单依靠练习是不够的。米什莱恩·奇和库尔特·冯·莱恩（Kurt VanLehn）（2012）认为反省式迁移包含两个阶段——初步学习阶段和再用或应用所学阶段。因为只有当学生真正理解内在的原理或概念，而不只是表面过程或算法时，反省式迁移才能实现。因此，反省式迁移的关键是有意识地抽象内容，或有意识地确定原则、主要观点、策略和程序。这些往往不局限于某个特殊的问题或情境，而是可以运用到许多问题或情境中。这样的抽象成为元认知知识的组成部分之后，就可以被用来指导将来的学习和问题解决过程。表9-5总结了迁移的类型。

### 9.5.2 为正迁移而教

以下是大卫·帕金斯（David Perkins）和加夫里尔·所罗门（Gavriel Salomon）（2012）对迁移的解读：

> 学校应该是人生的中转站，而不是终点。学校提供的信息、技能和理解不局限于当下的使用，还可以用于迁移和转化。周一讨论的话题将明显有助于完成周二的习题作业、应对周五的测试，甚至有助于准备期末考试。甚至从原则上而言，这些话题的探讨是为了使学生成为更好

**表 9-5 迁移的类型**

| 维度 | 直接运用 | 为将来的学习做准备 |
| --- | --- | --- |
| 定义 | • 高度熟练技能的自动迁移 | • 将抽象知识有意识地运用到新情境<br>• 认知工具和动机的创造性运用 |
| 关键条件 | • 广泛练习<br>• 在各种情境和条件下练习<br>• 过度学习，直到实现自动化 | • 有意提取出能被用于许多情境的原理、主要观点或原则<br>• 在有效的教学环境中进行学习 |
| 例子 | • 开各种不同的车<br>• 在你的社区中使用地铁或者公交系统 | • 运用KWL或READS策略<br>• 在为学校报纸设计版面时运用数学程序 |

的家庭成员、更好的公民，享受更好的文化和职业生活。（p.248）

多年的研究和经验表明，学生能够掌握新知识、问题解决程序和学习策略，但他们往往不会用，除非教师进行提示或提供指导。例如，对真实世界中的数学进行研究时发现，人们总是不能在家里或在百货商店解决实际问题时运用他们在学校学到的知识（Lave，1988；Lave & Wenger，1991）。发生这种情况是因为学习具有情境性，也就是说学习发生在特定的情境中。因为我们是将知识作为解决具体问题的工具来学习的，所以当我们遇到一个看似不同、至少在表面上不同的问题时，我们可能意识不到解决其所需的知识与之前所学的知识相关（Driscoll，2005；Singley & Anderson，1989）。你如何确保你的学生能在不同情境中使用他们之前所学的东西？

### 1. 什么值得学习

首先，你必须回答这个问题："什么值得学习？"基本技能的学习，如对阅读、写作、计算、合作和演讲技能的学习，可以明确地迁移到其他情境中，因为这些技能在校内外的很多场景中（如写求职信、阅读小说、支付账单、团队工作、评价卫生保健服务等）都是必需的。之后的学习效果全取决于你能否将这些基本技能正向迁移到新的情境中。

其次，教师还必须知道，作为群体成员和个体，你的学生未来要掌握什么，社会对成年人有什么样的要求。作为20世纪五六十年代在得克萨斯州长大的孩子，尽管我的父亲是一个计算机系统分析师，我没有上过任何计算机课程。然而，现在我每天都要花数小时在计算机上。我妈妈曾鼓励我高中时选修高等数学和物理，而不是练习打字。即使课程很棒，但我仍然每天在我的计算机上努力打字——谁知道呢？毫无疑问，极端和未预料到的变化总是等待着你的学生。由此，原理、态度、学习策略、个人动机、时间管理技能和问题解决策略的一般迁移对学生而言，将会与基本技能的特殊迁移一样重要。

### 2. 对教师的启示：促进迁移

对基本技能的**过度学习**（overlearning）——已经掌握了一项技能，并多加练习，可以保证实现较大的迁移。学生在小学阶段学习许多基本知识，如乘法表的方式，就是传统的过度学习。过度学习可以帮助学生发展第8章中所介绍过的自动化的基本技能。

为了实现高水平迁移，学生们必须首先学习和理解。如果学生积极投入学习，那么他们更可能把知识迁移到新情境中。学生应该学习一些可能会对其后续学习产生重要影响的抽象概念，这样他们才会明白迁移本身就是目的。迁移的策略可以是教师让学生对比教师给出的两个例子，然后确定内在原则，或者让学生单独或相互解释教师给出的例子，还可以让学生确认问题解决方案所需步骤的内在原则（Chi & VanLehn，2012；Hoogerheide et al.，2014；Pai et al.，2015）。在实际教学中，教师应鼓励学生形成在以后将会应用于其他场景的抽象概念，让他们了解迁移是一个重要的学习目标。此外，教师还可以让学生进行热身活动，练习与新学习的内容相关的已有知识。例如，在教师开始讲解和演示分数除法之前，学生可以利用实物练习整数除法。这就提供了一个隐性的类比，将已有知识迁移到新材料的学习中（Sidney & Thompson，2019）。最后，训练迁移的最有力策略之一是通过频繁测试和应用知识来进行提取练习（Carpenter，2012）。

在真实情境中练习使用某种技能，能促进正迁移的发生。通过与其他国家的笔友互通电子邮件，学生能够学会写作。通过了解自己家庭的历史，学生可以学习历史研究的方法。不过，应尽可能用复杂、难以界定、结构不良的问题来进行这种练习，因为在今后的生活中（无论是校内还是校外），学生不可能在面对任何问题时都得到指导。

除此之外，还有一种迁移对学生而言尤其重要，那就是我们之前遇到过的学习策略的迁移。学习策略意味着可以应用到很广泛的情境中。

### 3. 策略迁移的阶段

很多时候，学生学习了策略，但从未在课程或作业之外使用过这些策略（Schunk，2020）。加里·菲尔（Gary Phye）描述了形成策略迁移的三个阶段：①在获得阶段，学生不仅要获得有关策略，以及如何采取策略的指导，而且应该能复述这个策略并培养对何时，以及如何采取该策略的意识；②在保持阶段，更多有反馈的练习能帮助学生熟悉采用该策略的方式；③在迁移阶段，教师应该给学生提供可以用相同的策略解决的新问题，即使这些问题在表面上看似不同。为了强化策略迁移的动机，教师应给学生指出策略会怎么帮助他们解决很多问题并完成不同的任务。这些策略迁移的步骤可以帮助学生建构程序性和自我调节的知识——怎么使用策略、何时使用策略，以及为什么使用这些策略（Phye，1992，2001）。

有些学生会自学创造性策略，但是所有学生都能够从对学习策略和研究技能的直接讲授、示范和带有反馈的练习中获得益处。这是所有学生为他们的未来做准备的最重要的方式之一。下面的"实践指南"就如何获得家庭的支持以鼓励学生进行迁移提供了一些建议，你可以参考。

## 实践指南

### 与家庭和社区建立合作关系，鼓励学生进行迁移

让家长了解孩子的课程，以便支持孩子的学习。

例如：

（1）在单元或课程方案开始实施时，给家长寄一封信，概述课程的关键目标、主要作业，以及学生在学习课程材料时可能存在的一些共同的问题。

（2）让父母就如何将他们孩子的兴趣与课程内容相联系提出一些建议。

（3）邀请家长到学校参加"策略学习之夜"活动，让学生把他们在学校学过的策略教给家长。

告诉家长他们可以怎样鼓励孩子练习、扩展或应用在学校学到的东西。

例如：

（1）在扩展写作方面，让父母鼓励他们的孩子给公司或市民组织写信或发电子邮件，询问信息或索要免费产品。父母要将信件结构和表达观点的基本模式教给孩子，还要告知孩子提供免费产品或信息的公司的地址。

（2）要求家长允许孩子参与一些需要测量、缩减或扩充食谱、估算花费等的活动。

（3）建议学生与祖父母一起做一部家庭回忆录，把历史研究和写作结合起来。

让家长展示校内学习和校外生活的联系。

例如：

（1）让家长谈论和展示他们是怎样使用一些学习技能的，这些技能是孩子们正在通过研究、业余爱好或社区参与计划来学习的。

（2）让家长来到教室演示他们怎样在工作中使用阅读、写作、科学、数学或其他知识。

让家庭成员搭档练习使用学习策略。

例如：

（1）一次关注一个学习策略——让家长提醒孩子这个星期做家庭作业时需要使用哪些具体策略。

（2）建立可以外借图书和分享网络资源、视频的图书馆，教会家长使用有关的学习策略。

（3）根据学生所在年级的平均水平对前文中"成为优秀学生"的实践指南进行适当调整，并向家长介绍。

## 9.6 融会贯通：为学生的复杂学习和掌握扎实的知识而教学

在本章中我们首先讨论了复杂的认知技能和高层次学习。然后，我们继续探讨了元认知与学习策略、问题解决与专家知识、批判性思维与论证，以及学习迁移。尽管教育心理学的研究多年来一直在探讨这些主题，但最近一些研究人员特别关注复杂的学习和教学，以使学生能够获得扎实的知识（robust knowledge）。掌握扎实的知识是专家的重要特征之一（Richey & Nokes-Malach, 2015）。从很多方面来看，当前的这一研究重点汇集了本章中已经学习到的很多知识。

### 9.6.1 什么是扎实的知识

对专家知识的研究指出了扎实的知识的三个重要特征——深刻、关联和连贯。深刻的知识（deep knowledge）是关于基本原理的知识，它能让专家在看似不同的问题中识别出那些具有相同原理的特征。例如，掌握了数学方面的扎实知识，学生就能一眼看出，解决船只水流问题和飞机风速问题，可以用同样的基本原理。关联的知识（connected knowledge）意味着将许多独立的信息联系起来，如在问题内部将解决问题的步骤自动联系起来，将抽象的原理与问题的具体特征相联系，将概念与适当的程序相联系，将跨学科和领域的原理相联系。连贯的知识（coherent knowledge）说明其知识系统前后是一致的，没有矛盾。专家比新手更善于发现知识中的不一致之处（Richey & Nokes-Malach, 2015）。作为教师，我们希望所有的学生都能掌握扎实的知识。

### 9.6.2 为学生掌握扎实的知识而教学

有哪些教学策略可以帮助学生从新手走向专家，帮助他们掌握深刻的、关联的和连贯的扎实知识呢？在下一章中，我们将探讨几种以构建扎实的知识为目标的教学方法，如探究学习和基于问题的学习。在此，让我们先简单介绍一下练习、有效样例、类比、整合多种文本和自我解释五种教学策略，而这五种教学策略可以融入大多数教学方法。

**1. 练习**

在本书的多个章节中，你都读到过关于练习的内容。过度学习，或者说在你已经掌握某种技能或程序之后再进行练习，不仅会使你的表现更加流畅、快速和自动化，而且对工作记忆的消耗会更小。在记忆信息方面，提取练习或测试比复习的效果更好。练习对于掌握如何做事的程序性知识非常有效，但对于帮助学生如何解决新问题、形成抽象概念和深刻理解基本原理、把不同情境中的知识相联系等类似的事情，并没有那么大的作用。事实上，如果你的学生对数学、艺术或写作中的某一程序非常熟练，那么，即使该程序或技能不合适，他们也会尝试应用。要发展专家知识，你需要进行刻意练习，也就是说，建立明确的关于卓越的标准，找出当前表现与目标表现之间的差异，练习，改进，失败，再尝试，直到达成目标。

**2. 有效样例**

通过控制认知负荷使学生的工作记忆不至于不堪重负，有效样例能够帮助学生获得扎实的知识。有了足够的工作记忆，学生就能识别和记忆问题的关键特征和深层结构。不再试图通过试错来解决问题，学生可以发现解决问题的途径，并将他们的认知资源用于学习。但是，在帮助学生获得扎实的知识方面，有效样例和练习也面临着一些相同的问题。通过有效样例，学生可以在解决同类的问题上取得进步，但在不同类型的问题上效果就不尽如人意了。一种解决方法是将有效样例、实际问题和其他省略步骤的样例进行交错（交织或交替）。这可以让学生更加深入地思考他们在做什么以及为什么要这样做。但是，要想更好地利用有效样例，就需要学生自己解释样例中每一个步骤的必要性。

**3. 类比**

在使用类比时，学生要找出两个例子、案例、问题、时间段和艺术作品等事物之间的相似之处或共同特征。使用类比可以帮助学生进行迁移，因为学生可以运用他们所学的知识来识别在看似不同的情境中起作用的类似过程。通过将问题中的关键特征与基本原理相联系，学生还能建立起扎实的概念知识。然而，这会产生一个问题，即新手可能会根据表面的相似性来类比，而这些相似性与深层结构或基本原理无关，例如，"两幅画都是蓝色的"，而不是"两幅画都是立体主义绘画的范例"。在这里，精心选择案例或问题并辅以教师的指导，是非常重要的。

### 4. 整合多种文本

我们在前面已经看到，使用多种资料来源来研究历史可以更好地理解历史（Nokes et al., 2007）。萨里塔·巴尔扎莱（Sarit Barzilai）及其同事（2018）进一步表示，"有意义、批判性地整合多种文本的能力，对于21世纪的人类来说是至关重要的素养"（p.973）。我们每天都会受到来自多种来源的信息轰炸，这些信息远远超出了书籍和电视的范围，包括演讲、视频、照片、图表、社交媒体、脱口秀广播、互联网等。如果不具备批判性地整合信息的能力，学生就会陷入自己的偏向，或者被最吸引人或最引人注目的表述所左右。如何学会从多种来源的信息中构建坚实可靠的知识对学生而言显得很重要，而这些来源的信息既可能相互冲突，也可能互相补充或过度重叠。研究人员回顾了21项针对从小学五年级学生到大学生的研究，发现整合文本是可以教授的。在这些研究中，根据年级的不同，整合文本的课程出现在不同的学科中：低年级学生学习语文，中学生学习历史，大学生学习科学和社会。在研究中，教师采用了各种有效的方法，包括明确教导学生如何整合信息、示范整合过程、基于多文本的学生合作式讨论、使用图形（表格、图表、流程图、时间轴、地图），以及让学生单独练习。在学生练习时，教师可以提醒学生整合信息。这不仅有助于阅读，也有助于写作，即把自己的综合理解用文字表达出来。然后，教师需要花一些时间解释整合多种文本信息的价值，讲授为什么要整合、何时整合，以及如何整合。最后进行示范，提供有反馈的练习，并再次尝试——这些都是常见的方法。

### 5. 自我解释

学生要获得扎实的知识，自我解释是最有效的方法。在范例中解释每个步骤、绘制模型、向同伴解释（尤其是绘制模型并向他人解释）、提供证据、说明原因、证明答案——在获得扎实的知识方面，这些自我解释均优于教师的详细解释。你在下一章中将了解到，在合作学习小组中进行解释的学生，比接受解释的学生能够学习到更多。自我解释有助于建立联系（为什么、还有什么、如何、何时……）和连贯性（这有意义吗？解释中有矛盾吗？）。

## 模块 30 小结

### 批判性思维与论证

#### 什么是批判性思维？

批判性思维包括界定和阐明问题，判断与问题相关的信息是否一致且恰当，以及得出结论。不管你用什么方法来发展批判性思维，额外的练习都是很重要的。仅仅一堂课对于培养批判性思维是不够的。过度学习有助于学生在日常生活中使用批判性思维。对于线上资源的批判性思考如今已变得至关重要。直接教授、教师示范和出声思考，以及学生根据 Who（作者及作者的资格）、Why（动机和目的）、Where（可信来源发布）讨论相互冲突的信息，可以帮助学生批判性地分析线上资料来源。

#### 什么是论证？

有两种类型的论证——争论式和协商式。争论式论证的核心是用证据和理智来支持你的立场，并能反驳对方的观点和证据。争论式论证是一个竞争过程，目标是说服对手改变立场。争论式论证的基本问题是，谁是对的。而协商式论证的目标是通过比较、对比和评估可选的方案以求得合作，得出建设性的结论。协商式论证的基本问题是，哪种观点是正确的。论证技能并不是天生的，需要花费时间进行有效教学才能学会。对儿童和青少年而言更是如此，他们很难注意、理解对方的观点和立场，并用证据进行反驳。协商式的论证也需要学习和练习。

## 为迁移而教

### 什么是迁移？

当在一个情境中学习到的规则、事实及技能被应用到另一个情境中时，迁移就发生了，例如在写求职信时遵循课堂上学到的标点符号规则。迁移也包括把在其他情境，尤其是不相似的情境中习得的原理应用到对新问题的解决过程中。

### 迁移的维度有哪些？

信息可以跨越多种情境进行迁移。例如从一个学科迁移到另一个学科，从一个地点迁移到另一个地点，或从一种作用迁移到另一种作用。正因为有这些不同类型的迁移，我们才能把在一个领域中学到的技能应用到许多其他任务中。

### 区分自动化迁移与有意识、有意图的迁移。

对通过良好训练获得的知识和技能的自发运用，被称为自动化迁移。有意识、有意图的迁移涉及初始学习和重新使用或应用所学知识。在初始的学习阶段，最重要的是有意识地抽象，也就是有意识地确定一个原则、主要思想、策略或程序，这与一个具体的问题或情境无关，但能够适用于许多问题或情境。学习环境应该支持积极的建构学习、自我调节、合作、认知和动机过程。另外，学生应该处理对他们生活有意义的问题。还有，教师可以直接教授策略、提供有反馈的练习，然后让学生在新的、不熟悉的情境中应用策略，以此来帮助学生迁移他们的学习策略。

## 融会贯通：为学生进行复杂学习和掌握扎实知识而教学

### 如何识别扎实的知识？

在感知和表征问题方面，新手关注的是表面特征，而专家关注的是问题的结构和问题背后的概念。专家可以从长时记忆中回忆目标领域中的许多重要细节，而新手则主要依赖于工作记忆中的内容，他们往往会不知所措。在实际解决问题的过程中，新手不得不依靠一般的问题解决策略，而这些策略通常需要花费很多时间，且错误百出，容易失败。专家能针对具体问题类型，快速准确地运用适当领域的特定性策略。最后，新手的知识针对问题的表面细节，而非原则性或概念性的知识，因此不能够迁移到新的情境中；而专家的知识灵活、深入、相互之间有联系且连贯，这些丰富有用的知识，可以迁移到新的情境和问题中。

### 如何通过教学让学生获得扎实的知识？

我们在本章中讨论了五种策略，这五种策略可以融入大多数教学方法，他们分别是练习、有效样例、类比、整合多种文本和自我解释。每一种策略都很有用，但最有效的是自我解释。在样例中解释每个步骤、绘制模型、向同伴解释、提供证据、说明原因、证明答案——在获得扎实的知识方面，这些自我解释均优于教师的详细解释。

# 第 10 章

## 建构主义和交互式学习

## ■ 教师的案例簿：需求是创新教学之母

在新冠疫情期间，你的学校经历了一段居家学习期，断断续续地进行了远程教学。即使学校重新开放，许多家长出于健康考虑，也不愿意让他们的孩子返校。你必须为这些学生制订远程教学计划，同时继续对班上其他学生进行现场教学。那一段时间，很难创造合作学习的机会。尽管面临种种挑战，你还是发现了一些新的教学和管理方法，充分利用了在线教学的形式和资源。最后，那段困难时期为教学和学习开辟了新的可能性。

■ 批判性思考：
- 有效的技术强化教学的关键特征是什么？
- 当你为未来类似的可能性做计划时，你会将哪些在线策略或混合策略、资源、作业或评估整合到学年的课程中？
- 当你的学生进行远程学习时，你如何引导他们实现自主学习并保持投入？
- 若学生能力差距较大，你将如何帮助他们用一种有意义的方式开展互助协作？

## ■ 概述与目标

在前面3章，我们已经分析了学习的不同方面。我们从行为主义、信息加工和认知科学的角度分析了人们学习什么，以及如何学习；我们也了解了复杂的认知过程，如元认知技能和问题解决的过程。这些对学习活动的解释关注的是个体，是解释个体的"大脑"里发生了什么。本章我们将了解更多关于学习的研究，将重点放在学习的社会背景如何影响学习者建构意义的方式。建构主义是一个广阔的视角，主要关注社会和文化因素在学习过程中的作用。社会文化建构理论虽是由认知理论发展而来，但是已经很好地超越了早期的认知解释。我们将探讨与社会文化建构主义观点相一致的一些教学策略和方法，如教师促进、探究学习、基于问题的学习、合作学习和认知学徒制。我们还将关注数字技术如何使在线空间和混合式学习方法（如翻转课堂）中的交互式学习成为可能。

学完这一章后，你就能达成以下目标。

目标 10.1　从不同的视角解读作为学习与教学理论的建构主义。
目标 10.2　识别当代多数建构主义理论的共同点。
目标 10.3　将建构主义原理应用于课堂实践中，包括使用探究学习、基于问题的学习和认知学徒制。
目标 10.4　适当将协作和合作学习融入你的课堂。
目标 10.5　阐述以技术为媒介的教学在儿童及青少年学习和发展过程中产生的积极和消极影响。

## 模块 31　建构主义与教学

**学习目标 10.1**　从不同的视角解读作为学习与教学理论的建构主义。

**学习目标 10.2**　识别当代多数建构主义理论的共同点。

**学习目标 10.3** 将建构主义原理应用于课堂实践中,包括使用探究学习、基于问题的学习和认知学徒制。

## 10.1 认知和社会建构主义

请你思考以下情境。

一个之前从未来过医院的小女孩正躺在儿科病床上。这时,床头上方的对讲机中传来了值班护士的声音:"内奥米(Naomi),你还好吗?你需要什么帮助吗?"小女孩很迷惑,没有出声。护士重复了一遍,但小女孩还是没有回应。后来,护士一字一句地说:"内奥米,你在吗?请讲话。"小女孩试探着回答道:"墙壁你好,我在这儿。"

内奥米遇到了一个她之前从未遇到过的新情境——面对一堵会讲话的墙。而且,它不停地在问,就像活的一样。她知道不应该和陌生人讲话,但她不知道应该怎样对待墙。她只能利用自己所知道的,以及当前的情境来建构意义,并做出反应。

在另一个关于建构意义的例子中,玛丽亚(Maria)和她九岁的儿子艾萨克(Isaac)在杂货店买东西,并共同进行了意义的建构。

艾萨克:(跑着去拿购物篮)我们要拿那个大点儿的吗?

玛丽亚:大的总比小的好。这是我们的购物清单,我们先去哪儿?

艾萨克:我们要去买为聚会准备的冰激凌(艾萨克走向冷冻食品区)。

玛丽亚:哇哦!还记得你留在橱柜上的那盒冰激凌变成什么样了吗?

艾萨克:融化了!它不能放在外面那么久!我保证下次不会了!

玛丽亚:对。我们可能要在商店里待一段时间,所以最好先买那些在我们购物的过程中不会融化的东西——我通常会先买农产品。

艾萨克:什么是"农产品"?

玛丽亚:就是农民们种出来的蔬菜和水果。

艾萨克:好的。清单上写了黄瓜,它们在这儿。等等,有两种黄瓜,你要哪一种?那种小的标签上写着"当地的",什么叫"当地的"?

玛丽亚:当地就是指离我们很近的周边地区。

艾萨克:当地的更好吗?

玛丽亚:也许吧。我乐意支持咱们当地的农民。那些小黄瓜产自哪里?看一下标签上的字。

艾萨克:弗吉尼亚——这个地方离我们近吗?

玛丽亚:不太近,大概需要6小时的车程。

让我们看一下这种被合作建构起来的知识都包括哪些方面:事先制订计划、学习词汇和生活常识、解决问题,甚至涉及地理知识。建构主义的学习观关注的是人们如何理解意义,人们既可以像内奥米那样自己建构意义,也可以像艾萨克那样在与别人的互动中建构意义。

### 10.1.1 建构主义的学习观

**建构主义**(constructivism)是一个被广泛应用且备受争议的术语。事实上,与其说建构主义是一种科学的学习理论,不如说它是一种关于知识的哲学。各种各样的建构主义观点是以皮亚杰、维果茨基、格式塔心理学家、巴特莱特、布鲁纳(Bruner)和罗格夫(Rogoff)的研究为基础建立起来的。教育哲学家约翰·杜威和人类学家让·列维(Jean Lave)的思想也是建构主义的思想根源。不过,尽管心理学家和教育学家都使用"建构主义"这个术语,但他们赋予了它不同的含义(J. Martin, 2006; McCaslin & Hickey, 2001; Phillips, 1997)。虽然没有统一的建构主义学习理论,但多数建构主义者在以下两个核心观点上达成了一致。

**核心观点1**：学习者能够主动建构自己的理解——他们创造出的知识远超于他们被给予的信息（Chi & Wylie, 2014）。

**核心观点2**：社会互动在知识建构过程中起到了重要作用（Bruning et al., 2011; Schunk, 2020）。

整合建构主义观点的一个途径是描述与这些中心思想相匹配的建构观的两种形式：认知建构和社会建构（Palincsar, 1998; Phillips, 1997）。认知建构主义者关注的是个体如何运用信息和资源，以及如何通过接受他人的帮助来建构理解（参见核心观点1）。相反，社会建构主义者认为社会环境对学习和发展至关重要，我们是通过与他人一起参与具有文化意义的活动来进行学习的（参见核心观点2）（Dohn, 2016; Windschitl, 2002）。下面就让我们更详细地考察一下不同建构主义流派的观点。

### 1. 认知建构主义

很多心理学理论包含某些建构主义的观点，因为这些心理学理论认为，当个体在特定情境下解释他们的经验时，他们在建构自己的认知结构（Palincsar, 1998）。因为这些理论强调个体的知识、信念、自我概念或同一性，所以他们有时将学习者称为个体建构主义者或心理建构主义者；他们关注人的内在心理世界。前文案例中的内奥米对"墙壁说的话"做出回应，就是她在利用自身的知识和信念来理解当前的新情境，她先前的知识和信念中存在当别人（或其他事物）和你说话时你该如何回应的信息。她利用自己已知的经验来建构有关她的世界的心理结构（Piaget, 1971; Windschitl, 2002）。当孩子观察到大多数植物的生长需要泥土，并推论说这些植物"吃泥土"时，他们是在利用自己知道的有关饮食如何支持生命的信息来理解植物的生长（Linn & Eylon, 2006）。

从这些理念来看，新崛起的信息加工理论（information processing）本质上也是建构性的，因为信息加工理论关注的是个体如何建构可记忆、可提取的内部表征（命题、表象、概念、图式）（Mayer, 2012; Schunk, 2020）。然而，很多心理学家认为信息加工是"轻微建构主义"或"弱建构主义"，因为个体对建构唯一的贡献就在于建立了与外部世界精准对应的内部表征，而不是建构一种独特的个人理解（Derry, 1992; Garrison, 1995; Marshall, 1996; Windschitl, 2002）。

相反，皮亚杰的心理（认知）建构观较少关注表征正确性，而更多地关注个体建构的意义。皮亚杰特别关注逻辑和普遍性知识的建构，如守恒或可逆性，这些是在第3章中学到的概念（Miller, 2016）。这些知识来自对我们自己的认知和思维的反思与协调，而不是对外部现实世界的映射。皮亚杰将社会环境看作儿童发展过程中的一个重要因素，但是他认为社会互动并非思维改变的主要机制。

个体建构主义的一个极端是**激进建构主义**（radical constructivism）。这个流派认为，当我们试图向自己解释我们感受到的东西时，我们每个人都只能从自己的经验中建构意义（知识），但无法理解他人建构的知识，或是无法知道自己建构的知识是否"正确"。激进建构主义者认为学习是一个不断更新建构的过程，个体总是用能更好地解释自己对当下现实的感知的建构来代替原有的建构（Hennessey et al., 2012）。这一观点遭遇的挑战是，按极端的建构主义的说法，一切的观念与信念都是平等的，因为他们都是有效的个人感知。

这一点对于教育者来说是存在问题的。首先，教师承担着"帮助学生树立诚实、公正等积极价值观，阻止偏执、欺骗等消极价值观"的责任，而现实中并非所有的观念与信念都平等。其次，在许多领域，都有达成了科学共识的"正确"答案；如果学生坚持个人的错误观念和天真的建构，他们会在学习中遇到困难（Moshman, 2021）。作为教师，我们要求学生努力学习，但如果所有的观念都同样合理，那么努力学习便失去了意义。正如大卫·莫希曼（David Moshman）（1997）所言，"我们可能只能让学生继续相信那些他们所相信的东西了"（p.230）。而且，很多知识，如数数或者一一对应关系（数字和特定数量对应的观点），似乎不是建构性的，而是具有普遍性的。每个人都必须了解一一对应关系（Geary，1995；Schunk，2020）。

**2. 社会建构主义**

我们已经看到，在认知建构主义中，学习意味着个体拥有知识（核心观点1）。但是很多学习是在社会环境中进行的。从社会建构主义（social constructivism）的角度来看，学习是一个社会中介的过程，学习者作为社会群体的一员，通过社会互动来建构知识（核心观点2；Dohn，2016；Mason，2007）。正如你在第2章中所看到的，维果茨基强调前文中的核心观点2，即社会互动、文化工具及活动塑造了个体的发展和学习。正如案例所体现的那样，艾萨克和妈妈在杂货店中的互动及活动使他学到了预期可能的行为结果（从购物篮的容量和融化的冰激凌这两件事中）的方法、"农产品"和"当地"的含义，以及地理知识——"弗吉尼亚在哪里"（Martin，2006）。通过与他人共同参与广泛的活动，个体能内化通过共同学习而获得的东西，包括新策略和新知识。**内化**（appropriating）指能够使用文化工具推理、行动和参与，例如使用诸如"力"和"加速度"等概念性工具来对物理进行推理（Marson，2007）。

由于维果茨基的理论多用社会互动和文化背景来解释学习，因此大多数心理学家将维果茨基归为社会建构主义者（Palincsar，1998；Prawat，1996）。然而，一些理论家将他归为认知建构主义者，因为他更关注个体的发展（Moshman，1997；Phillips，1997）。在某种意义上，维果茨基二者兼而有之。他的学习理论的优势是，他给我们提供了同时考虑心理和社会因素的一个途径：他联结了两大阵营。例如，维果茨基提出的**最近发展区**（zone of proximal development），即儿童可以借助成人或更出色的伙伴的帮助（支架）来解决问题的领域，被视为文化和认知互生的一个领域（Cole，1998）。当成年人使用来自文化的工具和实践方式（语言、地图、技术、故事、音乐等）时，文化就创造了认知，并将引领儿童向文化价值目标（阅读、写作、传统、跳舞等）前进。当成人、儿童、共同体成员在一起进行新的实践活动，找到新的问题解决办法，并使其成为文化的一部分时，认知就创造了文化（Serpell，1993）。因此人们既是所在社会和文化创造的产物，同时也是所在的社会和文化的生产者（Bandura，2018）。整合个体建构主义和社会建构主义的其中一种方式就是将知识看作个体建构和社会建构的中介（Windschitl，2002）。

### 10.1.2 知识是如何被建构的

这两种取向的建构主义的观点并不一致，它们引发了人们对某些普遍问题的关注，产生了一些矛盾，并提出了不同的答案。一个问题是关于知识是如何建构的。表10-1提供了二种解释。请注意，知识的来源（第一列）是不同的，因为每种取向的假设并不相同，这是关于个体如何"知道"的假设。因此，基于该逻辑，每种方法中教师和学生的角色看起来也是不同的。

**表10-1　知识建构的主要观点**

| 知识来源 | 关于学习和知识的假设 | 教学启示 | 代表性理论 |
| --- | --- | --- | --- |
| 外部 | • 知识是人们通过建构外部世界的表征而获得的<br>• 知识是对外部世界事物本质的反映，从这个角度说，知识是精确的 | 直接教学、反馈及解释都会影响学习 | 信息加工理论 |
| 内部 | • 知识是通过转化、组织和重组先前知识来建构的<br>• 知识并非外部世界的镜像，尽管经验会影响思维，而思维又会作用于知识 | 探索和发现远比直接教学更重要，教师在其中要扮演向导的角色 | 皮亚杰的认知建构理论 |

续表

| 知识来源 | 关于学习和知识的假设 | 教学启示 | 代表性理论 |
|---|---|---|---|
| 外部和内部 | • 知识是基于社会互动和经验建构起来的<br>• 知识在反映外部世界的同时，还受到文化、语言、信念和与他人的交互作用的影响 | 有指导的发现、教学、示范和社会互动的机会有助于学习者将所学内容与先前知识、信念和思维建立联系，所有这些都会影响学习 | 维果茨基的社会建构理论 |

资料来源：Bruning, Schraw, Norby (2011); Moshman (1982); Schunk (2020)。

### 10.1.3 知识是情境性的还是普遍性的

有关建构主义观点的第二个分歧是：知识究竟是内在、普遍、可迁移的，还是局限于特定的时间和地点被建构而成的？强调知识的社会建构和情境学习的心理学家赞同维果茨基的观点，认为学习是社会的内在属性，并依存于特定的文化情境（Cobb & Bowers, 1999; Dohn, 2016; Schoor et al., 2015）。在某时某地被认为正确的事情，可能在其他情境下变成谬误，例如在中世纪之前，许多人接受了"地球是平的"这一"事实"，但随着认知发展，这一观点已被推翻。特定的观念可能只在特定的**实践共同体**（community of practice）中有用。比如，"地球是平的"对于15世纪的航海而言有用，但在其他情境下可能就没有用了。一个新知识的价值部分取决于它与当时被认可的实践吻合的程度。随着时间的推移，当前的实践可能会遭到质疑或被推翻，但在这种变更出现前，当前的实践都是有价值的，甚至被认为是知识。

**情境学习**（situated learning）强调真实世界的学习不同于学校中的学习。前者更像是一个新手在作为专家的共同体成员的引导和示范下所做的学徒工作：慢慢上手，直到可以独立工作。情境学习的支持者，情境学习可以有效地解释发生在工厂、餐桌、高中礼堂、街道帮派、商务办公室、同人小说社区、艺术活动和绿茵场等情境中的学习（Ito et al., 2020）。

情境学习常被描述为一种"文化适应"，或者对特定共同体的规范、行为、技能、信念、语言和态度的适应。一个共同体可以是一群数学家、一些网络游戏者、一批作家、一些八年级学生或一支足球队——任何具有特定思维方式和行为方式的团体都可以算作共同体。知识不是个体的认知结构，而是共同体长期创造的结果。共同体的实践是共同体互动和做事的方式，同时也是共同体创造的用来建构这个共同体知识的身份和工具。学习意味着变得更有能力参与这些实践、接受这些身份和使用这些工具（Dohn, 2016; Greeno et al., 1996; Mason, 2007）。

从最基础的层面来看，"情境学习强调个体所学的多数观念特定适用于当时的情境"（Anderson et al., 1996, p.5）。很多人可能会说，如果是这样，在学校学习算术只能帮助学生做更多的学校计算，因为这些技能只能应用于当时的学习情境，即只能在学校使用（Lave, 1997; Lave & Wenger, 1991）。若你能够理解并计算你的所得税（虽然你的高中课程并不包含所得税计算知识），那么这说明知识和技能是可以跨越最初的学习情境并被运用到更广泛的情境中的（Schunk, 2020）。

无论是发生在校内还是校外日常环境中的情境学习，并不必然使学习变得孤立或无关紧要（Bereiter, 1997）。正如你在第9章中看到的，在教育心理学和更广泛的教育领域中，人们关注的一个主要问题就是知识怎样从一个情境迁移到另一个情境中。我们应该如何促进这种迁移呢？下文将讨论这一问题。

## 10.1.4 共同要素：以学生为中心的教学

> **停下来，想一想**
>
> "以学生为中心"的课堂是什么样的？当你处于教学的"中心"时，你和你的学生有什么样的体验？列举这种把学生置于中心地位的课堂的特点与特征。

我们已经了解了不同建构主义流派之间的一些分歧，那么它们之间是否存在一些共同要素呢？所有的建构主义理论都认为，知识是学习者在试图理解自身经验的过程中发展起来的，内奥米和艾萨克的案例就体现了这一点。"所以，学习者并不是一个被动等待灌输的容器，而是一个积极寻求意义的有机体"（Driscoll，2005，p.487）。人类建构心理模型或图式，并不断修正它们，以更好地理解自身经验。再次强调一点，我们是知识的创造者，而不是"复印机"或"档案柜"。虽然学习者的建构并不必然与真实的外部世界有联系，但它是学习者自己建构的独一无二的解释。就像在内奥米看来，与她对话的不是一面冷冰冰的墙壁，而是一如既往地保持友好的存在。然而，这并不意味着所有的建构都同等有效可行。学习者通过自己的经验或他人对问题的理解来检验自己的理解，就像艾萨克和他母亲协商和共同建构意义那样。

不同的建构主义者对学习目标有类似的看法。他们都强调学习者要学习可以加以使用的知识，而不是仅利用存储在大脑内部的事实、概念和技能。学习目标包括发现和解决结构不良领域的问题、运用批判性思维、开展探究活动、进行自我决策，以及保持对各种不同观点的开放心态（Driscoll，2005）。虽然存在多种建构主义理论，但很多建构主义流派都认为学习应该具备以下五个条件：

①发生于复杂、真实和相互关联的学习环境中；
②将社会协商（social negotiation）和责任共享视为自身的组成部分；
③支持对同一内容的多种观点和多种表征方式；
④培养自我觉察和对知识建构过程的认识；
⑤倡导提升学习者的学习主体性（Driscoll，2005；Marshall，1992）。

当这些条件得到满足时，学习者就不再是学习的接受者，而是学习的共同创造者——学习者成为学习的中心，而教师不再是学习的中心。表 10-2 解释了以学生为中心的学习方式为什么能比传统的以教师为中心的学习方式带来更深入的学习（Sawyer，2006）。当你读到更多有关建构主义教学中五个共同要素的内容时，回想你的学生时代，这些要素是否存在于你自己的课堂上。在我们讨论符合这一观点的建构主义教学方法之前，让我们更仔细地了解这五个学习要素。

**表 10-2 深度学习与传统课堂学习的对比：原理与实例**

| 传统课堂的学习 | 深度学习 |
| --- | --- |
| • 课堂学习材料与学生已知的内容无关。<br>教师："火成岩是……" | • 学习者将新的知识与他们已经知道和相信的事物联系起来<br>教师："你们有人在电视上看到过花岗岩台面吗？或者你们家里有吗？它们长什么样子……" |
| • 将课堂材料以零散知识片段的形式进行呈现和学习。<br>教师："变质岩的定义是……" | • 学习者在扩展的概念系统中整合和连接他们的知识<br>教师："我们已经学习了两种岩石。简娜娅（Janay）带来了她去科罗拉多旅行时获得的岩石样本。上周我们还学习了地球在过去几个世纪里是如何变化的，一些海底变成了陆地。今天我们将了解大理石和钻石是如何……" |

续表

| 传统课堂的学习 | 深度学习 |
|---|---|
| • 课程学习是在不理解事情如何发生或为什么发生的情况下记忆事实和操作步骤<br>教师:"做分数的除法、逆运算和乘法时,要……" | • 学习者探索事物的运行模式,认识或自行解释潜在的原理<br>教师:"先回忆一下,除法的含义是什么……好,那么 3/4 除以 1/2 意味着要找出其中包含多少个……" |
| • 知识归权威所有(如教科书)。学习者很难理解不是直接来自书本或通过书本解释的观点<br>教师:"你的课本里……是怎么讲的?" | • 学习者评估新的观点(无论这些观点是否来自文本),并能将其整合到他们的思维中<br>教师:"昨天在电视上有个关于一种新药的报道,这种新药对 1/8 的病例有效……,那么治愈的概率有多大?" |
| • 权威和专家是不变且准确的事实和程序的来源<br>教师:"科学家一致认为……" | • 学习者明白,知识是由人在社会上建构的,所以观点需要经过批判性检验<br>教师:"关于气候变化的讨论有两个不同立场,以下是简要的总结。我们如何评估每个立场的证据?" |
| • 学习只是简单的复制,而不是思考学习的目的和达到目的的最佳策略<br>教师:"这个知识点考试会考。" | • 学习者思考他们为什么学习,监控他们的理解情况,反思他们自己的学习过程<br>教师:"你怎样能在自己的生活中运用这个概念呢?你怎么知道自己是否真的理解它?" |

### 1. 复杂的学习环境和真实任务

建构主义者认为,教师不应给予学生已经分解好、简化了的问题和基础技能训练,而应该让学生面对**复杂的学习环境**(complex learning environments),去解决模糊、结构不良领域的问题。因为学校以外的世界中很少有简单的问题或者有详细步骤的指示,所以学校应该尽力让每个学生体验解决复杂问题的过程。复杂问题并不仅是难题,它还包含多种多样、互相制约的因素,并有着多种多样的解决方法,没有唯一的正确解决方案,每种解决办法都可能带来一系列新问题。

这些复杂的问题应该被置于真实的任务和活动中。在这些情境中,学生会把自己在校外日常生活中所学到的知识应用到真实的世界中(Gutiérrez et al., 2017)。在解决这些复杂问题时,学生可能需要支持,教师可以帮助他们查找资料,记录他们的进步情况,并帮助他们将大问题分解为小问题。随着他们学习到更多的专业知识,学习者可以应用和修改他们的知识,以适应不同的情况。

### 2. 社会协商

很多建构主义者赞同维果茨基的观点,认为高级心理过程的发展是通过**社会协商**(social negotiation)和互动来完成的,因此合作学习很有价值。教学的一个主要目标是培养学生的批判性思维和协作论证能力,即建立和维护自己观点的能力,同时尊重他人的观点,并与他人一起协商或共同构建意义。因此,在交流过程中,学生需要讨论和互相倾听,权衡支持和反对自己观点的证据,并整合信息来支持自己的论点。这一过程包括"学会论证,并在论证中学习"(Nussbaum, 2021, p.10)。协作实践和有效的对话,可以帮助学生通过发现共同基础和沟通解释而达成共识(Howe et al., 2019)。

### 3. 同一内容的多种观点和表征方式

如果学生仅能接触到理解复杂问题的一种模型、一个类比或一种方式,那么他们往往会过分简单地将一种方法应用于每一个情境中。安妮塔就在教育心理学课堂中发现过这种情况。在课堂上演示指导性发现学习的案例时，六个学生几乎是在复述我早些时候讲过的案例，而且报告中还存在一些错误概念。看来，学生只了解一种表征学习的方式。所以课堂讲授应该通过不同的类比、举例和比喻，为学生提供关于 同一内容的多种表征方式（multiple representations of content）。这一观点与布鲁纳（1966）提出的 螺旋式课程（spiral curriculum）的观点是一致的，这种课程指的是，在学校学习早期，向学生介绍所有学科的基本结构和核心概念，随着时间的流逝，再以更复杂的形式来重新学习特定学科。同一内容的多种表征方式的另一个例子是数学课上教具的使用。学生们可以用不同的方法来表现数学中的数量和运算过程（Carbonneau et al., 2013）。

#### 4. 关于知识建构过程中的自我意识与反思

建构主义观点强调，要让学生明白自己在知识建构过程中的作用。我们的假设、信念和经历塑造了我们每个人所了解的世界。不同的假设和经历会让我们获得不同的知识，就像我们在第 2 章里探究的知识形成过程中文化差异所起的作用。如果学生知道影响他们思维的因素，那么他们能更好地以自我批判的方式去选择和发展自己的观点，为自己的观点辩护，同时尊重他人的观点。反思也是知识建构的必要条件。为了发展出更深层次的概念性知识，学生需要缜密地分析自己的工作和进展，对此进行反思。

#### 5. 学生学习的主体性

建构主义的学习取向强调学生的直接参与和他们在学习中的主体性。学生的主体性并不意味着教师要放弃教学的责任。相反，教师尊重学生已有的知识，并支持学生的能动性和自我决定（Vossoughi et al., 2021）。学生带着关于世界如何运转的知识和信念走进我们的教室。这些先入之见有些是正确的，有些是部分正确的，还有些是错的。如果学习不是从学生已知的东西开始，那么学生即使学会了考试所需的知识，他们对世界的知识和信念也不会改变，对所学知识的主体性意识也不会改变（Hennessey et al., 2012）。正如我们将在第 11 章和第 12 章中看到的，支持学生主体性能够增强学生的自我效能感、兴趣和内在动机。因为教学设计恰恰是本书的一个核心问题，在本章后面的内容里，我们将讨论学习主体性，以及如何进行以学生为中心的教学的例子。

## 10.2 设计建构主义的学习环境

既然你已经理解了以学习者为中心的建构主义教学取向的共同要素，那么你如何设计以学生为中心的教学环境呢？设计教学环境，意味着将我们对学习和动机的认知转化为活动、作业、评估和其他教学资源（Belland et al., 2013）。近来，心理学、教育学、计算机科学、哲学、社会学、人类学、神经科学，以及其他有关学习领域的研究，形成了 学习科学（learning sciences）这一交叉学科。像教育心理学家一样，学习科学家对如何支持科学、数学和语言文学等学科中深入、扎实的知识建构很感兴趣。

### 10.2.1 在建构主义的课堂中促进深度学习

在建构主义的课堂中，教师是促进者和学习环境的设计者。尽管学生是建构主义学习观的中心，但这并不意味着教师是无关紧要或者过时的。让我们看看教师可以用来促进学生积极建构知识的其他几种做法。

#### 1. 支架

建构主义方法包括支持学生专业发展的支架（scaffolding）。支架是"为学生的意义建构和独立思考提供支持的实践活动"（Muhonen et al., 2016, p.143）。深度理解要求学生努力解决那些超出他们能独立解决的范围之外的问题，也就是说，解决他们最近发展区内的问题。正如你在第 3 章中看到的，根据维果茨基的理论，这是学习者需要他人支持才能通过辅助学习建构新知识的地方。换句话说，高阶的思考和学习源于我们的社会互动（McCaslin & Vriesema, 2018）。回过头来看艾萨克和他母亲在杂货店里的谈话，也许你会注意到他的母亲正是以橱柜上融化的冰激凌为支架，帮助艾萨克联系日常经验和知识来提升其对最佳购物方式的理解。

支架可以由教师、同伴、家长甚至多媒体资源提供。支架包括动机和认知上的支持——帮助学生保持参与和兴趣，同时也帮助他们进行更深层次的学习（Belland, 2014; Wood et al., 1976）。动机支架（motivational scaffolding）包括激发学生参与学习活动的兴趣和热情，当学生偏离任务时保持他们的注意力和正确方向，为学生的自我效能感提供支持，以及帮助学生在学习受挫时进行情绪管理。这些动机支持对所有学生都很重要，尤其是有学习困难的学生（Radford et al., 2015）。

认知支架（cognitive scaffolding）具有三个特征（Radford et al., 2015; van de Pol et al., 2010）：首先，教师会根据学生的情况不断进行调整，给予学生有针对性的指导，以优化学生的理解；其次，随着学生理解和技能的提升，教师会逐渐减少对学生的支持——这个过程被称为渐隐（fading）。最终，学生承担起越来越多自己的学习责任，教师将责任逐渐转移给学生（van Merriënboer & Kirschner, 2013）。在最初的学习过程中，教师可以从具体的例子开始，然后转向更抽象的例子。例如，艾米丽·法伊夫（Emily Fyfe）和她的同事（2015）检验了四种向一至三年级学生教授数学的方法。获胜组的教学方法包括了最具体的表现（猴子玩偶和青蛙玩偶收集了不同数量的贴纸）到最抽象的表现（数字和符号组成的加法方程）的一系列步骤。这种渐隐技术帮助所有的学生学到了更多的知识，即使对于那些之前数学知识就很好的学生也是如此。

图10-1提供了可能有助于学生知识建构的不同支持来源的示例：材料支持、教学支持、交互式支架、技术中介支持和动机支架。这些方法通常协同发挥作用（Belland, 2017; Palincsar et al., 2017）。例如，林孜容（Tzu-Jung Lin）和她的同事（2015）研究了四年级学生学习的教学支持，如提示、示范和提醒。他们分析了学生在35 000多次基于问题的小组讨论中的话语交流。研究发现，教师对关系性思维的提示，如鼓励逻辑推理、使用类比、反驳、替代假设和精细阐述，能提高学生的关系性思维。一旦教师指导一名学生进行更深入的思考，这种关系性思维就会扩散到小组的其他成员——他们互相搭起支架（交互式支架）。其他有效的教师支持包括表扬使用认知策略的学生，鼓励小组继续完成任务，不打断彼此、轮流发言，并确保每个人都做出了贡献（即动机支架）。

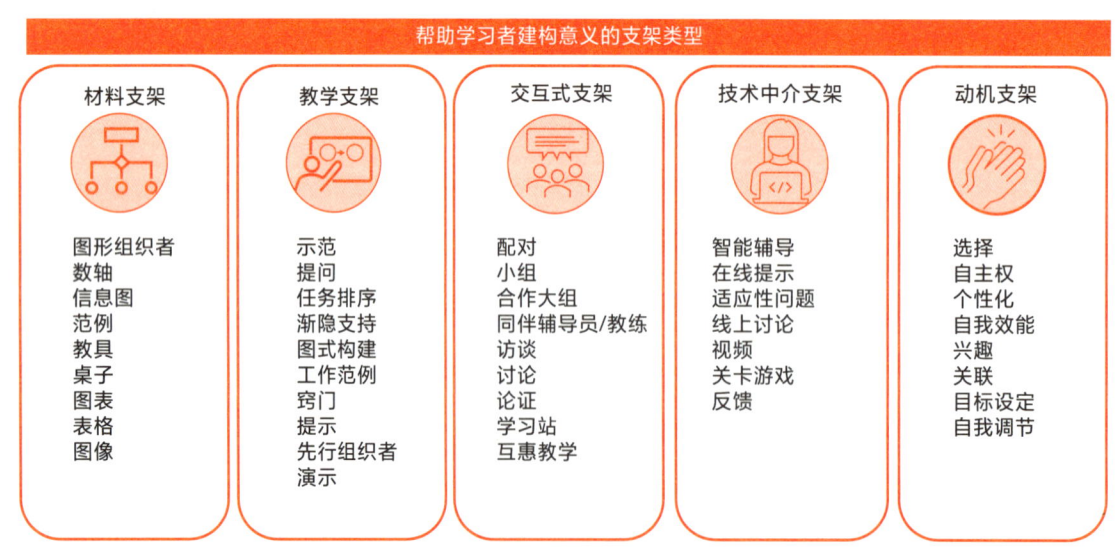

**图10-1 帮助学习者建构意义的支架式支持**

注：教师可以使用各种策略来支持学生的深度学习。这些包括选择材料、使用有助于理解的教学方法、设计互动机会、使用技术和支持学生的学习动机。

### 2. 先行组织者

支撑学习和动机的一个方法是以一个先行组织者（advance organizer）开始一堂课或一项活动（Melrose, 2013）。先行组织者是指提供包摄性足够广泛的介绍性材料，以涵盖接下来的所有信息。组织者可以达到三个目的：（1）将你的注意力引向接下来要学习的材料中的重要内容，（2）强调将要呈现的观点之间的关系，（3）提醒你已经掌握的相关信息。

先行组织者分为两类，比较性组织者（comparative organizers）和陈述性组织者（expository organizers）（Mayer, 1984）。比较性组织者激活（带入工作记忆）已经存在的图式。它们提醒你那些尚未意识到与新话题有关但你已经知道的信息。一堂革命历史课的比较性组织者可能是一份把军事起义与工业革命中涉及的物理和社会变革进行对比的陈述材料；你也可以比较法国、英国、墨西哥、俄罗斯、伊朗、埃及和美国革命的共同点（Salomon & Perkins, 1989）。

相比之下，陈述性组织者为学生提供理解新信息所需的新知识。在英语课上，你可能会从一个关于"文学中成人仪式"的大型主题单元开始，对主题进行非常宽泛的陈述，并简要分析它在文学中如此重要的原因——比如"即将成年的一个核心特征就是必须学会了解自己，经常进行某种自我发现之旅，并且必须判断在社会中什么应该被接纳，什么应该被拒绝"。这样的组织者可能会在阅读《哈克贝里·费恩历险记》（The Adventures of Huckleberry Finn）等小说之前出现。

先行组织者的相关研究所得出的一般结论是，他们可以在学生的学习中充当支架，特别是当要学习的材料非常陌生、复杂或困难时，但要实现其有效性，需满足其中两个条件（Langan-Fox et al., 2000; Morin & Miller, 1998）：首先，为了使组织者有效，学生必须理解它——可通过让学生解释组织者的内容来检查他们的理解情况；第二，组织者必须是"真正的组织者"，必须指出在即将到来的课程中将要用到的基本概念和术语之间的关系。特别好的组织者包括具体的范例、图表、概念图、表格、时间线或类比（Robinson, 1998; Robinson & Kiewra, 1995）。

### 3. 通过提问和回答深层问题来促进理解

为了确定最有助于学生进行理解构建的教学实践，研究人员回顾了从小学四年级到大学阶段的课堂研究，涉及科学、数学、历史和文学等多种学科。提出能被有效讨论的深层问题，是最常见的促进学生理解的教师实践（Fitzgerald & Palincsar, 2019）。为了使提问有效，首先，你必须确定你所有的学生掌握了深入思考所需的基本常识和知识；其次，你可以确定一些问题，让学生对内容中的基本原理和重要思想进行推理，提出合理的论点，并提供证据（Pashler et al., 2007）。正如下一个例子所示，图形组织者（graphic organizers）和深层问题可以使这个过程变得更容易。

曾担任高中教师的道格·隆巴迪（Doug Lombardi）和他的同事（Lombardi et al., 2018）研究了使用"模型–证据联结"这一教学支架技术是否能提高高中生评估证据的能力。研究以四个与科学主题相关的科学证据作为材料，这四个科学主题有相互矛盾的解释模型——气候变化、水力压裂和地震、湿地和土地的利用、月球的形成。学生们得到了一个图形组织者，上面呈现了每个主题的两种可能解释和四个证据，每个证据都有相应的"证据文本"，然后，要求学生们完成一个句子框架，以评估和解释每个证据对每个模型的支持程度：

在评估了现有的证据后，研究者要求学生将每个模型的可信度从非常不可信到非常可信进行了评级。结果发现，这种教学支架有助于学习复杂和抽象的主题，并提高学生评估科学现象的证据和替代解释之间关系的能力。

提问和回答深层问题并不容易，也不是自然发生的，学生在学习这些技能时必须得到支持。教师可以通过要求学生阐明观点、关注学生论点中的明显优势、建立目标策略模型，以及检查理解情况来帮助学生提高讨论的丰富性（Wei et al., 2018）。想了解更多信息，请看"实践指南：促进深层提问"。

| 实践指南 |

## 促进深层提问

鼓励学生在学习或讨论某个主题时说出或写出解释，做到出声思考。

例如：

（1）呈现一个具有挑战性的故事，让学生在阅读故事时出声思考并解释，将故事与个人经历和先验知识联系起来。

（2）让学生对彼此的解释做出回应，并考虑多种解释。"这些解释背后的理由有证据支持吗？还有其他可能的解释吗？"

（3）在适当的情况下，使用协商论证（第9章），就"什么是好的解释"达成合作共识——"此处的论证是什么？证据有多充分？这个论点与科学原理有联系吗？论证中有什么缺失或薄弱的地方吗？"

提出"需要解释的问题"，而非仅通过背诵事实或重复课文就可以回答的问题。

例如：

（1）"蜜蜂的毁灭将如何，以及为什么会影响我们星球上的其他生命？""如果1860年、1952年和2020年的总统选举中，获胜的是另一位候选人，美国会发生什么变化？"

（2）提供好的、深层的问题范例，教学生区分需要解释的深层问题和只需要事实答案的肤浅问题，如："什么昆虫给花授粉？""1860年、1952年和2020年的两位主要总统候选人是谁？"

提出"质疑学生先前信念和假设的问题"。

例如：

（1）问一些能凸显"令人困惑或矛盾的情况"的问题，比如："为什么森林周期性地经历火灾反而有好处？"

（2）提出问题，让学生用事实和证据捍卫自己的立场。"这个立场有什么证据？这个证据是否排除了其他可能的解释？"

资料来源：Based on Pashler, H., Bain, P., Bottge, B., Graesser, A., Koedinger, K., McDaniel, M., & Metcalfe, J. (2007). *Organizing instruction and study to improve student learning* (NCER 2007–2004). National Center for Education Research, Institute of Education Sciences, U.S. Department of Education. E. M. (2021). Critical integrative argumentation: Toward complexity in students' thinking. *Educational Psychologist, 56*(1), 1–17.

再重复一次我们最喜欢的断言：在建构主义课堂中，教师不是无关紧要的。相反，他们是促进者和学习环境的设计者。至此，我们已经探索了教师的促进作用，现在让我们来看看许多借鉴了建构主义原理的教学设计——探究学习、基于问题的学习和认知学徒制。

### 10.2.2 探究学习

杜威早在1910年就描述了**探究学习（inquiry learning）**的基本模式。这种教学策略虽然有很多变式，但其基本模式通常包括以下要素（Dobber et al., 2017; Pedaste et al.,

2015）。基于探究的学习场景通常从呈现一个有难度的事件、问题或困境开始，学生需要：

①阐明可以解释事件或解决问题的假设。

②通过计划、观察、实验和数据分析来调查问题和检验假设。

③得出结论。

④反思原问题及解决原问题的思维过程。

通常，最终状态包括与他人分享发现。许多方法可以纳入探究学习的范畴，并根据其主要关注点和范围来命名（例如，解决一个结构不良的问题，完成一个多阶段的项目）。

不过，以上只是探究学习的大框架，具体该怎么做呢？艾琳·富尔塔克（Erin Furtak）和她的同事（2012）将探究学习的具体活动和过程分为程序活动（动手操作、提出科学问题、完成科学程序、收集数据、制表画图）、认知活动（根据证据得出结论，形成并修正理论）、概念活动（与已有知识相联系，激活思维模式和想法）和社会活动（参与课堂讨论和观点辩论、做报告、合作学习）。他们对1996～2006年的37项"比较科学课程中探究学习与传统教学成效"的研究进行了元分析，发现探究学习包括认知活动，或认知、程序和社会活动的组合式，对学生学习的影响极富成效。因此，与传统的以教师为中心的方法相比，让学生通过合作的方式完成科学程序、收集并呈现数据、得出结论、辩论观点及进行汇报，效果更为理想。但在探究学习的全程，教师指导和支架也很重要。若让学生完全自主地开展活动，探究学习的效果会大打折扣。

在整个调查阶段，教师的指导和支架都很重要。仅让学生完全靠自己做实验是无法取得理想成效的（Furtak et al., 2012）。那么，什么样的指导是有效的？研究发现，教师可通过以下方式提供支持：帮助学生像科学家一样思考和行动，并监控他们的学习进度，以此提供元认知支持；提供与主题相关的信息来提供概念支持；帮助学生发展平等的合作技能来提供社会支持（Dobber et al., 2017）。

年幼或缺乏经验的学习者可能需要额外的支持，如缩小探究的范围、多一些提示或解释。虽然基于探究的学习让学生以研究者的身份主导学习，但教师指导仍然与更好的学习效果直接相关（Lazonder & Harmsen, 2016）。

### 1. 探究学习示例

让我们看看教师如何利用探究学习的原理来帮助小学生学习"交流"（见图10-2；Hapgood et al., 2004; Palincsar et al., 2001）。教师首先问一些一般性的问题："人类和其他动物是如何进行交流的？为什么进行交流？"然后，这位教师可以提出一些具体的聚焦性问题："鲸是如何进行交流的？大猩猩是如何进行交流的？"教师要谨慎选择特定的聚焦性问题，以引导学生更好地理解问题。理解动物沟通方式的一个关键点在于了解动物的生理结构（例如，大大的耳朵或回声定位器）、生存技能（例如，寻找食物、躲避捕食者）和生活习性（例如，在黑暗中导航时依赖听觉）之间的关系。因此，关键问题必须针对有意义的差异。那些关于某种动物与其他动物有何相似或相同类型的生理结构或习性的问题，对探究来说不是好的关注点（Magnusson & Palincsar, 1995）。

接下来的步骤就是让学生投入探究过程：教师可以通过模仿不同动物的叫声，让学生对这些动物的沟通方式进行猜测并提出主张；然后，要求学生们着手调查相关资料——既有第一手资料（例如，了解猫的眼睛和耳朵大小与身体之间的关系），也有第二手资料（例如，咨询网站或兽医）；接着，学生们开始确认变量之间的关系，即识别其中的规律。图10-2中的曲线表示这样的阶段具有循环性，包括调查、确认模型、报告结果，然后着手整理对问题的解释并形成最终的总结报告。请注意，探究式教学涉及大量的支架，使学生既能学习学科内容，又能体验探究过程。另外，他们还习得了探究过程本身——如何解决问题、评价解决方案、辩论观点，以及进行批判性的思考等。

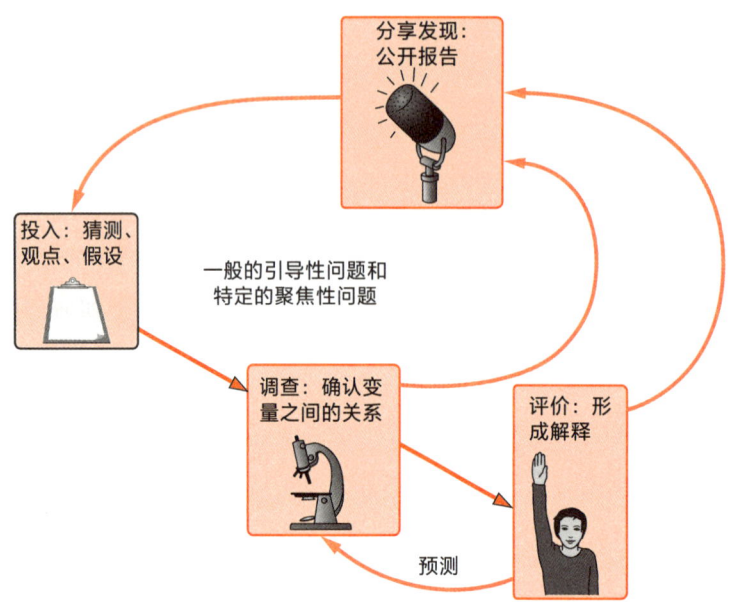

**图 10-2　引导教师思考探究性教学的模型**

注：直线表示教学阶段的顺序，曲线表示在教学过程中可能会反复出现的过程。
资料来源：Based on "Designing a community of practice: Principles and practices of the GisML community" by A. S. Palincsar, S. J. Magnusson, N. Marano, D. Ford, and N. Brown. (1998). *Teaching and Teacher Education, 14,* p.12. Adapted with permission from Elsevier.

### 2. 基于问题的学习

有一种探究的方法是基于问题的学习（problem-based learning），它来源于对医学领域专家知识的研究（Belland, 2011）。在基于问题的学习中，学生以小组为单位共同面对现实世界中没有唯一正确答案且结构不良的问题（Belland et al., 2013；Lisette et al., 2014）。基于问题的学习的主要目的是形成能够运用于很多情境的灵活性知识，而不是惰性知识。惰性知识只是被记在学生大脑中的信息，很少被应用于实际情境（Whitehead, 1929）。基于项目的学习（project-based learning）类似于基于问题的学习，但是前者持续的时间更长，并且可能会涉及多种问题。

基于问题的学习阶段与探究学习的阶段相似。第一阶段是初步问题讨论，学生根据场景中的事实来识别和分析问题，然后确定他们已经知道的内容。学生们很快就清晰地认识到他们需要更多的信息，并以此来确定他们的学习问题。这些问题引导着下一阶段——关于学习问题的个人研究。在个人研究阶段之后，学生返回小组报告他们的研究结果，并与组员合作寻找解决方案。当他们提出假设、应用他们的新知识并评估他们的问题解决方案时，他们可能会在必要时再次进行研究。最后，学生对他们所获得的知识和技能进行反思。整个过程中，学生不是孤身一人，也得到了相应的指导。教师、在线资源、相关模型、教练辅导、专家提示、指导手册、组织支持，以及合作小组中的其他学生，可以在学生思维和问题解决能力的发展中起到很好的支架作用，从而避免学生的工作记忆负荷过重。例如，当学生学习时，需要填写表格，这可以帮助他们对科学论证中的"观点"和"理由"进行区分，或者创建一个分为四个部分的共享文档，在其中列出事实、观点、学习问题和行动计划（Hmelo-Silver, 2003；Hmelo-Silver et al., 2007）。

在真正的基于问题的学习中，问题是真实存在的，学生的行动更是至关重要。例如，2010年墨西哥湾原油泄漏事件发生后，许多教师在教学中用它举例。学生们从规模、位置、起因和解决办法等方面，将此次石油泄漏事件和其他泄漏事件进行比较，并探究一些列问题："可以采取什么措施""水流和潮汐会对此产生什么影响？""哪些地区、商业贸易和野生动物处在危险之中？""此次石油泄漏会对经济和环境产生哪些短期和长期的影响？""学生可以采取哪些有建设性的行动？"后来，许多教师在博客中分享了将此次石油泄漏事件用于基于问题的学习的各种案例，并为其他教师提供了可以借鉴的资源。下面让我们来仔细看看这六个阶段，因为它们也可能出现在高阶科学课堂中（Klein & Harris, 2007）。

（1）循环始于提出一个能激发全班学生兴趣的**挑战性任务**。例如，在教授生物力学时，教师可以向学生提出这样的挑战："假设你是生物反应器中的一个活细胞，什么因素会影响你的寿命呢？""你奶奶受伤的臀部正在康复，她该用哪只手扶拐杖来帮助她保持平衡呢？"这些问题的设计需要引导学生应用他们当前的知识和概念。

（2）接下来，学生借助个人、小组、全班的头脑风暴或其他活动产生观点，将他们当前所知道和相信的内容组织到一起。

（3）学生们各自研究这个话题。通过各种外部专家意见（现场直播、视频、书本）、网页、杂志、报刊文章或播客等形式，在教学过程中加入**多种观点**和看法。

（4）学生们更为深入地进行**研究并修正**原有观点。他们需要查询更多资料或者聆听相关讲座，不断地修正自己的观点，并将其思维过程记录下来。

（5）学生们通过其他学生或教师对其结论的反馈来**检验**自己的理解。某些形成性（不打分）测验可以用于检验他们的理解。

（6）学生回到小组，讨论结论，可以通过口头报告、海报展示、项目成果汇报或最终考试等形式，将他们最后的结论或解决方案**公开化**。

教师在基于问题的学习中需要承担的任务是：确定要解决的问题和恰当的资源；通过描述目标和基本原理，引导学生认识问题；帮助学生设定目标、明确任务；当学生收集信息、制定解决方案和准备成果（例如模型、报告、视频、幻灯片、作品集等）时，给予支持、训练和指导；鼓励学生对其学习过程和结果进行反思（Arends & Kilcher, 2010）。

### 3. 探究学习能促进学习效果的提高吗？

探究学习和基于问题的学习能带来更好的学业表现吗？人们已就这一问题争论了好多年，一些研究得出了肯定的结论（Belland et al., 2013; Chen & Yang, 2019; Furtak et al., 2012; Loyens et al., 2015），而另一些研究结果表明其效果并不理想（Jerrim et al., 2019）。这些互相矛盾的证据在一定程度上表明学习什么、使用何种探究学习方法，以及如何衡量学习成果，是一个非常复杂的问题（Hung et al., 2019）。但是，并非所有教育心理学家都认同探究学习对全体学生都是有价值的。关于这一点，你可以在后面的"观点/对立观点"中进一步了解。

---

## 观点 / 对立观点

### 探究学习与基于问题的学习是有效的教学方法吗

探究学习和基于问题的学习，这些教学方式非常吸引人，但它们是否真的有效？对大多数学生来说，基于问题的学习能否促进更加深入的理解？

**观点** 探究学习被高估了

保罗·基施纳（Paul Kirschner）和他的同事曾在《教育心理学家》上发文，明确表达了对基于问题的学习等策略的批评。他们文章的标题是《为什么在教学中给予最少的指导是无效的：对建构主义教学、发现式教学、基于问题的教学、体验性教学和探究性教学失败原因的分析》（*Why Minimal Guidance Durning Instruction Does Not Work: An Analysis of the Fallure of Constructivist, Discovery, Problem-Based, Experiential, and Inquiry-Based Teaching*）。在该文中，他们明确指出：

> 尽管非指导性教学或者说指导最少化的教学方法非常流行，而且看上去上更吸引人，但问题在于，这种教学方法忽视了构成人类认知结构的框架，同时忽视了已有的实证研究证据：过去半个世纪以来，研究一直表明，与强调对学生认知过程进行引导的指导性教学方法相比，指导最少化的教学方法在有效性和效率上均处于劣势（Kirschner et al., 2006, p.75）。

一些广受尊重的研究者（以及近来的一些研究者）通过梳理过去数十年的研究指出，非指导性的发现或探究学习和基于问题的学习没有效果，对那些先前知识匮乏的学生而言尤其如此（Kalyuga, 2011; Klahr & Nigam, 2004; Tobias, 2010）。一项以英国 15 岁理科生为对象的全国性研究同样表明，无论学生之前的成绩水平如何，"高水平的探究或无指导的探究与成绩完全无关"（Jerrim et al., 2019, p.42）。路易斯·阿尔菲里（Louis Alfieri）和他的同事（2011）对过去 50 多年的研究结果进行梳理后发现，外显的教学比不给予指导的发现式教学更有益，不少发表在高水平期刊上的研究都秉持这一观点。这些研究的结论是："不给予指导的发现式教学，基本不会促进学习"（p.12）。在 1966 年至 2016 年期间进行的 300 多项研究的结果也表明，直接教学带来更高的学业成就（Stockard et al., 2018）。研究人员得出结论，直接教学之所以有效，是因为它为学习者提供了易于理解、清晰明确的例子，学生们不会感到困惑或由于指导太少而得出错误的结论，避免了时间的浪费。此外，你可能还记得第 5 章中提到，研究特定学习障碍的主要研究人员进行了一项全面的评估，结论是"很少有证据表明患有特殊学习障碍的儿童能从发现式、暴露式或建构主义的教学方法中受益"（Grigorenko et al., 2020, p.48）。

那么，基于问题的学习的效果又怎样呢？大部分关于基于问题的学习的研究集中在医学院，研究结果也各异（Hung et al., 2019）。例如，一项元分析表明，尽管那些使用基于问题的学习的学生在实践医疗技能上表现更好，毕业更快，并报告了更高水平的幸福感，但他们在医学知识上的收获相对较小（Schmidt et al., 2009）。

## 对立观点　探究学习是学习的有效工具

在幼儿园至八年级阶段的科学课上进行基于问题的学习，学生的科学成绩和概念发展会得到提高（Merritt et al., 2017）。有研究随机选择一部分二年级教师，让他们使用基于项目的教学方法来教授社会研究和读写科目，他们的学生比传统学习模式中的同龄学生提前掌握了原本需要五个多月才能学会的内容（Duke et al., 2021）。在一项在大城市地区进行的研究中，近 20 000 名学生使用了基于探究的材料，这些学生在标准化考试中的通过率显著高于其他学生。其中，非洲裔美国男性受益最多（Geier et al., 2008）。在针对高中经济学和数学科目的研究中，研究倾向于使用基于问题的方法来学习更复杂的概念和解决多步骤应用题。与接受传统教学的学生相比，被随机分配到"知识在行动"探究项目的政府管理和环境科学学科的学生，在先修课程的考试中获得了更高的分数（Saavedra et al., 2021）。其他几项研究指出，只要学生的学习得到支持且拥有足够的背景知识，学生对探究学习的投入和动机就会增加（Hmelo-Silver et al., 2007）。

总而言之，辛迪·梅洛-席尔瓦（Cindy Hmelo-Silver）（2004; Hmelo-Silver et al., 2007）对以往研究进行回顾后发现，已有证据表明基于问题的学习有助于学生建构灵活的知识体系、培养问题解决的能力和自我指导的学习技能，但是鲜有证据表明基于问题的学习能激发学生的内在动机或促进学生的合作学习。

### 谨防"非此即彼"

之所以存在有效和无效的探究、基于项目的学习，以及基于问题的学习之间的差异，是因为完全的非指导性教学与有指导、有支持、有良好支架的探究式教学之间有所区别。阿尔菲里和他的同事（2011）做了以下总结。

最佳的教学策略应该至少包含下列三个特点中的一个：（1）有引导，而且会提供支架来辅助学习者；（2）学习任务要求学习者能够对自身的想法进行解释，并且通过及时的反馈来保证这些想法是正确的；（3）能够提供有效的案例来说明如何有效地完成学习任务。（p.13）

然而，更复杂的是，有证据表明，指导和反馈的价值取决于学生的先前知识或年龄。例如，在探索可能的数学问题解决方案时，知识贫乏的学生能从反馈中受益，但拥有一些知识的学生更容易从没有反馈和指导的独立探索解题过程中受益（Fyfe et al., 2012）。另外，一年级学生能通过基于计算机的非指导性发现学习中学到一些基本的数学推理技能，这一方法比直接教学的效果更好——这或许是一个体现无组织游戏对幼儿的价值的例子（Baroody et al., 2013）。

**4. 巧用探究学习**

你不必在探究学习和聚焦于具体内容的学习之间"二选一"。从幼儿园至高中，最佳的教学方法可能就是在内容掌握和探究学习或基于问题的学习之间保持一种平衡（Lisette et al., 2014）。例如，在一项研究中，将正在学习如何在设计科学实验时使用"控制变量策略"的三年级和四年级学生随机分配于不同教学方法：最低限度的指导、一些直接的指导、部分的教师示范加上部分的直接指导，或是全部的教师示范。结果发现，尽管所有学生都有进步，但接受了教师的直接指导和示范的学生表现最好（Martella et al., 2020）。最重要的是，如果有适当的支架和教师的帮助，探究学习可以有效地帮助学生学习解决结构不良的问题。教师可以选择并限制单个研究阶段的研究材料数量，提供已确定的学习问题的问答范例，提供有关良好解决方案特征的指导，并在此过程中提供反馈（Belland, 2017; Lisette et al., 2014）。

请记住，有效的探究学习方法除了要支持学习者的知识获取，还要支持他们的动机和自我认同发展——这应该是所有教学的目标。巴克教育学院（Buck Institute for Education）（2019）建议，探究设计应支持学生自主的发声和选择，并与学生的关注点、兴趣、文化、身份和生活中的问题真正联系起来（p.3）。让学生直接参与的参与式设计促进了学生学习和认同的共同发展（Hand & Gresalfi, 2015）。你应该始终鼓励学习者将他们所学的东西与他们的课外兴趣、文化和知识储备联系起来（Glazewski & Ertmer, 2020）。最重要的是，教师应该记住，如果学习内容没有达到标准、学习仅停留在表面层次，或者学生没有进行学科思考，那么即便使用再好的项目都没有帮助（Grossman et al., 2019）。

另一种基于支架和学生参与的建构主义方法是认知学徒制。

### 10.2.3　认知学徒制

几个世纪以来，学徒制教学已经成为一种公认有效的教育形式。通过与师傅或其他学徒一起工作，年轻人能够学会很多技能，学会做生意或者学会一门手艺。知识渊博的引导者提供学习的榜样、演示正确做法，也提供有利于提高学习动机的个人联结。学徒制教学要求学习者进行的操作一般很实际，也很重要，随着学习者的技能愈加娴熟，操作的复杂性也在提高（Collins, 2006; Hung, 1999; Linn & Eylon, 2006）。随着实际任务中的引导性参与转变为参与性内化，学生就会不断内化知识、技能，以及操作任务涉及的价值观（Rogoff, 1995; 1998）。另外，新加入的学习者与较早参与的学习者会通过双方对技能的掌握和再掌握，共同促进实践共同体的发展——有时也能够在这个过程中提高自己的技能（Lave & Wenger, 1991）。

芭芭拉·罗格夫（Barbara Rogoff）和她的同事（2016）提出，与近年来正式学校教育中常见的流水线学习模式不同，人类历史中充满了校外文化嵌入式的学习形式。这些形式通常涉及罗格夫（2016）所说的"通过观察和参与来学习"——这是一种在本地共同体中广泛存在的学徒制，学生在家庭和共同体中进行学习，目标是随着时间的推移，学习者能够越来越多地参与共同体活动，并为共同体做出贡献。

那么，学校教育如何适应学徒制的特点？学徒制不仅向学习者展示如何学习雕塑、跳舞或做衣柜，而且更关注认知目标，如阅读理解、写作、数学问题解决等。**认知学徒制（cognitive apprenticeship）**有很多种模式，其中大多数具有以下六个方面的特征：

（1）学生观察专家（通常是教师）示范操作；

（2）学生通过教师的训练或辅导（包括提示、反馈、示范及提醒）获取外部支持；

（3）学生借助概念性支架开展学习，随着他们对所学内容越来越胜任与精通，他们可以逐渐撤除支架；

（4）学生不断清晰阐述他们所获得的知识，将对学习过程的理解和学到的内容用文字表达出来；

（5）学生反思自身的进步情况，将他们的问题解决策略与专家的做法和他们先前的做法进行比较；

（6）学生要运用自己所学的知识探索教师尚未示范过的解决问题的新方式。

学生学习时会面临很多挑战，他们需要掌握更为复杂的概念和技能，并需要在很多不同的情境下加以运用。

教师该如何开展认知学徒制的教学？通过开展活动来消除学习中的传统等级制度，是一个良好的开端。促进代际之间的学习或与具有更多专业知识的共同体成员合作，可以促进"关系公平"，还可以提供许多学徒应有的品质（DiGiacomo & Penuel, 2018）。在肯塔基州列克星敦的科学岛，公立高中学生参加基于共同体的实习，在实习中他们学习一门手艺或一门学科。一些高中生与肯塔基大学的本科生、研究生和他们的教授一起，在校园内的研究实验室或设计工作室工作。这次实习的重点是公开展示自己的研究结果，涉及社区回收、电台制作、马匹美容、有机园艺、建筑和财务规划等主题。在这些参与式学徒制中，专业知识层次分明，因此学生可以以舒适的速度学习，但仍然有导师的模式可以参照。此外，基于学校的学徒制可以纳入多个年龄组的学生，或邀请共同体中的志愿者和父母参与，从而展示各种不同的文化习俗。

学徒制的另一个优势是，它有助于培养学生协作解决问题的能力（Graesser et al., 2018）。请注意关键词——协作。

## 模块 31 小结

### 认知建构主义与社会建构主义

**描述两种建构主义**

建构主义与其说是一种科学的学习理论，不如说是一种知识哲学。皮亚杰等认知建构主义者关注的是个体如何基于自身的知识、信念来理解他们的世界。社会建构主义者，如维果茨基，认为社会互动、文化工具和活动塑造了个体的发展和学习，他的观点也被称作"建构主义的第二浪潮"。通过与他人共同参与广泛的活动，个体能内化通过共同学习获得的东西，包括新策略和新知识。建构论者关注的是学科领域的公共知识是如何建构起来的，以及如何将日常信念传递给社会文化团体中的新成员。

**建构主义者如何看待知识的来源、准确性和普遍性？**

建构主义者争论的焦点集中在三个方面：知识是不是对外部事实的镜像反映，知识是否对内部认知进行调整和改变，以及知识是否通过外部世界和内部认知的相互作用而建构起来。不过，大部分心理学家认为外部和内部因素都发挥着作用，只是强调的侧重点不同。此外，对于知识是在某个情境中建构起来且可以应用于另一情境，还是根植于某个特定的情境、仅与这个特定学习情境相联系，也存在争议。

**什么是以文化适应的视角进行思考？**

文化适应指一种宽泛、复杂的知识获取过程，符合维果茨基的学习中介理论。就像我们的本土文化教会我们如何使用语言一样，课堂文化也教会我们怎样进行思考，为我们提供好的思考模式，在思维过程中给予我们直接的指导，鼓励我们通过与他人互动来练习思考。

### 不同的建构主义学习理论有哪些共同点？

虽然没有统一的建构主义学习理论，但很多建构主义流派都倡导以下核心理念：提供复杂且具有挑战性的学习环境和真实任务；强调社会协商和合作建构的重要性；支持对同一内容采用多种表征形式；引导学习者理解知识是建构而来的这一本质；明确学生是学习的主体。

### 设计建构主义的学习环境

### 指导设计学习环境的一些基本假设是什么？

指导设计的关键假设是：专家需掌握发深层的概念性知识，学习的动力源自学习者，学校负责创造学习环境，学生的先前知识是关键，反思是学习的重要组成部分。这些共同的假设使来自不同学科的研究人员能够从不同的角度解决相同的学习问题。

### 什么是支架？

支架包括通过为学习提供支持——提示、线索、必要信息、辅导等，从而在教师的文化知识和学生的日常经验、知识之间建立联系。支架帮助学生保持参与和兴趣，同时也帮助他们走向更深层次的学习，它包括动机上的支持和认知上的支持。动机支持包括关联学生兴趣、转移注意力和应对挫折等支持。认知支持包括调整教学、渐隐支持和逐渐将责任转移给学生。

### 教师如何促进学生使用先行组织者和深层提问？

先行组织者通过提供足够广泛的介绍性材料来包含随后的所有信息，从而促进教学。组织者可以服务于三个目的：它们将学生的注意力引向随后材料中的重要内容，它们强调将要提出的想法之间的关系，它们提醒学生已知的相关信息。教师还可以训练学生在阅读、听课或参与课堂讨论时学会如何提问和回答深层次问题，进而促进学习。这些问题能促使学生思考内容中的基本原理和重要思想，进行合理的论证，并为此提供证据。

### 有哪些探究学习和基于问题的学习的例子？

当教师提出一个令人困惑的事件、问题或难题时，探究学习就开始了。学生们提出问题（在某些类型的探究中只有是非题），然后制定假设来解释事件或解决问题，收集数据来检验有关因果关系的假设，形成结论和概括，思考原始问题和解决问题所需的思维过程。基于问题的学习可能遵循类似的路径，但学习是从真实的问题开始的，这对学生很重要。目标是学习数学、科学、历史或其他重要的学科，同时寻求一个真实问题的正确解决方案。

### 描述大多数认知学徒制的共有特征

学生观察一位专家（通常是教师）示范操作；学生通过教师的训练或辅导获取外部支持；学生借助概念性支架学习，随着学生能力的增强和对所学内容的日渐胜任与精通，他们可以逐渐撤除支架。学生不断清晰阐述他们获得的知识，将其对学习过程的理解以及学到的内容用文字表达出来；学生反思自己的进步情况，将他们的问题解决策略与专家的做法和他们先前的做法进行比较；学生要运用自己所学的知识探索解决问题的新方式。

# 模块 32　教与学中的协作与合作

**学习目标 10.4**　适当将协作和合作学习融入你的课堂。

## 10.3　协作与合作学习

尽管当今所有学校都在关注考试成绩和国际比较，但学校教学远远不只是学业学习。确实，学业成就是学校教育的主要指标，但是有效参与协作活动是 21 世纪的核心能力（Fiore et al., 2018）。在 21 世纪初，艾略特·阿伦森（Elliot Aronson）（2000）指出：

> 绝大多数公司在招募职员时，不仅要求对方具备某一专业技能，还要求他在工作中作为合作团队与各种各样的同事和谐地工作，同时表现出主动性、责任感和高效合作能力（p.91）。

阿伦森可能没有意识到，数字化的快速进步会让协作社区触手可及。从 Zoom① 到 Facetime② 再到谷歌，我们大部分的互动交流是在网上进行的。我们将在本章后面的内容中详细探讨这一点。

虽然学习者可用的互动环境类型已发生巨大变化，但研究人员仍然对学生在小组学习会发生什么很感兴趣。小组工作（group work）、协作（collaboration）和合作学习（cooperative learning）这些术语经常被使用，它们似乎指的是同一个东西。这三者的确有一些重叠之处，但也存在一些重要差异。

### 10.3.1 小组学习

> **停下来，想一想**
>
> 当你听到"小组工作"时，你会想到什么？在你自己的学习经历中，基于小组的学习在什么时候对你的帮助最大？什么时候帮助最小？

许多学校活动可以分组完成。小组工作仅指几个学生在一起学习，不管他们是否真的在合作（Cohen & Lotan, 2014）。例如，学生可以划分他们将进行当地调查的区域，并讨论人们对新娱乐中心建造计划的感受，该娱乐中心将带来更多有趣的活动和更大的交通流量。或者，为了在生物课上学习 10 个新概念，学生可以创建一个共享的谷歌幻灯片，在这里他们分别用文字和图形定义两个术语，互相"教授"定义。

小组工作可能是有用的，但是，正如我们将要看到的，真正的合作学习绝不只是简单地将学生分组并分工。例如，我在罗格斯大学的两位同事安吉拉·奥唐纳（Angela O'Donnell）和吉姆·奥凯利（Jim O'Kelly）提到了一个声称自己使用"合作学习"的方式进行教学的老师，他让学生结对写论文，每人各写一部分。但遗憾的是，该教师既没有给学生留出一起学习的时间，也没有提供具体指导或者对合作学习中交往技巧的指导。学生会得到一个独立的个人分数，以及他所在小组的小组分数。某学生的个人分数可能是 A，但其小组分数可能是 C，这是因为他的同伴得到了 F——后者从未参与任何活动。所以，一个学生可能会因为无法控制局面而得 C，而另一个学生什么都没做，也可能得 C。事实上，这不是合作学习，甚至连小组工作都算不上（O'Donell & O'Kelly, 1994）。这种体验怎么会与学生基于小组的学习体验一致呢？

#### 1. 小组工作的目标

虽然小组工作的目标可以是通过分工快速完成一项任务，但大多数分配小组工作的教师希望他们的学生相互合作。协作是如何与他人一起学习与工作的哲学思想（Panitz, 1996）。在协作过程中，我们尊重差异，分享权利，也共享知识。协作学习源于英国教师的实践，他们希望学生对其所学的文学著作进行积极的回应。合作则指为了达成某一共同目标而与他人一起工作（Gillies, 2003）。合作学习则源于美国心理学家约翰·杜威和库尔特·勒温（Kurt Lewin）的研究。当然，你也可以将合作学习看作在学校进行协作的一种方式。

一些学者认为，学会成功协作本身就是一项重要的技能，也是未来成功的必要条件（Lawlor et al., 2018）。其他教育家认为，协作是学习有关材料的一种方式，因此我们可以说这两个目标是学会协作和通过协作进行学习（Kuhn, 2015）。当然，教师不一定要"二选一"。这两个目标都是有价值的。

#### 2. 小组学习的误用

如果缺乏教师的仔细计划和监控，小组互动可能会阻碍学习，恶化而非改善班级的社会关系（Gillies & Boyle, 2011; Kuhn, 2015）。例如，如果在一个小组内有从众压力——小组中奖赏不当或者某个同学占据主导地位，那

---

① 一款视频会议软件。——译者注
② 苹果公司的一款视频通话软件。——译者注

么互动可能就是没有收益的，而且不能带来反思。如果没有关于准确性的反馈，错误概念可能受到强化。更糟糕的是，学生可能建构起非常肤浅甚至不正确的理解（Asterhan et al.，2014）。如果学生在小组内学习时得到了错误的答案，那么他们会更加确信他们的错误答案是正确的，因为他们相信"三个臭皮匠，赛过诸葛亮"（Puncochar & Fox，2004）。同样，当高学业成就的学生的观点被接受或受到强化时，低学业成就的学生的想法可能被忽略，甚至遭到嘲笑，不同观点的独特价值将被忽视（Anderson et al.，1997；Gillies，2014）。玛丽·麦卡斯林（Mary McCaslin）和汤姆·古德（Tom Good）（1996）的研究发现，小组学习还可能还存在以下缺点。

①学生往往重视过程和程序，而忽略了学习本身，将"追求速度、尽快完成任务"置于"深思熟虑与认真钻研"之前。

②学生优先关注社会化和人际关系，而不是学习本身。

③学生可能仅仅是把对教师的依赖转化为了对小组内的"专家"的依赖，他们的学习依旧是被动的，而且学到的内容可能是错误的。

④组员之间的差异变大了，而不是缩小了。一些学生学会了虚度光阴，因为小组进步和他们没有什么关系；另一些学生则可能更加坚信若没有小组的支持，他们是无论如何也没法弄懂那些问题的。

迪安娜·库恩（Deanna Kuhn）（2015）总结了这种情况：
"认为只要将个人置于协作的环境中，他们就能有效参与，这种想法是不太现实的。智力协作是一种技能，要通过参与和实践，以及大量的尝试和错误来学习。"（p.51）除非教师认真关注任务设计和对合作的支持，否则他们的学生可能不会从协作活动中受益（van Leeuwen & Janssen，2019）。那么，真正的合作学习环境有什么特征？你如何确保所有的学习者都受益？下一个小节的内容将解答这些问题。

### 10.3.2 通过合作学习

在本书中，你已经了解到不同学习理论流派对合作学习有着不同的解释（O'Donnell，2002，2006）。信息加工理论强调小组讨论的价值，认为小组讨论能够帮助成员复述、精细加工，并扩展他们的知识。当小组成员提出问题并加以解释时，他们必须组织相应的知识，形成联结，并进行总结——所有过程都支持信息的加工与记忆。皮亚杰流派的支持者认为，组内互动能够引发认知冲突和不平衡，导致个体重新思考自己的理解，并形成新的观点（Brown & Palincsar，2018）。为了应对持有相反观点的人，学习者必须要重新评估自己的观点，或者正如皮亚杰所说，"超越现状，达到新的境界"（1985，p.10）。维果茨基理论的支持者认为，社会互动对学习非常重要，因为推理、理解和批判性思维等高级心理机能可在社会交往中得到发展，而后被个体所内化（McCaslin & Vriesema，2018）。学生在能够独立完成心理任务之前，可以借助社会支持来完成任务。因此，合作学习为学生提供了推动学习进步所需的社会支持和支架。要想从合作学习的这些方面中获益，小组必须合作，即所有成员都必须参与。

大卫·约翰逊（David Johnson）和罗杰·约翰逊（Roger Johnson）（2009a）作为美国合作学习的两位奠基人，将正式的**合作学习**界定如下：学生在一节课或几周内一起学习，以达成共同的学习目标或共同完成某项任务（p.373）。约翰逊兄弟详细论述了真正的合作学习小组应具备的五个要素，如图10-3所示。

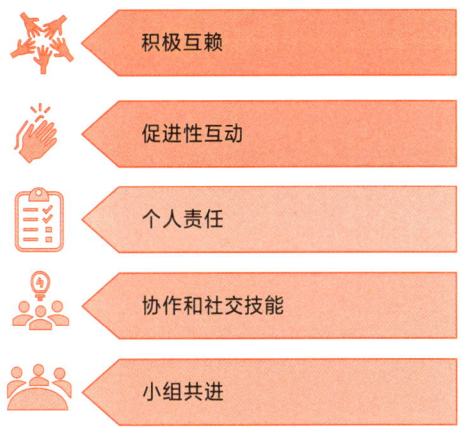

**图10-3 合作学习小组应具备的五个要素**

注：大卫·约翰逊和罗杰·约翰逊（2009a）详细论述了成功的合作学习小组应具备的五个基本要素。

在真正的合作小组中，小组成员会体验到积极互赖的感觉。小组成员相信，只有小组的其他成员达成了目标，他们才能达成目标，因此他们会互相支持、解释和引导。促进性互动是指小组成员鼓励并支持其他成员努力学习，他们通常面对面或利用数字媒体聚集在一起互动，而不是分散在房间的不同位置。尽管小组成员会在一起学习并互相帮助，但他们最终还必须依靠自己；他们个人也对学习负有责任，其学习成果通常可以通过个体测验或其他评估方式来衡量。

协作和社交技能对有效的小组运作很有必要。这些技能包括：即使不同意也要关注和倾听，尊重地表达不同意见并分享你的想法，轮流表达，公正地进行分享，即使小组成员不是你选择的也要与他们合作，寻求或提供帮助，给予建设性的反馈，达成共识，让每个成员都参与进来，鼓励和赞扬彼此，控制情绪和挫败感，鼓励每位伙伴，承认错误等（Ladd et al., 2014a, 2014b）。这些技能不一定是与生俱来的，即使是社交能力强的学生也并非天生如此。通常，小组成员必须在开始学习任务之前接受相关教学并进行练习（参见第4章和第11章中促进社会学习和情感学习的技巧）。

最后，小组成员要监控小组运作过程及组内关系，以确保小组有效运作，并了解小组的动态变化。学生需要花时间询问："我们小组做得如何？每个人都和他人合作了吗？我们有哪些需要改进的地方？"参与这些合作学习的练习涉及共同调节学习（co-regulated learning），共同调节学习指将调节学习、动机、行为和情绪的责任分配给小组所有成员的过程（Hadwin et al., 2018）。小组行动中有很多事情需要共同调节（这让我想起了我最近参加的一个很长的教师会议！）共同调节可能包括帮助彼此明确目标、遵循程序、处理分歧、专心工作、检查进展、寻找工具和资源，以及在远程会议期间监控Zoom聊天内容等（McCaslin & Vriesema, 2018）。

### 1. 合作学习的效果

合作学习在美国教育中有着悠久的历史，有时很受欢迎，但有时又备受冷落。当今社会不断发展、相互联系越来越紧密，与此同时我们面对着许多复杂问题，这些都要求我们坚定不移地致力于合作学习和协作（Fiore et al., 2018）。合作学习方法现在被用于"世界上大多数学校和大学的各个学科领域，从学前班到研究生院和成人培训项目"（D. Johnson & R. Johnson, 2009a, p.365）。研究结果支持广泛使用合作学习。尽管有些研究得出了不一致的结论，但大多数关于合作学习的研究表明，真正的合作小组在学生的共情能力、对差异的容忍度、人际接纳度、友谊、自信、对他人观点的意识、更高层次的推理、问题解决、决策、论文写作甚至出勤率等方面都有积极的影响（Galton et al., 2009; Gillies & Boyle, 2011; Inns & Slavin, 2018; Kyndt et al., 2014; Roseth et al., 2008; Solomon et al., 2001）。

近期相关的实验证据进一步强化了这些结论。在一项研究中，来自36个班级的五年级学生被随机分配到"重新引入狼与管理学习"单元，以协作小组的学习形式或通过直接指导进行教学（Zhang et al., 2016）。在协作小组中学习的学生们聚在一起讨论"'重大问题'——是否应该允许社区雇佣专业猎人来捕杀狼"（p.201），以及与之相关的小问题。被分配到直接指导组的学生，通过全班性讨论和活动了解狼。结果发现，协作学习的学生在了解两难困境、推理、根据重要性权衡原因这三个与决策技能相关的指标上得分更高。

调查发现，大约80%的小学教师和62%的中学教师定期采用某种形式的同伴学习（Ladd et al., 2014b）。然而，一些证据表明，全球各地的学生并没有获得协作解决问题的强大技能。经济合作与发展组织（OECD, 2017）创建了一个问题解决的计算机模型，以测试来自52个国家的15岁学生的协作解决问题技能。结果发现，只有8%的学生在考试中获得优异成绩。那么，教师能做些什么来帮助学生提升协作技能呢？

### 2. 教师在合作学习中的作用

教师如何鼓励真正的合作、避免未充分合作的小组工作陷阱？如同任何教学活动一样，为了确保合作学习能成功，教师必须预先计划、监控、支持和巩固学习过程，并在合作学习活动后进行反思，具体内容如表10-3所示。接下来，我们将深入地考察教师在合作学习中的角色。

**表10-3　教师在合作学习中的角色**

这些例子描述了教师要成功进行合作学习所需的能力。教师首先需计划，然后需监控、支持、巩固，最后需反思。

| 活动前 | 活动中 | | | 活动后 |
|---|---|---|---|---|
| 计划/设计 | 监控 | 支持 | 巩固 | 反思 |
| • 群体构成<br>• 目标/任务<br>• 材料<br>• 角色/脚本<br>• 说明<br>• 计划的评估 | • 确定哪些互动将促进本任务中的学习<br>• 关注解释、问题、挑战、共享信息、阐述和肯定 | • 支架和渐隐<br>• 提示、线索<br>• 不同水平的资源<br>• 鼓励<br>• 反馈<br>• 赞美<br>• 引导性问题 | • 课堂演示<br>• 比较/对比不同的解决方案<br>• 全班讨论<br>• 个人测验 | • 重新审视学习目标和计划<br>• 监控揭示了什么？<br>• 支持是否适当？<br>• 学生学会了吗？<br>• 下一次应该做哪些改变？ |

资料来源：Based on Kaendler, C., Wiedmann, M., Rummel, N., & Spada, H. (2015). Teacher competencies for the implementation of collaborative learning in the classroom: A framework and research review. *Educational Psychology Review, 27,* 505–536.

### 10.3.3　设计合作学习的任务

正如教学中的其他许多决策一样，合作小组的教学计划也始于目标的设定。教师期望学生完成哪些任务？任务是什么？它是一个真正的小组任务，即基于若干个学生的知识和技能确认起来的任务，还是更适合个体的任务（Cohen，1994；O'Donnell，2006）？正如我们将看到的，合作小组的任务或多或少是结构化的。

#### 1. 高度结构化、复习性质、技能构建型的任务

高度结构化的任务是有特定答案的任务——句型练习和实践、常规任务或程序的应用、回答阅读材料中的问题、数学计算等。人们可以很好地使用学生小组成就区分法（student teams achievement divisions，STAD）等结构化技术来完成一项相对结构化的任务，比如复习先前学过的材料以准备考试。这一方法要求组成四人小组，小组之间进行比赛，确定哪个小组的成员的成绩比起先前有了更大进步（Slavin，2017）。教师给予学生表扬、认可或外在奖励，可以增强学生的学习动机，鼓励他们努力付出、坚持不懈，进而促进他们的学习。当学生面对需要练习或复习的任务时，让学生在小组中担任一些角色，并关注他们的对话，可以帮助学生保持对学习的投入度。

#### 2. 结构不良、概念理解性、问题解决型的任务

结构不良的复杂任务有多个答案和不固定的程序，需要能发现问题的能力和高阶思维，这一点在第9章里已经学习了。这些结构不良的问题是真正的协作任务，它们可能需要所有小组成员的资源（知识、技能、解决问题的策略、创造力）来完成。如果要学习这些问题并解决它们，需要比常规任务更多、更高质量的互动（Cohen，1994；Gillies，2004；Gillies & Boyle，2011）。

正如我们已经看到的，当教师想要发展学生的高阶思维、推理，以及问题解决能力时，鼓励学生进行扩展性和

创造性互动的教学策略是非常合适的。在这种情况下，高度结构化的程序、为获得奖励而开展的组间竞争，以及死板的分配角色等，都可能抑制学生互动，同时干扰达成学习目标的进程。使用开放性的技术，如循环提问（Brown & Palincsar, 2018）和拼图法（Aronson, 2000），则能使学生受到更大启发。当恰当使用这些技术时，教师能够鼓励学生在处理复杂材料时，进行更为广泛的互动和精细思考。在这些情况下，奖励可能会使小组将目标从完成深度认知加工转移到其他地方，特别是如果目标变成尽可能高效地获得奖励，而非帮助所有小组成员理解知识（Roseth et al., 2019）。

**3. 社交技能与交流的任务**

当合作学习的目标是提升社会技能或增进组内理解与对多样性的认同时，给学生分配特定的角色及指定其在小组内的职责，可能会促进学生的交流（Cohen, 1994; Kagan, 1994）。在这种情况下，学生之间轮流担任领导角色将非常有益，这样来自少数群体的学生和女生就有机会展示和发展其领导才能了。此外，这种结构使所有小组成员都能够体验每个个体的领导能力（Miller & Harrington, 1993）。这时，奖励可能没有必要，而且可能会起到妨碍作用，因为此时学生关注的是建立一个共同体、获得被尊重的感觉，以及使所有小组成员建立责任感。当小组的目标是达成共识时，学生能收获更多学习成果（Tenenbaum et al., 2020）。

**4. 给予与接受解释**

提出问题、获得解答并尝试解释的学生，要比那些不提问、不回答的学生更可能获益。事实上，有证据表明，如果一个学生对小组内其他学生提供经过深思熟虑、精细、详尽的解释，那么该学生学到的东西将更多。（艾伦发现从来没有比必须向五年级学生解释美国历史，能学到更多的美国历史！）是的，对于深度学习来说，"给出好的解释"远比"接受解释"更重要（O'Donnell, 2006）。为了清楚地解释一个观点，解释者不得不组织信息、把信息转换成自己的语言，思考恰当的例子或类比（这些例子有助于学习者将信息与已有的知识联结起来），以及通过回答问题来检验自己的理解等。这些都是高级的学习策略（Fiorella & Mayer, 2016; Hoogerheide et al., 2019; King, 2002）。

好的解释总是适时地提供那些相关、正确、详尽的信息，以帮助听者修正错误的理解；最好的解释则是告诉人们为什么（Webb et al., 2002; Webb & Mastergeorge, 2003）。例如，在一节中学数学课上，学生以小组为单位解决下列问题：

假设玩一个视频游戏第一分钟花费 0.25 美元，以后每多玩一分钟要支付 0.11 美元，那么请计算玩 20 分钟的游戏一共需要多少钱？

教师给学生提供讲解和帮助的水平与学生的学习效果显著相关。教师讲解的水平越高，学生学到的东西越多。最好的讲解是对如何解决问题和为什么这样解决的解释。例如，对于上面的视频游戏问题，可以这样向学生解释：游戏第一分钟需要 0.25 美元，后面的 19 分钟每分钟 0.11 美元，也就是 0.11 乘以 19，结果是 2.09 美元，然后加上第一分钟花费的 0.25 美元，最后答案是 2.34 美元。而较低水平的解释可能是"0.11 乘以 19，再加 0.25"或者直接给出答案"2.34 美元"。如果教师说"0.11 乘 19"，接着学生就会问"为什么是 19？"或者"为什么要乘 0.11？"。提出好的问题并给出清晰的解释非常关键，通常来说，教师必须明确地教授或示范这些技巧。

## 10.3.4 设立合作学习小组

一个合作学习小组的规模应该如何确定呢？对 71 项研究的元分析表明，学生在与同伴的互动活动中的学习收获与小组规模无关（Tenenbaum et al., 2020）。然而，最佳规模可能取决于你们的学习目标。如果小组学习的目标是复习、复述所学知识或练习，那么 4～6 个学生一组比较合适。如果小组学习鼓励每个学生参与讨论、解决问题或学习使用计算机，那么2～4个学生一组最合适。让我们看看在建立合作小组时你可能要考虑的其他几个因素。

### 1. 小组构成

一般来说，异质群体，即那些在许多方面具有多样性的群体，最有助于学习和培养社交技能。因此，在建立合作小组时，根据你对学生的了解（如个性、能力、背景、特殊技能）来平衡小组的构成通常很有意义。例如，当一个小组中安静或害羞的学生人数多于其他人时，他们往往会被排除在讨论之外。相比之下，当小组中只有一两个自信或直言不讳的学生时，他们往往会占据主导地位。因此，建立合作小组的参与规则，例如，"在每个人都发言一次前，不允许有人第二次发言"，这样的规则有助于公平分配发言时间。

如果一个小组里有被认为特殊或者经常被排斥的学生，那么确保这个小组里有一些友善、包容的学生就很重要。吉利斯（Gillies）和波义耳（Boyle）（2011）采访的一位成功教师这样说道：

我试图确保每个小组里有一两个有包容心的学生。这样问题儿童至少会知道，尽管其他小组成员不会成为他的好朋友，但是他们也不会为难他。我试着将一个不活泼的孩子与问题儿童安排在一个组。今年我遇到几个非常善于与问题儿童相处的女孩。她们不会忍受荒唐的行为，但也不会反应过度，并且展现出了良好的社交技能（p.72）。

教师在根据能力水平对学生进行分组时，必须小心谨慎。在小组阅读理解活动中，阅读能力同质组的四年级和五年级学生比阅读能力异质组的学生表现更差（Murphy et al., 2017）。而在另一些情况下，同质分组可能有助于学习（Steenbergen-Hu et al., 2016）。不管是哪种情况，教师都应该根据他们的目标确定分组策略，并监控小组活动过程，以确保每个人都有所贡献和学习。

### 2. 角色分配

在合作学习中，教师常常会给学生分配角色，以鼓励学生合作和全身心参与。表10-4描述了合作学习中的各种角色。当然，如果你要给学生分配角色，请确保这些角色有助于学生学习。如果你着眼于通过合作学习改善学生的社交技能，那么你分配的角色应强调倾听、鼓励他人，以及尊重差异性。如果你关注的是练习、复习或掌握基本技能，那么你分配的角色应该侧重培养学生的毅力，鼓励他人参与。如果你重在培养学生高水平解决问题或进行复杂学习的能力，那么你分配的角色应该能促使学生缜密思考并讨论，互相解释和分享见解，开展大胆的探索，进行头脑风暴并发挥创造性。请确保你没有让学生认为小组的主要目标是按照指令完成任务。如果真是那样的话，学生只会表演他被分配的角色。当然，角色可以支持学生的学习，但角色本身不是最终目标（Woolfolk Hoy & Tschanmen-Moran, 1999）。

**表10-4 合作学习小组中学生的角色**

根据设立小组的目的和小组成员的年龄，将以下角色分配给学生，能帮助学生进行合作和学习。当然，我们还得教学生如何有效地扮演每种角色。学生要轮流尝试扮演不同的角色，这样才能积极、有效地参与各种类型的小组学习。

| 角色 | 描述 |
| --- | --- |
| 鼓励者 | 鼓励那些不情愿或腼腆害羞的同学参与合作学习 |
| 赞赏者/拉拉队队长 | 对他人的贡献予以赞赏，表达对其成绩的认可 |
| 守门员 | 平衡各成员的参与程度，防止形成个别成员的"一言堂" |
| 辅导员 | 就学业内容提供帮助，解释概念 |
| 问题指挥官 | 确认所有成员均已提问并得到了回答 |

续表

| 角色 | 描述 |
|---|---|
| 检查员 | 检查所有小组的理解情况 |
| 监工 | 保证小组活动围绕任务展开 |
| 记录员 | 书面记录小组成员的观点、决策和计划 |
| 反馈者 | 让小组成员知悉任务进展（或缺乏进展） |
| 噪声检测员 | 监控噪声水平 |
| 材料保管员 | 收拾并返还材料 |

资料来源：Based on *Cooperative learning* by S. Kagan. Published by Kagan Publishing. Copyright © 1994 by Kagan Publishing.

合作学习的策略通常还包括小组向全班做报告这一环节。如果你听过班级汇报，你可能知道这些报告异常无趣、难以理解。一个策略是给听众一些有意义的角色来引导他们倾听。例如，听众可以扮演一个调查倾听者的角色，他们在听的过程中进行预测和推理，总结结果，在"报告"中将他们的预测、理论与结果联系起来。研究表明，给学生分配这些角色能很好地促进班级对话沟通、思维和问题解决，以及概念性理解（Palincsar & Herrenkohl，2002）。在艾伦的课堂上，我要求观众成为"支持性的批判家"（Brown & Palincsar，2018，p.414）。我提供一张纸或一个谷歌文档，让听众学生在上面输入问题，并在他们聆听时给每个演讲者进行反馈。这种方式对听众和演讲者都有好处。

虽然研究已经发现合作学习在各种文化背景下都可以提升学习效果，但来自不同文化背景的学生可能会以与沟通、领导力和人际信任等方面相关的不同价值观来处理小组工作（Inns & Slavin，2018）。由于不是每个人都对合作的定义有相同的想法，因此示范和设定清晰的指导方针会有所帮助。

### 10.3.5 合作学习技巧示例

我们已经确定，在合作小组内实现深度理解，需要所有的小组成员都参与高质量的讨论。有助于学习的讨论，包括让学生进行说明、建立联结、解释观点，以及使用有证据支持的主张。在这里，我们将讨论几种基于这些策略构建的不同的合作学习结构。除此之外，你还可以看看斯宾塞·卡根（Spencer Kagan）的一些合作学习结构，以及旨在实现各种学术和社会目标的活动练习册。

**1. 交互式提问**

**交互式提问**（reciprocal questioning）不需要特殊的材料或测试程序，且适用于不同年龄阶段的学生。当教师讲完课或做完报告后，学生可以 2～4 人一组就学习的材料进行提问和回答（King，1990，1994，2002）。其中教师会先提供问题的框架（如图 10-4 所示），然后教学生如何根据本节课的内容，基于问题的框架生成具体问题。接下来，学生提出具体问题，然后轮流提问和回答。这一过程比传统的小组讨论更为有效，因为它鼓励学生对材料进行深度思考，并鼓励学生将课堂所学与先前的知识或经验联结起来。

**2. 拼图法**

艾略特·阿伦森任得克萨斯大学奥斯汀分校社会心理学教授（当时安妮塔还是该校学生）时，与他的研究生共同首创了**拼图式课堂**（jigsaw classroom）。我的一些朋友在他的研究团队工作，阿伦森（2000）将这一方法进一步……平时如何应用？
你如何用自己的话来定义……？
……的优点和缺点是什么？
对于……，你已经有了哪些了解？
解释一下为什么……会被应用到……？
……是如何影响……的？
……的意义是什么？
做……的理由是什么？
你为什么支持……？为什么反对……？
关于……，你的第一选择和第二选择是什么？为什么？
如果……会怎么样？为什么？
根据……，比较……与……
如果……，那么……会有所不同吗？
你是否认同……这种叙述？为什么？

**图 10-4　交互式提问中教师提供的问题框架**

注：在完成课程学习或材料阅读后，学生以这些问题的框架为基础，相互提问、回答，并比较不同的答案，最终协作找出最佳答案。

发展，他认为拼图式课堂绝对是有必要的，它可以化解突发的乃至危险的状况（p.137）。那时候，奥斯汀的学校刚依照法庭命令废止了种族隔离制度，欧洲裔、非洲裔和拉丁裔学生第一次坐在同一间教室上课。相互敌视、互相对抗自然会引发各种冲突，阿伦森正是通过拼图式课堂来解决这一棘手问题的。

在拼图式课堂上，教师会给小组的每个成员提供部分材料（分别为 A、B、C、D 四个部分），供每个小组学习。学生通过学习各自的材料而成为"专家"。因为每位同学必须学习全部材料并相互检测对材料的掌握情况，他们需要相互依赖，因此每个学生的贡献都很重要。第二代拼图式课堂增加了专家咨询组。想象你所在的班级里共有五个小组，每个小组有四名成员，负责教授他们学习的部分（A、B、C、D）。新的专家咨询组根据组员们所学的特定部分来组建。例如，每个原始组中学习 A 部分的成员到一个新的专家组，学 B 部分的成员则进入另一个专家组，以此类推。这些"专家"互相商讨，以确保他们理解了自己负责的部分，并讨论对所有小组成员进行教学的方法。随后，这些学生带着更全面的专业知识返回自己的原始学习组。最后，每个学生都要接受相关知识的测验，为他们的小组赢得分数。小组成员可以为了赢得奖励而学习，也可以仅为了得到认可而学习（E. Aronson，2000；Slavin，1995）。研究表明，有时拼图式课堂会激活学生的竞争倾向和个人主义倾向，阻碍协作学习的目标（Roseth et al.，2019）。因此，教师一定要强调组内成员之间相互依靠的重要性，即每位成员都要学习所有的材料。研究发现，指派小组成员检查其他成员理解的准确性，对监控小组目标的进展有所帮助。

### 3. 建设性／结构性争论

建构主义强调的冲突问题的解决在课堂上是很有必要的，因为冲突难以避免，甚至是学习过程中必不可少的。在 1961 年种族歧视抗议中，本节提到的大卫·约翰逊于北卡罗来纳州格林斯博罗的餐馆会见了参与其中的学生，之后便对解决建设性争论的话题产生了兴趣。他的希望是"通过干预儿童、青少年和年轻人的社会化过程，能够最有效地结束种族歧视"（Tjosvold et al., 2020, p.351）。约翰逊通过选择有两种证据充分的立场（支持和反对）的主题来帮助教师"挑起智力冲突"，以更深入地吸引学生并保持他们的兴趣（Johnson, 2015, p.130）。皮亚杰的理论同样告诉我们，知识的发展需要不平衡——认知冲突。实际上，过去40年的研究表明，**建设性/结构性争论（constructive/structured controversy）**——让合作小组围绕一个涉及结构性智力冲突的话题进行讨论，可以实现更好的学习效果，使学生形成更包容的思想，帮助学生学会聆听他人的观点，提升他们的创造力、学习动机、参与感和自尊（Johnson & Johnson, 2009b; Roseth et al., 2011）。

让我们来看看大卫·约翰逊和罗杰·约翰逊（2009b）提供的一个例子：在美国历史课上，学生们正在学习非暴力反抗在社会中的作用。课堂的最终目标是让学生达成共识，并撰写出一篇批判性文章来阐明该议题的利弊。首先，老师向学生解释说，"在许多情况下，比如在美国的民权运动和反战运动中，许多人为了纠正社会不公而与违法问题作斗争"（p.40）。教师可能会在课上简单地举出一些例子，比如黑人人权运动或2021年1月6日的美国国会暴乱。随后，老师提出一个引导性的问题："民主国家的非暴力反抗是建设性的还是破坏性的？"（p.40）。

组织课程的一种方法是建立四人合作学习小组，其中又两两结对为两个子小组。每一对的任务都是，为议题的一方尽可能争取到最佳的情况（例如，民主国家中非暴力反抗是建设性或破坏性的）。经过深入的研究，每一个子小组都很有说服力地展示了自己的立场。然后，小组内进行"激烈"的公开讨论，使用尽可能多的事实来支持自己的立场。接着，两个子小组之间互换立场，从相反的角度提出证据。最后，学习小组通过对该议题建立一个共同、综合的观点来达成共识。在这个过程中，老师可以"唱反调"，也可以用提问来增强学生的批判性思维。最终报告和测验的内容涵盖了关于该议题的所有利弊。当然，使用这种教学方法的老师应该同时确立学习目标和社交技能目标。表10-5提供了在议题讨论期间成功进行人际交往的策略。

**表10-5　争议或冲突中的文明辩论策略**

| 策略 | 怎样做？ |
| --- | --- |
| 1. 我在批判观点，而非人 | • 我挑战和反驳其他参与者的观点，同时肯定他们作为个体的能力和价值<br>• 我并未表示我个人拒绝他们 |
| 2. 把我的个人价值与对我观点的批判分开看待 | • 要认识到，即使他人批判我的观点，我仍然是有价值的 |
| 3. 记住我们是同舟共济的 | • 专注于做出最佳决策，而不是专注于输赢<br>• 即使我不同意，也认真倾听每个人的观点 |
| 4. 鼓励每个人都参与其中，并掌握所有相关信息 | • 我愿意帮助他人理解这个议题<br>• 如果他人说得不清楚，就请他重述 |
| 5. 在尝试整合之前，我先进行差异化分析 | • 首先，我提出所有支持双方立场的观点和事实，并澄清立场的不同之处<br>• 然后我尝试找出双方的共同点，并以一种合理的方式把它们整合起来 |
| 6. 尝试理解问题的两面性 | • 我尝试从相反的角度去理解这个议题<br>• 当有证据明确表明我应该改变观点时，我会做出改变 |
| 7. 根据现有证据，强调寻求最佳答案的合理性 | • 我提醒每个人我们可能没有关于这个议题的所有证据，但我们可以用我们现有的证据进行推理 |

续表

| 策略 | 怎样做？ |
|---|---|
| 8.遵循冲突的黄金法则：我希望对手如何对待我，我就如何对待对手 | • 我希望对方聆听我的观点，所以我就聆听他们的观点<br>• 我希望对方把我的观点纳入他们的思考，所以我就把他们的观点纳入我的思考<br>• 我希望对方从我的角度看待这个议题，所以我就站在他们的角度看待这个议题 |

资料来源：Based on Johnson, D. W., & Jonson, R. T. (2009b). Energizing learning: The instructional power of conflict. *Educational Researcher, 38*(1), pp.42–43.

### 10.3.6 关注到每个学生：灵活使用合作学习

如果计划仔细，合作学习通常能有显著成效，为了满足不同学习者的需要，教师必须格外关注合作学习的计划与准备。下面的"实践指南：运用合作学习"，为你提供了与学生使用合作学习的观点。例如，在合作学习过程中运用脚本式提问和同伴辅导是有前提的，这样的合作结构取决于负责提问或解释的人能与回答问题或被教授的学生进行一种平衡的互动。在这些互动过程中，你希望看到并听到解释和教学，而不是仅仅将正确答案说出来。但有些患有学习障碍的学生在理解新概念方面存在较大困难，所以解释者和学生双方都会感到灰心、挫败，这时学生可能处于拒绝和否定的情绪之中。由于患有学习障碍的学生通常存在社交问题，将他们置于可能会引发更多拒绝的情境之中，可能不是好的方法。因此，教授全新或较难掌握的概念时，合作学习对患有学习障碍的学生可能就不是明智之举了（Kirk et al., 2006；Smith, 2006）。

| 实践指南 |

### 运用合作学习

根据学习目标确定小组规模与人员构成。

例如：

（1）如果小组以社交技能与团队建设为目标，那么小组成员人数宜为2～5人，可以按兴趣分组、混合分组或者随机分组。

（2）如果小组目标是完成基于结构化事实和技能的练习和复习任务，那么小组成员人数宜为4～6人，可采用混合能力匹配分组，如高－中和中－低搭配，或者高－低和中－中搭配。

（3）如果小组目标是完成高阶概念和思维任务，小组人数宜为2～4人，可以自由选择小组成员，鼓励成员互动。

分配合适的角色。

例如：

（1）如果以社交技能提升与团队建设为目标，则应设置专门监控成员参与和矛盾化解的角色，并要求轮流担任小组领导。

（2）如果小组目标是完成基于结构化事实和技能的练习和复习任务，那么需要设置专门监督大家是否踊跃参与并确保低学业成就学生也能有所贡献的角色，就像在拼图式课堂中的那样。

（3）如果小组目标是完成高阶概念和思维任务，应设置特定角色负责鼓励成员彼此互动、发散思维，并进行扩展性的相关对话，就像辩论队或小组中的促进者。别让角色成为学习的障碍。

确保教师承担支持性的角色。

例如：

（1）如果以社交技能提升与团队建设为目标，那么教师要成为榜样和鼓励者。

（2）如果小组目标是完成基于结构化事实和技能的练习和复习任务，那么教师应该成为榜样、指导者或辅导员。

（3）如果小组目标是完成高阶概念和思维任务，那么教师应该成为榜样和促进者。

在教室来回走动，并监控小组活动。

例如：

（1）如果以社交技能提升与团队建设为目标，那么教师应该注意学生是否倾听他人、是否轮流担任角色、是否给予他人鼓励，以及如何管理矛盾。

（2）如果小组目标是完成基于结构化事实和技能的练习和复习任务，那么教师应该注意学生提问、给出多种详细解释、集中注意力及练习的情况。

（3）如果小组目标是完成高阶概念和思维任务，那么教师应该注意学生的提问、解释、精细加工、探究、发散性思维、提供的证据、综合分析，以及对不同来源的信息的使用和联结。

从简单的小任务开始，直到你和学生都知道该如何进行合作。

例如：

（1）如果以社交技能提升与团队建设为目标，那么应尝试先从一两个技能开始，如倾听与释义。

（2）如果小组目标是完成基于结构化事实和技能的练习和复习任务，那么可以尝试让学生两人一组，相互提问。

（3）如果小组目标是完成高阶概念和思维任务，那么可以尝试让两人小组的成员借助问题框架来进行交互式提问。

资料来源：Based on implications of cognitive approaches to peer learning for teacher education, by A. Woolfolk Hoy and M. Tschannen Moran, 1999. In A. O'Donnell and A. King (Eds.), *Cognitive perspectives on peer learning*. Lawrence Erlbaum.

对于天才学生来说，如果合作学习小组是按能力混合编排的，他们未必能从中受益。其原因在于小组成员学习速度太慢、任务太简单或有太多的重复。另外，天才学生在小组内往往担任"小教师"的角色，他们的工作似乎更多体现在推进整个小组的学习上。如果你在分组时将天才学生和普通学生按能力混合编排了在一起，那么你必须设置复杂的学习任务，让不同能力水平的学生都能参与小组活动，在保证天才学生积极参加的同时，不降低其他学生的参与程度（D. D. Smith, 2006）。

然而，合作学习对英语学习者（English learners）而言是最明智的选择。拼图式课堂的结构对英语学习者大有裨益，由于小组中的所有学生都掌握着小组需要的信息，因此他们必须对话、相互解释并进行其他互动。事实上，拼图法就是为了使各种各样的小组成员之间形成高度互依的关系而产生的。在当今很多学校的课堂中，不同学生可能使用这四种甚至更多种语言，但是我们不可能要求教师掌握学生所说的每一种语言。合作学习小组可以帮助应对这一情况，使学生能够共同完成学业任务。在一个小组内，会说两种语言的学生可以为其他成员翻译或解释课堂所学。而且，对于正在学习另一种语言的学生来说，在一个更小的小组内进行表达，其焦虑程度也会低很多，因此英语学习者可能会在这些小组中获得更多带有反馈的语言练习的机会（Smith, 2006）。

## 模块 32 小结

**协作与合作的区别是什么？**

一种观点认为，协作是如何与他人一起学习与工作的哲学思想。在协作过程中，我们尊重差异，分享权利，也共享知识。合作则指为了达成某一共同目标而与他人一起工作。

**描述合作学习的五个要素**

促进性互动意味着团队成员相互鼓励并促进彼此努力。学生通常面对面地进行互动，但他们也可以在世界各地通过数字媒体进行互动。小组成员体验积极互助的感觉——他们需要彼此的支持、解释和指导。尽管小组成员会在一起学习并互相帮助，但他们最终还必须依靠自己。他们个人也对学习负有责任，其学习成果通常可以通过个体测验或其他评估方式来衡量。协作和社交技能对有效的小组运作而言很有必要。通常在小组着手解决学习问题之前，教师必须教授或让学生练习这些技能，如给予建构性的反馈、达成共识，以及让每个人都投入。最后，小组成员要监控小组运作过程及组内关系，以确保小组有效运作，并增强小组的动力。

**合作学习的学习理论基础是什么？哪里可能出错？**

信息加工理论认为，通过复述和精细加工可以提升小组合作学习的效果。皮亚杰的理论认为，通过解决认知不平衡状态可以增强合作学习。维果茨基的理论认为，可以通过提供支架支持高级思维过程来增强合作学习。但是，如果一个群体中存在从众的压力——也许是因为小组中奖赏不当或某个同学占据主导地位，那么互动可能是未加思考且无效的。如果没有准确的反馈，可能会强化误解，最坏的而非最好的想法被组合在一起，或形成一个肤浅的甚至不正确的理解。如果学生在小组合作中得到了错误的答案，那么他们会更加确信他们的错误答案是正确的。此外，无论想法本身优劣，低地位学生的想法可能会被忽视甚至嘲笑，而高地位学生的贡献则会被接受和加强。

**合作学习中如何设计任务？**

教师在合作学习之前、之中和之后都发挥着作用。首先，他们必须选择一个合适的任务。人们可以很好地使用结构化技术来完成一项相对结构化的任务。在这种情况下，外在奖励可以增强他们的学习动机、促使他们付出努力、坚持不懈。给学生分配角色，特别是那些关注任务完成的角色，也是有效的。另外，当想发展学生的高级思维和问题解决能力时，使用鼓励学生进行扩展性和创造性互动的教学策略是非常合适的。在这些情况下，使用奖励可能会将小组的目标从完成深度认知加工转移到其他地方。当同伴学习的目标是提升社会技能、增进组内理解和对多样性的认可时，给学生分派的角色及指定的小组职责应能促进学生的交流。这时，奖励可能是不必要的，而且可能会起到妨碍作用，因为此时学生关注的是建立一个共同体、获得被尊重的感觉，以及建立所有小组成员的责任感。

**合作学习的可能策略有什么？**

有效的合作学习策略包括交互式提问、拼图法、结构性争论，以及很多其他的合作结构。但合作学习并不适合所有人。有时，有学习障碍的学生和天才学生无法从合作学习中受益。

## 模块 33　教与学中的技术

**学习目标 10.5**　阐述以技术为媒介的教学在儿童及青少年学习和发展过程中产生的积极和消极影响。

### 10.4　设计交互式数字学习环境

计算机、智能手机、平板计算机、电子阅读设备、互动型视频游戏，以及推特、谷歌、TikTok、照片墙、脸书等数字媒体已经深刻地改变了每个人的生活。家庭和学校里都充斥着各种数字媒体，许多学生甚至在很小的时候就已经有了多年使用数字工具玩耍和学习的经验。相比之下，他们在高科技游戏中的沉浸感，可能会让传统的学校活动显得乏味（Common Sense Media, 2013；Connor-Zachocki et al., 2015；Graesser, 2013；Lenhart, 2015；Turkle, 2011）。当新冠疫情暴发时，即使是最常规的社交活动也实现了数字化，基本的教学方法也一样。

> **停下来，想一想**
>
> 你每天有多少次数字化互动？是什么让这些互动在你的生活中变得重要和有意义？你的数字化互动创造了哪些机遇？又或者，你因为数字化互动失去了什么？

学生做家庭作业时经常通过收发短信、观看在线视频寻求帮助、在互联网上搜索信息、下载资源并与朋友交流信息，而且他们几乎每时每刻都在用 iPad 听音乐或者看电视。今天的学生没有经历过没有数字媒体的时代，因此他们也常被称为"数字原住民""智人""网络一代""世代"或者"谷歌一代"（Kirschner & van Merriënboer, 2013）。学生往往比他们的老师更精通数字技术的使用，且这些专业知识大部分是在校外获得的（Graesser, 2013）。不过，目前越来越多的老师以建构主义原理为指导，尝试将技术融入到他们的教学计划中。

### 10.4.1 技术与学习

技术的使用能够支持学生文化课程的学习吗？答案很复杂，因为技术的体量非常庞大且不断变化，技术的使用环境和技术使用者的技能千差万别，不同研究使用的研究方法也不同。不过，最近的综述有以下发现：

如果计算机有助于学习基本过程的推进，如促进学生积极投入、提供有反馈的互动、提供真实性及与真实世界的联结、提供"支架"支持、辅助样例学习、创造问题解决的机会和支持建设性的小组工作，那么计算机有可能提高学生的学业成就（Belland et al., 2017；Graesser, 2020a；Jackson et al., 2006；Tamim et al., 2011）。

参加一对一的笔记本计算机课程（给学生分配了笔记本计算机）与更好的数学、英语、科学和写作成绩，以及更多以学生为中心和基于项目的教学相关（Zheng et al., 2016）。学生也更热衷于使用笔记本计算机、平板计算机和移动设备（例如，Mulet et al., 2019）。

专业软件可以促进基本的阅读过程，如单词解码、语音意识或基本的数字感知。这些软件可以给个人提供反馈，按适合每个学生的阅读节奏移动字符并提升其学习动机。精良的程序甚至有助于提升听力和阅读理解能力（Baroody et al., 2013；Potocki et al., 2013；Savage et al., 2013）。

计算机支持的协作学习——即在视频会议、讨论区、游戏和聊天等技术工具的帮助下进行的协作学习——可以增强科学、技术、工程和数学方面的学习（Jeong et al., 2019）。脚本等支架技术可以增强学习效果，并提升协作技能（Vogel et al., 2017）。

我们能从中得出什么结论？我们可以对以上发现有一定的信心，但请记住，每一篇综述都有局限性，并能在其他文献中找到反例。最终，像任何一个教学工具一样，如果人们能有效地使用数字设备和相关支持资源，那么它们是有用的，但仅仅使用它们本身，学生的学业成绩不会自动提高。

### 10.4.2 技术丰富的学习环境

随着计算机技术的发展，人们对技术丰富的学习环境越来越感兴趣。这些学习环境包括虚拟世界、支持基于问题学习的计算机模拟、增强现实活动、教育游戏、视频创作工具、可穿戴设备和人工智能（例如 Siri 和 Alexa）等。

让我们探讨一下技术在学校里的几种使用形式。首先，教师可以为课堂、远程学习环境或者是课堂与远程环境的混合模型设计基于技术的活动。其次，学生可以采用多种方式与技术进行互动，例如使用计算机或平板计算机完成作业，运用云计算（cloud computing）在虚拟环境中与其他教师或者学生之间进行合作。例如谷歌文档，允许计算机用户通过网络在线访问、编辑和存储文件。你的教学可能涉及上述任何一点或者全部。在任何课堂上进行技术整合的一条黄金法则就是不要做无用功，聚焦资源优势，并对其加以调整和使用。

### 1. 移动学习

手机、平板计算机和其他移动设备的普及为随时随地的学习带来了新的机会。学习"环境"比以往任何时候都更加动态化。移动学习（mobile learning）指的是"使用个人电子设备，通过社交和内容互动，跨越多种情境的学习"（Crompton，2013，p.4）。但教师应该关心的一个问题是，移动技术的使用是否会影响深度学习和学习的转型。海伦·克朗普顿（Helen Crompton）和黛安·伯克（Diane Burke）（2020）试图找出答案，他们分析了2014年至2019年间发表的186项研究，以了解移动技术对幼儿园至高中阶段学生学习的影响。他们按照移动技术对学习影响的大小将这些研究进行了分类，图10-5呈现了影响最大的课堂活动示例。超过一半的研究发现，移动技术显著促进了深度学习。

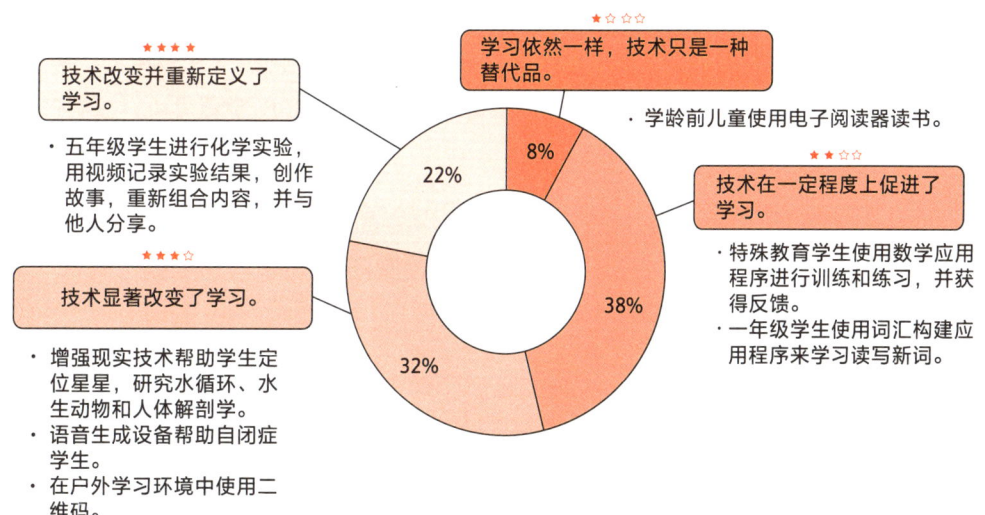

海伦·克朗普顿和黛安·伯克（2020）根据技术使用对学习的促进程度，对186项在幼儿园至高中学习中使用移动技术设备的研究进行了分类。该图呈现了每个学习效果类别所占的百分比，星星代表使用了更具变革性的技术。研究中参考的例子也包括在内。

**图 10-5　移动技术能够促进学习吗？**

资料来源：Based on mobile learning and pedagogical opportunities: A configurative systematic review of PreK–12 research using the SAMR framework, by H. Crompton and D. Burke, 2020, *Computers and Education.* Graphic created by Ellen Usher.

一些教育学者指出，教师通过移动技术进行个性化学习的力量是积极的，甚至是变革性的，但其他人对此仍存有怀疑。由于我们的设备使学习能在多种环境中进行，并让学习者能够以新颖的方式与其他人和内容进行交互，因此要理解使用它们的最佳方法将是非常复杂的（Danish & Hmelo-Silver，2020）。理查德·梅耶（Richard Mayer）（2020）建议教师将学习成果而不是技术作为他们的主要关注点。梅耶指出，很少有严谨的科学实验关注移动设备对学习的影响。此外，教师和学习者需要知道如何最佳地使用他们的移动工具（Bernacki et al.，2020）。

### 2. 虚拟学习环境

**虚拟学习环境**（virtual learning environments，VLEs）是一种基于技术、可以以多种方式学习的平台。最传统的虚拟学习环境（你对此可能很熟悉）是指 学习管理系统（learning management system，LMS）。大部分学习管理系统十分庞大、复杂和昂贵，诸如 Blackboard、Canvas 和 D2L。大部分网站有读书资料、讨论组、班级建立的网页、幻灯片、日历，以及其他资源。学习管理系统的出现扩大了我们教学的选择。在新冠疫情暴发的最初几个月里，大多数教师不得不学习如何建设自己的虚拟教室——这是一种展示内容、支架式教学，以及与学习者互动的新方式。

教师可以使用各种虚拟平台来支持教学。范德堡大学和斯坦福大学开发的贝蒂的大脑（Betty's Brain）是一个很不错的虚拟学习环境平台。在这个虚拟环境中，贝蒂是该系统设置的一名计算机"学生"。学生需要教授贝蒂某个科学话题。该平台可为学生提供资源链接，用于规划教学，以及正在学习的概念及过程（合作学习的研究也表明，解释者比倾听者学得更多。O'Donnell，2006）。像所有的好老师一样，学生需要问贝蒂和对贝蒂进行测试，以了解贝蒂的学习情况。该平台还设置了一名科学专家，名叫戴维斯（Davis）先生。他会评估贝蒂的学业状况，指导学生更好地教授贝蒂。图 10-6 是贝蒂的大脑的一张屏幕截图。

许多虚拟学习环境通过提供支持个体在多种情境下个性化学习的工具，而成为 个人学习环境（personal learning environment，PLE）。学习者可以控制自己的学习如何发

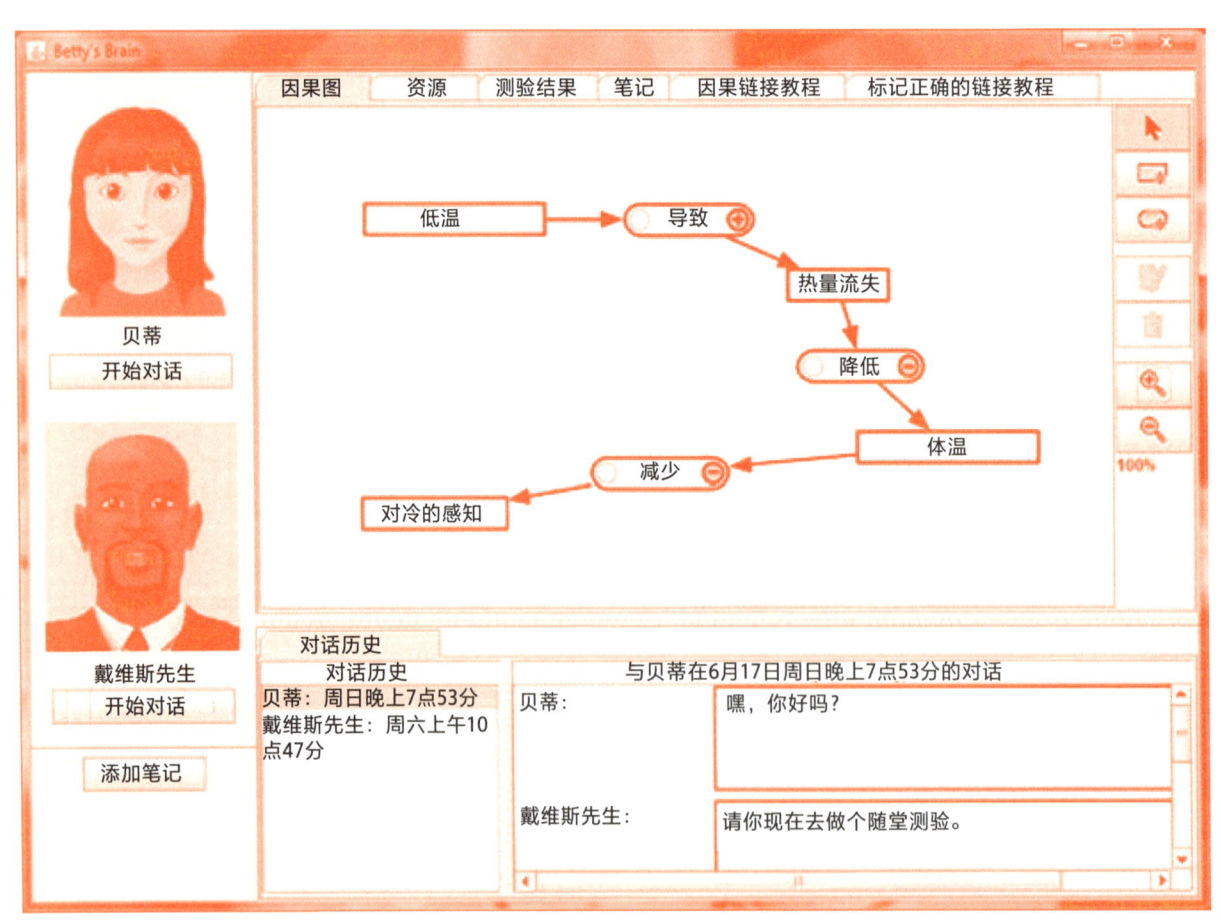

**图 10-6 贝蒂的大脑：一个虚拟学习环境**

注：贝蒂的大脑是一个以计算机为基础的学习环境，它通过教中学（learning-in-teaching）来吸引学生学习科学知识。

生，以及在何时发生。学生可以从网站上下载作业，在公交车上阅读材料，然后凌晨4点在房间里将他们的分析上传到网上的讨论区。学习是非同步的，它可以发生在任何时间、任何地点。复杂的个人学习环境还包括一些工具，这些工具可以评估学习者对知识的掌握情况，进而调整接下来的学习内容，以满足学习者的需要。这些工具包括基于计算机的训练模块、电子书、认知导师、专家视频、内容创作平台、问答小测验，以及自我检测工具。许多工具都非常成功，例如，智能辅导系统 Cognitive Tutors 在美国各地的学校教授数学（Graesser，2013）。除了数学，像写作这样更加结构不良的领域呢？一个智能导师也可以在这方面提供帮助。在一项针对十年级学生的研究中，Writing Pal 改善了学生论文写作的水平，尽管学生们发现该系统的某些方面不够好用（Roscoe & McNamara，2013）。

我们可以将自己与同龄人的在线互动，视为我们的**个人学习网络**（personal learning network，PLN）。我们的个人学习网络包括互动的同步技术和异步技术。个人学习网络既可以服务于基础教育，也可以为专业发展提供资源。在校外，个人学习网络可能是社交网络工具，可以让教学走出学校、城市，甚至国家，走向全球范围内有共同兴趣（有时是持有相反观点）的学习者。你也可以从这些个人学习网络中受益——许多老师分享的优秀教学理念和资源，都可以通过开放教育资源免费获得。

### 3. 沉浸式的虚拟学习环境

最复杂的虚拟学习环境是**沉浸式的虚拟学习环境**（immersive virtual learning environment，IVLE）。它是对真实环境的一种模拟，其目的是让学生在模拟真实空间或场景的交互式环境中学习，例如让学生扮演热带雨林生态的探索者，或者报道当地一所学校的食品中毒事件的记者（Bagley & Shaffer，2009；Gee，2008；Gibson et al.，2006；Shaffer et al.，2009）。一些 IVLE 的设计会让学生体验模拟任务，这种任务需要专业实践。例如，在某研究项目中，高中生参加了一个名为 Purple State 的虚拟实习项目，他们在其中担任政治媒体策略师。实习促进了学生与其他人合作，让他们了解影响当地社区有争议的政治问题的多种观点，并提高学生对公民参与的自我效能感（Chen & Stoddard，2020）。学生在实习活动中需要为支持或反对某一特定问题的特殊利益群体设计媒体宣传方案，最终将现实世界里的参与融入到虚拟场景中。沉浸式环境也能起到认知导师的作用，它们以真人导师或计算机编程的虚拟导师的形式，在分析学生的行为后提供提示或反馈。一项元分析表明，增强现实组件（使用平视视觉显示器"抬头显示设备"扩展学习视野）等沉浸式的虚拟学习环境，可对学生的学习产生积极影响（Garzón & Acevedo，2019）。其他证据表明，IVLE 可能会提升学生的乐趣和参与度，但并不总能带来学习收益（Makransky et al.，2019，2020；Mayer，2019）。

### 4. 游戏

有教育意义的游戏效果怎么样？快速浏览一下人们在校外的游戏行为，就会发现设计良好的游戏是多么吸引人。据估计，8 至 18 岁的美国学生平均每周花 13 小时玩电子游戏，多的甚至高达每周 30 小时。他们经常和不在同一个房间甚至不在同一个时区的人一起玩。超过 50% 的成年人也玩电子游戏——你可能就是其中之一（Arena，2015；Lenhart，2015）。

许多研究发现，游戏提供了一种自然、引人入胜的学习形式，"将游戏与教育目标相结合，不仅可以激发学生的学习动机，还可以为他们提供互动学习的机会"（Sung & Hwang，2013，p.44）。如果设计得当，互动游戏可以成为有用的学习渠道，因为它们能锻炼认知技能（如解决问题）、培养社交技能（如合作和沟通），并通过设定目标、间歇强化和提升兴趣来增强动机（Adachi & Willoughby，2017；参见第 12 章）。游戏产品包含由专家开发的知识库、以问答或角色扮演的形式设置的任务，以及数据库、报告、设计或问题解决方案等最终的产出。游戏通常也包含失败和挫折，所以它们鼓励学生通过向他人学习新技能和练习来坚持下去。许多游戏学习都是在玩家替代性地学习专家的行为时，间接发生的。正如你所看到的，游戏的这些特性可以帮助学习者建构（和共同建构）新的知识和技能。

例如，《我的世界》（Minecraft）是最受欢迎的游戏之一，它使学习者能够构建有意义的内容。这个灵活的程序使玩家能通过安排区块创建自己的世界，或者在预先构建的世界中进行游戏（例如明朝、可持续发展城市、金融知识世界）。玩家之间可以互动，老师可以监控他们在游戏中的行踪。《我的世界》已经以多种方式用于加强学生的课程学习，例如从搭建或探索内战遗址中学习社会研究、从城市规划中学习数学、从动物细胞中学习科学、在故事中学习文学等（Baek et al., 2020）。

**大型多人在线游戏**（massive multi-player online games, MMOGs）是一种建立在虚拟世界中的互动游戏环境，其中有大量用户（有时是数百万人）同时进行游戏。许多在线游戏都是角色扮演游戏（RPG），学习者要扮演这个游戏环境中的某一个角色——一个他们创建或定制的新角色。这类游戏中许多都有**亲和性团体**（affinity groups），这是一种在线社区，玩家在其中分享知识、策略、角色扮演场景、游戏的修改或基于游戏的粉丝小说故事。这些在线社区提供了解决问题、交流、阅读和写作方面的练习。事实上，当那些在学校里不擅长阅读的学生努力提高游戏技能时，即使面对复杂的文本，他们也可以成为非常有能力的读者，因为这一目标对他们来说是有意义的。威斯康星大学休闲学习实验室正在使用广受欢迎的《魔兽世界》作为课后学习项目的一部分（King, 2015）。

然而，尽管有教育意义的游戏有很宽阔的前景，但并不能保证学生能在游戏中学习，或者将他们在游戏中学到的知识迁移到游戏之外的情境（Jabbar & Felicia, 2015; Mayer, 2019; Ownston, 2012; Roschelle, 2013）。游戏对学习的有效性，取决于游戏在多大程度上为学习而设计（de Freitas, 2018）。在荷兰，皮耶特·武泰（Pieter Wouters）和同事（2013）分析了1990年至2012年开展的38项关于严肃教育类计算机游戏的研究，发现相比传统教学，游戏在促进学习和记忆方面更有效，但在提升动机方面并无优势。当游戏不是唯一的学习形式，而是搭配其他形式的指导时，以及当游戏有多个环节或学生可小组合作进行游戏时，学生会在游戏中学到更多。此外，一项针对幼儿园至十二年级学生的综合研究发现，旨在促进学习的游戏，特别是那些包含支架的游戏，使游戏能适应学生的个人需求和兴趣，包含这类游戏的教学方法比不包含游戏的教学方法更有效（Clark et al., 2016）。

作为一名教师，你可能无法接触到经过精心设计，能匹配或支持课程的游戏。那么，如何利用学生大量的课外游戏来促进教学呢？一种建议是将游戏视为"耕耘土壤"的方式，让学生通过积累先验知识为学习做好准备。例如，教师根据《文明》系列游戏开发了一个学期的教学项目。另一个建议是"游戏化"某些学习元素，即"添加游戏元素以改变现有的学习过程"（Sailer & Homner, 2020, p.78）。研究表明，添加虚构的（如虚拟世界、角色）并让学生参与互动协作的游戏元素，能够有效改善学习效果（Sailer & Homner, 2020）。

即使不是所有的学生都会玩同样的游戏，你仍然可以围绕他们玩的游戏来开发课程。例如，语言艺术老师可能会布置一篇劝说性议论文，要求游戏爱好者说服班上其他同学玩他们最喜欢的游戏。这意味着学生们要基于自己所拥有的游戏专业知识进行写作。对此，更多的观点参见阿里纳（Arena）(2015)的研究。

### 10.4.3 计算思维和编码

科技在学习和生活中的应用已经变得如此普及，以至于一些教育工作者认为应该培养学生的计算思维。所谓**计算思维**（computational thinking），指"知道如何使用数据、模型、模拟和算法思维来制定和解决问题"（Malby et al., 2017, p.160）。换言之，拥有计算思维意味着能像计算机科学家那样思考。美国国家中小学计算机科学教师协会（2017）认为，计算思维是学生应该从小学开始培养的技能。

计算思维包括编程、编码、机器学习和人工智能

（AI）。大约40年前，也就是塞莫尔·佩珀特（Seymore Papert）（1980，1991，1993）第一次向儿童介绍LOGO编程和海龟绘图起，人们就对教学生写代码越来越感兴趣。一些教育工作者认为编程能教会学生在各个领域进行逻辑思考，但也有人认为编程只能教会学生编程。即便如此，人们对作为一种培养计算思维的方法的编程依然兴趣不减，而且其价值依然得到了人们的肯定。编码、机器学习和人工智能课程在全球的中小学校越来越受欢迎（Rich et al., 2019；Tikva & Tambouris, 2021）。学生们可以研究机器能够从数据输入中"学习"用户的算法——这就是Netflix（奈飞）、Hulu（视频网站）和YouTube为我们提供"猜你喜欢"节目单的方式［推荐观看2020年的电影《社会困境》（The Social Dilemma）］。理解网络安全、道德和公平变得越来越重要，这些都是基于探究的协作学习的极佳主题。

目前，与教授年幼儿童计算思维相关的工具和游戏，也在爆炸式增长。可用的简单编程语言，包括Scratch、Alice、GameMaker、Kodable Pro、Cargo-Bot、Kodu、Daisy the Dinosaur和Greenfoot等。Scratch由麻省理工学院开发，甚至有一个新版本，名叫Scratch Jr.，可以辅助从幼儿园到二年级的孩子学习编程（de Ruiter & Bers, 2021）。这些编程语言中有许多甚至允许很年幼的孩子通过在计算机屏幕上将积木块进行拼凑和组合来构建程序。积木拼合的方式决定着计算机屏幕上不同角色的动作（Grover & Pea, 2013）。此外，还可以添加服装、声音、颜色等效果。为了让更多的女生参与编程活动，还有一些语言被专门设计出来，比如Lilypad Arduino等。

## 10.4.4　媒体使用、数字公民和媒体素养

随着数字媒体的加速出现，人们开始关注一种新的素养——数字和媒体素养（digital and media literacy）。当今社会，有素养的人意味着能读、能写、能交流，因此，孩子需要通过媒体进行阅读和写作，而不仅限于印刷文字。信息来源于新闻、电影、视频、网站、社交媒体、图片、艺术品、杂志、音乐、电视、广告牌等。孩子如何理解这些信息呢？哪些媒体适合孩子？作为一名教师，你在促进学生数字使用、提升学生数字素养方面有什么责任？

**1. 适合开展的活动**

数字媒体是很吸引人的，但它适合更年幼的学习者吗？比如学龄前儿童？儿童和青少年观看屏幕的适宜时长是多少？这些问题一直以来都被人们激烈争论着。

在决定与学生一起使用任何技术程序或工具时，你可以问自己下列四个问题（Bullard, 2017）：（1）它是这项任务的最佳工具吗？（2）它会为活动带来附加价值吗？（3）活动本身对孩子有益吗？（4）收益是否和付出的代价相匹配？这些问题将帮助你确定适合幼儿发展的使用技术的方法。

一般来说，计算机不应该用于单独的训练和实践活动。适合孩子的软件应该使用简单的口头指导语，计算机活动应该具有开放性，并且鼓励发现、探究、问题解决，以及对因果关系的理解和社会互动。通过与计算机之间的互动，儿童应该能控制计算机的活动。图10-7提供了一个相关的检查列表，以帮助你评估某些软件是否适合幼儿。

还需要考虑的一点是，软件的多媒体特征（如内置的视频、音乐、音效和图像）是更加有助于学习，还是让学生离学习更远？事实上，存在这样一种风险：那些含有吸引人的视觉或听觉效果的技术实际上会妨碍和干扰学生对一些重要概念的习得。例如，在一个"皮特鼠"讲故事的软件中，嗡嗡作响的拉锯声和树木倒下的声效会不会导致学生的注意力分散，从而影响其对故事、情节和人物的理解？也许会吧（Tsantis et al., 2003）。多媒体元素应当关注意义，而不是仅仅提供吸引人的视听刺激，这会增加学生额外的认知负荷。

最后需要考虑的一点是，技术的使用时长。在过去十年中，所有年龄组的屏幕使用时间都有所增加。这可能会付出多少成本？简·特温格（Jean Twenge）和她的同

在筛选软件时，需考虑以下标准：
- 该软件是否具有较高的教育价值或信息价值？使用该软件是否带来了附加价值？或者，以不同的格式呈现这些信息会更好吗？
- 从软件开发的角度来看，该软件是否适合儿童使用？根据Haugland（2005）的研究，只有20%的软件适合幼儿。当心那些仅有电子工作表页面的软件。软件应该明确规定年龄限制、教育目标和教育理念（Peterson, Verenikina, & Herrington, 2008）。
- 该软件的设计是否能让孩子能够独立使用（简单清晰的指导语，在适当的时候使用语音，使用有组织的、直观的图片菜单）（Prairie, 2005）？
- 如果该软件提供模拟技术，它们必须是现实的，是基于真实世界的（Peterson, Verenikina, & Herrington, 2008）。
- 孩子是否能够在使用过程中控制该软件（可以设定速度，重复处理、停止和恢复等操作，有多种路径可以选择，并经常保存）？
- 该软件是否鼓励孩子主动学习（需要积极参与，鼓励探索和进一步探索，允许试错）？
- 该软件是否有趣、能令人兴奋（利用许多感官效果，包括声音、音乐和语音；含有对幼儿有激励作用的图形和声音；与使用该软件的儿童群体相关）？
- 该软件是否为儿童的学习提供了支架（提供不断增加的挑战和各种级别；提供无威胁的反馈，让儿童知道他们的进步；提供提示和指导，并且不惩罚错误）？
- 该软件是否反偏见，包含尊重不同文化、多种语言、不同年龄、能力、肤色和不同家庭结构的人物图像（NAEYC, 1996）？
- 该软件是否能促进亲社会价值观的发展（不存在暴力或隐性暴力元素，如通过"炸毁它"来消除错误）（Tsantis, Bewick, & Thouvenelle, 2003）？
- 该软件是否经过预先筛选，能够匹配课程目标？该软件是否与其他课程活动紧密联系？软件应该支持课程或被课程所支持。
- 该软件是否有高质量的图像和音效？图像和音效应该能够提升软件的质量，而不是分散孩子的注意力。
- 有特殊需要的儿童是否可以使用该软件？
- 该软件是否给孩子提供快乐、充满魅力、有冒险元素，如自由探索、寻找隐藏秘密和惊喜的机会（Plowman, McPake, & Stephen, 2012）？

**图10-7　适合幼儿的软件选择清单**

资料来源：Based on Bullard, J. (2017). *Creating environments for learning: Birth to age eight* (3rd ed.). Pearson, p.348. Reprinted and Electronically Reproduced by Permission of Pearson Education, Inc.

事（2018）在1996年至2016年调查了100多万名八年级、十年级和十二年级学生的心理健康状况。他们注意到，2012年学生的幸福感急剧下降，与此同时，屏幕使用时间（社交媒体、互联网、短信）急剧增加，不涉及数字设备的活动（如运动/锻炼、社交活动）减少。最快乐的是那些在电子设备上花费最少时间的青少年。其他研究者发现，每天一到两个小时的数字参与对6个月至17岁孩子的心理社会功能没有危害（Orben & Przybylski, 2019; Przybylski et al., 2020）。然而，过度使用（每天超过5小时）会导致很多问题，社交媒体的使用对幸福感有很小但负面的影响（Orben, 2020）。随着学校和社会信息化的程度越来越深，为我们自己和学习者设定限制是很重要的。俗话说，多样性是生活的调味品。教师应该牢记这一点，改变学生在校内外参与线上和线下活动的机会。

### 2. 数字公民

与如此多的媒体互动，意味着学生需要学习如何成为良好的信息管理者、安全而有道德的数字媒体用户，以及有批判意识的消费者。学生需要学习如何保护/共享与个人信息和他人信息有关的隐私、了解知识产权和内容的正确归属、防止不良行为者（例如恶意软件、网络钓鱼）和学习专业精神。学习者还需要知道如何评估网络信息的真实性。哈佛大学的"开端计划"开发了一门中小学数字公民课程，其中包含了以上内容和许多其他想法，以提升学生的数字幸福感（James et al., 2019），你可以参考。

### 3. 批判性媒体素养

"媒体素养"包括批判性地评估印刷品和线上材料的能力。你可以参考伊萨卡学院的发展心理学家辛西娅·沙伊贝（Cynthia Scheibe）指导的"Look Sharp"（留心）项目，该项目旨在为大、中、小学的教育工作者将媒体素养和批判性思维整合进课堂教学，同时从各种媒介中获取材料、培训和支持。例如，在2016年美国总统大选期间，"Look Sharp"项目提供了10个不同的课程计划，帮助学生批判性地评估候选人的竞选广告、视频、网站、文章和新闻稿，这些课程涉及种族正义、国家安全、投票权、经济不平等、气候变化和移民等不同主题。学生们用批判性的问题进行引导（例如，这个节目是谁制作和赞助的？信息的目标受众是谁？信息的准确性和可信度如何？它遗漏了哪些信息？）。帮助学生评估与新冠疫苗相关媒体报道的教学材料，也应用了类似的设计。

当今时代，帮助你的学生提出有关媒体的批判性问题，似乎比以往任何时候都重要。基于沙伊贝和罗柯夫（Rogow）（2008）研究的"实践指南：促进媒体素养的发展"，给出了关于支持学生媒体素养发展的观点，你可以参考。

## | 实践指南 |

### 促进媒体素养的发展

借助媒体来练习观察、分析、批判性思维、观点采择，以及沟通技能。

例如：

（1）让学生对广告、新闻节目，以及教科书中呈现的信息进行批判性思考。不同的人会以不同的方式诠释信息吗？

（2）让学生根据所学的主题创建自己的媒体，以此来培养学生的创造性。

（3）让学生比较信息呈现的方式，如文件、电视新闻、广告、公共服务通告等。

（4）举例说明词语选择、背景音乐、拍照角度和颜色等是如何被用来渲染情绪或歪曲信息的。

使用媒体来激发学生对新的学习主题的兴趣。

例如：

（1）让学生以小组为单位阅读、分析和讨论一篇有争议的杂志、报纸或网络文章。

（2）要求学生在媒体上搜索关于某个主题的信息。

（3）通过短视频、杂志插图、博客或短文来激发学生的讨论，鼓励学生表达他们已经知道的内容或他们对某个主题的看法。

基于流行媒体上的内容，帮助学生了解他们在某一主题上的理解和对相关信息的确信程度，帮助他们识别出自己的错误信念。

例如：

（1）学生对时光旅行有多少了解？

（2）学生从广告中了解了哪些生物学知识？

将媒体作为标准的教学工具。

例如：

（1）鼓励学生关注时事并撰写相关的内容，可以在不同的媒体来源中追踪同一个故事。

（2）布置需要使用不同媒体的家庭作业。

（3）让学生表达观点或尝试使用不同的媒体，如图片、抽象拼贴画、视频、诗歌、歌曲、电影等。

分析媒体对历史事件的影响。

例如：

（1）艺术和电影中是如何描绘美国土著人的？

（2）50年前有哪些信息来源？100年前呢？

有效利用视频资源。

例如：

（1）播放短片（节选），而不是整部电影或节目。

（2）保持亮灯，鼓励学生积极地观看并进行讨论。

（3）在观看之前，让学生知道他们应该看/听什么。

（4）在观看过程中定期停顿，指出重要信息或提出问题。

### 10.4.5 混合式教学和翻转课堂：技术驱动的教学法

在回顾新冠疫情时，我们可能都会将其视为教师教学方式的转折点。疫情之初，几乎所有的课堂教学都转变成了远程教学模式，也有许多课堂转向了混合学习模式，即学习者在一段时间内既进行面对面的线下学习，又参与在线学习。不过，事实上，早在此之前，许多教师就已经开始使用借助技术力量来探索包含更多互动和活动的教学方法了（Graham et al., 2017）。

其中一个例子就是翻转课堂设计（Bergmann & Sams, 2012）。萨尔曼·汗（Salman Khan）在2011年的TED演讲"让我们用视频来重塑教育"（Let's Use Video to Reinvent Education）中呼吁教师们"翻转"传统的教学模式，使用视频来讲授课堂材料，并利用课堂时间进行更多的互动。在翻转课堂中，通常在课堂中发生的事情都转移到了课堂之外，在线上独立完成，例如上课、讲座、记笔记、工作表、直接教学。然后，通常在家里发生的事情转为在老师的监督和支持下发生，例如在课堂上完成家庭作业、项目、练习。目前，教师们似乎意识到了这种翻转教学法的价值。2014年，在一项全国性调查中，78%的教师报告说他们至少有过一次翻转课堂的经历，45%的教师表示他们每周都有一到两次翻转课堂（Maloy et al., 2021）。那么，翻转课堂到底是什么样的呢？表10-6呈现了一些基础知识。

**表10-6 传统课堂和翻转课堂**

| 对比内容 | 传统课堂 | 翻转课堂 |
| --- | --- | --- |
| 课堂上发生了什么 | • 教师主导的教学，包括整个团体、小组和个人<br>• 学生是学习者<br>• 教师通过传授信息或指导活动来进行教学 | • 学生主导的活动，包括整个团体、小组和个人<br>• 学生既是学习者又是教育者<br>• 学生通过做活动和添加在线信息来学习 |
| 课堂外发生了什么 | • 学生们使用纸质工作表和写作提示来完成家庭作业<br>• 阅读作业来自纸质教科书 | • 学生们观看视频或听教师演讲的播客<br>• 阅读作业来自电子教科书或交互式网络资源 |

资料来源：Based on Maloy, R. W., Verock, R.-E., Edwards, S. A., & Trust, T. (2021). *Transforming learning with new technologies* (4th ed.). Pearson.

翻转课堂及其相关方法，融合了在线学习和面对面学习的元素，为学习者主动建构意义创造了条件。教师不再仅仅是信息的提供者，学生可以在课外按照自己的节奏学习核心内容。在课堂上，学生与学习材料互动、与同伴交流，老师是学习的促进者和支架。团体和个人可以根据他们自身的水平进行学习活动，这样教师可根据学生的需要进行分层教学。当然，对于那些无法在家里独立使用强大学习技术的学生，应该将一些课堂时间用于研究在线程序、学习应用程序或游戏、创建数字档案，以及收听或创建播客。

翻转课堂有效吗？2012年至2018年间相关研究的结果揭示了其优势和劣势（Birgili et al., 2021）。翻转课堂上的学生通常学到了更多，但这些研究大多都是在大学课堂上进行的（Shi et al., 2020）。翻转课堂的另一个优点是让学生按照自己的节奏学习更多的东西，并且在课堂学习中更加活跃。例如，一位五年级的数学老师在翻转教学后观察到了更多学生间的谈话（de Araujo et al., 2017）。然而，这种教学方法的一个挑战是，它要求学生足够自律，能在无人监督或在家的情况下深入学习直接的教学材料（Birgili et al., 2021）。一些人担心，学生和教师的工作量会因为翻转教学而增加，教学质量也会下降。

### 10.4.6 建构主义实践的两难困境

多年前，拉里·克雷明（Larry Cremin）(1961) 提出，先进、创新的教学方法需要由训练有素的教师实施。现在，建构主义的教学也是如此，特别是涉及以技术为中介的教学（Pulham & Graham, 2018）。我们知道，对建构主义的不同理解衍生出了不同的建构主义流派，以及很多相应的实践操作。我们也知道，如今一切教学都处于严峻的应试情境中，教师担负着很大的责任，有着不小的压力。在这样的情境中，建构主义取向的教师在实施建构主义实践时面临概念、教学、技术、文化和政治上的困境。同样，有意义的学习需要支架式教学，以支持学习者作为个体和社会文化群体成员的认知、行为和情感参与（Borup et al., 2020），这自然会导致一些困境和问题。对此，马克·温斯特（Mark Windschitl）(2002, p.133) 进行了概括。

- 我如何才能在忠于公认的学科理念的同时，尊重学生独立思考的尝试？
- 我如何管理课堂上的新型对话和合作学习？
- 如何在传递我的课堂文化的同时，容纳不同背景的学生的世界观？
- 我对课堂原有的印象如何限制了我对另一种可能的学习环境的想象？
- 我能相信学生会为自己的学习负责吗？
- 我如何才能使学习以学生为导向、以问题为基础，并满足特定的地方课程标准？
- 我如何才能让行政管理人员和学生家长支持我使用一种全新的方式进行教学？

我们不知道这些问题的所有答案，但随着技术和时代的发展，支持有意义学习的社会文化建构主义实践肯定是充满希望的。

## 模块 33 小结

### 技术可以怎样应用到教育领域

计算机、移动设备（平板计算机、智能手机）及互动性游戏系统等在年轻人当中越来越流行。在教育领域，虚拟学习环境（VLE）是一个广义术语，描述了虚拟系统中的多种学习方式。有不同种类的虚拟学习环境。最传统的虚拟学习环境是学习管理系统（LMS）。个人学习环境（PLE）框架提供了在各种环境和情况下支持个性化学习的工具。学习者可以掌握学习的方式和时间，例如通过在线同伴互动学习。最复杂的虚拟学习环境是沉浸式虚拟学习环境（IVLE）。沉浸式虚拟学习环境是对现实世界环境的模拟，学生可以独立或者合作解决问题、开发项目、模拟专家工作、访问历史网站、参观世界课堂"博物馆"或者是玩一些可以教授或运用学业能力的游戏。

### 技术能促进学习吗？

技术本身并不能保证学业成绩的提高。像任何工具一样，只有有自信、有能力的教师很好地应用技术，才能发挥技术的效用。在中小学的学习情境中，需要更多来自严格科学研究的证据来证明这一点。一些教育工作者建议所有的学生都应该学习计算思维——像计算机科学家一样思考——来制定和解决那些可以用计算机应用程序来解决的问题。许多系统甚至能让年纪很小的学生创建计算机程序。此外，每个学生都应该学会成为一名优秀的数字公民，即培养批判性地评估他们所消费的数字媒体的能力。

### 什么是混合式教学和翻转课堂？

混合式教学是指在线和面对面学习的结合。翻转课堂是混合式教学的一种。在翻转课堂中，通常在课堂中发生的事情——上课、讲座、记笔记、工作表、直接教学——都转移到了课堂之外，在线上独立完成。然后，通常在家里发生的事情——家庭作业、项目、练习——在老师的监督和支持下在课堂上发生。对于那些在家里没有强大的学习技术的学生，一些课堂时间可以用于在线研究，学习游戏、博客，创建数字作品集，收听或创建播客，或使用学习应用程序。对于那些无法在家里独立使用强大学习技术的学生，应该将一些课堂时间用于研究在线程序，学习游戏、博客或创建播客，使用学习应用程序。

### 建构主义实践有哪些困境？

教师必须学会如何设计、促进和支撑教学，以支持学习者的认知、行为和情感参与——通常还需要整合技术来提供帮助。这可能会在以下几个方面引发困境：控制程度、课堂管理、挑战先前关于"最佳"实践的假设，以及调和学生自主建构学习和标准驱动教学之间的矛盾。

# 第 11 章 学习与动机的社会认知观

CHAPTER 11

## ■ 教师的案例簿：自我调节的失败

你知道班上的学生需要学会有条理地做事，他们需要对当前和未来的学习进行很好的自我调节。但是，很多学生似乎还不知道应该如何管理自己的学习；很多人总是处于被动等待的状态，不拖到最后期限不行动，因此他们很难完成大的学习任务；很多人不能有效组织自己的学习，没法决定什么是最重要的事情；有的学生不能跟上作业进度；有的学生的书包永远一团糟，里面塞有长期未完成的家庭作业、上学期发的被揉烂的课堂讲义、外出活动的批准条；还有一些学生经常因为玩手机而分心。作为教师，你很担心，因为随着学生接受教育的时间越来越长，学生应该学会更加有序地处理生活中的事情，并熟练掌握学科知识。虽然你按照学区指导的要求给学生提供了很多材料，但他们正淹没在已有的大量任务中。

### ■ 批判性思考：
- 在你的课上或你教授的学科领域，学生需要具备什么样的组织技能才能取得成功？
- 你将如何教授这些技能，同时又不耽误春季熟练度测试或学业考试要求学生具备的学科知识？
- 你准备怎样帮助学生形成自主学习的真实效能感？

## ■ 概述与目标

在前四章中，我们站在多个理论视角分析了学习的不同方面。我们从行为主义和信息加工的角度，分析了人们学习的是什么，以及是如何学习的；我们也考察了复杂的认知过程，如概念学习和问题解决。不过，这些对学习活动的解释关注的仅仅是个体及其"大脑"里发生了什么。近来，研究者十分关注学习的另外两个关键方面——社会因素和文化因素。在前一章中，我们考察了心理（认识）和社会建构主义。在本章中，我们将探讨当前有关学习与动机的社会认知理论。这一理论关注的是学习和动机过程涉及的很多行为、个人及环境因素（包括社会和文化）之间的动态交互作用。

社会认知理论源于班杜拉（1977，1986）早期对行为主义学习观的批判，我们在第 7 章已经对这些早期理论做了介绍。社会认知理论超越行为主义，认为人们是自我指导的学习者，能够做出选择并调配资源，以实现目标。社会认知理论的核心概念是自我效能感、主体性和自我调节学习，这些概念也是动机的重要组成部分。因此，为了方便读者理解，本章搭建了从学习过渡到动机（下一章的主题）的桥梁。在本章的最后，我们将回顾不同的教学模型，并基于不同的学习理论来考察这些教学模型的贡献，而不是争论每一种教学方法的优点。不要以为你必须选择所谓的"最佳"方法——其实根本不存在什么最佳方法。尽管理论家们一直在争论哪种理论最好，但多数优秀的教师并不热衷于理论优劣的争论，而是重视如何恰当地综合运用这些方法。

学完这一章后，你就能达成以下目标。

目标 11.1　区分社会学习理论和社会认知理论，并解释三元交互决定论。

目标 11.2　讨论观察和示范在学习中的作用，描述促进观察学习的因素。

目标 11.3　阐述自我效能感和主体性，将这两个概念与自我意识和自尊相区分，并讨论自我效能感的来源及对教学的影响。

目标 11.4　描述自我调节学习的重要构成要素。
目标 11.5　将知识运用到对自我效能感和自我调节学习的教学实践中。
目标 11.6　阐释四种基本学习理论的内容与应用。

## 模块 34　社会认知理论及应用

**学习目标 11.1**　区分社会学习理论和社会认知理论，并解释三元交互决定论。

**学习目标 11.2**　讨论观察和示范在学习中的作用，描述促进观察学习的因素。

**学习目标 11.3**　阐述自我效能感和主体性，将这两个概念与自我意识和自尊相区分，并讨论自我效能感的来源及对教学的影响。

## 11.1　社会认知理论

今天我们知道的大多数社会认知理论都是以 20 世纪 50 年代班杜拉在斯坦福大学所做的研究工作为基础的。在讨论该理论之前，让我们先了解一下班杜拉这个人。

### 11.1.1　阿尔伯特·班杜拉：自我指导的一生

阿尔伯特·班杜拉一生的经历简直就是一部电影。你可以说，他虽然来自加拿大，却实现了美国梦。他的父母从东欧移民到北美，并选择了崎岖不平的北阿尔伯塔的土地，在这里经营起了家庭农场。虽然班杜拉的父母没有接受过教育，但他们非常重视教育。班杜拉的爸爸自学了三种语言，这给年幼的班杜拉树立了自我调节学习的好榜样——自我调节学习是当今社会认知理论中最突出的一个概念。在高中毕业前，班杜拉做过很多零工，包括在一家家具厂做木匠，以及在育空地区的阿拉斯加高速公路做路段维护工。在大学期间，尽管班杜拉把所有课程都选择在上午，以便将下午的时间用于打工，但他仅仅用了三年的时间就获得了加拿大不列颠哥伦比亚大学的本科学历。由于班杜拉上午还有选修一门课程的时间，于是他选择了心理学导论，并由此发现了自己的职业兴趣所在（Bandura, 2007, p.46）。1950 年，班杜拉来到了当时为数不多的心理学研究中心之一——爱荷华大学研究生院。获得博士学位（也仅用了三年时间）以后，班杜拉于 1953 年成为了斯坦福大学的一名教员，当时他仅 28 岁。此后，他数十年都在斯坦福大学任教，退休后也一直保留斯坦福大学大卫·斯塔尔·乔丹（David Starr Jordan）心理学社会科学荣休教授的身份。2021 年 7 月 26 日，也就是他去世的前一天，班杜拉还在他的办公室里撰写新书。班杜拉享年 95 周岁，他的一生是全情投入心理学事业的一生。2015 年，班杜拉获得了加拿大最高公民荣誉之一的加拿大勋章；2016 年，巴拉克·奥巴马（Barack Obama）总统授予他美国国家科学奖章，以表彰他对心理科学的杰出贡献。我们将这一版献给班杜拉教授，感谢他对我们的研究工作和教育心理学领域的影响。

当我（艾伦）读班杜拉的自传时，我被深深地触动了，因为班杜拉的理论很大程度上反映了他自己的生活，他就是一个成长在充满挑战的环境中，不断自我指导和自我调节的学习者。班杜拉在书中描述了他的高中学习经历，当时那所学校只有两名教师，他说（2007）：

*我们不得不掌控自己的学习。自我指导的学习是学业自我发展的基本手段，而不是抽象的理论。教学资源的缺陷不是不能跨越的障碍，对我而言，极少的教育资源也能很好地供我使用。课程内容容易过时，但是不管你追求的是什么，自我调节的技能都有永久的功能性价值。（p.45）*

在接下来的小节中，我们将从以下四个主题来探讨班杜拉研究工作的关键特征，以及社会认知理论：超越行为主义、三元交互决定论的概念、观察学习的作用与价值，以及自我效能感在个体能动性发展中的关键作用。

## 11.1.2 超越行为主义

班杜拉发现，虽然基本的行为原则是有用的，但其适用范围有限，对于复杂的人类思维和学习而言并不适用。在他的自传中，班杜拉（2007）描述了行为主义的不足之处，认为需要将人们置于社会情境中：

> 我发现行为主义理论的观点不符合我们的社会现实，因为我们所学到的大多数内容是通过社会性示范习得的。我不能想象会有这样一种文化，它通过对每个新成员的试误行为的表现进行奖励和惩罚，逐渐形成该文化中的语言、道德、家庭习俗和习惯、职业能力，以及教育、宗教和政治实践。（p.55）

正如你在第7章所看到的那样，班杜拉早期的**社会学习理论（social learning theory）**包括主动学习（通过强化和惩罚自己的行为来学习）和观察学习，即通过模仿和观察他人来学习。当人们观察到另一个人（榜样）因特定的行为而被强化或惩罚时，他们自己的行为、思维或情绪也发生了变化，此时榜样的示范作用（modeling）就体现出来了。随着时间的流逝，班杜拉对学习的解释除了关注榜样的社会影响外，更加关注通过认知（个人）因素如期望和信念等来解释学习（班杜拉，1986，1997，2016，2018）。1986年，他将自己的观点重新命名为社会认知理论（social cognitive theory）。这种观点既强调充当榜样和教师的他人的作用（社会认知理论中的社会性部分），同时也强调了思维、信念、预期、期待、自我调节，以及比较和判断等概念的作用（社会认知理论中的认知性部分）。社会认知理论是一个用来解释人类适应、学习和动机的动态系统。该理论致力于了解人们如何发展社交、情绪、认知与行为能力，如何调节自己的生活，以及人们行为的动机是什么等问题（Bandura，2007，2019；Bandura &

Locke，2003）。事实上，本章的许多概念将会帮助你理解第12章的动机议题。

## 11.1.3 三元交互决定论

我之前说过，社会认知理论描述了一个系统，这个系统叫作三元交互决定论。所谓**三元交互决定论（triarchic reciprocal causality）**，指的是个人因素、环境因素和行为因素等三种影响因素之间的动态相互作用，如图11-1所示。个人因素（如信念、预期、认知能力、动机、态度、知识）、物理和社会环境（资源、行为结果、他人、榜样、教师、物理和虚拟情境）与行为（个体的行动、选择、口头陈述）三者之间互相影响。

图11-1显示了学习情景中的个人、环境和行为三个因素之间的交互作用（Pajares & Usher，2008）。外部因素，诸如榜样、教学策略、班级环境或教师反馈（学生学习的环境因素），会影响学生的个体因素，如目标、对任务的效能感（下一节将进行描述）、归因（成功与失败的原因分析）、期望，以及自我调节过程（如计划、监控和控制干扰）（Schunk & DiBenedetto，2020）。比如，教师的反馈会使学生要么更自信，要么更沮丧，这样学生就会相应地调整他们的目标。环境因素如对提交作业的奖励，个人因素如设定具有挑战性的目标，会鼓励学生做出有益于学习的行为，如勤奋努力和坚持不懈（Usher & Schunk，2018）。这些行为反过来也会影响个人因素。例如，当学生付出努力表现出更好（行为）时，他们的自我效能感和兴趣会增长（个人因素）。同时，行为也会影响社会环境。例如，如果学生轻言放弃或作业表现不佳，这时教师可能会改变教学策略或学习小组的分配，从而改变学生的学习环境。

请花几分钟时间思考一下三元交互决定论在课堂中的作用。如果个人、行为和环境因素处于持续的相互作用状态，那么教学就会处于持续不断的循环之中。试想，一个学生在以前的学校遇到了困难，他到新学校的第一天由于不熟悉环境，迷路并迟到了。该学生恰好有几处清晰可见

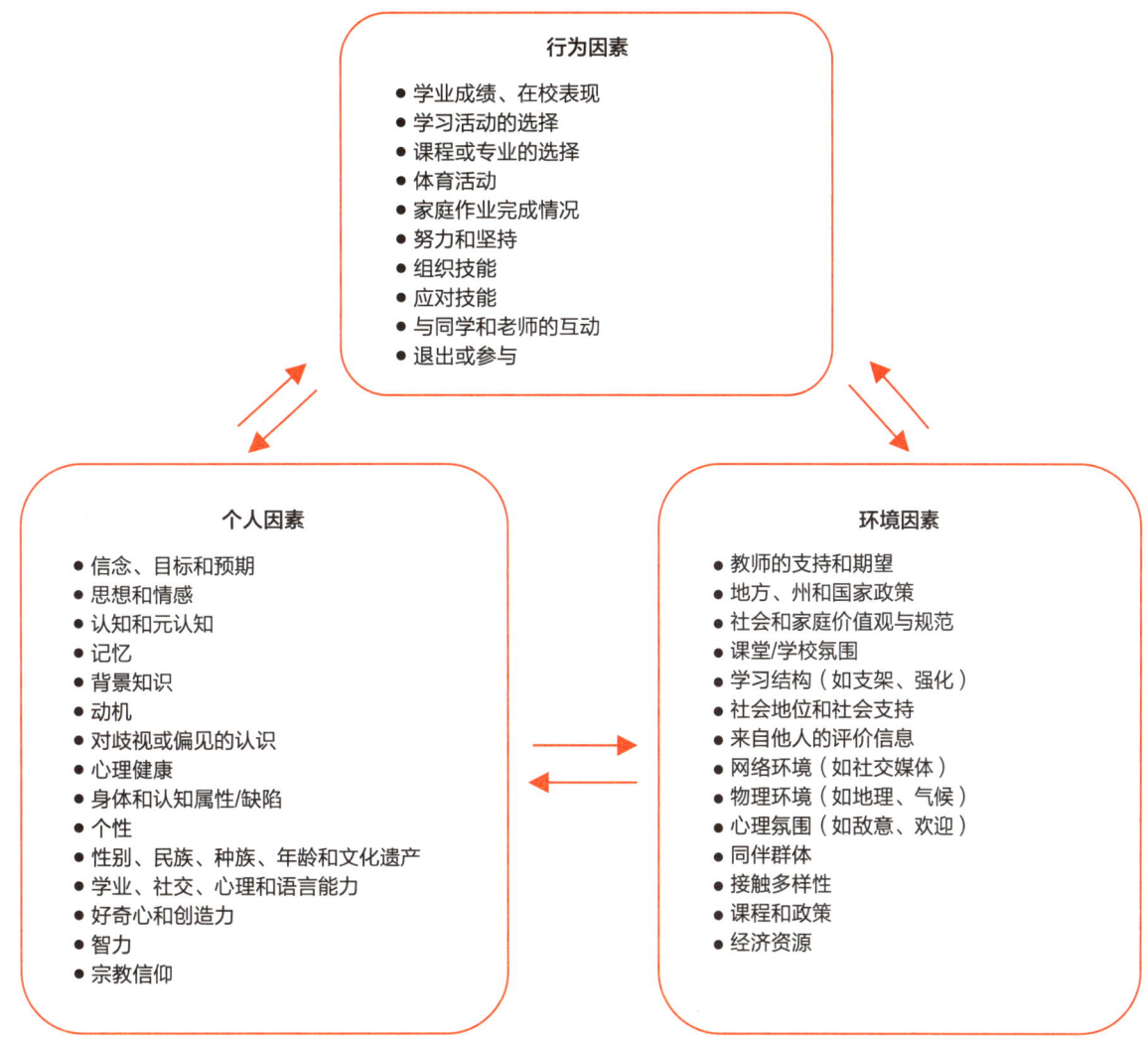

**图 11-1　学习中交互影响的社会认知观**

注：个人、环境和行为这三个因素处于不断的相互作用中，它们影响着彼此。

的文身和身体穿孔部位。第一天来学校，他本来就非常紧张，希望在新学校有好的表现。然而，教师对他的迟到及夸张的外貌表现出了轻微的敌意。这个学生感到了冒犯，因此以同样的方式回应了老师，随后老师也想好了自己要如何对待这个学生——更加警惕而且更加不信任。学生感到了教师的不信任，并认为这所学校和他先前的学校一样糟糕。这样，学生由于实在想不出还要继续尝试的理由，就会放弃努力。一旦教师看到学生心灰意冷，在他身上花费的心血就会越来越少，如此就会形成恶性循环。当然，

这种交互决定的作用并不是凭空臆想出来的。研究人员收集了来自 16 个国家的 2.2 万名教师和学生的数据，他们发现教师会根据自己的教学能力来调整教学实践，这些教学实践反过来会影响学生对自己学习能力的看法（Bonneville-Roussy et al., 2019）。换句话说，正如班杜拉预测的那样，一个人的信念和行为可以为另一个人创造环境。在学校的良好表现与学生的信念和积极性有关，但这些信念与学生在学习环境中是否能感受到支持有关（Burns et al., 2018）。

让我们更细致地考察社会认知理论的两个关键要素：

观察学习和自我效能感。在研究这两个要素时，我们会着重分析它们对教学的启示。

## 11.2 示范：通过观察他人进行学习

是什么导致了个体学习并表现出榜样的行为和技能呢？研究表明，若干因素在其中发挥了作用。第一个影响因素是观察者的发展水平。随着孩子不断长大，他们能更长久地集中注意力，更有效地识别出要观察的榜样行为的重要要素，使用记忆策略来保持信息，而且能激励自我去进行练习，正如你在表11-1中看的那样。第二个影响因素是榜样的身份地位。孩子更可能模仿那些看起来有能力、威力无比、名声远扬，以及热情洋溢的人的行为。所以，根据孩子的年龄和兴趣，父母、教师、哥哥、姐姐、运动员、武打英雄、摇滚明星或电影名人等可以充当榜样。第三个影响因素是，通过观察与自己相像的人，我们才了解到哪些行为是适宜的。儿童和青少年密切关注与他们在年龄、性别或种族上相似的榜样。（在你看最喜欢的节目时，你会更关注那些看起来和你相似的角色吗？）不管学生的种族、社会经济地位或性别有何差异，所有的学生都希望看到与自己看起来或听起来更相像、成功、有能力的榜样。例如，当发展中国家的人们观看那些能有效应对诸如妇女权利、艾滋病预防、女童入学机会缺乏等社会问题的具有榜样作用的电视剧时，会促进人们产生他们同样也可以做出相应改变的信念（Bandura，2016，2019）。

**表11-1 影响观察学习的因素**

| 特征 | 对观察学习的影响 |
| --- | --- |
| 发展水平 | 随着注意持续时间的延长以及信息加工、使用策略、比较记忆表征与行为表现、激发内部动机等能力的提高而提高 |
| 榜样的声望和能力 | 观察者更加关注有能力、地位高的榜样，示范行为的结果传达了有关功能性价值的信息，观察者乐于学习那些他们认为自己需要表现的行为 |
| 替代性结果 | 示范行为的结果传达了有关行为的适宜性及可能的结果的信息。有价值的结果会激励观察者。观察者与榜样在性格或能力上的相似性会提升前者的行为表现和动机水平 |
| 结果期待 | 观察者更可能学习那些他们认为合适并会带来奖励结果的示范行为 |
| 目标设置 | 如果榜样展示了能帮助观察者实现目标的行为，观察者更容易注意这样的示范行为 |
| 价值 | 观察者更有可能关注那些表现出他们认为重要且令人满意的行为的榜样 |
| 自我效能感 | 当观察者相信他们有能力学习或表现示范行为时，他们就会注意示范行为。观察到与自己相像的榜样，也会影响自我效能感（"如果他们能做，我也能做"） |

资料来源：Adapted from Schunk, D. H. (2012). *Learning Theories: An Educational Perspective*, 6th Ed.

从表11-1中我们可以找到答案。这些因素涉及个体的榜样学习，比如目标、结果和期望。如果观察者期待榜样的特定行为会引发特定的结果（如特定的练习方法有助于提高竞技水平），而且观察者看重这些结果或目标，那么观察者更可能注意榜样的行为，并试图再现榜样的行为（这解释了为什么我的侄子喜欢在YouTube上看冲浪视频）。最后，如果观察者有较高的自我效能感，那么他更可能向榜样学习。也就是说，如果观察者相信他有能力实施达成目标所需的行动，或至少他相信自己有能力学习如何实施这些行动，那么他更可能向榜样学习（Schunk et al.，2014）。当然，这种影响是双向的。观看另一个人的成功行为也可以增强观察者的信念，让他们觉得自己也可以做到。稍后我们将对此进行更详细的探讨。

## 11.2.1 观察学习的要素

> **停下来，想一想**
>
> 你在一所中学进行面试，目前进展顺利。接下来，你被问到了这样的问题："你心目中的榜样教师是谁？你会不会发现自己在做一些过去有的老师已经做过的事情？你有没有想要模仿的电影或者书本中的老师？"

通过观察学习，我们不仅能知道该如何实施一种行为，而且能知道这一行为在特定情境中将会带来什么样的后果。观察是一种非常有效的学习过程。根据儿童的肌肉发展和协调能力可知，当他们第一次拿起梳子、杯子和棒球棒的时候，他们通常是为了模仿梳头发、喝水、挥舞球棒的动作。通过与榜样的比较，我们还可以调整自己以产生更好的结果。为了学习新的行为或改善当前的行为，班杜拉（1986）指出，观察学习包括注意、信息或印象的保持、动作产生，以及激发行为复现的动机四个要素。

### 1. 注意

为了通过观察进行学习，我们必须集中注意力，包括选择性注意（注意正确的线索和信息）和持续性注意（保持注意力）。在教学中，你需要通过清晰的呈现，以及对重点部分的强调，保证学生的注意力集中在课程的核心部分。在展示一项技能（如给缝纫机穿线、进行解剖或操作车床）时，你可能需要让你的学生和你站在同一方向，认真观察你是如何操作的。从相同的角度观察你的手的动作，就像观察他们自己的手一样，这样能引导他们将注意力放在正确的情境特征上，也会使观察学习变得更容易。

### 2. 信息或印象的保持

要模仿榜样的行为，必须先记住它。这就意味着你需要以某种形式进行心理表征，或通过言语，或通过表象，或二者皆有。保持的效果可以通过心理演练（想象模仿的行为）或实际练习来提升。当然，我们也可以通过视频来观看榜样的行为，这样可以将一些记忆工作转移到回放上。即便如此，边看边练习可以帮助我们记住目标行为的要素，以及各步骤的顺序。最终，为了能够应用我们所学到的知识，我们必须经历观察学习的保持阶段。

### 3. 动作产生

即使我们"知道"一种行为应该是什么样的，并记住了它的构成要素或步骤，如果没有大量的练习、反馈和细致的指导，我们可能仍不能熟练地实施它。在产生阶段，反复的练习能够使行为变得更加流畅和熟练。然而，如果一个孩子还没有形成这种行为所需的身体或认知技能，即使广泛地练习和反馈也可能不够。要将行为练习到熟练的理想状况，需要将学习者的行为和榜样的行为进行比较以获得反馈，例如老师的具体反馈、明确的行为指导和对行为视频的回顾、有意去练习薄弱环节等（Ericsson & Pool, 2016）。

### 4. 激发行为复现的动机

社会认知理论将行为的习得和表现区分开来。我们可能会通过观察掌握一个新的技能或行为，但是如果没有动机或刺激物的激发，我们可能不会将其表现出来。强化在观察学习中发挥着多重作用。如果我们期待通过模仿榜样的行为而受到强化，那么我们可能会更有动力去注意、保持和再现行为。此外，强化对维持学习而言也非常重要。如果没有强化，新的行为很可能会消失（Schunk, 2020）。例如，如果一个不受欢迎的学生穿了追求流行的群体的服饰，却被忽视或者嘲笑，那么他的这种模仿很难持续下去。同样，学科学习也经常伴随着失败——对学习进步的强化有助于学习者继续关注自己的成长，而不是当前的失败。

班杜拉认为有三种可以促进观察学习的强化形式。首先，当然是观察者模仿榜样的行为后，会得到**直接强化**（direct reinforcement）。例如，当一个体操运动员成功地完成一个前翻动作时，教练或榜样高呼："太棒了！"

当然，强化也可能是非直接的，即**替代强化**（vicarious reinforcement）。仅仅看到他人的某个特定行为受到强化,就可能激励观察者再现这种行为。例如,如果你夸奖了在实验报告中采用了图表的两个学生,那么其他看到这一幕的学生下次就有可能在实验报告中加入图表。大多数电视广告期望形成这种效应。在商业广告中,当人们开着某种车或是喝着某种饮料时,会表现得异常兴奋,观众的行为就会被演员表现出的明显的愉悦感替代性地强化。惩罚也可以是替代性的:当你在高速公路上行驶,看到前面有几个人领到了罚单时,你有可能会降低速度。一个学生看到他朋友因发布某个帖子而被嘲笑后,可能会删除自己在社交平台上类似的评论。

最后一种强化形式是**自我强化**(self-reinforcement),也就是自己控制强化物,这也是后文将要阐述的自我调节的一个方面。自我强化既可能是内在的(例如,工作做得很好时的满足感),也可能是外在的(例如,在完成目标后给自己一个特殊的奖励)。如果教育的目标之一是培养能够进行自我教育的人,那么学生就必须学会管理自己的生活、自己设置目标,并进行自我强化。在成年人的生活中,奖励有时是模糊的,而且目标通常需要很长一段时间才能实现。请想想要完成学业并找到第一份工作,需要经历多少个小步骤?在教学过程中,有时自我强化是让你在面对困难学生和要求苛刻的家长时,推动你走下去的唯一动力。事实上,生活中充满了各种需要自我调节的任务(Rachlin, 2004)。

社会认知理论对教学有很重要的启发意义。下面就让我们来详细探讨观察学习在教学中的应用。

## 11.2.2 教学中的观察学习

> **停下来,想一想**
>
> 你将如何把观察学习整合进你的教学中?什么技巧、态度和策略可以在你的教学中被模仿?

我们已经探讨了观察学习如何发生及其影响因素。下面让我们来看看观察学习在课堂上可能产生的五种结果:吸引注意力、鼓励现有行为、改变抑制状态、教授新的行为与态度,以及唤醒情绪(Schunk, 2020)。

### 1. 吸引注意力

通过观察他人,我们不仅能学会行动,还能注意到行动中涉及的物体。例如,在学前班,当一个孩子很高兴地玩耍一个被忽视多天的玩具时,其他很多孩子可能也会开始想要该玩具,即使他们玩耍的方式不同,或只会把它拿在手上。之所以发生这种情况,部分原因是孩子的注意力被那个特定的玩具吸引了。还记得我曾经通过提供定义来教中学生学习高难度的词汇。看到他们无聊的样子,有一天我决定让学生轮流在黑板上写下一个有趣或怪诞的句子,其中包括目标单词。当他们看到自己的同学站在教室前面,读着他们写的那些富有创意的句子时,他们的注意力被成功地吸引了。

### 2. 鼓励现有行为

我们所有人都有这样的经验:当发现自己处在不熟悉的情境中时,我们会从他人那里寻找线索。观察他人的行为可以帮助我们使用先前已学会的行为:吃沙拉时怎样使用叉子是正确的,什么时候离开聚会,使用哪种语言是恰当的,等等。模仿电视或音乐偶像的着装风格也是该效应的一个例子。

### 3. 改变抑制状态

如果班上同学看到一个学生违反纪律而没有受到惩罚,那么他们可能会觉得违反纪律并不总会得到不好的结果。如果违反纪律的人是很受大家欢迎且有较高地位的班干部,那么榜样的增强作用可能更强。教师可以利用这种**连锁效应**(ripple effect)并从中受益(Kounin, 1970)。若教师有效地处理了违反纪律者,特别是违纪的班干部,看到这一情况的其他学生就可能会抑制违反纪律的念头。这样做并不意味着教师一定要训斥每一个违反纪律的人,但一旦教师采取了某种特定的行为,就要坚持到底,这对优化连锁效应而言十分重要。

### 4. 教授新的行为与态度

威廉·詹姆斯（William James）（1899/2001）说："最成功的教师是其教学方法最容易被模仿的教师"（p.26）。长期以来，人们一直通过示范来教授舞蹈、体育和工艺，以及食品科学、化学、焊接和语言学习等学科的技能。教师也可以在课堂教学中有意地使用示范来教授心智技能，开阔学生的视野，教授新的思维方式，例如，复杂数学问题解决的思维步骤（Zimmerman, 2013）。教师是各种行为的榜样，比如单词发音、对癫痫发作学生的反应，以及对学习的激情等。例如，教师针对学生的提问大声进行出声思维示范，以表现良好的批判性思维。又如，教师往往会担心女生对她们的职业前景有刻板印象，因此，你可以邀请在非传统领域工作的女性来班级演讲，或者为学生提供接触科学、技术、工程和数学（STEM）方面的榜样的机会。教师还可以通过介绍他们最喜欢的图书、电影、艺术家等来表现他们对阅读、音乐、艺术或历史的热爱。研究显示，当教师很好地使用了前文描述的观察学习的各个要素，特别是强化和练习时，示范就是最有效的教学方法。然而，选择合适的榜样依然是很重要的。例如，对于那些怀疑自己能力的学生，最好与那些不断努力并最终掌握知识的同学搭档，而不是与一次就能毫不费力掌握知识的同学配对（Schunk, 2020）。

### 5. 唤醒情绪

通过观察学习，人们可能对自己从未亲身经历的情境做出情绪反应。听到、看到或读到有关情境的信息，也是观察学习的一种有效形式。以下这些可能是最直接的关于恐惧的观察学习，听到关于鲨鱼袭击人的新闻，我们很多人会对在海里游泳充满焦虑。电视上报道学校枪击惨案，会促使家长、教师和学生开始关注学校的安全问题。当你的学生了解到和他们同龄或处于同样情境中的人遭遇了恐怖事件时，你需要给他们提供机会，让他们表达自己的情绪。但并非所有的观察都会导致消极情绪。观看或阅读那些毕生都在倡导人权和公民权利的人们的勇敢行为，可以引发促进社会变革的情感反应。的确，多样化的媒体使人们能够看到遥远的或以前难以想象的情境。例如，参加"地球青年之声"计划的青年们组织了一个社交网络视频活动，其中包括保护环境和应对气候变化等主题活动（Bandura & Cherry, 2020）。观看媒体对善行或英雄主义行为的报道，也会引起情绪，从而引发相关的模仿行为，以及对人性的"信仰"。

下面的"实践指南：观察学习的使用"提供了一些关于如何促使学生在课堂中使用观察学习方法的建议，你可以参考。

最后，为了更好地促进观察学习，你可以帮助学生选择合适的榜样。班杜拉（2016）指出，我们生活的环境不仅受到外部影响，我们对如何选择和创造环境是有发言权的。例如，高中生选择他们的班级、同龄伙伴、课外活动，以及社交媒体中的朋友。我们可以帮助学生反思这些社会群体是如何影响他们的行为的，这或许会使他们做出明智的选择。

| 实践指南 |

## 观察学习的使用

示范你希望学生学习的行为和态度。

例如：

（1）表现出你对所教科目的热情。

（2）乐于示范你期望学生完成的心理和现实任务。一次，我看到一名教师坐在沙盒里面，而她四岁的学生就注视着她演示"玩沙"与"扔沙"的不同。

（3）示范好的问题解决技能——在解决难题时，采用出声思维。例如，语文老师可暂停阅读，说"我要回忆一下到目前为止的故事情节。"或"这个句子有点难理解，我再读一遍"。

（4）树立应对挑战、坚持和努力的榜样——努力解决一个难题，即使你似乎走到了死胡同。尝试新的策略或休息一下，稍后再回到问题上来。

（5）示范你的期望——我记得在一次学校集会上，我看到我的同事们在互相交谈，偶尔抬起头来批评那些同样在交谈的学生。学生能识破这种言行不一的行为。自己积极践行期望的行为，可促进学生模仿。

将同伴特别是班干部视为榜样。

例如：

（1）在小组学习中，让学习好的学生与那些学习困难的学生配对学习，与成绩相似配对的方法交替使用（参见第10章）。

（2）在选择榜样时，将缓慢纠错和快速无误两种问题解决模式进行交替。

（3）让学生演示"窃窃私语"与"安静、不说话"。

确保学生看到他人的积极行为受到强化。

例如：

（1）指出故事中积极行为与积极结果之间的关系。

（2）公平地给予学生强化。对问题学生和没有惹祸的学生通常应用同样的奖励规则。

获取班干部的支持，让他们给全班同学做示范。

例如：

（1）让很受学生喜欢的学生友好对待自闭症或胆小的学生。

（2）当你需要全班学生合作，但学生不情愿时，让较受欢迎的学生引导大家做活动。受欢迎的学生可以在外语课上示范如何做对话练习，或在生物课上第一个进行解剖练习。

## 11.3 主体性与自我效能感

你应该还记得，社会认知理论强调个人、行为和环境事件在塑造人类生活中的动态互动性。班杜拉（1997）特别强调个人因素。由于人具有自我影响的能力，我们在决定自己学什么、与谁互动，以及如何行动方面发挥着作用。班杜拉（2016）将此称为**人类主体性（human agency）**，"主体性就是人们通过自己的行动对自身功能和事件的进程有意地施加影响"(p.4)。主体性包括有能力做出有益的选择和行动计划，有能力设计适宜的行动步骤，有能力激发并调节计划和行动的执行。这就是社会认知理论和行为主义之间的主要区别。在社会认知理论中，我们可以改变或忽略我们的环境，控制自己的行为，支持他人的行为，并掌控我们的生活。行为主义将"个人"部分剔除，完全专注于强化（或惩罚）是如何预测我们的行为的。在后文对自我调节的讨论中，你将看到学生和教师可以如何变得更具有主体性，即更多地进行自我导向并更多地掌控自己的学习与动机。

我们对自身能力所持有的信念，即**自我效能感（self-efficacy）**，是我们自身主体性的核心。简单地说，自我效能感回答了"我能做到吗？"这个问题。我们在不同情境中会问自己这类问题，我能做数学题吗？当朋友在背后议论我时，我能保持冷静吗？我能教好这群学生吗？我能做10个俯卧撑吗？我能在一天内100次抑制自己查看手机新信息的冲动吗？班杜拉（1997）将自我效能感定义为"相信自己有能力组织和执行达成特定成就的行动过程"(p.3)。学习者的自我效能感不同于他们对自己行为结果的预期，但又与之相关（"我会成功还是失败？""我会受到欢迎还是被嘲笑？""这个新学校的老师会更愿意接受我吗？"）。学生如何回答这些问题，取决于他们对自己在特定领域的个人能力或效率的看法。研究表明，自我效能感对不同年级和不同领域的学生取得积极成果而言，都极为重要。自我效能感高的学生在完成具有挑战性的任务时，会表现地更加努力、更富有毅力和韧性，压力和焦虑水平也会更低（Klassen & Usher, 2010; Schunk & DiBenedetto, 2020）。一项针对初中升高中学生的研究显示，对学业成绩有控制感的学生有更高的自我效能感。相比其他学生，这些学生对自己的学业能力更有信心、成绩更好、投入度更高，且毕业率更高（Anderson et al., 2019; Caprara et al., 2005）。

### 11.3.1　自我效能感、自我概念与自尊

很多人以为自我效能感等同于自我概念或自尊，其实不然。虽然这些术语都是指自我信念，但它们在某些方面仍存在差异。自我效能感是"在特定情境下，对个人完成某项特定任务的能力的评价"（Pajares, 1997, p.15），自我概念（self-concept）指的是长期积累起来的、更具全局性的自我知觉。自我概念是通过内外世界的对比发展起来的，并会将他人或自我的其他方面作为参照框架（Marsh et al., 2019）。它回答的是"我在这方面有多强？与他人相比我如何？"的问题。而自我效能感关注的是你感知到自己能够成功完成一项特定任务的能力，无须进行什么对比——问题是"我能做到吗？"在自我效能感的判断中，重要的是你是否相信自己能做到，而不是他人是否会成功。同时，自我效能感对个体的行为具有很强的预测力，但自我概念的预测力通常较弱，尤其是在预测学生完成特定学业任务时（Anderman & Anderman, 2014; Bandura, 1997）。

自我效能感是情境特定性的，这就意味着，人们对自身能力的信念取决于他们所面对的学科领域或任务类型。例如，我在唱歌方面的效能感确实很低，但我却对自己查看地图和方位导向的能力（除非在一些像罗马这样的特定的城市）充满信心。即使年龄很小的学生，对不同的任务也发展出了不同的效能感。一项研究发现，一年级时，学生就已经对阅读、写作和拼写等方面有了不同的效能感（Wilson & Trainin, 2007）。

自我效能感是对个人能力的判断，自尊（self-esteem）则是对自我价值的判断（Usher, 2015）。自尊在很大程度上取决于自己在自己所看重的某个领域（如数学、外貌、歌唱、足球等）中的表现，以及他人对我们能力看法的关注（Harter & Whitesell, 2003）。如果感觉自己不具备某个自己并不看重的领域的才能，自尊不会受到影响。因此，可以说二者之间并没有直接的关系。一个人可能在某个领域有较高的自我效能感，但未必有较高的自尊，反之亦然（Valentine et al., 2004）。例如，像我前面说过的，我在唱歌方面的自我效能感很低，但这并不会影响我的自尊，可能是因为唱歌在我的生活中并不是必需的。但是，如果由于某门课程没有上好，我的教学自我效能感下降，我想我的自尊也会受挫，因为教学是我所看重的。

### 11.3.2　自我效能感的来源

我们如何去明确自己在某一方面很有能力，而在另一方面却毫无希望呢？班杜拉（1997）确定了自我效能感可能的四个来源：成功经验、替代性经验、社会性劝说，以及生理和情绪唤醒状态。**成功经验**（mastery experience）是我们如何解释自身直接的有效掌握知识和技能的经验——这是效能感信息的最有力来源。成功会提高效能感，失败则会降低效能感（Usher, Ford, et al., 2019）。班杜拉（1997）还将这些经验称为"能动"经验，因为我们并不一定会将自己的所有行为都视为非常成功的。

有时，我们在某个领域几乎没有直接经验。因此，我们的自我效能感判断基于其他来源，比如通过观察他人的行为获得的**替代性经验**（vicarious experience）。观察榜样不仅能教会我们新的做事方法，还能改变我们对自己能力的信念。在我小时候，我的好友杰西卡（Jessica）可以弹奏一曲激昂的莫扎特奏鸣曲。当我托着下巴，看着她的手指在琴键上滑动时，我告诉自己："她能弹这个，那么我也能"。当观察者感觉自己与榜样相似时，对自我效能感的替代影响就会更强（Gerber et al., 2018）。在学校里，同伴的良好表现可以增强其他学生的自我效能感。反过来，当一个受人尊敬的榜样失败时，我们的自我效能感可能会下降。不过，这种模式也有一些例外。例如，看着别人在使用糟糕的技能进行挣扎时，观察者可能会认为自己可以通过更好的方式来完成同样的任务。

以技能为基础的电视节目和网络视频很受欢迎，有的示范如何烹饪，有的示范如何改进高尔夫挥杆、更换汽车电池或跳一种新舞步，这些节目体现了替代性经验的影响。当观众能够认同节目中的人物时，这种效果尤为显

著。在某些情况下，替代性经验可以成为自我效能感的强大来源。看到历史人物、社会权利倡导者甚至虚构人物为自己或自己的事业挺身而出，可以让观察者相信他们也能做到（Morgenroth et al., 2015）。只要观察者能长期接触到那些打破性别和种族刻板印象的榜样，那些被忽视的群体成员（例如，女性、少数族裔）的自我效能感就会受到影响（Olsson & Martiny, 2018; Zeldin et al., 2008）。

自我效能感的第三个来源是<u>社会性劝说（social persuasion）</u>，它是学生从周围人那里获得的评价信息。这些信息有多种形式，既有公开的，如"鼓舞人心的激励性言辞"或具体的成绩反馈；也有隐蔽的，如教师倾向于避免让某些学生回答难题。仅有社会性劝说不一定能持久提高自我效能感，但鼓励性的言辞能够推动学生付出努力、尝试新的策略或竭尽全力去取得成功（Bandura, 1982）。社会性劝说能够帮助学生抵抗突如其来的挫折，这些挫折往往会令学生产生自我怀疑，并且挫伤他们的毅力。社会性劝说能否产生效果，取决于劝说者的可靠性、学生对其的信任程度、专业水平，以及地位。例如，当学生认为教师可信度高时，教师对学生的评价会对学生的自我效能感产生更大的影响（Won et al., 2017）。在技能发展过程中，人们可能更倾向于关注他人对其能力的评价（Bandura, 1997）。若个体在类似的任务中积累（掌握）了成功经验，确认好了短期的目标，并关注努力的重要性，那么社会性劝说更有可能促进自我效能感的提高，进而获得成功的表现（Bandura, 1997; Usher & Pajares, 2008）。

自我效能感的最后一个来源是学生如何解释他们在活动前或活动中体验到的<u>生理和情绪唤醒状态（physiological and emotional arousal）</u>。例如，一想到要进行公开演讲，一名中学生就会手心冒汗、胸闷气短。她把这一信号解释为自己没有能力进行演讲。我们解读情绪和身体的方式，会改变我们对自身能力的认知（Usher & Pajares, 2009）。例如，在我的一项研究中，一名高中生在被问及他为什么对数学感到不自信时，他说："数学让我感到非常想呕吐"（Usher, Ford, et al., 2019, p.46）。无论是消极的还是积极的，强烈的生理反应都会对自我效能感产生深远的影响。当你思考教学任务时，你是焦虑不安（自我效能感较低）还是兴奋和"激动"（自我效能感较高）？你可以帮助学生重新评估并认识他们的唤醒状态——他们并不是焦虑，而是精神饱满，准备充分！表11-2 总结了自我效能感的来源。

**表 11-2　自我效能感的来源**

| 来源 | 例子 |
| --- | --- |
| 成功经验 | 个体感知到的过去在类似情境中的成功和失败经历；为了提高自我效能感，个体必须将成功归因于能力、努力、选择，以及策略的使用，而不是运气或从他人那里得到的外在帮助 |
| 替代性经验 | 看到和你相像的人在任务中获得成功，或实现了与你的目标类似的目标 |
| 社会性劝说 | 鼓励，信息反馈，从可信赖的资源处（包括重要他人）获得有益的指导，评价 |
| 生理和情绪唤醒状态 | 积极或消极的唤醒，如兴奋感等。感到激动并进入准备好的状态，会提高效能感；感到焦虑与预感不祥，则会降低效能感 |

一些证据表明，学生的个人或文化背景可能影响其对自我效能感的来源的解读（Usher & Weidner, 2018）。例如，布茨（Butz）和乌谢尔（Usher）（2015）向2500名小学高年级和初中学生询问了他们在阅读和数学方面的自我效能感来源。女生比男生更有可能列出自我效能感的社会来源（即替代性经验和社会性劝说）。环境也同样重要，学生所报告的数学和阅读中自我效能感的来源是不同的。在其他情境中，如在线统计学习，学生的自我效能感往往来自表11-2中列出的所有四个来源（Huang et al., 2020）。文化差异也会影响自我效能感的形成。一项研究

发现，韩国和菲律宾青少年的数学自我效能感更多是基于来自同伴和父母的社会性劝说，而不是其他来源（Ahn et al.，2016）。此外，正念教学和指导包含多种帮助学习者获得自我效能感的方法。

### 11.3.3 学习与教学中的自我效能感

> **停下来，想一想**
> 
> 如果用 1～100 的量度来表示信心的程度，你对自己能够在今天读完本章内容有多大的信心？

假设你对自己今天能够读完本章内容的效能感在 90 分（满分 100）上下，那么，在面对挫折时，你将能付出更大的努力和坚持，即使你在阅读过程中被打断了，你也很可能会回到任务中来。我相信今晚我能写完本节内容，所以即使计算机系统崩溃，我还是会重新开始工作，再多写几页。

自我效能感也会通过目标设置影响动机（Schunk & DiBenedetto，2020）。如果我们在某个领域有很高的效能感，我们会设置更高的目标，很少惧怕失败，即使已有策略不起效，也会积极寻找新的策略。如果你对在今天内读完本章内容的效能感很高，那么你很可能设置较高的阅读目标，还可能会做一些读书笔记。然而，如果你的效能感很低，那么，你很可能难以坚持阅读，或者在遇到问题或有更好的选择时，会很容易放弃阅读（Usher & Schunk，2018）。

研究发现，在以下三种情况下，学生的学习成绩和自我效能感会提高。第一种情况是学生设置了一些短期目标，可以轻而易举地对学习进程进行判断；第二种情况是教师教学生使用特定的学习策略，如概括或总结，来帮助他们集中注意力；第三种情况是学生由于他们自己取得的学业成就而得到奖励，而不是由于简单的参与而得到表扬，因为学业成就的奖励标志着个人能力的提升（Pajares，2006）。请参阅"实践指南：促进自我效能感的提高"，了解如何提高学生的自我效能感（以及你自己的自我效能感）。

## 实践指南

### 促进自我效能感的提高

强调学生在特定领域中的进步。

例如：

（1）复习先前学过的材料，并展示这些材料如今是多么"简单"。

（2）当学生已经学习了较多内容时，鼓励他们优化之前的项目。

（3）在作品集中保存一些做得特别好的作业样例，以及随着时间推移显示出成长与进步的作品，并定期让学生回顾和反思他们的进步。

为学生设置学习目标，并且为他们示范成功的方向。

例如：

（1）引导学生制定专注于掌握技能、本领或深化理解的目标。

（2）认可学生的进步和提高。避免不太具体的表扬。

（3）分享你自己发展特定领域的能力的例子，并向你的学生讲述与他们相似的其他榜样人物的成就——不包含那些学生无法企及的"超人式成就"。

（4）给学生讲述那些来自不同环境，通过克服身体、心理、社会或经济上挑战，并最终取得成功的学生的故事。

（5）不要将学生在校外遇到的问题当作失败的托词，帮助学生在校内获得成功。

为学生的改进提出具体建议，当学生改进后则修改其得分。

例如：

（1）要在学生的作业上标出哪些地方做得对、哪些是错的，以及他们为什么会出错。
(2) 尝试让学生进行同伴评审或使用同伴案例，尽量减少个人之间的比较。
(3) 向学生说明他们修改后所得的高分如何反映了他们的能力，以及这一进步提高了班级的平均分。

强调过去的付出与成就之间的关系。

例如：
(1) 与学生开展个人目标设置及目标回顾讨论会，让学生反思自己是如何解决困难问题的。
(2) 直接干预学生的自我挫败式认知与逃避失败的行为策略。
(3) 从学生过去的成就中寻找证据，表达你对他们成长能力的信心。

在学校，我们对学生学习数学、写作、历史、语言、科学、健康促进等学科的自我效能感，以及学生在应用学习策略和应对课堂中很多其他挑战时的自我效能感特别感兴趣。一些对学生的研究发现，自我效能感与从小学生到大学生的学业成绩都密切相关（Honicke & Broadbent, 2016；Richardson et al., 2012）。自我效能感也被证明与青少年的生活满意度（Burger & Samuel, 2017）、大学生深层认知加工策略的使用（Prat-Sala & Redford, 2010）、小学生和高中生的写作自我调节及表现（Zumbrunn et al., 2020）、大学的专业和职业选择（Lent et al., 2017）及大学高年级的表现（Elias & MacDonald, 2007）等都密切相关。自我效能感似乎具有跨社会文化的一致性。例如，自我效能感与墨西哥裔美籍青少年数学和科学学习的目标或兴趣高度相关（Navarro et al., 2007），与意大利中学生的在校学习时间（Caprara et al., 2008）、法国小学生的语言成绩（Joët et al., 2011）、芬兰小学生的阅读流畅性（Peura et al., 2019）、13个国家青少年的计算机和信息素养（Hatlevik et al., 2018），以及非洲裔美国大学生（Dickinson et al., 2017）和亚洲裔美国大学生（Kantamneni et al., 2018）的职业选择关系密切。

由此，你可能认为，高自我效能感一定与高成就相关，因为能力更强的学生自我效能感也更高。但是，只有当我们将实际能力纳入考虑范畴时，自我效能感与学业成就之间的关系才能明朗。例如，研究发现，即使两个学生在数学和阅读方面的实际能力相当，但是具有更高自我效能感的学生表现得更好一些（Grigg et al., 2018；Usher, Li, et al., 2019）。信念确实很重要！自我效能感有助于树立更高的目标、对目标更加坚持、为目标付出更多努力，高自我效能感的人更有能力掌控自己的生活——他们拥有自主性。

自我效能感的最大激励作用是什么？学生应该拥有怎样的预期？精确的、乐观的，抑或悲观的？有研究表明，高自我效能感能支持学生的动机，即使自我效能感被略微高估了，也是如此（Bandura, 1997）。无论儿童还是成年人，如果他对未来的态度积极、乐观，那么他的生理和心理会更加健康，他将很少感到沮丧、失落，并且会有更强的动机去完成任务（Seligman, 2006）。正如我们在第2章中所看到的，保持乐观的自我观也可能使学生免受偏见和歧视的负面影响。在分析了近140项关于非洲裔美国人的动机特征的研究后，桑德拉·格雷厄姆（Sandra Graham）总结道：即使在面对困境时，许多成功的非洲裔美国人也具有积极的自我概念、很强的心理韧性和很高的期望（S. Graham, 1996；S. Graham & Taylor, 2002）。

你可以想象，如果教师低估学生的能力，那将是很危险的：学生可能只付出很少的努力，而且很容易放弃努力。但高估学生的能力同样也有危险，因为如果学生对自己阅读能力的评价高于实际水平，那么他们在阅读时就不会回头检查并修正错误的理解，直到最后，他们才会发现原来自己并未真正理解阅读材料，但为时已晚（Pintrich & Zusho, 2002）。当学生对新的任务不熟悉时，他们特别容易高估自己的能力。因此，帮助学生了解任务的要求，并据此评估他们的自我效能感，对于提高学生的学术能力、帮助其发展非常重要（Osterhage et al., 2019）。

## 11.3.4 教师效能感

你可能在第1章中注意到了，我（安妮塔）的很多研究都特别关注教师效能感。许多研究者也对其进行了讨论，认为教师效能感是一个教师相信自己"能够帮助学生进行学习，即使是学业成绩很差的学生"的程度，是一种能够让学生学有所成的难得的教师人格特质（Burić & Kim, 2020; Fackler et al., 2021; Lazarides et al., 2018; Woolfolk Hoy et al., 2009）。当教师需要为学生的成功或失败负责（而不是将责任推卸给学生的能力或外部障碍），教师会更"有意"地接触学生，也更有可能地满足学生的学习需求（Putman et al., 2009）。有学者在回顾了165项相关研究后发现，自我效能感较高的教师对工作的满意度和投入度较高，倦怠感较低（Zee & Koomen, 2016；也参见 Klassen et al., 2011）。相反，情绪耗竭度高、自我效能感低的教师更有可能对学生使用更严厉的纪律处分（Eddy et al., 2020）。当然，教师效能感和学生的成就之间的关系可能是双向的，相互影响。例如，教师的效能感越高，他们教得就越多，学生学到的也就越多；同样，学生学到的越多，教师的效能感就越高（Holzberger et al., 2013）。

大多数研究者认为，教师的效能感是多维度的（Fackler et al., 2021; Tschannen-Moran et al., 1998）。事实上，教师需要掌握多种不同的技能——他们必须能够较好地设计和讲授课程，管理好课堂流程和学生行为，提高学生的学习投入度。要在疫情期间及后续成功地开展教学，就必须具备多种教学技能（Cheng et al., 2020）。教师还必需要接触到来自不同背景、有特殊学习需求的学生。此外，自我效能感是针对具体任务的，因此教师可能在某一领域非常自信，但在另一领域却可能自我怀疑。

教学效能感是如何形成的？教师在判断自己的能力时，通常会依靠前面所述的四个来源，尽管这些来源的相互作用对教师而言可能会比对学生更为复杂（Morris et al., 2017; Yada et al., 2019）。建立一套灵活的教学工具和扎实的教学内容，有助于教师获得一种掌握技艺的感觉。对于教学的自我效能感，社会传递的信息可能与成功经验一样有效。毕竟，要想知道我们的教学是否有效，我们需要学生的反馈。教学本质上是一种社会行为，学生、家长和管理者的评价会给出有关我们表现的重要信息。

替代性经验是教学效能感的另一个主要来源。力求上进的教师可以观看自己上课的录像回放，或关注有经验的教师是如何管理班级的。研究发现，在教学指导者的帮助下，讨论教学视频的学前教师比没有这样做的教师具有更高的自我效能感（von Suchodoletz et al., 2018）。自我示范和社会示范都能引起教学效能感的变化。与一个精通教学、同时又能给予帮助的榜样合作，可以提升新教师的自我效能感。克拉森（Klassen）和德克森（Durksen）（2014）发现，加拿大的职前教师从指导教师那里获得的支持越多，他们的自我效能感就越高，压力就越小。在为期8周的实习中，他们的自我效能感越高，压力越小。最后，教师们还可以通过解读自己与教学相关的情绪和生理状态，来判断自己是否能有效完成教学任务。比如，在焦虑的情绪状态中幻想自己上课失败的场景会削弱自我效能感。教师在教学过程中感觉到"有状态"，可以证明他们有能力帮助学生成长。

教师的最佳自我效能感水平是多少？与任何一种自我效能感一样，高估自己的能力既有好处，也有危险。乐观的教师会设定更高的目标，更加努力地工作，必要时反复教学，面对问题坚持不懈。但是，如果初任教师高估自己的能力，他们可能不会采取必要的措施来提高自己的技能——直到他们遇到严重的问题。因此，怀疑自己的能力可能会带来一些好处。正如惠特利（Wheatley）（2002）所指出的，有时"怀疑会促使改变"（p.18）。

最后，让我们重温班杜拉（Bandura, 1997）的观点："人们的动机水平、情感状态和行动更多的是基于他们所相信的东西，而不是客观真实的东西"（p.2）。教师和学生的信念都是他们行动和情感的指南。自我效能感发挥重要作用的一个方面是自我调节。除非我们相信自己能够调节多方面的要求，否则我们很可能会把时间花在应对生活环境上，而不是积极主动地发挥自己的主观能动性。接下来我们就来谈谈这个问题，看看你可以怎样帮助你的学生（和你自己）过上自我指导、自我调节的生活。

## 模块 34 小结

### 社会认知理论

#### 比较社会学习理论与社会认知理论

社会学习理论拓展了行为主义关于强化和惩罚的观点。在行为主义看来，强化和惩罚直接影响人们的行为。社会学习理论认为，观察另一个个体或榜样的行为受到强化或惩罚，同样会对个体的行为产生影响。社会认知理论扩展了社会学习理论，纳入了信念、期望及自我概念等认知因素。当今的社会认知理论是一个用来解释人类适应、学习和动机的动态系统。该理论致力于了解人们如何发展社交、情绪、认知与行为能力，如何调节自己的生活，以及人们行为的动机是什么等。

#### 什么是三元交互决定论？

三元交互决定论指的是个人因素、环境因素和行为因素这三种影响因素之间的动态相互作用：个人因素（如信念、期待、认知能力、动机、态度、知识）、物理和社会环境（如资源、行为结果、他人、榜样和教师、物理情境）与行为（如个体的行动、选择、口头陈述）三者之间互相影响。

### 示范：通过观察他人进行学习

#### 什么是示范作用？

通过观察他人进行学习是社会认知理论的一个关键要素。示范作用受以下几个因素影响：观察者的发展水平，榜样的身份地位，观察者看到示范行为的后果，观察者对其观察的行为结果的期望（"我会受到奖励吗？"），观察者觉察到的自身目标与示范行为之间的关联性（"像榜样那样做会得到我想要的吗？"），以及观察者的自我效能感（"我能做到吗？"）。

#### 观察学习会产生哪些可能的结果？

观察学习会导致五种可能的结果，包括引导注意力、鼓励现有行为、改变抑制状态、教授新的行为和态度、唤醒情绪。通过吸引注意力的作用，我们能了解他人会如何做出反应，以及他们行动涉及哪些对象。鼓励或微调现有的行为，可以帮助我们形成好习惯并且更高效率地做事。观察他人也可以提示我们注意他人的注意力被聚焦在了何处，这可以促使我们或多或少地对自身行为产生"自我意识"。当他人做某事时，我们很容易做同样的事。小孩子特别会通过观察和仿效他人来进行学习，但每个人都可以通过观察他人的行为来了解事情做得如何。最后，观察会导致人们将情绪与特定的活动联结起来。如果观察者看到他人很享受某个活动，那么他也会学习享受该活动。

### 主体性与自我效能感

#### 什么是自我效能感，它与其他自我图式有何不同？

自我效能感与其他自我图式有所区别。一方面，与自我概念相比，自我效能感指个体对自己完成特定任务的能力的判断，而自我概念是一个更加宽泛的框架，它包含更多其他关于自我的概念。另一方面，自我效能感也不同于自尊，自我效能感关注个体对个人能力的判断；自尊则关注个体对个人价值的判断。

#### 自我效能感的来源是什么？

自我效能感共有四个来源：直接经验（成功或失败的经验）、替代性经验（他人示范的行为表现）、社会性劝说（他人的评价性判断或具体表现的反馈），以及你在面对任务时所体验到的情绪和生理唤醒状态。

#### 自我效能感如何影响动机？

更高的自我效能感能够使个体付出更大的努力，在挫折面前更加坚持不懈，设置更高的目标，并能够在一个策略不起效的情况下继续寻找新的策略。如果自我效能感较低，人们就会逃避任务，或在遇到问题时轻易放弃。

#### 什么是教师效能感？

教师的效能感是与学生学业成就有关的教师个体特征之一，指教师相信自己能够帮助学生进行学习的程度，即使是学业成绩很差的学生。具有较高效能感的教师工作更加努力，更有毅力，并且较少感到倦怠。在学校里，当其他教师和管理者对学生怀有很高的期望，而且校长能够帮助教师解决教学和管理中的问题时，教师的效能感就会比较高。在你的职业生涯中，任何帮助你成功完成日常教学任务的经历和培训，都有助于发展自我效能感。当然，低自我效能感可能也有益处，因为它会促使教师去寻求专业发展、提高自身能力。

# 模块 35　自我调节学习与教学

**学习目标 11.4**　描述自我调节学习的重要构成要素。

**学习目标 11.5**　将知识运用到对自我效能感和自我调节学习的教学实践中。

**学习目标 11.6**　阐释四种基本学习理论的内容与应用。

## 11.4　自我调节学习：技能与意愿

也许你还记得本章一开始所述的班杜拉的故事。班杜拉曾说过，他早期在加拿大一所很小的学校上学的经历教会了他一个让他受益终生的自我调节技能。他认为，教育的一个主要目标是"让学生拥有有助于终生自我教育的智力工具、自我信念和自我调节能力"（Bandura，1993，p.136）。**自我调节**（self-regulation）是人们用于激发并维持自身的思维、注意、行为及情绪，以实现目标的过程（Perry & Rahim，2011）。当目标涉及学习时，我们便称这一过程为**自我调节学习**（self-regulated learning）。自我调节学习者有学习的技能和意愿——"具有元认知、有动力去学习，且有策略"（Perry & Rahim，2011，p.122）。这意味着自我调节学习者具有综合的学业学习技能及有益于学习的自我控制力，所以他们拥有更强的学习动机。自我调节学习者还能根据所面临的特定条件调整自己的行为，并在不适当或不利的情况下抑制行动的欲望。

要在生活中持续开展独立学习，必须具备自我调节能力，也就是我们常说的自我启动者（self-starter）特质。但是，开始一项活动只是做好自我调节的一部分。我们的电子设备上总是有大量的信息干扰，要想保持对学习的深度投入可能是一项挑战。当你浏览大量信息时，你该如何长时间专注于你的目标，而不会被信息、Twitter（推特）和可爱小猫的迷人视频干扰呢？正如最近有人在我的社交媒体上提问："是你控制技术，还是技术控制你？"

> **停下来，想一想**
>
> 请想一想你正在学习的课程，并在 7 点量表上对以下问题进行打分，1 表示一点也不符合，7 表示非常符合。
>
> 1. 当我备考时，我尝试将课堂所学信息与书本知识结合起来。
> 2. 当我做家庭作业时，我尝试记住老师在课上讲的内容，以便正确地回答问题。
> 3. 我确信我能理解这门课所教授的内容。
> 4. 我会进行自我提问，以此确认我了解自己正在学习的材料。
> 5. 即使学习材料枯燥乏味、令我不感兴趣，我也会坚持学习，直到完成学习任务。

你刚刚做的是学习动机策略问卷（Motivated Strategies for Learning Questionnaire，MSLQ）中的五个项目（Midgley et al.，1998；Pintrich & De Groot，1990），上百个研究使用了该问卷来评估学生的自我调节学习和动机。你做得怎么样？其中前两个问题评估的是我们在第 9 章中讨论的那些认知策略的使用，中间的第三个问题评估的是你对这门课的效能感，最后两个问题（第 4 题和第 5 题）评估的是学习过程中的具体自我调节策略。

自我调节学习者会把自己的心智能力转化为学业技能和策略。越善于调节自己的思维、情感、动机和行为的学生，在学校的学习成绩往往会越好（Dent & Koenka，2016）。在初中和高中，策略的学习和使用是学业成功的核心技能。在低年级，对注意和情绪进行自我调节的能力与他们在校的学习和成就表现密切相关。其实，无论学生的心理发展水平如何，他们都需要能够理解自己所面对的任务，提前计划如何完成这些任务，监控自己的进度，并根据需要调整自己的策略。

## 11.4.1 自我调节能力是如何形成的

自我调节学习的概念整合了很多关于有效学习和动机的内容。有三个因素会影响自我调节学习的技能和意向：知识、动机，以及自我约束力或意志力。随着儿童的成长，他们的自我调节能力，以及在不同情况下运用这些能力的水平也在不断提高。

### 1. 知识

要成为一个自我调节学习者，学生需要具备有关自己、所学科目、学习任务、学习策略及所学知识的用途等的知识。专家型学生很有自知之明，并能反思自己的学习过程。这是"元认知知识"（元认知是指对自己的思维进行思考），包括在学习某些资料时知道自己最偏爱的学习方法是什么，对他们来说哪些内容是简单的，哪些内容是困难的，如何应付难题，他们的兴趣点和特长是什么，以及如何发挥他们的长处等（Efklides，2011）。这些学生还非常了解他们所学的科目，他们知道得越多，就越容易学到更多（Alexander et al.，2009）。他们了解完成不同的学习任务需要采取不同的学习方法和努力程度。例如，面对简单的记忆任务，可能需要使用记忆术策略（参见第8章）；面对复杂的理解任务，可能需要更多的努力，比如使用关键点的概念图，或者频繁的自我测试等方法（Carpenter et al.，2020；参见第9章）。同时，这些自我调节学习者也明白，学习往往是有难度的，知识不是绝对的，所以他们看待问题的角度和解决问题的方法一般是多种多样的（Greene et al.，2010；Winne，2017）。

这些专家型学生不仅知道每种任务需要何种策略，还能应用这些策略。他们能略读，也能精读，能使用记忆策略，也能对材料进行组织。随着他们在某一领域的知识越来越丰富，他们逐渐能够自动化地使用这些策略。简而言之，他们已经掌握并能灵活使用大量学习策略、应对策略和技巧（参见第9章）。最后，自我调节学习者会思考他们所学知识的应用情况，即在什么时候应用所学的哪方面的知识，因此他们会设置富有挑战性的目标，并把当前的努力与成就联系起来（Winne，2017）。显然，帮助学生发展内容知识和自我知识对于帮助学生实现自我调节非常重要。在本章的后面部分，我们将讨论如何实现这一点。

### 2. 动机

了解实现学习目标所需的知识固然重要，但这还不够。学习动机也会影响学生在学习过程中自我调节的程度。在第12章，你将学习到学习动机的更多内容，在这里我们先参考相关的研究发现，先简要介绍与自我调节学习有关的几个方面。研究发现，对某项活动表现出更多兴趣的学生，往往更善于在该活动中自我调节（Renninger & Hidi，2016；Thoman et al.，2017）。我的邻居是一名10岁的篮球爱好者，她可以花几小时在自家车道上投篮，为她的球队精心制订防守计划，研究榜样球员的动作。有价值的活动，不论是为了提升自我，还是仅仅为了乐趣，都能引导我们更深入、更系统地参与其中（Eccles et al.，2015）。动机信念也会影响自我调节。例如，对管理自己的学习任务有较高自我效能感（即自我调节的自我效能感）的学生，不仅会使用更有效的自我调节策略，而且学习成绩也会更好（Usher & Schunk，2018）。此外，他们坚信自己的智力和能力是可以提升的（Job et al.，2015），即使不具备完成某个特定任务的内在动机，他们也会认真对待，希望有所收益；那些相信自己能力的人，能集中注意力，将其他认知和情感资源聚焦于手头上的任务；他们知道自己为什么而学，因此他们的行为和选择是自我决定的，而不是受他人控制的（Zimmerman，2011）。有效的自我调节还包括了解如何激励自己，并在任务的各个阶段保持积极性，这一过程被称为元激励（Sansone et al.，2019；Scholer et al.，2018）。但是，仅有知识和动机还远远不够，自我调节学习者还需要意志力或自我约束力。林恩·科尔诺（Lyn Corno）曾说过："动机如果代表承诺，那么意志就代表坚持不懈的努力"（Corno，1992，p.72）。

### 3. 意志

我（艾伦）的写作进度已经落后计划一个月了。我每天早上5点开始开始写作。有时候，我一开始就被其他任务分散了注意力，或者一起床就头脑昏沉，但我还是会继续写作，因为距离我自己设定的完成本章内容的日期已经很近了，实际上肯定来不及了。我有知识和动机，然而想要坚持进行，我必须具有坚强的意志力。意志（volition）是意志力（willpower）的过时说法。用更专业的术语来说，意志是一种内在驱动的、有意识的决定，且为有价值的目标而采取行动（Haggard，2019）。通常情况下，在两个期望的结果发生冲突时，这种张力需要学生的意志力来克服（Oettingen et al.，2015）。例如，你可能需要一种意志驱使的行为来决定是和朋友出去玩，还是读几周后要交的论文。这样，意志行为就是自愿的，即自由意志行为。这使意志行为有别于自动行为或习惯行为。

几乎所有学生（和老师）都经历过因短期的非学业目标比长期的学业目标更有吸引力而产生的冲突。例如，1000名初高中学生在描述这种困境时，提到了满足学业要求与观看Netflix（网飞）、与朋友社交、沉浸于自己的情绪或做白日梦之间的矛盾（Duckwort et al.，2016）。是什么帮助人们自觉地采取行动，以实现长期的、有价值的目标呢？首先，人们需要对自己所面对的任务有一种掌控感（Efklides，2011）。当人们有坚持完成任务、达成目标的经验时，他们更有可能借助意志控制来积极推动成功（Metcalfe & Greene，2007）。我之所以可以坚持写下来，是因为我以前写过书，而且手头上正好有那本已经完成了的书。自我调节学习者知道如何保证自己在学习过程中不受外界干扰——比如选择更有利于学习的环境，这样他们就不会被打断（Duckwort et al.，2019）。当他们面对停止工作、想再喝上一杯咖啡等外界诱惑时，他们知道该怎么应对。例如，我现在就面临着诱惑——天气很好，阳光明媚，我忍不住想在自己的后院干活（每当我面临艰巨的写作任务时，后院里的活总是那么吸引人，比如洗点衣服什么的）。

塑造意志需要付出主观努力，但是通过反复的实践，它也可能变得更加自动化，成为一种习惯或一种"职业道德"（Corno，2011）。威廉·詹姆斯早在100多年前就知道这一点。他告诫老师们，意志行为（即自觉注意和有意决策）只占我们日常生活的一小部分，而习惯则占据了我们生活中的大部分。因此，詹姆斯敦促老师抓住一切机会帮助学生做出正确的选择，即使这些选择是困难的。詹姆斯说，今天的自觉选择，会成为明天的习惯。新养成的习惯就会成为"自我控制的'捷径'"（Fiorella，2020，p.607）。一项针对一到六年级学生的纵向研究表明，在童年中期学习习惯养成最快的学生，高中成绩更好（Simpkins et al.，2020）。儿童早期在学校养成的学习习惯与他们26岁时的教育成就呈正相关！

你可能听说过与意志有关的两个概念：自控力和毅力。近年来，这两个概念都受到了越来越多的关注。自我控制（self-control）被定义为"改变认知、情绪、冲动倾向和行为，以服务于社会规范、个人标准和目标的能力"（Li et al.，2021，p.74）。沃尔特·米契尔（Walter Mischel）在20世纪80年代末进行了著名的延迟满足实验，从中可以窥见自我控制的重要性（Mischel，2014）。他给4岁的孩子一块诱人的棉花糖，并承诺，给那些能延迟吃糖的孩子第二块棉花糖，延迟时间为15分钟（这是一个很长的时间！）。大多数孩子在他回来之前，就狼吞虎咽地吃掉了第一块棉花糖，但也有一些孩子在等待，他们采用各种自我控制策略来帮助自己抵制诱惑（你可以在网络上找到这些有趣的实验视频）。米契尔和他的同事随后对这些孩子进行了多年的跟踪研究。他们的发现令人震惊。那些等待第二块棉花糖、体现出自我控制能力的孩子，SAT分数更高，对压力的反应更好，健康问题更少，社交能力更强，并表现出更多的其他方面的优点。在更多样化的学生群体中，研究结果非常相似，米契尔的研究结果得到了验证（Falk et al.，2020；Watts et al.，2018）。这是否意味着有些人天生善于自我控制，而有些人则不然？其实不完全是这样。虽然有些孩子天生就有较强的自控能力，但环境因素也会产生影响。每个人都可以学习新的自我控制策略，而拥有更多策略的人在学校的表现会更好（Duckworth et al.，2014，2019）。

意志并不总是一蹴而就的。有时，完成一个长期目标需要数年时间（例如大学学位）。怎样才能长期坚持呢？研究人员认为，这需要毅力（grit）——一种以"追求长期目标的坚持和激情"为特征的人格特质（Duckworth et al., 2007, p.1087）。安杰拉·达克沃思（Angela Duckworth）和她的同事们认为，拥有更多毅力的学生在学习和生活中表现得更好（Duckworth, 2016; Duckworth et al., 2007）。在过去的十年中，"毅力"已成为教育界的热门词汇。最近几年来，无论是中小学教育还是高等教育的相关会议和出版物，都对这一主题非常关注。毅力真的是学生成功的重要决定因素吗？下面的"观点/对立观点"从不同的心理学角度进行了分析。

## 观点 / 对立观点

### 有毅力的学生会更成功吗

大多数人会同意，那些满怀激情并坚持实现自己目标的人，往往会取得更大的成功。毅力可能是自我调节中意志成分的一个重要方面，但它是否真的值得关注呢？一些教育研究者对毅力这一要素表示怀疑，认为它与成功的关联证据不明确。这些学者强调，其他自我调节因素对于决定学生的成功同样重要。下方将对这些观点展开详细分析。

**观点** 毅力对学生的成功至关重要，因此教师应该促进学生的毅力。

保罗·图赫（Paul Tough）在 2012 年出版的畅销书《孩子如何成功：毅力、好奇心和性格中隐藏的力量》（*How Children Succeed: Grit, Curiosity, and the Hidden Power of Character*）中，开篇就提出了一个经典问题："为什么有些孩子成功了，而有些孩子却失败了？"答案就在英文原书副标题中。图赫认为，在学校取得成功需要的不仅仅是杰出的智力和天赋，要想在班上名列前茅，不仅需要天赋，还需要一系列"软"技能——有时被称为"非认知因素"（Farrington et al., 2012）。在图赫看来，这些技能可能是孩子们能否摆脱困境的决定性因素："我们能为弱势青少年提供的脱贫工具中，没有比性格优势更有价值的了……如尽责性、毅力、韧性、坚持和乐观主义"（p.189）。事实上，图赫的观点借鉴了曾任中小学教师的心理学家安杰拉·达克沃思的研究成果。达克沃思也想知道，除了智商或天赋之外，努力、决心、自控力、坚韧，以及她所称的毅力等因素在预测成功方面是否同样重要。

为了研究这一点，达克沃思和她的同事让数百名年轻人通过回答"无论什么任务，一旦开启，我都会尽力完成"和"我很勤奋"等项目来评价自己的毅力水平。他们发现，高毅力的学生 SAT 分数和成绩也较高（Duckworth et al., 2007; Duckworth & Quinn, 2009; Park et al., 2018）。在"全国拼字大赛"中，有毅力的孩子名次更高（Duckworth & Quinn, 2009）。芝加哥高中三年级学生中，有毅力的学生更有可能按时毕业（Eskreis-Winkler et al., 2014）。在这些研究中，即使与能力指标（智商、绩点）进行比较，毅力的作用仍然显著。对于新手教师而言，其毅力水平也能预测他们的教学效果（Duckworth et al., 2009）。

毅力为什么能比其他因素更好地预测成功呢？达克沃思（2016）提出了她的理论："当你考虑处于相同环境中的个体时，每个人的成就只取决于两件事，天赋和努力……但努力的作用要算两次，而不是一次"（p. 42）。首先，培养技能时努力是必需的，这是努力的第一次作用；其次，运用技能以取得成功也需要努力，这是努力的第二次作用。达克沃思和图赫在他们各自 2016 年的著作中均认为，尽管毅力是一种性格特质，但它也是可以培养的。他们在书中重点介绍了众多关于毅力的经典故事，并为家长、教师和领导者如何培养有毅力的人提供了建议。虽然两位作者都告诫读者，培养学生的坚韧不拔的精神并非易事，但他们的书还是一经推出就一抢而空。两人经常应邀在全美学校领导会议上做主题演讲。显然，毅力教育在教育工作者中拥有坚实的粉丝基础。但是，毅力这一因素也受到了不少批评。

**对立观点** 把毅力作为成功的关键，过于狭隘。

教育政策制定者和研究者一直对"毅力是成功的关键"持谨慎态度。毅力的流行在《大西洋月刊》（*The Atlantic*）（"在课堂上教授毅力的局限性""毅力被高估了吗？""一意孤行的坏处"）、《纽约时报》（*The New York Times*）（"理性看待'毅力'")和《教育周刊》(*EdWeek*)("'毅力'是种族主义吗?")等媒体上引发了具有争议性的评论。这场争论涉及几个方面(概述见阿尔菲·科恩(Alfie Kohn)2014 年在《华盛顿邮报》(*Washington Post*)上发表的文章《有时,与其证明自己的毅力,不如放弃》)。首先,一些人认为,将毅力这一个体层面的变量作为学生成功的决定性因素,是将学生在学校的(失败)命运归咎于学生个人,而让学校摆脱困境。这样做,会分散人们对系统性不平等的关注,因为系统性不平等给一些学生带来了比其他学生更大的负担(Gorski,2016;Love,2019)。福尔曼大学教授保罗·托马斯(Paul Thomas)(2014)也认为,对毅力的提倡是一种隐蔽的种族主义/阶层歧视:

> "毅力"描述的部分内容包括这样一种假设,即成功的人(如"欧洲裔美国人")之所以成功,主要是因为他们努力工作,他们的成功是自己争取来的。反之,不成功的人(如"非洲裔美国人"和"拉丁裔美国人")之所以不成功,是因为他们不够努力。

其次,毅力只不过是对自觉性、意志力、坚持性和韧性等积极变量的重新命名而已(Rimfeld et al.,2016)。事实上,研究人员几乎没有发现毅力的测量指标与尽责性等测量指标之间有什么实质性的区别(Ponnock et al.,2020)。尽管达克沃思和她的同事们试图区分这些概念,如毅力和自我控制之间的差异(Duckworth & Gross,2014),但研究发现学生在毅力测试中的反应与其他自我调节因素之间存在相当大的重叠(Muenks et al.,2017),他们由此质疑毅力的独特性。

最后,关于毅力与成功之间的关联,有证据表明,这种关系并不像达克沃思及其同事早先的研究那样明确。马库斯·克雷德(Marcus Credé)及其同事(2017)研究了 66 807 名学生的报告,发现在一些学业环境中,毅力与学生的学业成绩无关。一项对波士顿地区八年级学生的调查也显示,毅力与学生的数学或语文成绩并无显著相关(West et al.,2016)。此外,当研究人员将毅力与其他能预测学生成绩的变量一起施测时,毅力就失去了预测力(Muenks et al.,2017;Steinmayr et al.,2018)。例如,初中生的数学和阅读自我效能感可以预测他们的在校成绩、标准化考试成绩,以及教师对其数学和阅读能力的评价(Usher, Li et al.,2019)。也就是说,除非学生相信自己能够成功,否则他们难以在某件事情上坚持到底。

### 谨防"非此即彼"

任何愿意付出和坚持的人都有可能获得成功,这一观点引发了强烈的共鸣。也许我们大多数人都像威廉·詹姆斯(1907)那样认为,"我们只是利用了我们可能的精神和身体资源中的一小部分"(p.3)。我们对这一充满希望的想法很感兴趣,即能力相似的两个人却拥有完全不同的生活,可能是某种赋能型(或妨碍型)的心理因素在发挥作用。在观看奥斯卡获奖影片时,我们会被深深吸引——我们花钱去看那些在困难面前顽强拼搏的故事。它启发我们思考如何激发潜能。

然而,研究证据并不支持这种简单的说法。社会认知理论认为,必须考虑到个人内部和外部的诸多因素。确实,自我调节对学习者的成功至关重要,而毅力可能只是自我调节的一个重要方面。但是,单一变量取向的解释是不够的,尽管它可能很吸引人。过于关注毅力,可能会导致教育者忽视影响学生自我调节的其他问题。正如本章所言,自我调节需要认知、元认知、动机和意志的参与,而这些机制中的任何一个对学生成功与否并没有决定性作用。此外,我们还必须考虑学生所处的大环境。我们要求学生做的事情是否值得他们坚持不懈地努力?毅力是否会牺牲"成功"教育的其他方面——如完整的人性、身心健康、对他人的同情心、自主性和终身好奇心(Love,2019)?同样,这也不是非此即彼的简单问题。

---

### 4. 自我调节能力的发展变化

儿童需要如何发展他们的知识、动机和意志,以实现其最佳功能呢?社会认知理论强调个人因素(如神经系统发育、个人信念、认知)、环境/社会因素(如基本需求支持和来自家庭、同伴、教师的认知参与)和行为因素之间的相互作用。例如,行为自我调节能力在儿童早期和学前期迅速发展，但也和个人及环境因素有关。在学前儿童中，女童所具备的良好语言技能、母亲教育程度较高等因素与其自我调节行为更早发展有关（Greene et al., 2010; Montroy et al., 2016）。

随着学习者神经生理系统的成长和适应，自我调节能力一般会随着时间的流逝而提高，但环境压力和社会隔离会阻碍其发展（Blair & Raver, 2015）。但即便发展受阻，早期的学校教育也能帮助学生重回正轨。在儿童早期和中期，许多自我调节技能都是通过观察和模仿学习得到的（White & DiBenedetto, 2018）。当学习者能够熟练运用这些技能时，他们就会开始内化，并表现出更高水平的自我控制能力。最终，他们可以在新的环境中进行独立的、适应性的自我调节。

自我调节也依赖于认知能力的发展，正如第4、8和9章所讲到的那样。成功的自我调节有三个关键执行功能，分别是是抑制控制（抑制冲动）、工作记忆（在进行其他心理操作的同时牢记信息）和认知灵活性（从不同角度看待事物）。这些执行功能是解决复杂问题所需的必要条件（Cole et al., 2019; Diamond, 2012）。有证据表明，全球青少年的执行功能都在提高，并在20岁左右达到高峰。然而，青春期后期是寻求感觉和冒险行为的高发期，这时的青少年较难做出正确的决定，这一点家长和教师都深有体会（Steinberg et al., 2018）。

教师和家长如何才能促进各年龄段的学习者提高执行功能？阿黛尔·戴蒙德（Adele Diamond）和达芙妮·林格（Daphne Ling）（2016，2019）回顾了179项干预研究，发现在压力大、健康状况不佳或情绪波动的情况下，执行功能会受到损害；当学习者放松、健康，并感受到与他人更多的联结时，执行功能就会增强。带有运动成分的正念练习（如太极拳）对提高学生的执行功能很有效。强调培养社交和情感能力的学校课程也很有帮助。当活动具有挑战性并能保证持续练习时，执行功能也会变得更加灵敏（Diamond, 2012）。

研究表明，共同调节和共享调节是支持自我调节发展的两个重要社会过程。所谓**共同调节（co-regulation）**，指学生通过教师、家长和同伴的行为示范、直接教学、结果反馈和辅导协助等，逐渐内化自我调节技能的过渡阶段。而当学生与教师在共同学习的过程中，通过暗示、提醒和其他辅导手段来相互调节时，**共享调节（shared regulation）**就发生了（Hadwin et al., 2018）。

现在你已经了解了自我调节的组成部分及其发展过程，接下来，让我们从社会认知理论的角度来探讨自我调节模式，即自我调节到底是怎样发挥作用的。

### 11.4.2　自我调节学习的社会认知模型

从高中毕业到任教斯坦福大学，班杜拉一直在应用着自我调节学习的知识和技能。但是，并不是所有的学生都能像班杜拉那样养成认知、动机和坚持不懈的习惯。事实上，很多人都会像自我调节专家巴里·齐默尔曼（Barry Zimmerman）描述的高中生特蕾西（Tracy）一样：

> 还有两个月就要数学期中考试了，特蕾西开始一边复习功课，一边听流行音乐"放松"。特蕾西没有设置任何学习目标——她只是告诉自己在考试中尽可能发挥好一些。她没有使用任何特定的学习策略去提炼重要的学习内容并进行记忆，也从未规划过自己的时间。所以，每次考试前的几个小时，她都会临时抱佛脚地死记硬背一下。她只有含糊的自我评估标准，不能准确评估自己的学习备考情况。特蕾西将自己的学习困难归因于她没有数学天分，始终不肯改进自己的学习方法。她从来不向别人求助，因为她怕别人觉得自己"看起来很蠢"；她也不在图书馆寻找辅助材料，因为她觉得已经有太多东西要学了。她觉得学习就是她焦虑的源头，对于取得成功，她几乎没有任何信心，甚至认为掌握数学技能没有什么实质的价值。（Zimmerman, 2002, p.64）

显然，特蕾西不会在考试中取得理想的成绩。那么怎么帮助她呢？为了找到答案，让我们一起来考察一下齐默尔曼（2013）提出的自我调节学习模型，如图11-2所示。根据齐默尔曼的观点，自我调节的循环共包括三个阶段——前虑（forethought）阶段、表现（performance）阶段、反思（reflection）阶段。在第一阶段——前虑阶段，特蕾西需要设置清晰合理的目标，并制定一些策略来达到这些目标。在这个阶段，特蕾西的动机信念至关重要。如果特蕾西对应用她所制定的策略拥有自我效能感，如果她相信利用这些策略能促进她的数学学习并帮助她顺利通过考试，如果她能意识到个人兴趣与数学学习之间有一些联系，如果她能够更努力地去掌握材料、打好基础，而不仅仅是希望"看起来不错"或避免"看起来太糟糕"，那么她会走向自我调节学习之路（Usher & Schunk，2018）。

完成当前的任务后，特蕾西进入第二阶段——表现阶段，这一阶段会带来新的挑战。现在，特蕾西必须有自我控制力（需要意志努力）和学习策略，她可能会使用表象、采用记忆术、集中注意力，以及在第8章和第9章中出现过的其他技术来保持注意（Duckworth et al.，2014）。她还要学会自我观察，即学会监控进展，这样她才能在需要的时候改变学习策略。确切记录所花的时间、解决的问题或读完的书页，这些都有助于她分析如何更好地利用学习时间。学习的时候关掉音乐也将有所帮助。

最后，特蕾西需要进入第三阶段——反思阶段，她要回顾自己的行为表现，并反思发生了什么。在此，她的自我调节涉及对自己表现的评估（Panadero et al.，2017）。哪些有效，哪些无效？为什么会这样？如果她将成功归因于不懈的努力和使用了良好的策略，同时避免故意自我否定的行为和信念，她可能会提高今后完成类似任务的自我效能感，还有可能会修改下一次的目标，或对完成得好的任务给予奖励。另外，如果特蕾西反思自己的薄弱环节，她可能会假装不在乎，或声称自己"不擅长数学"。

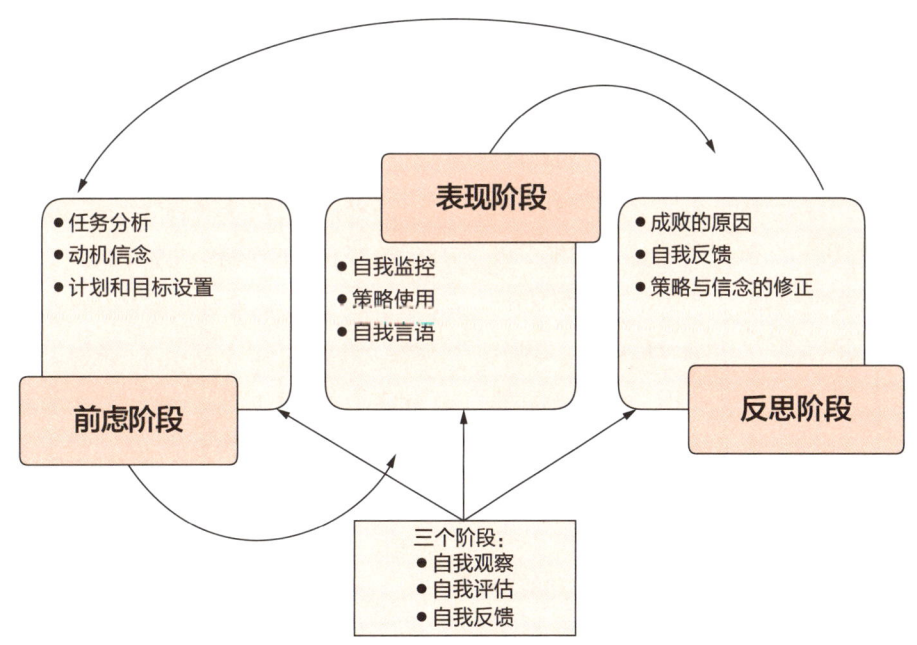

**图11-2　齐默尔曼的自我调节学习三阶段模型**

齐默尔曼模型中的每个阶段都与下一个阶段紧紧衔接，学生不断遇到新的学习挑战，循环也就不断持续下去。自我影响（self-influence）能力是社会认知理论的标志（Bandura，2018）。在自我调节循环的各个阶段，学习者都必须观察和评估自己。通常，学习者的自我调节取决于他们自己设定或内化的标准。"如果缺乏恰当的自我标准，人们就很难发挥自我指导的作用"（Bandura，1986，p.363）。作为一名教师，你的职责就包括帮助学习者设定合理的标准，帮助他们成为良好的自我调节学习者。

在这里，我们只探讨了自我调节学习的一种理论模型。其实自我调节学习还有多种模型，但几乎所有模型都认为自我调节学习所需的认知过程要求学习者付出努力（参见 Panadero，2017，对六种模型的回顾）。

### 11.4.3 关注到每个学生：技术支持与自我调节

在第 10 章中，我们看了一些实例，了解到丰富的技术环境是如何让学生在探索复杂概念的过程中进行更多互动的。在过去的十年中，尤其是在新冠疫情大流行期间，许多学校通过远程学习、一对一网络通信、线上课程，以及混合式教学的方法，形成了以技术为媒介的教学模式（Zheng et al.，2016）。这些经过精心设计的技术资源还能使残疾学生从中受益。那么，在这种环境中进行有意义的学习需要哪些技能？

毫无疑问，学生需要具备元认知和自我调节技能，这样他们才不会迷失在信息的汪洋大海之中，也不会被分散注意力。学生需要主动评估网络信息的可信度和可靠性。他们还需要足够的动力，以便在认知要求较高且与社会隔绝的网络世界中保持专注（Mayer，2014）。当学生学习的概念复杂且具有挑战性时，线上学习情境中的帮助和提示可以增强学生的自我调节能力（Azevedo et al.，2018；Moos，2018）。在技术手段丰富的环境中，减轻学生处理信息过程中的认知负担，对于促进自我调节学习尤为重要（参见第 14 章中的通用学习设计指南）。

过多的技术是否会损害学生的自我调节能力？这可能取决于所用的是什么技术，以及自我调节的哪些方面更为重要。例如，研究人员一直很好奇，相比手写，通过打字来记笔记对学生来说究竟是好是坏？一项研究发现，与手写笔记的学生相比，用计算机记笔记的学生记录的内容更多，但在随后的考试中却表现更差（Mueller & Oppenheimer，2014）。如果要求一些学生在做课堂笔记时回复手机短信，他们的表现则更差（Flanigan & Titsworth，

2020）。这就是我在写这章时将手机屏幕朝下的原因！同时监控多个技术设备是需要付出代价的——我们的注意力会被分散，对内容的理解也更浅。即使与分心的人近距离接触，也会损坏自我调节过程。当大学生看着同伴在笔记本计算机上进行多任务处理时，他们自己的考试成绩也会更差（Sana et al.，2013）。诸如此类的发现，正是一些教师（甚至是技术专家）决定限制学生在课堂上使用电子设备的原因之一（Shirky，2014）。学生不仅要浏览与学习相关的信息，还要经常在设备上浏览他们的社交平台。（从你开始阅读本章以来，你查看过多少次你的手机或社交媒体？）

如何为通过技术学习的学生提供自我调节教学或辅导？在课堂或远程教学中使用多媒体时，如何为学生示范成功的自我调节学习策略？对当今时代的教师而言，这些问题变得越来越重要。正如社会认知理论所指出的那样，数字环境既能影响我们的思维方式，也能影响我们的行为方式。

### 11.4.4 情绪的自我调节

学生时代充斥着各种情绪——有些有助于学习，有些则不然。情绪调节对学业和个人发展至关重要（Weissberg et al.，2015）。能够有效解释自己和他人情绪（如焦虑、愤怒、沮丧和兴奋）的个体，能够识别含有这些情绪信号的目标，并最终成功地调节情绪和行为，以更好地投入社会情境。这也被公认为是具有高情商的表现，这是你在第 5 章学到的一个概念。高情商会带来更高的幸福感和学习成绩（Cassady & Boseck，2008；MacCann et al.，2020）。情商的基础是有效调节自己情绪的能力。下面就让我们来详细探讨情绪调节在学习和教学中的重要性。

**1. 社会情绪学习**

学生需要有效的应对策略来解决学习情境中的社会情绪问题，这样他们的情绪反应才会成为其实现教育目标的助力，而不是阻碍。这些应对策略依赖于广泛的技能。在

表 4-2（第 4 章）中你们已经了解了一些与学习有关的核心社会情绪技能，其中包括自我意识、自我管理、社会意识、社交技巧和负责任地决策等。

在过去的十年中，许多项目相继推出，用于帮助教师和学生培养调节社交和情绪环境的技能。研究发现，参加这些旨在帮助学生发展出更好的情绪调节技能、亲社会行为和社交能力的项目，无论从短期还是长期的角度，学生都能获得更高的心理健康水平、积极的社会适应能力和学业成绩（Domitrovich et al., 2017; Jones et al., 2019）。哈佛大学教育研究院的研究人员创建了一个有用的工具，用于比较各种项目的社会情绪学习特点。该工具可以让你了解不同的项目是如何帮助人们发展社交和情绪自我调节技能的。

在大脑发育的关键时刻，例如早期阶段，即学生适应如何在校学习的阶段，培养社会情绪自我调节的能力尤为重要（Immordino-Yang et al., 2019）。在学前期，情绪调节与结构化学习的关系非常紧密。例如，卡洛斯·瓦利恩（Carlos Valiente）及其同事（2010）对大约 300 名学生进行了跟踪调查，从他们读幼儿园时追踪起，以探究有效的自我控制、情绪与学业成就之间的关系。研究发现，学生愤怒、悲伤和害羞的情绪与学业成就呈负相关，而自我控制与学业成就呈正相关，尤其是对那些负面情绪水平较低的学生而言。

另一个关键的发展时期是青少年时期，这一时期的学生对社会线索和自己不断变化的身体更加敏感。焦虑、羞愧或内疚等负面情绪会削弱学生的注意力和积极性（Ben-Eliyahu, 2019）。反思负面经历需要消耗大量的认知和情绪能量，这会分散学习上的注意力。显然，帮助学生发展情绪自我调节技能可以让他们在学校的学习过程中走上正道，增强他们的心理韧性，并支持他们与同伴建立健康的关系。毕竟，情绪、行为和认知方面的自我调节几乎总是相互影响的。一个方面的困难通常意味着另一个方面也存在困难。所幸，社会情绪能力是可塑的——可以通过教育来改善（Schonert-Reichl, 2019）。那么，教师应该如何帮助学生更好地调节他们的社交和情绪生活呢？

丹尼尔·戈尔曼（Daniel Goleman）（2015）说，主要方法是树立榜样。"教师（以及整个学校的教职员工）最好能为学生树立情绪和社交能力的榜样"（p.594）。这能解释为什么许多成功的社会情绪学习计划会首先培养教师的情绪调节能力。正如金伯利·舒内特-赖克尔（Kimberly Schonert-Reichl）（2017）所指出的："课堂上的压力是会传染的——简而言之，教师压力过大往往会导致学生压力过大"（p.137）。因此，教师需要将情绪和社交调节方面的指导作为自身培训的一部分，因为他们是学生学业和社会环境的关键影响者（Valiente et al., 2020）。

尽管，教育类院校仍较少提供社会情绪方面的培训，但一些优秀的项目已经开始设计如何让教师掌握相关技能，从而更好地帮助自己和学生调节情绪。例如，RULER 计划（认识-Recognizing、理解-Understanding、标记-Labeling、表达-Expressing 和调节-Regulating 情绪），旨在帮助成年人建构自己的情商，以便他们能为学生示范情绪调节技能，为学生营造一个支持性的环境［参见琼斯（Jones）等人（2017）对该计划和其他计划的评论］。使用 RULER 方法的五、六年级教师与学生之间的联结更紧密，与学生之间有更多的温情，且更支持学生的自主性，而自主性也是与学习动机相关的一个关键因素，这一点将在第 12 章中解释（Rivers et al., 2013）。

帮助学生调节情绪的另一种方法，是采用具有文化包容性和持续性的教学方法，正如你在第 2 章和第 3 章中所了解到的那样（Jagers et al., 2019）。建立在信任和尊重基础上的人际关系有助于学生激发积极情绪，降低消极情绪（更多内容参见第 13 章）。让学生有机会参与文化支持性社区（如非洲裔学生联合会），可以增强学生的安全感和幸福感，同时提供社会和情感支持。这些项目在青少年时期可能尤为重要，因为他们正在努力了解自己作为个体和不同社会群体成员的身份。这些项目所设计的课程，能够让学生接触到不同观点和经历，还能扩大学生对彼此，以及课堂上所缺乏的群体的理解和共情。最重要的是要记住，如果社会情绪学习仅有善意的初衷，却没有挑战人际和结构不平等，那这种方法就未能达到其目的。正如德娜·西蒙斯（Dena Simmons）（2021）所指出的，促进社会情绪幸福的方法包括"对我们在一些地区、学校和课堂上目睹的不公正现象采取反对立场，并有效处理疫情、种族主义，以及学校社区中其他形式的压迫所造成的集体创伤"。

下面的"实践指南：培养学生情绪自我调节的能力"给出了一些方法，你可以参考。

| 实践指南 |

### 培养学生情绪自我调节的能力

营造充满信任的班级氛围。

例如：

（1）避免听到学生间的"流言蜚语"。

（2）始终对所有学生应用同一套奖惩标准。

（3）避免不必要的比较，并给学生改进的机会。

帮助学生识别并表达他们的感受。

例如：

（1）给学生提供情绪词汇表，并让学生注意人物及故事对情绪的描述。

（2）清晰地叙述自身的情绪。

（3）鼓励学生将自己的感受写入日记，并保护学生的隐私（参见第一节中谈到的信任因素）。

帮助学生识别他人的情绪，发展同理心与同情心。

例如：

（1）对于年幼的孩子，可以引导他们"看看钱德兰（Chandra）的脸，你认为当你说那些话时，她的感受是什么样的？"

（2）对于年长的孩子，可以通过分析文学作品、电影中多样的角色或各种反面角色来帮助他们识别他人的情绪。

提供应对情绪的策略。

例如：

（1）讨论并练习各种情绪管理方法和愤怒管理策略，如停下来思考他人的感受，寻求帮助，或离开使自己愤怒的情境。

（2）使用自我对话、深呼吸或正念运动等集中注意力的练习来缓解或防止情绪失控。

（3）为学生示范如何使用这些策略，如谈论你是如何处理愤怒、失落及焦虑情绪的。

帮助学生识别人们在情绪表达上的文化差异。

例如：

（1）让学生写下或讨论他们在家里是如何表达情绪的。

（2）教学生核查情绪——询问他人的感受如何。

### 2. 教师压力与自我调节

前面我们提到教师是学生社会情绪调节的推动者，但他们也需要一些策略来管理与工作相关的压力。在从教的最初几年，由于教师还不能制定有效的应对策略来处理他们面临的巨大压力，高水平的压力会使他们产生职业倦怠（Chang, 2009）。根据调查，教师压力最常见的来源是学生的不当行为、人际交往的挑战及与工作相关的压力，比如未能达成工作指标（Cano-Garcia et al., 2005; Griffith et al., 1999）。新冠疫情期间，教师们所面临的压力倍增，特别是当他们不得不进行远程教学、调整教学方式以满足线下和线上学生的需求时。许多教师及其家人面临着巨大的健康风险。

善于处理课堂压力的教师，既表现出了高水平的教学自我效能感，又表现出了积极的情绪自我调节能力（Kim et al., 2019; Schonert-Reichl et al., 2017）。如果教师能够在不受情绪影响的情况下处理好职业压力因素（比如学生的捣乱和来自家长的压力），智慧地看待问题，并寻求同伴的支持，他们就更有可能保持健康的职业生活（Collie et al., 2012; Jennings & Frank, 2015; Woolfolk Hoy, 2013）。当教师感受到来自上级的支持时，他们表示压力会减少很多。例如，认为学校领导给予其工作自主权的教师，其情绪"浮力"更大，也就是说，他们更有能力管理自己的压力（Collie, 2021）。相反，当教师感到被压迫或他们的自主权受到政策的阻碍时，他们就会感觉到情绪耗竭。

有一些方法有助于减轻教师的压力。其中一种有效的做法是正念训练，它能帮助教师将注意力和情绪资源集中于当前情境，以"不评判"的态度识别并释放那些不必要的期望和偏见，同时发展出对自己和他人更大的同情（Roeser et al., 2013）。另一种方法是"在教育中培养情绪觉察意识和心理韧性（Cultivating Awareness and Resilience in Education，CARE）"计划，该计划为中小学教育工作者提供基于正念的专业帮助。与被分配到对照组的教师相比，被随机分配接受CARE培训的教师在幸福感、自我效能感和正念方面都有显著提高，职业倦怠也有所减轻（Jennings et al., 2013, 2017）。该计划还能为学生提供更好的情绪支持。对相似研究的元分析发现，参与正念练习与教师压力、焦虑、抑郁和倦怠感的减少有关（Zarate et al., 2019）。

## 11.5 以提高自我效能感和自我调节学习能力为目的的教学

我们已经从社会认知理论的视角探讨了自我效能感和自我调节在学与教中的重要作用，那么，如何在课堂上应用这些观点呢？

> **停下来，想一想**
>
> 当前你是怎样学习的？你为今天的阅读设置了什么目标？你的学习计划是什么？你当前的学习策略是什么？你是如何学习这些策略的？

幸运的是，越来越多的研究团队开始关注和指导教师如何设计教学任务和组织课堂互动，以此来支持学生发展自我调节学习能力并积极投入实践（Brown et al., 2014; Diamond & Ling, 2016; Duckworth et al., 2018; Perry, 1998; Stoeger & Ziegler, 2011; 参见 Schunk & Greene, 2017）。研究显示，当教师让学生完成复杂、有意义、耗时较长的任务（非常类似于第10章描述的建构主义活动）时，学生不仅能从中学会自我调节学习的技巧，而且其学习效能感会有所提高。同样，想提高自己的自我调节学习能力和学习效能感，学生需要控制或管理自己的学习过程和学习结果——他们需要做出学什么、在哪儿学，以及和谁一起学习的选择，并控制任务的难度——决定读写多少内容、学习步调快慢、教授何种程度的支持等。因为自我管理和自我评估是有效的自我调节学习，以及高效能感的关键，因此教师可以让学生参与设定用于评价学习过程和学习结果的标准，然后给学生提供机会，让他们使用这些标准来评价自己的学业进步情况，以此来帮助学生在学习过程中进行自我调节。另外，让学生与同伴进行合作学习并互相给予反馈，也有助于学生进行自我调节学习。正如你在前文中看到的，这就叫作共享调节。在这整个过程中，教师通过"提供恰当的、及时的信息来促进共享调节，以帮助学生掌握和运用自我调节学习"（Perry & Rahim, 2011, p.130）。下面我们将详细地探讨这些支持自我效能和自我调节发展的方法。

### 11.5.1 复杂任务

邀请学生参与复杂而有意义的任务，并为他们提供适当的支持，可以帮助他们发展自我调节能力，并培养他们对长期目标的效能感。这里所谓的复杂，指的是任务的设计，而不是任务的难度。教师不应给学生布置太难的任务，因为任务太难会让学生感到挫败。特别是当学生有学习困难时，这一点尤其如此。事实上，研究表明，最能鼓舞学生而且对学生的学业最有帮助的，是那些富有挑战性但又不至于让学生束手无策的任务（Eitel et al., 2020;

Mayer，2014）。请回忆你在第 8 章学习的额外认知负荷的内容。

从任务设计的角度看，复杂任务包含多重目标和大量的意义组块，例如项目和主题性单元。另外，完成复杂任务要花费较长时间，需要学生多种认知和元认知过程的参与，还会产生多元的学习结果（Perry et al.，2002）。例如，研究埃及金字塔可能会产出书面报告、地图、图表、模型，甚至"埃及主题博物馆"等成果。

更重要的是，复杂任务给学生提供了有关他们学习过程的信息。这些任务需要他们参与深层次的、精细的思考、计划和问题解决的技能。在这个过程中，学生发展并完善他们的认知和元认知策略。另外，在这样的任务中取得成功，会提高学生的自我效能感，增强其内部动机（McCaslin & Good，1996；Turner，1997）。这些项目为学习者提供了应对压力环境、调节情绪和进行适应以实现目标的机会（Matthews et al.，2002）。

### 11.5.2　自主控制

教师在帮助学生培养自主意识方面处于首要地位。当学生有选择（如可以创作什么、如何创作、在哪里学、与谁一起学）时，他们更可能预期成功的结果（自我效能感提高），在遇到困难时，也会更加努力并试图坚持下去（Truner & Paris，1995）。而且，通过让学生自己做决策，教师可以促使学生主动、负责地制订计划、设置目标、监控进步并评价结果（Turner，1997）。另外，当学生感知到他们可以掌控他们的学习活动时，他们会如第 12 章（Ryan & Deci，2017）提到的许多动机理论所预测的那样，保持更高水平的完成任务的动机。这些都是高效的自我调节学习者所具备的品质。根据斯腾伯格（Sternberg）（2004）的观点，智力的一个方面是选择或适应环境，从而取得成功。班杜拉（Bandura，2016）也同意这一点——成为成功的自我调节者的一种方式，就是通过自我控制来选择最适合自己的环境。

教师为学生提供选择，也就为学生调节特定任务的挑战性水平创造了机会（例如，他们可以选择简单的或者更具有挑战性的阅读材料，可以决定用哪一种写作手法写报告，以及写多长篇幅，可以用其他表达法对写作进行补充）。但是，如果学生做了糟糕的学业选择，该怎么办呢？自身就是高效的自我调节学习者的教师会谨慎地把握他们所赋予学生的选择权。他们只有在确保学生具有独立完成某项任务并做出恰当决策所需的知识和技能后，才会给予学生一定的学业选择权（Perry & Rahim，2011）。例如，当学生学习新的技能或常规知识时，教师可以给学生提供有条件的选择权（例如，要求学生至少写出四个句子、四个段落或四页纸的内容，但他们可以选择写更多内容，学生必须将自己对动物的栖息地、饮食、繁殖方式的理解等展示出来，不过他们可以选择写作、绘画或者演讲等不同展示方式）。

高效的教师还会教学生如何做出好的决策。当然，教师需要对此进行示范。例如，当学生选择搭档时，教师可以让学生考虑他们希望从搭档那里获得什么（例如共同的兴趣和承诺，或者是他们想要发展的知识和技能）。当学生考虑如何更好地利用时间时，教师可以问他们："当你完成任务后，你会做些什么？等待我的帮助时，你会做些什么？"教师通常会将这些问题一一写下并张贴出来，这样学生就可以在学习过程中随时参考。此外，高效的教师会对学生做出的选择进行反馈，还会根据特定学生的独特之处向学生提供合适选项。比如，他们可能会鼓励一些学生选择研究主题，并提供给他们适合他们现有学习水平的研究资料。教师可能会鼓励一部分学生合作完成项目，同时鼓励另一部分学生单独完成任务，并确保他们能得到成功完成任务所需的支持。他们还需要通过一些实践，来确定学生在多大程度上需要自主性和自我调节方面的帮助（Vaughn，2018）。

参与式共同体（即学习者拥有领导权和发言权的共同体）也能为学生的自主性提供支持。例如，青少年参与行动研究或进行项目学习，可以增强个人责任感和共同责任感，这两者都有助于自我调节。当这些项目服务于更大的社会或文化目标时，它们就会变得更有个人或集体价值（Jagers et al., 2019）。研究表明，当学生参与的任务涉及自我超越的目标而非自我关注的目标时，他们的学业自我调节能力和学习动机都会得到增强（Yeager et al., 2014）。

### 11.5.3 自我管理

要成为一名成功的自我调节者，很大程度上也需要成为一名优秀的自我管理者。如前所述，一些心理学家依赖行为主义的思想，通过强化与惩罚来改变和管理个人的行为。社会认知取向，对此进行了延伸。例如，唐纳德·梅肯鲍姆（Donald Meichenbaum）（1977）已成功地教授了难以控制自己行为的学生使用"自言自语"来完成任务。梅肯鲍姆称他的这种方法为认知行为矫正。你可能还记得第3章中提到的认知发展阶段理论，当孩子使用自我言语来引导自己完成任务时，他们正处于认知发展的某个阶段（Vygotsky, 1987a）。他们自言自语，经常重复家长或教师的话。在认知行为矫正中，人们直接教授学生如何进行**自我指导**（self-instruction）。

梅肯鲍姆（1977）指出，自我指导教学的一般步骤与班杜拉（1986）对替代学习和自我塑造的描述相似：

①成人榜样一边大声说出步骤，一边进行任务操作（认知示范）；

②孩子在榜样的指导语引导下操作同一个任务（清晰的外在辅导）；

③孩子一边大声指导自己，一边操作任务（清晰的自我辅导）；

④孩子在完成任务的过程中低声对自己说指导语（微弱的、清晰的自我辅导）；

⑤孩子通过内部言语引导自己进行任务操作（隐秘的自我指导）(p.32)。

学生可以运用四种自我管理技能——听讲、计划、操作，以及核查来提高学习效率（Manning & Payne, 1996）。认知自我指导如何帮助学生发展这些技能？一种可能的方法就是使用小册子或班级海报来提示学生通过"自言自语"提醒这些技能。例如，五年级的一个班级针对每一个技能都设计了一套提示，并把这些提示张贴在班级的四周。针对听讲技能设计的提示包括："这一点有意义吗？""我明白这一点吗？""在我遗忘之前，我要问一个问题。""集中注意力！""我能照他说的做吗？"针对计划的提示有："我准备好所有东西了吗？""现在我需要朋友帮忙吗？""让我先来梳理一下。""我做这个事情的顺序是什么？""我知道这份资料。"图11-3显示了针对这四个技能所设计的海报。这一过程的部分作用就是，让学生参与思考并创建他们自己的提示。许多阅读类的活动都鼓励学生提问："好的阅读者会怎么做？"然后用他们的答案作为提示。讨论和发表自己的想法可以提高学生的自我意识，增强他们对自己学习的控制感（White, 2017）。

如今，许多学校的干预计划都以类似的认知行为矫正作为自我管理的一种形式，而自我管理也是有效调节社会情绪所需的核心技能之一。例如，"应对能力计划（coping power program）"包含对家长及孩子的双重训练。该训练始于每学年的第二学期，并持续到下一学年。对学生的培训通常侧重于情绪调节技能，如意识到自己的情绪（尤其是愤怒），学会放松，将注意力从愤怒情绪上转移开，进行应对性自我陈述，学会了解他人的观点，学习解决社会问题的技能，以及通过练习说"不"来处理同伴压力等（Lochman & Wells, 2003）。另外一个与此类似的方法叫作"融洽相处工具"（tools for getting along）(Smith et al., 2016)。实践经验表明，这两个干预计划在帮助青少年早期的学生与同学及教师融洽相处方面都是有效的，尤其是在他们失落或生气的时候。此外，在心理治疗中，基于认知行为矫正的方法也被证明是治疗抑郁等心理问题的最有效的方法之一。

### 11.5.4 自我评估

对自我调节学习的评估实践是非强迫性的，它们可以与正在进行的活动紧密结合在一起。它们重视活动过程，也强调活动结果，关注个体的活动进展，并且帮助学

| 海报1 | 海报3 |
|---|---|
| 听讲时：<br>1. 这一点有意义吗？<br>2. 我明白这一点了吗？<br>3. 在我遗忘之前，我要问一个问题。<br>4. 集中注意力！<br>5. 我能照他说的做吗？ | 操作时：<br>1. 我做得足够快吗？<br>2. 停止盯着女朋友，回到学习上来。<br>3. 还剩下多少时间？<br>4. 我需要停下来，重新开始吗？<br>5. 这个任务对我而言有难度，但我能做到。 |
| 海报2 | 海报4 |
| 计划时：<br>1. 我准备好所有东西了吗？<br>2. 现在我需要朋友帮忙吗？<br>3. 让我先来梳理一下。<br>4. 我做这些事情的顺序是什么？<br>5. 我熟知这份资料。 | 核查时：<br>1. 所有任务都完成了吗？<br>2. 我还需要重新核查什么？<br>3. 我为此任务感到自豪吗？<br>4. 我写下所有单词了吗？检查一下。<br>5. 我想我完成了，我有序组织了内容。我是在做白日梦吗？ |

**图 11-3　提醒学生用"自言自语"进行学习的海报**

注：这是五年级一个班级的学生设计的采用"自言自语"进行听讲、计划、操作和核查的四张海报，用来提示他们使用自我指导的方法。其中的某些提示语反映了这些处于前青春期的孩子的特殊世界。

资料来源：Adapted from Manning, B. H. & Payne, B. D. *Self-Talk for Teachers and Students: Metacognitive Strategies for Personal and Classroom Use*, © 1996.

生从错误中吸取经验。在这种情境中，学生会享受并主动寻找有挑战性的任务，因为参与的代价是很低的（Paris & Ayres, 1994）。让学生参与评估标准的制定并对他们的学业进行自我评估，可以缓解学生的焦虑。这种焦虑往往是伴随着外在评价而来的，因为通常的评估会让学生觉得他们的学习情况如何似乎是老师说了算，自己没有控制感。学生可根据一系列被他们自己和老师认定为"好"的作业特点为标准，来评估自己的学习情况。在自我评估的过程中，他们会考虑自己学习方法的有效性，并能从提高效率的角度来调整自己的学习行为（Winne, 2011; Winne & Perry, 2000）。

在进行自我调节学习的课堂中，学生有很多正式和非正式的评估自己学习情况的机会。例如，老师让四年级和五年级的学生交一份反思日志，描述在学习概率和统计这个单元的过程中，与合作伙伴共同设计的游戏（Perry et al., 2004）。学生的日志阐述了自己对团队工作进程及成果所做的贡献，以及他们参与其中的收获。教师在评估他们设计的游戏时，也会考虑这些反思日志。另外，教师可通过一些非正式的方式直接问学生："今天你学到了哪些关于写作的知识？""优秀的研究者和作家都做些什么？""对于我们原先做不了的事情，我们可以怎么处理？"你可以问单个学生这些问题，也可以将它们穿插在班级讨论中，它们可以促进学生元认知、动机和策略性行为的发展，而这些恰恰是自我调节学习的内容（Panadero et al., 2017）。

## 11.5.5 协作学习

团队合作能够促进自我调节和共同调节。提升高中生学习动机委员会（The Committee on Increasing High School Students' Motivation to Learn, 2004）认为，当学生齐心协力共同做同一件事情时，他们会更愿意接受具有挑战性的任务——这是一种有助于提升学生自我调节能力的复杂任务。合作或协作关系对于自我调节学习最有效的支持作用在于，它们营造了学习共同体和共享问题解决的氛围（Perry & Drummond, 2002; Perry et al., 2002）。在这样的情境下，无论大家是单独学习、配对学习还是小组学习，教师和学生都可以真正地互相调节对方的学习和动机，并相互给予支持（McCaslin & Vriesema, 2018）。这种支持在个体的发展、元认知的使用、内部动机的激发，以及策略性行为的发展（如分享观点、对比问题解决的策略、确认每个人擅长的领域）方面都能起到重要作用。高效的教师会在每个学年伊始花些时间来安排教学工作，并建立学生活动参与的规范（例如如何提供建构性的反馈，如何在协同工作时轮流分担任务，如何解释和回应同伴的建议等）。正如你将在第 13 章中看到的，在学年伊始设计有益的管理与学习程序并做好常规教学活动的安排，的确花费时间，但花费这段时间是值得的。如果常规教学活动和师生互动模式能够建立起来并良好运转，学生就可以集中精力学习，教师也可以致力于教授学业技能和学科课程。关于通过技术实现协作学习的补充建议，你可以回顾第 10 章内容。

## 11.6 融会贯通：学习理论的整合

我们如何理解第 7~11 章中呈现的理论观点的多样性？我们已经探讨了行为主义、认知主义、（个体和社会）建构主义和社会认知主义对于人们学习什么，以及如何学习的解释。表 11-3 总结了这几种学习理论的观点。

### 表 11-3 四种学习理论

| 维度 | 行为主义 | 认知主义 | 建构主义 | | 社会认知主义 |
|---|---|---|---|---|---|
| | 应用行为分析<br>B. F. 斯金纳 | 信息加工理论<br>J. 安德森 | 个体建构主义<br>让·皮亚杰 | 社会/情境建构主义<br>列维·维果茨基 | 社会认知理论<br>阿尔伯特·班杜拉 |
| 知识 | 一成不变的知识体系；<br>从外界获得 | 一成不变的知识体系；<br>从外界获得；<br>先前知识影响信息加工的方式 | 可变的知识体系；<br>在社会环境中进行个体性建构；<br>知识的建构基于学习者已有的知识 | 知识是社会建构而来的；<br>知识的建构依赖于参与者的贡献，是共同建构的 | 知识体系是可变的，是由个体、他人和环境互相作用而建构起来的 |
| 学习 | 事实、技能和概念的获得；<br>通过操练、指导性的练习产生 | 事实、技能、概念和策略的获得；<br>通过有效的策略使用而产生 | 在先前知识的基础上积极建构；<br>通过多种机会和不同过程将先前知识联结起来 | 将被社会性地界定的知识和价值进行合作性建构；<br>通过社会性建构的机会产生 | 基于观察，积极建构知识；<br>个体与行为和社会环境相互作用，并发展出主体性，即学会进行自我调节 |
| 教学 | 传授：通过讲课告知 | 传授：引导学生获得更加精确与完整的知识 | 挑战，引导学生思考，以获得更完整的理解 | 与学生共同建构知识 | 进行示范和演示，支持学生提升自我效能感与自我调节技能 |

续表

| 维度 | 行为主义 | 认知主义 | 建构主义 | 社会认知主义 |
|---|---|---|---|---|
| 教师的角色 | 管理者，监督者；纠正学生的错误答案 | 教授和示范有效的策略；纠正学生的错误概念 | 促进者，引导者；听取学生当前的概念、观点和想法 | 促进者，引导者；共同参与者；共同建构对知识的不同解释；听取被社会性地建构的概念 | 榜样，促进者，动机激发者；自我调节学习的示范者 |
| 同伴的角色 | 经常不被考虑 | 被认为是不必要的，同伴甚至会影响信息加工 | 不必要，但同伴能激发思考并提出问题 | 通常是知识建构过程的必要部分 | 能起榜样作用；通常是知识建构过程的必要部分 |
| 学生的角色 | 被动接收信息；积极的听众，指导的追随者 | 积极的信息加工者、策略使用者；信息的组织和再组织者；记忆者 | 在内心积极建构知识；积极的思考者、解释者、诠释者及提问者 | 与他人及自我进行积极主动的共同建构；积极的思考者、解释者、诠释者及提问者；主动的社交参与者 | 与他人及自我进行积极主动的共同建构；积极的思考者、解释者、诠释者及提问者；主动的社交参与者 |

面对上述不同的学习理论，我们无须争论每一种理论取向的优点是什么，而应思考这些理论在人们理解学习和改进教学的过程中做出的贡献。不要认为我们必须选择一个"最好"的理论取向，事实上这是不可能的。就像化学家、生物学家和营养学家借助不同的理论来解释和改善人们的健康状况一样，教师也可以综合运用不同的学习理论，为不同的学生创建有效促进其学习的环境。行为主义理论能帮助我们理解线索在行为发展中的作用，并让我们理解行为结果和练习对特定行为的鼓励或阻碍作用。但是，人类的生活和学习并不只是行为。语言和高级思维需要复杂的信息加工和记忆，而认知模型有助于我们理解这些。当然，人类不仅仅是信息的加工者，那些创造者和知识的建构者是什么样的人呢？建构主义观点能告诉我们很多这方面的内容。社会认知理论说明了通过榜样和观察学习可以提供巨大的学习机会，并强调了主体性和自我指导的重要作用。最后，生活需要我们具有自我调节学习的能力，我们有很多需要调节的——我们的思维、身体、行为、环境、人际关系和情绪等。无论学习的具体过程如何，培养有效的自我调节技能都能促进学习取得更大的成功。

我们常将表11-3中的四种主要的学习理论看作教学的四个支柱。学生首先必须理解材料（建构观），接着他们必须记忆他们所理解的内容（信息加工的认知观），然后他们必须实践和应用（行为观），以更加顺畅和自动化地应用新的技能和理解，并将它们永久贮存在自己的行为库中。最后，学生必须自己掌控自己的学习（社会认知观）。如果不能充分考虑到学习过程的这些方方面面，我们的学习就只能是低质量的学习。

# 模块 35 小结

## 自我调节学习：技能与意愿

### 影响自我调节学习的因素有哪些？

教学的一个重要目标就是为学生的终身学习做准备。要想实现这个目标，学生必须成为自我调节的学习者。也就是说，他们必须把知识、动机和意志结合起来，使自己具备独立和有效学习所必备的技能和意愿。知识包括对于自己、所学科目、学习任务、学习策略及应用情境等方面的认识。学习动机会促使学生做出承诺，包括自我信念和兴趣。意志则是最终让学生战胜三心二意并持续学习的毅力。毅力、尽责性和自制力等特质，在这里也很重要。

### 自我调节学习的循环是什么？

齐默尔曼的自我调节学习模型包括三个阶段：前虑阶段（包括目标设置、计划制订、自我效能感，以及动机）、表现阶段（包括自我控制和自我监控）和反思阶段（包括自我评估、调整及回到前虑和计划阶段）。

### 如何将学生培养成为自我调节的学习者？

自我调节的学习者要参与四种类型的活动：分析任务、设置目标和制订计划、运用学习技巧和策略、调节学习。要将学生培养成为自我调节的学习者，教师需要为学生提供界定并分析手头任务的机会，引导学生自问：任务是什么？任务理想的结果是什么？另外，学生也能从目标设置练习中有所获益。在这样的练习中，他们可能需要问自己：我的短期目标是什么？长期目标又是什么？下一步就是要使用一定的学习策略，如确定重要细节和对材料形成全面理解。最后，学生需要反思自己是否成功完成了任务，并想出新的策略来克服自我调节过程中的不足之处。这时，他们可能会自问：哪个地方做得比较成功？什么地方还需要改进，以与未来的目标相吻合？

### 情绪自我调节的技能有哪些？

能进行情绪自我调节的个体，能意识到自身的情绪，以及他人的感受，也能意识到内在情绪是不同于外在表现的。他们能够以符合自身文化群体规范的方式谈论和表达自身的情绪。他们对悲痛的人感同身受，同时也能应对自身的悲伤情绪，能应对压力。他们可以采用各种问题解决策略来帮助他们管理个人和社会情绪刺激，以实现最佳表现。情绪自我调节包括认识到人际关系在一定程度上是由人与人之间的情绪沟通方式决定的。综合使用这些技能，人们就能进行情绪的自我调节，这是社会情绪学习的核心部分。为了帮助学生更好地进行社会情绪学习，教师还必须学习可用于减轻压力的情绪调节策略，如正念练习。

## 以提高自我效能感和自我调节学习能力为目的的教学

### 教师如何帮助学生发展自我效能感和自我调节学习能力？

教师应当指导学生参与复杂、有意义、耗时较长的任务，并且监控他们的学习过程和学习结果。在这个过程中，学生也需要做出选择。他们还可以通过认知行为矫正和自我对话等策略帮助学生进行自我管理。此外，教师还应当让学生参与设计用于评估学习过程和学习结果的标准，然后给学生提供机会，让他们使用这些标准来评价学习进步情况。另外，鼓励学生与同伴合作学习，并互相给予反馈，也是有效的策略之一。

## 融会贯通：学习理论的整合

### 四种不同学习观的价值是什么？

四种主要的学习理论（行为主义、认知主义、建构主义和社会认知主义）是教学的四个支柱。学生首先必须理解材料（建构观），接着他们必须记忆他们所理解的内容（信息加工的认知观），然后他们必须实践和应用（行为观），以更加顺畅和自动化地应用新的技能和理解。最后，学生必须自己掌控自己的学习（社会认知观）。如果不能充分考虑到学习过程的这些方方面面，就会导致低质量的学习。

# 第 12 章 学习动机与教学

CHAPTER 12

### ■ 教师的案例簿：资源不足时，如何激发学生的动机

今年7月，你终于获得了秋季学期的教学职位。你构思了很多希望能激励学生学习兴趣的好点子。但是你很快发现，你们学校的教学资源近乎为零，唯一可用的材料是一些旧课本和配套的练习册。你向学校提出要求，希望多配置一些教学软件、学习应用小程序、模拟游戏、科学项目用具、实地考察和其他教辅资源，但都遭到了委婉的拒绝，他们告诉你："对不起，我们没有额外的预算来添置这些东西。"当浏览这些过时的课本和练习册时，你就能理解学生们为什么会感到厌烦。此外，你注意到课文对于相应年级的学生具有相当大的难度，但是教学目标表明这些内容非常重要，而且明年春天的全区统考将要对这些内容进行考察。为此，你特别想做好工作，以支持学生的学习。

#### ■ 批判性思考：

- 你怎样引导学生对学习内容产生兴趣？
- 你如何让学生认同这些学习内容的价值？
- 你将怎样处理教材中难度较大的内容？
- 为解决这些问题，你需要了解哪些与学习动机相关的知识？
- 为了激发学生的学习动机，你需要了解他们的哪些信息？

### ■ 概述与目标

大多数教育者认为激发学生的动机是教学的关键任务之一。为了学习，必须从认知、情感和行为上投入富有成效的课堂活动。在本章中，我们将首先回答"什么是动机？"的问题。具体来说，我们将验证那些经讨论得出的可能的答案，包括内部动机和外部动机的论述，以及五种取向的动机理论——行为取向、人本取向、认知取向、社会认知取向和社会文化取向。

接着，我们将进一步探讨和动机有密切关系的五大因素或主题，包括需要和自我决定，目标定向，期望与价值，归因与信念，兴趣、好奇心、心流与焦虑等感受。怎样把所有这些信息综合运用到教学中？如何创设环境、教学情境和教学关系来激发学习动机？首先，我们要思考这些因素对学习动机的影响；其次，我们将讨论一些营造课堂学习动机氛围的教学策略，并提供帮助学生保持学习积极性的工具包。

学完这一章后，你就能达成以下目标。

目标 12.1　明确动机的含义，描述内在动机与外在动机的区别。
目标 12.2　解释胜任需要、自主需要、关联需要等个人需要如何影响学习动机。
目标 12.3　描述不同的目标定向及其对动机的影响。
目标 12.4　讨论学生对成功的期望、任务的价值及成本的认识如何影响动机。
目标 12.5　讨论学生关于他们学习经历和能力倾向的信念与归因如何影响动机。
目标 12.6　描述兴趣、好奇心、心流、情绪和焦虑在动机中的作用。
目标 12.7　解释教师如何影响和激发学生的学习动机。

在前面几章中，当我们探讨学生关于自身能力的信念（自我效能）时，曾涉及动机的问题。鉴于动机在学生的社会互动和学业成就中发挥着重要作用，本章我们将进一步深入探讨动机。两个能力和知识水平都相似的学生，可能因为动机不同而产生很不同的学业表现（Wentzel & Miele，2016）。那么，动机是如何发挥作用的呢？下面就让我们从"动机是什么"这一基本的问题谈起吧。

## 模块 36  动机基础与需要的作用

**学习目标 12.1** 明确动机的含义，描述内在动机与外在动机的区别。

**学习目标 12.2** 解释胜任需要、自主需要、关联需要等个人需要如何影响学习动机。

### 12.1 动机

**动机**（motivation）通常被定义为一种激发、指向并维持某种行为的内部心理状态。哪些基本过程有助于解释学生为什么产生动机？我们不仅可以从需要、目标和信念等不同方面来思考动机，还可以聚焦学生产生动机的内部和外部原因。了解动机的不同组成部分和影响动机的因素，有助于解释为什么有些学生更愿意付出努力，坚持学习并取得高分（Lazowski & Hulleman，2016）。

心理学家将学习动机视为随时间推移而发生变化的心理过程序列中的一部分（Graham & Weiner，2012）。图 12-1 的中间是学习动机的组成部分，包括学习者的需要、价值观、目标和信念。评估动机组成部分相关的问题（例如，我是否重视这项活动？我能做好吗？）可以帮助我们评估自己的动机，但同样重要的是评估哪些因素促成了这些特定的动机（图 12-1 的左侧）。例如，了解学生过去的经历和社会环境有助于解释他们为什么会有特定的需要、目标或信念。与动机相关的行为和结果是什么（图的右侧）？其中包括动机过程中的一些重要结果，如学生做出的选择、参与学习的程度，以及学习成绩。请注意，在图的下方，学生的想法、感受和社会环境在每个阶段都会发挥作用。在本章中，我们将讨论许多动机内容，但并非所有动机都遵循这种线性过程。

我们都曾有过强烈动机驱动下的体验：充满活力、直指目标、努力工作，甚至有时候即使觉得这个任务很枯燥，我们仍能全力以赴。但是，是否有些人天生就比其他人更有动机呢？有些心理学家将动机描述为一种个体特质

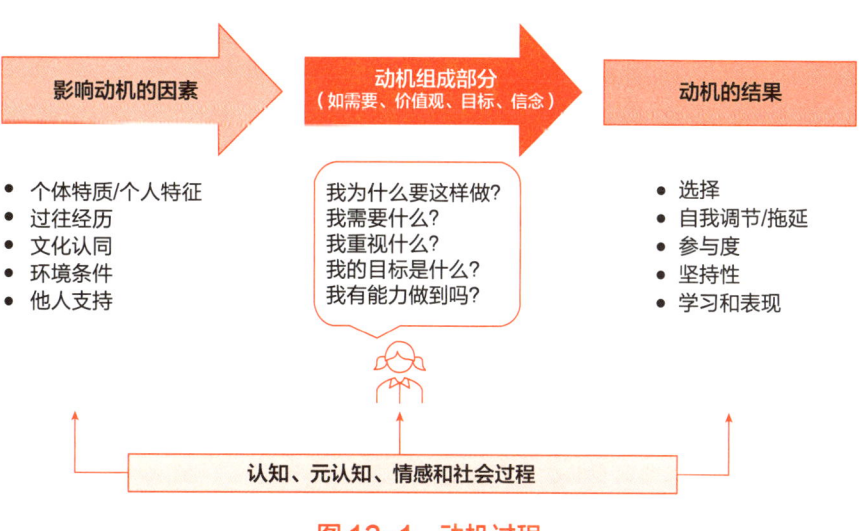

**图 12-1  动机过程**

注：我们可以从过程或阶段的角度来理解学习动机。内部和外部的因素（左）可以激发学习者的学习动机（中），不同的动机组成部分会引导学习者的下一步行动（右），想法、感受和社会环境在每个阶段都会发挥作用。

资料来源：图片由 Ellen L. Usher 绘制。

或特征。这种特质理论认为，某一类人对汽车或艺术感兴趣，因此他们才会成天在车库里修车或沉迷于画廊。但另一些心理学家则将动机视为一种暂时的受情境影响的状态，例如，如果你是因为明天要考试才努力学习的，那么，你当下的动机其实是由特定情境引起的。我们在任何时候体验到的学习动机通常都是内部因素和外部环境的暂时或长期的结合（Deckers，2018）。你学习可能是因为你是一个自觉的学习者，也可能是因为你正在准备考试。

### 12.1.1　学生动机的表现

学习动机受众多因素的影响。为了对这个问题的复杂性有所认识，让我们走进一所中学的科学课堂。老师对将要进行的实验活动进行讲解之后，学生表现各异。下面让我们一起来看看斯蒂佩克（Stipek）（2002）记录的学生个案资料。

**绝望的热拉尔多（Geraldo）** 像往常一样不打算学习。他总是说"我不懂""这太难了"。即使答对了问题，他也会说"我是猜的""我其实不知道"。他把时间都花在发呆上了，于是成绩越来越落后。

**保守的萨默特（Sumet）** 追求完美，每做一步都要和你核对一下。他曾经绘制了一幅实验仪器的彩图，为此你额外给他加了分。从此，每次实验后，他都坚持画图。但他不愿采取任何冒险的行动，以免只得到 B。对于考试要求以外的内容，他完全不感兴趣。

**自满的索菲亚（Sophia）** 则相反，她对学习内容很有兴趣。事实上，她知道的比你讲授的更多，显然她花了不少时间自学化学和做实验。但总体而言，她的成绩只能在 B- 和 C 之间徘徊，因为她从不完成家庭作业。对于自己不需要努力就能及格的现状，她已经很满意。

**防御的德雷克（Drake）** 又没有带实验手册，所以不得不和其他同学同看一本。他假装正在做实验，但大部分时间在开小差，还会趁你不注意的时候抄同学的答案。他不愿意尝试，因为他害怕如果自己努力却失败了，其他人就会笑话他是"笨蛋"。

**焦虑的艾梅（Aimee）** 多数科目的成绩不错，但科学课的考试使她非常焦虑。在课堂上，她能够答对问题，到了考试中却会全部"忘记"了。她的父母都是科学家，他们希望她也能成为一名科学家，但她并不看好自己在这方面的潜力。

> **停下来，想一想**
> 
> 以上每个同学在动机的选择、启动、参与度、坚持性、思想与情感等五个方面至少存在一个问题。你能识别这些问题吗？你可以从后面的内容中找出答案。

你所教的每个学生都面临着不同的动机障碍，你需要激发全班学生的学习动机并进行教学。在下面的内容里，我们将更深入地探讨动机的含义，以便进一步理解这些学生的行为。

### 12.1.2　内部动机与外部动机

有时候大部分人会思考，我们的行为（更多时候是周围人的行为）是受内部力量还是受外部力量驱动的。这样的区分并不总是很容易。大多数心理学家认为，仅仅依靠观察外部行为无法辨别出驱动某一行为的究竟是内部动机还是外部动机。区别两类动机的关键在于学生做出这一行为的原因，即该行为的**因果控制点**（locus of causality）对个体而言是内在的还是外部的。例如，学生之所以读书、练习游泳、画画，可能是出于个人兴趣，也就是自愿的选择（内部控制点/内部动机），也可能是因为受到了其他人或事情的影响（外部控制点/外部动机，Reeve，2018）。

对动机的一种经典分类方式是将动机划分为内部动机和外部动机。**内部动机**（intrinsic motivation）指当我们追求个人兴趣和能力提升时，产生的一种寻求并克服挑战的本能倾向。当我们的内部动机被激发时，我们不需要依靠外部诱因或惩罚来促使我们行动，因为活动本身就能给我们带来满足感和回报（Ryan & Deci，2020）。上文中自满的索菲亚利用课外时间学习化学，完全是因为她自己喜欢学习化学，没有其他人强迫她。

相反，如果我们做一件事情是因为我们希望得到高分、避免惩罚、取悦老师，或者是出于其他与这件事情本身无关的目的，驱动我们的就是**外部动机**（extrinsic motivation）。我们并不是对这件事情本身有兴趣，我们只是为了得到某种东西才去做它。上文中保守的萨默特就是为了取得好成绩而学习的，他对学习内容本身并没有兴趣。外部动机与消极情绪、不良的学习成绩以及不当的学习方法有关（Corpus et al., 2009）。然而，外部动机也有积极的影响，它可以激励学生尝试新事物，给他们额外的动力，或者帮助他们坚持完成一项乏味的任务。谨防"非此即彼"！

有时，学生完全没有采取行动的意图（例如，我不明白我们为什么要上体育课）。研究者将这种情况称为**无动机**（amotivation），即根本没有任何的参与（Bartholomew et al., 2018）。

当我们反思自己的动机时，我们常常会感到内外动机的二分法过于绝对和简单。我们如何更细致地思考动机问题呢？其中一种观点认为，我们的行为处于从完全的"外部决定"（环境和社会因素）到完全的"自我决定"（内部过程）的连续体上，如图 12-2 所示。例如，有些学生之所以愿意从事那些他们不怎么感兴趣的学习活动，是因为他们知道那些活动很重要，有助于他们达成有价值的目标，就像你愿意花很长时间学习教育心理学，为的是当一位称职的教师。因此，学生自愿选择接受某些外因的影响（如需要取得资格证等），并尽量从中获得益处（Ryan & Deci, 2020）。避免非此即彼思维的第二种方法是，认识到同一种行为在任何特定的时间都可能同时受到内部和外部因素的驱动（Vansteenkiste & Mouratidis, 2016）。当我（艾伦）参加铁人三项比赛时，我的动机既来源于训练能强身健体，也来源于到达终点线这一成就对我的认可（我希望能激励自己再次开始训练！）

**图 12-2　内部-外部动机连续体**

注：我们可以把我们的活动看作一个连续体，从完全的"外部决定"（环境和社会因素）到完全的"自我决定"（内部过程）。

---

**停下来，想一想**

我们来看看你对前文"停下来，想一想"中学生所经历的与动机相关的因素的分类是否正确。这些因素分别是：a. 选择；b. 启动；c. 参与度；d. 坚持性；e. 思想与情感。

绝望的热拉尔多的问题在于无法"启动"（b），并且总是感到沮丧（e）。在活动的整个过程中他都感到受挫和绝望。

保守的萨默特能够做出正确选择（a），及时开始学习（b），并坚持下去（d），但他不能真正参与到活动中并体验到活动的乐趣（c 和 e）。

只要能遵循自己的选择（a），自满的索菲亚就可以迅速开始学习（b），投入（c），坚持（d）并体验到快乐（e）。

防御的德雷克做出了错误的选择（a），拖拖拉拉（b），不愿参与（c），轻易放弃尝试（d），因为他太在意别人对他的评价了（e）。

焦虑的艾梅的问题在于不知如何处理学习过程中的消极思想和负面情绪（e）。她的焦虑和担忧会使她退缩（a）和拖拉（b），而由此造成的不良表现又会加剧她的焦虑情绪。

让我们试着反思自己的学习动机。你觉得分数本身有趣吗？不规则动词是否激发了你的好奇心？如果教师总是指望内部动机来激发所有学生的学习积极性，那么他们一定会失望。教师必须培养和鼓励内部动机，同时也促进外部动机来支持学生的学习（Anderman，2021；Brophy，2003）。这在高年级可能会变得更具挑战性，因为随着学生年级升高，他们的内部和外部动机都在下降（Scherrer & Preckel，2019）。为了应对这一趋势，教师需要了解诸多影响学习动机的因素。接下来，让我们先回顾一下我们已经了解的一些因素。

### 12.1.3 关于动机，你已经知道了什么

动机是一个内涵丰富而复杂的概念，有着很多不同的理论解释。有些理论是通过动物实验发展而来的，有些理论以对人们如何解决特殊任务（比赛、猜谜等）的研究为基础，还有些理论来源于临床和工业心理学领域的工作实践。研究者还会通过调查和访谈来了解学生和教师的学习动机。

根据我们先前讨论的学习和认知理论，你已经对动机有所了解。行为主义倾向于强调由激励、表扬和惩罚引起的外部动机。认知视角强调个人对意义、理解和能力的积极探索，以及个人归因和解释的作用。在社会认知理论中，自我效能感是动机的核心因素。自我效能感是指你相信自己能在特定情况下成功完成任务。社会文化视角则强调参与社会互动和保持群体身份的作用。

尽管上述观点已经对动机做了较好的阐述，但当前对动机还有许多具体的解释，对教学颇有裨益。有关这些解释的研究非常丰富，我们只能选择其中最重要的一部分进行阐述。让我们先从你个人关于动机激发的经验开始吧。

**停下来，想一想**

你为什么阅读本章内容？是对动机这个主题感到好奇？还是不久的将来你需要应付一场考试？你是否需要通过这门课程的考试才能获得教师资格证书或毕业证书？也许你相信你能取得好成绩，是这种信心让你坚持学习的吗？还是说，上述理由都成立？究竟是什么激发了你的学习动机呢？

为了整合这些动机理论从而有效地指导教学，下面我们将从五个广泛的主题来探讨当代对动机的解释（Anderman，2020；Hattie et al.，2020）。这些主题包括需要和自我决定，目标和目标定向，期望、价值观、成本，对能力的归因和信念，以及兴趣、好奇心和情感等。关于"停下来，想一想"中问题的回答是否可以归类于主题中的一种呢？如果你还不清楚，当你学习完下面的内容后就会有清晰的答案了。

## 12.2 需要和自我决定

早期的心理学研究将动机看作个体特质性的需要或稳定的人格特征。这些研究关注三种主要的心理需要：成就感、权力感、归属感（Pintrich，2003）。马斯洛（Maslow）提出的著名的需要层次理论成功地涵盖了所有这些因素。

### 12.2.1 马斯洛的需要层次理论

马斯洛（1970）指出，人们按照一定的顺序排列**需要层次**（hierarchy of needs），从最低层次的生存需要、安全需要，到较高层次的求知需要，以及最高层次的自我实现需要（见图12-3）。**自我实现**（self-actualization）最早由马斯洛提出，是自我满足和个人潜能实现的总称。只有在每种低层次的需要都得到满足后，人们才可能去考虑更高层次的需要。

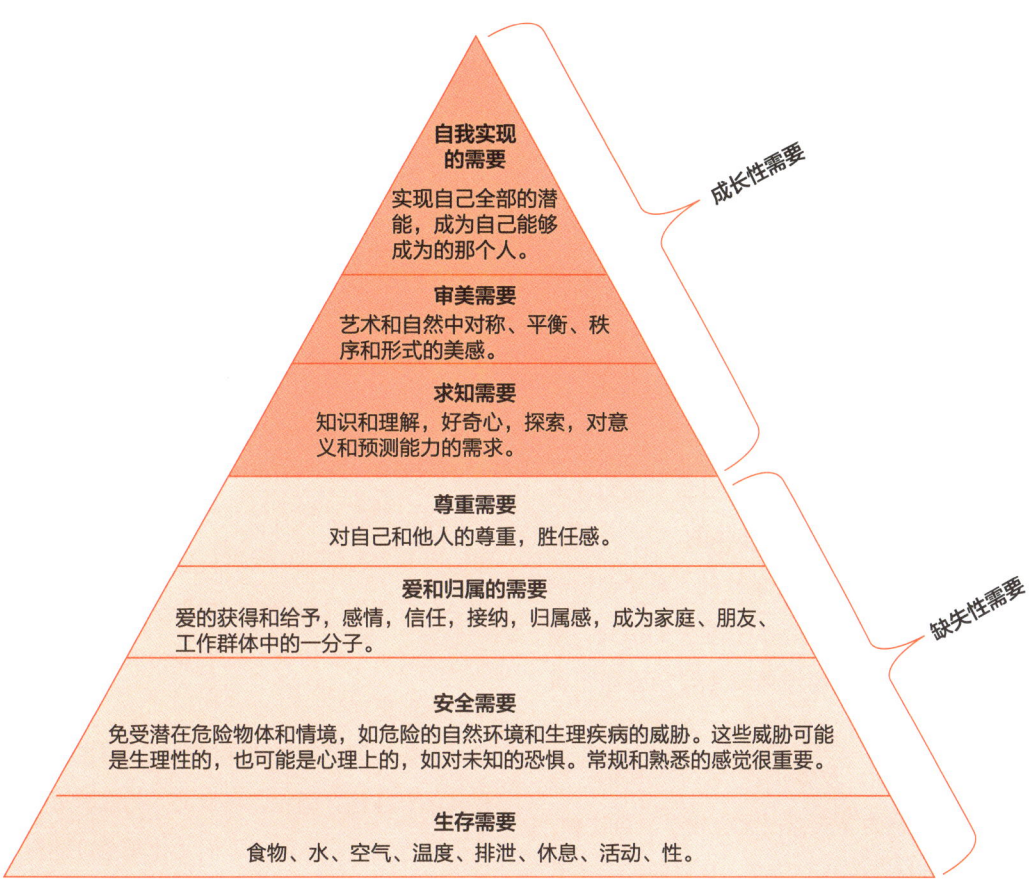

**图 12-3 马斯洛的需要层次理论**

注：马斯洛提出的四种低层次的需要——生存需要、安全需要、爱和归属的需要与尊重需要，被统称为缺失性需要，因为在这些需要得到满足后，进一步满足它们的动机就会减弱。三种高层次的需要——求知需要、审美需要和自我实现的需要，被统称为成长性需要或存在性需要。这些需要得到满足后，人们进一步满足它们的动机并不会减弱。

马斯洛（1968）将四种低层次的需要——生存需要、安全需要、爱和归属的需要与尊重需要统称为 缺失性需要（deficiency need）。除非缺失性需要得到满足，不然人们往往会把精力集中于缓解这些需要的缺失，以避免可能的痛苦。然而，一旦人们的缺失性需要得到满足，人们的动机就会被三种高层次的需要——求知需要、审美需要和自我实现的需要所吸引，马斯洛将这三种需要统称为 存在性需要（being need）或成长性需要（growth need）。这些需要得到满足后，人们进一步满足它们的动机非但不会减弱，反而会更加强烈。与缺失性需要不同，存在性需要永远不会完全得到满足。在创造力、知识、审美、自我实现中的不断成长会带来内在回报和自我激励。例如，当你努力成为一名教师时，你体验到越多成功感，就会越渴望更大的进步。

马斯洛的理论如何与内部–外部动机的分类相结合呢？这可以参考马斯洛（1968）对低级需要和高级需要作为动机的描述：

"正如所有的树都需要太阳、水和食物，所有的人也都需要安全、爱和尊重……（但）一旦满足了这些基本的、全物种的需要，每棵树和每个人还会继续按照（自己的）风格继续发展……在这一意义上，发展更多是由内部所决定的，而非由外部所决定的。"

马斯洛的理论也受到了多方面质疑。显然，我们并不总是像理论所说的那样行动。我们常常会在不同类型的需要之间摇摆，有时也会同时受到多种需要的驱动。例如，有些人宁愿放弃对安全和友谊的需要，也要去追求知识、理解和自尊。另一种批评是，马斯洛的理论没有提供评估自我实现的明确途径，仅仅认为当你选择的活动完全符合你最真实的自我时就是自我实现。

尽管存在这些质疑，马斯洛的理论还是给了我们许多启示，它提醒我们要将学生看成一个整体的"人"，其生理需要、情感需要和智力需要是互相关联的。需要会影响学生的思维方式、学生的短期目标，以及学生的感受。例如，如果一个孩子因为父母的离婚而缺乏安全感和归属感，他就很可能没有兴趣好好学习。同样，如果学校变成一个恐怖且不可预测的场所，教师和学生都不知所措，那么师生会更关注对安全感的寻求，而无心教学。再比如，对学生而言，与同伴的社会关系和归属、自尊的需要非常重要，如果教师的要求与同伴团体有冲突，学生很可能会拒绝服从，甚至当众顶撞教师。

除了需要层次理论，近年来发展迅速的自我决定理论也很重视个体的内在需要（Reeve, 2018; Ryan & Deci, 2017）。

### 12.2.2 自我决定理论：胜任、自主和关联的需要

自我决定理论认为，我们每个人都有三种最基本的心理需要：我们需要感觉自己有能力，足以胜任；对自己的生活拥有控制和支配权；与他人建立关系。请注意，这些概念与早前研究提出的基本需要很相似：胜任需要与成就感相似，自主和控制需要与力量感相似，关联需要与人际归属感相似。**胜任需要**（need for competence）指个人表现自己有能力掌控手头任务的需要。若这种需要得到满足，个体会产生成就感，提高自我效能感，帮助学习者为未来的任务树立更好的学习目标（Kim et al., 2010）。**自主需要**（need of autonomy）最为核心，指我们依据自身意愿（而非外部奖惩或压力）做事的需求（Reeve, 2018; Ryan & Deci, 2018）。当人们完全认可自己正在做的事情时，他们就会有自主感。非常遗憾的是，学生和教师在日常工作中往往缺乏自主感。来自外部控制的压力，如他人强加的各种规则、规划、期限、命令或限制，常常威胁自主需要的实现。而**关联需要**（need for relatedness）是指与关心我们的他人建立亲密的情感连接和依恋关系的心理需要。

这三种需要的满足与学生的学习动机之间有什么关系呢？当学生在学校中有胜任感、自主感和关联感时，他们就会有更高的内部动机。如果学生认为学校或教师对他们有所控制、不支持他们发展能力或不欢迎他们，他们的外部动机会更强。

一些心理学家试图探讨胜任、自主和关联需要是否具有文化普遍性。例如，东方文化的教养方式可能比西方文化更具控制性。然而，不同文化规范可能会导致学生对这些做法出现不同的解释。在某种文化背景下对学生而言是严格和控制的做法，但在另一种文化背景对学生而言却是关心的表现。尽管如此，在不同文化背景下的研究表明，对于新加坡、巴西、尼日利亚、印度、以色列和韩国的学生，过度控制的做法都会阻碍学生的胜任需要、自主需要和关联需要，并削弱他们内在的学习动机（Reeve et al., 2018）。

**1. 课堂中的自我决定**

根据自我决定理论，"学生完全有能力自我激励、积极参与，他们不需要教育者催促"（Reeve et al., 2018, p.34）。这是否意味着教师对学生的学习动机毫无影响呢？恰恰相反，教师能够以积极行动为满足学生需要创造条件，这一节会详细描述这一点。首先，让我们来回顾课堂研究中的发现。

如果课堂环境能支持学生的自我决定（即需要被满足），那么学生会对学习更感兴趣、充满好奇（甚至对家

庭作业也是如此），更有胜任感、创造力，他们的概念学习能力、学业成绩、学校出勤率和满意度、课堂参与度、使用自我调节学习策略的能力，以及心理幸福感都会提高，同时他们也会更愿意迎接挑战。这一关系在从小学一年级到大学的学生身上都得到了证实（Hafen et al., 2012；Howard et al., 2017；Jang et al., 2012；Moller et al., 2006；Pulfrey et al., 2013；Reeve, 2018；Theis et al., 2020）。研究者还发现，课堂练习还可能会影响学生的生理反应。在一项实验中，让学生面对高控制型的教师或自主支持型的教师，结果发现，面对高控制型教师的学生唾液皮质醇水平更高，这标志着他们面临更高的压力（Reeve & Tseng, 2011）。

支持学生需要的满足，可能对经历过困难或贫困的学生尤其有帮助。例如，对于马拉维（世界上最不发达的国家之一）的女孩，需要满足与内部动机呈正相关。对于社会经济水平较差的女孩而言，需要满足与内部动机密切相关（van Egmond et al., 2017）。

### 2. 支持需要与削弱需要的课堂比较

每个学生都会在学校获得不同的经历：受到表扬或批评，被迫在规定期限内完成作业，得到不同的分数，做选择，接受关于规则的教育等。这些经历会通过影响学生的自我决定感来改变学生的内部动机水平。根据自我决定理论，上述各种不同的事件都包含有两方面特征：控制性和信息性。如果教师的行为是高控制性的，也就是说教师强行要求学生按照特定的方式学习和体验，那么学生会感觉自己缺少控制力，从而导致内部动机减弱；相反，如果教师的行为主要是提供信息，就会提高学生的胜任感，从而增强学生的内部动机。下面是高控制型沟通的一个案例。

*你们必须周一提交论文。今天我们要去学校图书馆，你们会在那儿找到用于写论文的书和网址。不要浪费时间，也不要出错，确保完成自己的作业。在图书馆里，你可以独自查阅资料，也可以与同伴一起行动。（Reeve, 2009, p.169）*

这位教师也许认为他给了学生选择权，也就支持了学生自主性的发展。但对比下面的沟通方式后，你会发现，为学生阐述去图书馆的价值才是有效的信息型沟通。

*你们需要周一提交论文。为了帮助你们写好一篇基于良好研究成果的论文，我们将去图书馆搜寻知识和信息。我们去图书馆的目的是通过书籍和互联网来查询信息。在那里，你们也许会开小差，但来过图书馆的学生都发现这是写好一篇论文很关键的一个步骤。为了尽可能写出一篇好文章，你可以按照希望的方式工作——独自查阅资料或结伴行动皆可。（Reeve, 2009, p.169）*

认为教师有控制欲的学生，其自主性、胜任感和社会关系都较差。因此，他们的内部动机更弱。例如，对高中生的体育学习动机进行的纵向研究发现，受到控制型教练影响的学生报告了更低的内在动机，更害怕失败并回避挑战(Bartholomew et al., 2018)。另一方面，当学生感到教师支持他们的需要时，他们会更有能力和意愿应对挑战。例如，有研究对43名高中科学课程上的学生进行每日问卷调查，以了解他们在一个为期6周的挑战性单元中的学习动机。结果表明，尽管当科学作业变得更具挑战性时，所有的学生都对自己的能力产生怀疑，但那些从教师身上感知到更多自主性支持的学生不确定性更低，投入度更高（Patall et al., 2018）。教师也更加关注和接纳学生在科学学习中遇到的困难。

学习环境是否支持学生的需要，也会影响学习和作业的质量。在控制型环境中，学生仅仅能在死记硬背的任务上成绩有所提高。一旦学生面临成绩压力时，他们往往会寻求最快捷、最简单的途径。

尽管控制型教学的效果更差，但教师需要面对来自管理人员的压力、职责要求、"掌控学生"的文化期望，以及家长对良好课堂纪律的期待，加上学生在其中往往很被动，对学习不怎么投入，甚至目中无人所以部分教师将控制等同于高效的课堂结构，至少认为控制型风格更适宜（Reeve, 2018）。假如你愿意抵抗这些压力，那么怎样才能激发学生的自主需要和胜任需要呢？

答案之一是在课堂上建立信息性结构，注重引导和澄清，而非要求或支配（Aelterman et al., 2018）。首要的一步就是尽量避免使用控制性词汇（如必须、应当、不得不、应该……）。第二步是确保在你传达的信息中，突出学生能力不断增长的事实，强调通过坚持不懈的努力和实践取得的成功，并鼓励学生对自己的作品进行反思。下面的"实践指南：支持学生自我决定和自主性的发展"给出了一些相关建议，你可以参考。如你所见，支持自主需要的方法往往也支持关联需要。

## 实践指南

### 支持学生自我决定和自主性的发展

**允许并鼓励学生做选择。**

例如：

（1）针对学习目标，设计多种不同的教学活动（如写论文、做资料汇编、参加测验、做新闻广播等），然后让学生选择其中的一种。鼓励他们谈论自己这样选择的理由。

（2）要求班委会自行提议并设计一些工作流程，例如如何照顾班级宠物、如何分配仪器等。

（3）在有利于学生专心学习的前提下，允许他们自由选择合作学习的同伴。

**帮助学生制订计划，从而实现自己选定的目标。**

例如：

（1）尝试使用目标卡片。让学生列出自己的一系列长期和短期目标，并写下三四个有助于实现这些目标的具体行动计划。每个人的目标卡片都应只属于他个人，就像信用卡一样。

（2）鼓励初中和高中学生针对不同学科设定不同目标，并把它们记录在专门的笔记本或目标设定笔记软件上，定期检查自己的完成情况。

**引导学生对自己的选择及其后果负责。**

例如：

（1）如果学生选择与自己的好朋友一起学习，但总是开小差聊天，没能完成任务，你可以客观地评分，并帮助学生认识到分数低是因为他们浪费了太多时间。

（2）如果学生选择的学习主题激发了他们的想象力，你可以引导他们意识到这一事实——学习过程中的努力能提高学习质量。

**向学生解释制定规则、设定限制和约束的原因。**

例如：

（1）解释为什么要制定这些规则。

（2）以身作则，遵守规定和约束。

**承认并接受消极情绪。**

例如：

（1）通过与学生沟通，让他们明白在学习过程中偶尔感觉枯燥乏味是很正常的，没有关系。

（2）通过与学生沟通，让他们明白学习过程中难免会感到受挫、困惑和疲惫。

（3）当学生感觉"这个问题实在太难了"，你可以认同学生的感受，或者说"我能够理解为什么你会有这种感觉"。

**使用非控制性的积极反馈。**

例如：

（1）把学生的低分或问题行为看作尚待解决的问题，而不是批判的对象。

（2）避免使用控制性的表达方式，如"你应该……""你必须……""你非得……不可"。

（3）提供意想不到的、自发的、真诚的赞美。

**展现耐心。**

例如：

（1）花时间倾听、观察和理解学生的想法。

（2）避免言语（"快点"）和非言语（拍手、呵斥、敲击）的不耐烦表现。

（3）留出适当的等待时间，供学生思考和回应。

资料来源：*150 Ways to Increase Intrinsic Motivation in the Classroom,* by James P. Raffini. Copyright © 1996, by Pearson Education, "Autonomy-Supportive Teaching: What It Is, How to Do It," by Johnmarshall Reeve, 2016 and *Understanding Motivation and Emotion* (7th ed.), by Johnmarshall Reeve. Copyright © 2018 by Wiley.

### 3. 支持性关系作为激励因素

想想这些年来你遇到过的最好的教师，是什么特质使他们如此优秀？你也许还记得那些关心你并与你建立了情感联结的教师。那些感觉自己与教师、家长和同伴关系亲密的学生，往往更容易全心全意地投入学习（Furrer & Skinner, 2003; Guay et al., 2021; Lawson & Lawson, 2013）。遗憾的是，有些学生在学校和班级中几乎没有归属感。德莱翁·格雷（DeLeon Gray）（2017）研究了高中生对"既特立独行又融入群体"的看法——他们认为自己既可以作为独立个体展现真实的自己，同时也可以作为班级中的成员而受到欢迎。而大部分少数族裔学生和享受免费或减价午餐的学生认为，自己融入群体的需求"未得到满足"或"仅是稍微满足"。当学生感到能很好地融入群体时，他们会认为学习有更大的内在价值，并产生更积极的学习情绪。

最近的一项元分析指出，在学校感受到归属感对学生学习的积极性大有裨益。教师的支持是学生获得归属感的最有力因素 (Allen et al., 2018)。每个学生都需要充满爱心的教师，尤其是那些处境不利的学生。与教师关系良好的小学生升入高中后的表现更好，上大学的可能性也更高（G. Thompson, 2008; Woolfolk Hoy & Weinstein, 2006）。此外，缺乏社会关联的人更可能患上饮食障碍等各种情绪和躯体问题，甚至更可能出现极端行为（Baumeister & Leary, 1995）。

正如在第2章中所了解到的，学生的社会身份与他们所属的社会群体息息相关。这意味着学生的个人需求也与他们所属的社会群体受到他人尊重的需求相关联（Kachanoff et al., 2020）。认可并支持学生个人和群体身份的组织和学校，在满足学生的关联需要和内部动机方面发挥着重要作用。在本节的最后，我们将提供一些在课堂上增强学生归属感的具体方法。

### 12.2.3 需要理论对教师的启示

从婴儿到老年，人们都希望自己拥有能力和良好的人际关系，并且投入到自我实现中。学生更愿意参加那些能够提高他们能力的活动，而不愿意参加那些总是以失败告终的活动。这就意味着他们需要具有适当挑战性的任务——既不太容易，又不至于完全做不到（Patall & Hooper, 2017）。此外，当他们通过自我监控、成长档案等方式看到自己的能力有所提高时，他们也会受益。另外，为了与他人保持人际联系，学生希望能感受到学校里的其他人都关心他们，可以帮助他们进行学习。不要忘记：支持学生的需要也意味着关注自己的需要。自我关怀（即对自己不做评判的态度，接纳自己的缺点）较高的教师，报告了更高的需要被满足的程度，对学生也会采取更多的自主支持性策略（Moe & Katz, 2020）。

那么，还有哪些因素会影响动机呢？很多理论都把目标看作是动机的关键成分。

## 模块 36 小结

### 动机

#### 动机的概念

动机是一种激发、指向并维持某种行为的内部心理过程。对动机的研究主要关注人们为何以及如何启动指向具体目标的某个行动，开始该行动需要花费多长时间，对行动的参与程度如何，实现目标过程中多么坚持不懈，以及在行动过程中的想法和感受如何。

#### 内部动机和外部动机有何区别？

内部动机是指当我们追求个人兴趣和能力提升时产生的一种寻求并克服挑战的本能倾向，它激励我们去做那些并非"不得不"做的事情。外部动机是指做这件事情的原因与其本身无关，我们并不是对这件事情本身有兴趣，我们只是为了得到某种东西才去做它。

#### 因果控制点如何影响动机？

区别内外部动机的关键在于人们采取行动的原因，也就是说，该行动的因果控制点对于个体而言是内部的还是外部的。如果是内部的，就会激发内部动机。当然，大多数时候，动机同时包含这两者。事实上，内外部动机可能是两个独立的维度，在特定情境下可以同时存在。

#### 关于动机我们已经知道了什么？

行为主义者倾向于强调由诱因、奖励和惩罚引起的外部动机。认知的观点强调个体寻求意义、理解和胜任的行为，以及个体归因和解释的重要作用。在社会认知取向理论中，自我效能感和主观能动性是动机的核心因素。自我效能感指你相信自己能在特定情况下成功完成某种任务的能力。社会文化观点强调在特定团体中的合法参与和在团体中的身份认同。

#### 当前对动机的六种解释是什么？

为了将众多有关动机的观点进行整合，以促进教学工作的开展，我们将各种有关动机的解释分为六大领域或取向。当代的动机解释大多数都包括需要和自我决定、目标、期望和价值观、归因、自我信念，以及对兴趣、好奇心和焦虑等情绪的讨论。

### 需要和自我决定

#### 区分马斯洛理论中的缺失性需要和成长性需要

马斯洛将四种低层次的需要——生存需要、安全需要、爱和归属的需要与尊重需要，统称为"缺失性需要"。当这些需要得到满足后，进一步满足它们的动机就会减弱。他将三种高层次的需要——求知需要、审美需要和自我实现的需要，统称为"成长性需要"或"存在性需要"。当这些需要得到满足后，人们的动机就会增加，寻求进一步的满足。

#### 影响动机的基本需要是什么，自我决定如何影响动机？

自我决定理论认为动机受胜任需要、自主需要和关联需要的影响。当这些核心需要被满足时，学生能够体验到自我决定和内部激励，他们会对学习更有兴趣，有更强的自尊感，并且能学到更多东西。当教师在与学生沟通中，是传达信息而不是控制学生时，学生的内部动机就会得到支持。此外，教师必须接纳学生的观点，允许学生做选择，解释设置限制的原因，且将低分视为有待解决的问题而非批判的对象。

## 模块 37　目标、价值观和能力信念

**学习目标 12.3**　描述不同的目标定向及其对动机的影响。

**学习目标 12.4**　讨论学生对成功的期望、任务的价值及成本的认识如何影响动机。

**学习目标 12.5**　讨论学生关于他们的学习经历和能力倾向的信念与归因如何影响动机。

## 12.3 目标和目标定向

当学生努力阅读文章或力争得到满分时，他们实际上就在进行一项目标导向的行为。在追求目标的过程中，学生通常明白目前的状况（如"我还没有开始读书"）、理想的状况（如"我将会读完并理解书中的所有内容"），以及两者之间的差距（如"今天我应该开始读了并做一些笔记"）。目标激励人们采取行动，从而减少"现在在哪儿"和"希望去哪儿"之间的差距。目标设定对我们来说通常很有效。当然，类似吃饭这样的常规任务不需要我们花费什么注意力，但是对于其他事情，我们每天都要设定目标。例如，今天我打算写完这一节、走至少8000步、批改学生答卷、晚餐做蛋饼（我知道这很无趣）。如果已经计划好的事情不能完成，我会感到很不舒服。

### 12.3.1 目标设定：我打算做什么

根据洛克（Locke）和莱瑟姆（Latham）（2002）的理论，目标设定之所以能帮助学生提高成绩，主要有以下四个理由。

（1）目标能指引我们较长时间地把注意力集中在手头的任务上，避免分心。例如，每当我的心思离开阅读时，"写完这一节"的目标就会帮助我把注意力转移回写作上。

（2）目标能提供努力的动力。目标越具有挑战性，我们就越努力。

（3）目标能帮助我们坚持下去。当我们有明确的目标时，我们更不容易放弃目标，因为有难度的目标要求我们付出努力，时间紧迫的目标会促使我们加快速度。

（4）当旧的策略失效时，目标能促进新知识和新策略的形成。例如，如果你的目标是得到"优"，而第一次测验时你没有做到，那么下一次测验时你可能会尝试一种新的学习方法。

那些具体、精心制定、难度适中、近端的且似乎在不久的将来可能实现的目标，会增强我们的动机和坚持性（Anderman, 2021; Schunk et al., 2018）。具体的、精心制定的目标会为我们对自己行为表现的判断提供清晰的

标准。这种目标比"尽力而为"的目标更有效（Locke & Latham, 2015）。如果我们的成绩没有达到目标，我们会继续努力。例如，拉尔夫·费雷蒂（Ralph Ferretti）和他的同事（2009）为四年级和六年级同学的论说文写作任务设定了总体目标（"给教师写一封信阐述是否该给学生留更多课外作业……"），并将这个总体目标分解成了以下具体的子目标：

①你需要清楚地说明你的观点；
②你需要列出两个以上的原因来支持你的观点；
③你需要说明为什么你选择这些原因（p.580）。

研究发现，无论是正常的学生，还是有阅读障碍的孩子，获知这些具体的子目标都能使他们的论说文写作水平明显提高。在另一项研究中，参与个人目标设定干预的大一学生的学习成绩好于对照组学生（Schippers et al., 2020）。学生对个人目标的反思越多，目标越具体，学习成绩就越好。

中等难度的目标也有利于动机的激发。所谓中等难度指任务既有挑战性，又并非不可完成。如果目标很快就能实现，我们就不会因为其他急迫的事情而把它搁置一边。一些类似"匿名戒酒会"（Alcoholics Anonymous）的团体很明白短期目标的激励价值，总是要求成员"每次坚持一天不喝酒"。同样，将长期任务分解为短期步骤是一种用近期目标来激励个体的方法。你或许注意到，设定可实现的目标与自我效能感——相信自己能在特定情况下成功完成某项任务的能力——之间密切相关。事实确实如此，两者是相互促进的（Locke & Latham, 2019）。在某一领域具有更高自我效能感的学生往往会为自己设定更高的目标，而设定并完成了目标则会提高学生的自我效能感（Schunk & DiBenedetto, 2020）。教师可以通过支持学生的目标和信念来增强动机。

### 12.3.2 使目标起效：反馈、目标框架和目标承诺

除了设定具体的且可实现的目标，还有三个因素会影

响我们实现目标的可能性。

第一个因素是反馈。为了让"现在在哪儿"和"希望去哪儿"之间的差异激发出动机，我们必须明确自己目前的状态以及需要努力的距离。能让我们看见自己进步的反馈是最有效的。比如，和许多人一样，我也会佩戴个人反馈设备。我走到哪儿都会戴着智能手表，因为这可以让我知道自己走了多远、还需要走多少步才能达到目标。当反馈的目的是强调进步（"你已经完成了目标的25%"）而不是不足时（"你还有75%的目标没有完成"），自我效能感和毅力就会增强（Bandura，1997）。与只设定目标的三年级学生相比，在目标设定的同时还获得写作进度反馈的学生，在写作流畅性方面有更大的提升（Koenig et al.，2016）。

第二个因素是目标框架。不论目标框架为合作型、竞争型还是个人型，目标的关系结构都会影响动机。表12-1展示了这三种不同的目标结构，以及它们可能对动机相关结果所产生的影响。当目标建构为竞争型结构时，学生的成绩和同伴关系比共享目标的团体更差（Roseth et al.，2008）。正如第10章所言，合作学习可以通过促进归属感、集体效能感和学习的共同投入而促进学习动机，合作型结构有助于学生设定可实现的目标并在复杂任务中协作。当学习任务的目标与学生的内部需要（如能力提升、自我决定和人际关系维持等）联系起来，学生会对学习内容进行更深入的加工，且更愿意花时间进行概念性理解，而非浅尝辄止（Boden et al.，2020）。相反，如果将学习与学生的外部目标（如迎合他人标准）联系起来，那么学生将更倾向于机械学习，而不愿深入理解，且会缺乏坚持性（Vansteenkiste et al.，2006）。

**表 12-1　不同的关系结构所建构出的目标结构**

每种目标结构都与个体和群体的特定人际关系相关，这些人际关系影响了追求目标的动机。

| 目标框架 | 合作型 | 竞争型 | 个人型 |
| --- | --- | --- | --- |
| 定义 | 学生相信，只有当每个人都能达成目标时，他们的目标才能达成 | 学生相信，只有当其他人都不能达成目标时，他的目标才能达成 | 学生相信，自己能否达成目标与其他人能否达成目标之间无关 |
| 举例 | 团队运动、接力赛、缝被子聚会、班级花园、演奏交响乐、表演戏剧等 | 网球单打比赛、演讲比赛、百米赛跑、优秀毕业生评定、选美比赛、学校奖学金评定等 | 健身目标、学习新的语言、进入荣誉榜榜单、参观博物馆、增减体重等 |
| 可能的影响 | 社会融合、积极的同伴关系、更好的成绩、更少的问题行为、对任务价值的重视、兴趣、集体效能感、社会信任 | 外部动机、社会排斥、负面群体动力、压力和消极情绪、个体被边缘化、表现目标、比较性自我评价 | 内部动机、兴趣、价值、具有掌握目标的经验、个人内在的成长、与他人脱节 |

资料来源：Johnson & Johnson (1999); Roseth et al., (2008); Van Rzin & Roseth (2018).

第三个因素是目标承诺。承诺很重要，只有当人们承诺这些目标时，它们才会对个人表现起到最大的促进作用（Locke & Latham，2002）。如果学生拒绝他人为自己设定的目标，或者拒绝设定目标，他们的动机就会很弱。因此，与其直接为学生确立目标，不如让学生参与制定目标的过程并让他们对目标做出积极承诺——例如让他们将目标写下来，并在达到目标后打钩。让学生参与这一过程也有助于满足他们的自主需要。与德高望重的朋友或教师分享目标也可以提高目标承诺（Klein et al.，2020）。

### 12.3.3　目标定向：我为什么要这么做

目标激励的另一方面与人们想实现其目标的原因有

关。例如，为什么我的朋友想参加超级马拉松比赛？为什么另一个朋友经常在社交软件发帖？为什么我的一些学生选择更难的任务，而另一些学生则选择更容易的任务？

---

**停下来，想一想**

根据你的认同程度给下面的每个说法评分，分值为1～5分，其中1分代表非常同意，5分代表非常不同意。

我为这门课做功课的主要原因是：
想学习关于这个主题的更多内容；
比其他人知道得更多；
成为一名更好的教师；
避免看起来能力不足；
保持高的GPA绩点；
示我有多聪明；
避免表现不佳；
超越班上其他人。

---

目标就是具体的靶子。但上述内容反映了你的**目标定向**（goal orientations），包含我们追求目标的理由和我们用以评估目标实现进展的标准。例如，你的目标可能是这门课程的成绩被评定为优秀。那么，为了掌握教育心理学的内容，你会怎么做呢？是认真学习所有相关知识，还是尽量在朋友和家长面前表现得好一些？尽管人们追求不同目标的原因有很多，但多数研究者集中于两种主要的目标定向——掌握目标和表现目标（Urdan & Kaplan, 2020）。**掌握目标**（mastery goal）定向侧重于个人发展与学习，**表现目标**（performance goal）定向侧重于向他人展现能力或超越他人。你能分辨出你刚刚完成的"停一停，想一想"环节中的不同回答分别反映了哪种目标定向吗？这些问题大多来源于一个广泛应用的成就目标定向改编量表（Hulleman et al., 2020）。

掌握目标（也被称为任务目标或学习目标）的核心是提高能力、学习知识，不在乎表现如何。如果学生选择掌握目标，尤其是当他们觉得自己有选择权和自主性的时候，他们更愿意投入（Benita et al., 2014; Michou et al., 2016）。持有掌握目标的学生倾向于寻求挑战，遇到困难时能够坚持努力，也更喜欢学习（Goetz et al., 2016; Rolland, 2012）。他们能将注意力放在手头的学习任务上，而不会去担心自己的表现与班上其他人相比是否"合格"。我们常常形容掌握目标取向的人是"沉迷于学习的人"。此外，他们也很愿意寻求适当的帮助，更常使用深层认知加工策略，更愿意使用各种有效的学习策略，面对学习任务也更自信（Anderman & Patrick, 2012; Senko et al., 2011）。

持有表现目标（也被称为能力目标或自我目标）的学生关注的是把自己的能力展现给别人看。他们很重视考试能否得高分，很关心自己能否获胜，很在意是否打败其他人。那些重视自己在他人面前的表现的学生，会选择做一些使自己看起来聪明的事情，但有时他们的行为实际上会妨碍学习。例如，为了完成任务，他们可能作弊或偷工减料，只对考试范围内的内容下功夫，沮丧地把考得不好的试卷藏起来，选择最简单的任务，避免与其他学生合作，面对没有明确评分标准的作业会感到很不安（Anderman & Anderman, 2014; Senko et al., 2011）。竞争型课堂结构会增强表现目标。我（艾伦）的一些五年级学生希望获得"阅读最多图书"奖，但表现目标导致他们选择了篇幅较短、难度较低的图书。

**1. 表现目标一无是处吗？**

表现目标听起来相当低效，不是吗？早期研究发现，大多数时候，表现目标对学习有害，但就像外部动机一样，它并不是任何时候都没有益处。事实上，有些研究发现，无论掌握目标还是表现目标，都能促进学生使用积极的学习策略，并提高他们的自我效能感（Midgley et al., 2001）。在超越他人的学习条件下，追求表现目标与更高的学业成就密切相关（Senko, 2016, 2019）。而且，就像内外部动机的关系那样，学生往往是同时追求掌握目标和表现目标（Schwinger et al., 2016）。例如，你可能既想真正理解教育心理学，又想在课堂上取得优异成绩（Anderman & Patrick, 2012）。

为了解释这些研究发现，教育心理学家研究了学生目标定向的另一个维度：趋近和回避。学生的动机可能掌握趋近目标（即尽可能多地掌握），也可能是掌握回避目标（即出于对无法掌握的恐惧）；可能是表现趋近目标（向他人展示自己的能力），也可能是表现回避目标（避免"看起来很傻"）。表12-2中列举了每种目标定向的例子和效果。你认为每种目标定向最大的问题在哪里？你是否认为真正的问题在于回避？那些害怕无知（掌握回避型）的学生可能会形成完美主义取向，专注于追求确定性的正确或害怕自己无法完全发挥潜能；那些试图避免自己看起来无能（表现回避型）的学生可能会采取防御性、回避失败的策略，正如前文案例中防御的德雷克那样，作弊、装作漫不经心，表现出"我并没有真正尽力"的样子（Harackiewicz & Linnenbrink, 2005; Linnenbrink-Garcia & Patall, 2016）。东西方文化的研究都表明，避免失败的策略与学生的无助感、逃学辍学行为、负面情绪和较低的学业成绩相关（De Castella et al., 2013; Huang, 2016）。

### 表12-2 目标定向

掌握目标定向和表现目标定向的学生都可能表现出趋近或回避的倾向，他们可以同时拥有几种目标定向。

| 目标定向 | 趋近型 | 回避型 |
| --- | --- | --- |
| 掌握目标 | 关注点：较好地完成任务，学习，理解<br>标准：自我提高，进步，深入理解 | 关注点：避免无知或害怕自己无法完全发挥潜能<br>标准：过往表现，完美主义，想象中的最佳状态或过去的个人最佳状态（例如，我必须避免比以前更糟） |
| 表现目标 | 关注点：表现出众，获胜，成为最好的那一个<br>标准：常模比较——得到最高分，在竞争中获胜，成为第一名 | 关注点：避免展现能力不足，避免失败，避免落后，避免看起来很傻<br>标准：常模比较——不要成为表现最差、速度最慢或分数最低的 |

资料来源：Adapted from Schunk, D. H, Meece, J., & Pintrich, P R. (2014). *Motivation in education: Theory, research, and applications* (4th ed.). Pearson Education, Inc. and Urdan, T. C, & Kaplan, A. (2020). The origins, evolution, and future direction of achievement goal theory. *Contemporary Educational Psychology, 61.*

最后，我们还要警惕两点：如果学生希望表现得"聪明"或者取胜，却没有成功，他们的表现趋近目标可能转变为表现回避目标。变化的过程是从表现趋近目标（努力获胜），变成表现回避目标（保住面子，不让自己看起来无能），再转变成习得性无助（放弃）的。因此，教师最好不要尝试用比赛和人际比较的方法来激励学生（Brophy, 2005）。此外，表现趋近目标和表现回避目标往往是中度相关的，因此学生可能同时拥有这两种表现目标（Linnenbrink-Garcia et al., 2012）。

#### 2. 努力回避目标

有些学生既不想学习、不想表现得聪明，也不想避免看上去没有能力，他们只希望马上结束任务或干脆逃避学习，也许是因为他们预期失败或他们对此不感兴趣（Schunk et al., 2014）。约翰·尼科尔斯（John Nicholls）称这些学生为**回避努力学习者（work-avoidant learner）**——只有当他们不需要付出努力、任务很容易或可以游手好闲的时候，他们才会感到成功（Nicholls & Miller, 1984）。为了逃避作业，这些学生可能会说作业太难或太多、打瞌睡、找借口不做或者抄作弊。当然，如果用这些方法去逃避作业，就不能学到什么东西，也不会喜欢上学（King & Mclnerney, 2014）。

#### 3. 环境对目标定向的影响

学校或课堂的学习环境会如何影响学生的目标定向呢？根据社会认知理论，目标是在个人、环境和行为三者之间的互动中形成的（Urdan & Kaplan, 2020）。例如，置身于竞争激烈的课堂环境中，学生更可能选择表现目标。相反，如果置身于支持型、以学习者为中心的课堂环境中，那么即使自我效能感较低的学生，也会尝试着追求较高难度的掌握目标。此外，当学生通过合作促进彼此成功时，他们的掌握目标使他们更容易获得成功（Levontin & Bardi, 2018）。

研究者将学生和教师对课堂的感知称为课堂目标结构（classroom goal structure），也就是学生认为的他们课堂所强调的目标（Murayama & Elliot, 2009）。丽莎·巴达克（Lisa Bardach）及其同事（2020）对68项课堂目标结构的研究进行元分析发现，学生个人的目标定向与教师在课堂上使用的目标结构是一致的。当教师建立积极动机的氛围以促进学习和掌握时，学生有较高的掌握目标。这些相似的结果表明，适度挑战、社会支持和关注学习（而不是看起来不错或避免表现不佳）。在短期内可以营造出一种积极的课堂氛围，进而促进学习者长远的学业成功（Ramos et al., 2021）。

研究者已经认识到，学生目标背后的动机和意义也可能受到文化背景的影响（Zusho & Clayton, 2011）。例如，李敏惠（Minhye Lee）和凤美美（Mimi Bong）（2016）要求数百名韩国中学生列出他们学习的原因并按重要性排序。总体而言，学生列出的原因与社会地位有关（希望在学校或生活中获得更高的社会地位）。然而，在描述他们班级目前的具体目标时，学生更倾向于描述掌握目标。作者对此总结道："学生追求的成就目标类型在很大程度上取决于成就情境中的主流文化"（p.290）。

### 12.3.4 社会目标

随着学生从童年进入青春期，另一类目标的作用日趋重要——**社会目标**（social goal）。社会目标指学生与他人互动（或疏远）的原因，这可能包括交朋友、被他人喜欢、控制他人、寻求帮助、发展亲社会行为等（Jones, 2020）。把课堂和学校作为社会环境，学生的学业目标和社会目标相互关联是合情合理的。

前几章的学习表明，学生在发展社会情感能力的同时，也在发展他们的学业和认知能力。作为主要的社交场所，学校提供了追求学业目标之外的机会，如体育运动、约会、闲逛等，都会和学校学习争夺时间。有些社会目标与学习有关，例如在学校中结交以掌握知识为取向的朋友，可以促使学生采纳类似的目标（Juvonen & Knifsend, 2016）。有些社会目标则会妨碍学习，例如，为了避免伤害朋友的感情，青少年可能不愿意在合作学习中指出他人的错误答案或错误概念，这时维持友谊的目标就会阻碍学习进程（Tschannen-Moran & Woolfolk Hoy, 2000）。相反，类似于"为家族带来荣耀""共同奋斗的团结精神""成为学习团体中的一员"等社会目标，则会促进学习进程（Pintrich, 2003; Rogat & Linnenbrink-Garcia, 2019; Ryan, 2001; Zusho & Clayton, 2011）。被社会接纳的愿望，也与学生的情感健康和自尊有关。在一项研究中，重视社会关系的学生更有可能报告诸如快乐等积极的情绪状况，而回避人际关系的学生则报告了更高的恐惧、羞愧和悲伤程度（Shim et al., 2013）。

虽然我们对不同目标分开进行讨论，但事实上学生总是同时追求多种目标的，这些目标之间可能还是相互竞争的（Darnon et al., 2010; Vansteenkiste & Mouratidis, 2016）。他们必须对自己的不同目标进行整合，从而决定究竟做什么、如何做。如果做作业的兴趣被电子游戏或互送情书的兴趣所取代，该怎么办呢？如果学生不明白学业成就与人生成功之间的关系——尤其是那些因为受到歧视而无法成功的人，他们就不可能将学业成就看作一个重要目标。对大多数人而言，维持同辈关系都是最基本也往往是最重要的需要。但如果因为同伴群体不重视学业而导致社会目标和学业目标冲突，会发生什么呢？有时，对于学生来说，在同伴团体中受欢迎，就意味着学业不能太优秀，而对他们来说，前者更重要（Gray, 2014）。

### 12.3.5 目标理论对教师的启示

学生喜欢清晰、具体、合理的目标，这些目标往往具有中等水平的挑战性，且能在较短时间内完成。如果教师比较重视学生的表现、分数，或希望他们在竞争中取胜，那么教师实际上是在鼓励学生设置表现目标。但是，这对学生的学习能力有害，会阻碍他们成为"任务卷入型学习者"，导致他们逃避学校学习，并最终形成习得性无助（Anderman，2021；Brophy，2005）。如果学生还不擅长自己设置目标，也还不能完全专注于目标，那么鼓励和恰当的反馈是非常必要的。使用反馈时应该将学生和他们自己而非班上的其他同学相比较，比较会使学生不再追求努力学习，而是让自己避免看起来很差。如果需要使用奖励策略，要确保设定的目标是掌握知识和提升能力，而非取得好成绩或表现得聪明。此外，要注意目标不能太难。和成年人一样，在面对总是令他们感到不安或沮丧的教师时，学生不太可能坚持学习或做出良好的反应。这就引出了我们的下一个话题——期望在动机中的作用。

## 12.4 期望、价值和代价

关于动机的许多有影响力的解释，都可以归纳为**期望 × 价值理论**（expectancy × value theory）。这意味着动机是两种力量共同作用的结果：即个体对达到目标的期望，以及对该目标的价值的评估。换句话说，就是回答两个重要的问题——"如果我努力了，我能成功吗？"和"如果我成功了，这个结果对我来说有价值吗？"期望－价值的公式中另一个与价值相关的成分是参与一项活动所感知到的代价："我做这件事要付出什么样的代价？"需要注意的是，期望、价值和代价都是个人的解释——或许我真的不会成功，或许成功不会给我带来回报——但在影响动机方面，感知到的内容比现实中的更强大（Eccles & Wigfield，2020）。

动机是期望和价值共同作用的结果，如果其中任何一个因素过低（或代价过高），那么指向该目标的动机就不会产生。例如，我相信自己有机会进入篮球队（高期望），而且加入篮球队对我而言很重要（高价值），那么我的动机就会很强烈。但如果其中一个因素过低（我相信自己根本没有机会进入篮球队，或者我根本不在乎打篮球），那么我的动机就会很低。下面我们将详细讨论这些因素。

### 12.4.1 对成功的期望

学生通常会对自己的学习成绩即"我能做得多好"有一个信念，就是学生**对成功的期望**（expectancy for success）。我们在第11章中讨论社会认知理论和自我效能感时，已经涉及了很多关于期望的内容。学生在考虑自己能否成功时，会从"我能完成这项任务吗"这个对个人能力的信念即**自我效能感**（self-efficacy）和"我是个好学生吗"这个更一般的学业自我概念两方面确定。如果你认为期望和能力信念有很多共同之处，那么你是对的。对成功的期望、自我效能感和学业自我概念是相互关联的（Marsh et al.，2013）。然而，它们之间也是有区别的。例如，一名学生可能对解方程有很高的自我效能感，但当她得知代数教师倾向于给一些学生更高的评分时，她就会降低对成功的期望（Usher，2015）。尽管学生有很强的自我效能感，但教师的偏见导致她降低了对成功的期望，很可能也降低了她学习数学的整体积极性。

学生对成功的期望和他们的能力信念是学业表现的强有力预测因素（Wigfield et al.，2016）。学生对自己某一学科的能力信念，可能与他们对另一学科的能力信念不同，随着时间的推移，可能导致不同的教育发展路径。例如，一项研究表明，在一年级到十二年级间，一些学生对自己的数学和语文能力的信念变得愈发不同，同时影响了他们的教育和职业选择（Gaspard et al.，2016）。能力信念保持稳定（即在整个求学过程中没有下降）的学生更可能选修高级课程，有更高的追求。期望和能力信念可以预测成绩，那"期望 × 价值"公式中的价值呢？

## 12.4.2 任务价值

**价值**（value）是指个体对某项任务或作业在多大程度上有用、愉悦或重要的信念。学生对学习任务的价值感知能够预测学生对参与某项任务或活动的选择，如是否努力完成某项任务、是否参与前沿科学课程学习或是否加入田径队等（Wigfield & Eccles, 2020）。

我们可以将学习任务的价值分为四个维度来探讨：重要性、兴趣、效用和代价（Eccles & Wigfield, 2020；Hulleman & Barron, 2016）。**重要性**（importance）或**达成价值**（attainment value），是指完成好这个学习任务的意义，它与个体的需要（如受人喜爱、希望自己看起来俊美、健壮的需要）密切相关。例如，如果某个人很想表现得聪明一点，而且相信高分就代表聪明，那么对他而言，考试就具有很高的达成价值。第二个成分是**兴趣**（interest）或**内在价值**（intrinsic value），指个体能从活动本身获得的愉悦感，正如有些人喜欢学习，有些人喜欢高强度的体育锻炼，有些人喜欢具有挑战性的字谜。在本章后面的内容中，我们将更深入地探究兴趣。学习任务还有**效用价值**（utility value），也就是说，它能帮助我们实现其他短期或长期目标的实际作用。

从我们对任务价值的探讨中可以发现，影响动机的个人因素和环境因素始终在交互作用。通常情况下，我们对任务的重视程度取决于我们的社会化程度或我们与社会群体规范保持一致的愿望。有时，社会或环境因素可以帮助我们看到一项任务的价值。个人因素，如我们的需要、信念和目标，也会影响我们的价值取向。贾马尔·马修斯（Jamaal Matthews）（2018）使用混合方法研究了价值的复杂性。他发现许多城市中的非洲裔和拉丁裔青少年面临着文化污名，这可能会降低他们对数学价值的认识。他对学生进行了调查、观察和访谈，以了解他们的看法。结果发现，经常展示数学概念和日常生活相关性（如计算滑板下坡时的坡度）的教师所教育的学生更重视数学。学生的经历表明，种族污名和社会环境与数学的期望和价值观相关。

## 12.4.3 感知代价

对于我们所选择的活动而言，一方面会给我们带来益处，但通常也要付出代价。因此杰奎琳·埃克尔斯（Jacqueline Eccles）和艾伦·威格菲尔德（Allan Wigfield）（2020）提出，要全面地理解动机，就必须将代价视为任务价值的第四个组成部分。需要花费多少精力和努力（努力成本）？我还能做什么（错失有价值的选择）？如果我失败了，会有什么风险（情绪成本）？别人会怎么看我（社会成本）？我已经花费了多少精力（沉没成本）？付出的代价是否值得可能的收益？承认代价的存在提示着我们，动机不仅包含指向某项活动的原因，也包含把我们推开的原因，因为有时付出这样的代价并不值得。与价值一样，感知代价也可能受到社会文化环境的影响（Tonks et al., 2018）。研究者调查了韩国中学生的数学学习动机，发现学生认为学习数学付出的代价越高，他们就会越焦虑、越拖拉，学习的条理性就越差（Jiang et al., 2020）。感知代价还与教学设计和教学方式有关。例如，复杂或结构不良的课程可能会带给学生更多的额外认知负荷，从而让他们觉得学习这些内容的代价过高（Feldon et al., 2019）。

## 12.4.4 期望、价值和代价理论对教师的启示

在特定情境中的动机强度，由我们对成功的预期、对成功的价值评估以及追求目标的代价共同决定（Eccles & Wigfield, 2020）。从小学一年级到研究生阶段，期望、价值和代价会影响一系列重要的结果，如学习活动和课程的选择、毅力、成就、退学、攻读高等学位和职业选择（尤其是女性）。由此可见，学生首先必须相信自己能够成功，然后才会重视某项任务，但如果想要保持高水平的成就和毅力，就必须既期望成功又重视任务。此外，对代价的认知——尤其是对可能需要付出多少努力的认知——会影响学生在STEM领域的表现，以及他们是否将从事STEM职业的决定（Linnenbrink-Garcia & Patall, 2016；Perez et al., 2019）。为了帮助学生相信他们的成功是触手可及的，

教师可以根据第11章中所描述的所有内容来提高他们的自我效能感。但同时教师还应该有力地说明他们所教授学科的价值，即便成功需要付出巨大努力，依然要帮助学生在面对困难时坚持下去。

## 12.5 归因与能力信念

一种众所周知的动机理论假设，人们会试图理解其成功和失败的原因。尤其是出乎意料的成败，我们常常问"为什么"。学生们会问自己"为什么我期中考试没有及格？"或者"为什么这个学期我考得这么好？"抑或"为什么我的老师对我这么说？"。他们可能把自己的成败归因于能力、努力、心境、知识、运气、他人的帮助、兴趣、教学的明晰程度、他人的干扰、不公平的政策等。为了理解他人行为的成功或失败，我们也会进行归因，例如认为他们的成功是因为聪明、幸运或努力。动机的**归因理论（attribution theory）**阐述了人们对自己和他人行为的解释、判断和辩证是如何影响他们的动机和情绪这一问题的（Weiner, 2018）。

伯纳德·维纳（Bernard Weiner）和桑德拉·格雷厄姆（Sandra Graham）是把归因理论运用到学校教育中的两位著名教育心理学家（Graham, 2020; Graham & Weiner, 2012; Weiner, 1986, 2018）。他们认为大部分成败的原因可以归入以下三个维度：

①控制点（原因的控制点在个体的内部还是外部），比如，将一次成功的钢琴演奏归因于演奏者的音乐天赋或者努力就是内部归因，归因于教师的培养则是外部归因；

②稳定性（引起事件的这个原因是否具有跨时间和跨情境的一致性），比如，大多数人认为天赋是稳定的，而运气是不稳定的，因为运气会随着时间的推移而变化；

③可控性（这个原因是否受个体控制），比如，个人的努力是可控的，而音乐天赋则不可控。

造成成功或失败的每种因素都可以根据上面的三个维度进行归类。例如，运气是一种外部的（控制点）、不稳定的（稳定性）、不可控（可控性）的因素。在归因理论中，能力通常被看作是一种稳定而不可控的原因，但正如我们将在下文看到的，能力也可以被视为不稳定和可控的。控制点和可控性维度，与瑞安（Ryan）和德西（Deci）（2020）提出的"因果控制点"（locus of causality）概念（见图12-2）密切相关。

格雷厄姆和维纳认为，这三个维度对动机有重要意义，因为它们会影响个体的期望、价值评估和感受。例如，稳定性维度可能与对未来的期望有密切关系。如果学生把失败归因于稳定的因素（如学习内容太难或教师不公平），他们就会预期以后遇到同样的内容时自己还会失败；但如果他们把失败归因于不稳定的因素（如心境、运气），他们就会期望下一次能取得更好的结果。内外控制点维度可能与自尊体验有密切关系。如果将成功或失败归因于内部因素，成功就会带来自豪感并增强动机，失败则会降低自尊。可控性维度与各种学业情绪相关。如果我们认为失败的责任在于自己，我们会感到内疚；如果我们认为成功是自己的功劳，我们会感到自豪；如果某项任务的失败是不可控的，我们会感到羞愧或气愤（Graham, 2020; Weiner, 2018）。

### 12.5.1 课堂中的归因

如果人们对某项任务有很强的自我效能感（如"我很擅长学数学"）（见第11章），持有掌握目标（如"我这样做的原因是为了学习和提高"），那么一旦失败了，他们更可能将失败归因于自己不够努力（"我应该再多检查一遍"）、误解了指导语或学习不够努力（Grassinger & Dresel, 2018）。这些都是内部、可控的归因。因此，下一次，高自我效能感的学生通常会把重心放在成功完成任务的策略上。这种模式往往能带来成就、自豪感和更强的控制感。

如果学生把失败归因于稳定、不可控的因素，那么他们的动机会受到严重的损害。那些自我效能感较低的人（如"我的数学学得一塌糊涂"），则倾向于将自己的失败归因于能力低下（"我很笨"）。这些归因倾向存在于各个年龄阶段、文化群体和学业主题（Hsieh & Kang, 2010）。这些学生对失败采取听天由命的态度，感到沮丧、无助——我们通常称他们为"无动机者"（Weiner, 2000, 2010）。至此，就产生了一个失败与逃避的恶性循环。

如果人们相信他们生活中大多数事件和结果是无法控制的，那么他已经形成了**习得性无助（learned helplessness）**（Seligman, 1975）。为了理解习得性无助的破坏力，让我们看看下面的经典实验（Hiroto & Seligman, 1975）：在实验的第一阶段，研究者让两组被试分别完成可破解和无法破解的字谜；在第二阶段，研究者给了所有被试一系列可破解的字谜。结果，那些在第一阶段面对的是无法破解的字谜的被试在第二阶段完成的字谜数量明显更少。他们似乎已经知道自己不可能得出答案，那又何必再尝试呢？

习得性无助会对个体的动机、认知和情感造成不良的影响。感到无助的学生会缺乏动机，不愿意学习，就像前文案例中描述的绝望的热拉尔多那样，他们预测自己会失败，因此还愿意再试吗？于是动机受损。同时，因为对学习很悲观，这些学生放弃了通过练习提高自身技能的机会，因此他们往往会表现出认知缺损的情况。此外，他们还常常被沮丧、焦虑、倦怠等情绪困扰（Alloy & Seligman, 1979）。

教师如何帮助学生做出更有适应性的归因呢？首先就要了解教师归因与学生归因之间的关系。

## 12.5.2 教师行为引发学生归因

如果教师认为学生失败的原因是不可控的，那么他会对学生表示同情，而非惩罚。然而，如果教师认为学生的失败是可控的（如不够努力），他更可能表现出生气、愤怒的情绪，并斥责学生。这些倾向具有跨时间和跨文化的一致性（Weiner, 1986, 2000, 2011）。

学生会怎么理解教师的这些行为呢？桑德拉·格雷厄姆（2020）给出的答案令人吃惊：有研究表明，当学生犯错时，如果教师表现出同情，表扬学生"有勇气"，或者主动提供帮助，那么学生更可能将自己的失败归因于不可控的因素，这个因素通常是"自己能力差"。这是否意味着教师的这种行为应该受到批判，也就是说教师不应该提供帮助呢？当然不是！但它提醒我们，过于热切的帮助会传达出人意料的信息。

格雷厄姆和其他研究者指出，欧洲裔教师的善意同情会使很多来自少数族裔群体的学生受到伤害——这是一种隐性偏见。例如，在一项实验中，当欧洲裔教师对学生低分作文进行反馈时，教师对非洲裔和拉丁裔学生的作文反馈比对欧洲裔学生作文反馈更积极（Harber et al., 2012）。将评分者更换为本科生，这一结果得到了重复验证（Harber et al., 2019）。这些研究表明，欧洲裔教师会"放松"对少数族裔学生的要求，或者为他们提供更积极的反馈以使他们获得"成功体验"。但教师的同情、表扬和额外的帮助间接表明"你没有能力完成这个任务，所以我忽略你的错误"。这种善意的反馈，即使是出于保护学生自我效能感或他们的感受，也属于一种微妙的种族歧视。

当然，教师还可以积极地影响学生的归因，从而提升学生的成就，增强学生的动机。一种方法是通过归因再训练——教导学生重新思考他们遇到困难的原因（例如，将原因归因于不稳定和可控的因素），可以让他们对自己能够提高成绩更加乐观（Perry & Hamm, 2017）。例如，帮助成绩较差的学生归因于努力而非能力时，可以提高他们的课程成绩和考试成绩（Hulleman & Barron, 2016）。在学生经常被贬低或歧视的环境中，引导学生进行适应性归因显得尤其重要——在这种情况下，她们接收到的信息往往是"她们不应该做得好"（如"女孩不擅长数学"）。后面的"实践指南：鼓励积极的思维方式"中讨论了许多培养适应性归因的方法，你可参考。

到目前为止，我们已经讨论了需要、目标、期望、价值、代价和归因，但在解释动机时，还必须考虑另一个因素——人们所持有的关于能力的基本"理论"观点。让我们从一个基本问题开始：学生对能力有什么看法？

### 12.5.3　能力信念

> **停下来，想一想**
>
> 　　根据你的认可程度给下面卡罗尔·德韦克（Carol Dweck）（2000）量表中的说法评分，分值为1～6分，其中1分代表非常同意，6分代表非常不同意。
>
> 　　_____ 你的智力水平是固定的，你无法做出多少改变。
>
> 　　_____ 你可以学到新东西，但你无法改变你的智力水平。
>
> 　　_____ 无论你是谁，你都可以在很大程度上改变你的智力水平。
>
> 　　_____ 无论你的智力水平如何，它总能改变很多。

在学校里，最能强有力地影响动机的信念是关于智力和其他能力的信念（Dweck，2002，2006；Gunderson et al.，2013；Headden & McKay，2015；Romero et al.，2014；Yeager & Dweck，2020）。能力信念是一个从能力是稳定、不可控、不可变的**固定型思维**（fixed mindset）到能力是不稳定、可控、可提高的**成长型思维**（growth mindset）的连续体。德韦克指出，具有成长型思维的学生相信，通过良好的教学或辅导、练习、努力和坚持，他们的才能和能力是可以提高的。底线是每个人都可以通过努力学习而变得聪明（Morehead，2012）。但不是每个人对能力都有这样的看法。事实上，德韦克（2006）发现，大约40%的学生持有固定型思维，40%的学生持有成长型思维，其余学生介于两者之间。看看你对前面"停下来，想一想"中问题的回答吧，你是如何看待能力的？

在小学低年级阶段，大多数学生持有一种成长型思维——相信努力和智力是一回事。聪明的人总是努力学习，努力学习也会让人变聪明（Dweck，2000；Stipek，2002）。到了十一二岁的时候，孩子就能够区分努力、能力和成绩的不同了。在这一时期，他们开始相信那些不需努力就能成功的人才是真正聪明的人，而一直努力学习

的人不一定聪明（Muenks & Miele，2017）。从这时开始，他们关于能力的思维就开始对其学习动机产生影响。

持有固定型思维的学生倾向于表现回避目标，避免在别人眼里显得很差。他们更倾向于作弊，寻求能让自己看起来聪明、能维护他们自尊的情境，就像前文案例中保守的萨默特一样。他们总是选择做自己擅长的事情，而不愿付出更多努力，不敢承担失败的风险，因为无论是努力还是失败，对他们而言都是不会变化的"低能"的标志。如果努力学习但仍然失败了，这样的结果对他们将是毁灭性的打击。

相反，持有成长型思维往往意味着更强的学习动机。持有成长型思维的学生往往设定难度适中的目标，这种目标最能激发他们的学习动机。对能力可以提高的信念会帮助你专注于解决问题的过程，并采用良好的学习策略，而不是过分关注测验分数和成绩等级等结果（Anderman，2021；Xu et al.，2020）。换句话说，努力和能力对掌握知识都很重要（Muenks & Miele，2017）。

### 12.5.4　课堂中的能力信念

研究者发现，固定型思维和成长型思维对学生的学习动机、学业成就和心理健康的影响存在很大差异（Yeager & Dweck，2020）。这是因为学生思维方式的意义和影响可能取决于个人和环境因素（如第11章所述）。最有力的证据是，经历过学业挑战或挫折的学生会因持有固定型思维而受到更多负面的影响（Yeager et al.，2019）。然而，也有证据表明，在某些背景或文化中，持有固定型思维与学生的学业成就并无太大关联（Li & Bates，2019）。大多数有关信念的研究会询问学生对智力的看法。那么学生对数学、阅读、舞蹈、艺术或语言学习等不同领域能力的信念又如何呢？整体而言，这方面的研究还很少。不过，伊丽莎白·甘德森（Elizabeth Gunderson）和她的同事（2017）发现，学生的数学能力信念与他们的动机和成绩有关，但阅读和写作的信念与动机和成绩无关。

教师也会有关于能力的个人认识，这种认识会以奇怪

的方式传达给学生。德韦克（2006）描述了她在六年级时的一次深刻经历：她的老师让学生按照智商分数在教室坐好，不让"智商低"的学生举旗、用橡皮擦、做笔记——哇，这传递了努力并不重要的信息。我（安妮塔）的一位小学音乐老师，不仅根据我们的歌唱水平给我们打分，还根据我们的得分安排座位——唱得好的坐前面，唱得差的坐后面，以至于我在后排坐了三年，非常讨厌那门课。我也曾深信自己的歌唱水平永远不会提高，直到高中时遇到一名鼓励我成长的教师。

对学生持有固定型思维的教师一般会更快速地形成对学生的判断，而当这一判断与证据相冲突时，他们转变看法的速度却很慢（Stipek, 2002）。不同的是，持有成长型思维的教师倾向于设置掌握目标，创设能帮助学生提高技能水平的情境，因为学习进步就意味着变得更聪明；失败也并不可怕，它仅仅是说明努力的程度还不够，而不会对能力造成威胁。思维方式成为课堂激励气氛的一部分。正如健康的土壤可以培育出更健康的植物一样，当教师持有成长型思维时，提高学生的成长型思维会更容易成功（Yeager et al., 2020）。同伴的思维方式也很重要，来自菲律宾的一项有趣的研究发现，高中生的思维方式会"传染"给他们的同伴，最初测量学生同伴的思维方式预测了该学生后来的思维方式（King, 2020）。

### 12.5.5 关于失败的思维方式

学生和教师对学习过程中的失败和挫折有着不同的反应。我（艾伦）曾经教过一名富有抱负的教师，她的学习哲学完全是建立在不允许课堂上出现错误的基础上。她认为，失败会挫伤学生的自尊心，因此应该不惜一切代价避免错误。不幸的是，这种避免错误的策略通常会造成更多的问题。我们从所学习的归因和思维方式的角度来解析应对失败的三种方法。

第一种应对失败的方法，如上所述，可以称之为避免失败。从归因的角度看，避免失败可能意味着一种保持控制感和稳定感的方式。但是，采取这种方法的学生往往坚持自己熟悉的东西而避免冒险，就像本章开始遇到的保守的萨默特一样。即便取得了成功，如果学生总是害怕失败，那么他们也很难形成稳固的自我效能感，他们的学习会受到不良影响，对学校也难以产生好感。

应对失败的第二种方法是采取一种更加积极主动的姿态（可以说是反直觉的），通过设置一些外部条件来避免失败，一旦失败发生就可以将责任归咎于这些外部条件。这样做的目的是保护自己的自尊。采取这种态度的学生可能会声称自己不在乎成绩，也可能会采取一些自我防御的策略，如避免努力、设置过低或过高的目标。在考试前，有些学生会说"我从不学习"，这样，只要分数高于及格线，他们就算成功了。拖延也是一种自我保护策略。如果学生有理由声称"考虑到我昨晚才开始写期末论文，这样的成绩已经不错了"，那么低分就不意味着低能。事实上，所有这些都是 **自我设障**（self-handicapping）策略。因为这些学生为自己的学业设置了种种障碍，这样可以保护他们的自尊和胜任感（Graham, 2020）。他们通过自我设障策略，可以将责任转移到外部原因上，他们的学习往往无法进步。自我设障似乎对小学和初中学生的成绩损害更大（Schwinger et al., 2014; Urdan, 2004）。

而第三种方法是在学习过程中欢迎甚至鼓励失败。不害怕失败的学生会设置中等难度的日标，敢于冒险，能够建设性地应对失败。他们学习很快，更自信，更有活力，喜欢有针对性的反馈（这对他们来说没有威胁性），且渴望掌握"游戏规则"。因此，他们往往会成功。这也意味着他们会在需要时主动寻求帮助。所有这些因素有助于他们持之以恒地成功学习（Covington & Mueller, 2001）。

请记住，学生对失败和挫折的适应往往是来源于父母和教师的示范。例如，凯拉·海默维兹（Kyla Haimovitz）和德韦克（2016）发现，如果四五年级儿童的父母认为失败会削弱能力（如"失败的影响是负面的，应该避免"），那么他们更可能持有能力固定不变的观点。如果学生相信失败就意味着无能，那么他们可能采取各种自我设障（同时也是自我防御）的策略。而那些强调成绩、学分和竞争压力的教师，恰恰在无意识中鼓励着学生的自我设障（Anderman & Anderman, 2014）。仅仅告诉学生"再努力一点"是没有用的，要用事实证据让他们相信：努力就会有回报，设置更高的目标不会导致失败，每个人都能进步，能力可以改变。他们需要真实的成功体验，需要铺设"挑战带来成长"理念的课堂文化（Haimovitz & Dweck, 2017）。

### 12.5.6 归因理论与思维方式对教师的启示

如果学生认定自己没有能力学习高等数学，他们就会依据这个信念去行动，即使他们的实际能力远超平均水平。这些学生在学习三角函数或微积分时可能会缺乏动机，因为他们对自己在这些领域的成就的期望很低。那么，教师如何才能促进学生的成长型思维呢（当然除了不按智商成绩给学生排座位）？德韦克（2013）提出了下建议。

（1）向学生教授有关大脑的知识，以及在应对困难和挑战、学习、检索和应用知识时，新的大脑联结是如何形成的。学习改变了大脑，努力致胜！一项培养成长型思维的课程是这样说的：每个人都知道，当你举重时，你的肌肉会紧绷，你会变得更强壮，但大多数人不知道的是，当他们学习并练习新事物时，大脑的某些部分会像肌肉一样发生变化，变得更强大（Headden & McKay, 2015）。

（2）把教师的身份定位为学习的指导者和资源的提供者，而非学生能力的评判者。

（3）在给予学生反馈时，要聚焦于学习的过程和学习策略，表扬好的学习策略和学生的努力，而非正确答案（Park et al., 2016）。

（4）不要回避批评，但要使批评具有建设性，并聚焦于进步。

（5）不要安慰学生说："没关系，也许你只是不擅长数学"，而是说："你只是还没有掌握这种策略，但你是可以掌握的。"

当你考虑应用成长型思维时，需要谨防德韦克所说的"虚假的成长型思维"。持有虚假的成长型思维的教师可能会声称他们相信成长，但他们只是知道他们应该这么做，却没有真正接受或理解这一概念。许多学生会看穿这一点，而那些没有看出来的学生可能也会接收到相反的信息。例如，当结果是失败时，仅仅表扬学生的刻苦努力，也会导致杰瑞·布罗菲（Jere Brophy）（1981）所说的"表扬只是一种安慰奖"（p.18）。学生会认为他们之所以受到表扬，是因为他们是真的没有能力做得更好，结果是出乎意料地强化了固定型思维。与其表扬简单的努力，不如将表扬和学习过程相结合，比如学生应用了好的学习策略。

关于能力信念，我们需要再次谨防"非此即彼"。正如德韦克所指出的，"每个人都是固定型思维和成长型思维的混合体。在某一领域占主导地位的是成长型思维，但仍有些事情会触发固定型思维"（Gross-Loh, 2016, p. 5）。对教师和学生而言，真正的挑战在于找到引发固定型思维的原因，并持续改善这种能力观，最终在某一领域长期保持成长型思维。下面的"实践指南：鼓励积极的思维方式"提供了更多建议，你可以参考。

| 实践指南 |

#### 鼓励积极的思维方式

强调能力不是固定的，而是永远可以提高的。

例如：

（1）和学生分享你是如何在写作、运动或学习某种工艺的过程中增长知识、提高技能的。

（2）和学生聊聊你是如何通过尝试新策略或寻求帮助，扭转失败局面并获得成功的。

（3）收集学生在前一段学习过程中所做的第一份作业和最后的成果，从而帮助他们看到自己通过努力和互助实现的进步。

直接告诉学生掌握目标和表现目标之间的差异。

例如：
(1) 鼓励学生针对每个单元制定一系列小目标。
(2) 使用真诚的有针对性的表扬，即表扬导致成功的过程和策略，以帮助学生意识到自己的进步。
(3) 把目标设定为每个人尽力做到最好，而不是与其他人竞争。

让学生明白在课堂上犯错并不可怕，错误能帮助我们找出哪些部分我们还没掌握而需要改进。

例如：
(1) 如果上课时有学生回答错误，可以说："我想其他人可能也会得出这个答案。让我们一起看看为什么这不是最好的答案。这是一个深入思考的好机会，真棒！"

(2) 鼓励学生反思、改进，在需要重做时，也注意强调他们的进步。
(3) 让学生明白认真复习与考试得高分之间的联系，特别强调在复习和考试的过程中，他们的能力会有怎样的增长。

鼓励学生之间互相求助、互相帮助。

例如：
(1) 指导学生针对自己不明白的地方提出明确的问题。
(2) 表扬那些帮助他人的学生。
(3) 培养学生担任帮助者的角色，在持续的需求中促进互帮互助（如操作指导、进度监控一类的任务）。

关于动机我们还知道些什么？情感因素十分重要。我们下一节就来讨论。

## 模块 37 小结

### 目标和目标定向

**什么类型的目标最能激发动机？**

那些具体的、难度适中的，且在不久的将来就可能实现的目标最能激发动机。学生如何在课堂上与他们的目标相关联受到目标结构的影响。目标结构可以是竞争型、个人型或合作型。合作型目标结构可以激发学习动机，提高学习效率，尤其是对成绩较差的学生。

**描述掌握目标、表现目标、回避努力目标和社会目标**

掌握目标是获得知识和掌握技能的意愿，它使学生乐意寻求挑战，且在遇到困难时能够坚持努力。表现目标是获得高分或让自己显得比其他人更聪明、更能干的意愿，它会让学生专注于自己和自己的表现（自我卷入型的学习者）。学生可能趋近或回避这两种目标，其中回避倾向比较容易引起问题。回避努力者只想寻求解决问题的最简单途径。社会目标对学生的学习动机既可能有益也可能有害，这取决于具体的目标（如与同伴玩乐或为家庭增光）。

**如何使课堂中的目标设置有效？**

要使课堂中的目标设置有效，学生需要得到关于他们进度的精确反馈，且他们必须致力于所设置的目标。一般而言，学生更愿意接受那些实事求是、难度适中、有意义，且其内在兴趣能够通过活动验证的目标。

### 期望、价值和代价

**什么是期望 × 价值理论？**

期望 × 价值理论认为，实现目标的动机是我们对成功的期望和目标对我们价值的乘积。如果两者中有一个较低，动机就会较低。必须根据从事活动的代价来考虑价值。因此，在特定情况下，我们的动机强度取决于我们对成功的期望、成功对我们的价值，以及追求目标的代价。

**有哪些不同的任务价值？**

对学生而言，任务可以具有达成价值、内在价值或效用价值。达成价值是指学生成功的意义，内在价值是指学生从任务中获得的愉悦感，效用价值则取决于任务对实现我们短期或长期目标的有用程度。

### 归因与能力信念

#### 归因的三个维度是什么？

根据维纳和格雷厄姆的理论，大部分成败的原因可以归入以下三个维度：控制点（原因的控制点在个体的内部还是外部）、稳定性（引起事件的这个原因是保持不变还是可以改变）和可控性（这个原因能否受个体控制）。如果学生把失败归因于稳定、不可控的因素，那么他们的动机会受到严重的损害。这些学生对失败采取听天由命的态度，感到沮丧、无助——我们通常称他们为"无动机者"。

#### 能力信念如何影响动机？

持有固定型思维的个体相信能力是固定不变的，他们倾向于设置表现目标，尽力避免失败，以求自保。然而，如果个体相信能力是可增长的，即持有成长型思维，他们会倾向于设置掌握目标，建设性地处理失败。

#### 什么是习得性无助，它会造成什么不良影响？

如果个体相信他生活中的大多数事件和结果都是无法控制的，那么他已经形成了习得性无助，这会对其动机、认知和情感造成不良影响。感到无助的学生会缺乏动机，不愿意学习。这些学生放弃了通过练习提高自身技能的机会，因此他们往往会出现认知缺损的情况。他们还常常被沮丧、焦虑、倦怠等情绪困扰。

#### 对失败的态度如何影响动机？

以掌握为导向的学生倾向于重视成就，认为能力是可增长的，因此关注掌握目标，敢于冒险，能够建设性地应对失败。而自我价值感较低的个体往往采取回避失败的策略，以使自己不受失败的伤害。其中一种策略就是自我设障，学生破坏自己的成功，以避免检验自己的真实能力。这些策略短期内似乎有所帮助，但长期来看对动机和自尊都是有害的。

## 模块 38　兴趣、好奇与情绪

**学习目标 12.6**　描述兴趣、好奇心、心流、情绪和焦虑在动机中的作用。

## 12.6　你对学习的感觉如何？兴趣、好奇与情绪

你还记得自己刚入学的时候吗？那时的你是否对未来充满好奇？你是否为你即将进入新世界感到非常激动？你是否感到兴趣盎然，感觉未来的生活充满挑战？很多孩子都是这样的。但令家长和教师感到担忧的是，不久后，这种对学习的好奇和兴奋劲就会被枯燥感、无趣感取代，上学会变成一份不得不做的工作，学校也会变成不怎么有趣的工作场所。事实上，从小学到高中，学生对学校的兴趣会随时间的推移而下降，其中男孩兴趣下降的幅度比女孩更大。即使是芬兰国际顶级高中的学生，当他们从九年级升到十一年级后，也发现学校生活在他们的生活中变得不那么愉快和有价值了（Wang et al., 2015）。尤其是进入中学时，学生兴趣的下降非常明显。对在校学习的研究结果表明，兴趣与学生的注意力、成绩、阅读成就、设定具有挑战性目标的意愿、问题解决和学习深度有关，所以兴趣的下降应该得到重视（Linnenbrink-Garcia & Patall, 2016; Renninger & Bachrach, 2015）。

### 12.6.1　激发兴趣

> **停下来，想一想**
>
> 假设你希望到一所规模较大的高中工作，面试时校长问你："你怎样让学生对学习感兴趣？在教学中，你能激发他们的兴趣吗？"你会如何回答？

**1. 两类兴趣**

兴趣可以是情境的（由瞬间的环境条件激发的），也可以是个体的（吸引某人注意力的相对持久的渴望）。情境兴趣是活动、课文或材料的某个方面对学生注意力的短时间吸引。个体兴趣则是个体能够被历史或数学等科目或音乐、游戏、时尚等活动长久吸引并持久保持的动力。对学习持有普遍性个体兴趣的学生会追求新鲜知识，对学习的态度也更积极。无论是个体兴趣还是情境兴趣，都会影响知识的学习效果。同时，当学生体验到胜任的感觉时，他们的学习兴趣会提高。也就是说，即使学生一开始对某部分学习内容或某项活动没有兴趣，也可能在体验到成功后慢慢形成兴趣。

安·任宁格（Ann Renninger）和苏珊娜·海蒂（Suzanne Hidi）（2016）阐述了兴趣形成的四阶段模型：

情境兴趣被激发→情境兴趣得以保持→产生个体兴趣→形成成熟的个体兴趣。

例如，海蒂和任宁格（2006）在文章中介绍过一个叫朱莉亚（Julia）的大学毕业生的案例。当朱莉亚紧张地在牙医诊室外等待时，她百无聊赖地翻开了一本杂志，忽然，她的注意力被其中一篇文章吸引了（情境兴趣被激发），文章讲的是一个人放弃了工程师的工作，转而去做法律冲突协调员的经历。直到牙医叫她的号，她还在读这篇文章，等她看完牙，她又找出了这本杂志，读完了这篇文章（情境兴趣得以保持）。此后的几周，她对协调员这个职业进行更详细的调查，做笔记、上网搜索、去图书馆查资料、向导师咨询（产生个体兴趣）。四年后，朱莉亚终于如愿成为一名协调员，在一家律师事务所处理了很多起仲裁个案（形成成熟的个体兴趣）。

在四阶段模型的早期阶段，兴奋感、愉悦感、趣味感和好奇心等情感扮演了重要的角色。当朱莉亚开始阅读时，积极的情感激发了情境兴趣。随之而来的好奇心帮助她在不断学习如何成为协调员的过程中保持积极性。随着朱莉亚为了满足好奇心而不断学习新知识，她的个体兴趣出现了，而积极情感、好奇心和知识的不断循环，使兴趣得到了持久的巩固。

**2. 激发和巩固兴趣**

无论什么时候，将学习内容与学生持久的个体兴趣联系起来，都会对学习很有帮助。但是，教师要讲授的内容是根据当前课堂中大多数学生的标准选定的，想根据每个学生的个人兴趣来安排课程是很困难的。为此，你需要更多地使用激发和保持学生情境兴趣的策略。对于教师而言，最困难的不是抓住学生的兴趣，而是保持其兴趣（Pintrich，2003）。例如，马修·米切尔（Mathew Mitchell）（1993）发现，在中学数学课堂上，教师可以使用计算机、分组学习、猜字谜等方式抓住学生的兴趣，但这些兴趣无法保持。那些将数学与解决现实生活中的问题联系起来或让学生积极参与实验教学的策略，则可以长久保持学生的兴趣。

能激发和巩固兴趣发展的要素还包括活动富有挑战性、选择空间、新奇感，能激发想象力，或者活动能让学生与他人合作、活动或实验室动手操作、鼓励学生阐述、进行教学对话、扮演专家角色，以及活动与个人生活密切相关、具有实用价值、参与团队项目等（Renninger & Bachrach，2015；Renninger & Hidi，2016；Tröbst et al.，2016）。通过与学生的生活相联系，与文化相关的材料可以来培养个体兴趣。例如，克里斯托弗·艾姆丁（Christopher Emdin）和他的同事（2016）实施了一个以嘻哈为主题的科学项目，实施对象主要是非洲裔或拉丁裔美国人，以及来自美国低收入社区的城市高中生。学生的任务是创作以科学为基础的说唱或口语诗歌。这一学期以在当地一所大学举行全校范围的说唱比赛圆满结束。该活动增强了科学情境和个体兴趣，还使学生们能够将他们的学业生活与社交情感生活相融合。

运用类似嘻哈文化的方式来增强科学学习动机的举措，是一种个性化的教育形式。个性化教育方法已被证明可以增强学生的情境和个体兴趣（Reber et al.，2018）。那么，你可以如何为你的学生提供个性化的学习体验呢？其一，可以将学生课外个人兴趣相关的活动（例如，音乐、游戏、体育）融入活动；其二，可以为学生提供选择学习什么或如何展示他们学习成功的空间；其三，可以邀请学生积极地将课程与他们自己的生活联系起来（例如，这个话题与你或你关心的人或事有什么关系？）。简而言之，具有个人意义的学习能跨越课堂的壁垒，增强和维持学生的兴趣（Bergin，2016）。

请记住，对一个学生或一类学生有效的方法可能对另一类学生并不适用。例如，一种方法对那些最初热情不高的学生很有用，但对那些已经对这门学科感兴趣的学生可能就收效甚微了。此外，只要学生有成长型思维，并相信他们可以有效地应对内容的复杂性，复杂的内容就更有利于激发学生的兴趣（Sylvia et al.，2009）。当任务很困难，学生对成功的期望较低时，你可以通过设定强调学习成果的目标来支持他们的兴趣。有了这些掌握目标，困难和错误只是学习过程和大脑塑造的一部分（Tanaka & Murayama，2014）。此外，作为教师，你自己的兴趣和热情也可以在很大程度上促进学生的兴趣（Lazarides et al.，2019）。

请阅读下面的"观点/对立观点"，其中对如何培养学生兴趣的讨论，你可以借鉴。

## 观点 / 对立观点

### 让学习有趣就能让学习有效吗

很多新手教师被问到如何激发学生的学习兴趣时，会提出很多让学习变得有趣的方案。但让学习有趣是不是必需的呢？

**观点** 教师应该让学习变得有趣。

在 Google 上搜索"让学习有趣"（making learning fun）时，我们发现几乎有 20 亿次相关点击。显然，大家对如何让学习变得有趣这个话题很感兴趣。研究表明，文章中段落越有趣，学生对其的记忆效果越好（Schunk et al.，2014）。例如，在一项针对 15 岁青少年的跨文化研究中，对于个人和国家而言，阅读乐趣都被证明是阅读成就的一个强有力的预测指标，这一结果对美国，以及表现最好的多个国家——韩国、新加坡、日本、芬兰、加拿大、新西兰、澳大利亚、德国、英国和荷兰都适用（Lee，2014）。

玩游戏或模型也会使学习更有趣。举个例子，我女儿上八年级时，花了三天时间和全班同学一起进行了一项由老师设计的叫作"ULTRA"的游戏。在游戏中，学生要分成不同的小组，每个小组扮演一个"国家"。每个"国家"都要有自己的名字，选择不同的代表符号、国花和国鸟。他们还谱写并演唱了"国歌"，并选举了"政府官员"。老师给不同"国家"分配了不同资源。为了获得多种资源去完成指派的工程，各个"国家"之间需要进行贸易往来。游戏中存在一个金融体系和一个股票市场。学生们需要与其他"市民"合作，完成各种合作学习任务。有些"国家"在贸易中"欺骗"了其他"国家"，造成非常不好的后果，这促使学生探讨国际关系、信任与战争的关系。莉兹（Liz）说她觉得很有趣，她学会了如何在没有老师指导的情况下进行团体学习，也对世界经济和国际冲突的形势有了深刻理解。

**对立观点** 趣味性会妨碍学习。

早在 20 世纪初，就有教育者警告说，对学习趣味性的关注是有害的。杜威曾深入地阐述了兴趣对学习的作用，但恰恰是他提出了警告：在原本枯燥的学习中加入一些有趣的成分并不能使学习变得有趣，这与你往坏辣椒里加辣酱来改善口味是不同的。杜威写道："我们把事物变得有趣，是因为我们希望能够激发人们的兴趣——这句话本身就是一种误导。这个事物本身并不会因此变得比原来更有趣。"（Dewey，1913，p.11–12）

目前，大量研究表明，靠加入一些吸引人的与内容无关的细节来提高趣味性，事实上反而会阻碍对重要信息的学习。这些"诱人"的细节会使人们的注意力从相对无趣但更重要的内容上转移开来，特别是要学习的内容很复杂，对工作记忆有很高要求时（Park et al.，2015；Reber，2016）。例如，香农·哈普（Shannon Harp）和理查德·梅耶（Richard Mayer）(1998)使用的课本在介绍闪电的发生过程时，加入了能激发情感兴趣且吸引人的细节——游泳运动员和高尔夫运动员被闪电击伤的故事。结果发现，这些有趣的细节并不能提高学习效果。在社会研究的阅读作业中加入有趣但不相关的图片，也会导致中国的中学生学习成绩下降（Wang & Adesope，2014）。在这些例子中，吸引人的细节会打断学生遵循逻辑解释的努力，从而干扰他们对文本的理解。哈普和梅耶总结说："帮助学生享受阅读的最好方法就是帮助他们理解内容。"（p.100）

### 谨防"非此即彼"

当然，我们希望我们的课程是吸引人的、有趣的，甚至好玩的，但这样做的前提应该是它可以促进学习。即使学习很艰苦，而且有时是乏味的，学生也需要学会坚持学习。努力学习是生活的一部分，一起努力学习本身就可以很有趣。

### 12.6.2 好奇心：新异性和复杂性

好奇心和兴趣密切相关。充满兴趣的学生，可能会表现出与富有好奇心的学生完全相同的行为。然而，好奇心在某些重要方面不同于兴趣（Grossnickle，2016；Shin & Kim，2019）。当学生的注意力集中到需要解决不确定性以填补知识的空白时，好奇心就会被激发（Jirout et al.，2018），而兴趣则指的是学生对某个主题有持续的探究渴望。好奇心很重要，尤其是在兴趣发展的早期阶段（Hidi & Renninger，2019）。

去年秋天，当我（艾伦）和我的学生准备上课时，一个音乐教育专业的学生带着一个形状奇怪的大乐器盒迟到了几分钟。我立即决定用它作为教学道具。"哇，赛斯（Seth）。这个乐器盒好大！你们觉得赛斯的乐器盒里装着什么？"就这样，我们共同的好奇心被激发了（我自己也不知道装着什么乐器）。我们花了一些时间讨论乐器的特点，根据我们共同的背景知识拼凑出我们的假设。在整个秋季学期中，再想不起还有什么比这更让我们投入的时刻了。碰巧的是，那天我们讲的话题就是在第3章中皮亚杰提出的失衡的概念及其对教学的影响。这是一个失衡的完美时机，因为我们刚刚进入了一种认知失衡的状态，无法给这个神秘的乐器命名和分类。我们知道和不知道之间的"不匹配"的跨度也刚刚好，激励着我们去探索出答案。（顺便说一下，在给我们看乐器之前，赛斯告诉我们这是一个中音管，这对我们中的一些人来说，导致了更多的不平衡和图式重建！）下面的"实践指南：培养学生的兴趣和好奇心"可以提供一些你在课堂上可能有用的策略。请留意，在我涉及赛斯的乐器的即兴课程中，我是如何灵活运用这些策略的。

## 实践指南

### 培养学生的兴趣和好奇心

把学习内容与学生的经验联系起来。

例如：

(1) 与其他学校的老师一起，使不同班级的学生结成笔友。通过写信的方式交流个人经验、分享相片、绘画、文章，互相提问和回答问题，例如"你学过书法吗？""你们在数学课上都做什么？""你读什么书？"为了节约邮费，可以把信件装进大信封一起寄出去，或者发电子邮件。

(2) 弄清班上拥有不同特长的人才。谁会做平面设计？谁会烹饪？谁会炒股？

(3) 安排"交换日"活动，让学生们与工作人员或支持人员互换角色。学生需要访谈工作人员来研究这个角色,进行工作准备,在"交换日"那天扮演好自己的角色,并在一天结束后评价自己的表现。

弄清学生的兴趣、习惯和课余爱好,将它们融合到教学中。

例如:

(1)让学生自己设计并进行一次访谈或调研,了解彼此的兴趣爱好。
(2)确保班级图书室的藏书符合学生的兴趣爱好。
(3)允许学生根据兴趣进行选择,例如选择阅读什么故事或参与哪项科学实验。

用幽默表达、个人经历和趣闻逸事来丰富你的教学,展示出学习内容中人性化的一面。

例如:

(1)和学生分享你的兴趣、习惯和爱好。
(2)告诉学生将有一位意想不到的访客到访。然后装扮成故事的作者,向学生介绍"你自己"和你的文章。
(3)使用创造性的写作活动来激发兴趣,比如创作引人入胜的故事,组织令人震惊(如愚蠢的、怪诞的)句子,并将它们的词性用图表表示出来,或者写信给一位已故的受人尊敬的人。

使用内容有趣、细节丰富的原创性教材。

例如:

(1)历史上的信件、日记或照片。
(2)达尔文(Darwin)的生物学手稿。
(3)与历史事件有关的不同角度的新闻标题。
(4)电视或印刷媒体对不同社会规范的描述。

创造惊喜与好奇。

例如:

(1)实验中,先让学生预测会发生什么现象,然后让他们检验自己的预测是否正确。
(2)摘录一些历史上的名言,然后让学生们猜猜它们分别是谁说的。
(3)使用带有积极情感的动词(clinging vs. walking)、不熟悉的词汇(orangutan vs. fox)、不常见的形容词(hairy vs. brown)和意外的结局等内容的新颖阅读材料(Beike & Zentall,2012)。

当然,学生必须具备一定的基本知识,这样他们才有可能体验到某些知识空缺,从而产生好奇心(Ainley,2019)。要求学生进行猜测,然后提供反馈,是一种有效的办法。另外,可以恰当地运用他们犯的错误激起他们的好奇心,因为这会指出他们缺乏的知识。最后,我们对某个主题了解得越多,好奇心往往就越强。就像马斯洛(1970)所说的,求知的需要越是得到满足,就越会增强(而非减弱)。好奇心与更强烈的动机、探索、记忆、学习和幸福相关(Jirout et al.,2018)。

### 12.6.3 心流

你是否曾经"进入状态"或"陷入沉思"?你可能体验过**心流**(flow)——这是一种完全沉浸在一项任务之中,高度专注和投入的心理状态(Csikszentmihalyi,2000)。身处心流中的个体,往往面临着一项具有挑战性的任务,这项任务往往与他们所需的高水平技能相匹配——他们在其中不断突破自己,但任务难度又不至于击垮他们。他们在完成任务时会体验到更大的乐趣,在没有提示的情况下也能继续工作,其产出往往质量更高、更具创造性(Abuhamdeh & Csikszentmihalyi,2012)。

米哈里·契克森米哈赖(Mihaly Csikszentmihalyi)最开始在对艺术家、棋手、登山者、音乐家和玩耍的孩子的研究中发现了心流,然后他又在我们大部分时间都在做的活动——工作和学习中研究心流的存在。他发现心流体验在工作中比在学校里更常见。人们在工作中有明确的目标和即时的反馈,可以应用他们的技能。成年人心流的最低水平发生在周末,因为周末除了看电视或浏览网页外,没有特定的目标或有组织的活动(Beard,2015;

Csikszentmihalyi，2000）。

在学校里，学生和老师体验到心流是怎么样的呢？大卫·谢罗夫（David Shernoff）和他的同事（2014）指出，支持心流的最佳学习环境会具有本章中提到的许多特征，例如提供具有挑战性但本质上令人满意且对个人有意义的活动。此外，通过类似工作或游戏的结构使大脑（智力）和心灵（情感）相连接的活动是最具有吸引力的。例如，一所在印第安纳波利斯的K-12学校会根据每个学生今年个人感兴趣的学习目标清单设定部分课程，课程包括所有学生共同关注的核心观念或主题，例如"和谐工作"。在一次访谈中，契克森特米哈赖提出以更宽泛的主题吸引学生的方式：

> 在数学中，你学到了数字的和谐，以及能操纵数字，使它们总是以正确的方式在方程式中结束的美妙之处；在音乐中，你学到了声音的和谐；在社会研究中，你学到了关于战争与和平的历史，以及我们如何在社会学课程中学习合作。（Beard，2015，p.356–357）

这所学校很好地平衡了差异化（发展个人兴趣）和整合（关注共同兴趣）。当然，如果学生缺乏心流所需的挑战或技能元素，他们可能会经历其他情绪，如冷漠或无聊。那下面我们一起深入学习一下情绪在学习中的作用。

### 12.6.4 情绪

你对学习有着怎样的感受？兴奋、枯燥、好奇还是害怕？当今的研究者强调，学习不只是推理和问题解决这类"冷认知"。学习同样受到情绪的影响，因此"热认知"在学习中也扮演着重要角色（Bohn-Gettler & Rapp，2011）。一位教育心理学家认为，"情绪是21世纪学习环境的经验黏合剂"（Graesser，2020a），这种对情绪日益增长的重视，部分得益于神经科学不断深入研究情绪如何作用于学习的各个方面。

**1. 情绪与身体**

尽管大脑的特定区域被认为在情绪产生中扮演了核心角色，但事实上整个身体都参与了我们情绪的产生（Barrett，2017；Immordino-Yang et al.，2019）。我们如何睡觉，我们吃什么，我们的生理需求是否得到满足，都会影响我们如何评估和处理每天的压力。情绪（emotion）是复杂的，和感觉不是一回事。例如，两个人可能都会因为想到乘坐巨大的过山车而感到情绪唤醒和起伏，但一个人感到兴奋和期待，而另一个人则可能感到恐慌和害怕。因此，在这个过山车的例子中，情绪是一种复杂的现象，其产生与身体反应（兴奋、心跳加快、血压升高等）、认知预期（"我会很爽"vs"我要死了"）和有意识的感受（期待和兴奋 vs 恐惧和忧虑）三者之间持续互动，息息相关（Gluck et al.，2020）。因此，人类的情绪不只是大脑激发的生理反应的结果，还综合了人们对当前情况和其他一些信息的理解，比如我们的大脑从我们过去的经验和我们周围的环境中做出的预测（Barrett，2017）。因此，如果你在电影院观看动作片时，忽然听到一声惊叫，这只会引起你短暂的情绪反应；但如果你是在午夜走过漆黑的小巷子时听到那声惊叫的，那么它将引起你强烈且持久的情绪反应。

从以上描述中，我们应该清楚地看到，产生情绪的一些因素实际上并不是在我们有意识控制之下的。当我们面对情绪激动的学生时，尤其要记住这一点。学生突然而至、无法调控的情绪认知（例如"我以前学得很糟糕，我注定要再次失败"）可能会在开始学习前就抑制学生的学习动力。然而，建立自我效能感和成长型思维可以帮助学生将对学习的恐惧感重新定义为迎接挑战的兴奋感（Crum et al.，2020）。教师同样也是如此。对于一个"只是想让我难堪"的学生，冲动的情绪化行动可能会毁掉拥有一段良好师生关系的机会。在这里，你如何重新评价那种感觉？

我们大脑中这些难以控制的方面影响着学习、注意力、记忆和决策（Scalise & Felde，2017）。人们更容易注意和记住那些能引起自己情绪反应的事件、图像和文章。其实，人们天生就会通过评估环境中的奖励和威胁来保证自己的生存和健康。课堂上的情感安全或威胁会影响学生的思考和记忆能力（认知），以及他们的自主性、社会联系感和感知能力（内在动机的各个方面）。在生理层面上，情绪能改变脑内多巴胺的水平和神经活动的速度，从而影响长时记忆，还能使注意力集中到问题的某一个方面，这些都会影响我们的学习效果（Pekrun et al., 2006）。有时，情绪也会占用注意资源和工作记忆空间，从而妨碍我们学习。

教学中，我们尤其要注意一种特定的情绪——与学业成就相关的情绪。如何利用这些发现来促进学校的学习呢？让我们一起学习学业情绪的理论模型。

### 2. 学业情绪

除了对焦虑的研究外，过去我们很少关注情绪在学习和动机中的作用（Pekrun & Linnenbrink-Garcia, 2015）。但正如前文所述，心理学和神经科学的研究已经发现，情绪既能影响学习过程，也受到学习过程的影响。莱因哈德·佩克伦（Reinhard Pekrun）（2017）对学业情绪进行了分类——与学业活动（如学习）或学业表现（如成功或失败）有关的情绪。

> **停下来，想一想**
>
> 在你阅读本章并为你使用本章的课程做准备时，你感受如何？你情绪的焦点是什么？是这次阅读活动，课堂上曾发生过的片段，还是即将发生的事情？你的感觉总体上是积极的还是消极的？你会如何描述你的身体反应？请写下一些描述你情绪状态的词语。

佩克伦（2018）的学业情绪三维分类能够帮助你理解现在的情绪（见图12-4）。第一个维度是情绪焦点。学生的情绪与他们正在进行的学习活动有关，但他们也会对自己的学业结果做出情绪反应。情绪反应可以是提前预见的，也可能是已经发生的。第二个维度涉及情绪效价——积极（愉快）或消极（不愉快）。第三个维度是涉及情感体验的激活。激活包括心理反应和生理反应——脑电波模式、血压、心率和呼吸频率的变化。有些情绪会激活我们的生理系统，而有些情绪，例如无趣，则会降低生理系统的活跃度。

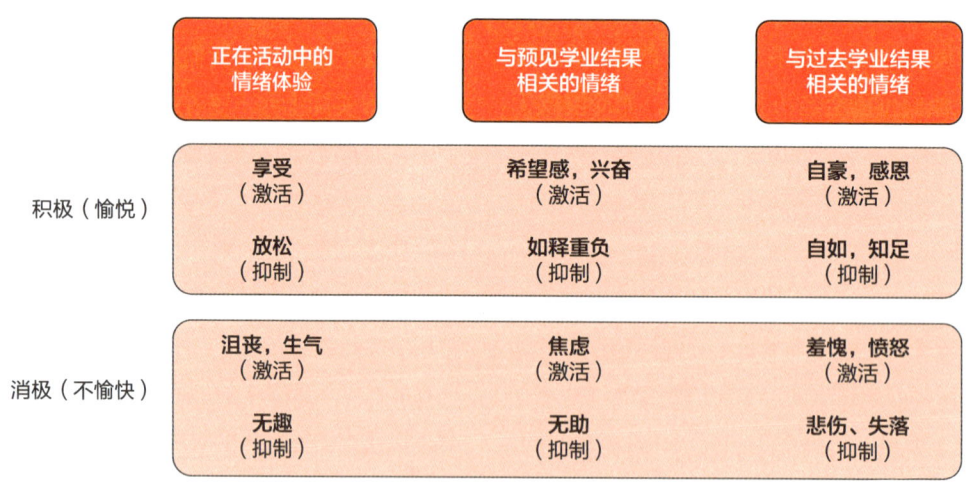

**图12-4 佩克伦的学业情绪三维分类**

注：佩克伦的三维学业情绪包括情绪的焦点（在一项活动中或与未来或过去的活动有关的情绪）、情绪效价（积极或消极）和激活水平（情绪是否激活或抑制生理系统）。

让我们想象一个典型的课堂情境，当老师宣布考试即将到来时，作为学习者的你感到很沮丧。情绪的焦点是一个预期的结果（测验），情绪效价是消极的，身体反应是激活的，会有紧张感。另一种情况下，如果在上次考试中你拿到了A，则可能会感到如释重负。你会如何用佩克伦的学业情绪三维分类法来描述你现在的情绪？当积极的学业情绪被激活时，学生会更有兴趣、有更大的内在动机、更善于自我调节，从而学得更多（Pekrun，2017）。在积极情绪逐渐减弱后，学生会感觉到放松，这可能有助于强化学习或培养创造力。当消极的学业情绪被激活时，比如焦虑或羞耻，一些学生会对他们的学业失去兴趣。另一些学生，特别是当他们在学业上投入很大时，会更受到外在动机的驱使，并设置表现目标来展示自己的能力或避免学业失败。

消极情绪的抑制往往会降低学生的学习动机。例如，当我们无法集中注意力或无法在活动中找到意义时，我们会感到无聊，就会对学习感到厌倦（Westgate，2020）。当学生学业更加（并且无望地）落后时，糟糕的学习表现导致学生感到更加厌倦（Pekrun et al., 2017）。与无聊厌倦相对应的是好奇，好奇与集中注意力和创造意义密切相关。无论是学校学习，还是家庭教育，无聊和厌倦都可能是一个大问题，因为它与缺乏内部动机、不够努力、学习不深入，以及较弱的自我调节学习能力相关（Tze et al., 2016）。强烈的消极或不愉快的情绪，无论它们是激活还是抑制状态，往往都会阻碍学习。

### 3. 课堂中的情绪

学校一方面是一个允满新的可能性、多样性、好奇和自我探索的空间，另一方面它也是一个充满同伴竞争、外界评价和成就压力的高压场所。在美国课堂中学生的情绪如何？在一项研究中，超过 20 000 名的高中生被要求最多可以用三个词汇来回答"在学校里感觉如何？"这一问题（Moeller et al., 2020）。结果发现负面情绪更为普遍，近 40% 的学生感觉"疲惫"，29% 的学生感觉"有压力"，有 26% 的学生感觉"无聊"，12% 的学生感觉"焦虑"，而那些表达积极情绪的学生中，只有 23% 的学生说他们感到"快乐"，5% 的学生说他们感到"兴奋"。这一情绪状况在低年级群体中可能有所不同。这项调查发生在疫情之前。在疫情期间的远程学习对有些人来说感觉是愉悦的，而对另一些人来说则是令人沮丧的。回到面授课堂中，学生和老师都会产生强烈的积极和消极情绪，但平均而言，焦虑和压力在积极情绪和消极情绪两组学生中都更高了（De France et al., 2021; Steiner & Woo, 2021）。

在你的学科教学中，你如何提升学生的积极学业情绪和降低他们的消极学业情绪？如果他们认为自己掌控学业活动的力量薄弱，也不看重学业活动，他们就更可能会体验到消极情绪。给予学生与他们能力水平相匹配的挑战，同时给他们提供选择空间，可以增加学生的控制感和心流体验。此外，努力培养学生兴趣和展现学业活动的价值，有助于提升学生积极的情绪。研究人员追踪了小学生三个时间点的数学控制感和成就价值。当学生们对他们的数学学习有更多的控制感，并且认为数学是有价值的时候，他们报告说他们更享受数学学习和更少地感到无聊（Putwain et al., 2018）。

当你思考学业情绪时，有几点需要牢记在心。首先，记住学业情绪是具有领域特异性的。事实上，学生喜欢数学并为他们的数学学习感到自豪，并不意味着他们也会喜欢科学或历史（Goetz et al., 2008; Pekrun et al., 2010, 2014）。其次，某种程度的情绪激活，即使是压力感的激活，在学校里可能是件好事。通常来说，面对简单任务（如将衣服分类，以便清洗）时，唤醒水平偏高，任务完成的效果比较好；但面对复杂任务（如参加 SAT 或 GRE 考试）时，唤醒水平偏低，任务完成的效果反而较好。

再者，情绪具有一定的传染性。神经科学家已经发现，当社会群体中群体成员有互动，群体成员的情绪会变得高度相关（Saxbe et al., 2020）。因此，课堂上的情绪气氛很重要。如果高中教师表现出温暖和互动性，学生学习的乐趣会越大，焦虑会越少（Mainhard et al., 2018）。此外，热爱自己学科的教师会对教学表现出更大的热情，会引导学生更喜爱、享受这一学科的学习。因此，作为教师，请尽可能地让自己出于自己的兴趣和热情去教学（Brophy, 2008; Frenzel et al., 2009; Long & Woolfolk Hoy, 2006）。

诚然，有时候尽管我们竭力这么做了，学生在学习时似乎还是会强烈地感觉到焦虑。那让我们一起去深入探究下学生的课堂焦虑吧。

## 12.6.5　课堂中的焦虑

对焦虑（anxiety）情绪的探究在学业情绪的研究中非常常见。我们每个人都曾体验过焦虑、不安、自我怀疑和紧张。"学业焦虑"是一个宽泛的术语，在教育情境中有许多种形式，包括考试焦虑、数学焦虑、科学焦虑和公开演讲焦虑等。一项关于学业焦虑的研究表明，这些焦虑都可能引发不利于学习表现且可能使学生放弃学习的信念和行为模式（Cassady，2010；Hart et al.，2016；Ramirez et al.，2018）。例如，数学焦虑甚至会对小到6岁的儿童的数学学习产生不利影响，进而可能会影响他们之后在学校里的表现（Tomasetto et al.，2021）。

焦虑是学业失败的原因，也是学业失败的后果——学生会因为焦虑而取得不理想的考试成绩，而考试失败会加剧他们的焦虑，形成了一个恶性循环。焦虑既是一种特质，又是一种状态。因此，有些学生自身有不同程度的焦虑，并将这种焦虑带到不同的学习情境中，而学习情境本身也可能让学生产生威胁感知或加剧自我怀疑，从而增加他们的基本焦虑特质水平（Covington，1992；Zeidner，2014）。

焦虑既包含认知成分，又包含情感成分。焦虑的认知方面包括担忧和负面思维，例如总是想到失败会有多可怕，总是担心自己会失败；情感方面包括生理反应和情绪反应，例如手心冒汗、反胃、心跳加快、感到害怕等（Jain & Dowson，2009；Schunk et al.，2014）。任何时候，考试压力、失败的严重后果、学生间的竞争等，都会导致焦虑的产生。针对学龄儿童的研究发现，睡眠质量（入睡速度和睡眠好坏）与焦虑有关：高质量的睡眠能促进积极的唤醒和对学习的渴望；相反，低质量的睡眠会导致焦虑，使个体的学业成绩下降。也许你做学生时就发现过这些联系（Meijer & van den Wittenboer，2004）。

目前对学业焦虑的研究表明，在学习-考试周期的三个不同阶段，焦虑都影响着学生的信念和行为。这三个阶段分别是准备阶段、表现阶段和反思阶段。准备阶段包括上课、学习和准备考试等活动。当学生学习新内容时，他们必须全神贯注，采用有效的学习策略，对学习内容保持积极的自我价值感；而焦虑程度高的学生会因为担忧、紧张而注意力分散。他们无法集中注意力，总是因为自己胸口的紧张感而分心，总是想："我太紧张了，我无法学会这些内容！"焦虑的学生可能从一开始就会遗漏很多有用的信息，因为他们的注意力主要集中在自身的焦虑上。无论学习者是不善于学习，还是因焦虑不安而回避学习内容，抑或是仅仅因为考虑考试失败的后果而分心，他们的学习显然都是不完整的（Zeidner & Matthews，2011）。问题并未到此为止。在表现阶段，焦虑会阻碍对所学知识（通常是贫乏的）的提取（Schwarzer & Jerusalem，1992）。最后，在反思阶段，焦虑型学习者对失败的归因方式将进一步恶化他们未来的表现，他们认为自己根本无法成功完成任务，没有控制感，并会为未来设定无效的目标。

## 12.6.6　关注到每个学生：应对消极情绪

许多学生会在学习中体验到学习焦虑之类的消极情绪，不仅是那些存在学习障碍或情绪障碍的学生，也包括那些被视为具有天赋的学优生。在第11章中学习到的情绪管理策略可以帮助学生应对焦虑。举个例子，当学生面临类似考试这样的压力情境时，学生可以采用聚焦于问题解决和自我调节的策略，包括制订学习计划、借阅复习笔记、寻找安静的学习空间等。他们也可以采取聚焦于情绪管理的策略，通过使用放松训练或向朋友倾诉的方式来减少消极情绪的激活。当然，使用回避策略在短期内可能可以缓解焦虑，虽然长期来看会增加焦虑，例如一起出去吃比萨或忽然决定对书桌进行彻底清理（在清理完之前就无法学习了）。不同的策略，也适用于不同的个体和不同的情境（Zeidner & Matthews，2011）。

除了以上这些，教师还可以做些什么？首先，教师可以帮助焦虑的学生更有效地识别焦虑情绪的来源，并帮助他们重新解读身体的感觉，以此慢慢地与大脑重新建立联结，进而能更好地应对焦虑处境（Jamieson et al.，2016）。正如莉莎·费尔德曼·巴瑞特（Lisa Feldman Barrett）（2020）所言：

心跳加速并不一定是焦虑。研究表明，学生能够学会把这一身体感觉感知为不是焦虑，而是充满活力的决心。当他们这样重新诠释时，他们在考试中表现得更好。因为这种决心使他们的大脑对未来做出了不同的预测，使他们不再紧张，而是井然有序。（pp.78–79）

下面的"实践指南：应对考试焦虑"给我们提供了更多帮助学生应对那些常见的焦虑源的策略。类似的是，教师可以帮助学生改变归因方式，让他们意识到他们能对自己的学习和表现有所控制。这样，学生就不会一味地接受失败，而是会慢慢体会曾经的成功，认识到他们可以在教师的支持和自己的努力下表现得更好。

## | 实践指南 |

## 应对考试焦虑

由于不确定性会导致焦虑，确保指导语清晰、明确。

例如：

（1）把考试指导语写在黑板上或印在卷面上，而不是口头讲述。

（2）确认一下学生是否完全理解了。可以让几个学生说说他们打算怎么做第一道题或例题，如果有误解，及时纠正。

（3）如果你使用了新题型或新的作业类型，为学生提供一些样例或示范，帮助他们了解应该怎么做。

避免不必要的时间压力。

例如：

（1）偶尔给学生布置一些可以拿回家完成的测验。

（2）确保所有学生都能在指定时间内完成随堂考试。

降低重要考试带给学生的压力。

例如：

（1）教学生一些考试技巧，安排一些模拟考试，为学生提供学习指导。

（2）不要只根据一次考试的成绩确定学生的学期成绩。

（3）为学生设置掌握目标，让学生有机会纠正自己的错误，这样也可以获得一些学分。

（4）在考试中采取不同的题型，因为有些学生对某些特定的题型并不擅长。

设置笔试之外的考核方式。

例如：

（1）尝试口试、开卷考试或分组测验等考核方式。

（2）在测试中，多提供一些选择，让学生可以展示自己的理解（提供多个论文题目，让学生进行选择撰述）。

（3）让学生们做实验、写论文、进行口头报告或制作作品。

教给学生自我调节策略。

例如：

（1）考试前，鼓励学生把考试看作一项他们有能力做好的、重要而富有挑战性的学习任务。

（2）考试过程中，提醒学生考试是展示自己所学知识的许多机会中的一种。鼓励学生把注意力集中到任务上——找出题目的重点，放慢速度，保持放松。

（3）考试后，让学生反思一下哪些地方做得好，哪些地方还可以提高。让他们把焦点放在可控的因素上，如学习策略、努力强度、审题的细致程度、放松策略等。

更多关于学业焦虑的建议，请搜索大学和学院官网，例如可以去俄亥俄州立大学的网站搜索"考试焦虑"。克利（Klee）等人（2021）也提供了一系列策略来帮助高中生应对数学焦虑。

第一，教师应帮助焦虑程度高的学生设定对他们而言更现实的目标，因为这些学生往往无法做出明智的选择。他们选择的任务不是太难就是太简单。如果太难，他们很可能会失败，这会加剧他们的绝望感和焦虑感。如果太简单，他们虽然会成功，但无法体验到满足感，不会因此受到鼓舞或减少对学业的担忧。使用目标卡、进度表或目标-计划日记，可能会对他们有帮助（Jain & Dawson, 2009）。

第二，教师可以通过教授学生更有效的学习方法来帮助他们提升学业表现。研究表明，焦虑型学生倾向于花更多时间学习，但他们采用的方法往往是低质量的重复（Cassady, 2004）。教师帮助学生习得克服焦虑所必需的认知和情感技能后，学生需要观察自己的表现，看看自己是否有稳步的提升，并将有助于帮助自己更成功的策略合理内化。

第三，教师应尽量消除教室环境中可能引发焦虑的因素。教师可以尝试消除潜在的偏见（如减少刻板印象信息在班里的传播），促进以掌握目标为导向的课堂目标结构，以及积极为学生做示范，表现出对所学内容的适当的兴趣和兴奋感（而不是一开始就说"这非常难"之类的话），从而降低焦虑程度。然而，当教师被问责机制和州级考试"压得喘不过气来"时，他们会把这种焦虑感传递给学生。教师表现得越沮丧，或者越强调"这次考试有多重要"，学生越可能视这次考试为一种"威胁"，产生考试焦虑和其他负面情绪。

### 12.6.7　好奇、兴趣和情绪理论对教师的启示

教师应该尽力让学生保持与当前学习任务相匹配的唤醒水平。当学生们昏昏欲睡时，教师可以通过引入变化、激发好奇心、让他们吃惊、让他们站起来活动一下等方法来提升他们的活力。教师要了解学生的兴趣，并把它们融入教学和作业。如果像焦虑这样的负面情绪太过强烈，教师可以参考前面实践指南中的建议去做。你可以使用本章和第11章中学到的策略来促进学生自我效能感的发展。当学生感知到来自教师的支持，他们会更享受和热爱学习（Goetz et al., 2020）。

我们已经在本章学习了很多关于动机和情绪的内容，那么，我们应该如何来整合所有关于动机的知识？教师应该如何通过创设合适的环境、情境和人际关系来激励学生的学习动机？接下来我们就来探讨这些问题。

## | 模块 38 小结 |

**兴趣和情绪如何影响学习？**

学习和信息加工过程会受情绪影响。学生更容易注意、学习和记住那些能够引起自己的情绪反应或与自己的个体兴趣有关的事件、图像和文章。然而，我们要谨慎地处理学生的兴趣。那些与学习无关的"诱人的细节"和有趣的插入信息，反而会妨碍学习。

**好奇心如何影响学习，教师如何激发学生对特定学科领域的好奇心？**

好奇心是学校中吸引和维持学生注意力的有力工具。教师可以通过各种方式培养学生好奇心：激发学生的兴趣、说明学习材料与学生可能感兴趣的应用之间的联系，或者让学生自己去发现这两者的联系。例如，可以让学生探究滑雪板或过山车中应用的简单机械原理。

**心流是什么？**

心流是一种完全沉浸在一项任务之中，并伴随着高度专注和投入的心理状态。身处心流之中的个体，往往面临着一项极具挑战性的任务，这项任务往往与他们所需的高水平技能相匹配——他们在其中不断突破自己，但任务难度又不至于击垮他们。他们在完成任务时会体验到更大的乐趣，在没有提示的情况下也能继续工作，其产出往往质量更高、更具创造性。

**学业情绪有哪些维度？**

根据佩克伦的学业情绪维度分类，学生的情绪体验可以从三个维度进行分类。情绪焦点维度关注学生的情绪是否与他们正在进行的活动有关，是否与自己的学业结果相关，是

指向未来的还是过去的。情绪效价维度指的是情绪是积极（愉快）还是消极（不愉快）的。情感激活维度是指情绪事件的生理唤醒程度。愤怒和焦虑情绪是典型的激活状态情绪，而轻松和无助是典型的抑制状态情绪。

**焦虑如何影响学习？**

焦虑是学业失败的原因，也是学业失败的后果，它会妨碍对信息的注意、学习和检索。很多焦虑的学生需要获得有效应考与学习的技巧上的帮助。

## 模块 39 激发学生的学习动机

**学习目标 12.7** 解释教师如何影响和激发学生的学习动机。

### 12.7 激发学习动机的策略

教师关心如何培养学生的**学习动机**（motivation to learn）。学习动机可以定义为"学生寻找学习活动的意义和价值，并坚持不懈地从中获得预期的学业收益的倾向"（Brophy, 1988, 1998）。拥有学习动机不仅指学生希望或愿意学习，还包含心理上的努力。例如，把课文反复阅读十几遍可能体现出学生的坚持，但并不意味着该学生拥有学习动机。拥有学习动机意味着更多的思考，使用更积极的学习策略，如概括、阐述基本观点、用自己的语言转述、画主要人物关系图等。

如果每个学生来上学的时候都拥有强烈的学习动机，这当然很好，但事实却并非如此。因此，在培养学生的学习动机方面，教师主要有两个目标。第一个是短期目标，是让学生有效参与班级学习活动，也就是说，抓住他们的兴趣，创设一种有动机的学习状态。实际上，参与度会提升动机，推动学生学习更多，而学习又能进一步激发学习动机，就这样一直良性循环（Reeve & Lee, 2014）。第二个目标是长远目标，即培养学生相对持久的个体兴趣，将学习动机转化为一种个人自主性，这样他们就能在今后的生活中坚持自我教育。

你要如何在课堂中实现上述目标呢？在本章前面的内容中，我们已经探讨了学生的基本需要、自主性和选择、清晰具体的掌握目标、成功期望和成长型思维、学习任务评估、自我效能感、可控归因，以及情绪对学习的影响。表 12-3 中总结了这些因素对学习动机的作用。有了这些知识，你可以使用哪些策略来提高学生的学习动机呢？思考如何回应学生经常问的与动机相关的五个问题可能有所帮助——我为什么要学这个？我上学是因为喜欢还是因为学校学习很重要、有用或与我有关？我会享受学习这个吗？我能付出成功完成这个学习任务的代价吗？我在班级里有归属感吗？（Committee on Increasing High School Students' Engagement and Motivation to Learn, 2004; Eccles & Wigfield, 1985; Turner et al., 2014）。

**表 12-3 学生学习动机的基本要素**

学生的学习动机建立在以下要素上，这些要素本身的一些特性会激发学生的学习动机，而另一些特性则相反，会抑制学生的学习动机。

| 动机要素 | 激发学习动机的特性 | 降低学习动机的特性 |
| --- | --- | --- |
| 来源 | 内部动机：个人因素，例如需要、兴趣、好奇心和愉悦感 | 外部动机：环境因素，例如奖励、社会压力、惩罚 |

续表

| 动机要素 | 激发学习动机的特性 | 降低学习动机的特性 |
|---|---|---|
| 需要和自我决定 | 支持自我实现和自我决定：基本需要得到满足（安全、归属、能力）；自主性和恰当选择得到发展 | 削弱自我支持和自我决定：基本需要不被满足（教室不安全、饥饿、恐惧）；选择的机会很少；缺少有意义的社会联结 |
| 目标 | 掌握趋近目标和清晰的、具体的表现趋近目标；倾向于选择中等难度和挑战性的目标；对迎接挑战和取得进步的个人满足感；专注于完成任务；不害怕失败 | 掌握回避目标和表现回避目标：倾向于选择难度过高或过低的目标；害怕失败，害怕表现出无能 |
| 期望、价值和代价 | 积极：对成功有高的期望；任务具有意义、相关性和重要性；学习的代价是合理的 | 消极：对成功的期望不高；任务没有明确的相关性、琐碎、缺乏实用性；学习的代价高昂 |
| 自我效能感和自我概念 | 高感知能力：具有个人掌握的清晰表现；能模仿的成功榜样；成长型思维；适应性策略；支持性反馈；积极情绪；快乐；挑战 | 低感知能力：很少成功，恐惧失败；自我妨碍的策略；习得性无助；目标太简单或太难；固定型思维；抑郁；无助 |
| 归因 | 稳定、可控的归因：成败归因于可控的努力、坚持性、策略使用、学习材料选择和成长型思维 | 不稳定、不可控的归因：成败归因于运气、不能改变的能力、任务难度和教师不公平等不可控的因素 |
| 能力信念 | 成长型思维：相信通过学习和在具有挑战性的任务中持续努力，能力就可以得到提高；认为努力带来成长和改变 | 固定型思维：相信能力是固定不变的、不能通过努力来改变；习得性无助；认为努力表明能力低下 |
| 兴趣和情绪 | 积极：好奇心被激发；任务与个体和情境兴趣有关；低焦虑和低成绩压力；与能力水平相匹配的挑战 | 消极：无法集中注意力；任务缺乏意义；高焦虑，受挫；任务相对于自身水平过难或过易；缺乏持续的兴趣；好奇心弱 |

## 12.7.1 我为什么要学这个？学这个重要吗？有用吗？与我有关吗

杰瑞·布罗菲（Jere Brophy）（2008）提醒教师，比实用性和兴趣更具价值的是知识本身的力量。"强有力的思想能够扩展和丰富学生的主观生活"（p.140），这些思想能给我们观察世界的透镜、做决定的工具，以及用词汇和图像欣赏美的框架。著名期刊《从理论到实践》（*Theory Into Practice*）曾专门用一期探讨杰瑞有关使学生看到学习的价值和发自内心地欣赏知识的思想（Turner et al., 2011）。其中一种使学生欣赏知识的方法就是真实性任务。

**1. 创设真实性任务**

如果你要求学生背诵那些他们永远不会用到的定义，学习那些单纯用于应付考试的材料，或者反复练习他们已经理解的内容，那么学生肯定没有学习动机。但如果学习任务与现在和未来的现实问题有关，具有真实性，学生就更容易发现学习的实用价值，也更容易意识到学习任务的重要性和趣味性（Pugh & Phillips, 2011）。**真实性任务**（authentic task）与学生的生活有关，要求他们用所学学科的工具（比如生物或历史）来解决问题。只有解决真实性问题，学生才会沉浸在学科的文化中，并将其与他们的生活联系起来（Belland et al., 2013）。例如，物理教师可以以"玩滑板"为背景，向学生提问并给他们举例，因为玩滑板对很多学生而言都是一项真实性任务。

**2. 提升相关性和实用性感知**

有些活动尽管与学生的学习能力发展或校外生活息息相关，但可能缺少内在趣味性。这种情况下，就需要帮助学生看到其实用价值或"工具"价值。

（1）当与生活的联系不明显时，教师应该向学生进一步解释相关性。当然，更好的方法是让学生自主选择来阐释学习材料是如何在他们的生活中发挥作用的，以此来发展他们的自主性（Rosenzweig et al., 2019）。

（2）在一些情境中，教师可以为学习提供激励和奖励（见第7章）。但请记住，当学生已经对活动感兴趣时给予奖励可能会破坏内在动机（Hidi, 2016）。

（3）在教学中运用结构不良的、真实处境问题。把校里的问题与生活甚至更广泛的社会中的现实问题联系起来，比如买第一辆车，决定买手机的方案，或给立法者写一封有说服力的信件，等等。

（4）邀请学生思考他们目前所学的内容是如何与他们的个体兴趣以及社会团体相联系的。要求学生展示一项如何对社会团体中的他人有益或有意义的任务（Priniski et al., 2019）。提供与社会团体成员分享学习的机会。

### 12.7.2 学习这个，我会享受吗

我们希望学生能看到他们正在做的任务的价值。我们希望他们努力学习，不仅仅是为了获得成绩或完成任务，而且也希望他们享受这个过程——在他们做出选择和付出努力时保持好奇和持续投入。

**1. 激发好奇、兴趣和内在价值**

激发内在价值和兴趣的教学策略有很多，以下是布罗菲（1988）提出的一些方法。

（1）将课堂活动与学生的兴趣结合起来，如运动、音乐、时事、宠物、日常家庭冲突和同伴冲突、社会运动、时尚、影视人物，或生活中的其他重要事件（Reber et al., 2018）。

（2）激发好奇心。帮学生认清自身信念与现实之间的差距。例如，斯蒂佩克（2002）描述过一个案例：五年级课堂上，教师问学生其他星球上是否有人类生存，学生回答"有"；她又问学生人类是否需要吸入氧气，因为学生刚学过相关知识，所以他们都回答"需要"；然后她告诉学生其他星球上的大气层里没有氧气。于是，学生对氧气的认识与他们相信存在外星生命的信念之间的巨大反差，引发了他们对于"其他星球的大气构成"的学习兴趣。

（3）使学习任务变得有趣。在前文的"观点/对立观点"中，我们可以看到，很多课堂都能通过模拟或游戏的方式使学习变得有趣。

（4）利用新异性和熟悉性。不要总是使用有限的几种教学方法和激励策略，而要注意变化。你可以改变学习任务的目标结构（合作、竞争、个体化）。如果学习材料对学生而言太抽象或太陌生，试着把它们与学生已知的内容相联系。例如，在介绍雅典卫城的面积有多大时，你可以将其与足球场相比较。

**2. 支持自主性**

在儿童和青少年待在学校的上千小时里，他们的行为都是由别人决定的。但我们知道，自我决定感和因果控制点在内部的感觉对保持内部动机和学习投入非常重要（Jang et al., 2010; Reeve, 2018）。为了发展学生的自主性，教师必须提供大量可供选择的活动，这样学生才能根据自己的兴趣选出对他们而言相关的和重要的活动（Katz & Assor, 2007）。但是，教师提供的选项不能太多。就像没有指导的探索或缺乏主题的讨论一样，无结构和缺乏指导的选择反而会阻碍学习（Patall & Hooper, 2019）。比较好的做法是让学生进行"有限制的选择"：设定一些有价值的任务，允许学生根据个体兴趣从中进行选择。学生可以参与对分组、座位安排、成果呈现方式和阅读内容的决策。

### 12.7.3 我能成功完成这个学习任务吗？——建立自信和积极的期望

我们希望学生对自己的能力充满信心，这样他们才能积极热情地学习，并希冀成功。他人的鼓励（或"呐喊助威"）所发挥的作用并不能代替真正的成就。为了让学生取得真正的进步，我们应该让学生建立自信和对自己积极的期望，具体措施如下。

（1）从学生现有的水平开始，小步前进。一种可行的办法是：每次考试和布置作业时，同时安排一些很容易的题目和一些很难的题目。这样，每个学生都能获得成功，也都会感受到挑战。如果必须评分，要保证班上所有学生都能通过努力及格。

（2）确保学习目标清晰、具体，且有可能很快实现。把长期的学习项目分成若干个小目标。如果可能，给学生设置一系列不同难度水平的目标，让他们自行选择。

（3）强调与自己比较，而不是与他人比较。提供反馈或纠正错误时要具体地告诉学生哪些地方做对了，哪些地方做错了，以及为什么这样做是错误的。同时，还可以周期性地让学生做一些曾经难倒过他们但现在看来很简单的题目，并指出学生进步的地方。

（4）让学生明白学习能力是可以提高的，而且每个人完成不同任务的能力是不同的。也就是说，学不好代数并不意味着也学不好几何。不要只在班级板报上张贴那些满分的试卷，这样不利于鼓励学生进步。

（5）示范如何尝试多种方法成功解题。让学生明白，即使是教师，学习过程也不是一帆风顺的，教师也会犯错。

### 12.7.4 为了获得成功我需要做些什么？为学生提供促进他们进步的课堂结构

我们希望学生相信他们不是只能使用自我挫败、避免失败、保留面子的策略，而是通过使用适当的学习策略就会收获学业成功。学生在完成具有挑战性的学习任务时难免会遇到困难，我们希望他们把注意力集中于学习任务本身，而不是因为害怕失败而止步不前（Klee et al., 2021）。

帮助学生获得持续的进步可以使用以下课堂结构策略。

（1）经常让学生有机会通过回答问题、完成小作业、展示技能来做出反应。教师应该检查学生的答案，一旦发现错误要及时纠正，不要让学生长时间地进行错误练习。

（2）尽可能让学生创作完整的作品。如果学生感到成功近在眼前，他们将更能坚持，更专注于学习任务。我们都体验过对"完成"的渴望带给我们的力量。例如，在开始给房子刷油漆时，我往往希望只工作一小时，但最后总是一连刷了几小时，因为我很想看到油漆刷完后的样子。

（3）避免过于强调分数和竞争。过于强调分数会使学生关注表现而非学习。易焦虑的学生尤其容易受到竞争性评价的打击。

（4）降低任务的挑战性，但也不能使任务过于简单。如果完成学习任务是有风险的（有可能失败，并且失败的后果很严重），学生的动机会减弱。当学习任务很难、很复杂或含糊不清时，要给学生充足的时间、支持、资源、帮助、检查或改进的机会。

（5）以身作则，向学生示范你的学习动机。给学生讲讲你对这个学科的兴趣，以及你是如何应对遇到的学习困难的（Xu et al., 2012）。

（6）有针对性地教学生掌握当前材料所需的学习策略。告诉学生如何学习与背诵，这样他们就不必退而使用自我欺骗或机械背诵的策略了。

（7）避免那些会增加焦虑的情境和交流，指导学生应对学习和考试焦虑的策略。

### 12.7.5 我在班级里有归属感吗？创设包容的机会

我们希望学生在学校里有归属感——他们能感受到教师和同学的关心，能信任他们。要知道感到被他人接纳和尊重对增进学习动力和幸福感大有裨益。因为学生在语言、文化、经济特权、个性、知识、经验和社会身份等方面存在差异，所以他们的需求、目标、兴趣、信仰和情感会根据他们的社会文化背景而得到不同的发展（Nolen, 2020）。教师如果脱离学生的生活经历去理解他们的动力，就无法激发他们的学习动机。人们的生活，就像他们的动机一样，涉及复杂的意义系统。举个例子，我以前有个学生叫赛拉·马修斯（Saira Matthews），她是这样评价她的高中英语教师的：

> 在青少年时期，我拥有过最好的学习环境，那是在我读的大学先修课程美国文学课上。在我读高二之前，我上过的其他英语课都有预选的材料，而史密斯（Smith）老师在我们选择阅读材料时提供了更多的灵活性。这是我第一次能够读到与奴隶制无关的非洲裔作品或关于非洲裔的作品。史密斯老师给予了我们论文和项目的指导，但我们读什么完全取决于我们自己。这门课不仅拓宽了我的视野，让我认识了像托妮·莫里森（Toni Morrison）和玛雅·安吉罗（Maya Angelou）这样的作家，还让我觉得自己是个有能力的读者。这门课甚至还激励我开始更多地为乐趣而写作，而不仅仅是为了完成作业。在文学作品中认识自己以及有机会讨论奴隶制之外的非洲裔美国人文化的细微差别，这对建立我作为作家的信心至关重要。这也是我现在成为研究生的一个重要影响因素。

上述例子可以看到，史密斯老师对支持赛拉作为读者的自主权的开放态度，使赛拉选择了与她的身份有共鸣的非洲裔作家的作品。正是这些提高了她的阅读兴趣，提升了阅读能力的信心，也在课堂上感受到了她的文化联结。这些价值观和信念的转变导致了她写作目标取向的改变。这是一个提供自主权的课堂结构如何支持学生的学习动机和学校归属感的典型例子（Gray et al., 2018）。

下面，我们来学习卡伦·希利（Kaleen Healey）和克洛伊·斯特罗曼（Chloe Stroman）（2021, pp.1–2）概述的几种基于研究的策略，这些策略有助于创造归属感和为学生提供支持性的学习环境。你会发现，史密斯老师在她的课堂之中运用了很多这些策略。

（1）从多个维度尊重每个学生的身份。教师要使每个学生都感到被理解，在环境中被看见，将学生视为是一个人和一位思考者。（你可以在第2章中找到如何做到这一点的具体策略。）

（2）肯定每个学生在环境中取得成功的能力。对学生充满高期望，并提供满足这些期望所需的反馈和支持。

（3）认可每个学生对课堂、组织、社区和社会的作用和贡献。

（4）减少排斥，促进包容。注意那些可能减少学生归属感的实践、政策和规范。例如，你可以致力于增加获得加速学习环境的机会，并消除不公平排斥学生的做法（例如，纪律处分）。

（5）使用教学资源和教学方法来对抗负面的刻板印象。运用合作探究和共同的目标，通过借鉴学生经验的教学活动创造文化连续性。下面的与家庭和社区建立合作关系的实践指南提供了关于如何与家庭配合的一些建议，这些建议能促进学习活动与学生校外生活经验相联系，提高学生的学习动机。

（6）注意系统层面的政策和实践要展现出对每个学生的尊重和支持，确保资源公平使用和信息获取，并鼓励学生参与系统层面的决策。

创造支持性的环境不仅能激发学习动机，也是良好教学的基础。因此，我们将用第13章的大部分篇幅来阐述如何创设学习共同体。

## | 与家庭和社区建立合作关系的实践指南 |

### 提供激发学生学习动机的社会文化基础

了解家长为孩子设定的目标。

例如：

（1）在某个非正式场合（如喝咖啡、吃点心等的时候），与个别家长或一小组家长座谈，听听他们为自己的孩子设定了什么目标。

（2）邮寄问卷或让孩子把反馈卡带回家，问问家长他们的孩子的哪些技能急需提升。从中为每个孩子选择一个目标，并为达成这个目标制订校内外的学习计划。请家长阅读计划书，并询问他们的意见。

了解学生和其他家庭成员有哪些与学习目标有关的兴趣。

例如：

（1）邀请学生的一位家庭成员展示某种技能或爱好。

（2）了解"家庭爱好"，如喜欢的食物、音乐、假期、运动、活动、诗歌、电影、游戏、点心、食谱、记忆等。将教学与兴趣联系起来。

告诉家长如何跟进学生的进步情况。

例如：

（1）制作简单的"进步图表"或目标卡片，然后把它们贴在醒目的地方，如冰箱上。

（2）要求家长反馈你向他们的孩子提供的帮助是否有效。

与家长配合，树立家长对学生的信心和积极期望。

例如：

（1）与家长开会和讨论时，不要将一个孩子与另一个孩子比较。

（2）要求家长鲜明地指出孩子家庭作业的优点。他们可以在作业后附上一个评语，说明这份作业中最好的三个方面和需要改进的一个地方。

要求家长合作，向学生展现学习的价值。

例如：

（1）邀请学生的家庭成员在课堂上讲述他们是如何在工作中使用数学或写作能力的。

（2）让家长找出那些适用于家庭生活，并对其十分有帮助的技能和知识，例如做记录、写投诉信或者调查度假场所的相关信息。

提供资源，使家庭成员掌握更多的激励策略，提升其帮助孩子学习的意愿。

例如：

（1）告诉家庭成员一些能够帮助他们的孩子提高学习能力的简单策略。

（2）让高年级学生参加"家庭作业热线"活动，为低年级的学生提供帮助。

经常举办关于学习的庆祝活动。

例如：

（1）学完恐龙那个单元后，让学生在大礼堂、图书馆或自助餐厅里创建一个"博物馆"。邀请家长参观这个"博物馆"，并到教室里查看孩子的作品集。

（2）在当地的杂货店、图书馆或社区活动中心举办小型的学生作品展。

## 模块 39 小结

### 什么是学习动机？

教师关心的是如何培养学生的某种特定的动机——学习动机。学生的学习动机包括认真对待学习任务、努力从中获益，并在这个过程中应用合适的学习策略。

### 教师如何支持自主权和真实性？

为达到最佳的激励效果，教师要求学生完成的任务最好是真实性任务，并能支持他们的自主决定。与学生兴趣相联系，并提供选择空间，增进真实性和自主性。就像没有指导的探索或缺乏主题的讨论一样，无结构和缺乏指导的选择会对学习起阻碍作用。比较好的做法是让学生进行"有限制的选择"：为他们设定一系列有价值的任务，允许学生根据自身兴趣进行选择。自主和限制之间适当的平衡很重要，它能使学生既不会因为选择太多而感到迷乱，也不会因为选择余地太小而感到乏味。

### 教师如何影响动机、兴趣和积极情绪？

如果任务与学生的兴趣有关，能激发学生的好奇心，或与现实生活情境相关，那么学生的学习动机会提高。这是因为任务对学生而言有达成价值、内在价值或实用性价值。达成价值指完成好学习任务的意义。内在价值指学生能从活动本身中获得的愉悦感。实用性价值的大小取决于它能在多大程度上帮助个体实现短期或长期目标。

### 教师如何提升学生的自我效能感和成功期望？

帮助学生设定可达到的目标和看到目标实现进展有利于提升他们的自我效能感和成功期望。清晰、具体、短期的目标激励效果最佳。强调自我比较而非同伴比较有助于学生拥有学习掌握感。教师还可以亲自示范，展现出解决问题的策略和毅力。

### 什么课堂结构对保持学生的参与和进步最有帮助？

频繁和多样化的评估能吸引学生的兴趣，减少无聊感，帮助他们展现自己的能力发展。把目标关注于学习过程而非学习表现，以此降低失败风险，减少学生的焦虑。

### 教师能够做些什么来帮助学生获得归属感？

归属感和关联性是影响学生学习动机的核心要素。作业任务表现出对学生身份发展的尊重和支持，肯定学生成功的能力，重视学生的个人贡献，与学生所处文化相关，避免种族主义等，这些都有利于构建支持性和包容性的学习环境。

# 第 13 章 支持性学习环境的创设

## ■ 教师的案例簿：欺凌者与被害者

两个男生正在恐吓你班上的一个学生。这两个男生看起来比你班上的那个学生岁数更大，长得更强壮；你班上的那个学生看起来年龄比实际要小一些，而且性别特征不太明显。另外还有种族色彩——欺凌者是欧洲裔，受害者是非洲裔。不幸的是，这两个欺凌他的男生在学校非常受欢迎，这也许是因为他俩是学校的优秀运动员吧。在每天上下学路上的公交车上、在体育馆、在走廊里或吃午饭的时候，总会发生一点小事故——包括恐吓、抢钱、摔跤、冲撞、嘲讽等，虽然这两个欺凌他的男生不是你班上的学生，但你班上那个被欺凌的学生开始频繁地逃课。即使他来到了教室，他的课堂作业质量也大不如前。

### ■ 批判性思考：

- 你将怎样处理这个问题？
- 这个问题涉及哪些人？
- 你将如何处理恐吓和种族侮辱的言语攻击问题？
- 如果这两个欺凌他人的男生在你的班上，你应该怎么办？
- 如果这些欺凌和被欺凌的学生都是女生，你应该怎么办？

## ■ 概述与目标

"保持积极有序、不受干扰的课堂环境，对于提供有利于教学的环境至关重要。然而，这绝非易事"（Skiba et al., 2016, p. 120）。本章的主要目的是探讨教师如何通过班级管理，为学生的学习创造良好的社会和物理环境——这是教师，尤其是新手教师关注的两个主要问题，也是教师感到自己工作效率低下时产生职业倦怠的主要原因（Aloe et al., 2014）。班级氛围、教学活动和学生行为都是良好管理的重要组成部分。一般而言，成功的教师能使学生拥有更多的学习时间，让更多的学生投入到学习中，与学生建立相互支持的关系，同时帮助更多学生形成自我管理的习惯。

积极的学习环境的创设和维持往往需要耗费数年时间，这一过程的关键在于防患于未然。可是，当问题出现时——当然，这些问题常常出现，必须以合理的方式解决。如果有学生公开在课堂上挑战你，有学生向你询问关于个人成长的问题，或者有学生面对问题时总是退缩，你应该怎么办？本章我们就将探讨教师与学生如何在这样的情境中进行有效沟通。

学完这一章后，你就能达成以下目标。

- 目标 13.1 合理利用学业学习时间和学生之间的合作，创建与维持有利于学生学业成就和社会情绪健康的课堂氛围。
- 目标 13.2 理解规范（章程）、流程（常规）、后果（奖惩），以及教室物理空间设计在课堂管理中的作用。在学期最初的几周内形成班级管理体系的过程中，尤其需留意，包括面授学习和远程学习之间的需求差异。
- 目标 13.3 讨论如何通过鼓励学生积极参与、防止问题出现、与学生建立互相关心互相尊重的关系来维护积极的学习环境。

目标 13.4　确认能有效预防与应对学生不良行为（包括欺凌他人）的策略（尤其是惩罚和替代惩罚、恢复性正义和学生自律）。

目标 13.5　清楚描述良好师生和学生之间沟通的特征，描述沟通的方法，如共情倾听、"我"信息和问题解决。

目标 13.6　解释与文化相关的课堂管理需求和方法。

## 模块 40　创建积极的学习环境

**学习目标 13.1**　合理利用学业学习时间和学生之间的合作，创建与维持有利于学生学业成就和社会情绪健康的课堂氛围。

**学习目标 13.2**　理解规范（章程）、流程（常规）、后果（奖惩），以及教室物理空间设计在课堂管理中的作用。在学期最初的几周内形成班级管理体系的过程中，尤其需留意，包括面授学习和远程学习之间的需求差异。

### 13.1　支持性课堂组织的内涵与价值

正如在本章中讨论课堂组织那样，我将对面授学习和远程学习进行区分。正如第一章中提到的，拓展你的知识技能（如成功管理远程学习），能为你未来应对任何事情做好准备。让我们从你所认为的那些看法开始。

> **停下来，想一想**
>
> 你对课堂组织和管理有什么看法？在 5 点量表中，数字 1~5 分别代表从完全不同意到完全同意的五种认同的程度，请用数字对以下项目进行评定。
> 
> （1）在没有监督的情况下，可以放心地让学生一起学习。
> （2）教师与学生友好相处，往往会使学生变得与教师过于熟悉。
> （3）如果学生批评教师的教学方法，教师应考虑加以改变。
> （4）为了使教师难堪，学生经常胡作非为。
> （5）有必要经常提醒学生，他们在学校的地位与教师不同。

"停下来，想一想"中的（2）（4）（5）是监管倾向的项目。如果你倾向于认同这些项目，你的管理哲学更可能是以教师为中心的，致力于维护班级的秩序和规则。如果你更倾向于认同（1）和（3），你的管理哲学可能更倾向于人本主义，对学生成为负责任和自我调节的学习者更为乐观。上面的五个项目来自学生管理意识（Pupil Control Ideology，PCI）问卷，这是我丈夫韦恩·霍伊（Wayne Hoy）和他的同事（Willower et al., 1967）大约 50 年前开发的，现在仍被广泛使用。

在众多影响学生学业成绩和社交能力的因素中，课堂组织是影响最大的因素（Marzano & Marzano, 2003; Murray et al., 2018）。拥有丰富的班级管理知识和技能，是专家型教师的标志。在班级管理中感到充满压力和疲惫，则是教师产生职业倦怠的前兆（Emmer & Stough, 2001; Hong, 2012）。那么，是什么让班级管理变得如此重要呢？

教室是一个特殊的环境。无论教师对教学的信念如何，教室对身处其中的每个学生都有重要的影响（Doyle, 2006）。教室是复杂的、多维的，教室内充满了人员、任务和时间的压力。所有有着不同目标、偏好和能力的个体，需要共享同样的资源，完成各种任务。甚至为了不造成浪费，还需要对一些资源进行再利用。由于很多事情都会同时发生，并且每件事情似乎都瞬息万变，因此，教师和学生在一天中需要用大量的时间进行交流。在这种瞬息万变的生活中，事情无法预测。就拿上课来说吧，就算你仔细拟定了计划，调试好了投影仪，准备好了课堂讲稿，课堂进程仍然有可能中断，比如出现某个技术故障，教室外面突然有人在争吵等。由于教室是一个公共环境，教师对这些突发事件的处理会被大家观察和评判。学生常常留心教师行事是否"公平"、是否会偏袒，以及如果学生违反了规定，教师会怎么处置。另外，教室具有时间延续性。一个教师或学生的特殊行为的意义，在一定程度上依赖于此前发生了什么。比如，一个学生已经迟到了15次，所以这一次老师需要对这个行为做出与第一次不同的反馈。再比如，开始的几周学校生活可能会对整个学年的班级生活产生重要影响。

### 13.1.1 基本任务：赢得学生合作

教师课堂组织的基本任务就是通过班级活动，赢得学生的合作并保持这种氛围，以此实现班级的良好秩序与和谐状态（Doyle，2006）。由于班级具有多维性、同时性、快速性、不可预测性、公共性和时间延续性等特性，因此，班级管理相当具有挑战性。要赢得学生的合作，教师需要事先策划活动、准备材料，对学生有恰当的行为和学业要求，发出明确的信号，灵活地进行任务转换，预测可能出现的问题行为并及时制止这些行为，选择活动并让其按适当的顺序进行，让活动过程流畅而充满乐趣且具有持续性等，在相互尊重的基础上与学生保持积极的、鼓励性的关系等。同时，不同的活动需要有不同的管理技巧。比如，与熟悉、简单的活动相比，对课堂秩序而言，一个新的、较为复杂的活动往往意味着更大的挑战。

显然，赢得幼儿园学生的合作和赢得高中生的合作不是一码事。在幼儿园和小学低年级，直接教导班级规范和流程是很重要的。对小学中年级学生，班级规范和流程的运行变得相对自动化，可是一些新活动还需要直接指导，整个系统还需要教师的监控和维持。到了小学高年级，一些学生开始挑战权威，这一阶段的管理重点在于有效处理这些破坏行为，同时想方设法地去激发那些不太关注教师意见、更多地沉迷于自己社会生活的孩子的参与热情。到了高中，管理的主要挑战是对课程的管理，让教材符合学生的学习兴趣和学习能力，帮助学生进行自我管理以便为高中毕业后的生活做好准备（Emmer & Evertson，2017；Evertson & Emmer，2017）。

### 13.1.2 基本目标：学习途径、学业时间、人际关系和自我管理

> **停下来，想一想**
>
> 假如你正在一个以创新而闻名的学区面试。校长助理看了你一会儿，然后问了一个问题："什么是班级管理？"你会怎么回答？

我的一名学生在求职面试中被问到"停下来，想一想"中的问题，内容是关于她的课堂管理哲学的问题。她告诉我，她得到了这份工作，并非常感激自己当时对这章内容的关注！**班级管理**（classroom management）是指那些教师日常使用的来营造积极、有条理、有吸引力、有成效的并鼓励学生学习和成长的课堂环境的策略（Gaias et al.，2019，p.124）。班级管理不仅仅是秩序——秩序本身是一个空洞的目标。那么，我们为什么要努力进行班级管理呢？我想至少有以下四个方面的原因。

**1. 创造学习途径**

每一种课堂活动都有其特殊的参与规则。有时教师会明确地说明这些规则，但更多时候这些规则是含糊、不明确的。比如，在一个阅读小组中，学生需要举手回答问题，但在班级晨会上时，学生接收到教师的眼神示意后就可以表达自己的观点。教师和学生可能都没有意识到自己在不同的活动中遵守了不同的规则。这些规则或者说**参与结构**（participation structure）规定了谁能说话、能说什

么、什么时候说、对谁说和能说多久等问题。因为一些学生在家庭中的参与结构与学校并不一致，这些学生可能无法成功参与课堂活动（Cazden，2001；Charles & Cole，2019）。

我们从中能得出什么结论呢？为了达到成功课堂组织的第一个目标——为所有学生创造学习的途径，你需要确保每一个孩子都清楚应该怎样参与课堂活动。你的规则和期望是什么？来自不同文化背景和家庭环境的学生都能理解吗？班级中有哪些潜规则或潜在的价值观，它们会起什么作用？你是否有效地向学生发送了参与的信号？对于部分学生，尤其是那些有行为问题和情感问题的学生而言，对某些重要行为的直接指导和实践是非常必要的（Emmer & Stough，2001）。

### 2. 增加学习时间

我曾经用秒表记录了一个智力竞赛电视节目中的广告时间。我非常吃惊地发现这个节目的一半时间都用在了广告上。在足球比赛节目里这种情况更为严重！如果你在课堂中运用相同的测量方法，测量一天中不同活动占用的时间，你可能也会很惊讶地发现每天实际上只有很少的时间被用于教学。几乎每一个关于时间和学习的研究都发现，在课程内容上所花的时间与学生的学习效果之间存在显著的正相关关系。一天中的大部分时间都被各种干扰、捣乱、磨蹭或不顺畅的沟通占据了（C. S. Weinstein & Novodvorsky，2015）。

一个学年似乎很长，以一个典型的高中班级为例，美国多数州政府规定每门学科每个学年有 126 小时（180 天 × 42 分/天）的教学时间。考虑到学生缺席及集会等导致的教学中断，对于一般学生来说，理论上 126 小时的教学时间，实际上可能只有 119 小时可供学习之用。另外，在每个班级，无论是小学还是中学，都或多或少地存在教学干扰、午餐、教室变换（或小学课间休息）、材料收发、课堂点名、行为问题处理等事件。因此，可用于教学的时间通常还得减少约 20%，那就只剩下 96 小时的实际有效

时间了。好的课堂组织可以尽量减少上述无谓的时间浪费，从而获得更多的**教学时间**（instructional time）。

简单地把更多的时间分配在学习上，并不能自动带来学业上的成功，高效利用时间才是学业成功的关键因素。基本上，学生深入思考所学的知识并加以实践与应用，他们才会学好。主动花在特定学习任务上的时间，一般被称为**投入时间**（engaged time），有时也被称为**任务时间**（time on task）——我们估计这个时间大约是教学时间的 80%。然而，将时间花在学习上并不一定能保证学习的效果。若学习材料难度太大或学生使用了错误的学习策略，学生可能会学得很费劲。如果学生学习的成功率很高，即真正达到学习和理解的程度，我们会把这样的时间称作**学业学习时间**（academic learning time）。同样，我们可以估计这个时间大约是投入时间的 80%，现在只剩 62 小时了。

如图 13-1 所示，虽然美国大多数州的学校要求有 126 小时的学习时间，然而实际上有效的学业学习时间却只有 62 小时。所以，班级管理的第二个目标就是通过让学生积极参与有价值的、合适的学习活动，有效增加学业学习时间。低年级时的学习投入度能够预测高年级时取得的学业成就，甚至是高中的辍学决定（Fredricks et al.，2004）。

### 3. 管理意味着安全

所有学生在教室里应该感到身心安全。此外，他们也应该体会到被尊重和关怀，当学生们感受到来自老师和同学的关心和支持时，他们更有可能配合课堂活动。合作能促进学习，学习能产生自我效能感，自我效能感又能促进更多的合作。反之亦然，当学生感到教师和同学不关心他们时，他们合作意愿不高——为什么要和那些不喜欢或者不尊重你的人合作呢？师生关系的研究显而易见，当教师专注于发展高质量的信任关系时，学生逆反心理就会减少，会更愿意适当地寻求帮助，更不可能逃课或留级，更有可能取得好成绩（Chen et al.，2019；Dennie et al.，2019；Meyer & L. Anderman，in press）。

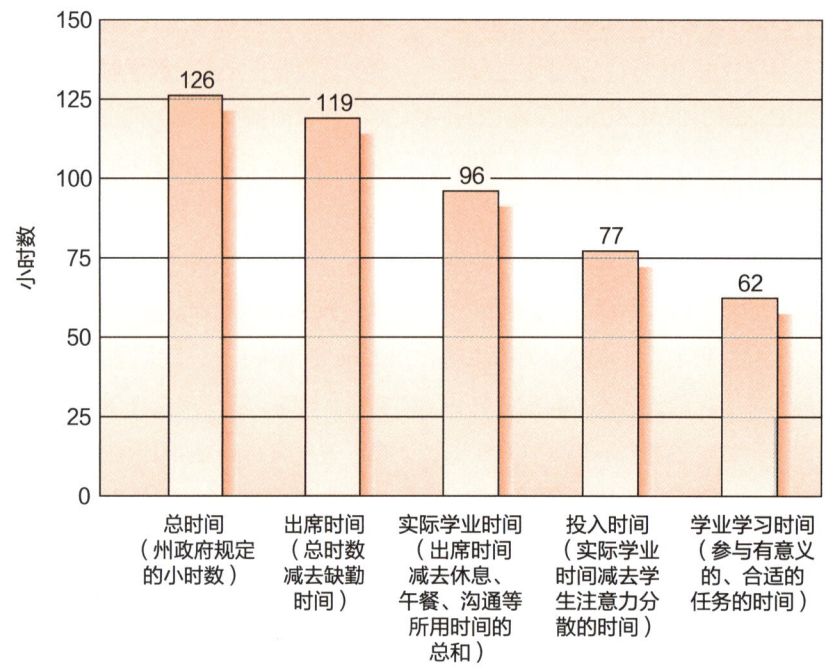

**图 13-1 谁知道时间都去哪儿了**

注：美国大部分州所规定的 126 小时学习时间里，只有 60～70 小时是高质量的学业学习时间。
资料来源：C. S. Weinstein & I. Novodvorsky. (2015). *Middle and Secondary Classroom Management* (5th ed.). New York: McGraw-Hill，p.182.

### 4. 促进学生的自我管理

课堂管理的最后一个目标就是促进学生的自我管理。如果教师过分关注于学生的"服从"，那么他们会花更多的时间用于对学生进行行为监控和纠正。这样，学生只会把学校看作遵守规则的地方，而不会追求对知识的深层理解。然而合作学习或基于问题的学习等复杂的学习模式，都需要学生进行自我管理。仅仅学会服从规则，并不能让这些复杂的学习模式发挥作用（McCaslin & Good, 1998）。

从要求学生服从转向指导学生进行自我调节和自我管理，已经成为当今班级管理的重要转变（Evertson & Weinstein, 2006）。学生可以通过做决策、处理结果、设置目标和重点、管理时间、协作学习、调停争执、与教师和同学发展信任关系等方式来学习自我管理（Bear, 2005；Rogers & Frieberg, 1994）。

当然，鼓励学生**自我管理**（self-management）需要付出额外的时间。但是，为教会学生承担责任而付出的时间是值得的。一些研究很好地佐证了这一点。南希·佩里（Nancy Perry）和丽贝卡·柯林（Rebecca Collie）（2011）比较了指导师范生将学生培养成自我调节的学习者的职前培训课程与那些并不强调自我调节培养的职前培训课程。研究发现，相对于那些没有学习如何帮助学生自我调节的师范生而言，自我调节知识和技能等都得到提高的师范生在实习时更自信、压力更小，也更加投入。这很容易理解——如果你成功帮助你的学生管理好了自己的行为和学习，这反过来会提升你的教师效能感。在另一项针对荷兰少数族裔学生的研究中，研究人员得出结论，在学年初教授情绪自我管理技能，如愤怒管理，会让学生与教师的关系更好，到学年结束时冲突也会减少（de Jong et al., 2018）。这些关系可能是双向的，也就是说，教师与能够控制自己情绪的学生建立更亲密的关系，当学生感觉与教师亲近并得到教师的支持时，他们的自我情绪管理会更容易。

## 13.2 创设积极的学习环境

当你考虑如何创设一个积极的学习环境时，回顾一下你从本书中已经学到的一些知识（检索练习对学习很有帮助，对吗？）。正如你知道的那样，在制订教学计划时，如果考虑到第2章至6章讨论的学生的个体差异，那么教师就可以预防很多问题的发生。有的时候学生变得捣蛋，只是因为教师布置的任务难度太大。对有的学生来说，学习材料的难度太低，因此他们会感到很厌烦，以至于去寻找一些更刺激的活动来消耗时间。

从某种意义上说，只要教师用心激发学生的学习动机，就能防止一些纪律问题出现。一个投入学习的学生往往不会与教师或其他学生发生冲突。所有能够激发学生学习动机的计划，都能起到预防纪律问题的作用。我们对学习了解多少？学生需要明确的目标和范例、练习和复习、积极参与，以及建立联系的机会。学习如何在课堂上高效地生活也是如此。

### 13.2.1 相关研究结果

除此之外，教师还能做些什么呢？数年来，得克萨斯大学奥斯汀分校的教育心理学家们深入研究了课堂管理问题（Emmer & Evertson，2017；Emmer & Gerwels，2006；Evertson & Emmer，2017）。他们采用的方法是对大量的课堂进行分析，在开学后不久大量地进行课堂观察，随后降低观察频率。通过几个月的观察，研究者注意到了班级之间的巨大差异，一些班级基本不存在管理和行为上的问题，有的班级却有很多问题。可见，通过持续考察学生课堂行为和学业成就的质量，就能对教师教学的有效性进行鉴别。

接下来，研究者通过回顾开学后不久的观察记录，研究了优秀教师是如何进行课堂管理的。他们将和谐、高成就的班级的教师与那些充满问题的班级的教师进行比较，总结出了大量的班级管理的原则。随后，研究者将这些原则教给一组新教师，结果发现：运用了这些原则的教师所教的班级纪律问题较少，班里学生花费在学习上的时间更多，捣乱的时间更少，整个班级的学业成就也更高了。这些研究的结果后来成为两本课堂管理图书的基础（Emmer & Evertson，2017；Evertson & Emmer，2017）。我们后面将提到的很多观点都源于这些研究。（顺便说一下，埃德·埃默（Ed Emmer）是我（安妮塔）在得克萨斯大学的论文指导老师）。

### 13.2.2 建立必要的规范和章程：面授教学

> **停下来，想一想**
> 请给你未来的面授课堂制定三四条最重要的班级规范。

在本节中，我们将重点介绍如何管理传统的面授课堂。在小学，教师每天需要引领20～30个学习能力不同的孩子做很多不同的活动。如果没有有效的规范和流程，大量的时间就会被浪费在处理同样的问题上，比如："艾米莉（Emily）把我绊倒了""我把作业本锁在抽屉里了！"在中学，教师每天需要和100多个学生打交道，这些学生会使用多种材料，并且常常更换教室。另外，中学生也更可能挑战教师的权威。

埃默、埃弗森（Evertson）和他们同事的研究发现，有效的管理者需要拟定某些班级规范和流程来应对这些情形。这些规范和流程清晰而具体，尽可能用积极的方式陈述（要做什么，而不是不做什么），可观察而不含糊，可教授和实践，并在需要时进行复习（Skiba et al.，2016）。

#### 1. 常规及流程

如何分发和收集材料或作业？在何种情况下，学生可以离开教室？怎样给学生评分？在科学、艺术和职业课上，有哪些使用设备和材料的特殊规定？**流程（procedure）**和**常规（routine）**描述了在课堂上应该如何进行活动。一般而言，课堂流程很少以书面的形式呈现，但它们是保证课堂活动顺利进行的重要前提。卡罗尔·温斯坦（Carol Weinstein）及其同事（Romano & Weinstein, 2019; Weinstein & Novodvorsky, 2015）建议教师在以下领域内建立班级规范并进行面授指导：

（1）行政管理，如出勤记录；
（2）学生活动，如进出教室或盥洗室；
（3）环境维护，如给植物浇水或存储个人物品；
（4）教学运行，如收发作业；
（5）师生互动，如学生需要帮助的时候引起教师的注意；
（6）学生交流，如给予他人帮助或开展人际交往。

你可能会将这六个领域作为建立班级规范的框架，下面的实践指南可能对于你在面授教学中有效制定班级管理计划有所帮助。

## 实践指南

### 建立面授教学的班级规范

确定学生管理课桌、教室设备和其他物品的办法。
例如：
（1）设定每天或每周整理教室的固定时间。
（2）做示范，并让学生实践如何将椅子挪到桌子下、领取和归还架子上的物品、将手机设置静音或关机、使用洗涤槽和自来水设备、摆放实验仪器等。
（3）设立轮值班长，让大家轮流管理设备和其他物品。

确定学生进入或离开教室的规定。
例如：
（1）学生必须知道他们进入教室后应该做什么。一些教师有统一的规定，如上交家庭作业等待检查等。
（2）学生必须知道他们在什么条件下可以自由离开教室，什么时候必须经过允许才能离开教室。
（3）学生必须知道如果他们迟到了，应该如何得到教师的许可，才能进入教室。
（4）建立放学回家的规范。许多教师要求学生在放学回家之前坐在座位上并保持安静。教师宣布后才能下课，而不是以铃声为准。

建立吸引学生注意的信号系统，并教会学生理解信号。
例如：

（1）在课堂上，一些教师以开关灯光、钢琴或录音机的音乐为信号，也有教师以类似卖场"服务铃声"的声音为信号，还有教师以特定的语句或行为为信号，如走到讲台前安静地盯着全班，使用特定的说法——"请看""请拿出你们的记分册"，或者走到教室前面等。
（2）在礼堂里，教师通过举手、击掌或其他信号表示"停止"。
（3）在操场上，教师通过举起一只手或者吹口哨发出"站队"的命令。

确定学生参与课堂活动的常规。
例如：
（1）你是要求学生一定要举手并获得允许才可以发言，还是允许他们等别人说完后就发言？
（2）你如何表明需要所有的同学都要对问题做出反馈？有的教师会以手作杯状，举起并放到耳边，有的教师在问问题时常常以"各位同学"开始。
（3）不同的活动有不同的流程，如阅读小组、学习中心、讨论、教师讲述、随堂作业、视频观看、同辈学习小组、去图书馆查阅资料等。
（4）明确一次可以有多少学生使用削笔机、问教师问题、去学习中心、使用水槽、来到书架前、去机房、前往阅读角或上厕所。

决定如何布置及收发作业。

例如：

（1）划定一个专门用于布置作业的地方。有的教师会在黑板的一角布置作业；有的教师会用彩笔布置作业。对于岁数较小的学生而言，教师最好准备作业单或作品集，用不同的颜色表示数学、阅读或科学等不同学科的作业。当学生可以在家上网时，教师可以在班级日历上在线发布作业，并为跟不上进度的学生提供提示或提醒他们。

（2）弄清楚收集作业的方式和地点。有的教师把作业存放在一个盒子或木箱里面，有的教师在介绍接下来的活动时邀请一个学生收作业，还有一些老师在线收作业。

## 2. 规范或章程的制定

规范或章程（rule）不同于流程和常规，规范具体说明了在班级里哪些行为是被禁止的，哪些行为是被鼓励的，所以常常以书面的形式呈现，并会被张贴在墙上。在建立班级规范时，你需要考虑你想营造怎样的班级气氛，学生什么样的行为能够帮助你有效教学，学生的行为需要受到哪些约束。当然，你所制定的规范应该与学校的总体规范和科学的学习原则保持一致。比如，我们从研究中得知，同辈之间进行交流学习的这种小团体更能让学生受益，他们会在互相教学的过程中进行学习。如果你设定的班级规范阻碍了学生之间的相互交流，那么它就与良好的学习原则相冲突了。再比如，规定学生写作文时，"作文本上不要有修改的痕迹"，可能会使学生更注重不写错别字，而不是将主要精力用在将自己的思想通过语言表达清楚上（Emmer & Stough, 2001; Romano & Weinstein, 2019）。

班级规范应该是积极的、可观察的，例如，"有事请举手"。此外，提供一些涵盖特定情境的通用规范，比列举出所有被禁止或允许做的事情更合适。但是，如果某些行为是被特别禁止的，如擅自离开校园或在厕所里抽烟，那么就要在班级章程中严格规定清楚（Emmer & Gerwels, 2006）。

## 3. 小学面授课堂管理规范

埃弗森和埃默（2017）列举了四条适用于小学课堂管理的规则。

（1）尊重他人，礼貌待人。教师需要对"有礼貌"做出详细解释，如不攻击、欺凌和戏弄他人。有礼貌的行为包括按秩序排队、说"请"和"谢谢"、不叫他人的绰号等。这条规则既适用于学生，也适用于成年人（包括代课教师）。

（2）积极学习，为学习做好准备。这条规范意在引起学生对学习的重视。无论是每天学习生活开始的时刻，还是在不同科目交替的过程中，学生都应保持积极的学习态度。做好准备，意味着拥有成功所需的合适的学习材料和端正的学习态度。

（3）他人说话时，注意倾听。无论是大班教学还是小组讨论，这条规范所有教师和学生都适用。

（4）遵守学校规章制度。这条规范提醒学生，学校规范在班级生活中同样适用。这样，学生就无法以"你从来没告诉过我们"为由，在明知违反校规的情况下，公然在上课的时候咀嚼口香糖或听音乐。

无论规范是什么，学生都需要了解规范中哪些行为是被允许的，哪些是不被允许的。例如，在学习任务完成以前，练习和讨论都是必要的。

正如你所见，不同的活动需要不同的规范，但是学生在全面掌握这些规范以前，可能会把它们搞混。为了避免混淆，你可能需要考虑对每个活动的规范做出不同的关键标记。在活动开始之前，你可以将这些标记张贴出来作为提示。这能为所有的学生提供清楚、一致的参与信息，而不是只有表现好的孩子才清楚规范是什么。当然，在这些标志完全发挥作用之前，必须先对这些规范进行充分的解释和讨论。

#### 4. 中学面授课堂管理规范

埃默和埃弗森（2017）也提出了五条适合中学课堂管理的规范。

（1）积极学习，为学习做好准备。积极不仅是指准时到达教室，而且要迅速投入小组工作或其他任务。准备充分指有合适的学习材料（钢笔、铅笔、纸、笔记本电脑或平板电脑、笔记本、课本等）和端正的学习态度。

（2）尊重他人，礼貌待人。这一点包括禁止打架、骂人和一般性的捣蛋行为等，但同样强调尊重和友善的正面榜样。它适用于包括任课教师和代课教师在内的所有人。

（3）他人说话的时候，要在座位上仔细倾听。这一点适用于教师或其他学生谈话的时候。

（4）尊重他人的财产。这意味着明白哪些财产属于学校、教师和其他同学。爱护他人财产，借用物品要征得同意、妥善归还所借物品。

（5）遵守学校规章制度。和小学课堂规范一样，这一点囊括了很多的行为和情境，所以你不必在班规里重复每一条学校的规定。这在提醒学生，校规也适用于你们班，并让你有机会谈论哪些校规对你们班很重要（禁止使用手机、禁止发短信……）。这一点也在提醒学生，你关注着他们在教室内外的行动。有些高年级学生很擅长向教师证明他们"并没有违反规则"，所以作为教师，你要确保自己对学校的相关规章制度非常了解。

当然，以上规则不仅仅是为了维护班级秩序。林赛·松村（Lindsay Matsumura）和她的同事（2008）通过对34个中学课堂的研究发现，在课堂上尊重他人这一规范，有效预测了参与课堂讨论的学生人数。由此可以推论，感受到尊重是学生投入知识学习和参与课堂讨论的必要条件。

#### 5. 违反规范或流程的后果

当你确定好面授班级规范或流程后，必须马上考虑如果有学生违反了规范或没有按流程行事，你应该怎么办。如果在规范或流程被打破后才来考虑处理办法，就为时已晚。面对很多违反规范的情况，教师会让学生重新进行刚才的行动，直到做对为止。在大厅乱跑的学生必须退回原处，姿态端正地走过去。如果作业没做好，需要再做一次。被放乱的材料，必须放回原处。为了支持学生的情感和社会性发展，教师可以合理运用**自然或逻辑后果**（natural/logical consequence）来处理违反规范的行为（Charles & Cole, 2019; M. J. Elias & Schwab, 2006）：

（1）你的反馈应该分清楚行为和行为人——问题是行为，而非学生；

（2）对学生强调他们有选择自己行为的权利，但同时也要避免失去对学生的控制力；

（3）鼓励学生反思、自我评估和解决问题，避免教条式的宣讲；

（4）帮助学生认识到在相似的情况下，还可以有哪些不同的反应，并对自己的行为能力做出客观的评价。

其中，最关键的一点是，要尽早制定后果（积极或消极）的规定。这样，学生就会明白，遵守或违反了规定或不按流程做事，对他们来说意味着什么。我鼓励我的实习生将他所在学校的校规和班规分别复印一份，并在此基础上，自己再拟定一份详细的班规。当然，有的时候，后果可以更复杂。在本章后面的讨论中，我们将讨论处罚问题。

#### 6. 谁来制定规范或流程

第1章出现了一位名叫肯（Ken）的专家型老师，他与学生共同制定了一部"权利法案"，而没有生硬地宣布规范。这些"权利"涵盖了大部分需要规范的情景，同时能帮助学生学习自我管理。最新的班级"权利法案"包括学生和教师均享有受到礼貌对待的权利；在各项任务之间可以有两分钟的休息时间；学生有权在不同的日程安排中进行选择；没有经过本人允许，不得擅自动用他人的财物等。如果你希望让学生共同参与制定规范或"法令"的过程，你应该等到班级里的学生形成一定的集体氛围之后再进行这项工作。只有当学生信任教师且熟悉了目前的班级环境后，学生才能全身心投入到制定班规的过程中（M. J. Elias & Schwab，2006）。

对学生而言，形成权利和责任意识比遵守规范更重要。"教育学生由于某些行为是错误的，所以必须设立规范来制止它们；而不是教育学生某些行为是错误的，因为它们与规范不一致——这两者是不一样的，要帮助学生明白为什么规范是这样的"（C. S. Weinstein，1999，p.154）。学生应该明白正是由于形成了规范，大家才能在一起工作和学习。这里还需要提到一点，肯遇到特别难管理的班级时，他会和学生采取"立法"的形式来保护学生自身的权利，如表 13-1 中所示的"法案"。

**表 13-1　保护我们权利的"法案"**

1. 每次都要遵守指示。
2. 谈吐得体，有礼貌，尊重他人情感和他人财物。遵照"权利法案"行事。
3. 学会在恰当的时间与场合微笑。
4. 学会尊重他人的学习权利。不要打扰他人，不要干涉他人，不要大声吼叫。倒计时时记得保持安静。
5. 学会在恰当的场合讲话，语气、语调、音量适中。
6. 确保行动时要镇定、安静、仔细，并且举止优雅。
7. 遵守学校和班级的所有规范和流程，比如使用卫生间、午饭和休息时间的制度、上学和放学等的相关规定，等等。

资料来源：Adapted from M. E. Romano & C. S. Weinstein.(2019). *Elementary Classroom Management* (7th ed.), New York: McGraw-Hill, p.104.

### 13.2.3　建立必要的规范和章程：远程教学

当艾米丽·普勒姆（Emily Pulham）和查尔斯·格雷厄姆（Charles Graham）（2018）在回顾混合式教学所需技能与纯在线教学所需技能的对比研究时，他们发现，课堂管理在这两种方法中都发挥着重要作用。他们还发现，职前教师很少被教授用来组织和管理混合或远程学习的相关技能。这些重要的能力包括设定期望值、时间管理、监控学生的行为，设计适当的纪律策略，以及处理沟通和协作。即使学生不在教室里，课堂管理方面的挑战仍然是一样的——赢得他们的合作，创建学习共同体和有吸引力的学习环境，制定常规以便学生知道应该做什么，并与学生建立良好的沟通关系。正如希瑟·沃尔珀特-加龙（Heather Wolpert-Gawron）（2017）所指出的那样，"许多在线教育工作者没有意识到，不应该仅仅因为线上可以不受地区限制进行交流互动，就放弃了传统环境中的最佳实践。他们仍然需要作为一个有凝聚力的学习者群体来接受管理。"（第1页）。

那么，经验丰富的教师在组织和管理远程教学方面有哪些心得呢？下面"实践指南：建立远程学习的规范和章程"的部分建议，参考了希利（Healy）（2020）、霍伊（2020）、利西安德雷罗（Lisciandrello）（2020）、施瓦兹（Schwartz）（2020）和沃尔珀特-加龙（Wolpert-Gawron）（2017）等人的研究成果，或许会给你带来灵感。

| 实践指南 |

#### 建立远程学习的规范与章程

在第一节线上课时，浏览一下虚拟课堂环境。例如：

（1）向学生演示可以在在线课堂上找到班会时间、教师办公时间、作业和截止日期等。

（2）确定对办公时间、视频会议和讨论的课堂规范和期望（详见下两个指南）。将这些发布到在线课堂，并告诉学生在哪里可以找到它们。

（3）录制课堂的教学视频，并将其发布，以便学生可以回去复习。

（4）就所提供的信息进行加分测验，这样学生就会注意并认真对待——看看课堂视频的学习效果如何。

给学生提供有效使用视频会议的提示。

例如：

（1）每天从重启电脑并关闭所有的通知和提醒开始。

（2）确保设备能接听视频会议。关闭所有浏览器窗口和不需要的应用程序，以确保计算机能传输和接收视频。

（3）把平板或电脑放在桌子或平面上——除非你接到指示，否则不要移动设备。

（4）确保使用的是内置麦克风和内置输出设备（内置扬声器）。在加入会议之前，将麦克风静音，这样可以减少背景噪音和对所有与会者的视觉干扰。教师也可以控制课堂的麦克风功能。

（5）如果遇到技术问题，请向老师发送聊天信息。

建立学生对办公时间和视频会议的规范和预期：该做什么，不该做什么。

例如：

（1）务必守时并做好准备。准备好你需要的所有材料。

（2）穿得像在教室里上课一样——不要穿睡衣或带有攻击性信息的T恤。

（3）一定要布置好空间，以能够认真工作。请记住，每个人都可以看到你的共享空间背景。关闭电视或音乐等干扰因素。坐在安静区域或戴耳机来降低背景噪音。

（4）不要嚼口香糖或吃东西（除住宿外，其他都像在学校一样）——嘴巴上不要有面包屑或番茄酱。

（5）不要发信息或聊天。这还是在学校，所以请勿在私人聊天中分享"我的世界"（Minecraft，一个游戏）策略

（6）坐姿要让人能看到你。

建立视频讨论的规范和预期。

例如：

（1）不要打断说话者，但要知道如何寻求发言机会。

（2）只使用建设性批评。要尊重他人，态度和蔼。

（3）分享时间——给别人说话的机会。借鉴他们的想法。

（4）提出问题。

（5）不要对会议进行录音——在某些地方，这可能是非法的。

努力创建学习共同体和建立关系，即使距离很远。

例如：

（1）开学前给所有同学写一封"欢迎信"，向他们保证你们会一起努力共同探索新的远程学习领域。我的女儿写给她五年级学生的信，可见图13-2。

（2）想方设法让学生更多了解彼此——分享关于个人兴趣、活动和关注的信息，在他们的生活经历中寻找共性。如果每个人都可以上网，你可制作一个简短的自我介绍视频，并让学生也这样做——将视频发布到"我们的班级"文件夹中。

（3）通过小组和分组讨论建立联系，但不要随意分组。决定分组的标准——兴趣？目标？对小组项目有贡献的相似的或不同的技能？

（4）让学生们为小组工作签订合同——他们将如何对待彼此，他们将如何完成工作？

（5）告诉学生他们应该使用他们的真实姓名——不要把他们云视频会议的ID或谷歌个人资料更改为昵称或任何学校用名以外的名字。

（6）创建一个电子表格，列出每个学生和学生监护人所有联系方式——电子邮件、电话、短信。

随时随地为学生服务。

例如：

（1）为学生设立虚拟办公室并设置联系时间，以便他们提出问题和疑虑。

（2）明智地联系学生。当大家都需要知道时，给全班同学发信息；当个别工作小组需要了解他们所关心的问题时，给他们单独发信息。当涉及私人信息时，给个别学生发邮件或打电话（谨慎使用）。

（3）参与讨论主题。如果讨论逐渐接近尾声，需要分享你的想法。

（4）比平时花更多的时间和学生联系，了解他们的感受和应对方式如何。

（5）确定时间界限，让学生知道你什么时候没空。

与学生讨论抄袭的问题，因为网上作弊很容易。

例如：

（1）引用资料，需注明来源。

（2）引用时请使用自己的话或标明出处。

（3）在线抄袭很容易被发现——让学生知道你会检查的。

（4）和学生一起讨论抄袭的例子。

时间管理可能是个大问题——直接解决它。

例如：

（1）确定作业的最后期限和阶段性期限。

（2）可能的话，设置班级日历和自动提醒功能。

欢迎来到五年级人文学科！我是霍伊（Hoy）老师。我想花一点时间告诉你们，我很高兴你们能来上课。我们将以虚拟的方式开始新的一年，在本学年我安排了许多有趣的课程。我很想听听你们读过的好书以及暑假与家人一起玩耍的情况。我们将一天一天地相互陪伴，走完这段远程学习之旅。

我为你们每人准备了一个小的人文学科文件夹。现在还不需要阅读这个文件夹里的任何内容，也不需要做任何事情，我将在第一天上课时向你们解释相关活动和材料。请记得带上铅笔、螺旋笔记本和任何记号笔、彩色铅笔或蜡笔。

在我们的远程学习计划中，你将在云视频会议上学习一些人文学科课程，这些课程被称为同步课程（synchronous）；也有独立学习的时候，我们将这些课程称为异步课程（asynchronous）。不要着急，我们会告诉你如何安排时间。第一周的时间安排有些不同，你可以在前三天见到所有的教师。

在开学的前几周里，我们将相互认识，了解彼此的为人和学习态度。我们的讨论将围绕身份认同和成为盟友的意义展开。我们将开始一起写故事、玩游戏和挑选新书。在我们在"在线课堂"见面之前，请尽情享受与家人在一起的时光。好好休息，迎接 2020 年 9 月 2 日高年级的第一天正式上课。五年级加油！左边的表情符号是我闭上眼睛，想象我们在一起的时光。

我期待着早日见到你们。

霍伊老师

**图 13-2　远程学习欢迎指南**

注：发送类似这样信息明确且安抚人心的信函，能有效缓解学生面对新型学习模式时的压力。

### 13.2.4 规划学习空间

> **停下来，想一想**
> 
> 回过头来想一想你从小到大待过的教室，其中哪一间教室最让你兴奋？哪一间给你冷寂空旷的感觉？教师是否安排学生在教室内不同的地方做不同的事情？

好的学习空间可以让你设计的班级活动变得更有吸引力，并且让身处其中的每个个体都能感到被尊重。这种被尊重感的创设，应该从引领年幼儿童根据"门"来认识自己的教室开始。有一个获得校舍设计奖的学校把每一个教室的门都涂成了不同的鲜艳色彩，所以年幼儿童可以很轻松地找到自己的"家"（Herbert, 1998）。教室内部环境的设计可以以适合学生安静阅读、小组合作、集中讲座、讨论和辩论或独立研究为目标，使学生能够轻松地在教室里取到自己需要的材料。残疾学生应该能够轻松地在空间中穿梭，从而感到自己是受欢迎的。当然，今天的教师必须为健康和安全设计空间，因此，如果需要拉开社交距离，学生之间可能需要更多的空间。

教室的两种基本的空间组织形式是个人领域和兴趣区域。

#### 1. 个人领域和座位安排

个人领域是指你自己的（通常是指定的）座位。多年研究表明，教室前面的座位似乎确实可以提高那些上课爱讲话的学生的参与度和学习投入度，而后排的座位则会使学生更难参与学习，这些位置使学生更容易偷懒和上课睡觉（Blume et al., 2019）。罗马诺（Romano）和温斯坦（2019）认为，为了"将活动区最大化"，教师应尽可能地在教室内来回走动，经常性地变换学生座位，与后排的学生进行眼神接触，对他们进行提问。

水平排列的座位拥有许多传统行列位置排列的优点。不论是独立完成的作业，教师、学生的报告，还是多媒体展示，都适用这种设计；这种设计让学生聚焦于报告人，同时可以使环境简单化。水平排列的设计便于学生两人一组一起学习，但是不太适合大组讨论。

四人一组或围成圆圈的设计最方便学生沟通。四人一组的设计有助于学生讨论，相互帮助，共享材料，或者共同完成小组作业。围成圆圈的方式适用于讨论的情况，也不影响个体独立学习。然而，这两种设计不适合针对全班同学的讲授和展示。

在鱼缸式或堆叠式的特殊排列形式中，学生围绕注意焦点而坐（后排的学生可以站起来），这种形式只能维持较短时间，因为这样往往不太舒服，并且会引发纪律问题。但另一方面，鱼缸式设计可以激发集体凝聚力，当教师希望学生观看一个演示，对一个班级管理问题进行头脑风暴，或观看一个视频时，这种设计往往能发挥较大作用。

#### 2. 兴趣区域

兴趣区域的设计能影响学生对学习空间的利用方式。比如，多年前，我的朋友卡罗尔·温斯坦（1977）与一名教师共同努力，对一个兴趣区域做了一定的改变，使更多的女孩参与到了科学课的学习中，并且使学生在实验中利用了更多材料。在另一项研究中，研究者对图书角做了一定改动，使得班里很多学生参与到阅读活动之中（Morrow & Weinstein, 1986）。

事实上，个人区域和兴趣区域并不矛盾，很多教师已经将这两种空间组织形式融合在了一起。以课桌为代表的学生个人区域位于中间，而兴趣区域被安置在教室的后面或者四周。这样的设计具有灵活性，能够满足大组活动和小组活动的不同需求。如果你要在教室里设计兴趣区域，可以参考下面的实践指南。

| 实践指南 |

## 设计学习空间

注意教室内的固定装置,并在此基础上进行设计。

例如:

(1)注意电脑、视听设备和平板电脑都需要插座。

(2)将美术用品放在水槽边,安排学生在白板周围进行小组活动。

确保放置物体的平台便于学生拿取,并且保持整洁。

例如:

(1)确保学习材料放置在学生的视线范围内,并且便于学生拿取。

(2)提供足够多的架子,这样学习材料才不会被乱堆乱放。

为学生提供干净、便利的学习环境。

例如:

(1)把书架安放在阅读区,在活动区内进行游戏。

(2)避免因为空间拥挤而出现打架斗殴的情况。

避免教室出现死角和"跑道"。

例如:

(1)不要将所有的兴趣区域都设置在教室的四周,这样教室中间的一大片空地将处于无用状态。

(2)避免将桌椅摆放在这个大空间的正中央,这样会使教室的四周成为以桌椅为中心的"跑道"。

妥善放置物品,确保你能看到所有学生,所有学生也能看到教学演示。

例如:

(1)确保你的视线可以达到教室的每个角落。

(2)妥善设计座位,使学生不用挪动桌椅就可以看到教学演示。

确保活动空间的隐私性和安静。

例如:

(1)确保没有桌子或活动区堵住通道,学生不需要绕过一个区域去往另一个区域。

(2)将喧闹的活动区与需要安静的活动区分开。通过在区域之间或较大空间内安放一些分隔物,如书架或小钉板等,来营造隐私的感觉。

使学生能够进行一定的灵活选择。

例如:

(1)为个人的独立活动提供私密的小空间,为团体活动准备大桌子,为全班活动预备坐垫。

(2)为学生提供存放个人物品的空间。对于没有自己的桌椅的学生来说,这一点尤其重要。

对空间特征的符号交流保持敏感。

例如:

(1)在历史课上,墙上所有的海报和图片中,是否只展示了欧洲裔男性的历史人物?

(2)学生是否在视觉和装饰品中看到自己的文化、语言和符号?

(3)书架、工作区域、计算机等是否便于残疾学生使用?

尝试新的设计,并在使用中进行评估和改进。

例如:

(1)用两周的时间体验新设计,然后对其进行评估。

(2)吸纳学生参与设计。他们也需要在这个屋子里待上好几小时,自己设计教室空间会是一次很有挑战性的教学体验。

### 13.2.5 班级创建的起步阶段

设计教室的物理空间、制定班规和流程是成功的班级管理的第一步。但是,一个高效的教师怎样才能在班级创建后最初的几周里就赢得学生的合作呢?有一项研究深入分析了高效的小学教师和低效的小学教师在开学后的几周时间内开展的活动，结果发现了巨大的差异（Emmer & Evertson, 2017; Evertson & Emmer, 2017）。下面我们就花些时间来探讨这些差异。

### 1. 小学生的有效管理者

在高效的教师的班级里，开学第一天的班级活动就得到了有效组织。教师会提前准备好点名册，还会为学生设计一些有趣的活动。教师会将教学材料摆放整齐，精心设计活动的每个环节，以免学生分心。这些教师注重解决很多学生都关注的问题，如"我应该把东西放在哪里？""我应该怎么称呼老师？""我可以和邻桌同学说悄悄话吗？""厕所在哪里？"高效的教师会把自己的期望都说出来，他们制定了一套可行且便于学生理解的班规，并在开学第一天把其中最重要的部分教给孩子们。教授这些班规的方式和教授课程内容的方式一样，包括解释、举例，而且要让同学们实践。

开学后的几周内，高效的管理者会连续将大量的时间用在对规范和流程的教学上。有些教师通过引导学生实践来教授流程，有些教师通过奖励来改变学生的行为，很多教师教学生对铃声或其他注意信号做出反应。高效的教师总是将班级规章制度的教学融入有趣的学习活动中，这些活动往往需要全班同学一起开展，而不是小组学习或独立阅读。这种整班教学的方式有助于教师更好地监控学生学习班级规章制度的过程。教师应该快速而坚决地制止学生的错误行为，但不能采用粗暴的方式。

低效的教师的班级开学后几周内的情况和上述班级非常不一样。对前者而言，班规没有起到很好的作用；这些班规要么太含糊，要么太复杂。比如，一个教师设立了这样一条规定，"在恰当的时间出现在恰当的场合"。老师没有告诉学生这是什么意思，所以学生的行为没有得到班规的引导。班规中没有明确界定积极行为和消极行为引发的不同后果是什么。学生违反规定后，低效教师会给予其比较含糊的批评，比如"有的学生太闹了"，或者只是警告他们，却不实施任何具有威慑性的惩罚措施。

在管理不善的班级里，完成日常任务的流程每天都不一样，教师从来没有讲过或让学生实践过班级流程。低效的教师大多不关注学生的即时需求，却将大量的时间花在本可以稍后处理的事情上。例如，一名教师在开学第一天就教了学生如何开展火灾逃生训练，却没有解释日常流程和规范。学生在教室里不知道该做什么，所以就相互询问需要做什么事情。学生们常常聊天，因为他们找不到更有价值的事情可做。低效教师经常离开教室去批改作业或找个别学生谈话。他们没有想过怎样处理上课迟到或上课捣乱的问题。管理低效的教师也可能通过训练学生对某种铃声做出反应来让学生集中注意力，但很快又让学生忽略铃声。总而言之，这种班级在开学后的几周时间里非常混乱，不仅学生，就连教师也常常遭遇意料之外的事情。

### 2. 中学生的有效管理者

在班级创建的起步阶段，教师能为中学生做些什么呢？如前所述，高效和低效的小学教师之间存在着很大的差异，这种差异在中学教师之间也同样存在。同样，高效的中学管理者会在开学的第一天就建立好规范、流程，并向学生传达明确的教学期望。同时，他们会在刚开学的几周就学业要求和行为要求与学生深入沟通，并严格执行这些要求。学生的各种行为都得到了有效的监控，如果违反了规范，会迅速得到处理。对于学生准备不充分的班级，教师每次解释规范、要求，都会缩短解释的时间，不会要求学生长时间不间断地从进行某项任务。相反，在每一个时间段内，学生需要完成几个相关任务。一般而言，高效的教师能灵敏地觉察每一位学生的进步。这样，学生就不会因为不想面对消极的结果而逃避学习（Emmer & Evertson, 2017）。

你是否认为，为了对学生的行为进行监控，并让这些规范得到有效执行，中学教师都应该是严肃且缺乏幽默感的？其实并不尽然。任何一个有经验的教师都会告诉你，当学生很合作的时候，教师更需要微笑。想了解更多关于班级创建起步阶段的信息，请参考黄绍裘（Harry）和黄露丝玛丽（Rosemary Wong）的书——《如何成为高效能教师：美国教师培训第一书》（*The First Days of School: How To Be an Effective Teacher, 5th ed., 2018*）。

## 模块 40 小结

### 支持性课堂组织的内涵与价值

**课堂管理面临的挑战有哪些？**

开始教学时，教师应该对自己的课堂管理哲学有一定的认识：你是更倾向于以教师为中心还是更以学生为中心？课堂通常具有多维性，各种事件往往会同时发生，这些事件快速发展，具有即时性、无法预测性和开放性等，并且受到学生和教师先前行为的影响。教师每天都必须处理这些事情，因此，高效的班级管理需要学生的合作。但是，不同年龄的学生的合作方式是不同的。低龄儿童需要学习怎样去上学和学校学习的一般流程，大一点的孩子需要不同科目的具体学习方法，在教育青少年时，教师需要了解同辈群体对学生的影响。

**高效课堂组织和管理的目标是什么？**

高效课堂组织和管理的目标：让学生拥有更多的学习时间，鼓励学生积极参与学习，提高学习质量，确保课堂参与结构对所有学生而言是清晰、简单、稳定的，与学生建立积极的关系，鼓励学生进行自我管理、自我控制，培养学生的责任感。

### 创建积极的学习环境

**区分规范（章程）和流程（常规）**

规范和章程确定了在学校里能做什么，不能做什么，通常有书面表达形式，教师常常将规范张贴在墙上。流程涉及课堂管理任务、学生活动、教师卫生、课堂流程、师生互动和学生互动等多个方面。规范的目的是保护遵守者的权利，因此，如果学生遵守规范，就可以从中获利。在制定规范的同时，教师和学生必须明白违反规范和破坏流程的后果。规范、流程和后果必须适合实际情况——面授学习还是远程学习。

**区分个人领域和兴趣区域**

教室的空间组织形式主要有两种：按领域划分（传统的教室空间安排）或按功能划分（将空间划分为工作区和学习区）。空间的灵活性是教室空间设计的关键因素。教师在对教室空间进行设计时，需要考虑学生获取学习材料是否方便、活动空间是否有隐私（在需要的时候）、信息交流是否方便、教师能否对整个班级进行监控，以及整个空间是否便于重新设计等。

**对比高效教师和低效教师开学第一周的做法**

刚开学时，高效的教师会通过解释、举例和实践的方式教学生一些具有实践性且便于理解的规范和流程。学生通过参与有组织且令人愉悦的活动来学习团队合作。高效的教师对违纪行为的处理总是迅速、坚定、清晰，并且具有一致性。这些教师总是计划周密，从不临时抱佛脚，因此学生都很信任教师。这些教师会处理好学生最紧急的需求。与之相比，低效的教师所在班级的规范或做事流程每天都在变，教师也从不将这些规范和流程教给学生，学生缺少实践这些规范和流程的机会。学生会不停地在课堂上讲话，因为他们没有什么事情可做。低效的教师经常离开教室去批改作业或单独辅导一两个学生。他们没有针对迟到、上课捣乱等典型问题行为的较好方法。

## 模块 41　维持积极的学习环境

**学习目标 13.3**　讨论如何通过鼓励学生积极参与、防止问题出现、与学生建立互相关心互相尊重的关系来维护积极的学习环境。

### 13.3　维持良好的学习环境

课堂管理的良好开端仅仅是第一步。高效的教师会在这个良好开端的基础上继续前进，他们会通过预防问题的发生和促使学生参与学习活动等方式来维持这一管理体系。在本书前面的章节，我们已经讨论了实现这些目标的几种方法。比如在第 12 章，我们思考了通过激发学生的好奇心、让课程内容与学生的学习兴趣相关联、帮助学生确立掌握目标而非表现目标、建立对学生的积极期望等方式来促进学生的学习。此外，教师还可以做些什么呢？

## 13.3.1 鼓励学生积极参与

> **停下来，想一想**
> 
> 什么活动能让你全身心地投入，以至于忘记了时间的存在？这些吸引你注意的活动有什么样特点？

一般而言，教师监督得越多，学生越可能参与实践。显而易见，这对远程学习同样有影响，虽然此时学生的学习完全得靠自己。当然，这并不意味着教师应该减少学生独立学习的时间，它仅仅说明这种类型的活动需要教师悉心的策划和监督。有明确步骤的活动更具有吸引力，因为活动环节之间环环相扣。如果学生拥有完成任务所需要的全部材料，学生的参与程度也会更高。此外，如你所知，如果学生参与到有着真实情境的任务中（即与真实生活相关的任务），他们的参与度也会提高。同样，如果任务具有一定的挑战性和趣味性，学生会更多地参与进去（Emmer & Gerwels，2006）。

当然了，教师不可能随时监督学生或仅仅依靠挑战来吸引学生。埃弗森、埃默和他们的同事通过研究中小学教师的课堂管理行为发现，无论是小学教师还是中学教师，作为高效的班级管理者，他们都拥有一套计划完善的鼓励学生进行自我管理的系统（Emmer & Evertson，2017；Evertson & Emmer，2017）。下面的实践指南正是基于他们的研究结果总结而来的，你可以参考。

## | 实践指南 |

### 使学生保持较高的参与度

基本要求要明确。

例如：

（1）将一些日常任务的要求具体化，并张贴出来，如对标题拟定、纸张大小、钢笔或铅笔的使用、作业的整洁性等的要求。

（2）针对迟到、未完成作业和缺课现象做出要求，并进行解释。如果班里有学生不做作业，应该尽早制止，并在必要时与家长沟通。

（3）确定任务完成的合理期限，并坚持执行。除非学生有特殊情况，否则不得逾期。

让学生了解作业的特殊要求。

例如：

（1）对于低年级学生，教师在布置作业的时候应该遵循常规流程，比如每天在黑板上的同一位置写下作业有哪些。对于高年级学生，只需要口头布置或简要说明。

（2）提醒学生哪些作业需要尽快提交。

（3）对于一些复杂的任务，给学生发放清单，说明需要做什么，需要利用什么资源，提交作业的期限等。同时，需要告知高年级学生作业的评分标准。

（4）通过引导学生完成开始的几个问题，或提供作业样例，向学生演示作业应该怎么做。

监控作业完成进度。

例如：

（1）布置作业后，确保每位同学都清楚地知道有哪些作业。如果你只解答那些举手的学生所提的问题，就有可能忽视那些自认为自己知道应该怎么做但实际并没有理解的学生，以及那些由于害羞而不敢问问题的学生或根本就没打算好好做作业的学生。

（2）监控作业完成进度。学生讨论时，要确保每个学生都有机会发表个人观点。

经常对作业进行反馈。

例如：

（1）在小学生上交作业的后一天下发批改好的作业。

（2）每周在班上展示完成得比较优秀的作业（但要确保不是同一个学生写的），并将评分后的作业交给学生家长。

（3）所有学生都可以记录自己的各项得分、任务完成情况，以及额外获得的学分。

（4）允许高年级学生将完成周期较长的作业分配到几个阶段来完成，并在每个阶段给予反馈。

### 13.3.2 预防是最好的良药

课堂管理最理想的方法就是把问题扼杀在萌芽阶段——这肯定会腾出更多的时间来学习。在一项经典研究中，雅各布·库宁（Jacob Kounin）（1970）比较了高效教师和低效教师的管理方式，即那些班级几乎不出现问题的教师和那些班级生活混乱、学生问题行为较多的教师分别采用了什么班级管理方法。通过观察两组教师的行为，库宁惊讶地发现，当问题出现时，两组教师解决问题的方式几乎没有什么不同，不同之处在于高效管理者能够更好地预防问题的发生。首先，这些教师吸引了学生的注意力，并让所有学生都能参与到适合自己水平的学习中来。其次，这些高效课堂管理者尤其擅长四种特定的预防措施：明察秋毫（withitness）、一心多用（overlapping）、整体关注（group focus）和变换管理（movement management）。越来越多的最新研究成果证实了专业的课堂管理者注重预防（Jones & Jones，2016；Stahnke & Blömeke，2021）。

#### 1. 明察秋毫

明察秋毫（withitness）意味着你应该让学生知道，你对教室里发生的所有事情都了如指掌。明察秋毫的教师似乎脑袋后面都长有眼睛。教师要避免只与少数学生交流，因为这样会让其他的学生走神。教师应该经常在教室里走动，与每个学生眼神接触，以此让学生知道自己是被老师关注的（Charles & Cole，2019；Romano & Weinstein，2019）。

高效的教师会将学生的捣乱行为抑制在萌芽阶段。这些教师会对整个事件进行调查，找出始作俑者。也就是说，他们不会犯库宁所谓的"时间性错误"（拖延太久才开始干预）或目标性错误（没有找对犯错误的学生，让真正做错事情的学生逃避了责任）。

如果两个问题同时发生，高效教师会先处理较严重的那个问题。比如，如果教师让两个学生停止小声讲话，却忽视了一群正在书架前推挤的学生，那么学生就会认为，只要自己足够聪明，犯点小错误也不会被发现。

#### 2. 一心多用和整体关注

一心多用（overlapping）指同时跟踪或监控多个事件。比如，一个教师可以一边检查一个学生的作业，一边督促一个小组活动的进行，同时通过快速一瞥或提醒来"叫停"另一个小组里的意外事件（Charles，2011；Charles & Cole，2019）。

整体关注（group focus）指教师应该让尽可能多的学生参与活动，避免活动成为一两个学生的专利。当教师让学生一个一个地做作业，而班上其他同学在一旁等待和观看时，就会出现问题。所有的学生在课堂中都应该有事可做。比如，教师可以要求每个学生都写下问题的答案，然后让个别学生当众回答，剩余学生相互订正并进行沟通。当然，有时候集体回答也是必要的。同时，教师应该经常在教室内走动，以保证每个学生都参与活动。在远程学习过程中，整体关注尤其具有挑战性。如何确保在与一个学生或一个学生小组进行互动时让每个学生都有事情可做，至关重要！

#### 3. 变换管理

变换管理（movement management）指让课堂教学或活动以适当和灵活的节奏进行，活动有变化且过渡平稳。高效教师不会突然转换教学或活动，比如在学生还没有完全注意到的情况下就宣布新活动开始，或中途停止一项活动，转而进行另一项活动。如果仓促过渡，可能班里1/3的学生会开始新的活动，有的学生会继续原来的活动，有的学生会问其他学生自己该做什么，有的学生会趁机玩耍，大部分的学生会不知所措。库宁提出，活动管理还可能出现过渡太慢、启动新活动花费的时间太长的情况；有时教师也会给予过多指示。清晰、适时的指导对于远程教学尤为重要，因为很难在网上"读懂"学生的困惑。

### 4. 通过教授社会技能来进行预防

在教师进行有效管理的同时，学生们应该做些什么呢？当学生缺乏社会交往和情感表达技能，比如不会共享学习材料、无法了解他人意图、不会应对沮丧等时，班级管理问题就很可能出现。为了防止班级管理问题出现，教师应该促进学生的社会性发展，并教会学生对情感进行自我调控。从短期看，教师可以教授和示范这些技能，进而给学生反馈，让学生在不同情境下实践这些技能。从长期看，教师应帮助学生形成合作协商而不是攻击的价值观（M. J. Elias & Schwab，2006）。

图 13-3 是一个课程设计，可用于个人或小组提高特定的社交技能。可以看出，这是一个良好的教学范例。通过具体的、可观察到的目标、示范、与教师一起练习，以及在经常出现问题的体育馆或午餐室等自然环境中（非常重要）的练习来确定明确的目标，最后给予某种认可或强化（Jones & Jones，2016）。

---

描述不当行为_____

采取新行为的理由_____

描述恰当行为_____

新行为的技能成分_____
1._____
2._____
3._____
4._____
5._____
6._____

模型演示实例_____

学生演示实例_____

自然环境实践（如果与初始实践不同）_____

独立实践作业_____

个人或小组强化策略_____

**图 13-3　社交技能课程设计**

该课程设计可用于个人或小组，以确定和练习有针对性的社交技能。

资料来源：Jones, V. & Jones, L. *Comprehensive classroom management: Creating communities of support and solving problems*, Update, Loose-Leaf Version, 11th ed., p.372. ©2016. Reprinted and Electronically Reproduced by Permission of Pearson Education, Inc., New York, NY.

## 13.3.3 处理好学生与学校的联系

为了防止班级管理出现问题，建立积极的师生关系、提高班级凝聚力是很必要的。

### 1. 与教师建立连接

许多研究结果证实，师生关系的情感质量，即师生之间是亲密无间还是相互冲突，对学生的课堂参与、学业成绩和社会情感发展都很重要（Meyer & L. Anderman, in press）。一个有力的例子是一项对1364名从幼儿园到九年级学生的跟踪调查。那些在入学后的前6年中与教师建立了积极关系的学生，平均学分绩点（GPA）较高，选修了更高级的科学课程，并树立了更高的教育理想；他们的社交能力也更强，数学和英语自我概念也更高。正如研究人员所指出的，"……尽管教师是学生生活中的暂时性人物，但这些关系的强度和影响可能（也确实）会产生持久的后果"（Ansari et al., 2020, p.9）。在一项关于数学学习参与度的研究中（Rimm-Kaufman et al., 2015），学生们报告说，当教师热情、关心并积极回应学生的需求时，他们会更努力地学习，更喜欢数学，并更多地与彼此分享想法和学习材料。学生们还报告说，当教师明确学习目标、使用积极主动（预防性）管理策略，以及在多种活动安排中能平稳过渡时，学生在数学学习中的认知、社交和情感参与度也更高（为库宁的研究提供了更多证据）。对于面临学业风险的学生来说，积极的师生关系在升入初中时尤为重要（Hughes & Cao, 2018）。斯蒂凡妮·塞特（Stefania Sette）及其同事（2020）追踪了五、六年级的1200多名学生，发现更受教师喜欢的学生更有可能被同学接纳，而这种接纳与他们在学习上取得更大的成功相关。最后，在对58所高中进行的一项研究中，当教师在教室外的餐厅、走廊和楼梯间能通过非正式的问候、提问和对话与学生积极交流时，学生的负面行为较少（Cash et al., 2019）。

还有什么能支持稳固的人际关系？学生尊重那些能保持权威而不死板、苛刻的教师，这些教师以公正、真诚的方式对待学生，给予学生情感支持与关怀，能够让学生透彻地理解学习材料，能够敏锐地感受到学生的不适并表示关心，总是让学习充满创造性和趣味性。当然，学生非常尊重那些在学业和生活上充满人性的教师（这些教师不总以教师的身份与学生相处），尊重那些敢于担当、很少操控学生的教师，尊重那些不断挖掘学生潜力、与学生真诚交流、关注学生学习和生活的教师。最后，学生们喜欢并尊重那些尊重自己文化认同的教师（Meyer & L. Anderman, in press; Turner et al., 2014; Wentzel, 2002; Woolfolk Hoy & Weinstein, 2006）。

那么，教师该如何与学生建立积极的关系呢？**EMR 模式（Establish-Maintain-Restore）** 是一种基于研究的可能选择。当中学教师接受了EMR培训后，他们的学生减少了捣乱行为，更加投入到学习任务中。这种方法对那些在EMR干预前与教师关系不好的学生尤其有帮助（Duong et al., 2019）。事实上，劳里·金凯德（Laurie Kincade）和她的同事（2020）分析了近800项改善师生关系计划的研究，EMR是效果最好的两个项目之一。以下是该模型的要点。

**建立（establish）**——目标是通过"时间银行"，即与学生的热情互动来促进学生的归属感、信任和联系。互动是指人与人之间的关系，而不是学业上的或指导性的，是找到一些共同的兴趣，了解学生的为人。

**维护（maintain）**——一旦建立了这种关系，你就必须努力保护这种积极的关系，具体做法是：努力使积极互动与消极互动的比例达到5∶1。如果你发现自己在5次互动中批评或纠正的次数超过了1次，那么就要进行更多积极的互动。

**恢复（restore）**——在师生交往中，很难避免冲突或误解。当冲突或误解发生时，作为教师，你有责任将行为（deed）和行为人（doer）分开，共同解决问题，使事情恢复正常（稍后将详细介绍这一点）。作为一个成年人，在这种情况下，你要首先确认学生的感受，做到不记仇。

那些认为"他们的教师充满爱心、富有同情心、公平公正，并能帮助他们解决个人问题"的学生，比那些自认为与教师关系消极的学生更容易产生归属感（Allen et al., 2018, p.25）。下面我们就转入这一话题。

> **停下来，想一想**
>
> 回想一下你的中学时代。用 4 分制从 1（不同意）到 4（同意），你会如何评价这三个项目？
> 1. 学校里的大人们喜欢我，就像喜欢其他学生一样。
> 2. 学校里有一位关心我的大人。
> 3. 我喜欢上学。
>
> 你希望你未来的学生如何回答这些问题？

## 2. 学校联结与归属感

"停下来，想一想"中的三个问题来自《密尔沃基青少年归属感量表》（Milwaukee Youth Belongingness Scale）。该量表旨在测量学生与家庭、同学和学校的归属感。在"停下来，想一想"中，你对衡量学校归属感的 3 个项目进行了评分（Slaten et al., 2019）。那些感到自己对学校有归属感的学生表现得更加开心，会更加积极参与学校工作，更不可能旷课，更有可能毕业，并且学习自律性更强，有更高的自我效能感，同时较少参与那些危险的活动，比如滥用毒品、暴力行为或早期性行为（Allen et al., 2018; Prati et al., 2018; Waters & Cross, 2010）。如果学生把学校看作一个充满竞争的地方，每个人会由于不同的种族、性别和宗教而受到不同的待遇，那么学生更有可能表达不满或变得不合群。可是，如果学生认为自己有选择权，而且教师注重的是个人进步，不会把自己和他人进行比较，学生能从老师那里赢得尊重和支持，那么学生就更容易融入学校生活（Osterman, 2000; Schachner et al., 2019）。支持学生产生对学校的归属感的一种方式是建立与学生的家庭及家庭生活的联系（Gage et al., 2016）。例如，学生认为他们的教师非常关爱他们，可能是因为教师在了解学生的家庭、家庭生活，以及在校外给予学生帮助上花费了大量的时间，教师尊重学生的家人和他们的文化，愿意拜访和帮助他们（Jia et al., 2009; Suldo et al., 2009）。

## 3. 为青少年创建关怀联盟

高中时期，维持互相关心的师生关系特别重要。这个时期，学生会遇到更多教师，但师生间很少建立起亲密的关系，而且学生的情感、社会和学业压力将急剧升高。对所有学生来说，高中时代的归属感是很重要的。对那些由于语言、种族、性别或贫困而感到与学校欧洲裔中产阶级文化格格不入的学生来说，更是如此（Gray et al., 2018）。一项研究对 572 名学生进行了追踪，从九年级追踪到了高中，卡里·吉伦－奥尼（Cari Gillen-O'Neel）和安德鲁·富里尼（Andrew Fuligni）(2013) 发现九年级女生的归属感高于男生，但到了高中阶段，女生的这种归属感有所下降，而男生的归属感没有降低。一个可能的原因是，相比女生，男生参加的课外活动更多，如体育运动，这些活动使他们能与学校紧密地联系在一起。因此，鼓励女生参加包括体育活动在内的学校活动，可能有助于她们建立对学校的归属感。此外，积极的师生关系也有助于建立归属感，特别是对拉丁裔学生和女生而言。另外，与学生建立积极的关系似乎有助于教师主观幸福感的提高。回想一下人们对关联性的基本需求——第 12 章中描述的其他人关心你的那种感觉，我们就能理解为什么学校中的关爱关系同时有助于学生归属感和教师幸福感的提升（Spilt et al., 2011）。

明尼苏达大学开发的"检查与联结"（Check & Connect）项目，已经成功地与那些脱离学校、被边缘化的青少年建立了关爱关系，它可以用于所有年龄段的学生。"检查与联结"项目的目标是"培养学生完成学业的能力和社交能力"。该项目通过在训练有素的教师和学生之间建立关系展开。教师负责检查学生，监督他们的出勤、行为和成绩，并与其他学校教职员工、家庭和社区资源合作，为学生提供个性化的干预措施，从而与学生建立联系。"检查与联结"的研究结果表明，该项目提高了学生的参与度和学习成绩（Anderson et al., 2004; Skiba et al., 2016）。

兰德尔·桑普森（Randall Sampson）是我以前的一个

研究生。在俄亥俄州哥伦布市的一所大型多元化高中担任校长助理时，他发起了类似于"检查与联结"的活动。他亲自监督那些完成了基础数学课程，成绩足以升入进阶班，但没有报名参加进阶班的学生。他联系了学生家长，与学生们进行了交谈，并为他们报名参加进阶班。然后，他每周都会对学生进行检查，以确保他们上课认真听讲。他的干预措施非常成功，使注册 AP 课程的非洲裔学生增加了 600%，AP 考试成绩提高了 35%。当学生及其家人认为上大学是不可能的时候，他的举措让一些可能辍学的学生走进了大学。兰德尔创办了自由领导力发展（Liberty Leadership Development）公司，旨在将此类积极干预措施推广到更多学校，如北卡罗来纳州的威尔逊预备学院。但要注意，仅仅有一位教师并不一定对学生有帮助，除非双方的关系非常牢固，就像兰德尔与他所支持的学生一样。如果与教师的关系质量不高，实际上会对学生不利（Lyons & McQuillin，2019）。

如果想获得更多信息，请参阅下面的"实践指南：建立积极的师生关系"。其中的许多观点摘自琼斯（Jones）和琼斯（Jones）（2016）及 M. 马歇尔（M. Marshall）（2013）的研究。

| 实践指南 |

### 建立积极的师生关系

了解作为个体的每一个学生。

例如：

（1）每天和不同的学生一起吃午饭。与俱乐部、课外活动或体育团体合作，参加学生活动。

（2）在远程学习时，确保每个学生每天至少与学校的一名成人联系，配齐教师、图书管理员、阅读专家、辅导员和助教。如果学生没有上网，就打电话。

（3）表现出你对每个学生个体的兴趣。

（4）安排时间与学生进行个人会谈。如果是远程教学，则应设立虚拟办公时间，并保证与那些边缘学生或不寻求帮助的学生保持会面。

（5）正如我们在前面提到的，如果你开始了远程学习的新学年，而且你的学生有视频访问权，则应为自己录制一段介绍性视频，并要求学生也这样做。让学生念出自己的名字，这样大家都能学到东西。

表达对学生能力的尊重。

例如：

（1）"对多样性的尊重——对学生的双语能力表示钦佩，热情地解释课堂上出现了多少种语言，用多元文化的内容举例。"（C. S. Weinstein, Curran, & Tomlinson-Clarke，2003，p.272）

（2）私下积极地向学生表达你对他们在课外活动中的表现的看法。

（3）鼓励学生将他们的个人兴趣作为写作的主题。

（4）每天在教室门口迎接学生。

坚持进行真诚而专业的沟通。

例如：

（1）将简短的个人记录发给学生，你可以在这份记录中认可学生的作业、努力和坚持，致以生日祝福，或表达对其缺勤的担忧。给生病的学生发作业时，附上一张康复心愿卡。

（2）分享一些自己生活中的事作为案例，向学生呈现自己对一门学科的兴趣、犯过的错误（以从中吸取教训）、坚持克服困难的经历。

（3）不要在社交媒体上与学生结成"好友"，谨慎对待电子通信中的语言和图片——很多事情都可能被误解。创建与私人邮箱不同的学校邮箱。

（4）确认学校关于共享个人信息的政策。

（5）需要单独与学生会面时，要将会面地点安排在别人可以看到的地方——很遗憾，当今的教师必须防止他们与学生积极的关系被他人误解。

寻求并尊重学生的建议，但不宜过于私人化。

例如：

（1）为低年级学生设立一个建议箱。

（2）倾听学生的意见和抱怨，不要采取防御性的态度。询问他们建议的同时，也向他们分享你评价作业和打分的基本原则。

（3）使用简单的匿名调查问卷，了解他们在班级里是否受到尊重和关心。让学生对上一个"停下来，想一想"练习中的三个问题进行评分。

## ｜模块 41 小结｜

**教师应该怎样鼓励学生积极参与学习？**

一般而言，教师监督学生的时间越长，学生积极投入学习的时间就越长。如果学生在活动中能够不断获得下一步该做什么的提示，学生的投入程度会更高。有明确步骤的活动更具有吸引力，因为活动环节之间环环相扣。提出清晰明确的要求，提供充足的材料，以及教师对整个活动的监督，均能促使学生积极参与学习。

**解释库宁所提出的预防课堂管理问题的方法？**

为了创造积极的学习环境，同时防止问题发生，教师应该考虑到学生的个体差异，激发学生学习动机，同时要强化学生的积极行为。库宁认为，能够成功预防问题的教师在四个方面拥有娴熟的技巧：明察秋毫、一心多用、整体关注和变换管理。当不得不执行惩罚时，教师应该冷静且私下惩罚。除了借鉴库宁的思想，教师也可以通过营造关怀的班级氛围、教授社会技巧和情感自我调控策略来预防问题的发生。

**教师应该怎样帮助学生建立与学校的联结，以及为什么这些联结很重要？**

师生关系的情感质量，即教师和学生的关系是亲密还是冲突，影响着学生的课堂参与、学业成绩和社会情感发展。为了帮助学生建立与学校的联结，教师对学生的学业期望和行为期望应该是清晰的。对学生需求和权力的尊重，应该被放在课堂管理的重要位置。如果教师试图使课堂变得有趣、对每个学生都公平诚实、确保学生理解学习材料，并且能够尽力解决学生担忧的种种问题，那么，学生就会知道教师是关心他们的。EMR 模式和"检查与联结"是两个成功的例子。

## 模块 42　预防问题和鼓励沟通

**学习目标 13.4**　确认能有效预防与应对学生不良行为（包括欺凌他人）的策略（尤其是惩罚和替代惩罚、恢复性正义和学生自律）。

**学习目标 13.5**　清楚描述良好师生和学生之间沟通的特征，描述沟通的方法，如共情倾听、"我"信息和问题解决。

**学习目标 13.6**　解释与文化相关的课堂管理需求和方法。

## 13.4　处理纪律问题

在讨论对纪律问题的处理之前，请记住，每个学校都有处理问题行为，尤其是非常严重的问题的政策和程序。在制订行为管理计划之前，一定要了解这些政策和程序。另外，还需要记住的是，成为一个高效管理者并不意味着公开纠正学生的每一个细小错误。事实上，正如我们在第7章读到的，这种公开的关注极有可能强化问题行为。要减少问题行为的发生，关键在于教师需要知道发生了什么以及什么是最重要的。

### 13.4.1　快速制止刚出现的问题行为

有许多有效的方法用来缓和而不是加剧学生的行为问题，是至关重要的。随着问题的严重化，学生可能需要通过挑战或反抗教师以在同学面前挽回面子。而这有可能导致学生被逐出课堂，被留堂或停课——所有这些结果都会使学生，尤其是少数族裔的学生，面临更大的负面风险或危害，例如辍学或卷入少年司法系统，不能待在学校而得到监狱中去了（Hwang，2018；Skiba et al.，2016）。

如果你像对待学业问题一样对待学生的社交或行为问题，这可能会帮助你更有效地解决问题，这是一个学习更好方法的机会。例如，当学生犯了一个学业错误时，我们通常会认为他们是在努力纠正错误，而不是故意犯的错误，他们只是需要更细致的步骤、更清晰的解释、更好的例子、更多的示范或练习。但当问题是行为问题时，我们通常认为学生没有努力过，或者是故意出错的，我们随之而来会进行批评、惩罚或逐出班级。成功的教师倾向于将他们在改善学生行为方面的作用，既视为人际的（interpersonal），也当作教学的（instructional）——帮助学生学习并实施更好的决策和行动。你对这个问题的归因——无论是错误还是故意的——都很重要（Jones & Jones，2016；Stahnke & Blömeke，2021）。

一般而言，教师如果发出了停止的指令，大部分学生能够迅速服从，纠正自己的行为。当然，总有个别学生无视这些指令的存在。埃默和埃弗森（2017）、列文（Levin）和诺兰（Nolan）（2000）提出了八项快速制止问题行为的办法，这八种办法根据从轻到重的严厉程度排列如下：

（1）与违规学生眼神交流或走到他的身边。另外，一些非言语信号也可能有用，比如将学生应该做的事情指给他看。确保学生停止不恰当的行为，并把注意力放回到学习上。如果你不这样做，学生以后可能会忽视你发出的信号。

（2）尝试言语暗示，比如点名（在讲课过程中不时地提到学生的名字），向学生提问，以幽默（不是讽刺挖苦）的方式批评学生（如"我一定是幻听了。我没有叫人回答问题，但却听到了有人在说话！"）

（3）询问学生是否知道自己的行为会带来什么样的消极影响。

（4）让全班参与互动小活动，比如"思考—结对—分享"（Think-Pair-Share，TPS），特别是不止一位同学在"神游"时，这项活动可以重新吸引他们的注意力。

（5）如果学生没有按照正确的流程做事，教师可以提醒学生并要求他们改正。例如，你可以将与学习活动无关的玩具、梳子、杂志等悄悄收走，并悄悄告诉学生课后你会把这些物品归还给他。你还可以在学生的桌子上贴一张便利贴，邀请学生在课后跟你聊一聊。

（6）以平和、没有敌意的方式要求学生说出正确的班级规范或流程，并按照班级规范行事。格拉瑟（Glasser）（1969）就此提出了三个参考问题："你在干什么？你这样做是不是违反了规范？你应该怎么做？"

（7）清晰明确、坚定但无敌意地要求学生停止错误的行为（在后面的章节，我们将详细讨论如何坚定地向学生传递信息）。如果学生"顶嘴"的话，只要简单且冷静地重复你的立场就可以。

（8）提供选择的机会。比如，无论老师怎么制止，总会有一个学生不断地说出答案，这时候老师可以说："约翰（John），我给你一个选择的机会。要么你立刻停止擅自说出答案，举手来回答问题；要么把你的凳子搬到教室后面去，下课后你找我单独沟通。你自己决定吧。"（Levin & Nolan，2000，p.177）

### 13.4.2　如果要采取惩罚，你该怎么做

大多数教师倾向于使用本章之前讲到的逻辑后果来处

理问题行为，而不太喜欢采取各种惩罚措施。比如，如果一个学生伤害了另一个学生，你可以要求伤人者立刻做出"道歉行为"，这个行为不仅包含言语道歉，还包含一定的补偿。这样做可以帮助伤人者发展共情意识和观点采择能力，同时让他们知道什么是社会认可的适当的"补偿"行为（M. J. Elias & Schwab, 2006）。

再次强调：如果你必须惩罚学生，请从干扰最小的方式开始，且只有在必要时才继续。罗马诺和温斯坦（2019）在对四位小学老师的个案研究中发现，教师的处罚方式共分为七种，如表13-2所示。

### 表13-2　处罚学生的七种方式

1. **显露出失望的表情。** 如果学生喜欢或尊重他们的教师，那么教师脸上流露出的严肃或悲伤的表情，可能会让学生停止捣乱，回过头来思考自己的行为。
2. **撤销学生的某些权利。** 有问题行为的学生可能会失去自由时间。比如，如果学生没有完成家庭作业，他们就需要在自由活动时间来完成作业。
3. **暂停：要求学生暂时退出小组活动。** 干扰他人或拒绝进行小组合作的学生会被其他同学孤立，直到他们学会合作为止。有些教师会给学生10～15分钟的时间，让他到其他教室或大厅做好合作准备，在这段时间内，教师和其他学生都不理会这个违反规则的学生。
4. **要求学生对问题进行反思，并写下来。** 学生可以通过写日记、短文的形式来讲述自己做了什么，对他人造成了什么影响，也可以写道歉信——如果这种方式合适的话。另一种方式是让学生客观地写下他们做了什么，然后教师和学生在上面签名，并记录日期，以后家长或管理者询问学生行为时，它可以充当证据。
5. **要求学生去校长办公室。** 一般而言，有经验的教师较少使用这一策略。但如果有正当理由，他们也会这样做。有些学校规定，如果学生出现打架等特定的攻击性行为，需要把他们送到校长办公室。如果你让学生去校长办公室而学生不去的话，你可以给校长办公室打电话，说这个学生已经出发了。这样，学生就只有两种选择：要么去办公室，要么受到校长的惩罚。
6. **留校。** 留校是指在放学后的自由时间或午餐时间，针对所发生的事件与学生进行简短的谈话。
7. **联系家长。** 如果问题重复出现，许多教师就会与学生家长联系。这样做是为了寻求支持，以帮助学生，而不是为了责备家长或惩罚学生。

资料来源：Adapted from *Elementary classroom management* (7th ed.), pp.300–301, by M. E. Romano and C. S. Weinstein. McGraw-Hill. Copyright © 2019 by The McGraw-Hill Companies. Adapted with permission of The McGraw-Hill Companies, Inc..

即使必须使用惩罚策略，教师也应慎重。正如卡洛琳·奥林奇（Carolyn Orange, 2005）所言，"在管理方面富有成效的教师不会采用降低学习层次、扣分等方式来维持纪律，这些方法是不公平的，同时也是无效的。它只会伤害学生"（p.76）。如果你必须惩罚学生，那么我建议你参考下面的实践指南。其中的案例，引自温斯坦和诺沃德沃斯基（Novodvorsky, 2015）、罗马诺和温斯坦（2019）著作中有关专家型教师的内容。

| 实践指南 |

## 实施惩罚

直到你和犯错误的学生都恢复冷静、客观的时候，再进行讨论。

例如：

（1）平和地对违规学生说"坐在那儿，想一想都发生了什么，我过几分钟再跟你谈"或者"我不太喜欢我刚才所看到的一切，今天的自由活动时间来和我谈一谈"。

(2) 你也可以说"我对刚才发生的一切感到很生气。每个人都把日记本拿出来，把刚才的事情记下来"。写了几分钟以后，全班同学可以一起讨论事件的经过。

不公开惩罚学生。

例如：

(1) 私下惩罚学生，而且坚定地执行惩罚。
(2) 避免公开提醒学生他们已经违反了规定。
(3) 走近违反纪律的学生并提醒他，确保只有他一个人能够听到。

在对学生实施惩罚后，要重新与他建立积极的师生关系。

例如：

(1) 交给这个学生一项任务或请求他的帮助。
(2) 如果违规学生的行为得到纠正后，要对他们提出表扬，或通过拍拍背等肢体语言来表示赞扬。要学会利用这样的机会。
(3) 连续10天，每天花两分钟时间，就学生感兴趣的体育、游戏、电影等话题与学生进行个别谈话，努力了解他感兴趣的是什么。花在这上面的实际时间上可以使学生和这个班级获得更多的学习时间。

建立不同等级的惩罚，以适用于不同的情景。

例如：

对于不交作业的情况，根据问题的严重程度，可采取不同策略：①提醒学生；②警告学生；③要求学生在放学之前交作业；④要求放学后留下来完成作业；⑤参加教师—学生—家长的三方会议，共同制订行为计划。

在惩罚的同时教授学生问题解决的策略，确保学生下次遇到相同问题时知道怎么做（M. J. Elias & Schwab, 2006）。

例如：

(1) 要求学生使用问题日记。在问题日记里记录他们的感受、他们对问题的认识和他们的目标，然后想想其他可能的解决问题和实现目标的办法。
(2) 引导学生尝试用使自己保持平静的"5—2—5"步骤：当感到愤怒的第一时间，对自己说："停下来，镇定"，然后进行几次深呼吸，5秒吸气，2秒屏住呼吸，再用5秒的时间呼气。

### 13.4.3 学校停学和零容忍怎么样

目前围绕对学生违纪行为采取停学和"零容忍"的态度也有许多讨论。零容忍是解决问题的好办法吗？下面的"观点/对立观点"收录了关于这一话题的讨论，你可以参考。

---

**观点 / 对立观点**

**对违纪行为零容忍对吗**

当今社会，校园暴力行为随处可见，因此一些学区制定了对违纪行为"零容忍"的应对政策。这通常意味着，每次都对轻微的违规行为进行处罚，希望以此来避免今后的重大违规行为。这种零容忍的处理方式合适吗？

**观点** 零容忍在现阶段是必要的。

零容忍政策关注学校安全、公正性、防患于未然，以及学校和教师的责任，以保护学生、学校和教师。教育工作者认为，零容忍政策设定了明确的期望，能够对不当行为做出快速反应，这些方法使学生更安全，并创造了一个混乱更少的学习环境。对所有人的零容忍减少了偏袒，因为必须以同样的方式对待每一个人，但正如我们稍后将看到的那样，这种情况并不总是发生。此外，零容忍的倡导者声称，这些政策让学生为未来走进社会做好了准备，例如，警察不关心你为什么超速，你的老板也可能不关心你为什么迟到（Morin，2020；Sasser，2017）。当然，一些新闻报道似乎表明，有些人对学生的无心的错误过度反应了，那么学校负责人应该怎样区分无辜者和真正犯错误的人呢？比如，一度被热议的安迪·威廉姆斯（Andy Williams）在加利福尼亚州枪杀了两名男生，然而在他开枪之前，同学们误以为他只是在开玩笑而已。

学校还声称，零容忍政策减少了学校里的滥用药物现象，因为有特例时会导致规则变得并不明确，而零容忍政策的运行抹平了那些特例。最后，家长们支持这些政策（Sasser，2017）。

**对立观点 零容忍意味着零常识。**

以"零容忍"和"学校"为关键词在网络上进行搜索，可以获得关于此政策的大量信息，但大多数人持反对意见。例如，下面这个故事里零容忍有何意义？《圣彼得堡时报》（*St. Petersburg*）报道了一名10岁女孩的故事，她的母亲在女孩的午餐盒里放了一把塑料刀，这样她就可以切苹果了，女孩乖乖地把塑料刀交给了老师，却因持有武器而被学校开除。在另一起案件中，一名十几岁的男孩也被学校开除，只因为他使用手机与在伊拉克的母亲通话，违反了"禁止使用手机"的规定，而他已经一个月没有和她说话了（Hyder & Hussain，2015）。

尽管零容忍政策的支持者说，这些政策创造了公平，因为对每个人的惩罚必须一致，但实际情况却是：运动队员和好学生往往会得到原谅，非洲裔青少年即使是轻微的违规行为也会受到更频繁、更严厉的惩罚（Amemiya et al.，2020；Curwin，2015）。此外，惩罚和零容忍政策尽管在包括防止欺凌在内的重大违规行为方面经常使用，但并没有显著成效（Amemiya et al.，2020；Rigby，2012；Welsh & Little，2018）。美国心理学会"零容忍特别研究小组"（2008）经过充分研究后，得出了如下结论：（1）与实施零容忍政策之前相比，学校并没有变得更安全，对学生的管理也没有变得更有效；（2）由零容忍政策导致的高停学率，并没有降低学生管理过程中的种族偏见；（3）实际上，零容忍政策导致了不良行为的增多，并由此导致了高辍学率。

此外，零容忍政策导致当学生在得知同学计划要实施危险行为时，他们不愿意报告老师。零容忍政策妨碍了师生之间的信任关系（Syvertsen et al.，2009）。

**谨防"非此即彼"**

也许零容忍政策确实利弊同在。事实上，我们要求成年人在处于危险情境中运用零容忍规则时保持良好的判断力，而不是当学生的行为并非出于伤害他人的意图、也不危险时，盲目采用零容忍规则。比起简单的零容忍政策，全校性的政策应该少一些惩罚性，多一些预防性和前瞻性，并努力改善学校氛围，这是零容忍的良好的替代方案。恢复性正义就是一种选择。

---

## 13.4.4 关注到每个学生：恢复性正义

世界各地的许多学校都在努力寻求可以替代充满了惩罚性和严格性的零容忍制度的替代方案。其中一种替代方案就是**恢复性正义**（restorative justice），这是一种教师可以终身受用的方法。

在你任教的学校里，你可能会遇到一种叫恢复性干预或恢复性实践、恢复性措施、恢复性方法、恢复性纪律、恢复性正义的项目，这种项目旨在寻找"恢复性"（Gonzalez et al.，2018）。在恢复性正义中，问题行为之所以有害，并不是因为它"违反了规则"，而是因为负面行为对课堂和学校的成员产生了不利影响（Fronius et al.，2016）。恢复性正义侧重于建立、培养和修复人际关系，同时让受害者、侵犯者和共同体发声，目标是减少对传统惩罚和警察参与的依赖，修复对受害者的伤害，但仍要追究行为不端学生的责任且给予帮助，让他们重新融入共同体中。小文森特·安法拉（Vincent Anfara Jr.）和他的同事（2013）描述了指导恢复性正义的七项原则。

**满足需求**：与功能性行为评估（第7章）一样，恢复性正义假设行为即便是负面行为也都是有目的和功能的。即使侵犯者达到目标或满足需求的方式存在问题，但他们也是在努力满足一些需求。关于欺凌的一些原因，请参见本章后面的表13-4。

**带有支持与同情的责任与问责**：学生要对他们在共同体中所造成的伤害负责。

**纠正错误**：伤害不是指"违反规则"，而是指伤害共同体中的成员。合适的反应是纠正错误。

**冲突是一个学习机会**：学校共同体的每个人都可以学会更有效地处理冲突，学生能成为更好的问题解决者，老师也能更好地与学生相处。

**建立良性共同体**：除了应对不当行为，恢复性正义还建立了互相尊重的共同体，加强每个成员之间的关系。

**恢复关系**：即使在最稳固的共同体中，冲突也会发生。我们的目标不是惩罚，而是修复和恢复。

**解决权力失衡**：恢复性正义要求学校检查他们的做法是否对学生造成伤害，致使不公正现象长期存在。

在学校或课堂层面实施恢复性正义有不同的方法，包括受害者–侵犯者调解、冲突调解会议或调解小组（Parker & Bickmore，2020；Zehr et al.，2015）。例如，在受害者–侵犯者调解会议中，冲突双方会见调解人（通常是教师），有时也会见他们的家庭成员。受害者和侵犯者会表达他们的观点并描述他们的经历，在此过程中，调解人的存在能使讨论富有成效。如果整个过程进行得很顺利，冲突双方会表达对伤害彼此的懊悔，恳请对方原谅自己曾经犯下的过错，并最终化解他们之间的冲突。恢复性正义的结果通常是一项协议，内容包括如何在课堂共同体中重建合作和参与，如为自己的行动道歉、补偿，以及思考如何积极处理今后可能会发生的冲突。恢复性正义强调学生的责任，接下来的一个方法"无压力的纪律"也是如此，这是每位教师的目标！

## 13.4.5 教师施加的处罚 vs 学生自己的责任

马文·马歇尔（Marvin Marshall）（2013）认为，尽管课堂管理是教师的职责，但纪律确实是学生的责任。课堂管理是使课堂得以运行的策略，包括流程、规范和结构，这些是教师的职责。纪律则与人们行为有关，包括自我控制和情绪的自我调节，这些是学生的责任。学生必须把自己训练成自我调节的学习者，并最终成为富有创意、成功和快乐的成年人。过分强调顺从及教师施加的处罚，往往会导致反抗、怨恨、欺骗甚至蔑视，而责任则有助于课堂团体和学习文化的形成。

当然，任何做过涉及儿童或青少年的工作的人都知道，自律不是自发或天生的，像其他技能一样，自律也需要教授和实践。马歇尔提出了一些实现自律的策略：①以积极的方式沟通，使用"当……就可以"的策略（如"当完成作业后，你可以用你手机听音乐"）；②提供选择机会并引导学生思考后果（"对于……，我们应该怎么做？"）；③鼓励反思和自我评价。其中一个能将这三个策略进行整合的方法是：通过解释和范例，让学生明白行为具有不同的层次和水平。不同水平的行为如下所示：

**水平A：混乱（Anarchy）**——没有目标，一片混乱。

**水平B：命令/欺凌（Bossing/Bullying）**——打破规则，自行其是；只有在提出要求者富有权力或权威时才服从。

**水平C：合作/遵从（Cooperation/Conformity）**——符合期望，服从要求。

**水平D：民主（Democracy）**——自律，主动，对自己的行为负责。

C和D水平上的行为表面上看起来一样，但动机不同。如果某个学生捡起了地板上垃圾，是因为教师要求他这么做，那么他的行为是出于外部动机，行为水平是C，即合作水平；但如果学生是主动捡起垃圾的，并不是因为教师的要求，那么他的行为是出于内部动机，行为水平是D，即民主水平。当学生没有在C或D水平上行动，教师可以问学生"这一行为出于什么水平"。如果学生无法做出合作水平，即C水平的行为，教师可以要求学生进行自我反省，并让学生回答三个问题：我做了什么？我可以做些什么来防止它再次发生？我现在要做些什么？

图13-4总结了马歇尔的模型。在他的专著《无压力的纪律——惩罚还是奖励：教师和家长如何提升孩子的责任感、促使孩子学习》(*Discipline Without Stress® Punishments or Rewards: How Teachers and Parents Promote Responsibility & Learning*)（M. Marshall，2013）中提出了许多其他鼓励学生自律的策略。

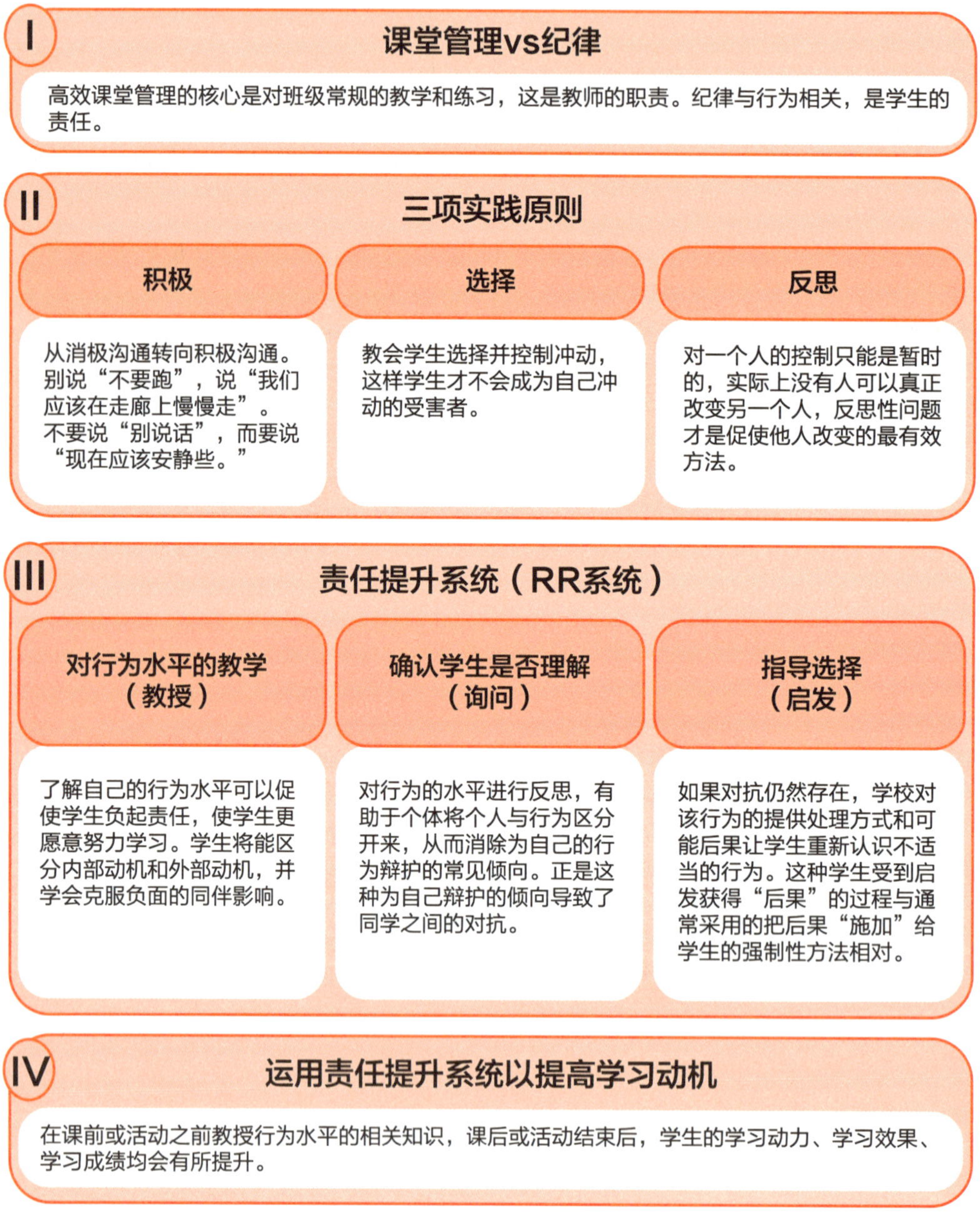

### I 课堂管理vs纪律

高效课堂管理的核心是对班级常规的教学和练习，这是教师的职责。纪律与行为相关，是学生的责任。

### II 三项实践原则

**积极**

从消极沟通转向积极沟通。别说"不要跑"，说"我们应该在走廊上慢慢走"。不要说"别说话"，而要说"现在应该安静些。"

**选择**

教会学生选择并控制冲动，这样学生才不会成为自己冲动的受害者。

**反思**

对一个人的控制只能是暂时的，实际上没有人可以真正改变另一个人，反思性问题才是促使他人改变的最有效方法。

### III 责任提升系统（RR系统）

**对行为水平的教学（教授）**

了解自己的行为水平可以促使学生负起责任，使学生更愿意努力学习。学生将能区分内部动机和外部动机，并学会克服负面的同伴影响。

**确认学生是否理解（询问）**

对行为的水平进行反思，有助于个体将个人与行为区分开来，从而消除为自己的行为辩护的常见倾向。正是这种为自己辩护的倾向导致了同学之间的对抗。

**指导选择（启发）**

如果对抗仍然存在，学校对该行为的提供处理方式和可能后果让学生重新认识不适当的行为。这种学生受到启发获得"后果"的过程与通常采用的把后果"施加"给学生的强制性方法相对。

### IV 运用责任提升系统以提高学习动机

在课前或活动之前教授行为水平的相关知识，课后或活动结束后，学生的学习动力、学习效果、学习成绩均会有所提升。

**图 13-4　无压力的纪律® 教学模型**

注：这里呈现的是马歇尔模型的核心概念。

资料来源：Adapted from Marshall, M. (2013). *Discipline Without Stresss® Punishments or Rewards: How Teachers and Parents Promote Responsibility & Learning* (2nd ed.). Los Alamos, CA: Piper Press.

## 13.4.6 欺凌行为与网络欺凌行为

欺凌行为不仅仅是打架或斗殴。欺凌是对受害者故意的、反复发生的伤害行为，欺凌者希望通过强烈、长期的暴力滥用或社会权力来实现社会主导地位（Kaufman et al., 2020）。网络欺凌增加了匿名攻击的可能性，因此身体上或社会上更有力量可能不再是重要的预测因素。此外，与其他形式的欺凌往往具有较少的目击者相比，网络欺凌可能涉及大量公众参与。

虽然善意的交流与带有敌意的戏弄之间的界限表面上看起来并不明显，但在学校生活中，戏弄弱者或不合群者，或因为种族、残疾或宗教而诋毁他人，都是不能被容忍的行为。欺凌行为最早可以从幼儿园开始，通常在初中达到高峰，然后在高中结束时有所减少——这意味着在你教的任何年级都可能存在欺凌问题。研究表明，无论是欺凌者还是受害者，都长期面临着出现学业、心理和行为问题的风险（Hymel & Swearer, 2015；Patton et al., 2013；Thomas et al., 2015；Ttofi et al., 2016）。

关于欺凌的类型及其典型行为特征，请参看表 13-3。研究发现，对于四年级至十二年级的学生，约 31% 的学生表示经受过身体欺凌，51% 的学生表示经受过言语欺凌，37% 的学生表示经受过社交欺凌，12% 的学生表示经受过网络欺凌。但另有研究发现，多达 80% 的学生表示曾受到过不同形式的欺凌。身体欺凌的比率似乎在下降，网络欺凌的比率却在上升（Graham, 2016；Hymel & Swearer, 2015）。

### 表 13-3 欺凌的类型及典型行为特征

| 欺凌类型 | 定义 | 典型行为特征 |
| --- | --- | --- |
| 身体欺凌 | 由于权力或力量不平衡，任何对受害者施加的不必要的身体伤害 | 打、掐、猛击、踢、推、扣留、盗窃、毁坏财产 |
| 言语欺凌 | 任何对受害者具有攻击性或威胁性的言辞 | 对他人的任何方面（另见本表中的身份欺凌和性欺凌）进行恶意的取笑、辱骂、批评、羞辱、威胁、贬损 |
| 社会（关系）欺凌 | 对他人社交、友谊或名誉的破坏 | 故意排斥某人，散布谣言，说服其他人不和某人做朋友，破坏某人的友谊或名誉，让某人看起来很愚蠢 |
| 网络欺凌 | 在社交媒体或电子邮件上发帖进行欺凌 | 在网上散布谣言、捏造、转发、诽谤，以他人名义创建虚假账户、散布仇恨言论；在网络上，施加上述任何言语欺凌方式，并发送给许多人；发送令人尴尬或难以接受的图片或视频 |
| 身份欺凌 | 由于某人的种族或民族背景、宗教或残疾而排斥或虐待他们 | 辱骂种族主义者；讲嘲笑种族、宗教或残疾人的笑话；对种族、宗教、信仰或残疾发表负面评论；嘲讽、故意让某人感到不舒服 |
| 性欺凌 | 排斥，不友好地对待他们，或因某人的性行为而使其感到不舒服 | 发表性别歧视言论或开玩笑，以性方式触摸、捏、抓；对某人的性行为或性取向发表粗鲁的评论；散布性谣言 |

**1. 受害者**

来自欧洲和美国的研究发现，大约有12%的男童和6%的女童是欺凌的长期受害者，即持续的身体或言语攻击的对象。至今受害时间最久的，有孩子从8岁到16岁都在遭受欺凌（Hymel & Swearer，2015）。其中一类受害者自尊水平低，而且感觉焦虑、孤独、不安全和难过。这些学生容易哭泣和退缩，一般来说，当受到攻击时，他们不会保护自己。这类受害者相信自己有不可改变或不能控制的缺陷，因而总是被拒绝——难怪他们是那么抑郁、沮丧和无助！此外，与绝大部分同龄人明显不同的学生更容易受到欺凌，包括肥胖或身材矮小、不受人欢迎、少数种族或使用少数语言、有天赋或残疾的学生等。不幸的是，许多受害者自己也成为了欺凌者，造成了源源不断的施害者和受害者（Graham，2016；J. S. Hong & Garbarino，2012；Walters & Espelage，2018）

长期欺凌会对受害者的学业成绩、社会关系和心理健康产生负面影响。那些从小学到中学一直是受害者的孩子，成年后更加抑郁、沮丧，出现极端行为的风险更高。学生经常感到焦虑、抑郁、头痛、胃痛或经常迟到和缺课，可能是被欺凌的迹象。因为处于持续的恐惧之中，每天约有160 000名儿童不愿意去学校，成千上万的儿童辍学（Bradshaw et al.，2013；Holland et al.，2019；Juvonen & Schacter，2020）。

在学校里，受害学生比欺凌者更有可能杀害或伤害他人（Reinke & Herman，2002a，2002b）。在过去的几年里，我们在美国和欧洲的学校中看到的悲剧性结果是：那些受欺凌的孩子极有可能把枪指向施暴者，从而成为校园枪击案的凶手。交到朋友，可以帮助学生应对欺凌。此外，在种族多元化的学校里可以减轻脆弱感，这可能是因为权力在这里是分散和共享的（Graham，2016）。

**2. 为什么学生会欺凌他人**

肯·里格比（Ken Rigby）（2012）对相关研究进行分析后发现，欺凌他人主要有四个原因。里格比认为，为了有效打击欺凌行为，学校和教师需要处理的是欺凌他人的潜在动机，而不仅仅是欺凌行为本身。表13-4列出了欺凌他人的原因，以及学校和教师可以采取的行为反应，你可以参考。

表13-4 欺凌他人的原因，以及学校和教师可以采取的行为反应

| 欺凌他人的原因 | 学校和教师可以采取的行为反应 |
| --- | --- |
| 欺凌者感到恼怒，觉得受到了侮辱，或者对受害者有一些不满，所以他们觉得自己有理由痛打受害者。他们感受到的委屈可能有，也可能没有合理的缘由 | 帮助学生更准确地理解他人的意图。通过角色扮演、阅读和戏剧等方式来培养他们从他人的角度思考问题的能力。尝试化解冲突或同辈调解 |
| 欺凌者只是喜欢让受害者承受压力，特别是当旁观者似乎觉得整个情况很"有趣"的时候。欺凌者往往声称自己是无辜的——"这没什么大不了的" | 需要强调，除非被攻击的学生也觉得是在开玩笑，否则这种情况一点儿也不有趣。开展文化活动和班级社区建设，如围成圈讨论大家都关注的话题，以培养学生的共情意识；关注旁观者能够且应该做些什么来制止欺凌 |
| 欺凌者相信，对受害者的侵犯能帮他获得或维持在他看重的群体中的某种地位，希望能获得权力和社会支配地位 | 在课堂上及与学生的相处中，对学生强调要做道德判断、独立思考、拒绝屈服群体压力的重要性。此外，对一些敏感话题的讨论可以帮助学生抵御来自那些因他人的种族、民族、性别认同或文化而伤害他人的群体的压力 |
| 欺凌者为了从受害者那里获得一些东西，对他们施加伤害。这类欺凌者基本上是虐待狂——伤害他人让他们感觉很好 | 恢复性正义和社区服务实践可能会使欺凌者产生真正的懊悔。对于年龄较大的学生，如果其行为已经属于犯罪，应该让他受到法律制裁 |

**3. 面对欺凌和戏弄他人，教师能做什么**

在一个较有代表性的纵向研究中，研究者选取了一至六年级的学生，对他们进行了两年跟踪调查，结果发现，教师虽然教授了冲突管理的策略，但是那些具有攻击性的学生并没有将这些策略运用到生活之中（Aber et al., 2003）。如果教师对学生攻击和戏弄他人的行为采取沉默的态度，学生就会认为教师纵容他们的这些行为（C. S. Weinstein & Novodvorsky, 2015）。

那么，你该怎么办？当你看到一个事件时要立即做出回应，而不要忽视它。否则，学生们会认为教师不会施以援手，所以不会去报告欺凌行为。但是，如果教师发挥积极作用，让学生相信他们的教师会分开那些参与欺凌的人或者联系家长和校长，他们则更有可能报告欺凌行为。因此你要检查自己的偏见，并积极行动起来。各种欺凌行为并不是"无害的"，也不是"成长的一部分"，但你确实可以利用这一事件开展课堂教学，专门来谈论一些棘手的问题和讨论为什么旁观者经常袖手旁观。最后，你应展示对差异性和多样性的欣赏（Cortes & Kochenderfer-Ladd, 2014; Graham, 2016）。此外，应该明确且提前说明欺凌者要遭受的后果，如果欺凌行为继续，所带来的后果会更严重，包括对欺凌情况的深刻反思（教师找你谈话或写检讨书）。当然，这并不是为了羞辱欺凌者，而是为了用更好的方法来处理表 13-4 中列出的欺凌原因（Ansary et al., 2015）。你可能还记得第 7 章中的功能性行为评估吧，你可思考：学生从欺凌行为中得到了什么？实现这一目标的更好方法是什么？最后，在师生关系积极的课堂上，学生会对欺凌的受害者表现出更多的同情——这也是促使教师与学生建立牢固情感纽带的另一个好理由（Waasdorp et al., 2019）。

事实证明，可以通过合作学习预防减少欺凌行为。因为人们倾向于寻找与他们的态度和行为相同的朋友，所以恃强凌弱的人往往会团结在一起，强化彼此的行为。而受害者往往是孤僻独行的学生，几乎没有朋友。建立积极的相互依存关系以实现共同目标的合作活动，可以支持建立新的友谊，并包容所有类型的学生。马克·范·锐龙（Mark Van Ryzin）和凯里·罗塞斯（Cary Roseth）（2018）在一项针对 1460 名七年级学生的随机实验（对照组设计）中使用了合作学习活动，他们发现参与合作组的学生中欺凌与受害的情况都明显减少了。

一些经过深入研究的全校欺凌预防计划取得了成功。例如，Olweus 欺凌预防计划，在对 120 所学校（三至十一年级）进行的为期两年的大规模研究中取得了良好的结果（Limber et al., 2018）。然而，不幸的是，许多全校性的欺凌预防措施的效果并不理想。另一个令人沮丧的发现是，管理者们倾向于使用从同事那里听来的反欺凌措施，而不是根据这些措施是否有科学证据来决定是否使用它们的。事实上，许多措施都没有科学依据（Ansary et al., 2015; Graham, 2016; Swearer et al., 2010）。即使在减少了欺凌现象的学校里，如果仍有少数学生受到欺凌，那这些受害者可能会感觉更糟，因为他们认为学校是安全的，所以这一定是他们的错——是他们自己出了问题。他们变得比以往任何时候都更加孤立无援，可能需要额外的支持或咨询才能意识到那是欺凌者在寻求权力——是欺凌者的错（Juvonen & Schacter, 2020）。

有效的常见方法是让家长参与进来。教师和学校可以联系家长，共同预防和应对欺凌事件。家长应该了解学校的政策，以及如何支持学校的反欺凌工作。要做到这一点，家长和学校需要相互信任，以便有效沟通（Lindstrom Johnson et al., 2019）。

**4. 网络欺凌**

大约 95% 的青少年能使用智能手机，网络也成为欺凌或被欺凌的一种方式。高达 70% 的青少年在一年中经历过网络欺凌（Morin et al., 2018; Yang et al., 2020）。比如，16 岁的丹尼斯（Denise）与前男友分手后，她的前男友在一些与性有关的博客和网站上公布了丹尼斯的电子邮箱、手机号码，以此实施报复。此后的几个月时间内，丹尼斯不断收到骚扰、恐吓的电话和短信（Strom & Strom, 2005）。现在，欺凌者有了新的方法来折磨受害者，包括使用电子邮件、手机、短信、社交媒体网站、网络博客和在线投票网站。（在我写下这段话后，可能出现了更多的方式。）这种欺凌行为很难制止，因为欺凌者很隐蔽，但是这种伤害是长期的。表 13-5 给出了一些处理网络欺凌行为的办法，你可以参考。

#### 表 13-5　处理网络欺凌行为的办法

- 向学生介绍学校对正确使用网络的规定，并将这些规定写入学校手册或班级规范。这些规定需清楚地解释网络欺凌行为的含义及其后果。
- 让学生知道欺凌他人会受到严厉的处罚。
- 实施网络欺凌者的家长（或监护人）需要受到严厉的处罚。
- 告诉学生，他们
  - 不应该分享或提供个人信息、身份证号码、密码、电话号码等。
  - 不应该删除那些通过网络传送的带有欺凌性质的信息，而应把这些信息交给自己信任的成年人。这些信息可以充当对欺凌者采取行动的证据。
  - 不应该打开自己不认识的人发来的信息。
  - 不要回复那些传送欺凌性质的信息或点击那些附带的网络链接。
  - 可以将那些传送欺凌信息的手机号、电子邮件和社交媒体账号等加入黑名单。
  - 可以将这些信息发送相应的网络运营商。
  - 应该将受到欺凌的事告诉你信任也信任你的成年人。
  - 如果这些信息给你或他人造成了人身威胁，可以把这些信息交给警方。
  - 应该公开反对网络欺凌。
  - 不应该在他们愤怒的状态下发送信息。
  - 不应该发送不希望他人看见的信息。
- 关注班级中关于网络欺凌的讨论。例如，某所学校的学生在"耻辱之墙"上张贴了学校其他同学在 Facebook 上发布的不恰当评论（隐去了可识别的个人信息）。这是需要关注的。其他社交网站也是如此。
- 让家长知道哪些主要的网络运营服务商会提供一定形式的家长监控服务。
- 鼓励家长把电脑放在家里的公共场所。
- 邀请当地警察来学校为家长和学生讲解如何合理使用网络。
- 确保学校的电脑使用手册包含有关道德准则的内容。

资料来源：Adapted from *Middle and Secondary Classroom Management* (5th ed.), by C. S. Weinstein & Novodvorsky, New York: McGraw-Hill. Copyright © 2015 by The McGraw-Hill Companies, p.182.

### 13.4.7　中学生的特殊挑战

相当一些中学生从来不完成作业。由于中学生的作业很多，而且一个教师需要教很多学生，因此，教师和学生都有可能忘记哪些作业交过了、哪些还没有交。教学生用纸张或电脑制作每日计划，是很有必要的。此外，教师也需要对学生完成作业的情况进行正确的记录。教师还要重视建立应对学生未完成作业的情况的机制，不要因为有些学生"足够聪明"而让他们通过，应让这些学生清楚自己面前的选择：要么完成作业，要么不做作业接受惩罚。当然，你也可以私下询问学生，没有完成作业是否为个人能力的问题。

有的学生也可能会经常违反同一规定，比如总是忘记带学习材料，或者总是打架。教师应该怎么做呢？其中一个办法是：把这些学生和可能受他们影响的同学隔离开来。如果他们已经违反了规定，就不要轻易接受他们"不会再犯"的承诺，必须坚定执行处罚措施（Levin & Nolan, 2000）。教育学生如何监控自己的行为，对此，第11章介绍的自我调节技巧可能会有帮助。不过，教师也应注意与这些学生保持友好的关系，在恰当的时间与学生聊一聊违规行为以外的其他事情。

一个反叛的、充满敌意的学生会惹出许多麻烦。一旦发生冲突，要尽快采取措施制止，不然总会两败俱伤。你可以对学生说，"合作与否在于你的选择，你花几分钟的时间想一下吧"，以此给学生一个保全面子和冷静下来的时间。如果学生同意了，那么你们可以就怎样控制冲突展开讨论。如果学生拒绝，你可以告诉他先到大厅等着，等你把班上的同学安顿好后会私下和他交谈。如果学生拒绝到大厅去，你就得派另一个学生去把校长助理请过来。如果学生在校长助理来之前妥协了，也不要就此了事。如果

类似的冲突经常发生，你可能需要与咨询师、学生家长或其他教师进行讨论。如果问题在于这个学生的性格与同学不可协调，可以把这个学生转到其他班级。

有的时候，在学生违规时，将违规学生的名字、言语、动作、违规行为出现的时间、地点，以及教师的反应等信息记录下来是很有必要的。这些记录有助于鉴别违规行为的不同模式，也有助于教师与管理者、学生家长或相关人事部门进行沟通（Burden, 1995）。有些教师会要求学生在每份记录上签名，作为证明。

打架和破坏公物是非常危险的严重违规事件。遇到这类事件时，教师需要马上申请帮助，并确认事件的参与者和目击者；然后要求围观的学生离开，因为围观只能让事情变得更加糟糕。不要尝试在没有帮助的情况下一个人去劝架，而应马上通知学校办公室，通常学校办公室都有处理此类事件的政策。你还能做些什么呢？在下面的实践指南中，温斯坦和诺沃德沃斯基（2015）为你提供了多种处理这些具有潜在破坏性的事件的方法。

## 实践指南

### 处理具有潜在破坏性的事件

缓慢而谨慎地向事发现场靠近。

例如：

（1）步子放慢，小心谨慎。
（2）确保自己能够观察到整个事发现场。

尊重他人。

例如：

（1）保持合理的距离。
（2）不要推搡那个犯了错误的学生，不要让学生丢面子。
（3）说话时尊重他人，称呼学生的名字。
（4）避免用手指着他人或用一些不当的手势语。

说话简明扼要。

例如：

（1）避免教育学生时长篇大论。
（2）说话时抓住重点，解决当前问题。
（3）一些不太严重的问题过后再解决。

避免权力斗争。

例如：

（1）如果可能，与犯错误的学生私下交谈。
（2）不要陷入"我不会……，你要……"的争论中。
（3）不要威胁学生，讲话不要太大声、避免过分激动。

告诉学生选择积极行为和选择消极行为的不同后果，并给学生留出时间，让他自己做决定。

例如：

（1）"迈克尔（Michael），你必须把桌子还回来，要不我就告诉校长。给你几分钟的时间，请你自己决定吧。"说完后，教师离开，或者开始处理其他学生的问题。

（2）如果迈克尔拒绝采取积极行为，就履行这个消极的后果："你选择了让校长来处理这件事情。"接下来教师还要跟踪事件的后续发展。

资料来源：*Middle and secondary classroom management: Lessons from research and practice* (5th ed.), by C. S. Weinstein & I. Novodvorsky. Published by McGraw-Hill.

## 13.5 沟通的必要性

> **停下来，想一想**
> 如果一个学生对你说："你让我们读的那本书真蠢，我不想读！"你应该怎么办呢？

当问题出现时，师生之间的沟通显得尤为重要。沟通不只有"教师说，学生听"这一种模式，也不只是学生和教师之间的话语互动，我们可以通过多种方式和学生沟通。比如，行为、动作、语音语调、面部表情或其他的一些非言语行为，都在向学生传递着不同的信号。非常遗憾的是，很多时候，我们希望发送的信息与学生接收到的信息是不一样的（Jones & Jones, 2016）。

### 13.5.1 信息的发送与接收

**教师**：雅各布（Jacob），你的家庭作业在哪里？

**雅各布**：我把作业落在爸爸的车上了。

**教师**：你怎么又这样啊？明天记得让你爸写个纸条来证明你确实做了作业。否则，我不会批改你的作业。

**雅各布接收到的信息是**：我不再相信你了。你需要证明自己确实做了作业。

**教师**：大家在自己的位置上坐好，把所有东西都放到抽屉里。汉纳（Hannah）和加布里埃拉（Gabriela），你们俩坐得太近了。其中一个坐远点！

**汉纳和加布里埃拉接收到的信息是**：我怀疑你们俩这次考试打算作弊。

一个学生来到林肯（Lincoln）女士的幼儿园。这个小女孩身上很脏。林肯全身紧绷，并尽可能地远离这个孩子，只是将手轻轻放在她的肩膀上，然后说："欢迎你的到来。"

**这个孩子接收到的信息是**：我不喜欢你，我认为你不好。

如果学生感到自己受到了教师（或其他学生）的侮辱，就会表现出敌意，但是他无法清楚地说明自己为什么会有这种感觉。有的时候，他们产生敌意是因为教师的语调或缺乏眼神交流，而不是因为话语本身。如果教师感到了学生的敌意，在这种情况下，教师也可能觉得自己无缘无故地受到了攻击。事实上，人际沟通的第一原则就是：人们总是根据自己对信息的理解而不是信息传递者的实际意图做出反应。

曾经有一个学生告诉我一个教师采用**释义规则**（paraphrase rule）来鼓励班里学生准确沟通的。在班级讨论中，包括教师在内的所有人发言前都需要概述之前的发言人所说的内容。如果总结错了，就表明之前的发言人的意图没有被很好地理解，这个发言人需要对自己的话语进行解释。然后，他后面的发言人需要再次概述。直到之前的发言人认为听者正确理解了自己的意思，这一程序才能结束。

释义规则不仅仅是一种课堂练习，它是与学生交流的第一步。在合理处理问题之前，教师必须明白真正的问题是什么。如果学生说"这本书真垃圾！为什么我们必须读它"，他们真正的意思可能是："这本书对我来说太难了，我读不懂，所以感觉书很烂。"

## 13.5.2 共情倾听

让我们重新看一下学生认为阅读材料很"愚蠢"的那个案例。教师应该怎样做，才能积极地解决这个问题呢？

**学生**：这本书真蠢！为什么要我们读这本书？

**老师**：你好像有点不高兴。读这本书对你来说似乎是一件没有意义的事情。（教师对学生的话语进行释义，尝试从学生的话语中听出学生的情绪。）

**学生**：对啊！我认为它就是毫无意义。我的意思是，我根本就不知道这本书想说什么，我看不懂。

**老师**：你认为这本书太难读了，以至于你读不懂，所以你才感到很烦。

**学生**：是的，我确实觉得很无聊。我想我可以写一篇与这本书无关的很好的报告。

**老师**：我觉得我可以给你一些提示，让你在读这本书的时候感觉轻松一点儿。你能在放学之后来找我吗？

**学生**：好吧。

在这里，教师是通过**共情倾听**（empathetic listening）让学生找到解决问题的办法的（你可以看到，共情倾听在很大程度上是通过释义的方式起作用的）。通过倾听学生的话，避免过快给出建议或解决办法，避免武断地批评或谴责学生，教师可以在整个交流过程中保持开放的态度。下面列举了面对同样的情况，教师可能做出的消极反应。

- 我选这本书，是因为这本书是学校藏书中最能代表这个作者风格的作品。（这名教师在证明自己的选择的正确性的同时，没有给学生表达自己对书本难度的想法的机会）
- 你真的读了吗？我敢打赌你根本就没有读。（这名教师在控诉，学生听到的言外之意是："教师根本就不相信我！"接下来，这名学生要么会为自己辩护，要么会拒绝接受教师的观点。）
- 你的任务是读书，不是问我为什么。我知道什么是最好的。（这名教师专横跋扈，学生听到的言外之意是："你不知道什么对你好！"这名学生可能会变得叛逆，或者消极地接受教师的观点。）

积极的共情倾听并非简单地重复学生的话语，它能帮教师捕捉到学生话语背后的情感、意图和深层含义。当你刚刚开始的时候，可以试试这个简单的积极倾听公式："你感觉……是因为……"（Nemec et al., 2017）。这一开始可能有点尴尬，但是如果学生感到自己的话语被教师正确地理解了，而且并没有因为自己的话语而遭到消极评价，那么学生会更加信任教师，以更开放的心态和教师交流。有的时候，真正的问题是由于交流不当造成的。事实证明，除教学之外，在心理咨询、企业管理、养育子女、友谊关系和其他许多需要建立信任关系的情境下，积极的共情倾听也很有用（Jonsdottir & Fridriksdottir, 2020）。

## 13.5.3 当倾听还不够时："我"信息、果断处罚和问题解决

如果一个学生的行为严重干扰了教学的正常进行，教师应严令学生马上停止。此时，教师需要进行的是面质，而非倾听。

### 1. "我"信息

琼斯和琼斯（2016）讲了托马斯·戈登（Thomas Gordon）开创的一种方法——教师可以通过发送**"我"信息**（I-message）来干预或改变学生的行为。这意味着教师要直接、果断地以非评判的方式告诉学生他做了什么，他的行为对教学造成了什么影响，教师的感受如何。然后，由学生自己决定是否改变自己的行为。研究发现，一般情况下学生都会改变。下面是两个有关"我"信息的示例。

*如果你把书包放在过道里，我会摔倒，可能还会受伤。*

*如果你们都讲话，我就不知道究竟是谁在讲了，那样我会觉得很沮丧。*

学习使用"我"信息，也可以帮助你的学生更有效地处理冲突。例如，一位优秀的新手教师埃斯梅·科德尔（Esme Codell）教给她五年级学生一个简单的四步程序，

并将这些步骤张贴在公告板上:"1. 告诉对方你不喜欢什么。2. 告诉对方你的感受如何。3. 告诉对方你将来想要什么。4. 对方用自己能做的事情来回应。祝贺你!你是一个自信的冲突征服者!"(Codell, 2001, p.23)。

### 2. 果断处罚

李(Lee)和马琳·坎特(Marlene Canter)(1992;Canter, 1996)认为在学生需要改变行为时,可以采取的另一种手段是<u>果断处罚(assertive discipline)</u>。他们研究发现,很多教师对学生问题的处理没有效果,是因为这些教师有的优柔寡断,有的对学生总是持有消极或敌视的态度(Charles & Cole, 2019)。

消极被动的教师并不直接告诉学生应该做什么,而是使用迂回的方式,常常让学生自己思考正确的解决方法。这些教师常常评价学生的行为,可是并不告诉学生正确的解决办法,他们总是说:"你为什么要这样做呢?""难道你不知道有什么规定吗?""山姆(Sam),你在干扰班上同学上课吗?"或者,教师总本着"多给学生一次机会"的想法,从来没有执行过处罚。最后,老师可能会忽视本应给予反馈的行为,或者可能隔了太长时间才做出回应。

教师带有敌意的反馈方式会导致很多问题。这类教师总是使用以"你"开头的句子来谴责学生,但是并没有清楚地告诉学生应该做什么。比如,他们会说:"你应该为你的恶劣行径感到羞耻!""你怎么总是这么不听话!"或者"你做事怎么总是像个小孩一样!"有些教师总是恶狠狠地威胁学生,但很少真正地实施惩罚。这可能是因为教师的威胁过于含糊:"当我骂你的时候,你就应该为你的所作所为感到羞愧!"也可能是因为教师口中的"惩罚"过于严厉,比如,一名教师在体育课上要求学生必须"在凳子上坐三星期,不能参加活动!"几天以后,由于班里少了一个人,这名教师又让这个学生来参加活动了,没有再执行让他坐在板凳上的惩罚。通常,一位消极被动的教师遇到屡教不改的学生,会变得充满敌意和暴躁。

与消极被动和充满敌意的教学方式相比,果断处罚的方式能让学生感受到教师是关注他们的,在他们学习积极行为的过程中也容许他们犯错误。果断的教师会清楚地表述自己对学生的期望。为了达到最好的效果,教师总会在讲话的时候与学生进行眼神交流,并不时地叫学生的名字。这类教师的声音是平缓、坚定、自信的,他们不会因为学生说"你根本就不理解我"或"你根本就不喜欢我"而改变原来的话题。他们不会就规范的公平性与学生展开过多的争论,他们期待的是学生的改变,而不是一个许诺或道歉。最新关于果断处罚的内容,侧重于关注如何教学生做出负责任的行为,而且致力于建立相互尊重和相互信任的师生关系(Charles & Cole, 2019)。

### 3. 面质与协商

如果向学生发送"我"信息和果断处罚的方式都失败了,学生仍然坚持错误的行为,那么学生和教师可能会陷入一场冲突。这时往往会出现很多问题,教师和学生双方可能都无法正视对方的行为。研究发现,某人越令你生气,你就越会觉得他是错误的,而自己是无辜的。由于你总觉得对方是错误的,而对方总觉得冲突的责任在你,因此你们不可能彼此信任,此时想通过合作的方式来解决问题几乎是不可能的。事实上,这种讨论进行几分钟以后,就会陷入相互指责和自我防御(Baron & Byrne, 2003)。

这里有三种处理教师和学生之间冲突的方式。第一种方式是<u>由教师提出一种解决办法</u>。这种方式在一些紧急情况下是很必要的(比如一个目中无人的学生拒绝到大厅讨论刚才当众发火的事情),可是对于化解大多数的冲突而言并不是一个好方法。第二种方式是<u>教师屈从于学生的要求</u>。你可能会被一个能言善辩的学生说服。这种方法同样要少用,因为被说服并不是一个好办法,除非之前自己的立场就是错误的。不管是教师还是学生,如果完全屈从于对方,都会出问题。

还有第三种方式称为<u>问题解决</u>,它允许教师和学生对解决方案都有意见,许多解决问题的策略都是有效的。琼斯和琼斯(2016)提出了一种基于教师和学生之间积极关系的方法,并鼓励学生承担责任。基本步骤见图13-5。对于相关人员来说,化解发生在课堂上的冲突都是一次重要的学习经历。

> 以下是指导解决学生行为问题的一组通用步骤。
>
> **步骤1：** 与学生建立一种和谐的私人关系。
> （与学生建立"积极关系银行账户"。）
>
> **步骤2：** 处理目前的行为。
> "发生了什么事？"（制定时间表/进行功能性评估。）
> "你做了什么？"（帮助学生对自己在问题中的角色负责。帮助他们建立内部控制点。）
>
> **步骤3：** 做出价值判断。
> "这对你有帮助吗？"（帮助学生考虑自己的行为和背后的基本假设。）
> "这是在帮助他人吗？"（提高学生的社会认知。）
> "这是违反规则吗？还是违反了令人信服的国家利益？"（帮助学生理解自己和他人在团体中的权利和责任。）
>
> **步骤4：** 制订一个计划。
> "你可以做什么不同的？"（社交技能培训）
> "你需要我做什么？"（赋能/功能性评估）
> "你需要其他学生做什么？"（赋能/功能性评估）
>
> **步骤5：** 做出承诺。
> "你打算这样做吗？"（增强学生的责任感。）
>
> **步骤6：** 跟进。
> "我稍后会查看该计划的效果。"（支持/关怀性环境）
>
> **步骤7：** 不要说风凉话，也不要说大话。
> "如果计划失败了，让我们分析原因，再制订一个新的计划。"（对与学生合作抱有很高的期望和坚持）

**图 13-5　问题解决模型**

资料来源：Jones, Vern; Jones, Louise, *Comprehensive classroom management: Creating communities of support and solving problems,* Update, Loose-Leaf Version, 11th ed., p.324 © 2017. Reprinted and Electronically Reproduced by Permission of Pearson Education, Inc.

## 13.6　多样性：文化回应管理

为了应对人们对日益增多的城市学校暴力事件和各地持续的枪击事件引发的校园危机的担忧，许多地区采取了严厉的惩罚和零容忍政策，即使是轻微的不当行为也会立即停学或开除。我们在本章前面已经讨论过零容忍的问题。一个主要的担忧是，这些严厉的法规的执行方式加剧了种族不平等。非洲裔和贫困学生较多的学校往往比欧洲裔、亚洲裔或中产阶级学生较多的学校有更严厉的纪律政策。非洲裔和拉丁裔美国人，尤其是男性，在学校中会比其他学生受到更多处罚。与欧洲裔学生相比，非洲裔学生被转介或被停课的可能性高出2～3倍，太平洋岛国学生比其他亚洲裔或欧洲裔学生更有可能受到纪律处分。这些学生因为被留堂或停学而丧失了很多学习时间（Fronius et al., 2016; Gregory et al., 2017; Ispa-Landa, 2018; Larson et al., 2019; Nguyen et al., 2019）。为什么会这样呢？

然而，非洲裔学生和拉丁裔学生是因为更常违纪才受到更多处罚的观点，并没有得到数据的支持（Huang, 2020）。事实上，这些学生仅因为很小的错误就会受到严厉的处罚——教师总是将他们在行为或语言方面轻微不当的地方看得很严重。对此的一种解释是，教师和学生之间缺乏文化沟通及教师与管理者可能的隐性的（无意识的）偏见（Rudd, 2014）。非洲裔美国学生可能因为一些行为而受到处罚，然而实际上这些行为并不是有意违纪或对不尊重教师。不幸的是，当管理者了解到学校中的种族差异时，他们仍很少对纪律处分做出改变（McIntosh et al., 2020）。

**文化回应课堂管理**（culturally responsive classroom management）包括五个维度：（a）理解并处理基于你自己种族文化的信仰、偏见、价值观和刻板印象；（b）了解学生的文化背景；（c）理解课堂教学中更广泛的社会、经济和政治背景——学校的环境下往往更能反映出社会上的歧视性做法；（d）有能力和意愿使用符合文化的管理策略；（e）致力于建设充满关爱的教室（Sikba et al., 2016; Weinstein et al., 2004）。

高质量的师生关系是文化回应管理的核心。强调强化积极行为的积极支持（Positive behaviroal supports, PBS）也取得了成功，这是因为PBS关注积极而非消极的行为，鼓励良好师生关系的建立（Long et al., 2019）。相比之下，少数族裔教师更有可能使用文化回应管理，而如果你不是这一群体的成员，你也应该努力学习和应用这些策略。具体来说，你可以致力于运用将学生观点纳入教学和管理的方法（Gaias et al., 2019）。实际上，文化回应管理是文化相关教学的一部分。日内瓦·盖（Geneva Gay）（2006）总结道：

对学生而言，如果教室是一个舒适温暖、开放积极，让学生感到被关注，同时鼓励参与和支持的环境，那么学生违反纪律的事情不会时常发生。在这种环境下，学校会对不同宗教、种族、语言背景的学生进行文化相关性教学，并让学生感受到个人价值。由此，班级管理就会得到改善，同时学生也能在学业上取得进步。

我曾经问新泽西中学的一位极有天赋的教师，在与那些无法无天、不守秩序的学生相处时，什么样的教师最有效能。他给出的答案是"有两种"：一种教师不会被这样的学生吓到，也不会被愚弄，而会对学生的学习持有很高的期望；另一种教师有着对学生发自肺腑的关心。我接着问他"你是哪一种"，他回答"两种都是"。他就是所谓"温暖的要求者"的极好例子，这样的教师能够最有效地帮助那些边缘学生（Irvine & Armento, 2001; Irvine & Fraser, 1998）。**温暖的要求者**（warm demander）"对学生寄予厚望，让他们相信自己的才华，并帮助他们在一个有纪律、结构化的环境中发挥潜力"（Delpit, 2012, p.77）。他们"坚强而富有同情心，权威而富有爱心，坚定而尊重他人"（Weinstein et al., 2004, p.34）。有时候，这些温暖的要求者在外人看来是很严厉的（Bruke-Spero, 1999; Bruke-Spero & Woolfolk Hoy, 2002）。卡拉·梦露（Carla Monroe）和珍妮弗·俄巴底亚（Jennifer Obidah）2002）曾对担任八年级科学课教师的辛普森（Simpson）女士进行过案例研究。辛普森女士认为自己对班里的学生有很高的学业期望和行为期望，她多次向学生表达自己的想法，以此让学生知道自己是"认真的"。她常常使用幽默的方式或方言与学生进行交流。

**辛普森（对全班说）**：如果你今天想当个傻子，那你就过来对我说"我想在动员会上当个傻子"，我可以直接把你送到你该去的地方。[全班大笑]

**辛普森**：我是认真的。如果你认为你今天要倒霉，你不希望任何人碰你、和你说话，或者一旦今天有人轻轻地撞你，你就会摔倒，那么你到我这里来告诉我"我今天可能会摔倒，所以我不能去动员大会了。"（学生纷纷发表评论）

**辛普森**：现在我想说的就是，我希望你们能表现出自己最好的一面，因为你们是这栋楼里最大的孩子……不要让我中断动员大会，请一些八年级的学生离开。

**爱德华（Edward）**：您的意思是我们在吃午饭时也要保持安静吗？（全班大笑）

**辛普森**：你不会想知道你将遇到什么情况的。（全班大笑）好了，15分钟热身开始。（学生开始热身）

本书始终强调，家庭是教育过程的重要部分。这一点也适用于班级管理。但研究人员很少询问非洲裔和拉丁裔学生家长对子女管理有何要求。不过，有一项研究确实探讨了这个问题，他们发现家长们认为学校纪律并不局限于规则和惩罚。对这些家长来说，纪律本身并不是目的，而是确保安全、秩序、自我约束、自我倡导和学业要求严格的一种方式（Golann et al., 2019）。如果家长和教师对学生拥有共同的期望，并且相互支持，就能为学生营造更积极的班级氛围，争取更多的学习时间。下面的实践指南提供了通过家校合作促进班级管理的一些方法，你可以参考。更多信息，请参见哈佛家庭研究项目。

## 与家庭和社区建立合作关系的实践指南

### 课堂组织与管理

确保家长知道班级和学校对学生的期望，以及相应的规章制度。

例如：
（1）让学生在家庭联欢会上通过表演小品的方式来表现学校规则——怎样遵守学校规则，如果违规"看起来如何"和"听起来如何"，会受到什么处罚。
（2）在家里的冰箱上张贴画报，展示最重要的学校规范，以及学校对学生的期望。
（3）对于高年级学生，可以给家长提供一份作业清单；在清单上列出合理安排进度的方法，以帮助学生提高作业质量。这样可以防止学生在最后一刻才匆忙完成作业。
（4）以适当的方式交流。如果可能，使用学生家庭惯用的语言与家长进行交流。根据家长的阅读水平调整信息内容。

让学生的家庭成员了解怎样成为合格的公民。

例如：
（1）当学生（尤其是那些经常捣蛋的孩子）表现得好时，给学生家长写一封表扬信。
（2）告诉每个家庭，尤其是那些低收入家庭，如何庆祝学生的成功，比如为他准备一份美味的食物，允许他玩想玩的游戏，对特定的人表示感谢，如姑姑、爷爷或者牧师；允许他给弟弟妹妹讲故事。

利用学校所在社区的特点营造适宜的学习环境。

例如：
（1）要求学生给地毯店或家具厂写信，请他们捐献一些地毯的边角料来装饰教室的阅读角。
（2）请能做书架、屏风，会绘画、手工，能编故事或懂电脑技术的家长帮忙。
（3）和社区内的一些公司联系，请他们捐献电脑、打印机或其他上网设备。

当学生出现问题行为时，寻求家长的合作。

例如：
（1）通过电话或家访的形式与家长交流。记录学生的问题行为。
（2）倾听家长的想法，与他们一起商定解决方法。

我们已经研究了许多关于课堂管理的观点。显然，没有一种一刀切的策略能创造支持性的社交和物理学习空间。不过，美国心理学会为教师提供了丰富的课堂管理研究资源，你可查找相关视频素材、文字资料和其他资源。

# 模块 42 小结

## 处理纪律问题

### 对问题行为进行干预的八个等级

首先，教师可以使用眼神接触或一些非言语的信号；然后给予言语暗示，比如在讲课的过程中不时地叫学生的名字；接下来，教师可以询问犯错误者是否知晓自己的行为带来的后果；然后提醒学生正确的行事流程是什么，并让学生按照规范重新做一次；特别是如果有几个学生"神游"时，你可以让全班同学参与一个简短的互动活动，比如"思考－配对－分享"；如果这种方法不奏效，教师可以让学生复述正确的流程和规范，并按正确的方式做一次；随后以一种清晰、果断、不带有敌意的语气让学生停止错误行为；如果这也失败了，教师可以给学生一次选择的机会——要么停止行为，要么进行私下谈话，接受处罚。如果你必须施加惩罚，请考虑经验丰富的教师使用的七类惩罚方式：流露出失望的表情、撤销学生的某些权利、退出小组活动、对问题进行书面反思、去校长办公室、扣留学生和联系家长。所有处罚都必须谨慎，最重要的是要有善意。

### 除了严厉的惩罚和零容忍政策，还有什么其他选择？

警惕死板的零容忍政策，这样经常会加剧种族不平等。恢复性正义是一个很好的选择，尤其是如果它涉及整个学校和共同体。恢复性正义侧重于建立、培养和修复关系，同时为受害者、侵犯者和共同体发声。目标是减少对传统惩罚和警察介入的依赖，但仍要追究行为不端的学生的责任。另一种替代教师惩罚的方法是马歇尔的无压力的纪律教学模型，这个模型强调的是学生的责任感和自主性。

### 教师应该怎样处理欺凌、戏弄和网络欺凌行为？

长期欺凌会对受害者和欺凌者的学业成绩、社会关系和心理健康产生负面影响。教师往往低估了发生在学校里的同辈冲突或欺凌事件（包括网络欺凌）的数量。欺凌行为往往发生在两个力量不对等的学生之间，欺凌者不断地重复伤害受害者的行为。而且，欺凌行为可以发生在多种场合，包括那些并非面对面的场合。教师可以将欺凌看作一种暴力行为，将处理其他暴力行为的方式用于处理欺凌行为。比如，教师可以营造人人互相尊重的班级氛围，以防止欺凌事件发生。此外，询问欺凌者从他们的行为中得到了什么，以及让他们反思如何以更积极的方式实现这些目标。

### 中学课堂管理面临的挑战是什么？

中学教师应该准备好处理学生不完成作业、重复违反同一规定或公开挑战教师等问题。当然，这个时期的学生往往正面临着一些全新而强大的压力源。此时，如果教师多给学生一次机会，或者向学生提供可以从中获取帮助和支持的资源，学生往往能够获益良多。教师也会发现，咨询师、家长或学生的监护人对自己的工作是很有帮助的。

## 沟通的必要性

### 什么是"共情倾听"？

当问题出现时，师生之间的沟通是非常重要的。人们之间的所有互动和交流，即使是无声的或消极的，也具有意义。当学生出现问题时，积极的共情倾听非常重要。对于学生的倾诉，教师应该就自己听到的信息对学生进行反馈。这种反馈不仅仅是简单的重复词句；通过反馈，教师可以捕捉到学生话语背后的情感、意图及深层含义。

### 区分被动、敌意和果断三种不同的反馈模式

被动反馈有多种形式。采用被动反馈的教师不会直接告诉学生应该做什么，他们只会对学生的行为做简要评论，让学生自己思考正确的处理方式，或者只威胁学生，却不真正实施处罚。在带有敌意的反馈模式中，教师总是使用以"你"开头的句子来谴责学生，但是并不会清楚地告诉学生应该做什么。而在果断的反馈模式中，学生能感受到教师是关注他们的，在鼓励他们做出积极行为的同时，也容许他们犯错误。这种行事风格的教师会清楚地向学生陈述自己的期望。如果沟通尝试失败了，教师和学生可以尝试问题解决的策略，并鼓励学生承担责任。

## 多样性：文化回应管理

### 什么是文化回应管理，为何需要文化回应管理？

非洲裔和拉丁裔美国人，尤其是男性，在学校中会比其他学生受到更多处罚，但这并不是因为他们更常违纪。事实上，这些学生仅因为很小的错误就会受到严厉的处罚——教师总是将他们在行为或言语方面轻微不当的地方看得很严重。对此的一种解释是，教师和学生之间缺乏文化沟通。采用文化回应管理的教师往往会对学生的行为持有很高的期望，同时非常关注学生的发展。高质量的师生关系是文化回应管理的核心。积极行为支持（第7章）强化积极行为，也取得了成功。丽莎·德皮特（Lisa Delpit）建议，温暖的要求者对少数族裔学生很有帮助，他们对学生寄予厚望，让他们相信自己的才华，并帮助他们在一个有纪律、结构化的环境中发挥潜力。

CHAPTER 14
第 14 章

为每个学生而教

EDUCATIONAL PSYCHOLOGY

## ■ 教师的案例簿：关注并教育每一个学生

你在家乡的一所高中找到了新的工作。学校所在的社区是非常多样化的。在你将要教授的班级中，你可能会发现学生的阅读能力、家庭收入、学习优势和学习能力参差不齐。你知道班里除了两名学生有可能升入大学外，其他学生中有好几个还在努力达到该年级的阅读和写作水平。另外，你也知道对班里的部分学生来说，虽然平时说英语没有什么困难，但阅读英语学术文章却是一个很大的挑战。

■ **批判性思考：**

- 针对班里学生的不同需求，你应该怎样实施差异化教学的方法？
- 对于上面的问题，基于不同的教育理念是否会得出不同的答案？
- 如果你已经实施了差异教学，那应该怎样评估教学效果？
- 你将如何把技术融入到教学之中，并关注到每个学生？

## ■ 概述与目标

本书已经讨论了很多关于学习和学习者的问题。事实上，我们已经用了 13 个章节来讨论学生的发展、个体差异、文化差异，以及学习和动机。为什么花这么大的篇幅呢？因为我们最终的目标是帮助你成为一名好老师。那么，怎样区分高效教师和低效教师呢？一项针对全班教学的研究提出了一些区分教师能力的重要因素，包括教师对学生能力的信念——教师期望对学生学习和师生关系的影响，我们将在本章进行讨论。

除此之外，关于教学我们还了解什么呢？一些研究人员认为教师应该进行富有挑战性的教学，比如创造具有挑战且引人入胜的课堂，其中应充满复杂的任务和高质量的讨论，学生的观点要有依据。我们将认真探讨这一教学观念。教师是创造学习环境的设计师（Warr & Mishra, 2021）。在此过程中，他们为学生设定目标、制定教学策略、组织教学活动，并评估目标是否达成。我们将考察教师是如何制订计划的，包括如何将州立标准、教育目标分类学、教学主题，以及教学的基本问题作为制订计划的基础。在了解了怎样设定目标、制订计划的方法和高效教师特征的基础上，我们将考虑怎样实施以教师为中心的教学策略：直接讲授、独立工作、布置课堂作业和家庭作业、提问、讲述，以及小组讨论和高质量对话。然后，我们将用"通过设计来理解"模型将目标和策略结合起来。

在本章的最后一部分，我们将把焦点放在如何通过差异化教学、弹性分组，以及通用学习设计来匹配教师的教学与学生的需要和能力上。

学完这一章后，你就能达成以下目标。

目标 14.1 描述教学研究的方法及高效教师和有效课堂氛围的特征，包括教师期望的作用和富有挑战性的教学目标。

目标 14.2 描述计划过程，包括课例研究的可能性，以及如何使用布卢姆（Bloom）分类法或韦伯（Webb）知识深度等级来制定符合州立标准的教学目标。

目标 14.3　探讨直接讲授、布置课堂作业和家庭作业、提问（特别是真正的问题）、反馈、交流和小组讨论等教学方式如何恰当地使用；使用"通过设计来理解"模型整合教学目标、达到教学目标的证据和教学策略。

目标 14.4　理解什么是差异教学，以及如何实施它以适应不同学生的需求，包括如何在教学中应用通用学习设计指南。

## 模块 43　制订高效的教学计划

**学习目标 14.1**　描述教学研究的方法及高效教师和有效课堂氛围的特征，包括教师期望的作用和富有挑战性的教学目标。

**学习目标 14.2**　描述计划过程，包括课例研究的可能性，以及如何使用布卢姆分类法或韦伯知识深度等级来制定符合州立标准的教学目标。

## 14.1　关于教学的研究

你认为成功教学的关键是什么？你可以咨询有经验的教师、学生、校长，或者大学教育学教授，然后归纳出优秀教师的特征。你可以对少数课堂做长时间的、深入的案例研究，比如观察课堂，并就某些特质对教师进行评分，进而比较拥有哪些特质的教师能够让学生获得更高的学业成就或拥有更强的学习动机。当然，这需要你选择好评估学生学业成就和学习动机的指标。你可以通过比较这些教师所教学生的成绩来评估教师的工作成果。接下来，你可以观察那些更加成功的教师，关注他们做了什么。你也可以培训教师在教授同一单元的课程时使用不同的教学方法，进而比较各种教学方法的优劣。你还可以对教师的教学过程进行录像，并在课程结束后让教师再观看教学录像，通过刺激回忆法来回溯教学过程中自己的所感所想，探索影响他们教学的重要因素。你甚至可以通过研究课堂对话的转录文本，考察影响学生理解文本的重要因素。你可以以教与学之间的关系为基础来开发各种教学方法，然后在实验设计中检验这些方法的可行性；或者通过与教师进行参与式研究，以提高他们的实践水平。

自 1970 年以来，上文列举的这些方法已经被广泛地运用于教学研究中（参见 Floden，2001；Good，2014；Gröschner et al.，2013。他们对近五十年的研究进行了综述）。下面让我们回顾一下从这些教学研究中得出的具体结论。不过，值得注意的是，这些研究中的绝大部分是在小学和初中年级及数学课上进行的，并以学生在标准化考试中的学业表现作为评估有效教学的指标。

### 14.1.1　高效教师的特征

> **停下来，想一想**
>
> 回想一下你遇到过的最高效的教师，你从这个人的身上学到的知识肯定最多。这位教师有什么具体特征呢？究竟是什么因素使这位教师的教学如此高效呢？

早期关于有效教学的研究关注教师的个人品质。研究发现，高效教师一般有三个特征：清晰性、热情和扎实的专业知识。最近的研究重点关注教师的专业知识，我们会在这个特征上多花些笔墨。

**1. 清晰与组织**

巴拉克·罗森辛（Barak Rosenshine）和诺玛·弗斯

特（Norma Furst）（1973）对50项教学研究进行回溯时发现，清晰的表达是最值得未来的有效教学研究关注的教师行为。如果教师讲解清晰，那么学生就能学到更多的知识，对教师的评价也会更加积极（Comadena et al., 2007; Hines et al., 1985）。这些教师在指导学生和解答问题的过程中，很少提供含糊的解释和指导，因此学生的收获也更大。含糊的解释往往带有"某些"（某种方式、某种方法、某些人、某时、某人、某事等），以及"众所周知"等口头语（Evertson & Emmer, 2017）。

**2. 热情与温暖**

研究发现，教师的工作热情与学生的学业成就相关（Keller et al., 2013, 2016），也与学生对该学科的兴趣相关（Keller et al., 2014）。此外，教师在工作时的积极情绪（例如，鼓励、兴奋、专注、感兴趣、不紧张、不羞愧、不轻易发怒）、工作满意度和自我效能感都与学生体验到的教师热情有关（Buric & Moè, 2020）。究其原因，一种可能是，当教师热情时，他们更容易吸引和保持学生的注意力；也可能是热情的教师给了学生一个在学习上投入和保持兴趣的榜样，而学生的注意力、兴趣和学习投入影响学生的学习。当然，学生对学习的投入反过来也会极大地激发教师的教学热情（Keller et al., 2013）。

热心程度、友好程度和理解程度是教师的重要特质，并且与学生对教师及班级的喜爱程度呈高相关（Hamann et al., 2000; K. Madsen, 2003）。对课堂情绪氛围的研究一致发现，如果教师充分考虑学生的需求和观点，也不会很严厉地批评或讽刺学生，那么学生在这种师生关系融洽、充满温暖、关心、鼓励、友善的课堂中将收获更多。这可能是因为积极的情绪氛围能使学生更加投入地学习，进而提升学习效果（Meyer & Anderman, in press; Reyes et al., 2012; Tennant et al., 2014）。

高效教师的另外一个重要特征——专业知识，又是怎样的呢？

### 14.1.2 有关教学的专业知识

正如你在第8章和第9章所见，知识是评估专业技能的重要特征。**专家型教师（expert teacher）**能够通过整合知识系统来理解教学问题。比如，面对学生在数学或历史考试中所犯的错误，新手教师会认为这些答案"都一样"——它们都是错误的。但是，对于专家型教师而言，这些错误答案可以构成复杂的知识系统，包括：

（1）如何可以识别不同类型的错误；
（2）每种错误背后的信息缺乏或误解；
（3）帮助学生改正错误理解的最好方法；
（4）过去教学中有效的学习材料和教学活动；
（5）几种检验重新教学的有效性的方式。

这类特定类型的教师知识，整合了教师对学科知识的掌握，这些知识的教授方法，以及使教学适应学生个体差异的策略，被称为**学科教学知识（pedagogical content knowledge, PCK）**。这类知识是非常复杂的，同时具有特定性，可能只适合特定情境（例如物理学习的初级阶段）、特定主题（例如"力"的概念）、特定学生（例如学习能力强的学生、学习有困难的学生或者英语是第二语言的学生），甚至特定教师。这些教师都是**反思型（reflective）**的实践者，他们会不断尝试去理解和改进他们的教学（Hogan et al., 2003）。

教师掌握更多的专业知识会对学生产生更加积极的影响吗？研究发现，这取决于教师所教的科目。H. C. 希尔（H. C. Hill）、罗文（Rowan）和鲍尔（Ball）（2005）曾对美国的一年级和三年级教师进行研究，测量了他们拥有的关于实际教授的数学概念的知识，以及他们是如何教授这些概念的。研究发现，那些有着更丰富的学科教学知识和教学内容知识的教师所教的学生能够学到更多的数学知识。有研究（Lui & Bonner, 2016）发现，对于在职和职前小学教师来说，相对于教学和学习的信念和理论，数学概念知识在他们的课程规划中更重要。在德国高中的研究发现，数学教师具备的学科教学知识越丰富，他们的学生学习得就越投入，得到的学习上的支持也越多，这种高质量的教学可以预测学生更高的数学成就（Baumert et al., 2010）。

在其他学科领域，当我们通过考试成绩来衡量教师对相关事实和概念的掌握程度时，研究结果表明，教师的专业知识与学生的学习之间的关系并不清晰，其关系也许是间接的。这里的间接关系可能是，具有丰富学科知识的教师对自己的专业领域了解得越多，其讲述越能清晰明白，他们也能够更好地处理学生的学业问题，不会对某些问题采取回避态度，也不会给学生一个含糊的答案。因此，掌握扎实的专业知识对于高效教师来说是很必要的，因为掌握更多的知识能使教师的表达更清晰、更有条理，还能使教师对学生的问题更敏感（Aloe & Becker, 2009）。

教师的学科教学知识是有效教学的基础。基于知识的实时思考和决策，被称为**教学推理**（pedagogical reasoning 或 instructional reasoning）。这是支撑可靠的专业实践的思维过程（Loughran, 2019, p.4）。教师在教学中每天都会面临大量的大大小小的决策，比如下一个要点名的学生是谁，花多长时间讲解一个主题，是回答一个问题还是将问题反问给学生，等等。教学推理是思考和行动的结合。它要求教师能够迅速判断出特定情境下学生的具体需求，并立即采取相应的行动，同时还要时刻关注需求背后的原因。

关于教师特征还有另外一个重要的研究方向，即对教师期望的研究。

### 14.1.3 教师的期望

马文·马歇尔（Marvin Marshall）（2013）描述了一名教师看到她新班级的学生名单时的情景。看到名单时，她很兴奋："哇，今年我的学生好聪明！看看他们惊人的智商——116、118、122、124……"这名教师设计了一系列具有挑战性的活动，她对学生寄予了很高的期望，并表达了她对学生克服挑战的信心。结果，他们真的做到了。过了很久，教师才发现学生名单旁边的数字实际上是他们的储物柜号码！

期望真的能带来差异吗？50多年前媒体很少报道心理学的研究成果，但1968年罗伯特·罗森塔尔（Robert Rosenthal）和丽诺尔·雅各布森（Lenore Jacobson）的一项研究却引起了国内外媒体的广泛注意。这项研究也在学术领域内引发了激烈的争论。对于该研究结果的意义的争论至今仍在继续（De Boer et al., 2010; Jussim, 2013; Jussim et al., 2009; Snow, 1995）。罗森塔尔和雅各布森究竟说了什么，引发了如此的轰动？事情是这样的。他们在几个小学班级中随机抽取了一些学生，然后告诉教师，一年内，这些学生的学习成绩会有很显著的进步。一年以后，这些学生确实取得了很大的进步。这项研究的结果证明了教室里的"**皮格马利翁效应**"（Pygmalion effect）或**自我实现预言**（self-fulfilling prophecy）的存在。自我实现的预言是一种没有根据的期望，但它产生的行为使这一期望成真（Merton, 1948）。这里有一个例子：某些人相信某家银行将会倒闭，于是大家都大量取款，最终这家银行如预期一样，确实倒闭了。最近的研究表明，教师期望效应对学生是真实存在且具有重要影响的（Gentrup et al., 2020; Johnston et al., 2019; Rubie-Davies et al., 2020; Van den Broeck et al., 2020）。下面我们就来深入地一探究竟。

> **停下来，想一想**
>
> 回想一下你遇到过的最高效的教师，这位教师是否相信你或要求你做到最好？这位教师是怎样向你传递这种信念的呢？

**1. 两种期望效应**

实际上，教室里可能存在两种期望效应。在上文提到的自我实现预言的案例中，教师对学生的期望事实上是没有任何依据的，可是学生的行为却符合了这种无根据的预期。另一种期望效应则指教师从一开始就能够正确评估学生的能力，因此能够对学生的行为做出适当的回应。

有时，学生取得了一定进步，教师却没有考虑学生的进步，也没有改变原来对学生的期望，这会引发一些问题。这种效应被称作**持续性期望效应**（sustaining expectation effect），因为教师不改变原有期望，所以学生的表现维持在了原来被期望的水平。这样，教师就丧失了一些机会，包括提高对学生的期望，提供更恰当的教学，以及鼓励学生取得更好成绩。在实践中，自我实现预言的效果似乎在低年级学生中更显著，持续性期望效应更可能发生在高年级学生身上（Kuklinski & Weinstein，2001）。

### 2. 期望的来源

世界各地的研究探讨了教师期望的许多可能来源。学生的智力测验得分（尤其是如果智力测验得分没有得到适当的解释）、性别、前任教师的评价、学生档案中医生或心理咨询师所提供的报告、学生兄弟姊妹的学习成绩、学生的外貌（教师容易对外貌有吸引力的学生抱有较高期望）、先前的学业成就、家长的社会经济地位、种族和宗教、移民身份、语言背景、父母管教、学习障碍、体重超标，以及学生的实际行为等，都可能是教师期望的来源（Johnston et al.，2019；Sneyers et al.，2020；Van Matre et al.，2000），甚至学生的校外活动记录也能成为教师期望的来源。与放学后无所事事的学生相比，教师对有校外活动经历的学生抱有更高的期望。最近有研究发现，有些教师甚至会抱有班级水平的期望，也就是说，他们会对特定班级的所有学生都抱有或高或低的期望（Pitten Cate & Glock，2018；Rubie-Davies，2010；Rubie-Davies et al.，2020）。

有些学生更容易受到持续性期望的影响。比如，由于内向的学生不能很好地表达自己，因此教师更可能维持原来对这些学生的期望（Jones & Gerig，1994）。此外，自我实现的预言在来自低社会经济地位家庭的学生和非洲裔美国学生身上表现得更明显（De Boer et al.，2010）。哈里特·特南鲍姆（Harriet Tenenbaum）和马丁·鲁克（Martin Ruck）（2007）对50项研究进行综合分析后发现，比起非洲裔和拉丁裔美国学生，教师对欧洲裔美国学生抱有更高的期望，常常积极地鼓励和指导他们，而教师对亚洲裔学生的期望最高。

期望和信念能够帮助人们集中注意力和组织记忆，因此教师会将更多注意力和记忆力放在符合他们原始期望的信息上（Fiske，1993）。就算学生的成绩与预期不符，教师也会将其合理化，将其归因为学生不能控制的外部因素。比如，若学习能力较差的学生在某次考试中取得了较好的成绩，教师可能会认为这名学生考试作弊了；若学习成绩较好的学生某次考试成绩较差，教师会认为这是因为学生考试时太紧张了。在这两种情况下，与特征不相符的行为似乎都会被忽略。除此以外，还有很多证据表明，学生偶尔的行为表现会改变教师对其能力的一贯看法。因此，有关教师期望对学生的影响的例子经常彼此矛盾（Brophy，1998）。

### 3. 教师期望真的对学生成绩有影响吗？

"教师期望真的对学生成绩有影响吗？"这个问题的答案要比看起来的复杂得多。我们可以通过两种方式来研究这个问题：一种是使教师形成对学生的无根据的期望，并记录这些无根据的期望是否会起作用；另一种是确认教师自然形成了哪些对学生的期望，并记录这些自然期望的作用。教师的期望是否会影响学生的学习，答案部分取决于研究这个问题的方式。

罗森塔尔和雅各布森一开始采用了第一种方式——使教师形成无根据的期望，并记录这种期望的影响。对研究结果进行仔细的分析后，他们发现，即使一至六年级的学生都参与实验，自我实现预言的影响也只在5名一、二年级学生身上显著地显现了出来。无根据的期望只对学生的智力测验分数（这里的智力测验分数是罗森塔尔和雅各布森的测量结果）产生了微弱的影响，而且这些影响只发生在学生入学后的前几年——小学的前几年和中学的前几年（Raudenbush，1984）。

那么，第二种方式即自然期望的研究又得到了什么结论呢？研究表明，教师确实形成了对学生能力的信念，其中的很多信念都来源于准确评估的数据，这些信念都是正确的，并且会根据新的信息做调整（Jussim & Haber, 2005）。但是，不正确的信念会造成很大的影响。例如，克里斯汀·鲁比 – 戴维斯（Christine Rubie-Davies）和她的同事在2020年对31名教师进行了为期一年的追踪，这些教师分别来自二至七年级。选择这些教师的原因是他们对整个班级的阅读成绩期望值要么高于学生实际水平，要么低于学生实际水平，因此期望值在某种程度上是不准确的。到年底，高期望教师班级的学生对自己和教师有更积极的信念，并且在学业上取得了更高的水平，相比之下，低期望教师班级的学生表现较差。妮可·索尔哈根（Nicole Sorhagen）（2013）进行的追踪研究发现，教师对一年级学生数学和语言能力的评估，可以预测学生15岁时数学、阅读理解、词汇知识和语言推理标准化测验的成绩，这一评估对低收入家庭的学生影响更大。另外一项针对高中学生的研究发现，当高二的老师对学生抱有更高的期望时，这些学生更有可能考上大学。研究中的老师普遍持有积极的期望，但当一个欧洲裔老师描述一个非洲裔学生时，期望会稍微减少一些（Papageorge et al., 2020）。如果教师认为有些学生学习能力较差，并且教师缺乏教导低学习能力的学生的策略，那么学生可能会遭受双重威胁——低期望和不恰当的教学方式（Good & Brophy, 2008）。也许我们低估了贫困儿童的能力，这才是导致这些学生存在机会不平等的一个因素。作为一名教师，你需要明白教师对于弱势学生的学业和心理发展能够发挥重要的影响作用，因此对教师期望的重视至关重要（Rubie-Davies et al., 2020, p.1196）。

期望效应能发挥多大作用，取决于学生的年龄（一般而言，年幼学生更具有易感性），以及教师对高期望和低期望学生的区别对待（Kuklinski & Weinstein, 2001）。研究发现，教师会根据对学生的期望采用不同的教学策略，并与学生进行不同的互动，如表14-1所示（Gentrup et al., 2020; Good, 2014）。

在教学方面，当学生准备好完成更具挑战性的任务时，如果教师认为他们无法应对因而不给予学生尝试的机会，就可能产生持续性期望效应。在师生互动和师生关系方面，经过多位教师的日积月累，教师期望的影响可能是巨大的（Trouilloud et al., 2006）。

### 表 14-1 教师期望与教学

下表展现的是教师根据对学生能力的期望，采用的不同教学策略，并与学生进行的不同互动。

| 教师期望 | 教学方式 | 师生互动与师生关系 |
| --- | --- | --- |
| 高 | • 提供更具挑战性的课程<br>• 提供更多选择的机会<br>• 更有可能被分配到高水平或天赋小组 | • 更多的机会和时间回答教师问题<br>• 有更多追问的机会——多说一些<br>• 有更多的停留行为——教师提供提示或重新表述问题<br>• 教师对学生表现给予更多赞扬和积极反馈<br>• 有更多的温暖、微笑和情感支持<br>• 有更多的鼓励追求高等教育的机会 |
| 低 | • 提供较少挑战性的课程，更多的是重复和练习<br>• 较少的选择机会<br>• 更有可能被分配到低水平小组 | • 更少的机会和更短的时间回答教师问题<br>• 追问的机会更少<br>• 更可能放弃——教师提供答案或让其他学生回答<br>• 对错误答案批评更多，对正确答案赞扬更少<br>• 对错误答案的纠正反馈更少<br>• 教师笑得更少，个人温暖度更低 |

### 4. 对教师的启示：表现出合适的期望

当然，并不是所有教师都会形成不恰当的期望，或者以一种不具建设性的方式将期望表现出来（Babad et al., 1982）。"实践指南"或许能够帮助你避免一些这样的问题。可是，预防问题的发生比看起来的更困难一些。一般来说，低期望的学生往往是最有破坏性的学生。（当然，低期望也会强化学生的破坏行为或不端行为。）教师一般不会在课上点名让他们回答问题；就算给他们机会，也不会给他们很长的思考时间；即使他们的答案是正确的，教师也很少给予表扬。教师这样做可能是为了避免回答过多错误或愚蠢的问题，这些问题常常打乱教学、拖延进度或把课堂上同学们的注意力引到别的主题上去。教师面对的挑战是不把低期望表现出来，传达给学生，或者不让学生对自己产生低期望，同时用正确的方式处理这些真实的课堂管理问题。但非常不幸的是，低期望有时候会演变为学校文化的一部分，特别是当教师和管理者一致如此时（Rubie-Davies et al., 2020; Weinstein et al., 1995）。

## 实践指南

### 避免教师期望产生消极影响

小心使用从考试、学生档案、家长或其他教师那里获得的学生信息。

例如：

（1）避免学年初阅读学生档案。

（2）以批判和客观的眼光看待其他教师的言论。

（3）灵活调整对学生的期望——也许学生的标签或你的判断是错误的。

（4）与家长的沟通不要影响你对学生的期望——去了解学生。

使用灵活的小组教学策略。

例如：

（1）经常确认学生的学习情况，并尝试新的分组。

（2）在不同学科的课上采用不同的分组方式。

（3）在合作练习中采用混合能力分组的方式。

既提供挑战，也提供支持。

例如：

（1）不要说"这很简单，我知道你能做到"。

（2）提供大量问题，并鼓励所有学生尝试做一些较有难度的题，这样可以获得附加分。寻找这一过程中的一些积极的东西。

（3）对学生抱有高期望的同时，给予他们学业和情感上的支持。"只有高期望而不提供温暖的环境，就是严苛；只有温暖的环境而没有高期望，学生会缺少决心。"（Jussim, 2012）。

在课堂讨论中，特别注意对低成就学生的回答进行反馈。

例如：

（1）在学生回答问题之前，给予其提示、线索和思考的时间。

（2）对于好的回答要积极给予表扬。

（3）让成绩较差和成绩较好的学生回答问题的比例相当。

使用不含种族歧视表述的材料。

例如：

（1）检查阅读材料和图书馆的图书，这些图书含有种族歧视的表述吗？

（2）让学生基于社区或家庭资源进行研究，形成适合自己的学习材料。

确保你的教学不包含种族、宗教或者性别刻板印象的元素。

例如：

（1）用核查系统来确保你上课点名点到了所有学生。

（2）检查学生对你布置的特定任务的完成情况。男生到黑板前做较难的数学题的次数是否比女生多？你有没有给予那些英语能力有限的学生足够的进行口头报告的机会？

评价和训练程序要做到公平。

例如：

（1）确保相同的过错会得到同样的惩罚。向学生征集匿名问卷，看自己是否表现出了对某些学生的偏爱。

（2）尝试在不知道学生个人信息的情况下给学生打分。可以让另一个老师给你提供"第二意见。"

向所有学生真诚地表达你相信他们能学会。

例如：

（1）把没有达到标准的试卷返还给学生，同时提供具体的改进建议。

（2）如果学生不能立刻得出答案，等一等再询问，然后帮助他们想出问题的答案。

所有学生享有同等的参与学习活动的权利。

例如：

（1）使用一些程序确保你给了每个学生同样的阅读、表达观点和回答问题的机会。

（2）记录每个学生需要完成的任务。一些学生是否常常出现在你的记录上，而另一些学生却不常出现？

监控自己的非言语行为。

例如：

（1）你是否会在一些学生面前维持身体前倾的姿势，却习惯离另一些学生比较远？是否当一些学生来到你的办公桌旁时，你会微笑以对，而另一些学生过来时，你却常常皱起眉头？

（2）面对不同的学生时，你说话的语调会发生变化吗？

### 14.1.4 教学的目标：富有挑战性的教学

**挑战性教学**（ambitious teaching）中的一个关键要素是教师对学生抱有高期望。挑战性教学是一个相对较新的概念，指的是一种教师通过设立挑战性的目标、复杂但有吸引力的任务，以及建立在学生观点基础上进行高质量讨论的教学方法。这个概念最常用于数学教学之中，但所有教师都可以基于以下方法来努力实现富有挑战性的教学：

- 拥有渊博的知识，特别是所在领域的重要观念。
- 对学生有深入了解，包括学生日常生活和他们对世界的看法。
- 知道如何通过创造教学和学习空间，将学科的重要观念与学生的生活联系起来。
- 对学生的学习能力抱有很高的期望，远远超出大多数人的预期。
- 与学生一起探索丰富的学术内容、真实存在的问题、令人困惑的自然现象和引人入胜的话题。
- 强调学生应该进行基于证据的批判性思考和论证（Grant & Gradwell，2010；Reich，2017）。

整体而言，教学目标和教师期望应该是富有挑战性的。教师培养学生面对难度较高的任务进行深层次思考的能力，并推动学生精细阐述、澄清、寻找论据支持和证明他们的观点，以及提出问题解决方案（Anagnostopoulos et al.，2020）。如果这让你想起了我们在第9章中讨论过的**扎实学习**（robust learning），你记得没错——给你的记忆力打满分！

当然，挑战性教学需要仔细规划。这就是我们的下一个话题。

## 14.2 第一步：制订教学计划

> **停下来，想一想**
>
> 请回答格里塔·莫林－德希默（Greta Morine-Dershimer）（2006）提出的问题：下列有关教师制订教学计划的表述，哪些是正确的？
>
> - 时间安排是很重要的。
> - 计划是用来打破的。
> - 不要回头检验你的计划。
> - 小计划可以起到大作用。
> - 你可以独立制订计划。
> - 一个模式能适应很多情境。

### 14.2.1 关于教学计划的研究

看完本章开篇的案例后，如果你开始思考自己应该怎么做了，那么实际上你已经开始着手制订计划了。首先，教学计划会影响学生的学习内容。教学计划将学习时间和学习材料有效地转变为具体的互动形式和学习任务——这意味着时间安排很重要。如果在一周的教学时间内，教师将7小时用于语文，而只留15分钟时间给科学，那么学生学到的语文知识自然更多。在学年之初就制订计划非常重要，因为关于时间分配的班级规范需要尽早建立（Weinstein & Novodvorsky，2015）。如果我们能够充分考虑到教师应该教什么，以及学生应该学什么，那么就确实"小计划可以起到大作用"。

其次，教师应该制订不同时间段的教学计划——大至每学年、每学期的计划，小至每单元、每星期甚至每天的计划，同时必须保证这些计划相互协调。随着教师教学经验的增长，教师将越来越擅长协调上述计划与州（地方）课程标准之间的关系。

再次，计划可以减少（但不能消除）教学中的不确定性，但是计划也应具有一定灵活性。所以虽然计划制订后不能随意被打破，但执行计划却需要有灵活性。

为了让计划具有创造性和灵活性，教师需要：掌握有关学生学习兴趣、学习能力的大量知识；熟悉所教学科；了解如何实现富有挑战性的教学。新手教师也会制订计划，但他们的计划往往得不到很好的执行，这是因为他们缺乏有关学生和所教科目的知识，比如他们不能估计学生完成一项活动需要的时间，也可能在解答学生问题时结结巴巴（Calderhead，1996）。

你可以自己独立制订计划，但采取合作的方式会更好。与同事交换意见是积累教学经验的最好方式之一。在日本，教师合作制订计划的计划方式被称作**"教研组"**（Kenshu）或**"研究型教学"**，部分教育者认为这是日本学生在多项国际测试中表现出色的原因之一。在美国等国家，这一过程被称作**课例研究**（lesson study）（Wood，2020）。在课例研究中，教师形成小组共同完成一系列的教学目标设定、相关研究和课程可能性的审查，并一起设计示范课。接下来，一名小组成员进行教学，其他教师观摩教学、收集资料，甚至可能会访谈学生。课程会被录像记录下来，以便所有小组成员都可以回看录像，通过分析学生反应改进教案。然后其他教师再次进行实践，并对课程计划做进一步的优化。如此持续进行，到学年末，所有的研究小组都可以发表他们的教研成果。因此可以说，课例研究既是一种专业发展形式，也是一种课程发展形式——教学和课程都会变得越来越好（Lee & Tan，2020）。你可以上网查找更多关于课例研究的信息和课程计划的示例。

当然，即使你从最权威的教育网站上下载的教案，也需要根据班级情况进行适当的修改。其中有些需要在教学前进行修改，有些需要在教学后根据教学效果进行调整。事实上，有经验的教师都知道，很多修改发生在教学之后，需要基于自身的工作进行——这就是反思型教学。所以一定要回头检验你的计划，并在此过程中获得专业成长。在通过课例研究制订计划的过程中，合作型反思和修订教案是最主要的环节。

最后必须注意的是，有效教学不会只有一种模式。任何一种教学模式都不可能适用于所有的情境。对于有经验的教师而言，制订计划是一种创造性的解决问题的方式，他们知道应该怎样完成教学任务，同时让每部分教学都有效。因此，对于熟悉的课程，他们制订计划时不会照搬在课例研究中学到的某种模式，即使这些模式在一开始是很有帮助的。

无论你怎样制订计划，都必须以明确的学习目标为指引。下面我们就来讨论学习目标。

### 14.2.2 学习目标

如果你不知道要去哪里，就很难到达目的地。同样，如果你没有明确的学习目标，就很难对一个单元或一门课程进行计划。"达到学习目标往往意味着学业成功，这是由于学习目标包含了我们希望学生知道和能够做到的内容"（Chappuis & Stiggins, 2017, p.42）。多年来，学生学习的目标也被称为教学目标、学习目的、内容标准、行为目标、教育目标、年级水平指标、表现期望、课程目标、能力目标、基准等等。作为教师，请确保你了解所在学校和地区使用的概念，以及这些概念的实际意义（Popham, 2020）。

**1. 州级目标的范例：共同核心标准**

如今，我们对许多教育的宏观愿景与目标耳熟能详，例如"通过培养卓越的教育和确保平等的机会，提高学生的成绩，为全球竞争力做好准备"（U.S. Department of Education, 2021）。可是对于教学而言，通用的教学目标是没有什么意义的。州立教育部门会将这些宏观的教学目标转化为内容标准或指标体系，《不让一个孩子掉队法案》要求各州因地制宜采用相应的数学和阅读的内容标准，目前 50 个州都这样做了。但问题也随之而来，例如，不同年级之间存在重复，或者年级与年级之间缺少过渡。此外，各州的标准在严格程度和难度上存在很大的差异。大多数标准都侧重于基本能力，而不是 21 世纪职业所需的各种能力（Petrilli, 2020）。为解决这些问题，2009 年伊始，首席中小学教育官员理事会（CCSSO）和全国州长协会最佳实践中心（NGACenter）带头在两大领域为每个年级——从幼儿园到十二年级，制定了统一的国家标准，这两大领域是：①历史/社会研究、科学与技术领域中的英语语言艺术和文学，②数学。表 14-2 给出了这些领域共同核心标准的几个例子。

各州对《共同核心标准》的采纳有一个不断变化的过程。最初，全美有 44 个州、哥伦比亚特区，以及 4 个海外属地接受这些标准，而明尼苏达州仅接受了英语/语言艺术标准。之后有 4 个州退出该标准，目前至少有 12 个

**表 14-2　在阅读、写作和数学中六年级、十一至十二年级州立核心标准的几个例子**

| 主题和技能 | 六年级的核心标准 | 十一至十二年级的核心标准 |
| --- | --- | --- |
| 文学阅读：建构主要观点，并呈现细节 | 引用文本证据来支持对文本中明确表述的分析和根据文本得出的推论 | 引用有力而全面的文本证据，以支持对文本中明确表述的分析和根据文本得出的推论，包括确定文本遗留了哪些不确定的内容 |
| 写作：开展建构与呈现知识的研究 | 开展简短的研究，以回答某个问题；利用多来源的信息，并在适当的时候重新聚焦在调查上 | 开展简短而持续的研究，以回答某个问题（包括自发产生的问题）或解决某个问题；在适当的时候缩小或扩大调查范围，综合关于该问题的多来源的信息，以表明对调查对象的理解 |
| 数学：几何 | 通过组成长方形或分解成三角形和其他形状，求出直角三角形、其他三角形、特殊四边形和多边形的面积；在解决现实问题和数学问题的背景下应用这些方法 | 证明三角形的定理。定理包括：与三角形一边平行的一条线将另两条边按比例分割；用三角形相似性证明勾股定理 |

州正在退出的过程中。许多仍在使用"共同核心标准"的州，也将其进行了重新命名或适当修改。

关于《共同核心标准》的讨论仍在继续。支持这些标准的人指出，我们需要更高、更一致的标准，因为美国在国际成就测试中的表现通常位居倒数。按照旧的基本能力标准毕业的学生，实际上并没有为大学和工作做好准备。作为对《共同核心标准》的回应，教材、教科书和评估体系正在改进，并与这些标准更加一致——我们正在测试我们所教授的内容。如果我们完全放弃这一努力，我们将失去我们所取得的进展（Calfee et al., 2014；Petrilli, 2020）。

对《共同核心标准》的批评包括：这些标准限制了教师的创造性，不允许各州和地方学区在课程中添加自己的内容，并导致学生需要参加非常多的考试。此外，要求学生参加的标准化考试往往与共同核心标准并不一致，因此出现学生所学的与所测的内容不符的情况（Polikoff, 2015）。作为一个政治问题，对《共同核心标准》的反对确实存在。摩根·波利科夫（Morgan Polikoff）及其同事（2016）在一项关于对《共同核心标准》态度的调查中发现，反对该标准的共和党人比民主党人高出90%。但令人担忧的是，几乎没有证据表明采用《共同核心标准》就能够提高学生的成绩，即使在一些发现有所提升的研究中，提升也很小，细究其中原因可能是标准的实施不一致所导致的（Loveless, 2020；Polikoff, 2020）。

但是，一定要谨防非此即彼。作为一名教师，你应该关注这一争论，因为共同核心标准可能会影响你所教授的内容（课程材料、教科书、课程计划），以及每一个年级的评估内容。但请记住，课程标准只是目标——它们并没有告诉你如何教学，只是告诉你要取得什么样的结果。

**2. 课堂教学目标**

无论术语是什么——目标、结果、标准、指标或其他术语——明确的目标能帮助教师避免出现格兰特·威金斯（Grant Wiggins）和杰伊·麦克蒂格（Jay McTighe）（2006）所说的教学设计的"双重罪过"，即以活动为中心的教学（开展大量动手实践等有趣的活动，但没有目标）和以内容为中心的教学（强行学完课本，但没有目标）。不管哪种情况，如果教师不清楚学生为什么做活动或阅读文本，那么这样的学习都没有用。教师制定的学习目标既要足够宽泛，以便帮助组织教学，但又要足够具体，以便作为教学评估的指导，还能帮助检测你所教授的内容。

### 14.2.3 运用教育目标分类学制订计划

> **停下来，想一想**
> 
> 回顾一下你给某个班级的学生留的作业。学生做作业涉及哪些思考过程：
> - 记忆知识和术语。
> - 理解关键思想。
> - 运用相关信息解决问题。
> - 分析某个情境、任务或问题。
> - 做出评价或给出建议。
> - 创造或设计出新东西。

20世纪50年代，本杰明·布卢姆（Benjamin Bloom）组织一批教育评价领域内的专家，着手改进大学的考试制度。后来，他们的工作对世界各地、各层次的教学都产生了深远影响（Anderson & Sosniak, 1994）。布卢姆和他的同事提出了教育目标**分类学**（taxonomy）或分类系统，它涵盖认知、情感和动作三个领域。当然，在真实生活中，这三个领域的行为常常同时发生。在学生回答论文问题时，他们写作或者使用键盘（动作），他们也在记忆和推理（认知），即使主要涉及的领域是认知，同时他们还可能对这项任务产生某种情绪反应（情感）（Popham, 2020）。

**1. 认知领域**

布卢姆关于思维领域或**认知领域**（cognitive domain）的分类学被认为是20世纪教育界最伟大的成就之一（Anderson & Sosniak, 1994）。认知领域的六个基本目标是知识、理解、应用、分析、综合和评价（Bloom et al.,

1956）。人们通常把这六个目标看作具有层级的一个整体，其中每种技能的形成都建立在下一层技能的基础上。但是，这也未必完全正确。有一些学科，比如数学，就不太适合用这种结构解释。同样，你也会听到关于低层次目标和高层次目标的说法。在此结构中，知识、理解和应用被认为是低层次目标，其他目标则被看作高层次目标。应该说，这种分类方式确实有助于对目标进行粗略的思考。此外，这种分类也有助于制订评估计划，因为不同层次目标的具体的评估过程也不一样。你将在第15章中看到有关此问题的阐述。

2001年，一批教育学研究者对布卢姆的认知领域的教育目标分类学做了第一次较大的修订，这就是今天我们所使用的版本（Anderson & Krathwohl, 2001）：

（1）**记忆**：记忆或再认某事，不需要理解、应用或改变。

（2）**理解**：理解材料，但不需要将它与其他事物联系起来。

（3）**应用**：运用一般概念来解决特殊问题。

（4）**分析**：将需要理解的材料分成多个部分。

（5）**评价**：在特定情境中，判断某些材料或方法的价值。

（6）**创造**：综合不同的观点形成新的理解。

2001年新版本的分类法增加了知识这一新的维度，以表明认知过程必定涉及加工某些东西——你需要对某种形式的知识进行记忆、理解或运用。在表14-3中有清晰的呈现。现在，我们将认知过程分为六个过程——记忆、理解、应用、分析、评价和创造。这些过程作用于四方面的知识——事实性知识、概念性知识、程序性知识和元认知知识。

请思考修订后的认知领域的教育目标分类学能对社会课或语文课的目标设定起到怎样的作用。比如，分析概念性知识的目标可能是"在阅读完阿拉莫（Alamo）之战的历史记录后，学生可以解释作者的观点或偏见"，而评价元认知知识的目标可能是"学生能够反思他们辨别作者偏见时所用的策略"。

### 2. 情感领域

**情感领域**（affective domain）或情绪反应领域的教育目标分类学至今没有什么变化。目标根据情感卷入程度的高低被划分为不同的等级（Krathwohl et al., 1964）。具体而言，情感领域包含下列五个基本目标：

（1）**接受**：察觉周围环境中的某个事物或参与某个活动。

（2）**反应**：有所体验后的新表现。

（3）**评价**：进行某种程度上的参与或承诺。

（4）**组织**：将新的价值观整合到自身的价值体系中，

**表 14-3　修订后的认知领域分类学**

| 知识维度 | 认知过程维度 | | | | | |
|---|---|---|---|---|---|---|
| | 记忆 | 理解 | 应用 | 分析 | 评价 | 创造 |
| A. 事实性知识 | 列举 | 总结 | 分类 | 排序 | 分等 | 整合 |
| B. 概念性知识 | 描述 | 阐述 | 实验 | 解释 | 评估 | 计划 |
| C. 程序性知识 | 汇总 | 预测 | 计算 | 区分 | 总结 | 创作 |
| D. 元认知知识 | 合理运用 | 执行 | 选择策略 | 改变策略 | 反思 | 创新 |

资料来源：Anderson\Krathwohl\Airasian\Cruikshank\Mayer\Pintrich\Raths\Wittrock. *A taxonomy for learning, teaching, and assessing: A revision of Bloom's taxonomy of educational objectives*, Abridged Edition, 1st edition, © 2001. Reprinted by permission of Pearson Education, Inc. NJ.

并按照个人喜好赋予其一定的地位。

（5）**价值化并使之成为个人特征**：按照新的价值观念行动。

比如，在一节营养课上制定的评价目标可能是"学习完有关食品的单元后，至少有 50% 的学生承诺一个月不吃快餐，抵制垃圾食品"。

### 3. 动作领域

詹姆斯·坎格洛西（James Cangelosi）（1990）提出了对动作领域的教育目标进行分类的一种有效方式，即将其分为以下两类：①有耐力、力量、灵活性或高速度的肌肉能力；②执行具体技能的能力。

以下是两个动作领域的目标示例：

① 在 8 分钟内跑完 1 英里后，休息 4 分钟，你的心率应该在 120 以下；

② 有效地使用电脑鼠标"拖放文件"。

## 14.2.4　学习目标的认知需求：韦伯的知识深度

诺曼·韦伯（Norman Webb）（2002）根据认知需求所涉及的思维的复杂性，为学习目标设计了一个分类系统。但是复杂性不等于难度，记住一整页的对话可能很困难，但并不复杂——你只需记住确切的词句，而无需深入思考。**韦伯的知识深度**（Webb's depth of knowledge，DOK）系统与布卢姆的认知领域分类法类似，也是从低水平思维过渡到高水平思维。围绕《共同核心标准》规划课程和评估时，经常会用到该系统（Hess，2013）。表 14-4 展示了韦伯知识深度的四个水平和一些示例。

如果你正准备制定课程目标或作业目标，下面的"实践指南"或许可以给你提供一些帮助。

**表 14-4　韦伯的知识深度水平**

| 知识深度水平 | 描述 | 动作示例 | 活动示例 |
| --- | --- | --- | --- |
| 回忆和再现 | 使用事实、术语、简单程序或公式完成作业，不转换信息，没有弄明白。要么知道，要么不知道 | 计算、报告、描述、讲述、列举、绘制、定义、记忆、匹配、复述、测量、查找、回忆 | 用自己的话描述，制作图表或时间轴，拼写检查段落，查字典，遵循步骤，在句子中划线，进行基本计算，为班级项目集思广益 |
| 技能/概念 | 通过解释或举例，展示对概念的理解；将一种形式的信息转换为另一种形式的信息；解释为什么或怎么做 | 推断、估计、解释、区分、预测、对比 | 多步骤计算，解释概念的含义，制作样例，设计作品集 |
| 策略性思维与推理 | 利用分析和评估来解决现实世界中的问题，用证据支持观点，整合多个学科领域的知识来创建解决方案或设计 | 计划、区分、引用证据、反驳、概括、分析、发展 | 创建一个数据库，设计一个网站，撰写一个短篇故事，撰写和录制一个播客 |
| 拓展性思维 | 长期的策略思考和问题解决，复杂的规划，调整计划以适应新情况，综合与反思 | 设计和实施、综合、合作、自我评价和反思 | 为观众创作并表演作品，研究课题并撰写报告，提出并检验多个假设并得出结论 |

资料来源：Hess, K. (2013). *A guide for using Webb's Depth of Knowledge with Common Core State Standards.* The Common Core Institute；Popham, W. J. (2020). *Classroom assessment: What teachers need to know* (9th ed.). Pearson; Petit, M., & Hess, K. (2006). *Applying Webb's Depth of Knowledge and NAEP levels of complexity in mathematics.* Marge Petit & Karin K. Hess, Center for Assessment.

| 实践指南 |

## 运用教学目标

避免玩"文字游戏"——有些语句虽然听起来很重要，但几乎是空话，如"学生应该成为深刻的思想家"。

例如：
（1）关注学生在特定知识和技能方面的变化。
（2）让学生解释每个目标的含义。如果学生不能就每个目标举出恰当的例子，那么说明他们没有理解这个目标的意图。

为目标设置相应的具体活动。

例如：
（1）如果你的目标是让学生记忆单词，那么你应该教学生记忆方法，并要求他们进行实践。
（2）如果你的目标是发展学生深入思考的能力，就要考虑布置论文作业，开展辩论赛、方案拟定或模拟法庭等活动。
（3）如果你希望学生的写作能力能够有所提高，就多给学生提供写作和修改文章的机会。

确保测验和教学目标是有关联的。

例如：
（1）在制定教学目标的同时编制测验试题，并适时对目标和测验试题进行修订，确保两者有效地匹配起来。
（2）根据不同目标的重要性及实现目标所需的时间，赋予不同测验相应的权重。

### 14.2.5 基于建构主义的视角制订计划

> **停下来，想一想**
>
> 你在前一小节的"停下来，想一想"栏目中分析了学生完成作业涉及的思考过程。那么，这些作业中包含了怎样的观念？除了通过做作业，你还能怎样学到这些观念？

在传统观念看来，制订教学计划是教师的责任。但是，一种新的制订教学计划的方式出现了，这就是建构主义取向的计划制订。在**建构主义取向**（constructivist approach）看来，计划是需要分享和协商的。教师和学生应该共同决定教学内容、教学活动和教学方法。教师不会以学生具体的行为和技能为目标，而会用总体目标，如核心想法、基本问题或主题来指导计划（Borich，2011）。当然，教师需要不断地理解这些更全面、更具概括性的目标。自20世纪90年代以来，主题教学和整合性教学内容成为幼儿园（Roskos & Neuman，1998）甚至高中各年级（Clarke & Agne，1997）教师计划和设计课程和单元教学的主要方式。在第12章中，你看过一个例子，是关于全校使用"和谐共处"主题作为从幼儿园到高中的整合性计划的例子（Beard，2015）。对于低年级学生而言，一些整合性的主题可以包括人类、友谊、沟通、栖息地、社区、模式等。表14-5中列举了适合高年级学生的整合性学习主题。

假定你已经有明确的、有价值的学习目标了，你还得要决定该怎么做。此时，你需要设计出与目标匹配的适当的教学方法。

**表14-5 一些适合初高中学生的整合性学习主题与基本问题**

| 主题 | 核心问题 |
|---|---|
| 勇气 | 我们是如何展现勇气的？ |
| 多样性和可变性 | 为什么了解不同文化很重要？ |

续表

| 主题 | 核心问题 |
| --- | --- |
| 生存 | 我们如何应对地球上日益减少的资源？ |
| 群体与机构 | 为什么人们生活在群体中？ |
| 未来社区 | 大城市的未来是什么？ |
| 沟通／语言 | 谁有权拥有航道？ |
| 人权与责任感 | 人类对气候有什么责任？ |
| 身份／进入成年期 | 人们如何选择朋友？ |
| 相互依存 | 动植物（包括人类）在哪些方面相互依存？ |
| 变化与保护 | 为什么人们要循环利用？ |
| 概率与预测 | 如何利用概率预测未来？ |

资料来源：基于 Clarke, J. H. & Agne, R. M. (1997). *Curriculum Development: Interdisciplinary High School Teaching*. Boston, MA: Pearson 和 Thompson, G. (1991). *Teaching through Themes*. New York, NY: Scholastic.

## 模块 43 小结

### 关于教学的研究

#### 教学研究有哪些方法？

多年来，研究者通过课堂观察、案例研究、访谈、实验、刺激回忆（教师观看教学录像，解释他们的教学）、对课堂文本进行分析，以及其他方式来研究真实课堂中的教学。

#### 优质教学的一般特征是什么？

教师的才能大多与优质教学有关。研究发现，接受过适当训练且拥有教师资格证书的教师能够教出更多优秀的学生。虽然教师的专业知识很重要，但这对于优质教学而言是不够的。更多的知识储备能使教师的讲解更加清晰、更有组织性。讲解清晰的教师能让学生学到更多东西，并且能让学生对教师形成更加积极的印象。热心、友好和善解人意是与学生积极态度最相关的教师特质。

#### 专家型教师都了解什么？

成为专家型教师需要时间和经验的积累。专家型教师在许多具体的教学情境中积累了大量的系统性知识。这类知识是非常复杂的，同时具有特定性，可能只适合特定情境、特定主题、特定学生，甚至特定教师。在特定的情境和主题下，专家型教师在为学生制订学习计划时具有清晰的目标，同时能够考虑学生的个体差异。专家型教师也知道怎样做一个反思型的实践者——他们会根据自己的教学经历改善自己的教学方式。

#### 教师期望的来源有哪些？

学生的语言或移民身份、性别、前任教师的评价、医生或心理咨询师在学生档案中提供的报告、种族背景、学生兄弟姊妹的学习成绩、身体特征、先前的学业成就或智力测验得分、家庭社会经济地位、父母的地位或行为、学生的实际行为等都可能是教师期望的来源。

#### 期望效应有哪两种类型，它们是如何发生的？

第一种是自我实现预言。有时，教师对学生的期望事实上是没有任何依据的，可是学生的行为却符合了这种无根据的预期。第二种是持续性期望效应，即教师从一开始就能够正确评估学生的能力，能够对学生的行为做出适当的回应。但是，当学生取得了一定进步，教师却意识不到学生的进步时，就无法相应地改变原来的期望。这样，教师僵化的期望会使学生的成就始终维持在原来被期望的水平。在实践中，持续性期望效应比自我实现预言更常见。

#### 教师向学生表达期待的方式有哪些？

某些教师会根据他们对学生的不

同看法，以不同的方式对待学生。教师可能会为低期望的学生安排难度较低的任务，更关注他们较低层次上的学习。教师提供给这些学生的选择范围一般较小，对他们的反馈也可能前后不一致，而且教师较少向他们表达尊重和信任。学生可能因此表现出相应的行为，实现教师的预期或停留在原有期望的水平上。

### 制订教学计划

#### 教学计划包含哪些层面，它们是怎样影响教学的？

教师应该制订不同时间段的教学计划——大至每学年、每学期的计划，小至每单元、每星期，甚至每天的计划，同时必须保证这些计划相互协调。计划决定了在学生活动中如何有效地利用教学时间和学习材料。计划不止有一种模式，所有计划都应该具有灵活性。对于有经验的教师而言，计划是一个创造性地解决问题的过程，它往往不是一个正式的过程，而是存在于教师的头脑之中。

#### 什么是《共同核心标准》？

为了解决许多州级标准存在的不一致、缺乏严谨性和冗余性等问题，2009年首席州立学校官员委员会（CCSSO）和全国州长协会最佳实践中心（NGA Center）带头在两大领域为每个年级——从幼儿园到十二年级，制定了统一的国家标准，这两大领域是：历史/社会研究、科学技术领域中的英语语言艺术与文学；数学领域。如今，《共同核心标准》的接受情况在不断变化。

#### 什么是教学目标，简述教育目标的三个分类体系？

教学目标告诉学生应该知道什么和能够做什么，也就是成功的学习会是什么样子。布卢姆和其他研究者提出了认知领域、情感领域和动作领域的目标分类体系。教育目标分类学鼓励人们对相关目标和评估目标的方式进行系统思考。认知领域内有六个基本目标：记忆、理解、应用、分析、评价和创造，这六个目标可以在事实性知识、概念性知识、程序性知识和元认知知识四方面知识上实施。情感领域的目标按从低情感卷入到高情感卷入被分为不同等级。动作领域的目标一般包括从做出基本的觉察、反射动作到实现技能性、创造性的动作的多种目标。思考学习目标的一种更为简洁的方式是针对知识、推理、操作技能、产品或倾向性而进行。

#### 简述建构主义视角的教学计划

在建构主义取向的教学中，计划是可以分享和协商的。教师不会以学生具体的行为和技能为目标，而会用更全面、更具概括性的目标来指导计划。整合教学内容和开展主题教学通常是计划的一部分。教师和学生共同对学习情况进行评价，并且评价是持续进行的。

---

## 模块 44　为每个学生而教

**学习目标 14.3**　探讨直接讲授、布置课堂作业和家庭作业、提问（特别是真正的问题）、反馈、交流和小组讨论等教学方式如何恰当地使用；使用"通过设计来理解"模型整合教学目标、达到教学目标的证据和教学策略。

**学习目标 14.4**　理解什么是差异教学，以及如何实施它以适应不同学生的需求，包括如何在教学中应用通用学习设计指南。

## 14.3　教学方法

很多人认为"教学"就是教师向学生介绍知识的过程，也就是说，他们认为讲授是一种常规的课堂形式。但其实有很多种教学方法。为了让教学计划得到实施，本节将介绍一些基本的教学方法。当然，教学方法是否适合，要取决于学习科目、学生的先前知识，以及特定的学习目标。让我们从怎样明确地向学生讲授知识和概念开始吧。

### 14.3.1 教学策略的研究

如前所述，20世纪七八十年代，有关教学的研究如雨后春笋般涌现。早期的研究发现了许多与学生学习相关的一般教学策略（Emmer et al., 1980; Good, Biddle, & Brophy, 1975; Good & Grouws, 1975; Rosenshine & Stevens, 1986），这些研究成果至今依然有效。这些持久有效的一般教学策略包括：

（1）传达明确的学习目标。

（2）有效利用时间，让学生有充分的机会学习难度适当的材料。

（3）积极主动、关怀备至的课堂管理。

（4）用实例和反例进行清晰的解释。

（5）注重意义的教学，同时提供有指导的和独立的练习。

（6）经常检查学生的理解程度，并提供及时有效的反馈。

（7）学生学习目标、教学评估目标和课程目标三者相一致。

在早期教学研究成果的基础上，一套能够改善学生学习的教学模式形成了。这套模式就是直接教学，它与标准化测试评估的学生学习能力的提高密切相关。

### 14.3.2 显性教学和直接教学

巴拉克·罗森辛和罗伯特·史蒂文斯（Robert Stevens）（1986）称之为**直接教学**（direct instruction）或**显性教学**（explicit teaching），汤姆·古德（Tom Good）（1983a）则用**主动教学**（active teaching）来表示这一方法。

研究者挑选出学习成绩高于平均水平的学生和低于平均水平的学生，将他们的老师进行比较，并以此来鉴别直接教学的关键要素。因为研究的重点是美国课堂的传统教学形式，因此没有比较成功的创新之处。一般而言，教学的有效性需要根据全班或全校学生标准化成就测验的平均得分来进行判断，所以研究结果一般针对的是大群体，而不是每个学生。就算一个班级的标准化成就测验平均分提高了，班里某些学生的得分也可能下降（Good, 1996; Shuell, 1996）。

因此，你可以看到，直接教学法适用于教授**基本技能**（basic skill），这些基本技能具有清晰的知识结构或核心技术，比如科学事实、数学计算方法、阅读词汇或语法规则（Rosenshine & Stevens, 1986）。直接教学的教学任务相对清晰，拥有既定的步骤，教学效果能够通过标准测验进行评价。那么，教师应该怎样通过直接教学将教学主题转化为实际的教学活动呢？

#### 1. 罗森辛的六个教学事项

罗森辛和他的同事（Rosenshine, 1988; Rosenshine & Stevens, 1986）基于对有效教学的研究，提炼出了六个教学事项，它们可以被用作基本技能教学的核查表或框架。

（1）**回顾和检查前一天的工作**。如果学生没有理解知识点或对知识点理解错误，那么教师需要重新教一遍。

（2）**呈现新材料**。制订清晰的教学目标，采取小步子原则进行教学，提供所教概念的正例和反例。

（3）**提供有指导的练习**。向学生提问，给他们提供练习题，分辨学生理解错误的地方，必要时重新教一遍。然后继续提问，直到学生正确回答出80%的问题为止。

（4）**根据学生的回答给予反馈和进行纠正**。必要时重新教学（请记住，高质量的反馈是大多数有效教学模式的关键要素）。

（5）**提供独立的练习机会**。让学生在课堂作业、小组合作或家庭作业中运用新学到的知识。学生独立练习的正确率应该达到95%。独立练习的主要目的是让学生主动练习，直到完全掌握某项技能并达到自动化，对此技能充满自信为止。还应让学生对自己的作业负责任，并学会进行自我检查。

（6）**为了巩固学习成果，需要进行周复习和月复习**。这里的复习包括复习家庭作业的内容，经常进行小测试，讲授学生不会的测试题等。

虽然这六个事项不需要按照特定的顺序按部就班地完成，但它们都是有效教学的重要组成部分。比如，反馈、复习和重新讲授应该基于学生的能力随时进行。直接教学应考虑学生的年龄和先前知识。学生的年龄越小或知识储备越少，教师的讲解就应该越详尽。多使用讲解、有指导的练习、反馈和纠正等方法，但每种方法的使用时间都不能太长，而且应交替进行。

### 2. 直接教学的有效性

结构良好的讲述、清晰的解说和适时的复习均能帮助学生建构个人知识体系。比如，通过复习，教师可以激活学生的先前知识，为学生后面的学习做好准备；简要、清晰的陈述和有指导的练习能够防止学生信息加工系统超载，同时减轻学生工作记忆的负担；大量正例和反例能为学生建立概念网络提供多条通路和多种联系；有指导的练习能够让教师快速了解学生的思考过程和错误理解，因此学生所犯的错误不仅仅是给出了"错误答案"。

一般而言，教师陈述这种方式在以下情境中比较有效：学生人数较多，同时需要在短时间内讲授大量材料，介绍新主题，介绍背景信息，激发学生自主学习等。因此，教师陈述比较适合布卢姆分类学中的记忆、理解、应用等低级认知，以及接受、反应、评价等低级情感目标。事实上，所有科目都需要直接教学，大学英语或化学也是如此。学生需要直接教学告诉他们怎样运用各种不同的操作性材料，以真正从这些材料中学到知识（而不仅仅是玩耍）。进行小组合作学习的学生可能需要引导、示范和练习以学会如何提出问题和给出解释。为了解决复杂问题，学生需要通过直接教学获得有关的问题解决策略（Arends, 2014）。

### 3. 对直接教学的评价

当然，如果教师陈述过多，直接教学也会出现问题。你可能会发现一些学生不能长时间集中注意力，一段时间后就不再理会老师的讲授了。如果教师陈述这种方式给学生增加了过多的认知负荷，让学生处于被动的学习状态，就会阻碍学生提出问题，甚至阻碍学生思考问题（Freiberg & Driscoll, 2005）。有批评者认为，直接教学的理论基础就是错误的。教师将学习材料划分为几个小的部分，对每部分进行清晰的陈述，然后强化对所学知识的记忆或者纠正错误理解，进而将正确的理解传递给学生。由此看来，学生似乎是一个"空容器"，等待着被填满知识，而不是积极建构知识（Berg & Clough, 1991; Driscoll, 2005）。

不幸的是，对低年级或准备不太充分的学生而言，没有教师引导，学生建构的理解往往是不全面的，甚至是错误的（Sweller et al., 2007）。但如果做得好，直接教学和解释能帮助学生积极学习，而不是消极学习（Leinhardt, 2001）。**脚本式合作学习**（scripted cooperation）是将主动学习融入教师演示中的一种方式。它指的是在教师演示的过程中，适时组织学生两两配对讨论，其中一个学生做总结，另一个学生对他的总结进行评价，下一次练习时两名学生互换角色。这种方法能给学生提供机会，让学生检查自己是否理解了课上所讲的内容，同时帮助学生整理思绪，并用自己的语言阐述观点。其他方法见表14-6。

### 表14-6 主动学习和教师演示

注：这里有一些让学生在教师演示中保持认知投入的点子。它们可以适配很多年龄。

| | |
|---|---|
| **提问，让学生将问题的答案写下来**：提出一个问题，让所有人都写下简短的答案，进而鼓励学生分享他们所写的内容 | **投票**：给出两种可能的解释，再问有多少人同意其中的一种（也许要求学生闭上眼睛来投票是个好主意，这可以防止他们因为受到别人的影响而摇摆） |
| **我曾经认为，但是现在我知道**：课后，让学生填空，并将完成的句子与旁边的同学分享 | **一起回答**：让全班同学共同陈述重要的事实或观点，如"在直角三角形中，$a^2+b^2=c^2$" |

续表

| 思考—结对—分享：提出一个问题，让学生先自己思考，再和旁边的同学讨论，交换看法，随后鼓励学生分享他们的想法 | 一分钟书写：在课堂上，学完一部分后，要求学生用一分钟时间来总结并写下关键要点，或者就他们仍不清楚的地方提问 |
| --- | --- |

正如迪安娜·库恩（Deanna Kuhn）（2007）所说：

当然，直接教学有自己的一席之地。我们不需要每个学生都去重新创造已经存在的知识。问题在于我们想要怎样的直接教学。这样做的时候最好记住，是学生从这样的教学中建构意义，并且决定自己想要学习的东西。（p.112）

下面的实践指南提供了有效的直接教学的更多点子，你可以参考。

## 实践指南

### 有效的直接教学

使用一些例子进行说明。

例如：

（1）在数学课上，让学生找出教室里的所有直角。

（2）在讲授关于岛屿和半岛的课程时，可以使用地图、幻灯片、模型或明信片。

认真进行课堂组织。

例如：

（1）告诉学生教学目标是什么，这有利于学生将注意力集中在课程目标上。

（2）上课前，在黑板上写下简短的课程提纲，或与学生共同制定课程提纲。

（3）如果可能，教师的陈述应该具有清晰的步骤或阶段。

（4）定期复习。

做好课程难点教学的预测与计划。

例如：

（1）为学生做一个清晰的课程介绍，告诉学生他们将学习什么，以及应该怎样学习。

（2）要求学生做练习，并参考教师手册，预测学生可能遇到哪些问题。

（3）对新术语进行定义，并准备相关的例子，对该术语进行解释说明。

（4）多使用类比。类比可以让概念变得更容易理解。

（5）让整个课堂具有逻辑，比如将口头或书面问题具体化，并确保学生听懂了解说。

尽量将问题解释清楚。

例如：

（1）避免使用含糊的说法，比如，避免使用"某些人/事/物"或"不太多/好/难"等语义不清的说法，少用无特指、补充性的说法，如大多数、一点也不、某种、等等、当然、正如你所知、我猜、事实上、无论如何、或多或少等。

（2）用具体的名词（尽可能多样化）替换指示代词它、她、他。

（3）避免使用口头禅，比如"你知道的""像……""好吧"。

（4）为自己的课堂录音，检查自己的表述是否清楚明白。

（5）对问题进行多层面的解释，确保所有学生都能听懂，而不是只有最聪明的那些学生才能明白。

（6）一次只关注一个问题，避免离题。

使用解释性的连词，如"因为""如果……那么""因此"等。

例如：

（1）因为北方以制造业为经济基础，所以北方在美国内战中占有优势。

（2）解释性连词也有利于进行书面材料（如段落划分、概念图或图示等）的标识。

当你需要从一个主题转换到另一个主题时，请发出过渡的信号。

例如：

（1）"下一部分""现在我们要讲……"或"第二步是……"。

（2）概括主要内容，列出关键点，在黑板上画概念图或使用投影仪展示概念图。

把你对这门课和本节课的热情传达给学生。

例如：

（1）告诉学生为什么这门课很重要，给出比"考试会考"或"你明年会用到这些知识"更好的理由。强调自主学习的重要性。

（2）确保与学生进行眼神交流。

（3）改变说话的速度和音量，或稍加停顿，以示强调。

### 14.3.3 课堂作业和家庭作业

你也许听说过**课堂作业（seatwork）**这个术语，但现在更多使用**独立作业（independent work）**来表示课堂作业。正如你知道的，除了座位，学生还可以在许多其他地方做作业，因为今天他们可能在课堂上没有固定的座位。

**1. 课堂作业**

独立的课堂作业被教师过度使用了。例如，有研究者对1975至2000年的相关研究进行总结，发现有学习障碍的学生，在没有教师指导的情况下通常很难进步，他们花了自己将近40%的时间来独立完成课堂作业（Vaughn et al., 2002）。

课堂作业应该在讲完课后进行，需要有教师监督和快速反馈，并且不应成为教学的主要方法。遗憾的是，目前许多作业和练习与课程的重要目标脱节。教师在布置作业前应先问问自己："做这个作业确实能帮助学生学到重要的知识吗？"学生应该看到作业和课程的联系。教师应该告诉学生为什么他们需要做这个作业。在教学目标清晰的前提下，教师应该为学生提供所有可能用到的材料，且作业难度不应太大，以保证学生可以独立完成。如果课堂作业太容易，学生就不会付出认知努力。如果课堂作业太难，学生为了完成作业，就会选择猜测答案或抄袭。

有一些可以代替课堂作业和练习的方法，如默读或与同伴相互大声朗读，为"真实的读者"写作，写信或日记，将对话内容写下来并正确使用标点符号，解决问题，做长期计划和报告，解决难题和谜语，用电脑进行一些活动（Romano & Weinstein, 2019）。我最喜欢的方法是集体创作故事：两个学生在电脑上写下故事的开头，然后另两名学生添加一个段落，此后每两名学生合作，为故事发展出一段情节。在此过程中，学生进行阅读、写作、编辑和改进。由于有这么多的同学合作，因此每个人都可以从其他人那里得到创作的灵感。

任何一项要求学生独立完成的作业都需要有效的监控。教师在学生做作业的过程中随时随地地提供帮助，效果比等学生求助了再去帮助他好得多。当然，时间较短但经常发生的接触效果最好（Brophy & Good, 1986）。有时候，你可能在指导一个小组的学生学习，而其余的学生在做课堂作业，在这种情况下，让学生知道应该怎样寻求帮助是很重要的。罗马诺（Romano）和温斯坦（Weinstein）（2019）描述了一位专家型教师的做法，这名教师设立了一条规范——"先问三个同学，然后问我"，即学生需求助于三个同学，如果问题仍未得到解决，再寻求教师的帮助。这位教师在开学之初就教会了学生怎样互相帮助——怎样提出问题，以及怎样进行解释。

> **停下来，想一想**
>
> 回顾一下你的小学和中学经历。你还记得自己做了多少家庭作业吗？你对这些作业记忆最深刻的是什么？

### 2. 家庭作业

就像其他许多教育方法一样，关于家庭作业有效性的争论也进行了好几个回合。在20世纪初期，家庭作业被认为是智力训练的重要方法。可是到了40年代，批评者认为家庭作业被过度使用了，实际上它只适合低水平的学习。然后到了50年代，家庭作业被重新界定为有效的学习方法。进入懒散的60年代，人们又开始认为家庭作业是学生沉重的负担。进入80年代，家庭作业再次成为使美国儿童的学业成就在世界儿童中排名靠前的方法（Cooper & Valentine，2001）。当我们一年级的孙女在做拼写、阅读和数学作业时（她每天都有作业），我再次思考了家庭作业的价值。是的，不用猜测，有关家庭作业的研究已有超过75年的历史（Cooper，2004，2007；Cooper et al.，2006；Epstein & Van Voorhis，2012；Fitzmaurice et al.，2020；Flunger et al.，2015；Kalenkoski & Pabilonia，2014；Trautwein，2007）。关于家庭作业的研究虽涉及多个学科，如数学、阅读或英语，但是针对社会研究、科学或其他学科的很少。这些研究发现了什么呢？你可以参考下面的"观点 / 对立观点"中的讨论。

## 观点 / 对立观点

### 家庭作业有价值吗

你花在自己做作业或监督别人写作业上的时间真的值得吗？这取决于……

**观点** 家庭作业往往没有价值。

大卫·伯林（David Berliner）和吉恩·格拉斯（Gene Glass）（2014）直言不讳地说："家庭作业不能提高成绩。让狗吃了它！"（p. 113）。无论一个活动是多么有趣，学生最终都会对它心生厌倦，所以为什么既要布置课堂作业，又要布置家庭作业呢？这样只会让他们逐渐对学习感到厌烦。更为重要的是，整天写作业也会让学生丧失进行社区交流和参加娱乐活动的重要时间，而这些交流和活动对于培养成熟的公民而言是很有帮助的。家长辅导学生做作业的弊端往往多于益处：有的时候他们会让孩子感到困扰，或者他们的解答可能根本就不正确。而且，来自贫穷家庭的孩子放学后要去打工，这样一来，他们会丧失做作业的时间，使得贫富学生学业成就的差距越来越大。另外，关于家庭作业有效性的研究结论并不一致。比如，一项研究发现，对于小学生而言，课堂作业对学习的促进作用比家庭作业大得多（Cooper & Valentine，2001）。哈里斯·库珀（Harris Cooper）和他的同事（2006；Harris Cooper，2007）对多项关于家庭作业的研究进行分析后发现，对于年龄较小的学生而言，家庭作业和学业成就之间的相关性很小；但是，对于年龄较大的学生而言，家庭作业和学业成就之间的关系较为紧密。年龄较小的学生可能会被家庭环境中的各种因素（玩具、电视、游戏、兄弟姐妹等）分心，他们缺乏元认知能力，无法在分心的情况下集中注意力或管理时间。由于这些问题，许多学校都在重新审视家庭作业政策，以确保家庭作业更有意义，让家庭有更多时间从事其他活动（Pinsker，2019）。

**对立观点** 家庭作业仍有一席之地。

许多研究检验了花在家庭作业上的时间和学业成就（学科成绩或成就测验分数）之间的关系。研究表明，做家庭作业的时间更多（放学后花在看电视上的时间更少）的高中学生能够取得更高的分数，即使把其他因素，诸如性别、年级、宗教、父母的社会经济地位和成年人监督的时间等排除在外，结果依然如此（Cooper et al.，2006；Cooper & Valentine，2001；Cooper，Valentine et al.，1999）。即使排除个人能力、父母的帮助、兼职等外部活动，以及科目类型等因素，高中女生每周在家庭作业上花费的时间也比男生多约1小时。有一种观点认为，这些额外的学习时间正是导致男女生成绩差距的一个因素，这也是女生更可能进入大学和完成学业的原因——女生更加知道如何学习（Gershenson & Holt，2015）。

与上述研究结果一致，美国国家教育协会（National Education Association）建议实行"10分钟法则"，即从一年级开始每晚做家庭作业的时间为10分钟，之后每年级增加10分钟，这样高三年级（十二年级）的学生每晚做家庭作业的时间将为120分钟（Walker，2017）。

但是，仅仅从时间的角度考虑家庭作业可能存在一个问题：并不是每个学生花同样的时间做同样的家庭作业。另一种方法就是用努力付出来代替花在作业上的时间。研究发现，学生自我报告在家庭作业上付出努力的程度与学生的学业成就呈正相关（Trautwein et al.，2009）。"高努力程度意味着学生竭尽所能地完成任务。学生在完成作业时付出的努力和所花的时间不一定显著相关：一个学生竭尽所能投入家庭作业，也许只需要花5分钟就能完成，但有的时候也许花费1个多小时还在做。"（Trautwein & Lüdtke，2007，p.432）

芭芭拉·弗朗格（Barbara Flunger）和她的同事（2015）根据八年级学生的家庭作业努力程度（坚持性和遵从性）和所花费的时间，确定了5种类型的学习者：(1) 快速学习者，投入的精力多，完成作业的速度快；(2) 高努力程度学习者，在家庭作业上投入的精力多、时间长；(3) 努力程度一般的学习者，投入的精力一般、时间短；(4) 学习有困难的学生难以投入精力，但在家庭作业上花费的时间较多；(5) 极简主义者，他们投入的精力和时间都很少。正如大家所预料的那样，快速学习者和高努力程度学习者，在一年中的成绩和考试分数方面表现得明显更好。此外，并不奇怪的是，对家庭作业感兴趣并认为家庭作业对学习有价值的学生会更加投入，而这种投入与更高的学业成就相关（Rodríguez et al.，2019）。

### 谨防"非此即彼"

尽管多年来人们对家庭作业的态度发生了变化，但自20世纪80年代中期以来，初高中学生的家庭作业量并没有太大变化。不过，小学高年级学生的家庭作业似乎有所增加（Loveless，2014）。因此，真正的问题可能不是是否布置家庭作业，而是如何布置适当的家庭作业。如果学生认为作业是有趣、有价值的，对他们来说是合理的挑战，而不会引发他们的焦虑，那么学生会更愿意付出努力——当然，作业本身也应该具有差异性（Dettmers et al.，2010）。所以，解决问题的核心在于教师应该鼓励学生尽力完成适当的家庭作业，而且应该高质量地完成。在家庭作业上挣扎花费的时间是不值得的。

---

为了使学生从家庭作业中获益，首先必须保证学生能够理解教师布置的作业。在课堂上示范性地解决几个问题或消除学生的错误概念，可能会对学生理解作业有帮助。这一点对于那些在家做作业遇到困难却找不到人帮助的学生而言尤为重要。第二个让学生主动做作业的方法是让学生对作业的正确性负责，而不仅仅是填满一张纸上所有的空。这意味着学生做完作业后需要检查，教师应为学生提供改正作业的机会，而作业的质量与最后的课程成绩挂钩。专家型教师通常会让学生互评作业，这样学生可以在上课前的几分钟内迅速改正作业中的错误。

如果学生做家庭作业时遇到困难，他们可能会去寻求家长的帮助。此时，家长应该为学生提供解决问题的支架，而不是答案（Pressley，1995）。可是，很多家长都不知道应该怎样帮助学生学习（Hoover-Dempsey et al.，2001）。下面的"实践指南"为家长如何辅导孩子学习提供了很好的建议，教师进行家校合作时可以参考。但无论如何，都要做好面对家长抱怨的准备。在一项关于家长对家庭作业态度的研究中，15%的家长希望减少家庭作业，25%的家长希望增加家庭作业，但值得庆幸的是，60%的家长认为布置的家庭作业量恰到好处（Loveless，2014）。

## 与家庭和社区建立合作关系的实践指南

### 家庭作业

确保家长知道学生的学习目标。

例如：

（1）在每个单元的学习开始之前，给每个学生的家长寄一张表格，表格内容可以包含主要学习目标、主要作业示例、交作业的日期、家庭作业"日历"，同时应该附上免费的图书馆和网上资源的使用方法。

（2）提供清晰、简洁的作业要求——家庭作业与学分的关系，迟交、忘记或遗漏作业的后果。

帮助家长成为孩子做作业的好帮手。

例如：

（1）应该布置一些具有趣味性、全家都能参与的作业，比如猜谜语、制作家庭相册、共同观看一个电视节目并一起进行回顾。

（2）在家长会上，询问家长为了让孩子更好地完成家庭作业，他们还能做些什么——检查作业表格，进行背景阅读，在网络上查找资料，还是解释学习技巧？

鼓励家长帮助孩子规划家庭作业，而不要控制、惩罚或干涉孩子（Dumont et al., 2014）。

例如：

（1）提醒家长"辅导孩子做家庭作业"意味着鼓励、倾听、监督、表扬、讨论和头脑风暴，而不是惩罚、扰乱和威胁，以及在不需要帮助时提供帮助或替孩子做家庭作业。

（2）鼓励家长在家中设立一个安静区域和固定的学习时间，方便家庭成员学习，并让这些成为家庭常规的一部分。

（3）在孩子做家庭作业时，鼓励家长亲自示范，帮助孩子做好时间管理，养成坚持不懈的习惯。如先做作业，再玩耍、交朋友、看电视或玩游戏、看视频等。

（4）确保所需文具齐全，这样孩子就不会为了找笔或尺子而中断做家庭作业的过程。

倾听并采纳家长关于家庭作业的建议。

例如：

（1）了解孩子在家中需要做什么事情——孩子有多少时间可以用来做家庭作业。

（2）周期性地开通"家庭作业热线"，以收集问题和建议。

如果家里没有人能够为孩子完成家庭作业提供帮助，就建立另外的支持系统。

例如：

（1）要求学生结成可以通过电话交流的学习伙伴。

（2）如果学生家里有电脑，告诉学生哪些网址对他有帮助。

（3）提供免费的公共图书馆资源。

利用家庭和社区的"知识基金"来建立家庭作业与社区生活、社区生活与学校课程之间的联系（Moll et al., 1992）。

例如：

（1）设计一节关于家庭成员怎样在缝纫和房屋建筑中使用数学的课程（Epstein & VanVoorhis, 2001）。

（2）设计一项可以进行家庭互动的活动。在这一活动中，家庭成员共同评估需要购买的家庭必需品，例如，判断买什么牌子的洗发水或纸巾最划算。

### 14.3.4 提问、讨论、对话和反馈式教学

教师提问-学生回答这种教学形式已经伴随我们很多年了（Romano & Weinstein，2019）。这种基于教师观点的提问模式包括发起（教师问问题）、反应（学生回答问题）和跟进（表扬、纠正、探寻或扩展）等环节，有时也被称作**提问-回答-跟进**（Initiation，Response and Follow-up，IRF）**模式**（Burbules & Bruce，2001；Gillies，2016）。在实际教学中，这几个步骤需要不断重复进行。正如你稍后看到的，还有许多关于讨论的思维方式。但现在让我们首先考虑一下IRF模式的核心，即提问环节。好问题，对许多不同类型的高质量教学都非常重要。

有效、真实的问题可能是教师为保持学生的高认知投入而使用的最有用的工具之一。提问在认知过程中发挥着重要的作用，它能够帮助学生复习学过的内容，并进行有效的回忆。它可以"发现"个人的知识缺陷，并能够激发好奇心，培养长期兴趣。提问也可以引发认知上的冲突，进而促使个人知识结构发生改变。提问作为学习的线索、小窍门或提示，就像专家一样引导着新手的学习。学生和教师都应该学会有效提问。我经常告诉我的学生，做好研究的第一步就是提出好的问题。现在，让我们具体讨论一下教师的提问。我接触到的许多新手教师会很惊异地发现提出有价值的问题是多么重要，又是多么困难。

> **停下来，想一想**
> 回想一下你最近上过的一堂课。在课上，教授提了什么问题？为了回答这些问题，你需要进行怎样的思考，记忆、理解、应用、分析、评价还是创造？教授在给出答案之前，留了多长时间给学生思考？

**1. 问题的种类**

一些研究者估计，一名教师平均一个小时要提30～120个问题，教师在其职业生涯中一共会提大约150万个问题（Sadker & Sadker，2006）。这些问题都是什么呢？很多问题可以根据在认知领域的布卢姆分类法进行归类。表14-7列举了不同目标层次上的问题的实例。

另外一种分类方法将问题划分为只有一个答案的**聚合性问题**（convergent question）和有多种可能答案的**发散性问题**（divergent question）两类。对具体事实的提问是聚合性问题，比如："1540年谁在统治英国？""《彼得·潘》的作者是谁？"与观点或假设有关的问题属于发散性问题，如"在这个故事中，你最喜欢哪个角色，为什么？""在过去的100中，在美国最受人们尊重的五位总统是谁，为什么？"

**表14-7 为实现认知领域的目标而进行的课堂提问**

注：可以提出问题，鼓励在认知领域的布卢姆分类法的每个层面进行思考。当然，所需的思考取决于之前讨论的内容。

| 目标 | 预期的思维模式 | 例子 |
|---|---|---|
| 记忆 | 对学过的信息进行回忆或再认，不需要应用或改变 | • 列出……的首都<br>• ……六个部分是什么？<br>• 文中说你应该在这里使用哪种策略？ |
| 理解 | 理解学过的材料，但不需要将它与其他事物联系起来 | • 请用自己的语言概括……<br>• 在这个句子中，……是什么意思？<br>• 请预测下一步是什么？ |
| 应用 | 利用相关信息解决只有唯一正确答案的问题 | • 给这些植物分类<br>• 请计算……的面积<br>• 为……选择最佳策略？ |

| 目标 | 预期的思维模式 | 例子 |
|---|---|---|
| 分析 | 将需要理解的材料分解为多个部分；辨别原因和动机；基于具体数据进行推论；分析结论是否得到证据的支持 | • 第一次突破是什么？第二个又是什么？<br>• 为什么选择华盛顿？<br>• 下列说法中哪些是事实，哪些是观点？<br>• 根据你的实验，这是什么化学物质？ |
| 评价 | 在特定情境中，判断某些材料或方法的价值；提供建议；应用标准 | • 根据……的效力，对美国前十位参议员排序<br>• 你认为哪幅油画更好？为什么？<br>• 在……中，哪种学习策略最适合你？ |
| 创造 | 独创性的想法，原创性的思考，原创性的计划、提议、设计或故事 | • 对……更好的命名是什么？<br>• 我们如何将这两种想法结合起来？<br>• 我们应该怎样为……筹钱？<br>• 如果德国在第二次大战中获胜，美国可能会变成什么样？ |

### 2. 提出真实性问题

不管你提出何种类型的问题，请一定确保部分问题为**真实性问题**（authentic question）。这意味着，作为一名教师，你也不知道答案是什么。例如"我们曾经讨论过该议题吗？""我们使用的工具如何影响我们的测量？""在刚阅读过的内容中，我们如何区分事实和观点？"真实性问题具有以下功能（Kelly et al., 2018）。真实性问题使学生能在一定程度上改变讨论的过程，并将课堂主题与自己的生活相联系，因此学生会更投入并参与其中。真实性问题也会预设所有人都将参与进来，不仅仅是那些经常"回答正确"的学生。最后，真实性问题会让学生进行批判性思考和分析。真实性问题为深度解释打开了大门。正如我们之前所看到的，有强有力的证据表明，需要深度解释的问题有助于学生提高学习成绩，增强真实的理解。那什么是深度解释呢？

深度解释的例子包括探究历史事件的原因和后果，历史人物在历史事件中的动机，特定理论的科学证据，以及对数学证明步骤的逻辑论证。促进深度解释的问题类型有：为什么、为什么不、怎么样、如果、X与Y相比如何，以及X的证据是什么？这些问题和解释可发生在课堂教学、课堂讨论和自主学习期间（Pashler et al., 2007, p.29）。

### 3. 让问题适合学生，等待学生回答问题

不同模式的问题对特定类型的学生作用不同。对于低年级或者学习能力较差的学生而言，最好的模式就是简单的问题，学生回答这种问题的正确率很高。如果学生回答错误，教师应多鼓励、多帮助、多表扬。对于那些学习能力较强的学生，教师需要在不同目标层次上提出具有挑战性的问题，同时提供更多批判性的反馈信息（Berliner, 1987; Good, 1988）。无论年龄和学习能力如何，所有学生都应该尝试回答那些引人深思的、深度的真实性问题。在必要的情况下，教师需要帮助学生学习如何回答这些问题。

学生想掌握批判性思维或解决问题的技巧，就需要思考这些问题的时间。可非常遗憾的是，经典研究显示，教师等待学生回答问题的平均时间只有1秒钟（Rowe, 1974）。教师提问后，应该至少停顿3～5秒钟的时间。这样，学生才能进行更多的思考，才会有更多学生参与课堂提问，主动进行恰当的回答。在这种情况下，学生将经历更多的分析、综合、推断、预测等高级思维过程，回答问题时会显得更加自信（Sadker & Sadker, 2006）。

这似乎只需要教师在教学中做出一点小改变，但实际上5秒钟的沉默并不那么容易掌控，而是需要大量的练

习。教师可以试着让学生把答案写下来，或者让他与另一个同学讨论答案。这能让等待变得更自然一些，也能为学生提供思考的机会。当然，如果学生根本就不理解问题，那么再长的等待也无济于事。如果学生对问题感到困惑，教师就需要重新叙述一遍问题，或者问班里是否有同学可以清晰地表述这个问题。然而，研究表明，延长等待时间并没有对大学生的学习产生影响；对于高中学生而言，教师也需要自己把握等待学生回答问题的时间（Duell，1994；Ingram & Elliott, 2016）。

下面让我们简单讨论一下怎样选择学生回答问题这一话题。如果只叫举手的同学回答问题，那么你可能会错误地认为所有学生都理解了材料。而且那些举手的同学几乎每次都会举手。很多专家型教师有方法保证自己叫到所有人——他们从广口瓶中随机抽取写有学生姓名的卡片，或者在学生回答问题后就将他的名字从名单中划去（Romano & Weinstein, 2019；Weinstein & Novodvorsky, 2015）。另一种可能的方法是，把每个学生的名字都写在卡片上，然后打乱这些卡片，当你需要叫学生回答问题时，一张张抽取卡片就好了。你还可以在每张卡片上记录学生回答问题的质量或可能需要的帮助。

### 4. 对学生的回答进行反馈

学生回答完问题后，教师需要做什么呢？最常见的教师反馈就是简单地表示接受，如"好的""嗯"。在大多数课堂中，50%的反馈都是这样的（Sadker & Sadker, 2006）。实际上，教师可以根据学生回答问题的正确程度，更好地进行反馈。如果学生回答得又快又好，教师简单地表示接受，接着问下一个问题就好；如果学生虽然给出了正确答案，但是有些犹豫，那么教师需要告诉学生为什么这个答案是正确的，比如"克里斯（Chris），你的答案是正确的，参议院是政府立法部门的一部分，因为参议院……"你可以借此再次对教材进行解释。如果学生的回答不确定，那么其他人也可能感到困惑。如果答案存在部分错误或者完全错误，但是学生认真地进行了尝试，那么，教师应该探寻更多信息，给予提示，简化问题，回顾先前的步骤，或重新教授这部分内容。如果学生因为粗心给出了错误的答案，那么教师纠正错误后就可以进入下一部分的学习内容（Good, 1988；Rosenshine & Stevens, 1986）。

简而言之，反馈关于学生当前表现与学习目标之间关系的信息——这是构建学生如何进行理解的必要信息（Tan et al., 2020；van den Berg et al., 2014）。约翰·哈蒂（John Hattie）和海伦·廷伯利（Helen Timperley）（2007）回顾了近几十年有关教师反馈的研究，就此建构了一个模型来帮助教师教学。这个模型包括三个反馈性的问题："我将去哪里？""我应该怎么去？""下一站是哪里？"第一个问题关于目标及其清晰性，第二个问题关于进程，即如何实现目标，第三个问题关于目标实现后的计划或目标未达成时对计划的修改。同时，哈蒂和廷伯利的模型考虑了反馈在四个层面上的关注点：任务、过程、自我调节和自我反馈。下面是一些例子（p.90）。

**任务性反馈**："你需要更多地关注《凡尔赛条约》。"

**过程性反馈**："如果你运用我们先前讲到的策略，这一页可能更好理解。"

**自我调节性反馈**："你已经知道辩论开场部分的关键特征。检查一下你的第一段开场白是否很好地融入了这些特征。"

**关于自我的反馈**：低效反馈——"这是一个很聪明的回答，很好。"高效反馈——"你一定对这个回答深思熟虑过，做得好。"

哈蒂和廷伯利认为，过程性反馈和自我调节性反馈是最有力的反馈方式，因为这两种方式能促进学生深入理解、熟练掌握学习材料，便于学生在学习中进行自我指导。关于自我的反馈（常常是表扬）在课堂里比较常见。但是，除非这种表扬能表明学生是怎样通过努力、坚持和自我调节获得进步的，比如"你真棒，你一直在坚持，不断地修改，现在这篇文章已经很有说服力了"，否则往往不会太有效。

最后，作为一名教师，你的反馈还应该包括尊重性询问，与学生一起探索答案（Tan et al., 2020）。这意味着为了更好地理解学生的想法，教师的反馈应该伴随着提问，对答案的指向持开放的态度，并认真倾听——给学生时间回答，直接看着他们，叫出他们的名字。这种双向反馈互动过程，为学生如何提高元认知能力——如何思考自己的思维模式提供了示范。总的来说，这似乎是个不错的建议。

### 5. 小组讨论和高质量对话

课堂是培养公民意识的场所，讨论不仅为学生提供了听取不同观点的机会，而且还为他们提供了用证据证明观点的机会（Reisman, 2015, p.1）。在**小组讨论（group discussion）** 中，教师提出问题，听学生回答并观察学生的反应，进而探寻出更多信息。但在真实的小组对话中，教师并不扮演主导角色，而是学生提出问题，相互解答问题，然后对彼此的回答进行反馈。然而，这种以学生为中心的讨论比较少见。一项对64所中学的研究发现，每个60分钟的课堂平均只有1.6分钟被用在这些讨论上（Applebee et al., 2003）。但无论你进行何种课堂讨论，请记住真实性问题的价值，这些问题能够展现出学生的想法，这样你和其他学生就可以理解并建构出他们的观点。"有抱负的教师会通过真实性问题激励学生产生观点并参与到对观点的合作探讨中……这种教学方式要求教师善于利用学生的观点为课堂活动提供动力"（Kavanaugh et al., 2020）。

小组讨论有很多优点。学生的学习动机和投入程度会变得更高。学生能够学会清晰表达自己的观点、为自己的观点辩护，以及容忍不同观点。小组讨论也给学生提供了询问对方的观点，检验自己的思想和关注个人兴趣的机会，学生还能通过扮演小组领导人的角色来体验责任感。当学生尝试理解一些与日常经验相矛盾的概念时，小组讨论也很有用。通过共同思考、相互挑战、提出各种可能的解释并对每种解释进行评价，学生更有可能真正理解相关概念（Wu et al., 2013）。

当然，小组讨论也有缺点。这种讨论具有不可预测性、容易跑题，转向不重要的问题。在讨论前，教师需要精心准备，确保参与者储备了与讨论的问题有关的大量背景知识。参与这种讨论对有些小组成员来说比较困难，如果强迫他们发言，他们会感到焦虑。另外，大团体往往不好运作，很多研究发现，在小组中，往往是少部分学生在主导讨论，而其他学生并未完全参与。有时，教师需要进行干预，以使学生专注于讨论的目标，与所讨论的实际学习材料相联系，还要相互倾听（Arends, 2014; Freiberg & Driscoll, 2005; Reisman, 2015）。

小组讨论是有效的学习工具吗？凯伦·默菲（Karen Murphy）和她的同事（2009）回顾了1964年至2003年关于小组讨论提升学生阅读理解能力的研究，得出了几个令人惊讶的结论。他们检验了教学对话、好书分享、质疑作者、图书漂流、读书俱乐部和大组对话等讨论形式，发现这些讨论形式都能促使学生更多地发言，同时限制教师发言，提升学生对所讨论文本的文字理解。但是，让学生多发言并不必然促进他们批判性思维、推理或论证技能的发展。研究者总结道："简单地把学生分成小组，鼓励他们发言，并不足以提高他们的理解能力和学习能力，它仅仅是此过程中的一步"（p.760）。讨论之前、讨论期间和讨论之后发生了什么，是小组讨论的关键。

默菲及其同事在研究结果的基础上开发了一种名为**"高质量对话"（quality talk）** 的讨论方法，旨在使学生从讨论文本和阅读中收获最大化（Murphy et al., 2016, 2018）。"高质量对话是一种多层次的课堂讨论方法，目的是通过鼓励学生围绕阅读文本进行讨论和思考，从而提升学生的高水平理解能力"（Murphy et al., 2018, p.1120）。学生以小组形式（4~6人）讨论阅读内容。教师挑选讨论的文本和话题，但教师并不寻找唯一正确的答案，因此学生们可通过轮流发言和发表自己的见解来掌控讨论。表14-8描述了小组讨论之前、讨论期间和讨论之后的注意事项。下面的"实践指南"给出了使班级或小组讨论更有效的一些建议，你可以参考。

### 表 14-8 小组讨论中的高质量对话：前、中、后

仅仅让学生参与小组讨论并不能保证学习效果。你需要在讨论之前、讨论期间和讨论之后做好准备并制订计划。

| 时间 | 教师 | 学生 |
|---|---|---|
| 小组讨论之前 | 提供微课，明确地讲授如何以批判性和分析性的方式提出和回应真实性问题，以及如何提出基于证据的论据和主张 | • 阅读文本材料<br>• 完成日志中的活动，确保了解关键要点（例如主要观点）<br>• 就文本材料提出一些真实性问题 |
| 小组讨论期间 | • 通过鼓励学生搜索文本中的论据、假设、观点、主题等推动讨论<br>• 示范批判性思维与分析性思维<br>• 挑战或提示学生提供证据，建立与个人的联系<br>• 随着学生讨论能力的提升，将更多的讨论责任转移至小组中 | • 互相鼓励讨论个人与文本的联系<br>• 从文本材料中提取和回顾基本信息<br>• 逐渐有条不紊地轮流讨论、解释文本材料的内容、发表个人见解 |
| 小组讨论之后 | • 就讨论给予反馈，思考下次讨论可能改进的流程，质疑错误的概念<br>• 使用适当的评估方法和活动检查学生的理解程度 | • 在日志中完成需要批判性思维和分析的讨论后活动<br>• 为下次讨论设定目标 |

资料来源：Murphy, P. K., Firetto, C. M., Wei, L., Li, M., & Croninger, R. M. V. (2016). What REALLY works: Optimizing classroom discussions to promote comprehension and critical-analytic thinking. *Policy Insights from the Behavioral and Brain Sciences, 3*, 27–35; Murphy, P. K., Greene, J. A., Firetto, C. M., Hendrick, B. D., Li, M., Montalbano, C., & Wei, L. (2018). Quality talk: Developing students' discourse to promote high-level comprehension. *American Educational Research Journal, 55*, 1113–1160.

| 实践指南 |

## 使小组讨论更有效

确保学生为讨论做好了准备。

例如：

（1）"明天我们将讨论小说的第一章，请准备一个清单，列出一件你不太清楚的事情，一个会让别人深入思考的问题，以及一个与你生活有关的问题。"

（2）"请在今晚为明天的讨论撰写一段第三章的概要。在明天讨论之前，你们可以互相交流并分享反馈。"

邀请害羞的孩子参与讨论。

例如：

（1）"贾斯明（Jazmin），你怎么看？"或者"其他同学还有什么意见吗？"

（2）不要等所有人都沉默了，才让害羞的学生回答问题。大多数人都不喜欢打破沉默，就连很自信的人也是如此。

指导学生对另一名同学的观点进行评论，并向他提问。

例如：

（1）"科尔特（Kolter），你的这个想法很新奇。罗莎（Rosa），你怎样看科尔特的观点？"

（2）"梅（Mei），这是一个很重要的问题。亚历杭

德罗（Alejandro），你认为应该如何回答这个问题呢？"

（3）鼓励学生评价他人的观点或与他人讨论，而不只是等待教师的反馈。

确保你听明白了学生的回答。如果你不明白，其他学生可能也不明白。

例如：

（1）让后一个发言的学生总结前一个学生的发言。当然，如果前一个学生认为其归纳不太准确，可以重述自己的观点。

（2）"卡伦（Karen），我认为你说的是……是这样吗？我没有理解错吧？"

探寻更多信息，并要求学生详细阐述或捍卫自己的立场。

例如：

（1）"这是一个很有力的陈述。你有什么证据证明这个观点呢？"

（2）"你想过其他的可能性吗？"

（3）"告诉我们，你是怎样得出这个结论的？你都经历了哪些步骤？"

使讨论回到主题上。

例如：

（1）"刚才我们讨论了……雅达（Jada）提出了一个建议。其他同学有不同意见吗？"

（2）"在继续讨论之前，请让我对之前谈到的内容做一个总结。"

在让学生发言之前，给学生留一些思考的时间。

例如：

"请试想一下，如果电视机从来就没有出现过，我们的生活将是什么样子？在纸上写下你的想法，一分钟以后我们来分享一下各自的想法。"一分钟后，"裕美（Hiromi），你能告诉我们你写了些什么吗？"

一名学生说完后，教师环顾教室，看看其他学生有什么反应。

例如：

（1）如果其他学生感到困惑，问问他们为什么会感到困惑。

（2）如果学生点头表示同意，让他们举例说明刚才那名学生讲了什么。

### 14.3.5 对教师的启示：让教学方法与目标匹配

在关于教学方法的所有争论中，我们需要记住最重要的问题——"学生应该学习什么，以及现在哪些东西值得学生学习？"然后，我们才能让教学方法与教学目标匹配。

目前仍然没有公认的最好的教学方式。不同的目标和不同的学生需求，要求教师采用不同的教学方法。直接教学可以使学生在成绩测试中取得更好的分数。但第10章讨论过，开放、非正式的教学方法，诸如发现学习或探究学习，与对创造性、抽象思维和问题解决能力的评估的结果更相关。另外，开放式的教学方法可以更好地改变学生对学校的态度，并能够刺激学生的好奇心与合作精神，同时降低缺勤率（Borich, 2011; Walberg, 1990）。根据这些结论，我们可知，如果教学目标包括提升学生的问题解决能力、创造力、理解力和对流程的掌握，除直接教学以外，许多教学方法都是有效的。虽然为了达成一定的学习目标，每个学生都需要接受一定时间直接、显性的教学和指导，但是所有学生也都需要更多地经历开放、建构性、以学生为中心的教学（Zhang et al., 2021）。

### 14.3.6 融会贯通：通过设计来理解

从目标到教学策略，我们谈到了很多东西。格兰特·威金斯和杰伊·麦克蒂格（2006）的"通过设计来理解"（understanding by design，UbD）将这些内容结合到了一起——对高层次批判性思维的期待、目标、学习的证据和教学方法。UbD 的重点是深层理解，其特点是能够对某一主题的相关观点进行解释、阐述、应用，并提出观点、明确重点和形成己见。UbD 背后的核心思想是**逆向设计**（backward design）。教师首先需确认希望学生达成的重要的终极目标，也就是作为教学目标的关键性理解和核心思想。为了帮助学生理解（不仅仅是开展有趣的活动或传授课本知识），教师要问一些本质性的问题，这些问题需要触及思想核心，并使思考更加深入，比如"民主制度的最大问题是什么？""谁有权拥有航空公司？""是什么使一个数学论证令人信服？"接下来，教师要找出哪些证据可以证明学生具有深刻的理解（如通过表现任务、测验或非正式评估来判断）。这样，也只有这样，教师才会设计学习计划，也就是教学指导。他们的设计是逆向的，要从最终结果推回教学计划。事实上，在前述的各种不同的教学方法中，采用课程标准和特定目标的核心都在于根据明确的教学目标得出良好的教学计划。

威金斯和麦克蒂格提供了一个用于指导逆向设计教学计划的模板。你可以通过搜索网页"Understanding by Design template"来获取大量样例。图 14-1 呈现了一个使用逆向设计进行教学计划的过程。在这个案例中，教师或者设计人员从核心数学标准开始，逆向设计，根据核心数学标准确定关键理解和本质问题；然后是设计评估，包括传统测验、课本作业及包含实际应用的表现任务；最后是使学生获得有助于理解的学习体验。你能看出这里涉及布卢姆提出的教育目标层次有几个吗？

到目前为止，我们已经讨论了教学的各个方面——教学目标、教学策略和教学计划。在今天多元化的课堂中，一种教学方法已经不可能适应所有的学生。教师必须根据学生的需求和能力适当改变教学方法——他们不得不实施差异教学。

## 14.4　差异教学

针对学习者的能力和需要进行**差异教学**（differentiated teaching）的观点很早就有了。为了说明这一点，林恩·科诺（Lyn Corno）（2008，p.161）引述了公元前 5 世纪昆体良（Quintilian）的下列文字：

*有些学生迟钝，需要鼓励；有些学生则需要有完全的自由才能学得更好。*

*有些学生在感受到威胁或恐惧时发挥得最好，有些学生则会在这种压力之下失去勇气。*

*有些学生需要学习很长时间才能学得很好，有些学生则需要保持高度专注力，才能学得很好。*

显然，昆体良强调的是能适应学生需要的教学。随着当今课堂中学生的日益多样化，差异教学比以往任何时候都更加重要。凯利·普齐奥（Kelly Puzio）和他的同事们注意到，能成功地进行差异教学的教师"关注明确的概念性目标，注重多种多样的评估维度，认真计划课程和单元，了解学生的需要、喜好和优势，灵活调整课程和教学以适应自己的学生"（Puzio et al., 2020, p.460）。在回顾了 20 年来有关读写课程的差异教学后，研究人员得出结论，当教师注重差异化的教学方式时，学生的读写能力得到显著提高，尤其是写作能力。

通过对学生将遇到的任务、文本和工具，设计不同水平的支持，教师为学生提前制定差异化的教学设计——这被称为**设计差异化**（designed differentiation）。但是即使有良好的计划，一些差异化也会在适应教学的过程中发生——这被称为**互动差异化**（interactional differentiation）。设计差异化有三个目标：内容、过程和产品。这里有几个例子（Puzio et al., 2020）：

*内容：不同类型的教材（书籍、电影、地图或图画小说），改进过的教材（教师预先将重点段落标出），高低难度的材料*

*过程：任务差异化（撰写一段式总结 vs 一页纸的评论），不同的工具（文本转语音软件、口述、开端话题语句、概念地图软件）*

*产品：不同的作品（为故事写一个新的结尾，做一个人物分析，设计一个网页），不同的表现形式（呈现一个画面，添加图片复述故事）*

## 第一步　目标设计

应用勾股定理在现实世界及二维、三维数学问题中求解直角三角形中未知的边长。
核心数学标准，Grade 8.G.B.7

### 关键理解
1. 以直角三角形的斜边为边长的正方形的面积等于以该直角三角形的其他两边为边长的两个正方形的面积之和。
2. 有多种证明勾股定理的方法。
3. ……

### 本质问题
1. 是什么使勾股定理的数学论证具有说服力？
2. 勾股定理能应用于现实世界吗？
3. ……

### 学生将了解到什么？
1. 直角三角形的斜边是什么？
2. 给出直角三角形任意两边的长度，求第三条边的长度。
3. ……

### 学生将能做什么？
1. 通过图解说明勾股定理的正确性。
2. ……

## 第二步　评价设计

### 真实性评价
1. 能根据旗杆的阴影来计算旗杆的高度吗？怎样计算？
2. 某人有一个旧的电视柜，34英寸宽，34英寸高。现在他想买一台新的纯平电视，对角线至少要有42英寸。假设新电视的高度与宽度之比为3：5，那么旧柜子合适吗？为什么？
3. 如果棒球场的垒间距离是90英尺，那么从三垒到一垒的距离是多少？
4. ……

### 传统评价
1. 家庭作业。
2. 完成一章后进行自我提问，并给出答案和证明。
3. 单元测试。
4. ……

## 第三步　学习设计

1. 分组调查和计算教室周围的正方形、三角形和长方形的面积，并将不同小组计算的相同物体的面积进行比较。
2. 用纸板、剪刀、尺子和铅笔证明勾股定理。
3. 课本中的模块6和模块7。

**图 14-1　使用逆向设计进行教学计划**

注：一节教授勾股定理的课的计划过程。教师或设计人员从核心教学标准逆向计划。

研究表明，差异教学的许多方法均依赖于适当的分组。

### 14.4.1 班内能力分组和弹性分组

在一个班级中，学生有 3～5 年的学习能力差异是很正常的（Castle et al., 2005）。可是，很多教师只是按部就班地开展教学（与昆体良建议的做法不同），把同样的材料用相同的方式教给班里所有的学生。学生先前知识的差异是教师开展教学时面临的主要挑战，尤其是那些与先前知识和技能息息相关的学科，如数学和科学，有一种解决办法就是按能力对学生进行分组，但这有不少问题。

**1. 能力分组的问题**

在很多学校和班级，老师都在按照学生的能力对他们进行分组。然而，目前并没有权威性证据表明班内能力分组（within-class ability grouping）优于其他方法（Becker et al., 2014）。一项对美国小学教师的随机抽样调查发现，63% 的教师报告他们在阅读课上使用了班内能力分组策略。低学习能力小组的学生常常不会被抽到回答需要批判性理解的问题，自主选择读物的机会也更少（Chorzempa & Graham, 2006）。有些学校招收了来自低社会经济地位家庭的学生，学校往往会把这些学生划分到低能力小组中。据保罗·乔治（Paul George）（2005）所言：

我 30 多年的教学经历一直伴随着对这个话题的思考：以根据种族、宗教等进行的同质性分组为主要的分组策略，事实上带来了深刻的后果，比如它使学生之间基于种族、宗教、社会阶层的分裂变得更加严酷和显著。(p.187)

在数学和阅读课上，通过深思熟虑建构起来的按能力分组的方式应该是很有效的。但是，任何分组策略的关键都是为学生提供适宜的挑战和支持，也就是使学生进入他们的"最近发展区"（Vygotsky, 1997）。换言之，为了达到预期效果，不同的小组需要在内容、过程和产品等方面进行适当的调整（Kulik & Kulik, 1997）。弹性分组就是一种可能的选择。

**2. 弹性分组**

在弹性分组（flexible grouping）中，学生的组别会依据学生的学习需求不断进行调整。对学习需求的评估是持续进行的，以保证学生的学习任务始终聚焦于他们的最近发展区。教师需要对各小组、小组成员、每个学生或者整个班级进行适时的调整，使分组能够支持每个学生对不同内容进行学习。弹性分组方法要求教师为所有小组提供高水平的指导，并对所有学生都抱持较高期望（Corno, 2008）。一项在一所城市小学进行了 5 年的有关弹性分组的追踪研究发现，在不同学科领域和年级水平要求的背景下，通过弹性分组，掌握相关知识的学生增加了 10%～57%。在研究中，教师不断接受关于评价、分组和教学策略的培训，研究结束后，95% 的教师学会了使用弹性分组的方法。参与研究的教师发现，学生要取得更好的学业成绩，需要在弹性分组学习时更专心，也更自信（Castle et al., 2005）。在网上搜索"弹性分组"，可以发现很多见解和范例。

正如我们在本书中反复强调的，为学生布置一项他们通过自己的努力和他人的适当支持能够完成的、具有挑战性的任务，往往更能激励他们的学习动机。如果你决定在所教班级中使用弹性分组的方法，下面的"实践指南"可能会对你有所帮助（Arends, 2014；Good & Brophy, 2008）。

| 实践指南 |

### 使用弹性分组的方法

通过正确判断现阶段学生在不同学科上的学习表现，不断调整分组。

例如：

（1）根据最近一次阅读测试的成绩进行阅读教学分

组。同样，根据最近一次数学考试的成绩进行数学教学分组。

（2）不断地测试。当学生的成绩发生改变时，及时调整分组。

保证每个小组都能得到不同的、适宜的指导，而不只是相同的材料。确保教师、教学方法和教学节奏符合不同小组的需求。

例如：

（1）不断改变教学节奏，而非按部就班地教学，使教学与学生的兴趣和知识水平相匹配。

（2）所有小组的同学都需要做研究报告，有的报告要求采用书面形式，有的报告则需要以口头形式或借助幻灯片进行。

（3）对低成就小组的学生进行适当的额外指导，而不是简单重复一遍教材内容。低成就小组的学生人数应该尽量少一些，这样每名学生都可以得到更多关注。

（4）所有的工作都是有意义的，并且能够体现对人的尊重——当高能力小组的学生做实验或开展项目时，不要只是给低能力小组的学生一张作业单。

（5）尝试其他方法。比如，德韦恩·梅森（Dewayne Mason）和汤姆·古德（1993）发现，在学生需要时为全班学生补习的效果，好于根据学习能力把班里的学生分成两组，并分别对这两个小组进行教学。

不鼓励小组间的比较，培育班级凝聚力。

例如：

（1）不要在阅读课或数学课以后，仍然让学生按这种分组方式坐在一起。

（2）避免对按能力分组的小组进行命名，但可以对混合能力小组或班级进行命名。

根据学生在一两个学科上的学习能力进行分组。

例如：

（1）确保有足够的项目或课程可以使小组重新组合。

（2）对合作学习策略进行研究（第10章谈到过这一话题）。

（3）小组总数要少（最多两个或三个小组），这样可以保证教师能对每个小组进行直接指导。让学生自学太长时间，会导致学习效率下降。

### 14.4.2　全纳课堂内的差异教学

> **停下来，想一想**
>
> 如果你在一个全纳课堂内教学，你最关心什么？你接受足够的培训了吗？你能从学校管理者或相关专家那里得到你需要的支持吗？对有障碍的学生进行教育，会占用你的其他工作时间吗？

以上是一些很常见的问题，而且教师有这些顾虑也是很正常的。但事实上，对特殊学生进行教学并不需要一套独特的技术。教师需要具有良好的教学经验，并对所有学生都保持敏感。有障碍的学生既需要学习学业材料，又需要尽可能地参与日常的学校生活。辅助技术能够提供帮助。

美国的《残疾人教育法》要求考虑为所有符合特殊教育条件的学生提供**辅助技术**（assistive technology）支持。辅助技术可以是一件产品、一个设备，也可以是可用来强化、维持或改善有障碍个体的功能的系统（Goldman et al., 2006）。对于学习新概念需要小步子和多次重复教学的学生而言，电脑是非常耐心的导师，只要学生需要，无论将课程和其中的环节重复多少次都可以。一个设计良好的电脑教学程序应该是有吸引力的和交互式的——这两点对于有注意力障碍或缺乏学习动机的学生而言很重要。比如，一个数学程序或单词拼写程序应该运用图画、声音或类似游戏的方式来帮助有注意力缺陷的学生集中注意力。交互式的数字媒体程序可以教人们怎样使用手语。很多程序并不需要声音，所以有听力缺陷的学生完全可以从中受益。有阅读困难的学生可以触摸不认识的字，随后程序便会"说"出这个字。通过这些程序,这部分学生可以获得即时的帮助,找到适合自己的阅读练习,防止自己掉队。另外一些装置能将纸上的文本转化为音频,这对于失明儿童或其他需要听力辅助的儿童来说是有好处的。文字处理器可以帮助那些书写潦草的有学习障碍的学生形成字迹漂亮的文章,将学生的想法更好地呈现在纸上。一旦学生的想法被记录下来,学生就可以在电脑上重新组织或改进这些文字,减少手抄的痛苦(Hallahan et al.,2009)。世界在飞速变化,看看你的学校是否有专家提供有关辅助技术的支持,这可能会帮助到你的学生。

### 14.4.3 关注到每个学生:运用"通用学习设计"进行差异教学

然而,这样的新兴技术也造成了新的障碍。许多电脑都有图形界面,操纵程序需要精确地移动鼠标或使用触控板。然而,这样的操作对于有运动困难或视觉缺陷的儿童来说往往很难,有视觉缺陷的学生无法从网上获得大量信息。研究者正在尝试解决这个问题,他们试图发明一种能使人不需要通过视觉获取信息的方法。

在建筑学中,**通用设计**(universal design)的概念通过在新建筑、工具、学习程序、网站等的设计中考虑所有用户的需求来体现。在教育中为每个人设计的相同原则,称作**通用学习设计**(universal design for learning,UDL)。通用学习设计的原则是提供参与学习过程的多种方式,表征或呈现学习材料的多种方式,以及为学生提供表现和表达理解的多种方式。应用特殊技术中心(the Center for Applied Special Technology,CAST)一直是开发通用学习设计领域的领导者。世界各地都在使用他们的通用学习设计指南。表14-9是这些指南的摘要。(CAST,2018;Hallahan et al.,2019;Pisha & Coyne,2001)。

**表14-9 通用学习设计指南**

| | 提供多种参与方式<br>情感网络<br><br>"为什么"学习 | 提供多种表征方式<br>认知网络<br>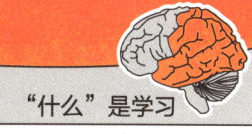<br>"什么"是学习 | 提供多种行动和表达方式<br>策略网络<br><br>"如何"学习 |
|---|---|---|---|
| 获取 | **提供激发兴趣的选项**<br>· 优化个人选择和自主权<br>· 优化相关性、价值和真实性<br>· 减少威胁和干扰 | **提供感知选项**<br>· 提供自定义信息显示的方式<br>· 提供听觉信息替代方案<br>· 提供视觉信息替代方案 | **提供身体动作选项**<br>· 变化反应和引导的方法<br>· 优化工具和辅助技术的使用 |
| 构建 | **提供持续努力和坚持的选项**<br>· 提高目标和目的的重要性<br>· 变化需求和资源,以优化挑战<br>· 培养合作性、建立共同体<br>· 增加以掌握为导向的反馈 | **提供语言和符号的选项**<br>· 澄清词汇和符号<br>· 澄清语法与结构<br>· 支持文本、数学标记和符号的解码<br>· 促进跨语言理解<br>· 通过多媒体进行说明 | **提供表达和沟通的选项**<br>· 使用多媒体进行交流<br>· 使用多种工具进行构建和组合<br>· 通过练习和表现的分级支持来建立语言的流畅性 |
| 内化 | **提供自我调节的选项**<br>· 促进期望和信念,优化动机<br>· 促进个人应对技巧和策略<br>· 发展自我评估和反思 | **提供理解的选项**<br>· 激活或提供背景知识<br>· 强调模式、关键特征、核心理念、关系<br>· 引导信息处理和可视化<br>· 最大程度地迁移和概括化 | **提供执行功能的选项**<br>· 引导适当的目标设定<br>· 支持计划和战略的发展<br>· 促进信息和资源的管理<br>· 加强监控进展的能力 |

资料来源:CAST (2018). *Universal Design for Learning Guidelines version 2.2.*

仔细分析，你就可以看到这些指南是如何将本书中的许多主题整合在一起的。

- 动机和"为什么"学习，包括兴趣、努力、自主性、掌握目标和自我调节（第11章和第12章）
- 表征和"什么"是学习，包括口头和视觉表征、语言、符号、核心观念和模式（第6章、第8章和第9章）
- 表达学习和"如何"学习，包括不同的回应方式、多种工具、目标设定、学习策略、监控和管理学习（第5章、第7章、第13章和第14章）

## 模块 44　小结

### 教学方法

**教师应该如何使用直接教学与家庭作业？**

直接教学比较适合教授基本技能和显性知识。它包含回顾、呈现新材料、有指导的练习、反馈和纠正（必要时对先前内容重新教学）、提供独立练习机会，以及定期复习等多个教学事项。对于年龄较小或学习能力较差的学生而言，教师讲述的时间不宜太长，且教师最好能让他们进行多轮练习，并不断提供反馈。作业的"10分钟法则"是指从一年级开始每晚做家庭作业的时间为10分钟，每年级增加10分钟，这样，一个十二年级的学生在作业上将花费大约120分钟。

**区分聚合性问题和发散性问题，简述深度问题**

聚合性问题只有一个正确答案，发散性问题有多个可能的答案。深度问题（比如为什么，为什么不，怎么样，如果，X与Y相比如何，以及证据是什么？）需要深思熟虑和合理的解释——学生需要进行独立思考。对年龄较小或者学习能力较差的学生而言，最好的模式就是简单的问题。这种问题的正确率很高，如果学生回答错误，教师应多鼓励、多帮助。对于那些学习能力较强的学生，教师需要在不同目标层次上提出有挑战性的问题，同时提供更多批判性的反馈信息。无论年龄和学习能力如何，所有学生都应该尝试回答那些能引发人深入思考的问题。在必要的情况下，教师还需要帮助学生学习如何回答这些问题。

**等待学生回答问题的时间会对学生的学习产生什么样的影响？**

教师提问后，应该至少停顿3~5秒钟的时间，这样学生才能给出较长的答案，才会有更多学生参与课堂提问，主动进行恰当的回答。在这种情况下，学生将经历更多的分析、综合、推断、预测等高级思维过程，并且在回答问题时会显得更加自信。

**小组讨论有哪些优缺点？**

小组讨论给学生提供了直接参与学习活动的机会，能帮助学生学会清晰地表达自己的观点、为自己的观点辩护，并容忍不同观点。小组讨论也给学生提供了询问对方的观点、检验自己的思想和关注个人兴趣的机会，学生还能通过扮演小组领导人的角色来体验责任感。因此，小组讨论有助于学生对个人观点进行评价和整合。但是，这种讨论具有不可预测性，容易跑题，转向不重要的问题。高质量对话是提高学生对文本的高水平理解和鼓励个人参与文本的一种方式。在使用高质量对话时，教师必须详细计划在小组讨论之前、讨论期间和讨论之后可能会发生什么，这是使用该策略的核心所在。

**如何让教学方法与目标匹配？**

不同的目标和不同的学生需求，要求教师采用不同的教学方法。直接教学可以使学生在成就测试上取得更好的分数；开放、非正式的教学方法，诸如发现学习或探究学习，与对创造性、抽象思维和问题解决能力的评估的结果相关度更高。另外，开放式的教学方法可以更好地改变学生对学校的态度，并能够激发学生的好奇心与合作精神，同时降低缺勤率。

**如何使用"通过设计来理解"的方法来计划高质量的教学？**

UbD的重点是深层理解，其特点是能够对某一主题的相关观点进行解释、阐述、应用，并提出观点、明确重点和形成己见。UbD背后的核心思想是逆向设计。教师首先需确认希望学生达成的重要的终极目标，也就是作为教学目标的关键性理解和核心思想。为了帮助学生理解（不仅仅是开展有趣的活动或传授课本知识），教师要问一些本质性的问题，这些问题需要触及思想核心，并使思考更加深入。基于这些考虑，UbD 模板可用来指导教学计划。

## 差异教学

### 差异教学有什么特征？

差异教学是一种灵活的教学方法，它根据学生在准备状态、兴趣和学习需求等方面的差异来匹配学习内容、过程和产品。考虑到学生的能力、先前的知识和挑战，使教学不仅符合所教的科目，而且符合学生的需求。

### 按能力进行分组有什么问题？

按学习能力进行分组对教师和学生而言优缺点并存。高学习能力小组的学生往往能够获益，而低学习能力小组的学生很多时候得不到回答需要批判性理解的问题的机会，他们自主选择阅读材料的机会更少。有些学校招收了来自低社会经济地位家庭的学生，按能力分组意味着这些学生即使在课堂上也可能被隔离。因此，按能力分组可能会导致那些有多元文化的学校出现种族隔离现象。

### 班级分组是否还有其他的分组方式？

在弹性分组中，学生的组别会依据学生的学习需求不断进行调整。对学习需求的评估是持续进行的，以保证学生的学习任务始终聚焦于他们的最近发展区。教师需要对各小组、小组成员、每个学生或者整个班级进行适时的调整，使分组能够支持每个学生对不同内容进行学习。在按能力进行分组的情况下，如果教师处理得比较灵活和富有弹性，也会产生积极的效果。不过，这仍然没有合作学习等方法的效果好。

### 针对特殊学生进行的有效教学有什么特征？

对特殊学生进行的有效教学并不需要特别的技巧，但需要良好的教学经验和对所有学生的敏感性。有障碍的学生既需要学习学业材料，又需要尽可能地参与日常的学校生活。为了完成学业学习目标，有学习障碍的学生可以从分散到每天、每周的扩展练习和先行组织者中获得帮助，先行组织者可以把学生的注意力集中到他们已经知道的内容或清晰的目标上。通用学习设计，是让有障碍的学生尽可能地参与日常的学校生活的一种可能性。通用学习设计的原则是提供参与学习过程的多种方式、表征或呈现学习材料的多种方式，以及为学生提供表现和表达理解的多种方式。

# 第 15 章 课堂评估、评分与标准化测验

CHAPTER 15

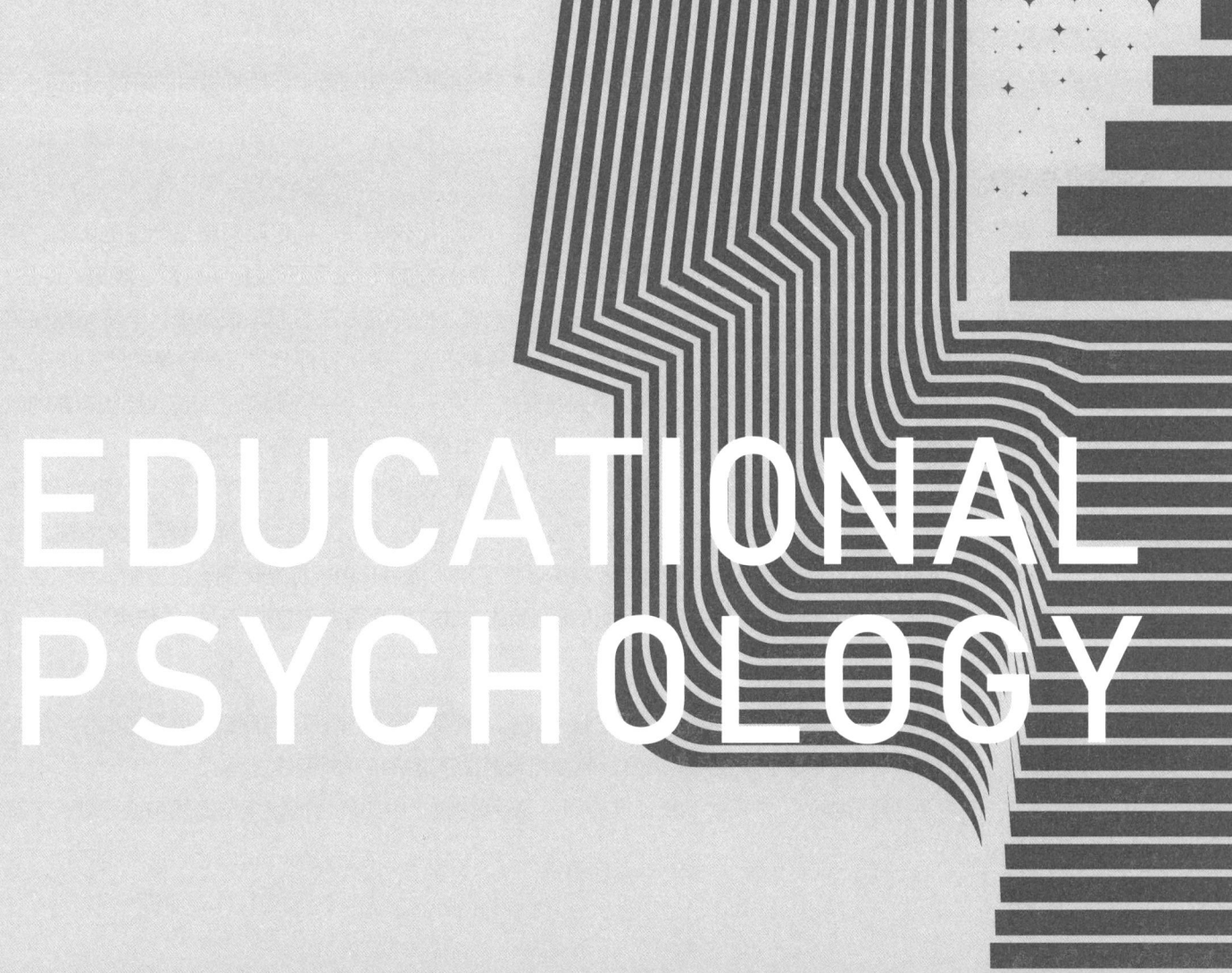

EDUCATIONAL PSYCHOLOGY

## ■ 教师的案例簿：有意义的等级评定

学校要求你对班里的学生进行等级评定，用字母A、B、C、D和F表示不同的等级。你可以使用任何一种评定方法。有些教师通过作业单、随堂考试、家庭作业或测验来进行评定，有的教师是根据作品集和小组作业的情况来评定的。相比最终成绩，一些教师评分时会更多考虑学生的进步和努力程度，从而制定个性化的标准。有的教师试图与学生制定合约，通过长程项目对学生进行评估，而另一些教师则几乎完全依赖于日常作业。两个通过小组作业进行评估的教师正在考虑给予"优秀小组成员"加分，或者给得分最高的小组加分。还有的教师会对全班同学进行分数奖励，而不划分等级。而你仅有的经验是采用书面反馈和对学生掌握具体目标的进度进行评估。此时，你需要一个能够鼓励学生学习而不仅仅是评价学生成绩的可信、公平且易操作的评定系统，这个系统要能够给学生的学习提供反馈，并帮助学生准备全州水平测试。

■ **批判性思考：**
- 你会选择什么任务或项目作为等级评定的依据？
- 团队参与或努力程度等行为会作为分数计入最后的得分吗？
- 你应该怎样综合考虑所有因素，以便在每学期对每位学生进行评分？
- 你应该怎样向校长和学生家长说明你这个评分系统的合理性，特别是在你们学校的老师们使用了各种不同标准的情况下？
- 你如何看待老师们所使用的各种不同标准？对学生而言公平吗？
- 这些问题会如何影响你所教科目的等级水平？

## ■ 概述与目标

在这一章里，我们将考察评估、测验和等级评定的有效性。我们不仅关注它们可能对学生产生的影响，还会研究在实践中如何开发更有效的测验和评定的方法。作为评估专家的教师，已经开发出了分配、收集、评估、组织和返还学生作业的方法，然后利用评估结果来计划未来的教学。他们的方法看起来很简单，但正如你在第13章中所学习到的，常规方法必须经过教授、解释和练习才能顺利进行。评估和评分的常规也是如此（Fives & Barnes, 2020）。如果你对自己在这些不同领域的技能感到有些挑战和不确定，你并不孤单。即使是经验丰富的教师，也会感到对这一重要任务准备不足（Ayalon & Wilkie, 2020）。本章的目标就是让你做好准备！

首先，我（安妮塔）会简要介绍有关评估的基本概念，比如信度、效度和无偏性。接下来将会介绍教师每年都需要准备哪些不同的测验，以及不依赖于传统测验方式的新的评估方法。然后我们会探讨分数可能对学生造成的影响，以及如何与学生和家长就分数进行沟通这个非常重要的主题。最后，由于标准化测验很重要，我们会花一些时间来学习测验、测验分数的意义、其他可以替换传统测验的方式，以及测验在教师评估中的作用。

学完这一章后，你就能达成以下目标。

目标 15.1　描述评估的基本含义，包括各种类型的评估（标准化测验、课堂评估与测量，以及形成性、临时性和终结性评估）；了解如何用信度、效度和无偏性来理解和判断评估过程。

目标 15.2　描述两种测验类型（常模参照和标准参照），解释在教学中如何合理使用选择题和论述题；了解传统课堂测验的优势和不足。

目标 15.3 了解如何使用形成性评估来促进指导，如何设计和使用真实性评估，包括作品集、行为表现、如何形成评分准则。

目标 15.4 简述分数对学生的影响，以及教师与家长沟通学生分数的策略。

目标 15.5 解释常见的标准测验分数，如百分等级、标准九分、年级当量和量表分数；了解当前问责制、教师评价、高利害测验、成长与能力测试、增值性评估中存在的问题。

## 模块 45 教学评估与测验的关键概念

**学习目标 15.1** 描述评估的基本含义，包括各种类型的评估（标准化测验、课堂评估与测量，以及形成性、临时性和终结性评估）；了解如何用信度、效度和无偏性来理解和判断评估过程。

**学习目标 15.2** 描述两种测验类型（常模参照和标准参照），解释在教学中如何合理使用选择题和论述题；了解传统课堂测验的优势和不足。

## 15.1 教学评估的基本含义

目前的一些常见的测试，比如大学入学考试，都是20世纪的产物，这是否令你感到吃惊？20世纪初期到中叶，大学录取需要根据分数、论文和面试来决定。从你自己的经验来看，你应该知道从那时起，测验经历了长时间的发展——你可能会批评说，扯得太远了。今日出版的测验称为**标准化测验**（standardized test），是因为它们通过使用相同的指导语、统一的测试时间限制、对所有学生使用统一标准进行评分等标准化的方式进行管理、评分、报告和解释（Popham，2020）。你任教的学校可能就会使用标准化测验，尤其是为了满足日益增长的问责制的要求。然而在大多数学校，教师对测验没有太多选择权。

另一方面，教师发展出了**课堂评估**（classroom assessment）。课堂评估有许多不同的形式——单元测验、小论文、作品集、小组项目、行为表现、口头报告、视频、设计和规划、日志、网站、某种艺术品或服装作品等，这个清单可以很长。由于教学过程中你需要做出各种决策，因此评估是很重要的，比如"这个软件或这本书适合我的学生吗？""应该给奥利维娅（Olivia）的项目作业 B- 还是 C+ 呢？"在本章，我们将涉及评估和评分的各种形式，但重点是课堂评估，因为这是教师开发并进行解释的。

在学习课堂评估和标准化测验之前，让我们首先看一下测量和评估之间的区别。

### 15.1.1 测量与评估

**测量**（measurement）是量化的，即用数字对事件或特征进行描述。测量通过分数、排名或等级告诉人们数量、频率或程度是多少。一名教师可能会说："诺亚（Noah）做对了 15 道加法作业题中的 2 道"，而不会说"诺亚看起来并没有理解加法的概念"。在测量中，教师会运用具体的评定标准来比较学生在相同任务上的表现。

当然，并非教师做出的所有决策都需要测量。但是，如果运用恰当的话，测量可以为决策制定提供无偏的数据。事实上，在如今的校园中，数据驱动的决策非常重要。

目前，测量专家越来越多地使用"评估"这一术语来描述收集学生学习信息的过程。**评估**（assessment）包含抽样及观察学生的技能、知识和能力的许多方法——定量的和定性的，因此评估是一个更广泛的术语，包括测量及许多其他技术（Brookhart & Nitko，2019）。评估过程可以是正式的，比如单元测验；也可以是非正式的，比如观察在小组学习中谁扮演了领导的角色。评估可以由教师个人设计，也可以由地方、州或国家相关机构来设定。今天，评估超越了传统的纸笔测试，主要基于学生的行为表现、作品集、项目成果或手工作品等对学生进行评价（Popham，2020）。

### 形成性评估、中期评估与终结性评估

根据所处的教学周期，评估一般有三种用途或目的：形成性评估、中期评估和终结性评估（Northwest Education Association，2015）。

**形成性评估（formative assessment）** 发生在教学之前或教学过程中。形成性评估的目的是指导教师计划和改善教学，同时提供反馈帮助学生改善学习。换一种说法就是，形成性评估通过提供支持教师和学生努力的反馈来帮助"形成"教学（Brookhart，2018；Dixson & Worrell，2016）。通常，教师会在教学之前对学生进行形成性测验，这种**前测（pretest）**能够帮助教师了解学生已经知道了什么。有时候，教学过程中也需要进行测试，以发现学生还存在哪些弱项，这样教学可以更有针对性。这些形成性评估不评分，所以那些对"真"测验感到很焦虑的学生能在这种低压的测试中得到很多收获。此外，形成性测验的反馈还能帮助学生更好地判断学习质量并进行自我调节学习（Clark，2012）。

在学年期间定期进行的评估称为**中期（成长或基准）评估（interim/growth/benchmark assessment）**，它以客观的方式确定学生的进步和成长。这些评估可用于区分教学、确定特殊服务是否合适、评估"反应干预模型"（Response to Intervention，RtI）项目的进展（见第5章），或者评估特定课程是否如预期的那样有效（NWEA，2015）。现在，一些标准化测验包都有中期评估，以帮助教师确定学生是否取得了良好的进步，以及他们是否能在标准化测试到来时做好准备（Dixson & Worrell，2016）。

**终结性评估（summative assessment）** 发生在教学之后，目的是让教师和学生知道任务达成的情况——学生是否已经学会了先前的内容和技能？因此，终结性评估提供的是一个有关成果的"总结"。期末考试就是一个典型的例子。像SAT和GRE之类的标准化测验，也是终结性评估——它们都用来评估你学到的内容。

一些教育工作者认为，形成性评估是为学习进行的评估（assessment for learning），而终结性评估是对学习进行的评估（assessment of learning）（Chappuis & Stiggins，2020）。形成性评估、中期评估和终结性评估的主要区别在于运用评估结果的方式不同。如果评估的目的是提高教学水平，帮助学生指导自己的学习，那么评价就是形成性的；如果评估的目的是追踪学生的学习在一段时间内的增长和进展，那么评估就是中期性的；如果评估的目的是评价学生的学业成就（同时决定其课程成绩），那么评估就是终结性的（Dixson & Worrell，2016）。事实上，相同的评估在课程开始时可以用作形成性评估，在课程结束时则可以用作终结性评估，因为在教学过程中形成性评估是最重要的，我们稍后会具体展开。现在让我们来思考如何评价一个评估。

## 15.1.2 对测验的评估：信度和效度

评估过程（尤其是测验）中最常见的一个问题就是对结果进行了错误的解释。事实上，没有任何一个测验能够完全正确地描述个体的能力，测验只测量了一小部分行为样本。在编制测验和解释结果时，信度、效度和无偏性是必须考虑的三个重要因素。这些术语最常用于测验分数，其实这些术语背后的考虑因素适用于所有的评估。

#### 1. 测验分数的信度

假设一个人的能力是不变的，如果一个测验在两种情境下对个人能力的"解读"具有一致性、精确性和稳定性，就说明测验分数是可信的。比如，多次将一个测量精准的温度计置于沸水中，每次显示的温度都是100℃。因

此，当你看到**信度**（reliability）时，要联想到测量的一致性和精确性。信度有多种计算方法，但是所有的信度值都在 0.0 到 1.0 之间，就像相关系数一样。信度值超过 0.9，我们一般认为测验是非常可信的；信度值在 0.8 至 0.9 之间，那么测验信度良好；低于 0.8 的信度值，对如 SAT 或 ACT 等标准化测验而言就不是很好了——这些测验基本上三个月内的重测信度在 0.8 到 0.9 之间（Brookhart & Nitko, 2019）。一般而言，题目多的测验比题目少的测验信度更高。

（1）测量误差

所有测验都不能对它们希望测量的品质或技能进行完美的估计。每个测量情境都存在误差。这些误差的产生与学生的情绪、动机、考试技巧甚至作弊行为有关。有时候误差对你而言是有利的，能让你得到一个高于自身考试能力的分数；有时候误差对你是不利的。误差也和测验本身有关——测验目的不明确，题目要求的阅读水平太高，题目表述含糊不清，或者测验时长有误。

学生的分数总会存在一定的误差。应该怎样减小误差呢？正如你猜测的那样，这又回到了信度的问题。测验分数越可信，测量误差就越少。标准化测验的开发者会考虑测量误差，同时对学生重复测验时的分数波动进行估计。估计的结果被称为**测量的标准误**（standard error of measurement）。因此，一个可信的测验可以被认为是一个测量标准误很小的测验。

（2）置信区间

不要基于学生获得的某个确切的分数来估计学生的能力或成就。现在许多测量公司会用**置信区间**（confidence interval）或**标准误差范围**（standard error band）来报告标准化测验的分数，这个区间包含了学生的实际得分。这利用了测量的标准误，使教师能够了解分数的范围，这个范围可能包含学生的**真分数**（true score），即在测验完全正确、没有误差的情况下，学生的得分。

比如，假设班里有两名学生参加了西班牙语的标准化成就测验。测量的标准误是 5，一个学生得到了 79 分，另一名学生的得分为 85 分。乍一看，这两个分数似乎完全不同。可如果你考虑了分数的标准误范围，而不仅仅是分数本身，就会发现它们的标准误范围存在重叠。第一个学生的真分数可能在 74 分至 84 分之间（也就是实际得分 79±5 分），第二个学生的真分数应该在 80 分至 90 分之间。两名学生都有可能获得 80、81、82、83 或 84 分，因为这些数字位于二人分数范围重叠的部分。当选择学生参加某些特殊的项目时，标准误范围是很重要的。不要因为得分比录取分数线少一两分而轻易拒绝任何一个孩子，因为这些学生的真分数可能在录取分数之上。你可以参见后文中的图 15-5，该图包含分数范围的相关内容。

你可以将同样的道理应用于政治调查——它们通常会报告误差幅度（通常在电视屏幕下方以很小的字体标出）。例如，如果密歇根州的某项调查显示一位候选人的得票率为 47%，另一位候选人的得票率为 53%，且该民调的误差率为 4%，那么结果将是"统计上的平分"（你在电视上听到的语言）。这是因为任何一位候选人的真实比例都可能在 49%、50% 或 51% 的重叠范围内。只有当分数段不重叠时，候选人之间的评分差异才是真正不同的，也才是可靠的。

**2. 效度**

如果测验分数是可信的，下一个问题就是这些分数是否有效或者是否正确，基于这些测验分数得出的判断或决策是否有效。为了使测验有效，基于测验进行的决策和推论应该有证据支持。这就意味着**效度**（validity）与某个特殊的用途或目的有关，即与实际决定及做出该决定的证据有关。一个特定的测验对于某个目的可能是有效的，而对于另一个目的可能就无效了（Haertel, 2018; Popham, 2020）。

我们可以用不同的证据来检验一个具体的判断。如果测验目的是测量学生是否掌握了一门课程，那么测验题目应覆盖这些章节的重要主题，而不是额外的内容。这样我们就有了内容效度的证据。你是否遇到过试卷只包含课程少部分内容的情况？如果是这样，基于那次测验所做的决策当然缺乏内容效度的证据。

有些测验是用于预测结果的。比如，SAT 的目的就是预测学生在大学的表现。如果 SAT 的得分与大学第一年学生各科成绩的平均分相关，那么我们在根据 SAT 得分做录取决定时就有了效标关联效度。

更多的标准化测验适用于测量一些心理特征或"构念"，如推理能力、阅读理解、成就动机、智力或创造力等。虽然收集构念效度的证据比较困难，但是构念效度非常重要——也许是最重要的。收集构念效度的证据需要几年时间。构念效度会体现在与其他已有测验的相关性上，也会体现出某种分数模式。比如，岁数较大的孩子在智力测验中能够回答出来的问题比岁数较小的孩子多。这与我们的智力结构一致。如果在同一个测验中，5 岁的孩子和 13 岁的孩子正确回答了同样多的问题，我们就该怀疑这个测验是否真的能用来测量智力了。如今，许多心理学家认为，收集内容效度和效标关联效度的证据只是为了确认该测验是否真正测量到了希望测量的那个构念。

一个测验要有效，首先必须是可信的。比如，在几个月间对同一个小孩进行两次智力测试，两次测验的结果不同，那么这个测验的结果就是不可信的。当然，这也肯定不会是有效的智力测量方式，因为智力一般被认为是很稳定的，至少在一小段时间内具有稳定性。然而，信度高并不能保证效度高。如果一个孩子多次接受这个智力测验，每次得到的分数都相同，但是这个分数不能预测他在学校的成绩、学习速度或其他一些与智力相关的特征，那么这个测验结果就不是智力的真实表现。也就是说，这个测验是可信的，但不是有效的。信度和效度是所有评估过程都需要考虑的问题，不仅限于标准化测验，课堂测验也是如此。

### 3. 无偏性

评估一个测验好坏的第三个标准就是无偏性。**评估偏误（assessment bias）** 指"评估工具因学生的性别、种族、社会经济地位、宗教和一些其他的群体特征而冒犯学生或不公平惩罚学生的性质"（Popham, 2020, p. 128）。偏误指测验的某些方面（如内容、语言或案例）可能会扭曲特定群体的表现，无论是好还是坏。

如果特定群体因为评估内容而感到被侮辱，那么该评估具有冒犯性。如果受到冒犯，愤怒的学生就不会在评估中很好地表现自己了。基于民族、种族、性别、宗教或社会阶层的偏见，而对受测者不公平又如何呢？许多人相信，测验对某些群体来说是不公平的，因为测验和施测者的语言与受测学生使用的语言不同，他们可能没有与其他群体相同的机会来显示他们知道的内容。同样，测验内容也可能不公平，因为不同的群体学习材料的机会是不同的。对少数特殊群体的学生而言，测验问题关注的大多是主流文化群体学生中常见的经历和熟知的事实。请看下面这个由波帕姆（Popham）（2020, p.375）提出的四年级测试题目：

> My uncle's *field* is computer programming.

请看下面的句子。下面哪个句子中的 field 与题目中的 field（领域）含义一致？

A　The softball pitcher knew how to *field* her position.（防守）

B　They prepared the *field* by spraying and plowing it.（田地）

C　I know the *field* I plan to enter when I finish college.（专业领域）

D　The doctor used a wall chart to examine my *field* of vision.（区域）

标准化测验和课本中有许多类似的题目，可是并非所有家庭都会把自己的工作归入一个专业领域。如果你的家长在杂货铺或汽车修理店工作呢？这些算是"领域"吗？课外经历对某些学生解答这道题是有帮助的，但对另一些学生却没有帮助。"领域"的含义是你的文化知识的一部分。仔细想想，你怎么能把背景、环境和文化与认知分开呢？每个学生的学习都植根于他的文化中，每道测试题都源于某种文化知识，因此要对所提的问题保持敏感。而评估的目的其实也会影响评估者的判断。例如，在一项研究中，告知被试该研究的目的是，根据学生作业错误的数量评分来评价学生的作业。如果评估者认为学生来自社会经济地位较低的家庭，他们就会发现更多的错误。而如果告知被试该研究的目的是给予学生反馈以指导其学习，那么评估者在发现社会经济地位较高和社会经济地位较低的学生作业错误方面的差距就会缩小（Autin et al., 2019）。

在了解了形成性评估、中期评估和终结性评估，并明确了信度、效度和无偏性等基本概念后，我们就可以准备进入课堂了。

## 15.2 课堂评估：测验

> **停下来，想一想**
> 
> 回想一下你最近参加的一次测验。测验的形式是什么？测量结果能正确反映你所掌握的知识和技能的情况吗？你是否设计过测验？一个好的、公平的测验是什么样子的？

许多人一想到课堂评估，就会想到测验。正如你所看到的，虽然现在的教师有许多其他选择，但是测验仍然是许多课堂中的重要活动。在这一节，我们将学习如何解释测验分数，怎样评价一个与标准课程材料配套的测验，以及如何自己编写测验。

### 15.2.1 解释测验分数

在我们学习各种测验之前，需要先考虑一个重要问题。任何测验的结果本身是没有什么意义的，为了解释测验结果，我们需要进行一些比较。比较的两个基本类型是：第一种，对参加了同样测验的人的分数进行比较，这被称作常模参照比较。第二种，标准参照，在这种情况下，比较应以一个固定标准或最低通过分数为基础。事实上，同一测验既可以用常模参照的方式，又可以用标准参照的方式来解释，这取决于比较的类型。

**1. 常模参照测验的解释**

在**常模参照测验**（norm-referenced testing）中，所有参加过该测验的人的成绩构成了常模，并以此来确定某一个体分数或等级的含义。你可以把常模想象为某一特殊群体典型表现的水平。将个体的原始分数（实际分数）与常模进行比较，我们就可以判断这个分数高于、低于还是接近这个群体的平均得分。教育领域至少有四种不同类型的**常模团体**（normal group）或比较团体——班级（或学校）内部、学区、全国样本和国际样本。构成全国常模群体的学生需要参加在全国测验的大规模项目，参与项目的所有学生的得分将形成相应群体的常模分数，直至测验被修订或重新确定常模。常模团体需要有选择性，这样才能保证常模包含社会经济地位水平个体的情况。来自高社会经济地位家庭的学生往往在很多标准化测试中得分较高，与包括了广泛的社会经济地位水平的全国常模群体相比，位于高社会经济地位学区的学校的得分也比较高。

常模参照测验的应用非常广泛，那些只有少数顶尖人物才能参与的项目尤其适合采用常模参照测验。然而，常模参照测验也有一些局限性。常模参照测验的结果不能提供学生是否可以学习更高级内容的信息。比如，知道一名学生的代数测验得分位于班级前3%，并不能告诉你他是否可以学习更高级的数学知识。事实上，班里的每一个同学对于代数概念的理解可能都存在局限性，可能没有人准备好进入下一节的学习。

常模参照测验也不太适合测量情感目标或动作技能目标。为了测量个体的动作技能，你需要将他们的表现与一套描述清晰的标准进行比较。在情感领域，态度和价值观是个人化的，个体之间的比较是不合适的。比如，我们怎么测量艺术偏好的平均水平？最后，常模参照测验是对竞争和获得更高分数的鼓励。一些学生想通过竞争成为最好的学生，而另外一些学生认为，如果自己不可能成为最好的学生，则可能成为最差的学生。这两种情况都会对学生造成一定的伤害。

**2. 标准参照测验的解释**

将测验成绩与某一给定标准或标准行为进行比较的方法是**标准参照测验**（criterion-reference testing）。判断谁可以开车，重要的是一个优秀驾驶员的标准行为是怎样的，你的测验成绩与他人相比怎么样并不重要。如果你的考试成绩在班上的前10%，但是你经常闯红灯，那么虽然你成绩很好，但你不能获得驾照。

标准参照测验测量的是对某些特定学习目标的掌握程度。比如，标准参照测验对于测量学生三位数运算的能力是很有帮助的，这个测验可以设计20道不同的题目，掌握的标准就是至少正确地回答其中的17道题目（当然，具体的标准需要有赖于教师的经验判断）。如果一个学生正确回答了7道题目，另一个学生正确回答了11道题目，这并不意味着后者做得比前者好多少，因为这两个学生都没有掌握，都需要额外的教学辅导。标准参照测验的结果应该精确地告诉教师，至少在某些条件下，学生能够做什么、不能够做什么。因此，这类测验适合于形成性评估和中期评估。

在教授基本技巧的时候，把个人成绩与事前确立的某项标准进行比较比与他人比较更重要。如果班里学生的阅读成绩都不及格，作为父母，就算知道自己孩子的阅读成绩比班里其他孩子好，也高兴不到哪儿去。有时候，标准需要100%达成。你绝对不希望外科医生切除阑尾后，却把手术刀留在了身体里面，即便这只有10%的可能性。

然而，标准参照测验也并非对所有情境都适用。许多学科内容无法被分解为一系列具体的目标。而且，即便标准制定在标准参照测验中非常重要，但正如你所见，标准制定有时候比较随意。判断一个学生掌握三位数运算的标准可以是正确回答16道题目，也可以是正确回答17道题目，但很难说哪一个更合理。所以有时你需要知道班里学生与当地或全国同年级其他学生相比成绩如何。由此，你可以看到每种测验在一定情境中都是有价值的，但每种测验都有其自身的局限性。

### 15.2.2 使用课本上的测验题

现在的小学和中学教材都有辅助的配套材料，比如教学手册和测验题。用这些测验题可以节约时间，可这是一种好方法吗？答案取决于你为学生设定的目标、你教授材料的方式及这些测验题的质量。如果课本上的测验题质量很好，包含你所有的学习目标，也与你的测验计划一致；如果这些测验题，还需要学生了解所学的内容并按照这些内容完成任务，与你实际上给学生提供的指导相吻合，那么直接用这些测验题就是一个不错的选择。

不过，你依然需要检查每道题目要求学生具备怎样的阅读水平，根据你的课堂需求对不适当的题目进行修改和改进（McMillan, 2019; Russell & Airasian, 2012）。

如果没有现成的测验题适合用来考查你的教学内容，或者如果你的教师手册上的测验题不太适合学生，你应该怎么办呢？此时，你需要花时间自己设计测验。我们将主要介绍两种传统的测验题——选择性反应题和建构性反应论述题。

### 15.2.3 选择性反应题

多选题、匹配题、判断题、简答题和填空题都是**选择性反应题**（selected-response testing）的类型。与论述题相比较，这些测验题目的评分相对较为直接，因为这些问题的答案比论述题更清晰。很多人一想到"传统"测试，就会想到这类项目（Chappuis & Stiggins, 2020）。

对于特定的测验，你怎样确定哪种题型更加合适？你应该采用那个最能测量到你想知道的学生学习结果的题型。也就是说，如果你想知道学生写信的能力怎么样，就让他们写一封信，而不要出一些关于写信的选择性反应题。可是，如果多种测验方式的效果一样，那么可以采用多选题，因为这种题型评分更加公正，同时能够涵盖不同的主题。如果编写多选题有难度或者不合适，就换其他题型。比如，如果你想知道学生能否将相关概念（如"术语"和"定义"）联系起来，那么匹配题比多选题更合适。如果编写多选题的错误答案比较困难，就用判断题来代替。除此以外，可以让学生提供一个简短的答案来完成一个句子（填空）。测验的多样性能够降低学生的焦虑水平，因为测验分数并不依赖于单一类型的题目，而这种类型的题目有的同学可能恰好不擅长。表 15-1 给出了一些使用判断题、匹配题和填空题的指南。

### 表 15-1　使用判断题、匹配题和填空题指南

请用以下清单核对测验是否做好了准备。

**判断题指南**
- 将题目写成简单的陈述句形式
- 将题目写成完全正确或完全错误的陈述句，不要半真半假

**匹配题指南**
- 提供明确的连线指导
- 需要连线的项目不要超过 10 个，尽量简短一些
- 只包含同类的项目——不要将姓名、日期、事件等混杂在一起
- 回应选项的措辞要简短，语法要一致。不要让语法成为做题的线索
- 回应选项可多几个，这样在最后一对连线时，学生就不能通过猜测作答

**填空题指南**
- 提出一个问题。不要仅仅使用一个空来表达一种观点，可以空出多个答案
- 每个题目只有一个空——只提一个问题，得到一个答案，然后再问下一个问题
- 不要让空的长度成为做题的线索
- 把空放在最后

资料来源：改编自 Chappuis, J., & Stiggins, R. J. (2020). *An introduction to student-involved assessment for learning* (3rd ed.)., pp.156–157. Pearson. Adapted with permission. Reprinted and Electronically Reproduced by Permission of Pearson Education, Inc., New York, NY.

下面我们将对多选题进行探讨，因为这种题型运用得最为广泛，但也最难运用好。

#### 1. 使用多选题进行测验

虽然有的教育学教授会反对使用多选题，但一半的公立学校教师支持使用这样的测验方式（Banks, 2012），所以你需要知道怎样才能运用好这种类型的测验。为了让学生做好全州水平测验的充分准备，教师可以教学生一些回答多选题的经验（只要这种形式符合你的学习目标）（Chappuis & Stiggins, 2020）。

如果你要求学生对概念进行应用或分析，精心编写的多选题可以评估学生的高水平学习成果。不过，编写多选题并非易事（Waugh & Gronlund, 2013）。例如，马克·史密斯（Mark Smith）（2017）要求十二年级的学生在回答美国国家教育进步评估（National Assessment of Educational Progress，NAEP）——一个著名的标准化测验——中的美国历史测试多选题时"出声思考"。这些题目旨在测量历史思维，但出声思考的结果表明，这些题目真正评估的是事实性知识、阅读理解和应试技巧。

#### 2. 编写多选题问题

有的学生开玩笑说，多项选择题就是"多项猜测

题"——这就表明这些选择题设计得不好。你编写多选题的目标是用这些题目测量出学生的学业成就，而不是应试或者猜测的技巧，因此编写多选题是一大挑战。

题干（stem）是多选题中提出问题的部分，接下来的选择则被称为选项。错误选项被称作 干扰项（distractor），因为它们的目的就是干扰那些对材料一知半解的学生。如果没有很好的干扰项，那么那些没有清晰理解材料内容的学生也能不费吹灰之力地找到正确答案。下面的"实践指南"能帮助你编写题干和选项，你可以参考。

| 实践指南 |

## 编写多项选择题

题干清晰明了，只问一个问题，省去所有不必要的细节。

例如：

（1）（不好的）有几种不同的标准分数或导出分数。

智商得分特别有用是因为……

（2）（好的）智商得分的优点是……

以肯定形式提问，因为否定形式容易造成混淆。如果必须使用"不是""没有""除……之外"这样的说法，请给它们加下划线或者加粗显示。

例如：

（1）（不好的）下列哪一项不是标准分数？

（2）（好的）下列哪一项**不是**标准分数？

各答案的区别不要太小，不要期望学生对不同选项进行非常精细的区分。

例如：

标准差为 −1 ~ +1 时，标准正态曲线下的面积大约是：

（1）（不好的）a. 66%　b. 67%　c. 68%　d. 69%

（2）（好的）　a. 14%　b. 34%　c. 68%　d. 95%

保证题干和每个选项组成的句子都符合语法要求，没有明显的错误选项。

例如：

（1）（不好的）斯坦福-比奈测验可以得到

a. 智力　b. 阅读水平　c. 职业偏好　d. 机械能力倾向

（2）（好的）斯坦福-比奈测验是一种什么测验？

a. 智力　b. 阅读水平　c. 职业偏好　d. 机械能力倾向

选项尽可能简短，并确保语法相同（Chappuis & Stiggins，2020，p.155）。

例如：

（1）（不好的）殖民者为什么要移居美国？

a. 逃避本地政府的重税

b. 宗教

c. 他们寻求与美洲原住民共同生活的冒险经历

d. 新大陆有望带来巨大财富

（2）（好的）殖民者为什么要移居美国？

a. 逃税

b. 宗教自由

c. 冒险

d. 变得富有

避免两个干扰项的意思雷同或太接近。

如果只有一个正确选项，而两个选项的意思相同，那么这两个选项必定是错误的，这就大大缩小了选择范围。

避免使用带有绝对意义的词，如"总是""全部""唯一""决不"，除非所有的选项都是如此。

聪明的作答者知道带有绝对意义的选项往往是错误的。

避免使用原文中的词句。

即使学习落后的学生不理解这些词句的意思也能找出这种正确答案。

避免过度使用"上述选项都正确"和"上述选项都不正确"。

这样的选项对那些靠简单的猜测做题的学生有利。此外，那些做题速度快的学生看到第一个选项正确，可能就不会再看其他选项是否正确了。

- 避免使测验题目只有一种模式，这样有助于学生进行猜测。

- 正确选项的位置和长度应该是多变的。
- 确保只有一个正确答案或最佳答案。
- 如果正确答案可能不止一个，则应确保题干已明确要求给出"最佳"答案。
- 以常见错误和误解作为干扰项（Gierl et al., 2017）。

### 15.2.4 建构性反应论述题

测量某些学习目标完成程度的最好方法就是让学生自己写下答案。论述题是这样一种方式。如果需要评估学生对知识的掌握程度（比如原子是如何结合形成其他物质的）或评估学生的推理能力（推导一个实验的基本原理），论述题是一个很好的选择（Chappuis & Stiggins, 2020）。论述题答案的质量很难判断，可是编写出表述清楚的问题也非易事。

#### 1. 编写论述题

由于每道题目的答题时间都比较长，所以真正的论述题测验涵盖的内容比客观题测验少。为了提高效率，论述题应该主要用来测量重要、复杂的学习结果。好的论述题，应包括（1）明确而具体的问题背景，（2）说明学生应该描述或解释的内容，以及（3）对学生在答案中应该涵盖的内容进行明确指导。下面是一个例子（Chappuis & Stiggins, 2020, pp.187–188）：

我们一直在研究碳循环的重要性及其工作原理［背景］。根据你对碳循环的理解，解释（a）为什么我们需要了解它，以及（b）碳是如何从一个地方转移到另一个地方的［描述或解释什么］。在回答时，请务必包括以下内容［指导］：（1）为什么了解碳循环是重要的（5分），（2）碳储存的四个主要储存点位置（4分），（3）碳从一个地方转移到另一个地方的至少六种方式（6分）。

学生需要充足的答题时间。如果你在一节课中提出的论述题超过一道，那么你需要限制学生回答每个问题的时间。可是请记住，时间的压力会增加学生的焦虑，或许还会妨碍学生正确回答问题。无论你采用何种方法，都不要通过补充大量问题来弥补论述题测量范围狭小的缺陷。增加论述题测验的频率，比在一次测验中做许多道论述题要好。在测验中将论述题和一定数量的客观题相结合，是避免对课程材料有限抽样的一种方式（Waugh & Gronlund, 2013）。

#### 2. 论述题的评分

可能的话，第一步最好是建立一个评分标准或评分说明，并与学生分享。毕竟，学生只有知道成功意味着什么，即了解成功是什么样，他们才能成功。以下是一个来自腾布林克（TenBrink）(2003, p.326) 的案例：

问题："内战对于一个发展中国家而言是必要的"，你是支持还是反对这一观点？请为你的观点提供理由，并引用历史案例来证明你的观点。

评分说明：无论立场如何，所有答案都应该包含，①对观点的清晰陈述，②至少五个符合逻辑的原因，③至少四个能支持你观点的历史案例。

一旦你设置了期望答案的模型，你就可以为论述题的各个部分设置分数，也可以为答案的组织性和内部一致性打分。你也可以用 1～5 或者 A、B、C、D、F 对试卷进行等级评定，并按等级对试卷进行汇编。最后，检查汇编后的每组试卷，看它们是否质量相当。这些技巧能够帮助教师确保评分时的公平性和准确性。

如果一个论述题测验包含多道题目，比较合理的方式是一次只关注一道题，给所有试卷上的这道题评完分后，再处理下一道题。这避免了学生对一道题的回答影响你对另一道题的评分。当你给第一道题评完分后，打乱试卷的顺序，这样就不会导致每开始处理新的一道题时，有学生总是第一个被评价（你可能会花更长时间对这份试卷的答案进行反馈或者对其采用更严格的评分标准）或最后一个被评价（你可能会因为感到疲惫而不提供任何反馈或采用更松的评分标准）。如果你让学生把名字写在试卷背面，那么你的评分可能会更加客观，因为整个评分过程都是匿名的。

### 15.2.5 对传统测验的评价

你对传统测验的看法，是你所持有的教学理念的一部分。首先要考虑测验的积极意义——得出正确答案是很重要的。尽管学生需要通过学校教育学习如何思考和解决问题，但也需要获得有关的知识。学生需要拥有可以进行思考的东西——事实、理念、概念、原则、理论、解释、论点、表象或观点。与许多其他发达国家的学生相比，美国学生缺乏必备的知识，原因之一可能是美国学校的教育强调过程——批判性思维、自尊、解决问题，而不重视内容。为了教授更多的知识，教师需要评估学生到底习得了多少内容。精心设计的传统测验能够有效、高效地评估学生的知识掌握情况，从而为学生提供反馈，为教师制订教学计划提供信息（Popham，2020）。但是也有一些强烈的批评意见。传统测验真的能告诉我们学生在现实世界中能用这些知识做什么吗？要求学生在脱离真实的情境中运用技能和知识的测验，是无法测量到学生真正的理解能力的。

下面让我们看看课堂评估的其他形式吧。

## 模块 45 小结

### 教学评估的基本含义

**区分测量与评估**

测量指用数字描述事件或特征。评估虽包括测量，但范围比测量更广，因为评估包含抽样及观察学生知识、技能和能力的所有方法。

**区分形成性评估、中期评估与终结性评估**

在课堂上，形成性评估（不分等级的诊断性评估）通过向学生和教师提供反馈来帮助学生形成和支持学习。在学年期间定期进行中期（成长）评估，以客观的方式确定学生的进步——追踪学生是否越来越熟练。终结性评估在教学结束时进行，对学生的成绩进行总结，以便报告学业成就。

**什么是测验信度？**

有些测验比其他测验更可信，也就是说，它们能够实现更稳定、更一致的估计。在解释测验结果的时候需要多加注意。每个测验都是在某一天对学生某些行为样本的测量，其分数只是对学生的假定真分数的估计。测量的标准误考虑到了存在误差的可能性，也是测验信度的一个指标。

**什么是测验效度？**

一个测验需要考虑的重点之一是基于测验结果进行决策和判断的效度。效度的证据可以与内容、效标和构念有关。其中，构念效度的应用范围最广，包含了另外两个指标：内容效度和效标效度。为了让测验有效，测验首先需要达到信度要求，然而信度并不能保证效度。

**什么是无偏性？**

评估应该具有无偏性。当测验材料对某些群体具有冒犯性或不公平时，偏误就会出现，这些群体包括不同性别、不同社会经济地位、不同种族和不同宗教信仰的学生。文化公平性测验并没有解决评估偏误的问题。

### 课堂评估：测验

**区分常模参照测验与标准参照测验**

在常模参照测验中，我们需要将一个学生的表现和其他学生表现的平均水平进行比较。在标准参照测验中，我们将学生的分数与事先制定的标准进行比较。虽然常模参照测验的应用范围非常广泛，但其结果并不能告诉你学生是否做好了学习高级知识的准备，另外，这种测验不适合测量情感目标和动作技能目标。标准参照测验可以测量对特定技能的掌握程度。

### 测验怎样促进学习？

一定频率的测验能够促进学习，这些测验使用累积性的问题让学生运用和整合相关知识。专注于这些测验的目的，教师可以更好地设计这些测验或者评价课本上的配套测验。

### 描述两种传统的测验

两种传统的测验形式是选择性反应题测验和建构性反应论述题测验。选择性反应题包括多选题、判断题、填空题和匹配题，教师需要记住这些题目的编写规则。编写论述题需要仔细的计划，同时需要拟定评分标准，以避免评分的偏差。

## 模块 46 形成性评估和评分

**学习目标 15.3** 了解如何使用形成性评估来促进指导，如何设计和使用真实性评估，包括作品集、行为表现、如何形成评分准则。

**学习目标 15.4** 简述分数对学生的影响，以及教师与家长沟通学生分数的策略。

### 15.3 形成性与真实性课堂评估

如前所述，形成性评估是为了促进学习而进行的评估，有助于形成和支持教学。形成性评估可以是非正式的、"即时性"的，如教师在西班牙语课上注意到许多学生在会话和家庭作业中，对一个特定的动词结构有困难；也可以与正式的评估类似，如嵌入课程中的小测验，就像考试一样，但不计入成绩。随着世界各地越来越重视形成性评估，研究成果也在不断增多（Chappuis & Stiggins，2020；Decristan et al.，2015）。

在单元学习早期，评估应该是形成性的（提供反馈，而不是评定等级），当所有学生都有机会学习材料的时候，也就是单元学习的后期，再给出实际的等级评估。形成性评估中有一种方式是非正式评估。

#### 15.3.1 非正式评估

**非正式评估**（informal assessment）是不给出等级评价，从多种渠道收集信息，以帮助教师做出决策的评估方式（Banks，2012）。**离堂单**（exit ticket）和**日记**（journal）是非正式评估的两个例子。

**1. 离堂单**

这是一种比较简单的评估，在你注意到学生学习有困难时就可以"即时"进行评估。学习完一节课的内容后，教师会提出一个问题或难题。然后学生在纸上单独作答，这张纸就成为学生离开课堂的许可单。在下一次上课前，教师会检查这些作业纸，并组织小组讨论，小组成员中至少有一名对教学内容有扎实理解的学生，还有一些学习有困难的学生。在复习并重新讲授那些最容易被错误理解的概念后，教师告诉学生在小组内讨论离堂单上的问题，并指定理解扎实的那位学生为"话题的领导者"（Dixson & Worrell，2016）。其他的离堂单评估，还包括2分钟快速写出一节课的主要观点，或者描述"最混淆的点"，也就是最令人困惑或不清楚的观点。学生甚至不需要在离堂单上写上自己的名字，只需快速浏览就能告诉老师第二天需要在哪些地方重新教学和讲解。

**2. 日记**

个人日记和小组日记是非正式评估中较具灵活性且应用非常广泛的一种形式。教师可以通过日记了解学生的需求和兴趣，这样教学就会更加真实和有吸引力。教师也可以通过学生对某些问题的回答来了解学生的情况，从而促使学生关注学业学习。班克斯（Banks）（2012, p.113）记录了一位高中物理教师要求学生在日记中回答的三个问题：

①如果你只知道斜坡的倾斜程度，你怎样确定摩擦力的相关系数？

②比较磁场、电场和引力场的相同点和不同点；

③如果要向你的好朋友介绍声音这个概念，你会选择什么样的音乐来表现这一概念？

阅读学生的日记时，这名教师意识到许多学生对摩擦力、加速度和速度的理解都来源于个人经验，而不是科学的推理。为了满足学生的需求，他需要改变教学方式。如果教师没有阅读学生的日记（日记在这个案例中作为形成性评估），他就很难知道应该对教学做出这种改变。

除日记之外，还有很多其他的非正式评估方式。事实上，每次问问题或观察学生展示技能的时候，教师都在进行非正式评估。

**3. 让学生参与评估**

形成性评估过程中让学生参与评估，一方面可以提供反馈；另一方面也是提高学生学习效能感的一种重要方式。学生可以追踪自己的学习进度，评估自己的进步。下面是查普伊斯（Chappuis）和斯蒂金斯（Stiggins）（2020）提出的一些观点。他们认为，在评估过程中，学生可以进行以下工作：

（1）通过与同伴核查并讨论优秀、一般和较差的作品或行为来了解判定标准是什么，然后选择一个较差的作品或行为来练习修改和提高。

（2）向教师或同伴描述（口头或者书面）完成任务的方式、遇到的问题、考虑的选择，以及最终的结果。

（3）在项目开始前分析其优缺点，然后和教师或同伴讨论如何在工作中有效利用优点、克服缺点。

（4）两人一组编制测验中可能会用到的问题，并讨论这些问题为何是好问题，然后一起回答。

（5）回顾之前的工作，并分析它是如何开展的。例如，可用这样的语句来描述："我曾经这样认为……但现在我知道……"经过多次这样的分析之后，可用这样的框架来总结，"在开始之前，我了解什么？我从中学到了什么？接下来我还想继续学些什么？"

（6）在测验前几天，写下一些提示："测验中一定会考到什么？""题型会是什么（多选题、论述题）？""我会表现得怎么样？""我还需要做些什么准备？"

学生还可以通过完成图 15-1 中的测验分析表，为自己提供形成性反馈。在完成一次不评等级的测验后，学生可以分析自己的错误，制订改进计划。这种方法可以利用好小测验。但非常遗憾的是，现实情况却是很多学生随意就把试卷扔了，根本没从测验结果中学到任何东西。

### 15.3.2 真实性评估：行为表现和作品集

**真实性评估**（authentic assessment）要求学生在真实生活中运用技能和能力。比如，他们可能会运用分数的知识来调整"食谱"。如果我们对学生的教学目标包括写作、表达、倾听、创造、批判性思考、研究、解决问题或应用知识等多项能力，那么我们的测验就应该让学生去写作、表达、倾听、创造、批判性思考、研究、解决问题和应用知识。怎样才能做到这一点呢？

**1. 行为表现**

很多教育者建议我们借鉴艺术和体育的教学和测验方法来解决这个问题。如果我们把测验看作是吟诵、展览、游戏、模拟法庭审判或其他表现，那么我们就会发现，好的教学是针对测验来进行的。所有的教练、艺术家和音乐家都乐于"教授"这些"测验"，因为让学生在这些测验中表现优秀就是整个教学的意义所在。真实性评估就是让学生去表现。这种表现可能是思维表现、身体表现、创造性表现，也可能是其他形式的表现。因此，**表现性评估**（performance assessment）就是学生开展一项活动或制作一个物品以展现学习效果的评估形式（Russell & Airasian, 2012）。

将思维称作行为表现，看起来似乎很奇怪，但其实它们之间有许多相似之处。认真的思考是需要冒险的，因为

| | | 回顾我的测验结果 | | | | |
|---|---|---|---|---|---|---|
| 姓名： | | 作业： | | | 日期： | |

请查看批改完的试卷，标出每个问题的对错。然后看一下你做错的问题，判断一下你是否犯了无须帮助就能解决的错误。如果是，请在"可以解决的错误"一栏中标记。对于其余做错的问题，在"我不明白"一栏做标记。

| 问题 | 学习目标 | 对 | 错 | 可以解决的错误 | 我不明白 |
|---|---|---|---|---|---|
| 1 | | | | | |
| 2 | | | | | |
| 3 | | | | | |
| 4 | | | | | |
| 5 | | | | | |
| 6 | | | | | |
| 7 | | | | | |
| 8 | | | | | |
| 9 | | | | | |
| 10 | | | | | |

分析我的测验结果

**我很擅长这些！**

我已经学会的学习目标：

**我比较擅长这些，还需要一些复习。**

因为一些可以解决的错误，在这些学习目标上我犯错了：

防止错误再次发生的方法：

**我需要继续学习的目标。**

在这些学习目标上我犯错了，而且我现在不知道该怎么改正：

我该怎么做到更好：

**图 15-1　对小测验或作业的回顾与分析**

注：测验分析表可以帮助学生分析测验或作业，起到形成性评估的作用。在确定错误是"可以解决的"还是"我不明白"之后，学生就会制订重新学习的计划。

资料来源：Chappuis, J., & Stiggins, R. J. (2020). *An introduction to student-involved assessment for learning* (3rd ed.). Pearson, p.167. Reprinted and Electronically Reproduced by Permission of Pearson Education, Inc., New York, NY.

真实生活的问题往往没有明确的定义。我们的思考结果常常是公开的，他人可以评价我们的想法。就像一个舞蹈演员参加百老汇的试镜，我们必须接受评价。就像一个做雕塑的人面对着一堆黏土，当学生面临困难的问题时，他们必须做实验、观察、重做、想象和测试解决方案，运用基本技术和创造性的技术，做出解释，决定如何将研究结果传达给观众，并经常接受批评、意见，改进原来的解决方法（Clark，2012；Eisner，1999）。

对真实性评估的关注，促进了多种基于情境表现目标的测验方法的发展。例如，不需要问学生这样的问题：

"买玩具要花69美分，你给营业员1美元，营业员会找你多少零钱？"直接让学生结对进行角色扮演，用真实的钱向彼此购买东西；或者设立一个模拟商店，由学生来购物和找零等（Kim & Sensale Yazdian, 2014; Popham, 2020; Waugh & Gronlund, 2013）。

SRI国际学习技术中心是一个非营利的科学研究单位，它提供了一些基于表现性评估的在线资源，这些资源与国家科学教育标准相符。这个资源库被称作PALS（Performance Assessment Links in Science，科学学科的表现性评估）。你可以点击相关网站查看幼儿园至十二年级学生的表现性任务。你可以根据标准和年级水平选择不同的任务。

### 2. 作品集

多年以来，摄影师、艺术家、模特和建筑师都是以作品集的形式将他们的技艺展示给潜在的买家的。**作品集**（portfolio）就是一个收集作品的系统，常常包含能表现学习进步的作品、修订完善历程、学生的自我分析，以及对所学知识的反思。书面作业或艺术作品是作品集中较为常见的东西。当然，学生也可以给作品集的潜在读者写信，告诉读者作品集每部分的内容和重要性，还可以放入图表、图片、幻灯片、学生阅读作品的录音、有说服力的文章或诗歌的草稿及最终版本、阅读书目、推荐网站、同辈评论、视频录像、实验室报告或电脑程序等——所有可以展现学生所学领域和需要评估的内容的材料，都可以放在作品集中（Popham, 2020）。

过程性作品集和最终或最佳作品集之间是有区别的，这个区别与形成性评价和终结性评价之间的区别类似。过程性作品集记录的是学生学习进步的过程，而最佳作品集展示的是学生最后的成果（Johnson & Johnson, 2002）。表15-2展示了个体和团体过程性作品集的一些案例。

**表15-2 个体与团体过程性作品集和最佳作品集的案例**

| 过程性作品集 | | |
|---|---|---|
| 学科 | 学生个体 | 合作团体 |
| 科学 | 使用科学方法解决一系列实验室问题的文字记录（程序记录） | 使用科学方法解决一系列实验室问题的文字记录（观测核查表） |
| 数学 | 用数学问题解决的两栏法对数学推理进行的记录（在左边进行运算，在右边对运算过程进行评论性的解释） | 采用复杂问题解决和高级策略的记录 |
| 语文 | 提纲、研究笔记、对他人修改的回应和最后文稿等记录（以便从中观察作品的演变） | 同辈修改作品的注释和流程记录 |
| 最佳作品集 | | |
| 学科 | 学生个体 | 合作团体 |
| 语文 | 最佳作品具有多种风格——叙述性、幽默性、创造性（诗歌、戏曲或短篇故事）、新闻性（报告、社论、评论）和广告性 | 最好的戏曲作品、影视企划、电视广播节目、报纸、广告、展览 |
| 社会 | 最好的历史研究论文、对历史问题的观点、对现实事件的评论、原创的历史理论、对历史作品的回顾，以及对学术观点的论述 | 最好的社区调查、学术报告、口述历史文献、对历史事件的多维分析、历史人物访谈录 |
| 艺术 | 最佳的创意性作品，如绘画、油画、雕刻、陶艺、诗歌和戏曲演出等 | 最佳的创意性作品，如壁画、剧本和演出、创新发明的想法及其实现 |

资料来源：Adapted from D. W. Johnson & R. T. Johnson. (2002). *Meaningful Assessment: A Meaningful and Cooperative Process*. Boston, MA: Pearson Education, Inc.

下面的"实践指南"给出了一些在教学中使用作品集的建议，你可以参考。

| 实践指南 |

## 使用作品集

让学生参与选择要放入作品集的作品。

例如：

（1）在每个教学单元或一学期的时间内，让学生选取符合某个标准的作品，比如"我遇到过的最难的问题""我最好的作品""我进步最大的作品"或"解决……问题的三种方法"。

（2）在提交最后的作品时，让学生选择那个能够体现他们最佳学习成果的作品。

确保作品集中包含有能展示学生自我反思和自我批评的事物。

例如：

（1）要求学生说明他们选择这个作品的原因。

（2）让每个学生为作品集写一份目录，解释作品集中的作品所反映的他们学习上的优点和缺点。

（3）作品集中的内容包括学生的自我批评和同辈批评，需要特别指出哪里做得好，哪里需要改进。

（4）基于自己的作品建立一个自我批评的模型。

确保作品集反映了学生的学习活动。

例如：

（1）包含代表性的项目、文章、书画等。

（2）让学生把学习目的和作品集的内容结合在一起。

作品集在不同时期可以起到不同的作用。

例如：

（1）学年开始时，作品集可以包含一些未完成的作品或"问题作品"。

（2）学年结束时，作品集应该只包含学生愿意向公众展示的作品。

（3）在一整年之中，作品集可以作为家庭晚会话题的开端。学生可以引导讨论，通过介绍自己的作品集，向家人解释自己学到了什么。

确保作品集能够展现出学生的成长。

例如：

（1）让学生根据某些维度来展示自己学习上的进步，并通过一些具体的作品来说明自己的成长。

（2）让学生将能够反映个人成长的校外活动记录放入作品集。

教学生如何制作和使用作品集。

例如：

（1）把一些做得较好的作品集作为范例，但要强调每一份作品集都代表着每个人不同的表达方式。

（2）经常检查学生的作品集，特别是学年开始，学生刚刚开始学习制作作品集的时候。检查后，给学生提供建设性的反馈，可以为他们学会更好的策略和问题解决的方法提供解释和信息。

### 15.3.3 评价作品集和表现性评估

由于对行为表现、作品集和成果展示的评估都是标准参照，而非常模参照，因此教师评价学生的实际表现时，核查表、等级评定量表和评分准则都是很有帮助的。也就是说，学生的作品和表现应该与现有的公众标准相比较，而不是通过与其他学生的作品进行比较来划分等级。

#### 1. 评分准则

核查表或等级评定量表能对行为表现的各项元素进行具体反馈。**评分准则**（scoring rubrics）是用来判断学生行为质量的规范，通常是四点计分量表——从"优秀"到

"不及格",或者用分数代表不同等级,比如 10 分表示优秀、6 分表示良好等(Mabry,1999)。例如,在一项与团体有关的研究项目中,对"优秀的责任分配"的表述可能是:

团体中的每一名学生都能够清晰地解释团体需要的信息,明确自己对哪一项信息负有责任,团体什么时候需要这项信息。

这个准则是通过 Rubistar 指定的,这是一项提供给教育者的在线服务,教师可以选取一个教学领域及其下属分支,然后就此设计准则。为了得到上面的准则,我选择了写作这个领域——"小组计划和研究项目",同时选择了下属分支"负责任的受托"。

詹姆斯·波帕姆(James Popham)(2020)强调,评分准则既不能太具体,以至于只能应用于一项任务;也不能太笼统,以至于不能提供有用的指导。例如:

- 写一篇 400 字左右的关于家庭火灾逃生计划的文章,包括参观我们班级的消防员所提供的理由,以及完备计划的六个要素(太具体——只描述了一项任务,没有涉及更普遍的写作技巧)。
- 作文将被评为差、一般、好或优秀(太笼统——除了把作文评为 D、C、B 或 A 之外,没有提供更多信息)。

在下面的"实践指南"中,大卫·约翰逊和罗杰·约翰逊(2002)、古斯基(Guskey)(2020)及波帕姆(2020)为制定评分准则提出了一些建议,你可以参考。

## | 实践指南 |

### 制定评分准则

(1)确认所评估的技能是重要的,且是可以教授的。制定良好的评分准则需要花费大量时间,因此要确保所评估的技能值得每个人花时间,并且该技能可以通过教学和实践得到提高。

(2)列举范例。向学生展示什么是好的作品和不太好的作品,并告诉学生好作品有哪些特征,不好的作品有哪些特征。

(3)提供标准。和学生讨论范例,列举高质量作品包含的要素。

(4)清晰划分作品质量的不同等级。描述质量最好和质量最差的作品的特点,然后通过你对常见问题和一般水平的作品的理解,找出中等质量作品所具有的要素。

(5)运用范例进行练习。让学生依据标准,评价你在第二步中给出的范例。

(6)运用自我与同辈评估。给学生布置任务,要求在他们工作的过程中,偶尔停下来进行自我评估和同辈评估。

(7)修订。基于第六步所得到的反馈,给学生时间修改自己的作品。

(8)运用教师评价。进行等级评定时,确保你运用了同样的准则来评价所有学生的作品。

注意:第三步只有当学生在参与不熟悉任务的时候才是有必要的。第五步和第六步很重要,但是很耗费时间,你可以自己进行这两步,尤其是当你已经有了一段时间的评价准则使用经验后。如果一个班级已经熟悉了以评价准则为依据的评估方式,整个过程将更加简单:开始时先制定标准,然后教师标明作品质量的不同等级,并与学生确认,再做修改,最后就可以将这些准则运用到自我评估、同辈评估和教师评估中。

让学生参与制定评分等级和评分准则，对学生的成长很有帮助。在这一过程中，学生需要判断在某个特殊领域内，什么样的作品才是高质量的。他们会提前了解到被期望的作品有哪些特质。在学生制定和应用评分准则的过程中，他们的作品和学习会随之得到改进。

**2. 信度与效度**

由于教师的个人判断在评价学生行为表现时有着重要的作用，因此有关其信度的问题就是需要重点考虑的因素。一个教师的"优秀"可能只是另一个教师的"一般"。研究表明，随着评分者经验的增加和评分准则的完善，评分的信度可以得到提高（Herman & Winters，1994；LeMahieu et al.，1993）。

就效度而言，有证据表明，通过作品集评估而被评为"优秀的写作者"的学生，在标准写作测验中表现得并不那么优秀。哪种测验形式能更好地反映学生的能力呢？目前确实还不好下结论。另外，一个用来评估某种具体任务的标准，可能适用于相似的任务，但是并不能预测其他的行为。所以，我们不知道一个学生在某项具体任务上的行为表现是否代表了其更广泛的学习情况（Haertel，1999；McMillan，2004）。

**3. 表现性评估中的多样性和偏误问题**

公平性是所有评估方式都需要考虑的问题，行为表现评价和作品集评估也一样。对于一个公开的行为表现，可能会由于学生的外貌、语言或使用昂贵的录音、录像或图像设备等因素而产生评分偏差效应。行为表现评估和其他测量形式一样，会潜在地不公平对待那些家境不富裕或来自不同文化背景的学生。额外的小组作业、同辈批改和课外的作品集制作时间，都意味着一些学生能够获得更多的网络支持、技术和直接的帮助。班里很多学生家里都有先进的图片处理和打印设备，还有一些学生却很少从家里获得这方面的帮助。这些差异都能够成为偏误和不公平性的来源，特别是在作品集和行为表现中。

### 15.3.4　评估复杂性思维

为了培养学生的复杂思维能力，我们必须能够对其进行评估。好消息是，评估复杂性思维和高水平成果，实际上也能帮助学生掌握和记住核心的事实性知识（Jensen et al.，2014）。因此，你不必在事实性知识测验和复杂性思维测验之间进行选择。

评估复杂性思维不一定要采用测验。卡洛·李（Carlo Lee）和苏珊·高曼（Susan Goldman）（2015）开发了一套涉及真实的阅读和写作的复杂性思维评估工具。例如，为了评估初高中学生在对文本中的象征主义提出主张时引用证据的能力，学生们必须：（1）将阅读中的事件按顺序排列以表明他们理解了文章情节；（2）使用图形指南来组织回答问题的主张和证据；（3）写一篇文章，在文章中结合作者的概括和文本结构对两个故事进行比较。这两个故事都以"成年"为主题，并采用了象征手法作为修辞工具。学生们的作文是通过评分准则来评判的，该准则主要评价学生主张的质量、引用的证据是否得到文本的支持、围绕异同点组织文章的能力，以及写作的整体清晰度。可见，评估复杂性思维对学生和教师的要求都很高！

### 15.3.5　课堂评估：对教师的启示

本章要传递的核心信息是，针对教学目标（被评估的知识）正确地匹配评估方式是非常重要的。表15-3简要总结了针对不同目标选择合适的评估方式的可能性与局限性。

第二个启示是，正如你在上一章和其他几章中看到的，反馈对学习至关重要。"反馈"这个词在本章中出现了许多次，在全书中更是出现了无数次。向学生提供反馈是教师的一项关键的专业技能，也是对学生学习影响最大的因素之一（Hattie，2009；Schuldt，2019）。怎样的反馈才有价值？不要只提供正确答案，要解释为什么正确的答案是正确的，而错误的答案不是。在概念学习时，请举出

**表 15-3 针对不同目标进行评估的方法**

| 评估目标 | 评估方法 | | | |
|---|---|---|---|---|
| | 选择题 | 论述题 | 表现评价 | 个人交流 |
| 知识掌握 | 多选题、判断题、匹配题和填空题可以用于评价学生的知识掌握程度 | 论述题有助于学生理解知识体系各要素之间的关系 | 不是评价这一教学目标的好方式,推荐使用其他三种方式 | 学生能够提出问题、对答案进行评估,这可以体现出他们对知识的掌握程度,但较为耗时 |
| 推理水平 | 能够评估对基本推理模式的理解 | 学生对复杂的问题解决过程进行了记录,这有助于评估其推理的水平 | 能够观察学生解决问题的能力,并推测学生的推理水平 | 能够让学生出声思考,也可以通过不断提问来了解学生的推理过程 |
| 技能 | 能够评估对技能性表现先决条件的掌握程度,但不能评估技能本身 | 能够评估对技能性表现先决条件的掌握程度,但不能评估技能本身 | 能够在学生行动的过程中,对其技能进行观察和评估 | 如果需要评估的技能是口头交际能力,这种测量方式很好,也能测量对技能性表现先决条件的掌握程度 |
| 创造作品的能力 | 能够评估对创作高品质作品的先决条件的掌握程度,但不能评估作品本身的质量 | 能够评估对创作高品质作品的先决条件的掌握程度,但不能评估作品本身的质量 | 最佳的评估方式:①能够评估创作能力的发展水平,②能够评估作品本身 | 能够探索过程性知识,以及与高品质作品有关的知识,但不能评估作品本身的质量 |

资料来源:Adapted from R. J. Stiggins. (2002). Where is Our Assessment Future and How Can We Get There? In R. W. Lissitz, W. D. Schafer (Eds.), *Meaningful Assessment: A Manageable and Cooperative Process*. Boston, MA: Allyn & Bacon.

更多正确的例子,讨论更好的学习策略。为确保学生理解并重视反馈意见,应该与学生就反馈意见进行交流,而不是仅仅把反馈意见写下来或说出来,然后假定学生已经听到了。教师甚至可以鼓励学生将反馈意见写下来,以后回头再来复习。鼓励学生找出自己的3个优点、3个需要改进的地方、1个利用反馈意见改进自己的行动计划。最后,在给予反馈时,要向学生传达这样一种信息——他们正在进步,值得付出努力去取得更大的进步,从而提高他们学习和进步的自我效能感(Finn et al., 2018; van der Kleij, 2019)。总而言之,洛里安·舒尔特(Lorien Schuldt)(2019)指出,反馈应该:

- 把重点放在任务和学生实现目标的进展上,而不是放在学生个人与其他学生的比较上。
- 提供下一步该怎么做的信息——如何缩小"我在哪里"和"我要去哪里"之间的差距。
- 要有建设性,突出优势和改进途径。
- 要及时,在学生可以根据指导采取行动以改进时,即应提供反馈。
- 培养学生对作业的自主意识和主人翁精神。

当然,无论教师怎样评估学生,最终都要给出分数。下面我们就来讨论这个问题。

## 15.4 评分

吉尔（Gia）是一位有10年教学经验的视觉艺术教师，她说："我认为没有老师喜欢评分。这既费时间，又没有什么乐趣。上好课和教好学生，要有趣得多"（Olsen & Buchanan, 2019, p.2004）。我认识的教师都同意这一点。

评分是学校多年来几乎没有改变的做法之一。教师经常按照自己的方式评分，因为一直以来都是这样做的（Guskey, 2020）。那么，为什么要评分呢？尽管有人声称评分的目的是给学生分类或激励他们努力学习，但最好的理由（也许是唯一合理的理由）是向学生及其家人传达，学生在实现重要学习目标方面的进展情况。事实上，世界著名的评分专家汤姆·古斯基（Tom Guskey）指出，有关评分的两个基本后果必须得到改变：

（1）我们必须帮助学生及其家人认识到，等级反映的不是学生作为学习者的身份，而是他们在学习过程中所处的位置，而位置总是暂时的。

（2）我们绝不能用分数和等级来对学生进行分类、选择或排名（p.14）。

简而言之，评分应该回答学生经常问的问题："我做得怎么样？"我们面临的挑战在于如何将关于个人的大量信息整合成一个符号或某个指标，以传达"你做得怎么样"（Hübner et al., 2020）。首先，教师需要做出一个重要的决策：学生的分数是否应该反映学生在班级中的位置？或者这个分数是否反映了学生对知识的掌握数量和掌握程度？也就是说，这个分数应该是常模参照还是标准参照？

### 15.4.1 常模参照评分与标准参照评分

在**常模参照评分**（norm-referenced grading）中，分数主要受参加这门课程的其他学生表现好坏的影响。如果这名学生很努力，班里的其他学生也很努力，那么这名学生有可能只能得到一个比较令人失望的分数，也许是C或者D。**曲线评分**（grading on curve）是一种常见的常模参照评分。你对这种评分方式的感受取决于你的分数在这条"曲线"的什么位置上。但是这种方法违背了古斯基（2020）警告的——评分不应该用来对学生进行分类、选择或者排名。试想一下，如果这条曲线武断地限制了高分的数量，那么在这场评分游戏中，大多数学生都是失败者，而且还损害了学生的学习动机（Guskey & Bailey, 2001; Haladyna, 2002; Kohn, 1996）。汤姆·古斯基（2011）指出了按曲线评分的谬误——"正态曲线描述的是在没有任何干预的情况下随机事件的分布情况"（p. 17）。但是教学就是干预事件，我们要以所有学生都能学会的方式进行教学。最后，按曲线评分确实无法传递学生理解什么或能做什么，而这正是评分的首要原因。为了达到这个目标，我们需要标准参照评分。

在**标准参照评分**（criterion-referenced grading）中，分数代表着一系列的成就。如果课程有着清晰的目标，分数就代表着目标的达成数量。使用标准参照系统，需要事先设定每个分数的标准，然后学生需要按照标准获取相应的分数。理论上，在这个系统中，如果学生达到了标准，那么每个学生都能够获得A。标准参照评分在判断学生是否实现了清晰的教学目标上是有优势的。有的学区已经建立起了成绩报告单系统，这个系统中含有教学目标，以及学生在每个目标上的成果评估。每个教学单元结束的时候，该系统会报告一次。图15-2是一份小学成绩报告单，它展现了教学评估和单元目标之间的关系。

每个学校都有自己特殊的评分系统，所以我们不会花过多的时间介绍不同的评分系统，除非你的学校正试图改进其评分系统。从教师的评分册，到学生的报告单，再到永久记录和成绩单，最好的资源就是汤姆斯·古斯基（Thomas Guskey）基于认真研究而清晰编著的《各就各位，走：创建成功的评分与报告系统》（*Get Set, Go: Creating Successful Grading and Reporting Systems*）一书。

下面让我们来考虑另外一个问题，这个问题值得认真研究：分数到底对学生造成了什么样的影响？

| 肯塔基（美国某州）<br>标准化报告<br>小学成绩单<br>学生姓名：克里斯·利帕普<br>（Chris Lipup）<br>报告期：3 | 标准分 | | 过程分数 | |
|---|---|---|---|---|
| | 4 | 卓越 | ++ | 始终 |
| | 3 | 熟练 | + | 适中 |
| | 2 | 进步中 | − | 很少 |
| | 1 | 较差 | 无 | 未评分 |
| | 无 | 未评分 | | |
| | *基于修改后的标准进行评估。详情请查看进展报告 | | | |

**二年级语文——鲍施（Bausch）老师**

| | | | 过程目标 | |
|---|---|---|---|---|
| 读 | | 4 | 课前准备 | + |
| 写 | | 3 | 课堂参与 | ++ |
| 说 | | 2 | 家庭作业 | + |
| 听 | | 3 | 小组合作 | + |
| 语言 | | 4 | 思考角度 | ++ |

**描述/评价**

我们在第三个报告期非常忙碌，主要学习内容如下：辅音、元音及其相应的发音，识别单词中的音节、重读和非重读音节、封闭音节，词汇发展、复合词、反义词、同音异义词、近义词、多义词、习语，理解技能、文章主旨和支持细节、流畅性，以及阅读策略，如阅读顺序、因果关系、事实和观点。学习过程中，还练习了如何回答开放式问题。

近期，克里斯发音方面的问题有所改进。学校正在与语言治疗师一起协调努力，以确保克里斯在下一个报告期能够继续取得进步。

**二年级数学——里迪（Reedy）老师**

| | | | 过程目标 | |
|---|---|---|---|---|
| 运算与代数思维 | | 3 | 课前准备 | − |
| 十进制运算法 | | 3 | 课堂参与 | ++ |
| 分数运算法 | | 2 | 家庭作业 | − |
| 测量与数据 | | 2 | 小组合作 | ++ |
| 几何 | | 无 | 思考角度 | + |
| 数学实践 | | 3 | | |

**描述/评价**

在过去的九周中，我们一直在学习测量、概率和数据分析。学生通过测量的方式来了解自己的世界，并使用工具和单位来测量教室和家中的物体。他们通过使用彩虹糖来预测事件的概率，并认为学习概率是一件有趣的事。我们还学习了转盘数字的含义，以及如何用"不可能""可能"和"不太可能"等词语来描述概率。学生学会了何时，以及为什么使用不同类型的图表。他们为某一具体情境绘制图表，并了解了图表必须有标题、标签、x 轴、y 轴和刻度。我们甚至制作了一个教室坐标图来识别有序数对。

克里斯在这个评分阶段取得了相当成功的成绩，尽管家庭作业和课前准备方面仍然存在一些问题。由于缺乏练习，克里斯在测量和分数方面还有一些不足，所以仍需要一些练习以熟练掌握这两部分内容。我们将在下一个报告期开始时进行监督学习，看看是否能够帮助克里斯养成更好的课外学习习惯。

**图 15-2 一个标准参照的成绩报告单示例**

注：这是一个标准参照的成绩报告单的示例。当然，也可以有其他形式。但是所有的标准参照的成绩报告单，都体现了学生达到学习目标的程度。

资料来源：Guskey, T. R., Swan, G. M., & Jung, L. A. (2011). Grades that mean something. *Phi Delta Kappan, 93*(2), p.53. Used with permission.

## 15.4.2 分数对学生的影响

你对分数和等级评价有什么看法？

> **停下来，想一想**
>
> 回想一下你的成绩报告单及多年来的分数。你是否得到过比自我期望的分数更低的分数？当你得到低分时，你对自己、对老师、对这门学科的感受是什么？老师是通过什么方式来帮助你理解这段经历，并让你从这段经历中获益的？

当我们在考虑分数的时候，常常会想到竞争。竞争氛围浓厚的班级会使易焦虑、缺乏自信心、准备不充分的学生和正在学习英语的学生学习起来比较困难。虽然高标准与学习成就的提升有关，但是教师也需要在高标准和合理的成功概率之间寻求平衡。没有办法达到的高标准，只是残酷的惩罚。那么，学生就应该避免在学校拿低分和失败吗？情况并非如此简单。

### 1. 失败的价值

人类通常避免犯错。"然而，认知和教育心理学领域越来越多的研究证实，在低风险情境下，发生错误后给予纠正反馈，错误就会促进学习"（Wong & Lim, 2019）。反馈——又是这个词。鼓励批判性思维和促进扎实知识发展的一种方法是，向学生提出问题，推进他们的理解，甚至引发错误，然后提供明确的反馈，并给予再次学习和提升的机会（Guskey, 2020）。要做到这一点，课堂必须是一个支持冒险和犯错的安全场所，这样纠正错误才是可能的，也是有价值的。就难度水平而言，必须恰到好处，不能太难，以至于学生想要放弃。此外，教师可以描述常见的错误，并解释错误的原因，以及正确答案到底正确在哪里（Wong & Lim, 2019）。失败也能激发学生的毅力和动机，尤其是当教师帮助学生看到努力学习和进步之间相关联的时候。保护学生免于失败、保证他们成功的思想可能会适得其反，特别是如果学生觉得自己有权利不付出太多努力就能获得高分时——这将是一堂糟糕的人生课堂（Tomlinson, 2005b）。

### 2. 留级

留级会对学生产生什么影响呢？留级生中男生更多，大部分来自少数群体或贫困家庭，年龄较小，早期很少有机会参加与儿童成长相关的项目（Beebe-Frankenberger et al., 2004; G. Hong & Raudenbush, 2005）。那么，留级是一项好政策吗？下面的"观点/对立观点"试图回答这个问题，你可以参考。

---

**观点 / 对立观点**

**应该让孩子留级吗**

2017年，约有108.2万名中小学生（从幼儿园至十二年级）留级（Digest of Educational Statistics, 2020）。过去的一百年里，家长和教育者就留级与社会性升级（即，让学生与同伴一起直接升入下一年级）的价值进行了广泛的争论。都有哪些证据？有什么样的观点？

**观点** 留级是有意义的

支持留级的传统观点认为，当成绩较差的学生留级后，全班学生的学习水平会更加接近，这样教师的教学活动任务就会变得轻松，班级学生的学业水平也会更高。此外，与年龄较小的同学一起学习，可能更适合成绩较差的学生的发展，并能激励他们更加努力（Hong & Raudenbush, 2005）。佛罗里达州的一项研究发现，依据阅读能力的测试成绩而留级的三年级学生，他们在高中补习的课程更少，而且有可能与那些未留级的学生一样如期毕业（Schwerdt et al., 2015, 2017）。然而，对该研究的批评指出，留级的学生都接受了旨在提高阅读成就的额外集中辅导，因此这些额外的支持可能是造成差异的原因，而不是三年级时的留级（Robinson-Cimpian, 2015）。

对于幼儿园的小朋友来说，留级意味着还没为一年级做好准备，这是常识。与相对小一些的儿童相比，那些大一些的儿童在学校能取得更高的学业成就（Cobley et al., 2009）。事实上，有些家长愿意让他们的孩子延迟入学，这样他们的孩子会比同一级的学生多一点优势——有时被称为"学术红衫现象"（academic red-shirting）（Wallace, 2014）。有4%～5.5%的儿童会延迟进入幼儿园。最有可能推迟入园的是欧洲裔、男性和高社会经济地位的儿童，这些人群推迟进入小学的比例也较高（Bassok & Reardon, 2013）。"学术红衫现象"导致的结果令人喜忧参半，有些研究发现那些按父母的要求延迟入学的孩子能从中获益，而有些研究则发现这没有任何益处。

### 对立观点  留级没有效果

尽管有少量研究支持留级的价值（Marsh, 2016; Schwerdt et al, 2015, 2017），但近一个世纪的研究却表明，留级不仅没有帮助，甚至可能是有害的。大多数研究发现留级与未来的退学、高犯罪率、更少的工作机会、低自尊等长期消极结果有关（Andrews, 2014; Jimerson et al., 2002; Jimerson & Ferguson, 2007; Shepard & Smith, 1989）。露西·巴纳德（Lucy Barnard-Brak, 2008）在研究了986名被认为患有学习障碍的儿童样本后也认为，"幼儿园延迟入学并没有使那些患有学习障碍的儿童获得更好的学业成就"（p.50）。

尽管洪光磊（G. Hong）和斯蒂芬·劳登布什（Stephen Raudenbush）（2005）认可留级的作用（见"正方观点"部分），但他们进行的一项大型研究的研究结果恰恰相反。研究者对近1.2万名儿童进行了追踪，时间为从幼儿园时期到一年级结束，比较了留级生、那些应该留级却升级了的学生，以及正常升级的学生的学业表现。结果发现，没有证据表明留级能够提高学生的阅读或数学成就。此外，留级虽然使同班学生的整体能力更为接近了，但并没有提高教学水平。一年后，留级学生仍处于中等水平。有证据表明，如果他们升级，他们会有更好的表现。另一项对留级和升级学生的四年的追踪研究发现，留级会对社会和行为技能产生短期的积极效应，而长期来看则会造成问题和缺陷。作者甚至认为，"挣扎–成功–挣扎"的模式会削弱留级学生的学习动机，也会影响他们的同伴关系（Demanet & Van Houtte, 2016; Wu et al., 2010）。简·休斯（Jan Hughes）和她的同事（2018）对一至五年级的留级学生进行了多年追踪研究，发现留级导致辍学率显著上升，尤其是非洲裔和西班牙裔女生。而且这种负面影响可能不仅限于留级学生，也会对其他学生产生不利影响。例如，在一项针对7.9万多名学生进行的研究中发现，七年级学生仅仅只是因为和许多比他们年龄偏大的同学（因为留级了或是"红衫现象"）一起上学，就更有可能在学校惹上麻烦或被停学（Muschkin et al., 2014）。

#### 谨防"非此即彼"

当然，不管怎样，学生遇到了困难就应该得到帮助，无论是升级还是留级。然而，简单地用相同的方式把相同的材料再重复一遍，并不能解决学生的学业问题或社会问题。最好的方法就是让这些学生与其他同学一起升级，但他们在暑假期间或下一学年必须接受一些特殊辅导（Demanet & VanHoutte, 2016）。此外，集中注意力和自我调节极其重要（Blair, 2002），要帮助学生，应尤其关注这些方面。当然，更好的方法是在早期通过差异化教学阻止问题发生。

---

### 15.4.3 分数与学习动机

你提供的评价应该支持学生的学习动机，而不只是要求他们为了取得好分数而学习。可是，为成绩而学习和为学习而学习之间真的有这么大的区别吗？答案部分取决于这个分数是如何得出的。如果你测验的是学生对简单且详细的知识的掌握程度，你可能会强迫学生在复杂学习和好分数之间做出选择。可是，当分数能反映有意义的学习，并且学习的道理有形成性评估的支持时，那么为分数而学习和为学习而学习就是一回事了。如今，越来越多的人开始讨论为学习而评分（grading for learning），而不仅仅是对学习的评分（grading of learning）——这同样是形成性评估和终结性评估之间的区别。如果教师以学生的最大利益为评分标准，并与学生一起讨论如何解释分数、如何将分数作为一种反馈，并从中学习，那么分数就可能有助于激发学生的学习动机（McMillan，2019）。

然而，低分数本身一般无法鼓励学生更加努力。获得低分的学生，会变得更加退缩、容易责备他人，认为学习是愚蠢、无意义的，或者虽然觉得自己应该为低分负责，但是不能做出改变，于是他们可能会选择放弃努力。事实上，学生学年初始的低分数，可能会引发一个恶性循环——低分、对功课的投入度低、更低的分数、投入度更低。如此周而复始，循环往复（Poorthuis et al.，2015；Tomlinson，2005b）。教师不能只给出一个失败的分数，可以将他们的作业视为未完成的任务，帮助他们修正和改进。教师需要维持高标准，并给学生提供机会，让他达到这个标准。同样，在这一过程中，形成性评估和高质量反馈是重中之重（Guskey，2011，2018；Polio & Hochbein，2015）。

下面的"实践指南"为使用公平合理的评分系统提供了相关建议，你可以参考。

## 实践指南

### 使用公平合理的评分系统

在课程早期就向学生宣布评分规则，并且经常提醒他们。

例如：

（1）给高年级学生提供讲义，里面可以包括作业、测验、评分标准和课程表。

（2）以一种轻松的方式告知低年级的学生作业的评估方式。

评分必须依据具体、合理的标准。

例如：

（1）通过与学生讨论，形成准则，清晰地表述评分标准——从先前的作业中找出例子，表明什么是差的、良好的或者优秀的作品（这些作品需要以匿名的方式呈现）。

（2）多与有经验的教师讨论工作量和评分标准。

（3）在你进行评分测验前，进行几次形成性测验，以了解学生的能力。

（4）自己先做一次测验，以估计测验的难度和合适的测验时间。

评分需要尽可能多的客观证据支持。

例如：

（1）事先计划好测验以怎样的方式进行，什么时候进行。

（2）为学生的作品制定作品集。这在学生会或家长会上可能有用。

确保学生都理解测验指南的内容。

例如：

（1）在黑板上写明指示。

（2）让几个学生对指示进行解释。

（3）事先带领学生练习一个测验问题。

尽快批改、返还测验试卷，并与学生讨论测验中出现的问题。

例如：

（1）让试卷做得较好的学生在班级里读出自己的答案，确保每次读答案的都是不同的学生。

（2）讨论错误的答案为什么是错误的，尤其是那些大多数同学都做错的题。

（3）测验结束后，立即公布答案，同时指明答案在书中的位置。

一般来说，不要轻易改分。

例如：

（1）确保你第一时间给出的分数是合理的。

（2）只修正单纯因计算问题而造成的错误。

避免评分受到偏误的影响。

例如：

（1）让学生在试卷背面写上自己的名字。

（2）在批改论述题的时候，使用客观的计分体系或者样例。

让学生知道他们在班里的水平。

例如：

（1）测验之后，在黑板上写出分数的分布情况。

（2）举行定期会议，复习上一周的课程。

给学生怀疑的权利。所有的测验都存在误差。

例如：

（1）除非有很好的理由，否则尽可能在允许的范围内给学生尽量高的分数。

（2）如果大量的学生在同一个问题上犯同样的错误，那么需要修改或删除这一题目。

避免总是把高分给那些接近你个人想法或接近书本的答案。

例如：

（1）给予那些正确且有创意的答案额外的分数。

（2）坚持自己的观点，除非有充足的理由证明自己的观点是错误的。

（3）鼓励学生以理性、富有成效的方式来表示怀疑。

（4）给予部分正确的答案适当的分数。

确保每个学生都拥有合理的成功机会，特别是在开始一项新的任务时。

例如：

（1）对学生进行前测，确保他们拥有学习的能力。

（2）在适当的情况下，给学生重测的机会，以提升他们的分数。要保证重测的难度与之前一致。

（3）把失败看作"未完成事项"，鼓励学生修正和改进。

（4）尽量到单元结束的时候再考虑分数，在单元学习开始时，布置一些不需要打分的任务。

平衡书面反馈和口头反馈。

例如：

（1）给予低年级学生短小、生动的书面反馈，给予年龄较大的学生更全面的书面反馈。

（2）如果测验分数比学生预期的低，确保扣分的地方有清晰的依据。

（3）给出符合学生行为表现的反馈，避免每次都写一样的反馈。

（4）记录具体的错误、错误的可能原因、改进的想法，以及做得很好的地方。

（5）学生经常不阅读或误解书面反馈。因此要定期进行个别沟通，给予学生口头的建设性反馈，包括他们的优点和需要改进的地方。

让分数尽可能地有意义。

例如：

（1）把分数与重要学习内容的掌握程度结合起来。

（2）布置不需要评分的作业，鼓励学生探索。

（3）尝试进行行为表现评估和作品集评估。

评分需要依据多个标准。

例如：

（1）在测验中交替安排论述题和多选题。

（2）给口头报告和班级参与度评分。

## 15.4.4 超越评分：与家长沟通

没有一个分数或评分等级能够表现学生在课堂上的所有经历。不幸的是，学生、家长和教师有的时候太关注最后的分数了。事实上，教师与家长的交流绝不是简单地告诉家长孩子的分数。与家长交流的方式多种多样，开学时给家长寄一封信或者学生手册，里面可以包含家庭作业、行为表现或评分准则等，这就是教师与家长沟通的方式之一。古斯基和贝利（Bailey）（2001）还提出了其他一些教师与家长就学生表现进行沟通的方式：

- 对成绩单进行说明
- 将描述美好时刻或成就的"快乐笔记"寄回家
- 电话沟通,尤其要报告"好消息"
- 学校提供开放日
- 让学生主持家长会
- 学生作品的作品集或成果展览
- 设立家庭作业热线
- 学校或班级网页
- 家访

开家长会是中小学教师经常采取的与家长沟通的一种重要方式。你已经在第5章的"与家庭和社区建立合作关系的实践指南:富有成效的会议"、第6章的6.5.4"与家庭合作:文化工具的使用"的"学生主导的会议"部分,以及本章后面的"与家庭和社区建立合作关系的实践指南:家长会和对测验成绩的解释"等部分,对富有成效的会议有了一些了解。此外,教师的交流技巧越高,在家长会上与家长沟通就越有效。第13章讨论的倾听和问题解决的技能,对于教师与家长间的沟通特别重要。当你准备和正处于愤怒或不安氛围的家庭或学生交流时,请确保你了解每个家庭成员真正关心的问题,而不仅仅是话语的表层含义。交流的氛围应该是轻松友好的。对学生的观察应该是基于事实的,应该通过观察或从评估中发现的信息来得出结论。同时,教师应该对从学生、家长或监护人那里得到的信息保密。

一般而言,家长对学生的标准化测验成绩也很感兴趣。下一节我们就来讨论标准化测验。

| 模块 46　小结 |

### 形成性与真实性课堂评估

#### 教师如何使用形成性评估?

形成性评估可以是非正式、"即时性"的,如离堂单或日记;也可以是正式的评估,如嵌入课程中的小测验。无论形式如何,学生都可以通过分析自己的作业和制订改进计划来参与形成性评估。

#### 什么是真实性评估?

传统测验的批评者认为,教师应使用真实性测验及其他真实评估手段。真实性评估要求学生完成与校外真实生活相关的任务并解决问题。

#### 简述作品集

作品集是真实性评估的范例。作品集是对学生作品的收集,有的时候需要选择能体现学生成长和进步的作品,有的时候需要选择学生的"最佳作品"。作品集既可以由个人完成,也可以由合作小组制作。

#### 作品集和行为表现评估的信度、效度和公平性如何?

真实性评估并不能保证信度、效度和公平性(无偏性)。使用准则是让评估更可信、更有效的一种方式。可是,基于准则的评估结果并不一定能预测与任务相关的行为表现。同样,评分者可能会基于个体的外貌、谈吐进行打分,也可能对来自少数群体学生的行为表现或资源匮乏群体的学生抱有偏见,这些偏见会让这些学生在形成性评估中处于不利的地位。

#### 为什么要评估复杂性思维?

评估复杂性思维和高水平成果,实际上也能帮助学生掌握和记住核心的事实性知识。换句话说,测验复杂的理解能力可以提高布卢姆教育目标分类体系中所有层次的学习水平,从记忆事实性知识到分析和创造高层次知识。每个学科都有评估学生分析、应用、评价和创造能力的方法。

### 评分

#### 描述两种评分的方式

评分既可以是常模参照,也可以是标准参照。一种常见的常模参照评分是根据曲线分布进行评分,这种方式需要对学生的平均表现水平进行等级排序。一般不推荐这种方式。标准参照评分的成绩单,通常体现了每个学生达到学习目标的程度。

#### 失败是怎样对学习发挥促进作用的?

学生需要面对失败的经验,教师应该高标准要求学生,以鼓励他们努力学习。如果能够提供合适的反馈,那么偶尔的失败是具有积极意义的。

如果学生能得到高质量、带有纠正性的反馈，那么在低风险情境中犯错也能促进学习。从不知道如何面对失败的学生，一旦面临失败，往往会很快放弃。

### "社会性升级"和"留级"哪一个更好？

让一个学习有困难的学生简单地留级或升级，都不能保证这个学生学习进步。除非因比班里其他学生年龄小或情感上不成熟而不得不留级，一般而言，最好的方法是让学生继续升级，并在暑假给予他额外的教学支持。差异化教学能够阻止很多问题发生。

### 分数能够促进学习和提高动机吗？

对错误本身或错误策略的使用进行具体的口头或书面反馈，但在批评的同时提供给学生如何提高的建议，并对积极的行为表现进行表扬，这些方式都能够增强学习。如果分数与有意义的学习相关，那么分数也能够提高学生的学习动机。

### 与家庭的交流如何促进学生学习？

并不是每一次教师谈话都需要传达有关分数的信息。教师与学生和学生家庭的交流非常重要，有利于教师理解学生，进而创造出一致的学习环境，进行有效教学。学生和家长有权利查看所有的学生档案信息，所以所有的文件内容都应该是合适、正确、有证据支持的。

---

# 模块 47 标准化测验与教师评估

**学习目标 15.5** 解释常见的标准测验分数，如百分等级、标准九分、年级当量和量表分数；了解当前问责制、教师评价、高利害测验、成长与能力测试和增值性评估中存在的问题。

## 15.5 标准化测验

从我记事起，教育工作者和政策制定者就一直在关注美国学生的测验成绩。最近，政界人士指出，在国际数学与科学教育成就趋势调查（TIMSS）（Mullis et al., 2020）中，美国学生在数学和科学测验中取得的分数仍然落后于很多发达国家。对这些不理想的测试结果的一个反应，就是在每个年级进行更多的测验。所以，教师应该具有关于测验的知识，理解标准化测验分数的真实含义。知道如何正确地使用这些分数，是一个良好的开端。

### 15.5.1 测验分数的类型

> **停下来，想一想**
>
> 你第一次召开家长会，会上，有一对爸爸妈妈很关心他们孩子的百分等级（86）。他们说他们期望孩子"能够接近100，我们知道她能够达到这个分数，因为她的年级当量得分比她所读年级高出半年"。你会说些什么呢？他们理解这些分数的含义吗？

为了理解测验分数，你需要了解不同类型分数的基本要素。为此，你首先需要了解一些（简单的）统计知识。

**1. 集中趋势和标准差**

你也许对**平均数**（mean）这个概念再熟悉不过了。平均数指一组分数简单的算术平均。为了计算平均数，你需要把各个数相加，再除以这些数的个数。平均数提供了一种测量**集中趋势**（central tendency）的方法，是对所有数分布的典型性和代表性的反映。但极大值和极小值都会影响平均分，所以，当数据中有少数极大值或极小值时，中数可以更好地表示一组数据的集中趋势。**中数**（median）就是将所有数进行排序后位于中间的那个分数，这个数点把所有数分成两部分，一部分值较大，另一部分值较小。**众数**（mode）就是一组数据中出现得最多的分数。

集中趋势的测量结果能体现出整组数据的概况，可是它并不能告诉你这些数的分布情况。两组分数的平均数可能都是50，但具体数值可能完全不一样。一组可能是50、45、55、55、45、50、50；另一组则是100、0、50、90、

10、50、50。这两组数的平均数、中数和众数都是50，但是分数的分布却完全不同。

标准差（standard deviation）测量的是分数在多大程度上偏离了平均数。标准差越大，表示分数的分布范围越广；标准差越小，表示数值在平均数上下的数越多。比如，50、45、55、55、45、50、50这组数的标准差，就比100、0、50、90、10、50、50这组数的标准差小。换一种说法就是，数据的标准差越小，分数的变异性（variability）越小。

了解了一组分数的平均数和标准差的含义后，你就能理解某些个体数值的含义了。假设你在一次测验中得了78分，如果这次测验的平均分是70，标准差是4分的话，那么你的得分还是比较让人满意的，因为你的分数比平均数高出两个标准差。

如果这次测验的平均分仍然是70，但是标准差为20分，那么你78分的得分仅仅比平均数高不到1个标准差，换句话说，你的得分与团体平均数非常接近，虽然高于平均数，但只高出一点点。标准差比全距（range）能够反映出更多信息。不管大多数的同学得分多少，如果一两个学生的得分非常高或者非常低，这也会让全距非常大。

### 2. 正态分布

标准差对于理解测验结果非常有用。如果测验结果符合正态分布（normal distribution），标准差就更加有用了。你之前可能已经听说过正态分布。正态分布是一条钟形曲线，因为它描绘了许多自然发生的物理现象或社会现象，所以它是最著名的频数分布。很多分数都落在这条曲线上，让这条曲线呈现出钟的形态。越靠近曲线的两端，分布的数值就越少。统计学家对正态分布进行了深入研究。一个正态分布的平均数也是它的中点，一半的数在平均数之上，一半的数在平均数之下。在一个正态分布中，平均数、中数和众数都是同一个点。

正态分布的另一个重要特征是，落入曲线每个区域的数所占的百分比是已知的，见图15-3。得分距离平均数一个标准差的人是很多的，许多分数都堆积在这里。事实上，68%的分数都处于小于平均数一个标准差到大于平均数一个标准差的分数段。只有16%的分数低于平均数不止一个标准差，其中2%的分数低于平均数不止两个标准差。同样，只有16%的分数高于平均数不止一个标准差，其中2%的人高于平均数不止两个标准差。在这条曲线上，高于或低于两个标准差的分数就已经很少了。

SAT大学入学考试就是正态分布的一个例子。SAT的平均分约为500，标准差约为100。然而在2020年，其实际平均分为523，标准差为117（College Board，2020）。因为在正态分布中，只有16%的分数高于平均分的1个标准差，所以只有大约16%的参加数学考试的人得分高于640（523 + 117 = 640）。

现在，我们来看一下不同类型的测验分数。

### 3. 百分等级

百分等级（percentile rank）是标准化测验中非常有用的一个分数。百分等级的基础是等级。在百分等级中，每个学生的原始分数需要与常模样本中所有学生的原始分数进行比较。百分等级呈现了常模样本中得分低于某个特定原始分数的学生所占的百分比。如果一个学生的分数优于常模样本中3/4的学生，那么这个学生的分数就处于75%分位上，或者他的百分等级是75。这并不意味着这名学生

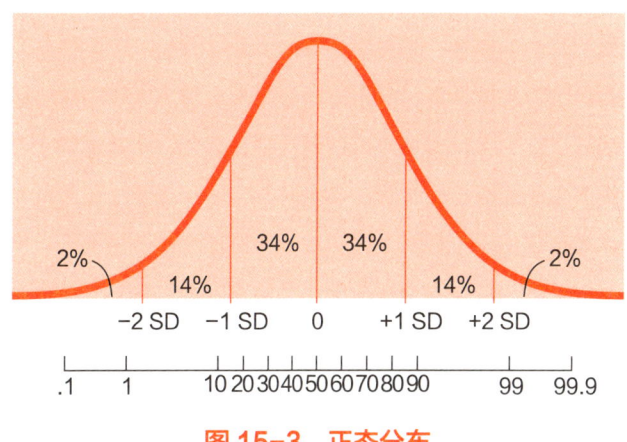

**图15-3 正态分布**

注：正态分布/钟形曲线拥有某些预测性的特征。比如，68%的分数处于小于平均数一个标准差到大于平均数一个标准差的范围内。

的原始分数就是 75 或者答案的正确率是 75%，而是意味着在这个常模样本中，有 75% 的人的分数低于这名学生的分数。百分等级 50 表示一个学生的分数优于常模样本中 50% 的学生，这个学生的分数已经达到了平均分数。

在解释百分等级的时候，有一点需要注意，在曲线的中间与两端，即使百分等级差异一样，对应的原始分数差异也可能并不一样。比如，百分等级为 50 和 60 的分数，原始分数可能只相差 2，而在同一个测验中，百分等级为 90 和 99 的分数，原始分数可能相差 10。因此，如果你的分数靠近中间的话，多对一题或多错一题都可能在百分等级上表现出很大的差异。

### 4. 年级当量

年级当量（grade-equivalent score）一般从各个年级独立的常模样本中获得。常模组中所有十年级学生的平均分数构成了十年级的年级当量。假设十年级常模样本的原始平均分为 38，那么在一个测验中得到 38 分的学生获得的年级当量分就是 10。年级当量通常是一列数字，如 4.5，7.6，8.3，11.5 等。所有数字都表示年级。小数点后表示一年的十分之几，可是它们通常被解释为月份。

假设一个年级当量为 10 的学生正在上七年级。这个学生应该立刻升级吗？可能并不是这样。由于不同年级的学生使用的测验形式不同，所以七年级的学生可能不能回答十年级的题目。年级当量越高，意味着对七年级课程材料的掌握程度越好，而不意味着学生有能力做更高年级的功课。在一次针对七年级的测验中，即使一个普通的十年级学生的成绩与七年级的学生一样，十年级学生了解的知识肯定也比这个针对七年级的测验所涵盖的范围要多。同样，年级当量在每个年级的意义是不同的。比如，一个阅读水平为一年级的二年级学生，遇到的困难可能比阅读水平为十年级的十一年级学生更多。

由于年级当量有误导性，并且常常被家长错误解释，所以很多教育工作者和心理学家强烈主张不使用这种分数，认为其他几种分数报告形式更合适。

### 5. 标准分

百分等级存在一个问题，那就是难以进行比较。原始分数的差异一样，但在百分等级上差异却不一样。然而对于标准分而言，无论学生的分数处于什么位置，10 分差异的含义都一样。

标准分（standard score）以标准差为基础。最常见的标准分被称为 Z 分数（Z score）。Z 分数能告诉我们一个原始分数高于或低于平均分多少个标准差。在之前的一个例子中，我们谈到，一次测验的平均分为 70 分，标准差为 4 分，一个学生幸运地得到了 78 分，那么这个学生的 Z 分数就是 2，或者说他的得分比平均分高 2 个标准差。如果另一个学生在这次测验中得到了 64 分，那么他的分数就低于平均数 1.5 个标准差，或者说 Z 分数为 -1.5。Z 分数为 0 表示得分等于平均分。骨密度测试采用与 Z 分数相似的测量方式。你的分数会与一个健康的 30 岁人的骨密度进行比较，如果得分低于 -1，就说明你有患骨质疏松的危险；如果得分低于 -2，则说明你已经患有骨质疏松症了。由于使用负数不太方便，学者设计了其他的标准分数。T 分数（T score）的平均数为 50，标准差为 10。因此，T 分数 50 代表了平均成绩。把 Z 分数乘以 10（消除小数），再加上 50（消除负数），这个数就是 T 分数。Z 分数为 -1.5 的人在 T 分数上的得分就是 35。

首先把 Z 分数乘以 10：$-1.5 \times 10 = -15$

然后加 50：$-15 + 50 = 35$

在结束对测验分数类型讨论之前，我们最后再介绍一种使用较为广泛的标准分数——标准九分（stanine score）。标准九分只有九个分数，从 1 至 9，平均数为 5，标准差为 2。从 2 到 8 的每个数字之间相差半个标准差。标准九分提供了一种为学生成就划定等级的办法，因为标准九分中的每个分数都代表了正态分布中某个具体的百分比范围。比如，在标准九分中，1 代表正态分布中最低端的 4% 的被试得分；2 代表接下来的 7%。当然了，在这个 7% 的范围内，有些原始分数会比另一些要高，可是它们在标准九分中的得分均为 2。

标准九分中的每一个分数，都代表了一定范围的原始分数。这便于教师和家长从大体上看待学生的成绩，而不是斤斤计较于分数之间的细小差异。图15-4比较了我们讨论过的四种类型的标准分数，在图中展示了每种分数在正态曲线上的分布。通过这幅图，你就可以在各个标准分数之间进行换算。

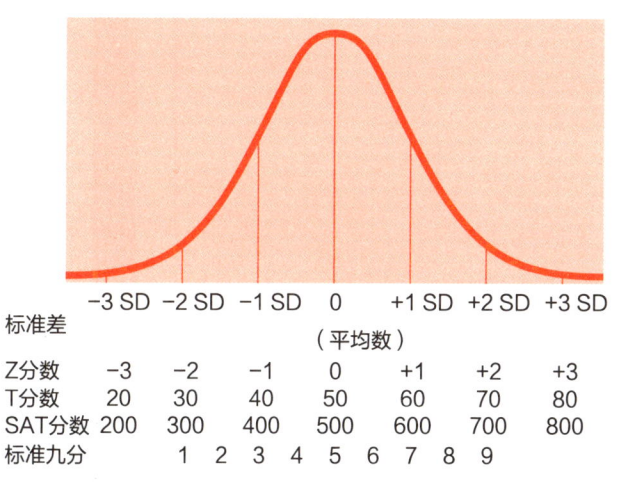

**图 15-4　正态曲线上四种类型的标准分数分布**

## 15.5.2　解释标准化测验报告

> **停下来，想一想**
>
> 请看图15-5呈现的测验报告。这个学生的优势和弱势分别是什么？你是怎么知道的？

### 1. 教师如何解释标准化测验结果

从一个成就测验结果中，教师能够得到什么具体信息呢？测验编写者常常会为每个学生提供一份个人分数剖面图，显示个人在每个具体测验上的得分。图15-5就是四年级学生萨利（Sally）的斯坦福成就测验（第10版）的结果。这个报告有三个部分。

第一个部分（左上部分，学生成绩概况）对该生成绩进行了简要描述，包括根据学生阅读理解测验得分计算出来的蓝思阅读分级™，这有助于教师了解萨利的阅读水平，更好地为她选择合适的文本。

第二个部分（右上部分，分为测验得分和总得分）显示了萨利在阅读、数学、语言、拼写、科学、社会科学、听力，以及思维技能等方面的成就水平。这个部分还包括奥蒂斯-列侬（Otis-Lennon）学校能力测验（一种团体智力或学习能力倾向测验）的总得分。其中有的分测验会再细分为更加具体的评估，比如，阅读细分为"词汇学习技能""阅读词汇"和"阅读理解"。挨着每个分测验的是几种报告萨利测验得分的不同方式。学校最终决定报告哪些分数，是从一系列可能的报告形式中选择的。该学校选择了下列类型的分数。

**测验中正确回答的题目数**。第二栏下面是萨利在每个分测验中正确回答的题目数（第一栏下面是每个分测验的总题目数）。

**量表分数**。这是用来计算其他分数的基本分数，有时候也被称为成长分数，它描述了随着年级的升高，学生在学业方面的成长。比如，三年级学生的平均分是585分，十年级学生的平均分是714分，12个年级的分数范围在0～1000分。在计算量表分数时，经常需要考虑到题目的难度（Popham, 2020）。

**国家百分等级和标准九分（PR-S）**。这个分数可以表明，与全国范围内同年级的学生相比，萨利的分数处于什么位置。所以，59-5的分数表示59的国家百分等级和5的标准九分数。

**国家正态曲线当量（NCE）**。这是根据百分等级算出的标准分数，分数范围为1～99，平均数为50，标准差为21。

**年级当量**。这个分数表明，萨利的量表分数与萨利所在学校同年级的平均分数相同。但要注意之前介绍过的有关年级当量的问题。

**成就/能力比较（ACC）范围**。这个分数比较了萨利与在奥蒂斯-列侬学校能力测试中和她能力相当的常模团体在每个分测验中的成就。萨利的ACC范围可被分为高、

594 教育心理学

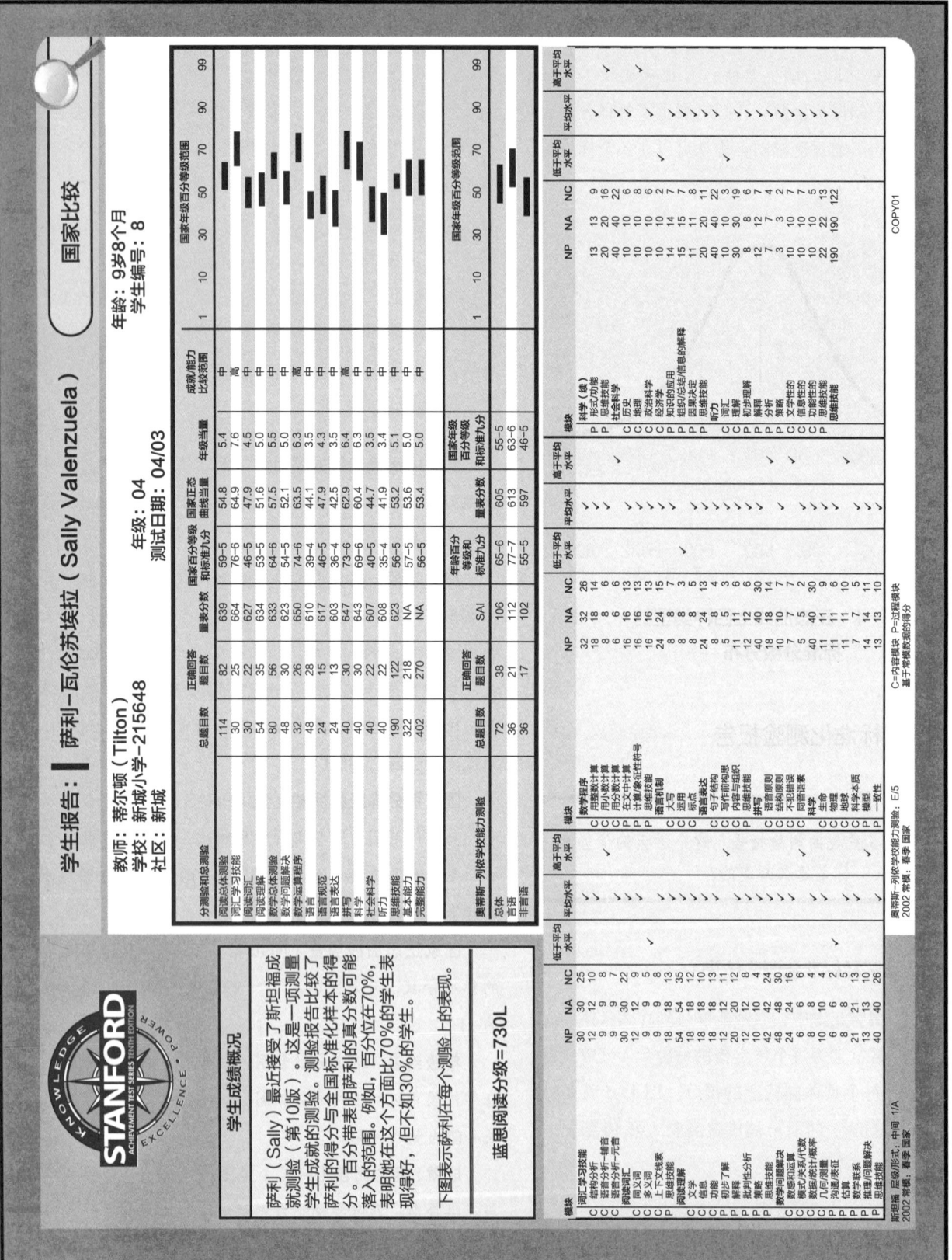

图 15-5 一份典型的测验报告

资料来源：Sample Stanford Student Report in Score Report Sampler: Guide-Teaching and Learning Toward High Academic Standards for the Stanford Achievement Test Series, 10th Edition (Stanford 10). Copyright@2003 by NCS Pearson, Inc.

中、低三类。从图中可以看到，萨利在大部分分测验中获得了中等成就。也就是说，与和她能力相似的学生相比，萨利的学业成就处于中等水平。

**国家年级百分等级范围**。这个分数可以表明萨利的真分数可能处于全国百分等级的什么范围。你可能还会记得我们之前有关真分数的讨论，这个范围，或者说是置信区间，应该在萨利实际分数的基础上加上或减去测验的标准误。萨利的真分数很有可能在这个范围内。这些范围之间不重叠，表明成就之间存在差异。

图 15-5 的最下端（第三部分）把萨利的分测验再次分解成更具体的技能。我们可以看到对于每项技能，萨利可能能够回答问题的数量（NP），实际回答了的数量（NA），以及回答正确的数量（NC）。技能旁边的核查标志表明在这项技能上，萨利是处于平均水平、高于平均水平还是低于平均水平。需要注意的是，测量某些技能的题目可能只有 3~8 道。请记住：测试题目数越少，测试的信度就越低。

**2. 与家长讨论测验结果**

作为一名教师，你可能想要向学生及其家长解释测试的结果。但首先要确保你了解学校报告中各类分数的含义，包括原始分数、百分位数和百分等级范围、量表分数、蓝思分数、年级当量、标准九分，以及出现在测试报告中的其他任何类型的分数。对高中学生来说，我们也需要让他们，以及他们的家长知道，学生在大学阶段所取得的成绩仅有 25% 与学生在 SAT 或 ACT 考试中的得分相关，另外的 75% 应归因于动机、努力、学习习惯、兴趣，以及其他学生可控的因素（Popham，2020）。学生高中阶段的成绩比大学入学考试分数能够更好地预测他们是否能够按时毕业，其中一部分原因在于，高中阶段的成绩提供了关于学生自我调控能力和动机的信息（Galla et al., 2019）。这对那些担心自己的孩子"不适合上大学"的家庭来说，可能是至关重要的信息。下面的"实践指南"可以给你一些建议。

## 与家庭和社区建立合作关系的实践指南：家长会和对测验成绩的解释

### 有关开家长会的建议

明确家长会的具体目标。

例如：

（1）收集有关学生的信息，便于教学。
（2）向家长解释分数或测验结果。
（3）让家长了解下一单元或下一学期要做什么。
（4）征求家长的帮助。
（5）为学生在家里的学习提供建议。

会议的开始和结尾都使用积极的论述。

例如：

（1）"雅各布（Jacob）是个天生的领导者。"
（2）"伊芙（Eve）确实很喜欢科学中心。"
（3）"当他人很难过的时候，亚希姆（Yesim）可给予其真正的支持和帮助。"
（4）"阿善提（Ashanti）的幽默感给全班同学带来了积极的影响。"

积极倾听。

例如：

（1）接纳家长或监护人的情绪反应。不要试图说服他们打消他们的想法。
（2）"当李（Lee）没有完成作业，你看起来很沮丧。"

尊重家长的时间，以及他们对孩子的关心——与其建立伙伴关系。

例如：

（1）语言平实、简短，避免使用专业术语。
（2）用词委婉，但也不必刻意回避谈论严重的问题。
（3）让家长在家里督促学生履行自己的计划："向利

昂娜（Leona）要她的家庭作业单，然后帮助她按时完成。我会在学校再检查一次。"

从家长那里了解学生的事。

例如：

（1）寄送一份简短的调查问卷，要求家长在家长会开始前返还，这样你就可以对家长担心的问题做好准备。

（2）从学生的业余爱好或课外活动中看到学生的兴趣和优点。

跟进并坚持到底。

例如：

（1）寄一份简短的感谢信，感谢家长参与家长会。

（2）通过记录单或电子邮件与家长分享孩子的成功。

（3）出现问题之后尽快通知家长，避免事态进一步扩大。

## 解释和使用测验结果

解释测验报告每部分分数的含义，尽量不要使用专业术语，并且要解释该测验并不"完美"。

例如：

（1）如果是常模参照的测验，需要知道该常模是全国标准、全州标准还是当地标准。通过与常样本进行比较，解释学生的分数。

（2）如果是标准参照的测验，通过分数解释学生在某个具体领域内的表现情况，比如词汇问题或阅读理解。

（3）鼓励家长认识到分数不是作为一个单一的点，而是一个包含该分数的分数范围。

（4）忽略分数之间的细微差异。

对于常模参照测验，请使用百分等级，这个分数比较容易让人理解。

例如：

（1）通过百分等级，家长可以知道在对照组中有多大比例学生的分数等于或低于某个分数——百分等级越高越好，99是最高的百分等级，50是平均数。

（2）百分等级并不意味着答案的正确率，有时候即使分数较低，百分等级也会较高。

避免使用年级当量。

例如：

（1）如果家长关注孩子的年级水平，告诉家长年级当量较高意味着孩子对当前年级所学知识掌握得较好，并不意味着他有能力学习更高年级的内容。

（2）告诉家长同样的年级当量对不同的学科而言有着不同的含义，比如对阅读和对数学而言就是不一样的。

### 15.5.3 测验的问责性和高利害性

> **停下来，想一想**
> 到目前为止，标准化测验对你的生活有何影响？你是否因测验成绩获得或失去了某些机会？你认为这样公平吗？

每一天，我们都会基于某些测验结果来做出有关决定。应该给达瑞斯（Darius）发驾照吗？八年级有多少学生？有哪些学生从科学促进计划中获益？谁需要额外的教学辅导？事实上，测验分数影响一年级学生的入学资格及各年级学生的升级，影响高中学生的毕业，影响到个体参与特殊项目、特殊班级的机会，还会影响到教师资格证的获取、教师的聘任和学校的基金申请等。

**1. 做出决策**

在做这些决策时，区分测试本身的质量和测试的使用方式是很重要的。谁需要被测验？为什么要选择这一个测验而不选择另一个测验，结果有何差异？测验会对学生造成什么影响？怎样给少数群体的学生解释测验的结果？智力、成就、成长和熟练程度到底意味着什么？我们使用的测验的结构是我们想要测试的吗？应该怎样将测验结果与其他个体信息进行整合，以做出决策？回答这些问题需要对价值观做出选择，同样需要清楚测验能够提供什么信息，不能提供什么信息。当我们在审视测验的用途并基于测验做决策时，应该牢记并回答这些相关的价值观问题。

由于基于测验做出的决策非常关键，因此许多教育工作者把这个决策的过程称为**高利害测验**（high-stakes testing）。对测验结果的一种高利害的应用方式就是让教师、学校和管理者对学生的行为负责，即让测验样结果具有**问责性**（accountable）。比如，使教师的奖金与学生的学业成就挂钩，或参考测验结果分配学校基金。但正如詹姆斯·佩莱格里诺（James Pellegrino）（2014）指出的，问责（accountability）永远不应是测试的唯一目的："因为，当一个州的唯一目标是利用测试结果来评估学生在一年内学到多少知识时，为教师和学生提供与教学相关的反馈等评估的其他目的就会被忽略"（p.1）。我们需要完整的评估系统，为教师和学生提供教学和学习的工具（Guskey, 2020）。

### 2. 教师们怎么想？

我曾经接触过几个教师，他们经常抱怨测验结果出来得太慢，无法帮助他们制定教学目标或对某些学生进行补救性教学。这使形成性评估和中期评估越来越受欢迎——教师能够及时获得信息，以便调整和改进教学。但是，教师也为测试所花费的时间而困扰——既要准备测验，又要实施测验。他们还抱怨测验涉及的材料与课程内容不相符。那么，高利害测验还存在哪些其他问题呢？

### 3. 高利害测验存在的问题

研究发现，某些州80%的小学用约20%的教学时间来准备期末测验（Abrams & Madaus, 2003）。对高利害测验进行的行动研究显示，测验让课程内容变得很狭窄。被测验的内容会被重点讲解，而未被测验的内容则会被忽视（Haertel, 2018）。例如，得克萨斯学业能力测验（Texas Assessment of Academic Skills）的使用导致了课程的改变，现在的课程过分强调测验内容，而忽略了其他教学领域。另外，数学测验似乎也变成了阅读能力测验。阅读能力较弱的学生，特别是那些母语不是英语的学生，在数学测试中也会遇到困难。

一项涵盖了来自47个州、800万名四年级和八年级学生的州级评估研究发现，测验形式会影响女生和男生的成绩。男生通常在多项选择题上表现更好，而女生在论述题上表现更好。因此，在更多依赖多项选择题的州，可能会对男生有利，而在论述题方面则相反。研究人员发现，在这47个州中，约25%的性别差异归因于测验形式（Reardon et al., 2018）。但非常遗憾的是，有时测验变得过于重要，其本身就成为了一个目的。正如一位著名的测量专家所说："测验不再仅仅用于衡量政策干预的效果——相反，它本身已成为一种干预……"（Haertel, 2018, p.204）。事实上，一些标准化测验的用途并不合适，如表15-4所示。

**表15-4　高利害测验结果的不恰当使用方式**

注意标准化测验结果的一些用途。测验并不是为了这些目的而设计的。

| | |
|---|---|
| 做出通过/淘汰的决定 | 如果测验结果用于决定学生是否毕业，那么应该有强有力的证据表明测验是有效、可信和无偏的。有些测验乃是经过检验后被证明符合这些标准的，但并非所有测验都足以作为通过或淘汰决定的依据 |

续表

| | |
|---|---|
| 州与州之间的比较 | 不能用标准化测验分数在州与州之间进行比较。州与州之间的课程、测验、资源和挑战等方面的差异很大。就算进行了比较，我们也只能从中获得一些常识性的结论，如某些州拥有更多的教育基金、某些州的家庭收入更高或家庭受教育水平更高等 |
| 评价教师或学校 | 很多影响测验分数的因素，如家庭和社区资源，并不能受到学校和教师的控制。很多学生经常转学，有的学生在转学后不久就需要参加测试 |
| 确定在哪里买房 | 一般而言，学生测验分数最高的学校所在的地区，都居住着大量高教育水平和高收入水平的家庭。从教学、项目和领导水平来看，这些学校可能并不是"最好的学校"，只是幸运地拥有了"好"的学生 |

资料来源：Adapted from Y. H. Haladyna.(2002). *Essentials of Standardized Achievement Testing: Validity and Accountability*. Boston, MA: Allyn and Bacon.

### 15.5.4 测验发展的新方向：入学入职准备度评估和智能平衡评估

2010年代初，美国联邦政府向两个大型州际联盟——入学入职准备度评估联盟（Partnership for Assessment of Readiness for College and Careers，PARCC）和智能平衡评估联盟（Smarter Balanced Assessment Consortium，SBAC）出资数百万美元，用于开发符合《共同核心州立标准》的高质量评估工具。这些评估旨在使用包括绩效评估在内的各种测验方法，来测量学生的复杂思维能力。此后，一些州结成了较小的联盟，或者独立开展工作，以开发符合本州标准的自主评估工具（Popham, 2020）。这些评估大多数都是线上的，不再是纸笔测验，因此测验反馈更快，非常有助于教学指导。请继续关注你所在州的变化，因为无论计算机化测试有多先进，这些新测试仍然存在这些老问题——它们是否有效？它们是否可靠？它们是否测量到了你所教授的内容？它们测量的结果是否衡量了当今生活所面临的重要挑战？它们是否为你提供了改进教学的信息（Pellegrino, 2014）？

### 15.5.5 有效使用高利害测验：对教师的启示

过度依赖测验成绩可能对学生的学习产生有害影响，但是如果使用恰当，测验成绩能够提供一些有用的信息。毕竟，优质的测验应该能够测出学生所学到的知识，而传授知识是教育的主要目标之一（Goldhaber & Özek, 2019）。当然，所使用的测试必须具有可靠性，在使用目的上具有有效性、无偏性。此外，一个理想的测验还应该符合下列标准：

（1）符合学区的内容标准——这是效度的关键。

（2）成为大型评估计划的一部分。没有一个测验能单独提供有关学生成就的所有信息。学校要尽量避免根据单一测验结果做出决策。

（3）测量复杂的思维能力，而不仅仅测量对技能或事实性知识的掌握程度。

（4）对一些已经确认有学习障碍的学生提供其他测验方式。

（5）如果利害性太大，提供重复测验的机会。

（6）让所有学生都参与测验，但同时需对测验结果进行充分的报告。如果学生面临特殊的挑战（如学习障碍）或处于特殊的环境，该报告可对此进行清晰的描述。

（7）如果学生没有通过测验，需要采取适当的补救措施。

（8）确保所有参加测验的学生测验前都有适当的机会学习材料。

（9）考虑学生的语言水平。对于那些需要学生英语熟练的测验，如果学生的英语阅读能力或写作能力有限，那么他们在这个测验上也不能取得好成绩。

（10）测验结果的使用应该有利于学生的发展，而不能相反（Haladyna，2002）。

### 15.5.6 关注到每个学生：帮助有障碍的学生准备高利害测验

埃里克·卡特（Erik Carter）和他的同事（2005）设计了一个程序来帮助有学习障碍、轻微智力障碍或语言障碍的学生参加州政府的高利害测验。这些学生的年龄在15～19岁之间，其中50%以上是非洲裔美国人。虽然所有学生都拥有个别化教育方案，可以指导他们的教育（见第5章），但是没有一个人通过了州政府要求的成就测验。

在六节课中，一名教育者试图使用多种策略来教育这批学生，这些策略包括：完成所有题目，根据难易程度对题目进行分类，测验时先完成简单题，通过凑整的方式来估算数学问题的答案，通过给关键词或短语画下划线的方式明确题目究竟在问什么，排除重复或极端选项。

值得高兴的是，完成了这个准备程序之后，学生的测验成绩显著提高；但是提高后的成绩仍然不能让大多数的孩子通过测验。作者认为，应当尽早开始帮助这些有障碍的学生为测验做准备。参与这项研究的学生的平均年龄为16岁，这个年龄段开始准备明显已经晚了（Carter et al.，2005）。下面的"实践指南"也许可以帮助你和你的学生为参加高利害测验做好准备。

## | 实践指南 |

### 让你和你的学生为参加测验做好准备

#### 对教师的建议

确保测验题目涵盖了单元学习的内容。

例如：

（1）比较测验问题和课程目标，确保两者很好地重合。

（2）检查测验题目是否涵盖了所有重要的主题。

（3）关注学生测验时会遇到哪些困难，如时间不够、测验对阅读水平的要求太高等。如果学生在测验过程中遇到困难，与学校相关人员进行讨论。

确保学生知道怎样使用所有测验材料。

例如：

（1）测验前几天，让学生做几次与测验形式相同的练习。

（2）向学生展示答题纸的使用方法，尤其是机读卡。

（3）关注新同学、害羞的学生、反应迟缓的学生或者有阅读障碍的学生，确保他们理解了问题。

（4）确保学生知道在测验中使用猜测的方法是否恰当，以及在哪种情况下可以使用这种方法。

遵照考试准则办事，确保考试万无一失。

例如：

（1）在考试之前练习发放试卷。

（2）严格遵守时间要求。

让学生尽量舒适地参加考试。

例如：

（1）不要把考试看成是一学年中最重要的事情，这样会制造紧张的气氛。

（2）在考试之前帮助学生放松，比如，可以给大家讲一个笑话或者让大家进行深呼吸。同时，教师自己不要紧张。

（3）确保教室是安静的。

（4）随时监控教室，阻止抄袭现象发生，不要在讲台上只做自己的事情。

#### 给学生的建议

有效利用考试前的晚上。

例如：

（1）考试前一天晚上做好复习，最后看一下关键知识、概念及这些知识、概念之间的关系。

（2）晚上睡好觉。如果你知道自己考试前容易失眠，那么需要在考试的前几天晚上开始补充睡眠。

**做好基础的准备，以集中精力完成测验。**

例如：

（1）考试之前留足时间吃饭和前往测验地点。

（2）不要坐在朋友旁边，否则你很难集中注意力。如果朋友提前交卷，那么你可能也会这样做。

**确保你自己知道测验问的是什么。**

例如：

（1）仔细阅读考试指南。如果你有不清楚的地方，监考老师会帮你澄清。

（2）仔细阅读题干，在关键词下画点表示强调，比如"不""除了""除此以外的所有内容。"

（3）在论述题测验中，首先阅读所有问题，这样你会提前知道你需要写多少内容，事先给每个问题分配好时间。

（4）在多选题测验中，即使有时候排在前面的选项看起来是正确的，也需要阅读每一个选项。

**有效利用时间。**

例如：

（1）当你的精力充沛时，做题的速度越快越好。

（2）先做简单题。

（3）不要纠结于一道题。如果你被一道题难住了，继续做其他题，然后再回过头来做这道题。

（4）在多选题测验中，如果你知道自己没有时间完成剩余的题了，那么假如猜测不扣分，剩下的题全部选择同一个选项。

（5）在论述题测验中，即使时间不够用，也不要留有空白。简要地写出答题的关键点，以此告诉阅卷人你是知道这个题目的答案的，只是时间不够用而已。

**知道什么时候在多选题或判断题中使用猜测的技巧。**

例如：

（1）如果只对正确答案计分，那么可以使用猜测技巧。

（2）当你可以排除一些选项的时候，你可以进行猜测。

（3）如果试卷中标明猜测会扣分，除非你有把握排除至少一个错误选项，否则请不要随意猜测。

（4）正确的答案是会长一些、短一些，还是长度适中呢？正确的答案是否更有可能只包含一个字母？正确的答案总是比错误的答案要多吗？

（5）语法知识是否能帮你找到正确答案或是排除一些选项呢？

**检查试卷。**

例如：

（1）检查你的每一个答案，以确保没有笔误。

（2）如果你用的是机读卡，检查题号和答案是否对应。

**在论述题测验中尽量按要求直接作答。**

例如：

（1）避免说很多废话，第一句就对问题进行简要回答，然后进行阐述。

（2）在答题过程中，尽早写出自己最有把握的观点。

（3）除非指导语要求你使用完整的句子，你可以使用数字标出要点，这会帮助你合理组织思路，并关注答案的要点。

**注意积累测验经验。**

例如：

（1）教师评讲试卷的时候要集中注意力。认真总结你做错的题的正确解题思路，相同的问题下次可能还会出现。

（2）注意观察自己是否不擅长解答某一类型的题目。注意调整个人的学习方法，以更好地回答这种题目。

### 15.5.7 教师问责与评价

标准化测验的一个应用是，用这些并不完美的测验对学校甚至是个别教师进行评价。这让教育工作者感到担心。事实上，以那些一开始就远低于年级水平的学生，或者只在班级里待了几个月的学生的测验成绩来评价教师，是不公平的（Anagnostopoulos et al., 2021）。可喜的是，这些具有现实意义的关注点，目前正在转化为优化测验及测验成绩的新理念。不过，即便如此，仍需要严加注意。

#### 1. 增值模型

如果一位教师所带的学生，这学年开始时是三年级的阅读水平，到学年结束时达到了五年级的阅读水平，你会怎么看？听起来，这一年他的阅读水平有很大的进展，对吧？但是，如果这位教师所教学生是六年级的学生呢？如果我们仅仅根据学生学年结束时的成绩来评价这位老师，我们可能会认为她是不称职的——她的学生已经六年级了，却仍然只有五年级的阅读水平。因此，没有人会给她颁发教学奖。但实际上这位老师的教学是非常有效的（假设全年都是她教的）。事实上，经过她一年的教学，学生们的能力提高了两个年级水平。

**增值模型**（Value-Added Modeling，VAM）的观点是，与预期提高相比，实际提高如何。如果预期提高一个年级水平，但实际提高了两个年级水平，这就超出了预期。增值性评估使用统计程序，根据学生某个科目前几年的学习成绩，以及其他相关信息，预估学生应该学习到什么程度。如果实际成绩高于预期成绩，那么对教师或教学效果的评价就是正面的（增加了价值）。如果实际成绩与预期的一样，那么教学效果为零。如果实际成绩低于预期成绩，那么教学效果就是负面的。

可以想象，想通过增值性评估做出正确的决策，那么所使用的测验必须是有效、可信的，测验必须符合课程内容，并且测验分数的全距足够大。然而，当前的大多数标准化测验仅能衡量学生应该达到某个年级的标准，因此它们不适合评估在该年级水平之上或之下的学生是否有所增长。为了评估学生的增长，教师需要在一年内与学生有大量的接触时间。此外，关注的焦点越小（如只关注一个班级，而不是整个学校），对效果的估计就越不可靠。因此，同一位教师在某些年份的教学效果可能更好，显示出较大的效应，而在其他年份的效果则不够理想，显示出较小的效应。

增值模型有以下两个主要关注点。首先，为了评估教师对学生学习的影响，应该在学生进入教师的班级时，以及离开时进行评估。这意味着一年要进行两次标准化测验，但现有的测验已经占据了太多时间。因此，在实践中，通常将学生上一个春季测验的成绩与本学年的测验成绩进行比较，但这意味着许多低收入家庭的学生在暑假期间可能会出现学习退步，这会影响到他们的测验分数，而教师与学生的暑期学习退步无关（Atteberry & Mangan, 2020）。其次，为了真正将学生在测验成绩上的增值归因于他们的教师，必须将学生和教师随机分配到班级中——而这几乎是不可能发生的。因此，即使使用非常好的、精心选择的测验，涉及哪些学生进入哪个班级、与哪位教师学习的其他因素，仍可能影响测验成绩的增值或减值。例如，学校里有一位备受喜爱的数学老师，数学成绩最优秀的学生的家长往往会努力让自己的孩子进入这位老师的班级。但因为这些学生已经在年度成绩测验中得分最高，所以增值空间很小，教师的增值性贡献可能会显得很低。还有一种情况是，由于学校的条件较差，教学材料质量差且陈旧，学生在放学后需要工作，没有时间做家庭作业，这些教师掌控之外的因素可能也导致学生的测验分数不会"增长"（Popham, 2020）。在对增值性研究进行了大量的综述后，金伯利·艾弗森（Kimberlee Everson）（2017）指出，没有人能够提出"将各种影响因素剥离开，只留下教师贡献的框架和方法。这些影响因素包括课堂材料的获取、专家支持或辅导等"（p.61）。

增值模型的开发者非常关注这一模型的误用，尤其是用在对教师的评估时（Tobiason, 2019）。为了使结果有价值，增值性分数必须基于历届的大量学生的数据。我们应利用这些测验识别学校或课程教学中的优势和劣势，指导专业发展，而不是评价教师个体（American Educational Research Association Council，2015；Blazar et al.，2016）。不过，如果你在一所使用增值性评估的学校供职，你会了解到它们是有意义的。

### 2. 如何对教师进行评价

在对增值模型的研究回顾后，金伯利·艾弗森（2017）得出结论，除非我们能够回答什么是良好的教学这个基本问题——这也是我们在本书中所关注的问题，否则我们不能使用增值性测量或程序来评价教师个体。艾弗森追问道，一个优秀的教师是否只是帮助学生达到学业目标，还是也要达到非学业目标？一个优秀的教师是否应该让所有学生都达到一定的标准，而不考虑他们的背景；还是应该努力使每个学生达到他们自己所能达到的最高水平？对于教师而言，谁是合适的比较对象？在第1章中，我们定义了优质教学的不同方法。确保我们评价教师的方式与我们对优质教学的定义相匹配，这实际上是关于评价教师的效度问题。信度方面，在对2015～2016年约2.1万名教师应用新墨西哥州评价体系进行广泛测验时，西·多安（Sy Doan）和他的同事（2019）发现，如果在同一年进行重新评价，他们研究的教师中有40%将会得到不同的综合评定分数。增值性信息在综合评定分数中的权重越大，重新评价时分数估计的一致性就越小。

### 3. 更宽泛的方法：教师有效性的评估指标

2009年，比尔（Bill）和梅琳达·盖茨（Melinda Gates）基金会启动了"有效教学测量"（Measures of Effective Teaching，MET）项目，该项目由数十个机构的3000名教师与研究团队共同负责。该基金会着手进行教师评价，因为研究显示教师的重要性远在技术、资金或学校设施之上。在达成目标的过程中，项目组成员提出了一个关键假设：教学是复杂的，我们需要建立多种指标才能获得有效教学的方法，并为人事决策和专业发展提供有用的反馈。除了使用学生在州级考试中的成绩增长外，MET的研究人员还检查了许多已经确立的和较新的效果评价指标。该项目的最终报告（MET Project，2013）确定了以下三个指标，如果结合使用，将能够有效评估教学方法是否能够促进学生学习。

①学生在州级测验中的成绩增长。

②使用哈佛大学罗恩·弗格森（Ron Ferguson）开发的Tripod学生感知调查，调查学生对教师的感知（Ferguson，2008）。这项调查要求学生对以下陈述表示同意或不同意，例如"我的老师花时间帮助我们记住所学内容"（针对幼儿园至二年级学生），"在课堂上，我们学会了纠正我们的错误"（小学高年级学生），"在这门课上，我的老师只接受我们全力以赴"（中学生）（来自剑桥教育，Tripod项目，学生调查系统）。

③使用丹尼尔森（Danielson）（2013）教学框架对课堂进行观察。

研究表明，这些指标似乎很不错。学生的Tripod得分和观察者的丹尼尔森教学框架得分，都可以预测学生在成就测试中的学业增长（Sandilos et al.，2019）。但是请记住，教学是复杂的。为了找到有效的教学，这些指标必须准确并且结合使用。此外，当你从总体上对教师进行观察时，同一个人将相同的教学内容教给不同的学生，观察者根据学生的情况来评价教学效果，评分可能会有所不同（Fauth et al.，2020）。有经验的教师都知道，对学习更感兴趣和有动机的学生，会使教师的教学看起来更好。此外，有证据表明，总体而言，男性教师所在的课堂，以及主要由非洲裔、拉丁裔、男生和成绩较低的学生组成的课堂，获得的课堂观察评分明显较低。班级构成可能会影响评分（Campbell & Ronfeldt，2018）。事实上，没有一个系统是完美的。对你来说，最重要的系统是学校用来评价你的教学效果的系统。请具体了解一下你所在学校使用的是怎样的系统。

## 模块 47 小结

### 什么是平均数、中数、众数和标准差？

平均数（算术平均数）、中数（位于中间的数）和众数（出现次数最多的分数）都是用于测量集中趋势的。标准差反映了数据与平均数的离散程度。正态分布是一种呈钟形曲线的频数分布。很多分数都聚集在中间，越往两边，数据就越少。

### 描述分数的不同类型

有几种基本的标准化测验分数：百分等级表明有百分之多少的人的分数等于或低于某个具体的分数，年级当量能够衡量学生得分与某个年级常模样本的平均分的匹配程度，标准分是基于标准差得到的。T 分数和 Z 分数都是常见的标准分。标准九分也是一种标准分数，整合了百分等级等元素。

### 当前测验存在的问题是什么？

标准化测验的问题主要聚焦于以下几个方面：测验的作用和对测验结果的解释、基于测验分数的问责制问题、测验对课程内容的限制。如果测验符合重要的课程目标，接受测验的学生在某个合适的阶段确实学习了这些课程，测验本身没有偏差，学生能够理解测验文字，施测方法正确，那么测验结果就能够提供一些有关教学质量的信息。专家型教师既看到了标准化测验的优点，又看到了标准化测验的问题，大约 50% 的专家型教师认为标准化测验弊大于利。教师应该运用测验的结果去改善教学，而不是对学生形成刻板印象或合理化对学生的低期望。入学入职准备度评估联盟（PARCC）和智能平衡评估联盟（SBAC），这两个由多个州组成的大型合作组织，正在开发一套新的 K～12 的英语和数学测验，这些测验与入学入职准备及《共同核心州立标准》的要求相吻合。

### 学生能变成更好的应试者吗？怎样做才能实现？

如果学生拥有相应的测验经历或者接受过测验技巧和问题解决能力的培训，那么学生的标准化测验成绩可能会提高。很多学生都能够从有关如何准备和参加考试的直接教学中获益。让学生参与测验设计，也能够对学生有所帮助。很多学生在接受了全面的应试准备训练后，测验成绩都有所提高，尤其是当测验技巧与具体问题、学习内容、测验内容密切相关时。

### 当前测验的发展方向是什么？

由于高利害测验确实存在问题，以教师所教学生的测验分数来对教师进行评价是不公平的，因为有的学生开始学习时，其学业成就远远低于相应年级的水平，不同学区和州课程之间的差异也确实很大。近来出现了有关测验分数和测量的一些新观点。其中，增值性评估指根据学生先前的学业分数等不同特点，进行调整后的学生测验分数的平均增长。有学者认为，单独使用增值性分数不足以对教师，以及学校进行评估。比尔和梅琳达·盖茨基金会启动了"有效教学测量"项目，参与该项目的数十个机构的 3000 名教师与研究团队确定了一个三部分评估系统来评估有效教学。这三部分评估系统包括学生在州级测验中成绩的增长、学生对教师的感知、使用丹尼尔森教学框架的课堂教学观察。然而，教师观察会受到学生行为甚至班级构成等偏误的影响。

# REFERENCES

参考文献

Aamodt, S., & Wang, S. (2008). *Welcome to your brain: Why you lose your car keys but never forget how to drive and other puzzles of everyday life*. Bloomsbury.

Aber, J. L., Brown, J. L., & Jones, S. M. (2003). Developmental trajectories toward violence in middle childhood: Course, demographic differences, and response to school-based intervention. *Developmental Psychology*, *39*, 324–348.

Aboud, F. E., Tredoux, C., Tropp, L. R., Brown, C. S., Niens, U., Noor, N. M., & the Una Global Evaluation Group. (2012). Interventions to reduce prejudice and enhance inclusion and respect for ethnic differences in early childhood: A systematic review. *Developmental Review*, *32*, 307–336.

Abrami, P. C., Bernard, R. M., Borokhovski, E., Waddington, D. I., Wade, C. A., & Persson, T. (2015). Strategies for teaching students to think critically: A meta-analysis. *Review of Educational Research*, 85, 275–314.

Abrams, L. M., & Madaus, G. F. (2003). The lessons of high stakes testing. *Educational Leadership*, *61*(32), 31–35.

Abuhamdeh, S., & Csikzentmihalyi, M. (2012). Attentional involvement and intrinsic motivation. *Motivation & Emotion*, *36*(3), 257–267.

Ackerman, B. P., Brown, E. D., & Izard, C. E. (2004). The relations between contextual risk, earned income, and the school adjustment of children from economically disadvantaged families. *Developmental Psychology*, *40*, 204–216.

Adachi, P. J. C., & Willoughby, T. (2017). The link between playing video games and positive youth outcomes. *Child Development Perspectives*, *11*(3), 202–206.

ADL. (2019). *Beyond the binary: Discussing transgender and gender non-conforming identity in K–12 schools*.

Aelterman, N., Vansteenkiste, M., Haerens, L., Soenens, B., Fontaine, J. R. J., & Reeve, J. (2019). Toward an integrative and fine-grained insight in motivating and demotivating teaching styles: The merits of a circumplex approach. *Journal of Educational Psychology*, *111*(3), 497–521.

Agarwal, P. K. (2019). Retrieval practice & Bloom's taxonomy: Do students need fact knowledge before higher order learning? *Journal of Educational Psychology*, *111*(2), 189–209.

Agarwal, P. K. (2020). Retrieval practice: A powerful tool for lasting learning. *Educational Leadership*, *20*(8), 76–81.

Agarwal, P. K., Bain, P. M., & Chamberlain, R. W. (2012). The value of applied research: Retrieval practice improves classroom learning and recommendations from a teacher, a principal, and a scientist. *Educational Psychology Review*, *24*, 437–448.

Agullo, J. A., & Herrero, E. C. (2019). Bilingual education research: A bibliometric study. *Estudios de Lingüistica Inglesa Aaplicada*, 235–270.

Ahn, H. S., Usher, E. L., Butz, A. R., & Bong, M. (2016). Cultural differences in the understanding of modelling and feedback as sources of self-efficacy information. *British Journal of Educational Psychology*, *86*(1), 112–136.

Ahtone, T. (2017). How "Rez Accents" strengthen Native American identity. *Yes! Magazine*.

Ainley, M. (2019). Curiosity and interest: Emergence and divergence. *Educational Psychology Review*, *31*(4), 789–806.

扫码获取全书在线资源

# 版 权 声 明

Authorized translation from the English language edition, entitled Educational Psychology: Active Learning Edition 15th by Anita Woolfolk & Ellen L. Usher, published by Pearson Education, Inc, Copyright © 2024 Pearson Education, Inc.

All rights reserved, no part of this book may be reproduced or transmitted in any form or by any means, electronic or mechanical, including photocopying, recording or by any information storage retrieval system, without permission from Pearson Education, Inc.

CHINESE SIMPLIFIED language edition published by POSTS AND TELECOM PRESS CO, LTD, Copyright © 2025.

本书中文简体字版由培生集团授权人民邮电出版社有限公司出版。未经出版者书面许可，不得以任何方式或任何手段复制或抄袭本书内容。本书经授权在中华人民共和国境内（不包含香港特别行政区、澳门特别行政区和台湾地区）销售和发行。

本书封面贴有 Pearson Education 激光防伪标签，无标签者不得销售。

版权所有，侵权必究。

出版统筹： 缪永合　王雅倩

策划编辑： 李欣玮

文字编辑： 韩　旭

营销编辑： 尹诗琪　欢　莹　王秀丽

数字编辑： 王　玥　李　瑶

咨询电话： 010-6763 0125

投稿邮箱： editor@zhiyuanbooks.com

公司网站： www.zhiyuanbooks.com

装帧设计： **奇文云海 Chival IDEA**